A VEDIC CONCORDANCE

वैदिक मन्त्रपादानुक्रमकोषः

(A Revised, Updated and Improved Devanāgarī version of Bloomfield's Vedic Concordance)

(ब्लूमफील्ड के वैदिक–मन्त्रानुक्रम कोष का परिवर्तित, परिवर्धित एवं सवंर्धित देवनागरी संस्करण)

(तृतीयो भागः)

Vol. 3

(प से ह तक)

By

Dr. Ravi Prakash Arya

सर्वज्ञानमयो वेदः

VEDIC SCIENCE

Indian Foundation For Vedic Science

Amazon Books, USA

in association with

Indian Foundation for Vedic Science

H.O.1051, Sector-1, Rohtak, Haryana, India ✆ 01262-292580

Delhi Contact : 011-65188114; Mobile: 09313033917; 09650183260

Email : vedicscience@rediffmail.com

vedicscience@hotmail.com

Web : www.vedicscience.net

vedicscience.co; vedascience.com

Second Revised Edition

Kali era : 5117 (c. 2015)

Kalpa era : 1,97,29,49,117

Brahma era : 15,50,21,97,9,49,117

ISBN 81-87710-11-X (Vol.3)

ISBN 81-87710-81-0 (Complete set)

© Author

All rights are reserved. No part of this work may be reproduced or copied in any form or by any means without written permission from the author

To my beloved father, Late Ram Narain Arya
A Vedic scholar par excellence and Rainmaker
Colloborator, guide and a great source of inspiration
behind this endevour

INTRODUCTION

A General Plan of the Work

Taking stock of the various concordances on the Vedas in the market, we come across with threefold apparatus designed to facilitate and deepen the study of the Vedas. First one among these is the Universal Word Index to the Vedas published in 16 vols. by Vishvabandhu et al. from VVRI, Hoshiarpur Punjab under the title 'Vedic Word Concordance' or 'वैदिक पदानुक्रमकोषः'.

Second is the Vedic Index of Names and Subjects by Macdonell. Third one is an index of each and every Mantra-pāda to the Vedas consisting of the Published Vedic literature available by the time of its publication in 1906, published by Bloomfield under the title 'A Vedic Concordance'. On careful examination it was found that only these threefold concordances available in the market are though suffice to facilitate the deep study of the Vedas, are not enough to help pluck out the actual estimate of the Vedas. Since Vedas can best be interpreted with the help of the Vedas only, as the very convention is 'Vedas are homo mensura or *Svataḥ pramāṇa*.' On the other hand to interpret the Vedas with the help of Vedas, it is highly essential to have the deep rooted knowledge and understanding of the cultural and the scientific background of the Vedic period which is only possible through the knowledge the actual intention of the Vedic Seers and the deities or the subject matter dealt with by them. A full detail of the Mantras compiled under a particular Devatā-head revealed to a particular Seer in various Saṁhtās would also facilitate readers and researchers of the Vedas to make out the actual intention of the seer behind his revelation or visualisation of various laws of nature entitled as various deities. Keeping in view the desideratum of such an apparatus as could help facilitate the readers and researchers make out the actual intention of the Seers behind the visualisation of various laws of nature at psychological, astronomical and terrestrial level, the present author comes forward with the four-fold apparatus. Firstly named as 'A Vedic Concordance of Ṛṣis and Devatās' or 'वैदिक ऋषि–देवता–पदानुक्रमकोषः' Secondly, 'A Vedic Concordance of Devatas and Ṛṣis' or 'वैदिक देवता–ऋषि–पदानुक्रमकोषः' Thirdly with 'A concordance of Vedic Mantras as per Ṛṣis and Devatās' or 'ऋषि–देवतानुसारी वैदिक पदानुक्रमकोषः'.

Fourthly 'A Concordance of Vedic Mantras as per Devatās and Ṛṣis' i.e. 'वैदिक देवता–ऋष्यनुसारी वैदिक पदानुक्रमकोषः'. Fifthly the author also thought it necessary to produce the Bloomfield's 'Vedic Concordance' in *Devanāgarī* version in an updated, revised and improved manner. Since the concordance was presented by Bloomfield in Roman script and alphabetical order was given as per devanāgarī script, several discrepancies occurred regarding the alphabetical placement of various entries which went unattended by Bloomfield. Under the circumstances it becomes imperative on the part of the present author to see that all the misplaced entries be rectified. Further it may also be added that the Roman script is not capable to present the Vedic revelations in their actual spirit. Though Bloomfield tried his best to represent the Vedic lores in a most perfect manner through Roman letters by applying diacritical marks, still the *anuswāra*, *jihvāmūlīya* and *upadhmānīya* sounds could not be represented as perfectly as they should have been. Bloomfield could not distinguish even between छ and च्छ sounds representing both by 'ch'. What to say of laymen even a scholar will not be able to make out 'Ch' for □च्छ. He was not able to distinguish through his diacritical system between ल and ळ sounds. Moreover the diacritical system adopted by Bloomfield has become outdated these days. Under the circumstances a new student trained in the current system will find lot of difficulties to make out a century's old system adopted and applied by Bloomfield. So the present author thought it appropriate and justified to present the Bloomfield's concordance in the *Devanāgarī* script in an updated, revised and improved manner.

A Plan of the Present Work

Way back in 1906 Mourice Bloomfield, Professor of Sanskrit and Comparative Philology, University of Baltimore produced under the title 'A Vedic Concordance' an alphabetic Pāda (quarter part) index of Vedic Mantras involving 119 Vedic texts, which the present author classify into the following 11 categories, viz.

1. Saṁhitās
2. Brāhmaṇas
3. Āraṇyakas
4. Upaniṣads
5. Śrautasūtras
6. Gṛhyasūtras
7. Dharmasūtras, Dharmaśāstras and Smṛtis
8. Vidhāna texts and
9. Ancillary texts of the Vedas
10. Post-Vedic Texts

This work has great significance in the field of Vedic exegesis. But since this Pāda index of the Vedas was produced in the Roman letters with diacritical marks prevalent by the time of writing this volume. The diacritical system used in this work has fallen in disuse. Moreover the Roman script, howsoever be refurbished with diacritical system, is not capable to present the actual spirit of the Vedic Mantras as it is presented in the Devanāgarī script. Hence the *Devanāgarī* version of this concordance was in great demand since the very beginning. Keeping in view of the same the present author decided to produce this index back in *Devanāgarī* so as to facilitate the readers with the original version of the Vedic texts. During the course of this exercise the present author has also tried to revise and update the whole work with the latest techniques and methods applied these days.

Introductory to the use of the Present concordance

Present concordance as has already been explained, quotes the Mantra-pāda (quarter-part of the Mantra) with its possible references in 119 Vedic texts (a list of which will be furnished at the end of this introductory) citing variant-readings of all type, if any. Each Mantra-pāda or the quarter-part of the Mantra has been cited here with the successive order of the numbers 1,2,3,4 preceded by an (/) sign at the end of the reference of the pāda, e.g.

अंशून्‌ग्रभीत्वान्वा रभेथाम्– अशौ. १2.३.2०/३

अंशून् बभस्ति हरितेभिरासभिः– अशौ. ६.४६.2/४ द्र. अंशु गभस्ति

अंशेव देवावर्वतो – ऋ. ५.८६.५/४

अंशेव नो भजतां चित्रमप्नह – ऋ. १०.१०६.६/४

अशोः पयसा मदिरो न जागृविः–ऋ. ६.१०७.१2/३६; सा. १.५.१४/३; 2.११७/३

Methods used in citing the variants:

1. Variants of one alphabetic entry:

In case a single word of a passage is found reading differently in two or more texts, the reading of the texts coming first in the usual order of the texts is placed as the main entry followed by the variant reading/readings in the parenthesis alongwith the name of the texts registering the variant reading, e.g.

अकः सु (तैसं. स) लोकं सुकृतं पृथिव्याः

Similarly when variants occur at more than one place, they follow in parenthesis, each in its proper place and with an indication of its source, e.g.

अकः सु (तैसं. स) लोकं सुकृतं पृथिव्याः (वा. शब्रा. .... व्याम्)

In case a variant concerns two or more successive words. the is also entered as before, e.g.

अग्नये गायत्राय त्रिवृते राथंतरायाष्टकपालः (तैसं. काठस. राथंताय वासन्तायाष्टकपालः; मैसं. राथंतराय वासन्तिकाय पुरोडाशमष्टकपालं निर्वपति)।

2. Variants of more than one alphabetic entry:

Sometimes we find that a particular Mantra/ Mantra pāda is started by two different entries in two or three different texts, e.g.

अग्न इषमूर्जं यजमानाय धेहि– काठसं. ३८.१2/2 द्र. इषमूर्जमादि।

Since the two readings differ at the very beginning one starting with अग्न and another starting with इषम्, as such the same stanza would have to enter at two different places under 'अ' and under 'इ'. So separated variants are shown by way of cross reference introduced by the word 'द्रष्टव्य' printed here as द्र.

Here it may not be odd to mention that when it was found that one and the same item occurs in two three or more alphabetically separate places, instead of repeating all the needed cross references in each one of the three or four or more related articles concerned, the phrase द्र. इत्येतस्यान्तर्गतम् has been employed and is used in all of the related articles except the first, in order to refer the reader to that first article, in which all the cross-references introduced by द्रष्टव्य or द्र. are to be found grouped together. To illustrate it, we may take a pāda that appears in three different texts and show how it has been treated in the concordance. The articles occurred at various places of this concordance read as follows:

अग्निरेतु प्रथमो देवताभ्यः–साम मन्त्र ब्रा. १.१.१०/१ प्र. अग्निरेतु प्रथमः – गोभिल गृसू. 2.१.2४; खादि. गृसू. १.३.११ द्र. अग्निरेतु, तथा अग्निरस्याः।

अग्निरैतु प्रथमो देवतानाम्– आगृ. १.१३.६/१; पार.गृसू. १.५.११.१; हिर. गृसू. १.१९.७/१; आपमपा. १.४.७/१ (आपगृ. 2.५.2) प्र. अग्निरैतु – ऋवि. 2.2१.३ (द्र. भूमिका 2५) द्र. अग्निरैतु इत्येतस्यान्तर्गतम्।

अग्निरस्यः प्रथमो जातवेदाः–मागृसू. १.१०.१०/१ द्र. अग्निरेतु इत्येतस्यान्तर्गतम्।

Bibliography of the works cited with Abbreviations of their Titles:

Since this concordance deals with no less than 119 different work. It becomes essential that a complete list of the works cited herein may be given in a systematic order with proper bibliographical descriptions of the editions used/consulted by the original author or the present author and also an alphabetic list of abbreviations which are used to denote several works in the concordance in hand.

As already stated above, the different 119 texts used in the present concordance belongs to the following ten categories:

1. Saṁhitās
2. Brāhmaṇas
3. Āraṇyakas
4. Upaniṣads
5. Śrautasūtras
6. Gṛhyasūtras
7. Dharmasūtras, Dharmaśāstras and Smṛtis
8. Vidhāna texts
9. Ancillary texts of the Vedas
10. Post-Vedic Texts

Now the category-wise bibliographic detail of the texts used herein is given as follows:

1. Saṁhitās

ऋ. The Ṛgveda Saṁhitā. Ed. by the present author. Second Edition, Delhi, 1999.

ऋखिल.The Khilas of Ṛgveda, taken from Aufrect's edition of Ṛgveda, vol.4, P.672 ff. Some additional stanzas of this kind were culled from F. Max Mueller's second quarto edition of the Ṛgveda, London, 1892, vol.4, P.520 ff.

अशौ.The AtharvaVeda of Śaunaka recenssion

by R. Roth and W.D. Whitney, Berlin, 1856. Also the edition of Shanker Pandurang Pandit, Bombay, 1895-98.

अपै. The AtharvaVeda of Paippalāda recenssion of Kashmir consulted in manuscript form in the University library of Tuebingen, which was later edited by Dr. L.C. Barret in the Journal of the American oriental society, vol. xxvi.

सा. The SāmaVeda ed. by Theodor Benfey in the name of Die Hymnen des SāmaVeda, Liepzig, 1848.

आरसं. Āraṇya-Saṁhitā or the Āraṇyaka Saṁhitā of the Sāma Veda with the commentary of Sāyaṇācārya and a Bengali translation by Satyavrata Sāmaśramī ed. by Jīvānanda Vidyāsāgara, Calcutta, 1873.

महानाम्न्य. A part of Sāma Veda as ed. by Satyavrata Sāmaśramī in the Bibliotheca Indica, vol.ii, P.366 ff. Calcutta, 1874. Also The Sāma Veda ed. by the present author, Delhi, 1997.

वा. The Vājasaneyī Saṁhitā of the Mādhyandin school ed. by Dr. Albrecht Weber, Berlin and London, 1852.

का. The Vājasaneyī Saṁhitā of the Kāṇva recenssion ed. by Dr. Albrecht Weber.

तै.तैसं. Die Taittirīya Saṁhitā by Albrecht Weber, Indische Studien, vols.xi and xii, Leipzig, 1871-1872.

मैसं. Maitrāyaṇī Saṁhitā by Dr. Leopold von Schroeder (four vols.), Leipzig, 1881-1886.

काठसं. Kāṭhak Saṁhitā. Die Saṁhitā der Kaṭha-Śākhā ed. by Dr. Leopold von Schroeder, first vol., Leipzig, 1900. The full text is now available as ed. by Srīpāda Dāmodara Sātavalekara, but references as given by Bloomfield cannot be located in the Srīpāda Dāmodara Sātavalekara's edition.

काठसं. अश्व. The Kāṭhak Saṁhitā, Aśvamedha grantha. The Kāṭhak Saṁhitā professes to consist of five books. The first ed. by Dr. Leopold von Schroeder is called as *iṭ himikā;* the second, as *madhyamikā;* the third, as *orimikā.* The yājyānuvākyā stanzas contained in the first three books are regarded as fourth book. the *orimikā* book is directly followed by the last book of the Kāṭhak Saṁhitā devoted to Aśvamedha. So this part of the work is independently designated by Bloomfield, as Aśvamedha- grantha. Now all the five granthas are available as ed. by Srīpāda Dāmodara Sātavalekara, but the references given by Bloomfield don't tally with the ones given in the Sātavalekara's edition.

2 Brāhmaṇas

ऐब्रा. Das Aitareya-Brāhmana. Edited by Theodor Aufrecht. Bonn, 1879.

कौषीब्रा. Das Kauṣītaki-Brāhmaṇa (Śāṅkhāyana-Brāhmaṇa). Edited by B.Lindner. Jena, 1887.

गोब्रा. The Gopatha-Brāhmaṇa of the Atharva-Veda. Edited by Rājendralāla Mitra and Harachandra Vidyā-bhūṣaṇa in the Bibliotheca Indica. Calcutta, 1872.

पंचब्रा. Pañcaviṁśa-Brāhmaṇa, or Tāṇḍya-Mahā-Brāhamaṇa. The edition is that of the Bibliotheca Indica, Calcutta, 1870-1874, issued under the title, Tāṇḍya-Mahābrāhmaṇa, edited by Ānandacandra Vedantavāgīśa.

षडविंशब्रा. Ṣaḍviṁśa-Brāhamaṇa. The first prapāṭhaka is cited form the edition by Kurt Klemm, Das Ṣaḍviṁśa-Brāhmaṇa mit Proben aus Sāyaṇa's Kommentar. Doctor's dissertation of the University of Leipzig. Gütersloh, 1894. The remaining four prapāṭhakas are cited form the publication of pandit Jīvānanda Vidyāsāgara, entitled 'Daivata-Brāhmaṇa and Ṣaḍviṁśa - Brāhmaṇa of the Sāma-Veda. Calcutta, 1881.

अब्रा. Adbhuta-Brāhmaṇa. This is the specific name of the fifth prapāṭhaka of the

षड्विंश.ब्रा. Ṣaḍviṁśa-Brāhmaṇa. Edited and translated by A. Weber in Zwei Vedische Texte über Omina und Portenta. Transactions of the Royal Academy of Berlin for 1858. Berlin, 1859.

जै.ब्रा. The Jāiminīya- or Talavakāra-Brāhmaṇa.

संउप.ब्रा. The Saṁhitopaniṣad-Brāhmaṇa of the Sāma-Veda. Edited By A.C. Burnell. Mangalore, 1877.

श.ब्रा. The Śatapatha-Brāhmaṇa in the Mādhyandina recension. Edited by Dr. Albercht Weber. Berlin and London, 1855.

श.ब्रा.का. The Śatapatha-Brāhmaṇa of the Kāṇva recension Occasional readings of this recension were gathered for Professor Julius Eggeling's translation of this work in the Sacred Books of the East, volumes xii., xxvi., xliii. and xliv. Oxford, 1882 and following.

तै.ब्रा. The Tāittirīya-Brāhmaṇa of the Black Yajur Veda. Edited by Rājendralāla Mitra. Bibliotheca Indica. Three volumes. Calcutta, 1859 and following.

Four other texts of the Sāma-Veda bear the name-Brāhmaṇa, but with propriety, which is more than doubtful. They are listed below under the classes to which they more properly belong, and are as follows: the Jāiminīya-or Talavakāra-Upaniṣad-Brāhmaṇa, the Sāma-Vidhāna-Brāhmaṇa, and the Daivata-Brāhmaṇa.

3 Āraṇyakas

ऐ.आ. Aitareya-Āraṇyaka. Edited by Rājendralāla Mitra. Bibliotheca Indica. Calcutta, 1876.

तै.आ. The Tāittirīya-Āraṇyaka. Edited by Rājentralāla Mitra. Bibliotheca Indica. Calcutta, 1872.

तै.आ. आन्ध्र. The tenth book of the Tāittirīya-Āraṇyaka of the Andhra version. See Indische Studien, i. 76.

4. Upaniṣads

ऐ.उप. Aitareya-Upaniṣad. The three adhyāyas of the Aitareya-Āraṇyaka, numbered ii. 4 and ii. 5 and ii. 6, figure as the Aitareya-Upaniṣad. Cited from the collection entitled, Taittirīya, Aitareya, and the kŚvetāśvatara Upaniṣads. Edited by Dr. E. Röer. Bibliotheca Indica. Calcutta, 1850.

कौषी.ब्रा.उप. Kauṣītaki-Brāhmaṇa-Upaniṣad. Edited by E.B. Cowell. Bibliotheca Indica. Calcutta, 1861.

छा.उप. Chāndogya-Upaniṣad. Critical edition and translation by Otto Böhtlingk. Leipzig, 1889.

जै.उप.ब्रा. The Jāiminīya- or Talavakāra-Upaniṣad-Brāhmaṇa. edited and translated by Hanns oertel. Journal of the American Oriental Society, vol. xvi. pages 79-260. New Haven, 1894.

बृह.उप. Bṛhad-Āraṇyaka-Upaniṣad in der Mādhyandina Recension. Edited and translated by O. Böhtlingk. St. Petersburg (and Leipzig), 1889.

बृह.उप.का. Bṛhadārṇyka-Upaniṣad of Kāṇva recension. Represented by occasional variants gathered from the Bṛhad-Āraṇyaka-Upaniṣad as edited by Dr. E. Röer in the Bibliotheca Indica. Calcutta, 1849 and following.

ईश.उप. The Īśa Upaniṣad, the last chapter of Vājasaneyī-Saṁhitā. Cited from the collection entitled, Īśa, Kena, Kaṭha, Praśna, Muṇḍaka, Māṇḍūkya Upaniṣads, edited by Dr. E. Röer. Bibliotheca Indica. Calcutta, 1850.

तै.उप. Taittirīya-Upaniṣad. The three books 7 and 18 and 9 of the Taittirīya-Āraṇyaka, designated respectively as Śikṣā-vallī and Ānanda-vallī and Bhṛgu-vallī, are known as the Taittirīya-Upaniṣad. Cited form the edition of the Taittirīya-Āraṇyaka listed in the preceding column.

महानारा.उप. The Mahānārāyaṇa-Upaniṣad of the

Atharva-Veda. Edited by colonel George A. Jacob. Bombay Sanskrit Series, number xxxv. Bombay, 1888. The text is the tenth book of the Taittirīya-Āraṇyaka.

कठ.उप. Kaṭha-Upaniṣad. Cited from the same edition as the Īśā-Upaniṣad, above.

श्वेत.उप. Śvetāśvatara-Upaniṣad. Cited from the same edition as the Aitareya-Upaniṣad, above.

मैत्री.उप. The Maitrī of Maitrāyaṇīya-Upaniṣad. Edited by E. B. Cowell. Bibliotheca Indica. Calcutta (and London), 1870.

मुण्ड.उप. The Muṇḍaka or Muṇḍa-Upaniṣad. Cited from the same edition as the Īśā-Upaniṣad, above.

प्र.उप. The Praśna-Upaniṣad. Cited from the same edition as the preceding.

नृसिपू.उप. The Nṛsiṅha-Pūrva-TāpanīUpaniṣad. Cited form the Nṛshiṅha-Tāpanī of the Atharva-Veda as edited by Ramamaya Tarkaratna. Bibliotheca Indica. Calcutta. 1871.

नृसिउ.उप. The Nṛsiṅha-Uttara-Tāpanī-Upaniṣad. Cited from the text mentioned in the preceding item.

गोपाल.ता.उप. Gopāl-Tāpani-Upaniṣad Cited from the Gopāla-Tapanī of the Atharva-Veda as edited by Haracandra Vidyābhūṣaṇa and Viśvanātha Śāstrī. Bibliotheca Indica. Calcutta, 1870.

कालाग्नि.उप. Kālāgnirudra-Upaniṣad, pages 17ff; Eleven Ātharvaṇa Upaniṣads with Dīpikās, edited by colonel George A. Jacob, Bombay 1891.

वासु.उप. Vāsudeva-Upaniṣad, pages 25ff; Eleven Ātharvaṇa Upaniṣads with Dīpikās, edited by colonel George A. Jacob, Bombay 1891.

आत्म.उप. Ātmaprabodha- or Ātamabodha-Upaniṣad, pages 77ff; eleven Ātharvaṇa Upaniṣads with Dīpikās, edited by colonel George A. Jacob, Bombay 1891.

गारुड.उप. Gāruḍa-Upaniṣad, pages 83ff; Eleven Ātharvaṇa Upaniṣads with Dīpikās, edited by colonel George A. Jacob, Bombay 1891.

महा.उप. Mahā-Upaniṣad, pages 91 ff; Eleven Ātharvaṇa Upaniṣads with Dīpikās, edited by colonel George A. Jacob, Bombay 1891.

वरपू.उप. Varada-Pūrva-Tāpanī-Upaniṣad, pages 111ff; Eleven Ātharvaṇa Upaniṣads with Dīpikās, edited by colonel George A. Jacob, Bombay 1891.

वर.उप. Varada-Uttara-Tāpanī-Upaniṣad, pages 137ff; Eleven Ātharvaṇa Upaniṣads with Dīpikās, edited by colonel George A. Jacob, Bombay 1891.

स्क.उप. Skanda-Upaniṣad, pages 161ff Eleven Ātharvaṇa Upaniṣads with Dīpikās, edited by colonel George A. Jacob, Bombay 1891.

शिरस् उप. Śiras-Upaniṣad or Atharvaśiras-Upaniṣad, pages 1ff; Atharvaṇopaniṣadaḥ, edited by Pandit Jīvānanda Vidyāsāgara (second edition, Calcutta, 1891).

ना.धशा. Nādabindu-Upaniṣad, pages 41ff; Ātharvaṇopaniṣadaḥ, edited by Pandit Jīvānanda Vidyāsāgara (second edition, Calcutta, 1891).

तेज.उप. Tejobindu-Upaniṣad, pages 84 ff; Ātharvaṇopaniṣadaḥ, edited by Pandit Jīvānanda Vidyāsāgara (second edition, Calcutta, 1891).

योग.उप. Yogatattva-Upaniṣad, pages 93 ff; Ātharvaṇopaniṣadaḥ, edited by Pandit Jīvānanda Vidyāsāgara (second edition, Calcutta, 1891).

संन्यास उप. Saṁnyāsa-Upaniṣad, pages 99 ff; Ātharvaṇopaniṣadaḥ, edited by Pandit Jīvānanda Vidyāsāgara (second edition, Calcutta, 1891).

आरुण.उप. Āruṇeya-Upaniṣad, pages 133 ff; Ātharvaṇopaniṣadaḥ, edited by Pandit

Jīvānanda Vidyāsāgara (second edition, Calcutta, 1891).

क्षुरि.उप. Kśurikā-Upaniṣad, pages 151 ff; Ātharvaṇopaniṣadaḥ, edited by Pandit Jīvānanda Vidyāsāgara (second edition, Calcutta, 1891).

चूलिका उप. Cūlikā-Upaniṣad, pages 164 ff; Ātharvaṇopaniṣadaḥ, edited by Pandit Jīvānanda Vidyāsāgara (second edition, Calcutta, 1891).

ब्र.उप. Brahma-Upaniṣad, pages 180 ff; Ātharvaṇopaniṣadaḥ, edited by Pandit Jīvānanda Vidyāsāgara (second edition, Calcutta, 1891).

प्रा.उप. Prāṇāgnihotra-Upaniṣad, pages 197 ff; Atharvaṇopaniṣadaḥ, edited by Pandit Jīvānanda Vidyāsāgara (second edition, Calcutta, 1891).

नीलरु.उप. Nīlarudra-Upaniṣad (a version of the Śatarūdrīya, Anquetil du Perron's Schat Roudri, VS. 16; TS.4.5), pages 206 ff; Ātharvaṇopaniṣadaḥ, edited by Pandit Jīvānanda Vidyāsāgara (second edition, Calcutta, 1891).

कण्ठ.उप. Kaṇṭhaśruti-Upaniṣad, pages 213 ff; Atharvaṇopaniṣadaḥ, edited by Pandit Jīvānanda Vidyāsāgara (second edition, Calcutta, 1891).

जाबा.उप. Jābāla-Upaniṣad, pages 337 ff; Atharvaṇopaniṣadaḥ, edited by Pandit Jīvānanda Vidyāsāgara (second edition, Calcutta, 1891).

कैवल्य.उप. Kaivalya-Upaniṣad, pages 353 ff; Atharvaṇopaniṣadaḥ, edited by Pandit Jīvānanda Vidyāsāgara (second edition, Calcutta, 1891).

Many more Upaniṣads, or treatises like Upaniṣads, are to be found, as is well known, in various other collections. They did not, however, yield materials of such a nature as to require to be embodied in the Concordance.

मुक्ति.उप. Muktikā-Upaniṣad. Cited from the collection in the Ānanda-Āśrama Series.

प्रण.उप. Praṇava-Upaniṣad of the GB.1.1.16030. Cited from Bloomfield, The Atharva-Veda and the Gopatha-Brāhmaṇa (Indo-Aryan Encyclopaedia), pages 19, 108.

शौ.उप. Śaunaka-Upaniṣad. Cited from Bloomfield's preceding item.

5 Śrauta-Sūtras

आ.श्रौसू. The Śrauta-Sūtra of Āśvalāyana. Edited by Rāmanārāyaṇa Vidyāratna. Bibliotheca Indica. Calcutta, 1874. Note: The two halves of the text have been counted continuously.

शां.श्रौसू. The Śāṁkhāyana-Śrauta-Sūtra. Edited by Alfred Hillebrandt. Bibliotheca Indica. Calcutta, 1888.

वैसू. Vaitāna-Sūtra. The Ritual of the Atharva-Veda. Edited by Dr. Richard Garbe, London, 1878.

लाट्य.श्रौसू. The Śrauta-Sūtra of Lāṭyāyana. Edited by Ānandacandra Vedāntavāgīśa. Bibliotheca Indica. Calcutta, 1872.

कात्य.श्रौसू. The Śrauta-Sūtra of Kātyāyana. Edited by Dr. Albrecht Weber. Berlin and London, 1859.

आपश्रौ. The Śrauta-Sūtra of Āpastamba. Edited by Dr. Richard Garbe. Bibliotheca Indica. Three volumes. Calcutta, 1852, 1885, 1892.

आप.यज्ञ. Āpastamba-Yajña-Paribhāṣā-Sūtras, being the first four kaṇḍikās of book xxiv. of the Śrauta of Āpastamba. Cited from the Hindu serial Ushā, vol. I. Calcutta, 1890.

माश्रौसू. Das Mānava-Śrauta-Sūtra. Edited by Dr. Friendrich Knauer. Books i -v. (out of eleven). St. Petersburg, 1900-1903.

6 Gṛhya-Sūtras, Mantra-Pāṭhas, and related texts

आगृसू. Āśvalāyana-Gṛhya-Sūtra. Issued under the title Gṛhyasūtrāṇi. Indische Hausregeln. Edited by Adolf Friendrich Stenzler. I. Āśvalāyana Leipzig, 1864.

शांगृसू. Śānkhāyana-Gṛhya-Sūtra. Edited and translated by H. Oldenberg, under the title Das Śānkhāyanagṛhyam, in the Indische Studien, vol. xv. pages 1-166. Leipzig, 1878.

कौसू. The Kauśika-Sūtra of the Atharva-Veda, with extracts from the commentaries of Dārila and Keśava. Edited by Mourice Bloomfield, in vol. xiv. of the Journal of the American oriental Society. New Haven, 1890.

साममन्त्रब्रा. Sāma-Mantra-Brāhmaṇa. The first prapāṭhka is cited from the Ph.D dissertation of the University of Halle, entitled Das Mantrabrāhmaṇa. Ist. Prapāṭ haka by Heinrich Stönner. Halle, 1901. The Second is cited from an edition contained in the Hindu Serial called Ushā, vol. I. Calcutta, and 1890.

गोभिलगृसू. Das Gobhila-Gṛyha-Sūtra. Edited by Dr. Friedrich Knauer. Dorpat (and Leipzig), 1884.

खादि.गृसू. Khādira-Gṛhya-Sūtra. Edited and translated by Hermann Oldenberg in the Sacred Books of the East, vol., xxix. pages 369-435. Oxford, 1886.

पार.गृसू. Pāraskar-Gṛhya-Sūtra. Issued under the title Gṛhyasūtrāṇi. Indische Hausregeln. Edited by Adolf Friendrich Stenzler. II. Pāraskar. Leipzig, 1878.

आप.मपा. The Mantra-Pāṭha Āpastambins. Edited by M-Winternitz. Oxford, 1897.

आपगृ. The Āpastambīya-Gṛhya-Sūtra. Edited by Dr. M. Winternitz. Vienna, 1887.

हिर.गृसू. The Gṛhya-Sūtra of Hiraṇyakeśin. Edited by Dr. J. Kirste. Vienna, 1889.

गृ.संग्रह. Das Gṛhyasaṁgraha Pariśiṣṭa des Gobhilaputra. Edited and translated by M Bloomfield in the Zeitschrift der Deutschen Morgenländischen Gesellschaft, vol. xxxv. pages 533-587.

कप्र. Karmapradīpa. The first prapāṭhaka is cited from the edition entitled Der Karmapradīpa, Prapāṭhaka. Edited by Dr. Friedrich Schrader. Halle, 1889. The second Prapāṭhaka is cited from the edition entitled Der Karmapradīpa. II. Prapāṭhaka. Edited by Dr. A Freiherrn von Staël-Holstein. Leipzig, 1900. The third Prapāṭ haka is cited from an edition of the entire text, issued under the title Kātyāyana-Smṛti, and forming a part (vol.i. pages 603 ff.) of the compilation called Dharmaśāstrasaṁgrha, and published by Jīvānanda Vidyāsāg

7 Dharma-Sūtras, Dharma-Śāstras, and Smṛtis

गौत.धशा. Gautama-Dharma-Śāstra. Issued under the title The Institutes of Gautama. Edited by Adolf Friedrich Stenzler. London, 1876.

आप.धसू. Āpastambīya-Dharma-Sūtra. Edited by Dr. George Bühler, C.I.E. Second Edition. Bombay, 1892. Bombay Sanskrit Series, No. xliv.

बौधसू., बौधशा. The Baudyāyana-Dharma-Śāstra. Edited by E. Hultzsch, Ph.D. Leipzig, 1884.

विष्णु. स्मृ. Viṣṇu-Smṛti. The Institutes of Viṣṇu Edited by Julius Jolly, Ph.D. Bibliotheca Indica. Calcutta, 1881.

वासि.धशा. Vāsiṣṭha-Dharma-Śāstra. Edited by Rev. Alois Anton Führer, Ph.D. Bombay, 1883. Bombay Sanskrit Series, no. xxiii.

'माधसू.,माधशा. Mānava-Dharma-Śāstra. Yājñavalkya-Dharma-Śāstra. Critically edited by J. jolly. London, 1887. Trübner's Oriental Series.

याधशा. Yājñavalkya-Dharma-Śāstra. Yājñavalkaya's Gesetzbuch. Edited by Dr. Adolf Friedrich Stenzler, Berlin and London, 1849.

नाधशा. Nāradīya-Dharma-Śāstra. Issued as the Institutes of Nārada. Edited by Julius Jolly. Bibliotheca Indica. Calcutta, 1885.

परा.स्मृ. Parāśara-Smṛti- Edited by Candrakānta

Tarkālaṁkāra. Bibliotheca Indica. Calcutta, 1890 and following.

लघु.अत्रिसं. Laghu-Atri-Saṁhitā, vol.-i., pages 1 ff, Dharmaśāstra Saṁgraha published in two volumes by Pandit Jīvānanda Vidyā-sāgara, Calcutta, 1876.

वृ.असं. Vṛddha-Atri-Saṁhitā, vol. i., pages 47 ff; Dharmaśāstra Saṁgraha published in two volumes by Pandit Jīvānanda Vidyā-sāgara, Calcutta, 1876.

लघु.हारीत.सं. Laghu-Hārita-Saṁhita, Vol. i., pages 177 ff; Dharmaśāastrasaṁgraha published in two volumes by Pandit Jīvānanda Vidyā-sāgara, Calcutta, 1876.

औशधशा. Āuśanasa-Dharma-Śāstra, Vol. i., pages 501 ff; Dharmaśāstra Saṁgraha published in two volumes by Pandit Jīvānanda Vidyā-sāgara, Calcutta, 1876.

आंस., आस्मृ. Āṅgirasa-Smṛti, vol. i., pages 554 ff; Dharmaśāstra Saṁgraha published in two volumes by Pandit Jīvānanda Vidyā-sāgara, Calcutta, 1876.

संवर्तस्मृ. Saṁvarta-Smṛti, vol. ii, pages 584 ff; Dharmaśāstra Saṁgraha published in two volumes by Pandit Jīvānanda Vidyā-sāgara Calcutta, 1876.

बृ. परासं. Bṛhat-Parāśara-Saṁhitā, vol. ii. pages 53 ff; Dharmaśāstra Saṁgraha published in two volumes by Pandit Jīvānanda Vidyā-sāgara, Calcutta, 1876.

लघु.व्याससं. Laghu-Vyāsa-Saṁhitā, vol. ii. pages 310 ff; Dharmaśāstra Saṁgraha published in two volumes by Pandit Jīvānanda Vidyā-sāgara, Calcutta, 1876.

व्या.सं. Vyāsa-Saṁhitā, vol. ii. pages 321 ff; Dharmaśāstra Saṁgraha published in two volumes by Pandit Jīvānanda Vidyā-sāgara, Calcutta, 1876.

शंखसं. Śaṅkha-Saṁhiā, vol. ii. pages 343 ff. Dharmaśāstra Saṁgraha published in two volumes by Pandit Jīvānanda Vidyā-sāgara, Calcutta, 1876.

8 Vidhāna-texts

ऋवि.□Ṛg-Vidhāna. Issued as a Berlin Ph.D dissertation under the title Ṛgvidhānam. Auctor Rudolf Meyer, Berlin, 1877.

सां.विब्रा. The Sāma-Vidhāna-Brāhmaṇa of the Sāma Veda by A. C. Burnell, London, 1873.

9 Ancillary texts of Veda

निरु. Nirukta. Cited from the German editionYāska's Nirukta sammt den Nighaṇṭ avas. Edited by Rudolf Roth. Göttingen, 1852.

बृहद., बृदे. The Bṛhad-Devatā, Attributed to Śaunaka. Edited by Arthur A. Macdonell. Volumes v. and vi. Of the Harvard Oriental Series. Cambridge, Massachusetts, 1904.

दैब्रा. Daivata-Brāhmaṇa. Issued under the title Daivata-Brāhmaṇa and Ṣaḍviṁśa-Brāhmaṇa. Edited by Pandit Jīvānanda Vidyāsāgara. Calcutta, 1881.

नक्षत्रकल्प. Nakṣatra-Kalpa. One of the five so-called Kalpas of the Atharva-Veda. A manuscript in possession of Bloomfield.

10. Post-Vedic Texts

महा.The Mahā-Bhārata. Cited from the Bombay edition of 1863.

गीता Concordance to the Principal Upaniṣads and the Bhagavad-Gita by A. Jacob, Bombay, 1891.

सुपर्ण आख्या., सुआ. Sūparṇākhyān. Issued as a Berlin doctor's dissertation under the title 'Sūparṇādhyāyaḥ' Auctor Elimar Grube, Berlin, 1875.

महाभाष्य Mahābhāṣy Kielhorn's edition, vol. 1, P.96.

Abbreviations

अपै. Atharvaveda Saṁhitā, Paippalāda recension

वैदिकपादानुक्रमकोषः 14

अब्रा.	Adbhuta-Brāhmaṇa
अशौ.	Atharva-Veda-Saṁhitā, Śaunaka recension
आगृ., आगृसू.	Āśvalāyana-Gṛhya-Sūtra
आत्म उप.	Ātmaprabodha Upaniṣad
आंस., आस्मृ.	Āṅgirasa-Smṛti
आपगृ.	Apastamba-Gṛhya-Sūtra
आप.मपा.	Āpastamba-Mantra-Pātha
आप.यज्ञ.	Āpastamba-Yajñaparibhāsā
आपश्रौ.	Āpastamba-Śrauta-Sūtra
आरसं.	Āraṇya-Saṁhitā
आरुण उप.	Āruṇeya-Upaniṣad
आश्रौ.	Āśvalāyana-Śrāura-Sūtra
ईश.उप.	Īśā-Upaniṣad
ऋ.	Ṛg-Veda Saṁhitā
ऋवि.	Ṛg-Vidhāna
ऐआ.	Āitareya-Āraṇyaka
ऐउप.	Aitareya-Upaniṣad
ऐब्रा.	Aitareya-Brāhmaṇa
औशधशा.	Auśanasa-Dharma-Śāstra
कठ.उप.	Kaṭha-Upaniṣad
कप्र.	Karmapradīpa
कण्ठ.उप.	Kaṇṭhaśruti-Upaniṣad
का.	Vājasaneyi-Saṁhitā of Kāṇva recension
काठसं.	Kāṭhaka-Saṁhitā
काठसं. अश्व.	Kāṭhaka-Saṁhitā,
कात्य.श्रौसू.	Kātyāyana-Śrauta-Sūtra
कालाग्नि.उप.	Kālāgnirudra-Upaniṣad
कैवल्य उप.	Kaivalya-Upaniṣad
कौसू.	Kauśika-Sūtra
कौषीब्रा.	Kauṣītaki-Brāhmaṇa
कौषीब्रा.उप.	Kauṣītaki-Brāhmaṇa-Upaniṣad
क्षुरि.उप.	Kṣurikā-Upaniṣad

खादिगृसू.	Khādira-Gṛhya-Sūtra
	Aśvamedhagrantha
खिल.	Khilas of the Ṛg-Veda
गारुड उप.	Gāruḍa-Upaniṣad
गीता	Bhagavad-Gitā
गृ.संग्रह.	Gṛhya-Saṁgraha
गोब्रा.	Gopatha-Brāhmaṇa
गोभिलगृसू.	Gobhil Gṛhya Sūtra
गोपाल ता.उप.	Gopāla-Tāpanī-Upaniṣad
गौतधशा.	Gautama-Dharma-Śāstra
चूलिका उप.	Cūlikā-Upaniṣad
छांउप.	Chāndogya-Upaniṣad
जबाल.उप.	Jābāla-Upaniṣad
जै.उपब्रा.	Jaiminīya-Upaniṣad-Brāhmaṇa
जैब्रा.	Jaiminīya-Brāhmaṇa
तेज.उप.	Tejobindu-Upaniṣad
तै., तैसं.	Taittirīya-Saṁhitā
तैआ.	Taittirīya-Āraṇyaka
तैआ.आन्ध्र.	Taittirīya-Āraṇyaka, Āndhra recension
तैउप.	Taittirīya-Upaniṣad
तैब्रा.	Taittirīya-Brāhmaṇa
दैब्रा.	Daivata-Brāhamaṇa
नाद.उप.	Nādabindu-Upaniṣad
नक्षत्रकल्प.	Nakṣatra-Kalpa
नाधशा.	Nāra-Dharma-Śāstra
निरु.	Nirukta
नीलरु.उप.	Nīlarudta-Upaniṣad
नृसिपूउप.	Nṛsiṅha-Pūrva-Tāpanī-Upaniṣad
पंचब्रा.	Pañacviṅśa-Brāhmaṇa
परा.स्मृ.	Parāśara-Smṛti
प्र.उप.	Praśna-Upaniṣad
प्रण.उप.	Praṇava-Upaniṣad

पार.गृसू.	Pāraskara-Gṛhya-Sūtra
प्रा.उप.	Prāṇāgnihotra-Upaniṣad
बृ.परासं.	Bṛhat-Parāśara-Saṁhitā
बृउप.	Bṛhdāraṇyaka Upaniṣad, Mādhyandina recension
बृह.उप.का.	The same, Kāṇva recension
बृहद.बृदे.	Bṛhad-Devatā
बौधसू.	Baudhāyana-Dharma-Śāstra
ब्रउप.	Brahma-Upaniṣad
महा., महाभा.	Mahābhārata
महा उप.	Mahā-Upaniṣad
महानाम्न्य.	Mahānāmnyaḥ
महानारा.उप.	Mahā-Nārāyaṇa-Upaniṣad
महाभाष्य.	Mahā-Bhāṣya
माधसू.	Mānava-Dharma-Śāstra
माश्रौसू.	Mānava-Śrauta-Sūtra
मुक्ति.उप.	Muktikā-Upaniṣad
मुण्ड.उप.	Muṇḍaka-Upaniṣad
मैत्री.उप.	Maitrī-Upaniṣad
मैसं.	Maitrāyaṇī-Saṁhitā
या.धशा.	Yājñavalkya-Dharma-Śāstra
योग.उप.	Yogatattva-Upaniṣad
लघु अत्रिसं.	Laghu-Atri-Saṁhitā
लघुव्याससं.	Laghu-Vyāsa-Saṁhitā
लघुहारीतसं.	Laghu-Hārīta-Saṁhitā
लाट्यश्रौसू.	Lāṭyāyana-Śrauta-Sūtra
वरउ.उप.	Varada-Uttra-Tāpanī-Upaniṣad
वरपू.उप.	Varada-Pūrva-Tāpanī-Upaniṣad
वा.	Vājasaneyi-Saṁhitā of Mādhyandin recension
वाल.	Vālakhilya Sūkta of Ṛgveda
वासि.धशा.	Vāsiṣtha-Dharma-Śāstra
वासु.उप.	Vāsudeva-Upaniṣad
विष्णुस्मृ.	Viṣṇu-Smṛti
वृअसं.	Vṛddha-Atri-Saṁhitā
वृहासं.	Vṛddha-Hārīta-Saṁhitā
वैसू.	Vaitāna-Sūtra
व्यासं.	Vyāsa-Saṁhitā
शंखसं.	Śaṅkha-Saṁhitā
शब्रा.	Śatapatha-Brāhmaṇa, Mādhyandin recension
शब्रा.का.	Śatapatha-Brāhmaṇa, Kāṇva recension
शांगृसू.	Śāṅkhāyana-Gṛhya-Sūtra
शांश्रौसू.	Śāṅkhāyana-Śrauta-Sūtra
शिरस् उप.	Śiras-Upaniṣad
शौ.उप.	Śaunaka-Upaniṣad
श्वेत.उप.	Śvetāśvatara-Upaniṣad
षड्विंशब्रा.	Ṣaḍviṁśa-Brāhmaṇa
संउपब्रा.	Saṁhitopaniṣad-Brāhmaṇa
संन्यासउप.	Saṁnyāsa-Upaniṣad
संवर्तस्मृ.	Saṁvarta-Smṛti
सा.	Sāma-Veda-Saṁhitā
साममन्त्रब्रा.	Sāma-Mantra-Brāhmaṇa
साविब्रा.	Sāma-Vidhāna-Brāhmaṇa
सुपर्णआख्या, सुआ.	Suparṇa-Ākhyāna
स्कंउप.	Skanda-Upaniṣad
हिर.गृसू.	Hiraṇyakeśi-Gṛhya-Sūtra

List of a few other abbreviations used in the Concordance

Few abbreviations, other than those of titles of texts, have been used in the concordance; those few may here be explained as under :

आलो.	आलोचनात्मक
द्र.	द्रष्टव्य
प.	परिचय
पपा.	पदपाठ
प्र.	प्रतीक
ब.प्र.	बहुल प्रयोग

भा. भाष्य

हस्त. हस्तलिखित ग्रन्थ

Salient Features of the Present Edition

Following are the salient features of this Devanāgarī edition of the Vedic Concordance:

1. The present concordance has been produced in Devanāgarī script. Thus it would give the authors the taste of the actual Mantra-pādas of the Vedic texts. it would also help the readers to understand the Vedic Mantras in a more easy and lucid manner.

2. Sometimes Bloomfield fails to place the various entries in correct alphabetical order from the point of Devanāgarī orthographic system, e.g.

instead of rendering the entries in the following correct alphabetic order:

अग्नेर् व्रतानि पूर्व्या महानि—ऋ.७.६.2/४

अग्नेर् होतुः प्रिया धामानि—आश्रौ. १.६.५ द्र. अयाड् अग्नेः।

अग्नेर् होत्रेण प्र नुदे सपत्नान्—अशौ. ६.2.६/३

he renders these as

अग्नेर् होतुः प्रिया धमानि—आश्रौ.१.६.५ द्र. अयाड् अग्नेः।

अग्नेर् होत्रेण प्र नुदे सपत्नान्—अशौ. ६.2.६/३

अग्नेर् व्रतानि पूर्व्या महानि—ऋ.७.६.2/४

Hence all such entries as don't find a correct alphabetical order in the Bloomfield's Roman edition, have been placed in correct alphabetical order in the present Devanāgarī edition of the present author.

4. Though Bloomfield tried his best to represent the Vedic lores in a most perfect manner through Roman letters by applying diacritical marks, still the anusvāra, jihvāmūlīya and upadhmānīya sounds could not be represented as perfectly as they should have been. Bloomfield could not distinguish between छ and च्छ sounds representing both by 'ch'. What to say of a layman even a scholar will not be able to make out 'ch' for च्छ. He was not able to distinguish through his diacritical system even between ल and ळ sounds. Moreover the diacritical system adopted by Bloomfield has become outdated thesedays. Under the circumstances a new student trained in the current system will find lot of difficulties to make out the century's old system adopted and applied by Bloomfield. So the present author thought it appropriate and justified to present the Bloomfield's concordance in the Devanāgarī script in an updated, revised and improved manner.

प

पक्तारमघन्ये मा हिंसीः – अशौ .१०.६.११/३
पक्तारं पक्वः पुनराविशति – अशौ.१2.३.४८/४
नक्तारो ये च ते जनाः – अशौ.१०.६.७/2
पक्ता सस्यम् – तैसं. ७.५.2०.१ द्र. पन्था सस्यम्।
पक्तौदनस्य सुकृतामेतु लोकम् – अशौ. ११.१.१७/४ तु. इमं पक्त्वा।
पक्वं क्षेत्रात् कामदुघा म एष – अशौ. ११.१.2८/2 प्रः पक्वं क्षेत्रात् – कौसू. ६३.५
पक्वमामायामव पूर्व्यं गोः – ऋ.१.१८०.३/2
पक्वं मांसं मधु च यद्धिरण्यम् – कौसू. ६४.१४/2
पक्वाः पृक्षो भरन्त वाम् – ऋ. ५.७३.८/४
पक्वान्ना नेमतिथिवानः – शांश्रौसू. ८.2१.१
पक्वाय शर्म बहुलं नि यच्छात् – अशौ.१2.३.८/४
पक्वा शाखा न दाशुषे – ऋ.१.८.८/३; अशौ.2०.६०.४/३; ७१.४/३
पक्वौ वरीहिवया इति – अशौ. 2०.१2६.१५
पक्षश्छन्दः – तैसं. ४.३.१2.३; मैसं.2.८.७: १११.१६
पक्षाणां विश्ववारे ते – अशौ. ६.३.४/३
पक्षा वयो न यन्तन – ऋ. ८.४७.३/2
पक्षा वयो यथोपरि – ऋ. ८.४७.2/३
पक्षिणं यः सरिसृपः – आपमपा. 2.१७.१/2
पक्षी जायान्यः पतति – अशौ. ७.७६.४/१
पक्षी ह भूत्वाति दिवः समेति – अशौ. ४.३४.४/४
पक्षेभिरपिकक्षेभिः – ऋ. १०.१३४.७/४
पक्षौ निहन्ति भूम्याम् – अशौ. ६.८.2/2
पक्ष्माणि गोधूमैः कुवलैर् (तैब्रा. क्वलैर्) उतानि – वा.१६.८६/३; मैसं.३.११.६/३: १५४.५; काठसं. ३८.३/३; तैब्रा. 2.६.४.४/३
पंक्तिः प्रजापतये – तैब्रा. ३.७.६.2; आपश्रौ. ३.१८.४; माश्रौसू. ५.2.१५.2
पंक्तिं छन्द इहेन्द्रियम् – वा. 2८.2८/५; तैब्रा. 2.६.१७.४/५
पंक्तिं छन्दः प्रपद्ये – मैसं. ४.६.2: १22.१३
पंक्तिं मज्ज्ञा प्रविशामि – काठसं. ३८.१४; आपश्रौ. १६.१६.१
पंक्तिराधस उदग्दिश्यस्य स्थाने स्वतेजसा भानि – तैआ. १.१८.१
पंक्तिराधाश्च सप्तमः – तैआ. १.६.१/४
पंक्तिर्विष्णोः (गोब्रा. वैसू. विष्णोऽपत्नी) – मैसं. १.६.2: १३2.६; काठसं.६.१०; गोब्रा. 2.2.६; वैसू. १५.३ तु. विष्णोरनुष्टुप्।
पंक्ति हैमन्ती – वा. १३.५८; तैसं. ४.३.2.३; मैसं. 2.७.१६: १०४.१३; काठसं. १६.१६; शब्रा.८.१.2.८
पंक्तिश्छन्द इहेन्द्रियम् (मैसं. इहन्द्रियम् (मैसं. इन्द्रियम्) – वा. 2१.१६/३; मैसं. ३.११.११/३: १५८.७; काठसं. ३८.१०/३; तैब्रा. 2.६.१८.2/३
पंक्तिश्छन्दः – वा. १४.१०.१८; तैसं. ३.१.६.2; ४.३.१.१; ५.१; ७.१; मैसं. 2.७.2०: १०५.१७; 2.८.2: १०८.३; 2.८.३; १०८.१2; 2.१३.१४: १६३.१३; काठ सं १७.2,३; ३६.४,७; शब्रा. ८.2.४.६; ३.३.६; आपश्रौ. १६.2८.१
पंक्तिश्छन्दसः (माश्रौसू. छन्दसोऽघुहितोऽश्विपीतस्य) – आपश्रौ. १४.४.११; माश्रौसू. 2.५.३.2६
पंक्तिस्त्रिष्टुभे – वैसू. १.१८ तु. गायत्री त्रिष्टुभे।
पंक्तिस्तवा छन्दसामवतु (काठसं. त्वा छन्दसावतु; वा. शब्रा. त्वावतु) – वा.१०.१४; तैसं.१.८.१३.2; मैसं. 2.६.१०: ७०.१; काठसं. १५.७; शब्रा. ५.४.१.७
पंक्त्या छन्दसेन्द्रियम् – वा. 2८.३६/४; तैब्रा. 2.६.2०.३/४
पंक्त्यै नमः – काठसं अश्व. ११.५
पंक्त्यै (मैसं. काठसं. पङ्क्त्या) निधनवत् – वा. १३.५८; तैसं. ४.३.2.३; मैसं. 2.७.१६: १०४.१३; काठसं. १६.१६ शब्रा. ८.१.2.८
पचच्छतं महिषा इन्द्र तुभ्यम् – ऋ. ६.१७.११/2
नचता पक्तिरवसे कृणुध्वमित् – ऋ .७.३2.८/३; सा. १.2८.५/३
पचन्तं च स्तुवन्तं च प्रणेषत् – ऋ. 2.2०.३/४
पचन्ति ते वृषभां अत्वि तेषाम् – ऋ. १०.2८.३/३
पचन् पक्तीरपिबः सोममस्य – ऋ. ५.2६.११/४
पचाति नेमो नहि पक्षदर्धः – ऋ. १०.2७.१८/2
पचात् पक्तीरुत भृज्जाति धानाः – ऋ. ४.2४.७/2
पच्यमानं परो गिरा – ऋ. ८.६६.१४/४; अ.2०.९2.११/४
पज्राया गर्भ शृणुहि ब्रवीमि ते – ऋ. ६.८2.४/2
पज्रेव चर्चरं जारं मरायु – ऋ. १०.१०६.७/१
पज्रेषु स्तोमो दुर्यो न यूपः – ऋ. १.५१.१४/2
पंचकृत्वस्ते नमः – तैआ. ४.2८.१
पंच क्षितीः परि सद्यो जिगाति – ऋ. ७.७५.४/2
पंच क्षितीनां वसु – ऋ. १.१७६.३/2
पंच क्षितीर्मानुषीर्बोधयन्ती – ऋ. ७.७६.१/2
पंचचत्वारिंशते स्वाहा – काठसं अश्व. 2.६
पंच च मे पंचाशच्च मे – अशौ. १.१५.५/१
पंच च मे सप्त च मे – वा. १८.2४; तैसं. ४.७.११.१
पंच च याः पंचाशच्च – अ. ६.2५.१/१ प्रः पंच च याः

– कौसू. ३०.१४
पंचजनं जनमग्न यज्ञः – मैसं. १.४.४: ५१.१६
पंच जना मम होत्रं जुषन्ताम् – ऋ. १०.५३.४/४; आपश्रौ. 2४.१३.३/४; निरु. ३.८/४
पंच जना मम होत्रं जुषन्ताम – ऋ. १०.५३. ५/१
पंचजनीया इति ख्यातम (ऋक) – शांश्रौसू. १०.2.८; १४.५६.१४; १८.22.६
पंच जाता वर्धयन्ती – ऋ. ६.६१.१2/2
पंचत्रिंशते स्वाहा – काठसं अश्व. 2.६
पंचदश च मे सप्तदश च मे – वा. १८.2४
पंचदशभिरस्तुवत – वा. १४.2६; तैसं. ४.३.१०.2; मैसं. 2. ८.६: ११०.१2; काठसं. १७.५; शब्रा. ८.४.३.१०
पंचदशभ्यः स्वाहा – तैसं. ७.2.११.१; १2.१; १४.१; १६.१; काठसं अश्व.2.६
पंचदशर्चेभ्यः स्वाहा – अ. १६.2३.१2
पंचदश (मैसं. ...शः; काठसं. ...शस्) स्तोमः – वा. १०.११; १४.2३; तैसं. १.८.१३.१; ४.३.३.१; ६.१; मैसं. 2.६.१०: ६६.१४; 2.७.20: १०५.४; 2.८.५: १०६.१०; काठसं. १५. ७; शब्रा. ५.४.१.४; ८.४.2.४ द्र. उत्तरमेकवर्जम्।
पंचदशस्तवा स्तोमः पृथिव्यां श्रयतु – वा. १५.११; तैसं. ४.४.2.१; मैसं. 2.८.६: ११३.११; काठसं. १७.८; शब्रा. ८.६.१.६
पंचदशस्स्तोमस्सप्तदशवर्तनिः – काठसं. ३६.७; द्र. पूर्वमेकवर्जम्।
पंचदशात् प्रसूतात् पित्र्यावतः – कौषी ब्रा उप. १.2/2 द्र. तमर्धमासम्।
पंचदशाद् बृहत् – वा. १३.५५; तैसं. ४.३.2.१; मैसं. 2.७. १६: १०४.५; काठसं. १६.१६; शब्रा. ८.१.१.८
पंचदशाय नमः – काठसं अश्व. ११.2
पंचदशाः षोडशेषु श्रयध्वम् – तैसं. ३.११.2.2
पंचदशिनोऽर्धमासाः – तैसं. ७.५.20.१; काठसं अश्व. ५. १७
पंचदशौ ते अग्ने बाहू ताभ्यां माभि पाहि – काठसं. ३६. 2
पंचदशौ ते अग्ने बाहू तौ मे अग्ने बाहू – काठसं. ३६.2; आपश्रौ. १६.३३.५
पंच दिशः पंचदशेन क्लृप्ताः – अशौ. ८.६.१५/३; तैसं. ४.३.११.४/३; मैसं. 2.१३.१०/३: १६१.६; काठसं. ३६. १०/३; पारगृसू. ३.३.५/३
पंच दिशो दैवीर्यज्ञमवन्तु देवीः – वा. १७.५४/१; तैसं. ४.६.३.2/१; ५.४.६.2; मैसं. 2.१०.५/१: १३६.१४; ३. ३.८: ४०.१५; काठसं. १८.३/१; शब्रा. ६.2.३.८; माश्रौसू. ६.2५ प्रः पंच दिशो दैवीः – आपश्रौ. १७. १४.६ पंच दिशः – काठसं. 2१.८; कात्यश्रौसू. १८. ३.१८
पंच देवां ऋतुशः सप्त – सप्त – ऋ. १०.५५.३/2
पंचधाग्नीन् व्यक्रामत् – तैब्रा. १.2.१.2७/१; आपश्रौ. ५. १८.2/१
पंच नद्यः सरस्वतीम् – वा. ३४.११/१
पंचनवत्यै स्वाहा – तैसं. १.2.१.2७/; आपश्रौ. ५.१८. 2/१
पंच पंचाशत एकविंशाः – तैब्रा. ३.१.2.६.८/४
पंच पंचाशतः पंचदशाः – तैब्रा. ३.१2.६.८/2
पंचपंचाशतं हयान् – ऐब्रा. ८.2३.५/४; शब्रा. १३.५.४. ११/४
पंच पंचाशतस्त्रिवृतः संवत्सराः – तैब्रा. ३.१2.६.८/१
पंच पंचाशतः सप्तदशाः – तैब्रा. ३.१2.६.८/३
पंचपंचाशते स्वाहा – काठसं अश्व. 2.६
पंच पदानि रुपो अन्वरोहम् – ऋ. १०.१३.३/१ द्र. त्रीणि पदानि रूपो।
पंच पशुभ्यः – तैब्रा. ३.७७.११; आपश्रौ. १०.22.१2; साम मन्त्रब्रा. १.2.१०; पारगृसू. १.८.१; आपमपा. १.३.११ (आपगृ. 2.४.१६); हिर गृसू. १.2१.१ द्र. पंच भवाय।
पंचपादं पितरं द्वादशाकृतिम् – ऋ. १.१६४.१2/१; अशौ. ६.६.१2/१; प्र.उप. १.११/१
पंचपादादनंगुरेः – अशौ. ८.६.22/2
पंच प्रदिशस्ता नः पान्तु – काठसं. ३७.१०
पंच प्रदिशो गच्छ – तैआ. ४.६.३; ५.८.३
पंच भवाय – मागृसू.. १.११.१८ द्र. पंच पशुभ्यः।
पंचभिः पराङ् तपस्य एकयार्वाङ् – अशौ. १७.१.१७/१
पंचभिरस्तुवत – वा. १४.2८; तैसं. ४.३.१०.१; मैसं.2.८.६: ११०.७; काठसं. १७.५; शब्रा. ८.४.३.५
पंचभिर्धाता वि दधौ (मैसं.काठसं. दधा) इदं यत् (मैसं. यत् इत्यस्य लोपः) – तैसं. ४.३.११.2/१; मैसं. 2.१३. १०/१: १६०.१०; काठसं. ३६.१०/१
पंचभिर्मानवैर्यमः – तैआ. ६.५.३/४
पंचभ्यः शतेभ्यः स्वाहा – तैसं. ७.2.१६.१; काठसं अश्व. 2.६
पंचभ्यः स्वाहा – तैसं.७.2.११.१; १2.१; १४.१; १६.१; काठसं अश्व. 2.१,2,४,६
पंचभ्यो मानवेभ्यः – अशौ. ५.१७.६/४
पंच मम न तस्य किंचन योऽस्मान् द्वेष्टि यं च वयं द्विष्मः – शब्रा. १.५.४.१६; आपश्रौ. ४.६.८
पंचमश्चाचरंस्तैः – छा.उप. ५.१०.६/४

पंचमाच्चोपलेपनात् – षड् ब्रा. ५.१०/४; अब्रा. १०/४
पंचमाः षष्ठेषु श्रयध्वम् – तैब्रा. ३.११.2.१
पंचमीति च नाम च – खिल. १०.१2७.११/2
पंचयामं त्रिवृतं सप्ततन्तुम् – ऋ. १०.१५2.४/४; १2४.१/2 तु. अग्निर्यां त्रिवृतम्।
पंचयोजनमाश्विनम् – अशौ. ६.१३१.३/2
पंच राज्यानि वीरुधाम् – अशौ.११.६.१५/१
पंच रुक्मा ज्योतिरस्मै भवन्ति – अशौ. ६.५.2६/१
पंच रुक्मा पंच नवानि वस्त्रा – अशौ. ६.५.2५/१ प्रः पंच रुक्मा – कौसू. ६४.2५
पंचर्चेभ्यः स्वाहा – अशौ.१६.2३.2
पंचवाही वहत्यग्रमेषाम् – अशौ. १०.८.८/१
पंचविंशतिश्च मे सप्तविंशतिश्च मे – वा. १८.2४; तैसं. ४.७.११.१
पंचविंशत्यास्तुवत – वा. १४.३०; तैसं. ४.३.१०.2; मैसं. 2.८.६: ११०.१६; काठसं. १७.५; शब्रा. ८.४.३.१५
पंचविंशत्यै स्वाहा – काठसं अश्व. 2.६
पंचविंश (काठसं. ...शस्; मैसं. शः) स्तोमः – वा. १४.2५; तैसं. ४.३.६.2; मैसं. 2.८.५: ११०.१; काठसं. १७.४; शब्रा. ८.४.2.८
पंचविंशस्य स्तोमस्य तिसृष्वर्धतृतीयास्वर्धत्रयोदशासु वा परिशिष्टासु प्रथमं प्रतिहारं प्रब्रूतात – ऐआ. ५.१.५.१
पंचविंशाः षड्विंशेषु श्रयध्वम् – तैब्रा. ३.११.2.३
पंच व्युष्टीरनु पंच दोहाः – अशौ. ८.६.१५/१; तैसं. ४.३.११.४/१; मैसं. 2.१३.१०/१: १६१.५; काठसं. ३६.१०/१; पारगृसू. ३.३.५/१ प्रः पंच व्युष्टीः – काठसं. 2६.११
पंच व्राता अपस्यवः – ऋ. ६.१४.2/2
पंचषष्ट्यै स्वाहा – काठसं अश्व. 2.६
पंचस्वन्तः पुरुषा आ विवेश – वा. 2३.५2/१; शब्रा. १३.५.2.१५; आश्रौ. १०.६.2/१; शांश्रौसू. १६.६.४/१; वैसू. ३७.2/१; लाट्यश्रौसू. ६.१०.१2/१
पंचानां त्वर्तूनां यन्त्राय धर्त्राय गृह्णामि – तैसं.१.६.१.2
पंचानां त्वा दिशां धर्त्राय (तैसं. यन्त्राय धर्त्राय) गृह्णामि (काठसं. धर्त्रायागृह्णामि – तैसं. १..६.१.2; मैसं. १.४.४: ५2.१; १.४.६: ५७.७; काठसं. ५.६; ३2.६ प्रः पंचानां त्वा दिशाम् – आपश्रौ. 2.७.६
पंचानां त्वा पंचजनानां धर्त्राय (तैसं. यन्त्राय धर्त्राय) गृह्णामि (काठसं. धर्त्रायागृह्णामि) – तैसं. १.६.१.2; मैसं. १.४.४: ५2.३; १.४.६: ५७.११; काठसं. ५.६; ३2.६ प्रः पंचानां त्वा पंचजनानाम् – आपश्रौ. 2.७.६
पंचानां त्वा पृष्ठानां धर्त्राय गृह्णामि (काठसं. धर्त्राय) गृह्णामि (काठसं. धर्त्रायागृह्णामि) – तैसं. १.६.१.2; मैसं. १.४.४: ५१.१६; १.४.६: ५७.५; काठसं. ५.६; ३2.६; माश्रौसू. १.४.१.१५ प्रः पंचानां त्वा वातानाम् – आपश्रौ. 2.७.६
पंचानां त्वा वातानां धर्त्रय (तैसं. यन्त्राय धर्त्राय (तैसं. यन्त्राय धर्त्राय) गृह्णामि (काठसं. धर्त्रायागृह्णामि) – तैसं. १.६.१.2; मैसं. १.४.४: ५१.१६; १.४.६: ५७.५; काठसं. ५.६; ३2.६; माश्रौसू. १.४.१.१५ प्रः पंचानां त्वा वातानाम् – आपश्रौ. 2.७.८
पंचानां तवा सलिलानां धर्त्राय गृह्णामि (काठसं. धर्त्र्यागृह्णामि) – मैसं. १.४.४: ५2.2; १.४.६: ५७.८; काठसं. ५.६; ३2.६; आपश्रौ. 2.७.६
पंचापुपं शितिपादम् – अशौ. ३.2६.४/१,५/१
पंचारं चक्रं परिवर्तते पृथु – तैआ. ३.११.८/१
पंचारे चक्रे परिवर्तमाने – ऋ. १.१६४.१३/१; अशौ. ६.६.११/१; निरु. ४.2७
पंचावयस्त्रिष्टुभे – वा. 2४.१2; मैसं. ३.१३.१७: १७2.१
पंचाविं गां वयो दधत् – वा. 2८.2६/६; तैब्रा. 2.६.१७.३/६
पंचाविर्गौर्वयो दधुः – वा. 2१.१४/४; मैसं. ३.११.११/४: १५८.३; काठसं. ३८१०/४; तैब्रा. 2.६.१८.2/४
पंचाविर्वयः – वा. १४.१०, तैसं. ४.३.५.१; मैसं. 2.८.2: १०७.१६; काठसं. १७.2; शब्रा. ८.2.४.१.३
पंचाविश्च मे (मैसं. मे इत्यस्य लोपः) पंचावी च मे (मैसं. मे इत्यस्य लोपः) – वा. १८.2६; तैसं. ४.७.१०.१; मैसं. 2.११.६: १४३.१५; काठसं.१८.१2
पंचावीस् (काठसं अश्व. ...व्यस्) तिस्र आदित्यानाम् – तैसं. ५.६.१६.१; काठसं अश्व.६.६
पंचाशते स्वाहा – तैसं. ७.2.१७.१; १६.१; काठसं अश्व. 2.१,३,६,७,६
पंचाशत् कृष्णा नि वपः सहस्रा – ऋ. ४.१६.१३/३
पंचाशत् पंच सुम्नयि – अशौ. १६.४७.४/2
पंचाशीत्यै स्वाहा – काठसं अश्व. 2.६
पंचास्मै धेनवः कामदुघा भवन्ति – अशौ. ६.५.2५/2
पंचैते सुखशायिनः – खिल. १.१६१.६/४
पंचैव कृत्वश्चमसान् – वैसू. १६.20/१; 20.११/१
पंचौदनः पंचधा वि क्रमताम् – अशौ. ६.५.८/३
पंचौदनं च तावजम् – अशौ. ६.५.2७/३
पंचौदनं पंचभिरंगुलिभिः – अशौ. ४.१४.७/१ प्रः पंचादनम् – कौसू. ६४.१८
पंचौदनं ब्रह्मणेऽजं ददाति – अशौ. ६.५.१.१/2,१2/2
पंचौदनो निर्ऋतिं बाधमानः – अशौ. ६.५.१.८/2

वैदिकपादानुक्रमकोषः 20

पंचौदनो ब्रह्मणे दीयमानः – अशौ. ६.५.६/३,१०/३
पटरो विक्लिधः पिंगः – तैआ. १.2.३/१
पद्भिः पश्येरद्भुतां अर्य एवैः – ऋ. ४.2.१2/४
पद्भिर्गृध्यन्तं मेध्युं न शूरम् – ऋ. ४.३८.३/३
पद्भि हस्तेभिश्चकृमा तनूभिः – ऋ. ४.2.१४/2
पद्भिश्चतुर्भिरक्रमीत् – आपश्रौ. १३.७.१६/2 द्र. पद्भिः आदि।
पद्भिश्चतुर्भिरेदगन् – वा. 2३.१३; शब्रा. १३.2.७.६
पणिं गोषु स्तरामहे – ऋ. ८.७५.७/३; तैसं. 2.६.११.2/३; मैसं. ४.११.६/३: १७५.७ ;काठसं. ७.१७/३
पणीँरश्रद्धाँ अवृधाँ अयज्ञान् – ऋ. ७.६.३/2
पणीँर्वचोभिरभि योधदिन्द्रः – ऋ. ६.३६.2/४
पणीनां हृदया कवे – ऋ. ६.५.३.७/2
पणीँ न्यक्रमीरभि – ऋ. १०.६०.६/३
पणेरिच्छ हृदि प्रियम् – ऋ. ६.५३.६/2
पणेश्चिद्वि म्रदा मनः – ऋ. ६.५३.३/३
पतंग पृथिव्यां रोचसे रोचसे अप्स्वन्तः – अशौ. १३.2.३०/2
पतंगमक्तमसुरस्य मायया – ऋ. १०.१७७.१/१; ऐब्रा. १.१६..७; कौषी ब्रा. ८.४; 2५.७; तैआ. ३.११.१०/१; आश्रौ. ४.६.३; जै उप ब्रा. ३.३५.१/१ प्रः पतंगमक्तम् – शांश्रौसू. ५.९.१४; ११.१४.१७,2८; पतंगम् – खिल. ४.22.५ तु. बृहद. ८.७५
पतंगस्य स्थाने स्वतेजसा भानि – तैआ. १.१६.१
पतंगो वाचं पनसा बिभर्ति – ऋ. १०.१७७.2/१; तैआ. ३.११.११/१; आश्रौ. ३.८.१; जै उप ब्रा. ३.३६.१/१
पतत्रिभिरर्णसो निरुपस्थात् – ऋ. ६.६2.६/४
पतत्रिभिरश्रमैरवयथिभिः – ऋ. ७.६६.७/३; मैसं. .४.१४..१०/३: 2३०.८; तैब्रा. 2.८.७.६/३
पतन्ति मिह (मैसं. मिहः; काठसं. मिहस्) स्तनयन्त्यभ्रा – ऋ. १.७६.2/४; तैसं. ३.१.११.५/४; मैसं. ४.१2.५/४: १६३.१०; काठसं. ११.१३/४
पतन्ति वस्यैष्टये – ऋ. १.2५.४/2
पतन्तु पत्वरीरिव – कौसू. १०७.2/३
पतयद्भ्यस्स्वाहा – काठसं. १५.३
पतयन्मन्दयत्सखम् – ऋ. १.४.७/३; अशौ. 2०.६८.७/३
पतरेव चचरा चन्द्रनिर्णिक् – ऋ. १०.१०६.८/३
पताति कुण्डृणाच्या – ऋ. १.2६.६/१; अशौ. 2०.७४.६/१
पताति दिद्युन्नर्यस्य बाह्वोः (तैसं. बाहुवोः) – ऋ. ७.2५.१/३; तैसं. १.७.१३.2/३; मैसं. ४.१2.३/३: १८६.३; काठसं. ८.१६/३
पतिः पृथिव्या अयम् – ऋ. ८.४४.१६/2; सा. १.2७/2; 2.८८2/2; वा. ३.१2/2; १३.१४/2; १५.2०/2; तैसं. १.५.५.१/2; ४.४.४.१/2; मैसं. १.५.१/2: ६५.८; १.५.५: ७३.८; काठसं. ६.९/2; शब्रा. 2.३.४.११/2; तैब्रा. ३.५.७.१/2
पतिः प्राजानाम् – वा. ३७.१४; मैसं. ४.९.६: १2६.५; शब्रा. १४.१.४.३; तैआ. ४.७.४; ५.६.८
पतिं वाचो अदाभ्यम् – ऋ. ६.2६.४/३ तु. पतिर्वाचो।
पतिं विश्वस्यात्मेश्वरम् – तैआ. १०.११.१/१; महा नारा उप. ११.३/१
पतिं वो अघ्न्यानाम् – ऋ. ८.६९.2/३; सा. 2.८६2/३ ऐआ. १.३.५.४; ५.१.६.५
पतिं सूराया (तैब्रा. सुरायै; वा. सूरया) भेषजम् – वा. 2१.३१/2; मैसं.३.११.2/2: १४१.७; तैब्रा. 2.६.११.2/2
पतिं कृष्टीनां रथ्यं रयीणाम् – ऋ. ७.५.५/३
पतिं जूर्यन्त्या अश्विनावदत्तम् – ऋ. १११७.७/४
पतिं तुरस्य राधसः – ऋ. ६.४४.५/2 तु. पती आदि।
पतिं दक्षस्य विदथस्यनू सहः – ऋ. १.५६.2/३
पतिं देवि राधसे चोदयस्व – अशौ. ७.४६.३/४
पतिं न नित्यं जनयः सनीडाः – ऋ. १.७१.१/2
पतिं न पत्नीरुशतीरुशन्तम् – ऋ. १.६2.११/३
पतिभ्यो न जनयः शुम्भमानाः – ऋ. १०.११०.५/2; अशौ. ५.१2.५/2; वा. 2९.३०/2; मैसं. ४.१३.३/2: 2०2.३; काठसं. १६.2०/2; तैब्रा. ३.६.३.३/2; निरु. ८.१०/2
पतिमिन्द्रं वयोधसम् – वा. 2८.३१/४; तैब्रा. 2.६.१७.६/४
पतिमिन्द्रमवर्धयन् – वा. 2८.१८/2,४१/2; तैब्रा. 2.६.१०.४/2; 2०.४/2
पतिमेकादशं कृधि (साम मन्त्रब्रा.हिर गृसू. कुरु) – ऋ. १०.८५.४५/४; साम मन्त्रब्रा. १.2.१६/४; हिर गृसू. १.2०.2/४; आपमपा. .१४.६/४
पतिं भ्रातरमात् स्वान् – अशौ. ११.६.८/३
पतिं मे केवलं कुरु (अशौ. आपमपा. कृधि) – ऋ. १०.१४५.2/४; अशौ. ३.१८.2/४; आपमपा. १.१५.2/४
पतिरिपो न जनयो दुरेवाः – ऋ. ४.५.५/2
पतिरिव जायामभि नो न्येतु – ऋ. १०.१४९.४/३
पतिरेकाष्टके तव – अशौ. ३.१०.८/2
पतिर्गवामभवदेक इन्द्रः – ऋ. ३.३१.४/४
पतिर्गवां प्रदिव इन्दुर्ऋत्वियः – ऋ. ९.७2.४/2
पतिजर्ज्ञे वृषक्रतुः – ऋ. ६.४५.१६/३

पतिर्जनीनामुप याति निष्कृतम् – ऋ. ६.८६.३2/४
पतिर्जायां प्रविशति – ऐब्रा. ७.१३.६/१; शांश्रौसू. १५.१७/१
पतिर्दिवः शतधारो विचक्षणः – ऋ. ६.८६.११/2; सा. 2.३८2/2
पतिर्दिवः सनजा अप्रतीतः – ऋ. १०.१११.३/४
पतिर्बन्धेषु बध्येत – ऋ. १०.८५.2८/४; अशौ. १४.१.2६/४; आपमपा. १.६.८/४
पतिर्बहूथासमो जनानाम् – ऋ. ६.३६.४/३
पतिर्भवंछवसा शूर धृष्णो – ऋ. ४.१६.७/४; अशौ. 2०.७७.७/४
पतिर्भव वृत्रहन् सूनृतानाम् – ऋ. ३.३१.१८/१
पतिर्यः प्रतिकाम्यः – अशौ. 2.३६.८/2
पतिर्यद्वध्वो (आपमपा. वध्वै) वाससा – ऋ. १०.८५.३०/३; अशौ. १४.१.2७/३; आपमपा. १.१७.८/३
पतिर्वचस्यतो धियः – ऋ. ६.६६.६/४
पतिर्वदति जायया – अशौ. 2०.१2७.८/४; शांश्रौसू. १2.१७.१.2/४
पतिर्वाचो अदाभ्यः – सा. 2.६३५/३ तु. पतिं वाचो।
पतिर्वा जाये त्वत् तिरः – अशौ. १2.३.३६/2
पतिर्विश्वस्य जगतः परस्पाः – मैसं. ४.१४.१/३: 2१५.१४; तैब्रा. 2.८.१.३/३
पतिर्विश्वस्य जगतो बभूव – मैसं. 2.१३.2३/2: १६८.७; ३.१2.१७/: १६५.५; काठसं. ४.१६/2; ४०.१/2 द्र. एक इदित्यत्र।
पतिर्विश्वस्य भुवनस्य राजसि – ऋ. ६.८६.५/४; सा. 2.2३८/४
पतिर्विश्वस्य भूमनः – ऋ. ६.१०१.७/३; सा. १.५४६/३; 2.१६८/३ काठसं. ६.१६/३ तु. पत्ये आदि।
पतिर्ह्यध्वराणम् – ऋ. १.४४.६/१
पतिश्चिकित्वान् रयिविद् रयीणाम् – ऋ. ३.७.३/2
पतिः सिन्धूनामसि रेवतीनाम् – ऋ. १०.१८०.१/४; तैसं. ३.४.११.४/४; मैसं. ४.१2.३/४: १८४.१६; काठसं. ३८.७/४; तैब्रा. 2.६.६.१/४; ३.५.७.४/४
पतिः सिन्धूनां भवन् – ऋ. ६.१५.५/३; सा. 2.६2०/३
पती तुरस्य राधसः – ऋ. ५.८६.४/३; काठसं. ४.१५/३ तु. पतिम् आदि।
पती द्युमद्विश्वविदा उभा दिवः – तैब्रा. 2.८.६.१/१
पतीनां च देवॄणां च – आपमपा. १.६.७/३
पती राजा विशमसि – ऋ. ८.६५.३/४
पत्तीनां पतये नमः – वा. १६.१६; तैसं. ४.५.2.2; मैसं. 2.६.३: १2३.2; काठसं. १७.१2

पत्तो जागार प्रत्यंचमत्ति – ऋ. १०.2७.१३/१
पत्नि कति ते जाराः – आपश्रौ. ८.६.2० तु. पूर्वम्।
पत्नि कति ते जाराः – आपश्रौ. ८.६.2० तु. पूर्वम्।
पत्नि पत्नीलोकोपस्थानं कुरु – माश्रौसू. १.2.५.१०
पत्नि पत्न्य एष ते लोकः – मैसं. १.४.३: ५१.७; १४.८: ५६.१३; आपश्रौ. 2.५.७; माश्रौसू. १.2.५.१० द्र. पत्न्येष।
पत्नि वाचं यच्छ – कात्यश्रौसू. ७.४.१७; आपश्रौ. १०.१६.१६; माश्रौसू. 2.१.३.६; 2.१.४८
पत्नि वाचं विसृजस्व – कात्यश्रौसू. ७.४.१४
पत्नीं संनह्य – शब्रा. १.2.५.2१; कात्यश्रौसू. 2.६.३४; आपश्रौ. 2.३.११; माश्रौसू. १.2.४.2३
पत्नी त्वमसि धर्मणा – अशौ. १४.१.५१/३
पत्नीनां सदनं सदः – अशौ. ६.३.७/2
पत्नीमन्त्राश्चतत् त्रयम् – वैसू. ४.2३/2
पत्नीमन्त्रैः प्रजामायुः – वैसू. ४.2३/३
पत्नीं मा हिंसीः – आपश्रौ. ६.2.६; माश्रौसू. ३.१.2६
पत्नी यीयप्स्यते (शांश्रौसू. यीयप्स्यमाना; वैसू. यद् दृश्यते) जरितः – आश्रौ. ८.३.2४; शांश्रौसू. १2.2३.५; वैसू. ३2.2७
पत्नीवतस् त्रिंशतं त्रींश्चदेवान् – अशौ. 2०.१३.४/३
पत्नीवद्भिरिषयन्ती सजोषः – ऋ. ४.५६.४/2
पत्नीवन्तः सुता इमे – ऋ. ८.६३.22/१; शांश्रौसू. १८.७.१४; निरु. ५.१८/१
पत्नीवन्तो नमस्यं नमस्यन् – ऋ. १.७2.५/2
पत्नीवन्तो वषट्कृताः – ऋ. ८.2८.2/३
पत्नीव पूर्वहूतिं वावृधध्यै – ऋ. १.22.2/१
पत्नीशालं गार्हपत्यः – वा. १६.१८/४
पत्नीसंयाजान् उप ते हुवे स्वाहम् (काठसं अश्व. असा अहम्) – तैसं. ७.३.११.३; काठसं अश्व. ३.१
पत्नी३स्वो रोहावेहि स्वो रोहावेहि – काठसं. १४.१ प्रः पत्नी३ स्वो रोहाव – काठसं. १४.८ द्र. स्वो रोहाव।
पत्न्येष ते पत्नि लोकः – काठसं. ३2.४ द्र. पत्नि पत्नि।
पत्युरनुव्रता भूत्वा – अशौ. १४.१.४2/३ द्र. अग्नेरनु..., तथा तु. मामनुव्रता।
पत्युरस्तं परेत्य – अशौ. १४.१.४३/४
पत्युर्जनित्वमभि सं बभूथ (तैआ. बभूव) – ऋ. १०.१८.८/४; अशौ. १८.३.2/४; तैआ. ६.१.३/४
पत्युर्मे आदिः द्र. पत्यौ।
पत्ये पत्नीं जरदष्टिं कृणोतु – अशौ. १४.१.४६/४
पत्ये रक्षन्तु रक्षसः – अशौ. १४.2.७/४ द्र. प्र त्वे

मुंचन्तु।
पत्ये विश्वस्य भूमनः – वा. १७.७८/१; शब्रा. ९.2.३.४2 तु. पतिरादि।
पत्ये सं शोभयामसि – अशौ. १४.१.५५/४
पत्यौ (आपमपा. पत्युर्) मे श्लोक उत्तमः – ऋ. १०.१५९.३/४; आपमपा. १.१६.३/४
पत्संगिनीरा सजन्तु – अशौ. ५.2१.१०/३
पथ आनक्ति मध्वा घृतेन – तैसं. ४.१.८.१/३ द्र. पथो अनक्तु।
पथ इमं तस्माद्रक्षन्तः – अशौ. ८.2.१०/३
पथ एकः पीपाय तस्करो यथा – ऋ. ८.2९.६/१
पथं गच्छ पथं गच्छ – मैसं. 2.९.१०: १३०.६
पथश्च देवासा – ऋ. ६.१६.३/2; सा.2.८2६/2; काठसं. ६.१०/2; शब्रा. १2.४.४.१/2
पथश्चितन यष्टवे – ऋ. ४.३७.७/2
पथस् – पथः परिपतिं वचस्या – ऋ. ६.४९.८/१; वा. ३४.४2/१; तैसं. १.१.१४.2१; शब्रा. १३.४.१.१५; आश्रौ. ३.७.८; निरु.१2.१८/१ प्रः पथस – पथः शांश्रौसू. ३.५.७; ६.१०.४
पथः सर्वां अनु क्षिय – अशौ. ६.१2१.४/४ द्र. सर्वान् पथो अनुष्व।
पथां विसर्गे धरुणेषु तस्थौ – ऋ. १०.५.६/४; अशौ. ५.१.६/४
पथा नो यशा वह – साम मन्त्रब्रा.2.६.2/४
पथामंकस्य अन्वापनीफणत् – ऋ. ४.४०.४/४; वा. ९.१४/४; तैसं. १.७.८.३/४; मैसं. १.११.2/४: १६३.३; काठसं. १३.१४/४; शब्रा. ५.१.५.१९/४; निरु. 2.2८/४
पथा मधुमता भरन् (मैसं. मधुमदाभरन्) – वा. 2१.३०/३; मैसं. ३.११.2/३: १४१.५; तैब्रा. 2.६.११.१/३
पथामनु व्यावर्तने – अशौ. ६.2६.2/३
पथामपध्वंसेनैतु – अशौ. ४.३.५/३
पथा यन्तं ददर्श हि – ऋ. १.१०५.१८/2; निरु. ५.2१/2
पथ यमस्य गादुप – ऋ. १.३८.५/३
पथा वारिव धावतु – ऋ. १०.१४५.६/५; अशौ. ३.१८.६/५; आपमपा. १.१५.६/५
पथा विश्राव्येषाम् – ऋ. १०.६३.१४/४
पथिभिर्मधुमत्तमैः – वा. 2८.2/४; तैब्रा. 2.६.७.१/४
पथीनां पतये नमः – वा. १६.१७; तैसं. ४.५.2.१; मैसं. 2.९.३: १22.११; काठसं. १७.१2
पथेव यन्तावनुशास्ता रजः – ऋ. १.१३९.४/६
पथो अनक्तु (अशौ. काठसं. ...ति) मध्वा घृतेन – अशौ. ५.2७.2/2; वा. 2७.१2/३; मैसं. 2.१2.६/३: १४९.१६; काठसं. १८.१७/३ द्र. पथ आनक्ति।
पथो देवत्रांजसेव यानान् – ऋ. १०.७३.७/४
पथो रदन्तीरनु जोषमस्मै – ऋ. 2.३०.2/३
पथे रदन्ती सुविताय देवी – ऋ. ५.८०.३/३
पथोरुणा मनोजवा असर्जि – ऋ. ४.2६.५/
पथ्या पूष्णः (गोब्रा. वैसू. माश्रौसू. पूष्णः पत्नी) – मैसं. १.९.2: १३2.४; काठ सं .९.१०; शब्रा. 2.2.९; तैआ.३.९.१; वैसू. १५.३; माश्रौसू.2.2.१.४१
पथ्या रेवती बहुधा विरूपाः – अशौ. ३.४.७/१ प्रः पथ्या रेवतीः – वैसू. १३.2
पदं यदस्य परमे व्योमनि – ऋ. ९.८६.१५/३
पदं यदस्य मतुथ आजीजनन् – ऋ. ९.७१.५/४
पदं यद्विष्णोरुपमं निधायि – ऋ. ५.३.३/३
पदं युजान ऋक्वभिः – ऋ. ९.६४.१९/2
पदं विन्दन्ति विद्युतः – ऋ. १.१०५.१/४; अशौ. १८.४.८९/४; सा. १.४१७/४
पदं जुषन्त यद्दिवि – ऋ. ८.१३.2९/2
पदं देवस्य नमसा व्यन्तः (तैब्रा. विय्...) – ऋ. ६.१.४/१; मैसं. ४.१३.६/१: 20६.११; काठसं. १८.20/१; तैब्रा. ३.६.१०.2/१; निरु. ४.१९
पदं देवस्य मीढुषः – ऋ. ८.१०2.१५/१; सा. 2.९22/१
पदं न गोरपगूढं विविद्वान् – ऋ. ४.५.३/३
पदं न तायुर्गुहा दधानः – ऋ. ५.१५.५/३
पदं नवीयो अक्रमुः – ऋ. ९.2३.2/2; सा.१.५02/2
पदं न वेत्योदती – ऋ. १.४८.६/2
पदज्ञा स्थ रमतयः – अशौ. ७.७५.2/१
पदपंक्तिश्छन्दः – वा. १.५.४; तैसं. ४.३.१2.३; मैसं. 2.८.७: १११.१५; काठसं. १७.६; शब्रा. ८.५.2.४
पदमेकस्य पिप्रतः – ऋ. ९.१०.७/३; सा. 2.४७५/३
पदा क्षुम्पमिव स्फुरत् – ऋ. १.८४.८/2; अशौ. 20.६३.५/2; सा. 2.६९३/2; निरु. ५.१७/2
पदा ते क्रीणानि – मैसं. ३.७.७: ८४.१४; आपश्रौ. १०.३.2५.६
पदा तेऽर्धेन ते गवा ते क्रीणामि – शब्रा. ३.३.३.३ तु. कात्यश्रौसू. ७.८.११
पदा पणींन् (सा. ..णीन्) रराधसः – ऋ. ८.६४.2/१; अशौ. 20.९३.2/१; सा. 2.७०५/१
पद प्र विध्य पार्ष्ण्या – अशौ. ८.६.१७/५
पदाभि तिष्ठ तपुषिम् – ऋ. १.४2.४/३
पदा वत्सं बिभ्रती गौरुद स्था – ऋ. १.१६४.१७/2;

अशौ. ६.६.१७/2; १३.१.४१/2
पदा वराहो अभ्येति रेभन् – ऋ. ६.६७.७/४; सा. १. ५2४/४; 2.४६६/४
पदाविदन् निहितायज्ञियासः – ऋ. १.७2.६/2
पदि षितामर्मुचता यजत्राः – ऋ. ४.१2.६/2; १०.१2६.८/2; तैसं. ४.७.१.५.७/2; मैसं. ३.१६.५/2: १६2.६; काठसं. 2.१५/2; आपश्रौ. ६.22.१/2
पदीष्ट तृष्णया सह – ऋ. १.३६.८.६/३
पदे इव निहिते दस्मे अन्त – ऋ. ३.५५.१५/१
पदेन पदमुद्युजे – अशौ. ६.७०.2/2
पदे – पदे पाशिनः सन्ति सतेवः (अशौ. सेतवे) – ऋ. ६.७३.४/४; अशौ. ५.६.३/४; काठसं. ३८.१४/४; आपश्रौ. १६.१८.७/४
पदे – पदे मे जरिमा नि धायि – ऋ. ५.४१.१५/१
पदे रेभन्ति कवयो न गृध्राः – ऋ. ६.६७.५७/2
पदैरप्नोति निविदः – वा. १६.2५/2
पद्घोषैश्छायया सह – अशौ.१2.४.५/१
पद्घोषैश्छायया सह – अशौ. ५.2१.८/2
पद्भिश्चतुर्भिः प्रति तिष्ठ दिक्षु – अशौ. ४.१४.६/४
पद्भिश्चतुभिरक्रमीत् – अशौ. ३.७.2/2 द्र. पड्भि आदि।
पद्भिः सेदिमवक्रामन् – अशौ. ४.११.१०/१
पद्भ्यां शूद्रो अजायत – ऋ. १०.६०.१2/४; अशौ. १६.६.६/४; वा.३१.११/४; तैआ. ३.१2.६/४; वासि ध शा. ४.2/४
पद्भ्यां दक्षिणस्व्याभ्याम् – अशौ. १2.१.2८/३
पद्भ्यामुदरेण शिश्ना – तैआ. १०.2४.१/३; 2५.१/३: महा नारा उप. १४.३/३,४/३
पद्भ्यां भूमिर्दिशः श्रोत्रात् – ऋ. १०.६०.१४/३; अशौ. १६.६.८/३; वा. ३१.१३/३; तैआ. ३.१2.६/३
पद्मकोशप्रतीकाशम् – तैआ. १०.११.2/३; महा नारा उप. ११.७/३
(ओं) पद्मनाभं तर्पयामि – बौधसू. 2.५.६.१०
पद्मप्रभे पद्मसुन्दरी धर्मरतये स्वाहा – महा नारा उप. ४.१०
पद्मप्रिये पद्मदलायताक्षि – खिल. ५.८७.2६/2
पद्माक्षि पद्मसंभवे – खिल. ५.८७.2१/2
पद्मानने पद्ममौरू – खिल. ५.८७.2१/१
पद्मानने पद्मिनि पद्मपत्रे – खिल. ५.८७.2६/१
पद्मासनाय धीमहि – मैसं. 2.६.१/2: १2०.2
पद्मे सीद – आपश्रौ. १६.३१.१
पद्मे स्थितां पद्मवर्णाम् – खिल. ५.८७.४/३
पद्याभिराशुं वचसा च वाजिनम् – ऋ. 2.३2.३/३
पद्या वस्ते पुरुरूपा वपूंषि – ऋ. ३.५५.१४/१
पद्वते स्वाहा – तैसं. ७.५.१2.१ द्र. पादवते।
पद्वद्विवेद शफवन्नमे गोः – ऋ. ३.३६.६/2
पद्वन्तं गर्भमपदी दधाते – ऋ. १.१८५.2/2; मैसं. ४.१४.७/2: 22४.११; तैब्रा. 2.८.४/2
पद्वा नामासि स्रुतिः सोमसरणी सोमं गमेयम् – आपश्रौ. १०.१.५
पनस्युवः संवसनेषु (सा. संवरणेषु) क्रमुः – ऋ. ६.८६.१७/2; सा. 2.५०३/2
पनाय्यं तदश्विना कृतं वाम् – ऋ. ८.५७(वाल.६).३/१ अशौ. 2०.१४३.६/१; आश्रौ. ६.११.१६
पनाय्यमोजो अस्मे समिन्वतम् – ऋ. १.१६०.५/४; कौषी ब्रा.१६.६
पनित आप्त्यो यजतः सदा नः – ऋ. ५.४१.६/३
पनिष्ठं जातं तवसं दुवस्यन् – ऋ. ३.१.१३/४
पन्था आदित्यानाम् – ऋ.८.१८.2/2
पन्था ऋतस्य समयंस्त रश्मिभिः – ऋ. १.१३६.2/2
पन्था ऋतस्य साधुया – ऋ.१.४६.११/2
पन्थां सूर्याय यातवे – ऋ. ८.७.८/2; मैसं. ४.१३.५/2: १६३.१५
पन्थां स्वर्गमधि रोहयैनम् – अशौ. ११.१.३०/2
पन्थानं भ्रूभ्यां – वा.2५.१ द्र. पन्थां आदि।
पन्थानो राजन्दिव आचरन्ति – तैसं. 2.३.१४.४/2; मैसं. ४.१2.४/2: १६०.६; काठसं. १०.१३/2
पन्थामनु प्रविद्वान्पितृयाणम् – ऋ. १०.2.७/३; आपश्रौ. 2४.१३.३/३
पन्थामनूवृग्भ्याम् (काठसं अश्व. अनु...) – तैसं. ५.७.2३.१; काठसं अश्व. १३.१३
पन्थामृतस्यातवे तर्मिमहे – ऋ. ८.१2.३/३; अशौ. 2०.६३.६/३
पन्थां भ्रूभ्याम् – मैसं. ३.१५: १७७.६ द्र. पन्थानम् आदि।
पन्था सस्यम् – काठसं अश्व. ५.१७ द्र. पक्ता सस्यम्।
पन्थासो यन्ति श्वसापरीताः – ऋ. १.१००.३/2
पन्नगेभ्यः (नमः) – मागृसू.. 2.१2.१७
पन्य आ दर्दिरच्छता – ऋ. ८.३2.१८/१
पन्य इदुप गायत – ऋ. ८.३2.१७/१; शांश्रौसू. ६.१६.2
पन्य उक्थानि शंसत – ऋ. ८.३2.१७/2
पन्य–पन्यमित्सोतारः – ऋ. ८.2.2५/१; सा.१.१2३/१; 2.१००७/१; शांश्रौसू. ६.१६.2
पन्यसीं धीतिं दैव्यस्य यामम् – ऋ. ६.३८.१/३
पन्यांसम् जातवेदसम् – ऋ. ८.७४.३/१; सा. 2.६१६/१
पपानो देवेभ्यो वस्यो अचैत – ऋ. ६.४४.७/2

पपुः सरस्वत्या नद्याः (मैसं. ...त्यां नद्याम्; कात्यश्रौसू. आपश्रौ. ...तीं नदीम्) – वैसू. ३४.६/३; कात्यश्रौसू. १३.३.21/३; आपश्रौ. 21.20.३/३; माश्रौसू. ७.2. ७/३
पपृक्षेण्यमिन्द्र त्वे ह्योजः – ऋ. ५.३३.६/१
पप्ने विश्वं पुरा कृतम् – ऋ. ६.६०.४/2; सा. 2. 20३/2
पप्रथन् रोचना दिवः – ऋ. ८.६४.६/2
पप्रथे दीर्घश्रुत्तमम् – ऋ. ५.३८.2/३
पप्रथ क्षां महि दंसो व्युर्वीम् – ऋ. ६.१७.७/१
पप्रा समीची दिवो न ज्योतिः – ऋ. १.६६.१/2
पय आशासु पयोऽन्तरिक्षे – कौसू. ११५.2/2
पयः कृष्णासु रुशद्रोहिणीषु – ऋ. १.६2.६/४
पयः पशूनां रसमोषधीनाम् – अशौ. १६.३१.५/३
पयः पितृभ्य आहार्षम् – कौसू. ८६.१2/३
पयः पृथिव्यां पय (मैसं. पया) ओषधीषु – वा. १८.३६/१; तैसं. ४.७.१2.2/१; मैसं. 2.१2.१/१: १४४.१४; काठसं. १८.१३/१; ३१.१४/१; माश्रौसू. ३.2.2/३ प्रः पयः पृथिव्याम् – माश्रौसू. ११.६.2
पयः प्रत्नस्य रेतसो दुघानाः – ऋ. ३.३१.१०/2
पयश्च मे रसश्च मे – वा. १८.६; तैसं. ४.७.४.१; मैसं.2. ११.४: १४१.१६; काठसं. १८.६
पयसा (मैसं. पयसः) शुक्रममृतं जनित्रम् – वा. १६. ८४/१; मैसं. ३.११.६/१: १५३.६; काठसं. ३८.३/१; तैब्रा. 2.६.४.2/१
पयसा संपिपृग्धि मा – काठसं. ३६.१५/४; तैब्रा. 2.७.७. ४/४
पयसा सोम आप्यते – वा. १६.2५/४
पयसेन्द्रं वयोधसम् – वा. 2६.३६/2
पयसेन्द्रं सरस्वती – तैब्रा. 2.६.१४.३/2
पयसेन्द्रमवर्धताम् – वा. 2८.१६/2; तैब्रा. 2.६.१०.३/2
पयसे होत्राणां स्वाहा – तैसं. ३.2.८.१
पयसो रूपं यद्यवाः – वा. १६.2३/१
पयसो रेत आभृतम् – वा. ३८.2८/१; शब्रा. १४.३.१.३१
पयसवच्छिरो अस्तु मे – काठसं. ३६.१५/2; तैब्रा. 2.७. ७.४/2
पयस्वतीः कृणुथाप (तैसं. कृणुता...) ओषधीः शिवाः (तैसं. शिवाः इत्यस्य लोपः) – अशौ. ६.22.2/१; तैसं. ३. १.११.८/2
पयस्वतीः प्रदिशः सन्तु मह्यम् – वा. १८.३६/३; तैसं. ४. ७.१2.2/३: १४४.१५; काठसं.१८.१३/३; ३१.१४/३
पयस्वती रन्तिर् (मैसं. रातिर्) आशा नो अस्तु – तैसं. ४.४.१2.५/४; मैसं. ३.१६.४/४: १८६.७; काठसं.22. १४/४; आश्रौ. ४.१2.2/४
पयस्वतीर् (काठसं. पयस्वतीराप) ओषधयः – ऋ. १०. १७.१४/१; अशौ. ३.2४.१/१; १८.३.५६/१; तैसं. १. ५.१०.2/१; काठसं. ३५.४/१; तैब्रा. ३.७.४.७/१; माश्रौसू. १.४.१.५/१; आपश्रौ. ४.2.३,६; ६.१७.१ प्रः पयस्वतीः – कौसू. 21.१; ८2.६ तु. बृहद. ७.१०
पयस्वती सुदुघे शूरमिन्द्रम् – वा. 20.४१/2; मैसं. ३.११. १/2: १४०.६; काठसं.३८.६/2; तैब्रा. 2.६.८.३/2
पयस्वत्युत्तरामेतु पुष्टिः – तैब्रा. 2.४.८.६/2
पयस्वदस्तु मे मुखम् – काठसं. ३६.१५/१; तैब्रा. 2.७.७. ४/१
पयस्वद्वीरुधां पयः – तैसं. १.५.१०.३/2; तैब्रा. ३.७.४. ७/2; माश्रौसू. १.४.१.५/2
पयस्वन्तो गृहा मम – कौसू. ८६.१2/४
पयस्वन् मामकं वचः (अशौ. १८.३.५६/2, पयः) – ऋ. १०.१७.१४/2; अशौ. ३.2४.१/2; १८.३.५६/2; काठसं. ३५.४/2
पयस्वान् (तैसं.तैब्रा.आपमपा. पयस्वां) अग्न (मैसं. अग्ना) आगमम् – अशौ. ७.८६.१/३; ६.१.१४/३; १०.५. ४६/३; वा.20.22/३; तैसं. १.४.४५.३/३; ४६.2/३; मैसं. १.३.३६/३: ४६.१३; काठसं. ४.१३/३; ३८. ५/३; जैब्रा. 2.६७(६८)/३; शब्रा. १2.६.2.६; तैब्रा. 2.६.६.५/३; लाटयश्रौसू. 2.१2.१३/३; आपमपा. 2. ६.६/३ द्र. उत्तरम्।
पयस्वानग्न आ गहि – ऋ. १.2३.2३/३; १०.६.६/३ द्र. पूर्वम्।
पयस्वानग्ने रयिमान् पुष्टिमांश्च – हिर गृसू. 2.१४.४/2
पयस्वान् विश्वतः प्रत्यङ् – काठसं. ३६.१५/३; तैब्रा. 2. ७.७.४/३
पयस्वी भूयासम् – मैसं. ४.६.१०: १३०.१०
पयः सहस्रसामृषिम् – ऋ. ६.५४.१/३; सा. 2.१०५/३; वा. ३.१६/३; तैसं. १.५.५.१/३; मैसं. १.५.१/३: ६६. ३; काठसं. ६.६/३; शब्रा. 2.३.४.१५/३
पयः सोमः परिसुता घृतं मधु – वा. 21.2६ – ४०; मैसं. ३.११.2 (१४१.३,६,६,१2,१४; १४2,2,४,७,१०,१४,१६; १४३. ६; तैब्रा. 2.६.११.१,2,३,४,५,६,७,८,१०
पयः सोमं करोत्विमम् – तैब्रा. ३.७.४.2/४
पयः सोमं प्रजापतिः – वा. १६.७५,७६/३; मैसं. ३.११. ६/३: १४६.१५; काठसं. ३८.१/३; तैब्रा.2.६.2.३/३
पयः सोमो दधातु मे – अशौ. १६.४३.५/४
पयांसि यह्वो अदितेरदाभ्यः – ऋ. १०.११.१/2; अशौ.

१८.१.१८/2
पयो अघ्न्यासु पयो वत्सेषु – माश्रौसू. ३.2.2/४ द्र. पयो गृहेषु।
पयो अस्मै पयस्वती धत्तम् – अशौ.2.2६.५/2
पयो अस्या उपासते – अशौ. १०.१०.३१/४
पयो गाय – कात्यश्रौसू. 2६.५.६
पयो गृहेषु पयो अघ्न्यायाम् (तैब्रा. आपश्रौ. अघ्नियासु; माश्रौसू. ऽस्तु तन्नः) – ऐब्रा. ५.2७.८/३; ७.३.४/३; तैब्रा. १.४.३.३/३; ३.७.४.2/१; आश्रौ. ३.११.७/३; आपश्रौ. ६.५.६/३; माश्रौसू. ३.2.2/५ द्र. पयो अघ्न्यासु।
पयो गोषु प्रविष्टं यत् – अशौ. १४.2.५७/३
पयो गोष्वदधा ओषधीषु – ऋ. १०.७३.६/४; सा. १. ३३१/४
पयो घृतवद्विदथेष्वाभुवः – ऋ.१.६४.६/2; तैसं. ३.१.११. ७/2
पयोदां त्वा पयसि (मैसं. काठसं. पयसि सादयामि) – तैसं. ४.४.६.2; मैसं. 2.१३.१८: १६४.१८; काठसं. ३६.६
पयो दिव्यन्तरिक्षे पयो धाः (तैसं. धाम्) – वा. १८.३६/2; तैसं. ४.७.१2.2/2; मैसं. 2.१2.१/2: १४४.१४; काठसं.१८.१३/2; ३१.१४/2
पयो दुग्धमुपासते – अशौ.१०.६..३१/४
पयो दुहन्त्यायवः – ऋ. ६.६2.20/2
पयो दुहाना व्रतनीरवारतः – ऋ. १०.६५.६/2
पयो देवेषु पय ओषधीषु कौसू. ११५.2/१
पयो धेनूनां रसमोषधीनाम् – अशौ. ४.2७.३/१
पयो न दुग्धमदितेरिषिरम् – ऋ. ६.६६.१५/३
पयो न धेनुः शुचिर्विभावा – ऋ. १.६६.2/2
पयो ब्रह्माण इद्विदुः – तैआ. ६.६.१/2
पयोभिर्जिन्वे अपां जवांसि – ऋ. ४.2१.८/2
पयो मनुष्या उत – कौसू. ८६.१2/2
पयो मे दाः (आपश्रौ. मयि धेहि) – मैसं.४.६.३: १2४.५; आपश्रौ. १.१७.१०
पयो मे देवा अददुः – कौसू. ८६.१2/१
पयो यदप्सु पय उस्रियासु – कौसू. ११५.2/१
पयो यदस्य पीपयत् – ऋ. ६.६.७/३
पयो वत्सेषु पयो अस्तु तन्मयि (तैब्रा. ३.७.४.2/2, वत्सेषु पया इन्द्राय हविषे ध्रियस्व) – ऐब्रा. ५.2७.८/४; ७.३.४/४; तैब्रा. १.४.३.३/४; ३.७.४.2/2; आश्रौ. ३.११.७/४; आपश्रौ. ६.५.६/४
पयोऽसि – मैसं. ४.६.१०: १३०.१०; तैब्रा. 2.७.७.४
पयोऽसि तन्मे नियच्छ तत्ते नियच्छामि – काठसं. ३६.१५
पयो हव्यं करोतु मे – तैब्रा. ३.७.४.११/४; आपश्रौ. १.६.१०/४
पयो हिन्वाना उदभिर्भरन्ते – ऋ. १.१०४.४/४
पर ऋणा सावीरध मत्कृतानि – ऋ. 2.2८.६/१; मैसं. ४.१४.६/१: 22८.१५
परः कम्भूकां अप मृड्ढि दूरम् – अशौ. ११.१.2६/2 प्रः परः कम्बूकान – कौसू. ६३.७
परः क्रोष्टारो अभिभाः श्वानः – अशौ. ११.2.११/४
परं योनेरवरं ते कृणोमि – अशौ. ७.३५.३/१
परं व्योम सहस्रवृत् – तैआ. १.१०.१/2
परं नेदीयोऽवरं दवीयः – अशौ. १०.८.८/४
परमक्ष्युतावरम् – अशौ. १.८.३/४
परमच्छदो वर (काठसं. परमच्छदवरां) आ विवेश – तैसं. ४.६.2.१/४; काठसं.१८.१/४ द्र. प्रथमच्छद्।
परमज्या ऋचीषमः – ऋ. ८.६०.१/४; अशौ.20.१०४.३/४; सा. १.2६६/४; 2.८४2/४
परमत्र जन्माग्ने तपसो निर्मितोऽसि स्वाहा – साम मन्त्रब्रा. १.१.2
परममिव जना विदुः – अशौ. १०.७.2१/2
परमं पदमव भाति (वा. शब्रा. भारि) भूरि (तैसं. भूरं) – ऋ. १.१५४.६/४; वा. ६.३/४; तैसं. १.३.६.2/४; मैसं.१.2.१४/४: 2३.१७; काठसं. ३.३/४; शब्रा. ३.७.१.१५/४; निरु. 2.७/४
(ओं) परमर्षीस्तर्पयामि – बौधसू. 2.५.६.१४
परमलींगाय नमः – तैआ १.१०.१६
परमस्याः परावतः – ऋ. ५.६१.१/३; वा. ११.७2/१; तैसं. ४.१.६.३/१; मैसं. 2.७.७/१: ८३.५; ३.१.६: १2.७; काठसं. १६.७/१; १६.१०; शब्रा. ६.६.३.४; आपश्रौ. १६.६.१2; माश्रौसू. ६.१.३ प्रः परमस्याः – कात्यश्रौसू. १६.४.३७
परमस्यां परावति – शांश्रौसू. ८.१६.१
परमाच्चित् सधस्थात् – ऋ. ८.११.७/2; सा. १.८/2; 2.५१६/2; वा. १2.११५/2
परमात्मा मे शुध्यन्ताम् – तै आ आन्ध्र.१०.६६
परमात्मा व्यवस्थितः – तैआ. १०.११.2/2; महा नारा उप. ११.१३/2
परमां तं (तैब्रा. आपश्रौ. त्वा) परावतम् – अशौ. ६.७५.2/१; तैब्रा. ३.३.११.३/१; आपश्रौ. ३.१४.2/१
परमाय नमः – तैआ. १०.१६
परमेण धाम्ना दृंहस्व – वा. १.2; शब्रा. १.७.१.११
परमेण पशुना क्रीयसे (मैसं. क्रीयस्व) – वा. ४.2६; मैसं. १.2.५: १४.१०; काठसं. 2.६; 2४.६; शब्रा. ३.३.३.८ द्र.

तस्यास्ते सहस्रपोषम्।
परमेणोत तस्करः – अशौ. ४.३.2/2
परमेभिः पथिभिः – अशौ. १६.४७.७/३
परमे वृक्ष आयुधं निधाय – वा. १६.५१/३; तैसं. ४.५.१०.४/३; काठसं.१७.१६/३
(ओं) परमेष्ठिनं तर्पयामि – बौधसू. 2.५.६.५
परमेष्ठिना मृत्युम् – काठसं. ३५.१५
परमेष्ठिने स्वाहा – शब्रा. १2.६.१.३; तै आ. १.१०.६७.2; महा नारा उप. १६.2
परमेष्ठी छन्दः – वा. १४.६; तैसं. ४.३.५.१; मैसं.2.८.2: १०७.१८; काठसं. १७.2; शब्रा. ८.2.३.१३
परमेष्ठी तेऽधिपतिः – तैसं. ४.४.६.१
परमेष्ठी त्वा सादयतु दिवस् (मैसं. काठसं. दिवः) पृष्ठे ज्योतिष्मतीम् (काठसं. व्यचस्वतीं प्रथस्वतीं भास्वतीं रश्मिवतीम् इत्यस्य उपसंख्यानं करोति) – वा. १५.५८; मैसं. 2.७.१६: ६६.१2; काठसं. ४०.५; शब्रा. ८.७.१.2१ प्रः परमेष्ठी त्वा – कात्यश्रौसू. १७.१2.2४ द्र. उत्तरम्।
परमेष्ठी त्वा सादयतु दिवस् (तैसं. मैसं. दिवः) पृष्ठे व्यचस्वतीं प्रथस्वतीम् (तैसं. विभूमतीं प्रभूमतीं परिभूमतीम् इत्यस्य उपसंख्यानं करोति; मैसं. भास्वतीं रश्मीवतीम् इत्यस्य उपसंख्यानं करोति) – वा. १५.६४; तैसं.४.४.३.३; मैसं. 2.८.१४: ११८.४; शब्रा. ८.७.३.१४,१८ प्रः परमेष्ठी त्वा सादयतु दिवः पृष्ठे – आपश्रौ. १७.३.८; परमेष्ठी त्वा सादयतु – माश्रौसू. ६.2.2; – ६.2.३ द्र. पूर्वम्।
परमेष्ठी देवता – मैसं. 2.१३.१४: १६३.१४; काठसं. ३६.४; आपश्रौ. १६.2८.१
परमेष्ठी प्रजापतिः – अशौ. ८.३.११/४; आरसं. ३.१/३ द्र. तन्मयि।
परमेष्ठी प्रजाभ्यः – तैब्रा. १.५.५.६/2; आपश्रौ. ८.2१.१/2
परमेष्ठ्यधिपतिर्मृत्युर्गन्धर्वः – तैसं. ३.४.७.2
परमेष्ठ्यभिधीतः – वा.८.५४
परमेष्ठ्यसि परमां मा श्रियं गमय – आपमपा. 2.१८.१ (आपगृ. ७.१६.७)
परं मृत्यो अनु प्रेहि पन्थाम् – ऋ. १०.१८.१/१; अशौ. १2.2.2१/१; वा. ३५.७/१; शब्रा. १३.८.३.४/१; तैब्रा. ३.७.१४.५/१; तैआ. ३.१५.2/१; ६.७.३/१; तैआ।. १०.४६/१; आपश्रौ. 2१.४.१/१; आगृ. ४.६.१०; साम मन्त्रब्रा. १.१.१५/३; हिर गृसू. १.2८.१/१; मागृसू.. 2.१८.2/१; निरु. १०.७/१ प्रः परं मृत्योः – कात्यश्रौसू. 2१.४.७; कौसू. ७१.११,2१; ७2.१३; ८६.2४; पारगृसू. १.५.१2; ऋवि. ३.७.६
परशुं चिद्वि तपति – ऋ. ३.५३.22/१
परशुर्न द्रुहंतरः – ऋ. १.१2७.३/३; सा. 2.११६५/३
परशुर्वेदिः परशुर्नः स्वस्ति – अशौ. ७.१८.१/2 द्र. परशुर्वेदिः।
परश्वेव नि वृश्चसि – ऋ. १.१३०.४/७
परसृति यादुत वा चतुर्थात् – जैब्रा. ४.३८.४/2 इतः परस्तात् इत्यस्यांशः।
परस्ताद्यशे गुहासु मम – महा नारा उप. ६.८/१
परस्ता भगवो वप – नील उप. १३/४ द्र. परा ता।
परस्पा नो वरेण्यः – ऋ. ८.६१.१५22
परस्पा म एधि – मैसं. १.५.2: ६७.१५; १.५.८: ७६.१४; काठसं. ६.६; आपश्रौ. ६.१६.१2
परस्मिन् धामन्नृतस्य – ऋ.१.४३.६/2
परस्या अधि संवतः – ऋ. ८.७५.१५/१; वा. ११.७१/१; तैसं. 2.६.११.३/१; ४.१.६.2/१; मैसं. 2.७.७/१: ८३.३; ३.१.६: १2.६; काठसं. ७.१७; १६.७/१; १६.१०; जैब्रा. १.६५/१; शब्रा. ६.६.३.१; १2.४.४.३/१; आपश्रौ. १६.६.११; माश्रौसू. ६.१.३ प्रः परस्याः – कात्यश्रौसू.१६.४.३६
परस्वन्तं हतं विदत् – ऋ. १०.८६.१८/2; अशौ. 20.१2६.१८/2
परः सहस्रानिन्द्राय – शब्रा. १३.५.४.१३/३
परः सहस्रा हन्यन्ताम् – अशौ. ८.८.११/३
परः सो अस्तु तन्वा तना च – ऋ. ७.१०४.११/१; अशौ. ८.४.११/१
परः स्वप्न मुखा कृधि – कात्यश्रौसू. 2५.११.20/४ द्र. परा स्वप्न...।
पराकात्ताच्चिदद्रिवः – ऋ.८.६2.2७/१
पराकाशेनान्तराम् – तैसं. ५.७.१४.१; काठसंअश्व. १३.४
पराके अन्नं निहितं लोक एतत् – तैब्रा.2.८.८.2/१
पराक्ते ज्योतिरपथं ते अर्वाक् – अशौ. १०.१.१६/१
परा गावो यवसं कच्चिदाघृणे – ऋ. ८.४.१८/१
पराग्ने रक्षो हरसा शृणीहि – ऋ. १०.८७.१४/2; अशौ. ८.३.१३/2; १०.५.४६/2
पराङमित्र एषतु – अशौ. ६.६७.३/३
पराङेत्यजयामयी – तैआ. १.2७.४/१
पराङेत्यनाशकी – तैआ. १.2७.४/2
पराङेव परा वद – अशौ. ६.2६.३/३
पराच इन्द्र प्र मृणा जही च – ऋ. ६.४४.१७/४
पराच एनान् प्र णुद – अशौ. 2.2५.५/१

परा च यन्ति पुनरा च यन्ति – ऋ. १.१2३.१2/३
परा च वक्षदुत पर्षदेनान् – ऋ. १०.६१.2३/४
परा चिच्छीर्षा ववृजुस्त इन्द्र – ऋ.१.३३.५/१
पराचीं वाचा निर्ऋतिं नुदामि – तैब्रा.३.१.2.३/३
पराचीना मुखा कृधि (काठसं. कुरु) – अशौ. ६.१०६.2/४; वा. १६.५३/४; तैसं. ४.५.१०.५/४; मैसं.2.६.६/४: १2८.६; काठसं. १७.१६/४
पराचीनाय ते नमः – अशौ.११.४.८/३
पराचीं निर्ऋतिं निर्वाहयामि – आपमपा. 2.१५.१/2
पराचीमनु संवतम् – अशौ. ६.2६.३/४ तु. उत्तरम्।
पराचीरनु संवतः – ऋ. १.१६१.१५/४ तु. पूर्वम्।
पराच्येतु निर्ऋतिः पराचा – तैब्रा. ३.१.2.2/2
पराजिताः प्र त्रसतामित्राः – अशौ. ८.८.१६/१
पराजितासो अप नि लयन्ताम् – ऋ. १०.८४.७/४; अशौ. ४.३१.७/४
परांचं शुष्ममर्दय – अशौ. ६.६५.१/४
परांचं त्वा नार्वांचम् – हिर गृसू. 2.2.७/१
परांचो बधिराश्च ये – अशौ. ११.६.22/2
परांचो यन्तु निवर्तमानाः – कौसू. ६४.१४/४; ६५.३/५
परा णुदस्व मघवन्नमित्रान् – ऋ. ७.३2.2५/१
परा तत्सिच्यते राष्ट्रम् – अशौ. ५.१६.६/३
परा तमज्ञातं यक्षमम् – अशौ. ६.१2७.३/५
परातरं सु निर्ऋतिर्जिहीताम् – ऋ. १०.५६.१/४ – ४/४
परा तान्सवितः सुव – अशौ. १६.८.४/४ शंकरपण्डितस्य पाठेन सह नक्षत्रकल्पः (2६.४/४) आरात्तात् सवितः इत्यर्थम्।
परा ता भगवो वप – वा. १६.६/४; तैसं. ४.५.१.४/४; मैसं. 2.६.2/४: १2१.१६; काठसं.१७.११/४ द्र. परस्ता।
परात्परं यन्महतो महान्तम् – तैआ. १०.११.१/2; महा नारा उप. १.५/2
परादात दाशुषे – ऋ. १.८१.६/2
परा दधिक्रा असरत् सहस्रैः – ऋ. ४.३८.६/४
परादपि परश्चासु (चास्तु) – महा नारा उप. ११.५/३
परा दस्यून् ददति देवपीयून् – अशौ. १2.१.३७/३
परा दुष्वप्नयं (तैब्रा.तैआ.आपश्रौ. महा नारा उप. ...नियं) सुव – ऋ. ५.८2.४/३; सा.१.१४१/३; कौसू. ५८.१/३; महा नारा उप. ६.६/३; १७.७/३
परा देहि शामुल्यम् (आपमपा. शाबल्यम्) – ऋ. १०.८५.2८/१; अशौ. १४.१.2५/१; आपमपा. १.१७.७/१ (आपगृ. ३.६.११) प्रः परा देहि – कौसू. ७६.2०
पराद्य देवा वृजिनं शृणवन्तु – ऋ. १०.८७.१५/१; अशौ. ८.३.१४/१
पराध्माता अमित्राः – आपश्रौ. १.2०.८
परा नववास्त्वमनुदेयम् – ऋ. ६.2०.११/३
परान्यो वातु यच्द्रपः – ऋ. १०.१३७.2/४; तैब्रा. 2.४.१.८/४; तैआ. ४.४2.2/४ द्र. व्यन्यो।
परापतत्याशुमत् – अशौ. ६.१०५.१/2 – 2/2
परापतन्त्याशुमत् – अशौ. ६.१०५.३/2
परा पपपातास्कमृतम् – गोब्रा. १.2.७/2; वैसू. १2.६/2
परापरैता वसुविद्वो अस्तु – अशौ.१८.४.४८/३
परा पश्यति पश्यति – अशौ. ४.2०.१
परा पुनीहि य इमां पृतन्यवः – अशौ. ११.१.११/३ प्रः परा पुनीहि – कौसू. ६१.2५
परा पुरो निपुरो ये भरन्ति (माश्रौसू. हरन्ति) – अशौ.१८.2.2८/३; वा. 2.३०/३; शब्रा. 2.४.2.१५/३; आश्रौ. 2.६.2/३; शांश्रौसू. ४.४.2/३; आपश्रौ. १.८.७/३; माश्रौसू.१.१.2.८/३; साम मन्त्रब्रा. 2.३.४/३
परापूतं रक्षः – वा.१.१६; तैसं. १.१.५.2; मैसं. १.१.७: ४.१; ४.१.७: ८.१७; काठसं. १.५; ३१.४; शब्रा. १.१.४.2१; तैब्रा. ३.2.५.१०; आपश्रौ. १.2०.७; माश्रौसू. १.2.2.2० प्रः परापूतम् – कात्यश्रौसू. 2.४.१८ तु. अपहतं रक्षः इत्यत्र।
परापूता (का. प्रतिपूता) अरातयः – वा. १.१६; का. १.५.६; तैसं. १.१.५.2; शब्रा. १.१.४.2१; तैब्रा. ३.2.५.१०; आपश्रौ. १.2०.७ द्र. उत्तरम्।
परापूतारातिः – मैसं. १.१.७: ४.१; ४.१.७: ६.१; काठसं. १.५; ३१.४ द्र. पूर्वम्।
परा पूर्वेषां सख्या वृणक्ति – ऋ. ६.४७.१७/१
परा बाधस्व निर्ऋतिं पराचैः – काठसं. ३६.१/४ द्र. आरे बाधस्व इत्यत्र।
पराभवन्तु याः पापीः – आपश्रौ. ४.१५.४/2 द्र. याः पापीः।
परा भागमोषधीनां जयन्ताम् – ऋ. १०.८७.१८/४; अशौ. ८.३.१६/४
पराभूत्याः पुत्रोऽसि यमस्य करणः – अशौ. १६.५.५
परा मार्ताण्डमाभरत् – तैआ. १.१३.३/४ द्र. पुनर्मार्ताण्डम्।
परा मार्ताण्डमास्यत् – ऋ.१०.७2.८/४; मैसं. ४.६.६/४: ६2.३; पंचब्रा. 2४.१2.६/४; शब्रा. ३.१.३.2/४; तैआ. १.१३.३/४
परामित्रान् दुन्दुभिना – अशौ.५.2१.७/१
परामीषामसून् दिदेश – अशौ.१2.2.५५/३

वैदिकपादानुक्रमकोषः 28

परामृताः (तैआ. ...मृतात्) परिमुच्यन्ति सर्वे – तैआ. १०.१०.३/४; महा नारा उप.१०.६/४; मुण्ड उप. ३.2.६/४; कैवल्य उप. ३/४

परामित्रान् दुन्दुभिना – अशौ. ५.2१.७/१

परामेव परावतम् – ऋ. १०.१४५.४/३; अशौ. ३.१८.३/३; आपमपा. १.१५.४/३

परा यक्ष्मं सुवामि ते – ऋ.१०.१३७.४/४; अशौ. ४.१३.५/४; ७.५३.६/2; तैसं. १.३.१४.४/४; तैसं. 2.५.१/४; आश्रौ. 2.१०.४/४

परायणं ज्योतिरेकं तपन्तम् – मैत्री उप. ६.८/2; प्र.उप. १.८/2

परायतीनामन्वेति पाथः – ऋ. १.११३.८/१

परायतीं मातरमन्वचष्ट – ऋ.४.१८.३/१

परायतो निवर्तनम् – अशौ. ७.३८.१/३

परायदभ्योऽव हीये सखिभ्यः – ऋ. १०.३४.५/2

परा यात पितर आ च यात – अशौ. १८.३.१४/१ तु. आ यात पितरः।

परा यात पितरः सोम्यासः (हिर गृसू. सोम्याः) – अशौ. १८.४.६३/१; हिर गृसू.2.१३.2/१ प्रः पारा यात – कौसू. ८८.2८

परा याहि मघवन्ना च याहि – ऋ. ३.५३.५/१; आश्रौ. ६.११.१2 प्रः परा याहि मघवन् – शांश्रौसू.१०.१.११

परार्चिषा मूरदेवां (आश्रौ. ..देवां) शृणीहि – ऋ. १०.८७.१४/३; अशौ. ८.३.१३/३; १०.५.४६/३

परार्धाया स्वाहा – तैसं. ७.2.2०.१; काठसं अश्व. 2.१०; तैब्रा. ३.८.१६.४

परार्धे सीद – काठसं.३६.६; आपश्रौ. १६.३१.१

परावत (मैसं. ...ता) आ जगन्था (अशौ. जगम्यात्; तैसं. जगामा)परस्याः – ऋ. १०.१८०.2/2; अशौ. ७.2६.2/३; ८४.३/2; सा. 2.१22३/2; वा. १८.७१/2; तैसं.१.६.१2.४/2; मैसं. ४.१2.३/2: १८३.१४; काठसं. ८.१६/2

परावतं नासत्यानुदेथाम् – ऋ. १.११६.६/१

परावतं परमां गन्तवा उ – ऋ. १०.६५.१४/2; शब्रा. ११.५.१.८/2

परावतश्च वृत्रहन् – ऋ. ३.४०.८/2; अशौ. 2०.६.८/2; मैसं. ४.१2.३/2: १८४.६

परावतश्चिदा गतम् – ऋ. ८.५.३०/2

परावतः शकुनो मन्द्रं मदम् – ऋ. ४.2६.६/2

परावतस्त आवतः – अशौ. ५.३०.१/2

परावतः सुमतिं भिक्षमाणाः – ऋ.१.७३.६/३

परावता आ आदिः द्र. परावत आ।

परावति श्रुत्यं नाम बिभ्रत् – ऋ. ५.३०.५/2

परावतो न योजनानि ममिरे – ऋ. १०.७८.७/४

परावतो न साम तत् – ऋ. ६.१११.2/४; सा. १.६४2/४

परावतो निवत उद्वतश्च – मैसं. ४.१४.१/2: 2१५.५; तैब्रा. 2.८.१.४/2; आश्रौ. 2.१४.१2/३; आपश्रौ. 2०.2०.६/2

परावतो ये दिधिषन्त आप्यम् – ऋ. १०.६३.१/१; ऐब्रा. ५.2.११; कौषीब्रा. 22.५ प्रः परावतो ये – आश्रौ.७.७.2; परावतः – शांश्रौसू. १०.४.१४; ११.६.१४; ऋवि. ३.१३.५

परावतो वा सदनादृतस्य – ऋ. ४.2१.३/४

परा वद द्विषतो वाद्यम् – लाट्यश्रौसू.३.११.३/१

परा वद द्विषन्तं घोरां वाचं परा वदाथास्मभ्यं सुमित्र्यां वाचं दुन्दुभे कल्याणीं कीर्तिमा वद – लाटयश्रौसू. ३.११.३

परा वर्क्तं गविष्टिषु – ऋ. ६.५६.७/४

परा वर्ग भारभृद्यथा – ऋ. ८.७५.१2/2; सा.2.१०००/2; तैसं. 2.६.११.३/2; मैसं. ४.११.६/2: १७६.2; काठसं. ७.१७/2; शब्रा. १2.४.४.३/2

परावल्गते स्वाहा – तैसं. ७.१.१३.१; काठसं अश्व. १.४

परा वहन्तु सिन्धवः – अशौ.१०.४.2०/2

परावाकाय ते नमः – अशौ. ६.१३.2/2

परा वीरास एतन – ऋ. ५.६१.४/१

परावृक्तं शतक्रतुः – ऋ. ४.३०.१६/2

परा व्यक्तो अरुषो दिवः कविः – ऋ. ६.७१.७/१

पराशर त्वं तेषाम् – अशौ. ६.६५.१/३

पराशरः शतयातुर्वसिष्ठः – ऋ.७.१८.2१/2; निरु. ६.३०

परा शर्धन्तं नुनुदे अभि क्षाम् – ऋ. ७.१८.१६/2

परा शुक्लानि पातय – अशौ. १.2३.2/४ द्र. परा श्वेतानि।

परा शुभ्रा अयासो यव्या – ऋ. १.१६७.४/१

परा शुल्काय देयाम् (सा. दीयसे) – ऋ. ८.१.५/2; सा. १.2६१/2

परा शृणीतमचितो न्योषतम् – ऋ. ७.१०४.१/३; अशौ. ८.४.१/३; काठसं. 2३.११/३

परा शृणीहि तपसा यातुधानान् – ऋ. १०.८७.१४/१; अशौ. ८.३.१३/१; १०.५.४६/१

परा श्वेतानि पातय – तैब्रा. 2.४.४.१/४ द्र. परा शुक्लानि।

परा सप्त्नान् बाधस्व – साम मन्त्रब्रा.2.४.१/३

परासुतृपः शोशुचतः शृणीति – अशौ. ८.३.१३/४; १०.५.

४६/४ द्र. उत्तरम्।
परासुतृपो अभि शोशुचानः – ऋ. १०.८७.१४/४ द्र. पूर्वम्।
परास्य भारं पुनरस्तमेति – तैआ. ३.१४.४/४
परा स्वप्नमुखाः शुचः – अशौ. ७.१००.१/४ द्र. परः स्वप्न।
परा ह यत्स्थिरं हथ – ऋ. १.३९.३/१
परा हि मे विमन्यवः – ऋ. १.25.४/१
परा हीन्द्र धावसि – ऋ. १०.८६.2/१; अशौ. 20.126.2/१ प्रः परा हीन्द्र – वैसू. 32.17
परिंशमारिशामहे – ऋ. १.१८७..८/2; काठसं. ४०.८/2
परिकृत्य परि त्वचः – अशौ. ५.१४.३/2
परि कोशं मधुश्चुतम् – ऋ. ९.१०३.३/१; सा. १.५७७/१ तु. अभि कोशम्।
परिक्रम्येषुमस्यतः – अशौ. १2.४.१७/४
परिक्रामन्ननीनशत् – अशौ. ८.६.८/४
परि क्रोशतु सर्वदा (आपमपा. सर्वतः) – हिर गृसू.१.१४.४/४; आपमपा. 2.22.९/४
परिक्षवाच्छकुनेः पापवादात् – अशौ. १०.३.६/३
परिक्षिता पितरा पूर्वजावरी – ऋ. १०.६५.८/१
परिक्षिता पितरा सं चरेते – ऋ. ३.७.१/३
परिक्षितोस्तमो अन्या गुहाकः – ऋ. १.१2३.७/३
परिक्षिन्नः क्षेममकः – अशौ. 20.१2७.८/१; शांश्रौसू. १2.१७.१.2/१
परि गव्यान्यव्यत – ऋ. ९.८.६/३; सा. 2.५३३/३
परिगृहीतममृतेन सर्वम् – वा. ३४.४/2
परिगृह्य देवा (मैसं.काठसं. देवा इत्यस्य लोपः) यज्ञमायन् – वा. १७.५६/३; तैसं. ४.६.३.३/४; मैसं. 2.१०.५/३: १३७.2; ३.३.८: ४०.१७; काठसं. १८.३/३; शब्रा. ९.2.३.१०
परिगृह्य यजमानोऽमृतो भूत् – आपश्रौ. 2.2१.१
परि ग्राममिवाचितम् – अशौ. ४.७.५/१
परि घ्रंसमोमना वां (तैब्रा. परिघ्रंस वां मनावां) वयो गात् (तैब्रा. गाम्) – ऋ. ७.६९.४/४; मैसं. ४.१४.१०/४: 2३०.६; तैब्रा. 2.८.७.८/४; निरु. ६.४
परि च वक्षि शं च वक्षि – का. ९.४.४ द्र. तस्मिंछम् इत्यत्र।
परिचितः (शब्रा. ...त) स्थ – मैसं. 2.७.११: ९०.४; ३.५.३: ५८.१३; ४.१.८: १०.६; शब्रा. ७.१.१.१४; माश्रौसू. ६.१.५; – ६.१.६
परिचिदसि – वा. १2.५३; तैसं. ४.2.४.४; मैसं. १.१.८: ४.११; 2.७.११: ९०.३; काठसं. १६.११; शब्रा. ७.१.१.३०; आपश्रौ. १.22.३; १६.१४.७; माश्रौसू. १.2.३.४; –६.१.५
परि चिद्वष्टयो दधुः – ऋ. ५.७६.५/३
परि चिन्मर्तो द्रविणं ममन्यात् – ऋ. १०.३१.2/१
परिछिन्ना भरता अर्भकासः – ऋ. ७.३३.६/2
परिज्मने नासत्याय क्षे – ऋ. ४.३.६/३; मैसं. ४.११.४/३: १७2.१४; काठसं. ७.१६/३
परिज्मनोरुपाचरत् – ऋ.१.४६.१४/2
परिज्मा चित् क्रमते (आश्रौ. शांश्रौसू. चिद्रमते) अस्य धर्मणि – अशौ. ७.१४.४/४; आश्रौ. ५.१८.2/४; शांश्रौसू. ८.३.४/४
परिज्मानं विदथ्यं सुवृक्तिभिः – ऋ. १०.४१.१/३
परिज्मानं सुखं रथम – ऋ.१.20.३/2
परिज्मानमिव द्याम् – ऋ.१.१2७.2/४; सा. 2.११६४/४; काठसं. ३९.१५/४
परिज्मानेव यजथः पुरुत्रा – ऋ.१०.१०६.३/४
परिज्मानो न विद्युतः – ऋ. ५.१०.५/३
परि ज्मायन्तमीयतुः – ऋ. ८.६८.३/2; सा. 2.११2३/2
परिज्मा विश्ववेदसः – ऋ. १०.९३.७/४
परिज्मेव क्षयसि दस्मवर्चाः – ऋ. ६.१३.2/2; मैसं. ४.१०.१/2: १४३.३; आपश्रौ. ५.2३.६/2
परिज्मेव स्वध गयः – ऋ. ६.2.८/३
परि ज्रयांसि भरते रजांसि – ऋ.१०.७५.७/2
परि णः पातु विश्वतः – अशौ. 2.४.2/४; १९.३४.५/2 तु. उत्तरे द्वे परि त्वा पामि, तथा परि मा पाहि।
परि णः पाहि यद्धनम् – अशौ. 2.७.४/2
परि णः पाहि विश्वतः – अशौ. 2.७.३/४ तु. पूर्वमेकमतिरिच्य।
परि णः शर्मयन्त्या – ऋ. ९.४१.६/१ द्र. परि नः आदि।
परि णेता मतीनाम् – ऋ. ९.१०३.४/१
परि णो (सा. नो) अश्वमश्ववित् – ऋ. ९.६१.३/१; सा. 2.५६2/१
परि णो देववीतये – ऋ. ९.५४.४/१
परि णो याह्यस्मयुः – ऋ. ९.६४.१८/१
परि णो रुद्रस्य हेतिर्वृणक्तु – तैसं. ४.५.१०.४/१; काठसं.१७.१६/१ प्रः परि णो रुद्रस्य हेतिः – तैब्रा. 2.८.६.९ द्र. परि णो हेती, परि नो रुद्रस्य, तथा तु. परि त्वा रुद्रस्य, परि नो हेडो, तथा परि वो रुद्रस्य।
परि णो वृङ्धि मा क्रुधः – अशौ.११.2.20/2
परि णो वृङ्धि शपथ – अशौ. ६.३७.2/१
परि णो वृणजन्नघा – ऋ. ८.४७.५/१

परि णो हेती रुद्रस्य वृज्याः (का. वृज्यात्) – ऋ.2.३३.१४/१; का. १७.८.४/१ द्र. णो रुद्रस्य इत्यत्र।
परि तृन्धि पणीनाम् – ऋ. ६.५३.५/१
परि ते जिग्युषो यथा – ऋ. ६.१००.४/१
परि ते दुडभो (का. शांश्रौसू. दूल...) रथः – ऋ. ४.६.८/१; वा. ३.३६/१; का. ३.३.२८/१; मैसं. १.५.४/१: ७१.३; १.५.५: ७३.६; १.५.११: ७६.१७; काठसं. ७.2/१, ४,६; शब्रा. 2.३.४.४०/१; आपश्रौ. ६.१७.१2/१ प्रः परि ते दूलभः – शांश्रौसू. 2.१2.७; परि ते – कात्यश्रौसू. ४.१2.३; परि – ऋवि. 2.१३.2
परि ते धन्वनो हेतिः – वा. १६.१2/१; तैसं. ४.५.१.४/१; मैसं. 2.६.2/१: १22.५; काठसं. १७.११/१; नील उप. १६/१
परि त्मना मितद्रुरेति होता – ऋ. ४.६.५/१
परि त्मना विषुरूपा जिगाति – ऋ. ७.८४.१/४ द्र. उत्तरम्।
परि त्मना विषुरूपो जिगासि – ऋ. ५.१५.४/४ तु. पूर्वम्।
परि त्यं हर्यतं हरिम् – ऋ.६.६८.७/१; सा. १.५५2/१; 2.६७६/१, १०३१/१; पंचब्रा. १५.५.४
परि त्रयः पृदाकवः – अशौ. 20.१2६.८,६; शांश्रौसू. १2.१८.८
परित्राणमसि – आपमपा. 2.१७.३
परि त्रितन्तुं विचरन्तमुत्सम् – ऋ. १०.३०.६/४
परि त्रिधातु पृथिवीमशायतम् – ऋ. १.३४.७/2
परि त्रिधातुरध्वरम् – ऋ. ८.७2.६/१
परि त्रिधातुर्भुवनान्यर्षति – ऋ. ६.८६.४६/2
परि त्रिविष्टयध्वरम् – ऋ. ४.१५.2/१; मैसं. ४.१३.४/१: 20३.३; काठसं. १६.2१/१; ३८.१2/१; ऐब्रा. 2.५.४; तैब्रा. ३.६.४.१/१; आपश्रौ. १६.६.७/१
परि त्वा गिरेरहम् (हिर गृसू. इह; अमिहम्) – पारगृसू.३.७.2/१; हिर गृसू. १.१४.2/१; आपमपा. 2.22.५/१ (आपगृ. ८.2३.६)
परि त्वा गिर्वणो गिरः – ऋ. १.१०.१2/१; वा.५.2६/१; तैसं. १.३.१.2/१; ६.2.१०.७; मैसं. १.2.११/१: 2१.४; काठसं. 2.१2/१; ऐब्रा. १.१६.६; 2६.१८; कौषीब्रा. ८.४; ६.४; शब्रा. ३.६.१.2४/१; आश्रौ. ४.६.३; ६.६; आपश्रौ. ११.८.४; माश्रौसू. 2.2.३.2६; –४.2.2८; आपमपा. १.2.६/१ (आपगृ. 2.४.८) प्रः परि त्वा गिर्वणः – शांश्रौसू. ५.६.१2; १३.१०; परि त्वा – कात्यश्रौसू. ८.६.१2
परि त्वाग्ने परि मृजामि – आपमपा. 2.६.१ प्रः परि त्वा आपगृ. ४.११.22
परि त्वाग्ने पुरं वयम् – ऋ.१०.८७.22/१; अशौ. ७.७१.१/१; ८.३.22/१; वा. ११.2६/१; तैसं.१.५.६.४/१; ८.५; ४.१.2.५/१; मैसं. 2.७.2/१: ७६.८; काठसं. १६.2/१; १६.३; ३८.१2/१; शब्रा. ६.३.३.2५; आश्रौ. ५.१३.६; ८.१2.७; आपश्रौ. ६.१८.१; माश्रौसू. ६.१.१; कौसू. 2.१० प्रः परि त्वाग्ने – वैसू. 2१.१५; 2८.८
परि त्वा दैवीर्विशो व्ययन्ताम् – वा. ६.६; तैसं.१.३.६.2; मैसं. १.2.१४: 2४.५; काठसं.३.३; 2६.६; शब्रा. ३.७.१.2१
परि त्वा धात् सविता देवो अग्निः – अशौ.१३.१.20/१
परि त्वा परितत्नुना – अशौ. १.३४.५/१
परि त्वा पातु समानेभ्यः – अशौ.८.2.2६/१
परि त्वा पामि सर्वतः – खिल.१.१६१.१/2 तु. परिणः पातु इत्यत्र।
परि त्वा रुद्रस्य हेतिर्वृणक्तु – काठसं. ३०.१० द्र. परि नो रुद्रस्य इत्यत्र।
परि त्वा रोहितैर्वर्णैः – अशौ. १.22.2/१
परि त्वासते निधिभिः सखायः – ऋ.१०.१७६.2/३; अशौ. ७.७2..2/३
परि त्वा ह्वलनो ह्वल – पारगृसू.३.७.३/१
परि त्वेषस्य दुर्मतिर्मही गात् (वा. तैसं. काठसं. मैसं. दुर्मतिरघायोः) – ऋ. 2.३३.१४/2; वा. १६.५०/2; वा. १७.८.४/2; तैसं. ४.५.१०.४/2; मैसं. 2.६.६/2५.१2७.१३; काठसं.१७.१६/2
परि दध्मिन्द्रस्य बाहू – अशौ. ६.६६.३/१
परि दाय रसं दुहे – ऋ. १.१०५.2/४
परि दिवो अन्तान् सुभगे पतन्ती – ऋ. १०.१०८.५/2
परि दिव्यानि मर्मृशत् – ऋ. ६.१४.८/१
परि देवा अधारयन् – अशौ.१६.2४.१/2
परि दैवीरनु स्वधाः – ऋ. ६.१०३.५/१
परि दोषादुदर्पिथः – कात्यश्रौसू.2५.११.2१/2 द्र. परितोषात्।
परि द्याम् सद्यो अपसो बभूवुः – ऋ. ४.३३.१/४
परि द्यां जिह्वयातनत् – ऋ. ८.७2.१८/३
परि द्यामन्यदीयते – ऋ. १.३०.१६/३
परि द्यामिव सूर्यः – अशौ. ६.१2.१/१ प्रः परि द्यामिव – कौसू. 2६.2८
परि द्यावापृथिवी जभ्र उर्वी – ऋ. १.६१.८/३; अशौ. 20.३५.८/३
परि द्यावापृथिवी भूषति श्रुतः – ऋ.८.22.५/३
परि द्यावापृथिवी यन्ति सद्यः – ऋ.१.११५.३/४; मैसं. ४.

१०.2/४ः १४७.४; तैब्रा. 2.८.७.१/४; तैआ. १०.१.४/१; महा नारा उप. 2.६/१

परि द्यावापृथिवी याति सद्यः – ऋ. ३.५८.८/४

परि द्यावापृथिवी सद्य आयम् (वा. इत्वा) – अशौ. 2.१.४/१; वा. ३22.१2/१

परि द्युक्षं सनद्रयिम् – सा.१.४६६/१ द्र. उत्तरमेकवर्जम्।

परि द्युक्षं सहसः पर्वतावृधम् – ऋ.६.७१.४/१

परि द्युक्षः सनद्रयिः – ऋ. ६.५2.१/१ द्र. पूर्वमेकवर्जम्।

परि द्योतनिं चरतो अजस्रा – ऋ. १०.१2.७/४; अशौ. १८.१.३५/४

परि द्वेषसो अंहतिः – ऋ. ८.७५.६/2; तैसं.2.६.११.2/2; मैसं. ४.११.६/2ः १७५.१०; काठसं. ७.१७/2; निरु. ५.2३/2

परि द्वेषोभिरर्यमा वृणक्तु – ऋ. ७.६०.६/३

परि धत्त धत्त नो वर्चसेमम् – अशौ. 2.१३.2/१; १०.2४.४/१ प्रः परि धत्त – कौसू. ५४.७ द्र. उत्तरम्।

परि धत्त धत्त वाससैनाम् (हिर गृसू. आपमपा. ...नम्) साम मन्त्रब्रा. १.१.६/१; हिर गृसू. १.४.2/१; आपमपा. 2.2.६/१ (आपगृ. ४.१०.१०) प्रः परि धत्त धत्त वाससा – गोभि गृसू. 2.१.१८ द्र. पूर्वम्।

परिध्ये जनप्रथनाय स्वाहा – तैसं.३.2.८.१

परि धर्मेव सूर्यम् – ऋ. ८.६.20/३

परि धामानि मर्मृशत् – ऋ. ८.४१.७/३

परि धामानि यानि ते – ऋ. ६..६६..३/१

परि धामान्यासाम् – अशौ. 2.१४.६/१

परिधास्यै यशोधास्यै (मागृसू. परिधास्ये यशो धास्ये) – पारगृसू. 2.६.20/१; मागृसू.१.६.2७/१ तु. परीधं वासो।

परिधिरसि – आपमपा. 2.१७.३

परिधिजीवनाय कम् – अशौ. ४.६.१/४; ८.2.2५/४; तैब्रा. ६.११.2/४

परिधिर्मनुष्याणाम् – अशौ. १2.2.४४/2

परिधींरति तां इहि – ऋ. ६.१०७.१६/४; सा. १.५१६/४; 2.2७2/४; पंचब्रा. १2.६.३/४

परि नः शर्मयन्त्या – सा. 2.2४७/१ द्र. परि णः आदि।

परि नृत्यन्ति केशिनीः – अशौ. १2.५.४८/2

परि नो अश्वमादिः द्र परि णो आदि।

परि नो रुद्रस्य हेतिर्वृणक्तु – वा. १६.५०/१; मैसं. 2.६.६/१ः १2७.१३ द्र. परि णो रुद्रस्य इत्यत्र।

परि नो हेडो वरुणस्य वृज्याः – ऋ.७.८४.2/३ तु. अत्र परि णो रुद्रस्य।

परि पतये त्वा गृह्णामि – का. ५.2.१; तैसं. १.2.१०.2; मैसं. १.2.७ः १६.१2; माश्रौसू. 2.2.१.2 प्रः परिपतये त्वा मैसं. ३.७.१०ः ६०.१५; ६१.१; गोब्रा. 2.2.३; वैसू. १३.१६; परिपतये –तैसं. ६.2.2.३

परि परो अभवः सास्युक्थ्यः – ऋ. 2.१३.१०/४

परि पाणं गवामसि – अशौ. ४.६.2/2

परि पाणमरातिहम् – अशौ. १६.३५.2/४

परिपाणमसि परिपाणं मे दाः स्वाहा – अशौ. 2.१७.७

परिपाणं पुरुषाणाम् – अशौ. ४.६.2/१

परिपाणः सुमंगलः – अशौ. ८.५.१/४,१६/४; १६.३४.७/४

परिपाणाय तस्थिषे – अशौ. ४.६.2/४

परिपाणोऽसि जंगिड – अशौ. १६.३५.३/५

परि पातु किकीदिनः – अशौ. ८.६.2१/४

परि नपातु दिशो – दिशः – अशौ. १०.३.१०/४

परि पाहि वरीवृतात् – अशौ. ८.६.22/४

परि पित्रोश्च भ्रात्रोश्च – पारगृसू. ३.७.2/३ द्र. परि सर्वेभ्यो।

परिपूर्णाय स्वाहा – कौसू. १22.2

परि पूषा परस्तात् (अशौ. पुर...) – ऋ. ६.५४.१०/१; अशौ. ७.६.४/१ प्रः परि पूषा –शां गृ सू.३.६.2

परि प्रजातः क्रत्वा बभूथ – ऋ. १.६६.2/१

परि प्र धन्वेन्द्राय सोम – ऋ. ६.१०६.१/१; सा. १.४2७/१; 2.७१७/१

परि ब्रभूती गविषः स्वापी – ऋ. ४.४१.७/2

परिप्रयन्तं वय्यं सुषंसदम् – ऋ. ६.६८.८/१

परिप्रयाथ भुवनानि सद्यः – ऋ. ४.५१.५/2

परि प्र सोम ते रसः – ऋ. ६.६७.१५/१; शांश्रौसू. ७.१५.८

परिप्रस्यन्दते सुतः – ऋ. ६.१०१.2/2; सा. 2.४८/2

परि प्रागाद् देवो अग्निः – काठसं. ३८.१2/१; आपश्रौ. १६.६.७/१ द्र. उप प्रागाद्।

परि प्रासिष्यदत् कविः – ऋ. ६.१४.१/१; सा. १.४८६/१

परि प्रियः कलशे देववातः – ऋ. ६.६६.६/१

परि प्रिया दिवः कविः – ऋ. ६.६.१/१; सा. १.४७६/१; 2.2८५/१; पंचब्रा. १2.११.१; सावि ब्रा. 2.६.६

परि प्रियेण धाम्ना – ऋ. ६.३६.१/2; सा. 2.2४८/2

परिप्रीता पन्यसा वार्येण – ऋ. १०.2७.१2/2

परिप्रुष्णते स्वाहा – तैसं. ७.५.११.2; काठसं अश्व. ५.2

परिप्लवेभ्यः स्वाहा – वा.22.६; तैसं. १.८.१३.३; मैसं. ३.१2.१०ः १६३.१2; काठसं. १५.३

परिबाधं यजामहे – साम मन्त्रब्रा. 2.५.६/१

परिबाधं श्वेतकुक्षम् – तैआ. १.2८.१/३

परि बाधस्व दुष्कृतम् – ऋ. १६.३2/2
परि बाधो जही मृधः – ऋ. ८.४५.४०/2; अशौ. 20.४३.१/2; सा. १.१३४/2; 2.४20/2
परिभुजद्रोदसी विश्वतः सीम् – ऋ. १.१००.१४/2
परिभुवः परि भवन्ति विश्वतः – ऋ. १.१६४.३६/४; अशौ. ६.१०.१७/४; निरु. १४.2१/४
परिभूरग्निं परिभूरिन्द्रं परिभूर्विश्वान् देवान् परिभूर्मां सह ब्रह्मवर्चसेन – तैसं. ३.2.३.१ प्रः परिभूरग्निम् – आपश्रौ. १2.१८.१६
परिभूरसि परिभूस्तवं देवेष्वेधि परिभूरहं सजातेषु भूयासं प्रियः सजातानाम् – मैसं. 2.३.2: 2६.१३; प्रः परिभूरसि – माश्रौसू. ५.2.१.१३ द्र. उत्तरम्।
परिभूरसि पर्यहं सजातान् भूयासम् – काठसं. १2.2 द्र. पूर्वम्।
परिभूश्छन्दः – वा. १५.४; तैसं. ४.३.१2.2; मैसं. 2.८.७: १११.१३; काठसं. १७.६; शब्रा. ८.५.2.३
परि भूष पिब ऋतुना – ऋ. १.१५.४/३
परि भ्रातुः परि ष्वसुः – हिर गृसू. १.१४.2/2; आपमपा. 2.22.५/2 द्र. परि मातुः।
परि भ्रातुः पुत्रच्चेतस एन आगन् – अशौ. ६.११६.३/2
परि माग्ने दुश्चरिताद् बाधस्व – वा. ४.2८/१; शब्रा. ३.३.३.१३ प्रः परि माग्ने – कात्यश्रौसू. ७.६.१ द्र. पाहि माग्ने आदि।
परि मातुः परि स्वसुः – पारगृसू. ३.७.2/2 द्र. परि भ्रातुः परि।
परि मातुरथो पितुः – अशौ. ३.2५.५/2 तु. अथो भ्रातुर्।
परि मा दिवः परि मा पृथिव्याः – अशौ. १६.३५.४/१
परि मा पाहि विश्वतः – अशौ. १६.४४.६/2 तु. परि णः पातु इत्यत्र।
परि मा भूतात् परि मोत भव्यात् – अशौ. १६.३५.४/३
परि मा सेन्या घोषाः – तैब्रा. 2.७.१६.३/१ प्रः परि मा सेन्याः –आपश्रौ. 22.2८.2३
परिमीढः क्व गमिष्यसि – पारगृसू. ३.७.2/६
परिमीढोऽस्यूलेन – हिर गृसू. १.१४.2/४ द्र. परिषीतो।
परिमृष्टे परिलिप्ते च पर्वणि – कौसू. ७३.६/१
परि यज्ञं नि षेदथुः – ऋ. ४.५६.७/३; सा. 2.६४८/३
परि यत् कविः काव्या भरते – ऋ. ६.६४.३/१
परि यत् काव्या कविः – ऋ. ६.६.४/१; सा. 2.४८१/१
परि यत्ते महिमानं वृजध्यै – ऋ. ३.३१.१७/३
परि यदिन्द्र रोदसी उभे – ऋ. १.३३.६/१
परि यदेषामेको विश्वेषाम् – ऋ. १.६८.2/१
परि यद्भूथो रोदसी चिदुर्वी – ऋ. ६.६७.५/३
परि यद्वज्रेण सीमयच्छत् – ऋ. १.६१.११/2; अशौ. 20.३५.११/2
परि यन्ति स्वसेतवः – ऋ. ८.३६.१०/५
परि यन्त्यचित्त्या – अशौ. १2.४.५2/४
परि यमेत्यध्वरेषु होता – ऋ.७.१.१६/३
परि याहि – लाट्यश्रौसू. ३.१०.७
परि यो रश्मिना दिवः – ऋ. ८.2५.१८/१; काठसं. ११.१३/१; आपश्रौ. १६.११.१2/१
परि यो रोदसी उभे – ऋ. ६.१८.६/१
परि यो विश्वा भुवनानि पप्रथे – ऋ. ६.७.७/३
परि राष्ट्राय धत्तन – अशौ. १६.2४.१/४
परिरिक्ताय स्वाहा – काठसं अश्व. ३.१० द्र. प्ररिक्ताय।
परिलिखितं रक्षः – तैसं. १.2.५१; ३.१.१; ६.१.८.३; 2.१०.१; आपश्रौ. ७.४.2; १०.2३.2; ११.११.2 प्रः परिलिखितम् –हिर गृसू. १.2७.१
परिलिखिता अरातयः – तैसं. १.2.५.१; ३.१.१; ६.१.८..३; 2.१०.१; आपश्रौ. ७.४.2; १०.2३.2; ११.११.2
परि लोकान् परि दिशः परि स्वः (तैआ. महा नारा उप. सुवः) – वा. ३2.१2/2; तैआ. १०.१.४/2; महा नारा उप. 2.६/2
परि व ऊमेभ्यः सिंचता मधु – ऋ. १०.३2.५/४
परिवंचते स्वाहा – तैसं. ७.४.22.१; काठसं अश्व. ५.१
परिवत्सरायाविजाताम् – वा. ३०.१५; तैब्रा. ३.४.१.११
परिवत्सरीणां (माश्रौसू. सरीयां) स्वस्तिमाशास्ते – तैब्रा. १.४.१०.2; आपश्रौ. ८.७.८ (ऊह इत्यनेन सह, आशासे); – माश्रौसू. १.७.४.४६
परिवत्सरे सीद – काठसं. ३६.६; आपश्रौ. १६.३१.१
परिवत्सरो रथोपस्थः – अशौ. ८.८.2३
परिवत्सरोऽसि – वा. 2७.४५; मैसं. ४.६.१८: १३५.७; शब्रा. ८.१.४.८; तैब्रा. ३.१०.४.१; तैआ. ४.१६.१; आपश्रौ. १६.१2.2३
परिवर्ग इन्द्रो दुमतीनाम् – ऋ. १.१2६.८/2
परि वर्णं भरमाणो रुशन्तम् – ऋ.६.६७.१५/३; सा. 2.१५८/३
परि वर्त्मानि सर्वतः – अशौ. ६.६७.१/१ प्रः परि वर्त्मानि –कौसू. १४.७; १६.४
परिवर्षते स्वाहा – तैसं. ७.५.११.१; काठसं अश्व. ५.2
परि वः सिकतावती – अशौ. १.१७.४/१
परि वः सैन्याद्वधात् – शां गृ सू. ३.६.१/१
परि वहन्तीभ्यः स्वाहा – तैसं. ७.४.१४.१
परि वां सप्त सर्वतो रथो गात् – ऋ. ७.६७.८/2
परि वाजपतिः कविः – ऋ. ४.१५.३/१; सा. १.३०/१;

वा.११.2५/१; तैसं. ४.१.2.५/१; मैसं. १.१.६/१: ५.७; ४.१३.४: 20३.५; काठसं. १६.2/१, 2१/१; १६.३; ३८.१2/१; ऐब्रा. 2.५.५; शब्रा. ६.३.३.2५; तैब्रा. ३.६.४.१/१; आपश्रौ. ७.१५.2; १६.६.७; गोभि गृसू.३.१०.22 प्र: परि वाजपतिः कविरग्निः –आपश्रौ. ९.१.१७; १६.३.१; परि वाजपतिः –मैसं. 2.७.2: ७६.७; कात्यश्रौसू. १६.2.22; माश्रौसू. १.2.३.2६; – ६.१.१

परि वाजे न वाजयुम् – ऋ. ९.६३.१९/१

परि वाजेषु भूषथः – ऋ. ३.१2.९/2; सा. 2.१०४३/2; तैसं. ४.2.११.१/2; मैसं. ४.१०.४/2: १५2.१३; काठसं. ४.१५/2; तैब्रा. ३.५.७.३/2; कौसू. ५.2/2

परिवादं परिक्षवम् – अशौ.१९.८.४/2; नक्षत्रकल्प. 2६.४/2 द्र. परीवादम्।

परिवापः – ऐब्रा. 2.2४.५

परिनवापात् पुरोडाशात् करम्भात् – तैसं. ३.१.१०.१/2; काठसं. ३५.८/2; माश्रौसू. 2.४.६.2६/2

परि वामरुषा वयः – ऋ. ५.७३.५/३

परि वामश्वा वपुषः पतंगाः – ऋ. १.११८.५/३

परि वाराण्यव्यया – ऋ. ९.१०३.2/१

परिवाहिणीः (आपश्रौ. ...हिणी) स्थ – मैसं. 2.६.७: ६८.2; काठसं. १५.६; आपश्रौ. १८.१३.९; माश्रौसू. ९.१.2 द्र. आपः परिवाहिणी।

परि विश्वानि काव्या – ऋ. 2.५.३/३; सा. १.६४/३; तैसं. ३.३.३.३/३; मैसं.2.१३.५/३: १५४.५

परि विश्वानि चेतसा – ऋ. ९.20.३/१; सा. 2.३20/१

परि विश्वानि भूष्ठः सदांसि – ऋ. ३.३८.६/2

परि विश्वानि सुधिता – ऋ. ३.११.८/१

परि विश्वा भुवनान्यायम् – अशौ. 2.१.५/१

परिविष्टं जाहुषं विश्वतः सीम् – ऋ. १.११६.20/१

परिविष्टी वेषणादंसनाभिः – ऋ. ४.३३.2/2

परिवीत इडस्पदे – ऋ. १.१2८.१/७

परिवीतो योनौ सीददन्तः – ऋ. १०.४६.६/2

परिवीयमाणाय (आपश्रौ. परिवीयमाणायानुब्रूहि) – शांश्रौसू. ५.१५.४; आपश्रौ. ७.११..४

परिवीरसि – वा. ६.६; तैसं. १.३.६.2; मैसं. १.2.१४: 2४.५; काठसं. ३.३; 2६.६; शब्रा. ३.७.१.2१; कात्यश्रौसू. ६.३.१५; आपश्रौ. ७.११.५; माश्रौसू. १.८.2.2६

परिवृक्ता च महिषी – अशौ. 20.१2८.१०/१; शांश्रौसू. १2.2१.2.५/१ प्र: परिवृक्ता –शांश्रौसू. १६.१३.१०

परिवृक्ता यथाससि – अशौ. ७.११३.2/३

परिवृक्तेव पतिविद्यमानट् – ऋ. १०.१02.११/१

परिवृक्ते हये – हये परिवृक्ते – शब्रा. १३.५.2.७

परि वृंकत सुदानवः – ऋ. १.१७2.३/2

परिवृङ्धि (तैसं. मैसं. शब्रा. ...वृंगधि) हरसा माभिमंस्थाः (तैसं. माभि मृक्षः; मैसं. माभिशोचीः) – वा. १३.४१/३; तैसं. ४.2.१०.१/३; मैसं. 2.७.१७/३: १02.१; काठसं. १६.१७/३; शब्रा. ७.५.2.१७

परि वृणक्त्यश्मनस्तृणा दहन् – ऋ. ३.2९.६/४

परि वृणक्षि मर्त्यम् – ऋ. १.१2९.३/३

परि वृत्राणि सक्षणिः – ऋ. ९.११०.१/2; अशौ. ५.६.४/2; सा. १.४2८/2; 2.७१४/2; काठसं. ३८.१४/2; ऐब्रा. ८.११.१/2; आपश्रौ. १६.१८.७/2

परिवेशमधारयन् – तैब्रा. ३.७.४.१३/2; आपश्रौ. १.६.७/2

परि वो रुद्रस्य हेतिर्वृणक्तु – अशौ. ४.2१.७/४; ७.७५.१/४; काठसं. १.१ द्र. उत्तरमेकवर्जं तथा तु. परि णो रुद्रस्य इत्यत्र।

परि वो विश्वतो दधे – ऋ. १०.१९.७/१

परि वो हेती रुद्रस्य वृज्याः (तैब्रा. वृंज्यात्) – ऋ. ६.2८.७/४; तैब्रा. 2.८.८.१2/४ द्र. अत्र पूर्वमेकवर्जम्।

परि व्यथिर्दाशुषो मर्त्यस्य – ऋ. ६.६2.३/४

परि व्रजेव बाह्वोः – ऋ. ५.६४.१/३

परिशिष्टाय स्वाहा – तैसं. ७.३.20.१; काठसं अश्व. ३.१०

परि श्रवो बभूवतुः – ऋ. ५.१६.४/४

परिश्रित ओषध्यः – आपश्रौ. १६.३.१४

परि श्वभ्रेव दुरितानि वृज्याम् – ऋ. 2.2७.५/४

परिषद्यं ह्यरणस्य रेक्णः – ऋ. ७.४.७/१; निरु. ३.2/१

परिषद्योऽसि पवमानः – वा. ५.३2; तैसं. १.३.३.१; शांश्रौसू. ६.१2.७; आपश्रौ. ११.१४.१० द्र. उत्तरम्।

परिषद्योऽस्य आस्तव्यः – मैसं. १.2.१2: 2१.१३; काठसं. 2.१३ द्र. पूर्वम्।

परिषीतः क्वेष्यसि – आपमपा. 2.22.५/४ द्र. उत्तरमेकवर्जम्।

परिषीतोऽस्य उलेन – आपमपा. 2.22.६/४ द्र. परिमीढो।

परिषीदः क्लेष्यसि – हिर गृसू. १.१४.2/४ द्र. पूर्वमेकवर्जम्।

परिष्कृण्वन्ति धर्णसिम् – ऋ. ९.१४.2/३; सा. 2.४2७/2

परिष्कृण्वन्ति वेधसः – ऋ. ९.६४.2३/2

परिष्कृण्वन्ननिष्कृतम् – ऋ. ९.३९.2/१; सा. 2.2४६/१

परिष्कृतं देवमानेव चित्रम् – ऋ. १०.१०७.१०/४

परिष्कृतस्य रसिन इयमासुतिः – ऋ. ८.१.2६/३; सा. 2.७४३/३

परिष्कृतास इन्दवः – ऋ. ९.४६.2/१

परि ष्टोभत विंशतिः – ऋ. १.८०.६/2
परि ष्टोभन्तु नो गिरः – ऋ. ८.६2.१६/2; अशौ.20.११०.१/2; सा. १.१५८/2; 2.७2/2
परिष्टोभन्त्या कृपा – ऋ.६.६४.2८/2; सा. 2.४/2; पंचब्रा. ६.६.2५; लाटयश्रौसू. ७.१2.६
परि ष्ठा इन्द्र मायया – ऋ. ४.३०.१2/३
परिष्ठितमसृज ऊर्मिमपाम् – ऋ. ६.१७.१2/2
परिष्ठिता अतृणद् बद्बधानाः – ऋ. ४.१६.८/३
परिष्ठिता अहिना शूर पूर्वीः – ऋ. 2.११.2/2; ७.2१.३/2
परि ष्णुना धन्व सानो अव्ये – ऋ. ६.६७.१६/2
परि ष्य सुवानो अक्षाः – ऋ. ६.६८.३/१ द्र. परि स्य स्वानो।
परि ष्वजध्वं दश कक्षयाभिः – ऋ. १०.१०१.१०/३
परि ष्वजन्ते (सा. ...त) जनयो यथा पतिम् – ऋ. १०.४३.१/३; अशौ. 20.१७.१/३; सा.१.३७५/३
परि ष्वजस्व जायां सुमनस्यमानः – अशौ. १४.2.३६/2; आपमपा. १.११.७/2
परि ष्वजाते (अशौ. ...तै) लिबुजेव वृक्षम् – ऋ. १०.१०.१३/४,१४/2; अशौ. १८.१.१५/४,१६/2; निरु. ६.2८/४; ११.३४/2 तु. यथा वृक्षं लिबुजा।
परिष्वंजल्यस्य च – अशौ. ६.३.५/2
परि सत्यस्य धर्मणा (पारगृसू. सख्यस्य धर्मणः) – आश्रौ. ६.१2.१2/३; पारगृसू. 2.११.१2/३
परि सद्मेव पशुमान्ति होता – ऋ. ६.६2.६/१
परिसंतानेभ्यः स्वाहा – तैसं. ७.४.2१.१; काठसं अश्व. ४.१०
परि सप्तिर्न वाजयुः – ऋ. ६.१०३.६/१
परि सर्वेभ्यो ज्ञातिभ्यः – हिर गृसू. १.१४.2/३; आपमपा. 2.22.५/३ द्र. परि पित्रोः।
परि सुवानः (सा. स्वानश्चक्षसे देवमादनः – ऋ. ६.१०६.2/१; सा. 2६६५/१
परि सुवानास (सा. सवानास) इन्दवः – ऋ. ६.१०.४/१; सा. १.४८५/१; 2.४७2/१
परि सुवानो (सा.पंचब्रा. स्वानो) गिरिष्ठाः – ऋ. ६.१८.१/१; सा. १.४७५/१; 2.४४३/१; पंचब्रा. १३.११.१
परि सुवानो हरिरंशुः पवित्रे – ऋ. ६.६2.१/१
परि सूर्यस्य परिधीरपश्यत् (मैसं. अपार्णु) – ऋ.१०.१३६.४/४; मैसं. ४.६.११/४: १३2.१; तैआ. ४.११.७/४
परिसृष्टं धारयतु – अशौ. ८.६.20/१
परि सोम ऋतं बृहत् – ऋ. ६.५६.१/१
परि सोम प्र धन्वा स्वस्तये – ऋ. ६.७५.५/१
परिस्तरणमिद्धविः – अशौ. ६.६.2/३
परिस्तरमाहरन् – तैब्रा. ३.७.४.६/४; आपश्रौ. १.५.५/४
परिस्तृणीत परिधत्ताग्निम् – तैब्रा. ३.७.६.१/१; आपश्रौ. १.१४.१2/१ द्र. परि स्तृणीहि।
परिस्तृणीत भुवनस्य मध्ये मह्यं धुक्ष्व भुवनानि वस्ते सा मे धुक्ष्व – तैब्रा. ३.७.७.१
परि स्तृणीहि परि धेहि वेदिम् – अशौ.७.६६.१/१ प्रः परि स्तृणीहि –कौसू. 2.2० द्र. परिस्तृणीत परि., तथा अभिस्तृणीहि इत्यत्र।
परि स्तोतार आसते – ऋ. ८.३३.१/४; अशौ. 20.५2.१/४; ५७.१/४; ५७.१४/४; सा.१.2६१/४; 2.2१४/४
परि स्पशो अदधात् सूर्येण – ऋ. १.३३.८/४
परि स्पशो नि षेदिरे – ऋ. १.2५.१३/३
परि स्पशो वरुणस्य स्मदिष्टाः – ऋ. ७.८७.३/१
परि स्य सुवानो अव्ययम् – ऋ. ६.६८.2/१
परि स्य स्वानो अक्षरत् – सा. 2.५६०/१ द्र. परि ष्य।
परि स्रव चम्वोः पूयमानः – ऋ. ६.६७.४८/2
परि स्रव नभो अर्णश्चमूषु – ऋ. ६.६७.2१/2
परि स्रव वातसातौ नृषह्ये – ऋ. ६.६७.१६/४
परि स्रुचो बबृहाण्स्याद्रेः – ऋ. ५.४१.१2/४
परिस्रुतमुस्रिया निर्णिजं धिरे – ऋ. ६.६८.१/४; सा. १.५६३/४
परिस्रुता पयसा सारघं मधु – वा. १६.६५/2; मैसं. ३.११.६/2: १५५.३; काठसं. ३८.३/2; तैब्रा. 2.६.४.६/2
परिस्रुत् परिषिच्यते – वा. १६.१५/2
परि स्वयं चिनुषे अन्नमास्ये (सा. आसनि) – ऋ. १०.६१.५/४; सा. 2.३३2/४
परि स्वयं मेधमृज्रो जनान – सा. 2.११६३/४
परि स्वा... परि सुवा...।
परि ह त्यद्वर्तिर्याथो रिषः – ऋ. ६.६३.2/३
परिहस्त वि धारय – अशौ. ६.८१.2/१
परिहस्तो अभूदयम् – अशौ. ६.८१.१/४
परिहितोऽग्निर्यजमानं भुनक्तु – तैब्रा. ३.७.६.१/2; आपश्रौ. १.१४.१2/2
परि हि ष्मा पुरुहूतो जनानाम् – ऋ.६.८७.६/१
परि हेतिः पक्षिणी नो वृणक्तु – ऋ. १०.१६५.2/४; अशौ. ६.2७.2/४; मागृसू..2.१७.१/४
परिह्वृतेदना जनः – ऋ. ८.४७.६/१
परीं घृणा चरति तित्विषे शवः – ऋ. १.५2.६/१
परीडाभिर्घृतवद्भिश्च हव्यैः – ऋ. ७.३.७/2
परिणसं कृणुते तिग्मशृंगः – ऋ. ६.६७.६/३; सा. 2.

४६८/३

परीतो वायवे सुतम् – ऋ. ९.६३.१०/१

परीतोषात् तदर्पिथ – आपश्रौ. १०.१३.१०/2 द्र. परि दोषाद्।

परीतो सिंचता सुतम् – ऋ. ९.१०७.१/१; सा. १. ५१2/१; 2.६६३/१; वा. १९.2/१; मैसं. ३.११.७/१: १४९.१८; काठसं. ३७.१८/१; पंचब्रा. १५.३.३; शब्रा. १2.८.2.१2; तैब्रा. 2.६.१.१/१; आपश्रौ. १९.५.११; माश्रौसू. ५.2.११.४; सावि ब्रा. १.४.३; ७.९ प्रः परीतो षिंचत –कात्यश्रौसू.१९.१.22

परीत्य भूतानि परीत्य लोकान् (तैआ. महा नारा उप. परीत्य लोकान् परीत्य भूतानि) – वा. ३2.११/१; तैआ. १०.१.४/१; महा नारा उप. 2.७/१ द्र. विधाय लोकान्।

परीत्य सर्वाः प्रदिशो दिशश्च – वा. ३2.११/2; तैआ. १०.१.४/2; महा नारा उप. 2.७/2 द्र. विधाय सर्वाः।

परीत्यै स्वाहा – तैब्रा. ३.१.५.८

परीदं वाज्यजिनं (पारगृसू. ...दं वाजिनं) दधेऽहम् (हिर गृसू. अजिनं धत्सवासौ) – शां गृ सू. 2.१.३०/४; पारगृसू. 2.2.१०/४; हिर गृसू. १.४.६/४; आपमपा. 2.2.११/४

परीदं वासो अधिथाः (हिर गृसू. अधिधाः; आपमपा. अधिधा) स्वस्तये – अशौ. 2.१३.३/१; १९.2४.६/१; हिर गृसू. १.४.३/१; आपमपा. 2.2.८/१ (आपगृ. ४. १०.१०) तु. परिधास्यै।

परीमं यजमानं रायो मनुष्याणाम् – वा. ६.६; शब्रा. ३.७. १.2१ द्र. उत्तरद्वयम्।

परीमं यजमानं मनुष्याः सह रायस्पोषण प्रजया च व्ययन्ताम् – मैसं. १.2.१४: 2४.५ द्र. पूर्वं तथा उत्तरम्।

परीमं रायस् पोषो यजमानं मनुष्या (काठसं. रायो मनुष्यम्) – तैसं. १.३.६.2; काठसं. ३.३; 2६.६ द्र. पूर्वे द्वे।

परीमं सोममायुषे – अशौ. १९.2४.३/१ द्र. उत्तरम्।

परीममिन्द्र ब्रह्मणे – हिर गृसू. १.४.८/१ द्र. पूर्वं तथा उत्तरम्।

परीममिन्द्रमायुषे – अशौ. १९.2४.2 द्र. पूर्वम्।

परीमं परि ते ब्रह्मणे ददामि ब्रह्म परीददातु देवताभ्यः – आपश्रौ. १४.2०.७

परीमां परि मे प्रजाम् – अशौ. 2.७.४/१

परीमे गामनेषत – ऋ. १०.१५५.५/१; अशौ. ६.2८.2/2; वा. ३५.१८/१; कात्यश्रौसू. 2१.४.2७; आगृ. ४.६.१४ तु. बृहद. ८.६१

परीमेऽग्निमर्षत – अशौ. ६.2८.2/१ प्रः परीमेऽग्निम् कौसू. ४६.८ द्र. पर्य अग्निमहृषत।

परीवादं परिक्षपम् – आपमपा. १.१३.५/2 द्र. परिवादं।

परीवापः पयो दधि – वा. १९.2१/2

परीवापस्य गोधूमाः – वा. १९.22/2

परीवृतो ब्रह्मणा वर्मणाहम् – अशौ. १७.१.2८/१ द्र. उत्तरं तथा प्रजापतेराव्रतो।

परीवृतो वरीवृतः – तैआ. 2.१९.१/१ द्र. पूर्वत्र।

पुरुषः – पुरुषस (काठसं. परुषस – प...; तैसं..तैआ. महा नारा उप. ...षः) परि – वा. १३.20/2; तैसं. ४. 2.९/2; मैसं. 2.७.१५/2: ९८.१३; काठसं. १६. १६/2; शब्रा. ७.४.2.१४; तैआ. १०.१.७/2; महा नारा उप. ४.३/2

परुषाणां रुद्राणां (तथा रुद्राणीं) स्थाने स्वतेजसाभानि – तैआ. १.१७.१

परुषानमून परुषाह्वः कृणोतु – अशौ. ८.८.४/१

परुषा ययिवां अति – ऋ. ९.१५.६/2; सा. 2.६22/2

परुषासो वनर्गवः – आरसं. ४.९/४

परुष्णीषु रुशत् पयः – ऋ. ८.६३.१३/३; आरसं. 2. १/३

परुष्ण्यव देदिशम् – ऋ. ८.७४.१५/2

परुषः परुरनुघुष्या वि शस्त – ऋ. १.१६2.१८/४; वा. 2५.४१/४; तैसं. ४.६.९.३/४; काठसं अश्व. ६.५/४

परुष्–परुराविवेशा यो अस्य – अशौ. १.१2.३/2

परूंषि च मे शरीराणि च मे – वा. १८.३; तैसं. ४.७.१.2; मैसं. 2.११.2: १४०.१६; काठसं. १८.७

परूंषि ते कल्पन्ताम् – काठसं. ४०.६

परूंषि यस्य संभाराः – अशौ. ९.६.१/2

परूंषि विद्वां छस्तेव – अशौ. ९.३.३/३

परूंषि वरुजन्ति च – अशौ. ९.८.१८/2

परेण तन्तुं परिषिच्यमानम् – तैआ. ३.११.६/१

परेण दत्वती रज्जुः – अशौ. ४.३.2/३; १९.४७.८/१

परेण नाकं निहितं गुहायाम् – तैआ. १०.१०.३/३; महा नारा उप. १०.५/३

परेणाघायुरर्षतु – अशौ. ४.३.2/४; १९.४७.८/2

परेणापः पृथिवीं संविशन्तु – कौसू. १०३.2/३

परेणेहि नवतिं नाव्या अति – अशौ. १०.१.१६/३ तु. नवतिं नाव्या।

परेणैतु पथा वृकः – अशौ. ४.३.2/१

परेतन (तैसं. काठसं.आपश्रौ. परेत) पितरः सोम्यासः

वैदिकपादानुक्रमकोषः 36

(तैसं. आपश्रौ. सोम्याः) – तैसं. १.८.५.2/१; मैसं. १.१०.३/१: १४३.८; १.१०.१६: १५६.६; काठसं. ६.६/१; ३६.१३; आश्रौ. 2.७.६/१; आपश्रौ. १.१०.७; माश्रौसू. १.१.2.१४,३७; ७.६.५2; –११.६.१ द्र. आ गन्त पितरो इत्यत्र।

परेत्य यमसादने – आपधसू. 2.६.१३.६/2

परेयिवांसं (तैआ.आपश्रौ. परेयु...) प्रवतो महीरनु (अशौ. इति) – ऋ. १०.१४.१/१; अशौ. १८.१४६/१; मैसं. ४.१४.१६/१: 2४३.६; तैआ. ६.१.१/१; आश्रौ. 2.१६.22; निरु. १०.2०/१; प्रः परेयिवांसं प्रवतो महीः कौसू. ८१.३४; परेयिवांसम् (आपश्रौ. परेयु...) शांश्रौसू. १५.६.५; १६.१३.2; आपश्रौ. ६.११.2०; ऋवि. ३.७.2 तु. बृहद. ६.१५५ यमसूक्त इत्याख्यः –पारगृसू. ३.१०.६; याधशा. ३.2

परेऽवर उभया अमित्राः – ऋ. 2.१2.८/2; अशौ. 2०.३४.८/2

परेऽवरेऽमृतासो भवन्तः – तैब्रा. 2.६.१६.2/३; आपश्रौ. ८.१५.१७/३

परेषामुपकारार्थम् – खिल. १०.१४2.६/३

परेषु या गुह्येषु व्रतेषु – ऋ. ३.५४.५/४; १०.११४.2/४

परेहि कृत्ये मा तिष्ठः – अशौ. १०.१.2६/१

परेहि त्वं विपश्चित – साम मन्त्रब्रा. १.५.७/३

परेहि न त्वा कामये – अशौ. ६.४५.१/३

परेहि नारि पुनरेहि क्षिप्रम् – अशौ. ११.१.१३/१ प्रः परेहि नारि –कौसू. ६०.2५

परेहि विग्रमस्तृतम् – ऋ. १.४.४/१; अशौ. 2०.६८.४/१

परेह्यस्तं नहि मूर मापः – ऋ. १०.६५.१३/४

परैः पूर्वैः पितृभिर् (अशौ. पूर्वैर्ऋषिभिर्) घर्मसद्भिः – ऋ. १०.१५.१०/४; अशौ. १८.३.४८/४

परैणानादिः द्र. परैनान्।

परैतु मृत्युरमृतं न ऐतु (शांश्रौसू.साम मन्त्रब्रा. अमृतं म आ गात्) – अशौ. १८.३.६2/2; शांश्रौसू. ४.१६.५/१; साम मन्त्रब्रा. १.१.१५/१ द्र. अपैतु मृत्युः।

परैनान् (अशौ. ...णान्) देवः सविता ददातु – ऋ. १०.८७.१८/३; अशौ. ८.३.१६/३

परोगव्यूत्यनिरामप क्षुधम् – ऋ. ८.६०.2०/३

परो ग्राहिं क्रव्यादः पिशाचान् – अशौ. ८.2.१2/2

परो दिवा (अशौ. दिवो; मैसं. दिवः) पर एना पृथिव्या (मैसं. ...याः) – ऋ. १०.८2.५/१; १2५.८/३; अशौ. ४.३०.८/३; वा. १७.2६/१; तैसं. ४.६.2.2/१; मैसं. 2.१०.३/१: १३४.१2; काठसं.१८.१/१

परो देवेभिर् (मैसं. ...भ्यो) असुरैर् (मैसं. ...रं) र्यदस्ति (तैसं. असुरैर्गुहा यत्(– ऋ. १०.८2.५/2; वा.१७.2६//; तैसं. ४.६.2.३/2; मैसं. 2.१०.३/2: १३४.१2; काठसं. १८.१/2

परो निर्ऋत्या आ चक्ष्व – ऋ. १०.१६४.१/३; अशौ. 2०.६६.2३/३; निरु. १.१७

परोऽपेहि मनस्पाप – अशौ. ६.४५.१/१ प्रः परोऽपेहि –वैसू. १2.१०; कौसू. ४६.६ द्र. अपेहि म...।

परोऽपेह्यसमृद्धे – अशौ. ५.७.७/१

परो मर्तः परः (तैब्रा. आपश्रौ. पर) श्वा – वा. 22.५/३; तैसं. ७.४.१५.१/३; मैसं. ३.१2.१/३: १६०.८; काठसं अश्व. ४.४/३; तैब्रा. ३.८.४.१; आपश्रौ. 2०.३.१३; माश्रौसू. ६.2.१ प्रः परो मतः –कात्यश्रौसू. 2०.2.2

परोमात्रमृचीषमम् – ऋ. ८.६८.६/१

परो मात्रया तन्वा (तैब्रा. तनुवा) वृधानः – ऋ. ७.६६.१/१; मैसं. ४.१४.५/१: 221.५; तैब्रा. 2.८.३.2/१; आश्रौ. ३.८.१ प्रः परो मात्रया –आश्रौ. ७.६.४; शांश्रौसू. १2.2६.१६; परोमात्रेति –वृ हासं. 2.५2; ५.४६६; ६.८६; ७.३०१; ८.५५.2३७; परः ऋवि. 2.2६.५

परो मायाभिर्ऋत आस नाम ते – ऋ. ५.४४.2/४

परो यत्त्वं परम आजनिष्ठाः – ऋ. ५.३०.५/१

परो यदिध्यते दिवा (सा. दिवि) – ऋ. ८.६.३०/३; सा. १.2०/३; आपश्रौ. १०.2८.५

परो यन्त्वघरुदो विकेश्यः – अशौ. ११.2.११/५

परोरजास्ते पंचमः पादः – षड् ब्रा. १.2.८; तैब्रा. ३.७.७.१३; आपश्रौ. १०.2८.५

परो रुद्रावति ख्यतम् – ऋ. ८.22.१४/४

परो वदात्यवरेण पित्रा – ऋ. ६.६.2/४

परो हि पर्त्यैरसि – ऋ. ६.४८.१६/१

पर्चो यथा नः सुवितस्य भूरेः – ऋ. ७.१००.2/३

पर्जन्य इव ततनः – ऋ. १.३८.१४/2

पर्जन्य इव ततनद्धि वृष्टया – ऋ. ८.21.१८/३

पर्जन्य उद्गाता स म उद्गाता – माश्रौसू.2.१.१.४; आपश्रौ. १०.३.१ तु. पर्जन्यो म।

पर्जन्यः पिता महिषस्य पर्णिनः – ऋ. ६.८2.३/१; सा. 2.६६७/१

पर्जन्यः पिता स उ नः पिपर्तु – अशौ. १2.१.१2/५

पर्जन्यः पुरुषीणाम् – ऋ. ७.१०2.2/३; तैब्रा. 2.४.५.६/३; तैआ. 2६.१/३

पर्जन्यं शतवृष्ण्यम्ः द्र. पर्जन्यं भूरि...।

पर्जन्यक्रन्द्यं (मैसं. क्रद्यं)हः – ऋ. ८.१०2.५/2; तैसं. ३.१.११.८/2; मैसं. ४.११.2/2: १६७.३; काठसं. ४०.१४/2

पर्जन्य द्रप्सा मधुमन्त ईरते – ऋ. ५.६३.४/४
पर्जन्वपत्नि हरिणि –कौसू. १०६.७/१
पर्जन्यं भूरिधायसम् (अशौ. १.३.१/2 शतवृष्ण्यम्) – अशौ. १.2.१/2; ३.१/2
पर्जन्यवाता वृषभा पृथिव्या – ऋ. ६.४९.६/१
पर्जन्यवृद्धं महिषं तम् – ऋ. ९.११३.३/१
पर्जन्यश्चित्रं वदति त्विषीमतीम् – ऋ. ५.६३.६/2; मैसं. ४.१४.१2/2: 2३४.७; तैब्रा. 2.४.५.४/2
प्रजन्यस्य विद्युत् – तैआ. ३.९.2
पर्जन्यस्येव वृष्टयः – ऋ. ९.22.2/2
पर्जन्याय प्र गायत – ऋ. ७.१०2.१/१; मैसं. ४.१2.५/१: १९2.१५; काठसं. 2०.१५/१; तैब्रा. 2.४.५.५/१; तैआ. १.2९.१/१; आश्रौ. 2.१५.2; आपश्रौ. ८.१.४/१; माश्रौसू. ५.2.५.2० प्रः पर्जन्याय –शांश्रौसू. ३.१३.४ तु. ऋवि. 2.३०.१
पर्जन्याय मण्डूकान् – वा. 2४.2१; मैसं. ३.१४.2: १७३.१
प्रजन्यायादभ्यः (नमः) – शां गृ सू. 2.१४.३
पर्जन्यावाता पिप्यतामिषं नः – ऋ. ६.५०.१2/४
प्रजन्यावाता वृषभा पुरीषिणा – ऋ. १०.६५.९/१
पर्जन्येनोदवाहेन – ऋ. १.३८.९/2; तैसं. 2.४.८.१/2; मैसं. 2.४.७/2: ४४.१६; काठसं. ११.९/2
पर्जन्यो अभि वर्षतु – खिल. ७.३४.६/2; वा. ३६.१०/४
पर्जन्यो देवता – मैसं.2.१३.१४: १६३.१३; काठसं. ३९.४; आपश्रौ. १६.2८.१
पर्जन्यो धारा मरुत ऊधो अस्य – अशौ. ४.११.४/३
पर्जन्यो न ओषधीभिर्मयोभुः – ऋ. ६.५2.६/३
पर्जने बीजमीरियानो (इरया नो इति पठतु) धिनोतु – मैसं. 2.७.१2/३: ९2.४
पर्जन्यो ब्रह्मणस्पतिः – अशौ. ६.४.१/2; सा. १.2६६/2
पर्जन्यो म उद्गाता – षड् ब्रा. 2.१०; आपश्रौ. १०.१.१४; आगृ. १.2३.११ तु. पर्जन्य उद्गाता।
पर्जन्यो म उद्गाता स मे देवयजनं ददातु – षड् ब्रा. 2. १०
पर्जन्यो म उद्गाता स समोपह्वयताम् – षड् ब्रा. 2.५
पर्जन्यो मे मूर्ध्नि श्रितो मूर्धा हृदये हृदयं मय्यहममृत अमृतं ब्रह्मणि – तैब्रा. ३.१०.८.८
पर्जन्यो रेतसावति – अशौ. ८.७.2१/४
पर्जन्यो विद्युता सह – अशौ. १९.३०.५/2
पर्जन्ययो वृष्टिमां (मैसं. ...मं) इव – ऋ. ८.६.१/2; ९.2. ९/३; अशौ. 2०.१३८.१/2; सा. 2. ३६६/३,६५७/2; वा. ७.४०/2; तैसं. १.४.2०.१/2; मैसं. १.३.2४/2: ३८.६; काठसं. ४.८/2; तैब्रा. ३.५. ७.४/2
पर्णं वनस्पतेऽनु त्वा – साम मन्त्रब्रा. १.५.१/३ द्र. उत्तरम्।
पर्णं वनस्पतेरिव – तैब्रा. ३.७.१४.४/३,५/३; तै आ आन्ध्र. १०.४५/३; शांश्रौसू. ४.१६.५/३; आपश्रौ. 2१. ३.१2/३; ४.2/३; पारगृसू. ३.४.४/४; हिर गृसू. १. 2८.१/३ द्र. पूर्वम्।
पर्णं मे वेरनु वाति प्रगर्धिनः – ऋ. ४.४०.३/2; वा. ९. १५/2; तैसं. १.७.८.३/2; मैसं. १.११.2/2: १६३.४; काठसं. १३.१४/2; शब्रा. ५.१.५.2०/2
पर्णमपत्तृतीयस्यै दिवोऽधि – तैब्रा. १.2.१.६/2; आपश्रौ. ५.2.४/2
पर्णं पृथिव्याः प्राथनं हरामि – तैब्रा. १.2.१.४/४; आपश्रौ. ५.2.४/४
पर्णवल्कः पवित्रम् – तैब्रा. ३.७.४.१८/३; आपश्रौ. १.१३. १५/३
पर्णवल्कमुत शुन्धत – तैब्रा. ३.७.४.2/४; आपश्रौ. १.११. १०/४
पर्णवीरिव दीयति (सा. ...ते) – ऋ. ९.३.१/2; सा. 2. ६०६/2
पर्णशदः (आश्रौ. पर्णशदो जरितः; शांश्रौसू. पर्णसदो जरितः) – अशौ. 2०.१३५.2; आश्रौ. ८.३.2३; शांश्रौसू. १2.2३.३; वैसू. ३2.2५
पर्णा मृगस्य पतरोरिवारभे – ऋ. १.१८2.७/३
पर्णाल्लधीयसी भव – अशौ.१०.१.2९/५
पर्णेभिः शकुनानाम् – ऋ. ९.११2.2/2
पर्णेभ्यः स्वाहा – तैसं. ७.३.2०.१; काठसं अश्व. ३.१०
पर्णे वो वसतिष् (तैसं. मैसं. वसतिः) कृता – ऋ. १०. ९७.५/2; वा. १2.७९/2; ३५.४/2; तैसं. ४.2.६. 2/2; मैसं. 2.७.१३/2: ९३.९; काठसं. १६.१३/2; शब्रा. १३.८.३.१/2
पर्णो ब्रह्मणा – तैसं. ७.४.१2.१; काठसं अश्व. ४.१
पर्णो राजापिधानं चरूणाम् – अशौ. १८.४.५३/१ प्रः पर्णो राजा –कौसू. ८६.६
पर्णोऽसि तनूपानः सयोनिः – अशौ. ३.५.८/१
पर्यग्नये – शांश्रौसू. ५.१६.८ द्र. उत्तरमेकवर्जम्।
पर्यग्नये क्रियमाणायानुब्रूहि – ऐब्रा. 2.५.१; आपश्रौ. ७.१५. १; माश्रौसू. १.८.३.2१
पर्यग्नयेऽनुब्रूहि – शब्रा. ३.८.१.६; आपश्रौ. ७.१५.१ द्र. पूर्वमेकवर्जम्।
पर्यग्निः पशुपा न होता – ऋ.४.६.४/३
पर्यग्निमहृषत (का. अषत, वत अहर्षत) – ऋ. १०.१५५.

५/2; वा. ३५.१८/2; का. ३५.१८/2 द्र. परीमे अग्निम्।
पर्यग्निं परि सूर्यं बभूव – अशौ. १३.2.2५/2
पर्यचामि हृदा मतिम् – ऋ. १०.११६.५/2
पर्यन्तरिक्षात परि मा वीरुद्भ्यः – अशौ. १६.३५.४/2
पर्यन्या नाहुषा युगा – ऋ. ५.७३.३/३
पर्यभूदतिथिर्जातवेदाः – मैसं. ४.१४.१५/४: 2४१.७ द्र. उषर्बुध्।
पर्यस्ताक्षा अप्रचंकशाः – अशौ. ८.६.१६/१
पर्यस्मान् वरुणो दधत् कौसू. ४६.५५/६
पर्यस्य महिमा पृथिवीं समुद्रम् – अशौ. १३.2.४५/१
पर्यागारं (आश्रौ. अकारं) पुनः – पुनः – अशौ. 2०.१३2.१2; आश्रौ. ८.३.१७; शांश्रौसू. १2.१८.१८
पर्याणद्धं विश्वरूपं यदस्ति (आपमपा. अस्याम्) – अशौ. १४.2.१2/३; आपमपा. १.७.१०/३
पर्यादधति सर्वदा – अशौ. १2.2.५१/४
पर्य आधत्ताग्निना शमितारः – अशौ.६.५.५/३ प्रः पर्य आधत्त –कौसू. ६४.१४
पर्यायिकेभ्यः स्वाहा – अशौ. १६.22.७
पर्यावर्तेते जठरेव पादाः – तैसं. ३.2.2.१/2
पर्यावर्तेथामभि पात्रमेतत् – अशौ. १2.३.८/2
पर्य आवर्ते दुष्वप्न्यात् (कात्यश्रौसू. दुःष्व्...) – अशौ. ७.१००.१/१; कात्यश्रौसू. 2५.११.2०/१ प्रः पर्यावर्ते –कौसू.४६.११
पर्यावर्द्राष्ट्रं तदवाम्यायन् – ऋ. १०.१2४.४/४
पर्यास न रीरमत् – ऋ. ७.३2.१०/2; ऐब्रा. ५.१.१६/2; ऐआ. १.2.१.१३/2
पर्य ऊ षु प्र धन्व (अशौ. ...वा) वाजसातये – ऋ. ६.११०.१/१; अशौ. ५.६.४/१; सा.१.४2८/१; 2.७१४/१; काठसं. ३८.१४/१; ऐब्रा. ८.११.१/१; आपश्रौ. १६.१८.७/१
पर्यूहामि शतशारदाय – अशौ.१६.३७.३/४
पर्येका चरति वर्तनिं गौः – ऋ. ३.७.2/४
पर्येता कयस्य चित् – ऋ. १.2७.८/2; सा. 2.७६६/2
पर्येति परिवीतो विभावा – ऋ. १०.६.१/४; मैसं. ४.१४.१५/४: 2४१.३
पर्येनान् प्राणः पशवो जीवनं वृणक्तु – अशौ. ६.2.५/४,१६/४
पर्वत इवाविचाचलिः (अशौ. काठसं. ...चलत्) – ऋ. १०.१७३.2/2; अशौ. ६.८७.2/2; काठसं.३५.७/2; तैब्रा.2.४.2.६/2; आपश्रौ. १४.2७.७/2
पर्वतश्चिन् महि वृद्धो बिभाय – ऋ. ५.६०.३/१; तैसं. ३.१.११.५/१; मैसं. ४.१2.५/१: १६३.१३; आश्रौ. 2.१३.७ प्रः पर्वतश्चित् –शांश्रौसू ३.१५.१५
पर्वतस्य वृषभस्याधि पृष्ठे – अशौ. १2.2.४१/३
पर्वतस्यास्यक्षम् – अशौ. ४.६.१/2
पर्वता गिरयो मधु – अशौ. ६.१2.३/2
पर्वताद्दिवो योनेः – अशौ. ५.2५.१/१ प्रः पर्वताद्दिवः –कौसू. ३५.५
पर्वताश्च मे गिरयश्च मे – मैसं. 2.११.५: १४2.५ द्र. गिरयश्च मे।
पर्वताश्चिन्नि येमिरे – ऋ. ८.७.३४/३
पर्वतेभ्यः किंपूरुषम् – वा.३०.१६; तैब्रा. ३.४.१.१2
पर्व ते राध्यासम् – तैसं. १.१.2.१; तैब्रा. ३.2.2.४; आपश्रौ. १.३.१३
पर्वतेषु समेषु च – अशौ. ८.७.१७/2
पर्वतेष्वपश्रितः – ऋ. ५.६१.१६/३
पर्वतेष्वपश्रितम् – ऋ. १.८४.१४/2; अशौ.2०.४१.2/2; सा. 2.2६४/2; मैसं.2.१३.६/2: १५४.१३; काठसं. ३६.१2/2; तैब्रा. १.५.८.१/2
पर्वभ्यः स्वाहा – तैसं. ७.४.2१.१; काठसं अश्व. ३.६; ४.१०
पर्शानासो मन्यमानाः – ऋ. ८.७.३४/2
पर्शुर्वेदिः परषुर्नः स्वस्तिः – तैसं. ३.2.४.१/2 द्र. परशुर्वेदिः।
पर्शुर्ह नाम मानवी – ऋ. १०.८६.2३/१; अशौ. 2०.१2६.2३/१
पर्षत् पक्थे अहन्ना सप्त होतॄन् – ऋ. १०.६१.१/४
पर्षद्विश्वाति दुरिता गृणन्तम् – ऋ. ३.2०.४/४
पर्षन्नावेव सुक्रतुः – ऋ. ५.2५.६/४
पर्षन्नो अति सश्चतो अरिष्टान् – ऋ. ७.६७.४/४; काठसं. १७.१८/४
पर्षि णः पारमंहसः स्वस्ति – ऋ. 2.३३.३/३
पर्षि तस्या उत द्विषः – ऋ. 2.७.2/३
पर्षि तोकं तनयं पर्तृभिष्ट्वम् – ऋ. ६.४८.१०/१; सा. 2.६७४/१
पर्षि दीने गभीरा आ – ऋ. ८.६७.११/१
पर्षि राधो मघोनाम् – ऋ. ८.१०३.७/४; ६.१.३/३; सा. 2.४१/३, ६३४/४; षड् ब्रा. १.३.2०
पर्षिष्ठा उ नः पर्षण्यति द्विषः – ऋ. १०.१2६.३/४
पलायिताय स्वाहा – तैसं. ७.१.१३.१; १६.१; काठसं अश्व. १.४,१०
पलायिष्ठाः समज्ञास्थाः – तैब्रा. ३.७.८.2/2
पलायिष्यमाणाय (काठसं अश्व. पलायिष्यते) स्वाहा –

तैसं. ७.१.१६.१; काठसं अश्व. १.१०
पलालान् उपलालौ शर्कुं कोकम् – अशौ. ८.६.2/१
पलिक्नीरिद्युवतयो भवन्ति – ऋ. ५.2.४/४
पल्वयाभ्यः स्वाहा – तैसं. ७.४.१३.१; काठसं अश्व. ४.2
पवतामान्तरिक्ष्या – ऋ. ६.३६.५/३ तु. पवन्तामादि।
पवते वारे अव्यये – ऋ. ६.३६.४/३ तु. पवन्ते आदि।
पवते हर्यतो हरिः – ऋ. ६.६५.2५/१; १०६.१३/१; सा. १.५७६/१; 2.१2३/१; पंचब्रा. ११.५.१; सावि ब्रा. 2. ६.१५
पवने पावने चैव – वासि ध शा. १.१६/३
पवन्तामान्तरिक्ष्या – ऋ. ६.६४.६/३; सा. 2.३८६/३ तु. पवतामादि।
पवन्तामा सुवीर्यम् – ऋ. ६.१३.५/2; ६५.2४/2; सा. 2. ५१५/2, ५४2/2
पवन्ते मद्यं मदम् – ऋ. ६.2३.४/2; १०७.१४/2; सा. १.५१८/2; 2.2०६/2
पवन्ते वाजसातये – ऋ.६.१३.३/१; ४2.३/2; सा. 2. ५३६/१; पंचब्रा. ४.2.१५
पवन्ते वारे अव्यये – ऋ. ६.६४.५/३; सा. 2.३८५/३ तु. पवते आदि।
पवमान इन्द्रो वृषा – ऋ. ६.५.७/३
पवमान ऋतः कविः – ऋ. ६.६2.३०/१
पवमान ऋतं बृहत् – ऋ. ६.६६.2४/१
पवमान ऋतायुभिः – ऋ. ६.३.३/2; सा. 2.६१०/2
पवमान ऋतुभिः कवे – ऋ. ६.६६.३/३
पवमानः कनिक्रदत् – ऋ. ६.३.७/३; सा. 2. ५४४/2,६१2/३ द्र. पवमान आदि।
पवमानः पुनातु मा – अशौ. ६.१६.१/४,2/४; मैसं. ३. ११.१०/१: १५५.१५ प्रः पवमानः पुनातु –वैसू. ६.११
पवमानः प्रजापतिः – ऋ. ६.५.६/४; ऐब्रा. ४.2६.१2
पवमानं विचर्षणिम् – ऋ. ६.६०.१/2 तु. पवमानो विचर्षणिः।
पवमाना कनिक्रदत् – ऋ. ६.१३.८/2 द्र. पवमानः आदि।
पवमाना गिरावृधम् – ऋ. ६.2६.६22
पवमाना जही मृधः – ऋ. ६.६१.2६/2; सा. 2.५६४/2
पवमान धिया हितः – ऋ. ६.2५.2/१; सा. 2.2७१/१
पवमान नि तोशसे – ऋ. ६.६३.2३/१; सा. 2.५८६/१
पवमानं तु मध्यमम् – तैआ. १.८.४/2
पवमानं दश क्षिपः – ऋ. ६.४६.६/2
पवमान पवसे धाम गोनाम् – ऋ. ६.६७.३१/३; सा. १. ५३४/३
पवमान बाधसे सोम शत्रून् – ऋ. ६.६४.५/४
पवमानमधि द्यवि – ऋ. ६.2६.३/2
पवमानमवस्यवः – ऋ. ६.१३.2/१; सा. 2.५३८/१
पवमान महित्वना – ऋ. ६.१००.६/४; सा. 2.३६८/४
पवमान महि श्रवः – ऋ. ६.४.१/2; ६.६/१; १००.८/१; सा. 2.३६७/2
पवमान मह्यर्णो वि धावसि – ऋ. ६.८६.३४/१
पवमानं पायुना – तैसं. ५.७.१५.१; काठसं अश्व. १३.५
पवमानं मधुश्चुतम् – ऋ. ६.५०.३/३; ६७.६/2; सा. 2. ५५७/३
पवमान रयिं पृथुम् – ऋ. ६.३५.१/2
पवमान रसस्तव – ऋ. ६.६१.१८/१; सा. 2.2४०/१
पवमान रुचा – रुचा – ऋ. ६.६५.2/१; सा. 2.2५५/१
पवमान वि तज्जहि – ऋ. ६.६७.21/३
पवमान विदा रयिम् – ऋ. ६.१६.६/३; ४३.४/१; ६३. ११/१; सा. 2.१११/३
पवमान विधर्मणि – ऋ. ६.४.६/2; ६४.६/2; १००. ७/४; सा. 2.३१०/2,४०५/2 द्र. पवमाना वि...।
पवमान वि रोचय – ऋ. ६.३६.३/2
पवमान वृषभ ता वि धावसि – ऋ.६.८६.३८/2; सा. 2. ३०६/2
पवमान व्यश्नुहि – सा. 2.६६2/१ द्र. पवमानो वि।
पवमानश्च मुंचतु – वा. ६.१७/६
पवमान श्रवाय्यम् – ऋ. ६.१०१.६/2; सा. 2.१७०/2
पवमान संतनिम् आदिः द्र. पवमानः आदि।
पवमान सुवीर्यम् – ऋ. ६.११.६/१; सा. 2.७६६/१
पवमान स्तृणन् हरिः – ऋ. ६.५.४/2
पवमानस्य जङ्घनतः (सा.पंचब्रा. जिघ्न्...) – ऋ. ६.६६. 2५/१; सा. 2.६६०/१; पंचब्रा. १५.३.१,2
पवमानस्य ते कवे – ऋ. ६.६६.१०/१; सा.2.७/१; पंचब्रा. १८.८.१५
पवमानस्य ते रसः – ऋ. ६.६१.१७/१; सा. 2.2४१/१
पवमानस्य ते वयम् – ऋ. ६.६१.४/१; सा. 2.१३७/१
पवमानस्य दूढ्या – ऋ. ६.५३.३/2; सा. 2.१०६६/2
पवमानस्य मरुतः – ऋ. ६.५१.३/३; ६४.2४/३; सा. 2. ४2८/३, ५७६/३
पवमानस्य विश्ववित् – ऋ. ६.६४.७/१; सा. 2.३०८/१; पंचब्रा. १३.१.६
पवमानस्य शुष्मिणः – ऋ. ६.४१.३/2; सा. 2.2४४/2
पवमानस्या गत – ऋ. ६.५.११/2
पवमान स्वर्दृशम् – ऋ. ६.६५.११/2; सा.१.४८०/३; ३. १३४/३, १५४/2 द्र. उत्तरमेकवर्जम्।

पवमान स्वर्विदः – ऋ. ६.५६.४/१
पवमान स्वाध्यः – ऋ.६.६५.४/३ द्र. पूर्वमेकवर्जम्।
पवमानः स चेतति – ऋ. ६.६2.१०/2; सा. १.५०८/2
पवमानः संतनिः प्रघनतामिव – ऋ. ६.६६.2/३ द्र. उत्तरमेकवर्जम्।
पवमानः (..न) संतनिमेषि कृण्वन् – ऋ. ६.६७.१४/३; सा. 2.१५७/३
पवमानः संतनिः सुन्वतामिव – सा. 2.७2१/३ द्र. पूर्वमेकवर्जम्।
पवमानः सहस्रिणम् – ऋ. ६.2०.2/३; सा. 2.३१६/३
पवमानः सिसासति – ऋ. ६.३.४/३; सा. 2.६०८/३
पवमानः सुतो नृभिः – ऋ. ६.६2.१६/१
पवमानः सुवर...: द्र. पवमानः स्वर...।
पवमानः सो अद्य नः – ऋ. ६.६७.22/१; वा.१६.४2/१ द्र. उत्तरमेकवर्जम्।
पवमानः स्वध्वरः – ऋ. ६.३.८/३; सा.2.६१३/३
पवमानः स्वर्जनः (तैब्रा. आपश्रौ. हिरगृसू. बौधसू. सुवर...) – मैसं. ३.११.१०/१: १५५.११; काठसं. ३८.2/१; तैब्रा. १.४.८.१/१; 2.६.३.४; आपश्रौ. १०.७.१३/१; १४.३०.१; हिर गृसू. १.१०.2; 2१.५; 2.१८.६; बौधसू. १.६.१४.१५; 2.५.८.११ द्र. पूर्वमेकवर्जम्।
पवमाना अभ्यर्षन्ति सुष्टुतिम् – ऋ. ६.८५.७/३
पवमाना असृक्षत – ऋ. ६.६३.2५/१; १०७.2५/१; सा. १.५22/१; 2.१०४६/१
पवमाना दिवस्परि – ऋ. ६.६३.2७/१; सा. 2.१०५०/१
पवमानाभृतं दिवः – ऋ. ६.६६.३०/2
पवमानाभ्यर्षसि – ऋ. ६.१०७.2१/४; सा. १.५१७/४; 2.४2६/४
पवमानाय गायत – ऋ. ६.६५.७/2
पवमानायेन्दवे – ऋ. ६.११.१/2; सा. 2.१/2,११३/2; वा. ३३.६2/2; षड् ब्रा. १.३.१७; लाटयश्रौसू. ७.१०.2१; १2.३ तु. उत्तराणि त्रीणि वर्जयित्वा।
पवमाना विधर्मणि – सा. 2.३६७/४ द्र. पवमाना वि..
पवमानास आशत – ऋ. ६.2१.४/2
पवमानास आशवः – ऋ. ६.६३.2६/१; सा. 2.१०५१/१
पवमानास इन्दवः – ऋ. ६.2४.१/2; ६७.७/१; १०१.८/४; सा. 2.१६६/४,३११/2 तु. पूर्वाणि त्रीणि वर्जयित्वा।
पवमानासो अक्रमुः – ऋ. ६.३१.१/2
पवमानाः स्वर्दृशः – ऋ. ६.१३.६/2; सा. 2.५४५/2
पवमानेन सुष्टुताः – ऋ. ६.५.५/३

पवमानो अजीजनत् – ऋ. ६.६१.१६/१; सा. १.४८४/१; 2.2३६/१; पंचब्रा. १2.७.५
पवमानो अति स्रिधः – ऋ. ६.६६.22/१
पवमानो अदाभ्यः – ऋ. ६.३.2/३; सा.2७०/३,६११/३
पवमानो अधि द्यवि – ऋ.६.2७.५/2; सा. 2.६३४/2
पवमानो अभि स्पृधः – ऋ. ६.७.५/१; सा. 2.४८2/१
पवमानो अभ्यर्षा सुवीर्यम् – ऋ. ६.८५.८/१
पवमानो अरोचयत् – ऋ.६.३७.४/2; सा. 2.६४५/2
पवमानो अशस्तिहा – ऋ. ६.६2.११/2
पवमानो असिष्यदत् – ऋ.६.३०.४/2; ४६.५/१; सा. 2.७८६/१
पवमानो गर्भमानंज धीरः – काठसं. १३.६/2 द्र. अन्तर् महिमानम् इत्यत्र।
पवमानो दशस्यति (सा. दिशस्...) – ऋ. ६.३.५/2; सा. 2.६०६/2
पवमानोऽधि शीर्षतः – अशौ. १०.2.2६/४
पवमानो धीर आनंज गर्भम् – काठसं. १३.६/2 द्र. अन्तर् महिमानम् इत्यत्र।
पवमानो मनावधि – ऋ. ६.६३.८/2; ६५.१६/2; सा. 2.१८३/2; ५६७/2; पंचब्रा. १2.१.७/2
पवमानो रथीतमः – ऋ. ६.६६.2६/१; सा. 2.१६६/१
पवमानोरुशदीर्ते पयो गोः – ऋ. ६.६१.३/2
पवमानो विचर्षणिः – ऋ. ६.2८.५/2 तु. पवमानं वि.
पवमानो वि धावति – ऋ. ६.३७.३/2; सा. 2.६४४/2
पवमानो वि राजति – ऋ. ६.५.१/2
पवमानो वृषण्यति – ऋ.६.५.६/2
पवमानो व्यश्नवत् – ऋ. ६.६६.2७/१ द्र. पवमान वि।
पवमानो हरितो आ विवेश – ऋ. ८.१०१.१४/४; अशौ. १०.८.४०/४; जैब्रा. 2.22६(22४)/४; शब्रा. 2.५.१.५/४; ऐआ. 2.१.१.४/४,८
पवमानो हिरण्ययुः – ऋ. ६.2७.४/2; सा. 2.६३६/2
पवस्तैस्त्वा पर्यक्रीणन् – अशौ. ४.७.६/१
पवस्व गोजिदश्वजित् – ऋ.६.५६.१/१
पवस्व चर्षणीसहे (सा. चर्षणीधृतिः) – ऋ. ६.2४.४/2; सा. 2.३१५/2
पवस्व जनयन्निषः – ऋ.६.६६.४/१
पवस्व दक्षसाधनः – ऋ. ६.2५.१/१; सा. १.४७४/१; 2.2६६/१; पंचब्रा. १2.६.१
पवस्व देव आयुषक् – सा. १.४८३/१; 2.५८५/१; पंचब्रा. १४.११.१ द्र. पवस्व देवायुषक्।
पवस्व देवमादनो विचर्षणिः – ऋ. ६.८४.१/१
पवस्व देववीतये – ऋ. ६.१०६.७/१; सा. १.५७१/१; 2.

६७६/१; पंचब्रा. १५.५.३
पवस्व देववीरति – ऋ. ९.2.१/१; ३६.2/१ द्र. पवस्व देव आयु...।
पवस्व धिषणाभ्यः – ऋ. ९.५९.2/३
पवस्व बृहतीरिषः – ऋ.९.१३.४/2; ४2.६/३; सा. 2. ५४०/2
पवस्व मंहयद्रयिः – ऋ. ९.५2.५/३; ६७.१/३; सा. 2. ६७३/३ प्रः पवस्व –ऋवि. ३.2.६
पवस्व मधुमत्तमः – ऋ. ९.६४.22/2; १०८.१/१,१५/३; सा. १.४७2/2,५७८/१; 2.४2/१,४2६/2; पंचब्रा. ११.१०.३
पवस्व वाचो अग्रियः – ऋ. ९.६2.2५/१; सा. 2. १2५/१; पंचब्रा. ४.2.१७; ६.९.१०,११; ११.६.१; १६.११. 2; १८.८.१०; तैब्रा. १.८.८.2; लाटयश्रौसू. ४.५.१९ प्रः पवस्व वाचः –लाटयश्रौसू. ४.६.2०
पवस्व वाजसातमः – ऋ. ९.१००.६/१; सा. १.५2१/१ द्र. उत्तरम्।
पवस्व वाजसातये – ऋ. ९.४३.६/१; १०७.2३/१; सा. 2.३६६/१; तैसं. ५.४.१2.१; पंचब्रा. १३.५.४ द्र. पूर्वम्।
पवस्व विश्वचर्षणे – ऋ. ९.६६.१/१; सा. 2. १2६/३,2४६/१ वैखानस्य ऋचः –ऋवि. ३.2.५ द्र. उत्तरमेकवर्जम्।
पवस्व विश्वदर्शतः – ऋ. ९.६५.१३/2; १०६.५/2
पवस्व विश्वमेजय – ऋ. ९.३५.2/2; ६2.६/३ द्र. पूर्वमेकवर्जम्।
पवस्व वृत्रहन्तम – ऋ. ९.2४.६/१; सा. 2.३१६/१
पवस्व वृष्टिं आ सु नः – ऋ. ९.४९.१/१; सा. 2. ७८५/१
पवस्व सूर्यो दृशे – ऋ. ९.६४.३०/३; सा. 2.६/३
पवस्व सोम क्रतुविन् न उक्थ्यः – ऋ. ९.८६.४८/१
पवस्व सोम क्रत्वे दक्षाय – ऋ. ९.१०९.१०/१
पवस्व सोम दिव्येषु धामसु – ऋ. ९.८६.22/१
पवस्व सोम देववीतये वृषा – ऋ. ९.७०.९/१
पवस्व सोम द्युम्नी सुधारः – ऋ. ९.१०९.७/१; सा.१. ४३६/१
पवस्व सोम धारया – ऋ. ९.१.१/2; 2९.४/2; ३०. ३/३; ६७.१३/2; १००.५/2; सा. १.४६८/2; 2. ३९/2; वा. 2६.2५/2; ऐब्रा. ८.८.९/2; 2०.३/2; पंचब्रा. ८.४.५; निरु. ११.३/2
पवस्व सोम मधुमान् ऋतावा – ऋ. ९.९६.१३/१; सा. १.५32/१; सावि ब्रा. १.४.१४; ७.१३
पवस्व सोम मन्दयन् – ऋ. ९.६७.१६/१; सा. 2. ११६०/१
पवस्व सोम महान् समुद्रः – ऋ. ९.१०९.४/१; सा. १. ४2९/१; 2०५९१/१; पंचब्रा. १४.११.५
पवस्व सोम महे दक्षाय – ऋ. ९.१०९.१०/१; सा. १. ४३०/१; 2.९८2/१; पंचब्रा. १५.५.५
पवस्व सोम शं गवे – ऋ. ९.११.७/2; सा. 2.७९७/2
पवस्व सोमान्धसा – ऋ. ९.५५.३/2; सा. 2.३2७/2
पवस्वाद्भयो अदाभ्यः – ऋ.९.५९.2/१
पवस्वेन्दो पवमानो महोभिः – ऋ.९.९६.2१/१
पवस्वेन्दो वृषा सुतः – ऋ. ९.६१.2८/१; सा. १. ४७६/१; 2.१2८; पंचब्रा. ६.१०.१2; ११.६.३; १८.८.१३
पवस्वौषधीभ्यः – ऋ.९.५९.2/2
पवित्रं यजमानस्य – मैसं. ३.११.१०/2: १५७.८
पवित्रं सोम गच्छसि – ऋ. ९.2०.७/2; ६७.१९/2; सा. 2.३2४/2
पवित्रं सोम धामभिः – ऋ. ९.६६.५/३
पवित्रं सोम रंह्या – ऋ.९.2.१/2; सा. 2.३८७/2
पवित्रं ते विततं ब्रह्मणस्पते – ऋ. ९.८३.१/१; सा. १. ५६५/१; 2.22५/१; ऐब्रा.१.2०.४; ७.९.३; कौषी ब्रा. ८.५; पंचब्रा. १.2.८; १2.५.७; जैब्रा. १.८१; तैआ. १.११. १/१; आश्रौ. ४.६.३; आपश्रौ. १2.१2.१३/१ प्रः पवित्रं ते –शांश्रौसू. ५.९.१५; ७.१५.१३; लाटयश्रौसू. १.१०. 2०; वृ हासं. ८.2३०; ऋवि. ३.३.६; सावि ब्रा. १.४. १९; ५.१५ तु. बृहद. ६.१३४
पवित्रं धारया कवे – ऋ. ९.2५.६/2; ५०.४/2; सा. 2. ५५८/2
पवित्रं धारया सुतः – ऋ. ९.५१.५/2
पवित्रं धाव धारया – ऋ. ९.४९.४/2; सा. 2.७८८/2
पवित्रमति गाहते – ऋ. ९.६७.2०/2
पवित्रमति धारया – ऋ. ९.१०७.2५/2; सा. १.५22/2
पवित्रमत्यक्षरन् – ऋ. ९.६३.१५/३
पवित्रमत्यव्ययम् – ऋ. ९.६६.2८/2
पवित्रमभ्युन्दतः – ऋ.९.६१.४/2; सा. 2.१३७/2
पवित्रमर्को रजसो विमानः – तैब्रा. ३.७.९.६/१; आपश्रौ. 2१.2०.७/१ तु. अर्कः पवित्रम् इत्यत्र।
पवित्रमसि यज्ञस्य – मैसं. ३.११.१०/१: १५७.८ प्रः पवित्रमसि –माश्रौसू. ५.2.११.३७
पवित्रमृषिभिः स्मृतम् – विष्णुस्मृ. ४८.१७/४; बौधसू. ३. ६.५/४
पवित्रं परिधावसि (सा. परिदीयसे) – ऋ. ९.2४.५/2; सा. 2.३१४/2
पवित्रं पवयिष्यन् पूतो मेध्यः – तैब्रा. ३.१०.१.३ प्रः पवित्रं

तैब्रा.३.१०.६.८; १०.३; आपश्रौ. १६.12.६
पवित्रं पोत्राभ्याम् – तैसं. ५.७.१५.१; काठसं अश्व.१३.५
पवित्रवन्तः परि वाचम् (तैआ. वाजम्) आसते – ऋ. ६.७३.३/१; तैआ. १.११.१/१ निरु. 12.३2/१ प्रः पवित्रवन्तः –वृ हासं. ८.६७
पवित्रवन्ता चरतः पुनन्ता – ऋ.१०.2७.१७/४
पवित्रवन्तो अक्षरन् – ऋ.६.१०१.४/३; अशौ. 2०.१३७.४/३; सा. १.५४७; 2.222/३
पवित्रस्य प्रस्रवणेषु वृत्रहन् – ऋ. ८.३३.१/३; अशौ. 2०.५2.१/३; ५७.१४/३; सा.१.2६१/३; 2.2१४/३
पवित्राय भिषजम् – वा. ३०.१०; तैब्रा. ३.४.१.४
पवित्रे अधि तोशते – ऋ.६.2७.१/2; सा.2.६३६/2
पवित्रे चम्वोः सुतः – ऋ. ६.३६.१/2; सा.१.४६०/2
पवित्रेण पुनीहि (मैसं. पुनाहि) मा – वा.१६.४०/१; मैसं. ३.११.१०/१: १५६.१; काठसं.३८.2/१; तैब्रा. १.४.८.१/2; शांश्रौसू. १५.१५.६/१
पवित्रेण पृथिवि मोत्पुनामि – अशौ. 12.१.३०/३ प्रः पवित्रेण पृथिवि –वैसू. 12.६
पवित्रेण विचर्षणिः – ऋ. ६.६७.22/2; वा. १६.४2/2; मैसं. ३.११.१०/2: १५५.११; काठसं. ३८.2/2; तैब्रा. १.४.८.१/2; आपश्रौ. १०.७.१३/2 तु. ऋवि. ३.2.६
पवित्रेण शतायुषा – वा.१६.३७/३,३७/४; मैसं. ३.११.१०/३: १५५.७,६; काठसं. ३८..2/३,2/४; तैब्रा. 2.६.३.३/४,४/३
पवित्रेण सवेन च – ऋ.६.६७.2५/2; अशौ. ६.१६.३/2; वा. १६.४३/2; मैसं. ३.११.१०/2: १५५.१७; काठसं. ३८.2/2; तैब्रा. १.४.८.2/2
पवित्रेण सहागहि – तैब्रा. ३.७.४.12/2; आपश्रौ. १.12.८/2
पवित्रे दक्षसाधनः – ऋ. ६.2७.2/३; सा. 2.६३७/३
पवित्रे धारया सुतः – ऋ. ६.१००.६/2; सा. 2.३६६/2
पवित्रे परि षिच्यते (सा. ...से) – ऋ. ६.१७.४/2; ४2.४/2; सा. 2.११०/2
पवित्रेभिः पवमाना असृग्रन् – ऋ.६.८७.५/३
पवित्रेभिः पवमानो नृचक्षाः – ऋ. ६.६७.2४/१
पवित्रे मत्सरो मदः – ऋ. ६.2७.५/३; सा. 2.६३४/३
पवित्रेष्टिं तथैव च – आश्रौ. 2.12.६/2
पवित्रे सोमं देवेभ्य इन्दुम् – ऋ. ६.१०६.12/2; सा.2.६८४/2
पवित्रे सोमो अक्षाः (सा. अक्षरत्) – ऋ. ६.१८.१/2; सा. १.४७५/2; 2.४४३/2
पवित्रे स्थो वैष्णव्यौ (तैब्रा.आपश्रौ. ...ष्णवी) – वा. १.12; १०.६; शब्रा. १.१.३.१; ५.३.५.१५; तैब्रा. ३.७.४.११; आपश्रौ. १.११.७; शां गृ सू. १.८.१४; गोभि गृसू. १.७.22; खादिगृसू. १.2.12 प्रः पवित्रे स्थः –कात्यश्रौसू. 2.३.३१ तु. ओषध्या।
पवित्रे हव्यशोधने – तैब्रा. ३.७.४.११/४,12/४; आपश्रौ. १.६.१०/४; 2.८.६/४
पवीतारः पुनीतन – ऋ.६.४.४/१; सा. 2.४००/१
पवीनसात् तंगल्वात् – अशौ.८.६.2१/१
पवेर्नु शक्वेव हनूनि कल्पयन् – शब्रा. ११.५.५.१३/१
पव्या रथस्य जङ्घनन्त भूम – ऋ. १.८८.2/४
पव्येव राजन्नघशंसमजर – ऋ. ६.८.५/३
पशव आपः – तैआ. १०.22.१; महा नारा उप.१४.१
पशव उत्तरवेद्याम् – काठसं. ३४.१४
पशवस्तत् प्र मोदन्ते – अशौ. ११.४.५/३
पशवो बर्हिषि वेद्यां स्तीर्यमाणायाम् – काठसं.३४.१५
पशवो मम भूतानि – तैआ. १.११.४/2
पशवो मोप स्थेषुः – अशौ. १६.४.७
पशवोऽसृज्यन्त – तैसं. ४.३.१०.2; काठसं.१७.५ द्र. ग्राम्याः।
पशुनेहि – शब्रा. ४.2.५.११; कात्यश्रौसू. १०.१.१६ द्र. प्रतिप्रस्थातः प...।
पशुं न गोपा इर्यः परिज्मा – तैसं. १.५.११.2/2; ७.१.2०.१/४ द्र. पशूनादि।
पशुं न नष्टमिव दर्शनाय – ऋ. १.११६.2३/३
पशुं न नष्टं पदैरनु ग्मन् – ऋ. १०.४६.2/2
पशुं नः सोम रक्षसि – ऋ. १०.2५.६/१
पशुपतये देवाय स्वाहा – हिर गृसू.2.८.६; आपमपा. 2.१८.१७ (आपगृ. ७.2०.४) द्र. उत्तरद्वयम्।
पशुपतये शिवाय शंकराय पृषातकाय स्वाहा – आगृ. 2.2.2 द्र. पूर्वं तथा उत्तरम्।
पशुपतये स्वाहा – षड् ब्रा. ५.११; अब्रा. ११; शब्रा. ४.१६.2 द्र. पूर्वद्वयम्।
पशुपतिं स्थूलहृदयेन (वा. कृत्स्नहृ...) – वा. ३६.८; तैसं. १.४.३६.१; तैआ. ३.2१.१
(ओं) पशुपतिं देवं तर्पयामि – बौधसू. 2.५.६.६
पशुपतेः पशवः – काठसं. ३०.८/१; आपश्रौ. ७.१५.५/१
पशुपतेः पुरीतत् – वा. ३६.६
पशुपते त्रायस्वैनम् – आपश्रौ. ६.११.३
(ओं) पशुपतेर्देवस्य पत्नीं तर्पयामि – बौधसू. 2.५.६.६ तु. उत्तरम्।
पशुपतेर्देवस्य पत्न्यै स्वाहा – हिर गृसू.2.८.७; आपश्रौ. 2.१८.2५(आपगृ. ७.2०.४) तु. पूर्वम्।

(ओं) पशुपतेर्देवस्य सुतं पर्पयामि –बौधसू. 2.५.६.६
पशुबन्धास्तदिष्टयः – अशौ.११.७.१६/४
पशुबन्धोऽत्र सप्तमः – गोब्रा. १.५.2३/४
पशुभिः पशूनाप्नोति – वा. १६.२०/१
पशुभिश्चोप दस्यति – अशौ. १2.४.2/2
पशुभिः संनीतं बिभृताम् – तैब्रा. ३.७.४.१३/३; आपश्रौ. १.१2.2/३
पशुभिः संपृचीय – आपश्रौ. ६.८४
पशुभ्य एकं प्रायच्छत् – शब्रा. १४.४.३.१/2,४; बृह उप. १.५.१/2,४
पशुभ्यः पंचपदी – शां गृ सू. १.१४.६ द्र. प्रजाभ्यः आदि।
पशुभ्यस्त्वा – तैसं. ३.५.2.४; ४.४.१.2; काठसं. १७.७; ३७. १७; गोब्रा. 2.2.१३; पंचब्रा. १.१०.३; आश्रौ. 2.३.२०; वैसू. 2५.१
पशुभ्यः स्वाहा – तैब्रा. ३.१.४.४,६ ५.१2
पशुभ्यो मे वर्चोदा वर्चसे (माश्रौसू. मे वर्चोदाः) पवस्व – आपश्रौ. १2.१८.२०; माश्रौसू.2.३.७.2
पशुमानहमद्यास्मिंजने भूयासमपशुः स यो ऽस्मान् द्वेष्टि – आपश्रौ. ६.2१.१
पशुं बध्नामि वरुणाय राज्ञे – मैसं. 2.५.६/१; ५५.१०; काठसं. १३.2/१ प्रः पशुं बध्नामि –माश्रौसू. ५.2.१०. ३१
पशुर्न भूर्णिर्यवसे ससवान् – ऋ. ७.८७.2/2
पशुर्न शिश्वा विभुर्दूरेभाः – ऋ. १.६५.१०/2
पशुर्नैति स्वयुरगोपाः – ऋ.2.४.७/2
पशुर्नो अत्र प्रति भागुमेतु वैसू. १०.१७/2
पशुष् कविरशयच्चायमानः – ऋ. ७.१८.८/४
पशुसनि लोकसन्यभयसनि (काठसं.तैब्रा. पशुसन्यभयसनि लोकसनि) – वा.१६.४८; मैसं. ३.११.१०/४: १५६.१७; काठसं. ३८.2/४; शब्रा.१2.१.22; तैब्रा. 2.६.३.५/४ द्र. अभयसनि पशुसनि इत्यत्र।
पशूंश्च मह्यमावः – तैआ. १०.१.५/३; महा नारा उप. 2. ६/३; हिर गृसू. १.१८.५/३; आपमपा. १.६.६/३
पशूंश्च मह्यं पुत्रांश्च – हिर गृसू. १.२०.2/३ द्र. रयिं च पुत्रांश्।
पशूंस्तांश् आदिः द्र. पशून् तांश्।
पशूंस्त्वयि दधामि – शां गृ सू. १.६.६
पशूंच स्थातृंचरथं च पाहि – ऋ. १.७2.६/४
पशूाँ जिन्व – तैसं. ३.५.2.४; ४.४.१.2; काठसं. १७.७; ३७. १७; पंचब्रा. १..१०.३; वैसू. 2५.१
पशूनभिव्यख्यम् – खादि गृसू. 2.५.३१
पशूनस्माकं मा हिंसीः – तैब्रा. ३.३.2.५/३; आपश्रौ. ३.४. ८/३; माश्रौसू. ३.2.१/३; –३.५.७/३; –३.५. १2/३; गोभि गृसू. १.८.2८/३; खादि गृसू. 2.१. 2६/३
पशूनां रसोऽसि – कात्यश्रौसू. १५.६.2४
पशूनां रूपमन्नस्य (वा.शब्रा. रसः) – खिल. ५.८७. १०/३; वा. ३६.४/३; शब्रा. १४.३.२०; तैब्रा. 2.४.६. ६/३
पशूनां शमासि – तैसं.१.८.६.१; आपश्रौ. १८.१७.५
पशूनां सर्वेषां स्फातिम् – अशौ.१६.३१.१/३
पशूनां हि पशुपतिर्बभूथ – अशौ. ११.2.2८/2
पशूनां चर्मन् हविषा दिदीक्षे – तैब्रा.३.७.१४.१/2; आपश्रौ. १३.2१.३/2
पशूनां ज्योतिरसि विभृतं देवत्रा – मैसं. ४.६.१०: १३०.६ प्रः पशूनां ज्योतिरसि –माश्रौसू. ४.४.७
पशूनां त्वा हिं कारेणाभिजिघ्रामि (साम मन्त्रब्रा. आपमपा. हिंमारेणाभिजिघ्राम्यसौ – हिर गृसू. हुंकारेणाभिजिघ्राम्यसावायुषे वर्चसे हुम्) – साम मन्त्रब्रा.१.५.१६; गोभि गृसू. 2.८.22; हिर गृसू. 2.४. १७; आपमपा. 2.१2.१ प्रः पशूनां त्वा –खादि गृसू. 2. ३.१४
पशूनामधिपा असत् – अशौ. १६.३१.2/2
पशूनामुभ्यादति – अशौ.५.३१.३/2
पशूनां पतये नमः – वा.१६.१७; तैसं. ४.५.2.१; मैसं. 2.६. ३: १22.१०; काठसं. १७.१2
पशूनां मन्युरसि – तैसं. १.८.१५.१; तैब्रा. १.७.६.४; आपश्रौ. १८.१७.१2; माश्रौसू. ६.१.४
पशूनोजश्च मे दधत् – अशौ.१०.३.१2/४
पशून् (अशौ.वा.तसै.आ. ..शूंस्) तांश्चक्रे वायव्यान् – ऋ. १०.६०.८/३; अशौ. १६.६.१४/३; वा. ३१.६/३; तैसं. ३.१2.४/३
पशून्न गोपा इर्यः परिज्मा – ऋ. ७.१३.३/2; काठसं अश्व. १.११/४ द्र. पशून् आदि।
पशून्न चित्रा सुभगा प्रथाना – ऋ. १.६2.१2/१
पशून्नः शंस्य पाहि – आपश्रौ. ६.2४.३ द्र. धनं मे शंस्य इत्यत्र।
पशून्नः शंस्याजूगुपः – आपश्रौ. ६.2५.१० द्र. अत्र धनं मे शंस्या...।
पशून्नः सर्वान् गोपाय – ऐब्रा. ५.2७.2/३; ७.३.2/३; आश्रौ. ३.११.१/३; शांश्रौसू. १३.2.2/३
पशून्मयि धारयतम् – तैब्रा. ३.७.६.८; आपश्रौ. ४.६.५
पशून्मा हिंसिः – आपश्रौ. ६.2.६; माश्रौसू. ३.१.2६
पशून्मे तर्पयत – वा. ६.३१; तैसं.३.१.८.१; मैसं. १.३.2: ३०.

१०; काठसं. ३.१०; शब्रा. ३.६.४.७
पशून्मे धुक्ष्व – कात्यश्रौसू. ३.४.१३ तु. पशून् विशम्।
पशून्मे पाहि – शांश्रौसू.४.६.2
पशून्मे यच्छ – काठसं.६.४; ७.१४; आश्रौ. 2.३.१७; आपश्रौ. ६.८.४; माश्रौसू. १.६.१.2८
पशून्मे शंस्य पाहि – मैसं.१.५.१४; ८2.१५; ८३.६; आपश्रौ. ६.2४.६; माश्रौसू. १.६.३.७ द्र. धनं मे शंस्य इत्यत्र।
पशून्मे शंस्याजुगुपः (आपश्रौ. ...जूग्...) – मैसं. १.५.१४: ८४.१; आपश्रौ. ६.2६.५; माश्रौसू. १.६.३.१४ द्र. धनं मे शंस्या... इत्यत्र।
पशून्यमिनि पोषय – अशौ. ३.2८.४/३
पशून्ये सर्वान् रक्षन्ति (काठसं. रक्षथ) – अशौ. १६.४८.५/३; काठसं. ३७.१०/३
पशून्विशं मे धुक्ष्व (काठसं. पिन्वस्व) – काठसं. ५.2; ऐआ. ५.३.2.५ तु. पशून् मे धुक्ष्व।
पशून्विश्वान् समानजे – ऋ. १.१८८.६/2
पशून्संधत्तं तान् मे जिन्वतम् – तैब्रा. १.१.१.१; आपश्रौ. १2.22.६
पशून्सुतं पुरोडाशान् – तैसं. ७.३.११.३/१; काठसं अश्व. ३.१/१
पशोः पाशं प्रमुंचत – काठसं. ३०.८/३.६/३
पशोः पाशान् पशुपतेरधि – मैसं. १.2.१५/2: 2६.2 द्र. नमः पशुभ्यः।
पशोरन्नस्य भूमानम् – अशौ. १६.३१.८/३
पशौ न रेत आदधत् – ऋ. ६.६६.६/३
पशौ संवदस्व – कात्यश्रौसू. १०.५.६
पश्चाच्चित् सन्तमद्रिवः – ऋ.८.८०.४/2
पश्चात् पुरस्तादधरादुदक्तात् (अशौ. उतोत्तरात्) – ऋ. १०.८७.2१/१; अशौ.८.३.20/१
पश्चात् पुरस्तादभयं नो अस्तु – तैब्रा. ३.१.११/४
पश्चाद् प्रांच आ तन्वन्ति – अशौ. १३.४.७/१
पश्चात् प्रांच उदेत – अशौ. ११.६.१८/2
पश्चात् सिन्धुर्विधारणी – वासि ध शा. १.१५/१
पश्चादनुप्रयुङ्क्षे तम् – अशौ. ११.2.१३/३
पश्चादोषाय (तैब्रा. पश्चाद्दो) ग्लाविनम् (तैब्रा. ग्लावम्) – वा. ३०.१७; तैब्रा. ३.४.१४
पश्चाद्भूमिमथो पुरः – ऋ.१०.६०.५/४; अशौ. १६.६.६/४; आसं. ४.७/४; वा.३१.५/४; तैआ. ३.१2.2/४
पश्चाद्वातो वातः – तैसं. ४.३.३.2; मैसं. 2.७.20: १०५.१०; काठसं. ३६.७
पश्चान्निरयणं कृतम् – ऋ. १०.१३५.६/४
पश्चान्नो अभयं कृतम् – अशौ. १६.१६.१/2; 2७.१४/2
पश्चा मृधो अप भवन्तु विश्वाः – ऋ. १०.६७.११/३; अशौ. 20.६१.११/३
पश्चा स दध्या यो अघस्य धाता – ऋ. १.१2३.५/३
पश्चा सन्तं पुरस्कृधि – ऋ.१०.१७१.४/2
पश्चिमदिगधिपतये वरुणाय नमः – माश्रौसू. ११.७.१
पश्चिमवक्त्राय नमः – माश्रौसू. ११.७.१
पश्चेदमन्यदभवद् यजत्रम् – ऋ.१०.१४६.३/१; शब्रा. १०.2.2.३
पश्य – सावि ब्रा. ३.४.४,५ अशौ.
पश्यं (अशौ. ...यं) जन्मानि सूर्य – ऋ. १.५०.७/३; अशौ. १३.2.22/३; 20.४७.१६/३; आसं. ५.१2/३; निरु. १2.2३/३
पश्यते स्वाहा – तैसं. ७.५.१2.१; काठसं अश्व. ५.३
पश्यदक्षण्वान् न वि चेतदन्धः – ऋ. १.१६४.१६/2; अशौ. ६.६.१५/2; तैआ. १.११.४/2; निरु. ५.१; १४.20/2
पश्यन्गृध्रस्य चक्षसा विधर्मन् – ऋ. १०.१2३.८/2; सा. 2.११६८/2
पश्यन्ति त्वे न त्वे पश्यन्त्येनाम् – अशौ. ८.६.६/४
पश्यन्ति धीराः प्रचरन्ति पाकाः – तैब्रा. 2.८.८.१/४
पश्यन्ति सर्वे चक्षुषा – अशौ.१०.८.१४/३
पश्यन्ती प्रजां सुमनस्यमाणाम् – साम मन्त्रब्रा. १.१.१३/५; आपमपा. १.४.६/५ द्र. प्रजां पश्यन्ती।
पश्यन्तो अन्धं दुरितादरक्षन् – ऋ. १.१४७.३/2; ४.४.१३/2; तैसं. १.2.१४.५/2; मैसं. ४.११.५/2: १७४.३; काठसं. ६.११/2
पश्यन्तो ज्योतिरुत्तरम् – तैसं. ४.१.७.४/2; काठसं. ३८.५/2; तैब्रा. 2.४.४.६/2; ६.६.४/2; तैआ. ६.३.2/2 द्र. ज्योतिः पश्यन्ता इत्यत्र।
पश्यन्तो द्यामिव स्तृभिः – ऋ. ४.७.३/2; निरु. ३.20
पश्यन्त्यस्याश्चरितं पृथिव्याम् – अशौ. ६.१.३/१
पश्यन्नन्यस्या अतिथिं वयायाः – ऋ. १०.१2४.३/१
पश्यन्मन्ये मनसा चक्षसा तान् – ऋ. १०.१३०.६/३
पश्यन्हिरण्यचक्रान् – ऋ. १.८८.५/३; निरु. ५.४
पश्य मा पश्यत – अशौ. १३.४.४८,५५
पश्यानि देव्योषधे – अशौ. ४.20.2/४
पश्याम ते वीर्यं जातवेदः – अशौ. १.७.५/१
पश्याम त्वा सवितारं यमाहुः – अशौ. १३.2.३६/३
पश्यामसि नोपनिपद्यमानम् – ऋ. १.१५2.४/2
पश्यामि – पारगृसू. १.८.20
पश्येच्चेज्जीवतो मुखम् – ऐब्रा. ७.१३.४/४; शांश्रौसू. १५.

१७/४
पश्येदन्या अतन्वत – कौसू. १०७.2/2
पश्येम तदुदितौ सूर्यस्य – अशौ. ७.५.३/४
पश्येम तुर्वशं यदुम् – ऋ. ८.४.७/४; सा. 2.६५५/४
पश्येम नु सूर्यमुच्चरन्तम् – ऋ. ६.५2.५/2; १०.५६.४/2
पश्येम शरदः शतम् – ऋ. ७.६६.१६/३; खिल. १.५०.३/३; अशौ. १६.६७.१; वा. ३६.2४/३; मैसं. ४.६.2०/३ः १३६.४; तैआ. ४.४2.५/३; गोभि गृसू. ३.८.५/३; पारगृसू. १.६.३/2; ११.६/४; १६.१७/४; हिर गृसू. १.७.१०/३; आपमपा. 2.५.१३; मागृसू.. १.22.११/३
पश्वयन्त्रासो अभि कारमर्चन् – ऋ. ४.१.१४/३
पश्वा न तायुं गुहा चतन्तम् – ऋ. १.६५.१/१ प्रः पश्वा न तायुम् –आश्रौ. ८.१2.2४; पश्वा – ऋवि.१.2०.2 तु. बृहद. ३.११८.
पश्वा यत्पश्चा वियुता बुधन्त – ऋ. १०.३५.१2/३
पश्वे तोकाय शं गवे – ऋ. ८.५.2०/2
पश्वे तोकाय शं गवे – ऋ. ८.५.2०/2
पश्वे नृभ्यो यथा गवे – ऋ. १.४३.2/2; तैसं. ३.४.११.2/2; मैसं. ४.१2.६/2ः १६७.१३; काठसं. 2३.१2/2
पश्वेव चित्रा यजुरा गमिष्टम् – ऋ. १०.१०६.३22
पश्वो अनक्ति सुधितः सुमेकः – ऋ. ४.६.३/४
पश्वो गा इव रक्षति – ऋ. ८.४१.१/५
पश्ठवाट् (तैसं. ...वाच्) च मे (मैसं. मे इत्यस्य लोपः) पष्ठौही च मे (मैसं. मे इत्यस्य लोपः) – वा. १८.2७; तैसं. ४.७.१०.१; मैसं.2.११.६ः १४३.१६; काठसं.१८.१2
पश्ठावाड् गौर्वयो दधुः – वा. 2१.१७/४; काठसं. ३८.१०/४; तैब्रा. 2.६.१८.३/४ द्र. पुष्ठवाड्, तथा तु. उत्तरमेकवर्जम्।
पष्ठवाड् (तैसं. ...वाद्) वयः – वा. १४.६; तैसं. ४.३.३.2; ५.१; मैसं. 2.७.2०ः १०५.१६; 2.८.2ः १०८.2; काठसं. १७.2; ३६.७; शब्रा. ८.2.४.६; आपश्रौ. १७.१.८
पष्ठवाहं गां वयो दधत् – वा. 2८.2६/६; तैब्रा. 2.६.१७.५/५ तु. पूर्वमेकवर्जम्।
पष्ठवाहो विराजे – वा. 2४.१३; मैसं.३.१३.१८ः१७2.३
पस्त्यानां त्वा पत्मन्नाधूनोमि – मैसं. १.३.३६ः ४2.१३
पस्त्यासु चक्रे वरुणः सधस्थम् – वा. १०.७/३; तैसं.१.८.१2.१/३; मैसं. 2.६.८/३ः ६८.१८; काठसं. १५.६/३; शब्रा. ५.३.५.१६
पस्पर्शदिन्द्रावरुणा नमस्वान् – ऋ. ४.४१.१/४
पस्पृधानेभ्यः सूर्यस्य सातौ – ऋ. 2.१६.४/४
पस्पृधर इन्द्रे अध्युक्थार्का – ऋ. ६.३४.१/४
पा इन्द्र प्रतिभृतस्य मध्वः – ऋ. ४.2०.४/३ तु. पातं नरा।
पांसूनक्षेभ्यः सिकता अपश्च – अशौ.७.१०६.2/2
पाकः पृच्छामि मनसाविजानन् – ऋ. १.१६४.५/१; अशौ. ६.६.६/१
पाकं सन्तं धीरतरा अनागसम् – अशौ. १०.१.१८/४
पाकत्रा स्थन देवाः – ऋ. ८.१८.१५/१
पाक्दूर्वा व्यल्कशा – ऋ. १०.१६.१३/४; तैआ. ६.४.१/४ द्र. शाण्डदूर्वा।
पाकबलिः – अशौ. 2०.१३१.१५
पाकयज्ञान् समासाद्य – आगृ. १.३.१०/१; कौसू. ६.३४/१; मागृसू.. १.१८/१(मदक)।
पाकलाय स्वाहा – तैसं.७.३.१८.१; द्र. पालवाय।
पाकस्थामा कौरयाणः – ऋ. ८.३.2१/2; निरु. ५.१५
पाकाय गृत्सो अमृतो विचेताः – ऋ. ४.५.2/३
पाकाय चिच्छन्दयति – ऋ. ३.६.७/2
पाकारोरसि नाशनी – वा.१2.६७/४
पाकास् सन्तो विजानन्तो देवे – जैब्रा. १.2३४
पाको यज्ञेन देवैः (देवयुः) – जैब्रा. १.2३४/४ पुरश्चक्रम्।
पाक्या चिद्वसवो धीर्या चित् – ऋ. 2.2७.११/३; तैसं. 2.१.११.५/३; मैसं. ४.१४.१४/३ः 2३८.१५
पांकः कशो आदिः द्र. पांकत्रः आदि।
पांकतस्य छन्दसोऽग्नेः (काठसं. पांकक्तेन छन्दसाग्नेः) पृष्ठेनाग्नेऽपृष्ठमुपदधामि – मैसं. 2.८.११ः ११६.१; काठसं. 22.५ तु. उत्तरम्।
पांकतेन छन्दसा बृहस्पतिना देवतयाग्नेः पृष्ठेनाग्नेः पृष्ठम् उप दधामि – तैसं. ५.५.८.३ तु. पूर्वम्।
पांक्तेन त्वा छन्दसा सादयामि – वा. १३.५३; मैसं. 2.७.१८ः १०३.१३; शब्रा. ७.५.2.६१
पांकत्रः (काठसं अश्व. पांकः) कशो मान्थीलवस्ते पितृणाम् – तैसं. ५.५.१८.१; काठसं अश्व.७.८ द्र. आखुः
पाङ्क्तम् छन्दः पुरुषो बभूव – अशौ. १2.३.१०/३
पाजस्याज्जज्ञे यज्ञः – अशौ. १०.१०.2०/३
पाजस्याय स्वाहा – तैसं. ७.३.१६.१; काठसं अश्व. ३.६
पाजस्वन्तो न वीराः पनस्यवः – ऋ. १०.७७.३/३
पांचजन्यः पुरोहितः – ऋ. ६.६६.2०/2; सा. 2.८६६/2; वा.2६.६/2; का. 2६.३६/2; मैसं.१.५.१/2ः ६६.१०; तैआ. 2.५.2/2; आपश्रौ. ५.१७.2/2
पांचजन्यस्य बहुधा यमिन्धते – अशौ. ४.2३.१/2 द्र. यं

पांच...।
पांचजन्येष्वप्येध्यग्ने – तैसं. ४.४.७.2; ५.३.११.३
पांचालः परिवक्रायाम् – शब्रा. १३.५.५.४.७/३
पांचाले राज्ञि सुस्रजि – शब्रा. १३.५.४.१८/2 द्र. पुरा याज्ञातुरे।
पाटामिन्द्रो व्याश्नात् – अशौ. 2.2७.४/१
पाणिना ह्यवमर्शतु – तैआ. १०.१.१३/४; महा नारा उप. ५.2/४
पाण्यास्यो ब्राह्मणः स्मृतः – शां गृ सू. ४.७.५५/४
पात ऋभवो मधुनः सोम्यस्य – ऋ. ४.३५.४/४
पातं सोममश्विना दीद्यग्नी – ऋ. ५७(वाल. ६).2/४
पातं सोममृतावृधा – ऋ. १.४७.३/2,५/2; ३.६2.१८/३; ७.६६.१६/३; ८.८७.५/४; सा.2.१५/३
पातं सोमस्य धृष्णुया – ऋ. १.४६.५/३
पातं गौराबिवेरिणे – ऋ. ८.८७.१/४
पातं घृतस्य गुह्यानि नाम – शांश्रौसू. 2.४.३/2 द्र. पाथो आदि।
पातं च सह्यसो युवं च रभ्यसो नः – ऋ.१.१2०.४/३
पात तिर्यंचम् (काठसं. तिरश्चः) – मैसं. 2.६.६: ६६.६; ४.४.३: ५३.१३; काठसं. १५.७ द्र. पात मा आदि, तथा पातैनं ति...।
पातं न इन्द्रापूषणा – अशौ. ६.३.१/१; वैसू. १६.६ प्रः पातं नः – कौसू.५०.४,१३
पातं नरा प्रतिभृतस्य मध्वः – ऋ. ७.६१.६/४ तु. पाइन्द्र।
पातं नो अश्विना दिवा – वा.2०.६2/१; मैसं.३.११.३/१: १४४.५; काठसं.३८.८/१; तैब्रा.2.६.१2.३/१
पातं नो द्यावापृथिवी उपस्थे – ऋ. ८.४2.2/४; मैसं. १. 2.१३/४: 22.११; काठसं. १७.१६/४ द्र. पातं मा आदि।
पातं नो रुद्रा (सा. मित्रा) पायुभिः – ऋ. ५.७०.३/१; सा. 2.३३७/१
पातं नो वृकादघायोः – ऋ.१.१2०.७/४
पात प्रत्यंचम् (काठसं. प्रतीचः) – मैसं.2.६.६: ६६.६; ४.४.३: ५३.१३; काठसं. १५.७; आपश्रौ. १८.१४.१३; माश्रौसू. ६.१.३ द्र. पात मा आदि, तथा पातैनं प्र...।
पात प्रांचम् (काठसं. प्राचः) – मैसं.2.६.६: ६६.६; ४.४.३: ५३.१३; काठसं. १५.७; आपश्रौ. १८.१४.१३, माश्रौसू. ६.१.३ द्र. पातैनं प्रा...
पात माग्नयः – वा.५.३४; पंचब्रा. १.४.१५; आश्रौ. ५.३.१५; शांश्रौसू. ६.१३.१; वैसू. १८.८ द्र. उत्तरम्।
पात माग्नयो रौद्रिकेणानीकेन – पंचब्रा.१.४.१५ प्रः पात मा –लाट्यश्रौसू. 2.2.2६; ३.८ द्र. पूर्वम्।
पात मा तिर्यंचम् – तैसं.१.८.१2.३; तैब्रा. १.७.६.८ द्र. पात ति. इत्यत्र ।
पात मा प्रत्यंचम् – तैसं. १.८.१2.३; तैब्रा.१.७.६.८; आपश्रौ. १८.१४.१2 द्र. पात प्र. इत्यत्र।
पातमिन्द्रं सचा सुते – वा. 2०.६2/४; मैसं.३.११.३/४: १४४.६; काठसं.३८.८/४; तैब्रा.2.६.१2.४/४
पातं मा द्यावापृथिवी अद्याह्नः (कौसू. अघान् नः) – तैसं. ३.2.४.४; आपश्रौ. १2.2०.६; कौसू. १३७.४१ तु. मा मा द्यावा...।
पातं मा द्यावापृथिवी उपस्थे – आपश्रौ. १०.३१.६/४; 2४.१३.2 द्र.पातं नो आदि।
पातवे चम्वोः सुतम् – ऋ. ६.५७.2/2
पातानूचः द्र. पातान्वंचम्।
पातां नो देवाश्विना शुभस्पती – अशौ. ६.३.३/१
पातां नो द्यावापृथिवी अभिष्टये – अशौ. ६.३.2/१
पातान्वंचम् (काठसं. ...नूचः) – मैसं. 2.६.६: ६६.१०; ४.४.३: ५३.१३; काठसं. १५.७ द्र. अन्वंचं मा।
पातामवद्याद्दुरितादभीके – ऋ. १.१८५.१०/३
पाता वृत्रहा सुतम् – ऋ. 2.2६/१; सा. 2.१००६/१
पाता सुतमिन्द्रो अस्तु सोमम् – ऋ. ६.2३.३/१; ४४. १५/१ प्रः पाता सुतमिन्द्रो अस्तु सोमं हन्ता वृत्रम् (ऋ. ६.४४.१५) आश्रौ. ६.४.१०; शांश्रौसू. ६.८.३
पाता सोमानामसि – ऋ. ८.६३.३३/2; सा. 2.११४2/2
पाति देवानां जनिमान्यद्भुतः – ऋ. ६.८३.४५/2
पाति देवानामुपमादमृष्वः – ऋ. ३.५.५/४; आरसं. ३. १३/४
पाति नाभा सप्तशीर्षाणमग्निः – ऋ. ३.५.५/३; आरसं.३. १३/३
पाति प्रियं रिपो (ऋ. ४.५.८/४, रुपो) अग्रं पदं वेः – ऋ. ३.५.५/१; ४.५.८/४ द्र. पात्यग्नि।
पाति यह्वश्चरणं सूर्यस्य – ऋ. ३.५.५/2; आरसं. ३. १३/2
पातु ग्रावा पातु सोमो नो अंहसः – अशौ. ६.३.2/2
पातु नो देवी (देवो) सुभगा सरस्वती – अशौ. ६.३.2/३
पातु नो विष्णुरुत द्यौः – अशौ. ६.३.१/४
पातैनं तिर्यंचम् – वा.१०.८; शब्रा. ५.३.५.३० द्र. पात ति. इत्यत्र।
पातैनं प्रत्यंचम् – वा. १०.८; शब्रा.५.३.५.३० द्र. पात प्रति इत्यत्र।
पातैनं प्रांचम् – वा.१०.८; शब्रा. ५.३.५.३० द्र. पात प्रा..।
पातो दंचम् – आपश्रौ. १८.१४.१३ द्र. उत्तरम्।

पातोर्ध्वम् – मैसं. 2.६.६: ६६.१०; ४.४.३: ५३.१४ द्र. पूर्वम्।
पात्नीवतश्च मे हारियोजनश्च मे (वा. मे यज्ञेन कल्पन्ताम्) – वा. १८.20; तैसं. ४.७.७.2; मैसं. 2.११.५: १४३.७; काठसं. १८.११
पात् पतिर्जन्यादंहसो नो मित्रः – ऋ. ४.५५.५/३
पात्यग्निर्विपो अग्रं पदं वेः – आरसं. ३.१३/१ द्र. पाति प्रियम्।
पात्र आसिक्ताः पर्य अग्निरिन्धाम् – अशौ. १2.३.2५/४
पात्रस्येव हरिवो मत्सरो मदः – ऋ. १.१७५.१/2; सा. 2.७८2/2
पात्रा भिन्दाना न्यर्थान्यायन् – ऋ. ६.2७.६/४
पात्रेव भिन्दन् सत एति (अशौ. एतु) रक्षसः – ऋ. ७.१०४.2१/४; अशौ. ८.४.2१/४; निरु. ३.20
पात्रेषु पिबतो जनान् – वा. १६.६2/2; तैसं.४.५.११.१/2; मैसं. 2.६.६/2: १2६.५; काठसं. १७.१६/2
पात्वग्निः ये अस्य पायवः – अशौ. ६.३.2/४
पाथना चंसात् तनयस्य पुष्टिषु – ऋ. १.१६६.८/४
पाथ नेथा च मर्त्यमति द्विषः – ऋ. १०.१2६.2/४
पाथः सुमेकं स्वधितिर्वनन्वति – ऋ. १०.६2..१५/४
पाथा दिवो विमहसः – ऋ. १.८६.१/2; अशौ.20.१.2/2; वा. ८.३१/2; तैसं. ४.2.११.2/2; शब्रा. ४.५.2.१७/2
पाथो घृतस्य गुह्यस्य (मैसं.काठसं. गुह्यानि) नाम – अशौ. ७.2६.१/2; मैसं. ४.१०.१/2: इत्यत्र १४2.५; काठसं. ४.१६/2 द्र. पातं आदि।
पथो देवेभ्यः सृज – ऋ. १.१८८.१०/2
पाथो न पायुं जनसी उभे अनु – ऋ. 2.2.४/४
पाथो हि ष्मा वृष्णावन्तिदेवम् – ऋ. १.१८०.७/४
पादं षड्ढोतुर्न किला विवित्से – तैआ. ३.११.५/४
पादयोः प्रतिष्ठा – अशौ.१६.६०.2; वैसू. ३.१४; माश्रौसू.५.2.१५.20
पादयोर्विकिरान् घोरान् – साम मन्त्रब्रा. 2.५.५/३
पादवते स्वाहा – काठसं अश्व. ५.३ द्र. पाद्वते।
पादस्येहाभवत् आदिः द्र. पादोऽस्येहाभवत्।
पादाभ्यां ते जानुभ्याम् – अशौ.६.८.2१/१
पादाविव प्रहरन्नन्यमन्यम् – ऋ. ६.४७.१५/३
पादित्तं शक्रो अंहसः – ऋ. ८.३१.2/३
पादेव गाधं तरते विदाथः – ऋ. १०.१०६.६/2
पादेव नो नयतं वस्यो अच्छ – ऋ. 2.३६.५/४
पादोऽस्य विश्वा (आरसं. छां उप. सर्वा) भूतानि – ऋ. १०.६०.३/३; अशौ. १६.६.३/३; आरसं. ४.५/३; वा. ३१.३/३; तैआ. ३.१2.2/३; छां उप. ३.१2.६/३
पादोऽस्येहाभवत् (अशौ. पादस्येहा...) पुनः – ऋ.१०.६०.४/2; अशौ. १६.६.2/2; आरसं. ४.४/2; वा. ३१.४/2; तैआ. ३.१2.2/2
पाद्यम् (हिरगृसू. पाद्यं भोः) कौसू. ६०.८; हिर गृसू. १.१2.१८ द्र. आपः पाद्याः।
पान्तमा पुरुस्पृहम् – ऋ. ६.६५.2८/३ – ३०/३; सा.१.४६८/३; 2.४८७/३ – ४८६/३
पान्तमा वो अन्धसः – ऋ. ८.६2.१/१; सा. १.१५५/१; 2.६३/१; ऐब्रा. ४.६.१; पंचब्रा. ६.१.६; 2.१; आश्रौ. ६.४.१०; शांश्रौसू. ६.७.१ तु. बृहद. ६.१०७
पान्ति मर्त्यं रिषः – ऋ.१.४१.2/2; ५.५2.४/४; ६७.३/४
पान्ति मित्रवरुणाववद्यात् – ऋ. १.१६७.८/१
पान्तु मां पथि देवताः – बौधसू. ३.2.८/४
पान्तो दक्षसाधनम् – ऋ.६.६८.८/2
पाप आत्मपराजितः – अशौ. ५.१८.2/2
पापं सशिरस्कोऽभ्युपेत्य – निरु. १४.३४/४
पापकं च चरणेभ्यः – खिल. ६.१०/३
पापकृत्वानमागमम् – अशौ. १६.३५.३/2
पापक्षुदपमृत्यवः – खिल. ५.८७.2६/2
पापं कर्म मया कृतम् – ऐब्रा. ७.१७.४/2; शांश्रौसू. १५.2४/2
पापं जीवन्ति सर्वदा – अशौ. १2.2.५०/४
पापमार्छत्वपकामस्य कर्ता – अशौ. 2.१2.५/४
पापमाहुर्यः स्वसारं निर्गच्छात् – ऋ. १०.१०.१2/2; अशौ. १८.१.१४/2
पापलोकान् परावतः – अशौ. १2.५.६४/2
पापात् (कात्यश्रौसू. पापः) स्वप्न्याद् (कात्यश्रौसू. ...प्नादाभूत्याः – कात्यश्रौसू. ...यै) – अशौ. ७.१००.१/2; कात्यश्रौसू. 2५.११.20/2
पापान्निर्घनन्ति सर्वदा – तैआ. १.८.६/2
पापा भद्रमुपजीवन्ति पज्राः – ऋ. १.१६०.५/2
पापाय वा भद्राय वा – अशौ. १३.४.४2/१
पापासः सन्तो अनृता असत्याः – ऋ. ४.५.५/३
पापाः संयन्ति सर्वदा – तै.आ. १.८.५/2
पापेभ्यश्च प्रतिग्रहः (खिल. ...हात्) – खिल. ६.६७.१2/३; तैआ. १०.१.१2/४; महा नारा उप. ४.११/४; बौधसू. 2.५.८.३/४
पापो निषद्वरो जनः – ऐब्रा. ७.१५.१/३; शांश्रौसू. १५.१६/३
पाप्मना कृतं पाप्मा करोति पाप्मन एवेदं सर्व यो मा कारयति तस्मै स्वाहा – बौधसू. ३.४.2

पाप्मने क्लीबम् – वा. ३०.५ तैब्रा. ३.४.१.१
पाप्मने सैलगम् – वा. ३०.१८ द्र. पिशाचेभ्यः सै...
पाप्मन् धेह्यविह्रुतम् – अशौ. ६.२६.१/४
पाप्मानं तेऽपहन्मः – कात्यश्रौसू. १५.७.६ तु. पाप्मानं मे, पाप्मा मे, तथा हतो मे पाप्मा।
पाप्मानमुत वा अघम् (हिर गृसू. आपमपा. वाघम्) – साम मन्त्रब्रा. १.१.१४/2; हिर गृसू. १.१६.७/2; आपमपा. १.४.११/2 द्र. आद् रोदम्।
पाप्मानं म उद्वृङ्धि – कौषी ब्रा उप. 2.७
पाप्मानं मेऽप जहि – कौसू. ६2.१६ तु. पाप्मानं ते इत्यत्र।
पाप्मानं मे वृङ्धि – कौषी ब्रा उप. 2.७
पाप्मानं मे वृष्च – शांश्रौसू. 2.७.१८; ४.८.३ द्र. वृश्च मे पाप्मानम्।
पाप्मानं मे सं वृङ्धि – कौषी ब्रा उप. 2.७
पाप्मानं मे हत – मागृसू..१.६.20 तु. पाप्मानं ते इत्यत्र।
पाप्मानो नाम देवताः – अशौ. ११.८.१६/2
पाप्मा मे हतः – आगृ. १.2४.३१ तु. पाप्मानं ते इत्यत्र।
पाप्मा हतो न सोमः – वा. ६.३५; शब्रा. ३.६.४.१८
पाम्ना भ्रातृव्येण सह – अशौ. ५.22.१2/३
पायवे स्वाहा – वा. ३६.१०
पायसं मधुसर्पिभ्याम् – माधसू. ३.2७४/३
पायसेन समाचरेत् – विष्णुस्मृ. ७८.५३/2
पायुं ते मा हिंसिषम् – काठसं. ३.६ द्र. पायुमस्य।
पायुं ते शुन्धामि – वा. ६.१४; शब्रा. ३.८.2.६
पायुम् (शुन्धस्व देवयज्यायै) – कौसू. ४४.2७
पायुमस्य मा हिंसीः – मैसं.१.2.१६: 2६.११ द्र. पायुं ते मा।
पायुर्मेऽपचितिर्भसत् – वा. 20.९/2; मैसं.३.११.८/2: १५2.७; तैब्रा. 2.६.५.५/2
पायुस्त आप्यायताम् – तैसं.१.३.६.१
पार इक्षवोऽवार्येभ्यः पक्ष्मभ्यः स्वाहा – तैसं. ७.३.१६.१; काठसं अश्व. ३.६ द्र. पार्याणि।
पारं नयथ मर्त्यम् – ऋ. ८.१६.३४/2
पारं नो अस्य विष्पितस्य पर्शन् – ऋ. ७.६०.७/४; निरु. ६.20
पारया ण स्वस्तये – आपश्रौ. १2.१६.2/३
पारया तुर्वशं यदुं स्वस्ति – ऋ. १.१७४.९/४
पारयामि त्वा रजसः – अशौ. ८.2.९/2
पाराय मार्गारम् – वा.३०.१६ द्र. पार्याय।
पारावतं यत् पुरुषंभृतं वसु – ऋ. ८.१००.६/३
पारावतघ्नीम् (तैब्रा. पारावदघ्नीम्) अवसे सुवृक्तिभिः – ऋ. ६.६१.2/३; मैसं. ४.१४.७/३: 22६.१०; काठसं. ४.१६/३; तैब्रा. 2.८.2.८/३ निरु. 2.2४/३
पारावतस्य रातिषु – ऋ.८.३४.१८/१
पारिक्षिता यजमानाः – शब्रा. १३.५.४.३/१; शांश्रौसू. १६.९.७/१
पार्जन्या नभोरूपाः – तैसं. ५.६.१९.१; काठसं अश्व. ९.९ द्र. नभोरूपाः।
पार्थिवमसि – माश्रौसू. १.2.१.६; मागृसू.. 2.१५.५
पर्थिवस्य जगतस्त्वेषसंदृक् – ऋ. ६.22.९/2; अशौ.2०. ३६.९/2
पार्थिवस्य रसे देवाः– अशौ. 2.2९.१/१ प्रः पार्थिवस्य –कौसू. 2७.९; ५४.१८
पार्थिवस्यैक इद्वशी – काठसं. ३८.१2/2; तैआ. ६.५. 2/2; आपश्रौ. १६.६.४/2; माश्रौसू. ६.१.2/2
पार्थिवा दिव्याः पशवः – अशौ. ११.५.2१/१; ६.८/१
पार्याणि पक्ष्माण्यवार्या इक्षवः – वा. 2५.१; मैसं. ३.१५.१: १७८.१ द्र. पार इक्षवो।
पार्याय कैवर्तम् – तैब्रा. ३.४.१.१2 द्र. पाराय।
पार्श्वतः श्रोणितः शितामतः – निरु. ४.३ होता यक्षदश्विनौ छागस्य, इत्येतस्यांशः।
पार्श्वयोरुत्तु तानधि – साम मन्त्रब्रा. 2.५.३/2
पार्श्वाभ्यां स्वाहा – तैसं. ७.३.१६.१; काठसं अश्व. ३.६
पार्श्वे आस्तामनुमत्याः – अशौ. ९.४.१2/१
पार्श्वे समुद्रौ कुक्षी – अशौ.९.५.20/४
पार्षद्वाणः प्रस्कण्वं समसादयत् – ऋ. ८.५१ (वाल. ३). 2/१
पार्ष्णिभ्यां प्रपदाभ्याम् – ऋ. १०.१६३.४/2; अशौ. 2.३३. ५/2; 20.९६.20/2 द्र. जङ्घाभ्यां प्र...।
पार्ष्ण्या प्रपदेन च – अशौ. ६.४2.३/2
पार्ष्ण्या (तैसं. ... निया) वा कशया वा तुतोद – ऋ. १. १६2.१७/2; वा. 2५.४०/2; तैसं. ४.६.९.2/2; काठसं अश्व. ६.५/2
पार्ष्ण्योः प्रपदोश्च यत् – अशौ. ६.2४.2/2
पार्ष्ण्योरुत्तु तानधि – साम मन्त्रब्रा. 2.५.५/2
पालवाय स्वाहा – काठसं अश्व. ३.८ तु. पाकलाय।
पालागलि हये – हये पालागलि – शब्रा. १३.५.2.८
पावक आ चितयन्त्या कृपा – तैसं. ४.६.१.2/१ द्र. पावकया यश्।
पावकं कृष्णवर्तनिं विहायसम् – ऋ. ८.2३.१९/३
पावकमृष्वं सख्याय शंभुवम् – ऋ. १०.३६.७/2
पावकया जुह्वा वह्निरासा – ऋ. ६.११.2/३
पावकया यश्चितयन्त्या कृपा – ऋ. ६.१५.५; वा.१७.

१०/१; मैसं.2.१०.१/१: १३१.१५; काठसं. १७.१७/१; शब्रा. ६.१.2.३० द्र. पावक आ।
पावकवर्चाः शुक्रवर्चाः – ऋ. १०.१४०.2/१; सा. 2. ११६७/१; वा. १2.१०७/१; तैसं. ४.2.७.३/१; मैसं. 2.७.१४/१: ६५.१४; काठसं. १६.१४/१; शब्रा.७.३.१. ३०
पावकवर्णाः शुचयो विपश्चितः – ऋ. ८.३.३/३; अशौ. 20.१०४.१/३; सा. १.2५०/३; 2.६५७/३; वा. ३३. ८१/३
पावकशोचे तव हि क्षयं परि – ऋ. ३.2.६/१; ऐब्रा. १. 22.६; आश्रौ. ४.७.४
पावकशोचे वेष्ट्वं हि यज्वा – ऋ. ६.१५.१४/2; तैसं. ४. ३.१३.४/2; मैसं. ४.१०.१/2: १४१.४; तैब्रा. ३.५.७. ६/2; ६.१2.2/2
पावका नः सरस्वती – ऋ. १.३.१०/१; सा.१.१८६/१; वा. 20.८४/१; मैसं.४.१०.१/१: १४2.७; ४.१०.३: १५०.१; ४.११.2: १६६.2; काठ सं. ४.१६/१; तैब्रा. 2. ४.३.१/१; ऐआ. १.१.४.१६/१ आश्रौ. 2.८.३; शांश्रौसू. 2.४.४; ७.१०.१५; माश्रौसू. ५.१.६.2६; – ७.2.६; निरु. ११.2६/१ प्रः पावका नः – काठसं.११.१३; 20.१५; कात्यश्रौसू. ६.८.१७
पावकाय विद्महे – महा नारा उप. ३.६/१
पावकासः पुरुपृहः – ऋ.१.१४2.६/३
पावकासः शुचयः सूर्या इव – ऋ. १.६४.2/३
पावकेभिर्विश्वमिन्वेभिरायुभिः – ऋ. ५.६०.८/३
पावको अस्मभ्यं शिवो भव – वा. १७. ४/३,५/३,७/४,११/५,१५/४; ३६.20/४; तैसं. ४.६.१.१/३, ३/४, ५/४; ५.४.४.५; मैसं. 2.१०. १/३: १३१.६,८; 2.१०.१/४: १३१.१३; १३2.2,१४; ३.३. ६: ३६.४; काठ सं. १७.१७/३, १७/४; शब्रा. ६.१.2. 2५/३, 2६/३,2८/४; 2.१.१७; आश्रौ. 2.१2/४।
पावको यद्वनस्तीन् – ऋ. ५.७.४/३; काठसं. ३५. १४/३; आपश्रौ. १४.2६.३/३
पावमानं परं ब्रह्म – खिल. ६.६७.१८/१,१६/१
पावमानं पितॄन् देवान् – खिल.६.६७.१७/१
पावमानस्य त्वा स्तोमेन गायत्रस्य वर्तन्योपांशोस्त्वा वीर्येणोत् सृजे – मैसं. 2.३.४: ३१.५; 2.३.५: ३2.2१ प्रः पावमानस्य – माश्रौसू. ५.2.2.६ द्र. पावमानेन।
पावमानाः, पावमान्यः, तथा पावमान्याः – गौतधशा. १६. १2; 20.१2; विष्णुस्मृ.५६.६; वासि ध शा. 22.६; 2८. ११; बौधसू. 2.४.७.2; १०.१७.३७; ४.३.८; ७.५; माधसू. ५.८६; ११.2५८; लघु हारीतसं. ४.३०; वृ हासं. 2.११८; ५.३३४, ४३७,५०2; ६.७१,३७८,४००.४१2; ७.2५2,2८३; संवर्तस्मृ. 22४; बृ परासं. ५.2५०; लघु अभि सं. 2.४; ३.११; वासि ध शा. 2.४; ३.११; ऋवि. १.३.५; 2.३५.७; ३.४.१;४.2५.१ ऋ. ६.१.१/६६ द्र. स्वादिष्ठया।
पावमानाः (तृप्यन्तु) – शां गृ सू. ४.१०.३ द्र. पावमानयः (तृप्यन्तु)।
पावमानीः पुनन्तु नः (मागृसू.. त्वा) – सा. 2.६५2/४; मागृसू. 2.१४.2६/४। द्र. पावमान्यः पु...
पावमानीरध्येति – तैब्रा. १.४.८.४/१ द्र. पावमानीर्यो, तथा यः पावमानी।
पावमानी ऋचोऽब्रवीत् – खिल. ६.६७.६/४
पावमानीर्दिशन्तु (सा. दधन्तु) नः – खिल. ६.६७.2/१; सा. 2.६५१/१; तैब्रा. १.४.८.५/१
पावमानीर्यो अध्येति – ऋ. ६.६७.३2/१; सा. 2. ६४८/१; तैब्रा. १.४.८.४/१ द्र. पावमानीरध्य. इत्यत्र।
पावमानीः शतानि षट् – खिल. ६.६७.20/2
पावमानीः स्वस्त्ययनीः – खिल. ६.६७.१/१,१६/१; सा. 2.६५०/१, ६५३/१; तैब्रा. १.४.८.४/१,५/१
पावमानेन त्वा स्तोमेन गायत्रस्य (काठसं. गायत्र्या) वर्तन्योपांशोवीर्येण देवस्त्वा सवितात् सृजतु जीवातवे जीवनस्यायै (काठसं. वीर्येणोद्धराम्यसौ) – तैसं. 2.३. १०.2; काठसं. ११.७ प्रः पावमानेन त्वा स्तोमेन – तैसं. 2.३.११.३; काठसं. ११.८; आपश्रौ. १६.2४.६ द्र. पावमानस्य।
पावमान्यः (तृप्यन्तु) – आगृ. ३.४.2 द्र. पावमानाः (तृप्यन्तु)।
पावमान्यः पुनन्तु मा (याधशा. ते) खिल. ६.६७.४/४; तैब्रा. १.४.८.६/४; याधशा. १.2८०/४ द्र. पावमानीः पु...
पावीरवी कन्या चित्रायुः – ऋ. ६.४६.७/१; तैसं. ४.१.११. 2/१; मैसं. ४.१४.३/१: 2१६.३; काठसं. १७.१८/१; आश्रौ.2.८.३; ३.७.६; ५.20.६ प्रः पावीरवी कन्या – शांश्रौसू. ६.१०.2; पावीरवी – तैब्रा. 2.८.2.८ तु. बृहद. ५.११६
पावीरवी तन्यतुरेकपादजः – ऋ. १०.६५.१३/१; निरु. १2.३०/१
पाशं यज्ञपतेरधि – काठसं. ३०.८/४,६/४
पाशं ग्रीवास्वविचृत्यम् (मैसं.काठसं. ...चर्त्यम्) – वा. १2. ६५/2; मैसं. 2.७.१2/2: ६१.2; काठसं. १६.१2/2; शब्रा. ७.2.१.१५ द्र. दाम ग्रीवासु।
पाशद्युम्नस्य वायतस्य सोमात् – ऋ.७.३३.2/३

पाशपाणये स्वाहा – षड् ब्रा. ५.५; अब्रा. ५
पाशा आदित्या रिपवे विशृत्ताः – ऋ. 2.2७.१६/2
पाशात् पशुं प्रमुंचत – तैब्रा. ३.१.४.४/३; मैसं. १.2. १५/३: 2६.१
पाशेभ्यो मुंच – अशौ.१६.४४.४/४; कौसू. ४७.१६/४
पाशे स बद्धो दुरिते नि युज्यताम् – अशौ. 2.१2.2/३ प्रः पाशे सः – कौसू. ४७.४६
पाशो ग्रन्थिश्च यः कृतः – अशौ. ६.३.2/2
पाहि क्षेम उत योगे वरं नः – ऋ. ७.५४.३/३; पारगृसू. ३.४.७/३; मागृसू.. 2.११.१६/३ द्र. आवः क्षेम।
पाहि गायान्धसो (सा. गा अन्ध...) मदे – ऋ. ८..३३. ४/१; सा. १.2८६/१
पाहि गीर्भिश्चतसृभिर्वसो स्वाहा – तैआ.१०.५.१/४; द्र. उत्तरम्।
पाहि गीर्भिस्तिसृभिरूर्जां पते – ऋ. ८.६०.६/३; सा. १. ३६/३; 2.८६४/३; वा. 2७.४३/३; कौसू. १०८. 2/३ द्र. पूर्वम्।
पाहि गृणतः शूर कारून् – ऋ. ५.३३.७/2
पाहि चतसृभिर्वसे – ऋ. ८.६०.६/४; सा. १.३६/४; 2. ८६४/४; वा. 2७.४३/४; कौसू. १०८.2/४
पाहि दुरद्मन्यै (काठसं. ...न्याः) – वा. 2.2०; तैसं. १.१. १३.३; काठसं. १.१2; शब्रा. १.६.2.2०; तैब्रा. ३.३.६.६
पाहि दुरिष्टयै (काठसं. ...ष्ट्याः) – वा. 2.2०; तैसं. १.१. १३.३; काठसं. १.१2; शब्रा. १.६.2.2०; तैब्रा. ३.३.६.६
पाहि दुश्चरितात् – तैसं. १.१.१३.३; तैब्रा. ३.३.६.६
पाहि द्विषः पाहि रिषः पाह्यदेव्या अभिशस्त्याः – काठसं. ३७.१५,१६
पाहि धूर्तेररुषो अघायोः – ऋ.७.१.१३/2 द्र. उत्तरम्।
पाहि धूर्तेरराव्णः – ऋ.१.३६.१५/2 तु. पूर्वम्।
पाहि न इन्द्र सुष्टुत स्रिधः – ऋ. १.१2६.११/१ प्रः पाहि न इन्द्र – शांश्रौसू. १०.७.११
पाहि न उत द्वितीयया – कौसू. १०८.2/2 द्र. पाह्युत।
पाहि नक्तं सरस्वति – वा. 2०.६2/2; मैसं. ३.११.३/2: १४४.५; काठसं. ३८.८/2; तैब्रा. 2.६.१2.३/2
पाहि नः शर्म वीरवत् – ऋ.६.६४.१८/३
पाहि नो अग्न एकया – ऋ. ८.६०.६/१; सा. १.३६/१; ३.८६५/१; वा. 2७.४३/१; पंचब्रा. ८.८.22; तैआ. १०.५.१/१; शांश्रौसू. १४.५४.१; कौसू. १०८.2/१
पाहि नो अग्न एनसे (शांगृसू. एधसे) स्वाहा – तैआ. 2. १०.४; ३.७.५
पाहि नो अग्ने रक्षसः (ऋ. ७.१.१३/१, रक्षसो अजुष्टात्) – ऋ. १.३६.१५/१; ७.१.१३/१; शांश्रौसू. १४.५४.१
पाहि नो दिद्युतः पतन्त्याः – ऋ. १०.१५८.2/३
पाहि नो दूरादारादभिष्टिभिः – ऋ. १.१2६.६/६
पाहि नो मन्यो तपसा सजोषाः (तैब्रा. श्रमेण) – ऋ. १०. ८३.2/४; अशौ. ४.३2.2/४; तैब्रा. 2.४.१.११/४ द्र. अवा नो मन्यो।
पाहि नो विश्ववेदसे स्वाहा – तैआ.१०.५.१; महा नारा उप. ७.४; शांगृसू. ५.१.८
पाहि पश्चातादुत वा पुरस्तात् – ऋ. ८.४८.१५/४
पाहि प्रसित्यै (काठसं. ...त्याः) – वा.2.2०; तैसं. १.१.१३.३; काठसं. १.१2; शब्रा. १.६.2.2०; तैब्रा. ३.३.६.६
पाहि मा – तैसं. १.2.2.2
पाहि मां यज्ञन्यम् (तैसं. तैब्रा. ...ज्ञनियम्) – वा. 2.६; तैसं. १.१.११.2; मैसं. १.१.१2: ८.४; ४.१.१३: १८.१०; काठसं. १.११; शब्रा. १.३.४.१६; तैब्रा. ३.३.६.११; शांश्रौसू. ४.८.३ प्रः पाहि माम् – कात्यश्रौसू. 2.८.2०
पाहि माग्ने दुश्चरितात् – तैसं. १.१.१2.१/१; काठसं. १. १2; ३१.११; तैब्रा. ३.३.७.६/१; आपश्रौ. 2.१४.१०/१; माश्रौसू. १.३.१.१८/१ द्र. परि माग्ने।
पाहि मा दिद्याः (तैसं. तैब्रा. माद्य दिवः) – वा. 2.2०; तैसं. १.१.१३.३; शब्रा. १.६.2.2०; तैब्रा. ३.३.६.६
पाहि यज्ञपतिम् – वा. 2.६; ७.2०; तैसं. १.१.११.2; मैसं. १.१.१2: ८.४; ४.१.१३: १८.१०; काठसं. १.११; शब्रा. १. ३.४.१६; ४.2.2.१०; तैब्रा. ३.३.६.११; शांश्रौसू. ४.८.३
पाहि यज्ञम् – वा. 2.६; ७.2०; तैसं. १.१.११.2; मैसं. १.१2: ८.३; ४.१.१३: १८.१०; काठसं. १.११; शब्रा. १.३.४.१६; ४.2.2.१०; तैब्रा. ३.३.६.११; शांश्रौसू. ४.८.३
पाहि रिषत उत वा जिघांसतः – ऋ. १.३६.१५/३
पाहि वज्रिवो दुरितादभीके – ऋ. १.१2१.१४/2
पाहि विश्वस्माद्रक्षसो अराव्णः – ऋ. ८.६०.१०/१; सा.2. ८६५/१
पाहि विश्वस्या अरातेः – ऋ. ८.७१.१/2; सा. १.६/2
पाहि शग्धि स्वस्तये – ऋ. ५.१७.५/४
पाहि सदमिद्विश्वायुः – ऋ. १.2७.३/३; सा. 2.६८६2३
पाह्युत (सा. ऊत) द्वितीयया – ऋ. ८.६०.६/2; सा. १. ३६/2; 2.८६४/2; वा. 2७.४३/2; तैआ. १०.५. १/2 द्र. पाहि न उत।
पाहि सदमिद्विश्वायुः – ऋ. १.2७.३/३; सा. 2.६८६/३
पाह्युत (सा. ऊ३त) द्वितीयया – ऋ. ८.६०.६/2; सा. १. ३६/2; 2.८६४/2; वा. 2७.४३/2; तैआ. १०.५. १/2 द्र. पाहि न उत।
पाह्यूर्जं तृतीयया – तैआ.१०.५.१/३
पिंश दर्भ सपत्नान् मे – अशौ. १६.2८.६/१

पिंश मे द्विष्टो मणे – अशौ. १६.2८.६/४
पिंश मे पृतनायतः – अशौ. १६.2८.६/2
पिंश मे सर्वान् दुर्हार्दः – अशौ.१६.2८.६/३
पिंशन्ति तथैवेति – अशौ. 2०.१३६.७/४
पिकः (काठसं अश्व. पिगः) धित्वंका नीलशीर्ष्णी तेऽर्यम्णे (काठसं अश्व. ...णः) – तैसं. ५.५.१५.१; काठसं अश्व. ७.५
पिङ्ग रक्ष जायमानम् – अशौ. ८.६.2५/१
पिंगलं हरितं लोहितं च – शब्रा. १४.७.2.१2/2; बृह उप. ४.४.१2/2
पिंगलां पद्मालिनीम् – खिल. ५.८७.१४/2
पिंगलाय स्वाहा – शां गृ सू. ४.१६.2
पिंगस्तमुग्रधन्वा – अशौ. ८.६.१८/३
पिंगाक्ष लोहिताग्रीव – खिल. १०.१४2.४/१
पिंगा परि चनिष्कदत् – ऋ. ८.६६.६/३; अशौ. 2०.६2.६/३
पिण्ढि दर्भ मे सप्त्नान् – अशौ. १६.2६.६/४
पिण्ढि मे द्विषतो मणे – अशौ. १६.2६.६/४
पिण्ढि मे पृतनायतः – अशौ. १६.2६.६/2
पिण्ढि मे सर्वान् दुर्हादः – अशौ. १६.2६.६/३
पितर आयुष्मन्तस्ते स्वधयायुष्मन्तः (पारगृसू. स्वधाभिरायुष...) – तैसं. 2.३.१०.३; पारगृसू. १.१६.६
पितर इषवः – अशौ. ३.2७.2
पितरः परे ते मावन्तु – अशौ. ५.2४.१५
पितरः पितामहाः परेऽवरे ततास्ततामहा इह मावत (पारगृसू. मावनतु) – तैसं. ३.४.५.१; पारगृसू.१.५.१० प्रः पितरः पितामहाः – हिर गृसू. १.३.१2
पितरः पितामहाः परेऽवरे (काठसं. ऽवरेभ्यः) ते नः पान्तु ते नोऽवन्तु (मैसं. ऽवरे ते नोऽवन्तु) – तैसं. ४.३.३.2; मैसं.2.७.2०ः १०५.१,६,१०,१५,१६; काठसं.३६.७
पितरं च दृशेयं मातरं च – ऋ. १.2४.१/४,2/४
पितरं च प्रयन् स्वः(तैसं. सुवः) – ऋ. १०.१८६.१/३; अशौ. ६.३१.१/३; 2०.४८.४/३; सा. 2.७2६/३; आसं. ५.४/३; वा. ३.६/३; तैसं. १.५..३.१/३; मैसं. १.६.१/३ः ८५.१०; काठसं. ७.१३/३; शब्रा. 2.१.४. 2६/३
पितरश्च उपासते (वा. चोपासते) – खिल. १०.१५१. ८/2; वा. ३2.१४/2
पितरश्चिन् मा वेदन् – कौसू. ८६.१७/३
पितरः शुन्धध्वम् – वा. १६.३६; काठसं. ३८.2; शब्रा. १2. ८.१.८; तैब्रा.2.६.३.३; कात्यश्रौसू. १६.३.१६; पारगृसू. 2.६.१६
पितरः शौनकोऽब्रवीत् – आगृ. ४.७.१६/४
पितरस्तवा मनोजवा दक्षिणतः पान्तु – मैसं. १.2.८ः १८.2 द्र. मनोजवसो, तथा मनोजवास्त्वा।
पितरस्त्वा यमराजानः पितृभिर्दक्षिणतः पान्तु (मैसं. दक्षिणतो रोचयन्तु) – तैसं. ५.५.६.४; मैसं. ४.६.५ः १2५.५; माश्रौसू. ६.2.४
पितरस्त्व यमराजानो भक्षयन्तु – शांश्रौसू. ४.2१.६
पितरः सहृदस्तथा – निरु. १४.६/४
पितरिदं ते अर्घ्यम् – आगृ. ४.७.१३
पितरो देवता – तैसं. ४.४.१०.१,2; मैसं. 2.१३.2०ः १६५. १७; काठसं. ३६.१३; तैआ. ६.६.2; ७.३; ८.१
पितरो नमो वः – वा. 2.३2; तैसं. ३.2.५.६; तैब्रा.१.३.१०. ८; शांश्रौसू. ४.५.१; साम मन्त्रब्रा. 2.३.११; गोभि गृसू. ४.३.2१
पितरो नाराशंसाः सन्नः (का. साद्यमानः) – वा. ८.५८; का. ६.७.७; पितरो नराशंसः – काठसं. ३४.१६ द्र. पितृणां नारा...।
पितरोऽनु मदन्तु – तैसं. ३.३.2.2; मैसं. ४.६.2ः १22.१2; तैआ. ४.१.१
पितरो भूः – पंचब्रा. १.१.५; लाट्यश्रौसू. १.१.2४; आपश्रौ. १०.१.७
पितरो मदन्तां सोमप्रतीका मदन्ताम् – काठसं. 2६.2/१ द्र. सोमप्रतीकाः पितरो।
पितरो मा विश्वमिदं च भूतम् – ऐआ. ५.१.१.१३/१
पितरो मृडता सु नः – मैसं. ४.१०.६/2; १५७.६; काठसं. 2१.१४/2
पितरो मैतस्या दिशो गोपायन्तु – काठसं. ३७.१५
पितरो यमराज्ये – वा.१६.४५/2; मैसं. ३.११.१०/2ः १५६.११; काठसं. ३८.2/2; शब्रा. १2.८.१.१६/2; तैब्रा. 2.६.३.४/2; आपश्रौ. १.६.१2/2; शां गृ सू. ५. ६.४/2
(ओं) पितरोऽर्यमा भगः सविता त्वष्टा वायुरिन्द्राग्नी इत्येतानि दक्षिणद्वराणि दैवतानि सनक्षत्राणि सग्रहाणि साहोरात्राणि समुहूर्तानि तर्पयामि – बौधसू. 2.५.६.2
पितरोऽसृज्यन्त – वा. १४.2६; तैसं. ४.३.१०.१; मैसं.2.८.६ः ११०.६; काठसं. १७.५; शब्रा. ८.४.३.७
पितरो होयि – माश्रौसू. 2.३.७.३
पितर्मातर्यदिहोपब्रुवे वाम् – ऋ. १.१८५.११/2; मैसं. ४. १४.७/2ः 22४.१३; तैब्रा. 2.८.४.८/2
पिता कुटस्य चर्षणिः – ऋ. १.४६.४/३; निरु. ५.2४/३
पिता च तन् नो महान् यजत्रः – ऋ. ७.५2.३/३

पिता च माता च – अशौ. ५.१३.७/2; शांश्रौसू. ८.१६.१
पिता जनितुरुच्छिष्टः – अशौ. ११.७.१६/१
पिता त्वष्टुर्य उत्तरः – अशौ. ११.८.१८/2
पिता देवानां विश्वाभि धाम – ऋ.६.१०६.४/2; सा.१.४2६/2; 2.५६१/2
पिता देवानां जनिता मतीनाम् – अशौ. १३.३.१६/2
पिता देवानां जनिता विभूवसुः (आपश्रौ. माश्रौसू. विभाव..) – ऋ. ६.८६.१०/2; सा. 2३८१/2; आपश्रौ. 20.१३.४/2; माश्रौसू. ६.2.३/2
पिता देवानां जनिता सुदक्षः – ऋ. ६.८७.2/३; सा.2.2८/३
पिता देवानामसुरो विपश्चित् – मैसं. ४.१४.१४/४: 2३६.१2
पिता नो बोधि (तैआ. बोध) – वा. ३७.20; शब्रा. १४.१.४.१५; तैआ. ४.७.४; ५.६.६
पिता नोऽसि – वा.३७.20; शब्रा.१४.१.४.१५; तैआ. ४.७.४; १०.५; ५.६.६; ८.१2
पिता नोऽसि मम तत् – पंचब्रा.१.५.६
पिता पितृभ्य ऊतये – ऋ. 2.५.१/2
पिता पुत्रः पौत्रो वषट् स्वाहा नमः – तैसं. ७.३.१2.१; काठसं अश्व. ३.2
पिता पुत्रं न हस्तयोः – ऋ. १.३८.१/2
पिता पुत्रमिव प्रियम् – ऋ १०.22.३/४; अशौ. ११.४.१०/2
पिता पुत्रं प्र विवेशा शचीभिः – अशौ. ११.४.20/४
पिता पुत्रस्य जातस्य – ऐब्रा. ७.१३.४/३; शांश्रौसू. १५.१७/३
पिता पुत्रेण पितृमान् योनियोनौ – तैब्रा. ३.१2.६.७/2; बौधसू. 2.६.११.३१/2
पिता पुत्रेभ्यो यथा – ऋ. ७.३2.2६/2; खिल. १.५०.2/2; अशौ. १८.३.६७/2; 20.७६.१/2; सा.१.2५६/2; 2.८०६/2; तैसं. ७.५.७.४/2; काठसं. ३३.७/2; तैब्रा.३.७.६.22/2; आपश्रौ. ४.१५.१/2
पितापुत्रौ मातरं मुंच सर्वान् – अशौ. ६.११2.2/४
पिता मतीनाम् – वा. ३७.१४; शब्रा. १४.१४.३; तैआ. ४.७.४; ५.६.८ द्र. जनिता मतीनाम्।
पिता मतीनामसमष्टकाव्यः – ऋ. ६.७६.४/४
पितामहाः पितरः प्रजोपजा – अशौ. ११.१.१६/३
पितामहाः प्रपितामहाश्चानुगैः सह – तैब्रा. ३.७.४.१०/४; आपश्रौ. १.७.१३/४
(ओं) पितामहान् स्वधा नमस्तर्पयामि – बौधसू.2.५.१०.१
(ओं) पितामहीः स्वधा नमस्तर्पयामि – बौधसू. 2.५.१०.१
पितामहेदं ते अर्घ्यम् – आगृ. ४.७.१३
पितामहेभ्यः स्वधायिभ्यः (तैब्रा.आपश्रौ. ..विभ्यः) स्वधा नमः – वा. १६.३६; काठसं. ३८.2; शब्रा. १2.८.१.७; तैब्रा. 2.६.३.2; आपश्रौ. १.६.६ तु. स्वधा पिता।
पिता मातरिश्वाछिद्रा पदा धाः (काठसं.आश्रौ. धात्) – तैसं. ५.६.८.६; काठसं. ४०.६; ऐब्रा. 2.३८.६,७ प्रः पिता मातरिश्वाछिद्रा पदा – शांश्रौसू. ७.६.१; पिता मातरिश्वा –आपश्रौ. १७.१2.१2
पिता माता च दधतुर्य (माश्रौसू. न्व) दग्रे – तैसं. १.५.१०.१/2; आश्रौ.2.५.३/2; माश्रौसू. १.६.३.६/2
पिता माता च भुवनानि रक्षतः – ऋ. १.१६०.2/2
पिता माता च रक्षतामवोभिः – ऋ. १.१८५.१०/४
पिता माता भ्रातर एनमाहुः – ऋ. १०.३४.४/३
पिता माता मधुवचाः सुहस्ता – ऋ. ५.४३.2/३
पिता माता विश्वविदा सुदंससा – ऋ. ६.७०.६/2
पिता माता सदमिन् मानुषाणाम् – ऋ. ६.१.५/४; मैसं. ४.१३.६/४: 20६.१४; काठसं.१८.20/४; तैब्रा. ३.६.१०.2/४
पिता यज्ञानामसुरो विपश्चिताम् – ऋ. ३.३.४/१
पिता यत् कश्यपस्याग्निः – सा.१.६०/३
पिता यत्र दुहितुः सेकमृंजन् – ऋ.३.३१.१/३; निरु. ३.४/३
पिता यत् सोमभिरूपैरवासयत् – ऋ.१.१६०.2/४
पिता यत् स्वां दुहितरमधिष्कन् – ऋ. १०.६१.७/१
पिता वत्सानां पतिरघ्न्यानाम् – अशौ. ६.४.2/३,४/१; तैसं. ३.३.६.2/१; मैसं.2.५.१०/१: ६१.१६; ४.2.१०/१: ३३.१७; काठसं. १३.६/१; विष्णुस्मृ. ८६.१३ प्रः पिता वत्सानाम् – माश्रौसू.६.५.३
पिता वसो यदि तज्जोषयासे – ऋ. ५.३.१०/2
पिता विराजामृषभो रयीणाम् – तैब्रा.2.८.८.६/१ प्रः पिता विराजाम् – तैब्रा. ३.१2.१.१ द्र. वत्सो विराजो।
पिता सन्नभवत् पुत्र एषाम् – अशौ. १६.५३.४/३ तु. यः पिता स।
पितासि पिता नो बोधिषीमहि त्वा – मैसं. ४.६.६: १2७.2
पितुः पयः प्रति गृभ्णाति माता – ऋ. ७.१०१.३/३
पितुः प्रत्नस्य जन्मना वदामसि – ऋ. १.८७.५/१
पितुं नु स्तोषं महः – ऋ.१.१८७.१/१; वा. ३४.७/१; काठसं. ४०.८/१; निरु. ६.2५/१ प्रः पितुं नु स्तोषम् –वृ हासं. ८.५2; पितुं नु –ऋवि. १.2६.६ तु. बृहद. ४.६2
पितुभृतो न तन्तुमित् – ऋ. १०.१७2.३/१
पितुमतीमूर्जमस्मा अधत्तम् – ऋ. १.११६.८/2; निरु. ६.

३६/2
पितुरप्रायि धामभिः – खिल. १०.१2७.१/2; अशौ.१६.४७.१/2; वा. ३४.३2/2; निरु. ६.2६/2
पितुरिव नामाग्रभिषम् (आपमपा. ...भैषम्; पारगृसू. नामजग्रभम्) – पारगृसू. १.१३.१/४; हिर गृसू.१.१०.६/2; आपमपा. 2.८.३/2 द्र. पितुर्नामेव।
पितुर्न जिव्रेर्विवेदो भरन्त – ऋ. १.७०.१०/2
पितुर्न नाम सुहवं हवामहे – ऋ. १०.३६.१/४
पितुर्नपातमा दधीत वेधाः – ऋ. १०.१०.१/३; अशौ. १८.१.१/३; सा. १.३४०/३
पितुर्न पु. उपसि प्रेष्ठः – ऋ. ५.४३.७/३; मैसं. ४.६.३/३: १2३.१४; तैआ. ४.५.2/३
पितुर्न पुत्रः क्रतुभिर्यतानः – ऋ. ६.६७.३०/३
पितुर्न पुत्रः सिचमा रभे ते – ऋ. ३.५३.2/३
पितुर्न पुत्रः सुभृतो दुरोण आ – ऋ. ८.१६.2७/१
पितुर्न पुत्राः क्रतुं जुषन्त – ऋ. १.६८.६/१
पितुर्न यस्यासया – ऋ. १.१2७.८/५
पितुर्नामेव जग्रभ – खिल. १०.१2८.४/2 द्र. पितुरिव।
पितुर्मातुरध्या ये समस्वरन् – ऋ. ६.७३.५/१
पितुर्यत् पुत्रो ममकस्य जायते – ऋ. १.३१.११/४
पितुर्योना निषीदथः – ऋ. ८.६.2१/2; अशौ. 2०.१४2.६/2
पितुश्च गर्भं जनितुश्च बभ्रे – ऋ. ३.१.१०/१
पितुश्चिदूधर्जनुषा विवेद – ऋ.३.१.६/१
पितुःश्रवणं यो ददाशदस्मै – तैब्रा.2.८.३.१/४ द्र. पितृश्रवणम्।
पितुष्टे अस्मि वन्दिता – ऋ.१०.३३.७/३
पितुः स्वस्य त्यजसा निबाधितम् – ऋ.१.११६.८/2
पितृकृतस्यैनसोऽवयजनमसि (तै आन्धू. महा नारा उप. आश्रौ. बौधसू. असि स्वाहा) – वा. ८.१३; तैसं. ३.2.५.७; पंचब्रा. १.६.१०; तै आ आन्ध्र.१०.५६; महा नारा उप. १८.१; आश्रौ. ६.१2.३; शांश्रौसू. ८.६.१□; आपश्रौ. १३.१७.६; माश्रौसू. 2.५.४.८; बौधसू. ४.३.६ प्रः पितृकृतस्य – वैसू. 2३.१2
पितृणां यमस्येन्द्रस्य – तैसं. ४.४.११.2
पितृणां सदनमादिः द्र. पितॄणां आदि।
पितृणां च मन्मभिः द्र. पितॄणां आदि।
पितृणां च यमस्य च – तैआ.१.2७.६/2
पितृणां नाराशंसः – तैसं. ४.४.६.१ द्र. पितरो नारा...।
पितृणामोषधीं प्रियाम् – तैआ. ६.६.१/2
पितृभ्य आ सदने जोहुवाना – ऋ. ५.४७.१/४
पितृभ्य उपसंपराणयादिमान् – अशौ. १८.४.५०/४
पितृभ्यः – गोभि गृसू. ४.७.४.१; सावि ब्रा.३३.५; कप्र.१.2.७ (तु. 2.2.७)
पितृभ्यश्च नमस्कुरु – अशौ. १४.2.2०/४
पितृभ्यस्त्वा – तैसं. ३.५.2.३; ४.४.१.2; काठसं. १७.७; ३७.१७; गोब्रा. 2.2.१३; पंचब्रा. १.६.१2; वैसू. 2३.६
पितृभ्यस्त्वा जुष्टामुपाकरोमि – हिर गृसू. 2.१५.2; आपगृ. ८.22.३
पितृभ्यस्त्वा जुष्टां प्रोक्षामि – हिर गृसू. 2.१५.३
पितृभ्य स्वाहाः द्र. पितृभ्यः आदि।
पितृभ्यः सोमवद्भ्यः स्वधा नमः – अशौ. १८.४.७३ द्र. स्वधा पितृभ्यः सोम...।
पितृभ्यः सोमवद्भ्योऽनुब्रूहि – शब्रा. 2.६.१.2६
पितृभ्यः सोमवद्भयो बभ्रून् धूम्रानूकाशान् – आपश्रौ. 2०.१४.१३ द्र. बभ्रवो धूम्र...।
पितृभ्यः स्थानमसि – याधशा. १.2३४; बृ परासं. ५.2०३
पितृभ्यः स्वधा – माश्रौसू. १.६.१.४५; मागृसू.. 2.१2.2० द्र. वाधा पि...।
पितृभ्यः स्वधा अस्तुः द्र. पितृभ्यः स्वधास्तु।
पितृभ्यः स्वधां करोमि – वैसू.७.१५
पितृभ्यः स्वधा नमः – पारगृसू.2.६.६; व्यासं ३.३2
पितृभ्यः स्वधायिभ्यः (तैब्रा. आपश्रौ. ...विभ्यः) स्वधा नमः – वा. १६.३६; काठसं. ३८.2; शब्रा. १2.८.१.७; तैब्रा. 2.६.३.2; आपश्रौ. १६.६; १६.८.१४ प्रः पितृभ्यः – कात्यश्रौसू. १६.३.१७
पितृभ्यः स्वधास्तु (महा नारा उप. ...धा अस्तु) – तै आ. १०.६७.2; महा नारा उप. १६.2
पितृभ्यः (आपमपा. ...भ्य) स्वाहा – तैब्रा. ३.१.४.८; आपमपा. 2.2०.३३
पितृभ्योऽग्निष्वात्तेभ्यो धानाः – काठसं.६.६
पितृभ्योऽग्निष्वात्तेभ्यो धूम्रान् रोहितांस् त्रैयमबकान् – आपश्रौ. 2०.१४.१३
पितृभ्योऽग्निष्वात्तेभ्योऽनुब्रूहि – शब्रा.2.६.१.2६
पितृभ्यो घर्मपेभ्यः स्वाहा – मैसं. ४.६.६: १2६.१2; तैआ. ४.१०.३; ५.८.८
पितृभ्यो नाराशंसेभ्यः स्वाहा – शब्रा. १2.६.१.३३
पितृभ्यो बर्हिषद्भ्यष्टकपालः पुरोडाशः – काठसं. ६.६ तु. तैसं. १.८.५.१
पितृभ्यो बर्हिषद्भयो धूम्रान् बभ्रवनूकाशान् – आपश्रौ. 2०.१४.१३ द्र. धूम्रा बभ्रु...।
पितृभ्यो बर्हिषद्भयोऽनुब्रूहि – शब्रा. 2.६.१.2८
पितृभ्यो वो जुष्टं निर्वपामि – आपश्रौ. १.७.६
पितृयाणैः सं व आ रोहयामि – अशौ. १८.४.१/2

पितृलोकं गमयं जातवेदाः – अशौ. १८.४.६४/2
पितृलोकात् पतिं यतिः – अशौ. १४.2.५2/2
पितृवंशस्तृप्यतु – शांगृसू. ४.१०.५
पितृश्रवणं यो ददाशदस्मै – ऋ. १.६१.20/४; वा. ३४. 2१/४; मैसं. ४.१४.१/४: 2१४.३ द्र. पितुः श्रवणं।
पितृषदनं त्वा लोकमवस्तृणामि (काठसं. आस्तृणामि) – मैसं. १.2.११: 20.१५; १.2.१४; 2३.११; काठसं. 2.१2; ३.३; 2५.१०; /–.५; माश्रौसू. १.८.2.६
पितृषदनमसि – ऋ. ५.2६; ६.१; शब्रा. ३.६.१.१४; शब्रा. ३.६.१.१४; ७.१.७; कात्यश्रौसू. ६.2.१८ द्र. पितॄणं सद...।
पितृषदने त्वा लोक आ सादयामि – अशौ. १८.४.६७/2
पितॄंस्तस्योप तिष्ठे तत् – खिल. ६.६७.१८/३
पितॄङ् (कात्यश्रौसू. पितॄन्) जिन्व – तैसं. ३.५.2.३□; ४.४.१.2; काठसं.१७.७; ३७.१७; पंचब्रा. १.६.१2; वैसू 2३.६; कात्यश्रौसू. ४.१४.2७; आपश्रौ. ६.११.४ तु. ओजसा पितृभ्यः।
पितॄणां लोकमपि गच्छन्तु ये मृताः – अशौ. १2.2.४५/2
पितॄणां लोकं प्रथमो यो अत्र – अशौ.१८.३.७३/४
पितॄणां लोके अपि भागो अस्तु – अशौ. १2.2.६/४
पितॄणां लोकेऽक्षितम् – अशौ. ३.2६.४/४
पितॄणां शक्तीरनुयच्छमानाः – ऋ. १.१०६.३/2; तैब्रा. ३.६.६.१/2
पितॄणां (तैसं. पितृणां) सदनमसि – तैसं.१.३.१.2; ६.१; ६.2.१०.३; ३.४.2; आपश्रौ. ७.६.१० तु. पितृषदनमसि।
पितॄणां समिदसि – आश्रौ. ३.६.2७ द्र. यमस्य समिद।
पितॄणां कविः प्रमति मर्तीनाम् – अशौ. १८.३.६३/2
पितॄणां (मैसं. पितृणां) च मन्मभिः – ऋ. ८.४१.2/2; १०.५७.३/३; वा. ३.५३/३; तैसं. १.८.५.2/३; मैसं. १.१०.३/३: १४३.१६; काठसं. ६.६/३; शब्रा. 2.६.१. ३६/३; लाटयश्रौसू. ५.2.११/३; कौसू. ८६.१/३; निरु. १०.५/2
पितॄणां न शंसाः सुरातयः – ऋ. १०.७८.३/४
पितॄणामर्घ्यपातितम् – आगृ. ४.७.१६/2
पितॄणां प्राणस्ते ते प्राणं ददतु येषां प्राणस्तेभ्यो वस् स्वाहा – काठसं. ११.७ द्र. उत्तरम्।
पितॄणां प्राणोऽसि – मैसं. 2.३.४: ३०.१६ द्र. पूर्वम्।
पितॄणां भागधेयीः (अशौ. भाग) स्थ – अशौ. १०.५.१३; काठसं. १.११; माश्रौसू. १.७.३.३०
पितॄणां मूलादुत्थिता – अशौ. ६.४४.३/३
पितॄनग्निष्वात्तानावह – शब्रा. 2.६.१.22
पितॄनग्निष्वात्तान् यज – शब्रा. 2.६.१.2६

पितॄन् इमांल्लोकान् प्रीणया हि नः – आगृ. ४.७.११/४
पितॄन् घर्मपान् गच्छ – तैआ. ४.६.३; ५.८.४
पितॄन् जनमगन् यज्ञः – मैसं. १.४.४: ५१.१३; काठसं. 2५.७ द्र.पितॄन् पंचजनान्, तथा पितॄन् सर्पान्।
पितॄन् जिन्वः द्र. पितॄङ् जिन्व।
पितॄन् तपस्वतो यम – ऋ. १०.१५४.४/३ द्र. ऋषीनादि।
पितॄन् पंचजनान् दिश आप ओषधीर्वनस्पतीङ् जनमग्न यज्ञः – आपश्रौ. ६.१०.१६ द्र. अत्र पितॄन् जनम्।
पितॄन् परावतो गतान् – अशौ. १८.४.४१/४
पितॄन् पितामहान् प्रपितामहानावाहयिष्यामि – माश्रौसू. ११.६.१
पितॄन् पृथिवीमग्न् यज्ञस्ततो मा द्रविणमष्टु – वा. ८.६०; शब्रा. ४.५.७.८ द्र. अत्र पृथिवीं तृतीयम्।
पितॄन् प्रीणामि – शांश्रौसू. 2.६.१३
पितॄन् बर्हिषद आवह – शब्रा. 2.६.१.22
पितॄन् बर्हिषदो यज – शब्रा. 2.६.१.2८
पितॄन् माययासुराः प्रविष्टाः – आपश्रौ. १.८.७/2
पितॄन् यक्षद् (तैसं. ..क्ष्य्) ऋतावृधः – ऋ. १०.१६. ११/2; वा.१६.६५/2; तैसं. 2.६.१2.५/2; काठसं. 2१.१४/2
पितॄन् यमश्रेष्ठान् ब्रूमः – अशौ. ११.६.११/३
पितॄन् सर्पान् गन्धर्वानप ओषधीः पंच जनमगन् यज्ञः – काठसं. ५.६ द्र. पितॄन् जनम् इत्यत्र।
पितॄन् सोमवत आवह – शब्रा. 2.६.१.22
पितॄन् सोमवतो यज – शब्रा.2.६.१.2७
(ओं) पितॄन् स्वधा नमस्तर्पयामि– बौधसू. 2.५.१०.१
पितॄन् हविषे अत्तवे – ऋ. १०.१६.१2/४; अशौ. १८.१. ५६/४,५७/४; 2.३४/४; वा. १६.७०/४; तैसं. 2. ६.१2.१/४; मैसं. १.१०.१८/४: १५७.१६; काठसं.2१. १४/४; शब्रा. 2.६.१.22/४
पितॄन् ह्यत्र गच्छासि – तैआ. ६.७.2/३ द्र. लोकं पितृषु।
पितेव चारुः सुहवो वयोधाः – ऋ. ३.४६.३/४
पितेव नः शृणुहि हूयमानः – ऋ.१.१०४.६/४; अशौ. 20. ८.2/४
पितेव पुत्रं जरसे मे एमम् –काठसं. हिर गृसू. आपमपा. नयेमम्) – मैसं. ४.१2.४/४: १८८.६; काठसं. ११. १३/४; हिर गृसू.१.३.५/४; आपमपा. 2.2.१/४
पितेव पुत्रं दस्ये वचोभिः – तैसं. ४.2.५.४/2; काठसं. ३८.१३/2; आपश्रौ. १६.१६.१/2
पितेव पुत्रमबिभरुपस्थे – ऋ.१०.६६.१०/१

पितेव पुत्रम् (अशौ. कौसू. पुत्रान्) अभि (शांगृसू.इह) रक्षतादिमम् (वा.शब्रा. इमान्) – अशौ. 2.१३.१/४; वा.३५.१७/४; तैसं.१.३.१४.४/४ ३.३.८.१/४; शब्रा. १३.८.४.६/४; तैब्रा. १.2.१.११/४; तैआ. 2.५.१/४; आश्रौ. 2.१०.४/४; शांगृसू. १.2५.७/४ प्रः पितेव पुत्रान् – कौसू. ६१.४

पितेव पुत्रानभि सं स्वजस्व नः – अशौ. १2.३.१2/१

पितेव पुत्रान् प्रति नो जुषस्व – ऋ. ७.५४.2/४; पारगृसू.३.४.७/४; हिर गृसू. १.2८.१/४; आपमपा. 2.१५.2०/४; मागृसू.. 2.११.१६/४

पितेव यस्तविषीं वावृधे शवः – ऋ.१०.2३.५/2; अशौ. 2०.७३.६/४

पितेव सोम सूनवे सुशेवः – ऋ. ८.४८.४/2; गोब्रा. 2.३. ६/2; वैसू. १६.१८/2; माश्रौसू. 2.४.१.४५/2

पितेवैधि सूनव आ (मैसं. सूनवे यः सुशेवः – वा.१४. ३/३; तैसं. ४.३.४.१/४; मैसं. 2.८.१/३ः १०६.१३; काठसं. १७.१/३; शब्रा. ८.2.१.६; तैब्रा. ३.७.७.६/४; आपश्रौ. १०.३.८/४

पितैषां प्रत्नो अभि रक्षति व्रतम् – ऋ. ६.७३.३/2; तैआ. १.११/2; निरु. १2.३2/2

पित्रे चिच्चक्रुः सदनं समस्मै – ऋ. ३.३१.१2/१

पित्रे पुत्रासो अप्यवीवतन्नृतम् (अशौ. ऋतानि) – ऋ. १०.१३.५/2; अशौ. ७.५७.2/2

पित्रे मात्रे विभुक्रतुम् – ऋ. ८.६६.१५/४; अशौ. 2०.६2. १2/४

पित्रे स्वाहा – आपमपा. 2.१६.६,११ (आपगृ. ८.2१.३,४)

पित्र्यान् मा भयात् पाहि – शांश्रौसू. 2.१४.३

पित्र्यान् मा भयादजुगुपस्तस्मान् मा पाह्येव – शांश्रौसू. 2.१५.४

पित्र्यामनु प्रदिशं कनिक्रदत् – ऋ. 2.४2.2/३

पित्र्यायां प्राङ्मुखो ब्रह्मा – वैसू. ६.१2/१

पित्वो न दस्म दयसे विभक्ता – ऋ.१०.१४७.५/४

पित्वो नारिरेचीत् किं चन प्रः – ऋ.६.2०.४/४

पित्वो (वा. मैसं. पिद्वो) न्यांकुः कक्कटस् (मैसं. ककुठस्; तैसं. कशस्) तेऽनुमत्यै – वा. 2४.३2; तैसं. ५.५.१७. १; मैसं. १४.१३ः १७५.४ द्र. बिद्वो।

पित्वो भिक्षेत वयुनानि विद्वान् – ऋ. १.१५2.६/३

पिद्वो आदिः द्र. पित्वो न्यङ्कुः।

पिनष्टि स्मा कुनन्नमा – ऋ.१०.१३६.७/2

पिनाकमिव बिभ्रती – अशौ. १.2७.2/2

पिनाकं बिभ्रदा गहि (काठसं. बिभ्रदुच्चर) – वा. १६. ५१/५; तैसं. ४.५.१० अशौ..४/५; मैसं. 2.६.६/५ः १2८.2; काठसं. १७.१६/३; निरु. ५.22

पिनाकहस्तः कृत्रिवासा अवततधन्वा – मैसं. १.१०.४ः १४४.१५; १.१०.2०ः १६०.१६ द्र. अवततधन्वा इत्यत्र।

पिन्वा गा जिन्वार्वतः – आश्रौ. १.७.८/2 द्र. जिन्व गा।

पिन्वतं गा जिन्वतमर्वतो नः – ऋ. १.११८.2/३; काठसं. १७.१८/३

पिन्वतमिषो वृजनेषु इन्द्र – ऋ. ७.६६.६/४

पिन्वन्त्यपो मरुतः सुदानवः – ऋ.१.६४.६/१; तैसं. ३.१. ११.७/१; कौषी ब्रा. १५.३ प्रः पिन्वन्त्यपः –ऐब्रा. ३. १८.७; ४.2६.१०; ३१०८; ५.१.१५; ४.१2; ६.६; १2.७; १६.१2; १८.१०; 2०.१०; ऐआ.१.2.१६/१; आश्रौ. ५.१४. १७; शांश्रौसू. ७.१६.१४; १०.१३.१० अयतु पिन्वन्त्यपीया (ऋक) – कौषी ब्रा. 2७.2

पिन्वन्त्युत्सं यदयासुरुग्राः – ऋ. ७.५७.१/४

पिन्वन्त्युत्सं यदिनासो अस्वरन् – ऋ. ५.५४.८/३

पिन्वन् धाराः कर्मणा देववीतौ – ऋ.६.६७.३३/2

पिन्वमानाय त्वा – काठसं. ३६.६; आपश्रौ. १६.३१.१

पिन्वमानायै स्वाहा – तैब्रा. ३.१.४.४

पिन्वमानासि – काठसं. ३६.६; आपश्रौ. १६.३१.१

पिन्वमानेभ्यस्त्वा – आपश्रौ. १६.३१.१; काठसं. ३६.६; आपश्रौ. १६.३१.१

पिन्वमाने सीद – काठसं. ३६.६; आपश्रौ. १६.३०.१; ३१.१

पिपर्ति पपुरिर्नरा – ऋ. १.४६.४/2; निरु. ५.2४/2

पिपर्तु न इष्टं हविः – वा. १८.५७/2

पिपर्तु नो अदिती राजपुत्रा – ऋ. 2.2७.७/१

पिपर्तु मा तदृतस्य प्रवाचनम् – ऋ.१०.३५.८/१

पिपर्षि यत् सहसस्पुत्र देवान् – ऋ. ५.४.६/३

पिपासायै गोव्यच्छम् – तैब्रा. ३.४.१.१६ तु. मृत्यवे गो...।

पिपीडे अंशुर्मद्यो न सिन्धुः – ऋ. ४.22.८/१

पिपीलकावटः – अशौ. 2०.१३४.६; वैसू. ३2.2५ द्र. पिपीलिकावटो।

पिपीलः सर्प उत वा श्वापदः – ऋ. १०.१६.६/2; अशौ. १८.३.५५/2; तैआ. ६.४.2/2

पिपीलिकाः प्रशादेन – तैसं. ५.७.2३.१; काठसं अश्व.१३. १३

पिपीलिकाभ्यः (नमः) – मागृसू.. 2.१2.१७ तु. सर्पपिपीलिकाभ्यः।

पिपीलिकावटो जरितः – आश्रौ. ८.३.2१; शांश्रौसू. १2.2३. ३ द्र. पिपीलकावटः।

पिपृत माग्नयः (पंचब्रा. शांश्रौसू. मा) – वा. ५.३४; पंचब्रा. १.४.१५; आश्रौ. ५.३.१५; शांश्रौसू. ६.१३.१; वैसू. १८.८ द्र. पिपृहि।

वैदिकपादानुक्रमकोषः 56

पिपृतां नो भरीमभिः – ऋ. १.22.१३/३; वा.८.३2/३; १३.३2/३; तैसं. ३.३.१०.2/३; ५.११.३/३; ४.2.६.३/३; मैसं. 2.७.१६/३: १००.६; काठसं. १३.६/३; १६.१६/३; ३६.३/३; जैब्रा. 2.४६(४५)/३; शब्रा. ४.५.2.१८/३; ७.५.१.१०; लाट्यश्रौसू. ४.४.८/३

पिपृहि मा (काठसं. माग्ने) – तैसं. १.३.३.१; मैसं. १.2.१2: 22.१; काठसं. 2.१३; शांश्रौसू. ६.१2.३ द्र. पिपृत।

पिपेश नाकं स्तृभिर्दमूनाः – ऋ. १.६८.१०/2

पिप्पली क्षिपतभेषजी – अशौ. ६.१०६.१/१ प्रः पिप्पली– कौसू. 2६.३३

पिप्पल्यः समवदन्त – अशौ. ६.१०६.2/१ तु. अवपतन्ती।

पिप्रीषति स्व आयुषि दुरोणे – ऋ. ४.४.७/३; तैसं. १.2.१४.३/३; मैसं. ४.११.५/३: १७३.७; काठसं. ६.११/३

पिप्रीहि देवां (मैसं. देवं) उशतो यविष्ठ – ऋ.१०.2.१/१; तैसं. ४.३.१३.४/१; मैसं. ४.१०.१/१: १४१.2; काठसं. 2.१५/१; १८.2१/१; शब्रा. १.७.३.१६; तैब्रा. ३.५.७.५/१; ६.११.४/१; आश्रौ. १.६.2; आपश्रौ. 2४.१३.३ प्रः पिप्रीहि देवान – मैसं. ४.१०.४: १५३.५; ४.१०.५: १५४.६; ४.१३.७: 20६.३; काठसं. 20.१५; शांश्रौसू. १.६.१; ५.१६.2१; माश्रौसू. ५.१.१.22; – ५.१.३.20; – ५.2.८.३६

पिप्रीहि मधवः सुषुतस्य चारोः – ऋ. ५.३३.७/४

पिप्रुं दासमहीशुवम् – ऋ. ८.३2.2/2

पिब – शब्रा. १.७.2.१७

पिब खाद च मोद च – खिल. १०.१४2.७/2

पिबतं शंभुवा सुतम् – ऋ. ६.६०.७/३; सा. 2.३४१/३

पिबतं सोममातुजी – ऋ. ७.६६.१८/३

पिबतं सोमं मधुमन्तमश्विना – ऋ. ८.८७.४/१

पिबतं सोमं मधुमन्तमस्मे – ऋ. ८.५७ (६). ४/३

पिबतं सोम्यं मधु – ऋ. ६.६०.१५/४; ७.७४.2/४; ८.५.११/३; ८.१/४; ३५.22/2; सा.2.१०४/४ तु. पिबाति आदि।

पिबतं घर्मं मधुमन्तमश्विना – ऋ. ८.८७.2/१

पिबतं च तृष्णुतं चा च गच्छतम् – ऋ. ८.३५.१०/१ प्रः पिबतं च तृष्णुतं च – शां गृ सू. १.१७.७

पिबतं दाशुषो गृहे – ऋ. ४.४६.६/३; ४९.६/2; ८.22.८/४

पिबतं मध्वो अन्धसः – ऋ. १.१३५.४/४

पिबत वाजा ऋभवो ददे वः – ऋ. ४.३४.४/३

पिबतु सोमं वरुणो धृतव्रतः – ऋ. १.४४.१४/३

पिबतूदकम् – तैआ.६.१2.१; साम मन्त्रब्रा. 2.८.१४; गोभि गृसू. ४.१०.१६; हिर गृसू. १.१३.१2; आपमपा. 2.१०.११

पिबन्तं कद्वयो दधे – ऋ. ८.३३.७/2; अशौ. 20.५३.१/2; ५७.११/2; सा.१.2६७/2

पिबन्ति तेन त्वमिन्द्रो वरुणो बृहस्पतिः – निरु. ५.११/३, द्र. एवास्मान् इत्यत्र।

पिबन्ति मित्रो – अर्यमा – ऋ.८.६४.५/१; सा.2.११३६/१

पिबन्ति (सा. ...तु) वरुणः कवे – ऋ. ६.६४.2४/2; सा. 2.४2८/2

पिबन्तु मदन्तु (हस्त. ...तां) व्यन्तु (तैब्रा. वियन्तु सोमम्) – वा. 2१.४2; मैसं. ३.११.४: १४६.१; तैब्रा. 2.६.११.१०

पिबन्तु वरुणः आदिः द्र. पूर्वम् एकवर्जम्।

पिबन्तु सोममवसे नो अद्य – ऋ. ७.५१.2/४

पिबन्तो मदिरं मधु – ऋ. ५.६१.११/2; सा. १.३५६/३

पिबन्त्यस्य मरुतः – ऋ. ८.६४.४/2; सा. १.१७४/2; 2.११३५/2

पिबन्त्यस्य विश्वे देवासः – ऋ. ६.१०६.१५/१

पिबन्नस्य विश्वे देवासः – ऋ.६.१०६.१५/१

पिबन्नुशानो जुषमाणो अन्धः – ऋ. ४.2३.१/३

पिब मध्वस्तृपदिन्द्रा वृषस्व – ऋ. १०.११६.१/४

पिब शुद्धमुदकमाचरन्ती – ऋ. १.१६४.४०/४; अशौ. ७.७३.११/४; ६.१०.20/४; कात्यश्रौसू.2५.१.१६/४; आपश्रौ. ६.५.४/४; निरु. ११.४४/४

पिब स्वधैनवानाम् – ऋ. ८.३2.20/१

पिबाग्नीध्रात्तव भागस्य तृष्णुहि – ऋ.2.३६.४/४; अशौ. 20.६७.५/४

पिबाच्युदिन्द्र त्वं सोमम् – जैब्रा. 2.१३/३ आपृच्छयेन इत्यस्यांशः।

पिबाति सोम्यं मधु – ऋ. ८.2४.१३/2; सा. १.३८६/2; 2.८५६/2 तु. पिबतं आदि।

पिबा तु सोमं गोऋजीकमिन्द्र – ऋ. ६.2३.७/2

पिबा त्वस्य (सा. आ३स्य) गिर्वणः – ऋ. ३.५१.१०/३; ८.१.2६/१; सा. १.१६५/३; 2.८७/३, ७४३/१

पिबा त्वस्य सुषुतस्य चारोः – ऋ. ३.५०.2/४; ७.2६.१/३

पिबा त्वस्यान्धसः – ऋ. ८.६५.2/३

पिबात् सोमममदद् (आश्रौ. शांश्रौसू. सोमममदन्न्) एनमिष्टे (आश्रौ. शांश्रौसू. इष्टयः) – अशौ. ७.१४.४/३; आश्रौ. ५.१८.2/३; शांश्रौसू. ८.३.४/३

पिबाथ इन् मधुनः सोम्यस्य – ऋ. ४.४४.४/३; अशौ. 20.१४३.४/३

पिबाथो अश्विना मधु – ऋ. ८.८.३/३

पिबाथो अस्मे सुषुता मधूनि – ऋ. ७.६७.४/४
पिबा दधृग्यथोचिषे – ऋ. ८.८2.2/३
पिबा निषद्य वि मुचा हरी इह – ऋ. १.१७७.४/४
पिबा – पिबेद इन्द्र शूर सोमम् – ऋ. 2.११.११/१; १०. 22.१५/१
पिबा मित्रस्य धामभिः – ऋ. १.१४.१०/३; वा. ३३. १०/३; ऐब्रा. ३.४.१2/३
पिबामि पाकसुत्वनः – ऋ. १०.८६.१६/३; अशौ. 2०. १2६.१६/३
पिबा यथा प्रतिभृतस्य मध्वः – ऋ. १०.६६.१2/३; अशौ. 2०.३2.2/३
पिबा रुद्रेभिः सगणः सुशिप्र – ऋ. ३.३2.३/४
पिबा वर्धस्व तव घा सुतासः – ऋ. ३.३६.३/१; आश्रौ. ५.१६.2; गोब्रा. 2.४.३ प्रः पिबा वर्धस्व – शांश्रौसू. ७. 2४.६
पिबा वृत्राय हन्तवे शविष्ठ – ऋ. १०.११६.१/2
पिबा वृषस्व तातृपिम् – ऋ. ३.४०.2/३; अशौ. 2०.६. 2/३; ७.४/३
पिबा सुतस्य मतिर्न (अशौ. मतेरिह) – अशौ. 2.५.१/३; सा.2.३०2/३; आश्रौ. ६.३.१/३; शांश्रौसू. ६.५.2/३
पिबा सुतस्य रसिनः – ऋ.८.३.१/१; सा.१.2३६/१; 2. ७७१/१; ऐब्रा.४.2६.१५; ५.६.७; १६.2८; ऐआ. ५.2.४. 2; आश्रौ. ५.१५.2१; ७.१2.७; शांश्रौसू. ७.2०.६; १2.७. ५; ६.११
पिबा सुतस्यान्धसो अभि प्रयः – ऋ. ५.५१.५/३
पिबा सुतस्यान्धसो पदाय – ऋ. ७.2०.१/४; वा. ३३. ७०/४
पिबा सुपूर्णमुदरम् – ऋ. ८.2.१/2; सा. १.१2४/2; 2. ८४/2
पिबा सु शिप्रिन्नन्धसः – ऋ. ८.१७.४/३; अशौ. 2०.४. १/३
पिबा सोमं ररिमा ते मदाय – ऋ.३.३2.2/2
पिबा सोमं वज्रबाहो विषह्य – मैसं. ४.१2.३/३ः १८४.४
पिबा सोमं वशाननु – ऋ. ८.४.१०/2
पिबा सोमं शतक्रतो – ऋ. ८.७६.७/2; वा. 2६. ४/2,५/2
पिबा सोमं शश्वते वीर्याय – ऋ. ३.३2.५/2
पिबा सोममनुष्वधं मदाय – ऋ. ३.४७.१/2; वा. ७. ३८/2; का. 2८.१०/2; तैसं. १.४.१६.१/2; मैसं. १. ३.22/2ः ३८.१; काठसं. ४.८/2; निरु. ४.८/2
पिबा सोममभि यमुग्र तर्दः – ऋ. ६.१७.१/१; ऐब्रा. ५. १८.१३; ६.११.७; कौषी ब्रा. 2४.2; गोब्रा. 2.2.2१; ऐआ. १.2.2.६; ५.१.१.८; आश्रौ. ५.५.१६; शांश्रौसू. १४.११.८; 2३.३ प्रः पिबा सोममभि यमुग्र – शांश्रौसू. ७.१७.५ – ७; पिबा सोममभि – आश्रौ. ८.७.22; ६.८.६; शांश्रौसू. ११.१०.१०; पिबा सोम् – आश्रौ. ८.५.४; वृहासं. ६.४५; ८.४८ तु. बृहद. ५.१०५
पिबा सोममिन्द्र मन्दतु (सावि ब्रा. मन्दन्तु) त्वा – ऋ. ७. 22.१/१; अशौ. 2०.११७.१/१; सा. १.३६८/१; 2. 2७७/१; तैसं. 2.४.१४.३/१; ऐब्रा. ३.22.११; ५.४.१६; कौषी ब्रा. १५.५; पंचब्रा. १2.१०.१/१; ऐआ. ५.३.१.2; आश्रौ. ५.१५.2३; ७.११.2७; शांश्रौसू. ७.2०.११; १०.५. ६; वैसू. ४०.८; ४2.६; सावि ब्रा. 2.१.११
पिबा सोममिन्द्र सुवानमद्रिभिः – ऋ. १.१३०.2/१; आश्रौ. ८.१.४ प्रः पिबा सोममिन्द्र सुवानम् – शांश्रौसू.१०.७. ११
पिबा सोममृतून्रनु – ऋ. १.१५.५/2; सा.१.22६/2
पिबा सोममेना शतक्रतो – ऋ. १०.११2.६/2
पिबा सोमं मदाय कं शतक्रतो – ऋ. ८.३६.१/2 – ६/2
पिबा सोमं मदाय कम् – ऋ. ८.६५.३/१; शांश्रौसू. १2. 2६.७
पिबा सोमं महत इन्द्रियाय – ऋ.१०.११६.१/१ तु. बृहद. ८.४०
पिबा सोमस्य वज्रिवः – ऋ.८.३७.१/५,2/४ – ६/४
पिबास्यन्धो अभिसृष्टो अस्मे – ऋ. ३.३५.१/३; तैब्रा. 2. ७.१३.१/३
पिबेदस्य त्वमिशिषे – ऋ. ८.८2.७/३ – ६/३; सा.१. १६2/३
पिबेद इन्द्र मरुत्सखा – ऋ. ८.७६.६/१
पिबेन्द्र वज्रिन् पुरुकृज्जुषाणः – ऋ. १०.१७६.३/४; अशौ. ७.७2.३/४
पिबेन्द्र सोमं वृषभेण भानुना – ऋ.2.१६.४/४
पिबेन्द्र सोमं सगणो मरुद्भिः – ऋ. ३.४७.४/४; वा. ३३.. ६३/४; ऐब्रा. ३.2०.४/४
पिबेन्द्र सोमं अव नो मृधो जहि – ऋ. ६.८५.2/४
पिबेन्द्र स्वाहा प्रहुतं वषटकृतम् – ऋ. 2.३६.१/३
पिबैता अपः – वा. 2३.१७; शब्रा. १३.2.७.१३ – १५ तु. अथावजिघ्र।
पियारूणां प्रजां जहि – अशौ. ११.2.2१/४
पिशंगं द्रापिं प्रति मुंचते कविः – ऋ. ४.५३.2/2
पिशंगभृष्टिमम्भृणम् – ऋ. १.१३३.५/१
पिशंगाराते अभि नः सचस्व – ऋ. ५.३१.2/2
पिशंगरूपं मघवन् विचर्षणे – ऋ. ८.३३.३/३; अशौ.

२०.५२.३/३; ५७.१६/३; सा. २.२१६/३
पिशंगरूपः सुभरो वयोधाः – ऋ.२.३.६/१; तैसं. ३.१.११.२/१; मैसं. ४.१४.८/१: २२७.१; आश्रौ. ३.८.१; शांश्रौसू. १३.४.२; शांगृसू. ५.८.२ प्रः पिशंगरूपः – तैब्रा. २.८.७.४; शांगृसू. १.२०.५ तु. उत्तरम्।
पिशंगरूपो नभसो वयोधाः – अशौ. ६.४.२२/१ तु. पूर्वम्।
पिशंगछिशिराय – वा. २४.११ द्र. पिशंगाः आदि।
पिशंगाय स्वाहा – तैसं. ७.३.१८.१; काठसं अश्व. ३.८
पिशंगा वसते मला – ऋ. १०.१३६.२/२
पिशंगा वैश्वदेवाः – मैसं. ३.१३.१२: १७१.१ द्र. बहुरूपा वै. ..।
पिशंगाश्वा अरुणाश्वा अरेपसः – ऋ. ५.५७.४/३
पिशंगाः शिशिराय – मैसं. ३.१३.२०: १७२.६ द्र. पिशंगान्।
पिशंगगास्त्रयो वासन्ताः – तैसं. ५.६.२३.१; काठसं अश्व. १०.३; तैब्रा.३.६.६.३; आपश्रौ. २०.२३.१०
पिशंगे सूत्रे खृगलम् – अशौ. ३.६.३/१
पिशा इव सुपिशो विश्ववेदसः – ऋ. १.६४.८/२
पिशा गिरो मघवन् गोभिरश्वैः – ऋ. ७.१८.२/३
पिशाचक्षयणमसि पिशाचचातनं मे दाः स्वाहा – अशौ. २.१८.४
पिशाचजम्भनीः – अशौ. ५.२६.१४/२
पिशाचहनं त्वा वज्रं सादयामि – काठसं. ३६.५; आपश्रौ. १६.३०.१
पिशाचान् सर्वानोषधे – अशौ. ४.३७.१०/३
पिशाचान् सर्वान् दर्शय – अशौ. ४.२०.६/३
पिशाचान् सर्वा रक्षांसि – अशौ. १२.१.५०/३
पिशाचास्तस्मान् नश्यन्ति – अशौ. ४.३६.७/३,८/३
पिशाचिमिन्द्र सं मृण – ऋ. १.१३३.५/२
पिशाचेभ्यः (नमः) – मागृसू.. २.१२.१७
पिशाचेभ्यः सैलगम् – तैब्रा. ३.४.१६ द्र. पाप्मने सै..।
पिशाचेभ्यो बिदलकारीम् (तैब्रा. ...रम्) – वा. ३०.८; तैब्रा. ३.४.१.५
पिशाचो अस्य यत्मो जघास – अशौ. ५.२६.४/३
पिष्टं रुक्मेभिरंजिभिः – ऋ. ५.५६.१/२
पिष्टतमया वयुनानि विद्वान् – मैसं. ४.१३.७/२: २०६.१; काठसं. १८.२१/२; तैब्रा. ३.६.१२.१/२; निरु. ८.२०/२
पित इन्दविन्द्रमस्मभ्यं याचतात् – ऋ. ६.८६.४१/४
पीता नानाविधा स्तनाः – निरु. १४.६/२
पीतापीतस्य सोमस्य – काठसं. ३५.५/३; पंचब्रा.६.६.८/३; कात्यश्रौसू. २५.१२.१/३; माश्रौसू. ३.६.१३/२
पीता भास्वत्यणूपमा – तैआ. १०.११.२/४; पिताभा स्यात् तनूपमा – महा नारा उप. ११.१२/४
पीति (पठितव्यः पीतिः) प्रपा संपा तृप्तिस्तर्पयन्ती – तैब्रा. ३.१०.१.२
पीत्वा मदस्य हर्यतस्यान्धसः – ऋ. १०.६६.६/४; अशौ. २०.३१.४/४
पीत्वी (सा. तैसं. पीत्वा) शिप्रो अवेपयः – ऋ. ८.७६.१०/२; सा. २.३३८/२; अशौ. २०.४२.३/२; वा. ८.३६/२; तैसं. १.४.३०.१/२; शब्रा. ४.५.४.१०/२
पीत्वी सोमस्य क्रतुमां अवर्धत – ऋ. १०.११३.१/४
पीत्वी सोमस्य दिव आ वृधानः – ऋ. १०.५५.८/३
पीत्वी सोमस्य वावृधे – ऋ. ३.४०.७/३; अशौ. २०.६.७/३
पीपाय धेनुरदितिर्ऋताय – ऋ. १.१५३.३/१
पीपाय स श्रवसा मर्त्येषु – ऋ. ६.१०.३/१
पीपिवांसं सरस्वतः – ऋ. ७.६६.६/१; तैसं. ३.१.११.२/१; काठसं. १६.१४/१; आश्रौ. २.८.३
पीपिवांसमश्विना घर्ममच्छ – ऋ. ५.७६.१/४; सा. २.११०२/४; ऐब्रा. १.२१.६
पीपिहीषः सुदुघामिन्द्र धेनुम् – ऋ. ६.३५.४/३
पीप्याना कूशक्रेण सिंचन् – ऋ. १०.१०२.११/२
पीबरीं (पठितव्यः पीवरीं) च प्रफर्व्यम् – अशौ. ३.१७.३/३ द्र. प्रफर्व्यम्।
पीबस्फाकम् उदारथिम् – अशौ. ४.७.३/२ तु. पीवो वृक्क।
पीयति त्वो अनु त्वो गृणाति – ऋ. १.१४७.२/३; वा. १२.४/३; तैसं. ४.२.३.४/३; शब्रा. ६.८.२.६; निरु. ३.२० द्र. निन्दति त्वो।
पियन्ति ते सुराश्वः – ऋ. ८.२१.१४/२; अशौ.२०.११४.२/२; सा. २.७४०/२
पीयूषं द्यौरदितिरद्रिबर्हाः – ऋ. १०.६३.३/२; मैसं. ४.१२.१/२: १७७.७
पीयूषमग्ने यतमस्तितृप्सात् – ऋ. १०.८७.१७/३; अशौ. ८.३.१७/३
पीयूषस्येह तृण्णुहि – तैब्रा. २.४.८.२/२
पीलुमतीति मध्यमा – अशौ. १८.२.४८/२
पीवरीं च आदिः द्र. पीबरीं आदि।
पीवरीमिषं कृणुही न इन्द्र – सा. १.४५५/२; ऐआ. ५.२.२.१७/२
पीवस्वतीजीवधनः पिबन्तु (काठसं अश्व. ...ति) – ऋ. १०.१६६.१/३; तैसं. ७.४.१७.१/३; काठसं अश्व.४.

६/३
पीवानः पुत्रा अकृशासो अस्य – तैसं. ३.2.८.५/2
पीवानं मेषमपशन्त वीराः – ऋ. १०.2७.१७/१ तु. बृहद. ७.2५
पीवोन्नान् (वा. ...ना; मैसं. ...नं, पदप ...नान्) रयिवृधः सुमेधाः – ऋ. ७.६१.३/१; वा. 2७.2३/१; मैसं. ४.१४.2/१: 2१६.१६; ऐब्रा. ५.१८.८; तैब्रा. 2.८.१.१/१; आश्रौ. ३.८.१; ८.१०.१; आपश्रौ. १६.१६.५ प्रः पीवोन्नान् – शांश्रौसू. ६.2३.११
पीवोश्वाः शुचद्रथा हि भूत – ऋ. ४.३७.४/१
पीवो वृक्क उदारथिः – ऋ. १.१८७.१०/2; काठसं. ४०.८/2 तु. पिबस्फाकम्।
पुंस इद् भद्रो वहतुः परिष्कृतः – ऋ. १०.३2.३/४
पुंसः कर्तुर्मातर्य आसिषिक्त – जैब्रा. १.१८/४,५०/४ द्र. पुंसा कर्त्रा।
पंसः कृष्टीनामनुमाद्यस्य – ऋ. ७.६.१/2; सा. १.७८/2
पुंसः पुत्रां उत विश्वापुषं रयिम् – ऋ. १.१६2.22/2; वा. 2५.४५/2; तैसं. ४.६.८.४/2; काठसं अश्व. ६.५/2
पुंसवनं पुंसवनम् – आगृ. १.१३.३ तु. पुंसुवनम्।
पुंसा कर्त्रा मातरि मा निषिंच (पठितव्यः ...सिंचत) – कौषी ब्रा उप. १.2/४ द्र. पुंसः कर्तु।
पुंसां कुले किमिच्छसि – अशौ. 2०.१2६.१४
पुंसां बहूनां मातर स्याम (मागृसू.. ...रौ स्याव) – आपमपा. १.११.४/४; मागृसू.. १.१४.१६/४
पुंसि वै रेतो भवति (शांगृसू. वै पुरुषे रेतः) – अशौ. ६.११.2/१; शांगृसू. १.१९.८/१
पुंसुवनमसि – आपमपा. 2.११.१४ (आपगृ. ६.१४.2) तु. पुंसवनं।
पुंसे पुत्राय वेत्तवै (बृह उप. शां गृ सू. वित्तये; काठसं. मागृसू.. कर्तवै) – काठसं. ३५.१८/2; शब्रा. १४.६.४.१६/३; तैब्रा. ३.७.१.६/३; बृह उप. ६.४.१६/३; आपश्रौ. ६.2.३/३; आपमपा. १.३.१४; हिर गृसू. १.2०.2/३; मागृसू.. १.१०.१५/2
पुंसो भवति वस्यसी – ऋ. ५.६१.६/2
पुच्छं वातस्य देवस्य – अशौ. ६.४.१३/३
पुच्छेन चास्येन च – अशौ. ७.५६.८/2
पुच्छे बिभर्ष्यर्भकम् – अशौ. ७.५६.६/४
पुंजिकस्थला च कृतस्थला (वा.शब्रा. क्रतु...) चाप्सरसौ – वा. १५.१५; तैसं. ४.४.३.१; मैसं. 2.८.१०: ११४.१४; काठसं. १७.६; शब्रा. ८.६.१.१६
पुण्डरीकं नवद्वारम् – अशौ. १०.८.४३/१
पुण्यं श्लोकं यजमानाय कृण्वती – तैब्रा. ३.१.2.६/३
पुण्यगन्ध एहि – अशौ. ८.१०.2७
पुण्यगन्धीनि मेद्यताम् – अशौ. १६.८.५/४
पुण्यं नक्षत्रमभिसंविशाम – तैब्रा. ३.१.2.७/३
पुण्यमयं ब्राह्मण उपहवकामो वदतीमं होतरुपहव्यस्व – माश्रौसू. 2.४.१.५० द्र. तं होत।
पुण्यमसूत् (असौ) – माश्रौसू. ६.५.३ पुण्या पुण्यम् इत्यस्य ऊहा।
पुण्यं पूर्वा फल्गुन्यौ चात्र – अशौ. १६.७.३/१
पुण्यं प्रशस्तम्– मैसं. ४.2.८: 2६.११; माश्रौसू. ६.५.2
पुण्यं भक्षीमहि क्षवम् – अशौ. १०.८.५/2
पुण्याः पुण्या आदिः द्र. पुण्या पुण्यम्।
पुण्याः पुण्येन कर्मणा – शब्रा. १३.५.४.३/४; शांश्रौसू. १६.६.७/४
पुण्यां यशस्विनीं देवीम् – मागृसू.. 2.१३.६/३
पुण्यांश्च भक्षान् भक्षयति – खिल. ६.६७.१६/३; सा. 2.६५३/३
पुश्यांश्च लोकान् विधृतीश्चपुण्याः – अशौ. १६.५४.५/४
पुण्या पुण्यमसूत् – मैसं. ४.2.८: ३०.३; माश्रौसू. ६.५.३; पुण्या पुण्यामसूत् – मैसं. ४.2.८५ ३०.६; पुण्याः पुण्या (तथा पुण्यान्) असुवन् –माश्रौसू. ६.५.३ तु. पुण्यमसूत्।
पुण्या भवन्तु या लक्ष्मीः – आपश्रौ. ४.१५.४/१ द्र. रमन्तां पुण्या।
पुण्यामस्या उपशृणोमि वाचम् – तैब्रा. ३.१.2.५/2
पुण्याहं स्वस्त्ययनम् (आपधसू. स्वसति) ऋद्धिम् – हिर गृसू. १.१.६; ७.22; ८.७; ६.८; १७.६; 2६.१५; 2७.१; 2८.१; 2.१.३; 2.2; ४.१०; ५.2; ६.2; १७.१३; आपधसू. १.४.१३.६
पुत्र इव पितरं गच्छ – अशौ. ५.१४.१०/१
पुत्र ईधे अथर्वणः – ऋ. ६.१६.१४/2; वा. ११.३३/2; तैसं. ३.५.११.४/2; ४.१.३.2/2; मैसं. 2.७.३/2: ७७.६; काठसं. १६.३/2; शब्रा. ६.४.2.३; वैसू. १५.१४/2
पुत्रः कण्वस्य वामिह (ऋ. ८.८.८/३, ऋषिः) – ऋ. ८.८.४/३,८/३
पुत्रः पितरा (अशौ. रम्) ववृणीत पूषा – ऋ. १०.८५.१४/४; अशौ. १४.१.१५/४
पुत्रः पितरा विचरन्नु पावसि – तैसं. ४.2.७.३/३; काठसं. १६.१४/३ द्र. पुत्रो मातरा।
पुत्रः पितृभ्य आहुतिं जुहोमि – हिर गृसू. 2.१४.४/४
पुत्रः पित्रे (कात्यश्रौसू. पित्र्ये) लोककृज्जातवेदः – तैब्रा. १.2.१.2०/४; 2.५.८.७/४; ३.७.७.१०/४; कात्यश्रौसू. ३.६.2/४; आपश्रौ. ५.१६.१/६

पुत्रः प्रमुदितो धयन् – वा. १६.११/2; शब्रा. १2.७.३.21/2; तैब्रा. ३.७.१2.४/2
पुत्रकृथे न जनयः – ऋ. ५.६१.३/३
पुत्र ते नाम्ना मूर्धानमभिजिघ्रामि – कौषी ब्रा उप. 2.११
पुत्रं ददाति दाशुषे – ऋ. ५.2५.५/४; मैसं. ४.११.१/४: १५६.१४; काठसं.2.१५/४
पुत्रं नप्तारमशीय – काठसं. ३.८ द्र. तनूं तवचं।
पुत्रं मरा वध्रिमत्या अदत्तम् – ऋ. १.११७.2४/2
पुत्रपौत्रधनं धान्यम् – खिल. ५.८७.१७/१ द्र. पुत्रान् पशून् धनं।
पुत्रमत्तु यातुधानीः – अशौ. १.2८.४/१
पुत्रमिव पितरा (का.मैसं.काठसं. पितरा) वश्विनोभा – ऋ. १०.१३१.५/१; अशौ.20.१2५.५/१; वा. १०.३४/१; 20.७७/१; का. ११.१०.४/१; 22.६३/१; मैसं. ३.११.४/१: १४६.३; काठसं. १७.१६/१; ३८.६/१; शब्रा. ५.५..४.2६/१; तैब्रा. १.४.2.१/१; आश्रौ. ३.६.३; आपश्रौ. १६.2.१६/१ प्रः पुत्रमिव पितरौ – मैसं. ४.१2.५: १६१.३; माश्रौसू. ५.2.४.४१; पुत्रमिव – शांश्रौसू. १५.१५.१2; कात्यश्रौसू. १६.६.2०
पुत्रं पौत्रमभितर्पयन्तीः – अशौ. १८.४.३६/१; कौसू. ८८.2४ द्र. पुत्रान् पौत्रान्।
पुत्रं प्रावर्गं कृणुते सुवीर्ये – ऋ. ८.४.६/३
पुत्रं ब्रह्माण इच्छध्वम् – ऐब्रा. ७.१३.७/३; शांश्रौसू. १५.१७/३
पुत्रवति पुत्रान् मे देहि – मागृसू.. 2.१४.2०
पुत्रवती दक्षिणत इन्द्रस्याधिपत्ये प्रजां मे दाः – वा. ३७.१2; मैसं. ४.६.३: १2४.१; शब्रा. १४.१.३.2०; तैआ. ४.५.३
पुत्रवत्त्वाय मे सुत – तैआ. १.१.2/४; 2१.१/४,2/४
पुत्रस्ते दशमास्य् – अशौ. ३.2३.2/४; आगृ. १.१३.६/४; शांगृसू. १.१९.६/४; आपमपा. १.१2.६/४; हिर गृसू. १.2५.१/४
पुत्रस्य पाथः पदमद्वयाविनः – ऋ. १.१५६.३/४
पुत्रस्य शवसो महः – ऋ. ८.६०.2/४; अशौ. 2०.१०४.४/४; सा.2.८४३/४
पुत्रांश्चैव पशूंश्च –कौसू. १३५.६/३
पुत्राणां नो अस. पिता – अशौ. ६.१३१.३/४
पुत्रानापो देवीरिहाहिता – तैआ. १.2७.६/४
पुत्रान् देहि धनं देहि – याधशा. १.2६०/३
पुत्रान् पशून् धनं धान्यम् – मागृसू.. 2.१३.६/१ द्र. पुत्रपौत्र...।
पुत्रान् पशून् मयि धेहि – वा. ३७.2०
पुत्रान् पौत्रानभितर्पयन्तीः – आपमपा. 2.2०.2४/१ (आपगृ. ८.2१.६); हिर गृसू. 2.१2.१०/१ तु. पुत्रं पौत्रम्।
पुत्रान् विन्दावहै बहून् – आगृ. १.७.१६/३; शांगृसू. १.१३.४/४; पारगृसू. १.६.३/४
पुत्रान् सविताभिरक्षतु – साम मन्त्रब्रा. १.१.१2/३; हिर गृसू. १.१६.७/३ द्र. सविताभि।
पुत्रायेव पितरा मह्यं शिक्षतम् – ऋ. १०.३६.६/2
पुत्रासो न पितरं वाजसातये – ऋ. १.१३०.१/६; सा. १.४५६/६
पुत्रासो यत्र पितरो भवन्ति – ऋ. १.८६.६/३; वा. 2५.22/३; मैसं. ४.१४.2/३: 2१७.१४; काठसं.३५.१/३; गोब्रा. १.४.१७/३; शब्रा. 2.३.३.६/३; आपश्रौ. १४.१६.१/३; आपमपा. 2.४.३/३; हिर गृसू. १.४.१३/३
पुत्रिणा ता (आपमपा. पुत्रिणेमा) कुमारिणा – ऋ. ८.३१.८/१; आपमपा. १.११.१०/१ (आपगृ. ३.८.१०/2)
पुत्रीयन्तः (अशौ. पृत्रियन्ति) सुदानवः – ऋ. ७.६६.४/2; अशौ. १४.2.७2/2; सा. 2.८१०/2
पुत्रेभ्यः पितरस्तस्य वसवः – ऋ. १०.१५.७/३; अशौ. १८.३.४३/३; वा. १६.६३/३
पुत्रेभ्यः प्रायच्छत् – वा. ११.५६/३; शब्रा. ६.५..2.2१ द्र. तां पुत्रेभ्यः।
पुत्रेभ्यस्त्वा – मागृसू.. १.८.७
पुत्रेभ्यो नलोकं दत्वा – अशौ. ११.८.१०/३
पुत्रैर्भ्रातृभिरदितिर्नु पातु नः – अशौ. ६.४.१/३; सा. १.2६६/३
पुत्रैर्भ्रातृभिरुत वा हिरण्यैः – वा. १५.५०/2; तैसं. ४.७.१३.३/2; मैसं. 2.१2.४/2: १४७.८; काठसं. १८.१८/2; शब्रा. ८.६.३.१६
पुत्रो अंगिरसामवेत् – खिल. १०.१६१.३/2
पुत्रो जनित्र्या अधि – साम मन्त्रब्रा. १.५.१2/४; गोभि गृसू. 2.८.४
पुत्रो न जातो नण्वो दुरोणे – ऋ. १.६६.५/१
पुत्रो न पितरं हुवे – ऋ. ७.३2..३/2
पुत्रो न बहुपाय्यम् – ऋ. ८.2७.22/2
पुत्रो न वेद जनितुः परस्य – अशौ. 2०.३४.१६/2
पुत्रो न ह्वार्याणाम् – ऋ. ५.६.४/2
पुत्रो निर्ऋत्या वैदेहः – तैआ.१.११.६/३
पुत्रो बृहस्पती रुद्रः – तैआ. १.१०.१/३
पुत्रो भवति दाधृषिः – अशौ. 2०.१2८.३/2; शांश्रौसू.१2.2०.2.2/2
पुत्रो मातरा विचरन्नुपावसि – ऋ.१०.१४०.2/३; सा.2.

११६७/३; वा. १2.१०७/३; मैसं. 2.७.१४/३: ६५. १५; शब्रा. ७.३.१.३० द्र. पुत्रः पितरा।
पुत्रो यज्जानं पित्रोरधीयति – ऋ. १०.३2.३/2
पुत्रो यत्पूर्वः पित्रोर्जनिष्ट – ऋ. १०.३१.१०/३
पुत्रो यस्ते सहसः सून ऊहे – ऋ. ५.३.६/2
पुनः कर्त्रे प्र हिण्मसि – अशौ. १०.१.३०/४
पुनः कलेरकृणुतं युवद्वयः – ऋ. १०.३६.८/2
पुनः कृण्वंस्त्वा पितरं युवानम् – तैसं. ४.७.१३.५/३ द्र. उत्तरेद्वे।
पुनः कृण्वन्तः पितरो युवानः – मैसं.2.१2.४/३: १४८.७ द्र. पूर्वं उत्तरंच।
पुनः कृण्वाना (काठसं. कृण्वन्ता) पितरा युवाना (काठसं. ...नम्) – वा. १५.५३/३; काठसं.१८.१८/३; शब्रा. ८.६.३.22 द्र. पूर्वे द्वे।
पुनः कृण्वानाः सख्या शिवानि – ऋ. ३.५८.६/३
पुनः कृत्यां कृत्याकृते – अशौ. ५.१४.४/१,८/३
पुनः पतिभ्यो जायाम् – ऋ. १०.८५.३८/३; पारगृसू.१.७. ३/३; आपमपा. १.५.३/३; मागृसू.. १.११.१2/३ द्र. स नः पतिभ्यो।
पुनः पत्नीमग्निरदात् – ऋ. १०.८५.३६/१; अशौ. १४.2. 2/१; आपमपा. १.५.४/१,६,१४(आपगृ. 2.५.७,६,१०); मागृसू.. १.११.१2/१; १५.१
पुनः परेहि दुच्छुने – अशौ. १०.१.2४/४
पुनः – पुनर्जायमाना पुराणी – ऋ. १.९2.१०/१
पुनः – पुनर्मातरा नव्यासी कः – ऋ. ३.५.७/४
पुनः – पुनर्वो हविषा यजामः – तैब्रा. ३.१.१.४/४
पुनः – पुनः स्वस्तये – मागृसू.. १.2१.३/४
पुनः पूषा पथ्यां या स्वस्तिः – ऋ. १०.५९.७/४
पुनः प्रति हरामि ताम् – अशौ. ५.३१.१/४ – ९/४
पुनः प्राणः पुनरात्मा न ऐतु (मागृसू.. पुराकूतिरेतु) – अशौ. ६.५३.2/१; मागृसू.. १.३.2/2 प्रः पुनः प्राणः – वैसू. ११.१५; कौसू. ५४.2 द्र. उत्तरम्।
पुनः प्राणः पुनरात्मा म (मैसं. तैब्रा. आपश्रौ. हिर गृसू. पुनराकूतम्; तैआ. पुनराकूतं म) आगात् (वा. शब्रा. आगन्; पर का. आगात्) – वा.४.१५/2; का. ४.५. ७/2; मैसं.१.2.३/2: १2.५; शब्रा. ३.2.2.23; तैब्रा.३. १०.८.९/2; तैआ. 2.५.३/३; आपश्रौ. १०.१८.३/2; १७.2३.११/2; हिर गृसू. १.१७.४/2 द्र. पूर्वम्।
पुनः प्राणमिह नो धेहि भोगम् – ऋ. १०.५९.६/2
पुनः प्रायच्छदहृणीयमानः – ऋ. १०.१०९.2/2; अशौ. ५. १७.2/2
पुनन्ति धीरा अपसो मनीष – ऋ. ३.८.५/३; मैसं. ४.१३. १/३: १९९.१2; ऐब्रा. 2.2.2७; तैब्रा. ३.६.१.३/३
पुनन्ति सोमं महे द्युम्नाय – ऋ. ९.१०९.११/2; सा. 2. ६८३/2
पुनन्तु ऋषयः – तैआ. १०.१.१५; महा नारा उप. ५.१2
पुनन्तु प्रपितामहाः – वा. १९.३७/2,३७/३; मैसं. ३.११. १०/2: १५५.८; काठसं. ३८.2/2,2/३; तैब्रा. 2.६.३. ३/2,३/३
पुनन्तु ब्रह्मणस्पतिः – तैआ. १०.2३.१/३; महा नारा उप. १४.2; प्रा उप. १/३; बौधसू. 2.५.८.१०/३
पुनन्तु मनवो धिया (वा. काठसं. मनसा धियः) – अशौ. ६.१९.१/2; वा. १९.३९/2; मैसं. ३.११.१०/2: १५५. १३; काठसं. ३८.2/2; तैब्रा. १.४.८.१/2 द्र. पुनन्तु वसवो।
पुनन्तु मा (ऋ. बृ परासं. मां) देवजनाः – ऋ. ९.६७. 2७/१; अशौ. ६.१९.१/१; वा. १९.३९/१; मैसं. ३. ११.१०/१: १५५.१३; काठसं. ३८.2/१; तैब्रा. १.४.८. १/१; 2.६.३.४ प्रः पुनन्तु मा (बृ परासं. माम्) – वैसू. ११.१०; ३०.१३; कौसू. ९.2; ४१.१४; ६६.१६; बृ परासं. 2.१३५ तु. बृहद ६.१३३
पुनन्तु मा पितरः सोम्यासः – वा. १९.३७/१; मैसं. ३.११. १०/१५ १५५.६; काठसं. ३८.2/१; तैब्रा. 2.६.३. ३/१; आपश्रौ. १९.८.१५ प्रः पुनन्तु मा पितरः – माश्रौसू. ५.2.११.2९; – ११.९.2; मागृसू.. १.५.५; 2३. १८; 2.६.५
पुनन्तु मा पितामहाः – वा. १९.३७/2,३७/१; मैसं. ३. ११.१०/2: १५५.६; ३.११.१०/१५ १५५.८; काठसं. ३८.2/2,2/१; तैब्रा. 2.६.३.३/2,३/१ प्रः पुनन्तु मा – कात्यश्रौसू. १९.३.2०
पुनन्तु वसवः – तैआ. १०.१.१४,१५, (७८५); महा नारा उप. ५.१2
पुनन्तु वसवो धिया – ऋ. ९.६७.2७/2 द्र. पुनन्तु मनवो
पुनन्तु विश्वा भूतानि (मैसं. भूता मा; तैब्रा. विश्व आयवः) – अशौ. ६.१९.१/३; वा.१९.३९/३; मैसं.३.११. १०/३५ १५५.१४; काठसं. ३८.2/३; तैब्रा.१.४.८.१/३
पुनन्तु शुचयः शुचिम् – अशौ. १०.६.३/४ द्र. शुन्धन्तु आदि।
पुनरग्न इषायुषा – सा. 2.११८2/2; वा. १2. ९/2,४०/2; तैसं. १.५.३.३/2; ४.2.१.३/2; ३. ४/2; काठसं. ८.१४/2; ९.१; १६.८/2; मैसं. १.७. १/2: १०९.१७; १.७.४/2: ११2.११; लाट्यश्रौसू. ३.५. ११/2; कौसू. ७2.१४/2

पुणरग्नयो धिष्ण्याः (शांश्रौसू. धिष्ण्यासः) – अशौ. ७.६७. १/३; शब्रा. १४.६.४.५/३; बृह उप. ६.४.५/३; शांश्रौसू. ८.१०.१/३ द्र. अथैते इत्यत्र।

पुनरग्निः पुनर्भगः – माश्रौसू. १.३.४.2३/2 द्र. पुनरायुः, पुनरिन्द्रः, पुनरिन्द्रो, तथा पुनस्तेजः।

पुनरग्निश्चक्षुरदात् – तैसं. ३.2.५.४/१; आपश्रौ. ६.१2. ११; हिर गृसू. १.2६.६; बौधसू. 2.१.१.३८ द्र. पुनर्यमश।

पुनरभ्याजिगांसति – जैब्रा. 2.३७८(३.१३)/४ महापथाद् इत्यस्यांशः।

पुनरस्ति निवर्तनम् – अशौ. ३.६.७/४; ६.2.१2/४

पुनरस्मभ्यं सविताय देव – ऋ. १.१८६.३/३; मैसं. ४.१४. ३/३५ 2१८.१०; तैब्रा. 2.८.2.४/३

पुनरस्मासु दध्मसि – पंचब्रा.१.५.१७/४; जैब्रा. १. १६७/४; लाट्यश्रौसू. 2.१०.७ द्र. अस्मासु धारयामसि।

पुनरागाः पुनर्नव (अशौ. ८.१.20/2, पुनर्णवः; अशौ.20. ६६.१०/2, पुनर्णव) – ऋ. १०.१६१.५/2; अशौ. ८. १.20/2; 20.६६.१०/2

पुनरागां स्वान् गृहान् – तैआ.६.११.2/2

पुनरात्मन् दधातु मे – आपश्रौ. १०.१३.११/४ द्र. पुनर्मे जठरे।

पुनरात्मा द्रविणं ब्राह्मणं च – अशौ. ७.६७.१/2; शांश्रौसू. ८.१०.१/2 द्र. पुनर्द्रविणम्।

पुनराधेय आधीयते – काठसं. ८.१४/१

पुनराधेहि यः पुमान् – मागृसू..2.१८.४/४ द्र. गर्भमादि।

पुनरा यन्तु शूर्पम् – कौसू. ६१.2८ आप्यायन्तां आदि इत्यस्यांशः।

पुनरायुः – पुनर्भगः – तैआ. १.३०.१/2; आगृ. ३.६. ८/2; साम मन्त्रब्रा.१.६.३३/2; हिर गृसू. १.१७. ४/2; मागृसू.. १.३.१/2 द्र. पुनरग्निः इत्यत्र।

पुनरा वहतादिति – ऋ. १०.2४.५/४

पुनरासद्य सदनम् – वा. १2.३६/१; तैसं. ४.2.३.३/१; मैसं.2.७.१०/१: ८८.१2; काठसं. १६.१०/१

पुनरिन्द्रः पुनर्भगः – अशौ. ६.१११.४/2; काठसं. ८. १४/2 द्र. पुनरग्निः इत्यत्र।

पुनरिन्द्रो बृहस्पतिः – तैसं. ३.2.५.४/2 द्र. पुनरग्निः इत्यत्र।

पुनरुत्थापयामसि – कौसू. ६.१७/४

पुनरुत्थाय बहुला भवन्तु – तैब्रा. ३.७.४.१०/४; आपश्रौ. १.५.५/४

पुनरूर्जा नि वर्तस्व (कौसू. ऊर्जा ववृत्स्व) – सा.2. ११८2/१; वा. ८.४2/१; १2.६/१,४०/१; तैसं. १.५. ३.३/१; ४.2.१.३/१; ३.३/१; मैसं. १.७.१/१: १०६. १७; १०७.४/१: ११2.११; १.७.४: ११2.१७; ३.2.१: १५. १५; ३.2.2: १७.१४; काठसं. ८.१४/१; ६.१; १६.८/१; शब्रा. ४.५.८.७; लाट्यश्रौसू.३.५.११/१; माश्रौसू. १.६. ५.१०; कौसू. ७2.१४/१ प्रः पुनरूर्जा –तैसं. १.५.४.३; ५.2.2.५; काठसं. १६.१०; १६.११,१2; 22.१2; मैसं. 2.७. ८: ८५.१०; 2.७.१०; १६.११,१2; 22.१2; मैसं. 2.७.८: ८५.१०; 2.७.१०: ८८.१४; ४.६.११: १३2.६; ४.६.१2: १३४.2; शब्रा. ६.७.३.६; ८.2.६; तैसं. ४.20.2; आपश्रौ. ५.2८.१६,१७; १५.१७.६; १६.१2.2,१2; माश्रौसू. ४.४. 2१,३०; – ६.४.१; कौसू. ७2.१३; हिर गृसू. १.2६.११; बौधसू.३.७.१2

पुनरेता नि वर्तन्ताम् – ऋ. १०.१६.३/१

पुनरेतु पराजिता – अशौ. ३.१.६/४

पुनरेतु महावृषान् – अशौ. ५.22.४/४

पुनरेना नि (माश्रौसू. आ)वर्तय – ऋ. १०.१६.2/१; माश्रौसू.६.४.१/१,१/३

पुनरेना न्या कुरु – ऋ. १०.१६.2/2

पुनरेहि वाचस्पते – अशौ. १.१.2/१; निरु. १०.१८/१ वाचस्पतिलिंग (ऋक्) कौसू. ४१.१५ द्र. उपप्रेहि।

पुनरेहि वृषाकपे – ऋ. १०.८६.2१/१; अशौ. 20.१2६. 2१/१; निरु. १2.2८/१

पुनर्गर्भत्वमेरिरे – ऋ.१.६.४/2; अशौ.20.४०.३/2; ६६. १2/2; सा.2.20१/2

पुनर्गवामददादुस्रियाणाम् – ऋ. ५.३०.११/४

पुनर्जरायु (जैब्रा. ...यु) गौरिव – जैब्रा. 2.22३(2१८)/४; तैआ. ६.१०.१/४ द्र. स्वं जरायु।

पुनर्ज्योतिर्युवतिः पूर्वथाकः – ऋ. ५.८०.६/४

पुनर्दत्तावसुमद्येह भद्रम् – तैआ. ६..३.2/४ द्र. उत्तरमेकवर्जम्।

पुनर्ददताघ्नता – ऋ.५.५१.१५/३

पुनर्दातामसुमद्येह भद्रम् – ऋ. १०.१४.१2/४; अशौ. १८. 2.१३/४ द्र. पूर्वमेकवर्जम्।

पुनर्दाय ब्रह्मजायाम् – ऋ. १०.१०६.७/१; अशौ. ५.१७. ११/१

पुनर्देहि वनस्पते – अशौ. १८.३.७०/१ प्रः पुनर्देहि – कौसू. ८३.१६

पुनर्दोहाय कल्पताम् – तैब्रा. ३.७.४.१७/४; आपश्रौ. १. १३.१०/४

पुनर्द्यौर्देवी पुनरन्तरिक्षम् – ऋ. १०.५६७/2

पुनर्द्रावणमेतु मा (आगृ. मागृसू.. माम्) – तैआ. १.३०.

१/४; आगृ. ३.६.८/३; साम मन्त्रब्रा. १.६.३३/३; हिरगृसू. १.१७.४/४; मागृसू.. १.३.१/३ द्र. पुनरात्मा।
पुनर्न इन्द्र गा देहि – ऋ. १०.१६.६/2
पुनर्न इन्द्रो मघवा ददातु – ऐब्रा. ७.2१.2; तैब्रा. 2.५.३.१/१; आश्रौ.2.१०.१६/१
पुनर्नः पाह्यंहसः (तैसं. पाहि विश्वतः) – सा. 2.११८2/३; वा. १2.६/३,४०/३; तैसं. १.५.३.३/३; ४.2.१.३/३; ३.४/३; मैसं.१.७.१/३ः १०६.१८; १.७.४/३ः ११2.१2; काठसं. ८.१४/३; ६.१; १६.८/३; लाट्यश्रौसू. ३.५.११/३ कौसू. ७2.१४/३
पुनर्नः पितरो मनः – ऋ. १०.५७.५/१; वा. ३.५५/१; तैसं. १.८.५.३/१; मैसं. १.१०.३/१ः १४३.१६; काठसं. ६.६/१; शब्रा. 2.६.१.३६/१; लाट्यश्रौसू. ५.2.११/१; कौसू. ८६.१/१
पुनर्नः सोमस्तन्वं ददातु – ऋ.१०.५६.७/३
पुनर्नेषदघशंसाय मन्म – ऋ. १०.१८2.१/2
पुनर्नो अग्निर्जातवेदा ददातु – ऐब्रा. ७.2१.३
पुनर्नो असुं पृथिवी ददातु – ऋ. १०.५६.७/१ तु. बृहद. ७.६४
पुनर्नो देवा अभियन्तु सर्वे – तैब्रा. ३.१.१.४/३
पुनर्नो देव्यदिति स्पृणोतु – तैब्रा. ३.१.१.४/१
पुनर्नो नष्टमाकृधि (ऋ. अशौ. आजतु) – ऋ. ६.५४.१०/३; अशौ. ७.६.४/३ः वा. १2.८/४; तैसं. ३.३.८.३/३; ४.2.१.३/४; काठसं.१६.८/४; मैसं. १.७.१/४ १०६.१५; माश्रौसू. ६.४.१
पुनर्नो रयिमाकृधि – वा. १2.८/५; तैसं. ३.३.८.३/४; ४.2.१.३/५; काठसं. १६.८/५; मैसं.१.७.१/५ः १०६.१५; माश्रौसू. ६.४.१; कौसू. ७2.१४/४ द्र. अधा नो रयिम्, तथा तु. ताभिर्नः पुनः
पुनर्नौ व्रतपते व्रतिनोर्व्रतानि – मैसं.१.2.१३ः 22.१७ प्रः पुनर्नौ व्रतपते – माश्रौसू. 2.2.४.४३
पुनर्ब्रह्माणो (अशौ. ब्रह्मा) वसुनीथ (अशौ. वसुनीति; काठसं. वसुधीतम्; मैसं. वसुधीते) यज्ञैः संः (अशौ. मैसं. काठसं. ८.१४/2, अग्ने) – अशौ. १2.2.६/2; वा. १2.४४/2; तैसं. ४.2.३.४/2; मैसं. १.७.१/2५ १०८.६; काठसं. ८.१४/2; ३८.१2/2; शब्रा. ६.६.४.१2
पुनर्ब्राह्मणमेतु मा (आगृ. मागृसू.. माम्) – तैआ. १.३०.१/३; आगृ. ३.६.८/४; साम मन्त्रब्रा.१.६.३३/४; मागृसू..१.३.१/४; हिर गृसू.१.१७.४/३
पुनर्भुवापरः पतिः – अशौ. ६.५.2८/2
पुनर्भुवा युवती स्वेभिरेवैः – ऋ. १.६2.८/2
पुनर्म आत्मा पुनरायुरागात् (मागृसू.. ऐतु) – तैब्रा.३.१०.८.६/१; हिर गृसू. १.१७.४/१; मागृसू.. १.३.2/१ द्र. पुनर्मनः।
पुनरमघ त्वं मनसाचिकित्सीः – अशौ. ५.११.१/४
पुनरमघेष्ववद्यानि भूरि – अशौ.५.११.७/2
पुनर्मनः पुनरायु (साम मन्त्रब्रा. आत्मा) र्म (मैसं. नाः; आपश्रौ. इत्यस्य लोपः) आगात् (वा. शब्रा. आगन्; का. आगात्) – वा. ४.१५/१; का. ४.५.७/१; मैसं. १.2.३/१ः १2.५; शब्रा. ३.2.2.2३; तैआ. 2.५.३/१; आपश्रौ. १०.१८.३/१; १७.2३.११/१; साम मन्त्रब्रा. १.६.३४/१ प्रः पुनर्मनः – कात्यश्रौसू. ७.४.४०; माश्रौसू. 2.१.३.११ द्र. पुनर्म आत्मा।
पुनर्मनुष्या उत (अशौ. अददुः) – ऋ. १०.१०६.६/2; अशौ. ५.१७.१०/2
पुनरमन्यावभवतं युवाना – ऋ.१.११७.१४/2
पुनर्मामैत्वि (अशौ. वैसू. कौसू. मैत्व; तैआ. १.३०.१/१, माप्रैत्व) त्विन्द्रियम् – अशौ. ७.६७.१/१; शब्रा. १४.६.४.५/१; तैआ. १.३०.१/१; ३2.१; बृह उप. ६.४.५/१; शांश्रौसू. ८.१०.१/१; वैसू. १८.४; आगृ. ३.६.८/१; कौसू. ६.2; ४५.१७; ५४.2; ५७.८; ६६.2; साम मन्त्रब्रा. १.६.३३/१; गोभि गृसू. ३.३..३४; हिर गृसू. १.१७.४/१; मागृसू.. १.३.१/१ प्रः पुनर्माम् – खादि गृसू. 2.५.2५; विष्णुस्मृ. 2८.५१; माधसू. 2.१८१
पुनर्मा यन्तु देवता या मदपचक्रमुः – साम मन्त्रब्रा.2.५.१०/१2
पुनर्मार्तण्डमाभरत् – ऋ. १०.७2.६/४ द्र. परा मार्तण्डमाभरत्।
पुनर्माविशताद् (माश्रौसू. ...तां) रयिः – वा. ८.४2/४; तैसं. ७.१.६.६/३; ७.2/३; शब्रा. ४.५.८.६; माश्रौसू. ६.४.१/४,१/५; आपश्रौ. 22.१५.११/५, १३/५,१५/५
पुनर्मे अश्विना युवम् – तैसं. ३.2.५.४/३; माश्रौसू. १.३.४.2३/३
पुनर्मे जठरे धत्ताम् – गोब्रा. १.2.७/४; वैसू. १2.८/४ द्र. पुनरात्मन्।
पुनर्यतो नकिरद्धा नु वेद – ऋ. १०.१११.७/४
पुनर्यन् तरुणीरपि – ऋ. ८.४३.७/३
पुनर्यमश्चक्षुरदात् – माश्रौसू.१.३.४.2३/१ द्र. पुनरग्नि आदि।
पुनर्युवानं चक्रथुः शचीभिः – ऋ. १.११७.१३/2
पुनर्युवानं चरथाय तक्षथुः – ऋ.१०.३६.४/2; निरु. ४.१६

पुनर्युवानं जनयन्नुपागाम् – तैसं. ५.७.2.१/2; काठसं. ४०.2/2; माश्रौसू.६.१.८/2
पुनर्युवाना चरथाय तक्षथ – ऋ.४.३६.३/४
पुनर्ये चक्रुः पितरा युवाना – ऋ. ४.३३.३/१
पुनर्वर्धन्ते अपि यन्ति देव्यम् – ऋ. १.१४०.७/३
पुनरवसुभ्यां स्वाहा – तैब्रा. ३.१.४.५
पुनर्वसु (तैसं. ...सू) र्नक्षत्रम् – तैसं. ४.४.१०.१; मैसं. 2. १३.२०: १६५.१५; काठसं.३६.१३
पुनर्वसू नः पुनरेतां यज्ञम् – तैब्रा. ३.१.१.४/2
पुनर्वसू सुनृता चारु पुष्यः – अशौ. १९.७.2/३
पुनर्वसू हविषा वर्धयन्ती – तैब्रा. ३.१.१.४/३
पुनर्वै देवा अददुः – ऋ. १०.१०९.६/१; अशौ. ५.१७. १०/१
पुनर्वो यन्तु यातवः – अशौ. 2.२४.१ – ८
पुनर्हविरसि – तैसं. ६.५.१.३; मैसं. १.३.१४: ३६.१; काठसं. ४.६; शब्रा. ४.2.३.१५,१६,१७; माश्रौसू. 2.४.३.३
पुनर्हेतिः किमीदिनः – अशौ. 2.२४.१ – ४
पुनर्हेतिः किमीदिनीः – अशौ. 2.२४.५ – ८
पुनश्चक्षुः पुनरसुर्न ऐतु – अशौ. ६.५३.2/2 द्र. उत्तरम्।
पुनश्चक्षुः पुनः श्रोत्रं म आगन् (का. तैसं. आ. साम मन्त्रब्रा. आगात्) – वा. ४.१५/३; का. ४.५.७/३; शब्रा. ३.2.2.2३; तैआ. 2.५.३/2; साम मन्त्रब्रा. १.६. ३४/2 द्र. पूर्वम्।
पुनश्चित्तं पुनराधीतं म आगात् – तैआ. 2.५.३/४
पुनश्चैकादश स्मृतः – छां उप. ७.2६.2/१
पुनश्च्यवानं चक्रथुर्युवानम् – ऋ. १.११८.६/४
पुनस्तदा वृहति यत् कनायाः – ऋ. १०.६१.५/३
पुनस्तदिन्द्रश्चाग्निश्च – मैसं. १.७.१/३५ १०८.८
पुनस्तान् यज्ञिया देवाः – ऋ. १०.८५.३१/३; अशौ. १४. 2.१०/३; आपमपा. १.६.६/३
पुनस्तेजः पुनर्भगः – शब्रा. १४.६.४.५/2; बृह उप. ६.४. ५/2 द्र. पुनरग्निः इत्यत्र।
पुनस्ते पृश्निं जरितर्ददामि – अशौ. ५.११.८/2
पुनस्ते प्राणा आयाति (आश्रौ. ...तु) – तैसं. १.३.१४.४/३; तैआ. 2.५.१/३; आश्रौ. 2.१०.४/३ द्र. आ ते प्राणं।
पुन स्तोमो न विशसे – ऋ.१०.१४३.३/४
पुनस्तवादित्या रुद्रा वसवः – अशौ. १2.2.६/१ प्रः पुनस्त्वा –वैसू. 2८.22 द्र. उत्तरम्।
पुनस्त्वादित्या रुद्रा वसवः समिन्धताम् – वा. १2.४४/१; तैसं. ४.2.३.४/१; ५.2.2.५; मैसं. १.७.१/१: १०८.६; काठसं. ८.१४/१; ३८.१2/१; शब्रा. ६.६.४.१2; आपश्रौ. ६.१०.६; १६.१2.१३; माश्रौसू. १.६.५.८ प्रः पुनस्त्वा –कात्यश्रौसू. १६.७.2 द्र. पूर्वम्।
पुनस्त्वा दुरप्सरसः – अशौ. ६.१११.४/१
पुनस्त्वा दुर्विश्वे देवाः – अशौ. ६.१११.४/३ तु. पुनस्त्वा विश्वे।
पुनस्त्वा देवाः प्र णयन्तु सर्वे – अशौ. १९.४६.४/३
पुनस्त्वा ब्रह्मणस्पतिराधात् – अशौ. १2.2.६/३
पुनस्त्वा मित्रावरुणौ – काठसं. ८.१४/१
पुनस्त्वा विश्वे देवाः – काठसं. ८.१४/३ तु. पुनस्त्वा दुर्विश्वे।
पुनस्त्वोद् दीपयामसि – अशौ. १2.2.५/४; तैसं.१.५.३. 2/४; ४.2; मैसं.१.७.१/४: १०८.४; काठसं. ८.१४/४
पुनः समव्ययद्विततं वयन्ती – ऋ. 2.३८.४/१; निरु. ४.१.१
पुनः स्वाहा – पारगृसू. १.६.५
पुनाता दक्षसाधनम् – ऋ.६.१०४.३/१; सा.2.५०६/१
पुनाति ते परिस्रुतम् – ऋ. ९.१.६/१; वा. १९.४/१; शब्रा. १2.७.३.११; कात्यश्रौसू. १९.2.८ द्र. पुनातु आदि।
पुनाति दशपौरुषम् – आश्रौ.2.१2.६/४
पुनाति देवानां भुवनानि विश्वा – तैब्रा. ३.७.९.६/2; आपश्रौ. 2१.2०.७/2।
पुनाति धीरो भुवनानि मायया – ऋ. १.१६०.३/2
पुनातु ते परिस्रुतम् – तैसं. १.८.2१.१/१; मैसं. 2.३.८/१: ३५.१७; ३.११.७/१: १५०.४; काठसं. १2.९/१; ३७. १८; तैब्रा. १.८.५.५; 2.६.१.2/१; आपश्रौ. १९.१.१८; माश्रौसू. ५.2.४.१८; – ७.१.१ द्र. पुनाति आदि।
पुनातु वरुणः – तैआ. १०.१.१४,१५; महा नारा उप. ५.१2
पुनात्वघमर्षणः – तैआ. १०.१.१४/४,१५; महा नारा उप. ५.८/४,१2
पुनान इन्द ऊर्णुहि वि वाजान् – ऋ. ९.९१.४/2
पुनान इन्दवा भर – ऋ. ९.४०.६/१; ५७.४/३; ६४. 2६/३; १००.2/१; सा. 2.१११४/३
पुनान इन्दविन्द्रयुः – ऋ. ९.५४.४/३
पुनान इन्दवेषाम् – ऋ. ९.६४.2७/१
पुनान इन्दुरिन्द्रमा – ऋ. ९.2७.६/३; ६६.2८/३; सा. 2.६४०/३
पुनान इन्दुर्वरिवो विदत् प्रियम् – ऋ. ९.६८.९/४
पुनान इन्दो वि ष्य मनीषाम् – ऋ. ९.९५.५/2
पुनानः कलशेष्वा – ऋ.९.८.६/१; सा. 2.५३३/१
पुनानं वासयामसि – ऋ. ९.३५.५/2
पुनानमभि गायत – ऋ. ९.१०५.१/2; सा.१.५६६/2; 2. ४४८/2
पुनानमभ्यनुषत – ऋ. ९.६६.४/2; सा.2.९८३/2

पुनानश्चमू जनयन् मतिं कविः – ऋ. ६.१०७.१८/१
पुनानस्य प्रभूवसोः – ऋ. ६.३५.६/३ तु. पुनानाय प्रभू... ।
पुनानस्य संयतो यन्ति रंहयः – ऋ. ६.८६.४७/2
पुनानः सोम जागृविः – ऋ. ६.१०७.६/१; सा.१.५१६/१
पुनानः सोम धारया – ऋ.६.६३.2८/१; १०७.४/१; सा. १.५११/१; 2.2५/१; पंचब्रा. ११.८.३; १४.३.३; १५.६.2; सावि ब्रा. १.४.३
पुनाना इन्द्रमाशत – ऋ. ६.६.४/३; 2४.2/३; सा. 2. ३१2/३
पुनाना धावता रयिम् – ऋ. ६.१०६.६/2; सा.2.६७८/2
पुनाना यन्त्यनिविशमानाः – ऋ. ७.४६.१/2
पुनानाय प्र गायत – ऋ. ६.१०४.१/2; सा. १.५६८/2; 2.५०७/2
पुनानाय प्रभूवसो – ऋ. ६.2६.३/2; सा.2.१११७/2 तु. पुनानस्य प्रभू...।
पुनानास ऋज्यन्तो अभूवन् – ऋ. ६.३७.2/2
पुनानासश्चमूषदः – ऋ.६.८.2/१; सा.2.५2६/१
पुनाने तन्वा मिथः – ऋ. ४.५६.६/१; सा.2.६४७/१
पुनानो अक्रमीदभि – ऋ. ६.४०.१/१; सा. १.४८८/१; 2.2७४/१; पंचब्रा. १.2.६.५
पुनानो अचिक्रदत् – ऋ.६.१८.७/2
पुनानो अरुषो हरिः – ऋ. ६.१११.१/५; सा. १.४६३. १/५; 2.६४०/५
पुनानो अर्कं पुरुभोजसं नः – ऋ. ७.६.2/2
पुनानो गर्भमादधत् – ऋ. ६.१६.५/2
पुनानो घ्नन्नप स्रिधः (सा. द्विषः) – ऋ. ६.2७.१/३; सा. 2.६३६/३
पुनानो देववीतये – ऋ. ६.६४.१५/१; सा.2.१६३/१
पुनानो ब्रह्मणा हर – ऋ. ६.११३.५/४
पुनानो भुवनोपरि – ऋ. ६.५४.३/2; सा.2.१०७/2
पुनानो याति हर्यतः – ऋ. ६.2५.४/2; ४३.३/१
पुनानो रूपे अव्यये – ऋ.६.१६.६/१
पुनानो वरिवस् कृधि – ऋ. ६.६४.१४/१; सा.2.१६2/१
पुनानो वर्ध नो गिरः – ऋ. ६.६१.2३/३
पुनानो वह्ने अद्भुत – ऋ. ६.20.५/३; सा.2.३22/३
पुनानो वाघद्वाघद्भिरमर्त्यः – ऋ. ६.१०३.५/३
पुनानो वाचं जनयन्नसिष्यदत् (ऋ. ६.८६.३३/४, उपावसुः) – ऋ. ६.८६.३३/४; १०६.१2/३; सा. 2. 2६2/३
पुनानो वाचमिष्यति (ऋ. ६.६४.2५/2, ...सि) – ऋ. ६. ३०.१/३; ६४.2५/2
पुनानो वाताप्यं विश्वश्चन्द्रम् – ऋ. ६.६३.५/2; निरु. ६.2८
पुनानो वारं पर्ये (सा. वारमत्येष्य्) त्यव्ययम् – ऋ. ६.८2. १/३; सा. १.५६2/३; 2.६६६/३; आपश्रौ. १६.20. १४/३
पुनानो वारे पवमानो अव्यये – सा. 2.४३०/१ द्र. मृजानो वारे।
पुनानो हार्दि चोदय – ऋ. ६.८.३/2; सा. 2.५३०/2
पुना रूपाणि कल्पय – अशौ. १.2४.४/४
पुनाहीन्द्राय पातवे – सा.१.४६६/३; 2.५७५/३; वा. 20. ३१/३ द्र. पुनीहीन्द्राय।
पुनीध्वं च यवा मम – विष्णुस्मृ. ४८.2१/४, 22/६ द्र. तत् पुनीध्वम् इत्यत्र।
पुनीषे वामरक्षसं मनीषाम् – ऋ. ७.८५.१/१ प्रः पुनीषे वाम्श्रौ. ७.६.2; शांश्रौसू. १2.१०.६
पुनीहीन्द्राय पातवे – ऋ. ६.१६.३/३; ५१.१/३; वैसू.३०. ६/३ द्र. पुनाहीन्द्राय।
पुपोष प्रजाः पुरुधा जजान – ऋ. ३.५५.१६/2; निरु. १०.३४/2
पुमानग्निः पयसा पृष्ठयेन – ऋ. ४.३.१०/2
पुमानिति ब्रवे पणिः – ऋ. ५.६१.८/2
पुमानेनं तनुत उत् कृणत्ति – ऋ. १०.१३०.2/१ द्र. पुमान् एनद्वयति।
पुमां संवर्धतां मयि – शांगृसू. १.१७.६/४ द्र. पुमान् गर्भ, तथा पुमान् संवर्तताम्।
पुमांसं गर्भमाधत्तं गवीन्योः – मैसं.१.३.१2ः ३४.१५; ४.६.३ः ८2.१३
पुमांसं गर्भमाधेहि – आपमपा. १.१2.६/३ द्र. पुमांसं पुत्रम्।
पुमांसं जातमभि सं रभन्ते (काठसं. तैब्रा. आपश्रौ. ...ताम्) – ऋ. ३.2६.१३/४; काठसं. ३८.१३/४; तैब्रा. १.2.१. १६/४; आपश्रौ. ५.११.६/४
पुमांसं धेनुं सदनं रयीणाम् – अशौ. ११.१.३४/2
पुमांसं न ब्रुवन्नेनम् – ऐआ. 2.३.८.६/३
पुमांसम् उ (शांगृसू. आ) दधदिह – अशौ. ६.११.३/४; शांगृसू. १.१६.६/४
पुमांसं पुत्रं विन्दस्वः द्र. उत्तरमेकवर्जम्।
पुमांसं पुत्रमाधेहि (साम मन्त्रब्रा. पुत्रं विदस्व) – खिल. १०.१८४.३/३; अशौ. ५.2५.१०/३ – १३/३; साम मन्त्रब्रा. १.४.६/३; मागृसू.. 2.१८.४/३ द्र. पुमांसं गर्भमाधेहि।
पुमांसावश्विनावुभौ – शांगृसू. १.१७.६/2; साम मन्त्रब्रा.

१.४.८/2; पारगृसू. १.६.५/2
पुमांसौ मित्रावरुणौ – शांगृसू. १.१७.६/१; साम मन्त्रब्रा. १.४.८/2; पारगृसू. १.६.५/2
पुमांसौ मित्रावरुणौ – शां गृ सू. १.१७.६/१; साम मन्त्रब्रा. १.४.८/१; गोभि गृसू. 2.६.३; पारगृसू. १.६.५/१ प्रः पुमांसौ खादि गृसू. 2.2.१६
पुमांस्ते पुत्रो नारि – आपमपा. १.१३.2/१ (आपगृ. ३.८.१३) द्र. पुमांसं पुत्रं जनय।
पुमानग्निः पुमानिन्द्रः – साम मन्त्रब्रा. १.४.६/१; गोभि गृसू. 2.६.११ प्रः पुमानग्निः खादि गृसू. 2.2.2३
पुमानग्निश्च वायुश्च – साम मन्त्रब्रा. १.४.८/३ द्र. पुमानिन्द्रश्।
पुमानन्तर्वान् स्थविरः पयस्वान् – अशौ. ६.४.३/१
पुमानयं जनिष्यतेऽसौ नाम – साम मन्त्रब्रा. १.५.७/४; गोभि गृसू. 2.७.१५
पुमानिन्द्रश्चाग्निश् (पारगृसू. इन्द्रश्च सूर्यश्) च – शांगृसू. १.१७.६/३; पारगृसू. १.६.५/३ द्र. पुमानग्नि।
पुमान् एनद्वयत्युद्गृणत्ति – अशौ. १०.७.४३/३ द्र. पुमानेनं।
पुमान् एनद्वि जभाराधि नाके – अशौ. १०.७.४३/४ द्र. पुमान् वि।
पुमान् गर्भस्तवोदरे – साम मन्त्रब्रा. १.४.८/४ द्र. पुमां संवर्धतां इत्यत्र।
पुमान् देवो बृहस्पति – साम मन्त्रब्रा. १.४.६/2
पुमान् पृंसः परिजातः – अशौ. ३.६.१/१ प्रः पुमान् पुंसः कौसू. ४८.३
पुमान् पुंसोऽधि तिष्ठ चर्मेहि – अशौ. १2.३.१/१ प्रः पुमान् पुंसः कौसू. ६०.३१
पुमान् पुत्रो जायतां गर्भो अन्तः – हिर गृसू. १.2५.१/2 द्र. उत्तरमेकवर्जम्।
पुमान् पुत्रो जायते विन्दते वसु – वा. ८.५/३; तैसं. ३.2.८.४/३
पुमान् पुत्रो धीयतां गर्भे (आपमपा. ...भो) अन्तः – शां गृ सू. १.१६.१2/2; आपमपा. १.१2.८/2 द्र. पूर्वमेकवर्जम्।
पुमान् पुमांसं परि पातु विश्वतः – ऋ. ६.७५.१४/४; वा. 2६.५१/४; तैसं. ४.६.६.५/४; मैसं. ३.१६.३/४: १८७.५; काठसं अश्व.६.१/४; निरु. ६.१५/४
पुमान् बाण इवेषुधिम् – अशौ. ३.2३.2/2; आगृ. १.१३.६/2; शांगृसू. १.१६.६/2; हिर गृसू. १.2५.१/2; आपमपा. १.१2.६/2
पुमान् वि तत्ने अधि नाके अस्मिन् – ऋ.१०.१३०.2/2 द्र. पूमान् एनद्वि।
पुमान् संवर्ततां मयि – पारगृसू.१.६.५/४ द्र. पुमान् संवर्धतां इत्यत्र।
पुर इयानो अभि वर्पसा भूत् – ऋ. १०.६६.११/४
पुर इषणसि सपुरुहूत पुर्वीः – ऋ. १.६३.2/४
पुर उक्थेभिः स हि नो विभावा – ऋ. ६.१०.१/३; काठसं. ३६.१४/३
पुर एतासि महतो धनस्य – ऋ. ६.६७.2६/४
पुर एत्यप्रयुच्छन्.– ऋ. ५.८2.८/2; काठसं. ३६.१४/३
पुरेत्रा वीरवन्तः – ऐब्रा. ७.१८.६/१; शांश्रौसू. १५.2७/१
पुरः कृणुध्वमायसीरधृष्टाः – ऋ. १०.१०१.८/३; अशौ. १६५८.४/३; काठसं. ३८.१३/३; आपश्रौ. १६.४.५/३
पुरः पश्यन्ति निहितमरतौ – ऋ. ५.2.१/४
पुरः पार्ष्णीः पुरो मुखा – अशौ. ८.६.१५/2
पुरः पुरुष अविशत् – शब्रा.१४.५.५.१८/४; बृह उप. 2.५.१८/४
पुरः पुरोहा सखिभिः सखीयन् – ऋ. ६.३2.३/३
पुरः प्रस्रवणा बलिम् – ऋ. ८.१००.६/४
पुरं यो ब्रह्मणो वेद – अशौ. १०.2.2८/३,३०/३
पुरं हिरण्ययीं (तैआ. हिरण्मयीं ब्रह्म – अशौ. १०.2.३३/३; तैआ. १.2७.३/३
पुरंदरः पपिवानिन्द्रो अस्य – ऋ. ५.३०.११/३
पुरं दरस्य गीर्भिरा विवासे – ऋ. ७.६.2/३
पुरंदराय वृषभाय धृष्णवे – तैब्रा. ३.१.2.2/१
पुरंदरा शिक्षतं वज्रहस्ता – ऋ. १.१०६.८/१
पुरंदरो गोत्रभिद् (मैसं. ...भृर्द) वज्रबाहुः – वा.2०.३८/३; मैसं. ३.११.१/३: १४०.१; काठसं. ३८.६/३ द्र. उत्तरमेकवर्जम्।
पुनंदरो दासीरैरयद्वि – ऋ.2.2०.७/2
पुरंदरो मघवान् वज्रबाहुः – तैब्रा. 2.५६.८.2/३ द्र. पूर्वमेकवर्जम्।
पुरंदरो वृत्रहा धृष्णुषेनः – ऋ. ३.५.४.१५/३
पुरं देवानाममृतं हिरण्यम् – अशौ. ५.2८.११/१
पुरंधिं योषाम् – शांश्रौसू. ८.१८.१ तु. उत्तरम्।
पुरंधिर्योषा – वा.22.22; तैसं. ७.५.१८.१: मैसं. ३.१2.६: १६2.६; काठसं. ५.१४; तैब्रा. ३.८.१३.2; शब्रा.१३.१.६.६ तु. पूर्वम्।
पुरंधिवान् मनुषो यज्ञसाधनः – ऋ. ६.७2.४/३
पुरंध्या विवासति – ऋ. ८.६६.१/४; सा.१.३६०/४
पुरं न दर्षि गोनतीम् – ऋ. ८.६.2३/2

पुरं न धृष्णवा रुज – ऋ. ८.७३.१८/१
पुरं न धृष्ववर्चत – ऋ. ८.६६.८/४; अशौ. 20.६2.५/४ द्र. उत्तरमेकवर्जम्।
पुरं न शूर दर्षसि – ऋ. ८.३2.५/३
पुरं इद् धृष्ववर्चत – सा. १.३६2/४ द्र. पूर्वमेकवर्जम्।
पुरश्चक्रं पथो बिले, तं चक्रमभिवर्तते, य(:)संपन्नेन यजते, पाको यज्ञेन देवै (देवयुर्), याद्ददाति तदेवास्य, न लोकमभिगच्छति जैब्रा. १.2३४ – ६
पुरश्चक्रे चतुष्पदः – शब्रा. १४.५.५.१८/2; बृह उप. 2.५.१८/2
पुरश्चक्रे द्विपदः – शब्रा. १४.५.५.१८/१; बृह उप. 2.५.१८/१
पुरश्चरन्ति पशुपा इवत्मना – ऋ. १०.१४2.2/४
पुरश्च ससृजे गिरीन् – आपश्रौ. 2१.१2.३/2
पुरस्ताच्छुक्रमुच्चरत् (मैसं. ...तां शु...) – वा. ३६.2४/2; मैसं.४.६.20/2: १३६.४; तैआ. ४.४2.५/2; गोभिगृसू. ३.८.५/2; आपमपा. 2.५.१2/2; हिर गृसू. १.७.१०/2; मागृसू. १.22.११/2 द्र. शुक्रमुच्चरत्।
पुरस्तात्ते नमः कृण्मः – अशौ. ११.2.४/१
परस्तात् सर्वया विशा – ऋ.८.2८.३/३
पुरस्तात् सर्वे कुर्महे – शांश्रौसू. १५.2६/३ द्र. पूरस्तवा।
पुरस्ताद् सर्वे कुर्महे – शांश्रौसू. १५.2६/३ द्र. पुरस्त्वा।
पुरस्तादुत्तराच्छक्राः – अशौ. ११.६.१८/३
पुरस्तादेति मायय – ऋ. ३.2७.७//; सा. 2.८2७/2; ऐब्रा. १.३०.६
पुरस्तादेनं मे कृधि – ऋ. ८.८०.४/३
पुरस्ताद् बुध्न आततः – ऋ. १०.१३५.६/३
पुरस्ताद् युक्तो वह जातवेदः – अशौ. ५.2६.१/१ प्रः पुरस्ताद् युक्तः –कौसू. ३.१६; ८.2५ द्र. युक्तो वह।
पुरस्ताद्ये त आसते – पारगृसू. 2.१७.१३/१
पुरस्ताद्विषितस्तुपः – अशौ. ६.६०.१/2
पुरस्थाता मघवा वृत्रहा भुवत् – ऋ. ८.४६.१३/2
पुरः सतीरुपरा एतशे कः – ऋ. ५.2६.५/४
पुरःसदः शर्मसदो न वीराः – ऋ. १.७३.३/३; ३.५५.2१/३
पुरः सद्य इत्थाधिये – ऋ. ६.६१.2/१; सा. 2.५६१/१
पुरः स पक्षी भूत्वा – शब्रा. १४.५.५.८/३; बृह उप.2.५.१८/३
पुरा क्रूरस्य विसृपो विरप्शिन् (मैसं. प्शिनः) – वा. १.2८/१; तैसं. १.१.६.३/१; मैसं. १.१.१०/१: ६.६; मैसं. १.६/१; 2५.५; शब्रा. १.2.५.१६; तैब्रा. ३.2.६.१३ प्रः पुरा क्रूरस्य – कात्यश्रौसू. 2.६.३2; माश्रौसू. १.2.४.22
पुरा गृध्रादररुषः पिबातः (तैब्रा. ...थः) – ऋ. ५.७७.१/2; मैसं. ४.१2.६/2: १६६.१; तैब्रा. 2.४.३.१३/2
पुराग्ने दुरितेभ्यः – ऋ. ८.४४.३०/१
पुरां गूर्तश्रवसं दर्माणम् – ऋ. १.६१.५/१; अशौ. 20.३५.५/४
पुरा चकृभ्या आतृद – मैसं. ४.६.१2/१: १३३.१2 द्र. पुरा जत्रू...।
पुरा चिच्छूर नृणाम् – ऋ. ८.६६.५/2
पुरा जत्रूभ्या (तैआ. आपमपा. जर्तृभ्य) आतृदः – ऋ. ८.१.१2/2; अशौ. १४.2.४७/2; सा. १.2४४/2; पंचब्रा. ६.१०.१/2; तैआ. ४.20.१/2; कात्यश्रौसू. 2५.५.३०/2; आपमपा. १.७.१/2 द्र. पूरा चकृभ्या।
पुरा जरस आयति – तैआ. ६.१.2/४
पुरा जीवगृभो यथा – ऋ. १०.६७.११/४; वा. १2.८५/४; तैसं. ४.2.६.2/४; मैसं. 2.७.१३/४: ६३.१८; काठसं. १६.१३/४; निरु. ३.१५
पुरा च्यौत्नाय शयथाय नू चित् – ऋ. ६.१८.८/४
पुराण ऋषिः द्र. पुराणा ऋषिः।
पुराणं यजुष सह – अशौ. ११.७.2४/2
पुराणं व्यवर्तयत् – अशौ. १०.७.2६/2
पुराणमनु सं विदुः – अशौ. १०.७.2६/४
पुराणमोकः सख्यं शिवं वाम् – ऋ. ३.५८.६/१; आश्रौ. ६.११.१६; शांश्रौसू. १५.८.2१
पुराणा अनु आदिः द्र. उत्तरमेकवर्जम्।
पुराणा (काठसं. ...णा) अनु वेनति – ऋ.१०.१३५.१/४; तैआ. ६.५.३/४; निरु. १2.2६/४
पुराणा (तैआ. ...णा) ननु वेनति – ऋ. १०.१३५.१/४; तैआ. ६.५.३/४; निरु. १2.2६/४
पुराणाननुवेनन्ताम् – ऋ. १०.१३५.2/१
पुराणा वां वीर्या प्र ब्रवा जने – ऋ. १०.३६.५/१
पुराणी देवि यवतिः पुरंधिः – ऋ. ३.६१.१/३
पुराणेन नवम् – वा. 2८.१६/६; मैसं. ४.१३.८: 2१०.५; काठसं. १६.३; तैब्रा. 2.६.१०.३/६; ३.६.१३.१; निरु. ६.४३
पुराणैरेनं पुण्यकृदभि राजभिः सम्गायत – शांश्रौसू. १६.१.2५
पुराण्यस्मान् महाभ्यात् – ऐब्रा. ८.2७.४
पुराण्योः सद्मनोः केतुरन्तः – ऋ. ३.५५.2/३
पुरा त उग्राग्रतः – अशौ. १६.३४.८/३
पुरा तस्या अभिशस्तेरधीहि – ऋ. १.७१.१०/४
पुरा तस्या अभिशस्तेरव स्पृतम् – ऋ. १०.३६.६/४

पुरा त्वांहुरणाद् ध्रुवे – अशौ. ६.६६.१/2
पुरा दस्यून् मध्यंदिनादभीके – ऋ. ४.2८.३/2
पुरा दिष्टात् पुरायुषः – अशौ. १०.३.१६/2
पुरा दिष्टादाहुतीरस्य हन्तु – तैब्रा. 2.४.2.2/४ द्र. पुरा सत्याद्।
पुरा देवस्य धर्मणा सहोभिः – अशौ. ७.2५.2/३
पुरा देवा अनवद्यास (मैसं. ...सा) आसन् – ऋ. ७.६१.१/2; मैसं. ४.१४.2/2: 2१६.११
पुरा देवासुरेभ्यः – मागृसू.. १.१०.१५/2
पुरा नाभ्या अपिशसो वपामु त्खिदतात् – मैसं. ४.१३.४; 20३.१2; काठसं. १६.2१; ऐब्रा. 2.६.१४; तैब्रा. ३.६.६.2; आश्रौ. ३.३.१; शांश्रौसू. ५.१७.४
पुरा निदश्चिकीर्षते – ऋ. ८.७८.६/३;
पुरा नु जरसो वधीत् – ऋ. ८.६७.20/३
पुरा नूनं च सूर्यः – ऋ. ६.६६.३/४; सा. 2.६८2/४
पुरा नूनं च स्तुतय ऋषीणम् – ऋ. ६.३४.१/३
पुरा नूनं बुभुज्महे – ऋ. ८.६७.१६/३
पुरा नो बाधाद्दुरिताति पारय – ऋ. ६.७.६/३
पुरां दर्तः पायुभिः पाहि शग्मै – ऋ. १.१३०.१०/2
पुरां दर्म – शांश्रौसू. ८.१७.१
पुरां दर्मो अपामजः – ऋ. ३.४५.2/2; सा. 2.१०६६/2
पुरा पुरं समिदं हंस्योजसा – ऋ. १.५३.७/2; अशौ. 20.2१.७/2
पुरामिन्द्रो व्यास्यत् – ऋ. ४.३०.20/2
पुरामुष्य वषटकारात् – तैब्रा. 2.४..2.३/१
पुरा मृध्रेभ्यः कवे – ऋ. ८.४४.३०/2
पुरां भिन्दुर्युवा कविः – ऋ. १.११.४/१; सा. १.३५६/१; 2.६००/१; आश्रौ. ७.८.३; सावि ब्रा. १.४.१४ प्रः पुरां भिन्दुः – शांश्रौसू. १2.2६.2१
पुरां भेत्ता (ऐब्रा. भेत्ताजनि) – एब्रा. ८.१2.५; शांश्रौसू. ८.१७.१
पुरा यत् सूरस्तमसो अपीतेः – ऋ. १.१2१.१०/१
पुरा यथा व्यथिः श्रवः – अशौ. ६.३३.2/३ द्र. उत्तरम्।
पुरा यदीमतिव्यथिः – ऐआ. ५.2.१.३/३ द्र. पूर्वम्।
पुरा याज्ञतुरे नृपे – शांश्रौसू. १६.६.१०/2 द्र. पांचालं।
पुरा रात्र्या जनितोरेके अह्नि – अशौ. १६.५६.2/2
पुरा विद्रे किमु नूतनासः – ऋ. ६.2७.१/४
पुरा विविद्रे सद् उ नूतनासः – ऋ. ६.2७.2/४
पुरा सत्यादाहुतिं हन्त्वस्य – अशौ. ७.७०.१/४ द्र. पुरा दिष्टादाहुती।
पुरा संबाधादभ्या ववृत्स्व नः – ऋ. 2.१६.८/१
पुरा सूर्यात् पुरोषसः – अशौ. १०.७.३१/2
पुरा होन्तोर्भयमानो व्यार – ऋ. ३.३०.१०/2; निरु. ६.2/2
पुरीतत् सहकण्ठिका – अशौ. १०.६.१५/2
पुरीषं वसानः सुकृतस्य लोके (मैसं.काठसं. लोकम्) वा. १३.३१; मैसं. 2.७.१६/४: १००.७; काठसं. ३६.३/४; शब्रा. ७.५.१.६ द्र. उत्तरम्।
पुरीषं वसानः स्वां योनिं यथायथम् – आपश्रौ. १६.2५.2/४ द्र. पूर्वम्।
पुरीषमसि – मैसं. १.६.१: ८६.३; १.६2: ८८.१७; ८६.१,2; १.६.६: ६५.१३; १.६.७: ६७.११; काठसं. ७.१४; तैआ. ४.१७.१
पुरीषाणि जिन्वतमप्यानि – ऋ. ६.४६.६/2
पुरीषिणः प्रथमानाः पुरस्तात् – अशौ. ११.१.३2/३
पुरीषिणं सायकेना हिरण्ययम् – ऋ. १०.४८.४/2
पुरीष्यः पुरुप्रियः – वा. ११.७2/३; तैसं. ४.१.६.३/३; मैसं.2.७.७/३: ८३.६; काठसं. १६.७/३; शब्रा. ६.६.३.४
पुरीष्यस्त्वमग्ने – तैसं. ४.2.५.१/१ द्र. अग्ने त्वं पुरीष्यः इत्यत्र।
पुरीष्यासो अग्नयः – ऋ. ३.22.४/१; वा. १2.५०/१; तैसं. ४.2.४.३/१; मैसं.2.७.११/१: ८६.१५; काठसं. १६.११/१; शब्रा. ७.१.१.2५; ३.2.८; आश्रौ. ४.८.20 प्रः पुरीष्यास – शांश्रौसू. ६.2४.६ तु. बृहद. ४.१०४
पुरीष्योऽसि विश्वभराः (मैसं. ३.१५, विश्वं...) – वा. ११.३2; तैसं. ४.१.३.2; मैसं. 2.७.३: ७७.३; ३.१.५: ६.१३; काठसं. १६.३; १६.४; शब्रा. ६.४.2१; वैसू. ५.१४; आपश्रौ. १६.३.४; माश्रौसू. ६.१.१ प्रः पुरीष्योऽसि – वैसू. 2८.६; कात्यश्रौसू. १६.2.2६
पुरुकुत्सानी हि वामदाशत् – ऋ. ४.४.2.६/१
पुरुक्षुं विश्वधायसम् – ऋ. ८.५.१६?५/३; ७.१३/2
पुरुक्षु त्वष्टा (मैसं. त्वष्टः) सुवीर्यम् (का. तैसं. ..वीरम्) – वा. 2७.20/2; का. 2६.2.22/2; तैसं. ४.१.८.३/2; मैसं. 2.१2.६/2: १५०.१६ द्र. उत्तरम्।
पुरुक्षु देव त्वष्टा – अशौ. ५.१७.१०/2 द्र. पूर्वम्।
पुरुणामन् पुरुष्टुत – ऋ. ८.६३.१७/2; सा. १.१८८/2
पुरुणामानमेकजम् – अशौ. ६.६६.१/४
पुरुणीथा जातवेदो जरस्व – ऋ. ७.६.६/३
पुरुणीथे जरते सूनृतावान् – ऋ. १.५६.७/४
पुरुत्रा चरथं दधे – ऋ. ८.३३.८/2; अशौ. 20.५३.2/2; ५७.१2/2; सा. 2.१०४७/2
पुरुत्रा चिद्धि ते मनः – ऋ. ८.१७/2; सा. १.2७१/2
पुरुत्रा चिद्धि वां नरा – ऋ. ८.५.१६/१

पुरुत्रा ते मनुतां (अशौ. वन्वतां) विष्ठितं जगत्ऋ. ६.४७.२८/2; अशौ. ६.१२६.१/2; वा. २८.५५/2; तैसं. ४.६.६.६/2; मैसं. ३.१६.३/2: १८७.८; काठसं अश्व. ६.१/2; निरु. ६.१३/2 तु. उत्तरं चतुर्वर्जम्।
पुरुत्रा ते वि पुर्तयः – ऋ. १०.22.८/३
पुरुत्रा देव्यक्षभिः – ऋ. १०.१2७.१/2; काठसं. १३.१६/2; तैब्रा. 2.४.६.१०/2
पुरुत्रा यदभवत् सूरहैभ्यः – ऋ. १.१४६.५/३
पुरुत्रा वाचं पिपिशुर्वदन्तः – ऋ. ७.१०३.६/४
पुरुत्रा विष्टितं जगत् – ऋ. १०.२५.६/2 तु. पूर्वं चतुर्वर्जम्।
पुरुत्रा यदभवत् सूरहैभ्यः – ऋ. १.१४६.५/३
पुरुत्रा वृत्रो अशयद्व्यस्तः – ऋ. १.३2.७/४
पुरुत्रा शूर वृत्रहन् – ऋ. ४.३2..2.१/2
पुरुत्रा हि वां मतिभिर्हवन्ते – ऋ. ७.६६.६/३
पुरुत्रा हि विहव्यो बभूथ – ऋ. 2.१८.७/३
पुरुत्रा हि सदृङ्ङसि – ऋ. ८.११.८/१; ४३.2१/१; सा. 2.५१७/१; मैसं. ४.११.४/१: १७१.१०; तैब्रा. 2.४.४.४/१; माश्रौसू. ५.१.७
पुरु त्वा दाश्वान् (सा. दाशिवां) वोचे – ऋ. १.१५०.१/१; सा.१.६७/१; निरु. ५.७/१ प्रः पुरु त्वा – आश्रौ. ४.१३.७; शांश्रौसू. ६.४.६
पुरुदंसा पुरुतमा पुराजा – ऋ.७.७३.१/३; काठसं. १७.१८/३
पुरुदस्मो विषुरूप (काठसं. पुरुदस्मवद्विश्वरूपम्) इन्दुः – वा. ८.३०/१; काठसं.१३.६/१; शब्रा. ४.५.2.१2/१ प्रः पुरुदस्मः – कात्यश्रौसू. २५.१०.१३; पुरुदस्मवत् – काठसं.१३.१० द्र. उरुद्रप्सो।
पुरु दाशुषे विचयिष्ठो अंहः – ऋ. ४.२०.६/३; काठसं. २१.१३/३
पुरुद्रप्सा अञ्जिमन्तः सुदानवः – ऋ. ५.५७.५/१
पुरुद्रुहो हि क्षितयो जनानाम् – ऋ. ३.१८.१/३
पुरुधस्मानं वृषभं स्थिरप्सनुम् – सा. १.३2७/2
पुरुनृम्णाय सत्वने – ऋ. ८.४५.2१/2 तु. पुरुहूताय।
पुरु पिशंकसंदृशम् – शांश्रौसू. १८.३.2/2 द्र. अरुं पिशंग. इत्यत्र।
पुरुप्रशस्त एशः – ऋ. ८.१०३.१2/2; सा. १.११०/2
पुरुप्रशस्तमूतय ऋतस्य यत् – ऋ.८.१2.१४/३
पुरुप्रशस्तमूतये – ऋ. ८.७१.१०/४; सा. 2.६०४/४
पुरुप्रशस्ता वृषणा उप ब्रुवे – ऋ. १०.६६.७/2
पुरुप्रशस्तो अमतिर्न सत्यः – ऋ. १.७३.2/३
पुरुप्रिया ण ऊतये – ऋ. ८.५.४/१ प्रः पुरुप्रिया णः – शांश्रौसू. ११.६.३
पुरुप्रियो भन्दते धामभि कविः – ऋ. ३.३.४/४; निरु. ५.2.
पुरुप्रैषस्ततुरिर्यज्ञसाधनः – ऋ.१.१४५.३/३
पुरुप्रैषा अहन्यो नैतशः – ऋ. १.१६८.५/४
पुरुभुजा चनस्यतम् – ऋ. १.३.१/३
पुरुमन्द्रा पुरूवसू – ऋ.८.५.४/2; ८.१2/१
पुरुमायस्य रिरिचे महित्वम् – ऋ. ६.2१.2/४
पुरुमेध (सा. ...धाश्) श्चित्तकवे नरं दात् (सा. धात्) – ऋ. ६.६७.५2/४; सा. १.५४१/४; 2.४५४/४
पुरुराव्णो देव रिषस्पाहि – वा. ३.४८; ८.2७; शब्रा. 2.५.2.४७; ४.४.५.22; १2.६.2.४; लाट्यश्रौसू. 2.१2.६ द्र. उरोरा नो देव।
पुरुरूपं सुरेतसं मघोनम् (तैब्रा. ...निम्) – वा. २८.६/३; तैब्रा. 2.६.७.५/३
पुरुरूपं दर्शतं विश्वचक्षणम् – अशौ. १८.१.१७/2
पुरु रूपाणि कृणुषे विभाती – अशौ. १६.४६.४/४
पुरु वारं पुरु त्मना – ऋ. १.१४2.१०/2; निरु. ६.2१/2
पुरुवारेभिरुक्षभिः – ऋ. १.१३६.१०/३
पुरु विद्वानृचीषम – ऋ. ८.६2.६/2; सा. 2.६६४/2
पुरु विश्वा जनिम मानुषाणाम् – ऋ. ७.६2.१/2
पुरु विश्वानि जूर्वन् – ऋ. १.१६१.६/2 द्र. पुरो रक्षांसि।
पुरुवीरं मह ऋतस्य गोपाम् – ऋ. ६.४६.१५/2
पुरुवीरस्य नृवतः पुरुक्षोः – ऋ. ६.22.३/2; अशौ.२०.३६.३/2
पुरुवीराभिर्वृषभ क्षितीनाम् – ऋ. ६.३2.४/३
पुरु शस्त मघत्तये – ऋ. ४.३७.८/४
पुरुश्चक्रं सहस्राश्वम् – तैआ.१.३१.१/३
पुरुश्चन्द्रं यजतं विश्वधायसम् – ऋ.५.८.१/३
पुरुश्चन्द्रं पुरुस्पृहम् – ऋ. ६.६2.१2/३
पुरुश्चन्द्रस्य त्वमिन्द्र वसवः – ऋ.६.३६.४/2
पुरुश्चन्द्रा नासत्या – ऋ. ८.५.३2/३
पुरुश्चन्द्रा रिशादसः – ऋ. ५.६१.१६/2
पुरुष एवेदं सर्वम् (मुण्ड. उप वरपू. उप. विश्वम्) – ऋ. १०.६०.2/१; अशौ. १६.६.४/१; आरसं. ४.५/१ वा. ३१.2/१; तैआ. ३.१2.१/१; श्वेत उप. ३.१५/१; मुण्ड उप. 2.१.१०/१; वरपू उप. १.2/५ तु. चूलिका उप. १2
पुरुषः पुरुषादधि कौसू. ८६.६/४
पुरुषं वा पंचविंशकम् – निरु. १४.६/४
पुरुषं कृष्णपिङ्गलम् – तैआ. १०.१2.१/2: महा नारा उप. १2.१/2

वैदिकपादानुक्रमकोषः 70

पुरुषं जातमग्रतः (अशौ. अग्रशः) – ऋ. १०.९०.७/2; अशौ. १९.६.११/2; वा.३१.९/2; तैआ. ३.१2.३/2
पुरुषं दुरितादधि – अशौ. ८.७.७/४,१६/४
पुरुषमुखाश्चरानिह – कौसू. १०४.2/2
पुरुषमृगश्चन्द्रमसः (तैसं. काठसं अश्व. ...से) – वा. 2४.३५; तैसं. ५.५.१५.१; मैसं. ३.१४.१६: १७५.१2; काठसं अश्व. ७.५
पुरुषं परिरापिणम् – अशौ. ५.७.2/2
पुरुषं पाययामसि – अशौ. ८.७.22/2
पुरुषं पुरुषेण शक्रः – आपमपा. १.११.८/2
पुरुषं मुंचतौषधीः – अशौ. ८.७.५/४
पुरुषरक्षसमिषिरं यत् पताति – कौसू. ६५.३/३
पुरुषराजाय मर्कटः – तैसं. ५.५.१.१.१; काठसं अश्व. ७.१ द्र. मनुराजाय, तथा मनुष्यराजाय।
पुरुषव्याघ्राय दुर्मदम् – वा.३०.८; तैब्रा.३.४.१.५
पुरुषः शान्तिः – तैआ. ४.४2.५
पुरुषसंमितो यज्ञः (कौसू. अथः) – तैब्रा.३.७.११.५/१; आपश्रौ. ३.१2.१/१; कौसू. ११६.४/१
पुरुषसाम गाय – आपश्रौ. १६.22.३
पुरुषसूक्त, पौरुषसूक्त, तथा सम – गौतधशा. १९.१2; विष्णुस्मृ. ५६.१५,2६; ६४.2३,३८; ६५.१५; ८६.१2; वासि ध शा. 22.९; 2६.७; 2८.१३; बौधसू. ३.१०.१०; माधसू. ११.2५2; लघु हारीतसं. ४.५५; वृ हासं. 2.१; ४.३०,८५, १2७; ५.१३६, १६५, 2११, ३७८, ४०४, ४०६, ५५५, ५६६; ७.६६१०३, 2५८; ८.३१; लघु अत्रिसं. 2.६; वृअसं. 2.६; संवर्त स्मृ. 22४; बृ परासं. ६.३१९; ऋवि. ३.2९.३; 2९.५; ३५.१ सहस्रशीर्षा, इतो आरभ्य।
पुरुषस्य विद्म सहस्राक्षस्य – तैआ. १०.१.५/१ द्र. तत् पुरुषाय (तु.)।
पुरुषस्य वि भेजिरे – अशौ. ११.८.३१/2
पुरुषस्य सयावरि – तैआ. ६.१.2/१।
पुरुष जनयन्ति नः – शांगृसू. १.१९.१०/2 द्र. ऋषभाज...।
पुरुषान् पशुभिः सह – अशौ. ६.३.१४/2
पुरुषाय च ते नमः – अशौ. ६.३.१2/४
पुरुषाय भेषजम् – वा. ३.५९/2; तैसं. १.८.६.१/2; मैसं. १.१०.४/2: १४४.१०; १.१०.20: १६०.१०; शब्रा. 2.६.2.११/2; लाट्यश्रौसू. ५.३.५/2
पुरुषायासुराय वा – अशौ. १३.४.४2/2
पुरुषेऽधि समाहिताः (अशौ. १०.७.१५/2, ...ते) – अशौ. १०.७.१५/2,१५/४

पुरुषैर्गोभिरश्वैः – मैसं. 2.८.१४/2: ११७.७,१०,१३
पुरुषो गर्भे अन्तरा – अशौ.११.४.१४/2
पुरुषो दिक् – तैब्रा. ३.११..५.३
पुरुषो मे कामान् समर्धयतु – तैब्रा. ३.११.५.३
पुरुषो वयः – वा. १४.९; तैसं. ४.३.५.१; ५.३.१.५; मैसं. 2.८.2: १०८.४; काठसं. १७.2; 20.१०; शब्रा. ८.2.४.३; आपश्रौ. १७.१.८
पुरुषो वै रुद्रः सन् (महा नारा उप. रुद्रस्तन्) महो नमो नमः – तैआ. १०.१६.१; महा नारा उप. १३.2
पुरुष्टुत क्रतवा नः शग्धि रायः – ऋ. ४.2१.१०/३
पुरुष्टुतस्य कति चित् परिप्रियः – ऋ. ६.७2.१/४
पुरुष्टुतस्य धामभिः (मैसं. ना...) – ऋ. ३.३७.४/१; अशौ. 20.१९.४/१; मैसं. ४.१2.३/१: १८४.५; वैसू. ३2.३
पुरुष्टुताय प्रतरं दधातन – ऋ. ५.३४.१/४
पुरुष्टुता विश्ववारा वि भाति – ऋ. ५.८०.३/४
पुरुस्पृहो मानुषासो यजत्रम् – ऋ.१०.४६.१०/2
पुरु हि वां पुरुभुजा देष्णम् – ऋ. ६.६३.८/१
पुरुहूत जनानाम् – ऋ. ६.५2.४//; ६४.2७/2
पुरुहूत पुरूवसोऽसुरघनः – ऋ. ६.22.४/४; अशौ. 20.३६.४/४
पुरुहूतमुप ब्रुवे – ऋ. ३.३७.५/2; अशौ. 20.१९.५/2
पुरुहूतं पुरुष्टुतम् – ऋ. ८.१५.१/2; ६2.2/१; अशौ. 20.६१.४/2; ६2.८/2; सा. १.३८2/१; 2.६४/१; ऐआ. ५.2.३.2
पुरुहूताय सत्वने – ऋ. ६.४५.22/2; अशौ. 20.७८.१/2; सा. १.११५/2; 2.१०१६/2 तु. पुरुणृम्णाय।
पुरुहूतो यः पुरुगूर्त ऋभ्वान् – ऋ. ६.३४.2/१
पुरू चरन्नजरो मानुषा युगा – ऋ.१.१४४.४/४
पुरू च वृत्रा हनति नि दस्यून् – ऋ. ६.2९.६/४
पुरू चिदस्मयुस्तिरः – ऋ. ५.७४.८/३
पुरू चिन् मंहसे वसु – ऋ.४.३१.८/३
पुरूणि चन्द्र वपुषे वपूंषि – ऋ. ४.2३.९/2
पुरूणि चिन्नि तताना रजांसि – ऋ. १०.१११.४/३
पुरूणि दस्मो वि रिणाति जम्भैः – ऋ. १.१४८.४/१
पुरूणि द्यावापृथिवी सुदासे – ऋ. ७.५३.३/2
पुरूणि धृष्णवा भर – ऋ. ८.७८.३/2
पुरूणि पुर्वचित्तये – ऋ. १.८४.१2/४; अशौ. 20.१०९.३/४; सा. 2.३५७/४; मैसं. ४.१2.४/४: १९०.१; काठसं. ८.१७/४
पुरूणि बभ्रो नि चरन्ति मामव – ऋ. ६.१०७.१६/३; सा. १.५१६/३; 2.2७2/३; पंचब्रा. १2.६.३/३

पुरूणि यत्र वयुनानि भेजना – ऋ.१०.४४.७/४; अशौ. २०.६४.७/४
पुरूणि यश्च्यौत्ना शम्बरस्य – ऋ. ६.४७.2/३
पुरूणि रत्ना दधतौ न्यस्मे – ऋ. ७.७०.४/३
पुरूणि हि त्वा स्वना जनानम् – ऋ. १०.८६.१६/१
पुरूणि हि त्वे पुरुवार सन्ति – ऋ. ६.१.१३/१; मैसं. ४.१३.६/१: २०७.१५; काठसं. १८.२०/१; तैब्रा. ३.६.१०.५/१; आश्रौ. ४.१३.६/१: २०७.१५; काठसं.१८.२०/१; तैब्रा. ३.६.१०.५/१; आश्रौ. ४.१.2३
पुरूण्यन्ना सहसा वि राजसि – ऋ. ५.८.५/३
पुरूण्यस्मै सवनानि हर्यते – ऋ. १०.६६.६/३; अशौ. २०.३१.१/३
पुरूण्यस्य पौंस्या – ऋ. ८.६५.६/३; सा. 22३५/३
पुरूतमं पुरुहूत श्रवस्यन् – का. 2.५.८/2; कात्यश्रौसू. ४.2.४३/2
पुरूतमं पुरूणाम् – ऋ. १.५.2/१; ६.४५.2६/१; अशौ. २०.६८.१2/१; सा.2.६१/१; जैब्रा.१.22६/१
पुरूतमासः पुरुहूत वज्रिवः – ऋ. ८.६६.११/३
पुरू दंसांसि बिभ्रता – ऋ.५.७३.2/2
पुरू दधाना अमृतं सपन्त – ऋ.५.३.४/2
पुरू यदंसममृतास आवत – ऋ.१.१६६.१३/2
पुरू यत्त इन्द्र सन्त्युक्था – ऋ.५.३३.४/१
पुरू यो दग्धासि वना – ऋ. ५.६.४/१
पुरू रजांसि पयसा मयोभुवः – ऋ. १.१६६.३/४
पुरूरवः पुनरस्तं परेहि – ऋ.१०.६५.2/३; शब्रा. ११.५.१.७/३
पुरूरवसे सुकृते सुकृत्तरः – ऋ. १.३१.४/2
पुरूरवा असि – वा. ५.2; मैसं. १.2.७: १६.७; ३.६.५: १2१.६; काठसं. ३.४; 2६.७; शब्रा. ३.४.१.22; माश्रौसू. १.७.४१ प्रः पुरूरवाः – तैसं. १.३.७.१; कात्यश्रौसू. ५.१.३१; आपश्रौ. ७.१2.१३
पुरूरवोऽनु ते केतमायम् – ऋ. १०.६५.५/३
पुरूरवो मा मृथा मा प्रपप्तः – ऋ. १०.६५.१५/१; शब्रा. ११.५.१.६/१
पुरूरुणा चिद्धयस्ति – ऋ.५.७०.१/१; सा.2.३३५/१; पंचब्रा. १३.2.४/१; आश्रौ. ७.2.2 प्रः पुरूरुणा चित् – शांश्रौसू. १2.१.३
पुरूरेतांसि पितृभिश्चसिंचतः – ऋ.१०.६४.१४/४
पुरू रेतो दधिरे सूर्यश्वितः (अशौ. ..श्रितः) – ऋ. १०.६४.५/४; अशौ. ६.४०.३/४; काठसं. ३५.१४/४
पुरू वरांस्यमिता मिमाना – ऋ. ६.६2.2/३
पुरू वर्पांस्यश्विना दधाना – ऋ. १.११७.६/१
पुरूवसुरागमज्जोहुवानम् – ऋ. ५.४2.७/४
पुरूवसुर् हि मघवन् सनादसि (सा. मघवन् बभूविथ) – ऋ. ७.३2.2४/३; सा.१.३०६/३
पुरू वसूनि पृथिवी बिभर्ति – ऋ. ३.५१.५/2
पुरूवृतः सिन्धुसृत्याय जाताः – अशौ. १०.2.११/2
पुरू शंसेन वावृधुष्ट इन्द्रम् – ऋ. १०.७३.2/2
पुरू सखिभ्य आसुतिं करिष्ठः – ऋ. ७.६७.७/४; मैसं. ४.१४.४/४: 220.१; काठसं.१७.१८/४; तैब्रा. 2.५.५.५/४
पुरू सदन्तो नार्षदं बिभित्सन् – ऋ. १०.६१.१३/2
पुरू सद्मानि सुक्रतुः – ऋ. १.१३६.१०/७
पुरू सहस्रा जनयो न पत्नीः – ऋ.१.१६2.१०/३
पुरू सहस्रा नि शिशा अभि क्षाम् – ऋ. ६.१८.१३/३
पुरू सहस्रा नि शिशामि दाशुषे (ऋ. १०.2८.६/३, साकम्) – ऋ. १०.2८.६/३; ४८.४/३
पुरू सहस्रा परि वर्तयाते – ऋ. ५.३७.३/४
पुरू सहस्रा शर्वा नि बर्हीत् – ऋ. ४.2८.३/४
पुरू सहस्राशिवा जघान – ऋ. १०.2३.५/2; अशौ.२०.७३.६/2
पुरोगवा ये अभिशाचो अस्य – अशौ. १८.४.४४/३
पुरोगा अग्निर्देवानम् – ऋ. १.१८८.११/१
पुरो जघन्थाप्रतीनि दस्योः – ऋ. ६.३१.४/2
पुरोजिती वो अन्धसः – ऋ. ६.१०१.१/१; सा.१.५४५/१; 2.४७/१; पंचब्रा. ८.५.७; १2.११.५; १४.५.५; १५.११.७।
पुरोडा (निरु. पुरोला) अग्ने पचतः – ऋ. ३.2६.2/१; आश्रौ. ६.५.2५; निरु. ६.१६
पुरोडा इत्तुर्वशो यक्षुरासीत् – ऋ.७.१८.६/१
पुरोडाशं अलंकुरुः द्र. पुरोडाशं आदि।
पुरोडाशं यो अस्मै – ऋ. ८.३१.2/१
पुरोडाशं वीरतमाय नृणाम् – ऋ.३.५2.८/2
पुरोडाशं वीरतमाय नृणाम् – ऋ. ३.५2.८/2
पुरोडाशं सनश्रुत – ऋ. ३.५2.४/१
पुरोडाशं सहसः सूनवाहुतम् – ऋ. ३.2८.५/2
पुरोडाशं घृतवन्तं जुषन्ताम् – तैब्रा. 2.८.2.2/४
पुरोडाशं च नो घसः – ऋ. ३.५2.३/१; ४.३2.१६/१
पुरोडाशं नो अन्धसः – ऋ. ८.७८.१/१; ऐआ. ५.2.३.2
पुरोडाशमाहुतं मामहस्व नः – ऋ. ३.५2.६/2
पुरोडाशमिन्द्र कृष्वेह चारुम् – ऋ. ३.५2.५/2
पुरोडाशमिह कवे जुषस्व – ऋ. ३.2८.४/2
पुरोडाशं पचत्यम् – ऋ. ३.५2.2/१
पुरोडाशं प्रतिगृभ्णात्विन्द्रः – मैसं. ४.१४.१३/2: 2३६.१०; तैब्रा. 2.८.३.८/2

पुरोडाशवत्सा सुदुघा – अशौ. १२.४.३५/१
पुरोडाशस्य जुष्टां हविर्नः – मैसं. ४.१४.१२/2ः 2३५.१३; ४.१४.१३/2ः 2३६.८; तैब्रा. 2.८.३.७/2; ४.१/2
पुरोडाशां (गोब्रा. वैसू. ...शान्; माश्रौसू. ...शं) नलंकुरु – तैसं. ६.३.१.2; गोब्रा. 2.2.१६; शब्रा. ४.2.५.११; वैसू. १७.१2; कात्यश्रौसू. ६.७.५; आपश्रौ. १2.१७.१६,20; १३.३.१; ११.१; माश्रौसू. 2.३.६.१2; ४.४.१८; ५.१.2३
पुरोडाशाश्च मे पचताश्चमे – तैसं. ४.७.८.१
पुरोडाशाः शफाः – अशौ. ८.८.22
पुरोडाशेन त्वामद्यर्ष आर्ष्येयर्षीणं नपादवृणीत – तैब्रा.३.६.१५.१
पुरोडाशेन (का. ...लाशेन) सविता जजान – वा. १६.८५/2; का. 2१.८५/2; मैसं. ३.११.६/2ः १५३.११; काठसं. ३८.३/2; तैब्रा. 2.६.४.३/2
पुरोडाशै (का. ..लाशैर्) हविष्या – वा.१६.20/2; का. 2१.20/2
पुरो दधत् सनिष्यसि (ऋ. ५.३१.११/४, ...ति) क्रतुं नः – ऋ. ४.20.३/2; ५.३१.११/४
पुरो दधे अमृतत्वाय जीवसे – तैब्रा. 2.५.३.2/2
पुरो दधे मरुतः पृश्निमातॄन् – अशौ. ४.2७.2/३
पुरो दधेऽस्मा अरिष्टतातये – अशौ. ५.३०.१2/४ तु. अस्मा अरिष्ट...।
पुरोदयाज्जुह्वति येऽग्निहोत्रम् – ऐब्रा. ५.३०.६/४; ३१.६/2
पुरोदयादस्तमयाच्च पावकम् – कौसू. ७३.१/१
पुरो दासीरभीत्य – ऋ. ४.३2.१०/३
पुरोनुवाक्या (मैसं. ...वाक्यास्त्वा) याजयाभिः – वा. 20.१2; मैसं.३.११.८ः १५१.११; शब्रा. १2.८.३.३०
पुरो बिभेदाश्मनेव पूर्वीः – ऋ. 2.१४.६/2
पुरोऽभिनदर्हन् दस्युहत्ये – ऋ. १०.९९.७/४
पुरो मही दधिरे देवपुत्रे – ऋ. ७.५३.१/४
पुरो यदग्ने दरयन्नदीदेः – ऋ. ७.५.३/४
पुरो यदस्य संपिणक् – ऋ.४.३०.१३/३
पुरो यदिन्द्र शारदीरवातिरः – ऋ. १.१३१.४/2; अशौ. 20.७५.2/2
पुरोयावानमाजिषु – ऋ. ५.३५.७/2; ८.८४.८/2; तैसं. ३.५.११.५/2; मैसं. ४.१०.३/2ः १४८.१४; काठसं. १५.१.2./2; ऐब्रा. १.१६.३३/2
पुरोयावानमा हुवे – ऋ. ६.५.६/2
पुरो याह्यरक्षसा – ऋ. १.१2९.६/३
पुरोयोधश्चवृत्रहन् – ऋ. ७.३१.६/2; अशौ. 20.१८.६/2
पुरोयोधा भवतं कृष्टयोजसा – ऋ. ७.८2.६/2
पुरो रक्षांसि निजूर्वन् – अशौ. ६.५2.१/2 द्र. पुरु विश्वानि।
पुरोरथं कृणुथः पत्न्या सह – ऋ. १०.३९.११/४
पुरोरुचा पूर्वकृद्वावृधानः – वा. 20.३६/2; मैसं. ३.११.१/2ः १३९.१2; काठसं. ३८.६/2; मैसं.३.११.१/2ः १३९.१2; काठसं. ३८.६/2; तैब्रा. 2.६.८.१/2
पुरोला आदि, तथा पुरोलाश्... आदिः द्र. पुरोदा, आदि पुरोडाश्...।
पुरो वज्रिंछवसा न दर्दः – ऋ. ६.20.७/2
पुरो वज्रिन् पुरुकुत्साय दर्दः – ऋ. १.६३.७/2
पुरोवात (काठसं. ...तो) जिन्व रावट् (काठसं. ...वत्) स्वाहा – मैसं. 2.४.७ः ४४.१; काठसं. ११.९ प्रः पुरोवात – माश्रौसू. ५.2.६.४ द्र. पुरोवातो वर्षं।
पुरोवातं च विद्युतं च मनसा ध्याय – शब्रा. १.५2.१९; कात्यश्रौसू. ४.५.१८
पुरोवातसनिरसि – तैसं. ४.४.६.१ः ५.३.१०.१; मैसं. 2.८.१३ः ११६.१७; काठसं. 22.५; आपश्रौ. १७.५.५ प्रः पुरोवात... माश्रौसू. ६.2.2
पुरोवातो जिन्व आदिः द्र. पुरोवात।
पुरोवातो वर्षं जिन्वरावृत् स्वाहा – तैसं. 2.४.७.१ प्रः पुरोवातो वर्षन् आश्रौ. १६.2६.१ द्र. पुरोवात।
पुरोवातो वातः – तैसं. ४.३.३.१; मैसं. 2.७.20ः १०५.१; काठसं. ३९.७
पुरो विप्रा दधिरे मन्द्रजिह्वनि – ऋ. ४.५०.१/४; अशौ. 20.८८.१/४; मैसं. ४.१2.५/४ः १९३.४; काठसं. ९.१९/४
पुरो विभिन्दन्नचरद्वि दासीः – ऋ. १.१०३.३/2
पुरो विश्वाः सौभगा संजिगीवान् – ऋ. ३.१५.४/2
पुरो वो मन्द्रं दिव्यं सुवृक्तिम् – ऋ. ६.१०.१/१; काठसं. ३९.१४/१ प्रः पुरो वो मन्द्रम् आश्रौ. ४.१३.७
पुरो हरिभ्यां वृषभो रथो हि षः – ऋ. १.५४.३/४
पुरोहितावृत्विजा यज्ञे अस्मिन् – ऋ. १०.७०.७/३
पुरोहितो राजन् यक्षीह देवान् – ऋ. १०.१.६/४
पुलुकामो हि मर्त्यः – ऋ. १.१७९.५/४; निरु. ६.४
पुष्टं च मे पुष्टिश्च मे – वा. १८.१०; तैसं. ४.७.४.१; मैसं. 2.११४ः १४१.१८; काठसं. १८.९
पुष्टं द्रविणम् – तैसं. ४.३.३.2; मैसं. 2.६.१०ः ७०.१; 2.७.20ः १०५.१३; काठसं. १५.७
पुष्टपते चक्षुषे चक्षुः स्मने स्मानं वाचे वाचं प्राणाय प्राणं पुन देह्यस्मै – मैसं. ४.८.७ः ११५.१2 प्रः पुष्टपते – माश्रौसू. ३.८.३ द्र. पुष्टिपतये।
पुष्टं – पुष्टं परि सर्व – ऋ. ६.५५.१/2; सा.2.३2५/2

पुष्टानां पतये नमः – वा. १६.१७; तैसं. ४.५.2.१; मैसं. 2.९.३: १22.१०; काठसं. १७.१2
पुष्टावन्तो यथा पशुम् – ऋ. ८.४५.१६/३; सा.१.१३६/३
पुष्टिं संधत्तं तां मे जिन्वतम् – तैब्रा. १.१.१.१; आपश्रौ. १2.22.६
पुष्टिं सो अघ्न्यानाम् – अशौ. ६.४.१६/३
पुष्टिकामाय वेधसा – अशौ. १६.३१.१/2
पुष्टिगौ श्रुष्टिगौ सचा – ऋ. ८.५१(वाल.३).१/४
पुष्टिदां वीरवत्तमं – तैब्रा. ३.१.३.३/४
(ओं) पुष्टिं तर्पयामि – बौधसू. 2.५.९.१०
पुष्टिपतये (आश्रौ. ...पते) पुष्टिश्चक्षुषे चक्षुः प्राणाय प्राणमात्मन आत्मानं (आश्रौ. प्राणं त्मने त्मानं) वाचे वाचमस्मै पुनर्धेहि (आश्रौ. देहि अथवा धेहि (स्वाहा – आश्रौ.६.९.१; आपश्रौ. १४.2१.७ द्र. पुष्टपते।
पुष्टिपती पशुपा वाजबस्त्यौ – तैब्रा. ३.१.2.९/2
पुष्टिपते आदिः द्र. पुष्टिपतये आदि।
पुष्टिमती पशुमती प्रजावती गृहमेधिनी भूयासम् – आपश्रौ. ३.१०.९
पुष्टिमिन्द्रं वयोधसम् – वा. 2८.३2/४; तैब्रा. 2.६१७.६/४
पुष्टिं पशूनां परि जग्रभाहम् – अशौ. १६.३१.५/१
पुष्टिं मे दाः – मैसं. ४.2.७: 2८.१५
पुष्टिरसि – तैसं. १.७.९.2; आपश्रौ. १८.६.2; माश्रौसू. १.2.६.४; – ७.१.३; कौसू. १०६.६
पुष्टिरसि पुष्टया मा समङ्धि – अशौ.१६.३१.१३/१
पुष्टिर्न रण्वा क्षितिर्न पृथ्वी – ऋ. १.६५.६/१
पुष्टिर्या ते मनुष्येषु पप्रथे – अशौ. १६.३.३/३; तैब्रा. १.2.१.22/३; आपश्रौ. ५.१३.४/३
पुष्टिश्चातिसरस्वती – मागृसू.. 2.१३.६/2
पुष्ट्या सह जज्ञिषे – अशौ. १६.३१.९/2
पुष्ट्यै गोपालम् – वा. ३०.११; तैब्रा. ३.४.१.९
पुष्ट्यै त्वा – बौधसू. ३.2.७
पुष्ट्यै मे वर्चोदाः पवध्वम् – आपश्रौ. १2.१८.20
पुष्ट्यै वः – कौसू. ५१.११
पुष्पकर्णाय स्वाहा – तैसं. ७.३.१.७.१; काठसं अश्व. ३.७
पुष्पवतीः (तैसं. विष्णुस्मृ. पुष्पा...) प्रसूवरीः (अशौ.काठसं. ...सूमतीः; तैसं. ...सूवतीः) – ऋ. १०.९७.३/2; अशौ. ८.७.2७/१; वा. १2.७७/2; तैसं. ४.2.६.१/१; मैसं. 2.७.१३/१: ९३.५; काठसं. १६.१३/१ प्रः पुष्पावतीः – विष्णुस्मृ. ६५.९
पुष्पवतीः – विष्णुस्मृ. ६५.९
पुष्पवतीः (तैसं. पुष्पा...) सुपिप्लाः – वा. ११.४८/2; तैसं. ४.१.४.४/2; ५.१.५.१०; मैसं. 2.७.५/2: ७९.१2; ३.१.६: ८.६; काठसं. १६.४/2; १९.५; शब्रा. ४.४.१७
पुष्पिण्यौ चरतो जङ्घे – ऐब्रा. ७.१५.2/१; शांश्रौसू. १५.१९/१
पुष्पेभ्यः स्वाहा – वा. 22.८; तैसं. ७.३.१९.१; 20.१; मैसं. ३.१2.७: १६३.2; काठसं अश्व. ३.९१०
पुष्यन्तो आदिः द्र. पुष्येम रयिं आदि।
पुष्यन् रयिं सचते घ्नन्नमित्रान् – ऋ. ४.१2.2/४
पुष्यात् क्षेमे अभि योगे भवाति – ऋ. ५.३७.५/१
पुष्यां मधुमतीमिह – अशौ. ८.७.६/४
पुष्येम (ऐआ. पुष्यन्तो) रयिं धीमहे त (ऐआ. तम्) इन्द्र – सा. १.४४४/2; ऐआ. ५.2.2.१2/2; शांश्रौसू.१८.१५.५/2
पुष्येम शरदः शतम् – अशौ. १९.६७.५
पुजिताः पूजयिष्यथ – याधशा. १.३०६
पूतः पवित्रैरप हन्तु रक्षः – अशौ. १2.३.१४/2
पूतक्रतायै व्यक्ता – ऋ. ८.५६(वाल. ८).४/2
पूतदक्षः कविक्रतुः – तैब्रा. 2.७.१2.३/2
पूतनानां त्वा पत्मन्नाधूनोमि – मैसं.१.३.३६: ४2.१३ द्र. कूतनानां इत्यत्र।
पूतभृच्च मेऽपूतभृच् (वा. म आधवनीयश्) च मे – वा. १८.2१; तैसं. ४.७.८.१; मैसं. 2.११.५: १४३.६; काठसं. १८.११
पूतं पवित्रेणाज्यम् – अशौ. ६.११५.३/३; वा. 20.20/३; मैसं. ३.११.१०/३: १५७.१2; काठसं. ३८.५/३; शब्रा. १2.९.2.७/३; तैब्रा. 2.४.४.९/३; ६.६.४/३
पुतं ब्रह्म पुनीमहे – खिल. ९.६७.३/४; तैब्रा. १.४.८.६/४; आपश्रौ.१०.७.१३/४
पूताः पवित्रैः पवन्ते अभ्रात् – अशौ. १2.३.2५/१ प्रः पूताः पवित्रैः – कौसू. ६१.३४
पूताय स्वाहा – वा. ३९.2; शब्रा. १४.३.2.१५
पूतिं सेनां कृणोत्वमूम् – अशौ. ८.८.2/2
पूतिरज्जुरुपध्मानी – अशौ. ८.८.2/१ प्रः पूतिरज्जुः – कौसू. १६.१०
पूतुद्रुर्नाम भेषजम् – अशौ. ८.2.2८/४
पूतो विपाप्मा विजहाति लोके – आपश्रौ. 2१.१2.३/४
पूतौ पवित्रैरुप तद् ध्वयेथाम् – अशौ. १2.३.३/३
पूरसि तं त्वा प्रपद्ये सह ग्रहैः सह प्रग्रहैः सह प्रजया सह पशुभिः सहत्विग्भ्यः सह सोम्यैः सह सदस्यैः सह दाक्षिणेयैः सह यज्ञेन सह यज्ञपतिना – आपश्रौ. १४.2६.१

पूरा (पुरा?) सूर्याच्चन्द्रमसश्च पूर्वे – जैब्रा.2.५१(५2)/2 ऋतव ऋतुभ्यो।
पूरुरीडितावसे – ऋ. ५.१७.१/४
पुरुषु प्रियं कुरु – आपमपा. 2.८.३/४ द्र. अकरं पूरुषु इत्यत्र।
पूर्ण आहावो मदिरस्य मध्वः – ऋ. १०.११2.६/३
पूर्णः कुम्भोऽधि काल आहितः – अशौ. १६५३.३/१
पूर्ण रथं वहेथे मध्व आचितम् – ऋ. १.१८2.2/३
पूर्णगभस्तिमीडते सुपाणिम् – ऋ. ७.४५.४/2
पूर्णं च मे पूर्णतरं च मे – वा. १८.१०; तैसं. ४.७.४.2; मैसं.2.११.४: १४2.१; काठसं. १८.६
पूर्णं नारि प्र भर कुम्भमेतम् – अशौ. ३.१2.८/१ प्रः पूर्णं नारि – कौसू. ४३.१०
पूर्णमध्वर्यो प्र भर – वैसू. १६.१
पूर्णमसि – तैसं. १.६.५.१; मैसं. १.४.2: ४८.६; १.४.७: ५४. १०; काठसं. ५.५; ३2.५; शब्रा. १४.६.३.६; बृह उप. ६. ३.६; आश्रौ. १.११.६; शांश्रौसू. ४.११.३
पूर्णमासं यज – शब्रा. ११.2.४.८
पूर्णमासं यजामहे (माश्रौसू. हवामहे) – तैब्रा. ३.७.५. १३/2; आपश्रौ. 2.20.५/2; माश्रौसू. १.३.2.2१/2
पूर्णमासाय – शब्रा. ११.2.४.८
पूर्णमासाय सुराधसे स्वाहा – माश्रौसू. १.३.2.2१ द्र. प्राणाय सुराधसे।
पूर्णमासायानुब्रूहि – शब्रा. ११.2.४.८
पूणमिन्द्र चिकेतति – ऋ. १.८2.४/४; सा. १.४2४/४
पूर्णं ऊधर्दिव्यं यस्य सिक्तये – ऋ. १०.१००.११/३
पूर्णं पूर्णेन विच्यते – अशौ. १०.८.2६/2
पूर्णं मे भूयाः – तैसं. १.६.५.१; मैसं. १.४.१: ४८.६; १.४.७: ५४.११; काठसं. ५.५; ३2.५; आश्रौ. १.११.६; शांश्रौसू. ४.११.३
पूर्णं मे मा विगात् स्वाहा – पारगृसू. 2.१६.३ द्र. उत्तरम्।
पूर्णं मे मोपदसत् – आगृ. 2.2.३ द्र. पूर्वम्।
पूर्णहोमं यशसे जुहोमि – साम मन्त्रब्रा. 2.६.११/१ पूर्णहोम – गोभि गृसू. ४.८.2३
पूर्णहोमौ यथऋत्विजौ – कौसू. ७३.४/४
पूर्णा इन्द्र क्षुमतो भेजनस्य – तैब्रा.2.७.१३.४/४
पूर्णां विवष्टयासिचम् (सा. ...ष्टव्) – ऋ. ७.१६.१/2; सा.१.५५/2; 2.८६३/2; मैसं.2.१३.८/2: १५७.७
पूर्णात् पूर्णमुदचति – अशौ. १०.८.2६/१
पूर्णा दर्वि (अशौ. मैसं. दर्वे) परा पत – अशौ. ३.१०. ७/३; वा. ३.४६/१; तैसं. १.८.४.१/१; मैसं. १.१०. 2/१: १४2.६; काठसं.६.५/१; शब्रा. 2.५.३.१७/१; आश्रौ. 2.१८.१३/१; आपश्रौ. ८.११.१६ प्रः पूर्णा दर्वि (वैसू. माश्रौसू. कौसू. दर्वे) वैसू. ६.४; कात्यश्रौसू. ५. ६.३६; माश्रौसू.१.७.५.2६; कौसू. १३८.१2
पूर्णन् परिस्रुतः कुम्भन् – शब्रा. ११.५.५.१/३ तु. आ त्वा परिश्रितः इत्यत्र।
पूर्णं पश्चादुत पूर्णं परस्तात् – अशौ. ७.८०.१/१; तैसं. ३.५.१.१/१; तैब्रा. ३.१.१.१2/१; माश्रौसू. ६.2.३/१ प्रः पूर्णं पश्चात् – तैसं. ४.४.१०.३; तैब्रा. १.५.१.५; वैसू. १.१६; आपश्रौ. ५.2३; १७.६.५; कौसू. ५.५; ५६. १६
पूर्णमनुपदस्वतीम् (साम मन्त्रब्रा. अनरिपादिनीम्) – अशौ. 2.३६.५/2; साम मन्त्रब्रा.2.५.१४/2
पूर्ण वामेन तिष्ठन्तः – अशौ. ७.६०.2/३
पूर्णाहूतिभिराज्यस्य – साम मन्त्रब्रा. १.३.६/३
पूर्णो मन्थेन मागमत् – अशौ. १०.६.2/३
पूर्तस्य सदने सीदामि – कौसू. ३.७; १३७.३६
पूर्तिः शविष्ठ शस्यते – ऐआ. ४.८/३; महानाम्न्य ८/३
पूर्द्धे देवत्रा वसवो मर्त्यत्रा – ऋ. ७.५2.१/2; काठसं. ११.१2/2
पूर्धि यवस्य काशिना – ऋ. ८.७८.१०/४
पूर्भव शतभुजिः – ऋ. ७.१५.१४/३
पूर्भित्तमं मघवन्निन्द्र गोविदम् – ऋ. ८.५३(वाल. ५). १/३
पूर्भी रक्षता मरुतो यमावत – ऋ. १.१६६.८/2
पूर्वा आयुषि (मैसं. पूर्वा आयुनि) विदथेषु कव्या – वा. 22.2/2; तैसं. ४.१.2.१/2; ७.१.११.१/2; मैसं.३.१2. १/2: १५६.१३; काठसं अश्व. १.2/2; तैब्रा.३.८.३.४
पूर्व एषां पितेति – हिर गृसू. 2.३.७/१; आपमपा. 2.१४. १/३
पूर्वः – पूर्वो यजमानो वनीयान् – ऋ. ५.७७.2/४; मैसं. ४.१2.६/४: १६५.१७; तैब्रा. 2.४.३.१३/४; निरु. १2. ५/४
पूर्वं करदुपरं जूजुवांसम् – ऋ. ५.३१.११/2
पूर्वतमं स देवानाम् – अशौ. 20.१2८.१६/३
पूर्वं देवा अपरेणापश्यन् – तैब्रा. 2.५.६.५/१ प्रः पूर्वं देवा अपरेण – तैब्रा. ३.१2.१.१
पूर्वं देवेभ्यो अमृतस्य नाभिः (आसं. नाम; तैआ. तै उप. नृसिपू. उप. नाभायि) – आसं. १.६/2; तैब्रा. 2.८. १/2; तैआ. ६.१०.६/2; तै उप. ३.१०.६/2; नृसिपू. उप. 2.४/2; निरु. १४.2/2
पूर्वपक्षाश्चितयः – तैब्रा. ३.१०.४.१; तैआ. ४.१६.१
पूर्वपेयं हि वां हितम् – ऋ. १.१३५..४/५

पूर्वमग्निं वधूरियम् – अशौ. १४.2.20/2
पूर्वमग्नेरपि दहत्यन्नम् – तैब्रा. 2.८.८.१/१
पूर्वमन्यमपरमन्यम् – साम मन्त्रब्रा.2.८.८/१; गोभि गृसू. ४.१०.११ द्र. उत्तरम्।
पूर्वमन्यमपरमन्यम् पादावव नेनिजे देवा राष्ट्रस्य गुप्त्या अभयस्यावरुद्धयै – ऐब्रा. ८.27.८ द्र. पूर्वम्।
पूर्वं महित्वं वृषभस्य केतवे – ऋ. १.१६६.१/2
पूर्ववक्त्राय नमः – माश्रौसू. ११.७.१
पूर्वश्चकारापरां अज्यून् – ऋ. ७.६.३/४
पूर्वश्चापरश्च यः – ऋ. १३.2.१४/४
पूर्वस्तान् दभ्नूहि ये त्वा द्विषन्ति – अशौ. १०.३.३/४
पूर्वस्माद्धंस्युत्तरस्मिन् समुद्रे – अशौ. ११.2.2५/५
पूर्वस्य यत्ते अद्रिवः – ऐआ. ४.८/१; महानाम्न्यः ८/१
पूर्वस्य योनिं पितुराविवेश – ऋ. ५.४७.३/2; वा. १७.६०/2; तैसं. ४.६.३.४/2; मैसं. 2.१०.५/2: १३७.१४; काठसं. १८.३/2; शब्रा. ६.2.३.१८
पूर्वस्याह्नः परिशिंशन्ति कर्म – शब्रा.११.५.५.१३/१
पूर्वहूतौ मंहना दर्शता भूः – ऋ. ६.६४.५/४
पूर्वा आयुनि आदिः द्र. पूर्वा आयुषि।
पूर्वा उप ब्रुवे सचा – ऋ. ५.६५.३/2
पूर्वागात् पद्वतीभ्यः – ऋ. ६.५६.६/2; सा.१.2८१/2; वा.३३.६2/2
पूर्वाग्नावुत दुश्चितः – अशौ. ५.३१.५/2
पुर्वां जातां उतापरान् – अशौ. १०.३.१३/४,१४/४,१५/५
पूर्वा धामान्यमिता मिमानाः – ऋ.१०.५६.५/2
पूर्वापरं चरतो माययैतौ – ऋ. १०.८५.१८/१; अशौ. ७.८१.१/१; १३.2.११/१; १४.१.2३/१; मैसं. ४.१2.2/१: १८१.३; तैब्रा. 2.७.१2.2/१; ८.६.३/१ प्रः पूर्वापरम् – माश्रौसू. ५.१.१०.१७; कौसू. ७५.६; ७६.2८ तु. कौसू. 2४.१८
पूर्वापुषसुहवं पुरुष्पृहम् – ऋ.८.22.2/१
पूर्वामनु प्रदिशं याति चेकितत् – ऋ.६.१११.३/१ द्र. प्राचीमनु आदि।
पूर्वामनु प्र दिशं पार्थिवानाम् – ऋ. १.६५.३/३
पूर्वामनु प्रयतिं ऋक्तबर्हिषः – ऋ. ८.६६.१८/३; अशौ. 20.६2.१५/३
पूर्वामनु प्रयतिमा ददे वः – ऋ.१.१2६.५/१
पूर्वा विश्वस्माद्भुवनादबोधि – ऋ. १.१2३.2/१
पूर्वा व्रतस्य प्राश्नती – अशौ. ६.१३३.2/३
पूर्वाह्णमपराह्णं च – पारगृसू. ३.४.८/१
पूर्वाह्णस्य तेजसाग्रमन्नस्य प्राशिषम् – कौसू. 22.2

पूर्वाह्णे अश्वान् युयुजे हि बभ्रून् – ऋ.१०.३४.११/३
पूर्वीणां पूरूवसो – ऐआ. ४.१/४; महानाम्न्यः ७/४
पूर्वीभिः पुरुभोजसा – ऋ. ८.22.१६/४
पूर्वीभिर्जुजुषे गिरः – ऋ.५.३६.४/४
पूर्वीभिर्यातं पथ्याभिरर्वाक् – ऋ. ७.६७.३/३
पूर्वीभिर्हि ददाशिम – ऋ. १.८६.६/१; तैसं. ४.३.१३.५/१
पूर्वीरति प्र वावृधे – ऋ. ८.६2.2/३
पूर्वीरश्नन्तावश्विना – ऋ. ८.५.३१/2
पूर्वीरस्य निष्षिधो मर्त्येषु – ऋ. ३.५१.५/१ तु. पूर्वीष्ट इन्द्र।
पूर्वीरहं शरदः शश्रमाणा – ऋ.१.१७६.१/१ तु बृहद. ४.५८
पूर्वीरिन्द्रः शरदस्ततरीति – ऋ. ६.४७.१७/४
पूर्वीरिन्द्रस्य रातयः – ऋ.१.११.३/१; सा.2.१७६/१
पूर्वीरिष इषयन्तावति क्षपः – ऋ. ८.2६.३/३
पूर्वीरिषश्चरति मध्व इष्णन् – ऋ.१.१८१.६/2
पूर्वीरिषो बृहतीरारेऽघाः – ऋ.६.१.१2/३; मैसं. ४.१३.६/३: 20७.१४; काठसं.१८.20/३; तैब्रा.३.६.१०.५/३
पूर्वीरिषो बृहतीर्जीरदानो – ऋ. ६.८७.६/३
पूर्वीरुत प्रशस्यः – ऋ. ६.४५.३/2; ८.१2.2१/2; ४०.६/2
पूर्वीरुषसः शरदश्च गूर्ताः – ऋ. ४.१६.८/१
पूर्वीर्ऋतस्य बृहतीरनूषत – ऋ. ८.५2(वाल. ४).६/३; अशौ. 20.११६.१/३; सा. 2.१०2७/३
पूर्वीर्ऋतस्य संदृशश्चकानः – ऋ. ३.५.2/३
पूर्वीरेको अध्यत् पीप्यानाः – ऋ. ३.१.१०/2
पूर्वीर्हि गर्भः शरदो ववर्ध – ऋ. ५.22/३
पूर्वीर्हि ते स्रुतयः सन्ति यातवे – ऋ. ६.७८.2/३
पूर्वीव गातुर्दाशत् सूनृतायै – ऋ. १०.६१.2५/४
पूर्वी शिशुं न मातरा रिहाणे – ऋ. ७.2.५/३
पूर्वीश्चन प्रसितयस्तरन्ति तम् – ऋ. ७.३2.१३/३; अशौ. 20.५६.४/३
पूर्वीश्चिद्धि त्वे तुविकूर्मिन्नाशसः – ऋ. ८.६६.१2/१
पूर्वीष्ट इन्द्र निष्षिधो जनेषु – ऋ. ६.४.११/३ तु. पूर्वीरस्य।
पूर्वीश् त इन्द्रोपमातयः – ऋ. ८.४०.६/१; ऐब्रा.६.2४.३; आश्रौ.७.2.१७
पूर्वे अर्धे रजसो अप्त्यस्य – ऋ. १.१2४.५/१
पूर्वे अर्धे रजसो भनुमंजते – ऋ. १.६2.१/2; सा. 2.११०५/2; निरु. १2.७/2
पूर्वे अर्धे विषिते ससन्नु – अशौ. ४.१.६/४
पूर्वेण चापरेण च – अशौ. १०.४.३/2; आगृ. 2.३.३/2;

शांगृसू. ४.१८.१/2 पारगृसू. 2.१४.४/2; आपमपा. 2.१७.2६/2; हिर गृसू. 2.१६.८/2; मागृसू. 2.७.१/2
पूर्वेण मघवन् पदा – ऋ. १०.१३४.६/३; सा. 2.४४१/३
पूर्वे पूर्वेभ्यो वच एतदूचुः – तैब्रा. ३.१2.६.2/४
पूर्वे प्रतीमो नमो अस्त्वस्मै – अशौ. ११.2.१८/३
पूर्वेभिरिन्द्र हरिकेश यज्वभिः – ऋ. १०.६६.५/2; अशौ. 2०.३०.४/2
पूर्वेभ्याः पथिकृद्भयः – ऋ. १०.१४.१५/४; अशौ. १८.2.2/४; तैआ. ६.५.१/४
पूर्वे विश्वसृजोऽमृताः – तैब्रा. ३.१2.६.2/2
पूर्वेषां पन्थामनुदृश्य धीराः – ऋ. १०.१३०.७/३; वा.३४.४६/३
पूर्वो अग्ष्ट्विा तपतु शं पुरस्तात् – अशौ. १८.४.६/१
पूर्वो जातः स उ अस्यानु धर्म – ऋ. १०.१४६.३/४; शब्रा. १०.2.2.४
पूर्वो जातो ब्रह्मणो ब्रह्मचारी – अशौ. ११.५.५/१
पूर्वो दुन्दुभे प्र वदासि वाचम् – अशौ. ५.2०.६/१
पूर्वो देवा भवतु सुन्वतो रथः – ऋ. १.६४.८/१ तु. बृहद. ३.१2६(।), १2७
पूर्वो देवेभ्य आतपत – आपमपा. १.३.४/४
पूर्वो यत् (माश्रौसू. यः) सन्नपरो भवासि – आपश्रौ. ७.६.५/2; माश्रौसू. १.७.३.४०/2
पूर्वो यो देवेभ्यो जातः – वा.३१.2०/३; तैआ. ३१.१३.2/३
पूर्वो ह (तैआ. महा नारा उप. हि) जातः (जै उप ब्रा. जज्ञे) स उ गर्भे अन्तः – वा. ३2.४/2; तैआ. १०.१.३/2; श्वेत उप. 2.१६/2; महा नारा उप. 2.१/2; शिरस् उप. ५/2; जै उप ब्रा. ३.१०.१2/४ द्र. प्रथमो जातः।
पूर्व्य होतरस्य नः – ऋ. १.2६.५/१
पूलन् कृत्वा पलित एतु चारः – कौसू. १०2.2/2
पूल्यान्यावपन्तिका – अशौ. १४.2.६३/2 द्र. अग्नौ लाजान् इत्यत्र।
पूश्च पृथ्वी बहुला न उर्वी – ऋ. १.१८६.2/३; मैसं.४.१०.१/३: १४2.2; तैसं. १.१.१४.४/३; तैब्रा. 2.८.2.५/३; तैआ.१०.2.१/३; महा नारा उप.६.४/३
पूषंस्तव आदिः द्र. पूषन् तव।
पूषंस्त्वं पर्यावतर्य – साम मन्त्रब्रा. १.८.१/३
पूषणं वनिष्ठुना – वा. 2५.७; मैसं. ३.१५.६: १८.० द्र. पूष्णो वनिष्ठुः।
पूषणं दोर्भ्याम् – वा. 2५.३; मैसं.३.१५.2: १७८.१०
पूषणं नु देवम् – आगृ. १.७.१३/१; शांगृसू. १.१८.३/१; साम मन्त्रब्रा.१.2.४/१; मागृसू.. १.११.१३ प्रः पूषणम् – गोभि गृसू. 2.2.७; खादि गृसू.१.३.2३
पूषणं न्वजाश्वम् – ऋ. ६.५५.४/१
पूषण्वते ते चक्रिमा करम्भम् – ऋ.३.५2.७/१
पूषण्वते मरुत्वते – ऋ.१.१४2.१2/१
पूषण्वन्त ऋभवो मादयध्वम् – ऋ. ३.५४.१2/३
पूषण्वन्तममर्त्यम् – वा.2८.2७/2; तैब्रा.2.६.१७.३/2
पूष्ण्वान् करम्भः (ऐब्रा. ...भम्) – मैसं. ३.१०.६: १३७.१६; काठसं.2६.१; ऐब्रा. 2.2४.५
पूष्ण्वान् वज्रिन् समु पतन्यामदः – ऋ. १.८2.६/३
पूषन् (शब्रा.तैब्रा. पूषंस) तव व्रते वयम् – ऋ. ६.५४.६/१; अशौ. ७.६.३/१; वा. ३४.४१/१; शब्रा. १३.४.१.१५०; तैब्रा. 2.५.५.५/१; आश्रौ. 2.१६.११ प्रः पूसन् तव – शांश्रौसू. ३.१३.१३
पूषन्नाय चोदय – ऋ. ६.५३.३/2
पूषन्ननु प्र गा इ हि – ऋ.६.५४.६/१
पूषन्नवो वृणीमहे – ऋ. १.४2.५/2
पूषन्निह क्रतुं विदः – ऋ.१.४2.७/३ – ६/३
पूषन्नेकर्षे यम सूर्य प्राजापत्य व्यूह रश्मीन् समूह तेजो यत्ते रूपं कल्याणतमं तत्ते पश्यामि – का. ४०.१६
पूषन् माकीनया धिया – ऋ. ८.2७.८/2
पूषन् विष्णवेवयावः – ऋ. १.६०.५/2
पूषा अविष्टु माहिनः – ऋ. १०.2६.१/४,६/2
पूषा गा अन्वेतु नः – ऋ. ६.५४.५/१; तैसं. ४.१.११.2/१; मैसं.४.१०.३/१; १५०.2; ४.११.१: १६०.2; काठसं. ४.१५/१; 2०.१५; तैब्रा. 2.४.१.५/१; शांगृसू. ३.६.१; ११.५; पारगृसू. ३.६.५/१; हिर गृसू. १.१८.१; विष्णुस्मृ. ८६.६
पूषा च म (मैसं. मा) इन्द्रश्च मे – वा. १८.१६; तैसं. ४.७.६.१; मैसं. 2.११.५: १४2.१३; काठसं.१८.१०
पूषा जातिविन् (ज्ञाति...) मह्यं जायामिमामदात् – कौसू. ७८.१० तु. उत्तरम्।
पूषा ज्ञातिमान् स मामुष्यै पित्र मात्रा भ्रातृभि र्ज्ञातिमन्तं करोतु स्वाहा – शां गृ सू. १.६.६ तु. पूर्वम्।
पूषा ते ग्रन्थिं विष्यतु – मैसं. १.१.१2: ७.६; आपश्रौ. 2.८.३; माश्रौसू. १.2.५.2८
पूषा ते ग्रन्थिं ग्रथ्नातु – मैसं. १.१.2: 2.2; ४.१.2: ३.१८; तैसं.१.१.2.2; काठसं. १.2; ३१.१; तैब्रा. ३.2.2.८; आपश्रौ. १.४.१३ प्रः पूषा ते ग्रन्थिम् – माश्रौसू. १.१.१.४४
पूषा ते बिलं विष्यतु – आपश्रौ. 2.६.१

पूषा ते हस्तमग्रभीत् – शां गृ सू. 2.३.१/३; हिर गृसू. १.५.६; आपमपा. 2.३.७ (आपगृ. ४.१०.१2)

पूषा त्वा पातु प्रपथे पुरस्तात् – ऋ. १०.१७.४/2; अशौ. १८.2.५५.2/2; तैआ. ६.१.2/2

पूषा त्वेतश्च्यावयतु प्र विद्वान् – ऋ. १०.१७.३/१; अशौ. १८.2.५४/१; तैआ. ६.१.१/१; आश्रौ. ६.१०.१६; निरु. ७.६/१ तु. बृहद. ७.८

पूषा त्वेतो नयतु हस्तगृह्य – ऋ. १०.८५.2६/१; आगृ. १.८.१; आपमपा. १.2.८/१ (आपगृ. 2.४.६)। द्र. भगस्त्वेतो।

पूषा त्वोपावसृजतु (मैसं. ...सीदतु) – मैसं. ४.६.७: १2७. ८; तैआ.४.८.2; ५.७.2; आपश्रौ. १५.६.६; प्रः पूषा त्वा – माश्रौसू. ४.३.६

पूषा देवता – तैसं. ४.४.१०.३; मैसं. 2.१३.१४: १६३.१2; 2. १३.2 १६६.८; काठसं. ३६.४,१३; आपश्रौ. १६.2८.१

पूषाधिपतिरासीत् – वा. १४.३०; तैसं. ४.३.१०.2; मैसं. 2. ८.६: ११०.१६; काठसं. १७.५; शब्रा. ८.४.३.१४

पूषाध्वनः (वा.काठसं.शब्रा. ...नस्) पातु – वा.४.१६; तैसं. १2.४.2; ६.१.७.६; काठसं. 2.५; मैसं.१.2.४: १३.५; ३.७. ६: ८2.६; शब्रा. ३.2.४.१६; आपश्रौ. १०.22.१०

पूषा नः पातु दुरितादृतावृधः – ऋ. ६.७५.१०/३; वा. 2६.४७/३; तैसं. ४.६.६.४/३; मैसं. ३.१६.३/३: १८६.१६; काठसं अश्व. ६.१/३

पूषा नः पातु सदमप्रयुच्छन् – मैसं. ४.१2.६/४: १६८.७; तैब्रा. 2.५.४.६/४

पूषा ना आधात् सुकृतस्य लोके – मैसं. १.५.३/४: ६६. १४; १.६.2/४: ८७.2 द्र. पूषा माधात्।

पूषा नो गोभिरवसा सरस्वती – शब्रा. ११.४.३.६/३; तैब्रा. 2.५.३.३/३; आश्रौ. 2.११.३/३; शांश्रौसू. ३.७. ४/३; कात्यश्रौसू.५.१2.20/३

पूषा नो यथा वेदसामषद्वृधे – ऋ.१.८६.५/३; वा. 2५. १८/३

पूषा पंचाक्षरेण पङ्क्तिम् (वा. पंच दिशः का. पंच ऋतून्) उदजयत (वा.का. उज्जेषम्) – वा. ९.३2; का. १०. ६.2; तैसं. १.७.११.१ द्र. पूषा षडक्षरया षड्।

पूषा परस्तादपथं वः कृणोतु – अशौ. ६.७३.३/१

पूषा पुरंधिरश्विनावधा पती – ऋ. 2.३१.४/४

पूषा प्रतिगृहीता – मैसं. १.2.३: १2.११; ३.६.६: ७३.६

पूषा भगः प्रभृथे विश्वभोजाः – ऋ. ५.४१.४/३

पूषा भगं सविता मे (तैब्रा. नो ददातु – शां गृ सू. ११.४. ३.७/2; तैब्रा. 2.५.३.३/2; शांश्रौसू. ३.७.४/2; कात्यश्रौसू. ५.१2.2१/2; पारगृसू. १.१३

पूषा भगं भगपतिर्भगमस्मिन् यज्ञे मयिदधातु स्वाहा – शब्रा. ११.४.३.१५; कात्यश्रौसू. ५.१३.१ द्र.पूषाविशाम्।

पूषा भगः सरस्वती जुषन्त – ऋ.५.४६.2/४; वा. ३३. ४८/४

पूषा भगो अदितिः पंच जनः – ऋ. ६.५१.११/2

पूषा भगो अदितिर्वस्त उस्रः – ऋ. ५.४६.३/2

पूषा भगो वन्द्यासः – ऋ. १.६०.४/३

पूषा माधात् (अशौ. मा धात्) सुकृतस्य लोके – अशौ. १६.६.2/2; तैसं. ४.2.८.१/४; काठसं. ३६.१/४ द्र. पूषा ना।

पूषा माधिपतिः पातु – आपश्रौ. ६.१८.३

पूषा माधिपाः पातु – मैसं. १.५.४: ७१.६; १.५.११: ८०.५; काठसं. ७.2.६; आपश्रौ. ६.१८.३: ७.2३.६

पूषा मा पथिपाः (काठसं. प्रपथे) पातु – मैसं. १.५.४: ७१. ८; १.५.११; ८०.४; काठसं. ७.2,६; आपश्रौ. ६.१८.३; ७.2३.६; माश्रौसू. १.६.2.१३

पूषा मा पशुपाः पातु – मैसं. १.५.४: ७१.८; १.५.११; ८०.४; काठसं. ७.2,६; आपश्रौ. ६.१८.३; ७.2३.६

पूषा मा प्रपथे आदिः द्र. पूर्वमेकवर्जम्।

पूषा यामनि – यामनि – ऋ. ६.६७.१०/2

पूषा युनक्तु सविता युनक्तु – मैसं. 2.७.१2/१: ६१.११; काठसं. १६.१2/१; माश्रौसू. ६.१.५

पूषा रक्षतु नो रयिम – मैसं. ४.१2.६/३: १६८.५; तैब्रा. 2.५.४.५/३

पूष रक्षत्वर्वतः – ऋ. ६.५४.५/2; मैसं. ४.१०.३/2: १५०.2; तैसं. ४.१.११.2/2; काठसं. ४.१५/2; तैब्रा. 2.४.१.५/2; पारगृसू. ३.६.५/2

पूषा राजानमघृणिः – ऋ.१.2३.१४/१

पूषा रेवत्यन्वेति पन्थाम् – तैब्रा.३.१.2.६/१

पूषा वः परस्पा अदितिः प्रेत्वरीया इन्द्रो वोऽध्यक्षो ऽनष्टाः पुनरेत – मैसं. ४.१.१: 2.६

पूषा वः पुनरुदाजतु – हिर गृसू.१.१८.१/४

पूषा वां विश्ववेदा विभजतु – माश्रौसू. १.2.३.१७

पूषा वाजं सनोतु नः – ऋ. ६.५४.५/३; मैसं. ४.१०. ३/३: १५०.३; तैसं. ४.१.११.2/३; काठसं. ४.१५/३; तैब्रा. 2.४.१.५/३; पारगृसू. ३.६.५/३

पूषा विशं विट्पतिर्विशमस्मिन् यजमनाय ददातु स्वाहा – तैब्रा. 2.५.७.४ द्र. पूषा भगं भग...।

पूषा विष्णुर्महिमा वायुरश्विना – ऋ.१०.६६.५/2

पूषा विष्णु र्हवनं मे सरस्वती – ऋ. ८.५४(वाल. ६).४/१

पूषा विष्णुस्त्रीणि सरांसि धावन् – ऋ. ६.१७.११/३

पूषा विशपन्दमाने – का. ३६.५ द्र. पौष्णे आदि।

पूषा सडक्षरया गायत्रीमुदजयत् – मैसं. १.११.१०: १७2. १2; काठसं.१४.४

पूषा षडक्षरया षड् ऋतून् उदजयत् – मैसं. १.११.१०: १७2.१; काठसं. १४.४ द्र. पूषा पंचा...।

पूषा षडक्षराम् – मैसं. १.११.१०: १७१.१५; काठसं.१४.४

पूषा सनीनाम् (तैसं. आपश्रौ. सन्या) – तैसं. १.2.३.2; मैसं.१.2.३: १2.६; काठसं. 2.४; 2३.६; आपश्रौ. १०.१८.५; माश्रौसू. 2.१.३.१३

पूषा सरव्ती मही – कौसू. ४५.१६/2

पूषासि – वा. ३८.३; मैसं. १.८.५: १22.१; शब्रा. १४.2.१.६; कात्यश्रौसू. 2६.५.३; आपश्रौ. १.१2.६; ६.३.१०; ११.४; माश्रौसू. १.६.१.४६

पूषा सुबन्धुर्दिव आ पृथिव्याः – ऋ. ६.५८.४/१; मैसं. ४.१४.१६/१: 2४३.१५; तैब्रा. 2.८.५.४/१ प्रः पूषा सुबन्धुः – शांश्रौसू. ६.१०.४

पूषा सोमक्रयण्याम् – वा. ८.५४; तैसं. ४.४.६.१; काठसं. ३४.१४

पूषा स्थ – तैब्रा. ३.७.४.१५

पूषा स्वाहाकारैः (तैआ. स्वगाकारेण; काठसं. आपश्रौ. स्वगाकारैः) – मैसं. १.६.2: १३2.३; काठसं. ६.१०; तैआ. ३.८.2; आपश्रौ. १४.१७.१

पूषेमा आशा अनु वेद सर्वाः – ऋ. १०.१७.५/१; अशौ. ७.६.2/१; मैसं. ४.१४.१६/१: 2४३.११; तैब्रा. 2.४.१.१.५/१; तैआ. ६.१.१/१; आश्रौ. ३.७.८ प्रः पूषेमा आशाः – तैब्रा. 2.८.५.३; शांश्रौसू. ६.१०.४

पूषेव धीजवनोऽसि सोम – ऋ. ६.८८.३/४

पूषैनानभिरक्षतु – मैसं. १.५.१४/४: ८३.५,१८; काठसं. ७.३/४; आश्रौ. 2.५.2/४; आपश्रौ. ६.2४.४/४; शांगृसू. ३.६.2/४

पूषैनानभ्यराक्षीत् – मैसं.१.५.१४/४: ८४.१०; आश्रौ.2.५.१2/४ तु. आपश्रौ. ६.2६.३

पूषैषां शर्म यच्छतु – साम मन्त्रब्रा.१.८.४/३

पूषण आघृण्ये स्वाहा – माश्रौसू. ४.४.४2 प्रः पूष्णे माश्रौसू. ४.४.१० द्र. पूष्णेऽङ्घुणये।

पूषण आधिपत्यम् – वा. १४.2५; तैसं. ४.३.६.१; मैसं. 2.८.५: १०६.१३; काठसं. १७.४; 2१.१; शब्रा. ८.४.2.६

पूष्णश्चक्रं न रिष्यति – ऋ. ६.५४.३/१

पूष्णस्तान्यपि व्रते – तैसं. १.१.७.2/३; ५.१०.४/३; मैसं. १.१.८/३: ४.१५; ४.१.८/३: १०.१४; काठसं. १.७/३; ३१.६; कात्यश्रौसू. 2.८.१६/३

पूष्णा दत्तो बृहस्पतेः – कौसू. ३.१०/2

पूष्णा सयुजा सह – वा. ११.१५; तैसं. ४.१.2.2; ५.१.2.४; मैसं. 2.७.2५ ७५.८; काठसं. १६.१; १६.2; शब्रा. ६.३.2.८

पूष्णेऽङ्घृणये स्वाहा – तैसं. आ. ४.१६.१ द्र. पूष्ण आघृणये।

पूष्णे जातिविदे (पठ्य ज्ञाति...) स्वाहा – कौसू. ७८.१०

पूष्णे नरंधिषाय स्वाहा – वा. 22.2०; तैसं. ७.३.१५.१; मैसं.३.१2.५: १६2.४; काठसं अश्व. ३.५; शब्रा. १३.१.८.६; तैब्रा. ३.८.११.2; तैआ. ४.१६.१

पूष्णे नरुणाय स्वाहा – तैआ. ४.१६.१

पूष्णे पथिकृते धात्रे विधत्रे मरुद्भ्यश्च – शांगृसू. 2.१४.६

पूष्णे पवस्व मधुमान् – ऋ. ६.६१.६/2; सा.2.४३३/2

पूष्णे पिन्वस्व – तैआ. ४.८.३; ५.७.४; आपश्रौ. १५.६.८

पूष्णे प्रपथ्याय स्वाहा – वा. 22.2०; तैसं. ७.३.१५.१; मैसं. ३.१2.५: १६2.३; काठसं अश्व. ३.५; शब्रा. १३.१.८.६; तैब्रा. ३.८.११.2; तैआ. ४.१६.१

पूष्णेऽविम् – तैआ. ३.१०.३

पूष्णे शरसे स्वाहा – मैसं. ४.६.६: १2६.११; तैआ. ४.१०.३; १६.१; ५.८.७; आपश्रौ. १५.११.६ प्रः पूष्णे – माश्रौसू. ४.४.३2

पूष्णे षडक्षराय छन्दसे स्वाहा – मैसं. १.११.१०: १७३.४

पूष्णे साकेताय स्वाहा – तैआ. ४.१६.१

पूष्णे स्वाहा – वा.१०.५; 22.2०; तैसं. ७.१.१६.१; ३.१५.१; मैसं.2.६.११: ७०.८; ३.१2.५: १६2.३; काठसं.१५.७; काठसं अश्व.१.५.७; ३.५; शब्रा. ५.३.५.८; १2.६.१.८; १३.१.८.६; तैब्रा. ३.१.५.१2; ८.६.४; ११.2; तैआ.४.१६..१; आपश्रौ. १५.१७.४

पूष्णो नवमी – वा. 2५.५; मैसं. ३.१५.४: १७६.१

पूष्णो भागो नीयते विश्वदेव्यः – ऋ. १.१६2.३/2; वा. 2५.2६/2; तैसं. ४.६.८.१/2; मैसं. ३.१६.१/2: १८१.११; काठसं अश्व. ६.४/2

पूष्णो वनिष्ठुः – तैसं. ५.७.१७.१; काठसं. १३.७ द्र. पूष्णं वनिष्ठुना।

पूष्णोऽहं देवयज्यया प्रजनिषीय प्रजया पशुभिः (काठसं. माश्रौसू. ..यज्यया पुष्टिमान् पशुमान् भूयासम्) – काठसं. ५.१; ३2.१; आपश्रौ. ४.१०.१; माश्रौसू. १.४.2.६

पृक्षः कृणोति वपुषः – ऋ.५.७५.४/४

पृक्षं याथ पृषतीभिः समन्यवः – ऋ. 2.३४.३/४

पृक्षं रायोत तुर्वणे – ऋ. १०.६३.१०/४

पृक्षं वाजस्य सातये – ऋ. १०.६३.१०/३

पृक्षप्रयजो द्रविणः सुवाचः – ऋ. ३.७.१०/१

पृक्षमत्यं न वाजिनम् – ऋ.१.१2६.2/७

पृक्षश्चविश्ववेदसा – ऋ. १.१३६.३/५

पृक्षस्य वृष्णो अरुषस्य नू सहः – ऋ. ६.८.१/१; ऐब्रा. ४.३2.८; कौषी ब्रा. 20.३; 2१.३; 22.2 प्रः पृक्षस्य – वृष्णः आश्रौ. ७.४.१३; ७.८; शांश्रौसू. १०.३.१५; सावि ब्रा. १.४.१७ द्र. प्रक्षस्य।

पृक्षः सचन्त सूर्यः – ऋ. ७.७४.५/2

पृक्षा इव महयन्तः सरातयः – ऋ. १०.६५.४/३

पृक्षाय च दासवेशाय चावहः – ऋ. 2.१३.८/2

पृक्षासो अस्मिन् मिथुना अधि त्रयः – ऋ. ४.४५.१/३

पृक्षेण यन् मघवन् हूयमानः – ऋ. १०.2८.३/४

पृक्षे ता विश्वा भुवना ववक्षिरे – ऋ. 2.३४.४/१

पृक्षो नो अर्वा न्युहीत वाजी – ऋ. ७.३७.६/४

पृक्षो यदत्र महिना वि ते भुवत् – ऋ. 2.१.१५/३

पृक्षो वपुः पितुमान् नित्य आ शये – ऋ. १.१४१.2/१

पृक्षो वहतमश्विना – ऋ. १.४७.६/2

पृक्षो वहन्ना रथो वर्तते वाम् – ऋ. ५.७७.३/2

पृंकतं रयिं सौश्रवसाय देवा – ऋ. ६.६८.८/2; काठसं. १2.१४/2

पृंकतं वाजस्य स्थविरस्य घृष्वेः – ऋ. ७.६३.2/४

पृंकतं हवींषि मधुना हि कं गतम् – ऋ. 2.३७.५/३; कात्यश्रौसू. १2.३.१४/३; आपश्रौ. 2१.७.१७/३; माश्रौसू. ७.2.2/३

पृच्यतां परुषा परुः – वा. 20.2७/2; तैसं. १.2.६.१/2 प्रतीकः पृच्यताम् इत्यस्यांशः – आपश्रौ. १०.2४.५

पृच्छामस्ः आदिः द्र. पृच्छामि आदि।

पृच्छामि त्वा चितये (लाट्यश्रौसू. चित्यं) देवसखा – वा. 2३.४६/१; शब्रा. १३.५.2.१४; आश्रौ. १०.९.2/१; शांश्रौसू. १६.६.१/१; वैसू. ३७.१/१; लाट्यश्रौसू. ९.१०.९/१ प्रः पृच्छामि त्वा – कात्यश्रौसू. १०.७.११

पृच्छामि (लाट्यश्रौसू. ...मस्) त्वा परमन्तं पृथिव्याः – ऋ. १.१६४.३४/१; अशौ. ९.१०.१३/१; वा. 2३.६१/१; तैसं. ७.४.१८.2/१; काठसं अश्व. ४.७/१; शब्रा. १३.५.2.2१; तैब्रा. ३.९.५.५; आश्रौ. १०.९.2; शांश्रौसू. १६.६.2; वैसू. ३७.३; लाट्यश्रौसू. ९.१०.१३/१ प्रः पृच्छामि त्वा – कात्यश्रौसू. 20.७.१४ तु. बृहद. १.५०

पृच्छामि त्वा परं मृत्युम् – तैआ. १.८.४/१

पृच्छामि त्वा पापकृतः – तैआ. १.८.५/१

पृच्छामि त्वा भुवनस्य नाभिम् – तैसं. ७.४.१८.2/2; काठसं अश्व. ४.७/2; तैब्रा. ३.९.५.५ द्र. पृच्छामि यत्र, तथा पृचामि विश्वस्य।

पृच्छामि (लाट्यश्रौसू. ...मस्) त्वा वृष्णो अश्वस्य रेतः – ऋ. १.१६४.३४/३; वा. 2३.६१/३; तैसं. ७.४.१८.2/३; काठसं अश्व. ४.७/३; तैब्रा. ३.९.५.५; लाट्यश्रौसू. ९.१०.१३/३ द्र. पृच्छामि वृष्णो।

पृच्छामि (लाट्यश्रौसू. ...मो) यत्र भुवनस्य नाभिः – ऋ. १.१६४.३/2; वा. 2३.६१/2; लाट्यश्रौसू. ९.१०.१३/2 द्र. पृच्छामि त्वा भु. इत्यत्र।

पृच्छामि वः कवयो विद्मने कम् – ऋ. १०.८८.१८/४

पृच्छामि (लाट्यश्रौसू. ...मो) वाचः परमं व्योम् – ऋ. १.१६४.३४/४; अशौ. ९.१०.१३/४; वा. 2३.६१/४; तैसं. ७.४.१८.2/४; काठसं अश्व. ४.७/४; तैब्रा. ३.९.५.५; लाट्यश्रौसू. ९.१०.१३/४

पृच्छामि विश्वस्य भुवनस्य नाभिम् – अशौ. ९.१०.१३/३ द्र. पृच्छामि त्वा भु. इत्यत्र।

पृच्छामो वृष्णो अश्वस्य रेतः – अशौ. ९.१०.१३/2 द्र. पृच्छामि त्वा वृष्णो।

पृच्छामो आदिः द्र. पृच्छामि आदि।

पृच्छे तदेनो वरुणा दिदृक्षु – ऋ. .८६.३/१

पृच्छ्यमाना सखीयते – ऋ. ८.४०.३/४

पृंचतीः पयसा पयः – मैसं.४.१.३/३ः ५.६; माश्रौसू.१.१.३.३2/३ द्र. उत्तरम्।

पृंचतीर्मधुना (अशौ. 20.४८.2/2, वर्चसा) पयः – ऋ. १.2३.१६/३; अशौ. १.४.१/३; 20.४८.2/2; ऐब्रा. 2.20.20; कात्यश्रौसू. ४.2.३2/३; शांगृसू. १.2८.८/३ द्र. पूर्वम्।

पृंचन्ति सु वां पृचः – ऋ. ५.७४.१०/४

पृंचन्ति सोमं न मिनन्ति बप्सतः – ऋ. १०.९४.१३/४

पृणक्तु मध्वा समिमा वचांसि – ऋ. ४.३८.१०/४; तैसं. १.५.१.४/४; निरु. १०.३१/४

पृणक्षि दर्शतं क्रतुम् – सा. 2.११६६/४; काठसं. १६.१४/४ द्र. उत्तरमेकवर्जम्।

पृणक्षि रोदसी उभे – ऋ. १०.१४०.2/४; सा.2.११६७/४; वा.१2.१०७/४; काठसं. १६.१४/४; शब्रा. ७.३.१.३० द्र. उभे पृणक्षि इत्यत्र।

पृणक्षि सानसिं क्रतुम् (काठसं. तैसं. ४.2.७.३/४, रयिम्) – ऋ. १०.१४०.४/४; वा. १2.१०६/४०; तैसं. ४.2.७.2/४,३/४; मैसं. 2.७.१४/४ः ९५.१७; काठसं. १६.१४/४; शब्रा. ७.३.१.३2 द्र. पूर्वमेकवर्जम् तथा तु. दधासि आदि।

पृणग्राया समिषा सं स्वस्ति – ऋ. ६.20.६/४

पृणते स्वाहा – तैब्रा. ३.१.४.११

पृणन्तं च पपुरिं च श्रवस्यवः – ऋ. १.१2५.४/३; तैसं. १.८.22.४/३; मैसं. ४.११.2/३ः १६५.६; काठसं. ११.१2/३

पृणन्तं देवं पृणते सुवीर्यम् – ऋ. १०.१22.४/४
पृणन्तमन्यमरणं चिदिच्छेत् – ऋ. १०.११७.४/४
पृणन्तस्ते कुक्षी वर्धयन्तु – ऋ. 2.११.११/३
पृणन्ति शूर राधसे – ऋ. ८.४६(वाल.१).३/४
पृणन्तो अक्षिताः सन्तु – अशौ. ६.१४2.३/३
पृणन्नापिरपृणन्तमभि ष्यात् – ऋ. १०.११७.७/४
पृणन्नित् पृणते मयः – ऋ. ७.३2.८/४; सा. १.2८५/४
पृणस्व कुक्षी विड्ढि शक्र धियेह्या नः – अशौ. 2.५.४/2 द्र. अपरम्।
पृणस्व कुक्षी सोमो न – आश्रौ. ६.३.१/३ द्र. पूर्वम्।
पृणस्व मधोर्दिवो न – अशौ. 2.५.2/2; सा. 2.३०३/2; आश्रौ. ६.३.१/2; शांश्रौसू. ६.५.2/2
पृणीतमुद्रो दिव्यस्य चारोः – ऋ. ७.६५.४/४; मैसं. ४. १४.१2/४: 2३४.१३; तैब्रा. 2.८.६.७/४
पृणीयादिन्नाधमानाय तव्यान् – ऋ. १०.११७.५/१
पृतनाजितं सहमानमग्निम् (तैआ. उग्रम्) – अशौ. ७.६३. १/१; तैआ. १०.2.१/१; महा नारा उप. ६.६/१ प्रः पृतराजितम् – कौसू. ६६.22
पृतनाजिदसि – काठसं. ३६.५; आपश्रौ. १६.३०.१
पृतनाश्चजयामसि – तैब्रा. 2.४.७.2/४
पृतनाषादमर्त्यः – ऋ. १.१७५.2/४; सा. 2.७८३/४
पृतनाषाडसि – तैसं. ३.५.2.४; ४.४.१.2; काठसं. १७.७; ३७.१७; गोब्रा. 2.2.१३; पंचब्रा. १.१०.३; वैसू. 2५.१ प्रः पृतनाषाट् – तैसं. ५.३.६.१ द्र.अपरम्।
पृतनाषाहा पशुभ्यः पशून् जिन्व – मैसं. 2.८.८: ११2.१० द्र. पूर्वम्।
पृतनाषाह्याय (तैब्रा. ..साह्याय) च – ऋ. ३.३७.१/2; अशौ. 20.१६.१/2; वा. १८.६८/2; तैब्रा. 2.५.६. १/2
पृतनासाह्येषु च – तैसं. 2.४.७.५/४
पृतनासु प्रवन्तवे – ऋ. १.१३१.५/५; अशौ. 20.७५.३/५
पृतनसु श्रवोजितम् – ऋ. ८.३2.४/2
पृत्सुतेर्षु श्रवसु (अशौ. श्रवःषु) च – ऋ. ३.३७.७/2; अशौ. 20.१६.७/2
पृथक् ते ध्वनयो यन्तु शीभम् – अशौ. ५.20.७/2
पृथक् प्रायन् प्रथमा देवहूतयः – ऋ. १०.४४.६/१; अशौ. 20.६४.६/१; निरु. ५.2५/१
पृथक् सर्वे प्राजापत्याः – अशौ. ११.५.22/१
पृथक्सहस्राभ्यां स्वहा – अशौ. १६.22.१६
पृथगिडा – आपश्रौ. ६.८.३
पृथगेषि प्रगर्धिनीव सेना – ऋ. १०.१४2.४/2
पृथग्घोषा उलुलयः – अशौ. ३.१६.६/३
पृथग् जायन्तां वीरुधो (अशौ. ४.१५.2/४ ...तामोषधयो) विश्वरूपाः – अशौ. ४.१५.2/४,३/४
पृथग् देवा अनुसंयन्ति सर्वे – अशौ. ११.५.2/2
पृथग्रूपाणि बहुधा पशूनाम् – अशौ. १2.३.2१/१ प्रः पृथग्रूपाणि – कौसू. ६१.2६
पृथग् वेदेषु तत् स्मृतम् – गोब्रा. १.५.2५/2,2५/४
पृथग् व्रजन्तीः परि षीमवृंजन् – ऋ. ३.५६.४/४
पृथिवि देवपितृयजनि – आपश्रौ. ८.१३.६
पृथिवि देवयजनि मा हिंसिषं ता ओषधीनां मूलम – मैसं. १.१.१०: ५.१३; ४.१.१०: १2.१५ प्रः पृथिवि देवयजनि – माश्रौसू.१.३.४.१० द्र. अपरम्।
पृथिवी देवयजनि मा हिंसिषं ता ओषधीनां मूलम् – मैसं. १.१.१०: ५.१३; ४.१.१०: १2.१५ प्रः पृथिवि देवयजनि –माश्रौसू. १.2.४.१० द्र. अपरम्।
पृथिवि देवयजन्योषध्यास्ते मूलं मा हिंसिषम् – वा. १.2५; तैसं. १.१.६.१; काठसं. १.६; ३१.८; शब्रा.१.2.४.१६; तैब्रा. ३.2.६.2,३ प्रः पृथिवि देवयजनि – कात्यश्रौसू. 2.६.१६; आपश्रौ. 2.१.५ द्र. पूर्वे द्वे।
पृथिवि पृथिव्यां सीद – मैसं. 2.७.१६/१: १००.१६; काठसं. ३६.३; आपश्रौ. १६.2६.१2/१
पृथिवि भूवरि (काठसं. विभूवरि) सिनीवाल्युरन्ध्र (काठसं. उरंध) आचित्ते मनस्ते भुवो विवस्ते – काठसं. ३५.३; आपश्रौ. १४.१७.३
पृथिवि मातर्मा मा हिंसीः (वा.शब्रा. हिंसीर्मो अहं त्वाम्) – वा. १०.2३; तैसं. ३.३.2.2; शब्रा. ५.४.३.2०; शांश्रौसू.१. ५.६ प्रः पृथिवि मातः – कात्यश्रौसू. १५.६.2५ तु. मा मां माता।
पृथिवि विभूवरि आदिः द्र. पृथिवि भूवरि।
पृथिविषदं (मैसं. पृथिवी...) त्वान्तरिक्षसदं नाकसदम् (तैसं. मैसं. काठसं. इन्द्राय जुष्टं गृह्णामि) – वा. ६.2; तैसं. १.७.१2.१; मैसं. १.११.४: १६५.१०; काठसं. १४.३; शब्रा. ५.१.2.६; तैब्रा. १.३.६.2
पृथिविष्पृड् (मैसं. पृथिवी...) मा मा हिंसीः – मैसं.४.६.७: १2८.४; तैआ. ४.८.४; ५.७.८
पृथिवीं यच्छ – वा.१३.१८; तैसं. ४.2.६.१; ५.७.६.१; मैसं. 2.७.१५: ६८.६; 2.८.१४: ११७.१७; काठसं. ३६.३; शब्रा. ७.४.2७ तु. पृथिवीं मे।
पृथिवीं यद्वयुन्दन्ति – तैसं. 2.४.८.१/३ द्र. यत् पृथिवीं व्य...।
पृथिवीं विश्वधायसम् – अशौ. १2.१.2७/३
पृथिवीं विष्णुर्व्यक्रंस्त गायत्रेण छन्दसा – काठसं. ५.५; ३2.५ द्र. गायत्रेण छन्दसा पृथिवीम् इत्यत्र।

पृथिवीं शरीरम् – मैसं. ४.१३.४: २०३.११; काठसं.१६.२१; ऐब्रा. .६.१३; तैब्रा. ३.६.६.२; आश्रौ. ३.३.१; शांश्रौसू. ५.१७.३ तु. पृथिवी श...।
पृथिवीं सक्भान – काठसं. २.६ तु. दृंहस्व पृथिव्याम् इत्यत्र।
पृथिवीं हरिवर्पसम् – ऋ. ३.४४.३/२ तु. पृथिवीं भूरि...।
पृथिवीं गच्छ – तैआ. ४.६.३; ५.८.३; ६.६.२
पृथिवी च म (मैसं. मा) इन्द्रश्चमे – वा. १८.१८; तैसं. ४.७.६.२; मैसं. २.११.५: १४२.१७; काठसं.१८.१०
पृथिवी च मेऽदितिश्च मे – वा. १८.२२; तैसं. ४.७.६.१; काठसं. १८.११ द. अदितिश्च पृथिवी।
पृथिवी चान्तरिक्षं च द्यौश्च –बौध सू. ३.२.८/१
पृथिवी चिद्रेजते पर्वतश्चित् – ऋ.५.६०.२/४
पृथिवी छन्दः – वा. १४.१९; तैसं. ४.३.७.१; ५.३.२.४; मैसं. २.८.३५ १०८.१४; काठसं. २०.११; शब्रा. ८.३.३.६; आपश्रौ. १७.२.४
पृथिवीं चर्मणा – तैसं. ५.७.२०.१; काठसं अश्व.१३.१० द्र. पृथिवीं त्वचा।
पृथिवीं चाति जभ्रिषे – ऋ. ६.१००.६/२; सा. २.३६८/२
पृथिवीं जिन्व – तैसं. ४.४.१.१; काठसं. १७.७; ३७.१७; पंचब्रा. १.६.५; वैसू. २०.१३
पृथिवी ते ददातु प्राणः प्रतिगृह्णातु – हिर गृसू. १.१३.१७
पृथिवी तेऽन्तरिक्षेण – तैसं. ५.२.१२.२/१; काठसं अश्व. १०.६/१
पृथिवी ते पात्रम् – माश्रौसू. ११.६.२; आपमपा. २.२०.१ (आपगृ.८.२१.८); हिर गृसू. २.११.४; बौधसू. २.८.१४.१२ तु. पृथिवी पात्रम्।
पृथिवी त्रिहोता स प्रतिष्ठा – तैआ. ३.७.१
पृथिवी त्वा दीक्षमाणमनुदीक्षताम् – तैब्रा. ३.७.७.७; आपश्रौ. १०.११.१
पृथिवी दण्डः – अशौ. ६.१.२१
पृथिवी दर्वीरक्षितापरिमितानुपदस्ता (विष्णुस्मृ. अक्षता) सा यथा पृथिवी दर्वीरक्षितापरिमितानुपदस्तैवा ततस्येयं दर्विरक्षितापरिमितानुपदस्ता – कौसू. ८८.१० प्रः पृथिवी दर्विरक्षता विष्णुस्मृ. ७३.१७ तु. यथाग्निरक्षितो।
पृथिवी दीक्षा तयाग्निदीक्षया दीक्षितः – तैब्रा. ३.७.७.४; आपश्रौ. १०.११.१
पृथिवी देवता – तैसं. ३.१.६.३; आपश्रौ. १२.२.५
पृथिवी देवी सुमनस्यमाना – अशौ. ११.१.८/२
पृथिवी द्यौः प्रदिशो दिशः – पारगृसू. २.१७.६/१
पृथिवी धेनुस्तस्या अग्निर्वत्सः – अशौ. ४.३६.२
पृथिवी नः पार्थिवात् पात्वंहसः – ऋ. ७.१०४.२३/३; १०.५३.५३; अशौ. ८.४.२३/३
पृथिवीनः प्रथतां राध्यतां नः – अशौ. १२.१.२/४; मैसं. ४.१४.११/४: २३३.११
पृथिवी नात्र संशयः – विष्णुस्मृ. ८७.६/४
पृथिवीं तपसस्त्रयस्व – तैआ. ४.५.२; ५.४.५; आपश्रौ. १५.७.३
पृथिवीं तृतीयं मनुष्यान् यज्ञोऽगात् ततो मा द्रविणमाष्ट – ऐब्रा. ७.५.३ द्र. पितॄन् पृथिवीमगन्, पृथिवीं पितॄन्, तथा पृथिवीं मनुष्यांस्।
पृथिवीं त्वचा – वा. २५.६; मैसं. ३.१५.८: १८०.३ तु. कात्यश्रौसू. २०.८.४ द्र. पृथिवीं चर्मणा।
पृथिवीं त्वा पृथिव्यामावेशयामि – अशौ. १२.३.२२/१; १८.४.४८/१ प्रः पृथिवीं त्वा पृथिव्याम् – वैसू. २८.१२; कौसू. ६१.३०
पृथिवीं दृंह – वा. १.१७; ५.१३; १३.१८; तैसं. १.१.७.१; २.१२.३; ३.१.२; ४.२.६.१; मैसं. १.१.८: ४.८; १.२.८: १८.७; २.७.१५: ६८.७; २.८.१४: ११७.१७; ३.८.५: १०१.८; ४.१.८: १०.१; काठसं. १.५,६,७; ३१.५,६; ३६.३; शब्रा. १.२.१.७; ३.५.२.१४; ७.४.२.७; जैब्रा. १.३६; तैब्रा. ३.२.७.२; माश्रौसू. १.२.३.२; मागृसू. २.१५.५ तु. दृंहस्व पृथिव्याम् इत्यत्र।
पृथिवीं द्यां मरुतः पर्वता नपः – ऋ. ५.४६.३/२; वा. ३३.४६/२
पृथिवी पयसा सह – अशौ. १२.१.५९/४
पृथिवी पात्रम् – याधशा. १.२३७ तु. पृथिवी ते पात्रम्।
पृथिवीपूता पुनातु माम् – तैआ. १०.२३.१/२; महा नारा उप. १४.२/२; प्रा उप. १/२; बौधसू. २.५.८.१०/२
पृथिवीप्रो महिषो नाधमानस्य गातुः – अशौ. १३.२.४४/१
पृथिवीमनु दध्वसे – तैसं. १.५.३.२/२; मैसं. १.७.१/२: १०८.५; काठसं. ८.१४/२
पृथिवीमनु विक्रमस्व – वा. १२.५; तैसं. ४.२.१.१; मैसं. २.७.८: ८५.४; काठसं. १६.८; शब्रा. ६.७.२.१३
पृथिवीमनु विक्रमेऽहं – अशौ. १०.५.२५
पृथिवीमन्यामभितस्थुर्जनासः – तैब्रा. २.४.६.८/४
पृथिवीमाक्रमिषम् – तैसं. ५.६.८.१; आपश्रौ. १७.१३.५; माश्रौसू. ६.१.७
पृथिवीमुपरेण दृंह – तैसं. १.३.६.१; मैसं. १.२.१४: २३.१५; ३.६.३: ११७.१ तु. दृंहस्व पृथिव्याम् इत्यत्र।
पृथिवीमुपरेणादृंहीः (मैसं. तैब्रा. काठसं. १६.१३, ...हीत्) –

वा. ६.2; मैसं. ४.१३.८: 2१०.१७; काठसं. ३.३; १६.१३; 2६.५; शब्रा. ३.७.१.१४; तैब्रा. ३.६.१३.१
पृथिवी मे शरीरे श्रिता, शरीरं हृदये, हृदयं मयि अहममृते, अमृतं ब्रह्मणि – तैब्रा. ३.१०.८.७
पृथिवीमोषधीरपः – आपश्रौ. ४.५.५/2
पृथिवीं पितॄन् यज्ञोऽगात् ततो मा द्रविणमष्टु – षड् ब्रा. १.५.११ द्र. पृथिवीं तृतीयं इत्यत्र।
पृथिवीं भस्मनापृण (मैसं.काठसं. भस्म) स्वाहा – वा. ६. 2१; मैसं. १.2.१४: 2४.७; ३.६.४: १20.३; काठसं. ३.३; 2६.६; शब्रा. ३.७.१.३2; आपश्रौ. ७.2७.४
पृथिवीं भूरिवर्पसम् – अशौ. १.2.१/४ तु. पृथिवीं हरि...।
पृथिवीं मनुष्यांस तृतीयं यज्ञोऽगात् ततो मा द्रविणमष्टु – शांश्रौसू. ३.20.४ द्र. पृथिवीं तृतीयं इत्यत्र।
पृथिवीं मातरं महीम् – तैब्रा. 2.४.६.८/१; आश्रौ. 2.१०. 2१/१
पृथिवीं मा हिंसीः – वा. १३.८; तैसं. ४.2.६.१; मैसं. 2.७.१. ५: ६८.७; 2.८.१४: ११७.७; काठसं. ३६.३; शब्रा. ७.४. 2.७
पृथिवीं मे यच्छ – तैब्रा. ३.१०.४.३ तु पृथिवीं यच्छ।
पृथिवी योनिः – मैसं. 2.१३.2: १५३.७; तै आ। १०.३५
पृथिवी वर्धति श्रवः – ऋ. ८.१५.८2; अशौ. 20.१०६. 2/2; सा. 2.६६६/2
पृथिवी वशा – काठसं. ३६.८; आपश्रौ. १६.३2.४ द्र. पृथिव्यसि जन्मना वशा।
पृथिवी वृता साग्निना वृता तया वृतया यस्माद्भयाबिभेमि तद्वारये स्वाहा – आगृ. ३.११.१
पृथिवी शरीरम् (माश्रौसू. ...रमसि) – अशौ. ५.६.७; शांश्रौसू. १०.१७.४; माश्रौसू. ८.20; तु. पृथिवीं श...।
पृथिवी शान्ता – तैआ. ४.४2.५
पृथिवी शान्तिः – अशौ. १६.६.१४; वा. ३६.१७;का. ३५.५८; मैसं. ४.६.2७: १३८.१2; तैआ. ४.४2.५; माश्रौसू. ४.३. ४१
पृथिवीषदं आदिः द्र. पृथिविषदम्।
पृथिवी सदसि – काठसं. ३४.१४
पृथिवीसमन्तस्य तेऽग्निरुपद्रष्टा – बौधसू. 2.८.१४.१2 द्र. अपरम्।
पृथिवी समा तस्याग्निरुपद्रष्टा दत्तस्याप्रमादाय – हिर गृसू. 2.११.४ द्र. पूर्वम्।
पृथिवी समित् – मैसं. ४.६.2३: १३६.१०; ४.६.2५: १३७. १४; तैआ. ४.४१.१,६; आपश्रौ. १५.20.2; माश्रौसू. ४.७. ३
पृथिवी सहदेवता – अशौ. १2.४.2३/४
पृथिवी सुवर्चा आदिः द्र. पृथिवी आदि।
पृथिवीस्पृनादिः द्र. पृथिवि...।
पृथिवी होता – मैसं. १.६.१: १३१.३; ३.2.१; शांश्रौसू. १५. ४; माश्रौसू. ५.2.१४.2
पृथिव्यग्नेः (गोब्रा. वैसू. अग्नेः पत्नी) – मैसं.१.६.2: १३2. ४; काठसं. ६.१०; गोब्रा. 2.2.६; तैआ. ३.६.१; वैसू. १५.३
पृथिव्यन्तरिक्षं द्यौर्वषट् स्वाहा नमः – तैसं. ७.३.१2.१; काठसं अश्व. ३.2
पृथिव्यप्तेजो वायुराकाशा (तै आ. पृथिव्यापस्तेजो वायुराकाशा; महा नारा उप. पृथिव्यप्तेजोवाय्वाकाशा) मे शुध्यन्ताम् – तैआ.१०.५६.१; तैआ. १०.६६; महा नारा उप. 20.20 प्रः पृथिवी... – बौधसू. ३.८.१2
पृथिव्यसि – वा. १.2; ११.५८; १३.१७; तैसं. १.१.३.१; ४.१. ५.३; 2.६.१; मैसं. १.१.३: 2.६; 2.७.६: ८०.१४; 2.८.१४: ११७.१६; ३.१.७: ८.१६; ४.१.३: ४.१४; काठसं. १.३; १६.५,१६; ३१.2; ३६.३; शब्रा. १.७.१.११; ६.५.2.३; ७.४. 2.६; तैब्रा. 2.७.१५.३; ३.2.३.2; आपश्रौ. १६.2३.७; 22. 2८.१०; माश्रौसू. १.१३.१६
पृथिव्यसि जन्मना ध्रुवा नाम प्रिया देवानां प्रियेण नाम्ना – मैसं. १.१.१2: ७.१६; प्रः पृथिव्यसिजन्मना – माश्रौसू. १.2.६.१६; – ६.2.३ द्र. घृताच्यसि ध्रुवा इत्यत्र।
पृथव्यसि जन्मना वाश – मैसं. 2.१३.१५: १६३.१६ द्र. पृथिवी वशा।
पृथिव्यस्यप्सु श्रिता, अग्नेः प्रतिष्ठा, त्वयीदमन्तः विश्वं यक्षं विश्वं भूतं विश्वं सुभूतम्, विश्वस्य भर्त्री विश्वस्य जनयित्री – तैब्रा. ३.११.१.६
पृथिव्या अकरं नमः – अशौ. १2.१.2६/४ तु. पृथिव्यै चा. ..।
पृथिव्या अग्नये – पारगृसू. 2.१०.४
पृथिव्या अधि संभव – आगृ. 2.६.३
पृथिव्यधि सानवि – ऋ. ६.४८.५/४; ६.६३.2७/३; सा. 2.१02४/३, १0५0/३
पृथिव्या अध्याभरत् – वा. ११.१/४,११/४; तैसं. ४.१.१. १/४; मैसं. 2.७.१/४: ७३.६; ७४.१७; ३.१.१; १.७; काठसं. १५.११/४; १४.१/४; शब्रा. ६.३.१.१३,४१; श्वेत उप. 2.१/४
पृथिव्या अध्युत्ततम् – अशौ. 2.७.३/४
पृथिव्या अध्युत्थितः – तैब्रा. ३.७.६.१६/2; आपश्रौ. ४.१2. ८/2
पृथिव्या अध्युद्भृतम् (अशौ. १.2४.४/2 ...ता) अशौ. १.

२४.४/2; 2.३.५/2
पृथिव्या अनु संवतम् – अशौ. ६.१०५.2/४
पृथिव्या अन्तरिक्षं संतनु – मैसं. 2.१३.३: १५३.१०; काठसं. ३६.८; तैब्रा. १.५.७.१; आपश्रौ. १६.३2.३
पृथिव्या अमृतं आदिः द्र. पृथिव्यामादि।
पृथिव्या अहमुदन्तरिक्षमारुहम् – वा. १७.६७/१; तैसं.४. ६.५.१/१; ५.४.७.१; मैसं. 2.१०.६/१; १३८.६; ३.३.६: ४2.१; काठसं. १८.४/१; 2१.६; शब्रा. ६.2.३.2६ द्र. पृष्ठात् पृथिव्या अहम्।
पृथिव्या आपृगमुया शयन्ते – ऋ. १०.८६.१४/४
पृथिव्या इन्द्र सदनेषु महिनः – ऋ. १.५६.६/2
पृथिव्याः ककुभिः श्रितम् – तैब्रा. ३.३.2.१/2; आपश्रौ. 2. ५.१/2; माश्रौसू. १.2.५.८/2
पृथिव्याः पुरीषमस्यप्सो नाम – वा. १४.४/१; तैसं. ४.३. १2.१; मैसं. 2.८.१/१: १०७.१; काठसं. १७.६/१; शब्रा. ८.2.१.७ पृः पृथिव्याः पुरीषमसि – काठसं. 2१. 2; शब्रा. ८.2.१.१५; आपश्रौ. १७.३.३
पृथिव्यां ये च मानवाः – अशौ. ११.१०.2/४
पृथिव्यां लोकमिच्छतु – वा. ३५.2/2; शब्रा. १३.८.2. ५/2
पृथिव्यां वामदेव्ये श्रयस्व स्वाहा – तैब्रा. ३.७.१०.१; आपश्रौ. १४.३१.४ द्र. वामदेव्ये श्रयस्व।
पृथिव्यां विष्णुर्वयक्रंस्त गायत्रेण छन्दसा – वा. 2.2५; शब्रा. १.६.३.१०,१2; शांश्रौसू. ४.१2.४ प्रः पृथिव्याम् –कात्यश्रौसू. ३.८.१2 द्र. गायत्रेण छन्दसा पृथिवीम् इत्यत्र।
पृथिव्यां शक्रा ये श्रिताः – अशौ. ११.६.१2/३
पृथिव्यां सीद – तैसं. ३.४.2.2; ४.६.५.३; काठसं.१३.११,१2; कौसू. ६.१०
पृथिव्यां कल्पस्व – काठसं. ३६.१
पृथिव्या देवयजनाज्जहि – काठसं. ३१.८
पृथिव्या धर्तोरोरन्तरिक्षस्य धर्ता – मैसं. ४.६.६: १2६.८; तैआ. ४.७.2 प्रः पृथिव्याः –तैआ. ५.६.६
पृथिव्या निः शशा अहिम् – ऋ.१.८०.१/४; सा.१. ४१०/४
पृथिव्यां ते निषेचनम् – अशौ. १.३.१/४७५/४
पृथिव्यां निमिता मिता – अशौ. ६.३.१६/2
पृथिव्यापस्तेजो आदिः द्र. पृथिव्यप्तेजो आदि।
पृथिव्यामग्नये समनमन् स आर्धनोत् – अशौ. ४.३६.१ प्रः पृथिव्यामग्नये समनमन् – कौसू.५.८; पृथिव्याम्–कौसू. ५६.१६ द्र. पृथिव्यै सम्, तथा अग्नये समनमत् इत्यत्र – कौसू. ५.८; ६८.३७; ७2. ३७
पृथिव्यामंक्ष्व – आपश्रौ. ३.६.2
पृथिव्यामतिषितम् यदूधः – ऋ.१०.७३.६/३; सा.१. ३३१/३
पृथिव्यामधि दर्शतः – ऋ. ८.४१.४/2
पृथिव्यामधियेनिरित् (तैसं. अधि योनिः) – वा.११.१2/५; तैसं. ४.१.2.१/५; मैसं. 2.७.2/५: ७५.१; ३.१.३: ३. १३; काठसं. १६.१/५; शब्रा. ६.३.2.2
पृथिव्यामध्यासते – तैसं. ३.५.४.१/2,३/2; मैसं. १.४. ३/2: ४६.५,७; काठसं. ५.६/2; ३2.६; माश्रौसू. १. ४.३.१६/2
पृथिव्यामध्ध्येकादश स्थ – ऋ. १.१३६.११/2; वा. ७. १६/2; तैसं. १.४.१०.१/2; मैसं. १.३.१३/2: ३५.७; ४.६.४/2: ८४.११; काठसं. ४.५/2; शब्रा. ४.2.2. ६/2
पृथिव्यामध्योषधीः – अशौ. ८.७.१३/2
पृथिव्यामध्योषधीर्दृंह मयि सजातान् – लाटयश्रौसू. १.७. १2
पृथिव्यामन्यो अध्यन्तरिक्षे – ऋ. 2.४०.४/2; मैसं. ४.१४. १/2: 2१५.३; तैब्रा. 2.८.१.५/2
पृथिव्यामपरा श्रिता – तैआ. १.५.१/2
पृथिव्यामृतं (कात्यश्रौसू. ..व्या) जुहोमि स्वाहा (आश्रौ. इत्यस्य लोपः स्वाहा) – आश्रौ. 2.४.१४; कात्यश्रौसू. ४.१४.2८; आपश्रौ. ६.१2.४
पृथिव्यामवचुश्चोतैतत् – तैब्रा. ३.७.३.६/३७; आपश्रौ. ६. ४.१/३ तु. द्यौर्यतः इत्यत्र।
पृथिव्यामसि निष्ठितः – अशौ. १६.३2.३/2
पृथिव्यामस्तु यद्धरः – अशौ.१८.2.३६/४
पृथिव्यामस्योषधे – अशौ. ६.१३६.१/2
पृथिव्या मा पाहि – मैसं. 2.७.१५: ९८.७; काठसं. ३६.३ द्र. पृथिव्यै मा।
पृथिव्या मा पाहि विश्वस्मै प्राणायापानाय व्यानायोदानाय प्रतिष्ठायै चरित्राय – मैसं. 2.८.१४: ११७.१८
पृथिव्या मित्रावरुणा विचर्षणी – ऋ. ५.६३.३/2; मैसं. ४.१४.१2/2: 2३४.१४
पृथिव्या मूर्धन् सीद यज्ञिये लोके – काठसं. ७.१३ द्र. पृथिव्यास्त्वा मूर्धन् सादयामि।
पृथिव्यामोषधीषु यत् – अशौ. १०.४.22/2
पृथिव्यां परिस्रसा – तैब्रा. १.2.१.१/2; आपश्रौ. ५.१.७/2
पृथिव्यां पुण्यं च पापं च – माश्रौसू. ११.१.१/१
पृथिव्यां पुष्टिर्हिताः – तैब्रा. ३.१2.६.2/2
पृथिव्यां बहु रोचते – अशौ. ११.५.2६/४

पृथिव्या यज्ञिये सीद – आपश्रौ. १६.३०.१
पृथिव्या वर्मासि – माश्रौसू. १.2.४.६ द्र. पृथिव्यै आदि।
पृथिव्या वा मात्रया वि श्रयध्वम् – ऋ. १०.७०.५/2
पृथिव्यासनोत् – तैसं. ४.४.८.१ तु. पृथिव्यास्तृणीकः।
पृथिव्या (मैसं. 2.१३.१, ...व्याः) संभव – वा. ४.१३; ५.४३; तैसं. १.३.५.१; ५.६.१.४; मैसं. १.2.१४: 2३.८; 2.१३.१; १५३.४; काठसं. ३.2; 2६.३; शब्रा. ३.2.2.2१; ६.४. १३,१४; कात्यश्रौसू. ७.४.३८; आपश्रौ. १०.१३.६; १६.११
पृथिव्यास्तं निर्भजामो योऽस्मान् द्वेष्टि यं वयं द्विष्मः – अशौ. १०.५.2५
पृथिव्यास्तृणीकः – काठसं. ३६.११ तु. पृथिव्यासनोत्।
पृथिव्यास्ते रुरुहुः सानवि क्षिपः – ऋ. ६.७०.४/2
पृथिव्यास्त्वा दात्रा प्राश्नामि (वैसू. प्राश्नाम्यन्तरिक्षस्य त्वा दिवस्त्वा) – वैसू. ३.१६; माश्रौसू. १.३.३.१६
पृथिव्यास्त्वा द्रविणे सादयामि – तैसं. ४.४.७.१; ५.३.११.2; मैसं. 2.१३.१८: १६५.2; काठसं.३६.६; आपश्रौ. १७.५. १2
पृथिव्यास्त्वा धर्मणा वयमनु परिक्रमाम (तैआ. अनु क्रमाम) सुविताय नव्यसे – मैसं. ४.६.१०: १३१.५; तैआ. ४.११. 2
पृथिव्यास्त्वा नाभौ सादयामीडायाः पदे – आपश्रौ. ३.१६. ७; हिर गृसू. १.१३.८
पृथिव्यास्त्वा नाभौ सादयाम्यदित्या उपस्थे – वा. १.११; का. 2.३.४; कौषी ब्रा. ६.१४; शब्रा. १.१.2.2३; आश्रौ. १.१३.१; शांश्रौसू. ४.७.६; कौसू. ६१.४ प्रः पृथिव्यास्त्वा नाभौ सादयामि – गोब्रा. 2.१.2; वैसू. ३.१०; लाट्यश्रौसू. ४.११.१2; पृथिव्यास्त्वा – कात्यश्रौसू. 2. 2.१७; ३.2७ तु. उत्तरं तथा अदित्यास्त्वोपस्थे।
पृथिव्यास्त्वा पृष्ठे सादयामि – माश्रौसू. ५.2.१५.१६ तु. पूर्वम्।
पृथिव्यास्त्वा मूर्धन्ना जिघर्मि देवयजन इडायाः (मैसं. जिघर्मि यज्ञिया इडायास्) पदे घृतवति स्वाहा – तैसं. १.2.५.१; ६.१.८.2; मैसं. १.2.४: १३.६; ३.७.६: ८३.८; काठसं. 2.५; 2४.४ प्रः पृथिव्यास्त्वा मूर्धन्ना जिघर्मि – आपश्रौ. १०.2३.2; माश्रौसू. 2.१.३.४० द्र. अदित्यास्त्वा आदि।
पृथिव्यास्त्वा मूर्धन् सादयामि यज्ञिये लोके – आपश्रौ. ५. १2.2; १३.८; १५.६; ६.2.१ द्र. पृथिव्या मूर्धन्।
पृथिव्यास्त्वा लोके सादयामि – तैआ. ६.७.३
पृथिव्याः संस्पृशस् आदिः द्र. पृथिव्याः संपृचस्।
पृथिव्याः सधस्थादग्निं पुरीष्यमगिरस्वदच्छेहि – तैसं. ४. १.2.2; ५.१.2.४ तु. अग्निं पुरीष्यमादि।
पृथिव्याः सधस्थादग्निं पुरीष्यमगिरस्वदा भर – वा. ११. १६; तैसं. १६.१; १६.2; शब्रा. ६.३.१.३८; 2.६ प्रः पृथिव्याः सधस्थात् – कात्यश्रौसू. १६.2.१० तु. अग्निं पुरीष्यमादि।
पृथिव्याः सप्त धामभिः – ऋ. १.22.१६/३; पारगृसू.३.2. १४/३
पृथिव्याः संपृचस् (तैसं. तैब्रा. आपश्रौ. ...चः; वा.शब्रा. संस्पृशस्) पाहि – वा. ३७.११; तैसं. १.१.2.2; ३.८.2; ६.३.८.2; मैसं. ४.६.३: १2३.८; शब्रा. १४.१..३.१४; तैब्रा. ३.2.2.६; आपश्रौ. १.४.१; ७.१६.४; माश्रौसू. १.१.१.३५ प्रः पृथिव्याः – माश्रौसू. ४.2.१६
पृथिव्याः संभवः द्र. पृथिव्या आदि।
पृथिव्याः सानौ जङ्घनन्त पाणिभिः – ऋ. 2.३१.2/४
पृथिव्या हृदयं श्रितम् – साम मन्त्रब्रा. १.५.१३/2
पृथिव्युदपुरमन्नेन विष्टा – तैसं. ४.४.५.१ प्रः पृथिव्युदपुरमन्नेन – आपश्रौ. १६.2३.६ द्र. उदपुरा।
पृथिव्युपसदि – काठसं. ३४.१४
पृथिव्यै चाकरं नमः – अशौ. १.३2.४/४; तैब्रा. ३.७.१०. ३/४; आपश्रौ. ६.१४.2/४ तु. पृथिव्या अकरम्।
पृथिव्यै ते शरीरं स्पृणोमि स्वाहा – शब्रा. ११.८.४.६; कात्यश्रौसू. 2५.६.११ तु. पृथिव्यै शरीरम्।
पृथिव्यै त्वा – वा. ५.2६; ६.१; तैसं. १.१.११.१; ३.१.१; ६.१; 2.६.५.१; ३.५.८.१; ४.४.१.१; ६.2.१०.2; ३.४.१; ७.१.११. १; मैसं. १.2.११; 2०.१४; 2३.१०; १.2.१६: 2६.१४; १.३. ३५: ४2.१; ३.८.६: १०७.६; ३.६.३: ११७.१; काठसं. १. १2; 2.१2; ३.३; १७.७; 2६.५; ३१.११; ३७.१७; काठसं अश्व. १.2; पंचब्रा. १.६.५; शब्रा. ३.६.१.१2; ७.१.५; तैब्रा. ३.३.६.३; ८.७.३; आश्रौ. 2.३.८; वैसू.2०.१३; आपश्रौ. 2.८.१; ३.६.४; ७.६.६; ११.६.१2 १७.६.७; 2०. ५.८; माश्रौसू. १.८.2.६; ४.६; कौसू. ६.५
पृथिव्यै (त्वा जुष्टं प्रोक्षमि)कौसू. 2.१६
पृथिव्यै त्व सवैश्वानरायै परिददामि (आपमपा. ...म्यसौ) – आपमपा. 2.३.2३ (आपगृ.४.१०.१2); हिर गृसू. १.६. ५
पृथिव्यै नमः – काठसं अश्व. ११.६ द्र. नमः पृथिव्यै।
पृथिव्यै पीठसर्पिणम् – वा. ३०.2१ द्र.भूम्यै आदि।
पृथिव्यै भागोऽसि – आपश्रौ. ३.३.११
पृथिव्यै मा पाहि – तैसं. ५.७.६.१ द्र. पृथिव्या मा आदि।
पृथिव्यै वर्मासि – का. १.६.2; कात्यश्रौसू. 2.६.१५; आपश्रौ. 2.१.५ द्र. पृथिव्या आदि।
पृथिव्यै शरीरम् – सावि ब्रा. ३.८.2 तु. पृथिव्यै ते।
पृथिव्यै श्रोत्राय वनस्पतिभ्योऽग्नयेऽधिपतये स्वाहा –

अशौ. ६.१०.१ प्रः पृथिव्यै श्रोत्राय – गोब्रा. १.१.१४; कौसू. ६.३.५; १2.३; पृथिव्यै समनमत् – तैसं. ७.५. 2३.१; तैब्रा. ३.८.१८.५ द्र. पृथिव्यामग्नये।
पृथिव्यै स्वाहा – अशौ. ५.६.2,६; वा. 22.2७,2६; ३६.१; तैसं. १.८.३.१३; ७.१.१५.१; १७.१; ५.११.१; मैसं. ३.१2.७: १६2.१2; ३.१2.१०: १६३.१०; काठसं. १५.३; ३७.१५,१६; काठसं अश्व. १.६,८; ५.2; शब्रा. १४.३.2.४; ६.३.६; तैब्रा. ३.८.१७.१,2; १८.४; तैआ. आन्ध्र १०.६७.2; बृह उप. ६.३.६; महा नारा उप. १६.2; शांश्रौसू. १७.१2. 2; आपश्रौ. १८.१५.६; 2०.११. ४.५; १2.५; कौसू. ६८.2
पृथी यद्वां वैन्यः सादनेषु – ऋ. ८.६.१०/३; अशौ.2०. १४०.५/३
पृथुं योनिमसुरत्वा ससाद – ऋ. १०.६६.2/2
पृथुग्मानं वाश्रं वावृधध्यै – ऋ. १०.६६.१/2
पृथुग्मानं वाश्रं वावृधध्यै – ऋ. १०.६६.१/2
पृथुग्रावासि वानस्पत्यः – मैसं. १.१.६: ३.१2; ४.१.६: ८.३ प्रः पृथुग्रावासि – माश्रौसू. १.2.2.१० तु. अद्रिरसि इत्यत्र।
पृथुं गोमन्तमश्विनम् – ऋ. १०.१५६.३/2; सा. 2. ८७६/2
पृथुज्रयमश्विना संगतिं गोः – ऋ. ४.४४.१/2; अशौ.2०. १४३.१/2
पृथुज्रयसे रीरधा सुवृक्तिम् – ऋ. १०.३०.१/४
पृथुज्रया अमिनादायुर्दस्योः – ऋ. ३.४६.2/४; निरु. ५.६
पृथुज्रयी असुर्येव जज्ञती – ऋ. १.१६८.७/४
पृथुं तिरश्चा वयसा बृहन्तम् – ऋ. 2.१०.४/३; वा. ११. 2३/३; तैसं. ४.१.2.५/३; ५.१.३.2; मैसं. 2.७.2/३: ७६.४; काठसं. १६.2/३; शब्रा. ६.३.३.१६
पृथुपाजा अमर्त्यः – ऋ. ३.2७.५/१; मैसं. ४.१०.१/१: १४१.६; काठसं. ४०.१४/१; तैब्रा. ३.६.१.३/१; आश्रौ. 2.१.2६; ८.६.३ प्रः पृथुपाजाः – मैसं. ४.११.2: १६३.१; माश्रौसू. ५.१.१.६; –५.१.५.७३; –५.2.१.2५
पृथुपाजा देवयद्भिः समिद्धः – ऋ.३.५.१/३
पृथुप्रागाणमुशन्तमुशनः – ऋ. ३.५.७/2
पृथुप्रगाणमुशन्तमुशनः – ऋ. १.2७.2/2; सा. 2.६८५/2
पृथु प्रतीकमध्येधे अग्निः – ऋ. ७.३६.१/४
पृथुर्भव सुषदस्त्वम् – वा. ११.४४/३; तैसं. ४.१.४.2/३; मैसं. 2.७.४/३: ७६.2; काठसं. १६.४/३; शब्रा. ६.४. ४.३
पृथु श्चन्द्रमवसे चर्षणिप्राः – ऋ. ४.2.१३/४
पृथुश्रवसि कानीते – ऋ. ८.४६.2१/४
पृथुश्रवसो वृषणावरातीः – ऋ. ७.५.८/४
पृथु श्रवो दाशुषे मर्त्याय – ऋ. ७.५.८/४
पृथुष्टो पृथुजाघने – ऋ. १०.८६.८/2; अशौ. 2०.१2६. ८/2
पृथू करस्ना बहुल गभस्ती – ऋ. ६.१६.३/१
पृथून्यग्निरनुयाति भर्वन् – ऋ. ६.६.2/४; तैसं. १.३.१४. ४/४
पृथू रथो दक्षिणाया अयोजि – ऋ. १.१2३.१/१ प्रः पृथूरथः आश्रौ. ४.१४.2 तु. बृहद. ३.१४०
पृथ्वी (वरदोत उप. पृथिवी) सुवर्चा युवतिः सजोषाः – तैब्रा. ३.१.१.१2/१; वरदोत उप. ३
पृदाकवः – अशौ. 2०.१2६.६; शांश्रौसू. १2.१८.८
पृदाकुं च पृदाक्वम् – अशौ. १०.४.१७/2
पृदाकुसानुर्यजतो गवेषणः – ऋ. ८.१७.१५/१
पृदाकू रक्षिता – अशौ. ३.2७.३; तैसं. ५.५.१०.१; आपमपा. 2.१७.१५
पृदाकूरिव गोपते – अशौ. ५.१८.१५/2
पृदाकूरिव चर्मणा – अशौ. ५.१८.३/2
पृदाकोः परि संभृतम् – अशौ. ७.५६.१/2
पृश्नयस्त्रयः शारदाः – तैसं. ५.६.2३.१; काठसं अश्व. १०. ३
पृश्नये स्वाहा – तैसं. ७.३.१८.१; काठसं अश्व. ३.८
पृश्नयो मारुताः – वा. 2४.१४,१५; मैसं. ३.१३.१2: १७१.१; ३.१३.१३: १७१.४; आपश्रौ. 2०.१४.७,६।
पृश्निं वरुण दक्षिणां ददावान् – अशौ. ५.११.१/३
पृश्निं वोचन्त मातरम् – ऋ. ५.५2.१६/३
पृश्निगावः पृश्निंप्रेषितासः – ऋ. ७.१८.१०/३
पृश्निपर्णि सहस्व च – अशौ. 2.2५.३/४
पृश्निपर्ण्य अजायत – अशौ. 2.2५.2/2
पृश्निंबाहवो मण्डूका इरिणानु – अशौ. ४.१५.१2/४
पृश्निंमातरो मरुतः स्वर्काः – ऐआ. ५.१.१.१३/2
पृश्निंरदाद्धरितो नो वसूनि – ऋ. ७.१०३.१०/2
पृश्निरेको हरित एक एषम् – ऋ. ७.१०३.६/2
पृश्निर्भूत्वा दिवं गच्छ – काठसं. १.१2/2, ३१.११
पृश्निर्यदूधो मही जभार – ऋ. ७.५६.४/2
पृश्निसक्थाय (काठसं अश्व. ...सक्थये) स्वाहा – तैसं. ७.३.१८.१; काठसं अश्व. ३.८
पृश्निसक्था (काठसं अश्व. ..सक्थ्यस्) स्त्रयो हैमन्तिकाः – तैसं. ५.६.2३.१; काठसं अश्व. १०.३
पृश्निस्तिरश्चीनपृश्निरूर्ध्वपृश्निस्ते मारुताः – वा. 2४.४; तैसं. ५.६.१2.१; मैसं. ३.१३.५: १६६.८; काठसं अश्व. ६.2
पृश्निः संपृंकते हरितेन वाचम् – ऋ. ७.१०३.४/४

पृश्निहापराजितः – अशौ. १०.४.१५/2
पृश्नेः पुत्रा उपमासो रभिष्ठाः – ऋ. ५.५८.५/३; मैसं. ४.१४.१८/३: 2४७.१५; तैब्रा. 2.८.५.७/३
पृश्नेः प्रेत – तैसं. १.४.2८.१; शांश्रौसू. ८.१७.१
पृश्न्याः पतरं चितयन्तमक्षभिः – ऋ. 2.2.४/३
पृश्न्याः पयोऽसि (माश्रौसू. ऽस्य अग्रेगुवः) – काठसं. १.१०; माश्रौसू. १.2.३.2५
पृश्न्या दुग्धं सकृत् पयः – ऋ. ६.४८.22/३
पृश्न्या यदूधरप्यापयो दुहुः – ऋ. 2.३४.१०/2
पृषती क्षुद्रपृषती, स्थूलपृषती ता मैत्रावरुण्यः (काठसं अश्व. वैश्वदेव्यः) – वा. 2४.2; मैसं. ३.१३.३: १६६.४; काठसं अश्व. ६.2 द्र. उत्तरमेकवर्जम्।
पृषतीनां ग्रहोऽसि – तैसं. ३.2.६.१
पृषती स्थूलपृषती क्षुद्रपृषती ता वैश्वदेव्यः – तैसं. ५.६.१2.१ द्र. पूर्वमेकवर्जम्।
पृषतीनां ग्रहोऽसि – तैसं. ३.2.६.१
पृषती हेमन्ताय – वा. 2४.११ द्र. पृषन्तो आदि।
पृषदश्वामरुतः पृश्निमातरः – ऋ. १.८६.७/१; वा. 2५.20/१; काठसं. ३५.१/१; आपश्रौ. १४.१६.१/१ तु. मरुतः पृश्नि...।
पृशदश्वासो अनवभ्रराधसः – ऋ. 2.३४.४/३; ३.2६.६/३
पृषदश्वासोऽवनयः न रथाः – ऋ. १.१८६.८/३
पृषदाज्यप्रणुत्तानाम् – अशौ. ११.१०.१६/३
पृषद्योनिः पंचहोता शृणोतु – ऋ. ५.४2.१/३
पृषध्रे मेध्ये मातरिश्वनि – ऋ. ८.५2.१/३
पृषध्रे पृषन्तं सुप्रमदब्धमूर्वम् – ऋ. ४.५०.2/३; अशौ.20.८८.2/३
पृषन्तस्त्रयो वार्षिकाः – तैसं. ५.६.2३.१; काठसं अश्व. १०.३
पृषन्तो हेमन्ताय – मैसं. ३.१३.20: १७.६ द्र. पृषतो आदि।
पृषातकानि (आश्रौ. शांश्रौसू. जरितः) – अशौ. 20.१३४.2; आश्रौ. ८.३.2१; शांश्रौसू. १2.2३.३; वैसू. ३2.2५
पृषातकाय स्वाहा – आगृ. 2.2.३
पृष्टिं दिवः परि स्रव – सा. 2.2४६/३ द्र. वृष्टिं आदि।
पृष्टिभ्यः आदिः द्र. उत्तरमेकवर्जम्।
पृष्टीभिरधि शेमहे – अशौ. १2.१.३४/४
पृष्टीभ्यः (काठसं अश्व. पृष्टिभ्यः) स्वाहा – तैसं. ७.३.१६.१; काठसं अश्व. ३.६
पृष्टीरपि शृणांजन – अशौ. १६.४५.१/४
पृष्टीरपि शृणीमसि – अशौ. 2.७.५/४
पृष्टीर्बर्जह्यो पार्श्वे – अशौ. ११.८.१४/३
पृष्टीर्मे राष्ट्रम् उदरम् – वा. 20.८/१; मैसं. ३.११.८/१: १५2.५; काठसं. ३८.४/१; तैब्रा. 2.६.५.५/१
पृष्टीर्वोऽपि शृणातु यातुधानाः – अशौ. ६.३2.2/2 तु. अपिशीर्णा इत्यत्र।
पृष्टो दिवि धाय्यग्निः पृथिव्याम् – ऋ. ७.५.2/१
पृष्टो दिवि पृष्टो अग्निः पृथिव्याम् – ऋ. १.६८.2/१; वा. १८.७३/१; तैसं. १.५.११.१/१; मैसं. 2.१३.११/१: १६१.१४; काठसं. ४.१६/१; ४०.३/१; ऐब्रा. ७.६.१; शब्रा. ६.५.2.६; तैब्रा. ३.११.६.४/१; आश्रौ. 2.१५.2 प्रः पृष्टो दिवि – तैसं. ४.४.१2.५; ७.१५.६; मैसं. ३.१६.४; ४.१०.१: १४१.१४; ४.११.१: १६०.१०; ४.१2.४: १८८.१४; ४.१४.६: 22६.६; काठसं. ११.१३; 20.१५; 22.१५; शांश्रौसू. 2.५.३; ६.2७; आपश्रौ. ८.१.४; १६.१५.१; ३४.६; ३५.१; १६.१2.१८; माश्रौसू. ५.१.१.2६; – ५.१.५.2४; – ६.१.५; – ६.१.८
पृष्टो विश्वा ओषधीरा विवेश – ऋ. १.६८.2/2; वा. १८.७३/2; तैसं. १.५.११.१/2; मैसं. 2.१३.११/2५ १६१.१४; काठसं. ४.१६/2; ४०.३/2; तैब्रा. ३.११.६.४/2
पृष्ठं यज्ञेन कल्पताम् (मैसं. कल्पते; वा. 22.३३, कल्पतां स्वाहा) – वा. ६.2१; १८.2६; 22.३३; मैसं. १.११.३: १६३.१६; काठसं. १४.१; १८.१2; शब्रा. ५.2.१४
पृष्ठवाड् (पदप् पष्ट...) गौर्वयो दधुः – मैसं. ३.११.१/४: १८.१2; शब्रा. ५.2.१.४
पृष्ठा गृभ्णत वाजिनः – ऋ. ६.१४.७/३
पृष्ठात् पृथिव्या अहमन्तरिक्षमारुहम् – अशौ. ४.१४.३/१; कौसू. ६८.2७ द्र. पृथिव्या अहम्।
पृष्ठेन द्यावापृथिवी (मैसं. ..पृथिवी आपृण) – वा. १४.११/३; तैसं. ४.३.६.१/३; मैसं. 2.८.३/३: १०८.७; काठसं. १७.३/३; शब्रा. ८.३.१.८
पृष्ठे निनद्धो जयति प्रसूतः – ऋ. ६.७५.५/४; वा. 2६.४2/४; तैसं. ४.६.६.2/४; मैसं. ३.१६.३/४: १८६.2; काठसं अश्व. ६.१/४; निरु. ६.१४/४
पृष्ठे पृथिव्या निहितो दविद्युतत् – वा. १५.५१/३; तैसं. ४.७.१३.३/३; मैसं. 2.१2.४/३: १४७.१2; काठसं. १८.१८/३; शब्रा. ८.६.३.20 द्र. नाभा पृथिव्यां निहितो।
पृष्ठे पृथिव्याः सीद – वा. १७.७2; तैसं. ४.६.५.३; मैसं. 2.१०.६: १३८.११; ३.३.६; ४2.७; काठसं.१८.४; शब्रा. ६.2.३.2४ प्रः पृष्ठे पृथिव्याः – माश्रौसू. ६.2.५
पृष्ठेव वीता वृजिना च मर्तान् – ऋ. ४.2.११/2; तैसं. ५.५.४.४/2; काठसं. ४०.५/2
पृष्ठेष्वेरया (सा. ऐरयद्) रयिम् – ऋ. ६.१०2.३/2; सा.

2.३६५/2
पृष्ठे सदो नसोर्यमः – ऋ. ५.६१.2/३
पृष्ठयोऽभिप्लव एव च – आश्रौ ८.१३.३१/2
पृष्वाभ्यः स्वाहा – तैसं. ७.४.१३.१ द्र. प्रुष्वाभ्यः।
पेत्वस्तेषाम् उभयादम् (पठतु ...दन्?) – अशौ. ५.१६.2/३
पेरुं तुन्जाना पत्येव जाया – तैसं. ३.१.११.८/४ द्र. एरुम्।
पेरुमस्यस्यर्जुनि – ऋ. ५.८४.2/४; तैसं. 2.2.१2.३/४
पेरुरिन्द्राय पिन्वते – तैआ. ३.११.७/३
पेशस्वती तन्तुना संव्यन्ती (काठसं. तैब्रा. संव्ययन्ती) – मैसं. ३.११.१/३: १४०.७; काठसं. ३८.६/३; तैब्रा. 2.६.८.३/३ द्र. तन्तुं ततं पेशसा।
पेशो न शुक्रम् (काठसं. तैब्रा. शुक्लम्) असितं वसाते – वा. १६.८६/४; मैसं. ३.११.६/४: १५४.५; काठसं. ३८.३/४; तैब्रा. 2.६.४.४/४
पेशो मर्या अपेशसे – ऋ. १.६.३/2; अ. २०.2६.६/2; ४७.१2/2; ६६.११/2; सा. 2.८2०/2; वा. 2६.३७/2; तैसं. ७.४.2०.१/2; मैसं. ३.१६.३/2: १८५.८; काठसं अश्व. ४.६/2
पेषी बिभर्षि महिषी जजान – ऋ. ५.2.2/2
पैंगे शब्दे भये रुते – कौसू. १४१.३६/2
पैंगयम् (तर्पयामि) – आगृसू. ३.४.४; शांगृसू. ४.१०.३
पैद्व प्रेहि प्रथमः – अशौ. १०.४.६/१
पैद्वः श्वित्रम् उतासितम् – अशौ. १०.४.५/2
पैद्वस्य मन्महे वयम् – अशौ. १०.४.११/१
पैद्वो न हि त्वमहिनामनाम् – ऋ. ६.८८.४/३
पैद्वो रथर्व्याः शिरः – अशौ. १०.४.५/३
पैद्वो वाजी सदमिद् धव्यो अर्यः – ऋ.१.११६.६/४
पैद्वो हन्ति कसर्णीलम् – अशौ. १०.४.५/१
पोतर्यज – मैसं. ३.६.८: ७१.४,५; आपश्रौ. १2.2४.१; माश्रौसू. 2.४.१.2८ प्रः पोतः – वैसू. १६.५
पोता विश्वं तदिन्वति – ऋ. 2.५.2/४
पोत्रग्नीध्रो (पोताग्नी ...इति पठतु?) निहितं पादमेकम् – गोब्रा. १.५.2४/४
पोत्रात् सोमं द्रविणोदः पिब ऋतुभिः – ऋ. 2.३६.2/४; अ. २०.६७.७/४
पोत्रादो सोमं पिबता दिवो नरः – ऋ. 2.३६.2/४; अ. २०.६७.४/४
पोत्राद् यज्ञं पुनीतन – ऋ. १.१५.2/2
पोषं रयीणामरिष्टिं तनूनाम् – ऋ. 2.2१.६/३; पारगृसू. १.१८.६/३
पोषं देहि – काठसं. १.७; ३१.६
पोषमेव दिवे – दिवे – ऋ. १.१.३/2; तैसं. ३.१.११.१/2; ४.३.१३.५/2; मैसं. ४.१०.४: १५2.६; शब्रा. ११.४.३.१६/2; कात्यश्रौसू. ५.१2.१६/2
पोषाय – वा. 2.2३ द्र. पोषाय वः।
पोषाय त्वा १४.22; तैसं. ७.१.११.१; ५.१३.१; मैसं. १.१.३: 2.७; १.३.३०: ४०.६; १.११.३: १६४.४; 2.८.३: १०६.2; 2.११.६: १४४.३; ४.७.४: ६६.१; काठसं. १७.३; ४०.2; काठसं अश्व. १.2; ५.६; शब्रा. ५.2.१.2५; ८.३.४.१०; तैब्रा. ३.८.३.६; आपश्रौ. 2.८.३; माश्रौसू. १.१.३.१७; 2.६.४; ३.५.2४; 2.५.४.७
पोषय वः – आपश्रौ. १.१६.३ द्र. पोषाय।
पौंस्यानि नियुतः सश्चुरिन्द्रम् – ऋ. ६.३६.३/2; मैसं. ४.१४.१८/2: 2४८.१३; काठसं. ३८.७/2; तैब्रा. 2.४.५.2/2
पौंस्येनेमं वर्चसा संसृजाथ – तैब्रा. 2.१७.३/४
पौंस्येनेमं संसृजाथो वीर्येण – तैब्रा. 2.७.१७.३/४
पौंजिष्ठ इव कर्वरम् – अशौ. १०.४.१६/2
पौत्रमानन्दमभि वि (आपमपा. हिर गृसू. प्र) बुध्यतामियम्–साम मन्त्रब्रा. १.१.११/४; पारगृसू. १.५.११/४; आपमपा. १.४.८/४; हिरगृसू. १.१६.७/४
पौत्रं पितामहम् – अशौ. ६.५.३०/2
पौरं चिद् ध्युदप्रुतम् – ऋ. ५.७४.४/१
पौर पौराय जिन्वथः – ऋ. ५.७४.४/2
पौरासो नक्षन् धीतिभिः – ऋ. ८.५४ (वाल.६).१/४
पौरुष तथा पौरुषसूक्तः द्र. पुरुषसूक्त।
पौरुषेयं च ये क्रविः – अशौ. ८.६..2३/2
पौरुषेयमप मृत्युं नुदन्तु – अशौ. १2.३.४६/४
पौरुषेयादयं भयात् – अशौ. १०.३४/2
पौरुषेयाद् दैव्याद् – काठसं. 22.१५/2 तु. उत्तरमेकवर्जम्।
पौरुषेयाद् भयान् नो दण्ड रक्ष विश्वस्माद् भयाद् रक्ष – हिरगृसू. १.११.८
पौरुषेयेण दैव्येन – तैसं. ४.७.१५.५/2; मैसं. ३.१६.५/2: १६१.१६ तु. पूर्वमेकवर्जम्।
पौरुषेयेऽधि कुणपे – अशौ. ११.६.१०/३
पौरुषेयो वधः प्रहेतिः – वा. १५.१५; तैसं. ४.४.३.१; मैसं. 2.८.१०: ११४.१८; काठसं. १७.६; शब्रा. ८.६.१.१६
पौरे छन्दयसे हवम् – ऋ. ८.५०(वाल. 2).५/४
पौरो अश्वस्य पुरुकृद् गवामसि – ऋ. ८.६१.६/१; अशौ. २०.११८.2/१; सा. 2.६३०/१
पौर्णमासं यजा महे – अशौ. ७.८०.2/2

पौर्णमासं हविरिदमेषां मयि – तैब्रा. ३.७.४.४/४; आपश्रौ. ४.१.८/४
पौर्णमासी पूरयन्ती – हिरगृसू. 2.१७.2/१
पौर्णमासी प्रथमा यज्ञियासीत् – अशौ. ७.८०.४/१
पौर्णमास्यमावास्ये – गोब्रा. १.५.2३/2
पौर्णमास्यष्टकामावास्या अन्नादा स्थान्नदुघः युष्मास्विदमन्तः, विश्वं यक्षं विश्वं भूतं विश्वं सुभूतम्, विश्वस्य भर्त्रयो विश्वस्य जनयित्र्यः – तैब्रा. ३.११.१.१६
पौर्णमास्युदगाच्छोभमाना – तैब्रा. ३.१.१2/2
पौर्णमास्यै स्वाहा – तैब्रा. ३.१.४.१५
पौष्णचरुः – तैसं. ७.५.2१.१; मैसं. १.१०.१ (पाठांशः): १४०.६,११; १४१.2,४; 2.६.१३: ७2.६; काठसं. ६.४,५; काठसं अश्व. ५.१८
पौष्णः श्यामः – वा. 2६.५८; तैसं. ५.५.22.१; काठसं अश्व. ८.१ द्र. श्यामः पौष्णो।
पौष्णाः श्यामाः – आपश्रौ. 2०.१४.७ द्र. श्यामाः।
पौष्णो विशपन्दमाने – वा. ३६.५ द्र. पूषा वि...।
पौष्णै रजतनाभी – वा. 2६.५६; तैसं. ५.५.2४.१; काठसं अश्व. ८.३
पौंष्याम् उत्सर्ग उच्यते – कौसू. १४१.५/४
प्र – शब्रा. १.४.१.४,५,६; ७.2.१७
प्रौगम् उक्थमव्यथायै (काठसं. अव्यथाय; तैसं. अव्यथयत्) स्तभ्नातु (मैसं. स्तभ्नोतु) – वा. १५.११; तैसं. ४.४.2.१; मैसं. 2.८.६: ११३.११; काठसं. १७.८; शब्रा. ८.६.१.६
प्र ऋजिश्वानं दस्युहत्येष्वाविथ – ऋ. १.५१.५/४
प्र ऋभुभ्यो दूतमिव वाचमिष्ये – ऋ. ४.३३.१/१; ऐब्रा. ५.५.६; कौषीब्रा. 22.६ प्रः प्र ऋभुभ्यः – आश्रौ. ८.८.४; शांश्रौसू. १०.५.2३ तु. बृहद. ५.१
प्रकम्पिता मही सर्वा – खिल. १.१६१.३/३
प्रकल्पयंश्चन्द्रमा यान्येति – अ. १६.८.१/३
प्र कविर्देववीतये – ऋ. ६.2०.१/१; सा.2.३१८/१
प्र कवी धीतिभिर्नरा – ऋ. ८.८.५/४
प्रकामाय रजयित्रीम् – वा. ३०.१2; तैब्रा. ३.४.१.७
प्रकामोद्यायोपसदम् – वा. ३०.६; तैब्रा. ३.४.१.६
प्र कारवो मनना वच्यमानाः – ऋ. ३.६.१/१; मैसं. ४.१४.३/१: 21८.११; कौषीब्रा. १2.७; तैब्रा. 2.८.2.५/१; आश्रौ. ३.७.५ प्रः प्र कारवः – शांश्रौसू. ६.१०.१
प्र काव्यम् उशनेव ब्रुवाणः – ऋ. ६.६७.७/१; सा.१.५2४/१; 2.४६६/१; पंचब्रा. १४.१.३; साविब्रा. १.४.१७

प्रकाशेन त्वचम् – तैसं. ५.७.१४; काठसं अश्व.१३.४
प्रकाशेन बाह्यम् – तैसं. ५.७.१2.१; काठसं अश्व. १३.2 द्र. उत्तरम्।
प्रकाशेनान्तरम् – वा. 2५.2; मैसं. ३.१५.2: १७८.५ द्र. पूर्वम्।
प्र कृतान्यृजीषिणः – ऋ. ८.३2.१/१; ऐआ. ५.2.३.2; आश्रौ. ६.४.१०; शांश्रौसू. १८.७.१० प्रः प्र कृतानि – शांश्रौसू. ६.८.१; ऋवि. 2.३१.७ तु. बृहद. ६.७५
प्रकृतिः समुदायिते – आश्रौ. ८.१३.३१/४
प्रकृतेभ्यः स्वधोच्यताम् – याधशा. १.2४३ तु. अत्र अस्तु स्वधेत्यत्र।
प्रकृन्तानां पतये नमः – तैसं. ४.५.३.१; मैसं. 2.६.३: १2३.६; काठसं. १७.१2 द्र. विकृन्तानाम्।
प्र कृष्टिहेव शूष एति रोरुवत् – ऋ. ६.७१.2/१
प्र कृष्णाय रुशदपिन्वतोधः – ऋ. १०.३१.११/३
प्र केतुना बृहता यात्य् (अशौ. तैआ. भात्य्) अग्निः – ऋ. १०.८.१/१; अशौ. १८.३.६५/१; सा. १.७१/१; तैआ. ६.३.१/१ तु. बृहद. ६.१४७
प्र केतुना सहते विश्वमेजत् – अशौ. १३.2.३१/४
प्रकेतेन रुद्रेभ्यो रुद्रान् जिन्व – मैसं. 2.८.८: ११2.८ द्र. उत्तरद्वयम्।
प्रकेतेनादित्येभ्य आदित्यान् जिन्व – वा.१५.६ द्र. पूर्वं तथा त्तरम्।
प्रकेतोऽसि – तैसं. ४.४.१.2; काठसं. १७.७; ३७.१७; पंचब्रा. १.६.१०; गोब्रा. 2.2.१३; वैसू. 22.४ प्रः प्रकेतः तैसं. ५.३.६.१ द्र. पूर्वद्वयम्।
प्र केशाः सुवते काण्डिनो भवन्ति – तैब्रा. 2.७.१७.१/३
प्रकोशा यवाचष्टति (?) –लाटयश्रौसू. ४.2.६/2
प्र क्रन्दनुर्नभन्यस्य वेतु – ऋ. ७.४2.१/2; कौषीब्रा. 2६.११
प्रक्रीरसि त्वमोषधे – अशौ. ४.७.६/३
प्रक्षस्य वृष्णो अरुषस्य नू महः – आरसं. ३.८/१ द्र. पृक्षस्य।
प्रक्षाल्यमाणौ सुभगौ सुपत्न्याः – कौसू. ७६.2७/३
प्र क्षिणात्यवर्त्या – अ. १2.2.३५/2
प्र क्षिणीहि न्यपर्य – अ. १०.३.१५/४
प्र क्षुद्रेव त्मना धृषत् – ऋ. ८.४६ (वाल.१).४/४
पृ क्षोदसा धायसा सस्र एषा – ऋ. ७.६५.१/१; मैसं. ४.१४.७/१ 22५.१७; ऐब्रा. ५.१६.११; कौषीब्रा. 2६.८,१५; आश्रौ. ३.७.६; ८.६.2 प्रः प्र क्षोदसा – शांश्रौसू. ६.१०.2; १०.६.४; ११.५ तु. बृहद. ६.१६
प्रखादः पृक्षो अभि मित्रिणो भूत् – ऋ. १.१७८.४/2

प्रख्यै देवि स्वर्दृशे – ऋ. ७.८१.४/2
प्रगाथाः (तृप्यन्तु) – आगृसू. ३.४.2; शांगृसू. ४.१०.३
प्रगाथा येयजामहाः – वा.१६.2४/४
प्र गायताभ्यर्चाम देवान् – ऋ. ६.६७.४/१; सा. १.५३५/१
प्र गायत्रा अगासिषु – ऋ. ८.१.७/४; सा. १.2७१/४
प्र गायत्रेण गायत – ऋ. ६.६०.१/१
प्रगायामस्य अग्रतः – पारगृसू. १.७.2/४; आपमपा. १.३.५/४ द्र. उत्तरम्, तथा प्रजायामसि।
प्रगायाम्यस्याग्रतः – मागृसू. १.१०.१५/४ द्र. पूर्वम इत्यत्र ।
प्र ग्रीवाः प्र शिरो हनत् – अ. १६.४६.६/४
प्र घा न्वस्य महतो महानि – ऋ. 2.१५.१/१; ऐब्रा. ५.१३.2; कौषीब्रा. 2३.७; आश्रौ. ६.५.१६ प्रः प्र घा न्वस्य – आश्रौ. ८.१.१७; शांश्रौसू. ६.१६.४; १०.८.६; १2.६.१७
प्रघास्यान् (वा. शब्रा. कात्यश्रौसू. ...घासिनो) हवामहे – वा.३.४४/१; तैसं. १.८.३.१/१; मैसं. १.१०.2/१: १४१.१०; काठसं. ६.४/१; शब्रा. 2.५.2.2१/१; तैब्रा. १.६.५.३; आपश्रौ. ८.६.१६; माश्रौसू. १.७.४.१2 प्रः प्रघासिनः – कात्यश्रौसू. ५.५.१०
प्र चक्रमुर्हित्वावद्यमापः – मैसं. १.2.१/2 ६.१2; आपश्रौ. १०.६.१/2; आपमपा. १.2.१/2
प्रचक्राणं महीरिषः – ऋ. ६.१५.७/३; सा. 2.६१८/३
प्र चक्रियेव रोदसी मरुद्भ्यः – ऋ. ५.३०.८/४
प्र चक्रे सहसा सहः – ऋ. ८.४.५/१
प्र चक्षय कृणुहि वस्यसो नः – ऋ. ८.४८.६/2
प्र चक्षय रोदसी वासयोषसः – ऋ. १.१३४.३/६
प्र च दातारममृतेषु वोचः – मैसं. ४.१३.७/४: 20६.2; काठसं. १८.2१/४; तैब्रा. ३.६.१2.१/४; निरु. ८.20/४
प्र चन्द्रमास् तिरते (अ. तिरसे) दीर्घमायुः – ऋ. १०.८५.१६/४; अशौ. ७.८१.2/४; १४.१.2४/४; तैसं. 2.४.१४.१/४; मैसं. ४.१2.2/४: १८१.६; काठसं. १०.१2/४; निरु. ११.६/४
प्रचरत घर्मम् – गोब्रा. 2.६.६; वैसू. १३.2८
प्र चर्षणिभ्यः पृतनाहवेषु – ऋ. १.१०६.६/१; तैसं. ४.2.११.१/१; मैसं. ४.१०.४/१: १५2.१५; काठसं. ४.१५/१; आश्रौ. ३.७.१३ प्रः प्र चषणिभ्यः मैसं. ४.११.१: १५६.१; ४.१३.५ 20५.११; ४.१४.८: 22६.११; तैब्रा. 2.८.५.१; शांश्रौसू. १.८.११; ६.१०.६; माश्रौसू. ५.2.८.३१
प्र चर्षणी मादयेथां सुतस्य – ऋ. १.१०६.५/४
प्र चर्षणी वृषणा वज्रबाहू – अ. ७.११०.2/३; मैसं. ४.१2.६/३: १६४.१2; तैब्रा. 2.४.५.७/३
प्रचलाकायै स्वाहा –तैसं. ७.५.११.१; काठसं अश्व. ५.2
प्र च श्रुत श्रावय चर्षणिभ्यः – ऋ. ६.३१.५/४
प्र च सुवाति सविता – ऋ. ५.८2..६/३; मैसं. ४.१2.६/३: १६८.2; काठसं. १०.१2/३
प्र च हव्यानि वक्षयसि – तैसं. 2.६.१2.५/३ द्र. प्रेद् उ हव्यानि।
प्र चानति वि च चष्टे शचीभिः – अ. ७.2५.2/2
प्र चित्तेनोत ब्रह्मणा – अ. ३.६.८/2
प्र चित्रमर्कं गृणते तुराय – ऋ. ६.६६.६/१; तैसं. ४.१.११.३/१; मैसं. ४.१०.३/१: १५०.८; ४.१४.११: 2३३.४; काठसं. 20.१५/१; तैब्रा. 2.८.५.५/१; आश्रौ. 2.१६.११; ३.७.१2 प्रः प्र चित्रम् – शांश्रौसू. ३.१३.१४
प्रचेतन प्रचेतय – ऐआ. ४.2/2; आश्रौ. ६.2.६/१; ३.११; माहानाम्न्यः 2/३
प्र चेतयति केतुना – ऋ. १.३.१2/2; वा. 20.८६/2; निरु. ११.2७/2
प्रचेतयन्नर्षति वाचमेमाम् – ऋ. ६.६७.१३/४ द्र. प्रचोदयन्।
प्रचेतसं त्वा कवे – ऋ. ८.१02.१८/१
प्रचेतसममृतं सुप्रतीकम् – ऋ. ३.2६.५/2
प्र चेतसा चेतयते अनु द्युभिः – ऋ. ६.८६.४2/2
प्रचेतसे त्वा – तैसं.४.४.६.2; काठसं.22.५
प्रचेतसे प्र सुमतिं कृणुध्वम् – ऋ. ७.३१.१०/2; अशौ. 20.७३.३/2; सा. १.३2८/2; 2.११४३/2
प्रचेतसो य इषयन्त मन्म – ऋ. ७.८७.३/४
प्रचेता न आंगिरसः – ऋ. १०.१६४.४/३; अशौ. ६.४५.३/३
प्रचेता वो रुद्रैः पश्चाद् उप दधताम् – तैआ. १.20.१ द्र. अपरं, तथा रुद्रास्तवा प्रचेतसः।
प्रचेतास्तवा रुद्रैः पश्चात् पातु – वा. ५.११; तैसं. १.2.१2.2; काठसं. 2.६; शब्रा. ३.५.2.५ द्र. पूर्वत्र इत्यत्र।
प्र चेदस्राष्टमभिभां जनेषु – अशौ. ४.2८.४/2
प्र चेरते नि च विश्न्ते अक्तुभिः – ऋ. १०.३७.६/2
प्र चोदयन्तां पावमानीं द्विजानाम् – अशौ. १६.७१.१/2 द्र. उत्तरमेकवर्जम्।
प्रचोदयन्ता विदथेषु कारू – ऋ. १०.११०.७/३; अशौ. ५.१2.७/३; वा. 2६.३2/३; मैसं. ४.१३.३/३: 202.८; काठसं. १६.20/३; तैब्रा. ३.६.३.४/३; निरु. ८.१2/३
प्रचोदयन्ती पवने द्विजाता – तैआ. आन्ध्र १०.३६/2 द्र.

पूर्वमेकवर्जम्।
प्रचोदयन्नर्षसि वाचमेमाम् – सा. 2.१५६/४ द्र. प्रचेतयन्।
प्रचोदयात् सविता याभिरेति – गोब्रा. १.१.३2/४
प्र च्यवस्व तन्वं सं भरस्व – अशौ. १८.३.८/१ प्रः प्र च्यवस्व कौसू. ८०.३2,३५
प्र च्यवस्व भुवस्पते (मैसं. काठसं. माश्रौसू. भुवनस्पते) – वा. ४.३४/१; तैसं. १.2.६.१/१; ६.१.११.४; मैसं. १.2.६/१: १५.१३; ३.७.८: ८६.१८; काठसं. 2.७/१; 2४.७; शब्रा. ३.३.४.१४; आपश्रौ. १०.2६.१; माश्रौसू. 2.१.४.३१
प्र च्यवानाज्जुजुरुषः – ऋ. ५.७४.५/१
प्र च्यावयन्ति दिव्यानि मज्मना – ऋ. १.६४.३/४
प्र च्यावयन्ति यामभिः – ऋ. १.३७.११/३; ५.६.४/४
प्रच्यावयन्तो अच्युता चिदोजसा – ऋ. १.८५.४/2
प्रच्युतिं जघनच्युतिम् – आश्रौ. 2.१०.१४/2 द्र. साच्युतिम्।
प्रच्युत्यै त्वा –तैसं. ७.५.१३.१; काठसं अश्व. ५.६
प्र च्यौत्नानि देवयन्तो भरन्ते – ऋ. १.१७३.४/2
प्र च्यौत्नेन मघवा सत्यराधाः – ऋ. १०.४६.११/2
प्रछच्छन्दः – वा. १५.५; तैसं. ४.३.१2.३; मैसं. 2.८.७: १११.१६; काठसं. १७.६; शब्रा. ८.५.2.४
प्रजनदिन्द्रमिन्द्रियाय स्वाहा – तैब्रा. 2.2.३.५
प्रजननः (महा नारा उप. ...नम्) – तैआ. १०.६2.१; महा नारा उप. 21.2
प्रजननं वै प्रतिष्ठा लोके साधुप्रजायास् (महा नारा उप. साधुप्रजावांस्) तन्तुं तन्वानः पितॄणामनृणो भवति तद् एव तस्यानृणम् – तैआ. १०.६३.१; महा नारा उप. 22.१
प्रजननम्: द्र. प्रजननः।
प्रजननमसि – तैसं. १.७.६.2; आपश्रौ. १८.६.2
प्रजननाय स्वाहा – तैसं. ७.१.६.३; ३.१६.2; ५.१2.2; काठसं अश्व. १.१०; ३.६; ५.३
प्रजया च धनेन च – ७.३३.१/४; ८१.३/४; १४.१.४८/५; १६.३१.७/2; ६४.2/४; वा. 20.22/५; का. ३.३.2८/४; तैसं. ४.६.३.१/४; काठसं. ४.१३/2; ३५.३/४; शब्रा. १2.६.2.६; तैब्रा. 2.६.६.५/५; आपश्रौ. ५.१४.५/४; शांगृसू. 2.१०.३/2; कौसू. ३६.१८/४; आपमपा. 2.६.७/2; पारगृसू. ३.१2.१०/४ द्र. आयुषा च।
प्रजया च पशुभिश्च – शब्रा. १४.६.४.2३/४; बृह उप. ६.४.2३/४
प्रजया च बहुं (आपश्रौ. बहून्) कृधि – अशौ. ६.५.१/४; वा. १७.५०/४; मैसं. 2.१०.४/४: १३५.४; काठसं. १८.३/४; आपश्रौ. ६.2४.८/४
प्रजया च विराड् भव – आपमपा. १.६.५/४
प्रजया पशुभिः – माश्रौसू. १.५.2.४ द्र. उत्तरम्।
प्रजया पशुभिर्ब्रह्मवर्चसेन सुवर्गे लोके – तैब्रा. १.2.१.१५; आपश्रौ. ५.८.८ द्र. पूर्वम्।
प्रजया पशुभिः सह – तैसं. ७.१.६.६/2; ७.2/2; आपश्रौ. 22.१५.११/४, १३/४,१५/४ द्र. प्रजया सूनृते, तथा वसुमान् वसुभिः।
प्रजया भुक्षीमहि – मैसं. ३.१2.21/४: १६७.१2
प्रजयामृतेनेह गच्छतम् – आपमपा. १.११.८/४
प्रजया स वि क्रीणीते – अ.१2.४.2/१
प्रजया सूनृते (१) सह – माश्रौसू. ६.४.१/३ द्र. प्रजया पशुभिः सह।
प्रजयास्मान् इहावह – तैआ. ६.१.2/५
प्रजयास्मान् रय्या वर्चसा संसृजाथ – तैआ. ६.३.2/४
प्रजयैनौ स्वस्तकौ – अ. १४.2.६४/३
प्रजा अग्ने संवासय (मैसं. वासयेह) – मैसं. १.६.१/१: ८५.५; काठसं. ७.१2/१; तैब्रा. १.2.१.१३/१; आपश्रौ. ५.७.१७/१; माश्रौसू. १.५.१.३३
प्रजा अधीयन्त – वा. १४.2८; तैसं. ४.३.१०.१; मैसं. 2.८.६: ११०.६; काठसं. १७.५; 20.१2; शब्रा. ८.४.३.३; माश्रौसू. ६.2.१
प्रजा असृजयन्त – वा. १४.३१; तैसं. ४.३.१०.३; मैसं. 2.८.६: १११.१; काठसं. १७.५; शब्रा. ८.४.३.१८
प्रजा उपावरोह – काठसं.2.७
प्रजाः कृण्वन् जनयन् वीरूपाः – मैसं.2.१३.22/2: १६७.20 द्र. प्रजा विकृण्वन्।
प्रजाः पशून् वसूनि च – कप्र. १.१०.४/2
प्रजाः पाहि – वा. ७.१७; तैसं. १.४.६.१; मैसं. १.2.५: १४.८; शब्रा. ४.2.१.१2; आपश्रौ. १2.१४.१६
प्रजाः पिपर्ति बहुधा (ऋ. वा. प्रजाः पुपोष पुरुधा) वि राजति – ऋ. १०.१७०.१/४; सा. 2.८०३/४; आरसं. ५.2/४; वा. ३३.३०/४; मैसं. १.2.८/४: १८.११; काठसं. 2.६/४; आपश्रौ. ७.४.५/४
प्रजाः प्र जनयावहै – जैउपब्रा. १.५४.६/४ द्र. प्रजा, तथा प्रजां प्र।
प्रजां यस्ते जिघांसति – ऋ. १०.१६2.५/३; ६/३; अशौ. 20.६६.१५/३; १६/३, मागृसू. 2.१८.2/३
प्रजां योनिं मा निर्मृक्षम् (काठसं. दक्षम्) – तैसं. १.१.१३.१; काठसं. १.१०; तैब्रा. ३.३.६.४ प्रः प्रजां योनिम् –

आपश्रौ. 2.४.७; ३.६.१
प्रजां रेतसा – वा. २५.७; मैसं. ३.१५.६: १८०.५
प्रजां विदेय वाजवतीं सुवीराम् – काठसं. ३१.१४/४
प्रजां विश्वस्य बृसयस्य मायिनः – ऋ. ६.६१.३/2
प्रजां वृष्टिं मे पिन्वस्व – काठसं. ५.2 तु. प्रजां पशून् मे।
प्रजां संधत्तं तां मे जिन्वतम् – तैब्रा. १.१.१.१; आपश्रौ. १2.22.६
प्रजां सुवीरां (पारगृसू. सुवीर्यां कृत्वा – तैसं. ५.७.2.१/३; पारगृसू. ३.2.2/३ द्र. प्रजामजर्याम्।
प्रजां सौभाग्यं तनूम् (अशौ. काठसं. रयिम्) – अशौ. १४.१.४2/2; तैसं. १.१.१०.१/2; काठसं. १.१०/2; आपमपा. १.2.७/2
प्रजां हिंसित्वा ब्राह्मणीम् – अशौ. ५.१८.१2/३; १६.११/३
प्रजाकामाय मीढुषे (अ. दाशुषे) दुरोणे – अशौ. ७.१७.३/2; तैसं. ३.३.११.३/2; मैसं. ४.१2.६/2: १६५.१४; आपमपा. 2.११.४/2
प्रजां कृण्वाथामिह पुष्यतं रयिम् – अशौ. १४.2.३७/४ द्र. बह्वीं प्रजाम्।
प्रजां कृण्वाथामिह मोदमानौ – अशौ. १४.2.३६/३
प्रजा जाताश्च या इमाः – तैसं. ३.१.४.१/2; काठसं. ३०.८/2; माश्रौसू. १.८.३.१/2
प्रजा (वैसू. प्रजां) जिन्व – तैसं. ३.५.2.३; ४.४.१.2; काठसं. १७.७; ३७.१७; पंचब्रा. १.१०.१; वैसू. २५.१
प्रजा ज्योतिः – तैब्रा. 2.१.2.११
प्रजां चक्षुः पशून् समिद्धे जातवेदसि ब्रह्मणा – अशौ. १०.६.३५/४–५
प्रजां च तस्य मूलं च – तैब्रा. ३.७.१६/३; आपश्रौ. ४.११.५/३
प्रजां च धत्तं द्रविणं च धत्तम् – ऋ. ८.३५.१०/2 ११/2;१2/2
प्रजां च परिपातु नः – वा. २६.१४/४
प्रजां च पशु पालय – खिल. १०.१४2.७/४
प्रजां च रोहामृतं च रोह – अशौ. १३.१.३४/३
प्रजां च लोकं चाप्नोति – अशौ. ४.११.६/३
प्रजां जिन्वः द्र. प्रजा जिन्व।
प्रजातिम् उपावधीः – आपश्रौ. १०.2.११
प्रजा ते देवान् हविषा यजाति – ऋ. १०.६५.१८/३
प्रजात्यै स्वाहा – शब्रा. १४.६.३.४; तैब्रा. ३.१.४.५; बृह उप. ६.३.४
प्रजा त्वा हास्यति – आपश्रौ. १०.2.११

प्रजानंस्तन्वेह निषीद – मैसं. 2.७.१५/४: ६८.१2; ३.४.७/४: ५३.१६ द्र. सव्यं चिन्वानास्।
प्रजानतीः पथिभिर्देवयानैः – अशौ. १2.2.४१/2
प्रजानती याममुषा अयासीत् – मैसं. 2.१३.१०/2: १६१.३
प्रजानतीव न दिशो मिनाति – ऋ. १.१2४.३/४; ५.८०.४/४
प्रजानत्यघन्ये जीवलोकम् – अशौ. १८.३.४/१ प्रः प्रजानत्यघ्न्ये – कौसू. ८०.३७; ८१.20
प्रजानन्तः प्रति गृह्णन्तु (तैसं. काठसं. आपश्रौ. गृह्णन्ति) पूर्वे – अशौ. 2.३४.५/१; तैसं. ३.१.४.१/१; काठसं. ३०.८/१,६; आपश्रौ. ७.१2.१०; १५.४; माश्रौसू. १.८.३.३/१ प्रः प्रजानन्तः – कौसू. ४४.१५; ८१.३३
प्रजानन्नग्ने तव योनिमृत्वियम् – ऋ. १०.६१.४/१
प्रजानन्नग्ने पुनरप्येहि देवान् (साम मन्त्रब्रा. पुनरेहि योनिम्) – आपश्रौ. १.१०.१४/४; साम मन्त्रब्रा. 2.३.१७/४
प्रजानन्नित्ता नमसा विवेश – ऋ. ३.३१.५/४
प्रजानन् यज्ञमुप याहि विद्वान् – वा. ८.20/४; का. ६.३.६/४; तैसं. १.४.४४.2/४; शब्रा. ४.४.४.१2/४ द्र. अपरमेकवर्जम्, प्रविद्वान् यज्ञम्, तथा विद्वान् प्रजानन्।
प्रजानन् वाज्यप्येतु देवान् – वा. २६.2/2; तैसं. ५.१.११.१/2; मैसं. ३.१६.2/2: १८३.१४; काठसं अश्व. ६.2/2
प्रजानन् विद्वां उप याहि सोमम् – ऋ. ३.२६.१६/४; ३५.४/४; अशौ. २०.८६.१/४ द्र. एकमतिच्यि पूर्वम् इत्यत्र।
प्रजानन् विद्वान् पथ्या अनु स्वाः – ऋ. ३.३५.८/४
प्रजानां त्वाधिपत्याय – वा. १८.२८; काठसं. १८.१2; शब्रा. ६.३.१०,११
प्रजानां पतिरधिपतिरासीत् – मैसं. 2.८.६: ११०.६ द्र. प्रजापतिरधि...।
प्रजानां भवसी (इति पठतु ...सि) माता – खिल. ५.८७.१७/३
प्रजा निर्भक्ता अनुतप्यमानाः – तैसं. ३.2.८.2/2 द्र. निर्भक्तम् इत्यत्र ।
प्रजां त्वयि दधामि – शांगृसू. १.६.६
प्रजां त्वष्टरधिनिधेह्यस्मै – अशौ. 2.२६.2/2
प्रजां त्वष्टा वि ष्यतु नाभिमस्मे – ऋ. 2.३.६/३; तैसं. ३.१.११.2/३; मैसं. ४.१४.८/३: 22७.2
प्रजां ददातु परिवत्सरो नः – मैसं. 2.१३.22/१: १६८.2; आपश्रौ. १७.१३.2/१ द्र. प्रजां पिपर्तु, तथा तु.

प्रजापतिर्जनयति।
प्रजां दृंह – वा. ५.2७; ६.३; तैसं. १.१.७.१,2; ३.१.2; ६.2; मैसं. १.2.११: 2१.2; १.2.१४: 2४.2; काठसं. 2.१2; ३.३; शब्रा. ३.६.१.१८; आपश्रौ. ६.८.४
प्रजां देवि दिदिड्ढि नः – ऋ. 2.३2.६/४; ४१.१७/४; अशौ. ७.४६.१/४; वा. ३४.१०/४; तैसं. ३.१.११. ४/४; मैसं. ४.१2.६/४: १६५.५; काठसं. १३.१६/४; निरु. ११.३2/४
प्रजां देवि ररास्व नः – अशौ. ७.20.2/४; ६८.१/४
प्रजां धनं च गृह्णानः – अशौ. ६.८१.१/३
प्रजां धनं च रक्षतु – अशौ. ८.५.१६/३
प्रजां नो नर्य पाहि – आपश्रौ. ६.2४.३ तु. प्रजां मे आदि।
प्रजां नो नर्याजूगुपः – आपश्रौ. ६.2६.१ तु. प्रजां मे आदि।
प्रजापतये (नमः) – मागृसू. 2.१2.३ तु. नमः प्रजा.।
प्रजापतये काण्डर्षये स्वाहा – हिर गृसू. 2.१८.३
प्रजापतये च वायवे च गोमृगः – वा. 2४.३०; मैसं.३.१४. ११: १७४.७
प्रजापतये त्वा – तैसं. १.७.१2.2; ३.2.१.३; ५.१०.१; मैसं. १.११.४: १६६.५,६; काठसं. १४.१,३(पाद); आपश्रौ. १2. १६.११; माश्रौसू. ५.2.१४.११; – ११.१.१ प्रः प्रजापतये – गोभिगृसू. ४.७.३६; मागृसू. १.८.६
प्रजापतये त्वा ग्रहम् गृह्णामि मह्यं श्रिये मह्यं यशसे मह्यमन्नाद्याय – आश्रौ. 2.६.६; शांगृसू. ३.८.2
प्रजापतये त्वा जुष्टं गृह्णामि – वा. 2३.2,४; तैसं. १.७. १2.2; ३.५.१०.१; ७.५.१६.१; १७.१; मैसं. १.११.४: १६६. ५; ३.१2.१६: १६५.३; ३.१2.१७; १६५.१७; काठसं अश्व. ५.११,१2,१३
प्रजापतये त्वा जुष्टम् प्रोक्षामि – वा. 22.५; मैसं. ३.१2.१: १६०.४; शब्रा. १३.१.2.५; 2.७.१2; तैब्रा. ३.८.७.१; आपश्रौ. 20.५.2; माश्रौसू. ६.2.१ प्रः प्रजापतये त्वा – कात्यश्रौसू. 20.१.३७
प्रजापतये त्वा ज्योतिष्मते ज्योतिष्मन्तं गृह्णामि – तैसं. ३.५.८.१; ६.2; मैसं. १.३.३५: ४१.१५; काठसं. 2६.५; आपश्रौ. १2.७.७ प्रः प्रजापतये त्वा–माश्रौसू. 2.३.2. 2६; – 2.३.५.१६; – ७.2.३
प्रजापतये त्वा परि ददामि (साम मन्त्रब्रा. गोभिगृसू. ददाम्यसौ – शब्रा. ११.५.४.३; साम मन्त्रब्रा. १.६.2३; गोभि गृसू. 2.१०.३१ पारगृसू. 2.2.2१ प्रः प्रजापतये त्वा–खादि गृसू. 2.४.१७
प्रजापतये त्वा प्रजाभ्यः – काठसं. ३०.५; शांश्रौसू. ७.2.४ तु. प्रजाभ्यस्त्वा प्रजापतये।
प्रजापतये त्वा मह्यं वरुणो ददातु – शांश्रौसू. ७.१८.५
प्रजापतये देवेभ्य ऋषिभ्यः श्रद्धायै मेधायै सदसस्पतयेऽनुमतये – पारगृसू. 2.१०.६
प्रजापतये पुरुषम् – तैब्रा. 2.2.५.३; ३.४.१.१८; तैआ. ३. १०.2
प्रजापतये पुरुषान् हस्तिन (मैसं. हस्तिना) आलभते – वा. 2४.2६; मैसं. ३.१४.८: १७४.१
प्रजापतये प्रजाभ्यः – माश्रौसू. ७.2.४
प्रजापतये मनवे स्वाहा – वा. ११.६६; तैसं. ३.2.८.१; ४.१. ६.१; मैसं. 2.७.७: ८2.६; काठसं. १६.७; शब्रा. ६.६.१. १६; हिर गृसू. १.2.१३
प्रजापतयेऽश्वस्य तूपरस्य गोमृगस्य वपानां मेदसामनुब्रूहि (तथा प्रेषय) – आपश्रौ. 20.१६.३ प्रः प्रजापतये –माश्रौसू. ६.2.४
प्रजापतयेऽश्वस्य तूपरस्य गोमृगस्यास्थि लोम च तिर्यग् असंभिन्दन्तः सूकरविशसं विशसत – आपश्रौ. 20. १६.६
प्रजापतये समनमत् – तैसं. ७.५.2३.2
प्रजापतये स्वाहा – वा. १८.2८; 22.2३; तैसं. ३.४.2.१; ७. ३.१५.१; काठसं. १३.११,१2; ३५.१६; काठसं अश्व. ३. ५; पंचब्रा. ६.६.६; शब्रा. १2.६.१.४; १४.६.३.८; तैब्रा. ३. १.४.2; ५.३; ८.११.१; १2.2 – ८; ४.2 – ६; तैआ. आन्ध्र १०.६७.2; बृह उप. ६.३.८; महा नारा उप. १६. 2; शांश्रौसू. १३.१2.८; लाटयश्रौसू.१.७.८; कात्यश्रौसू. 2५.११.2६; १2.१०; माश्रौसू.१.३.१.५; –१.६.१.४० (तु आपश्रौ.2.१2.७); –३.६.१४; –७.१.१३; शांगृसू. 2.१४.४; कौसू. ७2.2७,2८; पारगृसू. १.६.३,४; ११.३; १2.३; हिर गृसू.१.७.१८; 2३.८; बौधसू. ३.६.४; सावि ब्रा. ३.३.५ प्रः प्रजापतये –मागृसू. १.१०.११; 2.३.१,2; गौतधशा. 2६.१५; सावि ब्रा.१.2.५ तु. स्वाहा प्रजापतये।
प्रजापतिः परमेष्ठी मनो गन्धर्वः – मैसं. 2.१2.2: १४५.८ प्रः प्रजापतिः परमेष्ठी – माश्रौसू. ६.2.५ द्र. प्रजापतिर्विश्वकर्मा मनो।
प्रजापतिः परमेष्ठी विराट् (तैसं. विराजा) – अशौ. ४.११. ७/2; ८.५.१०/३; तैसं. ५.७.४.४/2
प्रजापतिः परमेष्ठ्यधिपतिरासीत् – वा. १४.३१; तैसं. ४.३. १०.३; मैसं. 2.८.६: १११.2; काठसं. १७.५; शब्रा. ८.४. ३.१६
प्रजापतिः पृथिवीं विश्वगर्भाम् – अशौ. १2.१.४३/३
प्रजापतिः प्रजया वर्धयन्तु – अशौ. १2.१.४३/३
प्रजापतिः प्रजया संरराणः – अशौ. 2.३४.४/४; वा. ८.

३६ / ३; ३2.५ / ३; मैसं. १.2.१५ / ४: 2५.६; जैब्रा. १. 20५ / ३; शांश्रौसू. ६.५.१ / ३; माश्रौसू. १.८.३.३ / ४ द्र. अपरं, तथा विश्वकर्मा प्रजया।
प्रजापतिः प्रजया (वैसू. कौसू. प्रजाभिः) संविदानः – तैसं. ३.१.४.2 / ४; काठसं. ३०.८ / ४; पंचब्रा. १2.१३.३2 / ३; तैब्रा. ३.७.६.५ / ३; तैआ. ३.११.१2 / ४; १०.१०.2 / ३; महा नारा उप. ६.४ / ३; नृसिपू. उप.2.४ / ४; वैसू. 2५.१2 / ३; आपश्रौ. १४.2.१३ / ३; कौसू. १2४.४ / ४ द्र. पूर्वत्र इत्यत्र।
प्रजापतिः प्रजापतौ सादयतु – काठसं. ३८.१३
प्रजापतिः प्रजाभिरुदक्रामत् – अशौ. १९.१९.११
प्रजापतिः प्रजाभिः सं...: द्र. पूर्वं द्विवर्जम्।
प्रजापतिः प्रणीयमानः – तैसं. ४.४.९.१; काठसं. ३४.१५
प्रजापतिः प्रणेता – तैब्रा. 2.५.७.३
प्रजापतिः प्रथमजा ऋतस्य – अशौ. १2.१.६१ / ४; मैसं. ४.१४.१ / ३: 2१६.३; तैब्रा. 2.८.१.४ / ३; तैआ.१.2३. ६ / ३; 2.६.१ / 2; १०.१.४ / ३; महानाराउप. 2.७ / ३ द्र. उपस्थाय प्रथम... इत्यत्र, तथा तु. प्रजापतिं प्रथमजाम् इत्यत्र।
प्रजापतिः प्रथमोऽयं जिगाय – आश्रौ. 2.2.४ / ४ द्र. प्रजापतिर्यम्।
प्रजापतिः प्रायच्छद् जयान् इन्द्राय – मैसं. १.४.१४ / १: ६४.६ प्रः प्रजापतिः प्रायच्छत् – माश्रौसू. १.५.६.2० द्र. प्रजापतिर्जयान्।
प्रजापतिं यो भुवनस्य गोपाः – तैब्रा. ३.७.७.2 / 2; तैआ. आन्ध्र १०.४७ / 2; आपश्रौ. १०.८.६ / 2
प्रजापतिं हविषा वर्धयन्ती – तैब्रा. ३.१.१.2 / ३
प्रजापतिगृहीतया त्वया चक्षुर्गृह्णामि प्रजाभ्यः – वा. १३. ५६; तैसं. ४.३.2.2 मैसं. 2.७.१६: १०४.८; काठसं. १६. १९; शब्रा. ८.१.2.३
प्रजापतिगृहीतया त्वया प्राणं गृह्णामि प्रजाभ्यः – वा. १३.५४; तैसं. ४.३.2.१; मैसं. 2.७.१६: १०४.2; काठसं. १६.१९; शब्रा. ८.१.१.६ प्रः प्रजापतिगृहीतया त्वया शब्रा. ८.१.३.2
प्रजापतिगृहीतया त्वया मनो गृह्णामि प्रजाभ्यः – वा. १३.५५; तैसं. ४.३.2.१; मैसं. 2.७.१६: १०४.५; काठसं. १६.१९; शब्रा. ८.१.१.६
प्रजापतिगृहीतया त्वया वाचं गृहणामि प्रजाभ्यः – वा. १३.५८; तैसं. ४.३.2.३; मैसं. 2.७.१६: १०४.१५; काठसं. १६.१९; शब्रा. ८.१.2.६
प्रजापतिगृहीतया त्वया श्रोत्रं गृहणामि प्रजाभ्यः – वा.१३. ५७; तैसं. ४.३.2.2; मैसं. 2.७.१६: १०४.११; काठसं. १६.१९; शब्रा. ८.१.2.६
प्रजापतिं जिन्व – वैसू. 2७.१६
प्रजापतिनात्मानम् – काठसं. ४०.५ / ३; आपश्रौ. १६.३४. ४ / ३
प्रजापतिना त्वा मह्यं गृह्णाम्यसौ – आपमपा. 2.५. 22 / ५ द्र. ब्रह्मणा त्वा आदि।
प्रजापतिना त्वा विश्वाभिर्धीभिरुप दधामि – तैसं. ४.४.५.१
प्रजापतिना यज्ञमुखेन संमिताः – तैब्रा. १.2.१.८ / ३; आपश्रौ. ५.६.१ / ३
(ओं) प्रजापतिं तर्पयामि – बौधसू. 2.५.६.५ तु. प्रजापतिस्तृप्यतु।
प्रजापतिं ते प्रजननवन्तमृच्छन्तु, ये माघायव ऊर्ध्वाया दिशोऽभिदासान् – अशौ. १९.१८.९
प्रजापतिं दशममहर्भजध्वम् – आपश्रौ. 2१.१2.३ / १
प्रजापतिप्रसूताः स्वस्तीमं संवत्सरं समश्नुवामहे – कौषी ब्रा. १९.2
प्रजापतिमहं त्वया समक्षमृध्यासम् – गोब्रा. 2.१.७; वैसू. ३.2० द्र. प्रजापतिरहम्।
प्रजापतिमावह – तैब्रा. ३.५.३.2
प्रजापतिं परमेष्ठिनं विराजम् – अशौ. ११.५.७ / 2
प्रजापतिं पारमेष्ठयाय – माश्रौसू. ६.2.५
प्रजापतिं प्रथमं यज्ञियानाम् – मैसं. ४.१४.१ / १: 2१५.१७; तैब्रा. 2.८.१.४ / १; आपश्रौ. 2०.2०.९ / १
प्रजापतिं प्रथमजामृतस्य – मैसं. ४.१४.१ / ३: 2१५.१2; तैब्रा. 2.८.१.३ / ३ तु. प्रजापतिः प्रथमजा।
प्रजापतिरधिपतिरासीत् – वा. १४.2८; तैसं. ४.३.१०.१; काठसं. १७.५; शब्रा. ८.४.३.३ द्र. प्रजानां पतिर्।
प्रजापतिरनुमतिः – अशौ. ६.११.३ / १ प्रः प्रजापतिः – कौसू. १९.१४; ३५.१७ द्र. प्रजापतिर्वि।
प्रजापतिरनुमतिर्नि यच्छात् – अशौ. ७.2४.१ / ४
प्रजापतिरसि – वैसू. 2७.१६
प्रजापतिरसि वामदेव्यं ब्रह्मणश्चरण तन् मा पाहि – जैब्रा. १.2६३
प्रजापतिरसि सर्वतः श्रितः – तैब्रा. ३.७.६.११; आपश्रौ. ४. ८.2
प्रजापतिरहं त्वया साक्षाद् ऋध्यासम् – माश्रौसू. १.४.2. १2 द्र. प्रजापतिमहम्।
प्रजापतिरिदं हविरजुषत – तैब्रा. ३.५.१०.३
प्रजापतिरिदं ब्रह्म – ऐआ. ५.३.2.३ / १
प्रजापतिरुद्गीथेन – तैआ. ३.८.2
प्रजापतिर्जनयति प्रजा इमाः – अशौ. ७.१९.१ / १ प्रः प्रजापतिर्जनयति – कौसू. ५९.१९; प्रजापतिः –

कौसू. १६.१४; ३५.१७ तु. प्रजां ददातु परिवत्सरो इत्यत्र।
प्रजापतिर्जयान् इन्द्राय वृष्णे – तैसं. ३.४.४.१/१; पारगृसू.१.५.६/१ प्रः प्रजापतिर्जयान् – आपश्रौ. ५. 24.३ द्र. प्रजापतिः प्रायच्छद्।
प्रजापतिर्दशहोता स इदं सर्वम् – तैआ. ३.७.४
प्रजापतिर्दिशां पतिः प्रजापतिः – काठसं. ३६.४ प्रः प्रजापतिः – तैसं. ५.५.५.१
प्रजापतिर्दीक्षितो मनो दीक्षा सा मा दीक्षा दीक्षयतु (जैब्रा. दीक्षेत) तया दीक्षया (जैब्रा. दीक्षया दीक्षया दीक्षया) दीक्षे – जैब्रा. 2.६५(६४); आपश्रौ. १०.१०.६
प्रजापतिर्देवता – तैसं. ४.४.१०.१; मैसं. 2.१३.१४: १६३.११; 2.१३.20: १६५.१४; काठसं. ३६.४,१३; आपश्रौ. १६.2८. १
प्रजापतिर् निधिपतिर्नो (वा. शब्रा. निधिपा देवो) अग्निः – अशौ. ७.१७.४/2; वा. ८.१७/2; तैसं. १.४.४४.१/2; शब्रा. ४.४.४.६/2 द्र. प्रजापतिर्वरुणो।
प्रजापतिर्बृहस्पतये – माश्रौसू. ५.2.१५.2
प्रजापतिर्मनसा – तैसं. ४.४.६.१; आपश्रौ. १2.१.३; १७.६.३
प्रजापतिर्मनसि सारस्वतो वाचि विसृष्टायां धाता दीक्षायां ब्रह्म व्रते – माश्रौसू. ३.६.2
प्रजापतिर्मनसि सारस्वतो वाचि विसृष्टायाम् – काठसं. ३४.१४; माश्रौसू. ३.६.2 द्र. प्रजापतिर्वाचि।
प्रजापतिर्मयि परमेष्ठी दधातु (आगृ. दधातु स्वाहा; पारगृसू. दधातु नः स्वाहा) – आगृ. 2.४.१४/४; पारगृसू. ३.३.६/४; मागृसू. 2.८.६/४
प्रजापतिर्महते सौभगाय – साम मन्त्रब्रा. १.५.2/2
प्रजापतिर्मह्यमेता रराणः – ऋ. १०.१६६.४/१; तैसं. ७.४. १७.2/१; काठसं अश्व. ४.६/१
प्रजापतिर्मातरिश्वा प्रजाभ्यः – अशौ. १६.20.2/2
प्रजापतिर्मा प्रजननावान् सह प्रतिष्ठया ध्रुवाया दिशः पातु – अ. १६.१७.६
प्रजापतिर्मे दैवः सदस्यस्त्वं मानुषः – शांश्रौसू. ५.१.८
प्रजापतिर्यं प्रथमो जिगाय – शांश्रौसू. 2.६.७/४; आपश्रौ. ६.१.८/४; माश्रौसू. १.६.१.४/४; आपमपा. 2.१५.१४/४ द्र. प्रजापतिः प्रथमोऽयम्।
प्रजापतिर्वरुणो मित्रो अग्निः – मैसं. १.३.३८/2: ४४.४; काठसं. ४.१2/2; १३.६/2; माश्रौसू. ३.५.१३/2 द्र. प्रजापतिर्निधिपतिर्।
प्रजापतिर्वः (सर्वासां साकम्) – कौसू. ११६.८/३ इन्द्रो वः इत्स्य ऊह।
प्रजापतिर्वः सादयतु – तैआ. ६.६.2
प्रजापतिर्वाचि व्याहृतायाम् – वा. ८.५४ द्र. प्रजापतिर्मनसि सारस्वतो वाचि विसृष्टायाम्।
प्रजापतिर्विभज्यमानो देवता विभक्तः – काठसं. ३४.१५
प्रजापतिर्वि राजति – अशौ. ११.५.१६/३
प्रजापतिर्विश्वकर्मा – तैब्रा. ३.७.६.७; आपश्रौ. ६.१६.७
प्रजापतिर्विश्वकर्मा मनो गन्धर्वः – वा. १८.४३; तैसं.३.४.७. १; काठसं. १८.१४; शब्रा. ६.४.१.१2 द्र. प्रजापतिः परमेष्ठी मनो।
प्रजापतिर्विश्वकर्मा वि मुंचतु (आपश्रौ. ...कर्मा युनक्तु) – वा. १2.६१/४; तैसं. ४.2.५.2/४; मैसं. 2.७.११/४: ६०.१३; ३.2.३: १६.१८; काठसं. १६.११/४; 20.१; शब्रा. ७.१.१.४३; आपश्रौ. १६.१०.८/४
प्रजापतिर्विश्वेभ्यो देवेभ्यः – का. 2.३.2; तैब्रा. ३.७.६.३; वैसू. १.१८; कात्यश्रौसू. 2.१.१६; आपश्रौ. ३.१८.४
प्रजापतिर्वृषासि रेतोधा रेतो मयि धेहि – वा. ८.१०; शब्रा. ४.४.2.१८ प्रः प्रजापतिर्वृषासि – कात्यश्रौसू. १०.७.३
प्रजापतिर्वयदधात् – शांगृसू. १.१६.६/१ द्र. प्रजापतिरनुमतिः।
प्रजापतिश्च परमेष्ठी च शृंगे इन्द्रः शिरो अग्निर् ललाटं यमः कृकाटम् – अशौ. ६.७.१ प्रः प्रजापतिश्च –कौसू. ६६.१६
प्रजापतिश्च म इन्द्रश्च मे – तैसं. ४.७.६.2
प्रजापतिश्चरति गर्भे अन्तः – अशौ. १०.८.१३/१; वा. ३१.१६/१; तैआ. ३.१३.१/१; १०.१.१/४; महा नारा उप. १.१/४; आपश्रौ. 20.20.६; माश्रौसू. ६.2.५
प्रजापतिश्छन्दः – वा. १४.६; तैसं. ४.३.५.१; मैसं. 2.८.2: १०७.१८; काठसं. १७.2; शब्रा. ८.2.३.१०
प्रजापतिष्ट्वा – वैसू. 2७.१६
प्रजापतिष्ट्वा नियुनक्तु मह्यम् – पारगृसू. १.८.८/४; मागृसू. १.१०.१३/४ द्र. बृहस्पतिष्ट्वा आदि।
प्रजापतिष्ट्वाबध्नात् प्रथमम् – अशौ. १६.४६.१/१
प्रजापतिष्ट्वामखनत् – कौसू. ३३.६/१
प्रजापतिष्ट्वारोहतु वायुः प्रेङ्खयतु – शांश्रौसू. १७.१६.७
प्रजापतिष्ट्वा सादयतु पृथिव्याः आदिः द्र. प्रजापतिस्त्वा आदि।
प्रजापतिष्ट्वा सादयतु पृष्ठे पृथिव्या ज्योतिष्मतीम् – वा. १३.2४; शब्रा. ७.४.2७ प्रः प्रजापति – कात्यश्रौसू. १७.४.2३ द्र. प्रजापतिस्त्वा सादयतु पृथिव्याः।
प्रजापतिष्ट्वा सादायत्वपां पृष्ठे समुद्रस्येमन् व्यचस्वतीं प्रथस्वतीम् – वा. १३.१७; शब्रा. ७.४.2.६
प्रजापतिसृष्टानां प्रजानाम् – तैब्रा. १.2.१.३/१; आपश्रौ. ५.१.७/१

प्रजापतिसृष्टो मणिः – अ. १०.६.१९/३
प्रजापतिस्तन्वं मे जुषस्व – मागृसू.. १.१४.१६/१ द्र. प्रजापते आदि।
प्रजापतिस्तपसा ब्रह्मणेऽपचत् – अशौ. ४.३५.१/2
प्रजापतिस्तृप्यतु – शांगृसू. ४.६.३; ६.६.१० तु. आगृ. ३.४.१, तथा प्रजापतिं तर्पयामि।
प्रजापतिस्ते हस्तमग्रभीत् – हिर गृसू. १.५.६
प्रजापति स्त्रियां यशः – तैब्रा. 2.४.६.५/१
प्रजापतिस्त्वा (युनक्तु) – लाटयश्रौसू. 2.५.21
प्रजापतिस्त्वा सादयतु – तैसं. ५.५.2.४; तैब्रा. ३.१०.2.१ (पादांशः); ११.१.१ – 2१; तैआ. ४.१७.१; १८.१; १६.१; ६.७.३; ८.१; आपश्रौ. १६.2१.६; १७.2५.१; १६.११.७
प्रजापतिस्त्वा सादयतु दिवः पृष्ठे ज्योतिष्मतीम् – तैसं. ४.४.६.१; काठसं. १७.१०; ३६.१; आपश्रौ. १७.४.४
प्रजापतिस्त्वा (मैसं. माश्रौसू. ...पतिष्टवा) सादयतु पृथिव्याः पृष्ठे (काठसं. पृष्ठे ज्योतिष्मतीं व्यचस्वतीं प्रथस्वतीम्; तैसं. पृथे व्यचस्वतीं प्रथस्वतीम्) – तैसं. ४.2.६.१; काठसं. ३६.३; मैसं. 2.८.१४: ११७.१५; ४.६.१६: १३५.३; आपश्रौ. १६.2३.१ प्रः प्रजापतिष्टवा सादयतु – माश्रौसू. ६.१.५; – ६.१.७ द्र. प्रजापतिष्टवा सादयतु पृष्ठे।
प्रजापतिः संवत्सरो महान् कः – तैब्रा. ३.१०.१.४; आपश्रौ. १६.१2.१५ प्रः प्रजापतिः संवत्सरः – तैब्रा. ३.१०.६.८; १०.४
प्रजापतिः सप्तदशः – मैसं. १.११.१० (पादांश): १७१.१८; १७2.८; १७३.१,१० काठसं. १४.४ तु. अपरम्।
प्रजापतिः सप्तदशाक्षरेण सप्तदशं स्तोमम् उदजयत् (वा. शब्रा. तम् उज्जेषम् इति उपसंख्यातव्यम्) – वा. ६.३४; तैसं. १.७.११.2; शब्रा. ५.2.2.१७ तु. पूर्वम्।
प्रजापतिः संभ्रियमाणः – वा. ३६.५; कात्यश्रौसू. 2६.७.५०
प्रजापतिः सलिलादा समुद्रात् – अशौ. ४.१५.११/१ प्रः प्रजापतिः सलिलात् – कौसू. १2७.६
प्रजापतिः सविता सोमो अग्निः – अशौ. ३.१५.६/४
प्रजापतिः ससृजे विश्वरूपम् – अशौ. १०.७.८/2
प्रजापतिः साम – तैसं. ३.३.2.१
प्रजापतिः सोमो वरुणो येन राजा – तैब्रा. ३.७.१४.2/2; आपश्रौ. १३.2१.३/2
प्रजापती रमयतु प्रजा इह – काठसं. १३.१६/१ द्र. आ नः प्रजाम् इत्यत्र।
प्रजापतेः परमेष्ठमः प्राणस्म ते प्राणं ददातु ययोः प्राणस्ताभ्यां वां स्वाहा – काठसं. ११.७ द्र. अपरम्।
प्रजापतेः परमेष्ठिनः प्राणोऽसि – मैसं. 2.३.४: ३१.१८ द्र. पूर्वम्।
प्रजापतेः प्रजया प्रजावान् भूयासम् – काठसं. ५.५; ३2.५
प्रजापतेः प्रजा अभूम (काठसं. अभूवन्) – वा. ६.2१; १८.2६; तैसं. १.७.६.2; मैसं. १.११.३: १६४.४; काठसं. १४.१; १८.१2; शब्रा. ५.2.१.११; ६३.३.१४; तैब्रा. १.३.७.५ प्रः प्रजापतेः – कात्यश्रौसू. १४.५.८
प्रजापतेः प्राणोऽसि – मैसं. 2.३.४: ३०.22
प्रजापतेः प्रियां तनुवमनार्ता प्रपद्ये – तैब्रा. ३.५.१.१
प्रजापते तन्वं मे जुषस्व – आपमपा. १.११.४/१ (आपगृ. ३.८.१०) द्र. प्रजापतिः आदि।
प्रजापते त्वं निधिपाः पुराणः – मैसं. ४.१४.१/१: 2१५.१३; तैब्रा. 2.८.१.१३/१
प्रजापते न त्वद् एतान्यन्यः (मैसं. ४.१४.१/१, न हि त्वत् तान्यन्यः; काठसं. नहि त्वदन्य एताः) – ऋ. १०.१2१.१०/१; अशौ. ७.८०.३/१; वा.१०.20/१; 2३.६५/१; का. 2६.३६/१; तैसं. १.८.१४.2/१; ३.2.५.६/१; मैसं. 2.६.१2/१: ७2.४; ४.१४.१/१: 2१५.६; काठसं. १५.८/१; षड्ब्रा. १.६.१६/१; शब्रा. ५.४.2.६/१; १३.५.2.2३; १४.६.३.३; तैब्रा. १.७.८.७; 2.८.१.2/१; ३.५.७.१/१; तैआ. आन्ध्र १०.५४/१; बृह उप. ६.३.३; आश्रौ. 2.१४.१2; ३.१०.2३; वैसू. १.३; 2.१2; ७.१2; आगृ.१.४.४; १४.३; 2.४.१४; कौसू. ५.६; साम मन्त्रब्रा. 2.५.८/१; आपमपा. 2.22.१६/१ (आपगृ. ८.2३.६); निरु. १०.४३/१ प्रः प्रजापते न त्वद् एतानि – आपश्रौ. १.१०.८; ६.2.४; १३.६.११; १2.१2; १८.१६.१४; प्रजापते न त्वत् – शांश्रौसू. १६.७.३; आपश्रौ. ६.20.१ (भाष्यम्); माश्रौसू. १.१.2.३८; – ६.१.४; प्रजापते – तैसं. 2.2.१2.१; ६.११.४; तैब्रा. ३.७.११.३; शांश्रौसू. ४.१०४; १८.४; १०.१३.2३; 2१.१; १५.१३.११; कात्यश्रौसू. १५.६.११; आपश्रौ. ३.११.2; ६.१2.४; १४.३2.६; शांगृसू. १.१८.४; 22.७; कौसू. ५६.१६; गोभि गृसू. ४.६.६; हिर गृसू. १.३.६; ८.१६; ६.७; १७.६; १८.६; १६.८; 2६.१४; 2७.१; 2८.१; 2.१.३; 2.2; ४.१०; ५.2; ६.2; १५.१३; बृ परासं. ६.३2३ ? प्रजापत्या (ऋक् इति नम्ना) खादि गृसू. ४.१.20 तु. अमावास्ये न।
प्रजापतेऽनु ब्रूहि यज्ञम् – कात्यश्रौसू. 2.2.१३; आपश्रौ. ३.१६.३
प्रजापतेऽनु मा बुध्यस्व – अशौ. ६.१.2४
प्रजापते पशून् मे यच्छ – माश्रौसू. १.६.१.३६
प्रजापते प्रजानामधिपते – शांश्रौसू. ४.१०.१
प्रजापते प्रायश्चित्ते त्वं देवानां प्रायश्चित्तिरसि – आपमपा. १.१०.६ (आपगृ. ३.८.१०)।

प्रजापतेरनुमतिः – तैआ. ३.६.2
प्रजापतेरावृतो ब्रह्मणा वर्मणाहम् – अशौ. १७.१.27/१ द्र. परीवृतो ब्रह्मणा इत्यत्र।
प्रजापते रोहिणी वेतु पत्नी – तैब्रा. ३.१.१.१/१
प्रजापतेर्जठरमसि – आपश्रौ. १2.१६.५
प्रजापतेर्जायमानाः – तैसं. ३.१.४.१/१; काठसं. ३०. ८/१; आपश्रौ. ७.१2.८; माश्रौसू. १.८.३.१/१
प्रजापतेर्दुहितरौ संविदाने (पारगृसू. सचेतसौ) – अशौ. ७.१2.१/2; पारगृसू. ३.१३.३/2
प्रजापतेर्धातुः सोमस्य – तैसं. ४.४.१०.१ द्र. प्रजापतेः सोमस्य।
प्रजापतेर्ब्रह्मकोशं ब्रह्म प्रपद्ये – तैआ. ४.४2.2 तु. ब्रह्मकोशं प्र...।
प्रजापतेर्भगोऽस्यूर्जस्वान् पयस्वान् – का. 2.३.७; तैसं.१.६. ३.३; ७.३.४; काठसं. ५.५; ८.१३; गोब्रा. 2.१.७; आश्रौ. १.१३.४; वैसू. ३.2०; शांश्रौसू. ४.६.४; लाटयश्रौसू. ४. ११.2१; कात्यश्रौसू. ३.४.३०; माश्रौसू. १.४.2.१2 प्रः प्रजापतेर्भागोऽसि – लाटयश्रौसू. ४.११.2०
प्रजापतेर्मुखमेतद् द्वितीयम् – साम मन्त्रब्रा. १.१.३/2
प्रजापतेर्मूर्धासि – पंचब्रा. १.2.४; ६.५.३.६
प्रजापतेर्यत् सहजं पुरस्तात् – पारगृसू. 2.2.१०/2 (समालोचनात्मक पादटिपण्यः द्र. स्पाईजर महोदयः पृ. 22)
प्रजापतेर्वर्तनिमनु वर्तस्व – तैब्रा. ३.७.१०.2; आपश्रौ. ६. १४.१
प्रजापतेर्विभान् नाम लोकः – तैसं. १.६.५.१; ७.५.१; ऐब्रा. ७.2६.६; आपश्रौ. ३.१३.४
प्रजापतेर्विश्वभृति तन्वं (माश्रौसू. तन्वां) हुतमसि स्वाहा – आपश्रौ. ६.६.३; माश्रौसू.३.2.५
प्रजापतेर्वो धाम्ना – अशौ. १०.५.७/३ – १४/३
प्रजापते विश्वसृज् (मैसं. ...सृग्) जीवधन्यः – मैसं. ४.१४. १/३ः 2१५.१६; तैब्रा. 2.८.१.४/३; आश्रौ. 2.१४. 2/४; आपश्रौ. 2०.2०.६/३
प्रजापते श्रेष्ठेन रूपेण – अशौ. ५.2५.१३/१
प्रजापतेश्शरणमसि ब्रह्मणश्छदिः – आपमपा. 2.६.४ (आपगृ. ५.१2.११); हिर गृसू. १.११.१०
प्रजापतेष्ट्वा ग्रहं गृह्णामि मह्यं भूत्यै मह्यं पुष्ट्यै मह्यं श्रियै मह्यं ह्रियै मह्यं यशसे मह्यमायुषे मह्यमन्नाय मह्यमन्नाद्याय मह्यं सहस्त्रपोषाय मह्यमपरिमितपोषाय – कौसू. ७४.१८
प्रजापतेष्ट्वा प्राणेनाभि आदिः द्र. प्रजापतेस् आदि।
प्रजापतेष्ट्वा हिंकारेणावजिघ्रामि सहस्रायुषा – पारगृसू. १.१८.३
प्रजापतेस्तपसा वावृधानः – वा.2६.११/१; तैसं. ५.१.११. ४/१; मैसं. ३.१६.2/१ः १८५.2; काठसं अश्व. ६. 2/१
प्रजापतेस्ते वृष्णो रेतोधसो रेतोधामशीय – वा. ८.१०
प्रजापतेस्त्वा परमेष्ठिनः स्वाराज्येनाभिषिंचामि – तैब्रा. 2. ७.६.३; आपश्रौ. 2०.2०.३; 22.१2.2०
प्रजापतेस्त्वा प्रसवे पृथिव्या नाभवन्तरिक्षस्य बाहुभ्यां दिवो हस्ताभ्यां प्रजापतेस्त्वा परमेष्ठिनः स्वाराज्येनाभिषिंचामि – आपश्रौ. 2०.2०.३
प्रजापतेस्त्वा (माश्रौसू. प्रजापतेष्टवा) प्राणेनाभिप्राणिमि पूषणः पोषेण मह्यं दीर्घायुत्वाय शतशारदाय शतं शरद्भ्य आयुषे वर्चसे जीवात्वै पुण्याय (माश्रौसू. पूषणः पोषाय मह्यं दीर्घायुत्वाय शतशारदाय) – तैब्रा. १.2.१.१६; आपश्रौ. ५.११.५; माश्रौसू. १.५.३.६
प्रजापतेः सोमस्य धातुः – मैसं. 2.१३.2०ः १६५.१2 द्र. प्रजापतेर्धातुः।
प्रजापतौ त्वा देवतायाम् – वा. ३५.६/१; शब्रा. १३.८.३.३
प्रजापतौ त्वा मनसि जुहोमि – तैसं. ३.१.2.2; आपश्रौ. ११.१.६; माश्रौसू. 2.2.१.५
प्रजाभागिरतो (?) माययैतौ – कौसू. 22.६/2
प्रजाभिरग्ने अमृतत्वमश्याम् – ऋ. ५.४.१०/४; तैसं. १.४. ४६.१/४; आपमपा. 2.११.५/४; बौधसू. 2.६.११.३३; वासिधशा. १७.४
प्रजाभिरग्ने द्रविणेह सीद – तैआ. ४.१८.१/५
प्रजाभिर्वृद्धिं जनुषाम् उपस्थम् – तैब्रा. 2.५.2.१/2 द्र. गर्भो जनीनाम्।
प्रजाभिस्सगरः – काठसं. ३५.१५
प्रजाभ्य (मैसं. ...भ्या) ओषधीभ्यः – वा. १2.७2/४; मैसं. 2.७.१४/2ः ६५.१०; काठसं. १६.१2/४; शब्रा. ७.2.2. १2/४ द्र. ओषधीभ्यः प्रजाभ्यः।
प्रजाभ्यः पंचपदी – आगृ. १.७.१६ द्र. पशुभ्यः आदि।
प्रजाभ्यः पुष्टिं विभजन्त आसते – ऋ. 2.१३.४/१
प्रजाभ्यस्त्वा – वा. ४.2५; तैसं. १.2.६.१; ३.३.६.३; ५.2.३; ४.४.१.2; ६.१.६.६; मैसं. १.2.५ः १४.८; १.३.११ः ३४.६; ३.७.४ः ८०.७; काठसं. 2.६; ४.३; १७.७; 2४.५; ३७. १७; गोब्रा. 2.2.१३; पंचब्रा. १.१०.१; शब्रा. ३.३.2.१८; ५.2.१३; वैसू. 2५.१; कात्यश्रौसू. ७.७.2०; आपश्रौ. १०. 2४.१४; माश्रौसू. 2.१.४.४; ३.५.८
प्रजाभ्यस्त्वा प्रजापतये गृहणामि (काठसं. इत्यस्य लोपः गृहणामि) तैसं. ३.३.६.३; काठसं. ३०.५ प्रः प्रजाभ्यस्त्वा – प्रजापतये – आपश्रौ. 2१.2१.४ तु.

प्रजापतये त्वा प्रजाभ्यः।
प्रजाभ्यः सर्वाभ्यो मृडा (शांश्रौसू. मृल) – तैब्रा. ३.७.८. १/३.2/३.2/४; शांश्रौसू. ३.२०.2/३; आपश्रौ. ६. १७.६/३
प्रजाभ्यः स्वाहा – तैसं. ७.१.१९.३; ३.१६.2; ५.१2.2; काठसं अश्व. १.१०; ३.६; ५.३; तैब्रा. ३.१.४.2 तु. प्रजायै स्वाहा।
प्रजाभ्या आदिः द्र. प्रजाभ्य।
प्रजाभ्यो वाम् – काठसं. ३६.१; आपश्रौ.१६.३३.१
प्रजामजर्यां नः कुरु – साम मन्त्रब्रा. 2.2.१८.३ द्र. प्रजां सुवीराम्
प्रजामनुप्रजायसे – तैब्रा.१.५.५.६/१; आपश्रौ. ८.2१.१/१; आपधसू. 2.६.2४.१
प्रजामन्यः क्षत्रमन्यः पिपर्तु – काठसं. १७.१९/2
प्रजामपत्यं बलमिच्छमानः – ऋ. १.१७९.६/2
प्रजामस्मभ्यं जनयन् (हिर गृसू. ददतो) रयिं च काठसं. ७.१2/४; हिर गृसू. 2.१०.५/३ द्र. आयुरस्मभ्यं।
प्रजामस्मासु धेहि – वा. ३७.20 तु. प्रजां मे दाः
प्रजामस्मे रयिमस्मे नियच्छत – काठसं. ३८.१2/३
प्रजामस्मै रयिमस्मै सजातानस्मै यजमानाय पर्य ऊह – तैसं. १.१.७.2
प्रजामस्यै जरदष्टिं कृणोतु (साम मन्त्रब्रा. १.५.2/४, कृणोमि) साम मन्त्रब्रा. १.१.११/2; १.५.2/४
प्रजामस्यै द्रविणं चेह दत्वा – अशौ. १४.2.७४/४
प्रजामस्यै नयतु दीर्घमायुः – पारगृसू.१.५.११/2; आपमपा. १.४.८/2; हिर गृसू. १.१९.७/2
प्रजामा जनयावहै – अशौ. १४.2.७१/५ द्र. अत्र प्रजाः प्र
प्रजा मा मा हासीत् – तैसं. ५.६.८.१
प्रजामपैमि पशूंश्च – शांश्रौसू. 2.१३.४
प्रजामृतत्वम् उत दीर्घमायुः – अशौ. ११.१.३४/३
प्रजामृतस्य पिप्रतः – ऋ. ८.६.2/१; अशौ. 20.१३८. 2/१; सा. 2.६५६/१
प्रजामेका जिन्वत्य (तैसं. काठसं. आपमपा. रक्षति) ऊर्जमेका – अशौ. ८.६.१३/३; तैसं. ४.३.११.१/३; मैसं. 2.१३.१०/३: १६०.६; काठसं. ३९.१०/३; आपमपा. 2.२०.३2/३
प्रजा मे स्यात् – शब्रा. १.८.१.३
प्रजां पशूंस्तेजो रयिमस्मासु धेहि – कौसू. ७०.१/2 तु. अत्र आयुः प्रजाम्
प्रजां पशूं जुहवतो मे दृंह – तैब्रा.१.३६
प्रजां पशून् दीर्घमायुश्च धत्ताम् – कौसू. ७६.2७/४
प्रजां पशून् मे पिन्वस्व – तैब्रा. ३.७.६.६; आपश्रौ.४.६.2 तु. प्रजां वृष्टिं।
प्रजां पशून् सौभाग्यं मह्यं दीर्घायुष्ट्वं पत्युः – साम मन्त्रब्रा. १.५.५ प्रः प्रजाम् – गोभि गृसू. 2.७.१०; खादि गृसू. 2.2.2७
प्रजां पश्यन्ती सुमनस्यमानाम् – हिर गृसू. १.१९.७/५ द्र. पश्यन्ती प्रजाम्।
प्रजां पाहि – मैसं. ४.६.३: ८१.८ द्र. प्रजां मे पाहि।
प्रजां पिपर्तु परिवत्सरो नः – काठसं. ४०.१2/१ द्र. प्रजां ददातु इत्यत्र।
प्रजां पुष्टिं रयिमस्मासु धेहि – आश्रौ. ३.१०.८/३ त. आयुः प्रजां इत्यत्र।
प्रजां (का. रयिं) पुष्टिं वर्धयमानो अस्मे – वा. ६.2५/४; का. १०.५.2/४; तैसं. १.७.१०.१/४; मैसं. ११.४/४: १६५.१; काठसं. १४.2/४; शब्रा. ५.2.2.७/४
प्रजां पुष्टिमथो धनम् (माश्रौसू. भगम्; अंत (?) धनम्) – तैब्रा. ३.३.११.2/2; आपश्रौ. ३.१३.६/2; ५.2६.५/४; माश्रौसू. १.2.५.१2/2; १.८.६.22/2 द्र. रयिं पुष्टिमथो।
प्रजां पुष्टिममृतं नवेन – तैब्रा. 2.४.८.५/४
प्रजां पुष्टिं भूतिमस्मासु धत्तम् – ऋ. ८.५९ (वाल. ११). ७/३
प्रजां प्र जनयावहै – आगृ. १.७.६/2; १.१३.४/३; पारगृसू. १.६.३/३ द्र. प्रजाः प्र इत्यत्र।
प्रजां मयि च यजमाने च – तैब्रा. १.१.१.५; आपश्रौ. १2. 2३.१
प्रजां मयि धारयतम् – तैब्रा. ३.७.६.८; आपश्रौ. ४.६.५
प्रजां मा निर्वादिष्टम् – वा. ५.१७; शब्रा. ३.५.३.१८
प्रजां मा मे रीरिष आयुरुग्र – तैआ. ३.१५.१/३; तैआ. आन्ध्र १०.५१/३
प्रजां मा हिंसीः – माश्रौसू. ३.१.2६
प्रजां मे तर्पयत – वा. ६.३१; तैसं. ३.१.८.१; मैसं. १.३.2: ३०.६; काठसं. ३.१०; शब्रा. ३.६.४७
प्रजां मे दाः – वा.३७.१2; तैसं.३.३.५.१; मैसं. ४.६.३: १2४. 2; शब्रा. १४.१.३.20; तैआ.४.५.३ द्र. प्रजां मे यच्छ, तथा तु. प्रजामस्मासु।
प्रेजां मे धुक्ष्व – कात्यश्रौसू. ३.४.१३ द्र. ब्रह्म प्रजां।
प्रजां मे नर्य पाहि – मैसं. १.५.१४: ८2.१७; ८३.१०; काठसं. ७.३.११; आपश्रौ. ६.2४.६; माश्रौसू. १.६.३.७; मागृसू.. १.१६.2 तु. प्रजां नो आदि।
प्रजां मे नर्याजुगुपः (आपश्रौ. माश्रौसू. वंत समबज ... जूगुपः) – मैसं. १.५.१४: ८४.४; काठसं. ७.३.११;

आपश्रौ. ६.2६.५; माश्रौसू. १.६.३.१४ तु. प्रजां नो आदि।
प्रजां मे पाहि – शांश्रौसू. ४.६.2 द्र. प्रजां पाहि।
प्रजां मे यच्छ – काठसं. ६.५; ७.१४; आपश्रौ. ६.११.४; माश्रौसू. १.६.१.४३ द्र. प्रजां मे दाः
प्रजां मेऽवाचः – माश्रौसू. ५.2.१५.2
प्र जायन्ते दक्षिणा अस्य पूर्वीः – ऋ. ४.३६.५/४
प्र जायन्ते वीरुधश्च प्रजाभिः – ऋ. 2.३५.८/४
प्र जायस्व प्रजया पुत्रकाम – ऋ. १०.१८३.१/४; आपमपा. १.११.१/४; मागृसू. १.१४.१६/४
प्रजाया अरातिं नयामसि – अ. १.१८.१/४
प्रजाया आभ्यां प्रजापते – आपमपा. १.८.५/१ (आपगृ. 2.६.१०)
प्रजायामस्यग्रतः – हिर गृसू. १.20.१/४ द्र. प्रगाया मसि इत्यत्र।
प्रजायाश्च धनस्य च – आपमपा. १.६.७/2
प्रजायेमहि रुद्र (ऐब्रां. सेव पूजी ऊह, रुद्रिय) प्रजाभिः – ऋ. 2.३३.१/४; तैब्रा. 2.८.६.६/४; ऐब्रा. ३.३४.६/४
प्रजायै कम् (अ. किम्) अमृतं नावृणीत – ऋ. १०.१३४/2; अ. १८.३.४१/2
प्रजायै चक्रे त्वा शाले – अशौ. ६.३.११/३
प्रजायै त्वस्यै यच्छशिक्ष इन्द्र – ऋ. १०.५४.१/४
प्रजायै त्वा नयामसि – अ. ५.2५.८/४ द्र. उत्तरमेकवर्जम्
प्रजायै त्वा पुष्टयै भक्षयामि – शांश्रौसू. ७.५.१४
प्रजायै त्वा हवामहे – शां गृ सू. १.१६.११/४ द्र. पूर्वमेकवर्जम्
प्रजायै नस्तन्वे यच्च पुष्टम् – अ. ५.३.७/2; काठसं.४०.१०/2
प्रजायै पत्ये त्वा पिंगः – अशौ. ८.६.१2/३
प्रजायै मृत्यवे त्वत् (तैआ. तत्) – ऋ. १०.७2.६/३; तैआ. १.१३.३/३
प्रजायै मे प्रजापती – साम मन्त्रब्रा. १.५.१2/2
प्रजायै स्वाहा – तैब्रा. ३.१.४.१2; ५.३ तु. प्रजाभ्यः स्वाहा।
प्रजायै हृदयाय कम् – शांश्रौसू. १७.१2.१/2
प्रजावच्छर्म यच्छन्तु – अशौ. १४.2.७३/४
प्रजावतः स्वपत्यस्य शग्धि नः – ऋ. 2.2.१2/४
प्रजावता राधसा ते स्याम – ऋ.१.६४.१५/४; निरु. ११.2४/४
प्रजावता वचसा वह्निरासा – ऋ. १.७६.४/१
प्रजावतीः पुरुरूपा इह स्युः – ऋ. ६.2८.१/३; अ. ४.2१.१/३; तैब्रा. 2.८.८.११/३
प्रजावती पत्या संभवेह – अशौ. १४.2.३2/४
प्रजावतीरनमीवा अयक्ष्माः – वा. १.१; तैसं. १.१.१.१; काठसं. १.१; ३०.१०; शब्रा. १.७.१.६,७; तैब्रा. ३.2.१.५
प्रजावतीरिन्द्र गोष्ठे रिरीहि – ऋ. १०.१६६.३/४; तैसं. ७.४.१७.१/४; काठसं अश्व. ४.६/४
प्रजावतीरिष आ धत्तमस्मे – ऋ. ६.५2.१६/४
प्रजावतीर्यशसो विश्वरूपाः – तैब्रा. ३.७.४.१४/2; आपश्रौ. १.११.१०/2 द्र. प्रजावरीरादि।
प्रजावती विरसूर्देवृकामा – अशौ. १४.2.१८/३ द्र. जीवसूर् इत्यत्र
प्रजावतीषु दुर्यासु दुर्य – ऋ. ७.१.११/३
प्रजावतीः सूयवसं (अ. सूयवसे) रुशन्तीः (ऋ. रिशन्तीः) – ऋ. ६.2८.७/१; अ. ४.2१.७/१; ७.७५.१/१; तैब्रा. 2.८.८.१2/१ प्रः प्रजावतीः – कौसू. १६.१४; 2१.१०
प्रजावतो नृवतो अश्वबुध्यान् – ऋ. १.६2.७/३
प्रजावत् क्षत्रं मधुनेह पिन्वतम् – अ. ६.६७.2/2
प्रजावत् सावीः सौभगम् – ऋ. ५.८2.४/2; सा. १.१४१/2; तैब्रा. 2.४.६.३/2; तैआ. १०.१०.2/2; ४६.१/2; महा नारा उप. ६.६/2; १७.७/2; आपश्रौ. ६.2३.१/2
प्रजावदस्मे दिधिषन्तु रत्नम् – ऋ. ३.८.६/४
प्रजावदस्मे द्रविणायजस्व – वा. १४.४/४; १५.३/४; तैसं. ४.३.४.2/४; मैसं. 2.८.१/४ः १०७.३; 2.८.७/४ः १११.११; काठसं. १७.१/४,६/४; शब्रा. ८.2.१.७
प्रजावदस्मे द्रविणेह धत्तम् – मैसं.४.१४.६/४ः 22३.2; तैब्रा. 2.८.४.४/४
प्रजावदिन्द्र मनुषो दुरोणे – ऋ. १०.१०४.४/३; अ. 20.३३.३/३
प्रजावद् रत्नमा भर – ऋ. ६.५६.१/३
प्रजावद् रेत आ भर – ऋ. ६.६०.४/३
प्रजावद् रेतो अह्रयं नो आस्तु – ऋ. ७.६७.६/2; तैब्रा. 2.४.३.७/2
प्रजावन्त उप सदेम सर्वे – अशौ. ७.७४.४/४
प्रजावन्तं यच्छतास्मासु देवीः – ऋ. ४.५१.१०/2
प्रजावन्तं रयिमक्षीयमाणम् – अशौ. ७.20.३/2; तैसं. ३.३.११.४/2
प्रजावन्तं रयिमस्मे समिन्वतु – ऋ. ४.५३.७/४; ऐब्रा. १.१३.20; कौषी ब्रा. १६.६
प्रजासवन्तं स्वपत्यं क्षयं नः – ऋ. ७.१.१2/2
प्रजावन्तः सचेमहि – ऋ. १०.५७.६/३; वा. ३.५६/३;

कौसू. ८६.१/३ द्र. उत्तरमेकवर्जम्।
प्रजावन्तो अनमीवा अनागसः – ऋ. १०.३७.७/2
प्रजावन्तो अशीमहि – तैब्रा. 2.४.2.७/३; ३.७.१४.३/३; लाट्यश्रौसू. ३.2.१०/३; आपश्रौ. ६.१६.12/३; १४. ३2.2/३ द्र. पूर्वमेकवर्जम्।
प्रजावन्तो भविष्यथ – शांश्रौसू. १५.2७/2 द्र. वीरवन्तो भ...।
प्रजावन्तो मनवः पूर्व ईषिरे – अशौ. १६.2६.2/2
प्रजावरीर्यशसे बहुपुत्रा अघोराः – मागृसू. १.12.३/2
प्रजावरीर् (बाहुलकेन ...वतीर्) यशसे विश्वरूपाः – माश्रौसू. १.१.३.७/2 द्र. प्रजावतीरादि।
प्रजावान् नः पशुमां अस्तु गातुः – ऋ. ३.५४.१८/४
प्रजा विकृण्वं (आपश्रौ. विकुर्वं) जनयन् विरूपम् (आपश्रौ. विरूपाः) कासं. ४०.12/2; आपश्रौ. १७.१३.2/2 द्र. प्रजाः कृण्वन्।
प्रजा वृतास्ताः प्राणेन वृतास्ताभिर्वृताभिर्वर्त्रीभिर्यस्माद् भयाद् बिभेमि तद्वारये स्वाहा – आगृ. ३.११.१
प्रजास्त्वमनु प्राणिहि – वा. ४.2५; तैसं. १.2.६.१; काठसं. 2.६; आपश्रौ. १०.2४.१४
प्रजास्त्वम् उपावरोह – तैसं. १.३.१३.१
प्रजास्त्वानु (तैसं. आपश्रौ. त्वामनु प्राणन्तु – वा. ४.2५; तैसं. १.2.६.१; मैसं. १.2.५: १४.८; ३.७.४: ८०.११; काठसं. 2.६; 2४.५; शब्रा. ३.३.2.१६; कात्यश्रौसू. ७.७. 12१; आपश्रौ. १०.2४.१४; माश्रौसू. 2.१.४.५
प्रजास्तवाम् उपावरोहन्तु – तैसं. १.३.१३.१
प्रजा (मैसं. ...जाः; काठसं. ओजास्) स्पृताः – वा. १४. 2६; तैसं. ४.३.६.2; मैसं. 2.८.५: १०६.३; काठसं. १७. ४; शब्रा. ८.४.2.११
प्रजाः सर्वाश्च राजबान्धवैः (मागृसू.. ...बान्धव्यः) – पारगृसू. 2.१४.४/४; मागृसू.. 2.७.१/४ द्र. तिस्रश्च राज... इत्यत्र।
प्रजाः सृष्टवांहोऽवयज – माश्रौसू.११.६.2 तु. मैसं.१.१०.१७: १५६.८
प्रजाः (तथा प्रजास्) स्पृताः द्र. प्रजा आदि।
प्रजाः ह तिस्रो अत्यायर्मियुः – ऋ. ८.१०१.१४/१; शब्रा. 2.५.१.४/१; ऐआ. 2.१.१.४/१,५ प्रः प्रजा ह ऋवि. 2.३५.५ तु. बृहद. ६.12७,12८ द्र. तिस्रो ह प्रजा।
प्र जिह्वया भरते वेपो अग्निः – ऋ. १०.४६.८/१
प्र जीरयत् सिस्रते सध्र्यक् पृथक् – ऋ. 2.१७.३/४
प्र जीवसे मर्त्याय – ऋ. १०.१८५.३/2; वा. ३.३३/2; काठसं. ७.2/2; शब्रा. 2.३.४.३७/2
प्रज्ञां कुर्वीत ब्राह्मणः – शब्रा. १४.७.2.2३/४; बृह उप. ४.४.2३/४
प्रज्ञातारो न ज्येष्ठाः सुनीतयः – ऋ. १०.७८.2/३
प्रज्ञा नम देवतावरोधनी – कौषी ब्रा उप. 2.३
प्रज्ञानाय नक्षत्रदर्शम् – वा. ३०.१०; तैब्रा. ३.४.१.४
प्रज्ञां ते मयि जुहोम्यसौ स्वाहा – कौषी ब्रा उप. 2.४
प्रज्ञां ते मयि दधे – कौषी ब्रा उप. 2.१५
प्रज्ञां मे त्वयि दधानि – कौषी ब्रा उप. 2.१५
प्रज्ञायै (स्वाहा) – बौधसू. ३.६.४
प्र (काठसं. प्रा) ण आयुजीवसे सोम तारीः – ऋ. ८.४८. ४/४; काठसं. १७.१६/४; ऐब्रा. ७.३३.५; गोब्रा. 2.३. ६/४; वैसू. १६.१८/४; माश्रौसू. 2.४.१.४५/४
प्र ण आयुर्वसो तिर – ऋ. ८.४४.३०/३
प्र ण आयूंषि तारिषः – वा. ३४.८/४; तैसं. ३.३.११. ४/४; काठसं. १३.१६/४; शांश्रौसू. ६.2७.2/४; निरु. ११.३०/४ तु. उत्तरम्।
प्र ण आयूंषि तारिषत् (कौसू. ताषत्) – ऋ. १.2५. 12/३; ४.३६.६/४; १०.१८६.१/३; अशौ. 2.४. ६/४; ४.१०.६/५ (तारिषः इति पठतु); 12.2. १३/४; १४.2.६७/४; १६.३४.४/४; 20.१३७.३/४; वा. 2३.३2/४; का. ३५.५७/४; तैसं. १.५.११.४/४; ७.४.१६.४/४; काठसं. ६.६/४; तैब्रा. 2.४.१.६/३; तैआ. ४.४2.2/३; आश्रौ. ४.12.2/४; आपश्रौ. ६.३. 22/४; कौसू. ११७.४/३; निरु. १०.३५/३ द्र. प्र न आदि, तथा तु. पूर्वम्।
प्रः ण इन्दो महे तने – ऋ. ६.४४.१/१ द्र. प्र न आदि।
प्र ण इन्दो महे रणे – ऋ. ६.६६.१३/१
प्र णः पिन्व विद्युदभ्रेव रोदसी – ऋ. ६.७६.३/३ द्र. प्रणः आदि।
प्र णः पूर्वस्मै सुविताय वोचत – ऋ. ८.2७.१०/३
प्रणपात् कुण्दपाय्यः – ऋ. ८.१७.१३/2; अशौ. 20.५. ७//; सा. 2.७७/2; तैब्रा. 2.४.५.१/2
प्रणय – वैसू. 2.१; माश्रौसू. ५.2.१५.१० द्र. ओं प्रणय
प्रणयत – आश्रौ. ४.८.2३
प्रणय यज्ञम् – वैसू. 2.१; कात्यश्रौसू. 2.2.८; आपश्रौ. ३. १६.१; माश्रौसू. ५.2.१५.१०
(ओं) प्रणवं तर्पयामि – बौधसू. 2.५.६.१४
प्रणवैः शस्त्राणां रूपम् – वा. १६.2५/३
प्र ण स्पार्हाभिरूतिभिस्तिरेत (ऋ. ७.८४.३/४, तिरेतम्) – ऋ. ७.५८.३/४; ८४.३/४
प्र णः संगेभ्यो अधिनिशचरन्तम् – काठसं. ३०.८/2
प्र णामानि प्रयज्यवस् तिरध्वम् – तैसं. ४.३.१३.६/2 द्र. प्र नामानि।

वैदिकपादानुक्रमकोषः 100

प्र णिनाय महते सौभगाय – ऋ. ३.८.११/४; वा. ५. ४३/2; तैसं. १.३.५.१/४; मैसं. १.2.१४/2: 2३.७; काठसं. ३.2/2; 2६.३; शब्रा. ३.६.४.१४
प्रणीतिभिष्टै हर्यश्व सुष्टोः – ऋ. १०.१०४.५/१
प्रणीतिरस्तु सूनृता – ऋ. ६.४८.20/2
प्रणीतीरभ्यावर्तस्व – अशौ. ७.१०५.१/३; कौसू. ५६.१६
प्रणीतो अग्निरग्निना – वा. १६.१७/४
प्रणीयमानाभ्यामनु ब्रूहि – आपश्रौ. ११.१७.2
प्रणीयमानायानु ब्रूहि – आपश्रौ. ७.६.४
प्राणीयमानेभ्योऽनु ब्रूहि – आपश्रौ. १६.2१.३; माश्रौसू. ६.१. ६
प्रणीयज्ञानाम् – तैसं. 2.५.६.2; ऐब्रा. 2.३४.६; शब्रा. १.४. 2.१०; तैब्रा. ३.५.३.१; आश्रौ. १.३६; शांश्रौसू. १.४.20
प्र णु त्यं विप्रमध्वरेषु साधुम् – ऋ. ५.१.७/१
प्र णु वोचं चिकितुषे जनाय – तैआ. ६.१2.१/३; आपमपा. 2.१०.१०/१ (आपगृ. ५.१३.१७); हिर गृसू. १.१३.१2/३ द्र. प्र णो वोचं, तथा प्र नु वोचं चिकितुषे।
प्रणेतार इत्था धिया – ऋ. ५.६१.१५/2
प्रणेतारः कस्य चिद् ऋतायोः – ऋ. १.१६६.५/2
प्रणेतारं वस्यो अच्छ – ऋ. ८.१६.१०/१; अशौ. 20.४६. १/१; वैसू. ४2.८ तु. प्र णो नय, प्र तं नय, तथा प्र नो नय।
प्रणेतारो यजमानस्य मन्म – ऋ. ७.५७.2/2
प्रणेनीरुग्रो जरितारमूती – ऋ. ६.2३.३/2
प्र णो जायन्तां मिथुनानि रूपशः – कौसू. १2८.2/४ द्र. प्र नो आदि।
प्र णो जीवातवे सुव – तैसं. ४.2.६.५/2; जै उप ब्रा. ४. ३.१/४ द्र. प्र नो आदि।
प्र णो दिवः पदवीर्गव्युरर्चन् – ऋ. ३.३१.८/३
प्र णो देवी सरस्वती – ऋ. ६.६१.४/१; तैसं. १.८.22. १/१ प्रः प्र णो देवी – तैसं. 2.५.१2.१; ३.१.११.2; शांश्रौसू.१०.५.५
प्र णो धन्वन्त्विन्दवो मदच्युतः – ऋ. ६.७६.2/१
प्र णो नय वस्यो अच्छ – ऋ. ८.७१.६/३ तु. प्रणेतारं इत्यत्र।
प्र णो नव्येभिस्तिरतं देष्णैः – तैब्रा. ३.६.६.१/४ द्र. प्र नो आदि।
प्र णो ब्रूताद् भागधान् (आपश्रौ. ...धां) देवतासु – तैसं. १.६.४.३/४; आपश्रौ. १.१०.६/४ द्र. प्र मा ब्रू...।
प्र णो ब्रूहि यातुधानान् नृचक्षः – अ. १.७.५/2
प्र णो यक्ष्यभि वस्यो अस्मान् – आपश्रौ. ३.20.१० तु. उत प्रणेष्य्।
प्र णो यच्छत्वर्यमा – अशौ. ३.20.३/१; तैसं. १.७.१०. 2/१ द्र. प्र नो आदि।
प्र णो यच्छ भूवस् (अ. विशां) पते – अशौ. ३.20.2/३; तैसं. १.७.१०.2/३ द्र. प्र नो यच्छ।
प्र णोऽवत सुमतिभिर्यजत्राः – ऋ. ७.५७.५/३
प्र णो वनिर्देवकृता – अ. ५.७.३/१
प्र णो (णु इति पठतु) वोचं चिकितुषे जनाय – कौसू. ६2.१४/३ द्र. प्र णु वोचम् इत्यत्र।
प्र णो वोचस्तमिहेह ब्रवः – अशौ. ७.2.१/४; ५.५./४
प्र त आशवः पवमान धीजवः – ऋ. ६.८६.१/१
प्र त आशविनीः पवमान धीजुवः (सा.पंचब्रा. धेनवः) – ऋ. ६.८६.४/१; सा. 2.2३६/१; पंचब्रा. १2.७.१ प्रः प्र त आश्विनीः पवमान – वृ हासं. ८.५७
प्र त इन्द्र पूर्व्याणि प्र नूनम् – ऋ. १०.११2.८/१
प्र तं रथेषु चोदत – ऋ. ५.५६.७/४
प्र तं विवक्मि वक्म्यो य एषाम् – ऋ. १.१६७.७/१
प्रतक्वासि नभस्वान् – तैसं. १.३.३.१; शांश्रौसू. ६.१2.८; आपश्रौ. ११.१४.१० द्र. नभोऽसि।
प्रतंकं दद्रुषीणाम् – अशौ. ५.१३.८/३
प्र तं क्षिणां पर्वते पादगृह्य – ऋ. १०.2७.४/४
प्र तं जनित्रीविदुष उवाच – ऋ. 2.३०.2/2
प्रततं पारयिष्णुम् – मैसं. ४.६.2/३: १2३.४ द्र. दक्षिणाभिः प्र...।
प्र तत् ते अद्य शिपिविष्ट नाम (सा. हव्यम्) – ऋ. ७. १००.५/१; सा. 2.६७६/१; तैसं. 2.2.१2.५/१; मैसं. ४.१०.१/१: १४४.६; काठसं. ६.१०/१; आश्रौ.३.१३. १४; ६.७.८; ६.६.११; आपश्रौ. ६.१६.१2; निरु. ५.६/१ प्रः प्र तत् ते अद्य शिपिविष्ट – शांश्रौसू. १३.६.2; १५.३.५; प्र तत् ते अद्य – मैसं. ४.१2.३: १८६.१०
प्र तत् ते अद्या करणं कृतं भूत् – ऋ. ६.१८.१३/१
प्र तत् ते हिनवा यत् ते अस्मे – ऋ. १०.६५.१३/३
प्र तत् स्थानमवाचि वां पृथिव्याम् – ऋ. ७.७०.१/2; कौषी ब्रा. 2६.१५
प्र तद् दुःशीमे पृथवाने वेने – ऋ. १०.६३.१४/१ तु. बृहद. ७.१४७
प्र तद्विष्णु (अशौ. मैसं. शांश्रौसू. विष्णुः; वा. विष्णुस्) स्तवते वीर्येण (अशौ. वीर्याणि; तैब्रा.आपश्रौ. वीर्याय) – ऋ. १.१५४.2/१; अशौ. ७.2६.2/१; वा. ५. 20/१; मैसं. १.2.६/१: १६.१2; ३.८.७: १०५.१४; काठसं. 2.१०/१; 2५.८; शब्रा. ३.५.३.2३/१; तैब्रा. 2.४.३.४/१; आश्रौ. ६.७.८; ६.६.११; आपश्रौ. ११.६.

१/१; नृसिपू. उप. 2.४/१ प्रः प्र तद्विष्णुः स्तवते – शांश्रौसू. १५.३.५; प्र तद्विष्णुः – मैसं. ४.११.४: १७2.९; ४.१४.५: 22१.४; तैब्रा. 2.८.३.2; ३.१.३.३; शांश्रौसू. ५. ७.३; कात्यश्रौसू. ८.४.१६; आपश्रौ. 20.४.५; माश्रौसू.2. 2.2.३७७; – ४.४.३५; – ६.१.७; – ९.2.१; वृ हासं. ८.2४७

प्र तद्वो अस्तु धूतयो देषणम् – ऋ. ७.५८.४/४

प्र तद्वोचेदमृतस्य (वा. अमृतं नु; तैआ. महा नारा उप. वोचे अमृतं नुऋ विद्वान् – अ. 2.१.2/१; वा. ३2. ९/१; तैआ. १०.१.३/१ महा नारा उप. 2.४/१

प्र तद्वोचेयं भव्यायेन्दवे – ऋ. १.१2९.६/१; निरु. १०. ४2/१ तु. बृहद. ४.४

प्र तं नय प्रतरं (तैसं. आपमपा. प्रतरां) वस्यो अच्छ – ऋ. १०.४५.९/३; वा. १2.2६/३; तैसं. ४.2.2.३/३; मैसं. 2.७.९/३: ८७.2; काठसं. १६.९/३; आपमपा. 2.११.2८/३ तु. प्रणेतारम् इत्यत्र।

प्र तन् मे वोचो दूढभ स्वधावः – ऋ. ७.८६.४/३

प्रतन्वतीरोषधीरा वदामि – अशौ. ८.७.४/2

प्रतपां ज्योतिषा तमः – ऋ. ६.१०८.१2/2

प्र तमिन्द्र नशीमहि – ऋ. ८.६.९/१

प्र तं प्राचा नयति ब्रह्मणस् पतिः – ऋ. 2.2६.४/2

प्र तं मह्या रशनया नयन्ति – ऋ. ४.१.९/2

प्र त्वयसीं नव्यसीं धीतिमग्नये – ऋ. १.१४३.१/१; ऐब्रा. ४.३०.१४; कौषी ब्रा. 22.१ प्रः प्र त्वयसीं नव्यसीम् आश्रौ. ५.20.६; प्र त्वयसीम् – शांश्रौसू. ८.६.६

प्र त्वयसो नमौक्तिं तुरस्य – ऋ. ५.४३.९/१ तु. बृहद. ५.४2

प्र तां अग्निर्बभसत् तिग्मजमभः – ऋ. ४.५.४/१

प्र तार्य अग्ने प्रतरं न (मैसं. ना) आयुः – ऋ. ४.१2. ६/४; १०.१2६.८/४; मैसं. ३.१६.५/४: १९2.१०; काठसं. 2.१५/४; आपश्रौ. ६.22.१/४ द्र. प्रातार्य आदि।

प्र तार्य आयुः प्रतरं नवीयः – ऋ. १०.५९.१/१ प्रः प्रतार्य आयुः – शांश्रौसू. १६.१३.५; तु. बृहद. ७.६१(।)

प्रतिकामाय वेत्तवे – अशौ. 2.३६.७/४

प्रतिकूलम् उदाप्यम् – अशौ. १०.१.७/2

प्रति केतवः प्रथमा अदृश्रन् – ऋ. ७.७८.१/१

प्रतिक्रमणं कुष्ठाभ्याम् (काठसं अश्व. गुष्ठा...) – तैसं. ५. ७.१५.१; काठसं अश्व. १३.५

प्रतिक्रोशेऽमावास्ये – अशौ. ४.३६.३/2

प्रति क्षत्रं तु शौ. बलम् – मागृसू. १.१३.८/३

प्रति क्षत्रे प्रतितिष्ठामि राष्ट्रे – वा. 20.१०/१; काठसं. ३८.४/३; शब्रा. १2.८.३.22; तैब्रा. 2.६.५.६/१; ३.७. १०.३/१; आपश्रौ. ९.१४.2; १९.१०.2; साम मन्त्रब्रा. 2. 2.2; आपमपा. 2.१८.३ (आपगृ. ७.१९.९); हिर गृसू. 2.१७.४/१ प्रः प्रति क्षत्रे – कात्यश्रौसू. १९.४.2३; गोभि गृसू. ३.९.११; खादि गृसू. ३.३.१९; पारगृसू. १. १०.2

प्रतिक्षियन्तं (तैसं. ...क्षयन्तं) भुवनानि विश्वा – ऋ. 2.१०. ४/2; वा. ११.2३/2; तैसं. ४.१.2.५/2; ५.१.३.2; मैसं. 2.७.2/2: ७६.३; काठसं. १2६.2/2; १६.३; शब्रा. ६.३.३.१९

प्रति गाव उषसं वावशन्त – ऋ. ७.७५.७/४

प्रति गावः समिधानं बुधन्त – ऋ. ७.९.४/४

प्रति गावोऽरुषीर्यन्ति मातरः – ऋ. १.९2.१/४; सा. 2. ११०५/४; निरु. १2.७/४

प्रतिगृभणते स्वाहा – तैब्रा. ३.१.४.११

प्रति गृभणाति विश्रिता वरीमभिः – ऋ. १.५५.2/2

प्रति गृभ्णामि महते आदिः द्र. प्रति गृह्णामि आदि

प्रति गृभणीत मानवं सुमेधसः – ऋ.१०.६2.१/४ – ४/४; ऐब्रा. ५.१४.४

प्रतिगृह्णन्ति कर्हि चित् – शां गृ सू. १.१०.८/४

प्रति गृह्णामि – मागृसू. १.८.६

प्रति गृह्णामि (मैसं. आश्रौ. गृभ्णामि) महते वीर्याय (मैसं. काठसं. महत इन्द्रियाय) मैसं. 2.३.४/४: ३१.१०; काठसं. ४०.३/४; तैब्रा. 2.५.७.2/४; आश्रौ. ६.१2. 2/४

प्रति गृह्णामि शतशारदाय – अशौ. १९.३७.2/४

प्रति गृह्णाहि नो हविः – अशौ. ३.१०.१३/४

प्रति गृह्णाह्यर्चिषा – अशौ. ५.2९.१५/2

प्रति गृह्णीताग्निमेतम् – आपश्रौ. १६.३.१४

प्रतिगृह्य यथाविधि – कौसू. ६८.३७/2

प्रतिगृह्य वि राधिषि – अशौ. ३.2९.८/४

प्रतिगृह्याप्यनध्यायः – शांगृसू. ४.७.५५/३

प्रति घोराणामेतानामयासाम् – ऋ. १.१६६.७/१

प्रतिघ्नानाः सं धावन्तु – अशौ. ११.९.१४/१

प्रतिघनानाश्रुमुखी – अशौ. ११.९.७/१

प्रति चक्षव वि चक्षव – ऋ. ७.१०४.2५/१; अशौ. ८.४. 2५/१; आगृ. ३.५७; शांगृसू. ४.५.८

प्रति जङ्घां विश्पलाया अधत्तम् – ऋ. १.११८.८/४

प्रतिजन्यान्युत या सजन्या – ऋ. ४.५०.९/2; ऐब्रा. ८. 2६.११

प्रति तमभि चर योऽस्मान् द्वेष्टि यं वयं द्विष्मः – अशौ. 2.११.३

प्रति तान् देवशो विहि – ऋ. ३.2१.५/४; मैसं. ४.१३.५/४: 20५.१; काठसं. १६.2१/४; अशौ. 2.१2.१६.४ तैब्रा. ३.६.७.2/४

प्रति तिष्ठत्वायुषि – आपमपा. 2.११.१६/५

प्रतितिष्ठन्तं त्वादित्यानुप्रतितिष्ठासम् – साम मन्त्रब्रा.2.५.१६; गोभि गृसू. ४.६.१2 प्रः प्रतिष्ठिन्तं त्वा – खादि गृसू. ४.१.2७

प्रति तिष्ठ विराडसि – अशौ. १४.2.१५/१ प्रः प्रति तिष्ठ – कौसू. ७६.३३

प्रति तिष्ठामि द्यावापृथिव्योः – ऐब्रा. ८.६.३ द्र. द्यावापृथिव्योः प्रति इत्यत्र।

प्रति तिष्ठामि प्राणापानयोः – ऐब्रा. ८.६.३ द्र. प्रति प्राणेषु।

प्रति तिष्ठाम्यन्नपानयोः – ऐब्रा. ८.६.३

प्रति तिष्ठाम्यहोरात्रयोः – ऐब्रा. ८.६.३

प्रति तिष्ठोर्ध्वः – अशौ. ४.१2.६/३

प्रति ते जिह्वा घृतम् उच्चरण्येत् (मैसं. काठसं. चरण्यत्; वा. शब्रा. चरण्यत् स्वाहा) – वा. ८.2४/४; तैसं. १.४.४५.2/४; मैसं. १.३.३८/४: ४५.८; काठसं. ४.१३/४; शब्रा. ४.४.५.१2/४ द्र. अनु वां जिह्वा इत्यत्र।

प्रति ते ते अजरासस्तपिष्ठाः – ऋ. १०.८७.20/३ द्र. प्रति त्ये आदि।

प्रति ते दस्यवे वृक – ऋ. ८.५५ (वाल.८).१/१ तु. राधस्ते दस्यवे।

प्रति त्यं चारुमध्वरम् – ऋ. १.१९.१/१; सा.१.१६/१; आश्रौ. 2.१३.2; वैसू. 2३.८; कौसू. १2७.७/१; निरु. १०.३६/१ तु. बृहद. ३.७५

प्रति त्यन् नाम राज्यमधायि – तैसं. १.८.१०.2/१; मैसं. 2.६.१2/१: ७१.६; ४.४.६: ५६.१2; काठसं. १५.८/१; तैब्रा. १.७.४.2; आपश्रौ. १८.१2.६; माश्रौसू. ६.१.४

प्रति त्ये ते अजरासस्तपिष्ठाः – अशौ. ८.३.१६/३ द्र. प्रति ते ते।

प्रति त्वं दिव्यास्तारका अमुक्थाः – अशौ. १६.४६.८/४

प्रति त्वा जानन्तु पितरः परेतम् – अशौ. १८.४.५१/४,५2/2

प्रति त्वादितिर्वेत्तु – वा. १.१४,१६; शब्रा. १.१.४.५; 2.१.१४ प्रः प्रति – कात्यश्रौसू. 2.४.५ द्र. प्रति त्वा पृथिवी।

प्रति त्वादित्यास्त्वग् वेत्तु – वा. १.१४,१६; तैसं. १.१.५2; ६.१; मैसं. १.१.६: ३.१2; १.१.७: ४.३; काठसं. १.५; १.६; ३१.५; शब्रा. १.१.४.७; 2.१.१५; तैब्रा. ३.2.५.७; ६.2

प्रति त्वा दिव (तैब्रा. दिवः) स्कम्भनिर्वेत्तु – तैसं. १.१.६.१; तैब्रा. ३.2.६.2

प्रति त्वा दुहितर्दिवः – ऋ. ७.८१.३/१

प्रति त्वाद्य सुमनसो बुधन्त – ऋ. ७.७८.५/१

प्रति त्वा प्रवती (तैसं. तैब्रा. प्रवतिर; मैसं. काठसं.माश्रौसू. पार्वती) वेत्तु – वा. १.१६; तैसं. १.१.६.१; मैसं. १.१.७: ४.४; काठसं. १.६; ३१.५; शब्रा. १.2.१.१७; तैब्रा. ३.2.६.३; माश्रौसू. १.2.2.2६

प्रति त्वा पृथिवी वेत्तु – तैसं. १.१.५.१; ६.१; काठसं. १.५; १.६; तैब्रा. ३.2.५.६; ६.१ द्र. प्रति त्वादितिर्।

प्रति त्वामुदहास्त – ऋ. १.६.४/2; अशौ. 20.७१.१०/2; सा. १.20५/2

प्रति त्वा वर्षवृद्धं वेत्तु – वा. १.१६; तैसं. १.१.५.2; मैसं. १.१.७: ४.१; ४.१.७: ८.१६; काठसं. १.५; ३१.४; शब्रा. १.१.४.20; तैब्रा. ३.2.५.१०; आपश्रौ. १.20.६; माश्रौसू. १.2.2.१६ प्रः प्रति त्वा – कात्यश्रौसू. 2.४.१७

प्रति त्वा शवसी वदत् – ऋ. ८.४५.५/१

प्रति त्वा स्तोमैरीडते वसिष्ठाः – ऋ. ७.७६.६/१

प्रतिदहन्नभिशस्तिमरातिम् – अशौ. ३.१.१/2; 2.१/2

प्रति दह यातुधानान् – अशौ. १.2८.2/१

प्रतिदीव्ने दधत आ कृतानि – ऋ. १०.३४.६/४

प्रति देव किमीदिनः – अशौ. १.2८.2/१

प्रति देवां अजुषत प्रयोभिः – ऋ. ६.६2.१/४

प्रति द्यावापृथिवी आ ततान – अशौ. ७.८2.५/४; १८.१.2८/४

प्रति द्यावापृथिव्योः प्रतितिष्ठामि यज्ञे – वा. 20.१०/५; काठसं. ३८.४/३; शब्रा. १2.८.३.22; तैब्रा. 2.६.५.६; साम मन्त्रब्रा. 2.2.६; हिर गृसू. 2.१७.४/५ द्र. द्यावापृथिव्योः प्रति इत्यत्र।

प्रति द्युतानामरुषसो अश्वाः – ऋ. ७.७५.६/१

प्रति द्युमन्तं सविताय भूषति – ऋ.१०.४०.१/2

प्रति द्रवन्ती सुविताय गम्याः – ऋ. ५.४१.१८/४

प्रति द्रापिममुंचथाः – ऋ. ६.१००.६/३; सा. 2.३६८/३

प्रति द्रुणागभस्त्योः – ऋ. ५.८६.३/३

प्रति धत्स्व (इषुम्) – लाट्यश्रौसू. ३.१०.८

प्रति धाना भरत तूयमस्मै – ऋ. ३.५2.८/१

प्रतिधिना पृथिव्या (मैसं. पृथिव्यै) पृथिवीं जिन्व – वा. १५.६; मैसं. 2.८.८: ११2.६ द्र. अपरम्।

प्रतिधिरसि – तैसं. ४.४.१.१; काठसं. १७.७; ३७.१७; गोब्रा. 2.2.१३; पंचब्रा. १.६.५; वैसू. 20.१३ प्रः प्रतिधिः – तैसं. ५.३.६.१ द्र. पूर्वम्।

प्रति धेनुमिवायतीम् उषासम् – ऋ. ५.१.१/2; अशौ. १३.2.४६/2; सा. १.७३/2; 2.१०६६/2; वा. १५.

२४/2; तैसं. ४.४.४.2/2; मैसं. 2.१३.७/2: १५५.१४
प्रति न ईम् सुरभीणि व्यन्तु (तैसं. वियन्तु) – ऋ. ७.१.१८/३; तैसं. ४.३.१३.६/३; मैसं. ४.१०.१/३: १४३.७; काठसं. ३५.2/३
प्रति नन्दन्तु पितरः संविदानाः – हिर. गृसू. 2.१४.४/३
प्रति न स्तोमं त्वष्टा जुषेत – ऋ. ७.३४.२१/१
प्रति नः सुमना भव – वा. ६.2८/2; तैसं. १.७.१०.2/2; शब्रा. ५.2.2.१०/2; आपमपा. १.१३.१०/४ द्र. प्रत्यङ् नः।
प्रति नानाम रुद्रोपयन्तम् – ऋ. 2.३३.१2/2
प्रतिपणः फलिनं मा कृणोतु – अशौ. ३.१५.४/४
प्रतिपदसि प्रतिपदे त्वा – वा. १५.८
प्रति पन्थामपद्महि – वा. ४.2६/१; शब्रा. ३.३.३.१५/१ प्रः प्रति पन्थाम् – कात्यश्रौसू. ७.६.४ द्र. अपि पन्थाम्।
प्रति पशुषु प्रति तिष्ठामि पुष्टौ – शांगृसू. ४.१८.६
प्रति पश्याः किमीदिनः – अशौ. ४.20.५/४
प्रति पश्येम सूर्य – ऋ. १०.१५८.५/2; मैसं. ४.१2.४/2: १६०.१५; काठसं. ६.१६/2.
प्रति पाणायाक्रये – अशौ. १६.५2.३/2
प्रति पुरुषं पितरः (तृप्यन्तु) – शांगृसू. ४.१०.४ तु. आगृ. ३.४.५
प्रतिपुरुषं पुरोडाशा एकश्च आदित्यश्चरुः – मैसं. १.१०.१: १४१.६
प्रतिपूता अरातयः द्र. परापूता आदि।
प्रति प्रजायां प्रति तिष्ठामिभव्ये (मैसं. पृष्ठे; शांगृसू. तिष्ठाम्यन्ने) – मैसं. ३.११.८: १५2.१३; तैब्रा. ३.७.१०.३/३; आपश्रौ. ६.१४.2; शांगृसू. ४.१८.११; आपमपा. 2.१८.५
प्रति प्रतीचीर्दहतादरातीः – ऋ. ३.१८.१/४
प्रति प्रथस्व पृथिवीमुत द्याम्– मैसं. ४.१.६: ११.६
प्रति प्रयाणमसुरस्य विद्वान् – ऋ. ५.४६.2/१
प्रति प्र यातं वरमा जनाय – ऋ. ७.७०.५/३
प्रति प्र याहीन्द्र मीधुषो नॄन् – ऋ. १.१६६.६/१
प्रति प्रस्थातः पत्नीमुदा नय – कात्यश्रौसू. ६.५.2७
प्रतिप्रस्थातः पशुं संवदस्वः द्र. प्रतिप्रस्थातः पशौ।
प्रतिप्रस्थातः पशुनेहि – कात्यश्रौसू. ६.७.५; आपश्रौ. १2.१७.20 द्र. उत्तरम् तथा पशुनेहि।
प्रतिप्रस्थातः पशुम् उपकल्पयस्व – माश्रौसू.2. ३.६.१2 द्र. पूर्वम्।
प्रतिप्रस्थातः पशौ (माश्रौसू. पशुं) संवदस्व – आपश्रौ. १३.११.१; माश्रौसू. 2.५.१.2३
प्रतिप्रस्थातर्दधिघर्मेणानूदेहि (माश्रौसू. दधिघ्रमाय दध्युपकल्पयस्व) – आपश्रौ. १३.३.१; माश्रौसू.2.४.४.१८
प्रतिप्रस्थातर्य उपांशुपात्रेऽशुस्तमृजीषेऽप्यस्याभिषुत्योदंचं हृत्वाधवनीये प्रस्कन्दयस्व – माश्रौसू. 2.५.१.११
प्रतिप्रस्थातर्वसतीवरीणां होतृचमसं पूरयित्वा दक्षिणेन होतारमभिप्रयम्य चात्वालान्ते प्रत्युपास्व – माश्रौसू. 2.३.2.६
प्रतिप्रस्थातर्विहर – मैसं. ४.६.2: १2३.१; तैआ. ४.४.१; आपश्रौ. १५.६.१
प्रतिप्रस्थातः सवनीयान् निर्वप (माश्रौसू. वपस्व) – आपश्रौ. १2.३.१५; माश्रौसू. 2.३.2.१
प्रति प्राणेषु (साम मन्त्रब्रा. प्राणे) प्रति तिष्ठामि पुष्टे (साम मन्त्रब्रा. पुष्टौ; मैसं. तिष्ठाम्यात्मन्) – वा. 20.१०/४; मैसं. ३.११.८: १५2.१३; काठसं. ३८.४/2; शब्रा. १2.८.३.22; तैब्रा. 2.६.५.६/४; साम मन्त्रब्रा. 2.2.४; हिर गृसू. 2.१७.४/४ द्र. प्रति तिष्ठामि प्राणा... ।
प्रति प्रातिष्ठादध्वरे – तैब्रा. ३.१2.६.४/४
प्रति प्राशव्यां इतः – ऋ. ८.३१.६/१
प्रति प्रियं यजतं जनुषामवः – ऋ. १.१५१.१/४; तैब्रा. 2.८.७.६/४
प्रति प्रियतमं रथम् – ऋ. ५.७५.१/१; सा. १.४१८/१; 2.१०६३/१ प्रः प्रति प्रियतम् –आश्रौ. ४.१५.2,१०; शांश्रौसू ६.६.१४
प्रतिबुद्धा अभूतन – ऋ. १.१६१.५/४; अशौ. ४.३७.३/६,४/६
प्रति ब्रवाणि वर्तयते अश्रु – ऋ. १०.६५.१३/१
प्रति ब्रवोऽदितये तुराय – ऋ. ४.३.८/३
प्रति ब्रह्मन् प्रति क्षत्रे प्रत्येषु त्रिषु लोकेषु तिष्ठामि – ऐब्रा. ८.६.३ तु. उत्तरम्।
प्रति ब्रह्मन् प्रति तिष्ठामि क्षत्रे – मैसं. ३.११.८/३ १५2.१2; शांगृसू. ४.१८.७ प्रः प्रति ब्रह्मन् माश्रौसू. ५.2.११.2६; मागृसू. १.१४.2 तु. पूर्वम्।
प्रति ब्रह्म सुवीर्यम् – मागृसू. १.१३.८/2
प्रति ब्रुवीमहि स्पृधः – ऋ. ८.६2.३2/2
प्रति भद्रा अदृक्षत – ऋ. १.४८.१३/2; ४.५2.५/१
प्रति भागं न दीधिम (सा. दीधिमः) – ऋ. ८.६६.३/४; अशौ. 20.५८.१/४; सा. १.2६७/४; 2.६६६/४; वा. ३३.४१/४; निरु. ६.८/४
प्रति मनायोरुचथानि हर्यन् – ऋ. ४.2४.७/३
प्रति मर्ता अवासयो दमूनाः – ऋ. ३.१.१७/३

प्रतिमा असि (मैसं. प्रतिमासि) – मैसं. ४.६.४: १2४.७; तैआ. ४.५.५

प्रतिमां लोका घृतप्रष्ठाः स्वर्गाः – अशौ. १८.४.५/३

प्रतिमा छन्दः – वा. १४.१८; तैसं. ४.३.७.१; मैसं. 2.१३.१४: १६३.६; 2.८.३: १०८.१2; ३.2.६: ३०.३; काठसं. १७.३; ३६.४; शब्रा. ८.३.३.५; आपश्रौ. १६.2८

प्रति मामेतु यद् यशः – मागृसू. १.१३.८/४

प्रति मायन्तु देवताः – मागृसू. १.१३.८/१

प्रतिमासिः द्र. प्रतिमा असि।

प्रति मित्रा अवृषत – अशौ. ३.३.५/2

प्रति मुचस्व स्वां पुरम् – तैआ. १.2७.१/४

प्रति मुंचामि (जमगज, ...चासि) मे शिवम् – अशौ. १०.६.३०/2

प्रति मे स्तोममदितिर्जगृभ्यात् – ऋ. ५.४2.2/१

प्रति यच् चष्टे अनृतमनेनाः – ऋ. ७.2८.४/३

प्रति यत् स्या नीथादर्शि दस्योः – ऋ. १.१०४.५/१

प्रति यदस्य वज्रं बाह्वोर्धुः – ऋ. 2.20.८/३

प्रति यदापो अदृश्रमायतीः – ऋ. १०.३०.१३/१; ऐब्रा. 2.20.४; कौषीब्रा. १2.१; आश्रौ. ५.१.१० प्रः प्रति यदापः – शांश्रौसू. ६.७.४

प्रति यदे हविषमान् – ऋ. १.१2७.१०/४

प्रतियन्तं चिदेनसः – ऋ. ८.६७.१७/2

प्रतियन्तु शता गवाम् – ऐब्रा. ७.१७.४/४; शांश्रौसू. १५.2४/४

प्रतियुतो वरुणस्य पाशः – तैसं. १.४.४५.३; ६.६.३.५; काठसं. ३८.५; तैब्रा. १.६.५.६; 2.६.६.४; आपश्रौ. ८.८.१८; १३.22.५; १६.१०.५

प्रति रक्षो दहतु सहतामरातिम् – मैसं. १.५.१/2: ६७.५

प्रतिरवेभ्यः स्वाहा – मैसं. ४.६.६: १2६.११ द्र. उत्तरमेकवर्जम्।

प्रतिरूपाय स्वाहा – तैसं. ७.३.१८.१; काठसं अश्व. ३.८

प्रतिरेभ्यः स्वाहा – तैआ. ४.१०.३; ५.८.८ द्र. पूर्वमेकवर्जम्।

प्रतिलामीति (आश्रौ. प्रतिलानीति) ते पिता – वा. 2३.2४/३; मैसं. ३.१३.१/३: १६८.६; शब्रा. १३.2.६.७; आश्रौ. १०.८.१०/३; शांश्रौसू. १६.४.१/३ द्र. प्र सुलामीति।

प्रति व एना नमसाहमेमि – ऋ. १.१७१.१/१ तु. बृहद. ४.५५

प्रतिवर्तम पुनःसरम् – अशौ. १०.१.६/४

प्रति वस्तोरहः (अशौ. ६.३१.३/३, अहर्) द्युभिः – ऋ. १०.१८६.३/३; अशौ. ६.३१.३/३; 20.४८.६/३; सा. 2.७2८/३; आसं. ५.६/३; वा. ३.८/३; काठसं. ७.१३/३; शब्रा. 2.१.४.2६/३ द्र. प्रत्यस्य वह।

प्रति वां रथं नृपती जरध्यै – ऋ. ७.६७.१/१ प्रः प्रति वां रथम् – आश्रौ. ४.१५.2 तु. बृहद. ६.४

प्रति वां सूर उदिते – ऋ. ७.६६.७/१; सा.2.४१७/१; पंचब्रा. १३.८.2; आश्रौ. ७.2.2,१2; शांश्रौसू. १०.१०.४; ११.६.३; १2.१.३; 2.४

प्रति वां सूर उदिते विधेम – ऋ.७.६३.५/३; गोब्रा. 2.३.१३

प्रति वां सूर उदिते सूक्तैः – ऋ. ७.६५.१/१; ऐब्रा. ५.१८.८; कौषी ब्रा.2६.११; आश्रौ. ८.१०.१

प्रति वां सूरो अहभिः – मैसं. १.६.१/३: ८५.१४

प्रति वां स्तोमो अश्विनावधायि – ऋ. १.१८३.६/2; १८४.६/2

प्रति वां जिह्वा घृतमुच् (अशौ. ७.2६.१/४, आ) चरण्यत् (अशौ. चरण्यात्; तैसं. चरण्येत्) – अशौ. ७.2६.१/४,2/४; तैसं. १.८.22.१/४; मैसं. ४.१०.१/४: १४2.६; काठसं. ४.१६/४; कौषीब्रा. ७.2; आश्रौ. 2.८.३/४; शांश्रौसू. 2.४.३/४ द्र. अनु वां आदि इत्यत्र।

प्रति वामत्र वरमा जनाय – ऋ. ७.६५.४/३; मैसं. ४.१४.१2/३: 2३४.१४; तैब्रा. 2.८.६.७/३

प्रति वामृजीषी – ऐआ. ५.2.१.११/2

प्रति विप्रासो मतिभिर्गृणन्तः – ऋ. ७.७८.2/2

प्रति विप्रासो मतिभिर्जरन्ते – ऋ. ५.८०.१/४

प्रति विश्वामित्रजमदग्नी दमे – ऋ. १०.१६७..४/४

प्रति वीहि प्रस्थितं सोम्यं मधु – ऋ. 2.३६.४/३; अशौ. 20.६७.५/३

प्रतिवेशोऽसि प्र मा भाहि प्र मा पद्यस्व – तैआ. ७.४.३; तै उप. १.४.३

प्रति वोचे देवयन्तम् – ऋ. १.४१.८/2

प्रति वो वृषदंजयः – ऋ. ८.20.६/१

प्रति शुष्यतु यशो अस्य देवाः – ऋ. ७.१०४.११/३; अशौ. ८.४.११/३

प्रति श्यावाय वर्तनिम् – ऋ. ५.६१.६/2

प्रति श्रुताय वो धृषत् – ऋ. ८.३2.४/१; आश्रौ. ६.४.१०; ८.१2.६ प्रः प्रति श्रुताय – शांश्रौसू. १०.१2.१७

प्रति श्रुत्काया अर्तनम् (तैब्रा. ऋतुलम्) – वा. ३०.१६; तैब्रा. ३.४.१.१३

प्रतिश्रुत्कायैः चक्रवाकः (तैसं. काठसं अश्व. वाहसः) – वा. 2४.३2; तैसं. ५.५.१४.१; मैसं. ३.१४.१३: १७५.४; काठसं अश्व. ७.४

प्रति श्रोण स्थाद्व्यनगचष्ट – ऋ. 2.१५.७/३

प्रति श्वस्न्तं वृषभ ब्रुवीमहि – ऋ. ८.21.११/2; सा. १.४०३/2
प्रति श्वस्न्तमव दानवं हन् – ऋ. ५.2६.४/४
प्रतिषिक्ता अरातयः – आपश्रौ. ६.2०.2; माश्रौसू. १.६.2.१७/2,१७/३
प्रति षीमग्निर्जरते समिद्धः – ऋ. ७.७८.2/१
प्रति ष्टोभति वाघतो न वाणी – ऋ. १.८८.६/2
प्रति ष्टोभन्ति सिन्धवः पविभ्यः – ऋ. १.१६८.८/१
प्रति ष्टोभन्त्यक्तुभिः – ऋ. ५.८४.2/2; तैसं. 2.2.१2.३/2
प्रतिष्ठ – तैसं. 2.६.६.2; शब्रा. १.७.४.22; कात्यश्रौसू. 2.2.22 द्र. ओं प्रतिष्ठ।
प्रतिष्ठां शतधा हि – तैआ. १.2१.३/३; 2४.४/३; ३१.६/३
प्रतिष्ठां गच्छ (गोब्रा. गछन्) प्रतिष्ठां मा गमय (गोब्रा. गमयेत्) – ऐब्रा. ३.८.३; गोब्रा. 2.३.५
प्रतिष्ठा च मे भूयात् – तैआ. ३.७.१
प्रतिष्ठा त्रयस्त्रिंशः – वा. १४.2३; तैसं. ४.३.८.१; ५.३.३.५; मैसं. 2.८.४: १०६.६; काठसं. १७.४; 2०.१३; शब्रा. ८.४.१.22
प्रतिष्ठां धेहि – तैआ. ४.2.५
प्रतिष्ठां मेऽवोचः – माश्रौसू. ५.2.१५.2
प्रतिष्ठायै स्वाहा – शांगृसू. १४.६.३.४; तैब्रा. ३.१.५.११; ६.५,६,७; बृह उप. ६.३.४
प्रतिष्ठावन्तो भूयास्म – तैआ. ४.४2.१
प्रतिष्ठासि – ऐब्रा. ३.८.३; गोब्रा. 2.३.५; तैआ. ४.४2.१; माश्रौसू. १.३.४.22
प्रतिष्ठासि सहस्रस्य – माश्रौसू. ६.४.१/१ द्र. सहस्रस्य प्रतिष्ठासि।
प्रतिष्ठासु प्रतिष्ठिताः – तैब्रा. ३.१2.६.३/2
प्रतिष्ठिता रथनाभाविवाराः – वा. ३४.५/2
प्रतिष्ठित्यै त्वा काठसं अश्व. ५.६
प्रतिष्ठे स्थो देवते (मागृसू.. देवते द्यावापृथिवी; आपमपा. देवतानाम्) मा मा संताप्तम् – आपमपा. 2.६.३ (आपगृ. ५.१2.११); हिर गृसू. १.११.६; मागृसू. १.2.१६ तु. अपरम् तथा दृधे स्थः इत्यत्र।
प्रतिष्ठे स्थो विश्वतो मा पातम् – पारगृसू. 2.६.३० तु. पूर्वत्र इत्यत्र।
प्रतिष्ठे ह्यभवतं वसूनाम् – अशौ. ४.2६.१/४,2/१
प्रति ष्फुर वि रुज वीड्वंहः – ऋ. ४.३.१४/३
प्रतिष्म देव रीषतः – ऋ. ७.१५.१३/2; ८.४४.११/2; मैसं. ४.१०.१/2: १४१.१०; काठसं. 2.१४/2; तैब्रा. 2.४.१.७/2 द्र. प्रति स्म आदि।
प्रति ष्म रक्षसो दह – ऋ. १०.८७.2३/2 द्र. प्रति स्म आदि।
प्रति ष्म रिषतो दह – ऋ. १.१2.५/2
प्रति ष्या सूनरी जनी – ऋ. ४.५2.१/१; सा. 2.१०७५/१ प्रः प्रति ष्या सुनरी – आश्रौ. ४.१४.2; शांश्रौसू. ६.५.2; ६.2८.६; १०.१2.८
प्रति सम्राडह्णानो गृभाय – ऋ. १०.११६.७/2
प्रतिसरोऽसि – अशौ. 2.११.2
प्रति सूक्तानि हर्यतम् – ऋ. १.६३.१/३; तैसं. 2.३.१४.2/३; मैसं. १.५.१/३: ६७.४; काठसं. ४.१६/३
प्रति सूक्तानि हर्य नः – ऋ. ८.४४.2/३
प्रति सूर्यस्य पुरुधा च रश्मिन् – अ. ७.८2.५/३; १८.१.2८/३
प्रति स्तोमं शस्यमानं गृभाय – ऋ. ४.४.१५/2; तैसं. १.2.१४.६/2; मैसं. ४.११.५/2: १७४.७; काठसं. ६.११/2
प्रति स्तोमं सरस्वति जुषस्व – ऋ. ७.६५.५/2; मैसं. ४.१४.३/2: 2१६.६; काठसं. ४.१६/2; तैब्रा. 2.४.६.१/2
प्रति स्तोमं दधीमहि तुराणाम् – ऋ. ७.४०.१/2
प्रति स्तोमं देवयन्तो दधानाः – ऋ. ७.७३.१/2; काठसं. १७.१८/2
प्रति स्तोमा अदृक्षत – ऋ. ८.५.३/2
प्रति स्तोमेभिरुषसं वसिष्ठाः – ऋ. ७.८०.१/१ प्रः प्रति – वासि ध शा. 2६.५; माधसू. ११.2५०
प्रति स्तोमैरभुत्समहि – ऋ. ४.५2.४/३
प्रति स्तोमैर्जरमाणो वसिष्ठः – ऋ. ७.७३.३/४
प्रति स्पशो वि सृज तुर्णितमः – ऋ. ४.४.३/१; वा. १३.११/१; तैसं. १.2.१४.१/१; मैसं. 2.७.१५/१: ६७.११; काठसं. १६.१५/१
प्रतिस्पाशनमन्ति तम् – अशौ. ८.५.११/५
प्रति स्म चक्रुषे कृत्याम् – अशौ. ४.१८.४/३
प्रति स्म देव रिषतः – सा. १.2४/2 द्र. प्रति ष्म आदि।
प्रति स्म रक्षसो जहि – अशौ. ८.३.2३/2 द्र. षम आदि।
प्रति स्मरेथां तुजयद्भिरेवैः – ऋ. ७.१०४.७/१; अशौ. ८.४.७/१
प्रति स्रुगेति नमसा हविठमह – ऋ. ८.2३.22/३
प्रति स्वसरम् उप याति (अशौ. यातु) – पीतये – ऋ. ६.६८.१०/४; अशौ. ७.५८.१/४
प्रतिहरणेन हरामसी – अशौ. ५.१४.८/४

प्रति हव्यानि वीतये – ऋ. ८.१०१.७/४,१०/2
प्रतिहारेण त्वा छन्दसा सादयामि – मैसं. 2.१३.४ः १५३. १५; आपश्रौ. १७.१०.१
प्रतिहितामायताम् मा वि स्राष्टम् – अशौ. ११.2.१/३
प्रतीकं मे विचक्षणम् – पारगृसू. ३.१६.१/१ द्र. शरीरं मे
प्रतीक्षन्ते (आपमपा. ...तां) श्वशुरो देवरश् (आपमपा. ... राश्) च – अशौ. १४.१.३६/४; आपमपा. १.१.८/2
प्रतीक्षायै कुमारीम् – तैब्रा. ३.४.१.१६
प्रतीचः पुनरा कृधि – अशौ. ५.८.७/४
प्रतीचश्चिद् योधीयान् वृषण्वान् – ऋ. १.१७३.५/३
प्रतीचीः कृत्या आकृत्य – अशौ. १०.१.६/३
प्रतीचीः कृत्याः प्रतीसरैरजन्तु – अशौ. ८.५.५/४,६/४
प्रतीचीः कृष्णवर्तने – अशौ. १.2८.2/३
प्रतीची चक्षुरुर्वीया वि भाति – ऋ. १.६2.६/2
प्रतीची जुर्णिर्देवतातिमेति – ऋ. ७.३६.१/2
प्रतीचीं जग्रभा वाचम् – ऋ. १०.१८.१४/३
प्रतीची दिक् – अशौ. ३.2७.३; वा. १४.१३; १५.१2; तैसं. ४.३.६.2; ४.2.१; ५.५.१०.१; मैसं. १.५.४ः ७१.११; 2.७. 20ः १०५.७; 2.८.३ः १०८.८; 2.८.६ः ११३.१५; 2.१३.2१ः १६७.2; काठसं. ७.2; १७.३,८; 20.११; ३६.७; शब्रा. ८.३.१.१४; ६.१.७; तैब्रा. ३.११.५.2; आपश्रौ. ६.१८.३; आपमपा. 2.१७.१६ द्र. उत्तरम्, तथा प्रतीचीमा।
प्रतीची दिशाम् – तैसं. ४.३.३.१ द्र. पूर्वत्र इत्यत्र।
प्रतीची दिशामियमिद्वरम् – अशौ. १2.३.६/१
प्रतीचीन आंगिरसः – अशौ. १०.१.६/१
प्रतीचीनः प्रति मामा ववृतस्व – ऋ. १०.६८.2/३
प्रतीचीनं वृजनं दोहसे गिरा (वा.शब्रा. धुनिम्) – ऋ. ५. ४४.१/३; वा. ७.१2/३; तैसं. १.४.६.१/३; मैसं. १.३. ११/३५ ३४.५; काठसं. ४.३/३; शब्रा. ४.2.१.६/३
प्रतीचीनं ददृशे विश्वमायत् – ऋ. ३.५५.८/2
प्रतीचीनफलस्त्वम् – अशौ. ४.१६.७/2 तु. अपरम्।
प्रतीचीनफलो हि त्वम् – अशौ. ७.६५.१/१ प्रः प्रतीचीनफलः –कौसू. ४६.४६ तु. पूर्वत्र।
प्रतीचीनः सहुरे विश्वधायः (अ. विश्वदावन्) – ऋ. १०. ८३.६/2; अ.४.३2.६/2
प्रतीचीनाय ते नमः – अशौ. ११.2.५/४; ४.८/४
प्रतीचीने मामहनि – ऋ. १०.१८.१४/१ तु. बृहद. ७.१८
प्रतीचीं त्वा प्रतीचीनः – अशौ. ६.३.22/१; कौसू. ६६.2५
प्रतीचीमा रोह – वा. १०.१2; शब्रा. ५.४.१.५ द्र. प्रतीची दिक् इत्यत्र।
प्रतीचीमेनां हविषा यजामः – तैब्रा. ३.१.2.६/४
प्रतीची वशमश्व्यम् – ऋ. ८.४६.३३/2
प्रतीची विश्वान् देवान् – अशौ. ७.३८.३/३
प्रतीची सिंहं प्रति जोषयेते (मैसं. चेतयेते) – ऋ. १.६५. ५/४; मैसं. ४.१४.८/४ः 22७.५; तैब्रा. 2.८.७.५/४; निरु. ८.१५/४
प्रतीची सोम तस्थतुः – ऋ. ६.६६.2/३
प्रतीची सोममसि – अशौ. ७.३८.३/१
प्रतीचो बाहून् प्रति भङ्ध्येषाम् – ऋ. १०.८७.४/४; अशौ. ८.३.६/४
प्रतीच्यागादधि हर्म्येभ्यः – ऋ. ७.७६.2/४
प्रतीच्या त्वा दिशा सवित्रा देवतया जागतेन छन्दसाग्नेः पुच्छम् उपदधामि – काठसं. 22.५
प्रतीच्या त्वा दिशा सादयामि – तैसं. ५.५.८.2; मैसं. 2.८. ११ः ११५.१३
प्रतीच्या दिशः शालाया नमो महिम्ने – अशौ. ६.३.2७
प्रतीच्या दिशा (शांश्रौसू. दिशा सह) गृहाः पशवो मार्जयन्ताम् – मैसं. १.४.2ः ४८.१2; काठसं. ५.५; शांश्रौसू. ४.११.४ द्र. प्रतीच्यां दिशि गृहाः।
प्रतीच्या दिशोऽभि दासन्त्यस्मान् – अशौ. ४.४०.३/2
प्रतीच्यां त्वा दिशि पुरा संवृतः स्वधायामादधामि – अशौ. १८.३.३2
प्रतीच्यां त्वा दिश्य आदित्या अभिषिंचन्तु पुष्टये – ऋवि. ४.22.३ द्र. अपरम्।
प्रतीच्यां त्वा दिश्यादित्या देवाः षड्भिश्चैव पंचविंशैरहोभिरभिषिंचन्त्वेतेन च तृचेनैतेन च यजुषैताभिश्च व्याहृतिभिः स्वाराज्याय – ऐब्रा. ८.१६. १ तु. पूर्वम्।
प्रतीच्यां दिशि गृहाः पशवो मार्जयन्ताम् – तैसं. १.६.५.2; आश्रौ. १.११.७ द्र. प्रतीच्या दिशा।
प्रतिच्यां दिशि भसदमस्य धेहि – अशौ. ४.१४.८/१
प्रतीच्युत सूर्यम् – अशौ. ७.३८.३/2
प्रतीच्येत्वरणी दत्वती तान् – अशौ. ७.१०८.१/३
प्रतीच्यै त्वा दिशे वरुणायाधिपतये पृदाकवे रक्षित्रेऽन्नायेषुमते – अशौ. १2.३.५७ तु. अशौ. ३.2७. ३
प्रतीच्यै दिशः शृण्वन्त्युत्तरात् – तैब्रा. 2.५.१.३/2
प्रतीच्यै दिशे नमः – काठसं अश्व. ११.३
प्रतीच्यै दिशे स्वाहा – वा. 22.2४; तैसं. ७.१.१५.१; मैसं. ३.१2.८ः १६३.५; काठसं अश्व. १.६
प्रतीतं देवेभ्यो जुष्टं ह व्यवस्थात् (पठतु हव्यमस्थात्?) – जैब्रा. १.१४
प्रतीत्या शत्रूं जेतापराजितः – शांश्रौसू. ८.2४.१
प्रतीत्या शत्रून् विगदेषु वृशच – ऋ. १०.११६.५/४

प्रतीत्येन कृधुनातृपासः – ऋ. ४.५.१४/2
प्रतीदं विश्वं मोदते – ऋ. ५.८३.६/३
प्रतीदृश्यायै स्वाहा – तैब्रा. ३.१.६.१
प्रतीपं शापं नद्यो वहन्ति – ऋ. १०.2८.४/2
प्रतीपं जगमा शुचे – ऋ. ७.८६.३/2
प्रतीपं प्रातिसुत्वनम् (ऐब्रा. ...सत्वनम्) – अशौ. 20.१2६. 2; ऐब्रा. ६.३३.2; शांश्रौसू. १2.१८.2
प्रतीबोधेन नाशय – अशौ. ८.६.१५/७; १६.३५.३.४
प्रतीवतः प्रतिसरः – अशौ. ८.५.४/2
प्रतीहारो निधनम् – अशौ. ११.७.१2/१
प्र तु द्रव परि कोशं नि शीद – ऋ. ६.८७.१/१; सा. १. ५2३/१; 2.2७/१ प्रः प्र तु द्रव – पंचब्रा. तु द्रव पंचब्रा. ११.३.१; सावि ब्रा. १.४.६
प्र तुर्वीतिं प्र च दभीतिमावतम् – ऋ. १.११2.2३/2
प्र तुविद्युम्नस्य स्थविरस्य घृष्वेः – ऋ. ६.१८.१2/१
प्रतूर्तं वाजिन्ना द्रव – वा. ११.१2/१; तैसं. ४.१.2.१/१; ५.१.2.१; मैसं. 2.७.2/१ः ७४.१६; काठसं. १६.१/१; १६.2; शब्रा. ६.३.2.2; आपश्रौ. १६.2.१; माश्रौसू. ६.१.१ प्रः प्रतूर्तम् – कात्यश्रौसू. १६.2.६
प्रतूर्तिरष्टादशः – वा. १४.2३; तैसं. ४.2.८.१; ५.३.३.2; मैसं. 2.८.४ः १०६.३; काठसं. १७.४; 20.१३; शब्रा. ८. ४.१.१३; कात्यश्रौसू. १७.१०.१०
प्रतूर्वन्नेह्यवक्रामन्नशस्तीः – वा. ११.१५; तैसं. ४.१.2.१; ५. १.2.३; मैसं. 2.७.2ः ७५.७; ३.१ः ४.४; काठसं. १६.१; १६.2; शब्रा. ६.३.2.७ प्रः प्रतूर्वन् – कात्यश्रौसू. १६.2. १०
प्र ते अग्नयोऽग्निभ्यो वरं निः – ऋ. ७.१.४/१
प्र ते अग्ने हविष्मतीमियर्मि – ऋ. ३.१६.2/१ प्रः प्र ते अग्ने हविषमतीम् – शांश्रौसू. १४.५४.2
प्र ते अश्नोतु कुक्षयोः – ऋ. ३.५१.१2/१; सा. 2.८६/१
प्र ते अस्या उशसः प्रापरस्याः – ऋ. १०.2६.2/१; अशौ. 20.७६.2/१
प्र ते तानि चृतामसि – अशौ. ६.३.६/३
प्र ते ददामि मधुनो घृतस्य – आगृ. १.१५.१/१ द्र. प्र ते यच्छामि।
प्र ते दिवो न वृष्टयः – ऋ. ६.६2.2८/१
प्र ते दिवो न स्तनयन्ति शुष्माः (मैसं. स्तनयन्त शुष्मैः) – ऋ. ४.१०.४/४; तैसं. ४.४.४.७/४; मैसं. 2.१३.८/४ः १५८.१
प्र ते धारा अत्यण्वानि मेष्यः – ऋ. ६.८६.४७/१
प्र ते धारा असश्चतः – ऋ. ६.५७.१/१; सा. 2.११११/१ प्रः प्र ते धाराः – शांश्रौसू. ७.१५.४
प्र ते धारा मधुमतीरसृग्रन् – ऋ. ६.६७.३१/१; सा. १. ५३४/१
प्र ते धारा मधुश्चुतः – तैसं. ३.१.१०.३/३; माश्रौसू. 2.३.. ६.१५/३
प्र ते नावं न समने वचस्युवम् – ऋ. 2.१६.७/१
प्र ते पुर्वाणि करणानि विप्र – ऋ. ४.१६.१०/१
प्र ते पूर्वाणि करणानि वोचम् – ऋ. ५.३१.६/१
प्र ते बभ्रू विचक्षण – ऋ. ४.३2.22/१
प्र ते भिनद्मि मेहनम् – अशौ. १.३.७/१ तु. वि ते आदि।
प्र ते मदासो मदिरास आश्वः – ऋ. ६.८६.2/१
प्र ते महीं सुमतिं वेविदाम – ऋ. ७.2४.६/2
प्र ते महे विदथे शंसिषं हरी – ऋ. १०.६६.१/१; अशौ. 20.३०.१/१; ऐब्रा. ४.३.४; कौषीब्रा. 2५.७; तैब्रा. 2.४. ३०; ३.७.६.६; आश्रौ. ६.2.६; आपश्रौ. १४.2.१३ प्रः प्र ते महे – आश्रौ. ६.४.१०; शांश्रौसू. ६.६.६; १८.४; तु. बृहद. ७.१५४ सर्वहरि – शांश्रौसू. ११.१४.१०; बरु –शांश्रौसू. ११.१४.2६
प्र ते महे सरस्वति – मैसं. ४.१2.६/१ः – ६८.८; तैब्रा. 2.५.४.६/१
प्र ते महना रिरिचे रोदस्योः – ऋ. ६.2४.३/2
प्र ते माता महिमानम् उवाच – ऋ. ७.६८.३/2; अशौ. 20.८७.३/2
प्र ते यक्षि प्र त इयर्मि मन्म – ऋ. १०.४.१/१; तैसं.2.५. १2.४/१
प्र ते यच्छामि मधुमन् मखाय – शांगृसू. १.2४.४/१ द्र. प्र ते ददामि।
प्र ते रथं मिथूकृतम् – ऋ. १०.१०2.१/१; शांश्रौसू. १८. ११.2 तु. बृहद.८.११
प्र तेऽरदद्वरुणो यातवे पथः – ऋ. १०.७५.2/१
प्र ते वज्रः प्रमृणन्न् एतु शत्रून् – ऋ. ३.३०.६/2; अशौ. ३.१.४/2
प्र ते वन्वे वनुषो हर्यतं मदम् – ऋ. १०.६६.१/2; अशौ. 20.३०.१/2
प्र ते वयं ददामहे – ऋ. ३.2१.५/2; मैसं. ४.१३.५/2ः 20४.१६; काठसं. १६.21/2; ऐब्रा. 2.१2.१६/2; तैब्रा. ३.६.७.2/2
प्र ते वोचाम वीर्या – ऋ. ४.३2.१०/१
प्र ते शृणामि शृंगे – अशौ. 2.३2.६/१
प्र ते सर्गा असृक्षत – ऋ. ६.६४.७/2; सा. 2.३०८/2; पंचब्रा. १३.१.८
प्र ते सुतसो मधुमन्तो अस्थिरन् – ऋ. १.१३५.१/६

प्र ते सुम्नस्य मनसा पथाभुवन् – ऋ. १०.५०.७/३
प्र ते सुम्ना नो अश्वनन् – ऋ. ८.६०.६/४; सा. 2. ७६2/४
प्र ते सोतार आण्योः – ऋ. ९.१६.१/१
प्र ते सोतारो रसं मदाय – सा. 2.६८३/१ द्र. तं ते सो. ..
प्रत्न ऋषिः – तैसं. ४.३.३.2; काठसं. ३९.७ द्र. पुराणा ऋषिः।
प्रत्नं रयीणां युजम् – ऋ. ६.४५.१६/१
प्रत्नं सधस्थमनुपश्यमानः – मैसं. 2.१३.22/३ः १६७.१५; काठसं. ४०.१2/३; तैब्रा. 2.४.2.६/३; आपश्रौ. ६.८. ६/३
प्रत्नं सधस्थमासदत् – ऋ. ९.१०७.५/2; सा. 2.2६/2; वा. ११.४८/४; तैसं. ४.१.४.४/४; ५.१.५.१०; मैसं. 2. ७.५/४ः ७६.१३; काठसं. १६.४/४; शब्रा. ६.४.४.१७
प्रत्नं होतारमीडयम् – ऋ. ८.४४.७/१
प्रत्नं जातं ज्योतिर्यदस्य – ऋ. १०.५५.2/३
प्रत्नं नि पाति काव्यम् – ऋ. ९.६.८/३ द्र. प्र त्वा नि पाति
प्रत्नमस्य पितरमा विवासति – ऋ. ९.८६.१४/४
प्रत्नमिन्द्र हवामहे – ऋ. ३.४2.९/2; अशौ. 20.2४.९/2
प्रत्नमृत्विजमध्वरस्य जारम् – ऋ. १०.७.५/2
प्रत्नं पीयूषं पूर्व्यं यच्छुक्थ्यम् – सा. 2.८४४/१; पंचब्रा. १६.११.८ द्र. दिवः पीयूषं।
प्रत्नं प्रत्नवत् परितंसयध्यै – ऋ. ६.22.७/2; अशौ. 20. ३६.७/2
प्रत्नं प्रत्नास ऊतये सहसकृत – ऋ. ५.८.१/2
प्रत्नवज्जनया रिः – ऋ. ८.१३.७/१
प्रत्नवद्भिः प्रत्तः स्वधया – आगृ. ४.७.११/३
प्रत्नवद्रोचयन् रुचः – ऋ. ९.४९.५/३; सा. 2.७८९/३
प्रत्नवद्रोचया रुचः – ऋ. ९.६.८/३
प्रत्ना ऋण्वन्ति कारवः – ऋ. ९.१०.६/2; सा. 2. ४७४/2
प्रत्ना द इन्द्र श्रुत्यानु येमुः – ऋ. ६.2१.६/2
प्रत्ना नव्यसा वचसा विवासे – ऋ. ६.६2.५/2
प्रत्नान्मानादध्या ये समवस्वरन् – ऋ. ९.७३.६/१
प्रत्नामृतस्य पिप्युषीम् – ऋ. ८.६५.५/४; सा. 2.2३४/४
प्रत्नाय पत्ये धियो मर्ज्यन्त – ऋ. १.६१.2/४; अशौ. 20.३५.2/४
प्रत्नास आसुः पुरुकृत् सखायः – ऋ. ६.2१.५/2
प्रत्नासो अग्न ऋतमाशुषाणाः (अशौ. आशशानाः) – ऋ. ४.2.१६/2; अशौ. १८.३.2१/2; वा. १९.६९/2; तैसं. 2.६.१2.४/2
प्रत्नेन धरुणेन च – जैब्रा. 2.१३/2 आपृच्छयेन इत्यस्यांशः।
प्रत्नेभिर्यो रुशद्भिर्देवतमः – ऋ. १०.३.६/३
प्रत्ने मातरा यह्वी ऋतस्य – ऋ. ६.१७.७/४
प्रत्नो हि (तैआ. प्रत्नोसि) कमीडयो अध्वरेषु – ऋ. ८.११. १०/१; अशौ. ६.११०.१/१; तैआ. १०.2.१/१; महा नारा उप. ६.७/१ प्रः प्रत्नो हि – कौसू. ४६.2५; वृ हासं. ५.५३2
प्रत्नो होता वरेण्यः – ऋ. 2.७.६/2; वा. ११.७०/2; तैसं. ४.१.९.2/2; मैसं. 2.७.७/2ः ८३.१; काठसं. १६.७/2; शब्रा. ६.६.2.१४
प्रत्नो होता विवासते वाम् – ऋ. १.११७.१/2
प्रत्यक् कर्तारमृच्छतु – अशौ. ४.१९.६/४
प्रत्यक् कृत्या दूषयन्नेति वीरः – अशौ. ८.५.2/३
प्रत्यक् त्वमिन्द्र तं जहि – अशौ. ८.५.१५/३
प्रत्यक् प्रतिप्रहिण्मः – अशौ. १०.१.५/३
प्रत्यक् सेवस्व भेषजम् – अशौ. ५.३०.५/३
प्रत्यक् सोमो अतिस्रुतः – मैसं. ३.११.७/2 १५०.८ द्र. प्रत्याङ् सोमो।
प्रत्यग् अभ्येतु त्वा विशम् – अशौ. ५.१३.४/४
प्रतयग् एनं शपथा यन्तु तृष्टाः (अशौ. सृष्टाः) – ऋ. १०.८७.१५/2; अशौ. ८.३.१४/2
प्रत्यगेनान् प्रतिसरेण हन्मि – अशौ. ४.४०.१/४ – ८/४
प्रत्यग्निरुशसश्चेकितानः – ऋ. ३.५.१/१ प्रः प्रत्यग्निरुषसः – आश्रौ. ४.१३.७
प्रत्यग्निरुषसामग्रमख्यत् – ऋ. ४.१३.१/१; अशौ. ७.८2. ५/१; १८.१.2८/१ तु. बृहद. ४.१2६
प्रत्यग्निरुशसो जातवेदाः – ऋ.४.१४.१/१
प्रत्यग्ने मिथुना दह – ऋ. १०.८७.2४/१
प्रत्यग्ने हरसा हरः – ऋ. १०.८७.2५/१; सा. १.६५/१ प्रः प्रत्यग्ने हरसा हरः शृणीहि – निरु. ४.१९
प्रत्यग्रभीषम् नृतमस्य नृणाम् – ऋ. ५.३०.१2/४
प्रत्यग्रभीष्म रुशमेष्वग्ने – ऋ. ५.३०.१५/2
प्रत्यग् वि भिन्धि त्वं तम् – अशौ. ४.१९.५/३
प्रत्यग्वृत्तान्युत या ते परुःषु – कौसू. १2४.५/2
प्रत्याङ् (पठतु प्रत्यङ्ङ्) आसीद् कर्मणि – वैसू. ६. १2/४
प्रत्यंक् सोमः आदिः द्र. प्रत्यङ् सोमः।
प्रत्यंगेषु प्रति तिष्ठाम्यात्मन् (साम मन्त्रब्रा. आत्मनि) – वा. 20.१०/३; काठसं. ३८.४/१; शब्रा. १2.८.३.22;

तैब्रा. 2.६.५.६/३; साम मन्त्रब्रा. 2.2.५; हिर गृसू. 2. १७.४/३
प्रत्यङ् उदेषि मानुषान् (अशौ. १३.2.20/2, मानुषीः) – ऋ. १.५०.५/2; अशौ. १३.2.20/2; 20.४७.१७/2; आसं. ५.१०/2; निरु. १2.2४/2
प्रत्यङ् उषसमुर्विया वि भाति – ऋ. ५.2८.१/2
प्रत्यङ् एनां देवताभिः सहैधि – अशौ. ११.१.22/2
प्रत्यङ् चित्रा बिभ्रदस्यायुधानि – ऋ. १०.१2३.७/2; सा. 2.११६७/2
प्रत्यङ् जनान् संचुकोशान्तकाले – निरु. १.१५/४, पद द्र. ४ द्र. उत्तरम्।
प्रत्यङ् जनास्तिष्ठति सर्वतोमुखः (श्वेत उप. ३.2/४ तथा शिरस् उप., तिष्ठति संचुकोचान्तकाले) – वा. ३2.४/४; श्वेत उप. 2.१६/४; ३.2/४; शिरस् उप. ५/४ द्र. पूर्व, तथा प्रत्यङमुखस्।
प्रत्यङ् देवानां विशः – ऋ. १.५०.५/१; अशौ. १३.2. 20/१; 20.४७.१७/१; आसं. ५.१०/१; निरु. १2. 2४/१
प्रत्यङ् नः सुमना भव – ऋ. १०.१४.१/2; अशौ. ३.20. 2/2; मैसं. १.११.४/2 १६४.६; काठसं. १४.2/2 द्र. प्रति नः आदि।
प्रतयङ्मुखस्तिष्ठति विश्वतोमुखः (महा नारा उप. सर्वतो.. .) – तैआ. १०.१.३/४; महा नारा उप. 2.१/४ द्र. प्रत्वङ् जनास्।
प्रत्यङ् विश्वं स्वर्दृशे – ऋ. १.५०.५/३; अशौ. १३.2. 20/३; 20.४७.१७/३; आसं. ५.१०/३; निरु. १2. 2४/३
प्रत्यङ् विश्वानि भुवनान्यस्थात् – ऋ. 2.३.१/2
प्रत्यङ् स विश्वा भुवनाभि पप्रथे – ऋ. ६.८०.३/३
प्रत्यङ् सूर्यं च मेहति – अशौ. १३.१.५६/2
प्रत्यङ् (वा.तैसं.शब्रा.तैब्रा. प्रत्यंक) सोमो अतिद्रुतः अशौ. अति ह्रुतः; मैसं. अतिस्रुतः) – अशौ. ६.५१.१/2; वा. १०.३१/2; १९.३/2; का. 2१.३/2; तैसं. १.८.2१. १/2; मैसं. 2.३.८/2: ३६.१; काठसं. १2.९/2; शब्रा. ५.५४.22/2 (मतम प्रत्यङ्); उत्यय १2.७.३. ९/2; तैब्रा. 2.६.१.2/2; आपश्रौ. १९.१.१९; ६.१2 द्र. प्रत्यक्सोमो।
प्रतयङ् हि संबभूविथ – अशौ. ४.१९.७/१
प्रत्यजातान् (अशौ. ...तां; तैसं. काठसं. तैआ. ..तां) जातवेदो नुदस्व – अशौ. ७.३४.१/2; ३५.१/2; वा. १५.2/2; का. १६.१.१/2; तैसं. ४.३.१2.१/2; मैसं. 2.८.७/2: १११.३,५; ३.2.१०: ३१.११; काठसं. १७. ६/2; तैआ. 2.५.2/2 द्र. अप्परम्।
प्रत्यजातान्नुद जातवेदः – वा. १५.१/2; का. १६.१.2/2 द्र. पूर्वम्
प्रत्यंचमर्कमन्यं (अशौ. अनयं) छचीभिः – ऋ. १०.१५७. ५/१; अशौ. 20.६३.३/१; १2४.६/१
प्रत्यंचमर्कं प्रत्यर्पयित्वा – अशौ. १2.2.५५/१ प्रः प्र त्यंचमर्कम् – कौसू. ७१.५; ७2.१३
प्रत्यंचम अर्चिषा जातवेदो वि निक्षव – अशौ. ८.३.2५/४
प्रत्यंचो यन्तु निगुतः पुनस्ते – ऋ. १०.१2८.६/३; तैसं. ४.७.१४.३/३ द्र. अपांचो आदि।
प्रत्यधत्तं सुष्टुतिं जुजुषाणा – ऋ. १.११८.७/४
प्रत्यभिचरणोऽसि – अशौ. 2.११.2
प्रत्यमुंचत शंभुवम् – अशौ.१०.६.१५/४,१७/४
प्रत्यर्ची रुशदस्या अदर्शि – ऋ. १.९2.५/१ प्रः प्रत्यर्चिः – आश्रौ. ४.१४.2
प्रत्यर्धि देवस्य – देवस्य मह्ना – ऋ. १०.१.५/३; तैब्रा. 2.४.३.६/३
प्रत्यर्धिर्यानाम् – ऋ. १०.2६.५/१
प्रतयवरूधो नो हेमन्तः – आपमपा. 2.१८.2 (आपगृ. ७. १६.६)
प्रत्यवरोह जातवेदः पुनस्तवम् – आश्रौ. ३.१०.८/१ द्र. उपावरोह।
प्रत्यवर्ति दाशुषे शंभविष्ठा – ऋ. ५.७६.2/४; सा. 2. ११०३/४
प्रत्यश्वेषु प्रति तिष्ठामि गोषु – वा. 20.१०/2; मैसं. ३. ११.८/४: १५2.१2; काठसं. ३८.४/४; शब्रा. १2.८.३. 22; तैब्रा. 2.६.५.६/2; ३.७.१०.३/2; आपश्रौ. ६.१४. 2; शांगृसू. ४.१८.८; साम मन्त्रब्रा. 2.2.३; आपमपा. 2. १८.४; हिर गृसू. 2.१७.४/2
प्रतयष्टा श्रीरियं मयि – कौसू. १०६.७/४, ७/६
प्रत्यष्ठाद् भूम्यामधि – नील उप. 2/2
प्रत्यस्तं नमुचेः शिरः – वा. १०.१४; मैसं. 2.६.१०/१ ७०. ५; ४.४.४: ५४.५; काठसं. १५.७; शब्रा. ५.४.१.९; माश्रौसू. ९.१.३ प्रः प्र त्यस्तम् – कात्यश्रौसू. १५.५.2४ द्र. निरस्तं नमुचेः।
प्रत्यस्तो वरुणस्य पाशः – तैसं. १.2.८.2; ४.४५.३; मैसं. १.2.६: १६.2; १.३.३६: ४६.३; ४.८.५: ११३.६; काठसं. ४.१३; 2९.३; ३८.५; तैब्रा. 2.६.६.४; आपश्रौ. १०.2८.१; माश्रौसू. १.७.४.४2; – 2.१.४.४०
प्रतयस्मै पिपीषते – ऋ. ६.४2.१/१; सा. १.३५2/१; 2. ७९०/१; कौषीब्रा. 2३.2; 2८.७; तैब्रा. ३.७.१०.६/१; शांश्रौसू. ७.७.१; १०.६.१४; १2.१७; ११.११.१८; १८.१७.

७; आपश्रौ. १४.२६.2/१; शांगृसू. ६.४.४ प्रः प्रत्यस्मै – आश्रौ. ५.७.६; ८.१2.६
प्रत्यस्य वह द्युभिः – तैसं. १.५.३.१/३ द्र. प्रति वस्तोर्।
प्रत्यस्य श्रेण्यो ददृश्रे – ऋ. १०.१४2.५/१
प्रत्यहानि प्रथमो जातवेदाः – अशौ. ७.८2.५/2; १८.१.2८/2
प्रत्यादायापर इष्वा – अशौ. १०.१.2७/2 पठतु प्रत्याधाया...
प्रत्यायं सिन्धुमावदन् – ऋ. १.११.६/2
प्रत्यारम्भो न विद्यते – कौसू. १४१.४१/४
प्रत्यारम्भो विभाषितः – कौसू. १४१.४१/2
प्रत्याश्रावणम तु – वैसू. ६.१2/४
प्रत्याश्राावितमसि – शब्रा. १४.६.३.६; बृह उप. ६.३.६
प्रत्याश्रावो अनुरूपः – वा. १६.2४/2
प्रतय उ (तैब्रा. उव) अदर्श्य आयती – ऋ. ७.८१.१/१; सा. १.३०३/१; 2.१०१/१; तैब्रा. ३.१.३.१/१ प्रः प्रत्यु अदर्शि – आश्रौ. ४.१४.2; शांश्रौसू. ६.५.८
प्रत्युष्टं रक्षः प्रत्युष्टा अरातयः (मैसं. काठसं. प्रत्युष्टारातिः) – वा. १.७,2६; तैसं. १.१.2.१; ४.१; १०.१; मैसं. १.१.2ः १.५; १.१.४ः 2.१६; १.१.११ः ६.१2; १.2.१६ः 2६.१७; ३.१०.१ः १2६.१८; काठसं. १.2,४,८,१०; ३.६; जैब्रा. १.३६; शब्रा. १.१.2.2; ३.१.४; तैब्रा. ३.2.2.2; ४.३; ३.१.१; आश्रौ. 2.३.६; आपश्रौ. १.३.३; १७.2; 2.४.2; ६.७.१; ७.१६.४; कौसू. ३.६ प्रः प्र त्युष्टं ऋक्षः – मैसं. ४.१.2ः 2.१५; ४.१.४ः ६.८; ४.१.१2ः १६.७; काठसं. ३१.१,३,७,६; माश्रौसू. १.१.१.2६; 2.१.22; ५.१; ८.४.20; कौसू. ४४.३८; प्रत्युष्टम् – कात्यश्रौसू. 2.३.११ तु. निदग्धम् इत्यत्र।
प्रत्यूढं जन्यं भयम् – जैब्रा. १.३६; आपश्रौ. ६.६.१०; माश्रौसू. १.६.१.22
प्रत्यूढाः सेना अभीत्वरीः – आपश्रौ. ६.६.१०; माश्रौसू. १.६.१.22
प्रत्यूहतामश्विना मृत्युमस्मात् – मैसं. 2.१2.५/३ः १४६.११; ३.४.६ः ५१.१७ द्र. प्रत्यौहताम्।
प्रत्येता वामा सूक्तायं सुन्वन् यजमानोऽग्रभीद् (शांश्रौसू. अग्रभीद्) उत् प्रतिष्ठोतोपवक्तर् (शांश्रौसू. ...वक्त) उत नो गाव उपहूतः (शांश्रौसू. उपहूता उतोपहूतः) – कौषी ब्रा. १३.८; शांश्रौसू. ७.६.६ द्र. उत्तरम् तथा उत नो गाव।
प्रत्येता सुन्वन् यजमानः सूक्ता वामाग्रभीत्, उत प्रतिष्ठोतोपवक्तरुत नो गाव उपहूता उपहूतः – आश्रौ. ५.७.५ द्र. पूर्वत्र इत्यत्र।
प्रत्येव गृभायत – अशौ. 20.१३५.१०/४; ऐब्रा. ६.३५.2१/५; गोब्रा. 2.६.१४/४; जैब्रा. 2.११७/४ द्र. प्र त्वेव।
प्रत्योषन्तीस्तन्वो यास्ते अग्ने – आपश्रौ. ४.६.४/2
प्रत्योष यातुधान्यः – ऋ. १०.११८.८/2; तैसं. 2.५.१2.५/2; काठसं. ७.१६/2
प्रत्यौहतामश्विना मृत्युमस्मात् (अशौ. अस्मत्) – अशौ. ७.५३.१/३; वा. 2७.६/३; तैसं. ४.१.७.४/३; ५.१.८.६; काठसं. अश्व. १८.१६/३; 22.१; तैआ. आन्ध्र १०.४८/३ द्र. प्रत्यूहताम्।
प्रत्यौहन्मृत्युममृतेन साकम् – अशौ. ५.2८.८/३
प्र त्रसदस्युमाविथ त्वमेक इत् – ऋ. ८.३६.७/३; ३७.७/३
प्रत्रासममित्रेभ्यो वद – अशौ. ५.2१.३/३
प्रत्रासेणाज्य हुते – अशौ. ५.2१.2/४
प्रत्वक्षसः प्रतवसो विरप्शिनः – ऋ. १.८७.१/१; ऐब्रा. ४.३०.११; कौषी ब्रा. 20.2 प्रः प्रत्वक्षसः प्रतवसः – आश्रौ. ५.20.६; प्रत्वक्षसः – शांश्रौसू. ८.६.४
प्र त्वक्षसं वृषभं सत्यशुष्मम् – ऋ. १०.४४.३/३; अशौ. 20.६४.३/३
प्रत्वक्षसो महिना द्यौरिवोरवः – ऋ. ५.५७.४/४
प्रत्वक्षाणो अति विश्वा सहांसि – ऋ. १०.४४.१/३; अशौ. 20.६४.१/३
प्र त्वा चरुमिव येषन्तम् – अशौ. ४.७.४/३
प्र तवा दूतं वृणीमहे – ऋ. १.३६.३/१
प्र त्वा नमोभिरिन्दवः – ऋ. १.३६.३/१
प्र त्वा नि पाति काव्यः – काठसं. ३५.६/३ द्र. प्रत्नं नि
प्र त्वा पद्ये – जैब्रा. १.३६१ द्र. तं त्वा प्र पद्ये इत्यत्र।
प्र त्वा मुंचामि वरुणस्य पाशात् – ऋ. १०.८५.2४/१; अशौ. १४.१.१६/१, ५८/१; आश्रौ. १.११.३; आगृ. १.७.१७; आपमपा. १.५.१६/१ (आपगृ. 2.५.१2) प्रः प्र त्वा मुंचामि – शांश्रौसू. १.१५.६; वैसू. ४.११; शांगृसू. १.१५.१; कौसू. ७५.2३; ७६.2८ द्र. प्र मा मुंचामि, तथा तु. इमं वि ष्यामि, तथा प्र नो मुंचतम्।
प्र त्वा यज्ञास इमे अश्नुवन्तु – ऋ. ६.2३.८/2
प्र त्वे मुंचन्त्वंहसः – आपमपा. १.७.६/2 द्र. पत्ये रक्षन्तु।
प्र त्वेव गृभायत – शांश्रौसू. १2.१६.३/५ द्र. प्रत्येव
प्र त्वे हवींषि जुहुरे (काठसं. जुहुमस्) समिद्धे (मैसं. त्वे समिद्धे जुहुरे हवींषि) – ऋ. 2.६.३/४; वा. १७.७५/४; तैसं. ४.६.५.४/४; मैसं. 2.१०.६/४ः १३६.४; काठसं. १८.४/४; शब्रा. ६.2.३.३६

प्रथमछदवरां (मैसं. अवरं) आ विवेश – ऋ. १०.८१.१/४; वा. १७.१७/४; मैसं. 2.१०.2/४: १३३.2 द्र. प्रमच्छदो।
प्रथमजं देवं हविषा विधेम – तैब्रा. ३.१2.३.१/१
प्रथमजा ब्रह्मणो विश्वमिद्विदुः – ऋ. ३.2६.१५/2
प्रथमं जम्भयामसि – अशौ. ४.३.४/2
प्रथमं जातवेदसम् – ऋ. ८.2३.22/१
प्रथमं नो रथं कृधि – ऋ. ८.८०.५/2
प्रथमभाजं यशसं वयोधाम् – ऋ. ६.४६.६/१; आश्रौ. ३.८.१ प्रः प्रथमभाजम् – शांश्रौसू. ८.2७.७; १३.४.३
प्रथममर्तिं युयोतु नः – मागृसू.. १.22.2/2 द्र. प्र स मृत्युं, तथा प्र सुमर्त्यं।
प्रथमस्या उतापराम् – अशौ. ६.१८.१/2
प्रथमा द्वितीयेषु श्रयन्ताम् (तैब्रा. श्रयध्वम्) – काठसं. ३५.६; तैब्रा. ३.११..2.१
प्रथमा द्वितीयैः – वा. 20.१2; काठसं. ३८.४; शब्रा. १2.८.३.३०; तैब्रा. 2.६.५.७ द्र. प्रथमास्त्वा।
प्रथमाय जनुषे भूम नेष्ठाः (आश्रौ. भूमनेष्ठाः; अशौ. भुवनेष्ठाः) – अशौ. ४.१.2/2; आश्रौ. ४.६.३/2; शांश्रौसू. ५.६.६/2
प्रथमा वां सरथिना सुवर्णा – वा. 2६.७/१; तैसं. ५.१.११.३/१; मैसं. ३.१६.2/१: १८४.१०; काठसं अश्व. ६.2/१
प्रथमास्तवा द्वितीयैरभि षिंचन्तु – मैसं. ३.११.८: १५१.६ द्र. प्रथमा द्वितीयैः।
प्रथमा ह व्युवास सा – अशौ. ३.१०.१/१; मैसं. 2.१३.१०/१: १६१.१2; काठसं. ३६.१०/१; कौसू. १६.2८; १३८.४; 2.2.१/१; गोभि गृसू. ३.६.६; खादि गृसू. ३.३.१८ द्र. या प्रथमा व्यौछत् इत्यत्र।
प्रथमा हि सुवाचसा – ऋ. १.१८८.७/१
प्रथमेन प्रमारेण – अशौ. ११.८.३३/१
प्रथमेभ्यः शङ्खेभ्यः स्वाहा – अशौ. १६.22.८
प्रथमो जातः स उ गर्भे अन्तः – अशौ. १०.८.2८/४ द्र. पूर्वो ह जातः।
प्रथमो दैव्यो भिषक् – वा. १६.५/2; तैसं. ४.५.१.2/2; मैसं. 2.६.2/2 १2१.५; काठसं. १७.११/2
प्रथमो विन्दते वसु – ऋ. ६.५४.४/३
प्रथयि प्रजया पशुभिः सुवर्गे लोके – तैब्रा. ३.७.६.१०/2; आपश्रौ. ४.७.2/2
प्रथश्च यस्य सप्रथश्च नाम – ऋ. १०.१८१.१/१; आसं. 2.५/१; ऐब्रा. १.2१.2 प्रः प्रथश्च यस्य – आश्रौ. ४.६.३ तु. बृहद. ८.७७

प्रथस्व – वा. १३.१७; शब्रा. ७.४.2.६ द्र. प्रथोऽसि।
प्रथिष्ठ यस्य वीरकर्ममिष्णत् – ऋ. १०.६१.५/१
प्रथिष्ट यामन् पृथिवी चिदेषाम् – ऋ. ५.५८.७/१
प्रथो वरे व्यचो लोकः – अशौ. १३.४.५३/१
प्रथो सि – तैसं. ४.2.६.१; मैसं. 2.८.१४: ११७.१६; काठसं. १६.१६; ३६.३; आपश्रौ. १६.2३.७ द्र. प्रथस्व।
प्र दक्षाय प्रचेतसा – ऋ. ८.६.20/३; अशौ. 20.१४2.५/३
प्रदक्षिणं मरुतां आदिः द्र. प्रदक्षिणिन्।
प्रदक्षिणिदभि गृणन्ति कारवः – ऋ. 2.४३.१/१
प्रदक्षिणिदभि सोमास इन्द्रम् – ऋ.३.३2.१५/४; अशौ. 20.८.३/४
प्रदक्षिणिद्देवतातिमुराणः – ऋ. ३.१६.2/३; ४.६.३/2
प्रदक्षिणिद्धारिवो मा वि वेनः – ऋ. ५.३६.४/४
प्रदक्षिणिद्रशनया नियूय – मैसं. ४.१३.७/३: 20८.११; काठसं. १८.2१/३; तैब्रा. ३.६.११.३/३; निरु. ८.१६/३
प्रदक्षिणिन् (अशौ. प्रदक्षिणं) मरुतां स्तोममृध्याम् (मैसं. अश्याम्) – ऋ. ५.६०.१/४; अशौ. ७.५०.३/४; मैसं. ४.१४.११/४: 2३2.१४; तैब्रा. 2.७.१2.४/४
प्रदत्ता द्यावापृथिवी अहृणीयमाना (पठतु ...माने?) – कौसू. ११५.2/४
प्रदरान् पायुना–वा. 2५.७; मैसं. ३.१५.६: १८०.६
प्र दस्रा नियुद्रथः – ऋ. १०.2६.१/३
प्रदातारं हवामहे – तैसं. १.७.१३.४/१
प्रदातारमा विशत (काठसं. विश) – वा. ७.४६; तैसं. १.४.४३.2; ६.६.१४; मैसं. १.३.३७: ४४.१; ४.८.2: १०६.४; काठसं. ४.६; 2८.४; शब्रा. ४.३.४.20; शांश्रौसू. ७.१८.६
प्रदाता वज्री वृषभस्तुराषाट् – तैसं. १.७.१३.४/१ द्र. ऋजीषी आदि।
प्र दातुरस्तु चेतनम् – ऋ. १.१३.११/३
प्रदातोप जीवति – अशौ. ३.2६.४/३,५/३
प्रदात्रे स्वाहा – आश्रौ. ८.१४.४
प्र दानुदो दिव्यो दानुपिन्वः – ऋ. ६.६७.2३/१
प्र दाशुषे दातवे भूरि यत् ते – ऋ. ४.20.१०/2; तैसं. १.७.१३.३/2
प्र दाशुषे वार्याणि – मैसं. १.५.४/३: ७०.१2 द्र. वि दा... ।
प्र दाश्वां अग्ने अस्थत् – ऋ. १.७४.८/३
प्र दाश्वांसमवतं शचीभिः – ऋ. ८.५७(वाल.६).४/४
प्र दिव ऋष्वाद् बृहतः सुदानू – ऋ. ७.६१.३/2

प्रदिशस्तमबध्नत – अशौ. १०.६.१६/2
प्रदिशो यानि वसते दिशश्च – अशौ. १६.20.2/३
प्र दीधितिर्विश्ववारा जिगाति – ऋ. ३.४.३/१
प्र दीध्यत आसते – अशौ. १०.४.११/४
प्रदीध्याना जोषमन्याभिरेति – ऋ. ३.४.३/१
प्र दीर्घेण वन्दनस्तार्य आयुषो – ऋ. १.११६.६/४
प्र दुच्छुना मिनवामा वरीयः – ऋ. ५.४५.५/2
प्र दुद्रुवुर्मघा प्रति – अशौ. 20.१३०.१2
प्र दुष्वप्न्यं प्र मलं वहन्तु – अशौ. १०.५.2४/३
प्र देवं विप्रं पनितारमर्कैः – ऋ. ५.४१.६/2
प्र देवत्रा ब्रह्मणे गातुरेतु – ऋ. १०.३०.१/१; ऐब्रा. 2.१६.१,३; कौषीब्रा. १2.१; आश्रौ. ५.१.८ प्रः प्र देवत्रा – शांश्रौसू. ६.७.१; १४.५१.६; वृ हासं. ७.2६४; ऋवि. ३.६.४ तु. बृहद. ७.३३ उपाधि अपोनप्त्रीयम् (सूक्तम्) षड् ब्रा. १.४.६
प्र देवं देववीतये – ऋ. ६.१६.४१/१; तैसं. ३.५.११.४/१; मैसं. ४.१०.३/१: १४८.६; काठसं. १५.१2/१; ऐब्रा. १.१६.20; कौषीब्रा. ८.१; आश्रौ. 2.१६.७
प्र देवं देव्या धिया – ऋ. १०.१७६.2/१; तैसं. ३.५.११.१/१; मैसं. ४.१०.४/१: १५१.१2; ४.१३.१:१६६.१; काठसं. १५.१2/१; ऐब्रा. १.2८.2/१; कौषीब्रा. ६.2; आश्रौ. 2.१७.३ प्रः प्र देवं देव्या शांश्रौसू. – ३.१४.६,१०; प्र देवम् – माश्रौसू. ५.१.३.१३; – ५.2.८.५
प्र देवमच्छा मधुमन्त इन्दवः – ऋ. ६.६८.१/१; सा. १.५६३/१
प्र देवयन्तो अश्विना – ऋ. ८.६.१६/४; अशौ. 20.१४2.४/४
प्र देवयन् यशसः सं हि पूर्वीः – ऋ. १०.४६.१०/४
प्र देव वरुण व्रतम् – ऋ. १.2५.१/2; तैसं. ३.४.११.६/2; मैसं. ४.१2.६/2: १६७.६
प्र देवाः प्रोत सूनृता – ऋ. १०.१४१.2/३; तैसं. १.७.१०.2/३; मैसं. १.११.४/३: १६४.६ द्र. प्र देवीः।
प्र देवां जन्म गृणते यजध्यै – ऋ. ६.११.३/2
प्र देवाय मतीविदे – वा. 22.१2/३
प्र देवि गोमतीरिषः – ऋ. १.४८.१५/४
प्र देवि सूनृते महि – ऋ. ८.६.१७/2; अशौ. 20.१४2.2/2
प्र देवीः प्रोत सूनृता – अशौ. ३.20.३/३ द्र. प्र देवाः
प्र देवेभिर्विश्वतो अप्रातीतः – ऋ. ३.४६.३/2
प्र देव्येतु सूनृता – ऋ. १.४०.३/2; सा. १.५६/2; वा. ३३.८६/2; ३७.७/2; मैसं. ४.६.१/2: १20.६; कौषीब्रा. 20.४; शब्रा. १४.१.2.१५; 2.2.१; तैआ. ४.2.2/2; ५.2.६
प्र दैवोदासो अग्निः – ऋ. ८.१०३.2/१; सा. १.५१/१; 2.८६७/१; सावि ब्रा. ३.५.५
प्रदोधुवश्छमश्रुषु प्रीणानः – ऋ. 2.११.१७/३
प्रदोष उभे संध्ये – कौसू. १४१.३७/४
प्रदोषं तस्करा इव – ऋ. १.१९१.५/2
प्रदोषमर्धरात्रं च – पारगृसू. ३.४.८/३
प्र द्यावा सं पृथिवी ऋतावृधा – ऋ. १.१५९.१/१; ऐब्रा. ४.३०.५; कौषीब्रा. 20.2; 22.१; आश्रौ. ३.८.१; शांश्रौसू. ८.३.११; आपश्रौ. १३.१३.८; माश्रौसू. 2.५.१.४७ प्रः प्र द्यावा सं – कात्यश्रौसू. १०.६.५; प्र द्यावा आश्रौ. ५.१८.५ तु. बृहद. ४.2६ द्यावापृथिव्यम् (सूक्तम्) शब्रा. ४.३.2.१2
प्र द्यावा सं पृथिवी नमोभिः – ऋ. ७.५३.१/१; ऐब्रा. ५.५.८; कौषीब्रा. 22.६; आश्रौ. ३.८.१; शांश्रौसू. १०.५.2३ प्रः प्र द्यावा – आश्रौ. ८.८.४ तु. बृहद. ६.2
प्र द्यावा शेचिः पृथिवी अरोचयत् – ऋ. १.१४३.2/१
प्र द्युम्नाय प्र शवसे – ऋ. ८.९.20/१; अशौ. 20.१४2.५/१
प्र ध्वान्येरत शुभ्रखादयः – ऋ. ८.20.४/३
प्र धन्वा सोम जागृविः – ऋ. ९.१०६.४/१; सा. १.५६७/१
प्र धारयन्तु आदिः द्र. प्र धारा यन्तु।
प्र धारा अस्य शुष्मिणः – ऋ. ९.३०.१/१ प्रः प्र धारा अस्य – शांश्रौसू. ७.१५.१४
प्र धारा मध्वो अग्रियः – ऋ. ९.७.2/१; सा. 2.४७६/१
प्र धारा यन्तु मधुनः (आगृ. धारयन्तु मधुनो घृतस्य) – ऐब्रा. ६.2५.७ (भाष्ये); ८.१०.४ (भाष्ये); आगृ. ३.१2.१४ आगृ. तथा भाष्यकारेण ऐब्रा. इत्यस्य भाष्ये सौपर्णसूक्तम् इति नाम्ना अभिधीयते। तु. – शांश्रौसू. ६.20.१३; ऋवि. १.20.३
प्र धीतान्यगच्छतम् – ऋ. ८.८.१०/४
प्रधृष्टिरसि – शांश्रौसू. ८.2४.३
प्र धृष्णुया नयति वस्यो अच्छ – ऋ. ४.2१.४/४; तैब्रा. 2.८.५८/४
प्र धेनव उदप्रुतो नवन्त – ऋ. ७.४१.१/३
प्र धेनवः सिस्रते वृष्ण ऊधनः – ऋ. ४.22.६/2
प्र न (मैसं. ना) आयूंषि त्रैषत् – सा. १.१८४/३, ३५८/४; 2.११६०/३; मैसं. १.५.१/४: ६६.७; ३.१६.४/४: १८६.११; पंचब्रा. १.६.१७/४ द्र. प्र ण आदि।
प्र न इन्दो महे तु नः – सा. १.५०६/१ द्र. प्र ण इन्दो महे तने।

प्र नः पिन्व विद्युदभ्रेव रोदसी – सा. 2.५८०/३ द्र. प्र णः आदि।

प्र नः पूषा चरथं विश्वदेव्यः – ऋ. १०.६2.१३/१

प्र नक्षत्राय देवाय – तैब्रा. ३.१.३.३/१

प्र नभतां पृथिवी जीरदानुः – अशौ. ७.१८.2/2

प्र नभस्व पृथिवि – अशौ. ७.१८.१/१ प्रः नभस्व – कौसू. ४१.१; १०३ ०३ द्र. उन्नम्भय।

प्र नव्यसा सहसः सूनुमच्छ – ऋ. ६.६.१/१

प्र ना आयुंषि आदिः द्र. प्र न आदि।

प्र नाकमृष्वं नुनुदे बृहन्तम् – ऋ. ७.८६.१/३; काठसं. ४.१६/३

प्रनाकाफा न आभर – आश्रौ. 2.१०.१४/३ द्र. कनात्काभाम्

प्र नामानि प्रयज्यवस् तिरध्वम् – ऋ. ७.५६.१४/2; मैसं. ४.१०.५/2 १५४.१४; काठसं. 2१.१३/2 द्र. प्र णामानि।

प्र निम्नेनेव सिन्धवः – ऋ. ६.१७.१/१

प्र निस्वरं चातयस्वामीवाम् – ऋ. ७.१.७/३

प्र नीचीरग्ने अरुषीरजानन् – ऋ. १.७2.१०/४

प्र नीलपृष्ठो अतसस्य धासेः – ऋ. ३.७.३/३

प्र नु यद् एषां महिना चिकित्रे – ऋ. १.१८६.६/१

प्र नु यामन् सुदानवः – ऋ. ७.६६.५/2; सा. 2. ७०2/2

प्र नु वयं सुते या ते कृतानि – ऋ. ५.३०.३/१

प्र नु वोचं वाध्र्यश्वस्य नाम – ऋ. १०.६९.५/४

प्र नु वोचं विदथा जातवेदसः – ऋ. ६.८.१/2 द्र. प्र नो वचो।

प्र नु वोचं चिकितुषे जनाय – ऋ. ८.१०१.१५/३; साम मन्त्रब्रा. 2.८.१५/३; पारगृसू. १.३.2७/रु; मागृसू.. १. ६.2३/३ द्र. प्र णु वोचंम् इत्यत्र।

प्र नु वोचाम विदुरस्य देवाः – ऋ. ३.५५.१८/2

प्र नु वोचा सुतेषु वाम् – ऋ. ६.५९.१/१ तु. बृहद. ५. ११६

प्र नूतना मघवन् या चकर्थ – ऋ. ५.३१.६/2

प्र नूतना मघवा या चकार – ऋ. ७.९८.५/2; अशौ. 20.८७.५/2

प्र नूनं जातवेदसम् – ऋ. १०.१८८.१/१; निरु. ७.20/१ तु. बृहद. ८.८८

प्र नूनं जायतामयम् – ऋ. १०.६2.८/१ तु. बृहद. ७. १०३

प्र नूनं धावता पृथक् – ऋ. ८.१००.७/१

प्र नूनं पूर्णवन्धुर (वा. शब्रा. लाट्यश्रौसू. ...बन्धुर) – ऋ. १.८2.३/३; वा. ३.५2/३; तैसं. १.८.५.१/३; मैसं. १. १०.३/३: १४2.१2; काठसं. ९.६/३; शब्रा. 2.६.१. ३८/३; लाट्यश्रौसू. ५.2.१०

प्र नूनं ब्रह्मणस् पतिः – ऋ. १.४०.५/१; वा. ३४.५७/१; मैसं. १.६.2/१: ८८.१५; काठसं. ७.१४/१; ८.७; ऐब्रा. ५.१.१४; १2.७; 20.१०; कौषीब्रा. १५.2; ऐआ. १. 2.१.६/१; आश्रौ. ५.१४.६; शांश्रौसू. ७.१९.११; आपश्रौ. ५.१९.३/१; माश्रौसू. १.५.५.१७; नृसिपू. उप. 2.४/१

प्र नू महित्वं वृषभस्य वोचम् – ऋ. १.५९.६/१; निरु. ७.2३/१

प्र नू स मर्तः शवसा जनां अति – ऋ. १.६४.१३/१

प्र नृषाह्याय शर्मणे – ऋ. ८.९.20/2; अशौ. 20.१४2. ५/2

प्र नेमस्मिन् ददृशे सोमो अन्तः – ऋ. १०.४८.१०/१

प्र नो जायन्तां मिथुनानि रूपशः – कौसू. ११४.2/४ द्र. प्र णो आदि।

प्र नो जीवातवे सुव – वा. १८.६७/४; तैसं. ५.५.७. ५/४; काठसं. 22.१०/४; शब्रा. ९.५.१.५३/४; माश्रौसू. ६.2.६/४ द्र. प्र णो आदि।

प्र नो नय प्रतरं वस्यो अच्छ – ऋ. ६.४७.७/2 तु. प्रणेतारम् इत्यत्र।

प्र नो नव्येभिस् तिरतं देष्णैः – ऋ. ७.६३.४/४; मैसं. ४.१३.७/४: 20८.९; काठसं. ४.१५/४ द्र. प्र णो आदि।

प्र नो नृभिरमृतो मर्त्येभिः – ऋ. ९.६१.2/३

प्र नो मित्राय वरुणाय वोचः – ऋ. ७.६2.2/३

प्र नो मुंचतं वरुणस्य पाशात् – ऋ. ६.७४.४/३ तु. प्र त्वा मुंचामि इत्यत्र।

प्र नो यच्छतादवृकं पृथु छर्दिः – ऋ. १.४८.१५/३

प्र नो यच्छत्वर्यमा – ऋ. १०.१४१.2/१; वा. ९.2९/१; मैसं. १.११.४/१: १६४.८; काठसं. १४.2/१; शब्रा. ५. 2.2.११/१ द्र. प्र णो आदि।

प्र नो यच्छ (काठसं. रास्व) विशस्पते (वा. शब्रा. यच्छ सहस्रजित) – ऋ. १०.१४१.१/३; वा. ९.2८/३; मैसं. १.११.४/३: १६४.७; काठसं. १४.2/३; शब्रा. ५. 2.2.१०/३ द्र. प्रा णो यच्छ भुवस्।

प्र नो राया परीणसा (सा. राये पनीयसे) – ऋ. ५.१०. १/३; सा.१.८१/३; कौषीब्रा. 2१.३

प्र नो रास्व आदिः द्र. प्र नो यच्छ।

प्र नो वचो विदथा जातवेदसे – आसं. ३.८/2 द्र. प्र नु वोचं विदथा।

प्र नो वातान् रथ्यो अश्वबुध्यान् – ऋ. १.१२१.१४/३
प्रपतं ज्योतिषा तमः – ऋ. ६.१०८.१2/2
प्र पतेतः पापि लक्ष्मि – अशौ. ७.११५.१/१ प्रः प्र पतेतः – कौसू. १८.१६
प्रपथिन्तमं परितंसयध्यै – ऋ. १.१७३.७/2
प्रपथे दिवः प्रपथे पृथिव्याः – ऋ. १०.१७.६/2; अशौ. ७.६.१/2; मैसं. ४.१४.१६/2: 2४३.१३; तैब्रा. 2.८.५.४/2
प्रपथे पथामजनिष्ट पूषा – ऋ. १०.१७.६/१; अशौ. ७.६.१/१; मैसं. ४.१४.१६/१: 2४३.१३; तैब्रा. 2.८.५.३/१; आश्रौ.३.७.८ प्रः प्रपथे पथाम् – शांश्रौसू. ६.१०.४; वैसू. ८.१३; प्रपथे – कौसू. ५2.१2
प्रपद्, वत प्रपद (वितानसं): द्र. तपश्च तेजश्च, तथा भूः प्र पद्ये।
प्र पदोऽव नेनिग्धि – अशौ. ६.५.३/१ प्रः प्र पदः – कौसू. ६४.६
प्रपन्नोऽहं शिवां रात्रीम् – खिल. १०.१2७.४/३
प्र पर्जन्यर्मिरया वृष्टिमन्तम् – ऋ. १०.६८.८/४; मैसं. ४.११.2/४: १६७.११; काठसं. 2.१५/४
प्र पर्जन्यत् सृजतां रोदसी अनु – मैसं. 2.४.७/३: ४४.१६; काठसं. ११.६/३ द्र. वि पर्जन्यम्।
प्र पर्वतस्य नभनूंरचुच्यवुः – ऋ. ५.५६.७/४
प्र पर्वतस्य वृषभस्य पृष्ठात् – वा. १०.१६/१; शब्रा. ५.४.2.५ प्रः प्र पर्वतस्य – कात्यश्रौसू. १५.६.८ द्र. ताः पर्वतस्य।
प्र पर्वता अनवन्त प्र गावः – ऋ. ८.६६.५/३
प्र पर्वतानाम् उशती उपस्थात् – ऋ. ३.३३.१/१; निरु. ६.३६/१ तु. बृहद. ४.१०५ विश्वामित्रस्य संवादः इत्याख्यातम् – ऋवि. 2.१.४
प्र पर्वाणि जातवेदः शृणीहि – ऋ. १०.८७.५/३; अशौ. ८.३.४/३
प्र पवमान धन्वसि – ऋ. ६.2४.३/१; सा. 2.३१३/१
प्रपश्यन्तो युधेन्यानि भूरि – ऋ. १०.१2०.५/2; अशौ. ५.2.५/2; 2०.१०७.८/2
प्रपश्यमानो अमृतत्वमेमि – ऋ. १०.१2४.2/2
प्र पस्त्यमसुर हर्यतं गोः – ऋ. १०.६६.११/३; अशौ. 2०.३2.१/३
प्र पस्त्यामदितिं सिन्धुमर्कैः – ऋ. ४.५५.३/१
प्र पाकं शास्सि प्र दिशो विदुष्टरः – ऋ. १.३१.१४/४
प्र पादौ न यथायति – अशौ. १६.४६.१०/१
प्रपितामहान् बिभर्ति (तैआ. ...महं बिभरत्) पिन्वमानः – अशौ. १८.४.३५/४; तैआ. ६.६.१/४ द्र. स्वर्गे लोके पिन्वमानो।
(ओं) प्रपितामहान् (तथा ...महीः) स्वधा नमस्तर्पयामि – बौधसू. 2.५.१०.१
प्रपितामहेदं ते अर्घ्यम् – अशौ. ४.७.१३
प्रपितामहेभ्यः स्वधायिभ्यः (तैब्रा. आपश्रौ. ...विभ्यः) स्वधा नमः – वा. १६.३६; काठसं. ८.2; शब्रा. १2.८.१.७; तैब्रा. 2.६.३.2; आपश्रौ. १.६.६
प्रपित्वं यन्नप दस्यूंरसेधः – ऋ. ५.३१.७/४
प्रपित्वे अह्नः कुयवं सहस्रा – ऋ. ४.१६.१2/2
प्रपित्वे वाचमरुणो मुषायति – ऋ. १.३०.६/2
प्र पिन्वत वृष्णो ? धाराः – ऋ. ५.८३.६/2; तैसं. ३.१.११.७/2; काठसं. ११.१३/2
प्र पिन्वध्वमिषयन्तीः सुराधाः – ऋ. ३.३३.१2/३
प्रपीतां ब्रह्मचारिभिः – अशौ. ६.१०८.2/३
प्रपीनम् (माश्रौसू. बाहुलकेन प्रपीतम्) अग्ने सरिरस्य (माश्रौसू. सलिलस्य) मद्ये – वा. १७.८७/2; काठसं. ४०.६/2; माश्रौसू. ६.2.६/2 द्र. प्रप्यातम्।
प्र पीपय वृषभ जिन्व वाजान् – ऋ. ३.१५.६/१
प्र पुनानस्य चेतसा – ऋ. ६.१६.४/१
प्र पुनानाय वेधसे – ऋ. ६.१०३.१/१; सा. १.५७३/१
प्रपुन्वन्त उप स्पृशत प्रपुन्वद्भय स्वाहा – आपमपा. 2.१८.३८ (आपगृ. ७.2०.५) द्र. प्रयुन्वन्त।
प्र पूतास् तिग्मशोचिषे – ऋ. १.७६.१०/१
प्र पूरव स्तवन्त एना – ऋ. ६.2०.१०/2
प्र पूर्वजे पितरा नव्यसीभिः – ऋ. ७.५३.2/१; तैसं. ४.१.११.४/१; मैसं. ४.१०.३/१: १५०.१६; तैब्रा. 2.८.४.७/१; आश्रौ. 2.६.१४ प्रः प्र पूर्वजे – मैसं. ४.१४.७: 22४.८; माश्रौसू. ५.2.७.६
प्र पूर्वाभिस्तिरते देवयुर्जनः – ऋ. ५.४८.2/४
प्र पूर्वाभिस्तिरते राष्टि शुरः – ऋ. १.१०४.४/2
प्र पूर्व्यं मनसा वन्दमानः – तैआ. ३.१५.2/१
प्र पूर्वयाण्यायवोऽवोचन् – ऋ. १.११.2५/2
प्र पूर्व्याय नूतनानि वोचन् – ऋ. ३.१.2०/2
प्र पूर्व्यायुष्मती – मागृसू. १.१०.१७/2
प्र पूषणं विदथ्यं नो वीरम् – ऋ. ७.३६.८/2
प्र पूषणं विष्णुमग्निं पुरंधिम् – ऋ. ६.2१.६/३; शांश्रौसू. १४.७१.४
प्र पूषणं वृणीमहे – ऋ. ८.४.१५/१ तु. बृहद. ६.४३
प्र पूषणं स्वतवसो हि सन्ति – ऋ. १.१८६.१०/2
प्र पूषा प्र बृहस्पति (का. सरस्वती) – वा. ६.2६/2; का. १०.५.६/2; काठसं. १४.2/2; शब्रा. ५.2.2.११/2 द्र. प्र भगः।

प्रपृंचन् विश्वा भुवनानि पूर्वथा – तैब्रा. 2.५.४.५/2
प्र पृथिव्या रिरिचाथे दिवश्च – ऋ. १.१०६.६/2; तैसं. ४.2.११.१/2; मैसं. ४.१०.४/2 १५2.१५; काठसं. ४.१५/2
प्र पौरुकुत्सं त्रसदस्युमावः – ऋ. ७.१६.३/३; अशौ. 2०.३७.३/३
प्रप्यातमग्ने सरिरस्य मध्ये – तैसं. ५.५.१०.६/2; आपश्रौ. १६.१2.११/2 द्र. प्रपीनमादि।
प्र प्यायतां वृष्णो अश्वस्य रेतः – अशौ. ४.१५.११/३
प्र प्यायस्व प्र स्यन्दस्व – ऋ. ६.६७.2८/१
प्र – प्र क्षयाय पन्यसे – ऋ. ६.६.2/१; सा. 2.2८७/१
प्र प्रजाभिर्जायते धर्मणस्परि – ऋ. ६.७०.३/३; ८.2७.१६/३; १०.६३.१३/2
प्र – प्र जायन्ते अकवा महोभिः – ऋ. ५.५८.५/2; मैसं. ४.१४.१८/2 2४७.१४; तैब्रा. 2.८.५.७/2
प्र – प्र तान् दस्यूंरग्निर्विवाय – ऋ. ७.६.३/३
प्र – प्र दातारं तारिषः – वा. ११.८३/३; तैसं. ४.2.३.१/३; ५.2.2.१; मैसं. 2.१०.१/३: १३2.६; काठसं. १६.१०/३; १६.१2; शब्रा. ६.६.४.७; तैब्रा. ३.११.४.१/३; आगृ. १.१६.५/३; शांगृसू. १.2७.७/३; आपमपा. 2.१५.१५/३; प्रा उप. १/३
प्र – प्र दाश्वान् पस्त्याभिरस्थित – ऋ. १.४०.७/३
प्र – प्र पूष्णस्तुविजातस्य शस्यते – ऋ. १.१३८.१/१ तु. बृहद. ४.७
प्र – प्र यज्ञपतिं तिर (तैआ. तिरः) – अशौ. ७.2६.३/६; वा. ५.३८/४,४१/४; का. 2.६.८/४; तैसं. १.३.४.१/४; मैसं. १.2.१३/४: 22.६; १.2.१४/४: 2३.४; काठसं. ३.१/४,2/४; शब्रा. ३.६.३.१५/४; ४.३/४; ४.५.१.१६/४; तैआ. ३.११.१2/३; आश्रौ. ५.१६.३/४; शांश्रौसू. ८.४.३/४; आपश्रौ. ७.७.2/५
प्र – प्र यज्ञं पृणीतन – ऋ. ५.५.५/३
प्र–प्र वयममृतं जातवेदसम् – ऋ. ६.४८.१/३; सा. १.३५/३; 2.५३/रु; वा. 2७.४2/३; मैसं. 2.१३.६/३: १५६.११; काठसं. ३६.१2/३; पंचब्रा. ८.६.५,६/३; ७.१; आपश्रौ. १७.६.१/३ प्रः प्र – प्र वयम् – पंचब्रा. ८.६.११
प्र – प्र वस्त्रिष्टुभमिषम् – ऋ. ८.६६.१/१; सा. १.३६०/१; ऐब्रा. ४.४.४; आश्रौ. ६.2.६ प्रः प्रःप्र वस्त्रिष्टुभम् –शांश्रौसू. ६.६.१४
प्र प्रवासेव वसतः – ऋ. ८.2६.८/2
प्र – प्राण्ये यन्ति पर्य अन्य आसते – ऋ. ३.६.३/३
प्र – प्रायमग्निर्भरतस्य शृण्वे – ऋ. ७.८.४/१; वा. १2.३४/१; तैसं. 2.५.१2.४/१; ४.2.३.2/१; मैसं. 2.७.१०/१: ८७.१६; काठसं. १६.१०/१; ऐब्रा. १.१७.१०; शब्रा. ६.८.१.१४; आश्रौ. ४.५.३ प्रः प्रायमग्निः – माश्रौसू. ६.१.४; प्र – प्र कात्यश्रौसू. १६.६.2१
प्र – प्रा वो अस्मे स्वयशोभिरूती – ऋ. १.१2६.८/१
प्रप्रुथ्या शिप्रे मघवननृजीषिन् – ऋ. ३.३2.१/३
प्र प्रेङ्ख ईङ्खयावहै शुभे कम् – ऋ. ७.८८.३/४
प्र – प्रेत्ते अग्ने वनुषः स्याम – ऋ. १.१५०.३/३
प्रप्रोथाय (तैसं. काठसं अश्व. प्रप्रोथते) स्वाहा – वा. 22.७; तैसं. ७.१.१६.१; मैसं. ३.१2.३ १६०.१३; काठसं अश्व. १.१०
प्रफर्व्यं च पीवरीम् – वा. १2.७१/४; तैसं. ४.2.५.६/४; मैसं. 2.७.१2/५: ६१.१८; काठसं. १६.१2/५; शब्रा. ७.2.2.११; वासि ध शा. 2.३४/४,३५ द्र. पीभरीं च।
प्र बभ्रवे वृषभाय श्वितीचे – ऋ. 2.३३.८/१; आश्रौ. ३.८.१
प्र बाधमाना (ऋ. तथा मैसं. पदपाठ प्रबाबधाना) रथ्येव याति – ऋ. ७.६५.१/३; मैसं. ४.१४.७/३: 22६.१
प्रबाधिता सहसा दैव्येन – ऋ. १०.१०८.६/2
प्रबाबधाना आदिः द्र. प्र बाधमाना।
प्र बाहवा पृथुपाणिः सिसर्ति – ऋ. 2.३८.2/2
प्र बाहवा सिसृतं जीवसे नः – ऋ. ७.६2.५/१; वा. 2१.६/१; तैसं. १.८.22.३/१; मैसं. ४.११.2/१: १६६.१३; काठसं. ४.१६/१; कौषीब्रा.१८.१३; तैब्रा. 2.७.१५.६/१; ८.६.७/१; आश्रौ. ३.८.१ प्रः प्र बाहवा 2.५.१2.३; मैसं. ४.१४.१०: 2३2.१; काठसं. १2.१४; शांश्रौसू. ८.१2.८; ६.2७.2; आपश्रौ. 22.2८.१४; माश्रौसू. ८.११; मागृसू. 2.३.६
प्र बाहू अस्राक् सविता सवीमनि – ऋ. ४.५३.३/३
प्र बाहू शूर राधसे – ऋ. ३.५१.१2/३; सा. 2.८६/३
प्रबुद्धाय स्वाहा – वा. 22.७; तैसं. ७.१.१६.2; मैसं. ३.१2.३: १६०.१६; काठसं अश्व. १.१०
प्रबुधे नः पुनस् (काठसं. पुरस्) कृधि (तैसं. पुनर्ददः) – वा. ४.१४/४; तैसं. १.2.३.१/४; मैसं. १.2.३/४: १2.४; काठसं. 2.४/४; शब्रा. ३.2.2.22/४
प्र बुध्न्या व ईरते (तैसं. बुध्निया ईरते वो) महांसि – ऋ. ७.५६.१४/१; तैसं. ४.३.१३.६/१; मैसं. ४.१०.५/१: १५४.१४; काठसं. 2१.१३/१; आश्रौ. 2.१८.४ प्रः प्र बुध्न्या वः – शांश्रौसू. ३.१५.६
प्रबुध्यमानाय स्वाहा – तैसं. ७.१.१६.2; काठसं अश्व. १.१०
प्र बुध्यस्व सुबुधा बुध्यमाना – अशौ. १४.2.७५/१ प्रः प्र

वैदिकपादानुक्रमकोषः 116

बुध्यस्व –कौसू. ७७.१३
प्र बोध्य जरितर्जारमिन्द्रम् – ऋ. १०.४2.2/2; अ.2०.८६.2/2
प्रबोध्यन्तीरुषसः ससन्तम् – ऋ. ४.५१.५/३
प्रबोध्यन्ती सुविताय देवी – ऋ. ४.१४.३/३
प्रबोध्यन्त्यरुणेभिरश्वैः – ऋ. १.११३.१४/३
प्र बोध्या पुरंधिम् – ऋ. १.१३४.३/४
प्र बोध्येद् गृहिणी शुद्धहस्ता – कौसू. ७३.१/2
प्र बोध्योषो पृणतो मघोनि – ऋ. १.१2४.१०/१
प्र बोध्योषो अश्विना – ऋ. ८.६.१७/१; अशौ. 2०.१४2.2/१
प्र ब्रवाम वयमिन्द्र स्तुवन्तः – ऋ. ४.2०.१०/४; तैसं. १.७.१३.३/४
प्र ब्रवाम (मैसं. ब्रुवाम) शरदः शतम् – वा. ३६.2४; मैसं. ४.६.2०: १३६.५; तैआ. ४.४2.५; आपमपा. 2.५.१६ (आपगृ. ४.११.१८); हिर गृसू. १.७.१०; मागृसू. १.22.११/६
प्र ब्रह्मणा – मैसं. ४.५.2: ६४.१४
प्र ब्रह्म पूर्वचित्तये – ऋ. ८.६.६/३
प्र ब्रह्माणि नभकवत् – ऋ. ८.४०.५/१
प्र ब्रह्माणो अंगिरसो नक्षन्त – ऋ. ७.४१.१/१; ऐब्रा. ५.2०.८; कौषीब्रा. 2६.११; आश्रौ. ८.११.१ प्रः प्र ब्रह्माणः – शांश्रौसू. १०.१०.४
प्र ब्रह्माणो अभिनक्षन्त इन्द्रम् – ऋ. ८.६६.५/४
प्र ब्रह्मैतु सदनादृतस्य – ऋ. ७.३६.१/१; कौषीब्रा. 2५.2 प्रः प्र ब्रह्मैतु सदनात् – शांश्रौसू. ११.१३.१६
प्र ब्रुवाम आदिः द्र. प्र ब्रवाम शरदः।
प्रब्लीनो मृदितः स्याम् – अशौ. ११.६.१६/१
प्र भगः प्र बृहस्पतिः – ऋ. १०.१४१.2/2; अशौ. ३.2०.३/2; तैसं.१.७.१०.2/2; मैसं. १.११.४/2: १६४.८ द्र. प्र पूषा।
प्रभंगं दुर्मतीनाम् – ऋ. ८.४६.१६/१
प्रभंगी शूरो मघवा तुवीमघः – ऋ. ८.६१.१८/१; सा. 2.८०६/१
प्रभंजः शत्रून् प्रमृणन्नमित्रान् – अशौ. १६.१३.८/३ द्र. उत्तरमेकवर्जम्।
प्रभंजनेन रथेन सह संविदानः – कौसू. १३५.६/2
प्रभंजन् सेनाः प्रमृणो युधा जयन् – ऋ. १०.१०३.४/३; सा. 2.१2०2/३; वा. १७.३६/५; तैसं. ४.६.४.2/३; मैसं. 2.१०.४/३: १३५.१६; काठसं. १८.५/३ द्र. पूर्वमेकवर्जम्।
प्र भरामहे वाजयुर्न रथम् – ऋ. 2.2०.१/2
प्रभ्रर्ता रथं गव्यन्तम् – ऋ. ८.2.३५/१
प्रभर्ता रथं दाशुष उपाके – ऋ. १.१७८.३/३
प्रभर्तुमावदन्धसः सुतस्य – ऋ. ३.४८.१/2
प्रभाकराय धीमहि – मैसं. 2.६.१/2: १2०.६
प्र भानवः सिस्रते (सा. सस्रते) नाकमच्छ – ऋ. ५.१.१/४; अशौ. १३.2.४६/४; सा. १.७३/४; 2.१०६६/४; वा. १५.2४/४; तैसं. ४.४.४.2/४; मैसं. 2.१३.७/४: १५५.१५
प्रभाया अग्नयेधम् (तैब्रा. आग्नेन्धम्) – वा. ३०.१2; तैब्रा. ३.४.१.८
प्रभुः प्रीणाति विश्वभुक् – तैआ. १०.३८.१/४; बौधसू. 2.७.१2.११/४; महा नारा उप. 2६.३/४
प्रभुर्गात्राणि पर्य एषि विश्वतः – ऋ. ६.८३.१/2; सा. १.५६५/2; 2.22५/2; तैआ. १.११.१/2; आपश्रौ. १2.१2.१३/2 प्रः प्रभुर्गात्राणि पर्येषि – पंचब्रा. १.2.८
प्रभूतमन्नं कारय – लाट्यश्रौसू. ५.१.१2
प्रभूतमसि – शांश्रौसू. ८.2१३
प्रभूत्यै वः – मैसं. ४.१.५: ६.१७
प्रभूरसि – मैसं. १.५.४: ७१.७; १.५.११: ८०.2; काठसं. ७.2,६; शब्रा. १४.६.३.६; बृह उप. ६..३.६; आपश्रौ. ६.१८.2
प्र भूर्जयन्तं महां विपोधाम् – ऋ. १०.४६.५/१; सा.१.७४/१
प्र भूर्जयो यथ पथा – अशौ. १८.१.६१/३; सा. १.६2/३
प्रभूः सर्वस्मै पृथिवीव देवी – अशौ. ६.४.2/2
प्रभो जनस्य वृत्रहन् – ऐआ. ४.६/2; महानामन्यः ६/2
प्रभोत्स्यते स्वाहा – तैसं. ७.१.१६.2; काठसं अश्व. १.१०
प्रभोस्ते (सा. प्रभोष् टै) सुतः परि यन्ति केतवः – ऋ. ६.८६.५/2; सा. 2.2३८/2
प्रभ्राजमानां हरिणीम् – अशौ. १०.2.३३/१ द्र. विभ्राज...।
प्रभ्राजमानानां रुद्राणां (तथा प्रभ्राजमानीनां रुद्राणीनां) स्थाने स्वतेजसा भानि – तैआ. १.१७.१,2
प्रभ्राजमाना व्यवदाताः – तैआ. १.६.१/१
प्रभ्राडसि – काठसं. ३६.५; आपश्रौ. १६.३०.१
प्र भ्रातृत्वं सुदानवः – ऋ. ८.८३.८/१
प्रमंहमाणो बहुलां श्रियम् – तैआ. ३.११.७/३
प्र मंहिष्ठाय गायत ऋताव्ने – ऋ. १०३.८/१; सा. १.१०७/१; 2.22८/१ प्रः प्र मंहिष्ठाय गायत – पंचब्रा. १2.६.१; आश्रौ. ७.८.१; शांश्रौसू. १2.१०.७; प्र मंहिष्ठाय – सावि ब्रा. 2.६.१४
प्र मंहिष्ठाय बृहते बृहद्रये – ऋ. १.५७.१/१; अशौ. 2०.१५.१/१; कौषीब्रा. ३०.६; गोब्रा. 2.४.१६; वैसू. 2५.७

प्रः प्र मंहिष्ठाय – आश्रौ. ६.१.2; ८.६.१३; शांश्रौसू. १2.2५.2,४
प्र मज्मना दिव इन्द्रः पृथिव्याः – ऋ. ३.४६.३/३
प्र मण्डूका अवादिषुः – ऋ. ७.१०३.१/४; अशौ. ४.१५. १३/४; निरु. ६.६/४
प्रमदा मर्त्यान् प्र युनक्षि धीरः – अशौ. १६.५६.१/2
प्र मदाय श्रवो बृहत् – ऋ. ८.६.१७/४; अशौ. 2०.१४2. 2/४
प्रमदे कुमारीपुत्रम् – वा. ३०.६ द्र. प्रमुदे आदि।
प्र मध्यमासु मातृषु प्रमे सचा – ऋ. ६.७०.४/2
प्र मनीषा ईरते सोममच्छ – ऋ. ६.६५.३/2; सा. १. ५४४/2
प्र मन्दयुर्मनां गूर्त होता – ऋ. १.१७३.2/३
प्र मन्दिने पितुमदर्चता वचः – ऋ. १.१०१.१/१; सा. १. ३८०/१; ऐब्रा. ५.2०.१६; कौषीब्रा. 2६.१६; निरु. ४. 2४ प्रः प्र मन्दिने – आश्रौ. ८.७.2३; शांश्रौसू. १०.११. ६; ऋवि. १.2३.३; सावि ब्रा. 2.५.४
प्र मन्महे शवसानाय शूषम् – ऋ. १.६2.१/१; वा. ३४. १६/१
प्रममर्ष मघत्तये – ऋ. ८.४५.१५/2
प्र मषिष्ठा अभि विदुष कविः सन् – ऋ. १.७१.१०/2
प्रमा असि (मैसं. प्रमासि) – मैसं. ४.६.४ः १2४.७; तैसं. ४. ५.५; आपश्रौ. १५.८.2
प्रमा छन्दः – वा. १४.१८; तैसं. ४.३.७.१; मैसं. 2.८.३ः १०८.१2; 2.१३.१४ः १६३.८; ३.2.६ः ३०.३; काठसं. १७. ३; ३६.४; शब्रा. ८.३.३.५; आपश्रौ. १६.2८.१
प्रमाणं कालपर्यये – तैआ. १.३.३/2
प्र मातरा रासपिनस्यायोः – ऋ. १.१22.४/४ रास्पिनस्यायोः निरु. ६.2१
प्र मातुः प्रतरं गुह्यं इच्छन् – ऋ. १०.७६.३/१
प्र मात्रभ्यो अधि कनिक्रदद् गाः – ऋ. १०.१.2/४; वा. ११.४३/४; तैसं. ४.१.४.2/४ ५.१.५.४; मैसं. 2.७.४/४ः ७८.१६; ३.१.५ः ७.११; काठसं. १६.४/४; १६.५; शब्रा. ६.४.४.2
प्र मात्राभी रिरिचे रोचमानः – ऋ. ३.४६.३/१
प्रमादादुपशाम्यति – कौसू. ७३.४/2
प्र मा ब्रूताद् भागदां (काठसं. धविर्दा) देवतासु (काठसं. . ..ताभ्यः) – मैसं. १.४.१/४ः ४८.३; 2.१2.३/४ः १४७. 2; काठसं. ५.३/४ द्र. प्र णो ब्रूताद्।
प्र मा मुंचामि वरुणस्य पाशात् – कात्यश्रौसू. ३.८.2/१ द्र. प्र त्वा मुंचामि, तथा तु. इमं वि ष्यामि।
प्र मा यन्तु ब्रह्मचारिणः स्वाहा – तैआ. ७.४.2; तैउप. १. ४.2
प्र मायाभिर्मायिनं सक्षदिन्द्रः – ऋ. ५.३०.६/४
प्र मायाभिर्मायिन भूतमत्र – ऋ. ६.६३.५/३
प्र मायिनाममिनाद्वर्पणीतिः – ऋ. ३.३४.३/2; अशौ.2०. ११.३/2; वा. ३३.2६/2
प्र मा युयुज्रे प्रयुजो जनानाम् – ऋ. १०.३३.१/१ तु. बृहद. ७.३४
प्रमासिः द्र. प्रमा असि।
प्र मित्रयोर्वरुणयोः – ऋ. ७.६६.१/१; गोब्रा. 2.३.१३; आश्रौ. ५.१०.2८; ७.५.६ प्रः प्र मित्रयोः – शांश्रौसू. ७. ११.४; १2.१.३
प्र मित्राय प्रार्यम्णे – ऋ. ८.१०१.५/१; सा.१.2५५/१; सावि ब्रा. ३.४.५ प्रः प्र मित्राय – शांश्रौसू. १०.६.६ तु. बृहद. ६.१2५
प्र मित्रासो न ददुरुस्रो अग्रे – ऋ. ३.५८.४/४
प्र मित्रासो न दधिरे स्वाभुवः – ऋ. १.५१.2/2
प्र मित्रे धाम वरुणे गृणन्तः – ऋ. १.१५2.५/४
प्रमिनती मनुष्या युगानि – ऋ. १.९2.११/३; १2४.2/2
प्रमुक्ताय स्वाहा – तैसं. ७.४.22.१; काठसं अश्व. ५.१
प्रमुक्तो वरुणस्य पाशः – काठसं. 2.७ द्र. अवहतो आदि इत्यत्र।
प्रमुच्यमानो भुवनस्य गोप (उे गोपः) – वैसू. १०.१७/१
प्र मुंच धन्वनस्तवम् – वा. १६.६/१; तैसं. ४.५.१.३/१; मैसं. 2.६.2/१ः १2१.१८; काठसं. १७.११/१; नील उप. १३/१ प्रः प्र मुंच धन्वनः – माश्रौसू.११.७.१; बृ परासं. ६.१७४
प्रमुंचन्तो नो अंहसः – तैसं. ४.३.१३.५/३; काठसं.2१. १३/३,१४/३
प्रमुंचमाना (अशौ. प्रमुंचन्तो) भुवनस्य रेतः – अशौ. 2.३४. 2/१; तैसं. ३.१.४.2/१; काठसं. ३०.८/१; माश्रौसू. १.८.३.३/१ प्रः प्रमुंचमानाः – आपश्रौ. ७.१५.६; माश्रौसू. १.८.३.2३
प्रमुंचमानौ दुरितानि विश्वे – तैब्रा. ३.१.१.४/३
प्र मुंचस्व परि कुत्सादिहा गहि – ऋ. १०.३८.५/३; जैब्रा. १.22८/३
प्रमुदे कुमारीपुत्रम् – तैब्रा. ३.४.१.2 द्र. प्रमदे।
प्रमुदे वामनम् – वा. ३०.१०; तैब्रा. ३.४.१.६
प्र मुष्कभारः श्रव इच्छमानः – ऋ. १०.१०2.४/३
प्र मृक्षो अभि वेदनम् ऋ. ४.३०.१३/2
प्र मृणीहि दुरस्यतः (हिर गृसू. दुरस्यून्) – अशौ. १०.३. १/४; हिर गृसू. १.४.१/३; १६.८/३
प्र मृणीहि सहस्व च – अशौ. ४.३७.१०/४

प्र मृशतः कूटदन्तान् – आपमपा. 2.१३.१2/६; हिर गृसू. 2.३.७/६
प्र मे देवानां व्रतपा उवाच – ऋ. ५.2.८/2; १०.३2. ६/2
प्र मेधिरः स्वधया पिन्वते पदम् – ऋ. ६.६८.४/2
प्र मे नामी साप्या इषे भुजे भूत् – ऋ. १०.४८.६/१
प्र मे पतियानः पन्थाः कल्पताम् – साम मन्त्रब्रा.१.१.८; गोभि गृसू. 2.१.20
प्र मे पन्था देवयाना अदृश्रन् – ऋ. ७.७६.2/१
प्र मे ब्रूत भागधेयं यथा वः – ऋ. १०.५2.१/३; शब्रा. १. ५.१.2६/३; आपश्रौ. 2४.१३.३/३
प्र मे विविक्वां अविदन् मनीषम् – ऋ. ४.५७.१/१
प्रम्लोचन्ती चानुम्लोचन्ती चाप्सरासौ – वा. १५.१७; का. १६.४.६; तैसं. ४.४.३.१; काठसं. १७.६; शब्रा. ८.६.१.१८ तु. आम्लोचन्ती।
प्र य आदित्यो अनृता मिनाति – ऋ. ७.८४.४/३
प्र य आरुः शितिपृष्ठस्य धासेः – ऋ. ३.७.१/१
प्र यः पुरूणि गाहते – ऋ. १.१2७.४/४
प्र यं राये निनीषसि – ऋ. ८.१०३.४/१ द्र. प्र यो राये।
प्र यंसि होतर्बृहतीरिषो नः – ऋ. ३१.22/३
प्रयक्षं जेनयं वसु – ऋ. 2.५.१/३
प्र यक्षन्त श्रवस्यवः – ऋ. १.१३2.५/३
प्र यक्षमेतु निनृतिं (अ. निर्ऋतिः) पराचैः – अशौ. 2.१०. ५/2; तैब्रा. 2.५.६.2/४; हिर गृसू. 2.४.१/४; आपमपा. 2.१2.८/४
प्र यच्छता सहस्रा शूर दर्षि – ऋ. ६.2६.५/2
प्र यच्छोचन्त धीतयः – ऋ. ८.६.८/2
प्र यच्छन्तं वृषणा शंतमानि – मैसं. ४.११.2/४: १६५.१४
प्र यच्छन्त त इहोर्जं दधात – ऋ. १०.१५.७/४; अशौ. १८.३.४३/४; वा. १६.६३/४
प्रयच्छते स्वाहा – तैब्रा. ३.१.४.११
प्रयच्छन्तं पपुरिं पुण्यमच्छ – तैब्रा. ३.१.१.६/४
प्र यच्छन्ति विमितेऽमितम् – अशौ. १०.७.३६/४
प्र यच्छ पर्शुं त्वरया हरौषम् – अशौ. १2.३.३१/१ प्रः प्रयच्छ पर्शुम् कौसू. १.2४: ८.११; ६१.३८
प्र यज्ञ एतु हेत्वो न सप्तिः – ऋ. ७.४३.2/१
प्र यज्ञ एत्वानुषक् – ऋ. ५.22.2/३; 2६.८/१
प्र यज्ञं यज्ञियेभ्यः – ऋ. ५.५2.५/३
प्र यज्ञमन्मा वृजनं तिराते – ऋ. ७.६१.४/४
प्र यज्ञहोतरानुषक् – ऋ. ८.६.१७/३; अशौ. 20.१४2. 2/३
प्र यज्ञिया यजमानाय येमुरे – तैब्रा. 2.८.2.१/३
प्र यज्ञेषु शवसा मदन्ति – ऋ. ७.५७.१/2
प्रयज्यवो मरुतो भ्राजदृष्टयः – ऋ. ५.५५.१/१; कौषीब्रा. 2३.८; 2५.६; ऐआ. १.५.३.१2; शांश्रौसू. १८.2३.३ प्रः प्रयज्यवः – आश्रौ. ७.७.८; शांश्रौसू. १०.८.१५
प्रयतपाणिः शरणं प्र पद्ये – खिल. ५.५१.2/३
प्रयता सद्य आ ददे – ऋ. ४.१५.८/३
प्रयति यज्ञे अग्निमध्वरे दधिध्वम् – ऋ. ६.१०.१/2; काठसं. ३६.१४/2
प्रयतिश्च मे प्रसितिश् (मैसं. काठसं. ...सृतिश्) च मे – वा. १८.१; तैसं. ४.७.१.१; मैसं. 2.११.2: १४०.१०; काठसं. १८.७
प्रयते स्वाहा – तैसं. ७.१.१३.१; काठसं अश्व. १.४
प्र यत् कृते चमसे मर्मृजद् धरी – ऋ. १०.६६.६/३; अशौ. 20.३१.४/३
प्र यत् ते अग्ने सूर्यः – ऋ. १.६७.४/१; अशौ. ४.३३. ४/१; तैआ. ६.११.१/१
प्र यत् पितुः प्रमान् नीयते परि – ऋ. १.१४१.४/१
प्र यत् समुद्र आहितः – ऋ. ६.६४.१६/३
प्र यत् समुद्रमति शूर पर्षि – ऋ. १.१७४.८/३
प्र यत् समुद्रर्मिरयाव मध्यम् – ऋ. ७.८८.३/2
प्र यत् सस्राथे अकवाभिरूती – ऋ. १.१५८.१/४
प्र यत् सिन्धवः प्रस्वं यथायम् (तैब्रा. यच्छायन्) – ऋ. ३.३६.६/१; तैब्रा. 2.४.३.११/१
प्र यत् स्तोता जरिता तुर्ण्यर्थः – ऋ. ३.५2.५/३
प्र यदग्नेः सहस्वतः – ऋ. १.६७.५/१; अशौ. ४.३३. ५/१; तैआ. ६.११.१/१
प्र यच्छानड् दिवो अन्तान् – ऋ. १०.20.४/2
प्र यच्छानड् विश आ हर्म्यस्य – ऋ. १.१2१.१/३
प्र यदित्था परावतः – ऋ. १.३६.१/१
प्र यदित्था महिना नृभ्यो अस्ति – ऋ. १.१७३.६/१
प्र यच्छेते प्रतरं पूर्व्यं गुः – अशौ. ५.१.४/१ प्रः प्र यच्छेते –कौसू. ३४.20
प्र यच्छ् गावे न भूर्णयः – सा. १.४६१/१; 2.2४2/१ द्र. प्र ये गावो।
प्र यच्छ् दिवो हरिव स्थातरुग्र – ऋ. १.३३.५/३
प्र यद् धिये प्रायसे मदाय – ऋ. ४.21.७/४
प्र यच्छ् भन्दिष्ठ एषाम् – ऋ. १.६७.३/१; अशौ. ४.३३. ३/१; तैआ. ६.११.१/१
प्र यच्छ् भरध्वे सुनिताय दावमे न प्रियाधृष – ऋ. १०. ४६.४/४
प्र यच्छ् भरन्त वह्नयः – ऋ. ८.६.2/2; सा. 2. ६५६/2; अशौ. 20.१३८.2/2

प्र यच्छ् भरे तुजये न प्रियाधृषे – ऋ. १०.४६.४/४
प्र यच्छ् रथेषु पृशतीरयुग्ध्वम् – ऋ. १.८५.५/१
प्र यद्वयो न पप्तन् वस्मनस्परि – ऋ. 2.३१.१/३
प्र यद्वयो न स्वसराण्यच्छ – ऋ. 2.१६.2/३
प्र यद्वक्षे शिपिविष्टो अस्मि – ऋ. ७.१००.६/2; सा. 2. ६७५/2; तैसं. 2.2.१2.५/2; मैसं. ४.१०.१/2 १४४. ४; निरु. ५.८/2
प्र यद्वस् त्रिष्टुभमिषम् – ऋ. ८.७.१/१; ऐब्रा. ५.१७.१४; कौषीब्रा. 2६.१० प्रः प्र यद्वस् त्रिष्टुभम् –आश्रौ. ८.६. ७; शांश्रौसू. १०.६.१७; प्र यद्वः – वृ हासं. ५.४2५ तु. बृहद. ६.४७
प्र यद्वहध्वे मरुतः पराकात् – ऋ. १०.७७.६/१
प्र यद्वहेथे महिना रथस्य – ऋ. १.१८०.६/१
प्र यद्वां बद्धस्तमनि खादति क्षाम् – ऋ. १.१५८.४/४
प्र यद्वां मध्वो अग्रियं भरन्ति – ऋ. ७.६2.2/३
प्र यद्वां मित्रावरुणा स्पूर्धन् – ऋ. ६.६७.६/१; ऐब्रा. ५. १६.११; आश्रौ. ८.६.2
प्र यन्तमस्मा अर्चते – ऋ. ५.६४.2/2
प्रयन्तमित् परि जारं कनीनाम् – ऋ. १.१५2.४/१
प्रयन्ता बोधि दाशुषे – ऋ. ८.६३.2१/३
प्रयन्ता राधसो महः – ऋ. ६.४६.५/2
प्रयन्तारा स्तुवते राध इन्द्र – ऋ. ४.2१.६/2; मैसं. ४. १2.३/2: १८६.१३
प्रयन्तासि सुषवितराय वेदः – ऋ. ७.१६.१/४; अशौ. 2०.३७.१/४
प्र यन्ति यज्ञं विपयन्ति बर्हिः – ऋ. ७.2१.2/१
प्र यन्तु वाजास्तविषीभिरग्नयः – ऋ. ३.2६.४/१; कौषीब्रा. 22.६; आश्रौ. ६.५.५ प्रः प्र यन्तु वाजाः – शांश्रौसू. १०.८.१६; १४.३.१2 तु. बृहद. ४.१०३
प्र यन्तु सदस्यानाम् – शब्रा. ४.2.१.2६; कात्यश्रौसू. ६.११. ३; आपश्रौ. १2.2३.१३
प्र यप्स्यन्निव सक्थ्यौ (तैब्रा. मूल, सक्थौ) – तैब्रा. 2.४. ६.५/४; आश्रौ. 2.१०.१४/४
प्र यमन्तर्वृषसवासो अग्मन् – ऋ. १०.४2.८/१; अशौ. 2०.८६.८/१
प्रयम्यमानाम् प्रति षू गृभाय – ऋ. ३.३६.2/३; तैब्रा. 2. ४.३.१2/३
प्रयस्ता फेनमस्यति – ऋ. ३.५३.22/४
प्रयस्वतीर्रिडते शुक्रमर्चिः – ऋ. ३.६.३/४
प्रयस्वन्त आयवो जीजनन्त – ऋ. १.६०.३/४
प्रयस्वन्त उप शिक्षेम धीतिभिः – ऋ. ३.५2.६/४
प्रयस्वन्तः प्रति हर्यामसि त्वा – ऋ. १०.११६.८/३
प्रयस्वन्तः चमू सुतः – ऋ. ६.४६.३/2
प्रयस्वन्तः सहसकृत – ऋ. ६.१६.३७/2; सा. 2. १०५५/2; मैसं. ४.११.2/2 १६३.६; काठसं. ४०. १४/2
प्रयस्वन्तः सुते सचा – ऋ. १.१३०.१/५; सा. १.४५६/५
प्रयस्वन्तो न स्त्राच आ गत – ऋ. १०.७७.४/४
प्रयस्वन्तो हवामहे – ऋ. ५.2०.३/४; ७.६४.६/2; ८. ६५.६/2; सा. 2.१५2/2
प्रयस्वान् पर्यसे हितः – ऋ. ६.६६.2३/2
प्र यः सत्राचा (तैब्रा. स वाचा) मनसा यजाते – ऋ. ७. १००.१/३; तैब्रा. 2.४.३.५/३
प्र यः सस्राणः शिश्रीत योनौ – ऋ. १.१४६.2/३
प्र यः सेनानीरध नृभ्यो अस्ति – ऋ. ७.2०.५/३
प्र यह्वी दिवश्चितयद्भिरर्कैः – ऋ. ५.४१.७/2
प्रयांसि च नदीनां चक्रमन्त – ऋ. 2.१६.2/४
प्र या घोषे भृगवाणे न शेभे – ऋ.१.१2०.५/१
प्रयाजानूयाजान् स्विष्टकृतमिडामाशिष आ वृंजे स्वः (तैसं. सुवः) – तैसं. ७.३.११.2; काठसं अश्व.३.१
प्रयाजान् मे अनुयाजांश्च केवलान् – ऋ. १०.५१.८/१; निरु. ८.22/१; कौषीब्रा. १.2
प्र या जिगाति खर्गलेव नक्तम् – ऋ. ७.१०४.१७/१; अशौ. ८.४.१७/१ तु. बृहद. ६.३०
प्रयाजेभिरनुयाजान् – वा. १६.१६/३
प्रयाणे जातवेदसः – ऋ. ८.४३.६/2; काठसं. ७.१६/2
प्र यातन सखींरच्छा सखायः – ऋ.१.१६५.१३/2; मैसं. ४.११.३/2: १७०.2; काठसं. ६.१८/2
प्र यात शीभमाशुभिः – ऋ. १.३७.१४/१
प्र याभिर्यासि दाश्वंसमच्छ – ऋ. ७.६2.३/१; वा. 2७. 2७/१; तैसं. 2.2.१2.७/१; मैसं. ४.१०.६/१: १५८.४; काठसं. १०.१2/१; ऐब्रा. ५.१६.११; आश्रौ. 2.2०.४; ३. ८.१; ८.६.2 प्रः प्र याभिर्यासि – काठसं. 2१.१४; शांश्रौसू. ६.2३.११; प्र याभिः – मैसं. ४.१2.2: १८०.१५; ४.१४.2: 2१७.४; तैब्रा. 2.८.१.१
प्र या भूमिं (तैसं. आपमपा. भूमित्रृ) प्रवत्वति – ऋ. ५. ८४.१/३; तैसं. 2.2.१2.2/३; मैसं. ४.१2.2/३: १८१. 2; काठसं. १०.१2/३; आपमपा. 2.१८.६/३; निरु. ११.३७/३
प्र या महि महान्ता जायमाना – ऋ. ६.६७.४/३
प्र या महिम्ना महिनासु चेकिते – ऋ. ६.६१.१३/१
प्र यावयननचरद् गृत्सो अन्यान् – ऋ. ३.४८.३/३
प्र या याजं न हेषन्तम् – ऋ. ५.८४.2/३; तैसं. 2.2.१2. ३/३

प्रयासाय स्वाहा – तैसं. १.४.३५.१; काठसं अश्व. ५.६; तैब्रा. ३.६.११.2; तैआ. ३.20.१ द्र. प्रायासाय।
प्र यः सिस्रते सूर्यस्य रश्मिभिः – ऋ. १०.३५.५/१
प्र याह्यच्छोतो यविष्ठ – ऋ. १०.१.७/३
प्रयुग्भ्य उन्मत्तम् – वा. ३०.८ द्र. प्रयुद्भ्य।
प्र युजा वाचो आदिः द्र. प्र युजो आदि।
प्रयुजे तवा स्वाहा – मागृसू. १.१०.११
प्रयुजे स्वाहा – मागृसू. १.४.३ द्र. आकूत्यै प्रयुजे
प्र युजो (सा. युजा) वाचो अग्रियः – ऋ. ६.७.३/१; सा. 2.४८०/१
प्रयुंजती दिव एति ब्रुवाणा – ऋ. ५.४७.१/१
प्र युंजते प्रयुजस्ते सुवृक्ति – ऋ. १.१८६.६/2
प्रयुतं चायुतं (काठसं. च नियुतं) च – मैसं. 2.८.१४: ११८.१५; काठसं. १७.१० तु. नियुतं च।
प्रयुतं द्वेषः – वा. ६.१८ प्रः प्रयुतम् – कात्यश्रौसू. ६.८.१2 द्र. उत्तरम्।
प्रयुता द्वेषांसि (मैसं.काठसं. स्वाहा) – मैसं. १.2.१६: 2७.१; काठसं. ३.६; आपश्रौ. ७.20.४; माश्रौसू. १.८.४.2८ द्र. पूर्वम्।
प्रयुताया स्वाहा – तैसं. ७.2.20.१; काठसं अश्व. 2.१०; तैब्रा. ३.८.१६.2
प्रयुते सीद – काठसं. ३६.६; आपश्रौ. १६.३१.१
प्रयुद्भ्य उन्मत्तम् – तैब्रा. ३.४.१.५ द्र. प्रयुग्भ्य।
प्रयुन्वन्त उपस्पृशत प्रयुन्वद्भ्यः स्वाहा – हिर गृसू. 2.६.2 द्र. प्रपुन्वन्त।
प्र ये गावो न भूर्णयः – ऋ. ६.४१.१/१ द्र. प्र यद् गावो। प्र ये गृहादममदुस्त्वाया – ऋ. ७.१८.21/१
प्र ये जाता महिना ये च नु स्वयम् – ऋ. ५.८७.2/१
प्र ये दिवः पृथिव्या न बर्हणा – ऋ. १०.७७.३/१
प्र ये दिवः पृथिव्या न बर्हणा – ऋ. १०.७७.३/१
प्र ये दिवो बृहतः शृण्विरे गिरा – ऋ. ५.८७.३/१
प्र ये द्विता दिव ऋंजन्त्याताः – ऋ. ३.४३.६/३
प्र ये धामानि पूर्व्याणि अर्चान् – ऋ. ४.५५.2/१
प्र ये न्वस्यार्हणा तत्क्षिरे – ऋ. १०.६2.७/३
प्र ये पश्यन्नर्यमणं सचायोः – ऋ. १.१७४.६/३
प्र ये बन्धुं सूनृताभिस्तिरन्ते – ऋ. ७.६७.६/३
प्र ये महोभिरोजसोत सन्ति – ऋ. ७.५८.2/३
प्र ये मित्रं प्रार्यम्णं दुरेवाः – ऋ. १०.८६.६/१
प्र ये मित्रस्य वरुणस्य धाम – ऋ. १०.८६.८/३
प्र ये मिनन्ति वरुणस्य धाम – ऋ. ४.५.४/३
प्र ये मे बन्ध्वेषे – ऋ. ५.५2.१६/१
प्र ये ययुरवृकासो रथा इव – ऋ. ७.७४.६/१
प्र ये वसुभ्य ईवदा नमो दुः – ऋ. ५.४६.५/१
प्र ये विशस्तिरन्त श्रोषमाणाः – ऋ. ७.७.६/३
प्र ये शुम्भन्ते जनयो न सप्तयः – ऋ. १.८५.१/१; कौषी ब्रा. 21.2 प्रः प्र ये शुम्भन्ते – आश्रौ. ७.७.४; शांश्रौसू. ११.७.१2; १2.१५ तु. बृहद. ३.१21
प्रयै देवेभ्यो महीः – ऋ. १.१४2.६/2
प्रयै सुतस्य हर्यश्व तुभ्यम् – ऋ. १०.१०४.३/2; अशौ. 20.2५.७/2; ३३.2/2
प्रयो गायस्यग्नये – ऋ. ८.१६.22/2
प्र यो जज्ञे विद्वां (अशौ. विद्वान्) अस्य बन्धुम् (अशौ. बन्धुः) – अशौ. ४.१.३/१; तैसं. 2.३.१४.६/१; काठसं. १०.१३/१
प्र यो ननक्षे अभ्योजसा क्रिविम् – ऋ. ८.५१ (वाल.३). ८/१
प्रयो न हर्मि स्तोमं माहिनाय – ऋ. १.६१.१/2; अशौ. 20.३५.१/2
प्र यो भुनक्ति वनुषामशस्तीः – ऋ. ६.६८.६/४
प्र यो मन्युं रिरिक्षतो मिनाति – ऋ. ७.३६.४/३
प्र यो राये निनीषति – सा. १.५८/१ प्रः प्र यो राये सावि ब्रा. 2.८.१ द्र. प्र यं राये।
प्र यो रिरिक्ष ओजसा – सा. १.३१2/१ द्र. प्र हि रिरिक्ष।
प्र यो वां मित्रावरुणा – ऋ. ८.१०१.३/१; शांश्रौसू. १2.2.१४; आगृ. ३.१2.१2
प्र रण्यानि रण्यवाचो भरन्ते – ऋ. ३.५५.७/३
प्र रश्मिभिर्दशभिर्भारि भूम – ऋ. ६.६७.2३/४
प्र रश्मिभिर्यतमाना अमृध्राः – तैब्रा. 2.८.2.2/2
प्र राजा वाचं जनयन्नसिष्यच्छत् – ऋ. ६.७८.१/१
प्र रातिरेति जूर्णिनी घृताची – ऋ. ६.६३.४/2
प्र राधसा चोदयाते (सा. राधांसि चोदयते) महित्वना – ऋ. ८.2४.१३/३; सा. १.३८६/३; 2.८५६/३
प्र रामे वोचमसुरे मघवत्सु – ऋ. १०.६३.१४/2
प्र राये यन्तु शर्धन्तो अर्यः – ऋ. ७.३४.१८/2
प्ररिक्ताय (परिरिक्ताय) स्वाहा – तैसं. ७.३.20.१ द्र. परिरिक्ता।
प्र रिरिचे दिव इन्द्रः पृथिव्याः – ऋ. ६.३०.१/३
प्र रुद्रिया जभ्रिरे यज्ञियासः – ऋ. १.७2.४/2
प्र रुद्रेण ययिना यन्ति सिन्धवः – ऋ. १०.६2.५/१
प्र रेभ एत्यति वारमव्ययम् – ऋ. ६.८६.३१/१
प्र रेभ धियं भरस्व – अशौ. 20.१2७.६/१; शांश्रौसू. १2.१४.१.५/१
प्र रेभासो मनीषा – अशौ. 20.१2७.५/१; शांश्रौसू. १2.

१४.१.४/१
प्र रोचना रुरुचे रन्वसंदृक् – ऋ. ३.६१.५/४
प्ररोचयन् रोदसी मतरा शुचिः – ऋ. ६.७५.४/2
प्र रोच्यस्या उषसो न सूरः – ऋ. १.१2१.६/2
प्र रोदसी मरुतो विष्णुरर्हिरे – ऋ. १०.६2.११/४
प्ररोहं जिन्व – वैसू. 2६.११
प्ररोहाय त्वा – पंचब्रा. १.१०.१०; वैसू. 2६.११
प्ररोहेण प्ररोहाय प्ररोहं जिन्व – मैसं. 2.८.८ः ११2.१५ द्र. अपरम्।
प्ररोहो सि – तैसं. ४.४.१.३; काठसं. १७.७; ३७.१७; गोब्रा. 2.2.१४; पंचब्रा. १.१०.१०; वैसू. 2६.११ द्र. पूर्वम्।
प्र व इन्द्राय बृहते – ऋ. ८.८६.३/१; सा. १.2५७/१; वा. ३३.६६/१; ऐब्रा. ४.2६.११; ५.४.१2; १६.१2; कौषीब्रा. 2७.2; ऐआ. १.2.१.११; आश्रौ. ५.१४.१८
प्र व इन्द्राय मादनम् – ऋ. ७.३१.१/१; सा. १.१५६/१; 2.६६/१; पंचब्रा. ६.2.2; आश्रौ. ६.४.१०; शांश्रौसू. ६. ८.१
प्र व इन्द्राय वृत्रहन्तमाय – सा. १.४४६/१; 2.४४/१; 2.४६३/१; ऐआ. ५.2.2.१०; आश्रौ. ८.४.१; शांश्रौसू. १2.2६.६; १८.१५.५/१
प्र व उग्राय निष्टुरे – ऋ. ८.३2.2७/१
प्र व (मैसं. वा) एको मिमय भूर्य आगः – ऋ. 2.2६. ५/१; मैसं. ४.१2.६/१ः १६४.७
प्र व एते सुयुजो यामन्न् इष्टये – ऋ. ५.४४.४/१ तु. बृहद. ५.४३
प्र व एवसः स्वयतासो अध्रजन् – ऋ. १.१६६.४/2
प्र वः पान्तं रघुमन्यवोऽन्धः – ऋ. १.१22.१/१; कौषीब्रा. 2४.६ प्रः प्र वः पान्तं रघुमन्यवः – शांश्रौसू. ११.१2. १३ तु. बृहद. ३.१४०
प्र वः पान्तमन्धसो धियायते – ऋ. १.१५५.१/१ प्रः प्र वः पान्तमन्धसः – शांश्रौसू. ६.४.५; १2.2६.१५ तु. बृहद. ४.2०
प्र वः पूष्णे दावन आ – ऋ. १.१22.५/३
प्र वक्षणा अभिनत् पर्वतानाम् – ऋ. १.३2.१/४; अशौ. 2.५.५/४; आसं. ३.११/४; मैसं. ४.१४.१३/४ः 2३७. ८; तैब्रा. 2.५.४.2/४
प्रवक्षयामो विदथे वीर्याणि – ऋ. १.१६2.१/४; वा. 2५. 2४/४; तैसं. ४.६.८.१/४; मैसं. ३.१६.१/४ः १८१. ८८; काठसं अश्व. ६.४/४; निरु. ६.३/४
प्रवणेन सजोषसः – मैसं. 2.७.११/2ः ८६.१५; काठसं. १६.११/2 द्र. प्रावणेभिः।
प्रवता हि क्रतूनाम् – ऋ. ४.३१.५/१
प्रवतो नपान् नम एवास्तु तुभ्यम् – अशौ. १.१३.३/१
प्रवत् ते अग्ने जनिमा पितूयतः – ऋ. १०.१४2.2/१
प्रवत्वतीः पथ्या अन्तरिक्ष्याः – ऋ. ५.५४.६/३
प्रवत्वती द्यौर्भवति प्रयद्भयः – ऋ. ५.५४.६/2
प्रवत्वतीभिरूतिभिः – ऋ. ८.१३.१७/2
प्रवत्वतीयं पृथिवी मरुद्भयः – ऋ. ५.५४.६/१
प्रवत्वन्तः पर्वता जीरदानवः – ऋ. ५.५४.६/४
प्र वदन्तु वीणाः – लाटयश्रौसू. ४.१.११ तु. गायतम् इत्यत्र।
प्रवद्भिरिन्द्राच्चितयन्त आयन् – ऋ. १.३३.६/४
प्रवद्यामना सुवृता रथेन – ऋ. १.११८.३/१
प्र वन्दितुरिन्दो तार्य आयुः – ऋ. ६.६३.५/३
प्र वयाप वयेत्यासते तते – ऋ. १०.१३०.१/४
प्रवयाह्नाहर् जिन्व – वा. १५.६ द्र. प्रवायाह्ने, तथा प्रवासि।
प्र वयुनानि चेतसा पृथिव्याः – ऋ. १०.४६.८/2
प्रवर्ग्याच्छौर्यमाप्नोति – वैसू. ४.2३/१
प्रवर्ग्यो याजमानानि – वैसू. ४.2३/१
प्र वर्टनीररदो विश्वधेनाः – ऋ. ४.१६.2/४
प्र वतर्य दिवो अश्मानम् (अशौ. अश्मानम्) इन्द्र – ऋ. ७.१०४.१६/१; अशौ. ८.४.१६/१ तु. बृहद. ६.३१
प्रवर्त्यमानाभ्यामनु ब्रूहि – आपश्रौ. ११.६.१०
प्र वव्रेर्वव्रिश्चिकेत – ऋ. ५.१६.१/2
प्र वः शंसाम्यच्छुहः – ऋ. ८.2७.१५/१
प्र वः शर्धाय घृष्वये – ऋ. १.३७.४/१
प्र वः शुक्राय भानवे भरध्वम् – ऋ. ७.४.१/१; मैसं. ४. १४.३/१ः 2१८.४; काठसं. ७.१६/१; कौषीब्रा. १2.७; 2६.८; तैब्रा. 2.८.2.३/१; आश्रौ. ३.७.५ प्रः प्र वः शुक्राय – शांश्रौसू. ६.१०.१; १०.६.2; १४.५३.2,३
प्र वस्य आनिनाय तम् उ व स्तुषे – ऋ. ८.2१.६/2; अशौ. 2०.१४.३/2; ६2.३/2; सा. १.४००/2
प्र वः सखायो अग्नये – ऋ. ६.१६.22/१; काठसं. ७. १६/१ प्रः प्र वः सखायः – शांश्रौसू. १2.१०.३
प्र वः सतां ज्येष्ठतमाय सुष्टुतिम् – ऋ. 2.१६.१/१ प्रः प्र वः सतां ज्येष्ठतमाय – शांश्रौसू. १४.३१.५; प्र वः स्ताम् –आश्रौ. ६.४.१०; शांश्रौसू. ६.१2.३
प्र वः स धीतये नशत् – ऋ. १.४१.५/३
प्र वः सुतासो हरयन्त पूर्णाः – ऋ. ४.३७.2/३
प्र वः (ऋ. व) स्पड् (शांश्रौसू. स्पल्) अक्रन् सुविताय दावने – ऋ. ५.५६.१/१; कौषीब्रा. 2१.३ प्रः प्र वः स्पल् अक्रन् – शांश्रौसू. ११.८.७
प्र वा एको आदिः द्र. प्र व आदि।

प्र वा एतीन्दुर इन्द्रस्य निष्कृतिम् – अशौ. १८.४.६०/१ द्र. प्रो अयासीद्।
प्र वां रथो मनोजवा असर्जि – ऋ. ६.६३.७/३ द्र. उत्तरम्।
प्र वां रथो मनोजवा इयर्ति – ऋ. ७.६८.३/१ द्र. पूर्वम्।
प्र वां वयो वपुषे नु पप्तन् – ऋ. ६.६३.६/३
प्र वां शरद्वान् वृषभो न निष्षत् – ऋ. १.१८१.६/१
प्र वां स मित्रावरुणावृतावा – ऋ. ७.६१.2/१
प्र वां स्तोमाः सुवृक्तयः – ऋ. ८.८.22/१
प्र वाग् देवी ददातु नः स्वाहा (का. काठसं. वउपज स्वाहा) – वा. ६.2६/३; का. १०.५.६/३; तैसं. १.७.१०.2/४; मैसं. १.११.४/४: १६४.६; काठसं. १४.2/३; शब्रा. ५.2.2.११/३
प्र वां गिरः शस्यमाना अवन्तु – ऋ. ६.६६.2/३
प्र वां घृतस्य निर्णिजो ददीरन् – ऋ. ७.६४.१/2
प्र वां घृताची बाह्वोर्दधाना – ऋ. ७.८४.१/३
प्र वाचमिन्दुरिष्यति – ऋ. ६.१2.६/१; सा. 2.५५१/१ तु. प्रवाजम्।
प्रवाच्यं वचसः किं मे अस्य – ऋ. ४.५.८/१
प्रवाच्यं वृषणा दक्षसे महे – ऋ. १.१५१.३/2
प्रवाच्यं शश्वधा वीर्यं तत् – ऋ. ३.३३.७/१
प्रवाच्यं तद्वृषणा कृतं वाम – ऋ. १.११७.८/३
प्रवाच्यमिन्द्र तत् तव – ऋ. ८.६2.३/३
प्र वाजमिन्दुरिष्यति – ऋ. ६.३५.४/१ तु. प्र वाचम्।
प्र वाजेभिस्तिरत पुष्यसे नः – ऋ. ७.५७.५/४
प्र वाज्यक्षाः सहस्रधारः – सा. 2.५१०/१ प्रः प्र वाज्यक्षाः – पंचब्रा. १४.५.६ द्र. प्र सुवानो अक्षाः।
प्र वातस्य प्रथसः प्र ज्मो अन्तात् – ऋ. १०.८६.११/३
प्र वाता इव दोधतः – ऋ. १०.११६.2/१
प्र वाता वान्ति पतयन्ति विद्युतः – ऋ. ५.८३.४/१; मैसं. ४.१2.५/१: १६३.१; तैआ. ६.६.2/१; आश्रौ. 2.१५.2
प्रवातेजा इरिणे वर्वृतानाः – ऋ. १०.३४.१/2; निरु. ६.८/2
प्र वां दांसांस्यश्विनाववोचम् – ऋ. १.११६.2५/१; काठसं. १७.१८/१ प्रः प्र वां दंसांसि – माश्रौसू. ४.४.३८
प्र वां निचेरुः ककुहो वशां अनु – ऋ. १.१८१.५/१
प्र वामत्र विधते दंसना भुवत् – ऋ. १.११६.७/४
प्र वामध्वर्युश्चरति प्रयस्वान् (अशौ. चरतु पयस्वान्) – अशौ. ७.७३.५/2; आश्रौ. ४.७.४/2; शांश्रौसू. ५.१०.१८/2
प्र वामन्धांसि मद्यान्यस्थुः – ऋ. ७.६८.2/१; ऐब्रा. ४.११.2०; आश्रौ. ६.५.2४ प्रः प्रा वामन्धांसि – शांश्रौसू. ६.2०.३2
प्र वामर्चन्त्युक्थिनः – ऋ. ३.१2.५/१; सा. 2.६2५/१, १०५३/१; मैसं. ४.११.१/१: १५६.७ प्रः प्र वामर्चन्ति – माश्रौसू. ५.१.५.१३
प्र वामवोचमश्विना धियंधाः – ऋ. ४.४५.७/१
प्र वामश्नोतु सुष्टुतिः – ऋ. १.१७.६/१
प्र वामिष्टयोऽरमश्नुवन्तु – ऋ. ६.७४.१/2; मैसं. ४.११.2/2: १६५.६; काठसं. ११.१2/2
प्र वां ब्रह्माणि कारवो भरन्ते – ऋ. ७.७2.४/2
प्र वां भरन् मानुषा देवयन्तः – ऋ. १०.१३.2/2; अशौ. १८.३.३८/३; ऐब्रा. १.2९.६; कौषीब्रा. ६.३; तैआ. ६.५.१/2
प्र वां मन्मान्यृचसे नवानि – ऋ. ७.६१.६/३
प्र वां महि द्यवि अभि – ऋ. ४.५६.५/१; सा. 2.६४६/१; ऐब्रा. ५.2१.११; कौषीब्रा. 2६.१७; आश्रौ. ८.११.३ प्रः प्र वां महि द्यवि – शांश्रौसू. १०.११.८
प्र वायवः पान्त्यग्रणीतिम् – ऋ. 2.११.१४/४
प्र वायवे भरत चारु शुक्रम् – ऋ. ५.४३.३/2
प्र वायवे शुचिपे क्रन्ददिष्टये – ऋ. १०.१००.2/2
प्र वायवे सिस्रते न शुभ्राः – ऋ. 2.११.३/४
प्र वायाह्णेऽहर जिन्व – मैसं. 2.८.८: ११2.७ द्र. प्र वयाह्ना... इत्यत्र।
प्र वायुमच्छा बृहती मनीषा – ऋ. ६.४६.४/१; वा. ३३.५५/१; मैसं. ४.१०.६/१: १५८.2; तैब्रा. 2.८.१.१/१; आश्रौ. ३.८.१ प्रः प्रवायुमच्छ शांश्रौसू. ६.2३.११; प्र वायुम् – मैसं. ४.१2.2: १८०.१५; ४.१४.2: 2१७.४; माश्रौसू. ५.१.४.2७
प्र वावृजे सुप्रया बर्हिरेषाम् – ऋ. ७.३९.2/१; वा. ३३.४४/१; निरु. ५.2८/१
प्रवासि – तैसं. ३.५.2.३; ४.४.१.१; काठसं. १७.७; ३७.१७; गोब्रा. 2.2.१३; वैसू. 22.४ प्रः प्रवा – तैसं. ५.३.६.१ द्र. प्रवयाह्ना... इत्यत्र।
प्रवासो न प्रसितासः परिप्रुषः – ऋ. १०.७७.५/४
प्रविद्धं रक्षः – आपश्रौ. १.2०.८
प्रविद्धो रक्षसां भागः – मैसं. १.१.७: ४.2; माश्रौसू. १.2.2.2१
प्र विद्मना ब्रुवत एवयामरुत् – ऋ. ५.८७.2/2
प्र विद्युता रोदसी उक्षमाणः – ऋ. ५.४2.१४/४
प्र विद्वान् पन्थां वि ह्याविवेश – अशौ. १2.2.५५/2
प्रविद्वान् यज्ञम् उप याहि सोमम् – अशौ. ७.९७.१/४ द्र. प्रजानन् यज्ञम् इत्यत्र।

प्र विप्राणां मतयो वाच ईरते – ऋ. ८.८५.७/2
प्र विशतं प्राणापानौ – अशौ. ३.११.५/१; ७.५३.५/१
प्र विश्वसामन्नत्रिवत् – ऋ. ५.22.१/१
प्रविष्टमग्ने अप्स्वोषधीषु – ऋ. १०.५१.३/2
व्रविष्टाः पृथिवीमनु – तैसं. ४.2.६.५/2; ५.५.७.५/2; जै उप ब्रा. ४.३.१/2 द्र. आविष्टाः इत्यत्र।
प्रविष्टा देवाः सलिलान्यासन् – अशौ. १०.८.४०/2
प्र विष्टिमिनमाविषुः – अशौ. 20.१३६.४/2; वा. 23. 2६/2; शांश्रौसू. १2.2४.2.१/2 द्र. प्र संह्रष्टिनम्।
प्रविष्टे – प्रविष्ट एव तूष्णीमग्नावावपत – आपगृ. ६.१५. ६
प्र विष्णवे शुष्मेतु मन्मा – ऋ. १.१५४.३/१
प्र विष्णुरस्तु तवसस्तवीयान् – ऋ. ७.१००.३/३; मैसं. ४.१४.५/३: 22१.१०; तैब्रा. 2.४.३.५/३
प्र वीयन्ते गर्भान् दधते – अशौ. ११.४.३/३
प्रवीयमाना चरति – अशौ. १2.४.३७/१
प्र वीरम् उग्रं विविचिं धनस्पृतम् – ऋ.८.५० (वाल.2). ६/१
प्र वीरया शुचयो दद्रिरे वाम् – ऋ. ७.६०.१/१; वा. ३३. ७०/१, ऐब्रा. ५.20.८; कौषीब्रा. 2६.८ प्रः प्र वीरया शुचयो दद्रिरे – आश्रौ. ८.११.१; प्र वीरया – शांश्रौसू. १०.६.४ तु. बृहद. ६.१६, १७
प्र वीराय प्र तवसे तुराय – ऋ. ६.४६.१2/१
प्र वीर्येण देवताति चेकिते – ऋ. १.५५.३/३
प्र वृंजते नमसा बर्हिरग्नौ – ऋ. ७.2.४/2
प्रवृण्वन्तो अभियुजः – ऋ. ८.2१.2/१
प्रवृतं जिन्व – वैसू. 2६.८
प्रवृता प्रवृते प्रवृज् जिन्व – मैसं. 2.८.८५ ११2.१४ द्र. उत्तरमेकवर्जम्
प्रवृते त्वा – वा. १५.६; काठसं. १७.७; ३७.१७; पंचब्रा. १. १०.६; वैसू. 2६.८
प्रवृदसि – वा. १५.६; काठसं. १७.७; ३७.१७; तैसं. ३.५.2. ५; ४.४.१.३; पंचब्रा. १.१०.६; गोब्रा. 2.2.१४; वैसू. 2६. ८ द्र. पूर्वमेकवर्जम्
प्रवृद्धे देवी सुभगे उरूची – अशौ. ४.2६.2/2
प्रवृद्धो दस्युहाभ्वत् – ऋ. ७८.७७.३/३
प्रवेदकृद् बहुधा ग्रामघोषी – अशौ. ५.20.६/2
प्र वेधसश्चित् तिरसि मनीषाम् – ऋ. ४.६.१/४
प्र वेधसे कवये वेद्याय (तैब्रा. आपश्रौ. माश्रौसू. मेध्याय) – ऋ. ५.१५.१/१; काठसं. ७.१2/१; तैब्रा. १.2.१. ६/१; आपश्रौ. ५.५.८/१; माश्रौसू. १.५.१.१६/१ प्रः प्र वेधसे कवये – आश्रौ. ४.१३.७ द्र. श्रुत्कर्णाय, तथा तु अवोचाम कवये।
प्रवेपनाय मृत्यवे – तैआ. ३.१५.१/2
प्र वेपयन्ति प्रर्वतां अदाभ्याः – ऋ. ३.2६.४/४
प्र वेपयन्ति प्रर्वतां – ऋ. १.३६.५/१; ८.७.४/2; तैब्रा. 2.४.४.३/१
प्र वो ग्रावाणः सविता – ऋ. १०.१७५.१/१ प्रः प्र वो ग्रावाणः – आश्रौ. ५.१2.१०,2४ तु. बृहद. ८.७४
प्र वोचाम विपन्यया – ऋ. १०.७2.१/2
प्र वोऽछा जुजुषाणासो अस्थुः – ऋ. ४.३४.३/३; निरु. ६.१६
प्र वोऽछा रिरिचे देवयुष् पदम् – ऋ. १०.३2.५/१
प्र वोऽत्र वसवः सुम्नमश्याम् – ऋ. ३.५७.2/४
प्र वो देवं चित् सहसानमग्निम् – ऋ. ७.७.१/१
प्र वो देवत्रा वाचं कृणुध्वम् – ऋ. ७.३४.६/2
प्र वो देवायाग्नये – ऋ. ३.१३.१/१; ऐब्रा. 2.३५.2,५; ४०. १; ४१.३; कौषीब्रा. 20.2; 22.१; 2४.१; 2५.३; ऐआ. १. १.१.४; आश्रौ. ५.६.2१/१ प्रः प्र वो देवाय आश्रौ. ४. १३.७; ५.६.१५; शांश्रौसू. ७.६.३; १०.2.2; ११.१०.2; १३. १८; १६.७.१३; १४.2
प्र वो धमतु सर्वतः – अशौ. ३.2.2/४
प्र वो धियो मन्द्रयुवो विपन्युवः – ऋ. ६.८६.१७/१; सा. 2.५०३/१
प्र वो नपातमपां कृणुध्वम् – ऋ. १.१22.४/३
प्र वो भरध्वं नमसा सुवृक्तिम् – ऋ. ३.६१.५/2
प्र वो भ्रियन्त इन्दवः – ऋ. १.१४.४/१
प्र वो मरुतस्तविष उदन्यवः – ऋ. ५.५४.2/१; आश्रौ. 2.१३.७
प्र वो महीमरमतिं कृणुध्वम् – ऋ. ७.३६.८/१
प्र वो महे मतयो यन्तु विष्णवे – ऋ. ५.८७.१/१; सा. १. ४६2/१ प्रः प्र वो महे मतयः – शांश्रौसू. ११.१५.१०; १2.६.१४; ८.१०; ६.७; १2.१४; 2६.१० तु. बृहद. ५.६०
प्र वो महे मन्दमानायान्धसः – ऋ. १०.५०.१/१; वा. ३३. 2३/१; ऐआ. १.५.2.१; ५.३.१.2; निरु. ११.६/१ तु. बृहद.७.६०
प्र वो महे महि नमो भरध्वम् – ऋ.१.६2.2/१; वा. ३४. १७/१
प्र वो महे महिवृधे (सा. पंचब्रा. महेवृधे) भरध्वम् – ऋ. ७.३१.१०/१; सा. १.३2८/१; 2.११४३/१; अशौ. 20. ७३.३/१; पंचब्रा. १2.१३.१६; आश्रौ. ७.११.३४; शांश्रौसू. १2.३.८; १८.१७.६
प्र वो महे सहसा सहस्वते – ऋ. १.१2७.१०/१
प्र वो मित्राय गायत – ऋ. ५.६८.१/१; सा. 2.४६३/१;

वैदिकपादानुक्रमकोषः 124

पंचब्रा. १४.2.४; गोब्रा. 2.३.१३ प्रः प्र वो मित्राय – आश्रौ. ५.१०.2८; ७.५.६; शांश्रौसू. ७.११.३; १2.१.३

प्र वो यज्ञेषु देवयन्तो अर्चन् – ऋ. ७.४३.१/१; ऐब्रा. ५. १६.११; कौषीब्रा. 2६.८; आश्रौ. ८.६.2 प्रः प्र वो यज्ञेषु – शांश्रौसू. १०.६.४

प्र वो यह्वं पुरूणाम् – ऋ. १.३६.१/१; सा. १.५६/१ प्रः प्र वो यह्वम् –आश्रौ. ४.१३.७; शांश्रौसू. ६.४.७; १४.५३.५ तु. बृहद. ३.१०७

प्र वो रयिं युक्ताश्वं भरध्वम् – ऋ. ५.४१.५/१

प्र वो वाजा अभिद्यवः – ऋ. ३.2७.१/१; मैसं. १.६. १/१५ ८४.१४; शब्रा. १.४.१.७,८,६; तैब्रा. ३.५.2.१/१; आश्रौ. १.2.७; ७.८.१; माश्रौसू. १.५.१.2४ प्रः प्र वो वाजाः – तैसं. 2.५.७.2,३, ४; आश्रौ. ४.१३.७; शांश्रौसू. १.४.७; १2.१०.३; माश्रौसू. ६.१.३; प्र वः – शब्रा. १.४.३.2 तु. बृहद. ४.१०३ तु. ऋतव एव प्र – वो – वाजः, तथा मासा देवा अभिद्यवः।

प्र वो वायुं रथयुजं कृणुध्वम् – ऋ. ५.४१.६/१; आश्रौ. ३.८.१

प्र वो वायुं रथयुजं पुरंधिम् – ऋ. १०.६४.७/१

प्र व्रतं यच्छत – आपश्रौ. ११.१५.३

प्रव्राजे चिन् नद्यो गाधमस्ति – ऋ. ७.६०.७/३

प्र शंसन्ति कवयः पूर्वभाजः – ऋ. ५.७७.१/४; मैसं. ४. १2.६/४ः १६६.2; तैब्रा. 2.४.३.१३/४

प्र शंसन्ति नमसा जूतिभिर्वृधे – ऋ. ३.३.८/४

प्र शंसन्ति प्रशस्तिभिः – ऋ. ८.७४.2/३; सा. 2. ६१५/३

प्रशंसमानो अतिथिर्न मित्रियः – ऋ. ८.१६.८/१

प्र शंसा गोष्वघ्न्यम् – ऋ. १.३७.५/१

प्र शंसामो मतिभिर्गौतमासः – ऋ. १.६०.५/2

प्र शत्रूणां मघवन् वृष्ण्या रुज – ऋ. १.१०2.४/४; अशौ. ७.५०.४/४

प्र शंतमा वरुणं दीधिती गीः – ऋ. ५.४2.१/१ प्रः प्रशंतमा – शांश्रौसू. १०.६.१८

प्र शर्ध आर्त प्रथमं विपन्या – ऋ. ४.१.१2/१

प्र शर्धं शषर्णीनाम् – ऋ. ८.६३.१६/2; सा. १.2०८/2

प्र शर्धाय प्रयज्यवे सुखादये – ऋ. ५.८७.१/३; सा. १. ४६2/३

प्र शर्धाय मारुताय स्वभानवः – ऋ. ५.५४.१/१; कौषीब्रा. 22.१; आश्रौ. 2.११.१४ प्रः प्र शर्धाय – शांश्रौसू. १०.2.६

प्र शश्वतो अदाशुषो गयस्य – अशौ. 2०.३७.१/३ यः शश्वतो आदि।

प्रशसा बाहू – मैसं. ४.१३.४ः 2०३.१३; काठसं. १६.2१; ऐब्रा. 2.६.१५; तैब्रा. ३.६.६.2; आश्रौ. ३.३.१; शांश्रौसू. ५.१७.५

प्रशस्तं धेहि यशसं बृहन्तम् – ऋ. १०.६१.१५/४; वा. 2०.७६/४; मैसं. ३.११.४/४ः १४६.१2; काठसं. ३८. ६/४; तैब्रा. १.४.2.2/४; आपश्रौ. १६.३.2/४

प्रशस्तमिच्चारुमस्मै कृणेति – ऋ. १०.१६०.३/४; अशौ. 2०.६६.३/४

प्रशस्तये कमवृणिता सुक्रतुः – ऋ. ६.७०.६/४

प्रशस्तये पवीरवस्य मह्ना – ऋ. १.७४.४/2

प्रशस्तये महिना रथवते – ऋ. १22.११/४

प्रशस्ताः सथ कल्याण्यः – मैसं. ४.2.३ः 2४.१५; माश्रौसू. ६.५.१ द्र. उत्तरम्।

प्रशस्ताः स्थ शोभनाः प्रियाः – आगृ. 2.१०.८ तु. पूर्वम्

प्रशस्तिकृद् ब्रह्मणे नो व्युच्छ – ऋ. १.११३.१६/३

प्रशस्तिं नः कृणुत रुद्रियासः – ऋ. ५.५७.७/३

प्रशस्तिभिर्दधिरे यज्ञियासः – ऋ. १.१४८.३/2

प्रशस्तिभिर्महयसे दिवे – दिवे – ऋ. ६.१५.2/४

प्रशस्तिमम्ब नस्कृधि – ऋ. 2.४१.१६/४

प्रशास्त आत्मना प्रजया पशुभिः प्रजापतिं प्रपद्ये – शांश्रौसू. १.४.५; आपश्रौ. 2४.११.2

प्रशास्तः प्र सुहि (कात्यश्रौसू. सूहि; माश्रौसू. सुव; आपश्रौ. सुव प्रसुहि) –आश्रौ. ५.११.१; शांश्रौसू. ७.१४. ६; कात्यश्रौसू. ६.१४.१६; आपश्रौ. १2.2६.१४; माश्रौसू. 2.४.६.2७

प्रशास्तर्यज – माश्रौसू. 2.४.१.2८ प्रः प्रशास्तः वैसू. १६.५; आपश्रौ. १2.2३.१६

प्रशास्ता क्रतुनाजनि – ऋ. 2.५.४/2; काठसं. ३८. १३/2; आपश्रौ. १६.१५.७/2; माश्रौसू. ३.८.१/2

प्रशास्ता पोता जनुषा पुरोहितः – ऋ. १.६४.६/2

प्रशास्त्रा तम् उपेत – शब्रा. ११.५.५.६/३

प्रशास्त्रादा पिबतं सोम्यं मधु – ऋ. 2.३६.६/३

प्रशिषं सोम सिस्रते – ऋ. ६.६६.६/2

प्रशिषं प्रशासीयाम् – तैसं. ५.७.१६.१; काठसं अश्व. १३.६

प्रशीर्य शल्यानां मुखम् – मैसं. 2.६.2/३ः १22.2 द्र. निशीर्य।

प्र शुक्रासो वयोजुवः – ऋ. ६.६५.2६/१

प्र शुक्रैतु देवी मनीषा – ऋ. ७.३४.१/१; मैसं. ४.६. १४/१ः १३४.११; ऐब्रा. ५.५.१०; कौषीब्रा. 22.६; पंचब्रा. १.2.६/१; ६.६.१६/१; तैआ. ४.१७.१/१ प्रः प्र शुक्रैतु देवी –शांश्रौसू. १०.५.2३; १३.१८; प्र शुक्रैतु – आश्रौ. ८.८.४; प्र शुक्रा – लाट्यश्रौसू. १.१०.2१

तु. बृहद. ५.१६५
प्र शुन्ध्युवं वरुणाय प्रेष्ठाम् – ऋ. ७.८८.१/१ प्रः प्र शुन्ध्युवम् – शांश्रौसू. १2.१०.१2
प्र शोशुचत्या उषसो न केतुः – ऋ. १०.८६.१2/१
प्र श्मश्रु (सा. श्मश्रुभिर्) दोधुवद् ऊर्ध्वथा भूत् (सा. ऊर्ध्वधा भुवत्) – ऋ. १०.2३.१/३; सा. १.३३४/३
प्र शमश्रु हर्यतो दूधोत् – ऋ. १०.2६.७/३
प्र श्यावाश्व धृष्णुया – ऋ. ५.५2.१/१ तु. बृहद. ५.३७
प्र श्येनः श्येनेभ्य आशुपत्वा – ऋ. ४.2६.४/2
प्र श्येनो न मदिरमंशुमस्मै – ऋ. ६.2०.६/१
प्रश्रवसो मरुतो अछोक्तौ – ऋ. ५.४१.१६/३
प्रष्टयो युक्ता अनुसंवहन्ति – अशौ. १०.८.८/2
प्रष्टिं धावन्तं हर्योः – अशौ. 2०.१2८.१५/१; शांश्रौसू. १2.१६.१.2/१
प्रष्टिर् वहति रोहितः – ऋ. १.३९.६/2; ८७..2८/2; अशौ. १३.१.2१/2
प्रष्टीन् निश्चृत्य प्रायच्छत् – ऐब्रा. ८.22.५/३
प्र संहृष्टिनमाजिषुः – लाट्यश्रौसू. ६.१०.६/2 द्र. प्र विष्टीमिनम्।
प्र सक्षणो दिव्यः कण्वहोता – ऋ. ५.४१.४/१
प्र सक्षति प्रतिमानं पृथिव्याः – अशौ. ५.१.७/४ द्र. प्र साक्षतें
प्र स क्षयं तिरते वि महीरिषः – ऋ. ७.५६.2/३; ८.2७.१६/१
प्र संगिरः प्र वरुणं मिनन्ति – ऋ. १०.८६.६/2
प्र स जन्यानि तारिषः – शांश्रौसू. ६.७.१०/३
प्र सत्यावानमवथो भरेषु – अशौ. ४.2९.१/३,2/2
प्र सदमित् स्रवितवे दधन्युः – ऋ. ४.३.१2/४
प्रसद्य भस्मना योनिम् – वा. १2.३६/१; तैसं. ४.2.३.३/१; मैसं. 2.७.१०/१: ८८.१०; काठसं. १६.१०/१; शब्रा. ६.८.2.६ प्रः प्रसद्य – भस्मना माश्रौसू. ६.१.४; प्रसद्य –कात्यश्रौसू.१६.६.2८
प्र सद्यो अग्ने अत्येष्यन्यान् – ऋ. ५.१.६/१; तैब्रा. 2.४.७.१०/१
प्र सद्यो द्युम्ना तिरते ततुरिः – ऋ. ६.६८.७/४
प्र सध्रीचीरसृजद्विश्वश्चन्द्राः – ऋ. ३.३१.१६/2
प्र सप्तगुमृतधीतिं सुमेधाम् – ऋ. १०.४७.६/१
प्र सप्तयः प्र सनिषन्त नो धियः – ऋ. १०.१४2.2/३
प्र सप्तवध्रिराशसा – ऋ. ८.७३.६/१
प्र सप्त – सप्त त्रेधा हि चक्रमुः – ऋ. १०.७५.१/३
प्र सप्तहोता सनकादरोचत – ऋ. ३.2९.१४/१
प्र स मित्र मर्तो अस्तु प्रयस्वान् – ऋ. ३.५९.2/१; तैसं. ३.४..११.५/१; मैसं. ४.१०.2/१: १४६.३; काठसं. 2३.१2/१; आश्रौ. ३.१2.६; ४.११.६; निरु. 2.१३; प्रः प्र स मित्र – मैसं. ४.१2.६: १९७.८; तैब्रा. 2.८.७.५; ३.७.६.५; आपश्रौ. ६.१८.१; १३.४.६
प्र स (पठतु सु) मृतयुं युयोतन – हिर गृसू. १.५.१/2 द्र. प्रथममर्तिं इत्यत्र
प्र सम्राजं चर्षणीनाम् – ऋ. ८.१६.१/१; अशौ. 2०.४४.१/१; सा. १.१४४/१; ऐआ. ५.2.५.2; शांश्रौसू. १2.१.४; १८.१३.६ प्रः प्र सम्राजम् –आश्रौ. ६.४.१०; वृहासं. ६.३८; ८.१४; ऋवि. 2.३१.१
प्र सम्राजमसुरस्य आदिः द्र. प्र सम्राजो।
प्र सम्राजं प्रथममध्वराणाम् – तैसं. १.६.१2.३/१ द्र. विराजन्तम्।
प्र सम्राजे बृहते मन्म नु प्रियम् – ऋ. ६.६८.९/१ प्रः प्र सम्राजे बृहते – शांश्रौसू. १2.१०.४
प्र सम्राजे बृहदर्चा गभीरम् – ऋ. ५.८५.१/१; काठसं. १2.१५/१ तु. बृहद. ५.८६
प्र सम्राजो (सा. सम्राजम्) असुरस्य प्रशस्तिम् (सा. प्रशस्तम्) – ऋ. ७.६.१/१; सा. १.७८/१; कौषीब्रा. 22.६ प्रः प्र सम्राजः – शांश्रौसू. १०.५.2४ तु. बृहद. ५.१६१
प्रसर्स्राणमनु दीर्घाय चक्षसे – अशौ. ६.३९.१/३
प्रर्स्राणस्य नहुषस्य शेसः – ऋ. ५.१2.६/४
प्रसर्स्राणो अनु बर्हिर्वृषा शिशुः – ऋ. ५.४४.३/३
प्र सस्राते दीर्घमायुः प्रयक्षे – ऋ. ३.७.१/४
प्रसवश्चोप्यामश्च काटश्चाणवश्च धर्णसिश्च द्रविणं च भगश्चान्तरिक्षं च सिन्धुश्च समुद्रश्च सरस्वांश्च विश्वव्यचाश्च ते यं द्विष्मो यश्च नो द्वेष्टि तमेषां जम्भे दध्म स्वाहा – आपमपा. १.१०.७ (आपगृ. ३.८.१०)।
प्रसवाय त्वा – आपश्रौ. १७.2.६
प्रसवाय स्वाहा – वा. १८.2८; 22.३2; मैसं. १.११.३: १६३.१७; १.११.८: १६६.2०; ३.४.2; ४६.१८; ३.१2.१2: १६४.१; काठसं. १४.१,८; ४०.४; शब्रा. ६.३.३.८; माश्रौसू. ७.१.३
प्र सवितुर् हवामहे – वा. 22.११/2
प्र स विश्वेभिरग्निभिः – सा. 2.८५४/१
प्रसवे त उर्दिरते – ऋ. ६.५०.2/१; सा. 2.५५६/१
प्र सव्येन मघवन् यंसि रायः – ऋ. ५.३६.४/३
प्र सस्रज रोदसी अन्तश्रिखम् – ऋ. ५.८५.३/2; निरु. १०.४/2
प्र ससाहिषे पुरुहूत शत्रून् – ऋ. १०.१८०.१/१; तैसं.३.

४.११.४/१; मैसं. ४.१2.३/१: १८४.१५; ४.१४.१८: 2४८.१७; काठसं. ३८.७/१; तैब्रा. 2.६.६.१/१; ३.५. ७.४/१; आश्रौ. १.६.१; ३.७.११; ४.११.६ प्रः प्र ससाहिषे पुरुहूत – आपश्रौ. १८.१७.४; प्र ससाहिषे – काठसं. १०.१2; शांश्रौसू. १.८.१2
प्र सस्रुर्धेनयो यथा – ऋ. ५.५३.७/2
प्र साकमुक्षे अर्चता गणाय – ऋ. ७.५८.१/१
प्र साक्षते प्रतिमानानि भूरि – ऋ. १०.१2०.६/४; अशौ. 2०.१०७.६/४; निरु. ११.2१/४ द्र. प्र सक्षति।
प्र सा क्षितिरसुर या महि प्रिया – ऋ. १.१५१.४/१
प्रसाधन्यै देव्यै स्वाहा – आपमपा. 2.८.७ (आपगृ. ५.१2. ६,१०); हिर गृसू. १.2.१८
प्र साधिष्ठेभिः पथिभिर्नयन्तु – ऋ. ७.६४.३/2
प्रसार्य सक्थ्यौ पतसि – तैआ. ४.३५.१/१; हिर गृसू.१. १७.2/१
प्र सा वाचि सुष्टुतिर्मघोनाम् – ऋ. ७.५८.६/१
प्र सिन्धवो जवसा चक्रमन्त – ऋ. ४.22.६/४
प्र सिन्धुभ्यः प्र गिरिभ्यो महित्वा – ऋ. १.१०६.६/३; तैसं. ४.2.११.१/३; मैसं. ४.१०.४/३: १५2.१६; काठसं. ४.१५/३
प्र सिन्धुभ्यो रिरिचानो महित्वा – ऋ. १०.८६.१/४
प्र सिन्धुभ्यो रिरिचे प्र क्षितिीयः – ऋ. १०.८६.११/४
प्र सिन्धुमछा बृहती मनीषा – ऋ. ३.३३.५/३; निरु. 2. 2५/३
प्र सीमादित्यो असृजद्विधर्ता – ऋ. 2.2८.४/१ प्रः प्र सीमादित्यो असृजत् – निरु. १७
प्र सुगोपा यवसं धेनवो यथा – ऋ. ३.४५.३/३; सा. 2. १०७०३
प्र सु ग्मन्ता धियसानस्य सक्षणि – ऋ. १०.३2.१/१; आपमपा. १.१.१/१ (आपगृ. 2.४.2) तु. बृहद. ७.३४
प्र सु ज्येष्ठं निचिराभ्यां बृहन् नमः – ऋ. १.१३६.१/१
प्र सुदासमावतं तृत्सुभिः सह – ऋ. ७.८३.६/४
प्र सुन्वतः शचीपते – ऋ. ८.३७.१/2
प्र सुन्वत स्तुवतः शंसमावः – ऋ. १.३३.७/४
प्र सुन्वानस्यान्धसः (सा. पंचब्रा. सुन्वानायान्धसः) – ऋ. ६.१०१.१३/१; सा. १.५५३/१; 2.१2४/१, ७३६/१; पंचब्रा. ११.५.१
प्र सुमतिं सवितर्वाय ऊतये – अशौ. ४.2५.६/१
प्र सुमर्त्यं (आपमपा. सु मृत्युं) युयोतन – साम मन्त्रब्रा. १.६.१४/2; आपमपा. 2.३.१/2 द्र. प्रथममर्तिम् इत्यत्र।
प्र सुमेधा गातुविद्विश्वदेवः – ऋ. ६.६2.३/१

प्र सुलामीति ते पिता – तैसं. ७.४.१६.४/३; काठसं अश्व. ४.८/३; तैब्रा. ३.६.७.५ द्र. प्रतिलामीति
प्र सु व आपो महिमानम् उत्तमम् – ऋ. १०.७५.१/१ तु. बृहद. ७.११५
प्रसुवान इन्दुरक्षाः – ऋ. ६.६६.2८/१
प्रसुवानः सोम ऋतयुश्चिकेत – तैसं. 2.2.१2.३/१
प्र सुवानासो बृहद्दिवेषु हरयः – ऋ. ६.७६.१/2 द्र. प्रस्वानासो
प्र सुवानो अक्षाः सहस्रधारः – ऋ. ६.१०६.१६/१ द्र. प्र वाज्य्
प्र सुवानो धारया तना – ऋ. ६.३४.१/१
प्र सु विश्वान् रक्षसो धक्ष्ये अग्ने – ऋ. १.७६.३/१
प्र सुशंसा मतिभिस्तारिषीमहि – ऋ. 2.2३.१०/४
प्र सु श्रुतं सुराधसम् – ऋ. ८.५० (वाल.2).१/१; अशौ. 2०.५१.३/१; आश्रौ. ७.४.३; वैसू. ३१.१८ प्रः प्र सु श्रुतम् –शांश्रौसू. ७.2३.४; १2.६.११ तुलनीय ६.४८ (वाल.१)
प्र सु ष विभ्यो मरुतो विरस्तु – ऋ. ४.2६.४/१
प्र सुष्टुति स्तनयन्तं रुवन्तम् – ऋ. ५.४2.१४/१ तु. बृहद. ५.३८
प्र सु स्तोमं भरत वाजयन्तः – ऋ. ८.१००.३/१
प्र सू त इन्द्र प्रवता हरिभ्याम् – ऋ. ३.३०.६/१; अशौ. ३.१.४/१
प्रसूतं देवेन सवित्रा जुष्टं मित्रावरुणाभ्याम् – शब्रा. ४.६. ६.८
प्रसूता देवेन सवित्रा दैव्या आप उन्दन्तु ते तनूम् दीर्घायुत्वाय वर्चसे – आपश्रौ. ८.४.१ ?
प्र सू तिरा शचीभिर्ये त उक्थिनः – ऋ. ८.५३ (वाल. ५); ६/३; ऐआ. १.2.१.३
प्रसूतो देवेन सवित्रा (आपश्रौ. बृहस्पतेः सदने सीदामि) – कात्यश्रौसू. 2.१.2४; आपश्रौ. ३.१८.४
प्रसूतो भक्षमकरं चरावपि – ऋ. १०.१६७.४/१
प्र सू न आयुर्जीवसे तिरेतन – ऋ. ८.१८.22/३
प्र सू न एत्वध्वरः – ऋ. ८.2७.३/१
प्र सू नयन्त गृभ्यन्त इष्टौ – ऋ. १.१४८.३/३
प्र सूनव ऋभूणाम् – ऋ. १०.१७६.१/१ तु. बृहद. ८.७४
प्र सूनृता दिशमान ऋतेन – ऋ. ३.३१.2१/३
प्र सू महे सुशरणाय मेधाम् – ऋ. ५.४2.१३/१ प्रः प्र सू महे सुशरणाय – शांश्रौसू. १३.४.३
प्र सूरश्चक्रं वृहतादभीके – ऋ. १.१७४.५/३; ४.१६. १2/४
प्र सृजते वनंकरम् – अशौ. 2०.१३६.१३/2

प्र सृत्वरीणामति सिन्धुरोजसा – ऋ. १०.७५.१/४

प्र सेनानीः शूरो अग्रे रथानाम् – ऋ. ६.६६.१/१; सा. १. ५३३/१ प्रः प्र सेनानीः वृ हासं. ८.३३; सावि ब्रा. १. ४.१६; ३.६.2

प्र सो अग्ने त्वोतिभिः – ऋ. ८.१६.३०/१; सा. १. १०८/१; 2.११७2/१; तैसं. ३.2.११.१/१; काठसं. १2.१४/१; आश्रौ. ७.८.१ प्रः प्र सो अग्ने –शांश्रौसू. १2.१०.७; आपश्रौ. १६.2७.१७

प्र सोता जीरो अध्वरेष्वस्थात् – ऋ. ७.६2.2/१; ऐब्रा. ५.१६..११; कौषीब्रा. 2६.१५; आश्रौ. ८.६.2; तु बृहद. ६.१८

प्र सोम इन्द्र सर्पतु – ऋ. ८.१७.७/३; अशौ. 20.५. १/३

प्र सोम इन्द्र हूयते – ऋ. ८.८2.५/३

प्र सोम देववीतये – ऋ. ६.१०७.१2/१; सा. १.५१४/१; 2.११७/१; पंचब्रा. ११.३.१; सावि ब्रा. १.७.४; ३.४.११

प्र सोमपा अपसा सन्तु नेमे – ऋ. १.५४.८/2

प्र सोम मधुमत्तमः – ऋ. ६.६३.१६/१

प्र सोम याहि धारया – ऋ. ६.६६.७/१

प्र सोम याहीन्द्रस्य कुक्षा – ऋ. ६.१०६.१८/१; सा. 2. ५१2/१

प्र सोमस्य पवमानस्योर्मयः – ऋ. ६.८१.१/१

प्र सोमाय व्यश्ववत् – ऋ. ६.६५.७/१

प्र सोमासः स्वाध्यः – ऋ. ६.३१.१/१

प्र सोमासो अधन्विषुः – ऋ. ६.2४.१/१; सा. 2.३११/१

प्र सोमासो मदच्युतः – ऋ. ६.३2.१/१; सा. १.४७७/१; 2.११६/१; पंचब्रा.११.५.१

प्र सोमासो विपश्चितः – ऋ. ६.३३.१/१; सा. १. ४७८/१; 2.११४/१; पंचब्रा. ११.३.१

प्र सोमो अति धारया – ऋ. ६.३०.४/१

प्रस्कण्वस्य प्रतिरन्नायुजीवसे – ऋ. १.४४.६/३

प्रस्कण्वस्य श्रुधी हवम् – ऋ. १.४५.३/४; निरु. ३. १७/४

प्रस्कण्वाय नि तोशय – ऋ. ८.५४ (वाल.६)। ८/४

प्र स्कन्धान् प्र शिरो जहि – अशौ. १2.५.६७

प्र स्कन्नाज् (काठसं. स्कन्नं) जायतां हविः – काठसं. ३५.४/४; कात्यश्रौसू. 2५.१2.६/४; आपश्रौ. ६.१७.. १/४

प्र स्कम्भदेषणा अनवभ्राराधसः – ऋ. १.१६६.७/१

प्रस्तब्धमसि – शब्रा. १४.६.३.६; बृह उप. ६.३.६

प्रस्टरेण परिधिना – वा. १८.६३/१; तैसं. ५.७.७.2/१; काठसं. ४०.१३/१; शब्रा. ६.५.१.४८/१

प्रस्तरेष्ठाः परिधेयाश् (का. परिधयश्) च देवाः – वा. 2. १८/2; का. 2.४.६/2; काठसं. १.१2/2; शब्रा. १.८. ३.2५ द्र. उत्तरम्।

प्रस्तरेष्ठा बर्हिषदश्च देवाः – तैसं. १.१.१३.2/2; मैसं. १. १.१३/2ः ६.३; कौसू. ६.६/2 द्र. पूर्वम्।

प्रस्तावेन त्वा छन्दसा सादयामि – मैसं. 2.१३.४ः १५३.१४; आपश्रौ. १७.१०.१

प्रस्तुतं विष्टुतं संस्तुतं कल्याणं विश्वरूपम् – तैब्रा. ३.१०. १.2 प्रः प्रस्तुतं विष्टुतम् – तैब्रा. ३.१०.६.७; १०.2; आपश्रौ. १६.१2.५

प्रस्तुतिर्वां धाम न प्रयुक्तिः – ऋ. १.१५३.2/१

प्रस्तृणती स्तम्बिनीरेकशुंगः – अशौ. ८.७.४/१

प्रस्तोक नि नु राधसस्त इन्द्र – ऋ. ६.४७.22/१ प्रः प्रस्तोकः –शांश्रौसू. १६.११.१2 तु. बृहद. ५.१४०

प्रस्तोतर्वाचं यच्छ – माश्रौसू. 2.३.५.१६

प्रस्तोतर्वार्षाहरं साम गाय – आपश्रौ. १५.१४.2 द्र. वार्षहारं।

प्रस्तोतः सोम गाय – मैसं. ४.६.१०ः १३०.१५; १३१.१,३; आपश्रौ. १३.20.३; १५.१३.६ प्रः प्रस्तोतः – माश्रौसू. 2.५.४.2५; – ४.४.११

प्रस्तोतः सामानि गाय – मैसं. ४.६.2ः १2३.2; तैआ. ४.४. १; कात्यश्रौसू. 2६.2.११; आपश्रौ. १५.६.१

प्र स्तोमम् उर्वरीणाम् – कौसू. १०७.2/३

प्र स्तोमा यन्त्य् (सा. यन्त्व्) अग्नये – ऋ. ८.१०३६/४; सा. १.४४/४; 2.६३३/४

प्र स्तोमासो गीयमानासो अर्कैः – ऋ. ६.६६.2/४

प्र स्तोषद् उप गासिषत् – ऋ. ८.८१.५/१

प्रस्थायेन्द्राग्निभ्यां सोमं वोचतो यो (आश्रौ. शांश्रौसू. वोचतोपो) अस्मान् ब्राह्मणान् ब्राह्मणा ह्वयध्वम् – कौषी ब्रा. 2८.६; आश्रौ. ५.७.३; शांश्रौसू. ७.६.३

प्रस्थावद् रथवाहनम् – अशौ. ३.१७.३/४; वा. १2. ७१/५; तैसं. ४.2.५.६/५; मैसं. 2.७.१2/४ः ६१.१८; काठसं. १६.१2/४; शब्रा. ७.2.2.११; 2.३४/५

प्रस्थावानो माप स्थाता समन्यवः – ऋ. ८.20.१/2; सा. १.४०१/2

प्रस्थितम् (प्रेष्य) – कात्यश्रौसू. ६.६.2६; ८.१६

प्रस्थिता वो मधुश्चुतः (का. मैसं. ...श्च्युतः) – वा.2१. ४2/८; का. 2३.४३/८; मैसं. ३.११.४/८; १४५.१७; तैब्रा. 2.६.११.१०/८

प्रस्थिताश्चापि सर्वशः – वैसू. १६.20/४

प्रस्नातीरिवोस्राः – ऋ. ८.७५.८/2; तैसं. 2.६.११.2/2; मैसं. ४.११.६/2ः १७५.८; काठसं. ७.१७/2

प्रस्नापयन्त ऊर्मयः – सा. 2.६८०/४ द्र. उत्तरम्
प्रस्नापयन्त्यूर्मिणम् – ऋ. ६.६८.६/४ द्र. पूर्वम्
प्र स्म वाजेषु नोऽव – ऋ. ८.६०.१०/2; सा. 2.८६५/2
प्र स्मा मिनात्यजरः – ऋ. ५.७.४/४; काठसं. ३५.१४/४ द्र. प्रास्मा मिनोति।
प्रस्यन्दि तवच उत्पटः – शब्रा. १४.६.६.३१/2; बृह उप. ३.६.३१/2
प्र स्यन्द्रा याथो मनुषो न होता – ऋ. १.१८०.६/2
प्र स्यन्द्रा युसता त्मना – ऋ. ५.५2.८/४
प्र स्यन्द्रासो धुनीनाम् – ऋ. ५.८७.३/५
प्र स्वधितीव रीयते – ऋ. ५.७.८22
प्रस्वः स्थ प्रेयं प्रजया भुवने शेचेष्ट – आपमपा. १.६.३ (आपगृ. 2.६.११)
प्र स्वादनं पितूनाम् – ऋ. ५.७.६/३
प्र स्वाद्मानो (काठसं. स्वाद्यमानो रसानाम् – ऋ. १.१८७.५/३; काठसं. ४०.८/३
प्र स्वानासो बृहद्देवेषु हरयः – सा. १.५५५/2 द्र. प्रसुवानासो
प्र स्वानासो रथा इव – ऋ. ६.१०.१/१; सा. 2.४६६/१
प्र स्वां मतिमतिरच्छाशदानः (मैसं. ...रं् शा...) – ऋ. १.३३.१३/४; मैसं. ४.१४.१३/४ः 2३७.१५; तैब्रा. 2.८.४.४/४; निरु. ६.१६
प्र हंसासस्तृपलं मन्युम् (सा. तृपला वग्नुम्) अच्छ – ऋ. ६.६७.८/१; सा. 2.४६७/१
प्रहर्षिणं मदिरस्य मदे मृषासा अस्त्वथ त्वा होष्यामि – काठसं. 2७.१ द्र. अपरम्
प्रहाषिणो मदिरस्य मदे मृषासावस्तु – आपश्रौ. १2.११.६ द्र. पूर्वम्
प्र हव्यमग्निरमृतेषु वोचत् – ऋ. ६.१५.१०/४; तैसं. 2.५.१2.५/४; काठसं. ७.१६/४
प्र हव्यानि घृतवन्त्यस्मै – तैब्रा. 2.५.८.३/१; शांश्रौसू. ३.१८.१५/१; आपश्रौ. ८.20.५/१
प्र हस्तौ न यथा रिषत् – अशौ. १६.४६.१०/2
प्रहामाप्नोतु मायया – अशौ. ४.३८.३/४
प्रहावरीस् (आपश्रौ. ...री) स्थ – काठसं. १५.६; आपश्रौ. १८.१३.८ द्र. अप्रहावरीः।
प्र हि क्रतुं वृहथो यं वनुथः – ऋ. 2.३०.६/१ तु. बृहद. ४.८४
प्र हिणोमि पथिभिः पितृयाणैः – अशौ. १2.2.१०/2
प्र हि त्वा पूषन्नजिरं न यामनि – ऋ. १.१३८.2/१
प्र हिन्वान ऋतं बृहत् – ऋ. ६.१०७.१५/४; सा. 2.20७/४
प्र हिन्वानास इन्दवः – ऋ. ६.६४.१६/१
प्र हिन्वानो जनिता रोदस्योः – ऋ. ६.६०.१/१; सा. १.५३६/१
प्र हि रिरिक्ष ओजसा – ऋ. ८.८८.५/१; द्र. प्र यो रिरिक्ष।
प्रहुतः पितृकर्मणा – शांगृसू. १.१०.७/३
प्रहेतारमप्रहितम् – ऋ. ८.६६.७/2; अशौ. 20.१०५.३/2; सा. १.2८३/2
प्र होता गुर्तमना उराणः – ऋ. ६.६३.४/३
प्र होता जातो महान् नभोवित् – ऋ. १०.४६.१/१; सा. १.७७/१
प्र होता मन्द्रो रिरिच उपाके – ऋ. ७.४2.३/2
प्र होत्रया श्मिया वीथो अध्वरम् – ऋ. १.१५१.३/४
प्र होत्रे पूर्व्यं वचः – ऋ. ३.१०.५/१; सा. १.६८/१; तैसं. ३.2.११.१/१
प्रहोषे चिदररुषः – ऋ. १.१५०.2/2
प्र ह्यच्छा मनीषाः – ऋ. १०.2६.१/१ तु बृहद. ७.2३
प्रह्वियमाणायानु ब्रूहि – तैसं. ६.३.५.४ प्र प्रह्वियमाणाय शब्रा. ३.४.१.2३; कात्यश्रौसू. ५.2.४; आपश्रौ. ७.१३.५
प्राक्छाये कुंजरस्य च – विष्णुस्मृ. ७८.५३/४; माधसू. ३.2७४/४
प्राक्तादपाक्ताद् (अशौ. प्राक्तो अपाक्तो) अधरादुदक्तात् (अशौ. उदक्तः) – ऋ. ७.१०४.१६/३; अशौ. ८.४.१६/३
प्रक्तुभ्य इन्द्रः प्र वृधो अहभ्यः – ऋ. १०.८६.११/१
प्राक्तो अपाक्तो आदिः द्र. पूर्वमेकवर्जम्
प्राक्तो अपाचीमनयं तदेनाम् – अशौ. १८.३.३/४ द्र. प्राचीमवाचीम्
प्राक्रमिषमुषसामग्रियेव – ऋ. १०.६५.2/2; शब्रा. ११.५.१.७/2
प्राक्रामच्छुन्ध्युरजहाद् उषा अनः – ऋ. १०.१३८.५/४
प्राक् सोमो अतिद्रुतः – मैसं. ३.११.७/2ः १५०.६ द्र. प्राङ् आदि
प्राग् अपाग् उदग् अधराक् (मैसं. माश्रौसू. अपाग् अधराग् उदग्) सर्वतस् (तैसं. काठसं. तास्; मैसं. एतास्) त्वा दिश (मैसं. दिशा) आ धावन्तु – वा. ६.३६; तैसं. १.४.१.2; मैसं. १.३.४ः ३2.१; काठसं. ३.१०; शब्रा. ३.६.४.2१ प्रः प्रागपागुदग् अधराक् – तैसं. ६.४.४.३; प्रागुधराग् उदक् – माश्रौसू. 2.३.४.४; प्राग् अपाक् – कात्यश्रौसू. ६.४.20
प्रागादेवपुरा अयम् – अशौ. ५.2८.६/४
प्राग्नये तवसे भरध्वम् – ऋ. ७.५.१/१ प्रः प्राग्नये ऋवि.

2.2५.2 तु. बृहद. ५.१६१

प्राग्नये बृहते यज्ञियाय – ऋ. ५.12.१/१ प्रः प्राग्नये बृहते – आश्रौ. ४.१३.७

प्राग्नये वाचमीराय – ऋ. १०.१८७.१/१; अशौ. ६.३४.१/१; ऐब्रा. ५.21.१६ प्रः प्राग्नये वाचम् – आश्रौ. ४.१३.७; ८.११.४; शांश्रौसू. ४.2.१०; ६.४.१; प्रगाग्नये – कौसू. ३१.४; ऋवि. ४.2३.४

प्राग्नये विश्वशुचे धियंधे – ऋ. ७.१३.१/१ तु. बृहद. ५.१६१

प्राग्ने तिष्ठ जनां अति – ऋ. ८.६०.१६/४

प्राग्रुवो नभन्वो न वक्वाः – ऋ. ४.१९.७/१

प्रांक सोमो आदिः द्र. उत्तरमेकवर्जम्

प्राङ् विशां पतिरेकराट् त्वं वि राज – अशौ. ३.४.१/2

प्राङ् (वा. तैब्रा. प्रांक) सोमो अतिद्रुतः – वा. १९.३/2; का. 21.३/2; शब्रा. 12.७.३.१०/2; तैब्रा. 2.६.१.2/2; आपश्रौ. १९.१.१९; ६.12. प्रः प्राङ् सोमः – वैसू. ३०.८; प्राङ् – कात्यश्रौसू. १९.2.१० द्र. प्राक् आदि

प्राचा गव्यन्तः पृथुपर्शवो ययुः – ऋ. ७.८३.१/2

प्राचाजिह्वं धवस्यन्तं तृषुच्युतम् – ऋ. १.१४०.३/३

प्राचामन्यो अहंसन – ऋ. ८.६१.६/४

प्राचाहिन्वन् मनसा सप्त विप्राः – ऋ. ३.३१.५22

प्राचिकितत् सूर्यं यज्ञमग्निम् – ऋ. ७.८०.2/४

प्राचि प्रयत्यध्वरे – ऋ. ८.१३.३०/2

प्राचि ह्येधि – आश्रौ. ५.१३.१४ द्र. प्राच्येहि।

प्राचीं होत्रां प्रतिरन्तावितं नरा – ऋ. ८.१०१.८/३

प्राची च प्रतीची च वसूनां रुद्राणामादित्यानाम् – तैसं. ४.४.११.2; काठसं. 22.५

प्राची जुषाणा वेत्वाज्यस्य स्वाहा – तैब्रा. ३.११.६.८; आपश्रौ. १९.१४.१५ द्र. उत्तरमेकवर्जम्।

प्राचीं जीवातुमक्षिताम् (शांश्रौसू. शांगृसू. अक्षितिम्) – अशौ. ७.१७.2/2; तैसं. ३.३.११.३/2; मैसं. ४.12.६/2: १९५.12; आश्रौ. ६.१४.१६/2; शांश्रौसू. ६.2८.३/2; शांगृसू. १.22.७/2; आपमपा. 2.११.३/2; निरु. ११.११/2

प्राचीं जुषाणा प्राच्याज्यस्य वेतु स्वाहा – आश्रौ. ५.१३.१४ द्र. पूर्वमेकवर्जम्।

प्राची दिक् – वा. १४.१३; १५.१०; तैसं. ४.३.६.2; ४.2.१; ५.५.१०.१; मैसं. १.५.४: ७१.६; १.५.११: ८०.७; 2.७.20: १०४.१६; 2.८.३: १०८.८; 2.८.६; ११३.५; 2.१३.2१: १६६.१३; काठसं. ७.2.६, १७.३.८; 20.११; ३९.७; शब्रा. ८.३.१.१४; ६.१.५; तैब्रा. ३.११.५.१; आपश्रौ. ६.१८.३; १७.2.2; ३.६; 20.१४; माश्रौसू. १.६.2.१४; – ६.१.७; – ६.2.१; – ६.2.2; आपमपा. 2.१७.१४; हिर गृसू. 2.१६.६; मागृसू. १.११.१५ तु. प्राचीमा रोह।

प्राची दिग् अग्निरधिपतिरसितो रक्षितादित्या इषवः – अशौ. ३.2७.१ तु. कौसू. १४.2५; ५०.१३, तथा अशौ. 12.३.५५

प्राचीदिगधिपतय इन्द्राय नमः – माश्रौसू. ११.७.१

प्राचीदिशां सहयशा यशस्वती – तैसं. ४.४.12.2/१; मैसं. ३.१६.४/१: १८८.६; काठसं. 22.१४/१; आश्रौ. ४.12.2/१

प्राची दिशाम् – तैसं. ४.३.३.१; आपश्रौ. १६.३2.2; 20.20.१०

प्राची द्यावापृथिवी ब्रह्मणा कृधि – ऋ. 2.2.७/३; तैसं. 2.2.12.६/३; मैसं. ४.12.2/३: १८०.६

प्राचीनं सीदत् (मैसं. सीदात्) प्रदिशा पृथिव्याः – वा. 20.३९/2; मैसं. ३.११.१/2: १४०.2; काठसं. ३८.६/2; तैब्रा. 2.६.८.2/2 तु. प्राचीनं बर्हिः।

प्राचीनं ज्योतिः प्रदिशा दिशन्ता – ऋ. १०.११०.७/४; अशौ. ५.12.७/४; वा. 2९.३2/४; मैसं. ४.१३.३/४: 202.८; काठसं. १६.20/४; तैब्रा. ३.६.३.४/४; निरु. ८.12/४

प्राचीनं ज्योतिर् हविषा वृधातः – वा. 20.४2/४; मैसं. ३.११.१/४: १४०.६; काठसं. ३८.६/४; तैब्रा. 2.६.८.३/४

प्राचीनपक्षा व्योषा – अशौ. ३.2५.३/३

प्राचीनमन्यद्यनु वर्तते रजः – ऋ. १०.३७.३/३

प्राचीनम् ऊर्ध्वमधराग् अपाग् उदग् देवाः पान्तु यजमानममृतमृतात् (पठतु अमृतं मृतात् इति पठतु?) – काठसं. ३६.१

प्राचीनं बर्हिः प्रदिशा पृथिव्याः – ऋ. १०.११०.४/१; अशौ. ५.12.४/१; वा. 2९.2९/१; मैसं. ४.१३.३/१: 202.१; काठसं. १६.20/१; तैब्रा. ३.६.३.2/१; निरु. ८.९/१ तु. प्राचीनं सीदत्।

प्राचीनं बर्हिरोजसा – ऋ. १.१८८.४/१

प्राचीनरश्मिमाहुतं घृतेन – ऋ. १०.३६.६/३

प्राची नामासि – तैसं. ५.५.१०.१; मैसं. 2.१३.2१: १६७.2; आपमपा. 2.१७.१६ (आपगृ. ७.१८.12)।

प्राचीनेन मनसा बर्हणावता – ऋ. १.५४.५/३

प्राचीनो यज्ञः सुधितं हि बर्हिः – ऋ. ७.७.३/१

प्राची प्रेतमध्वरं कल्पयन्ति – वा. ५.१७; तैसं. १.2.१३.2; ६.2.९.३; शब्रा. ३.५.३.१७ प्रः प्राची प्रेतमध्वरम् –आपश्रौ. ११.६.११; प्राची प्रेतम् – कात्यश्रौसू. ८.४.३

प्राचीमनु प्रदिशं याति चेकितत् – सा. 2.६४१/१ द्र. पूर्वामनु आदि।

प्राचीमनु प्रदिशं प्रेहि विद्वान् – वा. १७.६६/१; तैसं. ४. ६.५.१/१; ५.४.७.१; मैसं. १.६.2/१: ८६.१८; काठसं. ७.१३/१; १८.४/१; २१.६; शब्रा. ६.2.३.2५; तैब्रा. १. १.७.१; ८.५; 2.१.22/१; माश्रौसू. १.५.४.७; ७.३.४१ प्रः प्राचीमनु प्रदिशम् –आपश्रौ. ५.१४.५; १७.१५.१ प्राचीमनु – मैसं. 2.१०.६: १३८.३

प्राचीमवाचीमवयन्नरिष्टयै – तैआ. ६.१2.१/४ द्र. प्राक्तो अपाचीम्।

प्राचीमा रोह (मैसं. काठसं. तिष्ठ) – वा. १०.१०; मैसं. 2. ६.१०: ६६.१५; काठसं. १५.७; शब्रा. ५.४.१.३; कात्यश्रौसू. १५.५.2३ तु. प्राची दिक्।

प्राचीमु देवाश्विना धियं मे – ऋ. ७.६७.५/१

प्राचीं – प्राचीं प्रदिशमा रभेथाम् – अशौ. १2.३.७/१ प्रः प्राचीं – प्राचीम् –कौसू. ६१.१ तु. अन्वारभेथामनु इत्यत्र।

प्राची वाशरीव सुन्वते मिमीत इत् – ऋ. ८.१2.१2/३

प्राचीश्चकार नृतमः शचीभिः – ऋ. ७.६.४/2

प्राचीश्चोज्जगाहिरे – आपश्रौ. २१.2०.३/४ द्र. ताः प्राच्य।

प्राचैर्देवासः प्रणयन्ति देवयुम् – ऋ.१.८३.2/३; अशौ. 2०.2५.2/३

प्राचोदयत् सुदुघा वव्रे अन्तः – ऋ. ५.३१.३/३

प्राचोऽसि – पारगृसू. १.६.७

प्राच्यसि – तैसं. ४.४.७.१; ५.३.११.१; मैसं. 2.१३.१८: १६४.१७; काठसं अश्व. ३६.६

प्राच्या त्वा दिशाग्निना देवतया गायत्रेण छन्दसाग्नेश्चिर उपदधामि – काठसं. 22.५

प्राच्या त्वा दिशा सादयामि – तैसं. ५.५.८.2; मैसं. 2.८. ११: ११५.६; आपश्रौ. १७.७.६; माश्रौसू. ६.2.2

प्राच्या दिशः शालाया नमो महिम्ने – अशौ. ६.३.2५

प्राच्या दिशस्त्वमिन्द्रासि राजा – अशौ. ६.६८.३/१ द्र. प्राच्यां दिशि त्वम्।

प्राच्या दिशा आदिः द्र. प्राच्यां दिशि देवा।

प्राच्या दिशोऽभिदासन्त्यस्मान् – अशौ. ४.४०.१/2

प्राच्यां तवा दिशि पुरा संवृतः स्वधायामा दधामि – अशौ. १८.३.३० प्रः प्राच्यां त्वा दिशि – कौसू. ८०.५३

प्राच्यां त्वा दिशि वसवो अभिसिंचतु तेजसे – ऋवि. ४. 22.2 द्र. उत्तरम्।

प्राच्यां त्वा दिशि वसवो देवाः षड्भिश्चैव पंचविंशैरहोभिरभिषिंचन्त्वेतेन च तृचेनैतेन च यजुषैताभिश्च व्याहृतिभिः साम्राज्याय – ऐब्रा. ८.१६.१ तु. पूर्वम्।

प्राच्यां दिशि त्वमिन्द्रासि राजा – तैसं. 2.४.१४.१/१; मैसं. ४.१2.2/१: १८१.६; काठसं. ८.१७/१ प्रः प्राच्यां दिशि त्वमिन्द्र – आपश्रौ. १६.22.४; प्राच्यां दिशि – माश्रौसू. ५.१.१०.2१ द्र. प्राच्या दिशः।

प्राच्यां दिशि (मैसं. काठसं. माश्रौसू. प्राच्या दिशा; शांश्रौसू. प्राच्या दिशा सह) देवा ऋत्विजो मार्जयन्ताम् – तैसं. १.६.५.१; ७.५.३; मैसं. १.४.2: ४८.१०; १.४.७: ५४.१३; काठसं. ५.५; ३2.५; आश्रौ. १. ११.७; शांश्रौसू. ४.११.४; आपश्रौ. ४.१४.४; माश्रौसू. १. ४.३.८

प्राच्यां दिशि शिरो अजस्य धेहि – अशौ. ४.१४.७/३

प्राच्च्ययावयच्छच्युता ब्रह्मणस्पतिः – ऋ. 2.2४.2/३

प्राच्येहि प्राच्येहि – तैब्रा. ३.११.६.८; आपश्रौ. १६.१४.१४ द्र. प्राचि ह्येधि।

प्राच्यै त्वा दिशेऽग्नयेऽधिपतयेऽसिताय रक्षित्र आदित्यायेषुमते – अशौ. १2.३.५५/१ प्रः प्राच्यै त्वा दिशे –कौसू. ६३.22 द्र. अशौ. ३.2७.१

प्राच्यै दिशे नमः – काठसं अश्व. ११.१

प्राच्यै दिशे स्वाहा – वा. 22.2४; तैसं. ७.१.१५.१; मैसं. ३. १2.७: १६2.१४; ३.१2.८: १६३.४; काठसं अश्व. १.६

प्राजापत्य उदुम्बरः – शांगृसू. ४.७.2४/४

प्राजापत्यमनु वक्षामि – शांश्रौसू. १.४.५; आपश्रौ. 2४.११.2

प्राजापत्यमसि – लाट्यश्रौसू. 2.३.७

प्राजापत्यं पवित्रम् – खिल. ६.६७.३/१; तैब्रा. १.४.८. ६/१; आपश्रौ. १०.७.१३/१

प्राजापत्यं मेध्यं जातवेदसः – अशौ. १८.४.१2/2,१३/४

प्रजापत्यश्चरुः – वा. 2६.६०

प्राजापत्यानां तां त्वाहं मयि पुष्टिकामो जुहोमि स्वाहा – कौसू. १०६.६

प्रजापत्यान् वि धूनुते – कौसू. १०2.2/2

प्रजापत्याभ्यां स्वाहा – अशौ. १६.2३.2६

प्राजापत्या मे समिदसि सपत्नक्षयणी – तैआ. ४.४१.३,६

प्रजापत्योऽसि – पंचब्रा. १.2.४; ६.५.३ प्रः प्राजापत्यः –पंचब्रा. ६.५.६

प्राज्म तदिदं नु तत् – ऋ. ८.४६.2८/४

प्रांचं यज्ञं चकृम वर्धतां गीः – ऋ. ३.१.2/१ प्रः प्रांचं यज्ञं चकृम – कौषी ब्रा. 2६.१४

प्रांचं यज्ञं नेतारमध्वराणाम् – ऋ. १०.४६.४/2

प्रांचं यज्ञं प्र णयता सखायः – ऋ. १०.१०१.2/४

प्रांचं वसुभ्यः प्र णय प्रचेतः – ऋ. १०.८७.६/2; अशौ.

८.३.६/2
प्रांचं कृणोत्यध्वरम् – ऋ. १.१८.८/2
प्रांचं नो यज्ञं प्र णयत साधुया – ऋ. १०.६६.१2/2
प्रांचो अगाम नृतये हसाय – ऋ. १०.१८.३/३; अशौ. १2.2.22/३ द्र. प्रांजो।
प्रांचो मदन्त्युक्षणो अजुर्याः – ऋ. ३.७.७/३
प्रांजनादुत पर्णधेः – अशौ. ४.६.५/2
प्रांजोऽगामा नृतये हसाय – तैआ. ६.१०.2/३ द्र. प्रांचो अगाम।
प्रांजोभिर्हिन्वानः – मैसं. ४.१३.४ः 20३.६; काठसं. १६.2१; तैब्रा. ३.६.५.१
प्राण – पारगृसू. १.१६.११
प्रा ण आयुरादिः द्र. प्र ण आयुरादि।
प्राण आयुषि वत्स्यावः – हिर गृसू. १.५.१३
प्राण आयुषि वसासौ – हिर गृसू. १.५.१३
प्राण उदानमप्यगात् – शब्रा. ११.५.३.८; कात्यश्रौसू. 2५.१०.१७; आपश्रौ. ६.१०.2
प्राण उपरवेषु – काठसं. ३४.१५
प्राणः प्रजा अनु वस्ते – अशौ. ११.४.१०/१
प्राणः प्रजानाममृतस्य नाभिः – अशौ. ६.१.४/2
प्राणः प्रजानाम् उदयत्येष सूर्यः – मैत्री उप. ६.८/४; प्र. उप. १.८/४
प्राणं यच्छ स्वाहा – ऐब्रा. 22१.३; आश्रौ. ५.2.१
प्राणं यज्ञपतये धत्तम् – तैब्रा. १.१.१.४; आपश्रौ. १2.22.६
प्राणं यज्ञाय धत्तम् – तैब्रा. १.१.१.३; आपश्रौ. १2.22.६
प्राणं संधत्तं तं मे जिन्वतम् – तैब्रा. १.१.१.2; आपश्रौ. १2.22.८ द्र. उत्तरम्।
प्राणं संधत्तम् – काठसं. ४.४; 2७.७; माश्रौसू. 2.४.१.११ द्र. पूर्वम्।
प्राणं सर्व उपासते – अशौ. ११.४.१2/2
प्राणं जिन्व – तैसं. ३.५.2.४; ४.४.१.2; काठसं. १७.७; ३७.१७; पंचब्रा. १.१०.५; वैसू. 2६.१
प्राणं जयोतिश्च दधमहे – कौसू. ६७.८/४
प्राणते स्वाहा – तैसं. ७.५.१2.१; काठसं अश्व. ५.३
प्राणदप्राणन् निमिशच्च यच्छ् भुवत् – अशौ. १०.८.११/2
प्राणदा अपानदा व्यानदाः – वा. १७.१५/१; तैसं. ४.६.१.४/१; मैसं. 2.१०.१/१ः १३2.१३; शब्रा. ६.2.१.१७ प्रः प्राणदा अपानदाः – तैसं. ५.४.५.३; मैसं. ३.३.६ः ३६.१2; काठसं. 2१.७; आपश्रौ. १७.१३.६; माश्रौसू. ६.2.४; प्राणदाः – कात्यश्रौसू. १८.३.८ द्र. उत्तरम्।
प्राणदा व्यानदा अपानदाः काठसं. १७.१७/१ प्रः प्राणदा व्यानदाः – काठसं. 2१.७ द्र. पूर्वम्।
प्राणधृगसि – तैसं. ७.५.१६.2; काठसं अश्व. ५.१५
प्राणं ते प्राणेन संदधामि – साम मन्त्रब्रा. १.५.१६/३
प्राणं ते मयि जुहोम्यसौ स्वाहा – कौषीब्रा उप. 2.४
प्राणं ते मयि दधे – कौषीब्रा उप. 2.१५
प्राणं ते मा हिंसिषम् – काठसं. ३.६ द्र. प्राणमस्य।
प्राणं ते शुन्धामि – वा. ६.१४; शब्रा. ३.८.2.६
प्राणं त्वामृत आदधाम्यन्नादमन्नाद्याय गोप्तारं गुप्त्यै – तैब्रा. १.2.१.३४; आपश्रौ. ५.१2.2 द्र. अपानं आदि।
प्राणं दत्तामुष्मै येषां वः प्राणः स्वाहा – मैसं. 2.३.४ः ३०.१६,20
प्राणं दीक्षामुपैमि – शांश्रौसू. ५.४.६
प्राणं दृंह – तैसं. १.१.७.१ द्र. प्राणं मे दृंह।
प्राणं देवा अनुप्राणन्ति – तैआ. ८.३.१/१; तै उप. 2.३.१/१
प्राणं देवा उपासते – अशौ. ११.४.११/2
प्राणं देहि – काठसं. १.७; ३१.६ द्र. उत्तरमेकवर्जम्।
प्राणं देह्यमुष्मै यस्य ते प्राणः स्वाहा – मैसं. 2.३.४ः ३०.१८,2१,22
प्राणं धेहि – तैआ. ४.2.५; आपश्रौ. १५.2.2 द्र. पूर्वम् एकवर्जम्।
प्राणं न वीर्यं नसि – वा. 2१.४६/३; तैब्रा. 2.६.१४.१/३ द्र. प्राणान् न।
प्राणपा असि – शांश्रौसू. ४.७.११
प्राणपा मे अपानपाः – वा. 20.३४/१ प्रः प्राणपा मे –कात्यश्रौसू.१६.५.६
प्राण प्राणं त्रायस्व – अशौ. १६.४४.४/१; कौसू. ४७.१६/१
प्राण प्राणं मे यच्छ – ऐब्रा. 22१.३; आश्रौ. ५.2.१
प्राण बध्नामि त्वा मयि – अशौ. ११.४.2६/४
प्राणमंगेभ्यः पर्य् आचरन्तम् (माश्रौसू. अंगेभ्योऽधि निश्चरन्तम्) – अशौ. 2.३४.५/2; तैसं. ३.१.४.१/2; माश्रौसू. १.८.३.३/2
प्राणमनु प्रेङ्खस्व – ऐआ. ५.१.४.८
प्राणमनु वि क्रमेऽहम् – अशौ. १०.५.३५
प्राणमन्नेनाप्यायस्व – तैआ. १०.३६.१; महा नारा उप. १६.१; बौधसू. 2.७.१2.१2
प्राणमनुनं व्यानम् उदानं समानं तान् वायवे – तैब्रा. ३.४.१.१८
प्राणममृते (माश्रौसू. अमृते प्राणं) जुहोमि स्वाहा – आश्रौ. 2.४.१४; माश्रौसू. १.६.१.५०
प्राणमस्य मा हिंसीः – मैसं. १.2.१६ः 2६.७; ३.१०.१ः १2८.१2; माश्रौसू. १.८.४.४ द्र. प्राणं ते मा।

प्राणमस्यापि नह्यत – अशौ. ५.८.४/५
प्राण मा मत् पर्यावृतः – अशौ. ११.४.2६/१
प्राणमाहुः प्रजापतिम् – अशौ. ११.४.१2/४
प्राणमाहुर्मातरिश्वानम् – अशौ. ११.४.१५/१
प्राणमिन्द्रे वयो दधत् – वा. 2८.३६/४; तैब्रा. 2.६.2०.१/४
प्राणमुपावधीः – आपश्रौ. १०.2.११
प्राणं प्रजाभ्यो अमृतं दिवस्परि – अशौ. ४.१५.१०/४
प्राणं प्रपद्ये – आश्रौ. १.४.६
प्राणं मे जिन्व (शांश्रौसू. जिन्व स्वाहा) – कौषीब्रा. १2.४; शांश्रौसू. ६.८.१
प्राणं मे तर्पयत (शांश्रौसू. तृम्प) – वा. ६.३१; तैसं. ३.१.८.१; मैसं. १.३.2: ३०.६; काठसं. ३.१०; शब्रा. ३.६.४.७; शांश्रौसू. ७.१०.१५
प्राणं मे त्वयि दधामि – कौषीब्रा उप. 2.१५
प्राणं मे दृंह – तैसं. ७.५.१६.2; काठसं अश्व. ५.१५ द्र. प्राणं दृंह।
प्राणं मे धत्तम् – तैब्रा. १.१.१.३; आपश्रौ. १2.22.६
प्राणं मे पाहि – वा. १४.८,१७; तैसं. ३.2.१०.2; ४.३.४.३; ६.2; ४.७.१; मैसं. 2.८.2: १०७.१५; 2.८.३: १०८.६; काठसं. १७.१,३; कौषीब्रा. १2.४; शब्रा. ८.2.३.३; शांश्रौसू. ४.७.११; ६.2; ६.८.१; आपश्रौ. १2.2१.2; १७.१.४; ५.१३; माश्रौसू. ६.2.१ प्रः प्राणं मे – कात्यश्रौसू. १७.८.2०
प्राणश्च त्वापानश्च श्रीणीताम् – तैब्रा. ३.७.६.३; आपश्रौ. १३.३.३
प्राणश्च मेऽपानश् (काठसं. व्यानश्) च मे – वा. १८.2; तैसं. ४.७.१.१; मैसं. 2.११.2: १४०.१2; काठसं. १८.७
प्राणश्च मे भूयात् – तैआ. ३.७.2
प्राणश्च मेऽश्वमेधश्च मे – वा. १८.22; तैसं. ४.७.६.१; काठसं. १८.११ द्र. उत्तरमेकवर्जम्।
प्राणश्चापानश्च – काठसं. 2१.११
प्राणश्चाश्वचमेधश्च – मैसं. 2.११.६: १४३.११ द्र. पूर्वमेकवर्जम्।
प्राणसूत्रेण पृश्निना – साम मन्त्रब्रा. १.३.८/2
प्राण सोमपीथे मे जागृहि – पंचब्रा. १.६.१६ प्रः प्राण सोम... – लाट्यश्रौसू. 2.११.22
प्राणस्त आप्यायताम् – वा. ६.१५; तैसं. १.३.६.१; ६.३.६.१; शब्रा. ३.८.2.६
प्राणस्तवाशनातु प्राणः पिबतु – हिर गृसू. १.१३.१७ तु. ब्रह्मा त्वाशनातु।
प्राणस्तवा हास्यति – आपश्रौ. १०.2.११

प्राण स्थः द्र. प्राणः स्थः।
प्राणस्य च मे प्राणो भूयात् – तैआ. ३.७.३
प्राणस्य त्वा परस्पायै (मैसं. ...स्पाय) चक्षुषस्तनुवः (मैसं. तन्वस्) पाहि – मैसं. ४.६.१०: १३१.2; तैआ. ४.११.३ प्रः प्राणस्य त्वा परस्पायै – तैआ. ५.६.2; आपश्रौ. १५.१४.१; प्राणस्य त्वा – माश्रौसू. ४.४.१३
प्राणस्य पन्था अमृतो (मैसं. ...तं) ग्रहाभ्याम् – वा. १६.६०/2; मैसं. ३.११.६/2: १५४.६; काठसं. ३८.३/2; तैब्रा. 2.६.४.५/2
प्राणस्य प्राणमुत चक्षुषश्चक्षुः – शब्रा. १४.७.2.2१/१; बृह उप. ४.४.2१/१
प्राणस्यब्रह्मचार्य असि (आपमपा. अस्मि 2.३.३०; आपगृ. ४.११.2); हिगृसू. अभूरासु– आश्वागृ. १.2०.८ हिगृ. १.६.३ मागृसू. १.22.५
प्राणस्य विद्वान् समरे न धीरः – तैसं. ३.2.८.2/2; मैसं. 2.३.८/2: ३६.१८ द्र. यज्ञस्य आदि।
प्राणः सिन्धूनां कलशानं अचिक्रदत् – अशौ. १८.४.५८/३ द्र. क्राणा सि... इत्यत्र।
प्राणः (आपश्रौ. प्राण) स्थः – तैब्रा. १.१.१.३; आपश्रौ. १2.22.६
प्राणा अपाना इह ते रमन्ताम् – अशौ. ८.१.१/2
प्राणांस्ते मयि दधे – कौषीब्रा उप. 2.१५
प्राणात् तं निर्भजामो योऽस्मान् द्वेष्टि यं वयं द्विष्मः – अशौ. १०.५.३५
प्राणादपानं (काठसं. व्यानं) संतनु – मैसं. 2.१३.३: १५३.६; काठसं. ३६.७; तैब्रा. १.५.७.१; आपश्रौ. १६.३2.३; माश्रौसू. ६.2.2; मागृसू. १.११.१५
प्राणाद्वायुरजायत – ऋ. १०.६०.१३/४; अशौ. १६.६.७/४; तैआ. ३.१2.६/४ द्र. श्रोत्राद्।
प्राणाद्व्यानम् आदिः द्र. पूर्वमेकवर्जम्।
प्राणान् (शुन्धस्व देवयज्यायै) – कौसू. ४४.2०
प्राणानमुष्य संगीर्य – अशौ. ६.१३५.३/३
प्राणानमुष्य संपाय – अशौ. ६.१३५.2/३
प्राणानां ग्रन्थिरसि – तैआ. १०.३७.१; महा नारा उप. १६.2; शांगृसू. ३.८.५; साम मन्त्रब्रा. १.६.2०; गोभि गृसू. 2.१०.2८; हिर गृसू. १.५.१2; 2१.४; मागृसू. १.22.६; बौधसू. 2.७.१2.१०; औशधशा. ३.१०६ प्रः प्राणानाम् – खादि.गृसू. 2.४.१५
प्राणानात्मसु बिभ्रति – अशौ. ११.५.22/2
प्राणान् न वीर्यं नसि – मैसं. ३.११.५/३: १४७.३ द्र. प्राणं न।
प्राणान् पशुषु – तैब्रा. १.१.१.५; आपश्रौ. १2.2३.१ द्र.

उत्तरम्।

प्राणान् पशुषु यच्छतम् – मैसं. १.३.१2: ३५.१ द्र. पूर्वम्।

प्राणान् प्रीणामि – वैसू. ७.22

प्राणान् मयि धारयताम् – तैब्रा. ३.७.६.८; आपश्रौ. ४.६.५

प्राणान् मे त्वयि दधानि – कौषीब्रा उप. 2.१५

प्राणान् संक्रोशैः – मैसं. ३.१५.2: १७८.७ द्र. संक्रोशान्, तथा संघोषान्।

प्राणान् स्म प्रतिपद्यते – ऐब्रा. ८.22.८/४

प्राणापानयोः – आगृ. ३.१०.४; शांगृसू. 2.१८.2

प्राणापानयोरुरुव्यचास्तया प्रपद्ये – आगृ. ३.१०.६ द्र. प्राणापाना उरुव्यचास्।

प्राणापानव्यानोदानसमाना मे शुध्यन्ताम् – तैआ. १०.५१.१; तैआ. आन्ध्र १०.६५; महा नारा उप. 220.१५ प्रः प्राणापान...– बौधसू. ३.८.१2

प्राणापानव्यानोदानस्मानाः सप्राणा श्वेतवर्णा साङ्खायन्सगोत्रा (१) गायत्री चतुर्विंशत्यक्षरा त्रिपदा षटकुक्षिः पंचशीर्षोपनयने विनियोगः – तैआ. आन्ध्र १०.३५

प्राणापाना उरुव्यचास्तवया प्रा पद्ये – शांगृसू. 2.१८.३ द्र. प्राणापानयोरुरुव्यचास्।

प्राणापानान् न्यर्बुदे – अशौ. ११.६.११/2

प्राणापानाभ्यां स्वाहा – गोब्रा.१.३.१३; कौसू. ७2.४2

प्राणापानाभ्यां गुपितः शतं हिमाः – अशौ. 2.2८.४/४

प्राणापानाभ्यां त्वा सतनुं करोमि – आपश्रौ. 2.८.६

प्राणापानाभ्यां त्वा सयुजो युजा युनज्मि – काठसं. ४०.2

प्राणापानाभ्यां बलमविशन्ती (साम मन्त्रब्रा. आहरन्ती; पारगृसू. आदधाना; हिर गृसू. आवहन्ती; आपमपा. आभरन्ती; मागृसू.. आभजन्ती) शांगृसू. 2.2.१/३; साम मन्त्रब्रा. १.६.2७/३; पारगृसू. 2.2.८/३; हिर गृसू. १.४.४/३; आपमपा. 2.2.६/३; मागृसू. १.22.१०/३

प्राणापानाभ्यां मे वर्चोदसौ पवेथाम् – माश्रौसू. 2.३.७.१ तु. आपश्रौ. १2.१८.2० द्र. प्राणाय मे।

प्राणापानावजिरं संचरन्तौ – तैआ. ३.१४.३/2

प्राणापानैः संमिता ओषधीभिः – अशौ. १2.३.2८/2

प्राणापानौ चक्षुः श्रोत्रम् – अशौ. ११.७.2५/१; ८.४/१,2६/१; तैब्रा. 2.५.६.५/१ प्राणापानौ – तैब्रा. ३.१2.१.१

प्राणापानौ जनयन्नाद्व्यानम् – अशौ. ११.५.2४/३ प्रः प्राणापानौ जनयन् गोब्रा. १.2.८

प्राणापानौ त उपांश्वन्तर्यामौ पाताम् – मैसं. ४.८.७: ११५.८; माश्रौसू. ३.८.३ द्र. उपांश्वन्तर्यामौ।

प्राणापानौ ते सयुजाविह स्ताम् – अशौ. ७.५३.2/2

प्राणापानौ देह इदं शरीरम् – खिल. ६.४५.१/2

प्राणापानौ मा मा हासिष्टम् – अशौ. १६.४.५; तैसं. ३.१.७.१; तैब्रा. १.४.६.५; तैआ. ४.१.१; ४2.2; आपश्रौ. १४.१६.३

प्राणापानौ मृत्योर्मा पातम् (अशौ. पातं स्वाहा) – अशौ. 2.१६.१; तैसं. ३.१.७.१; तैब्रा. १.४.६.५; तैआ. ४.१.१; ४2.2; आपश्रौ. १४.१६.३ प्रः प्राणापानौ – वैसू. ४.2०; कौसू. ५४.१2

प्राणापानौ मे तर्पय – पारगृसू. 2.६.१८; मागृसू. १.६.2५ तु. अपानं मे तर्पयत।

प्राणापानौ मे पाहि – का. 2.३.८; तैसं. १.६.३.३; ७.३.४; काठसं. ५.५; ८.१३; गोब्रा. 2.१.७; आश्रौ. १.१३.५; वैसू. ३.2०; लाट्यश्रौसू. ४.११.2१; कात्यश्रौसू. ३.४.३०; माश्रौसू. १.४.2.१2

प्राणापानौ व्रीहियवौ – अशौ. ११.४.१३/१; मुण्ड उप. 2.१.७/३

प्राणापानौ संविदानौ जहितम् – तैआ. ३.१४.३/१

प्राणाय – वृ हासं. ५.2५2; औशधशा. ३.१०2

प्राणाय तवा – वा.१.2०; ७.३; तैसं. १.१.६.१; 2.६.१; ४.2.१; ३.३.३.३; ४.३; ५.2.४; ८.१; ६.2; ४.४.१.2; ६.१.६.७; ७.५.१३.१; मैसं. १.१.७: ४.५; १.३.४: ३१.११; १.३.३५: ४2.2; ४.१.७: ६.११; ४.५.५: ७१.१४; काठसं. १.६; ४.१; १७.७; 2७.2; ३१.५; ३७.१७; काठसं अश्व. ५.६; पंचब्रा.१.१०.५; ५.६.१४; जैब्रा. १.१४; शब्रा. १.2.१.१६,2१; ४.१.१.2६,2७; तैब्रा. ३.2.६.४; ऐआ. ५.१.४.५,१०; वैसू. 2६.१; लाट्यश्रौसू. ४.१.८; कात्यश्रौसू. 2.५.६; ६.४.४१; आपश्रौ. १.2१.६; १०.2४.१४; १2.७.७; ११.५; १७.७.३; माश्रौसू. १.2.2.2६; – 2.३.३..2१; – ७.१.१; बौधसू. ३.८.११

प्राणाय नमः – अशौ. ११.४.१; काठसं अश्व. ११.१; कौसू. ५५.१७.५८.३,११ प्राणः इत्यभिहितम्–चूलिका उप. १2

प्राणाय भूरिधायसे – अशौ. ६.४१.2/2

प्राणाय मे वर्चोदा वर्चसे पवस्व – वा. ७.2७; का. ६.१.१; तैसं. ३.2.३.१; शब्रा. ४.५.६.2 प्रः प्राणाय मे – कात्यश्रौसू. ६.७.६; आपश्रौ. १2.१८.2० द्र. प्राणापानाभ्यां मे।

प्राणाय व्यानायापानाय – तैसं. ५.५.५.४

प्राणाय सुराधसे पूर्णमासाय स्वाहा – तैब्रा. ३.७.५.१३; आपश्रौ. 2.2०.५ द्र. पूर्ण मासाय सुराधसे।

प्राणाय स्वाहा – वा. 22.2३; 2३.१८; ३६.३; तैसं. ७.१.१६.

१; ४.2१.१; मैसं. ३.१2.६: १६३.७; ३.१2.20: १६६.८; काठसं अश्व. १.१०; ४.१०; शब्रा. १३.2.८.2; ५.१.४; १४.३.2.१७; ६.३.४; तैब्रा. ३.८.१८.३; ६.६.१; तैआ. ४.५. १; १५.१; १०.३३.१; ३४.१; तैआ. आन्ध्र १०.६६; कात्यश्रौसू. 20.४.३2; ६.११; आपश्रौ. १५.७.३; १७.४; 20.१2.३; १७.१०; माश्रौसू. ८.2.४; बृह उप. ६.३.४; महा नारा उप. १५.६; मैत्री उप. ६.६; बौधसू. 2.७. १2.३

प्राणायान्तरिक्षाय वयोभ्यो वायवेऽधिपतये स्वाहा – अशौ. ६.१०.2

प्राणायापानायायुषे वर्चस ओजसे तेजसे स्वस्तये सुभूतये स्वाहा – अशौ. १६.४५.६

प्राणा वा अपः – तैआ. १०.22.१ द्र. प्राणो वा।

प्राणा शिशुर्महीनाम् – सा. १.५७०/१; 2.३६३/१; पंचब्रा. १३.५.३; १४.११.३ प्रः प्राणा शिशुः –सावि ब्रा. ३.७.३ द्र. क्राणा आदि।

प्राणा सिन्धुनां कलशां अचिक्रदत् – सा. १.५५६/१; 2. १७१/३ द्र. क्राणा सि... इत्यत्र।

प्राणाहस्य तृणस्य च – अशौ. ८.३.४/2

प्राणिने स्वाहा – तैसं. ७.५.१2.१; काठसं अश्व. ५.३

प्राणे ते रेतो दधाम्यसौ – शांगृसू. १.१६.४

प्राणे त्वमसि संधाता – तैआ. १०.६३.१; महा नारा उप. 2४.2

प्राणे त्वामृतमादधाम्यन्नादमन्नाद्याय गोप्तारं गुप्त्यै – तैब्रा. १.2.१.20

प्राणेन जीव मा मृथाः – अशौ. ३.३१.८/2

प्राणेन तिर्यङ् प्राणति – अशौ. १०.८.१६/३

प्राणेन त्वा द्विपदां चतुष्पदाम् – अशौ. ८.2.४/१

प्राणेन त्वाभक्षयामि – कौषीब्रा. १2.५; शांश्रौसू. ६.८.१४

प्राणेन त्वोपतिष्ठे – शांश्रौसू. 2.१३.५

प्राणेन प्राणतां प्राण – अशौ. ३.३१.६/१

प्राणेन प्राणः संततः – माश्रौसू. १.३.१.22 द्र. यज्ञेन यज्ञः।

प्राणेन मे प्राणो दीक्षतं वायवे समष्टवा उ – जैब्रा. 2.६४ (६५); आपश्रौ. १०.१०.६

प्राणेन मे प्राणे दीक्षतां स्वाहा – आपश्रौ. १०.८.७ द्र. प्राणे मे प्राणेन।

प्राणेन रक्षन्नपरं कुलायम् – शब्रा. १४.७.१.१३/१; बृह उप. ४.३.१३/१

प्राणेन वत्सेन सहेन्द्रप्रोक्ता – शांगृसू. १.2४.१०/2

प्राणेन वाचा मनसा बिभर्मि (तैब्रा. 2.५.८.७/2, बिभर्ति) – तैब्रा. १.2.१.2७/2; 2.५.८.७/2; आपश्रौ. ६.2५. 2/2 द्र. हृदा वाचा आदि।

प्राणेन विश्वतोमुखम् – अशौ. १६.2७.७/३

प्राणेन विश्वतोवीर्यम् – अशौ. ३.३१.७/१

प्राणेन समवादिरन् – अशौ. ११.४.६/2

प्राणेन सरस्वती वीर्यम् – वा. 20.८०/2

प्राणेनाग्निं सं सृजन्ति – अशौ. १०.2७.७/१

प्राणेनाग्ने चक्षुषा सं सृजेमम् – अशौ. ५.३०.१४/१

प्राणेनात्मन्वतां जीव – अशौ. १६.2७.८/५

प्राणेनान्नमशीय स्वाहा – पारगृसू. १.१६.४

प्राणे निविष्टोऽमृतं (हिर गृसू. निविश्यामृतं) जुहोमि – तैआ. १०.३३.१; ३४.१; महा नारा उप. १५.८.६; हिर गृसू. 2.११.५; आपमपा. 2.20.2६ (आपगृ. ८.2१.६); बौधसू. 2.७.१2.३; तैआ. १०.३४.१; श्रद्धायां प्राणे आदि पठतु। द्र. अमृतं च प्राणे इत्यत्र।

प्राणे सर्वं प्रतिष्ठितम् – अशौ. ११.४.१५/४

प्राणे ह भूतं भव्यं च – अशौ.११.४.१५/३ तु काले आदि

प्राणैस्ते प्राणन् संदधाम्यस्थिभिरस्थीनि मांसैर्मांसानि त्वचा त्वचम् – पारगृसू. १.११.५

प्राणो अग्निः परमात्मा पंचवायुभिरावृतः प्राङ्. 2/१2 द्र. प्राणेऽग्निः

प्राणो अध्वर्युरभवत् – तैब्रा. ३.१2.८.३/१

प्राणो अपानो व्यानः – अशौ. ८.2.४६/१

प्राणेऽग्निः परमात्मा वै पंचवायुः समाश्रितः, स प्रीतः प्रीणातु विश्वं विश्वभुक् – मैत्री उप. ६.६ द्र. प्राणे अग्निः

प्राणो दात्र एधि वयो (का. शांश्रौसू. मयो) मह्यं प्रतिग्रहीत्रे (शांश्रौसू. ...गृह्णते) – वा. ७.४७; का. ६. 2.८; शब्रा. ४.३.४.2६; शांश्रौसू. ७.१८.५

प्राणोदानाविमौ – शब्रा. १2.४.३.७

प्राणोदानौ वा अस्यैतौ नानावीर्यौ प्राणोदानौ कुर्मः – शब्रा. ४.१.2.१६

प्राणो नाम देवतावरोधनी – कौषीब्रा उप. 2.३

प्राणो मानु तिष्ठतु – अशौ. ११.४.2४/४

प्राणो मा मा हासीत् – तैसं. ५.६.८.१

प्राणो मृत्युः प्राणस्तक्मा – अशौ. ११.४.११/१

प्राणो मे प्राणेन दीक्षताम् (कौषीब्रा. एकवारं दीक्षतां स्वाहा) – कौषीब्रा. ७.४; शांश्रौसू. ५.४.१ द्र. प्राणेन मे।

प्राणो मे होता स मोपह्वयताम् – षड् ब्रा. 2.७

प्राणे यज्ञेन कल्पताम् (मैसं. माश्रौसू. कल्पते) – वा. ६. 2१; १८.2६; 22.३३; तैसं. १.७.६.१; ४.७.१०.2; मैसं. १. ११.३: १६३.१४; १.११.८: १६६.१६; ३.४.2: ४६.१७; काठसं. १४.१; १८.१2; शब्रा. ५.2.१.४; ६.३.३.१2;

माश्रौसू. ६.2.५; – ७.१.३
प्राणो रक्षति विश्वमेजत् – तैब्रा. 2.५.१.१/१
प्राणो वा आपः – महा नारा उप. १४.१ द्र. प्राणा वा
प्राणो विराट् प्राणो देष्ट्री – अशौ. ११.४.१2/१
प्राणो वै वाचो भूयान् बहुर्मे भूयो भूयात् – लाट्यश्रौसू. १.2.५
प्राणो व्यानोऽपानो मन आकूतमग्निः – काठसं. ३५.५/३; आपश्रौ. १४.३०.५/३
प्राणे व्यानोऽपानो वषट् स्वाहा नमः – तैसं. ७.३.१2.१; काठसं अश्व. ३.2
प्राणेऽसि – काठसं. ४०.५; माश्रौसू. ४.2.2८
प्राणो हविः – मैसं. १.९.१: १३१.2; तैआ. ३.१.१; शांश्रौसू. १०.१४.४; माश्रौसू. १.८.१.१
प्राणो ह सत्यवादिनम् – अशौ. ११.४.११/३
प्राणो ह सर्वस्येश्वरः – अशौ. ११.४.१०/३
प्राणो ह सूर्यश्चन्द्रमाः – अशौ. ११.४.१2/३
प्राणो हि भूतानामायुः – तैआ. ८.३.१/३; तै उप. 2.३.१/३
प्रातः – प्रातरनृतं ते वदन्ति – ऐब्रा. ५.३१.६/१
प्रातः – प्रातर्गृहपतिर्नो अग्निः – अशौ. १९.५५.४/१
प्रातः प्रातःसवस्य (आपश्रौ. माश्रौसू. ...सावस्य) शुक्रवतो (आपश्रौ. शुक्रवतो मन्थिवतो) मधुश्चुत इन्द्राय सोमान् प्रस्थितान् प्रोष्य – शब्रा. ४.2.१.2३; कात्यश्रौसू. ९.१०.१४; आपश्रौ. १2.2३.४; माश्रौसू. 2.४.१.2१
प्रातः प्राथःसवस्येन्द्राय (आपश्रौ.माश्रौसू. ...सावस्ये...) पुरोदाशान् प्रस्थितान् प्रेष्य – कात्यश्रौसू. ९.९.७; आपश्रौ. १2.2०.१५; माश्रौसू. 2.३.७.९
प्रातः प्रातःसावस्येन्द्राय पुरोडाशानामनुब्रूहि (आपश्रौ. अवदीयमानानामनुब्रूहि, तथा प्रेष्य) – आपश्रौ. १2.2०.१५; माश्रौसू. 2.३.७.९
प्रातः – प्रातः सौमनस्य दाता – अशौ. १९.५५.३/2
प्रातरग्निः पुरुप्रियः – ऋ. ५.१८.१/१; सा. १.८५/१
प्रातरग्निं प्रातरिन्द्रं हवामहे – ऋ. ७.४१.१/१; अशौ. ३.१६.१/१; वा. ३४.३४/१; तैब्रा. 2.८.९.७/१; आपमपा. १.१४.१/१ (आपगृ. ३.९.४) प्रः प्रातरग्निम् – कौसू. १०.2४; १2.१५; १३.६; प्रातः ऋवि. 2.2५.८ तु. बृहद. ५.१७०
प्रातरनुवाकम् उपकुर्याः – लाट्यश्रौसू. १.८.६
प्रातर्जरेथे जरणेव कापया – ऋ. १०.४०.३/१
प्रातर्जितं भगम् उग्रं हुवेम (अ. हवामहे) – ऋ. ७.४१.2/१; अशौ. ३.१६.2/१; वा. ३४.३५/१; तैब्रा. 2.८.९.७/१; आपमपा. १.१४.2/१ (आपगृ. ३.९.४); निरु. १2.१४/१ तु. बृहद. ५.१७०
प्रातर्दनिः क्षत्रश्रीर अस्तु श्रेष्ठः – ऋ. ६.2६.८/३
प्रातर्देवीमदितिं जोहवीमि – ऋ. ५.६९.३/१
प्रातर्भगं पूषण ब्रह्मणस्पतिम् – ऋ. ७.४१.१/३; अशौ. ३.१६.१/३; वा. ३४.३४/३; तैब्रा. 2.८.९.७/३; आपमपा. १.१४.१/३
प्रातर्मक्षू धियावसुर्जगम्यात् – ऋ. १.५८.९/४; ६०.५/४; ६१.१६/४; ६2.१३/४; ६३.९/४; ६४.१५/४; ८.८०.१०/४; ९.९३.५/४; अ. 2०.३५.१६/४; कौषीब्रा. 22.2
प्रातर्मित्रावरुणा प्रातरश्विना – ऋ. ७.४१.१/2; अशौ. ३.१६.१/2; वा. ३४.३४/2; तैब्रा. 2.८.९.७/2; आपमपा. १.१४.१/2
प्रातर्यजध्वमश्विना हिनोत – ऋ. ५.७७.2/१; मैसं. ४.१2.६/१: १९५.१६; तैब्रा. 2.४.३.१३/१; निरु. १2.५/१ प्रः प्रातर्यजध्वमश्विना – माश्रौसू. ५.2.७.१५
प्रातर्यावभिरध्वरे – सा. १.५०/४ द्र. प्रातर्यावाणो अध्वरम्।
प्रातर्यावभिरा गतम् – ऋ. ८.३८.७/१; ऐब्रा. ६.१०.६/१; कौषीब्रा. 2८.७; गोब्रा. 2.2.2०/१; ३.१५/१; आश्रौ. ५.७.६ प्रः प्रातर्यावभिः – शांश्रौसू. ७.७.2
प्रातर्यावभिरा गहि – ऋ. ५.५१.३/2
प्रातर्यावभ्यो देवेभ्योऽनुब्रूहि – आपश्रौ. १2.३.१५ द्र. देवेभ्यः प्रातर...।
प्रातर्यावाणं रथमिन्द्र सानसिम् – ऋ. १०.६३.१४/३
प्रातर्यावाणं विभ्वं विशे – विशे – ऋ. १०.४०.१/३
प्रातर्यावाणं मधुवाहनं रथम् – ऋ. १०.४१.2/2
प्रातर्यावाणा प्रथमा यजध्वम् – ऋ. ५.७७.१/१; मैसं. ४.१2.६/१: १९६.१; कौषीब्रा. ८.६; तैब्रा. 2.४.३.१३/१ प्रः प्रातर्यावाणा – आश्रौ. ९.११.१५; शांश्रौसू. ५.९.22
प्रातर्यावाणा रथयेव वीरा – ऋ. 2.३९.2/१
प्रातर्यावाणो अध्वरम् – ऋ. १.४४.१३/४; वा. ३३.१५/४; तैब्रा. 2.७.१2.५/४ द्र. प्रातर्यावभिरध्वरे।
प्रातर्यावाणो देवाः स्वस्ति संपारयन्तु – आपश्रौ. ६.८.४
प्रातर्यावणः सहस्कृत – ऋ. १.४५.९/१
प्रातर्युक्तेन सुवृता रथेन – तैब्रा. 2.४.३.७/३
प्रातर्युजं नासत्याधि तिष्ठथः – ऋ. १०.४१.2/१
प्रातर्युजा वि बोध्य – ऋ. १.22.१/१; तैब्रा. 2.४.३.१३/१; आश्रौ. ५.५.१2; निरु. १2.४/१ प्रः प्रातर्युजा – आश्रौ. ४.१५.2; शांश्रौसू. ६.६.2; ७.2.८; ११.७.४ द्र. उत्तरम्

प्रातर्युजौ वि मुच्येथाम् – तैसं. १.४.७.१/१ द्र. पूर्वम्
प्रातर्वस्तोर् (आश्रौ. शांगृसू. प्रातर्वस्तर्) नमः स्वाहा – मैसं. १.८.७: १2५..१६; आश्रौ. ३.१2.४; आपश्रौ. ६.७.४; माश्रौसू. ३.३.६; शांगृसू. ५.४.५ द्र. दिवा वस्ताः
प्रातर्वेषाय गोपाय – तैब्रा. ३.७.४.१८/३; आपश्रौ. १.१४. ६/३
प्रातर्वोधवे धावत – कौसू. १०७.2/४
प्रातर् हि यज्ञमश्विना दधाते – ऋ. ५.७७.१/३; मैसं. ४. १2.६/३: १६६.2; तैब्रा. 2.४.३.१३/३
प्रातर्होतेव मत्सति – ऋ. ८.६४.६/३; सा. 2.११३७/३
प्रातश्चाह्नो निपीयति – तैब्रा. 2.४.2.४/2
प्रातस्तां अप्रचेतसः – ऋ. ६.६८.११/४
प्रातःसवन स्तुत एकविंशः – गोब्रा. १.५.2३/१
प्रातःसावस्तव हि पूर्वपीतिः – ऋ. १०.११2.१/2; गोब्रा. 2.३.१४
प्राथःसावे जुषस्व नः – ऋ. ३.५2.४/2
प्राथःसावे धियावसो – ऋ. ३.2८.१/३
प्रातः सुतमपिबो हर्यश्व – ऋ. ४.३५.७/१
प्रातः सोममुत रुद्रं हुवेम (अशौ. हवामहे) – ऋ. ७.४१. १/४; अशौ. ३.१६.१/४; वा. ३४.३४/४; तैब्रा. 2.८. ६.७/३; आपमपा. १.१४.१/४
प्राता रत्नं प्रातरित्वा दधाति – ऋ. १.१2५.१/१ तु. बृहद. ३.१४०,१५०,१५३(।)।
प्राता रथेनाश्विना वा सक्षणी – ऋ. ८.22.१५/2
प्राता रथो नवो योजि सस्निः – ऋ. 2.१८.१/१
प्रातार्य अग्ने प्रतरां न आयुः – तैसं. ४.७.१५.७/४ द्र. प्रतार्य आदि
प्रातिरतं जहितस्यायुर्दस्रा – ऋ. १.११६.१०/३
प्रात्र भेदं सर्वताता मुषायत् – ऋ. ७.१८.१६/2
प्रादाः (साम मन्त्रब्रा. ...दात्) पितृभ्यः स्वधया ते अक्षन् – ऋ. १०.१५.१2/३; अशौ. १८.३.४2/३; वा. १६. ६६/३; तैसं. 2.६.१2.५/३; आपश्रौ. १.१०.१४/३; साम मन्त्रब्रा. 2.३.१७/३
प्रादुर्भूतोऽस्मि राष्ट्रेऽस्मिन् – खिल. ५.८७.७/३; मागृसू. 2.१३.६/३
प्रादेवीर्मायाः सहते दुरेवाः – ऋ. ५.2.६/३; अशौ. ८.३. 2४/३; तैसं. १.2.१४.७/३; काठसं. 2.१५/३
प्राध्वराणाम् (पते वसोः प्रतिक खिल.) – बृहद. ८.६४
प्रानवद्य नयसि – ऋ. १.१2६.१/३
प्रानुध्याः प्रो अशस्तयः – अशौ. ७.११४.2/2
प्रान्तरिक्षात् प्र समुद्रस्य धासेः – ऋ. १०.८६.११/2
प्रान्तर् ऋषय स्थाविरीर् (सा. प्रान्तरिक्षात् स्थाविरीस्ते) असृक्षत – ऋ. ६.८६.४/३; सा. 2.2३६/३
प्रान्ध्रं श्रोणं श्रवयन् सास्युक्थ्यः – ऋ. 2.१३.१2/४
प्रान्ध्रं श्रोणं चक्षस एतवे कृथः – ऋ. १.११2.८/2
प्रान्ध्रं श्रोणं च तारिषद्विवक्षसे – ऋ. १०.2५.११/४
प्रान्धांसीव यज्यवे भरधवम् – ऋ. ५.४१.३/४
प्रान्यच् चक्रमवृहः सूर्यस्य – ऋ. ५.2६.१०/१
प्रान्या तन्तूंस्तिरते धत्ते अन्या – अशौ.१०.७..४2/३
प्रान्यान् सपत्नान् सहसा सहस्व – अशौ. ७.३५.१/१ प्रः प्रान्यान् – कौसू. ३६.३३
प्रापश्यद्वीरो अभि पौंस्यं रणम् – ऋ. १०.११३.४/2
प्रापेयं सर्वा आकूतीः – अशौ. ३.2०.६/३
प्राप्यान्तं कर्मणस्तस्य – शब्रा. १४.७.2.८/३; बृह उप. ४. ४.८/३
प्राप्यैवं मानुषान् कामान् – मागृसू. 2.११.१/३
प्रामुंचतं द्रापिमिव च्यवानात् – ऋ. १.११६.१०/2
प्रामूं जयाभीमे जयन्तु – अशौ. ६.१2६.३/१ द्र. आमुरज
प्रायच्छद् उग्रः पृतनाज्येषु – तैसं. ३.४.४.१/2; पारगृसू. १.५.६/2 द्र. वृष्ण उग्रः।
प्रयच्छद्विश्वा भोजना सुदासे – ऋ. ७.१८.१७/४
प्रायणाय स्वाहा – वा. 22.७; तैसं. ७.१.१३.१; मैसं. ३.१2. ३: १६०.१७; काठसं अश्व. १.४; तैब्रा. ३.८.१७.१; आपश्रौ. 2०.६.2; ११.2
प्रायणीयश्चतुर्विंषम् – आश्रौ. ८.१३.३१/१
प्रायणीयस्य तोक्मानि – वा. १६.१३/2
प्रायश्चित्तिं यो अध्येति – अशौ. १४.१.३०/३
प्रायश्चित्तैरनुध्यानैः – गोब्रा. 2.2.५/१
प्रायश्चित्तैर्भेषजै (१) संस्तवन्तः – गोब्रा. १.५.2४/१
प्रायश्चित्तयै स्वाहा – वा. ३६.१2
प्रायासाय स्वाहा – वा. ३६.११ द्र. प्रयासाय।
प्रायुस्तरिष्टं नि रपांसि मृक्षतम् – ऋ. १.३४.११/३; १५७. ४/३; तैब्रा. 2.४.३.७/३
प्राये – प्राये जिगीवांसः स्याम – ऋ. 2.१८.८/४
प्रायोगेव श्वात्र्या शसुरेथः – ऋ. १०.१०६.2/2
प्रारूरुचद्रोदसी मातरा शुचिः – ऋ. ६.८५.१2/४
प्रारोचयन् मनवे केतुमह्नाम् – ऋ. ३.३४.४/३; अशौ. 2०.११.४/३; तैब्रा. 2.४.३.७/३
प्रार्चद् दयमानो युवाकुः – ऋ. १.१2०.३/३
प्राणांसि समुद्रियाण्येनोः – ऋ. ४.१६.७/३; अशौ. 2०. ७७.७/३
प्रार्णांसि समुद्रिया नदीनाम् – ऋ. ७.८७.१/2; काठसं. १2.१५/2
प्रार्णांस्य ऐरयतं नदीनाम् – ऋ. ६.७2.३/३

प्रादयो नीचीरपसः समुद्रम् – ऋ. ६.१७.१2/४
प्रार्प्या जगद्वयु नो रायो अख्यत् – ऋ. १.११३.४/३
प्रार्य स्तुषे तुविमघस्य दानम् – ऋ. ५.३३.६/४
प्रावणेभिः सजोषसः – ऋ. ३.22.४/2; वा. १2.५०/2; तैसं. ४.2.४.३/2; शब्रा. ७.१.१.2५; ३.2.८ द्र. प्रवणेन।
प्रावतं युवमश्विना – ऋ. १.४७.५/2
प्रावतं वाजसातये – ऋ. ८.८.2१/४
प्रावत् ते वज्रं पृथिवी सचेताः – ऋ. ४.१६.७/2; अशौ. 2०.७७.७/2
प्रावत् तोके तनये तूतुजाना – ऋ. ७.८४.५/2
प्रावदिन्द्रो ब्रह्मणा वो वशिष्ठः – ऋ. ७.३३.३/४
प्रावद्विश्वेषु शतमूतिराजिषु – ऋ. १.१३०.८/2
प्राव नस्तोके तनये समत्सवा – ऋ. ८.2३.१2/३
प्रावन्तु जूतये विशः – ऋ. १.१2७.2/७; सा. 2. ११६४/७; काठसं. ३६.१५ –
प्रावन्तु नस्तुजये वाजसातये – ऋ. ५.४६.७/2; अशौ. ७.४६.१/2; मैसं. ४.१३.१०/2: 2१३.७; तैब्रा. ३.५.१2. १/2; निरु. १2.४५/2
प्रावन्तु पृथिवीमनु – अशौ. ४.१५.६/५
प्रावन् नः कण्वं त्रसदस्युमाहवे – ऋ. १०.१५०.५/2
प्रावन् नमीं साप्यं ससन्तम् – ऋ. ६.2०.६/३
प्रावन् मनुं दस्यवे कर्र अभीकम् – ऋ. ६.६2.५/४
प्रावन् वाणीः पुरुहूतं धमन्तीः – ऋ. ४.३०.१०/४; निरु. ६.2/४
प्रावर्तम् (पठतु आवर्तम्) इन्द्रः शच्या धमन्तम् – तैआ. १. ६.३/३ द्र. आवत्तम्।
प्रावश्चक्रस्य वर्तनिम् – ऋ. ८.६३.८/३
प्रावः शचीभिरेतशम् – ऋ. ४.३०.६/३
प्राव स्तोतारं मघवन्नव त्वाम् – ऋ. ८.३६.2/१
प्रावाद्य दुहितर्दिवः – ऋ. १.४६.2/४
प्राविशस्तवं वनस्पतीन् – तैब्रा. ३.७..४.८/2; आपश्रौ.१.६. १/2
प्रावीन् नु वीरो जरितारमूती – ऋ. ७.2०.2/2
प्रावीविपद्वाच ऊर्मिं न सिन्धुः – ऋ. ६.६६.७/१; सा. 2. 2६५/१
प्रावृत्कालेऽसिते पक्षे – विष्णुस्मृ. ७८.५2/३
प्रावेपा मा बृहतो मादयन्ति – ऋ. १०.३४.१/१; निरु. ६. ८/१ प्रः प्रावेपा मा – ऋवि. ३.१०.१ तु. बृहद. ७. ३६
प्रावो दिवोदासं चित्राभिरूतर – ऋ. ६.2६.५/४
प्रावो देवां आतिरो दासमोजः – ऋ. १०.५४.१/३
प्रावो यद् दस्युहत्ये कुत्सवत्सम् – ऋ. १०.१०५.११/४
प्रावो युध्यन्तं वृषभं दशद्युम् – ऋ. १.३३.१४/2 द्र. आवो आदि।
प्रावो वाजेषु वाजिनम् – ऋ. १.४.८/३; १७६.५/४; अशौ. 2०.६८.८/३
प्रावो विश्वाभिरूतिभिः सुदासम् – ऋ. ७.१६.३/2; अशौ. 2०.३७.३/2
प्राशं प्रतिप्राशो जहि – अशौ. 2.2७.१/३ – ६/३
प्राशितो ब्राह्मणे हुतः – शांगृसू.१.१०.७/४
प्राशित्रहरणमस्यनाधृष्टं सप्तनसाहम् – माश्रौसू. १.2.५.७
प्राशि मामुत्तरं कृधि – अशौ. 2.2७.७/४
प्राशूनामस्ति सुन्वताम् – ऋ. ८.३2.१६/2
प्राशृंगा ऐन्द्राः (वा. माहेन्द्राः) – वा. 2४.१७; मैसं. ३.१३. १५: १७१.१०; ३.१३.१६: १७१.१३; आपश्रौ. 2०.१४.१2
प्राशृंगाः शुनासीरीयाः – आपश्रौ. 2०.१५.३
प्राश्नन्तु ये प्राशिष्यन्ते – लाट्यश्रौसू. ५.४.2
प्राश्रावयं शवसा तुर्वशं यच्छुम् – ऋ. १०.४६.८/2
प्रासचाय स्वाहा – तैसं. ७.५.११.१; काठसं अश्व. ५.2
प्रासहादिति रिष्टिरिति मुक्तिरिति मुक्षीयमाणः सर्वं भयं नुदस्व स्वाहा – मागृसू. १.१३.१५
प्रासहा सम्राट् सहुरिं सहन्तम् – ऋ. ८.४६.2०/३
प्रासां गन्धर्वो अमृतानि वोचत् – ऋ. १०.१३६.६/३; मैसं. ४.६.११/३: १३2.४; तैआ. ४.११.८/३; ५.६.१०
प्रासारयन्त पुरुधा प्रजा अनु – ऋ. १०.५६.५/४
प्रासावीद् देवः सविता जगत् पृथक् – ऋ. १.१५७.१/४; सा. 2.११०८/४
प्रासावीद् द्विपत् प्र चतुष्पदित्यै – ऋ. १.१2४.१/४
प्रासावीद् भद्रं द्विपदे चतुष्पदे – ऋ. ५.८१.2/2; वा. १2. ३/2; तैसं. ४.१.१०.४/2; मैसं. 2.७.८/2: ८४.१४; ३.2.१: १५.१; काठसं. १६.८/2; शब्रा. ६.७.2.४; निरु. १2.१३/2
प्रास्तौद् ऋष्वौजा ऋष्वेभिः – ऋ. १०.१०५.६/१
प्रास्मत् पाशान् वरुण मुंरच सर्वान् – अशौ. ७.८३.४/१; १८.४.७०/१
प्रास्मद् एनो दुरितं सुप्रतीकाः – अशौ. १०.५.2४/2 द्र. उत्तरम्
प्रास्मद् एनो वहन्तु प्र दुष्वप्न्यं वहन्तु – अशौ. १६.१.११ द्र. पूर्वम्
प्रास्मा अग्निं भरत – मैसं. ४.१३.४: 2०३.८; काठसं. १६. 2१; ऐब्रा. 2.६.७; तैब्रा. ३.६.६.१; आश्रौ. ३.३.१; शांश्रौसू. ५.१७.2; १५.१.2६; आपश्रौ. ७.१५.८
प्रास्मा आशा अर्श्रृण्वन् – तैआ. ३.१५.2/३ द्र. आस्मा अशृण्वन्न्

प्रास्मा ऊर्जं घृतश्चुतम् – ऋ. ८.८.१६/१
प्रास्मां अव पृतनासु प्र विक्षु (तैब्रा. युत्सु) – ऋ. ६.४१.५/४; तैब्रा.2.४.३.१2/४
प्रास्माकासश्च सूरयः – ऋ. १.९७.३/2; अशौ. ४.३३.३/2; तैआ. ६.११.१/2
प्रास्मा मिनोत्यजरः – आपश्रौ. १४.2९.३/४ द्र. प्र स्मा मिनाति।
प्रास्मै गायत्रमर्चत – ऋ. ८.१.८/१
प्रास्मै यच्छतमवृकं पृथु छर्दिः – ऋ. ८.९.१/३; अशौ. 2०.१३९.१/३
प्रास्मै हिनोत मधुमन्तम् ऊर्मिम् – ऋ. १०.३०.८/१
प्रास्य धारा अक्षरन् – ऋ. ९.2९.१/१; सा. 2.१११५/१; पंचब्रा. ६.१०.१५,१६ प्रः प्रास्य धाराः – शांश्रौसू. ७.१५.१४
प्रास्य धारा बृहतीरसृग्रान् – ऋ. ९.६६.22/१
प्रास्य पारं नवतिं नाव्यानम् – ऋ. १.१2१.१३/३
प्रास्य विश्वा तिरतो वीर्याणि – अशौ. १३.2.३2/४
प्रास्याः पतियानः पन्थाः कल्पताम् – साम मन्त्रब्रा. १.१.९ प्रः प्रास्याः – गोभि गृसू. 2.१.2१
प्रास्राग् बाहू भुवनस्य प्रजाभ्यः – ऋ. ४.५३.४/३
प्राहं तमतिभूयासं यो अस्मान् (काठसं. आपश्रौ. अस्मान्) द्वेष्टि यं च वयं द्विष्मः – मैसं. १.५.४: ७१.७; १.५.११: ८०.2; काठसं. ७.2; आपश्रौ. ६.१८.2 प्रः प्राहं तमतिभूयासम् – काठसं. ७.९
प्राहं महे वृत्रहत्ये अशुश्रवि – ऋ. १०.४८.८/४
प्राहं मिनामि पाक्या – ऋ. १०.25.३/2
प्राहं मृगाणां मातरम् – ऋ. १०.१४६.६/३; तैब्रा. 2.५.५.७/३
प्रिय इन्द्राय वायवे – ऋ. ५.५१.४/३
प्रायः कवीनां मती (सा. मतिः) – ऋ. ९.६४.१०/2; सा. १.४८१/2
प्रियः पशूनां (अशौ. १७.१.३/६, प्रजानां) भूयासम् – अशौ. १७.१.३/६,४/६
प्रियं रक्षन्ते निहितं पदं वेः – ऋ. ३.७.७/2
पियं राजन् प्रियतमं प्रियाणाम् – तैब्रा. ३.१.१.३/2
प्रियं राजसु मा कुरु (अशौ. कृणु) – खिल. १०.१2८.११/2; अशौ. १९.६2.१/2; आपमपा. 2.८.४/४ द्र. प्रियं मा कुरु राजसु
प्रियं रेतो वरुण सोम (अशौ. मित्र) राजन् – अशौ. 2.2८.५/2; तैसं. 2.३.१०.३/2; तैब्रा. 2.७.७.५/2; आपमपा. 2.४.2/2 द्र. तिग्ममोजो।
प्रियं वा त्वा कृणवते हविष्मान् – ऋ. ४.2.८/2
प्रियं विशां सर्ववीरं सुवीरम् – ऋ. 2.४.५.१/४
प्रियं विश्येषु शुद्रेषु – हिर गृसू. १.१०.६/३; आपमपा. 2.८.४/३
पियं विश्वेषु गोत्रेषु – खिल. १०.१2८.११/३
प्रियं शिशितातिथिम् – ऋ. ६.१६.४2/2; तैसं. ३.५.११.५/2; मैसं. ४.१०.३/2: १४८.११; काठसं. १५.१2/2
प्रियं श्रद्धे ददतः – ऋ. १०.१५१.2/१; तैब्रा. 2.८.८.६/१
प्रियं श्रद्धे दिदासतः – ऋ. १०.१५१.2/2; तैब्रा. 2.८.८.६/2
प्रियं सखायं परिषस्वजाना – ऋ. ६.७५.३/2; वा. 2९.४०/2; तैसं. ४.६.६.१/2; मैसं. ३.१६.३/2: १८५.१४; काठसं अश्व. ६.१/2; निरु. ९.१८/2
पियं सर्वस्य पश्यतः – अशौ. १९.६2.१/३
प्रियं हृदश्चक्षुषो वल्ग्वस्तु – अशौ. १2.३.३2/2
प्रियंक्षत्रा ऋतं लदध – ऋ. ८.2७.१९/2
प्रियंकर श्रेयस्कर भूयस्कर – का. ११.८.५ द्र. बहुकार।
प्रियं काचित्करं हविः – ऋ. १०.८६.१३/४; अशौ. 2०.१2६.१३/४; निरु. १2.९/४
प्रियंगवश्च मेऽणवश्च मे – वा. १८.१2/३३ तैसं. ४.७.४.2. द्र. अनावाक्।
प्रियंगवश्च मेऽणवश्च मे – वा. १८.८; तैसं. ४.७.३.१; मैसं. 2.११.३: १४१.८; काठसं. १८.८
प्रियं चेतिष्ठमरतिं स्वध्वरम् (ऋ. १.१2८.८/2, न्येरिरे) – ऋ. १.१2८.८/2; ७.१६.१/३; सा. १.४५/३; 2.९९/३; वा. १५.३2/३; तैसं. ४.४.४.४/३; मैसं. 2.१३.८/३: १५७.४; काठसं. ३९.१५/३
प्रियधामा स्वस्तये – अशौ. १७.१.१०/५
प्रियं ते नाम सहुरे गृणीमसि – ऋ. १०.८४.५/३; अशौ. ४.३१.५/३
प्रियं त्वा प्रियाणाम् – तैसं. ७.४.१2.१; काठसं अश्व. ४.१; तैब्रा. ३.९.६.१
प्रियं दुग्धं न काम्यम् – ऋ. ५.१९.४/१
प्रियं देवानामप्येतु पाथः – अशौ. 2.३४.2/४; काठसं. ३०.८/४; तैब्रा. ३.१.१.४/४ द्र. जीवं आदि
प्रियं देवाय जन्मने – ऋ. ९.१०८.८/2; सा. 2.७४५/2
प्रियं देवेषु गछति – ऋ. १०.८६.१2/४; अ.20.१2६.१2/४; तैसं. १.७.१३.2/४; काठसं. ८.१७/४; निरु. ११.३९/४
प्रियं धुः क्षेयन्तो न मित्रम् – ऋ. 2.४.३/2
प्रियमिन्द्रस्य काम्यम् – ऋ.१.१८.६/2; ९.६८.६/३; १००.१/2; खिल. १०.१५१.७/2; सा. १.१७१/2,५५०/2; 2.६८०/३; वा. ३2.१३/2; तैआ.

१०.१.४/2; महा नारा उप. 2.८/2; हिर गृसू. १.८.१६/2; आपमपा. १.६.८/2
प्रियमिन्द्रस्यास्तु – मैसं. ४.१३.2: 200.१०; काठसं. १५.१३; तैब्रा. ३.६.2.१
प्रियमिन्द्राबृहस्पती – ऋ. ४.४६.१/2; तैसं.३.३.११.१/2; मैसं.४.१2.१/2: १७६.८
प्रियमिन्द्राबृहस्पती – ऋ. ४.४६.१/2; तैसं. ३.३.११.१/2; मैसं. ४.१2.१/2: १७६.८
प्रियमिन्द्राभिरक्षसि – ऋ. १०.८६.४/2; अ.20.१2६.४/2
प्रियमेधः कण्वो अत्रिर्मनुर्विदुः – ऋ.१.१३६.६/2
प्रियमेधमुपस्तुतम् – ऋ. ८.५.2५/2
प्रियमेधस्तुता हरी – ऋ. ८.६.४५/2; ३2.३०/2
प्रियमेधस्तुता हरी – ऋ. ८.६.४५/2; ३2.३०/2
पयिमेधा अहूषत – ऋ. १.४५.५/2; ८.८.१८/2; ८७.३/2
प्रियमेधा ऋषयो नाधमानाः – ऋ. १०.७३.११/2; सा. १.३१६/2; काठसं. ६.१६/2; ऐब्रा. ३.१६.१३; तैब्रा. 2.५.८.३/2; तैआ. ४.४2.३/2; तै आ आन्ध्र. १०.७३/2; आपश्रौ. ६.22.१/2; निरु. ४.३/2
प्रियमेधास एषाम् – ऋ. ८.६६.१८/2; अ.20.६2.१५/2
प्रियमेधासो अर्चत – ऋ. ८.६६.८/2; अ. 20.६2.५/2; सा. १.३६2/2
प्रियमेधासो अस्वरन् – ऋ. ८.३.१६/४; अ.20.१0.2/४; ५६.2/४; सा. 2.७१३/४
प्रियमेधैरभिद्युभिः – ऋ. ८.४.20/2
प्रियं मपशूनां भवति – अ. १2.४.४०/१
प्रियं पितृभ्य आत्मने – अ. १2.2.३४/३
प्रियं – प्रियं वो अतिथिं गृणीषणि – ऋ. ६.१५.६/2
प्रियं प्रियाणां कृणवाम – अ. १2.३.४६/१ प्रः प्रियं प्रियाणाम् –कौसू. ६2.१६
प्रियं प्रियाः समविशन्त पंच – ऋ. १०.५५.2/४
प्रियं भोजेषु यज्वसु – ऋ. १०.१५१.2/३; तैब्रा. 2.८.८.६/३
प्रियं मा कुरु (अ. कृणु) देवेषु (आपमपा. मा देवेषु कुरु) – खिल. १०.१2८.११/१; अ.१६.६2.१/१; हिर गृसू. १.१०.६/१; आपमपा. 2.८.४/१ (आपगृ. ५.१2.६)।
प्रियं मा कुरु राजसु – हिर गृसू. १.१०.६/४ द्र. प्रियं राजसु।
प्रियं मा दर्भ कृणु – अ. १६.३2.८/१
प्रियं मा देवेषु कुरुः द्र. प्रियं मा कुरु देवेषु।
प्रियं मा ब्रह्मणि (आपमपा. ...णे) कुरु – हिर गृसू. १.१०.६/2; आपमपा. 2.८.४/2
प्रियं मित्रं न शंसिषम् – ऋ. ६.४८.१/४; सा. १.३५/४; 2.५३/४; वा. 2७.४2/४; मैसं. 2.१३.६/४: १५६.११; काठसं. ३६.१2/४; पंचब्रा. ८.६.५.६/४; ७.१; आपश्रौ. १७.६.१/४ न शंसिषम् – पंचब्रा. ८.६.१2
प्रियं मित्रस्य वरुणस्य धाम – ऋ.१.१५2.४/४
प्रियवादिन्यनुव्रता – अ. ३.2५.४/४
प्रियस्तोत्रो वनस्पतिः – ऋ. १.६१.६/३; तैसं. ३.४.११.१/३; मैसं. ४.१2.६/३: १६६.११; काठसं.2३.१2/३
प्रिय (काठसं अश्व. ...यः) स्त्रीणामपीच्यः – तैसं. ७.४.१६.2/2; काठसं अश्व. ४.८/2
प्रियः समानानां भूयासम् – अ. १७.१.५/६
प्रियः समुद्रमा विश – ऋ. ६.६३.2३/३; ६४.2७/३ द्र. इन्दो समुद्रम्।
प्रियः सुकृत् प्रिय इन्द्रे मनायुः – ऋ. ४.2५.५/३
प्रियः सुप्रावीः प्रियो अस्य सोमी – ऋ. ४.2५.५/४
प्रियः सूनुर्न मर्ज्यः – ऋ. ६.१०७.१३/2; सा. 2.११८/2
प्रियः सूर्ये प्रियो अग्ना भवाति – ऋ. ५.३७.५/३; १०.४५.१०/३: वा. १2.2७/३; तैसं. ४.2.2.४/३; मैसं. 2.७.६/३: ८७.४; काठसं. १६.६/३; आपमपा. 2.११.2६/३
प्रियः स्त्रीणामादिः द्र. प्रिय आदि।
प्रिया अर्यमणे दुर्यां अशीमहि – ऋ. १०.४०.१2/४; अ. १४.2.५/४; आपमपा. १.७.११/४
प्रिया इन्द्रस्य धेनवः – ऋ.१.८४.११/३; अ.20.१०६.2/३; सा.2.३५६/३; मैसं. ४.१2.४/३: १६०.३
प्रियां अपिधींर्वनिषीष्ट मेधिरः – ऋ.१.१2७.७/६
प्रियां यमस्तन्वं प्रारिरेचीत् (अ. तन्वमा रिरेच) – ऋ. १०.१३.४/४; अ.१८.३.४१/४
प्रिया चिद्यस्य प्रियसास ऊती – ऋ. ६.६७.३८/३; सा. 2.७०८/३
प्रियाणाम् – कात्यश्रौसू. 20.६.१३
प्रियाण्यंगानि तव वर्धयन्तीः – तैब्रा. ३.७.१३.३/2 द्र. अत्र अंगा परूंषि।
प्रियाण्यंगानि स्वधिता परूंषि (वैसू. अंगा सुकृता पुरूणि) – तैब्रा. ३.७.१३.१/2; वैसू. 2४.१/2
प्रियात आ बर्हिस् सीद – तैब्रा. 2.४.६.2/2 द्र. क्रियन्त आदि
प्रिया तस्टानि मे कपिः – ऋ.१०.८६.५/१; अ. 20.१2६.५/१
प्रियादु चिन्मन्मनः प्रेयो अस्तु ते – ऋ.१.१४०.११/2
प्रिया देवस्य सवितुः स्याम – ऋ.2.३८.१०/४; मैसं.४.१४.६/४: 22४.३; तैब्रा. 2.८.६.३/४

प्रिया देवानां सुभगा मेखलेयम् – आपमपा. 2.2.६/४ द्र. शिवा देवी, सखा देवी, तथा स्वसा देवी
प्रिया देवानाम् उपयातु यज्ञम् – तैब्रा. ३.१.१.2/४
प्रिया देवेषु जुह्वति – ऋ.2.४१.१८/४
प्रिया देवेष्वा यामयन्ति – ऋ.१.१६2.१६/४; वा.2५.३६/४; तैसं.४.६.६.2/४; मैसं. ३.१६.१/४ः १८३.७; काठसं अश्व. ६.५/४
प्रिया धनस्य भूयाः – हिर गृसू.2.४.2/३; आपमपा. 2.१३.१/३
प्रिया धाम युवधिता मिनन्ति – ऋ. ६.६७.६/2
प्रिया धामान्यदितेरुपस्थे – ऋ. १०.७०.७/2
प्रिया धामान्यमृता दधानः – ऋ.३.५५.१०/2
प्रिया धामान्ययाट् – आश्रौ. १.६.३ तु. अयाट् प्रिया
प्रियां न जारो अभिगीत इन्दुः – ऋ.६.६६.2३/2
प्रिया पदानि पश्वो नि पाहि – ऋ. १.६७.६/१
प्रिया प्रियाणि बहुला – अ.१०.2.६/१
प्रियामहं तन्वं पश्यमानः – कात्यश्रौसू. १३.2.१६/३
प्रिया मा नस्तनुवो रुद्र रीरिषः – तैसं. ४.५.१०.2/४; तैआ. १०.५2/४ द्र. मा नः प्रियास्।
प्रिया मित्रस्या चेततो द्रुवाणि – ऋ.४.५.४/४
प्रियामिन्द्रस्य तन्वम् – वा.2३.७/2; मैसं.३.१2.१८/2ः १६५.११ द्र.इन्द्रस्य तन्वं।
प्रियामिन्द्रस्य तन्वमवीवृधन् – ऋ. ६.७३.2/४
प्रियां प्रियावते हर – अ. ४.१८.४/४
प्रियाय प्रियवादिनम् – वा.३०.१३; तैब्रा. ३.४.१.७
प्रियायमाणा जुगुपुरप्स्वन्तण् – अ. १६.2७.१०/2
प्रिया वो नाम हुवे तुराणाम् – ऋ. ७.५६.१०/१; तैसं.2.१.११.१/१; मैसं.४.११.2/१ः काठसं. ८.१७/१ प्रः प्रिया वो नाम –माश्रौसू. ५.१.६.४०
प्रिया शर्म पितृणाम् – ऋ. ६.४६.१2/2
प्रियाः श्रुतस्य भूयास्म – अ. ७.६१.१/३; मागृसू.. १.१.१८/३
प्रियास इत्ते मघवन्नभिष्टौ – ऋ. ७.१६.८/१; अ. 20.३७.८/१
प्रिया सखाया वि मुचोप बर्हिः – ऋ. ३.४३.१/३
प्रियासः सन्तु सुरयः – ऋ. ७.१६.७/2; सा. १.३८/2; वा.३३.१४/2
प्रियासि – पंचब्रा.20.१५.१५; माश्रौसू.६.४.१
प्रियाः स्वग्नयो वयम् – ऋ.१.2६.७/३; सा.2.६६६/३
प्रियेण धाम्ना (तैसं. तैब्रा. आपश्रौ. नाम्ना; का. नाम) प्रियं सद आसीद् (का.तैसं.तैब्रा. आपश्रौ. 2.१०.३, प्रिये सदसि सीद) – वा. 2.६; का. 2.१.८; तैसं.१.१.११.2; शब्रा. १.३.४.१४; तैब्रा. ३.७.६.१०; आपश्रौ. 2.१०.३; ११.६ प्रः प्रियेण धाम्ना – कात्यश्रौसू.2.८.१६; ५.४.2६ तु. सेदं प्रियेण।
प्रिये देवानां परमे जनित्रे – तैब्रा. ३.७.१.४/४; आपश्रौ. ६.१.१७/४ द्र. प्रियो देवानां आदि।
प्रिये धामनि – धामनि – अ. १2.१.५2/५
प्रियेभिर्याहि प्रियमन्नमच्छ – ऋ.१०.११2.४/४
प्रियो गवामोषधीनां पशूनाम् (तैब्रा. ओषधीनाम् उतापाम्) – अ. ४.22.४/४; तैब्रा. 2.४.७.८/४
प्रियो दातुर्दक्षिणाया इह स्याम् – अ.६.५८.१/४ द्र. उत्तरमेकवर्जम्
प्रियो दृश इव भूत्वा – अ. ४.३७.११/३
प्रियो देवानां दक्षिणायै दातुरिह भूयासम् – वा. 2६.2 द्र. पूर्वमेकवर्जम्
प्रियो देवानाम् उत सोम्यानाम् – ऋ. १०.१६.८/2; अ. १८.३.५2/2; तैआ.६.१.४/2
प्रियो देवानां परमे जनित्रे (अ.तैआ. सधस्थे) – ऋ. १०.५६.१/४; अ. १८.३.७/४; सा. १.६५/४; काठसं.३५.१७/४; तैआ. ६.३.१/४; ४.2/४; माश्रौसू.३.४.१/४ द्र. प्रिये देवानाम्
प्रियो देवानां भूयासम् – अ. १७.१.2/६
प्रियो नो अस्तु विश्पतिः – ऋ. १.2६.७/१; सा. 2.६६६/१; शांश्रौसू. १2.११.१८
प्रियो मृगाणं सुषदा बभूव – अ. 2.३६.४/2
प्रियो मे समरतादिति – अ. ६.१३०.2/2
प्रियो मे हृदो (माश्रौसू. हितो; बाहुलकेन हुतो) ऽसि – तैसं. ३.2.५.१; माश्रौसू. 2.४.१.३३
प्रियो यज्ञेषु विश्पतिः – ऋ.१.१2८.७/३
प्रियो यमस्य काम्यो विवक्षसे – ऋ. १०.2१.५/४
प्रियो विशामतिथिर्मानुषीणाम् – ऋ. ५.१.६/४; तैब्रा. 2.४.७.१०/४
प्रियो वो भूयासम् – आगृ. 2.१०.८
प्रियोस्रियस्य वृषभस्य रेतिनः – ऋ.१०.४०.११/३
प्रीणन् वृषा कनिक्रदत् – ऋ. ६.५.१/३
प्रिणीताश्वान् हितं ज्याथ – ऋ. १०.१०१.७/१; निरु. ५.६/१
प्रीणीते अग्निरिडितो न होता – ऋ. ७.७.३/2
प्रीतं वह्निं वहतु जातवेदाः – वा. 2६.३/४; तैसं. ५.१.११.2/४; मैसं. ३.१६.2/४ः १८४.३; काठसं अश्व. ६.2/४
प्रीता इव ज्ञातयः काममेत्य – ऋ. १०.६६.१४/३
प्रीता मा प्रीणीत७ज्ञै.३.१०

प्रीता ह्यस्य ऋत्विजः – अ. १०.६.४/३
प्रीतेदसद् धोत्रा सा यविष्ठ – ऋ. ४.2.१०/३
प्रीयतां धर्मराजा – वासि ध शा. 2८.१६
प्रीयन्तां पितरः प्रियन्तां पितामहाः प्रियन्तां प्रपितामहाः– माश्रौसू..११.६.2 प्रः प्रियन्ताम् –माश्रौसू. ११.६.४
प्रुषायन्ते वां पवयो हिरण्यये – ऋ. १.१३६.३/६
पुष्णते स्वाहा – वा.22.2६; तैसं. ७.५.११.2; काठसं अश्व. ५.2
प्रुष्वा अश्रुभिः – वा.2५.६; मैसं. ३.१५.८: १८०.2 द्र. अश्रुभिः।
प्रुष्वाभ्यः स्वाहा – वा. 22.2६; काठसं अश्व. ४.2 द्र. पृष्वा भ्यः।
प्रेण तदेषां निहितं गुहाविः – ऋ. १०.७१.१/४; ऐआ. १. ३.३.७
प्रेत मरुतः स्वतवस एना विशपत्यामुं राजानमभि मैसं. 2. 2.१: १५.६; माश्रौसू. ५.१.६.११ द्र. उप प्रेत आदि
प्रेतं पादौ प्र स्फुरतम् – अ. १.2७.४/१ प्रः प्रेतं पादौ –कौसू. ५०.८
प्रेतां यज्ञस्य शंभुवा – ऋ. ३.४१.१६/१; ऐब्रा. १.2६.३; ५. १.७.८; कौषी ब्रा. ६.३; 2६.१०; ८.६.५; प्रः प्रेतां यज्ञस्य शंभुवा युवाम् –आश्रौ. ४.६.४; प्रेतां यज्ञस्य –शांश्रौसू. ५.१३.४; १०.६.१६ तु. बृहद. ४.६2
प्रेता जयता नरः – ऋ. १०.१०३.१३/१; अ. ३.१६.७/१; सा. 2.१2१2/१; वा. १७.४६/१ प्रः प्रेत कौसू. ३१.४ तु. बृहद. ८.१४ द्र. उप प्रेत ज.
प्रेतात्र सनाहि – पारगृसू. ३.१०.2८
प्रेताधिपतये स्वाहा – षड् ब्रा. ५.४; अब्रा. ४
प्रेतिना धर्मणा धर्मं जिन्व – वा. १५.६; शब्रा. ८.५.३.३ द्र. उत्तरम्, तथा प्रेत्या ध...।
प्रेतिरसि – तैसं. ३.५.2.2; ४.४.१.१; काठसं. १७.७; ३७. १७; गोब्रा. 2.2.१३; पंचब्रा. १.६.2; वैसू. 2०.१३ प्रः प्रेतिः – तैसं. ५.३.६.१ द्र. अत्र पूर्वम्।
प्रतीषणिमिषयन्तं पावकम् – ऋ.६.१.८/३; मैसं. ४.१३. ६/३: 2०७.६; काठसं. १८.2०/३; तैब्रा. ३.६.१०. ४/३
प्रेतो मुंचामि (आगृ.शां गृ सू.साम मन्त्रब्रा.पारगृसू.मागृसू.. मुंचातु; आपमपा. मुंचाति) नामुतः (शां गृ सू.मागृसू.. मामुतः; पारगृसू. मा पतेः) – ऋ. १०.८५.2५/१; अ. १४.१.१७/४,१८/१; आगृ. १.७.१३/४; शां गृ सू. १. १८.३/४; साम मन्त्रब्रा. १.2.३/४,४/४; पारगृसू. १. ६.2/४; आपमपा. १.४.५/१; ५.७/४ (आपगृ. 2.५. 2); मागृसू.. १.११.१2/४ द्र. अत्र इतो मुक्षीय।
प्रेतो यन्तु व्याध्यः – अ. ७.११४.2/१
प्रेत्या एत्यै सं चांरच प्र च सारय – वा. 2७.४५; शब्रा. ८.१.४.८
प्रेत्या धर्मणे धर्मं जिन्व – मैसं.2.८.८: ११2.५ द्र. अत्र प्रेतिना
प्रेदग्ने जयोतिष्मान् याहि – वा. १2.३2/१; तैसं. ४.2.३. १/१; ५.2.2.2; मैसं.2.७.१०/१: ८७.११; ३.2.2: १७.५; काठसं. १६.१०/१; १६.१2; शब्रा. ६.८.१.६; आपश्रौ. १६.१2.६; माश्रौसू. ६.१.४ प्रः प्रेदग्ने –कात्यश्रौसू. १६. ६.१८
प्रेदं ब्रह्म प्रेदं क्षत्रम् – ऐब्रा. ३.११.८; शांश्रौसू. ८.१६.१; १६.१; 2०.१
प्रेदं ब्रह्म वृत्रतूर्येष्व आविथ – ऋ.८.३७.१/१; ऐब्रा. ५.८. १; कौषी ब्रा. 2३.2; शब्रा. १३.५.१.१० प्रः प्रेदं ब्रह्म –आश्रौ. ७.१2.१६; शांश्रौसू. १०.६.१६
प्रेदु ता ते विदथेषु ब्रवाम – ऋ. ५.2६.१३/४
प्रेदु हरिवः श्रुतस्य (सा. सुतस्य) – ऋ. ८.2.१३/३; सा. 2.११५४/३; तैसं. 2.2.१2.८/३
प्रेदु हव्यानि वोचति – ऋ. १०.१६.११/३; वा. १६. ६५/३; काठसं. 2१.१४/३ द्र. प्र च हव्यानि।
प्रेद्धो अग्ने दीदिहि पुरो नः – ऋ. ७.१.३/१; सा. 2. ७2५/१; वा. १७.७६/१; तैसं. ४.६.५.४/१; ५.४.७. ३; मैसं. 2.१०.६/१: १३६.५; ३.३.६: ४2.१४; काठसं. १८.४/१; 2१.६; ३५.१/१; ३६.१५/१; पंचब्रा. १2.१०. १६; शब्रा. ६.2.३.४०; आपश्रौ. ५.१७.५; १७.१५.४ प्रः प्रेद्धो अग्ने दीदिहि –आपश्रौ. १४.१६.१; 2१.७.७; प्रेद्धो अग्ने – मैसं. ४.१०.१: १४३.५; ४.१०.५: १५४.१६; काठसं. 2.१५; १६.१४; 2०.१४; ऐब्रा. १.६.५; आश्रौ. 2. १.३०; शांश्रौसू. 2.2.१५; आपश्रौ. ६.३१.४; माश्रौसू. ५. १.१.३६; – ६.2.2; – ६.2.५; – ७.2.2 विराज् इति नाम्ना –आश्रौ. 2.१.३०,३३; बौधसू. ४.३.८
प्रेद्व अग्निर्वावृधे स्तोमेभिः – ऋ. ३.५.2/१
प्रेन्द्र ब्रह्मणा शिरः – ऋ. ३.५१.१2/2; सा. 2.८६/2
प्रेन्द्र वास उतोदिर – कौसू. १०७.2/४
प्रेन्द्रस्य वोचं प्रथमा कृतानि – ऋ. ७.६८.५/१; अ.2०. ८७.५/१
प्रेन्द्राग्निभ्यां सुवचस्यामियर्मि – ऋ. १०.११६.६/१
प्रोन्द्राग्नी विश्वा भुवनात्यन्या – ऋ. १.१०६.६/४; तैसं. ४.2.११.१/४; मैसं. ४.१०.४/४: १५2.१६; काठसं. ४. १५/४
प्रेन्द्रो नुदतु बाहुमान् – अ. १.७.४/2
प्रेमं वर्णमतिरच्छुक्रमासाम् – ऋ. ३.३४.५/४; अ.2०.११.

५/४

प्रेमं वाजं वाजसाते अवन्तु – अ. ४.2७.१/2 द्र. प्रेमां वाचं विश्वाम्।

प्रेमं वोचो हविर्दां देवतासु – अ.७.७८.2/४

प्रेमं सुनवन्तं यजमानमवताम् – शांश्रौसू. ८.१६.१; ...अवतु –शांश्रौसू. ८.१६.१;...अवन्तु –शांश्रौसू. ८.20.१

प्रेमध्वराय पूर्व्यम् – ऋ. ८.१६.2/४; सा. 2.१०३८/४

प्रेमध्वरेष्वध्वरां अशिश्रयुः – ऋ. १०.७६.३/४

प्रेमन्धः ख्यन् निः श्रोणो भूत् – ऋ. ८.७६.2/३

प्रेमां वाचं वदिष्यामि बहु करिष्यन्तीं बहु करिष्यन् बहोर्भूयः स्वर्गमिष्यन्तीं स्वर्गमिष्यन् (लाटयश्रौसू. करिष्यन् स्वर्गमयिष्यन्तीं स्वर्गमयिष्यन् मामिमान् यजमानान्) – शांश्रौसू. १७.१७.१; लाटयश्रौसू. ४.2. १० द्र. उत्तरम्।

प्रेमां वाचं वदिष्यामि बहु वदिष्यन्तीं बहुपतिष्यन्तीं बहु करिष्यन्तीं बहु सनिष्यन्तीं बहोर्भूयः करिष्यन्तीं स्वर्गछन्तीं स्वर्वदिष्यन्तीं स्वः पतिष्यन्तीं स्वः करिष्यन्तीं स्वः सनिष्यन्तीं स्वरिमं यज्ञं वक्ष्यन्तीं स्वर्मां यजमानं वक्ष्यन्तीम् – ऐआ. ५.१.५.४ द्र. पूर्वम्

प्रेमां वाचं विश्वामवन्तु विश्वे – तैसं. ४.७.१५.४/2,५/2; मैसं.३.१६५/2ः १६१.१०,१४; काठसं. 22.१५/2 द्र. प्रेमं वाजं।

प्रेमां देवा असाविषुः सौभगाय – अ.१.१८.2/४

प्रेमां देवा देवहूतिमवन्तु देव्या धिया – शांश्रौसू. ८.20.१ प्रः प्रेमां देवाः –शांश्रौसू. ८.2१.१; 2३.१

प्रेमां देवी देवहूतिमवतां देव्या धिया – शांश्रौसू.८.१६.१

प्रेमां देवो देवहूतिमवतु देव्या धिया – शांश्रौसू.८.१६.१ प्रः प्रेमां देवः –शांश्रौसू. ८.१७.१; १८.१; 22.१; 2४.१; 2५.१

प्रेमां मात्रं मिमीमहे – अ. १८.2.३६/१

प्रेमायुस्तारीदतीर्णम् – ऋ. ८.७६.६/३

प्रेमे हवासः पुरुहूतमस्मे – ऋ. ६.2३.८/३

प्रेयमगाद् धिषणा बर्हिरछ – तैसं. १.१.2.१/१; मैसं. १.१. 2/१ः १.६; ४.१.१ः 2.१४; काठसं. १.2/2; ३१.१; तैब्रा. ३.2.2 प्रः प्रेयमगात् –आपश्रौ. १.३.५; ५.१; माश्रौसू. १.१.१.2७

प्रेरय शिवतमाय पशवः – ऋ. ८.६६.१०/2

प्रेरय सूरो अर्थं न पारम् – ऋ. १०.2६.५/१; अ.20.७६.५/१

प्रेरवः (परेवः इति पाठः) स्थ – मैसं. ४.६.७ः १2७.१०; माश्रौसू. ४.३.११

प्रेरव पिपतिषति मनसा – अ. १2.2.५2/१

प्रेषद्वेषद्वातो न सूरिः – ऋ. १.१८०.६/३

प्रेषे भगाय – वा.५.७; तैसं. १.2.११.१; ६.2.2.६; मैसं. १.2. ७ः १७.2; ३.८.2ः ६४.2; काठसं.2.८; ऐब्रा. १.2६.५; गोब्रा. 2.2.४; शब्रा. ३.४.2१; आश्रौ. ४.५.७; शांश्रौसू. ५.८.५; वैसू. १३.2४; लाटयश्रौसू. ५.६.६; आपश्रौ. ११. १.१2

प्रेषो यन्धि सुतपावन् वाजान् – ऋ. ६.2४.६/2

प्रेष्ठं वो अतिथिं गृणीषे – ऋ. १.१८६.३/१

प्रेष्ठं वो अतिथम् – ऋ. ८.८४.१/१; सा. १.५/१; 2. ५६४/१; पंचब्रा. १४.१2.१ प्रः प्रेष्ठं वः – आश्रौ. ४. १३.७; ७.८.१; शांश्रौसू. १2.११.१८ तु. बृहद. ६.६८

प्रेष्ठम् उ प्रियाणाम् – ऋ. ८.१०३.१०/१

प्रेष्ठः श्रेष्ठ उपस्थसत् – ऋ. १०.१५६.५/2; सा. 2. ८८१/2

प्रेष्ठा ह्यसथो अस्य मन्मन् – ऋ.६.६३.१/४

प्रेष्ठो अस्मा अधयि स्तोमः – ऋ. ७.३४.१४/2

प्रेष्य – शब्रा. ४.५.2.६,११; ६.४.३.१५; ५.१.४०; कात्यश्रौसू. ६.४.१०

प्रेष्य – प्रेष्य – आपश्रौ. ७.१४.७; 2६.१३; माश्रौसू. १.८.३. १७; ६.५

प्रेष्यान्तेवासिनो वसनं कम्बलानि कंसं हिरण्यं स्त्रियो राजानोऽन्नमभ्यमायुः कीर्तिर्वर्चो यशो बलं ब्रह्मवर्चसमन्नाद्यमित्येतानि मयि सर्वाणि ध्रुवाण्यच्युतानि सन्ति – हिर गृसू.१.22.१४

प्रेहामृतस्य यच्छताम् – अ. ६.१2१.३/३; तैआ. 2.६.१/३

प्रेहि प्र हरा वा दावान् – कौसू. ४६.५४/१ प्रः प्रेहि प्र हर –कौसू. ४६.५३ कापिंजलानि स्वस्त्ययनानि इति नाम्ना –कौसू. ४६.५३,५४

प्रेहि – प्रेहि पथिभिः पूर्व्येभिः (अ. पूर्याणैः) – ऋ. १०.१४. ७/१; अ. १८.१.५४/१; मैसं. ४.१४.१६/१ः 2४2.१2; आश्रौ. ६.१०.१६; आगृ. ४.४.६ प्रः प्रेहि – प्रेहि माश्रौसू. ८.१६; प्रेहि – मैसं.४.६.१८ः १३५.१० तु. बृहद. ६.१५८

प्रेह्य अभिप्रेहि प्रभरा सहस्व – तैब्रा. 2.४.७.४/१

प्रेह्यभीहि धृष्णुहि – ऋ. १.८०.३/१; सा. १.४१३/१

प्रेह्युदेह्यृतस्य वामीरनु – तैसं. ३.५.६.2 प्रः प्रेह्युदेहि –आपश्रौ. १2.५.३,१३ तु एह्युदेहि।

प्रैणां छृणीहि प्र मृणा रभस्व – अ. १०.३.2/१

प्रैणान् नुदे मनसा – अ. ३.६.८/१ प्रः प्रैणान् कौसू. ४८. ५

प्रैणान् वृक्षस्य शाखया – अ.३.६.८/३

प्रैतशं सूर्ये पस्पृधानम् – ऋ. १.६१.१५/३; अ.20.३५.१५

प्रैतशेभिर्वहमान ओजसा – ऋ. १०.४६.७/2
प्रैतानि तक्मने ब्रूमः – अ. ५.22.८/३
प्रैतु बद्धकमोचनम् – अ. ६.१२१.३/४ द्र. तद् बद्ध...।
प्रैतु ब्रह्मणस्पतिः – ऋ. १.४०.३/१; सा. १.५६/१; वा. ३३.८६/१; ३७.७/१; मैसं.४.६.१/१: १२०.६; ऐब्रा. १.22.३; ३०.४; ४.2६.६; ५.४.१2; १६.१2; कौषी ब्रा. ८.७; ६.५; 2०.४; शब्रा. १४.१.2.१५; 2.2.१; ऐआ. १.2.१.४; तैआ. ४.2.2/१; ५.2.६; आश्रौ. ४.७.४; १०.३; ७.३.१; शांश्रौसू. ५.१०.१४; १४.१०; १०.४.७; कात्यश्रौसू.2६.१.१2; ५.१७; आपश्रौ. १५.१.७; माश्रौसू. ४.१.६
प्रैतु ब्रह्मणस् (माश्रौसू. ...णः) पत्नी – तैसं. ३.५.६.१/१; आपश्रौ. ११.१६.६; माश्रौसू.2.2.४.१६/१
प्रैतु राजा वरुणो रेवतीभिः – मागृसू.. 2.११.१७/१ द्र. ऐतु आदि।
प्रैतु वाजी कनिक्रदत् – वा. ११.४६/१; तैसं. ४.१.४.३/१; ५.१.५.६; मैसं.2.७.४/१: ७६.५; काठसं. १६.४/१; १६.५; शब्रा. ६.४.४.७; आपश्रौ. १६.३.१2 प्रः प्रैतु वाजी –माश्रौसू. ६.१.१
प्रैतु होतुश्चमसः प्र ब्रह्मणः प्रोद्गातॄणां (आपश्रौ. माश्रौसू. प्रोद्गातुः; आपश्रौ. ऊह इत्यनेन सह, प्रोद्गातॄणां) प्र यजमानस्य – शब्रा. ४.2.१.2६; कात्यश्रौसू. ६.११.३; आपश्रौ. १2.2३.१३; माश्रौसू. 2.४.१.2६
प्रैते वदन्तु प्र वयं वदाम – ऋ. १०.६४.१/१; कौषी ब्रा. 2६.१; निरु. ६.६/१ प्रः प्रैते वदन्तु आश्रौ.५.१2.६; शांश्रौसू. ७.१५.४,५,६,६,१० तु. बृहद. ७.१४६ अर्बुद इति नाम्ना –कौषी ब्रा. १५.१; आश्रौ. १2.६,2३; शांश्रौसू. ७.१५.४ – ६ ६६; पंचब्रा. ४.६.५
प्रैभ्य इन्द्रावरुणा महित्वा – ऋ. ६.६८.४/१३
प्रैयमेधा अयाजयन् – ऐब्रा. ८.22.४/2
प्रैरयच्छहिहाछा समुद्रम् – ऋ. 2.१६.३/2
प्रैषकृत् प्रथमः समृतः – तैआ. १.३.2/४
प्रैषयुर्न विद्वान् – ऋ. १.१2०.५/३
प्रैष स्तोमः पृथिवीमन्तरिक्षम् – ऋ. ५.४2.१६/१
प्रैषान् सामिधेनीराघाराव् (काठसं अश्व. ...रा) आजयभागाव् (काठसं अश्व. ...गा) आश्रुतं प्रत्याश्रुतमा शृणामि ते – तैसं. ७.३.११.2; काठसं अश्व. ३.१
प्रैषामज्मेषु विथुरेव रेजते – ऋ. १.८७.३/१; तैसं. ४.३.१३.७/१; मैसं. ४.११.2/१: १६८.४ प्रः प्रैषामज्मेषु –माश्रौसू. ५.१.६.४३
प्रैषामनीकं शवसा दविद्युतत् – ऋ. १०.४३.४/३; अ. 2०.१७.४/३
प्रैषा यज्ञे निविदः स्वाहा – अ. ५.2६.४/१
प्रैषेभिः प्रैषानाप्नोति – वा.१६.१६/१
प्रैष्यं जनमिव शेवधिम् – अ. ५.22.१४/३
प्रो अयासीदिन्दुरिन्द्रस्य निष्कृतम् – ऋ.६.८६.१६/१; सा.१.५५७/१; 2.५०2/१; पंचब्रा. १४.३.४ द्र. प्र वा एतीन्दुर् प्रो अश्विनाववसे कृणुध्वम् – ऋ. १.१८६.१०/१
प्रो अस्मा उपस्तुतिम् – ऋ. ८.६.2.१/१ प्रः प्रो अस्मै – शांश्रौसू. १2.३.१०
प्रो आरत मरुतो दुर्मदा इव – ऋ. १.३६.५/३ द्र. प्रो वारत।
प्रोक्षणीरासादय – वा. १.2८; शब्रा. १.2.५.2०,2१; 2.६.१.१2; कात्यश्रौसू. 2.६.३४; आपश्रौ. 2.३.११; ११.३.१; माश्रौसू.१.2.४.2३; – 2.2.१.22; 2.६
प्रोक्ष यज्ञम् – कात्यश्रौसू. 2.2.१०; आपश्रौ. ३.१६.३
प्रोक्षामि – कात्यश्रौसू. ६.2.१६
प्रारेक्षिता (मैसं. काठसं. माश्रौसू. ...ताः; तैब्रा. इवजी ...ता, तथा ...ताः) स्थ – वा. १.१३; तैसं. १.१.५.१; मैसं. १.१.४: 2.१४; काठसं.३१.१०; तैब्रा. ३.2.५.४; ३.६.१; शब्रा. १.१.३.१०; कात्यश्रौसू. 2.३.३६; माश्रौसू. १.2.१.१६
प्रोग्रां पीतिं वृष्ण इयर्मि सत्याम् – ऋ.१०.१०४.३/१; अ. 2०.2५.७/१; ३३.2१; आश्रौ. ६.४.१० प्रः प्रोग्रां पीतिम् –शांश्रौसू. ६.१८.५; वैसू. 2६.१०
प्रोढः समुद्रमव्यथिर्जगन्वान् – ऋ. १.११७.१५/2
प्रोतये वरुणं मित्रमिन्द्रम् – ऋ. ६.2१.६/१; शांश्रौसू. १४.६०.३ तु. बृहद. ५.१०६
प्रो त्ये अग्नयोऽग्निषु – ऋ. ५.६.६/१; शांश्रौसू. ६.2४.६
प्रोथते स्वाहा – वा. 22.७; तैसं. ७.१.१६.१; मैसं.३.१2.३५ १६०.१३; काठसं अश्व. १.१०
प्रोथदश्वो न यवसेऽविश्यन् (तैसं. अविष्यन्) – ऋ. ७.३.2/१; सा. 2.५७०/१; वा. १५.६2/१; तैसं. ४.४.३.३/१; मैसं. 2.८.१४/१: ११८.६; माश्रौसू. ६.2.३; प्रोथदश्वः – कात्यश्रौसू. १७.१2.2६; आपश्रौ. १७.३.६
प्रो द्रोणे हरयः कर्माग्मन् – ऋ. ६.३७.2/१; आपश्रौ. ६.४.१० प्रः प्रो द्रोणे –शांश्रौसू. ६.१७.३
प्रोरोर महो अन्तरिक्षाद् ऋजीषी – ऋ. ३.४६.३/४
प्रोरोर् मित्रावरुणा पृथिव्याः – ऋ. ७.६१.३/१
प्रोवशी तिरत दीर्घमायुः – ऋ. १०.६५.१०/४; निरु. ११.३६/४
प्रो वारत मरुतो दुर्मदा इव – तैब्रा. 2.४.४.४/३ द्र. प्रो आरत
प्रोषादसाविरसि (?) विश्वमेजत् – मागृसू.. 2.७.१/४

प्रोषिष्यते स्वाहा – तैसं.७.५.११.2; काठसं अश्व. ५.2
प्रोष्ठपदा नक्षत्रम् – तैसं. ४.४.१०.३; मैसं.2.१३.20: १६६.७; काठसं. ३६.१३
प्रोष्ठापदास इति यान् वदन्ति – तैब्रा. ३.१.2.६/2
प्रोष्ठपदासो अनुयन्ति सर्वे – तैब्रा. ३.१.2.८/४
प्रोष्ठपदासो अभिरक्षन्ति सर्वे – तैब्रा. ३.१.2.६/४
प्रोष्ठपदासो अमृतस्य गोपाः – तैब्रा. ३.१.2.८/४
प्रोष्ठपदेभ्यः स्वाहा – तैब्रा. ३.१.५.१०,११
प्रोष्ठेशया वह्येशयाः (अ. प्रोष्ठेशयास्तल्पेशयाः) – ऋ. ७.५५.८/१; अ. ४.५.३/१
प्रो ष्वस्मै पुरोरथम् – ऋ. १०.१३३.१/१; अ. २०.६५.2/१; सा. 2.११५१/१; तैसं. १.७.१३.५/१; मैसं. ४.12.४/१: १८६.७; ऐब्रा. ४.३.५; तैब्रा. 2.५.८.१/१; ऐआ. ५.१.१.७; आश्रौ. ६.2.६; शांश्रौसू. ६.६.12; वैसू. ३४.१६ प्रः प्रो ष्वस्मै माश्रौसू.५.2.३.१८ तु. बृहद.८.४८
प्रो स्य वह्निः पथयाभिरस्यान् – ऋ. ६.८६.१/१
प्रोहाणि – निरु.१.१५ तु. वा.2.१५
प्लक्षं दक्षिणतस्तथा – गोभि गृसू. ४.७..22/2
प्लक्षाद् ब्रूयात् प्रमायुकान् – गोभि गृसू.४.७.2३/2
प्ल्कक्षो (च) यमदेवतः – गोभि गृसू. ४.७.2३/2
प्लक्षो मेधेन – तैसं.७.४.12.१; काठसं अश्व. ४.१
पल्वो मद्गुर्मत्स्यस्ते नदीपतये – वा.2४.३४; मैसं. ३.१४.१५: १७५.१० द्र. उद्रो।
पलाशिभ्यो वि वृहामि ते – ऋ. १०.१६३.३/४; अ.२०.६६.१६/४; आपमपा. १.१७.३/४ द्र. नाभ्या वि।
पलाशिर् (तैब्रा. ...शीर्) व्यक्तः शतधार (मैसं. ...रा) उत्सः – वा. १६.८७/३; मैसं.३.११.६/३: १५४.१; काठसं. ३८.३/३; तैब्रा. 2.६.४.४/३
पलीहाकणः शुण्ठाकर्णोऽद्धयालोहकर्णस् (मैसं. ऽधिरूढाकर्णस्) ते त्वाष्ट्राः – वा.2४.४; मैसं. ३.१३.५: १६६.६

फ

फड्ढताः पिपीलिकाः – कौसू.११६.७
फड्ढतोऽसौ – कौसू. ४७.2१
फलग्रहिरसि फलग्रहिरहम् – माश्रौसू. ५.2.८.१६
फलं द्रविणम् – वा. १०.१३; मैसं.2.६.१०: ७०.३; 2.७.20: १०५.१७; शब्रा. ५.४.१.६
फलमभ्यपप्तत् तदु वायुरेव – आपमपा. 2.22.११/2 द्र. यद्यन्तरिक्षात्, तथा यद्वान्तरिक्षात्।
फलवत्यो (मैसं.काठसं अश्व. ...वतीर्) न ओषध्यः पच्यन्ताम् – वा. 22.22; मैसं. ३.12.६: १६2.१०; काठसं अश्व. ५.१४; शब्रा. १३.१.६.१० द्र. फलिन्यो।
फलाय – खादि गृसू. ४.2.2 द्र. भलाय।
फल् इत्यभिष्ठितः – अ. २०.१३५.३; शांश्रौसू. 12.2३.2
फलिनीरफला उत – अ. ८.७.2७/2; तैसं. ४.2.६.१/2; मैसं. 2.७.१३/2: ६३.५: काठसं. १६.१३/2 द्र. याः फलिनीर्।
फलिन्यो न ओषधयः पच्यान्ताम् – तैसं. ७.५.१८.१; तैब्रा. ३.८.१३.३ द्र. फलवत्यो।
फलेन नादेयान् (काठसं अश्व. नाद्यान्) – तैसं. ७.३.१४.१; काठसं अश्व. ३.४
फलेभ्यः स्वाहा – वा.22.2८; तैसं. ७.३.१६.१; २०.१; मैसं. ३.12.७: १६३.2; काठसं अश्व. ३.६,१०
फल्गुनी (मैसं.काठसं. ...नीर्) रोरवीति – तैब्रा. ३६.१३
फल्गुनी ऋषभो रोरवीति – तैब्रा. ३.१.१.८/४
फल्गुनीभ्यां व्यूह्यते – आपगृ. १.३.2/४ द्र. अत्र अर्जुन्योः
फल्गुनीभ्यां स्वाहा – तैब्रा. ३.१.४.६.१०
फल्गुनीर्नक्षत्रम्ः द्र. फल्गुनी आदि।
फल्गुनीषु व्युह्यते – अ. १४.१.१३/४; कौसू. ७५.५ द्र. अत्र अर्जुन्योः
फल्गुपात्रेण चाप्यथ – विष्णुस्मृ. ७६.2४/४
फल्गूर् (काठसं अश्व. ..गुर्) लोहितोर्णी बलक्षी (वा. पलक्षी; काठसं अश्व. बलक्षीस्) ताः सारस्वत्याः – वा.2४.४; तैसं.५.६.12.१; मैसं. ३.१३.५: १६६.८; काठसं अश्व. ६.2
फल्लाय – खादि गृसू. ४.2.३ द्र. भल्लाय।
फालाज् जातः करिष्यति – अ.१०.६.2/2
फेनमस्यन्ति बहुलांश्च बिन्दून् – अ. 12.३.2६/2

ब

बजः पिंगो अनीनशत् – अ. ८.६.६/४
बजं दुर्णामचातनम् – अ. ८.६.३/४
पजश्च तेषां पिंगश्च – अ. ८.६.2४/३
पजस्तान् सहतामितः – अ. ८.६.७/३
बजाबोजोपकाशिनी – हिर गृसू. 2.३.७/2 द्र. खजापो।
बट् सूर्य श्रवसा महां असि – ऋ. ८.१०१.12/१; अ.२०.५८.४/१; सा.2.११३६/१; वा.३३.४०/१
पड् अस्यनीथा वि पणेश्च मन्महे – ऋ.१०.६2.३/१
पड् (का. बल्. आदित्य महां असि – ऋ. ८.१०१.११/2; अ.१३.2.2६/2; २०.५८.३/2; सा.१.2७६/2; 2.११३८/2; वा.३३.३६/2; का.३2.३६/2

बड् (शांश्रौसू. बल्) इत्था तद्वपुषे धायि दर्शतम् – ऋ. १.१४१.१/१; शांश्रौसू. १८.2३.१४
पड् इत्था देव निष्कृतम् – ऋ. ५.६७.१/१
बड् (शांश्रौसू. बल्) इत्था पर्वतानाम् – ऋ. ५.८४.१/१; तैसं.2.2.12.2/१; मैसं. ४.12.2/१: १८१.१; काठसं. १०.12/१; आश्रौ. ६.१४.१८; ६.५.2; शांश्रौसू. ६.2८.६; आपश्रौ. १६.१७.१७; हिर गृसू. 2.१७.६; आपमपा. 2. १८.६/१ (आपगृ. ७.१६.११); निरु. ११.३७/१ तु. बृहद. ५.८८
बड् इत्था महिना वाम् – ऋ. ६.५६.2/१
बड् ऋत्वियाय धाम्ने – ऋ. ८.६३.११/१
बण्डया दह्यन्ते गृहाः – अ.12.४.३/३
बण्डेन यत् सहासिम – अ.७.६५.३/2
बण् महां (माश्रौसू. महं) असि सूर्य – ऋ. ८.१०१.११/१; अ. १३.2.2९/१; 2०.५८.३/१; सा.१.2७६/१; 2. ११३८/१; कौषी ब्रा. 2५.५; पंचब्रा. ६.७.६; तैब्रा. १.४. ५.३; आश्रौ.६.५.2; ७.६; ७.४.३; वैसू. ३३.६,१६; लाटयश्रौसू. ४.६.2३; आपश्रौ. १४.१८.१०; माश्रौसू.३.७. १० प्रः बण् महान् – शांश्रौसू. ११.१३.2७,३०; १३.८.2; कात्यश्रौसू. 2५.१३.६; ऋवि. 2.३५.३
बतो बतासि यम – ऋ. १०.१०.१३/१; अ. १८.१.१५/१; निरु. ६.2८/१
बद्रैरुपवाकाभिर्भेषजं तोक्मभिः – वा.2१.३०/५, ३१/६; मैसं. ३.११.2/५: १४१.५; ३.११.2/६: १४१.८; तैब्रा. 2. ६.११.2/५,2/६
बद्धाय स्वाहा – काठसं अश्व. 2.१० ब्रध्नाय इति पठति
बद्धवेव न्यानयत् – अ. ७.३८.५/४
बद्बधे रोचना दिवि – ऋ. १.८१.५/2
बद्वशो गा विभगजिरे – ऐब्रा. ८.३.४/४
बद्वा नामासि सृतिः सोमसराणी सोमं गमेयम् – पंचब्रा. १.१.४ प्रः बद्वा नामासि –लाटयश्रौसू. १.१.2३
बधान देव सवितः परमस्यां पृथिव्यां (तैसं. परावति) शतेन पाशैः (मैसं. सवितः शतेन पाशैः परमस्यां परावति) – वा.१.2५,2६; तैसं.१.१.९.१,2; मैसं. १.१.१०; ५.१४; ६.१,४; ४.१.१०: १३.2; काठसं. १.९; ३१.८; शब्रा. १.2.४.१६,१७,१९ प्रः बधान देव सवितः – आपश्रौ. 2.१.६; माश्रौसू. १.2.४.१३; बधान –कात्यश्रौसू. 2.६.१९
बधाय दत्तं तमहं हनामि – तैआ.३.१४.४/४
बधिर आक्रन्दयितरपान, असाव् एहि – तैब्रा. ३.१०.८.३; ११.५.३
बध्नामि सत्यग्रन्थिना – साम मन्त्रब्रा.१.३.८/३
बध्नाम्यग्ने सुकृतस्य मध्ये – तैसं. ३.१.४.१/2; माश्रौसू. १.८.३.१/2
बन्धमिवावक्रामी गच्छ – अ. ५.१४.१०/३
बन्धाद् बद्धमिवादिते – ऋ. ८.६७.१८/३
बन्धाद् यज्ञपतिं परि – तैसं. ३.१.४.४/४; मैसं.१.2. १५/४: 2६.१
बन्धान् पुचासि बद्धकम् – अ. ६.121.४/2; तैआ.2.६. १/2
बन्धुक्षिदभ्यो गवेषणः – ऋ. १.१32.३/७
बन्धुरा काबवस्य च – अ. ३.९.४/४
बन्धुर्मे (अ. ने) माता पृथिवी महीयम् – ऋ.१.१६४. ३३/2; अ. ९.१०.12/2; निरु. ४.21/2
बन्धुरिमां अवरां इन्दो वायून् – ऋ. ९.९७.१७/४
बन्ध्वद्धि (अधि इति पठतु) परेत्य – अ.५.22.८/2
बप्सदग्निर्न वायति – ऋ. ८.४३.७/2
बब्धां ते हरी धानाः – निरु. ५.12
बभंज मन्युमोजसा – ऋ. ८.४.५/2
बभूवतुर्गृणते चित्रराती – ऋ. ६.६2.५/४
बभ्रवः सौम्याः – वा. 2४.६,१४; मैसं.३.१३.१०: १७०.८; ३. १३.12: १७०.12; ३.१३.१३: १७१.३; ३.१३.१५: १७१.६; ३.१३.१६: १७१.12; आपश्रौ. 20.१४.७ तु. बभ्रुः सौम्यः
बभ्रवे नु स्वतवसे – ऋ. ९.११.४/१; सा.2.७६४/१
बभ्रवे स्वाहा – तैसं. ७.३.१८.१
बभ्रवो धूम्रनीकाशः पितॄणां बर्हिषदाम् – वा. 2४.१८ द्र. पितृभ्यः सोमवद्भयो बभ्रून्।
बभ्राणः सूनो सहसो व्यद्यौत् – ऋ. ३.१.८/१
बभ्रिरसि – तैसं. ४.१.१.४
बभ्रिर्वज्रं पपिः सोमं ददिर्गाः – ऋ. ६.2३.४/2
बभ्रु कल्याणि सं नुद – अ. ६.१३९.३/2
बभ्रुकानवान्तरादिशाभ्यः – वा.2४.2६; मैसं. ३.१४.७: १७३. 12
बभ्रुं कृष्णां रोहिणीं विश्वरूपाम् – अ.12.१.११/३
बभ्रुं पुनन्ति वारेण – ऋ. ९.९८.७/2; सा. १.५५2/2; 2.६७९/2
बभ्रुररुणबभ्रुः शुकबभ्रुस्ते वारुणाः (तैसं.काठसं अश्व. रौद्राः) – वा.2४.2; तैसं. ५.६.११.१; मैसं.३.१३.३: १६९. १; काठसं अश्व. ९.१
बभ्रुरेको विषुणः सूनरो युवा – ऋ. ८.2९.१/१; ऐब्रा. ५. 2१.१३ प्रः बभ्रुरेकः –आश्रौ. ८.७.2४; शांश्रौसू. १०.११. ८ तु. बृहद. ६.६९.७१
बभ्रुवो वो वृंजा आनुष्टुभेन छन्दसा – मैसं. ४.2.११: ३५.३
बभ्रुश्चत्वार्य असनत् सहस्रा – ऋ. ५.३०.१४/४

वैदिकपादानुक्रमकोषः 146

बभ्रुश्च बभ्रुकर्णश्च – अ. ५.2३.४/३; ६.१६.३/३; नीलउप. 22/१
बभ्रुश् शर्वोऽस्ता नीलशिखण्डः – अ. ६.६३.१/2
बभ्रुः शुक्रेभिः पिपिशे हिरण्यैः – ऋ.2.३३.६/2
बभ्रुः सुशिप्रो रीरधन् मनायै – ऋ. 2.३३.५/४
बभ्रु५ सौम्यः – वा. 2६.५८; तैसं.५.५.22.१; काठसं अश्व. ८.१ तु. बभ्रवः।
बभ्रू शोभते – ऋ. ४.३2.2३/३; निरु. ४.१५/३
बभ्रू यामेष्वस्रिधा – ऋ.४.३2.2४/३
बभ्रे रक्षः समदमा वपैभ्यः – अ.११.१...३2/१
बभ्रेरध्वर्यो मुखमेतद्वि मृड्धि – अ. ११.१.३१/१ प्रः बभ्रेरध्वर्यो –कौसू. ६2.१५ बभ्रेर्ब्रह्मन् –कौसू. ६2.१६
बभ्रो दुदुह्रे अक्षितम् – ऋ. ६.३१.५/2
बभ्रोरपोदक्षय च – अ.५.१३.६/2
बभ्रोरर्जुनकाण्डस्य – अ. 2.८.३/१ प्रः बभ्रोः –कौसू. 2६.४३
ब्रतिः प्राचीनमोजसा – ऋ. ६.५.४/१
बर्हिरग्न (मैसं.माश्रौसू. अग्ना) आज्यस्य वेतु – मैसं.४.१०.३: १४६.३; काठसं. 20.१५; तैब्रा. ३.५.५.१; आश्रौ. १.५.2४; 2.८.६; शांश्रौसू. १.७.५; माश्रौसू. ५.१.2.६ प्रः बर्हिरग्ने शब्रा. १.६.१.८
बर्हिरसि – वा. 2.१; तैसं.१.१.११.१; मैसं. १.१.११: ७.७; काठसं.१.११; ३१.१०; शब्रा. १.३.३.३; तैब्रा. ३.३.६.३; आपश्रौ. 2.८.१; माश्रौसू. १.2.५.2३
बर्हिरसि देवंगमम् – मैसं. ४.१.2: ४.४; आपश्रौ. १.५.३; माश्रौसू. १.१.१.५१
बर्हिरा सादया वसो – ऋ. १.४५.६/४
बर्हिरिव यजुषा रक्षमाणा – ऋ. ५.६2.५/2
बर्हिर्देवसदनं दामि – मैसं. १.१.2: १.६
बर्हिर्न आस्तामदितिः सुपुत्रा – ऋ. ३.४.११/३
बर्हिर्न यत् सुदासे वृथा वर्क – ऋ. १.६३.७/३
बर्हिर्यो स्वध्वरे – ऋ. १.१४2.५/2
बर्हिर्लोमानि यानि ते – अ.१०.६.2/2
बर्हिर्वा यत् स्वपत्याय वृज्यते – ऋ. १.८३.६/१; अ.20.2५.६/१ प्रः बर्हिर्वा यत् स्वपत्याय –वैसू. 2६.१०
बर्हिश्च मे वेदिश्च मे – मैसं.2.११.५: १४३.६ द्र. अत्र इध्मश्।
बर्हिश्च वेदिश् (शांश्रौसू. वेदिं) च – मैसं. ३.४.१: ४६.१; शांश्रौसू. ८.2१.१
बर्हिषदः पितर ऊत्यर्वाक् – ऋ. १०.१५.४/१; अ. १८.१.५१/१; वा. १६.५५/१; तैसं. 2.६.१2.2/१; मैसं. ४.१०.६/१: १५६.१2; काठसं. 2१.१.४/१; आश्रौ. 2.१६.22 प्रः बर्हिषदः पितरः – तैब्रा. 2.६.१६.१; वैसू.६.८; ३०.१४; कौसू. ८७.2७; बर्हिषदः –शांश्रौसू. ३.१६.६; कात्यश्रौसू. १५.१०.१८८
बर्हिषदः स्वधया ये सुतस्य – मैसं. ४.१०.६/३: १५७.१ द्र. बर्हिषदो ये
बर्हिषदा पुरुहूते मघोनी – ऋ. ७.2.६/३
बर्हिषदे वट् (वा. काठसं. शब्रा. वेट्) – वा.१७.१2; तैसं.४.६.१.४; मैसं.2.१०.१: १३2.३; काठसं. १७.१७; शब्रा. ६.2.१.८
बर्हिषदो ये स्वधया सुतस्य – ऋ. १०.१५.३/३; अ.१८.१.४५/३; वा. १६.५६/३; तैसं. 2.६.१2.३/३; काठसं. 2१.१४/३; ऐब्रा.३.३७.१६ द्र. बर्हिषदः स्वधया।
बर्हिषदो वचनावन्त ऊधभिः – ऋ.६.६८.१/३; सा.१.५६३/३
बर्हिषा दधुरिन्द्रियम् – वा.2१.४८/४,५७/६; मैसं. ३.११.५/४: १४७.१; ३.११.५/६: १४८.३; तैब्रा. 2.६.१४.१/४,६/६
बर्हिषा बर्हिरिन्द्रियम् – वा.१६.१७/2
बर्हिषे त्वा जुष्टं प्रोक्षामि – वा. 2.१; काठसं. १.११; ३१.१०; मैसं.१.१.११: ७.७; ४.१.१३: १७.८; शब्रा. १.३.३.2 प्रः बर्हिषे त्वा –माश्रौसू. १.2.५.2३ द्र. उत्तरम्
बर्हिषे त्वा स्वाहा – तैसं. १.१.११.१; तैब्रा. ३३.६.2 द्र. पूर्वम्।
बर्हिषेन्द्राय पातवे – वा. 20.५६/४; मैसं. ३.११.३/४: १४३.१८; काठसं. ३८.८/४; तैब्रा.2.६.१2.2/४
बर्हिषो मित्रमहाः – मैसं. 2.१2.६/2: १५०.६
बर्हिषोऽहं देवयज्यया प्रजावान् भूयासम् – तैसं. १.६.४.१; ७.४.१; आपश्रौ. ४.१2.१; माश्रौसू.१.४.2.१५
बर्हिष्टे द्यावापृथिवी उभे स्ताम् – अ. ६.४.१०/४
बर्हिष्टमर्चास्मै – ऋ. ३.१३.१/2; आश्रौ. ५.६.2१/2
बर्हिष्ठां ग्रावभिः सुतम् – ऋ. ३.४2.2/2; अ. 20.2४.2/2
बर्हिष्मती रातिर्विश्रिता गीः – ऋ. १.११७.१/३
बर्हिष्मते नि सहस्राणि बर्हयः – ऋ. १.५३.६/४; अ. 20.2१.६/४
बर्हिष्मते मनवे शर्म यंसत् – ऋ.५.2.१2/४
बर्हिस्मते रन्धा शासदव्रतान् – ऋ. १.५१.८/2
बर्हिष्मद्भि स्तविष्यसे – ऋ. ८.७०.१४/2
बर्हिष्मां आविवासति – ऋ. ६.४४.४/३
बर्हिष्यास्त हिरण्यये – अ. १०.१०.१2/४,१७/४
बर्हिष्येषु निधिषु प्रियेषु – ऋ. १०.१५.५/2; अ. १८.३.४५/2; वा. १६.५७/2; तैसं.2.६.१2.३/2; मैसं.४.१०.

६/2: १५६.१४; काठसं.2१.१४/2
बर्हिस्तस्थाव् (काठसं. तस्था) असंदिनम् – ऋ.८.१02. १४/2; सा. 2.६2१/2; काठसं. ४०.१४/2
बर्हि (मैसं.माश्रौसू. ...हिः) स्तृणीहि (तैसं.माश्रौसू.आपश्रौ. १2.१७.१६, स्तृणाहि – तैसं. ६.३.१.2; मैसं. ३.८.१०: ११०.८ (स्तृणाति १) –गोब्रा. 2.2.१६; शब्रा. ४.2.५.११; वैसू.१७.१2; कात्यश्रौसू. ६.७.५; आपश्रौ. १2.१७. १६,2०; १३.३.१; ११.१; माश्रौसू. 2.३.६.१2; ४.४.१८; ५. १.2३
बर्हिः सीदन्तु यज्ञियाः – ऋ. १.१४2.६/४
बर्हिः सीदन्त्वस्रिधः – ऋ. १.१३.६/३
बर्हिः सूर्यस्य रश्मिभिः – मैसं.४.१.2/३: ३.2१; आपश्रौ. १. ४.१५/३; माश्रौसू. १.१.१.४६/३
बर्हिः स्तृणाति(?) – मैसं.३.८.१०: ११०.८ द्र. बर्हि स्तृणीहि
बर्हिः स्तृणहिः द्र. बर्हि स्तृणीहि।
बलं वि रुज वीर्यम् – ऋ. १०.८७.2५/४ द्र. बलं न्यु
बलं क्षुथ्भ्याम् – वा. 2५.६; मैसं.३.१५.३: १७८.६
बलं को अस्मै प्रायच्छत् – अ.१०.2.१५/३
बलं च क्षत्रमोजश्च – अ. ११.८.2०/३
बलं चौजश्च – शां गृ सू. ३.३.५
बलं ते बाहुवोः सविता दधातु – तैब्रा. 2.७.१७.३/१ प्रः बलं ते बाहुवोः –आपश्रौ. 22.2८.६
बलं तोकाय तनयाय जीवसे – ऋ. ३.५३.१८/३
बलं दधान आत्मनि – ऋ.६.११३.१/३
बलं देहि – काठसं. १.७; ३१.६ तु. बलं मयि।
बलं द्रविणम् – तैसं. १.८.१३.2
बलं धत्त – तैसं.३.१.१.३; माश्रौसू. 2.१.2.३६ द्र. अत्र ओजो धत्त
बलं धेहि तनूषु नः – ऋ. ३.५३.१८/१; शांश्रौसू. १८.११. 2
बलं न वाचमव्ये – वा. 2१.५०/३; मैसं.३.११.५/३: १४७. ४; तैब्रा. 2..६.१४.2/३
बलं न्युब्ज वीर्यम् – सा. १.६५/४; द्र. बलं वि
बलप्रमथनाय नमः – तैआ.१०.४४.१; महा नारा उप. १७.2
बलमसि – अ. 2.१७.३; वा. १६.६; तैसं.2.४.३.१; मैसं.2.१. ११: १३.१३; काठसं. १०.७; तैब्रा. 2.६.१.४; ३.११.१.2१; तैआ. १०.2६.१; तै आ.१०.३५; महा नारा उप. १५.१; कात्यश्रौसू. १६.2.2०; माश्रौसू.८.2३; बौधसू. ३.2.७
बलमसि समुद्रियम् – तैसं.2.४.८.2; १०.३; काठसं.११.६
बलमिन्द्रानडूत्सु नः – ऋ. ३.५३.१८/2
बलमिन्द्रे वयो दधत् – वा. 2८.३७/५; तैब्रा. 2.६.2०. ४/४ द्र. शूषमिन्द्रे।
बलमिन्द्रो दधातु मे – अ.१६.४३.६/४
बलं मज्जभिः – तैसं. ५.७.१2.१; काठसं अश्व. १३.2
बलं मयि धेहि (अ. मे दाः स्वाहा) – अ.2.१७.३; वा.१६.६; तैब्रा. 2.६.१.४ तु. बलं देहि।
बलविकरणाय नमः – तैआ. १०.४४.१; महा नारा उप. १७.2
बलविज्ञाय (काठसं. ...यस्; सा.मैसं. ...यः) स्थविरः प्रवीरः – ऋ. १०.१०३.५/१; अ.१६.१३.५/१; सा. 2. १2०३/१; वा. १७.३७/१; तैसं. ४.६.४.2/१; मैसं.2. १०.४/१: १३६.2; काठसं.१८.५/१
बल् आदित्य आदिः द्र. बड् आदि।
बलानीन्द्र प्रब्रुवाणो जनेषु – ऋ. १०.५४.2/2
बलय त्वा – अ.१०.३७.३; वा. १६.६; तैसं. ४.३.७.2; काठसं. ३७.१८; तैब्रा. 2.६.१.४; आपश्रौ. १६.७.१; बौधसू. ३.2.७
बलाय नमः – तैआ.१०.४४.१
बलाय श्रियै यशसेऽन्नाद्याय – ऐब्रा.८.७.५,७,६
बलाय स्वाहा – वा. 22.८; मैसं.३.१2.३: १६०.१७; तैआ. ४.५.१
बलायाजगरः – वा. 2४.३८; तैसं. ५.५.१४.१; मैसं. ३.१४. १६: १७६.१०; काठसं अश्व. ७.४
बलायानुचरम् – वा.३०.१३; तैब्रा. ३.४.१.७
बलायोपदाम् – वा.३०.६; तैब्रा.३.४.१.४
बलासं सर्वं नाशय – अ. ६.१४.१/३
बलासं कासम् उद्युगम् – अ. ५.22.११/2
बलासं पृष्ट्यामयम् – अ. १६.३४.१०/2
बलिं शीर्षाणि जभ्रुरश्व्यानि – ऋ.७.१८.१६/४
बलित्था आदिः द्र. बड् आदि।
बलिमग्ने अन्तित ओत दूरात् – ऋ.५.१.१०/2; मैसं. ४. ११.४/2: १७2.५; काठसं. ७.१६/2; तैब्रा. 2.४.७. ६/2
बलिमिछन्तो वितुदस्य (आगृ. वि तु तस्य) प्रेष्याः (महानारा.उप. प्रेष्ठः) – तैआ.१०.६७.2/2; महा नारा उप. 2१.१/2; आगृ. १.2.५/2
बलिमेभ्यो हरामीमम् (पारगृसू. १.१2.४, हरामि) – पारगृसू. १.१2.४; 2.१७.१३/६,१४/५,१५/६,१६/६ तु. अत्र तेभ्य इमं बलिं।
बलिं भक्षन्तु वायसः (१) – आगृ.१.2.८/४
बलिवर्दाय (काठसं अश्व. ...वन्दाय) स्वाहा – काठसं अश्व. १2.१; तैब्रा. ३.८.2०.५; आपश्रौ. 2०.2१.६
बलिश्च पितृयज्ञश्च – गोब्रा. १.५.2३/३
बलिहाराय मृडतान् मह्यमेव – अ. ११.१.2०/४

बलिहारोऽस्तु सर्पाणाम् – मागृसू. 2.१६.३
बली बलेन प्रमृणन् सपत्नान् – अ.३.५.१/2
बलीयानन्ववेत्य – शब्रा. ११.५.५.८/2
बलेन शक्वरीः सहः – वा. २१.२७/३; मैसं. ३.११.१२/३: १५६.१०; काठसं. ३८.११/३; तैब्रा. 2.६.१६.2/३
बलेनादृंहदभिमातिहेन्द्रः – मैसं. ३.११.१२/३: १५६.१०; काठसं. ३८.११/३; तैब्रा.2.६.१६.2/३
बलेनादृंहदभिमातिहेन्द्रः – मैसं. ४.१४.१२/2: २३६.2; तैब्रा.2.८.४.३
बल्हिकान् वा परस्तराम् – अ. ५.22.७/2
बस्तेनाजाः – तैसं. ७.३.१४.१; काठसं. ३५.१५; काठसं अश्व. ३.४
बस्तो वयः – तैसं. ४.३.५.१; ५.३.१.५; मैसं.2.८.2: १०८.४; काठसं. १७.2; 20.१०; शब्रा. ८.2.४.१; आपश्रौ. १७.१. ८ द्र. वस्तो।
बहवः सूरचक्षसः – ऋ. ७.६६.१०/१; ऐब्रा.४.१०.६; ५.६. ७; आश्रौ. ६.५.१८; ७.१2.७
बहवो नो गृहा असन् – तैसं.३.३.८.2/४
बहवोऽस्य पाशा वितताः पृथिव्याम् – कौसू.१३५.६/१ तु. ये ते पाशा आदि, तथा शांश्रौसू. १.६.३
बहिर् निर्मन्त्रयामहे – अ. ६.८.१/४ – ६/४
बहिर्मृहन्त्वंजनम् – अ. १६.४४.2/४
बहिर्बल् इकित सर्वकम् – अ. १.३.६/४ – ६/४
बहिर् बिलं निर्द्रवतु – अ.६.८.११/१
बहिर्वैश्रवणाय (नमः) – मागृसू. 2.१2.१०
बहिष् कुलायादमृतश्चरित्वा – शब्रा. १४.७.१.१३/2; बृह उप. ४.३.१३/2
बहिष्टे आदिः द्र. बहिस्ते
बहिष्टेभिर्विहरन् यासि तन्तुम् – मैसं. ४.१2.५/१: १६४.१ द्र. वहिष्ठेभिर्।
बहिस्ते (अ.काठसं. बहिष्टे) अस्तु बाल् इति – अ. १.३. १/५ – ५/५; तैसं. ३.३.१०.2/१; काठसं. १३. ६/४; आपश्रौ. ६.१६.४
बहुकार श्रेयस्कर भूयस्कर – वा.१०.2८; शब्रा. ५.४.४.१४ प्रः बहुकार –कात्यश्रौसू. १५.७.१० द्र. प्रियंकर
बहु च मे भूयश्च मे – तैसं. ४.७.४.2
बहुत्रा जीवतो मनः – ऋ. १०.१६४.2/४
बहु दग्धि विश्वेभ्यो देवेभ्यो हविः – माश्रौसू. १.७.१.११
बहु दुग्धीन्द्राय देवेभ्यः – तैब्रा. ३.७.४.१६/३; आपश्रौ. १. १३.१०/१
बहु दुग्धीन्द्राय देवेभ्यो हविः – तैब्रा. ३.2.३.८; माश्रौसू. १.१.३.2६ (माश्रौसू. ऊह, महेन्द्राय इन्द्राय इत्यर्थो) द्र. इन्द्राय देवेभ्यो हविर्।
बहु देयं च नोऽस्तु – विष्णुस्मृ. ७३.2८/४; माधसू. ३. २५६/४; याधशा. १.2४५/४; औशधशा. ५.७३/४; बृ परासं. ५.2८०/४
बहुधा जीवतो मनः – ऋ. १०.१६४.१/४; अ. 20.६६. 2३/४
बहुपर्णामशुष्काग्राम् – तैब्रा. ३.७.४.८/३; आपश्रौ. १.१2. १/३
बहुप्रजा निर्ऋतिम् (अ. ...तिर्) आ विवेश – ऋ.१.१६४. ३2/४; अ.६.१०.१०/४; निरु. 2.८/४
बहु बाह्वोर्बलम् – अ.१६.६०.१ द्र. बाहुवोर्बलम्, तथा बाह्वोर्बलम्।
बहु ब्रह्मैकमक्षरम् – शब्रा. १०.४.१.६/३
बहुभ्य (मैसं. ...भ्या) आ संगतेभ्य एष मे देवेषु वसु वार्यायक्षयते – वा. 2१.६१; 2८.2३,४६; मैसं.४.१३.८: 2११.१०; काठसं.१६.१३; तैब्रा. 2.६.१५.2; ३.६.१५.१
बहुभ्यः पन्थामनुपस्पशानम् (अ. ६.2८.३/2, ..नः) – ऋ. १०.१४.१/2; अ. ६.2८.३/2; १८.१.४६/2; मैसं. ४. १४.१६/2; 2४३.६; तैआ. ६.१.१/2; निरु. १०.20/2
बहुं बलिं प्रति पश्यासा उग्रः – अ. ३.४.३/४
बहुं बहूमानमक्षितम् – अ. ३.2४.७/४
बहुरूपा वैश्वकर्मणाः – वा.2४.१७; मैसं.३.१.३.१५: १७१.१०; आपश्रौ. 20.१४.१2
बहुरूपा वैश्वदेवाः – वा. 2४.१४; आपश्रौ. 20.१४.७; १५.३ द्र. पिशंगा वै...
बहुलवर्मास्तृतयज्वा – शांश्रौसू.८.2४.१
बहुलाः फट्करिक्रति – अ. ४.१८.३/४
बहु वा इमेऽस्मिन् सत्रे कुशलमचार्षुः पिक्लोजान् पवमानान् – माश्रौसू. ७.2.७
बहु वा इमेऽस्मिन् सत्रे कुशलमचार्षुः पीक्लोजान् पवमानान् – माश्रौसू. ७.2.७
बहु साकं सिसिचुरुत्सम् उद्रिणम् – ऋ.2.2४.४/४; निरु. १०.१३/४
बहु सोमगिरं वशी – तैआ.१.१०.३/2
बहु ह वा अयमवर्षीदिति श्रुत रावट् स्वाहा – मैसं. 2.४. ७: ४४.2 द्र. उत्तरम्
बहु हायमवृषाद् (काठसं. ...षद्) इति श्रुतरावृत् (काठसं. श्रुत रावत्) स्वाहा – तैसं. 2.४.७.2; काठसं.११.६ द्र. पूर्वम्।
बहूनां पिता बहुरस्य पुत्रः – मैसं.३.१६.३/१: १८६.१ द्र. बह्वीनां आदि।
बहूनि मे अकृता कर्त्वानि – ऋ. ४.१८.2/३

बहोः कर्तारमिह यक्षि होतः – वा. २६.६/४; तैसं. ५.१.११.४/४; मैसं. ३.१६.2/४: १८४.१५; काठसं अश्व. ६.2/४
बहोरग्न उलनपस्य स्वधावः – ऋ.१०.१४2.३/2
बह्वन्नामकृषीवलाम् – ऋ.१०.१४६.६/2; तैब्रा. 2.५.५.७/2
बह्वश्वाजगवेडकम् – मागृसू.. 2.१३.६/2 द्र. हस्त्यश्वा...।
बह्वश्वामिन्द्र गोमतीम् – तैआ. ३.११.६/३,७/१
बह्व् इदं राजन् वरुण – अ.१६.४४.८/१
बह्वीनां गर्भे अपसामुपस्थात् – ऋ.१.६५.४/३
बह्वीनां पिता बहुरस्य पुत्रः – ऋ. ६.७५.५/१; वा. 2६.४2/१; तैसं.४.६.६.2/१; काठसं अश्व.६.१/१; आपश्रौ. २०.१६.८; निरु. ६.१४/१ द्र. बहूनां आदि
बह्वीं प्रजां जनयन्तीं सरूपाम् (आपमपा. १.८.३/३, जनयन्ती सुरत्ना; आपमपा. १.११.७/४; जनयन्तौ सरेतस) – तैआ. १०.१०.१/2; महा नारा उप. ६.2/2; आपमपा. १.८.३/३; ११.७/४ द्र. प्रजां कृण्वाथाम्
बह्वीर्गोष्ठे घृताच्यः – आगृ. 2.१०.६/४; शां गृ सू. ३.६.३/४
बह्वीर्भवत – मैसं. १.५.2: ६८.११; १.५.६: १?७७.१६ द्र. बह्वीर्मे
बह्वीर् आ भवन्तीरुपजायमानाः (काठसं अश्व. उप नो गोष्ठमाशुः) – काठसं अश्व.४.६/३; तैब्रा. ३.७.४.१.५/३; आपश्रौ. १.११.१०/३; माश्रौसू. १.१.३.७/३
बह्वीर्भवन्तु नो गृहे काठसं. ७.१/३ द्र. सर्वा भवन्तु
बह्वीर्मे भवत (तैसं. भूयास्त) – तैसं.१.५.६.१; काठसं. ७.१ द्र. बह्वीर्भवत
बह्वीश्च भूयसीश्च याः – ऋ. १.१८८.५/2
बह्वीः शत्विचक्षणाः – ऋ. १०.६७.१८/2; अ.६.६६.१/2; वा. १2.६2/2; ऐब्रा. ८.2७.५/2; साम मन्त्रब्रा. 2.८.३/2; प्रा उप. १/2
बह्वीः समा अकरमन्तरस्मिन् – ऋ.१०.१2४.४/१
बह्वी साकं बहुधा विश्वरूपाः – मैसं. 2.१३.22/३: १६८.३; काठसं. ४०.१2/३; आपश्रौ. १७.१३.2/३
बाटयाः प्रवतीया उत – अ. १६.४४.६/४
बाढे अश्विना त्रेधा क्षरन्ती – ऋ.१.१८१.७/2
बाधतां द्वेषो अभयं (अ. ७.६१.१/३, अभ्यं नः) कृणोतु – ऋ. ६.४७.१2/३; १०.३१.६/३; अ. ७.६१.१/३; २०.१2५.६/३; वा.2०.५१/३; तैसं. १.७.१३.४/३; मैसं.४.१2.५/३: १६१.५; काठसं. ८.१६/३ द्र. बाधेतां आदि
बाधते तमो अजिरो न वोधाः – ऋ. ६.६.४.३/४
बाधन्ते विश्वमभिमातिनमप – ऋ.१.८५.३/३
बाधमाना अप द्विषः – ऋ.१.६०.३/३
बाधसे जनान् वृषभेव मन्युना – ऋ. ६.४६.४/१
बाधस्व दुरे (तैसं. द्वेषो) निर्ऋतिं पराचैः – ऋ. १.2४.६/३; तैसं. १.४.४५.१/३ द्र. आरे बाधस्व निर... तथा तु. बाधेथां दूरम्
बाधस्व द्विषो (मैसं. रिपून्) रक्षसो अमीवाः – ऋ. ३.१५.१/2; वा. ११.४६/2; तैसं.४.१.५.१/2; मैसं. 2.७.५/2: ७६.१४; काठसं. १६.४/2; शब्रा. ६.४.४.2१
बाधस्व द्वेषा आदिः द्र. बाधस्व दूरे
बाधस्व रिपूनादिः द्र. बाधस्व द्विषो
बाधस्वेतः किमीदिनः – अ.८.६.2५/४
बाधे अर्चन्त्योजसा – ऋ.१.३2.५/५
बाधेतां द्वेषो अभ्यं कृणुताम् – तैब्रा. ३.११.५/३ द्र. बाधतां आर्दि
बाधेथां दूरं निर्ऋतिं पराचैः – अ. ६.६७.2/३; ७.४2.१/३ द्र. आरे बधेथं निर..., तथ तु. बाधस्व दूरे
बाधे मरुतो अह्वाम देवान् – ऋ. ६.५०.४/४
बार्हतैः सोम रक्षितः – ऋ.१०.८५.४/2; अ. १४.१.५/2
बार्हस्पत्य उस्रियस्तन्तुमातान् – अ.६.४.१/४
बार्हस्पत्यमसि – माश्रौसू.१.2.१.६ तु. उत्तरम्, तथ बार्हस्पत्यो
बार्हस्पत्यमसि वानस्पत्यं प्राजापतेर्मुर्धेत्यायुपात्रम् (मूघात्यायुपत्रम्) – जैब्रा.१.७३ तु. अत्र पूर्वम्
बार्हस्पत्येन (कौसू. ...पत्येष्टिः) शर्मणा दैव्येन – आपश्रौ. ४.७.2/४; कौसू.३.१०/४
बार्हस्पत्योऽसि – पंचब्रा.१.2.४; ६.५.३ प्रः बार्हस्पतयः पंचब्रा. ६.५.५ तु. अत्र बार्हस्पत्यमसि
बालघ्नान् मातृपितृवधाद् भूमितस्करात् – खिल. ६.६७.१2/१
बालधूर्तम् (बौधसू. बालवृद्धम्) अधर्मं च विष्णुस्मृ. ४८.22/१; बौधसू. ३.६.५/३
बालाद् एकमणीयस्कम् – अ.१०.८.2५/१
बालान् कश्चित् प्रकृन्तति – अ. १2.४.७/2
बालास्त प्रोक्षणीः सन्तु – अ.१०.६.३/१ प्रः बालास्ते –कौसू. ६५.६
बालेभ्यः शपेभ्यः – अ. १०.१०.१/३
बाष्कलम् (तर्पयामि) – आगृ. ३.४.४; शां गृ सू. ४.१०.३
बाहुक्षदः शरवे पत्यमानान् – ऋ. १०.2७.६/2
बाहुच्युता पृथिवी द्यामिवोपरि – अ. १८.३.2५/३ – 2८/2; ३०/2 – ३५/2

बाहुच्युतो धिष्णाया(तैसं. ...षणेयार्) उपस्थात् (काठसं. ... स्थे) – ऋ. १०.१७.१2/2; तैसं. ३.१.१०.१/2; काठसं. ३५.८/2; गोब्रा. 2.2.१2; वैसू. १५.१७/2; माश्रौसू. 2.४.३.2६/2 द्र. ग्रावच्युतो
बाहुभ्यां वि वृहामि ते – ऋ. १०.१६३.2/४; अ. 2.३३. 2/४; 2०.६६.१८/४; आपमपा. १.१७.2/४
बाहुभ्यां स्वाहा – तैसं. ७.३.१६.2; काठसं अश्व. ३.६
बाहुभ्यां तव धन्वने – वा. १६.१४/४; तैसं. ४.५.१.४/४; मैसं.2.६.2/४: १2१.१७; काठसं. १७.११/४; नील उप. १2/४
बाहुभ्यां न उरुष्यतम् – ऋ. ८.१०१.४/४
बाहुभ्यामग्निमायवोऽजनन्त – ऋ. १०.७.५/३
बाहुभ्यामदितिर्धिया – वा. ११.५७/2; तैसं. ४.१.५.३/2; मैसं.2.७.५/2: ८०.११; काठसं.१६.५/2; शब्रा. ६.५.१. ११
बाहुभ्याम् उत ते नमः – वा. १६.१/३; तैसं. ४.५.१.१/४; मैसं. 2.६.2/४: १2०.१७; काठसं. १७.११/2; शब्रा. ६.१.१.१४ द्र. नमस्ते अस्तु बाहुभ्याम्।
बाहुभ्याम् ऊरुभ्यामष्ठीवद्भ्याम् – तैब्रा. ३.७.१2.2/2; तैआ. 2.३.१/2
बाहुभ्यां मे यतो – यतः – साम मन्त्रब्रा. 2.५..३/१
बाहुर्नक्षत्रम् – मैसं. 2.१३.2०: १६५.१५ द्र. आर्द्रा नक्षत्रम्।
बाहुवृक्तः श्रुतवति तर्यो वः सचा – ऋ.५.४४.१2/2
बाहुवोर्बलम् – तैसं. ५.५.६.2; तै आ आन्ध्र. १०.७2 द्र. अत्र बहु बाह्वोर्।
बाहुवोस्तव आदिः द्र. बाह्वोस् आदि।
बाहू अयंस्त सवनाय सुक्रतुः – ऋ. ६.७१.१/2
बाहू मे बलमिन्द्रियम् – वा. 2०.७/१; मैसं. ३.११.८/१: १५2.३; काठ सं ३८.४/१; तैब्रा. 2.६.५.५/१
बाहू यच्छग्ने अनुमर्मृजानः – ऋ. १०.१४2.५/३
बाहू राजन्यः कृतः (अ. राजन्योऽभवत्) – ऋ.१०.६०. १2/2; अ. १६.६.६/2; वा. ३१.११/2; तैआ. ३.१2. ५/2; वासिधशा. ४.2/2
बाह्वोर्बलम् – वैसू. ३.१४; माश्रौसू. ५.2.१५.2०; पारगृसू. १.३.2५ द्र. अत्र बहु बाह्वोर्।
बाह्वोस् (तैसं. बाहुवोस्) तव हेतयः – वा. १६.५३/2; तैसं. ४.५.१०.५/2 द्र. हेतयस्तव।
बाह्वोस्ते बलं हितम् – ऋ. १.८०.८/४
बिद्वो न्याङ्कुः कशस्तेऽनुमत्याः – काठसं अश्व. ७.७ द्र. पित्वो आदि।
बिभ्या हि त्वावतः – ऋ. ८.४५.३५/१
बिभर्ति चार्व् इन्द्रस्य नाम – ऋ. ६.१०६.१४/१

बिभर्तिपरमेष्ठिनम् – अ. १६.५३.६/४
बिभर्ति भर्ता विश्वस्य – अ. ११.७.१५/३
बिभर्ति भारं पृथिवी न भूम – ऋ. ७.३४.७/2; मैसं. ४. ६.१४/2: १३४.१०; तैआ.४.१७.१/2
बिभर्ति या प्राणभृतो अतन्द्रिता – पारगृसू.2.१७.६/2
बिभीयादा निधातोः – ऋ.१.४१.६/2; निरु. ३.१६/2
बिभृमसि प्रस्रवणे न सोमम् – ऋ. १०.१४८.2/४
बिभेद गिरिं नवमिन् न कुम्भम् – ऋ. १०.८६.७/३
बिभेद बलं भृगुरादिः द्र. बिभेद वलं आदि।
बिभेद बाह्वोजसा – ऋ.८.६३.2/2; अ.2०.७.2/2; सा. 2.८०१/2
बिभेद वलं नुनुदे विवाचः – ऋ. ३.३४.१०/३; अ. 2०. ११.१०/३; मैसं. ४.१४.५/३: 222.१०
बिभेद वलं (अ. आश्रौ. बलं) भृगुर्न ससाहे (अ. ससहे) – अ. 2.५.३/३; सा. 2.३०.४/३; आश्रौ. ६.३.१/३; शांश्रौसू. ६.५.2/३
बिभ्यतो निर्ऋतेः सह – आपमपा. 2.22.१2/2; हिर गृसू. १.१६.५/2
बिभ्यन्तः पररेतसः – आपधसू. 2.६.१३.६/४
बिभ्यस्यन्तोऽ ववाशिरे (ववाशिरे इति पठतु) – निरु. १. १०/३
बिभ्रतावर्चनानसम् – ऋ. ५.६४.७/५
बिभ्रती जरामजर उष आगाः – तैसं. ४.३.११.५/४; काठसं. ३६.१०/४; पारगृसू. ३.३.५/४
बिभ्रती दुग्धमृषभस्य रेतः – अ. १४.2.१४/४
बिभ्रतीः सोम्यं मधु – अ. ३.१४.३/३
बिभ्रत् पात्रा देवपानानि शंतमा – ऋ. १०.५३.६/2
बिभ्रत् संश्रेषिणेऽज्यत् – अ. ८.५.१४/४
बिभ्रदभ्रिं हिरण्ययीम् – वा. ११.११/2; तैसं.४.१.१.४/2; मैसं. 2.७.१/2: ७४.१६; काठसं. १६.१/2; शब्रा. ६. ३.१.४2
बिभ्रदिन्द्रं महीयते – अ. 2०.१2८.१६/४
बिभ्रदौदुम्बरं मणिम् – अ. १६.३१.४/४
बिभ्रद् द्रापिं हिरण्ययम् – ऋ. १.2५.१३/१
बिभ्रद्वज्रं वृत्रहणं गभस्तौ – ऋ. ६.2०.६/2
बिभ्रद्वज्रं बाह्वोरिन्द्र यासि – ऋ. ६.2३.१/४
बिभ्रन् निष्कं च रुक्मं च – आपमपा. 2.१६.३/१,६/१ (आपमपा. ७.१८.१); हिर गृसू. 2.७.2/४
बिलं वि ष्यामि मायया – अ. १६.६८.१/2
बिसं शालूकं शफको मुलाली – अ. ४.३४.५/४
बिसानि स्तेनो अप सो जहार – ऐब्रा. ५.३०.११/४
बीजं वहध्वे अक्षितम् – ऋ. ५.५३.१३/2

बीजं एतन् निधीयते – ऐब्रा. ७.१३.१०/४; शांश्रौसू. १५. १७/४
बीभत्सवः शुच्किामा हि देवाः – कौसू. ७३.१८/१
बीभत्सा नाम स्थापः स्वाहाकृताः पृथिवीमाविशत – आपश्रौ. १०.१४.१
बिभत्साभ्योऽद्भयः स्वाहा – कात्यश्रौसू. 2५.११.2६
बीभत्सायै पौल्कसम् – वा. ३०.१७; तैब्रा. ३.४.१.४
बीभत्सुवो अप वृत्रदतिष्ठन् – ऋ. १०.१2४.८/४
बीभत्सूनां स्युजं हंसमाहुः – ऋ.१०.१2४.६/१
(ओं) बुधं तर्पयामि – बौधसू. 2.५.६.६
बुध्नस्तवाग्रे विश्वव्यचा अपश्यत् – अ.१६.५६.2/१
बुध्नादग्रमंगिरोभिर्गृणानः – तैसं. 2.३.१४.५/१ द्र. भिनद्वलमंगिरोभिर्
बुध्नादग्रण वि मिमाय मानैः – तैसं. 2.३.१४.५/१ द्र. सद्मेव प्रार्चो
बुध्नाद् यो अग्रमभ्यर्त्योजसा – तैसं.2.३.१४.६/१
बुध्ने नदीनां रजस्सु षीदन् – ऋ. ७.३४.१६/2; निरु. १०.४४
बुध्येम शरदः शतम् – अ. १६.६७.३
बृबदुक्थं हवामहे – ऋ. ८.३2.१०/१; सा. १.2१७/१; निरु. ६.४
बृबुं सहस्रदातमम् – ऋ. ६.४५.३३/३
बृहच्च ते रथंतरं च पूर्वौ पादौ भवताम् – ऐब्रा. ८.१७.2 तु. बृहद्रथंतरे ते पूर्वौ
बृहच्च रथंतरं च – वा. १८.2६; तैसं.३.४.४.१; मैसं. 2.११. ६: १४४.१; काठसं. १८.१2; शब्रा. ६.३.३.१४; पारगृसू. १.५.६
बृहच्छन्दः – वा. १५.५; तैसं. ४.३.१2.2; मैसं. 2.८.७: १११. १६; काठसं. १७.६; शब्रा. ८.५.2.५
बृहच्छन्दाः पूतिधान्या – अ. ३.१2.३/2
बृहच्छरीरो विमिमान ऋक्वभिः – ऋ. १.१५५.६/३
बृहच्छेपोऽनु भूमौ जभार – अ. ११.५.१2/2I
बृहच्छोचन्त्यर्चयः – ऋ. ५.१७.३/४
बृहच्छोचा यविष्ठय – ऋ. ६.१६.११/३; सा. 2.११/३; वा. ३.३/३; शब्रा. १.४.१.2६; ३.३; तैब्रा. १.2.१. १०/३; ३.५.१.2.१/३; आपश्रौ. ५.६.३/३
बृहच्छरवा असुरेभ्योऽधि देवान् – अ. १६.५६.३/१
बृहच्छवा असुरो बर्हणा कृतः – ऋ. १.५४.३/३; निरु. ६.१८
बृहज्जालेन संदितः – अ. ८.८.४/४
बृहज् ज्योतिः करिष्यतः – वा.११.३/३; तैसं. ४.१.१.१/३; मैसं.2.७.१/३: ७३.१३; काठसं.१५.११/३; शब्रा. ६.३. १.१५; श्वेत उप. 2.३/३
बृहज्जयोतिषं त्वा सादयामि – तैसं. १.४.३४.१; मैसं. 2. १३.१६: १६५.७; काठसं.४०.४; तैआ.३.१६.१
बृहज् ज्योतिः समीधिरे – वा. ११.५४/2; तैसं. ४.१.५. 2/2; मैसं.2.७.५/2: ८०.५; काठसं. १६.५/2; शब्रा. ६.५.१.७
बृहत् – कात्यश्रौसू. ४.६.१५; मागृसू.. १.१४.१६ तु. बृहदसि।
बृहतः परि सामानि – अ. ८.६.४/१
बृहतः प्रवतादधि – ऋ. ४.३०.१४/2
बृहता त्वा रथंतरं शम्यामि – कौसू. ६६.३/2
बृहता त्वा रथंतरेण त्रैष्टुभा (काठसं. त्रिष्टुभा) वर्तन्या शुक्रस्या त्वा वीर्येणोद् धरे (काठसं. शुक्रस्य वीर्येणोत्सृजाम्यसौ) – मैसं. 2.३.४: ३१.६; काठसं. ११.७ प्रः बृहता त्वा –माश्रौसू. ५..2.2.६ द्र. बृहद्रथंतरयोस्
बृहता मन उप हव्ये मातरिश्वना प्राणापानौ (ऐब्रा.गोब्रा. हव्ये वयानेन शरीरम्) – अ. ५.१०.८; ऐब्रा. ३.८.३; गोब्रा. 2.३.५ प्रः बृहता मनः कौसू. ६६.2 तु. आपश्रौ. 2४.१४.११
बृहता यशसा बलम् – वा. 2१.2४/३; मैसं.३.११.१2/३: १५६.४; काठसं. ३८.११/३; तैब्रा. 2.६.१६.१/३
बृहति स्तश्रभाय – शां गृ सू.३३.१ द्र. अन्तरिक्षे बृहति
बृहती इव सूनवे रोदसी – ऋ. १.५६.४/१
बृहती छन्द इन्द्रियम् – वा. 2१.१५/३; मैसं.३.११.११/३: १५८.५; काठसं. ३८.१०/३; तैब्रा. 2.६.१८.2/३; तु. बृहतीं आदि, तथा बृहत्या
बृहती शन्दः – वा. १४.६,१८; तैसं.३.१.६.2,३; ४.३..५.१; ७. १; मैसं. 2.८.2: १०८.2; 2.८.३: १०८.१४; 2.१३.१४: १६३.१३; काठसं. १७.2; ३६.४; शब्रा. ८.2.४.६; ३.३.६; आपश्रौ. १६.2८.१
बृहतीं छन्द इन्द्रियम् – वा. 2८.2७/५; तैब्रा. 2.६.१७. ३/५ तु. अत्र बृहती आदि
बृहती दिक् – वा. १४.१३; १५.१४; तैसं.४.३.६.2; ४.2.2; ५.५.१०.2; काठसं. १७.३,८; 20.११; शब्रा. ८.३.१.१४; ६.१.६; आपमपा. 2.१७.१८ द्र. ऊर्ध्वा दिक्।
बृहती पंकतये – वैसू. १८.१
बृहती परि मात्रायाः – अ. ८.६.५/१
बृहतीमिन्द्राय वाचं वद – वा. ५.22; तैसं. १.३.2.2; मैसं. १.2.१०: १६.१७; ३.८.८: १०६.६; काठसं.2.११; 2५.६; शब्रा. ३.५.४.८
बृहतीमूतये दिवम् – तैब्रा. 2.४.६.८/३; आश्रौ. 2.१०.

२१/३

बृहते जातवेदसे – अ. १९.६४.१/2; आगृ. १.२१.१/2; शां गृ सू. 2.१०.३/2; साम मन्त्रब्रा. १.६.३2/2; पारगृसू. 2.४.३/2; हिर गृसू. १.७.2/2; आपमपा. 2.६.2/2

बृहते देवतातये – ऋ. ६.१५.2/2; सा. 2.६१७/2

बृहते नमः – काठसं अश्व. ११.2

बृहते वाजसातये – अ. १४.2.७2/४

बृहते शुक्रशेचिषे – ऋ. ८.१०३.८/2; सा. १.१०७/2; 2.22८/2

बृहते सौभगाय कम् – अ. १४.2.३०/४

बृहतो भरद्वाज ऋषिः – तैसं. ४.३.2.१ द्र. भरद्वाज ऋषिः।

बृहतो मा वाजेन वाजय – काठसं. ५.2.३2.2

बृहतो रोचनादधि – ऋ. ८.१.१८/2; सा.१.५2/2

बृहत् कृधि मघोनाम् – ऋ. ५.१८.५/४; तैब्रा.2.७.५.2/४

बृहत्केतुं पुरुरूपं धनस्पृतम् – ऋ. ५.८.2/३

बृहत्ततन्थ भानूना – ऋ. ६.१६.२१/३; तैसं.2.2.१2.१/३; काठसं.२०.१४/३; तैब्रा. 2.४.८.१/३

बृहत्ते अग्ने महि शर्म भद्रम् – ऋ. ५.१.१०/४; काठसं. ७.१६/४; तैब्रा. 2.४.७.६/४ द्र. महत् आदि।

बृहत्ते जालं बृहत इन्द्र शूर – अ. ८.८.७/१

बृहत्ते विष्णो सुमतिं भजामहे – तैब्रा.2.४.३.६/४ द्र. महस्ते विष्णो।

बृहत्पलाशे सुभगे – अ.६.३०.३/१

बृहत्या छन्दसेन्द्रियम् – वा. २८.३८/४; तैब्रा. 2.६.२०.2/३ तु. अत्र बृहती छन्द।

बृहत्युष्णिहा ककुप् (तैसं. ककुत)– वा. २३.३३/३; तैसं. ५.2.११.१/३; मैसं. ३.१2.२१/३: १६७.४; काठसं अश्व. १०.५/३

बृहत् साम – वा.१०.११; तैसं. १.८.१३.१; मैसं. 2.६.१०: ६६.१५; 2.७.२०: १०५.४; काठसं. १५.७; ३६.७; शब्रा. ५.४.१.४

बृहत् साम क्षत्रभृद्वृद्धवृष्ण्यम् (मैसं. ...वृष्णम्; तैसं. ...वृष्णियम्) – तैसं. ४.४.१2.2/१; मैसं.३.१६.४/१: १८८.४; काठसं.22.१४/१; आश्रौ. ४.१2.2/१

बृहत् साम प्रतिष्ठित्या अन्तरिक्षे (काठसं. ...क्षम्; तैसं. प्रतिष्ठित्यै, अन्तरि...इत्यस्य लोपः) – वा. १५.११; तैसं.४.४.2.१; मैसं. 2.८.६: ११३.१2; शब्रा. ८.६.१.६

बृहस्त्सुमनः प्रसविता निवेशनः – ऋ. ४.५३.६/१

बृहत् सुवीरमनपच्युतं सहः – ऋ. ५.४४.६/४

बृहत् सूरो (काठसं. सूर्यो) अरोचत – ऋ. ८.५६(वाल.८). ५/४; काठसं. ३६.१५/४

बृहत् सोमो वावृधे सुवान इन्दुः (सा. स्वानो अद्रिः) – ऋ. ६.६७.४०/४; सा.१.५2६/४; 2.६०३/४; तैआ. १०.१.१५/४; महा नारा उप. ६.१/४; निरु. १४.१६/४

बृहत् स्वश्चन्द्रममवद् यच्छ् उक्थ्यम् – ऋ. १.५2.६/१

बृहदग्नयः समिधा जरन्ते – ऋ. ७.७2.४/४

बृहदग्न विवासि – ऋ. १.७४.६/2

बृहदग्ने सुवीर्यम् – ऋ. ६.१६.१2/३; सा. 2.१2/३; तैसं. 2.५.८.१/३,2; तैब्रा. ३.५.2.2/३; शब्रा. १.४.१.२८

बृहदनीक इध्यते – सा. १.८६/४ द्र. आक्र्सो अनीक

बृहदन्यतः पक्ष आसीत् – अ.१३.३.१2/१

बृहदर्कं युंजानः सुवर्बाभरन्निदम् – तैसं. ४.३.११.2/४ द्र. अत्र अर्कं युंजानाः

बृहदर्की यजमानाय स्वराभरन्तीम् – अ. ८.६.१४/४ द्र. अत्र पूर्वम्

बृहदर्च विभावसो – ऋ. ५.२५.७/2; सा. १.८६/2; वा. २६.१2/2; तैसं. १.१.१४.४/2; काठसं. ३६.१४/2; कौषी ब्रा.२४.१

बृहदसि – पंचब्रा. १.७.४; लाटयश्रौसू. 2.८.८; पारगृसू. ३.१४.४; हिर गृसू. १.१2.2 तु. बृहत्

बृहदस्मै वय इन्द्रो दधाति – ऋ. १.१2५.2/2; निरु. ५.१६/2

बृहदिन्द्राय गायत – ऋ. ८.८६.१/१; सा.१.२५८/१; वा. २०.३०/१; ऐब्रा. ४.३१.६; ५.६.६; १८.१०; कौषी ब्रा. २७.2; तैब्रा.2.५.८.३/१; ऐआ.१.2.१.१2; आश्रौ. ७.३.2; वैसू. ३०.१६/१; सावि ब्रा. १.३.१० प्रः बृहदिन्द्राय –शांश्रौसू. १०.१३.१०

बृहदुक्षे (वा.शब्रा. बृहदुक्षाय) नमः – वा. ८.८; तैसं.१.४.२६.१; मैसं. १.३.२८: ४०.१; ४.७.१: ६४.६; काठसं.४.१०; २८.७; शब्रा. ४.४.१.१४ बृहद् ...नमः तैसं. ६.५.७.३

बृहदुक्षो मरुतो विश्वसेदसः – ऋ. ४.२६.४/३

बृहदु गायिषे वचः – ऋ. ७.६६.१/१; ऐब्रा. ५.६.७; आश्रौ. ७.१2.७

बृहदृषभं गां वयो दधत् – वा.२८.३४/६ द्र. बृहद्वृषभम्

बृहदेनमनु वस्ते पुरस्तात् – अ. १३.३.११/१

बृहद् गभीरं तव सोम धाम – ऋ. १.६१.३/2

बृहद् गायत्रवर्तनि – वा. ११.८/३; तैसं. ३.१.१०.१/३; ४.१.१.३/३; मैसं.2.७.१/३: ७४.११; काठसं. १५.११/३; शब्रा. ६.३.१.२०/३; कौसू. ५.७/३

बृहद् गायन्तः सुतसोमे अध्वरे – ऋ. ८.६६.१/३; सा. १.2३७/३; 2.३७/३

बृहद्गिरयो बृहद् उक्षमाणाः – ऋ. ५.५७.८/४; ५८. ८/४

बृहद्ग्रावासि (का. बृहन् ग्रा...) वानस्पत्यः – वा. १.१५; का. १.५.४; मैसं. १.१.६ः ३.१३; ४.१.६ः ८.६; काठसं. १.१५; ३१.१४; शब्रा. १.१.४.१० प्रः बृहद्ग्रावासि – माश्रौसू.१.2.2.12; बृहद्ग्रावा –कात्यश्रौसू. 2.४.११ तु. अत्र अद्रिरसि।

बृहद् दधाथ घृष्टा गभीरम् – ऋ. ४.५.६/३

बृहद्दिवा अध्वराणामभिश्रियः – ऋ.१०.६६.८/2

बृहद् देवासो अमृतत्वमानशुः – ऋ.१०.६३.४/2

बृहद् ध तस्थौ भुवनेष्वन्तः – ऋ. ८.१०१.१४/३; ऐआ.2. १.१.४/३,७ द्र. बृहन् ह, तथा महद् ध।

बृहद्धि जालं बृहतः – अ. ८.८.६/१

बृहद् – बृहत् – शब्रा. ४.३.३.१; कात्यश्रौसू. १०.१.१०; आपश्रौ. १३.१.१०; माश्रौसू. 2.४.४.१७

बृहद् बृहत एदरिः – ऋ. १.६.१०/2; अ. 20.७१.१६/2

बृहद् बृहत्या निर्मितम् – अ. ८.६.४/३

बृहद्भवत्याहुतेः – अ. ३.22.४/2

बृहद्भाः – तैसं. १.१.12.१; मैसं.१.१.१३ः ८.११; तैब्रा. ३.३.७. ८; आपश्रौ. 2.१४.१० तु. बृहद् भा बृहद्

बृहद्भानो यविष्ठय – ऋ.१.३६.१५/४

बृहद्भानो यविष्ठय – ऋ.१.३६.१५/४

बृहद्भानो शवसा वाजम् उक्थ्यम् – ऋ. १.१४०.१/३; सा. 2.११६६/३; वा. १2.१०६/३; तैसं. ४.2.७.2/३; मैसं.2.७.१४/३ः ६५.१३; काठसं. १६.१४/३; शब्रा. ७. ३.१.2६

बृहद् भा बिभ्रतो हविः – ऋ. १.४५.८/३

बृहद् भा बृहद् भा बृहद् भा बृहद् भा इं बृहद् भा इं बृहद् भा इम् – मैसं.४.६.22५ १३६.८ द्र. बृहद् भाः।

बृहद्भिरग्ने अर्चिभिः – ऋ. ६.४८.७/१; सा.१.३७/१

बृहद्भिर्भासन् – वा.१2.३2/३; तैसं. ४.2.३.१/३; मैसं. 2. ७.१०/३ः ८७.१2; काठसं. १६.१०/३; शब्रा. ६.८.१.६

बृहद्भिर्वाजै (मैसं. ...जैः; काठसं. ...जैस्) स्थविरेभिरस्मे – ऋ. ६.१.११/३; मैसं. ४.१३.६/३ः 20७.१2; काठसं. १८.20/३; तैब्रा. ३.६.१०.५/३

बृहद्भिः सवितस्त्रिभिः – मैसं.३.११.१०/१ः १५६.६; तैब्रा. १. ४.८.३/१ द्र. ाभिष् ट्वं।

बृहद् यशो नावमिवा रुहेम – खिल. ५.५१.१/४; सुपर्ण. १६.५/४

बृहद्रथंतरयोस्तवा स्तोमेन त्रिष्टुभो वर्तन्या शुक्रस्य वीर्येण देवस्तवा सवितोत् सृजतु जीवातवे जीवनस्यायै – तैसं. 2.३.१०.2 प्रः बृहद्रथंतरयोस्तवा स्तोमन – तैसं.2.३.११.४ द्र. बृहता त्वा रथंतरेण

बृहद्रथंतराभ्यामिदमेति युक्तम् – ऐब्रा. ५.३०.३/१

बृहद्रथंतरे ते चक्रे – आगृ. 2.६.१

बृहद्रथंतरे ते पूर्वौ पादौ श्यैतनौधसे अपरौ वैरूपवैराजे अनूची शाक्वररैवते तिरश्ची – लाटयश्रौसू.३.१2.६ तु बृहच् च ते।

बृहद्रथंतरे पक्षौ – वा. १2.४; तैसं. ४.१.१०.५; मैसं. 2.७.८ः ८४.१६ काठसं.१६.८; शब्रा. ६.७.2.६

बृहद्रथंतरे म ऊरू वामदेव्यमात्मा यज्ञायज्ञीयं प्रतिष्ठा भूरहं भुवरहं स्वरहमश्माहमश्माखणः सुत्रामाणम् –शांश्रौसू. ६.३.८

बृहद्रथा बृहती विश्वमिन्वा – ऋ.५.८0.2/३

गृहद्रयिं विश्वारं रथप्राम् – ऋ. ६.४६.४/2; वा. ३३. ५५/2; मैसं. ४.१०.६/2५ १५८.2; तैब्रा. 2.८.१.2/2

बृहद् राष्ट्रं संवेश्यं दधातु – अ.३.८.१/४

बृहद्रेणुश्चयवनो मानुषीणाम् – ऋ. ६.१८.2/३; काठसं. ८.१७/३

बृहद् रोदसी शरणं शुषुम्ने – ऋ. ६.५०.३/2

बृहद्वदन्ति मदिरेण मनदिना – ऋ.१०.६४.४/१; कौषी ब्रा. 2६.१ प्रः बृहद्वदन्ति – शांश्रौसू. ७.१५.११

बृहद्वदेम विदथे सुवीराः – ऋ.2.१.१६/४; 2.१३/४; 2. १३/४; ११.21/४; १३.१३/४; १४.१2/४; १५. १०/४; १६.६/४; १७.६/४; १८.६/४; १६.६/४; 20.६/४; 2३.१६/४; 2४.१६/४; 2७.१७/४; 2८. ११/४; 2६.७/४; ३३.१५/४; ३५.१५/४; ३६.८/४; ४०.६/४; ४2.३/४ ४३.३/४; ६.८६.४८/४; अ. १८.३.2४/४; वा.३४.५८/४; मैसं.४.१2.१/४ः १७८.८; ४.१४.१/४ः 2१५.६; कौषी ब्रा. ८.५; तैब्रा.2.८.१.६/४; ५.१/४; ६.६/४; तैआ. १०.३६.१/४; महा नारा उप. १६.४/४; शांश्रौसू. ५.६.१६; कौसू. ४६.५४/४; निरु. १.७/४

बृहद्वयः शशमानेषु धेहि – ऋ. ३.१८.४/2

बृहद्वयसे त्वा – मैसं.2.१३.१७ः १६४.१४

बृहद्वयसे स्वाहा – मैसं. ३.१2.१४ः १६४.६

बृहद्वयाश्च स्वयाश्च – आपश्रौ. १७.६.१ द्र. सवयाश्

बृहद्वयो दधिरे रुक्मवक्षसः – ऋ. ५.५५.१/2

बृहद्वयो दधिषे हर्यतश्चिदा – ऋ.१०.६६.१०/४; अ. 20. ३१.५/४

बृहद्वयो बृहते तुभ्यमग्ने – ऋ. ५.४३.१५/१

बृहद्वयो मघवद्भयो दधात – ऋ. ७.५८.३/१

वैदिकपादानुक्रमकोषः 154

बृहद्वयो हि भानवे – ऋ. ५.१६.१/१; सा. १.८८/१; कौषी ब्रा. 2४.५ प्रः बृहद्वयः – आश्रौ. ४.१३.७; शांश्रौसू. ११.११.७

बृहद्वरूथं मरुताम् – ऋ. ८.१८.20/१

बृहद्वृषभं गां वयो दधत् – तैब्रा. 2.६.१७.७/६ द्र. बृहद् ऋषभम्

बृहद्वोवय उच्यते सभासु – ऋ. ६.2८.६/४; अ.४.2१.६/४; तैब्रा. 2.८.८.१2/४

बृहन् ग्रावासि आदिः द्र. बृहद्ग्रावासि आदि।

बृहन्त इद् भानवो भार्जीकम् – ऋ. ३.१.१४/१

बृहन्त इन् नु ये ते तरुत्र – ऋ. 2.११.१६/१

बृहन्तं गर्तमाशाते – ऋ. ५.६८.५/३; सा. 2.८१७/३

बृहन्तं चिदृहते रन्धयानि – ऋ. १०.2८.६/३

बृहन्तम् चिदृहते रन्धयानि – ऋ. १०.2८.६/३

बृहन्तमृष्वमजरं युवानम् (ऋ. ६.४६.१०/३ सुषुम्नम्) – ऋ. ३.३2.७/2; ६.१६.2/2; ४६.१०/३

बृहन्तं मानं वरुण स्वधावः – ऋ. ७.८८.५/३; मैसं. १४.६/३: 22६.८

बृहन्तं मामकरद्वीरवन्तम् – तैब्रा. ३.७.१०.१/३; आपश्रौ. १४.३१.३/३

बृहन्तेव गम्भरेषु प्रतिष्ठाम् – ऋ. १०.१०६.६/१

बृहन्तो दैवाः (वा. दिव्याः) – वा. 2४.१०; मैसं. ३.१३.११: १७०.१०; आपश्रौ. 2०.१४.६

बृहन्तो नाम ते देवाः – अ. १०.७.2५/१

बृहन्नछायो अपलाशे अर्वा – ऋ.१०.2७.१४/१

बृहन्नद्रिरभवत् तद् एषाम् (अ. अभवद् यच् छरीरम्; मैसं. काठसं. अभवद् यत् तदासीत्) – अ. ६.४.५/४; तैसं. ३.६.2/४; मैसं.2.५.१०/४: ६१.१३; काठसं.१३.६/४

बृहन् नवन्त वृजना – ऋ. १०.१७६.१/2

बृहन्नसि बृहद्रवा (तैसं. काठसं. बृहद्ग्रावा; मैसं. बृहद्रायाः; माश्रौसू. बृहद्रायः) – वा. ५.22; तैसं. १.३.2.2; मैसं. १.2.१०: १६.१६; ३.८.८: १०६.६; काठसं.2.११; 2५.६; शब्रा. ३.५.४.८; माश्रौसू. 2.2.३.६,८ प्रः बृहन्नसि – कात्यश्रौसू. ८.५.७; आपश्रौ. १2.१.६

बृहन्नसि वानस्पत्यः – मैसं.१.2.2: ११.६; माश्रौसू. 2.१.2.१५ द्र. उर्ध्वसद्।

बृहन्निदिध्म एषाम् – ऋ. ८.४५.2/१; सा. 2.६८६/१; वा. ३३.2४/१

बृहन्निन्द्र हिरण्ययः – अ. ६.८2.३/2

बृहन्नेषामधिष्ठाता – अ. ४.१६.१/१ प्रः बृहन्नेषाम् –कौसू. ४८.७

बृहन् महान्त उर्विया वि राजथ – ऋ.५.५५.2/2

बृहन् मित्रस्य वरुणस्य धाम (ऋ. 2.2७.७/३, शर्म) – ऋ. 2.2७.७/३; १०.१०.६/३; अ. १८.१.७/३

बृहन् मिमाय जमदग्निदत्ता – ऋ. ३.५३.१५/2

बृहन् ह तस्थो रजसो विमानः (जैब्रा. विमानैव) – अ. १०.८.३/१,४०/३; जैब्रा. 2.22६ (22४)/३ द्र. अत्र बृहद् ध।

बृहस्पत आयुधैर्जेषि शत्रून् – ऋ. 2.३०.६/३

बृहस्पत इन्द्र वर्धतं नः – ऋ. ४.५०.११/१

बृहस्पत्य आंगिरसाय स्वाहा – कौसू. १३५.६ तु. बृहस्पतये स्वाहा।

बृहस्पतये गवयान् – वा. 2४.2८; मैसं.३.१४.१०: १७४.५

बृहस्पतये त्वा – वा. 2६.३।

बृहस्पतये त्वा मह्यं वरुणो ददातु (मैसं. ...ति) – वा. ७.४७; मैसं. १.६.४: १३४.; शब्रा. ४.३.४.३०; शांश्रौसू. ७.१८.३ प्रः बृहस्पतये त्वा – कात्यश्रौसू. १०.2.३०; माश्रौसू.५.2.१४.१०;–११.१.१

बृहस्पतये त्वा विश्वदेव्यावते स्वाहा – वा. ३.८.८; शब्रा. १४.2.2.१०; तैआ. ४.६.2; ५.७.११

बृहस्पतयेऽनुब्रूहि – माश्रौसू. ७.१.2

बृहस्पतये पांकताय त्रिणवाय शाक्वराय हैमन्तिकाय (पदलोपः वा.) चरुः (मैसं. चरुम्) – वा. 2६.६०; तैसं. ७.५.१४.१; मैसं.३.१५.१०: १८०.११; काठसं अश्व. ५.१०

बृहस्पतये पिन्वस्व – तैआ. ४.८.३; ५.७.४; आपश्रौ. १५.६.८

बृहस्पतये मधुमां बदाभ्यः – ऋ. ६.८५.६/४

बृहस्पतये महिषा (तैसं. महि षद्)..मन् नमः – अ. 2.३५.४/३; तैसं. ३.2.८.2/३ द्र. बृहस्पते महिष।

बृहस्पतये वाचं वदत – वा.६.११; शब्रा. ५.१.५.८

बृहस्पतये वाचस्पतये पैंगराजः – वा. 2४.३४; मैसं. ३.१४.१६: १७५.१2

बृहस्पतये शित्पुटः (काठसं अश्व. शिंयुतः) – तैसं. ५.५.१७.१; काठसं अश्व.७.७

बृहस्पतयेऽष्टाक्षराय छन्दसे स्वाहा – मैसं.१.११.१०: १७३.५

बृहस्पतये स्वाहा – वा.१०.५; 22.६; तैसं. १.८.१३.३; ७.१.१४.१; १६.१; मैसं.2.६.११: ७०.८; ३.१2: १६०.१६; काठसं. १५.७; ३६.2; काठसं अश्व. १.५,७; शब्रा. ५.३.५.८; १३.१.३.३; तैब्रा. ३.१.४.६; ८६.४; तै आ.१०.६७.2; महा नारा उप. १६.2; आपश्रौ. १६.६2.2 तु. बृहस्पतय अंगिरसाय।

बृहस्पतये हविषा विधेम – वा.४.७/३; काठसं. 2.2/३; शब्रा. ३.१.४.१५/३
बृहस्पतिः पर्वतेभ्यो वितूर्य – ऋ. १०.६८.३/३; अ. २०. १६.३/३
बृहस्पकितः पुरेता – तैब्रा.2.५.७.३
बृहस्पतिः पुरेता ते अस्तु – अ. ७.८.१/2; तैसं. १.2.३. ३/2; ३.१.१.४; कौषी ब्रा. ७.१०; आश्रौ. ४.४.2/2; शांश्रौसू. ५.६.2/2; माश्रौसू.2.१.३.१५/2
बृहस्पतिः पुरोधया – तैआ. ३.८.2
बृहस्पतिः प्रतिगृह्णातु नः – वैसू. ४.३ द्र. अत्र बृहस्पतिर्यामिमं।
बृहस्पतितः प्रथमं जायमानः – ऋ. ४.५०.४/१; अ.२०. ८८.४; मैसं.४.12.१/१: १७७.१४; काठसं. ११.१३/१; १७.१८; तैब्रा.2.८.2.७/१; ३.१.१.५/१; आश्रौ. ६.६.७; माश्रौसू. ५.१.६.२०; – ७.2.६ प्रः बृहस्पतिः – मैसं.४. १४.४: 22०.2
बृहस्पतिः प्रथमः सूर्यायाः – अ. १४.१.५५/१ प्रः बृहस्पतिः –कौसू. ७६.१४
बृहस्पतिः प्रसूतः – माश्रौसू. ५.2.१५.१०; – ५.2.१६.१४
बृहस्पतिः प्रायच्छद्वास एतत् – अ.2.१३.2/३; १६.2४. ४/३; आपमपा. 2.2.६/३; हिर गृसू. १.४.2/३
बृहस्पतिं यज – माश्रौसू. ७.१.2
बृहस्पतिं यज्ञमकृण्वत ऋषिम् – ऋ. १०.१३.४/३ द्र. बृहस्पतिर्यामतनुत।
बृहस्पतिं यः सुभृतं बिभर्ति – ऋ. ४.५०.७/३; ऐब्रा. ८. 2६.४
बृहस्पतिं वः प्रजापतिं वो वसून् वो देवान् रुद्रान् वो देवानादित्यान् वो देवान् साध्यान् नो देवानाप्त्यान् वो देवान् विश्वान् नो देवान् सर्वान् वो देवान् विश्वतस्परि हवामहे – गोब्रा.2.2.१५; वैसू.१७.७ तु. बृहस्पतिं विश्वान्।
बृहस्पतिं वरुणं मित्रमग्निम् – अ. ३.2१.८/2
बृहस्पतिं वरेणयम् – ऋ.३.६2.६/३; काठसं. ४.१६; माश्रौसू. ३.१.2६/३
बृहस्पतिं वधर्या नव्यमर्कैः – ऋ.१.१६०.१/2; निरु. ६.2३
बृहस्पतिं वाजं जापयत – वा.६.११; शब्रा. ५.१.५.८
बृहस्पतिं वावृधतुर्महित्वा – ऋ. ७.६७.८/2
बृहस्पतिं विश्वान् देवां अहं हुवे – ऋ. ८.१०.2/३ तु. बृहस्पतिं वः प्र...
बृहस्पतिं वृत्रखादं सुमेधसम् – ऋ. १०.६५.१०/३
बृहस्पतिं वृषणं वर्धयन्तः – ऋ.१०.६७.१०/३; अ.२०.६१. १६/३; मैसं. ४.12.१/३: १७८.2
बृहस्पतिं वृषणं शूरसातौ – ऋ.१०.६७.६/३; अ.२०.६१. ६/३
बृहस्पतिं शकुनिसादेन – वा.2५.३; तैसं. ५.७.१४.१; मैसं. ३.१५.३: १७८.८; काठसं अश्व.१३.४
बृहस्पतिं स ऋच्छतु आदिः द्र. उत्तरमेकवर्जम्।
बृहस्पतिं सदने सादयध्वम् – ऋ.५.४३.12/2; मैसं.४.१४. ४/2: 2१६.११; तैब्रा.2.५.५.४/2
बृहस्पतिं स दिशां देवं देवतानाम् (काठसं.आपश्रौ. बृहस्पतिं स) ऋच्छतु यो मैतस्यै दिशोऽभिदासति – काठसं.७.2; तैब्रा. ३.११.५.३; आपश्रौ.६.१८.३
बृहस्पतिं सनितारं धनानाम् – ऋ. ५..४2.७/2I
बृहस्पतिं संभृतमेतमाहुः – अ. ६.४.८/३
बृहस्पतिं सर्वगणं स्वस्तये – ऋ.५.५१.12/३; मागृसू.. 2. १५.६/३
बृहस्पतिं सवितारं च देवम् – ऋ.३.२०.५/2
बृहस्पतिं सहवाहो वहन्ति – ऋ.७.६७.६/2; काठसं. १७.१८/2
बृहस्पतिं हवामहे – मैसं. ४.12.१/१: १७८.३
बृहस्पतिनाकृपयद्वलो गाः – ऋ.१०.६८.१०/2; अ.२०.१६. १०/2
बृहस्पतिना दत्ताः –मागृसू. 2.१४.2६
बृहस्पतिना देवेन देवताया पंकतेन छन्दसाग्नेः पृष्ठम् उपदधामि – मैसं.2.८.११: ११५.१७
बृहस्पतिना युजेंद्रः ससाहे – ऋ. ८.६६.१५/४; अ.२०. १३७.६/४; ऐब्रा. ६.३६.१३
बृहस्पतिना राया स्वगाकृतः – तैसं. ३.५.५.३/३ द्र. स्वर्गका रकृतो
बृहस्पतिनावसृष्ठाम् – अ. १४.2.५३/१ – ५८/१ प्रः बृहस्पतिना –कौसू. ७६.३१
बृहस्पतिना सख्यं जुषाणः – अ. ७.१०४.१/३
(ओं) बृहस्पतिं तर्पयामि – बौधसू. 2.५.६.६
बृहस्पतिं ते विश्वदेववन्तमृच्छन्तु, ये माघायव ऊध्वाया दिशोऽभिदासान् – अ. १६.१८.१०
बृहस्पतिं नमसाव च गच्छात् – अ. ४.१.७/2
बृहस्पतिपुरोहिताः – वा. २०.११/३; मैसं. ३.११.८/३: १५१.८; शब्रा. 12.८.३.2६; तैब्रा.2.६.५.७/३; हिर गृसू. 2.१७.४/३
बृहस्पतिपुरोहिता देवा देवानां देवा देवाः प्रथमजाः – काठसं. ३८.12; आपश्रौ. १६.१.३
बृहस्पतिप्रणुत्तानाम् – अ. ८.८.१६/३
बृहस्पतिप्रसूता – मैसं.४.६.2: 12३.५
बृहस्पतिप्रसूताः – ऋ. १०.६७.१५/३,१६/३; अ.६.६६.

१/३; वा.१2.८६/३,६३/३; तैसं.४.2.६.४/३; मैसं.2. ७.१३/३: ६४.१2; काठसं. १६.१३/३; ३८.४/३; प्रा उप. १/३
बृहस्पतिप्रसूतो यजमान इह मा रिषत् – तैसं. १.६.१.१
बृहस्पतिमनर्वाणं हुवेम – ऋ. ७.९७.५/४; काठसं. १७. १८/४
बृहस्पतिमभ्यर्का अनावन् – ऋ.१०.६८.१/४; अ.2०.१६. १/४; तैसं.३.४.११.३/४; मैसं. ४.१2.६/४: १९७.१; काठसं. 2३.१2/४
बृहस्पतिमा विवासन्ति देवाः – तैसं. 2.३.१४.६/2
बृहस्पतिमृक्वभिर्विश्ववारम् – ऋ. ७.१०.४/४
बृहस्पतिं पूषणमश्विना भगम् – ऋ. १०.३५.११/३
बृहस्पतिं मतिरच्छा जिगाति – ऋ.१०.४७.६/2
बृहस्पतिं मनुषो देवतातये – ऋ. ३.2६.2/३
बृहस्पतिरग्नितपोभिरर्कैः – ऋ. १०.६८.६/2; अ.2०.१६. ६/2
बृहस्पतिरधिपतिः – अ ३.2७.६
बृहस्पतिरधिपतिरासीत् – वा.१४.2६; ऊँ ४.३.१०.2; मैसं. 2. ८.६: ११०.१३; काठसं. १७.५; शब्रा. ८.४.३.११
बृहस्पतिरनुमृश्या वलस्य – ऋ. १०.६८.५/३; अ.2०.१६. ५/३
बृहस्पतिरभिकनिक्रदद् गाः – ऋ. १०.६७.३/३; अ.2०. ९१.३/३; तैसं. ३.४.११.३/३; मैसं. ४.१2.६/३: १९७. ३; काठसं.2३.१2/३
बृहस्पतिरमत हि त्यच्छासाम् – ऋ. १०.६८.७/१; अ.2०. १६.७/१
बृहस्पतिररमतिः पनीयसी – ऋ.१०.६४.१५/2
बृहस्पतिरष्टमे – वा.३६.६
बृहस्पतिरष्टाक्षरयानुष्टुभम् उदजयत् – मैसं.१.११.१०: १७2.१४; काठसं. १४.४ तु. उत्तरमेकवर्जम्।
बृहस्पतिरष्टाक्षरयाष्टौ दिशा (काठसं. दिश) उदजयत् – मैसं. १.११.१०: १७2.३; काठसं. १४.४
बृहस्पतिरष्टाक्षरम् – मैसं. १.११.१०: १७१.१५; काठसं. १४. ४
बृहस्पतिरष्टाक्षरेण गायत्रीम् उदजयत् (वा. अजयत् ताम् उज्जेषम्) – वा. ९.३2; तैसं.१.७.११.१ तु. पूर्वमेकवर्जम्
बृहस्पतिराग्नीध्रात् प्रणीयमानः – तैसं. ४.४.९.१
बृहस्पतिरंगिरसः – अ. ११.१०. १०/१,१2/१,१2/३,१३/१
बृहस्पतिरंगिरसो ब्रह्मणः पुत्रः – कौसू.१३५.९/१
बृहस्पतिरंगिरसो हविष्मान् – ऋ. ६.७३.१/2; अ. 2०. ९०.१/2
बृहस्पतिरा नयतु प्रजानन् – अ. 2.2६.2/2
बृहस्पतिरिव बुद्धया – साम मन्त्रब्रा. 2.४.१४
बृहस्पतिरिवाहं बलम् – अ. ९.३.2/३
बृहस्पतिरुक्थामदानि शंसिषत् – तैसं. ३.३.2.१; ५.६.८.६; काठसं. ४०.६; ऐब्रा. 2.३८.६; आश्रौ.५.९.१; शांश्रौसू. ७.९.१
बृहस्पतिरुत्थितः – काठसं. ३४.१४
बृहस्पतिरुद्गाता (लाटयश्रौसू. ...गाताहम् मनुषः) – तैसं. ३.३.2.१; लाटयश्रौसू. १.१०.2५
बृहस्पतिरुद्धरन्नश्मनो गाः – ऋ. १०.६८.४/३; अ. 2०. १६.४/३
बृहस्पतिरुपवक्ता – मैसं.१.९.१: १३१.७; तैआ. ३.2.१; शांश्रौसू. १०.१६.४
बृहस्पतिरुषसं सूर्यं गाम् – ऋ. १०.६७.५/३; अ.2०.९१. ५/३; मैसं. ४.१2.५/३: १९३.६; काठसं. ९.१९/३
बृहस्पतिरुस्रिया हव्यसूदः – ऋ. ४.५०.५/३; अ.2०.८८. ५/३; तैसं.2.३.१४.४/३; मैसं.४.१2.१/३: १७८.६; काठसं.१०.१३/३
बृहस्पतिर् ऋक्वभिर्वावृधानः – ऋ. १०.१४.३/2; अ. १८. १.४७/2; तैसं. 2.६.१2.५/2; मैसं. १.१४.१६/2: 2४३.४
बृहस्पतिर्गोवपुषो वलस्य – ऋ. १०.६८.९/३; अ.2०.१६. ९/३
बृहस्पतिर्ददिन्द्रः सहस्रम् (शब्रा.शांश्रौसू.कात्यश्रौसू. इन्द्रो बलं मे) – शब्रा. ११.४.३.७/३; तैब्रा. 2.५.३.३/३; आश्रौ.2.११.४/३; शांश्रौसू. ३.७.४/३; कात्यश्रौसू. ५. १2.2१/३
बृहस्पतिर्देवता – वा.१४.2०; तैसं. १.८.१३.2; ३.१.६.2; ४.३. .३.2; ७.2; ४.१०.१; मैसं.2.६.१०: ७०.३; 2.७.2०: १०५. १७; 2..८.३: १०८.१८; 2.१३.१४: १६३.१०; 2.१३.2०: १६५.१६; काठसं. ७.2; १५.७; १७.३; ३६.४,१३; तैब्रा. ३.११.५.३; आपश्रौ. ६.१८.३; १2.१.११; १६.2८.१
बृहस्पतिर्देवता तस्य (तैसं. यस्य) असम्राट् – अ. ४.१. ५/2; तैसं. 2.३.१४.६/४; काठसं. १०.१३/४; आश्रौ. ४.६.३/४
बृहस्पतिर्देवहूतौ चकार – ऋ. ६.७३.2/2; अ.2०.९०. 2/2; काठसं.४.१६/2
बृहस्पतिर्देवानां (शांश्रौसू. दैवो) ब्रह्माहं मनुष्याणाम् (शांश्रौसू. मानूषः) – का. 2.३.३; तैब्रा. ३.७.६.३; शांश्रौसू. ४.६.६; कात्यश्रौसू.2.१.१६; आपश्रौ. ३.१८.४; माश्रौसू. ५.2.१५.2 द्र. बृहस्पतिर्ब्रह्माहं।

बृहस्पतिर्नः परि पातु पश्चात् – ऋ. १०.४2.११/१; ४2. ११/१; ४४.११/१; अ. ७.५१.१/१; 20.१७.११/१; ८६.११/१; ६४.११/१; तैसं. ३.३.११/१; काठसं.१०. १३/१; ऐब्रा. ६.१५.६; गोब्रा. 2.४.१६; तैब्रा. ३.१.१. ५/2 प्रः बृहस्पतिर्नः – वैसू. 2५.2; कौसू. ५६.१६

बृहस्पतिर्नयतु दुर्गहा तिरः – ऋ. १०.८2.१/१ तु. बृहद. ८.७६

बृहस्पतिर्नि मिनोतु प्रजानन् – अ.३.१2.४/2

बृहस्पतिर्नो मह आ सखायः – ऋ. ७.६७.2/2

बृहस्पतिर्नो हविषा घृतेन – मैसं. १.७.१/१: १०६.८

बृहस्पतिर्नो हविषा वृधातु – तैसं. १.2.2.१/३; ६.१.2.३; मैसं. १.2.2/३: १०.१४; ३.६.४: ६४.५

बृहस्पतिर्ब्रह्मणः – तैसं. ३.४.५.१; पारगृसू. १.५.१० तु. बृहस्पतिर्वाचाम्

बृहस्पतिर्ब्रह्मणे ब्रह्म – तैब्रा.३.७.६.३; आपश्रौ. ३.१८.४

बृहस्पतिर्ब्रह्म ब्रह्मपतिर्ब्रह्मवर्चसमस्मिन् यज्ञे मयि दधातु (तैब्रा. ब्रह्मपतिर्ब्रह्ममास्मिन् यज्ञे यजमानाय ददातु) स्वाहा – शब्रा. ११.४.३.१३; तैब्रा.2.५.७.४; कात्यश्रौसू. ५.१३.१

बृहस्पतिर्ब्रह्मा – तैसं. 2.६.६.३; ३.2.७.१; कौषी ब्रा. ६.१३; गोब्रा. 2.१.१,४; शांश्रौसू. ४.६.६; वैसू.४.१६; आपश्रौ. ३.20.८

बृहस्पतिर्ब्रह्मा बृह्मसदन आसिष्ट – आश्रौ. १.१३.६

बृहस्पतिर्ब्रह्मा बृह्मसदन आसिष्यते – आश्रौ. १.१2.६; कौसू. ३.८; १३७.४०; ब्रह्मजप इत्यभिधीयते – आश्रौ. १.१2.१०,2६

बृहस्पतिर्ब्रह्माहं मानुषः (तथा मानुष ओम्) – लाटयश्रौसू. 2.४.६; ४.६.१६; १०.2६; ५.११.६ द्र. बृहस्पतिर्देवानाम्

बृहस्पतिर् भिनदद्रिं विदद् गाः – ऋ. १.६2.३/३; १०. ६८.११/४; अ. 20.१६.११/४

बृहस्पतिर्म आकूतिम् – अ. १६.४.४/१

बृहस्पतिर्मरुतो वायुरश्विना – ऋ.६.८१.४/३

बृहस्पतिर्मातरिश्वोत वायुः – तैसं. ४.४.१2.५/३; मैसं. ३. १६.४/३: १८६.१६; काठसं.2.१४/३; आश्रौ. ४.१2. 2/३

बृहस्पतिर्मा विश्वैर्देवैरूर्ध्वाया दिशः पातु – अ. १६.१७.१०

बृहस्पतिर्मातरिश्वोत वायुः – तैसं. ४.४.१2.५/३; मैसं. ३. १६.४/३: १८६.१६; काठसं. 22.१४/३; आश्रौ. ४.१2. 2/३

बृहस्पतिर्मा विश्वैर्देवैरूर्ध्वाया दिशः पातु – अ. १६.१७.१०

बृहस्पतिर्मिथो वद्यपेभिः – ऋ. १०.६७.८/३; अ. 20.६०. ८/३

बृहस्पतिर्मे तद् दधातु – वा. ३६.2/३

बृहस्पतिर्मैतस्या दिशो गोपायतु – काठसं. ३७.१५

बृहस्पतिर्यजति वेन उक्षभिः – ऋ.१.१३६.१०/2

बृहस्पतिर्यामतनुत ऋषिः – अ. १८.३.४१/३ द्र. बृहस्पतिं यज्ञम्।

बृहस्पतिर्यामिमं तनोतु – वा.2.१३/३; शब्रा.१.७.४.22; लाटयश्रौसू. ४.१2.१ द्र. बृहस्पतिः प्रति..., तथा बृहस्पतिस्तनुताम्।

बृहस्पतिर्या अविन्दन् निगूढाः – ऋ. १०.१०८.११/३

बृहस्पतिर्व उभया न मृडात् – ऋ.१०.१०८.६/४

बृहस्पतिर्वः प्रणयतु – माश्रौसू. १.2.११.१४

बृहस्पतिर्वसुभिरेह यातु – अ. ६.७३.१/2

बृहस्पतिर्वाचमस्मा अयच्छत् – ऋ. १०.६८.७/४; निरु. 2.१2/४

बृहस्पतिर्वाचाम् (वा.शब्रा. ...चे) – वा. ६.३६; तैसं. १.८. १०.2; मैसं.2.६.६: ६७.११; काठसं. १५.५; शब्रा. ५.३.३. ११ तु. बृहस्पतिर्ब्रह्मणः।

बृहस्पतिर्वाचो अस्याः स योनिः – आपश्रौ. ६.2३.१/2

बृहस्पतिर्वावृधते सुवृक्तिभिः – ऋ.१०.६४.४/2

बृहस्पतिर्विरवेण विकृत्य – ऋ. १०.६८.८/४; अ.20.१६. ८/४; निरु.१०.१2/४

बृहस्पतिर्वि ववर्हा रथां इव – ऋ. 2.2३.१३/४

बृहस्पतिर्विश्वकर्मेन्द्रो गन्धर्वः – मैसं. 2.१2.2: १४५.७ प्रः बृहस्पतिर्विश्वकर्मा – माश्रौसू. ६.2.५

बृहस्पतिर्विश्वरूपमुपाजत – ऋ.१.१६१.६/2

बृहस्पतिर्विश्ववारो यो अस्ति – ऋ.७.६७.४/2; काठसं. १७.१८/2

बृहस्पतिर्वृषभः सोमजामयः – ऋ. १०.६2.१०/2

बृहस्पतिर्वृषभो धायि देवः – ऋ. १.१६०.८/2

बृहस्पतिर्वो गोपालः – हिर गृसू. १.१८.१/३

बृहस्पतिर्वो युनक्तु – मैसं.2.७.१2/2: ६१.११; माश्रौसू. १. 2.१.१५ द्र. बृहस्पतिस् सविता देवो।

बृहस्पतिर् हन्त्यमित्रमर्कैः – ऋ. ६.७३.३/४; अ. 20.६०. ३/४; काठसं. ४.१६/४; ४०.११/४; तैब्रा. 2.८.2. ८/४; आपश्रौ. १७.2१.७/४

बृहस्पतिर् हेतीनां प्रतिधर्ता – वा.१५.१४; तैसं. ४.४.2.३; मैसं.2.८.६: ११४.७; काठसं. १७.८; शब्रा. ८.६.१.६

बृस्पतिश्च म (मैसं. मा) इन्द्रश्च मे (वा. मे यज्ञेन कल्पन्ताम्) – वा. १८.१६; तैसं.४.७.६.१; मैसं.2.११.५: १४2.१५; काठसं. १८.१०

बृहस्पतिश्च मा विश्वे च मा देवा द्यौश्चोपरिष्टाद् गोपायताम् – मागृसू.. 2.१५.१

बृहस्पतिश्च सविता – तैआ. १.12.५/१
बृहस्पतिश्छन्दोभिः – मैसं. १.६.2: १३2.१; १.६.८: १३६.७; काठसं. ६.१०
बृहस्पतिः शर्म पुषेत नो यम् – ऋ. ५.४६.५/३
बृहस्पतिष्ट्वा धूपयत्वंगिरस्वत् – मैसं.2.७.६: ८१.६
बृहस्पतिष्ट्वा (साम मन्त्रब्रा.हिर गृसू. ...तिस त्वा) नियुनक्तु मह्यम् – आगृ. १.2१.७/४; शां गृ सू. 2. ४.१/४; साम मन्त्रब्रा. १.2.2१/४; हिर गृसू. १.५. ११/४; मागृसू.. १.22.१०/४; द्र. प्राजापतिष्ट्वा आदि।
बृहस्पतिष्ट्वा (तैआ. ...तिस्तवा) विश्वैर्देवैरुपरिष्टाद् रोचयतु (तैआ. ४.६.2; ५.५.2 तु. बृहस्पतिस्तवोपरिष्टाद्।
बृहस्पतिष्ट्वा (तैसं.आपश्रौ. ...तिस्तवा) सादयतु पृथिव्याः पृष्ठे ज्योतिष्मतीं विश्वस्मै प्राणायापानाय (मैसं. व्यानायोदानाय प्रतिष्ठायै चरित्रय इत्युपसंख्यायते – तैसं. ४.४.६.१; मैसं.2.७.१६: ९६.७ प्रः बृहस्पतिस्त्वा सादयतु पृथिव्याः पृष्ठे ज्योतिष्मतीम् –आपश्रौ. १६. 2४.७; बृहस्पतिष्ट्वा सादयतु पृथिव्याः पृष्ठे – मैसं. ४.६.१५: १३४.12; बृहस्पतिष्ट्वा सादयतु – माश्रौसू. ६.१.७ द्र. प्रजापतिष्ट्वा सादयतु पृष्ठे।
बृहस्पतिष्ट्वा (तैसं. काठसं. आपश्रौ. ...तिस्तवा) सुम्ने रम्णातु (तैसं. आपश्रौ. रण्वतु) – वा. ४.2१; तैसं. १. 2.५.१; ६.१.८.2; मैसं. १.2.४: १३.८; ३.७.६: ८३.६; काठसं.2.५; 2४.४; शब्रा. ३.३.१.2; आपश्रौ. १०.2३.2; माश्रौसू. 2.१.३.३६
बृहस्पतिष्ट्वोपसीदतु (तैआ.आपश्रौ. ...तिस्तवो...) –मैसं. ४.६.७: 12७.६; तैआ. ४.८.३; ५.७.३; आपश्रौ. १५.६.७; माश्रौसू.४.३.१०
बृहस्पतिसुतस्य त (मैसं. ता इति पदलोपः काठसं.. सूतस्य तथा इन्द) इन्दो (काठसं. हस्त.इन्द) इन्द्रियावतः पत्नीवन्तं (काठसं. ...वतो) ग्रहं गृह्णामि (काठसं. ग्रहमेध्यासम्; मैसं. गृहं राध्यासम्) – तैसं. १.४.2७.१; मैसं.१.३.2६: ४०.३; काठसं.४.११ प्रः ब्रह्मस्पतिसुतस्य ता इन्द
इन्द्रियावतः मैसं. ४.७.४: ९७.१०; बृहस्पतिसुतस्य त इन्द्रियाव (इति१) तैसं. ६.५.८.३; काठसं. 2८.८; बृहस्पतिप्रसुतस्य ते –माश्रौसू. 2.५.2.१०; आपश्रौ. १३.१४.७ द्र. उत्तरम्।
बृहस्पतिसुतस्य देव सोम त इन्दोर् (का.इन्द) इन्द्रियावतः पत्नीवतो ग्रहां ऋध्यासम् – वा.८.६; का. ८.६.१; शब्रा. ४.४.2.12 प्रः बृहस्पतिसुतस्य –कात्यश्रौसू. १०.६.१६ द्र.पूर्वम्।
बृहस्पतिस्तनुतामिमं नः – तैसं. १.५.३.2/३; ६.३.३/३; ७.१.५/३; तैब्रा. ३.७.६.१६/३ द्र. अत्र बृहस्पतिर्यामिमं बृहस्पतिस्तमसि ज्योतिरिच्छन् – ऋ. १०.६७.४/३; अ.2०.९१.४/३
बृहस्पतिस्ते आपश्च गृध्रः – ऋ. १.१९०.७/४
बृहस्पतिस्ते हस्तमग्रभीत् – हिर गृसू.१.५.६
बृहस्पति स्तोत्रम् – वा.2८.१६; तैब्रा. ३.६.१३.१ द्र. बृहस्पतिः आदि।
बृहस्पतिस्त्रिषधस्थो रवेण – ऋ.४.५०.१/2; अ.2०.८८. १/2; मैसं. ४.12.३/2: १६३.३; काठसं.६.१६/2
बृहस्पतिस्स्तोत्रम् – वा.2८.१६; तैब्रा. ३.६.१३.१ द्र. बृहस्पतिः आदि।
बृहस्पतिस्त्रिषधस्थो रवेण – ऋ. ४.५०.१/2; अ. 2०.८८. १/2; मैसं.४.12.३/2: १६३.३; काठसं. ६.१६/2
बृहस्पतिस्त्वा नियुनक्तु आदिः द्र. बृहस्पतिष्ट्वा आदि
बृहस्पतिस्त्वा प्रजापतये जयोतिषमतीं (काठसं. ज्योतिष्मते ज्योतिष्मतीं) जुहोतु (काठसं. ंकके स्वाहा) – तैसं.३. ३.१०.१; काठसं. १३.११,12
बृहस्पतिस्त्वा विश्वैरादिः द्र. बृहस्पतिष्ट्वा आदि।
बृहस्पतिस्त्वा सादयतु आदिः द्र. बृहस्पतिष्ट्वा आदि।
बृहस्पतिस्त्वा सुम्ने आर्दिः द्र. बृहस्पतिष्ट्वा आदि।
बृहस्पतिस्तवोपरिष्टादभिषिंचतु पांकतेन छन्दसा – तैब्रा. 2.७.१५.८ तु. बृहस्पतिष्ट्वा विश्वैर्।
बृहस्पतिस्तवोपसीदतुः द्र. बृहस्पतिष्ट्वो...।
बृहस्पतिः समजयद्वसूनि – ऋ. ६.७३.३/१; अ.2०.९०. ३/१; काठसं. ४.१६/१; ४०.११/१; तैब्रा. 2.८.2. ८/१; आश्रौ. ६.६.७; आपश्रौ. १७.2१.७/१ प्रः बृहस्पतिः समजयत् – शांश्रौसू. ६.१०.५
बृहस्पतिः सविता तदिन्द्रः (तैसं. तन् म आह) – अ. ८.५. ५/2; १६.2४.८/४; तैसं. ४.2.८.१/३ द्र. बृहस्पतिः सवितेन्द्रस्
बृहस्पतिः सविता ते वयो दधै – अ. ६.४.१०/१
बृहस्पतिस् सविता देवो अग्निः – काठसं. १६.12/2 द्र. बृहस्पतिर्वो युनक्तु।
बृहस्पतिः सविता मे नि यच्छात् – अ. १६.३१.५/४
बृहस्पतिः सविता यः सहस्री – शब्रा. ११.४.३.६/2; तैब्रा. 2.५.३.३/2; आश्रौ. 2.११.३/2; शांश्रौसू. ३.७.४/2; कात्यश्रौसू. ५.12.2०/2
बृहस्पतिः सविता विष्णुरग्निः – मागृसू.. १.2१.१०/2 द्र. उत्तरमेकवर्जम्
बृहस्पतिः सविता शर्म यच्छतु – मागृसू..2.८.६/३

बृहस्पतिः सविता सोमो अग्निः – आपमपा. 2.१.८/2 द्र. पूर्वमेकवर्जम्
बृहस्पतिः सवितेन्द्रस्तदाह – मैसं. १.५.३/३: ६६.१४; १.६.2/३: ८७.2; काठसं. ३६.१/३ द्र. बृहस्पतिः सविता तद्
बृहस्पतिः स स्वावेश ऋषवः – ऋ. ७.६७.७/३; मैसं. ४.१४.४/३: 220.१; काठसं. १७.१८/३; तैब्रा. 2.५.५.५/३
बृहस्पतिः स हि गोभिः सो अश्वैः – ऋ. १०.६८.12/३; अ. 20.१६.12/३
बृहस्पतिः स ह्यंजो वरांसि – ऋ. १.१९०.2/३
बृहस्पतिः सामभिर्ऋक्वो अर्चतु – ऋ. १०.३६.५/2
बृहस्पतिः स्तोत्रम् – मैसं. ४.१३.८: 2१०.१४; काठसं. १६.१३; तैब्रा. 2.६.१०.५ द्र. बृहस्पति आदि
बृहस्पते अति यच्छर्यो अर्हात् – ऋ. 2.2३.१५/१; वा. 2६.३/१; तैसं. १.८.22.2/१; मैसं. ४.१४.४/१: 220.३; काठसं. ४.१६/१; ४०.११/१; ऐब्रा. ४.११.६; आश्रौ. ३.७.६; ६.५.१६; शांश्रौसू. ६.20.2७; कात्यश्रौसू. 22.५.१३; आपश्रौ. १७.2१.७ प्रः बृहस्पते अति यच्छर्यः – याधशा. १.३००; बृहस्पते – बृपरासं. ६.६४
बृहस्पते अनमीवामिषिराम् – ऋ. १०.६८.३/४
बृहस्पते अप तं वर्तया पथः – ऋ. 2.2३.७/३
बृहस्पते अभि ये नस्ततस्रे – ऋ. ४.५०.2/2; अ. 20.८८.2/2
बृहस्पते अभिशस्तेरमुंचः – वा. 2७.६/2; तैसं. ४.१.७.४/2; मैसं.2.12.५/2: १४६.१०; ३.४.६: ५१.१६; काठसं. १८.१६/2; तैआ. १०.४८/2 द्र. बृहस्पतेऽभि..।
बृहस्पतेः प्रचिषा कवीनाम् – अ. १४.१.५३/2
बृहस्पतेः प्राणस् स ते प्राणं ददातु तेन जीव – काठसं. ११.७ प्रः बृहस्पतेः – काठसं. ११.८ द्र. उत्तरम्
बृहस्पतेः प्राणोऽसि – मैसं.2.३.४: ३०.2१; ३१.१७ द्र. पूर्वम्
बृहस्पते चयस इत् पियारुम् – ऋ. १.१९०.५/४; निरु. ४.2५
बृहस्पतेः जुषस्व नः – ऋ. ३.६2.४/१; तैसं. १.८.22.2/१; मैसं. ४.११.2/१: १६६.७; काठसं. ४.१६/१; ११.१३; 2६.११; माश्रौसू.५.१.६.३६; – ५.१.६.2४; आपश्रौ. 22.७.८ प्रः बृहस्पते जुषस्व – शांश्रौसू. ६.2७.2; बृहस्पते –ऋवि. 2.५.2
बृहस्पते तपुषाश्नेव विध्य – ऋ. 2.३०.४/१
बृहस्पते देवनिदो न बर्हय – ऋ. 2.2३.८/३
बृहस्पते धारया वसूनि – ऋ. ६.८; तैसं.१.३.७.१; ६.३.६.१; मैसं. १.2.१५: 2४.८; ३.६.६: 12३.१६; काठसं.३.४; 2६.७; शब्रा.३.७.३.१३
बृहस्पते न परः साम्नो विदुः – ऋ.2.2३.१६/४; ऐआ. ३.१.५.८
बृहस्पते निरपामौब्जो अर्णवम् – ऋ. 2.2३.१८/४; काठसं. ४०.११/४; आपश्रौ. १७.2१.७/४
बृहस्पतेऽनुमत्यां भूर्जनदिन्द्रवन्तः – वैसू. १७.४
बृहस्पते पप्रिणा सस्निना युजा – ऋ.2.2३.१०/2
बृहस्पते परि गृहाण वेदिम् – कात्यश्रौसू. 2.2.12/१; आपश्रौ. ३.१६.३/१; कौसू. १३७.११/१,१५ प्रः बृहस्पते परि गृहाण –वैसू. 2.५
बृहस्पते परि दीया (तैसं. दीय) रथेन – ऋ. १०.१०३.४/१; अ.१६.१३.८/१; सा. 2.12०2/१; वा. १७.३६/१; तैसं. ४.६.४.१/१; मैसं. 2.१०.४/१: १३५.१५; काठसं. १८.५/१ प्रः बृहस्पते तैब्रा. 2.८.2.८
बृहस्पते प्र चिकित्सा गविष्टौ – ऋ. ६.४७.20/३
बृहस्पते प्रतरीतास्यायुषः – ऋ. १०.१००.५/2
बृहस्पते प्रति मे देवतामिहि – ऋ. १०.९८.१/१ प्रः बृहस्पते प्रति –ऋवि. ४.१.५ तु. बृहद. ८.७
बृहस्पते प्रथमं वाचो अग्रम् – ऋ. १०.७१.१/१; ऐआ. १.३.३.४; आश्रौ. ४.११.६ प्रः बृहस्पते प्रथमं वाचः – शांश्रौसू. ६.2६.३; ऋवि. ३.१४.१; वृ हासं. ८.2४
बृहस्पते ब्रह्मणस्पते – तैब्रा. ३.११.४.2
बृहस्पते ब्रह्मणा याह्यर्वाङ् – अ.५..2६.12/३
बृहस्पतेऽभिशस्तेरमुंचः – अ. ७.५३.१/2 द. बृहस्पते अभि...।
बृहस्पते भीमममित्रदम्भनम् – ऋ. 2.2३.३/३; काठसं. 2६.११/३
बृहस्पते मघवानः सुवीराः – ऋ. ५.42.८/2
बृहस्पते महि तत्ते महित्वनम् – ऋ. 2.2३.४/४
बृहस्पते महिष मन् नमः – माश्रौसू. 2.३.७.४/३ द्र. बृहस्पते आदि।
बृहस्पते मा प्रणक् तस्य नो वधः – ऋ.2.2३.12/३; काठसं. ४.१६/३
बृहस्पते यज्ञं गोपाय – तैब्रा. ३.७.६.३; आश्रौ. १.12.६; आपश्रौ. ३.१८.४; माश्रौसू. ५.2.१५.2; कौसू. ३.८; १३७.४०
बृहस्पते यज्ञमजूगुपः – आश्रौ. १.१३.६
बृहस्पते यज्ञियं भागमानशुः – ऋ.2.2३.2/2
बृहस्पते या परमा परावत् – ऋ. ४.५०.३/१; अ. 20.८८.३/१; आश्रौ. ३.७.६

वैदिकपादानुक्रमकोषः 160

बृहस्पते याम्यं (काठसं. याम्या) युंगधि (आश्रौ. युङ्धि) वाचम् – तैसं.४.४.12.४/४; मैसं.३.१६.४/४: १८६.३; काठसं.22.१४/४; आश्रौ. ४.१2.2/४

बृहस्पते युवमिन्द्रश्च वसवः – ऋ. ७.६७.१०/१; ६८.७/१; अ.20.१७.12/१; ८७.७/१; गोब्रा. 2.४.१६; तैब्रा. 2.५.६.३/१; आश्रौ. ६.१.2; ६.६.१४; आपश्रौ. 22.७.११/१ प्रः बृहस्पते युवमिन्द्रश्च –शांश्रौसू. ६.३.४

बृहस्पते यो नो अभि दधे – ऋ.2.2३.६/३

बृहस्पते रक्षतादस्य योनिम् – ऋ. ४.५०.2/४; अ.20.८८.2/४

बृहस्पतेरनुमत्या शर्मणि – ऋ. १०.१६७.३/2; निरु. ११.12/2

बृहस्पते रवथेना वि दिद्युते – ऋ. ६.८०.१/३

बृहस्पतेरष्टमी – वा. 2५.४; तैसं. ५.७.2१.१; मैसं. ३.१५.४: १७६.१; काठसं अश्व. १३.११

बृहस्पतेरहिमायां अभि द्यून् – ऋ. १.१६०.४/४

बृहस्पतेरांगिरसस्य जिष्णोः – ऋ. ४.४०.१/४

बृहस्पतेराधिपत्यम् – वा. १४.2५; तैसं. ४.३.६.2; मैसं.2.८..५: ११०.१; काठसं. १७.४; 2१.१; शब्रा. ८.४.2.१०

बृहस्पतेर्बृहती वाचमावत् – ऋ. १०.१३०.४/४

बृहस्पतेर् (काठसं. बृहस्पतेस्त्वा) मूर्ध्नाहरामि – तैसं.१.१.2.2; मैसं. १.१.2: 2.३; ४.१.2; काठसं. १.2; ३१.१; तैब्रा. ३.2.2.८; आपश्रौ. १.४.१५; माश्रौसू. १.१.१.४८

बृहस्पतेर्वो ब्रह्मणा देवताभिर्गृह्णामि – काठसं. ३६.१; आपश्रौ. १६.३३.१

बृहस्पते वशे बद्ध्वा – अ.१.८.2/३

बृहस्पते वाजं जय – वा.६.११; शब्रा.५.१.५.८ प्रः बृहस्पते वाजम् –कात्यश्रौसू. १४.३.१५

बृहस्पते वाजवाशूंरिवाजौ – ऋ. १०.६८.2/४; अ.20.१६.2/४

बृहस्पते वि परिरापो अर्दय – ऋ.2.2३.१४/४

बृहस्पतेश्चतुर्थी – मैसं. ३.१५.५: १७८.३

बृहस्पतेश्छदिरसि पाप्मनो मामन्तर्धेहि तेजसो यशसो मान्तर्धेहि – पारगृसू.2.६.2६

बृहस्पतेष्ट्वा (तैसं.तैब्रा. ...तेस्तवा) साम्राज्येनाभिषिंचाम्यसौ (का.तैसं.तैब्रा. ...भि षिंचामि) – वा.६.३०; का. १०.५.८; तैसं. ५.६.३.३; शब्रा. ५.2.2.१४; तैब्रा. १.३.८.४ प्रः बृहस्पतेः आपश्रौ. १७.१६.८ तु. इन्द्रस्य बृहस्पतेस्

बृहस्पते सदमिन् नः सुगं कृधि – ऋ.१.१०६.५/१

बृहस्पते सवितर्बोध्यैनम् (अ. वर्धयैनम्) – अ. ७.१६.१/१; वा. 2७.८/१; तैसं. ४.१.७.३/१; मैसं. 2.12.५/१: १४६.८; काठसं. १८.१६/१; आपश्रौ. १६.७.६ प्रः बृहस्पते सवितः –कौसू. ५६.१८; वैसू. ५.६

बृहस्पते साकमिन्द्रश्च दत्तम् – अ. १४.2.४2/४

बृहस्पते सीषधः सोत नो मतिम् – ऋ. 2.2४.१/४

बृहस्पते सुप्रजा वीरवन्तः – ऋ. ४.५०.६/३; अ. 20.८८.६/३; तैसं. १.८.22.2/३; मैसं. ४.११.2/३: १६६.१०; काठसं. १७.१८/३; ऐब्रा. ४.११.३

बृहस्पतेस्त्वा मूर्ध्ना...: द्र. बृहस्पतेर्मूर्ध्ना...

बृहस्पतेस्त्वा साम...: द्र. बृहस्पतेष् ट्वा साम...।

बृहस्पतेः सुविदत्राणि राध्या – ऋ.2.2४.१०/2

बेकुरा नामासि जुष्टा देवेभ्यः – पंचब्रा. १.३.१; ६.७.६ प्रः बेकुरा नामासि –लाटयश्रौसू.१.११.६ द्र. उत्तरम्

बेकुरा नामासि प्रेषिता दिव्याय कर्मणे – जैब्रा. १.८2 द्र. पूर्वम्

बोधाद् यन् मा हरिभ्याम् – ऋ.४.१५.७/१ तु. बृहद. ४.12६

बोधन्तु वचसो मम – अ.८.७.१६/2

बोधन्तु शूर रातयः – ऋ. १.2६.४/2; अ. 20.७४.४/2

बोधन्मना इदस्तु नः – सा.१.१.४०/१ द्र. बोधिन्मना।

बोध प्रतिबोधास्वप्नानवन्द्राण गोपायमान रक्षमाण जागृवेऽरुन्धति ये देवास्तनूपाः स्थ ते म इह तन्वं पात – काठसं. ३७.१० तु. उत्तरमेकवर्जम्

बोधयन्तीं त्वा सादयामि – तैसं.१.४.३४.१; मैसं.2.१३.१६: १६५.११; काठसं.४०.४; तैआ. ३.१६.१

बोधाश्च त्वा प्रतिबोधश्च रक्षताम् – अ. ८.१.१३; बोधश्च मा प्रतिबोधश्च पुरस्ताद् गोपायताम् काठसं. ३७.१०; मागृसू..2.१५.१ द्र. अत्र ऋषिर्बोधः, तथा तु. पूर्वमेकवर्जम्

बोधात् सतोमैर्वयो दधत् – मैसं.४.12.५/३: १६४.४ द्र. बोधा स्तोत्रे।

बोधा न स्तोममन्धसो मदेषु (माश्रौसू. नः स्तोममन्त्रसोममदेषु १) – ऋ. ७.2१.१/४; सा.१.३१३/४; माश्रौसू. ६.१.३/४

बोधा नो अस्य आदिः द्र. बोधा मे आदि।

बोधामसि त्वा हर्यश्व यज्ञैः (माश्रौसू. यज्ञे) – ऋ.७.2१.१/३; सा.१.३१३/३; माश्रौसू. ६.१.३/३

बोधा मे (तैसं. नो) अस्य वचसो यविष्ठ – ऋ.१.१४७.2/१; वा.12.४2/१; तैसं.४.2.३.४/१; मैसं.2.७.१०/१: ८८.१५; ३.2.2: १७.१५; काठसं. १६.१०/१; १६.12; शब्रा.६.८.2.६ प्रः बोधा मे कात्यश्रौसू.१६.६.३०

बोधा विप्रस्यार्चतो मनीषाम् – ऋ.७.22.४/2; सा.2.

११४८/2
बोधा स बोधि – तैसं. ५.2.2.६; आपश्रौ. १६.१३.१
बोधा सु मे मघवन् वाचमेमाम् – ऋ.७.22.३/१; अ.2०. ११७.३/१; सा.2.2७६/१; मैसं.४.१2.४/१: १८६.३; काठसं. १2.१५/१ प्रः बोधा सु मे माश्रौसू.५.2.३. १४,१६
बोधा स्तोत्रे वयो दधत् (आपश्रौ. वयोवृधः) – ऋ.१०. १५६.५/३, सा. 2.८८१/३; आपश्रौ. १६.११.१2/३ द्र. बोधात् स्तोमैर्।
बोधिन्मनसा रथ्या – ऋ.५.७५.५/१
बोधिन्मना इदस्तु नः – ऋ.८.६३.१८/१ द्र. बोधन्मना।
बोधि प्रयन्तर्जनितर्वसूनाम् – ऋ.१.७६.४/४
बोध्यापिरवसो नूतनस्य – ऋ.३.५१.६/३
ब्रध्न ऋज्र उत शेणो यशस्वान् – ऋ. १०.20.९/2
ब्रध्न पिन्वसव (मैसं.माश्रौसू. पाहि) – तैसं. १.६.३.३; ७.१. ६; मैसं.१.४.१2: ६2.४; काठसं. ५.2; ३2.१2; तैब्रा. ३. ७.५.७; शांश्रौसू.४.६.2; कात्यश्रौसू.३.४.१३; आपश्रौ. ४. १०.६; ११.३; माश्रौसू. १.४.2.११
ब्रधनं मांश्चतोर्वरुणस्य बभ्रुम् – ऋ. ७.४४.३/३; मैसं.४. ११.१/2: १६2.३
ब्रध्नश्चिदत्र (सा. यस्य) वातो न जूतः (सा. तूतिम्) – ऋ. ६.६७.५2/३; सा.१.५४१/३; 2.४५४/३
ब्रध्नस्य विष्टपं चतुस्त्रिंशः – वा.१४.2३; तैसं.४.३.८.१; ५. ३.३.५; मैसं.2.८.४: १०६.७; काठसं. १७.४; 2०.१३; शब्रा. ८.४.१.2३
ब्रध्नस्य विष्टपमगमम् – तैब्रा.३.७.७.४; आपश्रौ. १०.६.४
ब्रध्नस्य विष्टपाय पात्रनिणेगम् (वा. विष्टपायाभिषेक्तारम्) – वा.३०.१2; तैब्रा. ३.४.१.८
ब्रध्नः समीचीरुषसः समेरयत् (अ. ...यन्) – अ. ७.22. 2/१; सा.१.४५८; आपश्रौ. 2१.६.१५/१; माश्रौसू. ७. 2.३
ब्रध्ने सीद – काठसं.३६.६
ब्रवः कदग्ने रुद्राय नृघ्ने – ऋ. ४.३.६/४; मैसं. ४.११. ४/2: १७2.१४; काठसं. ७.१६/४
ब्रवः कदग्ने शरवे बृहत्यै – ऋ. ४.३.७/४
ब्रवः कदर्यमणे कद् भगाय – ऋ. ४.३.५/४
ब्रवद् यथा न आदरिः सुदासे – ऋ. ७.६४.३/३
ब्रवाम दस्मा वार्यं दधानाः – ऋ. ५.४१.१३/2
ब्रवाम दस्र मन्तुमः – ऋ.६.५६.४/2
ब्रवीतु सर्वो यातुमान् – अ. १.७.४/३
ब्रह्म (खिलपाठस्याभिधानम्) बृहद. ८.१४, तथा अन्यत्र द्र. ब्रह्म जज्ञानम्
ब्रह्मं स्तोष्यामः प्रशास्तः – लाटयश्रौसू. १.१2.१ द्र. ब्रह्मनार्दि
ब्रह्मंस् (मैसं.काठसं.ब्रह्मां३स्) त्वं (माश्रौसू. त्वं मे) ब्रह्मासि – वा.१०.2८; काठसं. १५.८; मैसं.2.६.१2: ७१.१६; ७2. १; ४.४.६: ५७.५; शब्रा. ५.४.४.६–१३; माश्रौसू.2.१.१.४; ६.१.४ प्रः ब्रह्मन् कात्यश्रौसू. १५.७.७ द्र. ब्रह्मन् ब्र..., तथा ब्रह्मा३न् त्वं।
ब्रह्म कृण्वन्तः परिवत्सरीणम् – ऋ. ७.१०३.८/2
ब्रह्म कृण्वन्तो गोतमासो अर्कैः – ऋ.१.८८.४/३
ब्रह्म कृण्वन्तो वृषणा युवभ्याम् – ऋ.१.११७.2५/३
ब्रह्म कृण्वन्तो हरिवो वसिष्ठाः – ऋ. ७.३७.४/४
ब्रह्मकृता मारुतेना गणेन – ऋ.३.३2.2/३
ब्रह्मकृते विपश्चिते पनस्यवे – सा. १.३८८/३; 2. ३७५/३ द्र. धर्मकृते आदि।
ब्रह्मकृतो अमृता विश्ववेदसः – ऋ. १०.६६.५/३
ब्रह्मकृतो बृहदुक्थादवाचि – ऋ.१०.५४.६/४
बृह्मकोशं प्रपद्ये – तैआ.2.१९.१ द्र. उत्तरम्, तथा प्रजापतेर्ब्रह्म...।
ब्रह्मकोशं मे विश – पारगृसू.३.१६.१ तु. पूर्वम्।
ब्रह्मकोशोऽसि – पारगृसू.३.१६.१ द्र. ब्रह्मणः कोशो।
ब्रह्म क्रत्वा शच्यामन्तराजौ – ऋ.१०.६१.१/2
ब्रह्म क्षत्रं सयुजा न व्यथेते – मैसं.2.७.७/१: ८४.८; ३.१. ६/१: १३.2 प्रः ब्रह्म क्षत्रं सयुजा माश्रौसू. ६.१.३
ब्रह्म क्षत्रम् (तैब्रा. 2.५.७.2, क्षत्रं स्वाहा) – तैब्रा 2.५.७.2; ३.१०.५.१ तु. अत्र ब्रह्म च क्षत्रम्
ब्रह्म क्षत्रं पवते तेज इन्द्रियम् – वा.१९.५/१; मैसं. ३.११. ७/१: १५०.१०; काठसं.३७.१८/१; शब्रा. १2.७.३.१2; तैब्रा. 2.६.१.३/१ प्रः ब्रह्म क्षत्रं पवते – आपश्रौ. १९. ६.१३; ब्रह्म क्षत्रम् कात्यश्रौसू. १९.2.११; माश्रौसू. ५.2. ११.१४
ब्रह्मगवी पच्यमाना – अ.५.१९.४/१
ब्रह्म गामश्वं जनयन्त ओषधीः – ऋ.१०.६५.११/१
ब्रह्म च क्षत्रं च – शांश्रौसू. ८.2१.१; शां गृ सू. ३३.६ तु. अ. ६.७.६, ब्रह्म क्षत्रं, तथा ब्रह्म च ते क्षत्रम्।
ब्रह्म च तपश्च कीर्तिश्च यशश्चाम्भश्च नभश्च ब्रह्मणवर्चसं चान्नं चान्नाद्यं च – अ.१३.४.22
ब्रह्म च ते क्षत्रं च पूर्वे स्थेणे अभि रक्षतु – आपमपा. 2. १५.६ (आपगृ. ७.१७.६) द्र. अत्र ब्रह्म च क्षत्रं।
ब्रह्म च ते जातवेदो नमश्च – ऋ.१०.४.७/१; आश्रौ. ४. १.2३ प्रः ब्रह्म च ते जातवेदः –शांश्रौसू. ६.22.४
ब्रह्म च त्वा क्षत्रं च श्रीणीताम् – काठसं.३५.११
ब्रह्म च नो वसो सचा – ऋ. १.१०.४/३

ब्रह्मचर्यं यच्छूषिम – अ. ७.१०९.७/2
ब्रह्मचर्यमागाम् (मागृसू.. उपेमसि) – शब्रा. ११.५.४.१; कौसू. ५५.९; साम मन्त्रब्रा.१.६.१६; गोभि गृसू. 2.१०. 2१; पारगृसू.22.६; आपमपा. 2.३.2६; आपगृ. ४.११.१; हिर गृसू. १.५.2; मागृसू.. १.१.१८/2 तु. उप तप्यामहे।
ब्रह्मचर्येण कन्या – अ.११.५.१८/१
ब्रह्मचर्येण तपसा – अ. ११.५.१७/१,१९/१
ब्रह्म चाप चिकीहि नः – अ. १.१०.४/४
ब्रह्मचारिणं कृणुते गर्भमन्तः – अ. ११.५.३/2
ब्रह्मचारिणमिच्छते – अ. ११.५.१७/४
ब्रह्मचारिणं पितरो देवजनाः – अ.११.५.2/१
ब्रह्मचारिण्याभृतम् – अ. ११.५.22/४
ब्रह्मचारी च ते त्रयः – आपधसू. 2.४.९.१३/2
ब्रह्मचारी चरति ब्रह्मचर्यम् – कौसू.१३५.६/१
ब्रह्मचारी चरति वेविषद्विषः – ऋ. १०.१०९.५/१; अ. ५. १७.५/१
ब्रह्मचारी जनयन् ब्रह्मापो लोकम् – अ. ११.५.७/१
ब्रह्मचारी प्रजापतिः – अ.११.५.१६/2
ब्रह्मचारी ब्रह्म भ्राजद् बिभति – अ. ११.५.2४/१
ब्रह्मचारी भवानि – हिर. गृसू.१,५,2 द्र. ब्रह्मचार्य असानि, तथा ब्रह्मचार्य अहम्
ब्रह्मचारी भवान् ब्रूहि – शां गृ सू. 2.2.८
ब्रह्मचारीष्णंश्चरति रोदसी उभे – अ.११.५.१/१; गोब्रा. १. 2.१ प्रः ब्रह्मचारीष्णन् गोब्रा. १.2.१ ब्रह्मचारी इत्यभिधानम् –चूलिका उप. ११
ब्रह्मचारी समिधा मेखलया – अ.११.५.४/३
ब्रह्मचारी सिंचति सानौ रेतः पृथिव्याम् – अ. ११.५.१2/३
ब्रह्मचार्य अप्सु समिधमा दधाति – अ.११.५.१३/2
ब्रह्मचार्य असानि – शब्रा. ११.५.४.१; पारगृसू. 2.2.६ द्र. अत्र ब्रह्मचारी भवानि।
ब्रह्मचार्य असि(साम मन्त्रब्रा.गोभि गृसू. अस्यसौ) – शब्रा. ११.५.४.५; आपगृसू.१.22.2; शां गृ सू.2.४.५; साम मन्त्रब्रा. १.६.2५; गोभि गृसू.2.१०.३३; खादि गृसू.2.४. १९; पारगृसू.2.३.2; आपमपा. 2.६.१४ (आपगृसू. ४.११. 2५) तु अग्नेश्चासि।
ब्रह्मचार्य अहं भाः – शां गृ सू.22.९ द्र. अत्र ब्रह्मचारी भवानि।
ब्रत्रऋरचार्य एति समिधा समिद्धः – अ.११.५.६/१
ब्रह्म जज्ञानं प्रथमं पुरस्तात् – अ.४.१.१/१; ५.६.१/१; सा. १.३2१/१; वा. १३.३/१; तैसं. ४.2.८.2/१; मैसं. 2.७.१५/१: ९६.११; ३.2.६: 2३.८; काठसं.१६.१५/१; 20.५; ३८.१४/१; ऐब्रा. १.१९.१; कौषी ब्रा. ८.४; शब्रा. ७.४.१.१४; १४.१.३.३; तैब्रा. 2.८.८.८/१; तैआ.१०.१. १०/१; आश्रौ. ४.६.३/१; ९.९.१2; शांश्रौसू. ५.९. ५/१; १५.३.६; १८.१.2 प्रः ब्रह्म जज्ञानम् –तैसं. ५.2. ७.१; गोब्रा. 2.2.६; तैब्रा. ३.१2.१.१; तैआ. १.१३. ३;संन्यास उप. १; माश्रौसू. ६.१.७; वैसू. १४.१; 2८. ३३; कात्यश्रौसू. १७.४.2; आपश्रौ. १६.१८.७; 22.३; कौसू. ९.१; १५.१2; १८.2५; १९.१; 2८.१५; ३८.2३; ५१. ७; ७९.११; १३९.१०; बौधसू.2.१०.१८.७; बृ परासं. ६. ६2,३१४; सावि ब्रा. १.६.४,८ तु खिल ब्रह्म इति नाम्ना वर्णितम्–बृहद. ८.१४; मेयर संपादितम् ऋवि. पृ. 22; ओल्डनबर्ग कृत् दि हिम्नेन देस ऋग्वेद, पृ. ३६३
ब्रह्मचार्यजायाचित्त्या – अ.५.१७.१2/४ – १७/४
ब्रह्मजायां पुनर्ददुः – ऋ.१०.१०९.६/४; अ. ५.१७.१०/४
ब्रह्मजाया हिनस्ति तान् – अ. ५.१७.७/४
ब्रह्मजायेयमिति (अ. ...जायेति) चेदवोचन् (अ. ...चत्) – ऋ. १०.१०९.३/2; अ. ५.१७.३/2
ब्रह्म जिन्वतमुत जिन्वतं धियः – ऋ.८.३५.१६/१
ब्रह्म जुषाणो हर्यश्व याहि – ऋ. ७.2४.४/2; काठसं. ८. १७/2; तैब्रा. 2.४.३.६/2; ७.१३.४/2
ब्रह्मजूतस्तन्वा वावृधानः – ऋ.७.१९.११/2; अ.20.३७. ११/2
ब्रह्मजूतस्तन्वा वावृधस्व – ऋ. ३.३४.१/३; अ. 20.११. १/३
ब्रह्मजूतामृषिस्तुताम् – अ. ६.१०८.2/2
ब्रह्मज्ञानां हृदये संबभूव – गोब्रा.१.१.९/2 सायणेनोद्धृतम् अथर्ववेदभूमिकायां द्र. ब्रह्मज्यानाम्
ब्रऋज्यं देव्यघ्न्ये – अ. १2.५.६३/१
ब्रह्मज्यं देव्यघ्न्ये – अ.१2.५.६३/१
ब्रह्मज्यमभि वर्षति – अ. ५.१९.१५/2
ब्रह्मज्यम् उप दास्य – अ.१2.५.५2/2
ब्रह्मज्यस्य प्रति पुंच पाशान् – अ.१३.३.१/८, 2/६ – ४/६, ५/७, ६/८, ७/७, ८/६, ९/७ – १2/७, १३/८, १४/८, १५/७, १६/८, १७/७, १८/८, १९/८, 20/८, 2१/८, 22/८, 2३/८, 2४/७, 2५/८
ब्रह्मज्यानां क्षितये संबभूव (बाहुलकेन बभूव) – गोब्रा. १. १.९/2 द्र. ब्रह्मज्ञानाम्
ब्रह्मज्येयं तदब्रुवन् – अ. १2.४.११/३
ब्रह्म ज्येष्ठं तदब्रुवन् – अ. १2.४.११/३
ब्रह्म ज्येष्ठमुपासते – अ. १०.७.2४/४

ब्रह्मज्येष्ठा संभृता वीर्याणि (तैब्रा. ...ज्येष्ठा वीर्या संभृतानि) – अ. १६.2.2.2१/१; 2३.३०/१; तैब्रा. 2. ४.७.१०/१
ब्रह्मज्येतिरसि सुवर्धाम – तैसं. १.३३.१; आपश्रौ. ११.१५.१
ब्रह्मण आणी स्थः – तैआ. ४.४2.५; आपमपा. 2.४.१५ (आपगसू. ४.११.१४)
ब्रह्मण आवपनमसि – तैआ.४.४2.५ तु. ब्रह्मण उप...
ब्रह्मण आस्तरणमसि – तैआ.१.१2.५
ब्रह्मण इन्द्रस्य जठारे दधुः – माश्रौसू.५.2.१५.१८ द्र. इन्द्रस्य त्वा जठरे।
ब्रह्मण दरणमसि – तैआ.१.१2.५
ब्रह्मण उदीरणमसि – तैआ.१.१2.५
ब्रह्मण उपस्तरणमसि – मैसं.४.६.2७: १४०.८; तैआ.१.१2. ५; माश्रौसू. ४.३.४३ तु. ब्रह्मण आवपनम्
ब्रह्मण ऋग्भिः पयस ऋषीणाम् – अ. १०.१.१2/४
ब्रह्मण ओदनम् – तैआ.३.१०.३
ब्रह्मणः ककुदादधि – अ. १०.१०.१६/2
ब्रह्मणः कोशोऽसि मेध्यापिहितः – तैआ.७.४.१; तै उप. १. ४.१ द्र. ब्रह्मकोशो
ब्रह्मणः क्षत्रं निर्मितम् – तैब्रा.2.८.८.६/३
ब्रह्मणः प्रतिष्ठानमसि – पारगृसू.३.१६.१
ब्रह्मणः प्रवचनमसि – पारगृसू.३.१६.१ तु. ब्रह्मणानी।
ब्रह्मणश्च त्वा क्षत्रस्य चौजसे जुहोमि – तैसं.३.३.१.१
ब्रह्मण् श्रोतन्यसि – तैआ.४.४2.५
ब्रह्मणस्त्वा तेजसे यन्त्रय गृह्णामि – तैसं. १.६.१.2
ब्रह्मणस्त्वा परस्पायाः (मैसं. परस्पाय; माश्रौसू. परस्पायै) क्षत्रस्य तन्वस् पाहि – मैसं.४.६.१०: १३०.१५; तैआ. ४.११.३ प्रः ब्रह्मणस्तव परस्पायाः (माश्रौसू. ...यै) तैआ. ५.६.१; आपश्रौ. १५.१४.१; माश्रौसू. ४.४.१३ तु. क्षत्रस्य त्वा
ब्रह्मणस्त्वा मुखे जुहोमि – आपमपा. 2.2०.१ (आपगृ. ८ 2१.८); हिर गृसू. 2.११.४(जमत); बौधसू. 2.८.१४. १2(जमत)।
ब्रह्मणस्त्वा शपथेन शपामि – तैआ.४.३८.१
ब्रह्मणस्पतिरधिपतिरासीत् – वा. १४.2८; तैसं.४.३.१०.१; मैसं.2.८.६: ११०.७; काठसं. १७.५; शब्रा. ८.४.३.४
ब्रह्मणस्पतिरुत यः – अ. १३.३.७/2
ब्रह्मणस्पतिरेता – ऋ.१०.७2.2/१
ब्रह्मणस्पतिर्वृषभिर्वराहैः – ऋ.१०.६७.७/३; अ.2०.६१. ७/३; मैसं.४.१४.१०/३: 2३०.११; तैब्रा. 2.८.५.१/३; निरु. ५.४
ब्रह्मणस्पते त्वमस्य यन्ता – ऋ.2.2३.१६/१; 2४.१६/१; वा. ३४.५८/१; मैसं. ४.१2.१/१: १७८.७; ४.१४.१०: 2३०.६; तैब्रा. 2.८.५.१/१ प्रः ब्रह्मणस्पते –माश्रौसू. ११.७.३
ब्रह्मणस्पते पतिमस्यै रोचय – अ.१४.१.३१/३ प्रः ब्रह्मणस्पते –कौसू. ७५.६
ब्रह्मणस्पतेरभवद् यथावशम् – ऋ. 2.2४.१४/१; मैसं.४. १४.१०/१: 2३०.१2; तैब्रा.2.८.५.2/१
ब्रह्मणस्पतेरव आ वृणीमहे – ऋ.2.2६.2/४
ब्रह्मणस्पते सुयमस्य (मैसं. सू...) विश्वहा – ऋ. 2.2४. १५/१; मैसं. ४.१2.१/१: १७८.६; ४.१४.१०: 2३१.१; तैब्रा.2.८.५.2/१
ब्रह्मणां हस्तेषु प्रपृथक् सादयामि – अ. ६.१22.५/2; १०.६.2७/2; ११.१.2७/2
ब्रह्मणां क्षत्रं व्यपिबत् – मैसं.३.११.६/2: १४६.१ द्र. ब्रह्मणा व्य...।
ब्रह्मण गुप्तः सुकृता कृतेन – हिर गृसू.१.१६.६/४ द्र. छन्दोभिर्यज्ञैः
ब्रह्मणाग्निः संविदानः – ऋ.१०.१६2.१/१; अ.2०.६६. ११/१; शांगृसू. १.2१.2; मागृसू..2.१८.2/१; ऋवि. ४. १७.१ प्रः ब्रह्मणाग्निः –ऋवि. ४.१७.३ तु. बृहद. ८.६५
ब्रह्मणाग्निः समिध्यते – अ.१३.१.४८/2
ब्रह्मणग्नी वावृधानौ – अ. १३.१.४८/2
ब्रह्मणाग्नी वावृधानौ – अ. १३.१.४६/१
ब्रह्मणा च बृहस्पते – अ.११.१०.६/2
ब्रह्मणाछावदामसि – अ.१०.१०.४/४
ब्रह्मणा तेजसा सह – अ. १०.६.३०/१; वा.३८.2७/५; शब्रा. १४.३.१.३१; तैआ.४.2१.१/५ प्रः ब्रह्मणा तेजसा –कौसू. १६.2५ तु. ब्रह्म त्वा तपति
ब्रह्मणा ते ब्रह्मयुजा युनज्मि – ऋ.३.३५.४/१; अ.2०.८६. १/१; ऐब्रा. ६.22.४; कौषीब्रा. 2६.४; गोब्रा.2.६.४; आश्रौ. ७.४.७; वैसू. ३५.१३ प्रः ब्रह्मण ते –शांश्रौसू. १2.४.2
ब्रह्मणा त्वा मह्मं प्रतिगृह्णाम्यसौ – हिर गृसू.१.१३. १६/४ द्र. प्रजापतिना त्वा आदि।
ब्रह्मणा त्वा शपामि – तैआ. ४.३८.१; आपश्रौ. १५.१६.८
ब्रह्मणानी स्थ – खिल. १०.१५१.५ तु. ब्रह्मणः प्रवचनम्
ब्रह्मणापीपदाम तम् – अ. १०.५.४2/४
ब्रह्मणा भूमिर्विहिता – अ.१०.2.2५/१
ब्रह्मणा यामि सवनेषु दाधृषिः – ऋ. 2.१६.७/2
ब्रह्मणार्वाङ् वि पश्यति – अ.१.८.१६/2
ब्रह्मणा वर्मणाहम् – तैआ.2.१६.१/2
ब्रह्मणा वि चृतामसि – अ. ६.३.८/४

ब्रह्मणा वि चृतामसि – अ. ६.३.८/४
ब्रह्मणा वीर्यावता – अ. ४.३७.११/६; १०.१.१४/४; तैआ. १.६.७/४
ब्रह्मणा वृद्धौ सुकृतेन सातौ – तैसं.३.५.१.2/४
ब्रह्मणा वेदिरुद्धिता – अ. १६.४2.2/2
ब्रह्मणा व्यपिबत् क्षत्रम् – वा. १६.७५/2; काठसं.३८.१/2; तैब्रा. 2.६.2.2/2 द्र. ब्रह्मणा क्षत्रं।
ब्रह्मणा व्रतचारिणः – अ. ४.१५.१३/2
ब्रह्मणा शालां निमिताम् – अ. ६.३.१६/१
ब्रह्मणा शुद्धा उत पूता घृतन – अ. ११.१.१८/१ प्रः ब्रह्मणा शुद्धाः –कौसू.2६; ६१.३६
ब्रह्मणा संशितानि – अ. १६.५.६/३
ब्रह्मणा सं गमेमहि – खिल. १०.१५१.४/५
ब्रह्मणा संपृंचानस् सुकृता कृतेन – आपमपा. 2.22.१३/४ द्र. अत्र छन्दोभिर्यज्ञैः।
ब्रह्मणा सोमपाः – तैसं. ४.४.८.१
ब्रह्मणा स्थापितं पात्रम् – कौसू. ६.१७/३
ब्रह्मणा सवरवो मिताः – अ.१६.४2.१/2; तैब्रा. 2.४.७.१०/2
ब्रह्मणा म आत्मामृतत्वाय – तैआ. १०.३३.१ ३४.१; ३६.१; तै आ. १०.६६; महा नारा उप. १५.१०; १६.१; आपमपा. 2.2०.2६; हिर गृसू. 2.१2.१; बौधसू. 2.७.१2.१३
ब्रह्मणे (नमः अथवा स्वाहा) – आगृ. १.2.2; मागृसू.. 2.१2.१६; गौतधशा. 2६.१६ तु. अत्र नमो ब्रह्मणे।
ब्रह्मणे छन्दोभ्यश्च – पारगृसू. 2.१०.८
ब्रह्मणे त्वा परिददामि – कौसू. ५६.१३
ब्रह्मणे त्वा महसे – तैआ. १०.६३.१; ङभ|छन्: 2४.2
ब्रह्मणे त्वाहुताद्य मा मा हिंसीः – आपश्रौ. ३.2०.७
ब्रह्मणे त्वोपस्तृणामि – मैसं. ४.६.2७ः १४०.८
ब्रह्मणे नमः – काठसं. 2६.१2; आपश्रौ. 2०.१.१७; गोपाता उप. 2 तु इत्यत्र नमो ब्रह्मणे।
ब्रह्मणे पिन्वस्व (तैआ. पीपिहि) – वा. ३८.१४; शब्रा. १४.2.2.2७; तैआ. ४.१०.१ द्र. अत्र अस्मै ब्रह्मणे पवते।
ब्रह्मणे प्राणाय (सेव अपानाय, व्यानाय, तथा) जुष्टं निर्वपामि – आपश्रौ. ५.५.2
ब्रह्मणे ब्रह्मपुरुषेभ्यः (नमः वत स्वाहा) – आगृ.१.2.६; विष्णुस्मृ.६७.१६ तु. ब्रह्मपुरुषेभ्यः।
ब्रह्मणे ब्रह्मणम् (तैब्रा.आपश्रौ. कक आलभते) – वा. ३०.५; तैब्रा. ३.४.१.१; कात्यश्रौसू. 2१.१७; आपश्रौ. 2०.2४.८
ब्रह्मणे राजा तमवन्ति देवाः – ऋ. ४.५०.६/४; ऐब्रा. ८.2६.१३
ब्रह्मणे वैश्रवणाय विश्वेभ्यो देवेभ्यः सर्वेभ्यो देवेभ्यो विश्वेभ्यो भूतेभ्यः सर्वेभे भूतेभ्यः –कौसू. ७४.३
ब्रह्मणे शर्गः – तैसं.५.५.१६.१; काठसं अश्व. ७.६
ब्रह्मणे समनमत् – तैसं. ७.५.2३.2; काठसं अश्व. ५.2०
ब्रह्मणे स्वयंभुवे स्वाहा – तैआ.३.६.१
ब्रह्मणे स्वाहा – अ.१६.22.2०; 2३.2६; ४३.८; वा.३६.१३; ऐब्रा. ७.22.2,४; शब्रा. १४.६.३.६; तैब्रा. ३.१.५.६; १2.2.४; तै आ आन्ध्र. १०.६७.2; महा नारा उप. १६.2; बृह उप.६.३.३ प्रः ब्रह्मणे –सावि ब्रा.१.2.५
ब्रह्मणो गोप्ताजनि – ऐब्रा. ८.१2.५
ब्रह्मणो ग्रन्थिरसि स ते मा विस्रसत् – मागृसू.. १.22.६
ब्रह्मणो दीप्तिरसि – आपमपा. 2.१०.१
ब्रह्मणो निहिता वराः – जैब्रा. ४.३७०/2 चंतज व क्षित्रं राष्ट्रमृतम्
ब्रह्मणोऽन्तर्हितं हविः – अ. १६.४2.१/४
ब्रह्मणो वस्तेजसा संगृह्णामि – आगृ.2.६.४
ब्रह्मणो हेत तप्सश्च हेते – अ.५.६.६// द्र. वाचो हेते
ब्रह्मण्यते सुष्वये वरिवो धात् – ऋ. ४.2४.2/४
ब्रह्मण्यतो नूतनस्यायोः – ऋ. 2.2०.४/४
ब्रह्मण्यतो वीर कारुधायः – ऋ. ६.2१.८/2
ब्रह्मणायन्त इन्द्र ते नवीयः – ऋ.2.१६.८/३
ब्रह्मण्यन्तः शंस्यं राध ईमहे – ऋ.2.३४.११/४
ब्रह्मण्वत्येहि – अ. ८.१०.2५
ब्रह्मण्वदा च वक्षत् – शब्रा. १.५.१.११; कात्यश्रौसू. ३.2.१2; आपश्रौ. 2.१६.११; माश्रौसू. १.३.१.2६
ब्रह्म तेजो मे पिन्वस्व – काठसं. ५.2; ३2.2; तैब्रा.३.७.६.६; आपश्रौ. ४.६.2
ब्रह्म तेन पुनीहि नः –(लाट्य श्रौसू. मा; वा.काठसं. पुनातु मा; मैसं.तैब्रा. पुनीमहे) – ऋ. ६.६७.2३/३; वा. १६.४१/३; मैसं.३.११.१०/३ः १५६.४; काठसं. ३८.2/३; तैब्रा.१.४.८.2/३; लाट्यश्रौसू. ५.४.१४/३
ब्रह्म त्वमसि विश्वसृत् (महा नारा उप. ...सृक्) – तैआ. १०.६३.१; महा नारा उप.2४.2
ब्रह्म त्वा तपति ब्रह्मणा तेजसा च – वैसू.१४.१/३ तु. ब्रह्मणा तेजसा
ब्रह्म त्वा यजुर्भिः – मैसं.३.११.८ः १५१.१० द्र. यज्ञो यजुर्भिः
ब्रह्मदृंह – वा.५.2७; ६.३; तैसं.१.३..2; ६.2; मैसं.१.2.११ः 2१.१; १.2.१४ः 2४.१; ३.८.६ः १०८.५; ३.६.३ः ११८.३; काठसं. 2.१2; ३.३; 2५.१०; 2६.५; शब्रा.३.६.१.१८; कात्यश्रौसू.६.३.११; आपश्रौ. ७.१०.१2; माश्रौसू.१.८.2.2१; – 2.2.३.१८

ब्रह्म देवकृतम् उपहूतम् – तैसं. 2.६.७.४; मैसं.४.१३.५: २०५.१६; तैब्रा. ३.५.८.2; १३.2; आश्रौ. १७.७; शांश्रौसू. १.१2.१ द्र. ब्रह्मा देवकृतो...।

ब्रह्म देवं अवीवृधत् – मैसं.१.१.१३/2: ८.१५ द्र. ब्रह्म देवा अवी...।

ब्रह्म देवा अपी विदुः – अ.१३.2.१३/४

ब्रह्म देवा अवीवृधन् (काठसं. देवां अवीवृधत्) – वा.१७. ६४/2; तैसं.१.१.१३.१/2; ६.४.2/2; ४.६.३.४/2; काठसं. १.१2/2; १८.2/2; शब्रा. ६.2.३.22/2; आपश्रौ. ३.५.६ द्र. ब्रह्म देवम्

ब्रह्म देवां अनु क्षियति – अ.१०.2.2३/१

ब्रह्म देवां अवीवृधतः द्र. पूर्वमेकवर्जम्

ब्रह्म देवानजनयत् – तैब्रा.2.८.८.६/१

ब्रह्म देवानां प्रथमजा ऋतस्य – पंचब्रा. 2१.३.७ द्र. ब्रह्मा आदि

ब्रह्म दैवजनीर्विशः – अ.१०.2.2३/2

ब्रह्म द्यौरुत्तरा हिता – अ.१०.2.2५/2

ब्रह्म द्रविणम् – वा.१०.१०; तैसं.१.८.१३.१; ४.३.३.१; मैसं.2. ६.१०: ६६.१४; 2.७.१०: १०४.१६; काठसं. १५.७; शब्रा. ५.४.१.३

ब्रह्मद्विषं द्यौरभिसंतपाति – अ.2.१2.६/४ द्र. उत्तरम्

ब्रह्मद्विषमभि तं शेचतु द्यौ – ऋ. ६.५2.2/४ द्र. पूर्वम्।

ब्रह्मद्विषः शरवे हन्तवा उ – ऋ.१०.१८2.३/2 द्र. ब्रह्मद्विषे आदि

ब्रह्मद्विषस्तपनो मन्युमीरसि – ऋ. 2.2३.४/३

ब्रह्मद्यिषस्तमसा देवशत्रून् – मैसं.2.१३.१०/३: १६१.४

ब्रह्मद्विषः सूर्याद् यावयस्व – ऋ.५.४2.६/४

ब्रह्मद्विषे क्रव्यादे घोरचक्षसे – ऋ. ७.१०४.2/३; अ. ८.४. 2/३; काठसं. 2३.११/३; निरु.६.११/३

ब्रह्मद्विषे तपुषिं हेतिमस्य – ऋ.३.३०.१७/४; ६.५2.३/४; निरु. ६.३/४

ब्रह्मद्विषे शरवे हन्तवा उ – ऋ.१०.१2५.६/2; अ.४.३०. ५/2 द्र. ब्रह्मद्विषः आदि।

ब्रह्मद्विषे योचय क्षामपश्च – ऋ.६.22.८/४; अ.2०.३६. ८/४

ब्रह्मद्विषो हन्त्यनानुदिष्टः – ऋ.१०.१६०.४/४; अ.2०.६६. ५?४/४

ब्रह्म धारय – वा.३८.१४; शब्रा. १४.2.2.३० द्र. अस्मे ब्रह्माणि

ब्रह्मन् – शब्रा. ५.४.४.६ – १३; शांश्रौसू. १६.१८.१

ब्रह्म नरो ब्रह्मकृतः सपर्यन् – तैसं.2.2.१2.४/2

ब्रह्मनुत्तमपायति – अ.१०.१.१३/४

ब्रह्मन् घर्मेण प्रचरिष्यामः – गोब्रा. 22.६; वैसू.१३.2७ द्र. ब्रह्मन् प्रवर्ग्येण, तथा तु ब्रह्मन् प्रचरिष्यामः

ब्रह्मं (महा नारा उप. ब्रह्मन्) त्वमसि विश्वसृत् (महा नारा उप. ...सृक्) – तैआ. १०.६३.१; महा नारा उप. 2४.2

ब्रह्मन् देवयजनं मे देहि – षड् ब्रा. 2.१०; आपश्रौ. १०.३. १

ब्रह्मन् देवास्त्रयस्त्रिंशत् – तैब्रा. 2.८.८.१०/१

ब्रह्मन्नपः प्रणेष्यामि – आश्रौ. १.१2.१2; वैसू. 2.१; कात्यश्रौसू. 2.३.2; आपश्रौ. १.१६.५; ३.१८.६; माश्रौसू. १.2.१.१३; – ५.2.१५.१० तु. ब्रह्मन् प्रणेष्यामः

ब्रह्मन्नप्रतिरथं जप – शब्रा.६.2.३.१; कात्यश्रौसू. १८.३.१७

ब्रह्मन्नश्वं (तैब्रा. आपश्रौ. अश्वं मेध्यं) भन्त्सयामि देवेभ्यः (आपश्रौ. देवेभ्यो मेधाय) प्रजापतये – वा. 22.४; मैसं. ३.१2.१: १६०.2; शब्रा. १३.१.2.४; तैब्रा. ३.८.३.१; आपश्रौ. 2०.३.३ प्रः ब्रह्मन्नश्वम् भन्त्स्यामि–कात्यश्रौसू. 2०.१.2७; माश्रौसू. ६.2.१

ब्रह्मन्निदं करिष्यामि – लाटयश्रौसू.४.१०.2६

ब्रह्मन्निन्द्रप्रजापती – तैब्रा.2.८.८.१०/2

ब्रह्मन्नुत्तरं परिग्राहं परिग्रहीष्यामि – आपश्रौ. 2.३.७

ब्रह्मन्नुप (षड् ब्रा. उप मा) ह्वयस्व – आश्रौ.2.१६.१८; षड् ब्रा. 2.५,६,७

ब्रह्मन्नेकस्फययोप संभिन्धि –लाटयश्रौसू. ५.१.४

ब्रह्मन् प्रचरिष्यामः – कौषी ब्रा.६.१2; शब्रा. १४.१.३.2; तैआ. ४.५.१; ५.४.१; कात्यश्रौसू.2६.2.११; माश्रौसू.४.2. १० तु. अत्र ब्रह्मन् घर्मेण।

ब्रह्मन् प्रोष्यामः – कौषी ब्रा.६.१2 तु. ब्रह्मन्नपः।

ब्रह्मन् प्रत्यवरोहाम – पारगृसू.३.2.१०

ब्रह्मन् प्रवरायाश्रावयिष्यामि – आपश्रौ. 2.१५.३; माश्रौसू.१. ३.१.2४

ब्रह्मन् प्रवर्ग्येण प्रचरिष्यामः – मैसं.४.६.2: १22.१५; ऐब्रा.१. १८.३; तैआ.४.४.१; आपश्रौ. १५.६.१ द्र. अत्र ब्रह्मन् घर्मेण।

ब्रह्मन् प्रविशामि – पारगृसू. ३.४.५

ब्रह्मन् प्रस्थास्यामः (शब्रा.शब्रा.शांश्रौसू.कात्यश्रौसू. ...मि) – तैसं.2.६.६.१; कौषी ब्रा. ६.१2; गोब्रा. 2.१.४; शब्रा. १. ७.४.१६,2१; 2.५.2.४१; ६.१.४४; आश्रौ.१.१३.६; शांश्रौसू. ४.७.१६; कात्यश्रौसू.३.५.१; ६.६.७; आपश्रौ. ३.४.५; 2०.८; ७.2६.८; माश्रौसू.१.३.४.१; ८.६.१

ब्रह्मन् प्रोक्षिष्यामि – आपश्रौ. १.१६.१

ब्रह्मन् ब्रह्मासि – आपश्रौ. ३.2०.७ द्र. अत्र ब्रह्मंस्तवम्

ब्रह्मन् मा त्वं वदो बहु – वा.2३.2५/४

वैदिकपादानुक्रमकोषः 166

ब्रह्मन् (? हस्तलिपौ बृह) मा मा हिंसीः – जैब्रा.१.१२६
ब्रह्मन् यज – कात्यश्रौसू. ६.११.८; आपश्रौ. १2.2४.१; माश्रौसू.2.४.१.2८
ब्रह्मन् वाचं यच्छ – आश्रौ.६.११.१६; शांश्रौसू. १०.१.१३; कात्यश्रौसू.१2.६.2५; आपश्रौ. १2.३.१५; माश्रौसू.2.३.2.१; – ७.2.१
ब्रह्मन् विशं विनाशयेयम् – आपश्रौ. १६.2१.2०
ब्रह्मन् वीर ब्रह्मकृतिं जुषाणः – ऋ.७.2६.2/१; ऐब्रा. ४.३.३; कौषी ब्रा.2६.११; आश्रौ.६.2.६
ब्रह्मन् सोमोऽस्कन् (काठसं.आपश्रौ. ऽस्कान्) – काठसं. ३४.१८; गोब्रा. 2.2.१2; वैसू. १६.१५; आपश्रौ. १४.2८.६ तु. अस्कान् सोमः।
ब्रह्मन् स्तोष्यामः – कौषी ब्रा.६.१2
ब्रह्मन् स्तोष्यामः प्रशास्तः – कौषी ब्रा.१७.७; गोब्रा. 2.५.४; शब्रा. ४.६.६.६; आश्रौ.५.2.११; शांश्रौसू. ६.८.५; वैसू.१७.३; लाटयश्रौसू.५.११.2; आपश्रौ.१४.६.७; माश्रौसू.५.2.१६.१४ द्र. ब्रह्मं आदि
ब्रह्मन् हये – हये ब्रह्मन् – शब्रा. १३.५.2.५
ब्रह्मन् ह विश्वा भूतानि – तैब्रा.2.८.८.१०/३
(ओं) ब्रह्मपार्षदांस् (तथा ...पार्षदीश्च) तर्पयामि – बौधसू. 2.५.६.५
ब्रह्मपा हि भजतां भागी भागम् – आपश्रौ. ४.११.१ द्र. भजताम्
ब्रह्मपुत्र इव सवनेषु शंससि – ऋ.2.४३.2/2; आपमपा. १.१३.१०/2; हिर गृसू. १.१६..१८/2
ब्रह्म पुनरिष्टं पूर्तं दात् स्वाहा – ऐब्रा. ७.2१.2
ब्रह्मपुरुषेभ्यः (नमः) – मागृसू..2.१2.१६ तु. ब्रह्मणे ब्रह्मपुरुषेभ्यः
ब्रह्मपूता पुनातु माम् – तैआ. १०.2३.१/४; महा नारा उप. १४.2/४; प्रा उप. १/४; बौधसू.2.५.८.१०/४
ब्रह्मपूता स्थ – आपश्रौ. ४.४.४
ब्रह्म पृष्टमनादृतम् स उप ब्रा. ३/2 वासि ध शा. 2.११/2
ब्रह्म प्रजापतिर्धाता – अ. १६.६.१2/१
ब्रह्म प्रजां मे धुक्ष्व – ऐआ.५.३.2.४ तु. प्रजां मे धुक्ष्व
ब्रह्म प्रजावदा भर – ऋ.६.१६.३६/१; सा.2.७४८/१; शांश्रौसू. ६.22.४
ब्रह्म प्रजावद् रयिमश्वपस्त्यम् – ऋ. ६.८६.४१/३
ब्रह्मप्रज्ञां च मेधां च – कप्र.१.१०.४/३
ब्रह्म प्रतिष्ठा मनसो ब्रह्म वाचः – तैब्रा.३.७.११.१/१; आपश्रौ. 2.2१.१/१ प्रः ब्रह्म प्रतिष्ठा मनसः – आपश्रौ. ३.११.2; आपश्रौ. ६.११.2६
ब्रह्म प्रपद्ये – ऐब्रा. ७.22.2; 2३.३; तैआ.2.१६.१
ब्रह्म प्रावादिषम तन् नो मा हासीत् – तैआ. ४.४2.५
ब्रह्म प्रियं वरुणाय श्रुताय – ऋ.५.८५.१/2; काठसं.१2.१५/2
ब्रह्मप्रियं जोषयन्ते वरा इव – ऋ.१.८३.2/४; अ.2०.2५.2/४
ब्रह्म प्रियं देवहितं यच्छस्ति – ऋ.५.४2.2/३
ब्रह्मप्रियं पीपयन् सस्मिनूधन् – ऋ.१.१५2.६/2
ब्रह्म ब्रह्मचारिभिरुदक्रामत् – अ. १६.१६.८/१
ब्रह्म ब्रह्मण उज्जभार मध्यात् – अ.४.१.३/३; तैसं. 2.३.१४.६/३; काठसं.१०.१३/३
ब्रह्म – ब्रह्म ये जुजुषुर्हविर – हविः – ऋ. ६.७७.३/४
ब्रह्म ब्रह्माभवत् स्वयम् – तैब्रा.३.१2.६.३/2
ब्रह्म ब्राह्मण आत्मना – तैब्रा.2.८.८.६/४
ब्रह्मभाग एवाहं भूयासं पाप्मभागा मे द्विषन्तः – साम मन्त्रब्रा.2.४.१४
ब्रह्मभिः क्लृप्तः स ह्यस्या बन्धुः – अ.१०.१०.2३/४
ब्रह्मभ्यः कृणुता प्रियम् – अ. १2.2.३४/४
ब्रह्मभ्यो वि भजा वसु – ऋ. १०.८५.2६/2; अ.१४.१.2५/2; आपमपा. १.१७.७/2
ब्रह्म भ्राजदुदगादन्तरिक्षं दिवं च – कौसू. ६७.८/१
ब्रह्म मा क्षत्राद् गोपायतु – ऐब्रा. ७.22.2,४
ब्रह्म मेतु मधु मेतु माम् – तैआ.१०.४८.१ द्र. ब्रह्म मेऽव
ब्रह्म मेतु माम् – तैआ.१०.४८.१; महा नारा उप.१७.६ तु. त्रिसुपर्ण –गौतधशा. १५.2८; आपधसू.2.७.१७.22; विष्णुस्मृ. ५६.2३; वासि ध शा.2८.१४; याधशा.१.2१६; वृ अ सं.३.१2; लघु अत्रि सं ३.१2
ब्रह्म मे दाः – मैसं.४.६.३: १2४.४; तैआ.४.५.४ तु. ब्रह्म यच्छ।
ब्रह्ममेधया मधुमेधया ब्रह्म मेऽव मधुमेधया – तैआ. १०.४६.१; महा नारा उप.१७.७
ब्रह्ममेधवा मधुमेधवा ब्रह्म मेऽव मधुमेधवा – तैआ. १०.५०.१; महा नारा उप.१७.८
ब्रह्म मे धुक्ष्व – शांश्रौसू. ४.६.2; कात्यश्रौसू. ३.४.१३
ब्रह्म मेऽव मधु मेतु माम् – महा नारा उप.१७.६ द्र. ब्रह्म मेतु मधु।
ब्रह्म यच्छ – तैसं. १.१.७.१; तैब्रा.३.2.७.१; आपश्रौ. १.१2.१; 22.2; ६.१.2; ५.६ तु. ब्रह्म मे दाः
ब्रह्म यज्ञः पृथिवीं धारयन्ति – अ. १2.१.१/2 द्र. ब्रह्म यज्ञाः
ब्रह्म यज्ञं च वर्धय – ऋ.१०.१४१.६/2; अ. ३.2०.५/2; सा. 2.८५५/2

ब्रह्म यज्ञश्च सत्रं च – अ. १६.४2.2/३
ब्रह्मयज्ञस्य तन्तवः – तैब्रा.2.४.७.११/३
ब्रह्म यज्ञाः पृथिवीं धारयन्ति – मैसं.४.१४.११/2: 2३३.८ द्र. ब्रह्म यज्ञः।
ब्रह्म यज्ञानां हविषामाज्यस्य – तैब्रा.३.७.११.१/2; आपश्रौ. 2.2१.१/2
ब्रह्म यत् पासि शवसिन्नृषीणाम् – ऋ.७.2८.2/2
ब्रह्मयुजो वृषरथासे अत्याः – ऋ.१.१७७.2/2
ब्रह्मयुजो हरय इन्द्र केशिनः – ऋ. ८.१.2४/३; सा. १. 2४५/३; 2.७४१/३
ब्रह्म योनिः – मैसं.2.१३.2: १५३.७
ब्रह्मराजन्याभ्याम् – अ. १६.३2.८/2; वा.2६.2/३
ब्रह्ममर्त्वा ते परांचो व्यथन्ताम् – अ. ४.४०.८/३
(ओं) ब्रह्मर्षींस्तर्पयामि – बौधसू. 2.५.६.१४
ब्रह्मलोकाय स्वाहा – तैब्रा. ३.१.५.६
ब्रह्म वदिष्ये – तैआ.४.१.१
ब्रह्मवधात् सुरापानत् स्वर्णस्तेयात् – खिल. ६.६७.११/१
ब्रह्मवनं ब्रह्म स वृक्ष आसीत् – तैब्रा. 2.८.६.६/१
ब्रह्मवनि त्वा क्षत्रवनि रायस्पोषवनि पर्यूहामि – वा.५.2७; ६.३; शब्रा. ३.६.१.१७ प्रः ब्रह्मवनि त्वा –कात्यश्रौसू. ६.३.१० द्र. ब्रह्मवनिं त्वा
ब्रह्मवनी त्वा क्षत्रवनि सजातवन्युप दधामि भ्रातृव्यस्य बधाय – वा. १.१७,१८; शब्रा. १.2.७,१०
ब्रह्मनिं त्वा क्षत्रवनिं (तैसं. क्षत्रवनिं सुप्रजावनिं रायस्पोषवनिं; काठसं. क्षत्रवनिं देववनिं सजातवनिं रायस्पोषवनिं) पर्यूहामि – तैसं. १.३.१.2; ६.2; मैसं.१. 2.११: 2१.१; १.2.१४: 2४.१; ३.८.६: १०८.५; ३.६.३: ११८.३; काठसं. 2.१2; ३.३; माश्रौसू. १.८.2.2०; – 2. 2.३.१७ प्रः ब्रह्मवनिं त्वा क्षत्रवनिम् – तैसं. ६.2.१०.५; ३.४.५; काठसं. 2५.१०; 2६.५; आपश्रौ. ७.१०.१2 द्र. पूर्वमेकवर्जम्
ब्रह्म वन्वानो अजरं सुवीरम् – ऋ.३.८.2/2; मैसं.४.१३. १/2: १६६.६; काठसं.१५.१2/2; ऐब्रा.2.2.११; तैब्रा. ३.६.१.१/2
ब्रह्मवर्चसमन्नाद्यं मयि त्विषिं धाः – शांश्रौसू.१७.१३.१०
ब्रह्मवर्चसमसि – तैसं. ५.६.१.४; 2.६; बौधसू. ३.2.७
ब्रह्मवर्चसं म आसुषवुः – तैब्रा. ३.७.६.2; आपश्रौ. १३.१.११
ब्रह्मवर्चसं मागम्यात् (वैसू. मा गमयेत्) – तैसं. ३.2.७.2; वैसू. १७.८
ब्रह्मवर्चसाय त्वा – तैसं. ५.६.१.४; 2.६; बौधसू.३.2.७
ब्रह्मवर्चसाय त्वा गृह्णामि – तैसं. १.६.१.३
ब्रह्मवर्चासाय त्वा परिददामि – हिर गृसू.१.६.५
ब्रह्मवर्चसाय पवते – का. ७.८.४; शब्रा.४.2.2.१६; आपश्रौ. १.१५.८ द्र. उत्तरम्
ब्रह्मवर्चसाय पिपीहि (तैआ. पीपिहि) – मैसं.४.६.६: १2६. ६; तैआ. ४.१०.१ द्र. पूर्वम्
ब्रह्मवर्चसाय वयूहध्वम् – हिर गृसू.१.१०.१
ब्रह्मवर्चसाय स्वाहा – तैब्रा.३.१.४.६; ५.१०; ६.४
ब्रह्मवर्चसिनं म करोतु – आपमपा. 2.७.2५/४; हिर गृसू. १.१०.६/५; ११.३
ब्रह्मवर्चसि यशसि वीर्येऽन्नाद्ये – आपमपा. 2.११.१६/५
ब्रह्मवर्चासी भूयासम् – शब्रा.११.2.७.११ प्रः ब्रह्मवर्चसी – कात्यश्रौसू.३.३.५
ब्रह्मवर्चसी मे संतिष्ठस्व – तैब्रा.३.७.६.2०; तै आ आन्ध्र. १०.७७; आपश्रौ. ४.१2.१०
ब्रह्मवर्चसेन मे संतिष्ठस्व – तैब्रा.३.७.६.2०; तै आ आन्ध्र. १०.७७; आपश्रौ. ४.१2.१०
ब्रह्मवर्चसेनानाद्येन समेधय– आपगृ. 1.10.12/4; हिगृ.1. 2.11/4
ब्रह्म वर्म ममान्तरम् – ऋ.६.७५.१६/४; अ.१.१६.४/४; सा. 2.१222/४; आपश्रौ. १४.2६.१/३। तु. ब्रह्माहम अन्तरम्
ब्रह्म वर्म विततमनतिव्याध्यं कृतम् – अ. ६.2.१६/2
ब्रह्म वर्माणि चक्रिरे – अ.५.८.६/2; ११.१०.१७/2
ब्रह्म वा यः क्रियमाणं निनित्सात् (अ. वा यो निन्दिशत् क्रियमाणम्) – ऋ. ६.५2.2/2; अ. 2.१2.६/2
ब्रह्मवाहस्तमं हुवे – ऋ.2.१2.६/2
ब्रह्मवाहस्तमं हुवे – ऋ. ६.४.५.१६/३
ब्रह्म विश्वमिद जगत् – तैब्रा. 2.८.८.६/2
ब्रह्मवृद्धौ ब्रह्माहतौ – अ.१३.१.६/2
ब्रह्मवेदादसंस्कृतः – गोब्रा. 2.2.५/४
ब्रह्म शान्तिः – वा.३६.१७; मैसं.४.६.2७: १३८.१४; तैआ. ४. ४2.५
ब्रह्म श्रोत्रियमाप्नोति – अ. १०.2.2१/१
ब्रह्म श्रोत्रियमाप्नोति – अ.१०..2.2१/४
ब्रह्म सत् क्षत्रं च पातु माम् – शां गृ सू.६.६.१६
ब्रह्म सन्तं ब्रह्मणा वर्धयन्ति – अ. १३.१.३३/४; तैब्रा. 2. ८.८.६/४
ब्रह्म संधत्तं तन् मे जिन्वतम् – तैब्रा. १.१.१.१; आपश्रौ. १2.22.६
ब्रह्म संधत्तं तन् मे जिन्वतम् – तैब्रा. १.१.१.१; आपश्रौ. १2.22.६
ब्रह्म समिद् भवत्याहुतीनाम् – तैसं. ५.७.८.2/४,३; तैब्रा. 2.८.८.११/४

ब्रह्म सरूपमनु मेदमागात् – तैआ. ३.१५.१/३; तै आ आन्ध्र. १०.४६/३
ब्रह्मसवैः पुनीहि नः – ऋ. ६.६७.2४/३
ब्रह्म सूर्यसमं ज्योतिः – वा.2३.४८/१; शब्रा. १३.५.2.१३; शांश्रौसू. १६.५.2/१ द्र. सत्यं सूर्य...।
ब्रह्म स्तोमं गृत्समदासो अक्रन् – ऋ. 2.३६.८/2
ब्रह्म स्तामं मेधवा सोमम् उक्था – ऋ.४.22.१/३
ब्रह्म स्पृतम् – वा. १४.2४; तैसं. ४.३.६.१; मैसं.2.८.५: १०६.६; ३.2.१०: ३१.५; काठसं. १७.४; शब्रा. ८.४.2.३
ब्रह्म स्पृतम् – वा. १४.2४; तैसं.४.३.६.१. 2.८.५: १०६.६; ३.2.१०: ३१.५; काठसं. १७.४; शब्रा. ८.४.2.३
ब्रह्म स्वयंभु – तैआ. ३.६.१
ब्रह्महत्यायै स्वाहा – वा. ३६.१३; तैसं. १.४.३५.१; शब्रा. १३.३.५.३; तैआ. ३.20.१; माश्रौसू. ६.2.५ तु. भ्रूणहत्यायै
ब्रह्महा गुरुतल्पगः – तै आ आन्ध्र. १०.६४/2; महा नारा उप. १६.१/2 तु. गुरोस्, तथा भ्रूणहा
ब्रह्म होता ब्रह्म यज्ञः – अ. १६.42.१/१
ब्रह्मा (तृप्यतु) – आगृ.३.४.१; शां गृ सू. ४.६.३ तु. ब्रह्माणं त...।
ब्रह्मां३स्त्वम् आदिः द्र. ब्रह्मंस्त्वम् आदि।
ब्रह्माकर्म भृगवो न रथम् – ऋ.४.१६.20/2
ब्रह्मा कस्तं संपर्यति – ऋ.८.६४.७/३; सा. १.१४2/३ तु. ब्रह्मा को।
ब्रह्मा कृणेत पन्य इत् – ऋ. ८.३2.१७/३
ब्रह्मा कृणेति वरुणः – ऋ. १.१०५.१५/१
ब्रह्माकृष्णश्च नोऽवतु – वा.2३.१३; शब्रा. १३.2.७.७
ब्रह्मा को वः सपर्यति – ऋ. ८.७.20/३ तु. ब्रह्मा कः
ब्रह्माग्रे ज्येष्ठं दिवमा ततान – अ. १६.22.2१/2; 2३.३०//; तैब्रा.2.४.७.१०/2
ब्रह्माङ्गूषं सदनं रोदस्योः – ऋ. १.११७.१०/2
ब्रह्मा चकार वर्धनम् – ऋ. १.८०.१/2; सा.१.४१०/2
ब्रह्मा च गिरो दधिरे समस्मिन् – ऋ. ६.३८.३/३
ब्रह्मा च यत्र विष्णुश्च – खिल. ६.११३.४/३
ब्रह्मा चासि गृहपतिश्च नो दमे – ऋ.2.१.2/४; १०.६.१०/४
ब्रह्मा चेद् धस्तमग्रहीत् – अ.५.१७.८/३
ब्रह्माण इन्द्रं वयोधसम् – तैब्रा. 2.६.१७.४/४ द्र. ब्रह्मणमादि।
ब्रह्माण (मैसं. ..णा) इन्द्रं महयन्तो अर्कैः – ऋ. ५..३१.४/३; सा. १.४३६/१; तैसं. १.६.१2.६/३; मैसं. ४.१2.2/३: १८2.८; काठसं. ८.१६/३
ब्रह्माण इन्द्रोप याहि विद्वान् – ऋ. ७.2८.१/१; ऐब्रा. ५.१८.८; आश्रौ. ८.१०.१
ब्रह्माण उत् वीरुधः – अ. 2.६.४/2
ब्रह्माण ऋतुथा विदुः – ऋ. १०.८५.१६/2; अ. १४.१.१६/2
ब्रह्माण ऋषभे जनाः – शब्रा. १३.५.४.१५/2
ब्रह्माणं यत्र हिंसन्ति – अ. ५.१६.८/३
ब्रह्माणं च बृहस्पतिम् – ऋ. १०.१४१.३/४; अ. ३.20.४/४; सा. १.६१/४; वा. ६.2६/४; तैसं. १.७.१०.३/४; मैसं. १.११.४/४: १६४.१३; काठसं.१४.2/४; शब्रा.५.2.2.८/४
(ओं) ब्रह्माणं तर्पयामि – बौधसू. 2.५.६.५ तु. ब्रह्माणा (तृप्यतु)।
ब्रह्माणं तवामुं वृणे – आगृ. १.2३.६
ब्रह्माणमपभूतये – अ. ५.८.५/2
ब्रह्माणमिन्द्रं वयोधसम् – वा. 2८.2८/४ द्र. ब्रह्माण आदि।
ब्रह्माणं ब्रह्मवाहसम् – ऋ. ६.४५.७/१
ब्रह्माणं ब्रह्मवाहसम् – ऋ. ६.४५.७/१
ब्रह्माणं मा हिंसीः – आपश्रौ. ६.2.६; माश्रौसू. ३.१.2६
ब्रह्माणस्ते यशसः सन्तु मान्ये – अ.2.६.2/४; वा.2७.2/४; तैसं.४.१.७.१/४; मैसं.2.१2.५/४: १४८.१४; काठसं.१८.१६/४
ब्रह्माणस्त्वावयं युजा (सा. त्वा युजा वयम्) – ऋ. ८.१७.३/१; अ.20.३.३/१; ३८.३/१; ४७.६/१; सा. 2.१८/१; मैसं.2.१३.६/१: १५८.१2
ब्रह्माणस्त्वा शतक्रतो – ऋ. १.१०.१/३; सा. १.३42/३; 2.६६४/३; तैसं. १.६.१2.३/३; निरु. ५.५/३; महा. १2.2८४.७८/३, ब्रह्माणं त्वा शतक्रतुम् इति प्राप्यते
ब्रह्माणि मन्दन् गृणतामृषीणम् – ऋ. .१०.८६.१६/2
ब्रह्माणि मे मतयः शं सुतासः – ऋ. १.१६५.४/१; वा. ३३.७८/१; मैसं. ४.११.३/१: १६८.१2; काठसं. ६.१८/१
ब्रह्माणि हि चकृषे वर्धनानि – ऋ. ६.2३.६/१
ब्रह्माणीन्द्र तव यानि वर्धना – ऋ. १.५2.७/2; मैसं. ४.१2.३/2: १८५.2
ब्रह्माणेव विदथ उक्थशासा – ऋ. 2.३६.१/३
ब्रह्माणो यस्यामर्चन्ति – अ.१2.१.३८/३
ब्रह्माण्यत्रेरव तं सृजन्तु – ऋ.५.2.६/३
ब्रह्माण्येषां शृणुतं हवीमनि – ऋ. ७.८३.४/३
ब्रह्माण्योक्ता नमसा हरिभ्याम् – ऋ.१.६३.६/2
ब्रह्मा त इन्द्र गिर्वणः – ऋ. ८.६०.३/१

ब्रह्मा तूतोदिन्द्रो गातुमिष्णन् – ऋ. 2.20.५/2
ब्रह्मा त्वा प्राश्नातु – पारगृसू. ३.१५.2४
ब्रह्मा त्वा अश्नातु – पारगृसू.३.१५.2३,2४
ब्रह्मा त्वाशनातु – पारगृसू. ३.१५.2३,2४ तु. प्राणस्त्वाश्नातु।
ब्रह्मा त्वो वदति जातविद्याम् – ऋ. १०.७१.११/३; निरु. १.८/३
ब्रह्मा देवकृतोपहूता – शब्रा. १.८.१.2७ द्र. ब्रह्म देवकृतम्।
ब्रह्मा देवता – मैसं. 2.१३.20: १६६.५
ब्रह्मादेवानां पदवीः (वर उ उप. सवितुः) कवीनाम् – ऋ. ९.९६.६/१; सा. 2.2९४/१; तैसं.३.४.११.१/१; मैसं. ४.१2.६/१: १६६.१2; काठसं. 2३.१2/१; तैआ. १०. १०.१/१; ५०.१/१; महा नारा उप. ९.१/१; १७. ८/१; वर उ उप. १.१/१; आश्रौ. ४.११.६; विष्णुस्मृ. ४८.६/१; निरु. १४.१३/१ प्रः ब्रह्मा देवानां पदवीः शांश्रौसू. ९.2६.३; ब्रह्मा देवानाम् –तैआ. १.११.१; बौधशा. ३.६.६ तु. बृहद. ६.१३६
ब्रह्मा देवानां प्रथमजा ऋतस्य – आपश्रौ. 22.१७.१० द्र. ब्रह्म आदि।
ब्रह्मा देवानां प्रथमः संबभूव – मुण्ड उप. १.१.१/१
ब्रह्मा देवो बृहस्पतिः – वा. १८.७६/2; 2१.१६/2; मैसं. ३.११.११/2: १५८.६; काठसं.३८.१०/2; शब्रा. १०.१. ३.८/2; तैब्रा. 2.६.१८.2/2
ब्रह्माधिगुप्तः (पारगृसू. ब्रह्माभि...) स्वारा क्षराणि (पारगृसू. सुरक्षितः स्यां) स्वाहा – आगृ. 2.४.१४/४; पारगृसू. ३.३.६/४ द्र. ब्रह्माभिगूर्तम्
ब्रह्माध्यतिष्ठद् भुवनानि धार्यन् – तैब्रा. 2.८.९.७/४
ब्रह्मान्ततो मध्यतो ब्रह्म सर्वतः – अ. १४.१.६४/2
ब्रह्मा३न् (तैब्रा. ...मा३) त्वं राजन् ब्रह्मासि – तैसं. १.८. १६.१, 2; तैब्रा. १.७.१०.2,३(जमत); आपश्रौ. १८.१८. १०,११ द्र. अत्र ब्रह्मंस्त्वम्
ब्रह्मान्वविन्दद् दशहोतारमर्णे – तैआ. ३.११.१/४
ब्रह्मापरं युज्यतां ब्रह्म पूर्वम् – अ. १४.१.६४/१ प्रः ब्रह्मापरम् –कौसू. ७७.2,20; ७९.2८,३2
ब्रह्मा ब्रह्मत्वेन प्रमुदो मोदमानाः – गोब्रा. १.५.६४/१ प्रः ब्रह्मापरम् –कौसू. ७2.2,20; ७९.2८,३2
ब्रह्मा ब्रह्म दधातु मे – अ. १९.४३.८/४
ब्रह्मा भवति सारथिः – ऋ. १.१५८.६/४
ब्रह्माभिगुप्तः आदिः द्र. ब्रह्माधिगुप्तः।
ब्रह्माभिगूर्तं स्वराक्षाणः – मागृसू.. 2.८.६/४ द्र. ब्रह्मा धिगुप्तः।

ब्रह्माभ्यावर्ते – अ. १०.५.४०/१
ब्रह्मा मा तत्र नयतु – अ. १९.४३.८/३
ब्रह्मा मे शर्म यच्छतु – अ. १९.९.१2/४
ब्रह्मायं वाचः परमं व्योम् – ऋ. १.१६४.३५/४; अ. ९.१०. १४/४; वा. 2३.६2/४; लाटयश्रौसू. ९.१०.४/४ द्र. ब्रह्मैव वाचः।
ब्रह्मा यज्ञेन कल्पताम् (मैसं. ...ते) – वा. १८.2९; 22.३३; मैसं. १.११.३: १६३.१५; काठसं. १४.१; १८.१2
ब्रह्मा यन्मन्युतः शपत् – अ.2.७.2/३
ब्रह्मायुष्मत् तद् ब्राह्मैरायुष्मत् – तैसं. 2.३.१०.३; काठसं. ११.७; पारगृसू. १.१६.६; आपमपा. 2.१४.८ (आपगृ. ६. १५.१2) द्र. उत्तरम्
ब्रह्मायुस्तस्य ब्राह्मण आयुष्कृतः – मैसं. 2.३.४: ३१.१३ द्र. पूर्वम्।
ब्रह्मावाधूष्टामृतेन मृत्युम् – कौसू. ९७.८/2
ब्रह्मा वासः सुमंगलम् – अ. १४.१.३०/2
ब्रह्मा शिरः – तै आ आन्ध्र.१०.३५
ब्रह्मा सं स्तौतु भद्रया – अ. ९.४.११/४
ब्रह्मा समिद् भवति साहुतिर्वाम् – ऋ. १०.५2.2/४
ब्रह्मा समिष्टयाम् – काठसं. ३४.१६
ब्रह्मासि – मैसं.2.६.१2: ७2.१
ब्रह्मासि क्षत्रस्य योनिः – तैब्रा. ३.७.७.2; आपश्रौ. १०.६.५
ब्रह्मा सुन्वन्तमिच्छति – ऋ. ९.११2.१/४
ब्रह्मा सुमेधाः सो अस्मिन् मदेत – अ. ९.१.६/३
ब्रह्मासृज्यत – वा. १४.2८; तैसं. ४.३.१०.१; मैसं.2.८.६: ११०.; काठसं. १७.५; शब्रा. ८.४.३.४
ब्रह्मा सोमपुरोगवः – वा. 2३.१४/४; शब्रा. १३.2.७.१०
ब्रह्मास्मदप हन्तु शमलं तमश्च – कौसू. ९७.८/४
ब्रह्मास्मै वर्म कृण्मसि – अ. ८.2.१०/४
ब्रह्मास्य शीर्षं बृहद् पृष्ठम् – अ. ४.३४.१/१ प्रः ब्रह्ममास्य –कौसू. ६६.६
ब्रह्माह क्षत्रं जिन्वति क्षत्रिस्य – मैसं. 2.७.७/2: ८४.८; ३.१.९/2: १३.2
ब्रह्माहं गायत्रीं वाचं प्राणं प्रजापतिं प्रपद्ये ऽश्मानमाखणं पर्यूहे – लाटयश्रौसू. १.११.१५
ब्रह्माहमन्तरं कृण्वे (कात्यश्रौसू. करवे) – अ. ७.१००. १/३; कात्यश्रौसू. 2५.११.20/३ तु. ब्रह्म वर्म ममा... ।
ब्रह्माहमस्मि – तैआ.१०.१.१५; महा नारा उप. ५.१०
ब्रह्माहुतीरुपमोदमानम् – तैब्रा. ३.१2.३.३/४
ब्रह्मा हैकं ब्राह्मणाच्छंसिनः सह – गोब्रा. १.५.2४/५
ब्रह्मेदम् उर्ध्वं तिर्यक् च – अ. १०.2.2५/५

ब्रह्मेदं भारतं जनम् – ऋ.३.५३.१/३
ब्रह्मेद्धावग्नी ईजाते – अ. १३.१.४६/३ – ५१/३
ब्रह्मेन्द्रमग्निं जगतः प्रतिष्ठाम् – तैआ. ३.११.2/१
ब्रह्मेद्धावग्नी ईजाते – अ.१३.१.४६/३ – ५१/३
ब्रह्मेन्द्रमग्निं जगतः प्रतिष्ठाम् – तैआ. ३.११.2/१
ब्रह्मेन्द्राय वज्रिणे – ऋ. ३.५३.१३/2; ८.2४.१/2; अ. १८.१.३७/2; सा. १.३६०/2
ब्रह्मेन्द्राय वज्रिणे अकारि – ऋ. ७.६७.६/2
ब्रह्मेमं परमेष्ठिनम् – अ.१०.2.2१/2
ब्रह्मेममग्निं पूरुषः – अ. १०.2.2१/३
ब्रह्मेमं परमेष्ठिनम् – अ. १०.2.2१/2
ब्रह्मेव लोके क्षत्रमिव श्रियां भूयासम् – ऐआ. ५.१.१.2३
ब्रह्मेवासंस्थितं हविः – अ. ६.५०.2/३
ब्रह्मैतद् उपास्वैतत् (महा नारा उप. उपास्यैतत्) तपः – तैआ.१०.८.१; महा नारा उप. ८.१
ब्रह्मैतद् ब्रह्मण उज्जभार – तैआ. ३.११.६/१
ब्रह्मैनद्विद्यात् तपसा विपश्चित् – अ. ८.६.३/३
ब्रह्मैव भूतानां ज्येष्ठम् – तैब्रा.2.८.८.१०/३
ब्रह्मैव वाचः परमं व्योम – तैसं. ७.४.१८.2/४; काठसं अश्व. ४.७/४ द्र. ब्रह्मायं वाचः।
ब्रह्मैव विद्वान् एष्यः – अ. १2.2.३६/३
ब्रह्मैवैक ऋत्विक – छाउप. ४.१७.६/३
ब्रह्मों सुब्रह्मोम् – षड् ब्रा. १.2.2 द्र. सुब्रह्मण्योम्
ब्रह्मोक्था च सुक्रतुः – ऋ. ८.३३.१३/४
ब्रह्मोपद्रष्टा सुकृतस्य साक्षात् – कौसू. ६७.८/३
ब्रह्मौदनं विश्वजितं पचामि – अ.४.३५.७/३
ब्रह्मौदनं पक्त्वा सुकृतस्य लोकम् – अ. अ. ११.१.३७/2
ब्रह्मौदनं पक्त्वा सुकृतस्य लोकम् – अ. ११.१.३७/2
ब्रह्मौदनस्य विहिता वेदिरग्रे – अ. ११.१.2३/2
ब्रह्मौदनाय पक्तवे जातवेदः – अ. ११.१.३/2
ब्रह्मौदने सुहवा जुहवीमि – अ. ११.१.2६/४
ब्रह्मौदनां देवयानः स्वर्गः – अ. ११.१.20/2
ब्रह्मण एकहोता स यज्ञः – तैआ. ३.७.१ प्रः ब्राह्मण एकहोता – आपश्रौ. ८.४.३
ब्राह्मण एव पतिः – अ.५.१७.६/१
ब्राह्मणं यज्जिघत्सति – अ.५.१६.६/2
ब्राह्मणं यशसावताम् – कौसू. ६०.११/2
ब्राह्मण कौशिका इव – मैसं. ४.५.७: ७४.४ द्र. कौशिक ब्राह्मण।
ब्राह्मणमद्य ऋध्यासं (काठसं. अद्यर्ध्या...) पितृमन्तं पैतृमत्यमृषिमार्षेयं सुधातुदक्षिणम् – मैसं. १.३.३७: ४३.१६; ४.८.2: ४.८.2: १०८.१८; काठसं. ४.६; 2८.४; माश्रौसू. 2.४.५.१४ द्र. उत्तरद्वयम्।
ब्राह्मणमद्य राध्यासम् ऋषिमार्षेयं पितृमन्तं पैतृमत्यं सुधातुदक्षिणम् – तैसं.१.४.४३.2 प्रः ब्राह्मणमद्य राध्यासमृषिमार्षेयम् – तैसं. ६.६.१.३; ब्राह्मणमद्य राध्यासम्–आपश्रौ. १३.६.१2 द्र. पूर्वं तथा उत्तरम्
ब्राह्मणमद्य विदेयं (का. विदेय) पितृमन्तं पैतृमत्यम् ऋषिमार्षेयं सुधातुदक्षिणम् – वा.७.४६; का. ६.2.६; शब्रा. ४.३.४.१६ प्रः ब्राह्मणमद्य– कात्यश्रौसू.१०.2.१८ द्र. पूर्वद्वयम्
ब्राह्मणः शान्तिः – तैआ. ४.४2.५ द्र. ब्राह्मणाः आदि
ब्राह्मणस्त्वा नाथकाम उपधावामि (आपमपा. ...कामः प्रपद्ये) – साम मन्त्रब्रा. १.४.१ – ४; पारगृसू. १.११.2; आपमपा. १०.३ – ६(आपगृ. ३.८.१०); हिर गृसू. १. 2४.१; द्र. ब्राह्मणे वो
ब्राह्मणस्य तृप्तिमनु तृप्यामि–गोभि गृसू. १.६.३
ब्राह्मणस्याभिशस्त्या – अ.१2.५.५८/2
ब्राह्मणा अस्य यज्ञस्य प्रावितारः – शब्रा. १.५.१.१2; कात्यश्रौसू. ३.2.१2; आपश्रौ. 2.१६.११; माश्रौसू. १.३.१. 2६
ब्राह्मणा उददीदिपन् – काठसं. ८.१४/४
ब्राह्मणाः पूर्व्या विदुः – अ.१६.३४.६/४
ब्राह्मणं अभ्यावते। – अ. १०.५.४१/१
ब्राह्मणांश्चापचित्यति – तैआ. ६.५.३/४
ब्राह्मणांस्तर्पयितवै (माश्रौसू. तर्पय) – आपश्रौ. ४.१६.१७; माश्रौसू. १.३.५.2७; ८.४.४०; – 2.४.१.५६
ब्राह्मणा गोपतिं वशाम् – अ. १2.४.22/2
ब्राह्मणच्छंसिन् (यज)– वैसू. १६.५
ब्राह्मणदिन्द्र राधसः – ऋ.१.१५.५/१; सा. १.22६/१
ब्राह्मणानां गोप्ताजनि – ऐब्रा. ७.१७.५
ब्राह्मणानां च मन्यवे – अ. १2.४.१2/४
ब्राह्मणानां तथ वशा – अ. १2.४.१४/2
ब्राह्मणानां त्वा (बौधसू. त्वा विद्यावतां) प्राणापानयोर्जुहोमि – आपमपा. 2.2०.१ (आपगृ. ८.2१.८); हिर गृसू. 2. ११.४; बौधसू. 2.८.१४.१2
ब्राह्मणानामिदं हविः – मैसं.१.४.१2/१: ६2.५; तैब्रा. ३.७. ५.६/१; आपश्रौ. ४.११.१/१
ब्राह्मणानां परीवादम् – विष्णुस्मृ. ४८.22/५; बौधसू. ३. ६.५/३
ब्राह्मणान् ऋत्विजो देवान् यज्ञस्य तपसा ते सवाहम् (काठसं अश्व. असा अहम्) आ हुवे – तैसं.७.३.११.१; काठसं अश्व. ३.१
ब्राह्मणान् भेजयत – हिर गृसू. १.१३.१५

ब्राह्मणा या विभेजिरे – शब्रा.१३.५.४.८/४
ब्राह्मणा राजानश्चायं वोऽध्वर्यू राजा – आपश्रौ. २०.३.१
ब्राह्मणा राधसा सह – कौसू. ६८.26/४
ब्राह्मणा वयं स्मः – तैआ. १.३१.३/2
ब्राह्मणा व्रतचारिणः – ऋ. ७.१०३.१/2; अ.४.१५.१३/2 ब्रह्मणा); निरु. ९.६/2
ब्राह्मणाश्चेप्सितैर्धणैः – शांश्रौसू. १६.८.१०/४ द्र. अतृप्यन्
ब्राह्मणाः शान्तिः – मैसं. ४.९.2: १३८.१४ द्र. ब्राह्मणः आदि
ब्राह्मणासः पितरः सोम्यासः – ऋ. ६.७५.१०/१; वा. 2९. ४७/१; तैसं.४.६.६.३/१; मैसं. ३.१६.३/१: १८६.१५; काठसं अश्व. ६.१/१
ब्राह्मणासः सोमिनो वाचमक्रत – ऋ. ७.१०३.८/१
ब्राह्मणासो अतिरात्रे न सोमे – ऋ. ७.१०३.७/१ द्र. हरिवंश ८८०३
ब्राह्मणस्तर्ह्येष्याः – अ. १2.४.१६/४
ब्राह्मणा हव्यवाहनीम् – खिल. १०.१2७.७/2
ब्राह्मणेन पर्युक्तासि – अ. ४.१९.2/१
ब्राह्मणेन ब्रह्मविदा तु हावयेत् – कौसू. ७३.१८/३
ब्राह्मणेन वाचम् (काठसं. वाचः) – तैसं. ७.३.१४.१; काठसं.३५.१५; काठसं अश्व.३.४
ब्राह्मणेभ्य इदं नमः – अ. ६.१३.३/४
ब्राह्मणेभ्य ऋषभं दत्त्वा – अ.९.४.१९/१
ब्राह्मणेभ्योऽददद्वाशम् – अ.१2.४.2१/2
ब्राह्मणेभ्योऽभ्यनुज्ञाता – तैआ.१०.३०.१/३ द्र. उत्तरमेकवर्जम्
ब्राह्मणेभ्यो वाशं दत्त्वा – अ. १०.१०.३३/१
ब्राह्मणेभ्यो ह्यनुज्ञाता – महा नारा उप. १५.५/३ द्र. पूर्वमेकवर्जम्
ब्राह्मणेषु प्रविष्टः – गोब्रा. 2.१.३/2; वैसू. ३.१2/2; कौसू. ६५.१५/2
ब्राह्मणेष्वमृतं हितम् – खिल. ९.६७.१/४; सा. 2. ६५०/४; तैब्रा. १.४.८.५/४,६/४
ब्राह्मणैश्च याचिताम् – अ. १2.४.2५/५
ब्राह्मणो जज्ञे प्रथमः – अ. ४.६.१/१ प्रः ब्राह्मणो जज्ञे –कौसू.2८.१
ब्राह्मणो नक्षत्रम् – मैसं.2.१३.2०: १६६.९
ब्राह्मणो ब्राह्मणेभ्यः – आपमपा. 2.१०.७/४
ब्राह्मणो भवामि – ऐब्रा. ७.2३.३
ब्राह्मणे यत्र जीयते – अ.५.१९.६/४
ब्राह्मणे वै ब्राह्मणम् उपधावत्युप त्वा धावामि – साम मन्त्रब्रा. 2.४.६
ब्राह्मणो वो नाथकाम उपधावामि – साम मन्त्रब्रा. १.४.५ द्र. ब्राह्मणस्तवा।
ब्राह्मणोऽस्य मुखमासीत् – ऋ.१०.९०.१2/१; अ. १९.६. ६/१; वा.३१.११/१; तैआ. ३.१2.५/१; वासि ध शा. ४.2/१
ब्राह्मणे होतुरवरो निषीदन् – ऋ. १०.८८.१९/४; निरु. ७.३१/४
ब्रुमो देवं सवितारम् – अ.११.६.३/१
ब्रूमो राजानं वरुणम् – अ. ११.६.2/१; मैसं.2.७.१३/१: ९४.१७
ब्रुहि सत्यं करे मम – याधशा.2.१०४/४
ब्लेष्कोऽसि निर्ऋत्याः पाशः सोऽमुं रात्र्यै बधान – काठसं. ३७.१३ प्रः ब्लेष्कोऽसि –काठसं.३७.१४

भ्

भंस आतत्य विद्यते – अ. 2०.१३६.३/४
भंससोऽप हन्मसि – अ. ८.६.५/४
भंससो वि वृहामि ते – ऋ.१०.१६३.४/४; अ. 2.३३. ५/४; 2०.९६.2०/४ द्र. ध्वंसो।
भक्तमभक्तमवो व्यन्तो अजराः – ऋ. १.१2७.५/६
भक्तानां श्रीसूक्तं जपेत् – खिल. ५.८७.2०/४
भक्ष आगतः – तैसं. ४.४.९.१; भक्षः पीतः – का. ९.७.७; भक्षो भक्ष्यमाणः – वा.८.५८; भक्षो भक्षमाणः –काठसं. ३४.१९
भक्षं सोमस्य जागृवे – ऋ.८.९2.2३/2; सा. 2.१०११/2
भक्षय – आपश्रौ. १2.2६.७; माश्रौसू. 2.४.१.५५
भक्षस्यावभृथोऽसि भक्षितस्यावभृथो (जैब्रा. भक्षणस्यावभृथो) ऽसि भक्षंकृतस्यावभृथो (जैब्रा. भक्षितस्यावभृथो) ऽसि – जैब्रा. 2.६६(६७); आश्रौ. ६.१2.९
भक्षद् भेज्यात् प्रतिग्रहात् – खिल. ९.६७.९/2
भक्षाय स्वाहा – शब्रा. १2.६.१.32
भषीमहि ते प्रयत्स्य वस्वः – ऋ. ७.९८.६/४; अ. 2०. ८७.६/४; मैसं. ४.१४.५/४: 222.१; तैब्रा.2.८.2.६/४
भक्षीमहि पित्र्यस्येव रायः – ऋ. ८.४८.७/2; काठसं. १७.१९/2; निरु. ४.७/2
भक्षीमहि प्रजामिषम् – ऋ. ७.९६.६/३; ९.८.९/३; सा. 2.५३४/३; पंचब्रा. .३.८/2; ५.१2/2,१५/2; ६. ३/2 द्र. धुक्षीमहि।
भक्षीय तव राधसः – ऋ. १.८१.६/५
भक्षीय ते (ऋ. ५.५७.७/४, वो) ऽवसो दैव्यस्य – ऋ. ४.2१.१०/४; ५.५७.७/४
भक्षेहि मा – तैसं.३.2.५.१; कात्यश्रौसू. ९.११.22; माश्रौसू.

2.४.१.३३ प्रः भक्षेहि – आपश्रौ. १2.७.१४; 2४.७
भक्षो भक्ष्यमाणः (तथा भक्षमाणः): द्र. भक्ष आगतः।
भक्षोऽस्यमृतभक्षः – तैब्रा. ३.१०.८.2; आपश्रौ. १६.१३.2३
भग इवेदर्यमणं निनाय – ऋ. १०.६८.2/; अ.2०.१६.2/2
भग एव भगवां अस्तु देवाः – ऋ. ७.४१.५/१; अ. ३.१६.५/१; वा. ३४.३८/१; तैब्रा.2.५.५.१/१; ८.६.८/१; आपमपा. १.१४.५/१ (आपगृ. ३.६.४) तु. वृ हासं. ४.५६७; ऋवि. 2.2५.११
भगः पन्यमानः – काठसं. ३४.१४
भगः पुरंधिर् जिन्वतु प्र राये – ऋ.६.४६.१४/४
भगः फालैः सीरपतिर्मरुद्भिः – मैसं. 2.७.१2/2: ६2.३
भगं यन्तो हवामहे – अ.५.७.४/2
भगं वर्चः पृथिवी नो दधतु – अ.१2.१.५/४
भगं सप्तर्षयो ददुः – मागृसू.. 2.१४.2६/४; याधशा. १.2८.१/४
भगं सूर्यो बृहस्पति – मागृसू.. 2.१४.2६/४; याधशा.१.2८१/2
भगं च रत्नं विभजन्तमायेः – ऋ. ५.४६.१/2
भग त्रातर्धिष्णे सातये धाः – ऋ. ३.५६.६/४
भगं ते वरुणो राजा – मागृसू.. 2.१४.2६/१; याधशा. १.2८१/१
भगं दक्षं न पपृचासि धर्णसिम् – ऋ. १.१४१.११/2
भगं धियं वाजन्तः पुरंधिम् –ऋ.2.३८.१०/१; मैसं. ४.१४.६/१: 22४.2; तैब्रा.2.८.६.३/१; आश्रौ. ३.७.१४
भगं धियोऽवितारं नो अस्याः – ऋ. ७.३६.८/३
भगं न कारे महिरत्न धीमहि – ऋ. १.१४१.१०/४
भगं न नृभ्यो हव्यं मयोभुवम् – ऋ. १०.३६.१०/४
भगं न हि त्वायशसं वसुविदम् – ऋ.८.६१.५/३; अ. 2०.११८.१/३; सा. १.2५३/३; 2.६2६/३
भगं नु शंसं सवितारमूतये – ऋ. ५.४६.३/४; वा. ३३.४६/४
भग प्रणेतर्भग सत्यराधः – ऋ. ७.४१.३/१; अ. ३.१६.३/१; वा. ३४.३६/१; तैब्रा. 2.५.५.2/१; ८.६.८/१; आपमपा. १.१४.३/१ (आपगृ. ३.६.४) प्रः भग प्रणेतर् –पारगृसू. १.१३
भग प्र णो जनय गोभिरश्वैः – ऋ. ७.४१.३/३; अ. ३.१६.३/३; वा. ३४.३६/३; तैब्रा. 2.५.५.2/३; ८.६.८/३; आपमपा. १.१४.३/३
भग प्र नृभिर्नृवन्तः स्याम – ऋ. ७.४१.३/४; अ. ३.१६.३/४; वा. ३४.३६/४; तैब्रा. 2.५.५.2/४; ८.६.८/४; आपमपा. १.१४.३/४
भगभक्तस्य ते वयम् – ऋ. १.2४.५/१ तु. बृहद. ३.६८
भगमनुग्रो अध याति रत्नम् – ऋ. ७.३८.६/४
भगमस्या वर्च आदिषि – अ. १.१४.१/१ प्रः भगमस्या वर्चः –कौसू. ३६.१५
भगमिन्द्रं वयोधसम् – वा.2८.३३/५; तैब्रा. 2.६.१७.७/४
भगमिन्द्रश्च वायुश्च – मागृसू.. 2.१४.2६/३; याधशा. १.2८१/३
भगमिन्द्रे वयो दधत् – वा. 2८.४३/५; तैब्रा. 2.६.2०.५/५
भगमिव पपृचानास ऋंजते – ऋ. १.१४१.६/2
भगर्मिट्टे तक्ववीये – ऋ.१.१३४.५/५
भगम् उग्रोऽवसे जोहवीति – ऋ. ७.३८.६/३ तु. बृहद. ५.१६७,१६८(ठ)।
भगं पूषा सविता नो ददातु – आश्रौ. 2.११.४/2 द्र. पूषा भगं स...।
भगं भवति देहि मे – याधशा. १.2६०/2 द्र. भगवति।
भगं मित्रमदितिं दक्षमस्रिधम् – ऋ. १.८६.३/2; वा.2५.१६/2
भगवति भगं मे देहि – मागृसू.. 2.१४.३० द्र. भगं भवति।
भगवति हरिवल्लभे मनोज्ञे त्रिभुवनभूतिकरि प्रसीद मह्यम् – खिल. (मूलर संस्करणम्) ५.८७.2३
भगश्च क्रतुश्च – मैसं. १.४.१४: ६४.४ द्र. नाम च।
भगश्च दातु वार्यम् – ऋ. ७.१५.११/३
भगश्च मे द्रविणं च मे – वा. १८.८; तैसं.४.७.३.१; मैसं. 2.११.३: १४१.६; काठसं. १८.८
भगस्ततक्ष चतुरः पादान् – अ. १४.१.६०/१ प्रः भगस्ततक्ष –कौसू. ७६.2५,३2
भगस्ततक्ष चत्वार्य उष्पलानि – अ. १४.१.६०/2
भगस्ते हस्तमग्रभीत् (अ. ...हीत्) – अ. १४.१.५१/१; शां गृ सू. 2.३.१/१; आपमपा. 2.३.१० (आपगृ. ४.१०.१2)।
भगस्त्वेतो नयतु हस्तगृह्य – अ. १४.१.2०/१ प्रः भगस्त्वेतः –कौसू. ७६.१० द्र. पूषा त्वेतो।
भग (काठसं. ...गस्) स्थ भगस्य वो लप्सीय – काठसं. ६.७; आपश्रौ. ८.१८.४ द्र. भगोऽसि।
भगस्य तन्वो बले – अ.2.2६.१/2
भगस्य नावमा रोह – अ.2.३६.५/१ प्रः भगस्य नावम् –कौसू. ३४.१६
भगस्य रातिर्मिमहे – ऋ. ३.६2.११/३
भगस्य सुमतावसत् – अ. १४.2..१५/४,2१/४ द्र. इयं भगस्य
भगस्य स्वसा वरुणस्य जामिः – ऋ. १.१2३.५/१

भगस्यास्तामनूवृजौ – अ. ६.४.12/2
भगस्येत् तं प्रसवं गमेम – तैब्रा. ३.१.१.८/३
भगस्येव कारिणो यामनि ग्मन् – ऋ. ३.५४.१४/2
भगस्येव भूजिं हुवे – ऋ. ८.१02.६/2; तैसं. ३.१.११.८/2; मैसं. ४.११.2/2: १६७.१; काठसं. ४०.१४/2
भगः सं वो अजीगमत् – अ. ६.७४.१/४
भगः सोमेन नः सह – कौसू.12८.४/2
भगः सौभाग्यं पसः – वा. 20.६/४; मैसं. ३.११.८/४: १५2.८; काठसं. ३८.४/४; तैब्रा. 2.६.५.६/४
भगस् स्थ आदिः द्र. भग स्थ।
भगाय कुषीतकः – तैसं. ५.५.१३.१; काठसं अश्व. ७.३
भगाय त्वा परिददामि – मागृसू.. १.22.५
भगाय देवाय त्वा सवित्रे (का. भगाय सवित्रे त्वा) – वा. ८.७; का. ८.४.१ प्रः भगाय – शब्रा. ४.४.१.६
भगाय स्वाहा – वा. १०.५; तैसं. १.८.१३.३; मैसं. 2.६.११: ७०.६; काठसं. १५.७; शब्रा. ५.३.५.६; तैब्रा. ३.१.४.१०; पारगृसू.१.७.५
भगेन मा शांशयेन – अ.६.12६.१/१ प्रः भगेन मा – कौसू. ३६.12
भगेन वर्चसा सह – अ. ६.12६.2/2 द्र. भगेन सह
भगेन सविता श्रियम् – वा. 20.७2/2; मैसं. ३.११.४/2: १४५.११; काठसं. ३८.६/2; तैब्रा. 2.६.१३.३/2
भगेन सह वर्चसा – आपमपा. 2.७.१६/३; ८.१०/४; हिर गृसू. १.११.४/४, ५/४ द्र. भगेन वर्चसा
भगेनाहं सहागमम् – अ. 2.३०.५/४
भगेमां धियम् उदवा ददन् नः – ऋ. ७.४१.३/2; अ. ३.१६.३/2; वा. ३४.३६/2; तैब्रा. 2.५.५..2/2; ८.६.८/2; आपमपा. १.१४.३/2
भगेविता तुर्फरी फारिवारम् – ऋ. १०.१०६.८/2
भगे सीद – काठसं. ३६.६; आपश्रौ. १६.३०.१
भगो अनुप्रयुक्ताम् – अ. 12.१.४०/३
भगो अर्यमा सविता पुरंधिः – ऋ. १०.८५.३६/३; अ. १४.१.५०/३; साम मन्त्रब्रा. १.2.१६/३; पारगृसू. १.६.३/३; आपमपा. १.३.३/३; हिर गृसू. १.20.१/३; मागृसू.. १.१०.१५/५
भगो गोषु प्रविष्टो यः – अ. १४.2.५५/३
भगो दानाय वृत्रहन् – ऋ. ८.५४(वाल. ६).५/४
भगो देवता – तैसं. ४.४.१०.2; मैसं. 2.१३.20: १६५.१७; काठसं. ३९.१३
भगो देवीः फल्गुनीराविवेश – तैब्रा. ३.१.१.८/2
भगो न कारे हव्यो मातीनाम् – ऋ. ३.४९.३/३
भगो न चित्रो अग्निर्महोनां दधाति रत्नम् – सा. १.४४६/12 प्रः भगो न चित्रः –सावि ब्रा.2.६.४
भगो न मेने परमे व्योमन् – ऋ.१.६2.७/३
भगो न वारमृण्वति – ऋ. ५.१६.2/४
भगो न हव्यः प्रभृथेषु चारुः – ऋ. ५.३३.५/४
भगो नृशंस उर्वन्तरिक्षम् – ऋ. ६.८१.५/३
भगो नो राजा नि कृषिं तनोतु – अ. ३.12.४/४
भगो मा भगेनावतु प्राणायापानायायुषे वर्चस ओजसे तेजसे स्वस्तये सुभूतये स्वाहा – अ. १६.४५.६
भगो मे अग्ने सख्ये न मृध्याः – ऋ. ३.५४.21/३; काठसं. १३.१५/३
भगो मेऽवोचः – आगृ. १.2३.१५
भगो युनक्त्वाशिषो न्वस्मै – अ. ५.2६.६/१
भगो राजा पुर एतु प्रजानन् – अ. १४.१.५६/४
भगो रातिर्वाजिनो यन्तु मे हवम् – ऋ. १०.६६.१०/४
भगो वा गोभिरर्यमेमनज्यात् – ऋ. १०.३१.४/३
भगो विभक्ता शवसावसा गमत् – ऋ. ५.४६.६/३
भगो वृक्षेष्वाहितः – अ. ६.12६.३/2
भगोऽसि भगस्य लप्सीय – माश्रौसू. १.७.७.८ द्र. भग स्थ
भगो ह दाता भग इत् प्रदाता – तैब्रा. ३.१.१.८/१
भजतां भागी (तैब्रा. भागी भागम्) – मैसं. १.४.12: ६2.४; कौषी ब्रा. ५.2; तैब्रा. ३.७.५.६ द्र. ब्रह्मपा
भजन्त पित्वस्त इहागमिष्ठाः – ऋ. १०.१५.३/४; अ. १८.१.४५/४; वा. १६.५६/४; तैसं.2.६.12.३/४; मैसं. ४.१०.६/४: १५७.१; काठसं. 21.१४/४
भजन्त विश्वे देवत्वं नाम – ऋ. १.६८.४/१
भजन्नास्ते मधु देवताभ्यः – तैसं. ४.2.६.६/2; तै आ आन्ध्र. १०.४०/2
भजेरथस्य सत्पतिम् – ऋ. १०.६०.2/३
भंजन्नमित्राणां सेनाम् – अ. ११.६.५/३
भद्रं युंजन्ति दक्षिणम् – ऋ.१०.१६४.2/2
भद्रं वद गृहेषु च – खिल. 2.४३.2/2; कौसू.४६.५४/2
भद्रं वद दक्षिणतः – खिल. 2.४३.१/१; कौसू. ४६.५४/१; निरु. ६.५/१
भद्रं वद पुत्रैः – खिल. 2.४३.2/१; कौसू. ४६.५४/१
भद्रं वै वरं वृणते – ऋ. १०.१६४.2/१
भद्रं वैवस्वते चक्षुः – ऋ. १०.१६४.2/३
भद्रं श्लोकं श्रूयासम् – अ. १६.2.४
भद्रं सुमंगलम् – कौसू. ५०.१६ तु. भद्रं क...।
भद्रं सोमः सुवानो अद्या कृणोतु नः – ऋ.१०.३५.2/४
भद्रं हि शर्म त्रिवरुथमस्ति ते – ऋ. १०.१४2.१/३
भद्रकाल्यै (नमः) – शां गृ सू. 2.१४.१४
भद्रं कर्णेभिः शृणुयाम देवाः – ऋ. १.८६.८/१; सा. 2.

१22४/१; वा. 2५.2१/१; मैसं. ४.१४.2/१: 2१७.११; काठसं. ३५.१/१; तैआ. १.१.१/१; 2१.३/१; आश्रौ. ५.१६.५; ८.१४.१८; आपश्रौ. १४.१६.१/१; मागृसू.. १.१. १६; नृसिपू. उप. १.१/१; 2.४/१; नृसिउ उप. १/१ प्रः भद्रं कर्णेभिः – ऐआ. १, भुमिकायाम्; तैआ. १.३2. 2; शां गृ सू. ३.८.६; ५.५.११; पारगृसू. 2.६; तु. बृहद. ३.१22

भद्रं कल्याणम् – मैसं. ६.५.2 तु. भद्रं सु...।

भद्रं गृहं कृणुथ भद्रवाचः – ऋ. ६.2८.६/३; अ. ४.2१. ६/३; तैब्रा. 2.८.८.१2/३

भद्रं च मे श्रेयश्च मे – वा. १८.८; तैसं. ४.७..३.१; मैसं. 2.११.३: १४१.१०; काठसं. १८.८

भद्रं जीवन्तो जरणामशीमहि – ऋ. १०.३७.६/४

भद्रं ते अग्ने सहसिन्ननीकम् – ऋ. ४.११.१/१; तैसं. ४. ३.१३.१/१ प्रः भद्रं ते अग्ने – आश्रौ. ४.१३.७ द्र. बृहद.१.५८

भद्रं दात्रे यजमानाय शिक्षन् – अ. ६.४.१/३

भद्रं नः सर्वतो वद – खिल. 2.४३.३/४

भद्रं नो अपि वातय – ऋ. १०.2५.१/१; सा. १.४22/१ तु. बृहद. ७.2३ द्र. उत्तरम्

भद्रं नो अपि यातय मनः – ऋ. १०.2०.१/१ प्रः भद्रं नः ऋवि. ३.८.६ द्र. पूर्वम्

भद्रं नो अभ्यं वद – खिल. 2.४३.2/४; कौसू. ४६. ५४/४

भद्रपापस्य निधनं तितिक्षुः – अ.१2.१.४८/2

भद्रम् – तैसं.१.३.2.१; काठसं. 2.११; 2५.६; शब्रा. ३.५.४. १६,१७; कात्यश्रौसू. ८.५.१७,2१; आपश्रौ. ११.१2.४; माश्रौसू. 2.2.३.११; गोभि गृसू. ३.५.१६

भद्रमधस्तान् नो वद – खिल. 2.४३.३/१

भद्रमसि – शांश्रौसू. ८.2१.३

भद्रमस्माकं वद – खिल. 2.४३.2/३; कौसू. ४६.५४/३

भद्रमिच्छन्त ऋषयः स्वर्विदः – अ. १६.४१.१/१ द्र. भद्रं पश्यन्त

भद्रमिदं रुशमा अग्ने अक्रन् – ऋ.५.३०..१2/१ तु. बृहद. ५.३६

भद्रमिद् भद्रा कृण्वत् सरस्वती – ऋ. ७.६६.३/१

भद्रमिह श्रवस्यते – ऋ. ८..६2.४/४

भद्रमुत्तरतो गृहे – खिल.2.४३.४/४

भद्रमुत्तरतो वद – खिल. 2.४३.१/2; कौसू. ४६.५४/2; निरु. ६.५/2

भद्रमुपरिष्टान् नो वद – खिल. 2.४३.३/2

भद्रमेभ्यो (कात्यश्रौसू. एभ्यो यजमानेभ्यो) ऽभूत् – शब्रा. ४.६.६.१६; कात्यश्रौसू. १2.४.१६

भद्रं पन्थामनु ते दिशामः – कौसू. १३७.2६

भद्रं पश्चात् कपिंजल – खिल. 2.४३.१/४; कौसू. ४६. ५४/४; निरु. ६.५/४

भद्रं पश्यन्त उपसेदुरग्रे – तैसं. ५.७.४.३/१; तैआ. ३.११. ६/१ द्र. भद्रमिदन्त

भद्रं पश्येमाक्षभिर्यजत्राः – ऋ.१.८६.८/2; सा. 2. १22४/2; वा. 2५.2१/2; मैसं. ४.१४.2/2: 2१७.११; काठसं. ३५.१/2; तैआ. १.१.१/2; 2१.३/2; आपश्रौ. १४.१६.१/2; मागृसू.. १.१.2०; नृसिपू. उप. १.१/2; 2.४/2; नृसिउ उप १/2

भद्रं पुरस्तान् नो वद – खिल. 2.४३.१/३; कौसू. ४६. ५४/३; निरु. ६.५/३

भद्रं पुरुषजीवनम् – अ. १६.४४.३/2

भद्रं – भद्रं क्रतुमस्मासु धेहि – ऋ. १.१2३.१३/2

भद्रं – भद्रं न आ भर (खिल. वद) – ऋ. ८.६३.2८/१; खिल. 2.४३.३/३; सा. १.१७३/१

भद्रं – भद्रम् – माश्रौसू. ६.५.१

भद्रं भल तयस्या अभूत् – ऋ. १०.८६.2३/३; अ. 2०. १2६.2३/३

भद्रं भवाति नः पुरः – ऋ. 2.४१.११/३; अ.2०.2०.६/३; ५७.६/३

भद्रं मनः कृणुष्व वृत्रतूर्ये – ऋ. 2.2६.2/2; ८.१६. 2०/१; सा.2.६१०/१; वा. १५.३६/2; आपश्रौ. १४. ३३.६/2; माश्रौसू. ६.2.2/2

भद्रं मे वोचः – शांश्रौसू. ५..१.१०

भद्रया सुप्रतिष्ठितम् – अ. १2.१.६३/2

भद्रव्रातं विप्रवीरं स्वर्षाम् – ऋ. १०.४७.५/३; मैसं. ४.१४. ८/३: 22७.१४

भद्रश्रुतौ कर्णौ – अ. १६.2.४ तु. देवश्रुतौ।

भद्रस्य कर्ता रोचमाना आगात् – मैसं. ४.१४.१४/४: 23६.१६

भद्रस्य विद्वां अवसे हुवे वः – ऋ. 2.2६.१/४

भद्रा अग्नेर्वध्र्यश्वस्य संदृशः – ऋ. १०.६६.१/१ तु. बृहद. ७.१०७

भद्रा अमृतबन्धवः – ऋ. १०.७2.५/४

भद्रा अश्वा हरितः सूर्यस्य – ऋ. १.११५.३/१; मैसं.४.१०. 2/१: १४७.३; तैब्रा. 2.८.७.१/१ प्रः भद्रा अश्वाः – मैसं. ४.१2.१: १७७.१३; ४.१2.४: १६०.११; ४.१४.४: 22०.८; माश्रौसू. ५.१.६.५

भद्रा इन्द्रस्य रातयः – ऋ. ८.६2.१/५ – ६/५,७/४ – ६/४, १०/५ – १2/५; ६६.४/४; अ. 2०.५८.

2/2; सा. 2.६७०/2; तैसं.७.४.१५.१/५; काठसं अश्व. ४.४/५
भद्रा उत प्रशस्तयः – ऋ. ८.१६.१६/३; सा. १.१११/३; 2.६०६/३; वा. १५.३८/३,३६/१; मैसं. ४.१2.५/३: १६१.१०; काठसं. ३६.१५/३; आपश्रौ. १४.३३.६/३,६/१; माश्रौसू. ६.2.2/१,2/३
भद्रा जनित्र्यजीजनत् – ऋ. १०.१३४.१/६ – ५/६; सा.१.३७६/६; 2.४४०/६ – ४४2/६; ऐब्रा.८.७.४
भद्रा ज्योतींषि बिभ्रती – अ. १०.१०.१५/४
भद्रा त इन्द्र सुमतिर् घृताची – ऋ. ३.३०.७/३
भद्रा त एति निष्कृतम् – ऋ. ८.८०.७/2
भद्रा ते अग्ने स्वनीक संदृक् – ऋ. ४.६.६/१; तैसं. ४.३.१३.१/१
भद्रा ते पूषन्निह रातिरस्तु – ऋ. ६.५८.१/४; सा. १.७५/४; तैसं. ४.१.११.३/४; मैसं. ४.१०.३/४: १५०.५; काठसं. ४.१५/४; तैआ. १.2.४/४; ४.५.७/४; निरु. १2.१७/४ तु. भद्रा वाम्
भद्रा ते हस्ता सुकृतोत पानी – ऋ. ४.2१.६/१; मैसं. ४.१2.३/१: १८६.१३; आश्रौ.३.१३.१४
भद्रात् प्लक्षन् निसितिष्ठसि – अ. ५.५.५/१
भद्रा त्वमुषो वितरं व्युच्छ – ऋ. १.१2३.११/३
भद्रा ददृक्ष उर्विया वि भासि – ऋ. ६.६४.2/१
भद्रादभि (अ.कौसू. अधि) श्रेयः प्रेहि – अ. ७.८.१/१; तैसं. १.2.३.३/१; ३.१.१.४; ऐब्रा. १.१३.2; कौषी ब्रा. ७.१०; आश्रौ.४.४.2/१; शांश्रौसू. ५.६.2/१; माश्रौसू. 2.१.३.१५/१ प्रः भद्रादभि श्रेयः – आपश्रौ. १०.१६.८; भद्रादधि –कौसू.४2.१
भद्रा नाम वहमाना उसासः – ऋ.१.१2३.१2/४
भद्रा नो अद्य श्रवसे व्युछत – ऋ.१०.३५.५/३
भद्रान् कृण्वन्निन्द्रहवान् सखिभ्यः – ऋ.६.६६.१/३; सा. १.५३३/३
भद्रान् नः श्रेयः समनैष्ट देवाः – तैसं.५.७.2.४/१,५; काठसं. १३.१५/१; तैब्रा. 2.४.८.७/१; आश्रौ.2.६.१०/१; आपश्रौ. ६.३०.८; माश्रौसू.१.६.४.2५/१; शां गृ सू. 2.८.३/१; कौसू.७४.१६/१; साम मन्त्रब्रा. 2.१.१३/१; पारगृसू.३.१.४/१ प्रः भद्रान् नः श्रेयः – गोभि गृसू. ३.८.१६; भद्रान् नः –खादि गृसू. ३.३.१३
भद्रान् न्यग्रोधात् पर्णात् – अ.५.५.५/३
भद्रा भद्रस्य रातयः – ऋ.१.१३2.2/७
भद्रामकर्देवहूतिं नो अद्य – ऋ. १०.५३.३/४; तैसं.१.३.१४.2/४; मैसं.४.११.१/४: १६2.७ द्र. महीमकर्।
भद्रां भगवतीं कृष्णाम् – खिल. १०.१2७.३/३
भद्राय कर्णः क्रोशतु – कौसू. ५८.१/१
भद्राय गृहपम् – वा. ३०.११; तैब्रा.३.४.१.६
भद्रायाक्षि वि वेपताम् – कौसू. ५८.१/2
भद्रायां ते रणयन्त संदृष्टौ – ऋ.६.१.४/४; मैसं. ४.१३.६/४; 20६.१2; काठसं. १८.20/४; तैब्रा. ३.६..१०.2/४
भद्रा रातिः सहस्रिणी – ऋ. ६.४५.३2/2
भद्रा रातिः सुभग भद्रो अध्वरः – ऋ. ८.१६.१६/2; सा. १.१११/2; 2.६०६/2; वा. १५.३८/2; मैसं. ४.१2.५: १६१.६; काठसं. ३६.१५/2; आपश्रौ. १४.३३.६/2; माश्रौसू. ६.2.2/2
भद्रा रुद्राणां मरुताम् उपस्तुतिः – ऋ. १०.६४.११22
भद्रा वधूर्भवति यत् सुपेषाः – ऋ. १०.2७.१2/३
भद्रा वस्त्राण्यर्जुना वसाना – ऋ. ३.३६.2/३
भद्रा वस्त्रा तन्वते दंसु रश्मिषु – ऋ.१.१३४.४/2
भद्रा वस्त्रा समन्या वसानः – ऋ. ६.६७.2/१; सा. 2.७५/१
भद्रा वां पुष्णाव् इह रातिरस्तु – तैआ. १.१०.2/४ तु. भद्रा ते पूषान्न्।
भद्रा वो रातिः पृणतो न दक्षिणा – ऋ. १.१६८.७/३
भद्रा शक्तिर्यजमानायसुन्वते – ऋ.१.८३.३/४; अ.20.2५.३/३; ऐब्रा.१.2६.१३
भद्रासि रात्रि चमसो न पिष्टः – अ. १६.४६.८/१
भद्रगा सूर्य इवोपदृक् – ऋ. ८.१02.१५/३; सा. 2.६22/३
भद्राहं सायमस्तु नः – अ. ६.१2८.2/2
भद्राहं नो वह्नां प्रातः – अ. ६.१2८.2/३
भद्राहं नो मध्यंदिने – अ. ६.१2८.2/१
भद्राहमस्मभ्यं राजन् – अ.६.१2८.३/३
भद्राहमस्मै प्रायच्छन् – अ. ६.१2८.१/३
भद्रा हि ते सुमतिर्मृडयत्तमा – ऋ. १.११४.६/३
भद्रा हि नः प्रमतिरस्य संसदि – ऋ. १.६४.१/३; अ.20.१३.३/३; सा. १.६६/३; 2.४१४/३; मैसं. 2.७३/३: ७८.2; साम मन्त्रब्रा. 2.४.2/३; आपमपा. 2.७.१/३; हिर गृसू. १.६.४/३
भद्रा ह्यस्याः प्रमतिर्बभूव – अ. ७.20.५/३
भद्रे क्षेत्रे निमिता तिल्विले वा – ऋ.५.६2.७/३
भद्रेण वचसा वयम् – अ. 20.१2७.१४/३
भद्रे पारमशीमहि – खिल. १०.१2७.४/४; अ.१६.४७.2/५
भद्रैषां लक्ष्मीर्निहिताधि वाचि – ऋ. १०.७१.2/४; निरु. ४.१०/४
भद्रो नो अग्निराहुतः – ऋ. ८.१६.१६/१; सा.१.१११/१;

2.६०६/१; वा.१५.३८/१; मैसं. ४.१2.५/१: १६१.६; काठसं. ३६.१५/१; आश्रौ. ७.८.१; आपश्रौ. १४.३३.६/१; माश्रौसू. ६.2.2/१; सावि ब्रा.१.८.६; 2.६.३; ३.2.१ प्रः भद्रो नः – शांश्रौसू. १2.११.१६; कात्यश्रौसू. १७.१2.११

भद्रो भद्राया सचमान आगात् – ऋ. १०.३.३/१; सा.2.८६८/१

भद्रो मेऽसि – वा. ४.३४; शब्रा. ३.३.४.१४ प्रः भद्रो मे – कात्यश्रौसू.७.६.१६

भन्दनानां त्वा पत्मन्नाधूनोमि – वा. ८.४८; मैसं. १.३.३६: ४2.१2; काठसं. ३०.६; शब्रा. ११.५.६.८ द्र. उत्तरम्।

भन्दनासु (ते शुक्र शुक्रमा धुनामि) – तैसं. ३.३.३.१ तु. पूर्वम्।

भ – भ – लाटयश्रौसू. ७.११.६ तु. भा – भा।

भयं विन्दति मामिह – ऋ. ६.६७.2१/2

भयं शितीमभ्याम् (काठसं अश्व. ...मद्वयाम्) – तैसं. ५.७.१६.१; काठसं अश्व. १३.६

भयं चापि ह जायते – बौधसू.2.१०.१७.३०/४ तु. न मे भीतिः।

भयन्ते विश्वा भुवनानि हर्म्या – ऋ. १.१६६.४/३

भयन्ते विश्वा भुवना मरुद्भयः – ऋ. १.८५.८/३

भयन्ते विश्वा भुवना यदभ्राट् – ऋ.४.६.५/४

भयं परस्तादभयं ते अर्वाक् – अ. ८.१.१०/४

भयं प्रचालाभ्याम् – तैसं.५.७.१३.१; काठसं अश्व. १३.३

भयः शोकमनस्तापाः – खिल. ५.८७.2६/३

भयाय च त्वाभ्याय च परिददामि – कौसू. ५६.१३

भये चित् सुक्षितिं दधे – ऋ. १.४०.८/2

भयेडको वदति वाचमेताम् – तैआ. ४.३१.१/2; हिर गृसू. १.१७.१/2

भरच्चक्रमेतशः सं रिणाति – ऋ. ५.३१.११/३

भरच् चक्रमेतशो नायमिन्द्र – ऋ. १.१2१.१३/2

भरणीर्नक्षत्रम् – मैसं. 2.१३.2०: १६६.६ द्र. अपभरणीर्।

भरतम् उद्धरेम् (तैब्रा. भाष्ये उद्धर इमम्) अनुषिंच (माश्रौसू. उद्धारेम वनुषन्ति?) – तैब्रा.३.७.५.५; आपश्रौ. 2.१८.६: माश्रौसू. १.३.2.१2

भरतस्यैष दौःषन्तेः – ऐब्रा. ८.2३.४/१

भरतः सत्वतामिव – शब्रा. १३.५.४.2१/४

भरता जातवेदसम् – ऋ. १०.१७६.2/2; तैसं. ३.५.११.१/2; मैसं. ४.१०.४/2: १५१.१2; काठसं. १५.१2/2; ऐब्रा. १.2८.2/2

भरतामप यद्रपः – ऋ. १०.५६.८/३,६/४,१०/३

भरता यज्जुजोषति – ऋ.८.६2.१/2

भरता वसुवित्तमम् – ऋ. ६.१६.४१/2; तैसं.३.५.११.४/2; मैसं. ४.१०.३/2: १४८.६; काठसं. १५.१2/2; ऐब्रा.१.१६.2०

भरते मर्यो मिथुना यजत्रः – ऋ. १.१७३.2/४

भरतो वाजिभिः शुनम् – ऋ. ६.१६.४/2

भरदंशं नैतशो दशस्यमन् – ऋ. 2.१६.५/४

भरद् गर्भमा शरदः पृथिव्याः – ऋ. १.१७३.३/2

भरद् धेनू रसवच्छिश्रिये पयः – ऋ. ५.४४.१३/३

भरद् यदि विरतो वेविजानः – ऋ.४.2६.५/१

भरद्वाज (मैसं. ...जा) ऋषिः – वा. १३.५५; मैसं. 2.७.१६: १०४.५; काठसं. १६.१६; शब्रा. ८.१.१.६ द्र. बृहतो भ... ।

भरद्वाज गोतम वामदेव – अ. १८.३.१६/2

भद्वाजधन्वन्तरये स्वाहा – शां गृ सू. 2.१४.४

भरद्वाजं नो अन्धसा – ऋ. ६.५2.१/2; सा. १.४६६/2

भरद्वाजस्य मन्त्रेण – साम मन्त्रब्रा.2.७.2/१

भरद्वाजस्य मन्त्रेण – साम मन्त्रब्रा. 2.७.2/१

भरद्वाजस्य अभ्यर्चन्त्यर्कैः – ऋ. ६.५०.१५/2

भरद्वाजा उत त इन्द्र नूनम् – ऋ.६.४७.2५/४

भरद्वाजान् सार्जयो अभ्यष्ट – ऋ. ६.४७.2५/2

भरद्वाजाय गृणते वसूनि – ऋ. ६.३१.४/५

भरद्वाजाय दाशुषे – ऋ.६.१६.५/३

भरद्वाजाय वीर नू गिरे दात् – ऋ. ६.६३.१०/३

भरद्वाजाय सप्रथः – ऋ. ६.१५..३/५; १६.३३/१

भरद्वाजायाव धुक्षत द्विता – ऋ. ६.४८.१३/१

भरद्वाजायाश्विना हयन्ता – ऋ. १.११६.१८/2

भरद्वाजे नृवत इन्द्र सूरीन् – ऋ. ६.१७.१४/३

भरद्वाजेषु क्षयदिन् मघोनः – ऋ. ६.2३.१०/2

भरद्वाजेषु दधिषे सुवृक्तिम् – ऋ. ६.१०.६/३

भरद्वाजेषु यजतो विभावा – ऋ.१.५६.७/2

भरद्वाजेषु सुरुचो रुरुच्याः – ऋ. ६.३५.४/४

भरद्वाजे समिधानो यविष्ठय – ऋ.६.४८.७/३; सा. १.३७/३

भरद्वाजो बृहदा चक्रे अग्नेः – ऋ. १०.१८१.2/४; ऐब्रा. १.2१.३; ऐआ. ३.१.६६

भरद्वाजो मह्यमुक्थनि शंसति – अ.2.१2.2/2

भरन्त विश्वे बलिं स्वर् णः – ऋ. १.७०.६/2

भरन्ति वां मन्मना संयता गिरः – ऋ. १.१५१.८/३

भरन्ती मे अप्या काम्यानि – ऋ. १०.६५.१०/2; निरु. ११.३६/2

भरन्त्यस्मै संयतः – ऋ.८.१००.६/३

भरन्नग्निं पुरीष्यम् – वा.११.४६/३; तैसं. ४.१.४.३/३; ५.

१.५.७; मैसं. 2.७.४/३: ७६.६; काठसं. १६.४/३; शब्रा. ६.४.४.७
भरमाणा वहमाना हवींषि – वा.८.१८/३; शब्रा. ४.४.४.१० द्र. वहमाना।
भरमिन्द्राय यदहिं जघान – ऋ. ५.2६.८/४
भरसे स्वाहा – तैब्रा. ३.१.६.४
भरस्व सुम्नयुर् गिरः – ऋ. १.७६.१०/३
भरा चन्द्राणि गृणते वसूनि – ऋ. ६.६६.१०/३
भरा पिबन् नर्याय – ऋ. ८.2.2३/३
भरामेध्मं कृण्वामा हवींषि ते – ऋ. १.६४.४/१; सा. 2.४१५/१; साम मन्त्रब्रा. 2.४.३/१
भराम्यांगूषमास्येन – ऋ. १.६१.३/2; अ.2०.३५.३/2
भराम्यांगूषं बाधे सुवृक्ति – ऋ. १.६१.2/2; अ. 2०.३५.2/2
भराय सु भरत भागमृत्वियम् – ऋ. १०.१००.2/१
भरासः करिणामिव – ऋ. ६.१०./३; सा. 2.४७०/३
भरा सुतस्य पीतये – ऋ. ८.३2..2४/३
भरा सोम सहस्रिणम् – ऋ. ६.६७.६/३
भरूजि पुनर्वो यन्तु – अ. 2.2४.८
भरे कृतं वि चिनुयाम शश्वत् – ऋ. ६.६७.५८/2; आसं. १.५/2
भरे कृतं व्यचेदिन्द्रसेना – ऋ. १०.१०2.2/४
भरे – भरे अनु मदेम जिष्णुम् – ऋ. १०.६७.६/४; अ. 2०.६१.६/४
भरे – भरे च हव्यः – ऋ. ७.३2.2४/४; सा. १.३०६/४
भरे – भरे नो यशसावविष्टाम् – ऋ. ५.४३.2/४
भरे – भरे वृत्रहा शुष्मो अस्ति – ऋ. १.१००.2/2
भरे वितन्तसाय्यः – ऋ. ६.४५.१३/३
भरेषुजां सुक्षितिं सुश्रवसम् – ऋ. १.६१.2१/३; वा. ३४.2०/३; मैसं. ४.१४.१/३: 2१४.५; तैब्रा. 2.४.३.८/३; ७.४.१/३
भरेषु जिग्युषामसि – ऋ. ६.४७.५/३
भरेषु वाजसातये – ऋ. ३.३७.५/३; अ.2०.१६.५/३
भरेषु हव्यो नमसोपसद्यः – ऋ. 2.2३.१३/१
भरेष्विन्द्रं सुहवं हवामहे – ऋ. १०.६३.६/१; तैसं. 2.१.११.१/१; तैब्रा. 2.७.१३.३/१ प्रः भरेष्विन्द्रम् – आपश्रौ. १६.१६.१६
भरे हविर्न भर्हिषि प्रीणानः – ऋ. ७.१३.१/३
भर्ग ते भक्षयामि – आपश्रौ. 2१.22.६ द्र. उत्तरमेकवर्जम्
भर्ग मे वोचः – शांश्रौसू. ५.१.१० द्र. भर्गो मे।
भर्गस्ते भक्षयामि – माश्रौसू. ७.2.७
भर्गो देवस्य कवयोऽन्नमाहुः – गोब्रा. १.१.३2/2
भर्गो देवस्य धीमहि – ऋ. ३.६2.१०/2; सा. 2.८१2/2; वा. ३.३५/2; 22.६/2; ३०.2/2; ३६.३/2; तैसं.१.५.६.४/2; ४.१.११.१/2; मैसं. ४.१०.३/2: १४६.१४; गोब्रा. १.१.३५; दैब्रा. ३.2५/2; शब्रा. 2.३.४.३६/2; १४.६.३.१2; तैआ. १.११.2/2; १०.2७.१/2; तै आ आन्ध्र. १०.३५/2; बृह उप. ६.३.१2; महा नारा उप. १५.2/2; मैत्री उप. ६.७/2; जै उप ब्रा. ४.2८.2; शांश्रौसू. 2.१०.2; कौसू. ६१.७; साम मन्त्रब्रा. १.६.2६/2; हिर गृसू. १.६.११; बौधसू. 2.१०.१७.१४/2
भर्गो मेऽवोचः – पंचब्रा. १.१.१; आपश्रौ. १०.१.४; माश्रौसू. ५.2.१५.2; आगृ. १.2३.१५ द्र. भर्गं आदि
भर्गो यशः सह ओजो वयो बलम् – अ.१६.३७.१/2 द्र. महि राधः, तथा यशो भर्गः
भगोऽसि – शांश्रौसू. १८.2०.८
भर्गो ह नामोत यस्य देवाः – ऋ. १०.६१.१४/१
भर्तमग्निं पुरीष्यम् – तैसं. ४.१.३.2/४; मैसं. 2.७.३/४: ७६.१६; काठसं. १६.३/४; १६.४ द्र. भृतमादि
भर्तमग्निं पुरीष्यम् – तैसं. ४.१.३.2/४; मैसं.2.७.३/४: ७६.१६; काठसं. १६.३/४; १६.४; द्र. भृतमादि
भर्ता च मे भूयात् – तैआ.३.७.१
भर्ता ते सोमपा नित्यम् – खिल. १०.८५.2/३
भर्ता यो वज्रं नर्यं पुरुक्षुः – ऋ. १०.७४.५/४
भर्तारस्ते मेखले मा रिषाम – आपमपा. 2.2.१०/४ द्र. धर्तारस्ते
भर्ता वज्रस्य धृष्णोः – ऋ. १०.22.३/३
भर्ता सन् भ्रियमाणो बिभर्ति – तैआ. ३.१४.१/१
भर्ति स्वधावां ओपशमिव द्याम् – ऋ. १.१७३.६/४
भर्तुं वः शकेयम् – आपश्रौ. ६.१६.७
भर्तुश्चैव पितुर्भ्रातुः – खिल. १०.८५.३/३
भर्तेव गर्भं स्वमिच्छवो धुः – ऋ.५.५८.७/2
भर्त्री देवानामुत मर्त्यानाम् – कौसू. १०६.७/१
भर्त्री प्रजानामुत मानुषाणाम् – कौसू. १०६.७/2
भर्त्री हि शश्वतामसि – अ. ५.५.2/३
भलाय स्वाहा – साम मन्त्रब्रा. 2.५.१७; गोभि गृसू. ४.६.१४ द्र. फलाय
भल्लाय स्वाहा – साम मन्त्रब्रा. 2.५.१८; गोभि गृसू. ४.६.१४ द्र. फल्लाय
भव आ पप्र उर्वन्तरिक्षम् – अ. ११.2.2७/2
भव इन्द्रश्च रक्षतम् – साम मन्त्रब्रा. १.८.१/2
भवं यक्ना – वा. ३६.८; तैसं. १.४.३६.१; तैआ. ३.2१.१
भवतः (ब्रह्मचार्यस्मि) – पारगृसू. 2.2.2०
भवतं दाशुषे मयः (अ. मम) – ऋ. १.६३.१/४; अ. ७.

20.१/४; वा. ३४.६/४; तैसं. 2.३.१४.2/४; ३.३.११.३/४; मैसं. १.५.१/४: ६७.४; ३.१६.४/४: १८६.६; काठसं. ४.१६/४; आश्रौ. ४.१2.2/४; शांश्रौसू. ६.2७.2/४ द्र. स नोऽदाद्।
भवतं नः समनसौ – वा. ५.३/१; १2.६०/१; तैसं. १.३.७.१/१; ४.2.५.१/१; ६.३.५.४; मैसं. १.2.७/१: १६.८; १.८.८: १2८.५; ३.2.३; १६.१५; ३.६.५; १22.१; काठसं. ३.४/१; १६.११/१; 2६.७; शब्रा. ३.४.१.2४/१; ७.१.१.३८; वैसू. ८.१०; आपश्रौ. ७.१३.६; माश्रौसू. १.७.१.४६; – ३.३.४; – ७.2.१; – ७.2.2; – ८.७; कौसू. १०८.2/१; बौधसू. 2.१०.१७.2५ प्रः भवतं नः समनसौ समोकसौ – कौसू.१०८.१; १३३.७; भवतं नः मैसं. 2.७.११: ६०.११; कात्यश्रौसू. ५.2.५; पारगृसू.१.2.८ द्र. अवतं मा
भवति भिक्षां देहि – कौसू. ५७.१६ द्र. भवान् भि...
भवदसि – कौसू. ६2.१३ द्र. भविष्यदसि
भवद्वसुरिदद्वसुः (भाष्ये वृधद्...) – अ. १३.४.५४/१
भवन्ति कृतपुण्यानाम् – खिल. ५.८७.20/३
भवन्ति सत्या समिथा मितद्रौ – ऋ. ६.६४..४/४
भवन्तु नः सुत्रात्रासः सुगोपाः – ऋ. ६.५१.११/४
भवन्तु वरिवोविदः – ऋ. ८.2७.१४/४; वा. ३३.६४/४
(ओं) भवं देवं तर्पयामि – बौधसू. 2.५.६.६ तु. भवाय देवाय
भव राजन् यजमानाय मृड – अ. ११.2.2८/१
भवलिंगाय नमः – तै आ आन्ध्र. १०.१६
भवशर्वाभ्यां नमः – शांश्रौसू. ४.20.१/४
भवश्च पृश्निबाहुश्च – अ. ८.८.१७/३
भवस्य कण्ठयम् – वा.३६.६
(ओं) भवस्य देवस्य पत्नीं तर्पयामि – बौधसू. 2.५.६.६ तु. उत्तरम्
भवस्य देवस्य पत्न्यै स्वाहा – आपमपा. 2..१८.22 (आपगृ. ७.2०.४) ०१६१ हिर गृसू.2.८.७ तु. पूर्वम्
(ओं) भवस्य देवस्य सुतं तर्पयामि – बौधसू. 2.५.६.६
भवा कृष्टीनाम् (अ.गृ...) अभिशस्तिपावा (अ. ...पा उ) – अ. १६.2४.५/2; पारगृसू. १.४.१2/2; आपमपा. 2.2.७/2; हिर गृसू. १.४.2/2 तु. अभूर्गृष्टीनाम्
भवा तोकाय तनयाय शं योः – ऋ. १.१८६.2/४; तैसं. १.१.१४.४/४; मैसं. ४.१०.१/४: १४2.2; तैब्रा.2.८.2.५/४; तैआ. १०.2.१/४; महा नारा उप. ६.४/४
भवा द्युम्नी वाध्र्यश्वोत गोपाः – ऋ. १०.६६.५/१
(भवान्) अनुप्रवचनीयं (ददातु) – आगृ. १.22.६
भवा नः शुभ्र सातये – ऋ. ५.५.४/३
भवा नः सधमाद्यः (ऋ. ८.६७.७/2; सा.१.2६०/2
भवा नः सर्पथस्तमः (वा. सखा वृधे इत्युपसंख्यायते) – वा. १2.११४/३; तैसं.१.४.३2.१/३; तैआ. ३.१७.१/३; आपश्रौ. १४.2६.१/३ द्र. उत्तरमेकवर्जम्
भवा नः सुम्ने अन्तमः सखा वृधे – ऋ. ८.१३.३/३; सा. 2.६८/३
भवा नः सुश्रवस्तमः (ऋ. १.६१.१७/३, काठसं. सखा वृधे इत्युपसंख्यायते) – ऋ.१.६१.१७/३; ३.४५.५/४; ८.४५.८/३; काठसं.३५.१३/३ द्र. पूर्वमेकवर्जम्
भवा नः सोम शं हृदे – ऋ. ८.७६.७/३
भवा नो अग्नेऽवितोत गोपाः – ऋ.१०.७.७/१; काठसं. 2.१५/१
भवा नो अग्ने सुमना उपेतौ – ऋ.३.१८.१/१; ऐब्रा. १.१६.७; कौषी ब्रा. ८.४; आश्रौ. ४.६.३ प्रः भवा नो अग्ने सुमनाः –शांश्रौसू. ५.६.१०
भवा नो दूतो अजरः सुवीरः –शांश्रौसू. ३.५.६/2; शां गृसू. 2.१३.५/2 द्र. यजा नो देवो।
भवा नो दूतो अध्वरस्य विद्वान् – ऋ.७.७.१/३
भवा नो दूतो अभिशस्तिपावा – ऋ. ७.११.३/४
भवान् भिक्षां ददातु – आगृ. १.22.८ तु. भवति भि...।
भवा पायुर्विशो अस्या अदब्धः – ऋ. ४.४.३/2; वा. १३.११/2; तैसं. १.2.१४.१/2; मैसं.2.७.१५/2: ६७.११; काठसं. १६.१५/2
भवा मघवन् मघवद्भ्यः शर्म – ऋ. १.५८.६/2
भवा मरुद्भिरवयातहेडाः – ऋ. १.१७१.६/2
भवाम शरदः शतम् – तैआ. ४.४2.५; आपमपा. 2.५.१७ (आपगृ. ४.११.१८); हिर गृसू. १.७.१० द्र. भवेम आदि।
भवाम सर्ववेदसः – अ. १६.४६.६/३
भवा मित्रो न शेव्यो घृतासुतिः – ऋ. १.१५६.१/१; तैब्रा. 2.४.३.८/१; आश्रौ. ८.१2.७ प्रः भवा मित्रः – आश्रौ. ६.१.2; शांश्रौसू. १०.१३.१६; १2.2६.१८; वृ हासं. ८.५०
भवामि यशसां यशः – साम मन्त्रब्रा. 2.५.६/४
भवा मृदीक उन्नो अभिष्टौ – ऋ. ६.३३.५/2
भवाय च शर्वाय च – अ. ११.2.१६/३
भवा यज्ञानामभिषस्तिपावा – ऋ. १.७६.३/2
भवाय देवाय स्वाहा – आपमपा. 2.१८.१४(आपगृ. ७.2०.४); हिर गृसू. 2.८.६ तु. भवं देवम्
भवाय नमः – तै आ आन्ध्र. १०.१६
भवारुद्रौ सयुजा संविदानौ – अ. ११.2.१४/१
भवा वयकृदुत् नो वयोधाः – ऋ.१०७.७/2; काठसं. 2.१५/2

भवा वरूथं गृणते विभावः – ऋ.१.५८.६/१
भवा वरूथं मघवन् मघोनाम् – ऋ.७.३2.७/१
भवा वाजस्य संगथे – ऋ. १.६१.१६/३; ६.३१.४/३; वा. १2.११2/३; तैसं. ३.2.५.३/३; ४.2.७.४/३; मैसं.2.७.१४/३: ९६.७; काठसं. १६.१४/३; पंचब्रा.१.५.८/३; शब्रा. ७.३.१.४६; कौसू. ६८.१०/३
भवा वाजानां पतिः – ऋ. ६.३१.2/३
भवा वाजेषु सन्त्य – ऋ.१.३६.2/४
भवा विश्वायुर्धरुणो रयीणाम् – ऋ. १.७३.४/४
भवा वृध इन्द्र रायो अस्य – ऋ.७.३०.१/2
भवा वृधः सखीनाम् – ऋ.७.३2.2५/४
भवाशर्वावस्यतां पापकृते – अ. १०.१.2३/१
भवाशर्वाविदं ब्रूमः – अ.११.६.६/१
भवाशर्वौ मन्वे वां तस्य वित्तम् – अ.४.2८.१/१ प्रः भवाशर्वौ – कौसू.2८.८
भवाशर्वौ मृडतं शर्म यच्छतम् – अ. ८.2.७/३
भवाशर्वौ मृडतं माभि यातम् – अ. ११.2.१/१; कौसू. १2६.३ प्रः भवाशर्वौ मृडतम् – वैसू. 2६.१०; भवाशर्वौ – कौसू.५०.१३; ५१.७ तु. चूलिका उप.१2
भवा समत्सु नो वृधे – ऋ.६.४६.३/४; सा. १.2८६/४
भवासि पुत्राणां माता – अ. ३.2३.३/३ द्र. तेषां माता
भवा सुनीतिरुत वामनीतिः – ऋ. ६.४७.७/३
भवा सुपारो अतिपारयो नः – ऋ.६.६७.2५/४
भवा स्तोतृभ्यो अन्तमः स्वस्तये – ऋ.३.१०.८/३
भविष्यते त्वा – तैसं. ७.१.१2/१; काठसं अश्व. १.३; तैब्रा. ३.८.६.३; आपश्रौ. २०.५.६
भविष्यते नमः – काठसं. 2६.१2; काठसं अश्व. ११.६; आपश्रौ. 2०.१.१७
भविष्यते स्वाहा – शब्रा.१४.६.३.५; तैब्रा.३.८.१८.५; बृह उप. ६..३.५; आपश्रौ. 2०.१2.६
भविष्यत् प्रति चाहरत्ा – तैब्रा. ३.१2.६.३/४
भविष्यच्छसि – शांश्रौसू. ८.2१.३ द्र. भवदसि।
भवेद् धर्मपरायणः –खिल. १०.८५.2/४
भवे – भवे नातिभवे भजस्व माम् – तैआ.१०.४३.१/३; महा नारा उप. १७.१/३
भवेम द्यावापृथिवी भवन्तः – ऋ. ७.५2.१/४; कासं. ११. १2/४
भवेम शरदः शतम् – अ.१९.६७.६ द्र.भवाम आदि
भवेरापिर्नो अन्तमः – ऋ. ८.४५.१८/३
भवो दिवो भव ईशे पृथिव्याः – अ. ११.2.2७/१
भवोद्भवाय नमः – तैआ. १०.४३.१; महा नारा उप. १७.१
भव्यं भूते प्रतिष्ठितम् – अ.१७.१.१९/४
भव्याय त्वा – तैसं. ७.१.१2.१; महा नारा उप. १७.१
भव्यं भूते प्रतिष्ठितम् – अ.१७.१.१९/४
भव्याय त्वा – तैसं. ७.१.१2.१; मैसं.१.३.३५: ४2.३; काठसं. 2६.५; काठसं अश्व. १.३; तैब्रा. ३.८.६.३; आपश्रौ. 2०.५.६
भव्याय नमः – काठसं अश्व.११.६
भव्ये भुवनस्य गोप्ता– महा नारा उप. ५.६/2 द्र. भुवनस्य गोप्ता।
भसदश्वो न यमसान आसा – ऋ. ६.३.४/2
भसदासीदादित्यानाम् – अ. ८.४.१३/१
भसदे स्वाहा – तैसं. ७.३.१६.2०1६1 काठसं अश्व.३.६
भसन् नु ष प्रः पूर्व्यः – ऋ. ६.१४.१/३; मैसं. ४.१०. 2/३: १४५.१५; काठसं.2०.१४/३
भसन् मे अम्ब सक्थि मे – ऋ. १०.८६.७/३०1६1 अ. 2०.१2६.७/३
भस्म वैश्वानरस्य यत् – आपश्रौ. ५.2६.५/४
भस्मान्तं शरीरम् – शब्रा. १४.८.३.१/2०1६1 बृह उप.५.३. १/2 द्र. अथेदं भस्मा...।
भागं देवेभ्यो वि दधात्य् (अ. ...ैय) आयन् – ऋ. १०.८५. १९/३; अ. ७.८१.2/३; १४.१.2४/३; तैसं.2.४.१४. १/३; मैसं.४.१2.2/३: १८१.६; काठसं.१०.१2/३; निरु. ११.६/३
भागं देवेभ्यो हविषः सुजात – ऋ. १०.५१.७/४; मैसं. ४. १४.१५/४: 2४2.५
भागं देवेषु यज्ञियम् – ऋ. १.2०.८/३
भागं देवेषु श्रवसे दधानः – ऋ.१.७३.५/४; मैसं.४.१४. १५/४: 2४2.१
भागं नो अत्र वसुमन्तं वीतात् – ऋ.१०.११.८/४; अ. १८.१.2६/४; मैसं.४.१४.१५/४: 2४१.११
भागमा सुव स हि रत्नधा असि – ऋ.१०.३५.७/2
भगस्ते पैतृष्वसेयी सपामिव – खिल. ७.५५.८/४; निरु. १४.३१/४
भागे देव न मीयसे – तैब्रा. 2.४.८.६/2
भाग्यो भवदथो अन्नमदद् बहु – अ.१०.८.22/१
भात्वक्षसो अत्यक्तुर्न सिन्धवः – ऋ.१.१४३.३/३
भानुनेयं सरस्वती – खिल. ७.३४.३/2
भानुमत्तेज उच्चरत् – तैब्रा.३.१.३.2/2
भानुरर्त त्मना दिवः – ऋ. ५.५2.६/३
भानुराश्लेषा अयनं मघा मे – अ.१९.७.2/४
भानुः शुक्रेण शोचिषा चकानः – ऋ. १०.१2३.८/३; सा.2. ११६८/३
भानुः शुक्रेण शोचिषा व्यद्यौत् – ऋ. ६.८५.१2/३ तु.

तिग्मेनाग्निर्।
भान्तः पंचदशः – वा.१४.2३; तैसं.४.३.८.१; ५.३.३.2; मैसं. 2.८.४ः १०६.३; काठसं. १७.४; शब्रा. ८.४.१.१०; कात्यश्रौसू. १७.१०.८; माश्रौसू.६.2.१
भा–भा – लाटयश्रौसू. ७.११.६ तु. भ–भ, तथा भा विभा
भामं सरस्वती भिषक् – वा. 2१.३६/५; मैसं. ३.११.2/५: १४2.१६; तैब्रा. 2.६.११.८/५
भामासः शुचे शुचयश्चरन्ति – ऋ. ६.६.३/2; तैसं.३.३. ११.१/2; जैब्रा. १.६४/2; शब्रा. १2.४.४.2/2; माश्रौसू. ५.१.2.१७/2
भामासो यामन्नक्तवश्चिकित्रे – ऋ. १०.३.४/४
भायै दार्वाहारम् – वा. ३०.१2; तैब्रा. ३.४.१.८
भारती गृणाना – अ. ५.2७.६/३; मैसं.2.१2.६/३ः १५०. १५ द्र. मही गृणाना, तथामहीर्गृणानाः
भारतीडे सरस्वति – ऋ.१.१८८.८/१
भारती पवमानस्य – ऋ. ६.५.८/१
भारती मरुतो विशः – वा.2१.१६/2; मैसं.३.११.११/2ः १५८.१2; काठसं. ३८.१०/2; तैब्रा. 2.६.१८.३/2
भारतीं ब्रह्मवर्धनीम् – खिल. ७.३४.2/2
भारतीर्बृहतीर्महीः – वा.2८.३१/३; तैब्रा.2.६.१७.६/३
भारद्वाजं (तर्पयामि) – शां गृ सू. ४.१०.३
भारद्वाजः सुमतिं याति होता – ऋ. ६.५१.१2/2
भावभावि वयो गीश्च – खिल. ६.११३.2/३
भाविभा उषाः स्वर्ज्योतिः श्लोकाय त्वोक्थमवाचि – शांश्रौसू. ७.६.६ तु. भा–भा।
भावो नामैष देवता – कौसू.७४.१2/४
भाषिते हसिते च यत् – साम मन्त्रब्रा. १.३.३/2
भासांसि वस्ते सूर्यो न शुक्रः – ऋ. ६.४.३/2
भासाकेतुं वर्धयन्ति – ऋ. १०.2०.३/2
भासान्तरिक्षमा पृण – वा.१७.22; तैसं.४.६.५.३; मैसं. 2. १०.६/३ः १३८.१2; काठसं. १८.४; 2१.६; शब्रा. ६.2.३. ३४
भासे त्वा – वा. १३.३६; तैसं. ४.४.६.2; १०.१; मैसं.2.७. १७ः १०१.१४; 2.१३.2०ः १६५.१३; १६६.१०; काठसं. १६.१६; 22.५; शब्रा. ७.५.2.१2; कात्यश्रौसू. १७.५.१०; आपश्रौ. १६.2७.४; माश्रौसू. ६.१.७; – ८.१६
भास्कराय विद्महे – तैआ. १०.१.७/१; महा नारा उप. ३. ८/१ द्र. अत्र आदित्याय विद्महे।
भास्वती नेत्री सूनृतानाम् – ऋ. १.९2.७/१; ११३.४/१
भास्वतीं त्वा सादयामि – तैसं.१.४.३४.१; मैसं.2.१३.१६ः १६५.८; काठसं. ४०.४; तैआ.३.१६.१
भास्वन्तं चक्षुषे–चक्षुषे मयः – ऋ. १०.३७.८/2
भिक्षाचर्यं चर – आपमपा. 2.६.१४ (आपगृ. ४.११.2५); हिर गृसू. १.७.१2
भिक्षामा जभार प्रथमो दिवं च – अ. ११.५.६/2
भिक्षं भवती ददातु – कौसू.५७.१७
भित्त्वा सहस्रमेरयत् – मैसं. ४.१2.५/2ः १६१.१३
भिनत् कनीन ओदनम् – ऋ. ८.६६.१४/३; अ.2०.९2. ११/३
भिनत् पुरो न भिदो अदेवीः – ऋ. १.१७४.८/३
भिनत् पुरो नवतिमिन्द्र पूरवे – ऋ. १.१३०.७/१
भिनत्स्यद्रिं तपसा वि शोचिषा – ऋ. ८.६०.१६/३
भिनद् गिरिं शवसा वज्रमिष्णन् – ऋ. ४.१७.३/१
भिनद्धि ते कुषुम्भम् – अ. 2.३2.६/३ द्र. अत्र अथैषां भिन्नकः।
भिनद्धि मुष्कावपि द्यामि शेपः – अ.४.३७.७/३
भिनद्म्यश्मना शिरः – अ. ५.2३.१३/३ प्रः भिनद्मि –कौसू.2६.४
भिनद्वलं वि पुरो दर्दरीति – तैसं. 2.३.१४.६/३
भिनद्वलमंगिरोभिर्गृणानः – ऋ.2.१५.८/१; मैसं. ४.१४. ५/१ः 222.१४ द्र. भूध्नादग्रम्।
भिनद्वलमिन्द्रो अंगिरस्वान् – ऋ. 2.११.2०/४
भिनद्वलस्य परिधींरिव त्रितः – ऋ. १.५2.५/४; मैसं. ४. १2.३/४ः १८५.५
भिन्दत् सपत्नानधरांश्च कृण्वत् – अ. ५.2८.१४/३ द्र. अत्र ऋणक्।
भिन्धि दर्भ सपत्नानाम् (अ.१६.2८.५/१, सपत्नान् मे) – अ. १६.2८.४५/१,५/१
भिन्धि द्वेषः सहकृत – ऋ. ८.४४.११/३
भिन्धि मे द्विषतो मणे – अ. १६.2८.५/४
भिन्धि मे पृतनायतः – अ.१६.2८.५/2
भिन्धि मे सर्वान् दुर्हार्दः – अ.१६.2८.५/३
भिन्धि विश्वा अप द्विषः – ऋ. ८.४५.४०/१; अ. 2०.४३. १/१; सा.१.१३४/१; 2.४2०/१; पंचब्रा. १३.८.४; आश्रौ. ७.2.३; वैसू. 2७.2० प्रः भिन्धि विश्वाः – शांश्रौसू.१2.१.४
भिन्धीदं (मैसं. भिन्ध्यच्छो) दिव्यं नभः – अ. ७.१८.१/2; तैसं.2.४.८.2/2; ३.५.५.2; मैसं.१.३.2६/2ः ३६.११; काठसं. ११.६/2 द्र. दिवो धाराम्
भियं दधाना हृदयेषु शत्रवः – ऋ. १०.८४.७/३ द्र. भियो आदि
भियसमा धेहि शत्रुषु (सा. शत्रवे) – ऋ. ६.१६.६/2; सा. 2.१११/2
भियसाने रोदसी अह्वयेथाम् – अ. ४.2.३/2 द्र.

अभ्यैक्षेताम्।
भिया दृधासः किरणा नैजन् – ऋ. १.६३.१/४
भियामित्रान् सं सृज – अ. ११.९.12/2
भिया यामेषु रेजते – ऋ.१.३७.८/५
भियो दधाना हृदयेषु शत्रवः – अ. ४.३१.७/३ द्र. भियम् आदि
भिषक्तमं त्वा भिषजां शृणोमि – ऋ. 2.३३.४/४
भिषक्ति विश्वं यत् तुरम् – ऋ. ८.७९.2/2
भिषग् देवेषु नो भव – आपश्रौ. १६.११.११/३
भिषग्भ्यो भिषक्तराः – अ. १९.2.३/३ तु. भिषजाम्
भिषङ् नो अग्न आवः – आपश्रौ. १६.११.११/१
भिषजं सुयजं घृतश्रियम् – वा.2८.९/2; तैब्रा. 2.६.७.५/2
भिषजं न (मैसं. नः) सरस्वतीम् – वा.2१.३८/४; मैसं. ३.११.2/४: १४2.12; तैब्रा. 2.६.११.७/2
भिषजस्त्वा हवामहे – आपश्रौ. १६.११.११/१
भिषजः समिधीमहि – आपश्रौ. १६.११.११/2
भिषजां सुभिषक्तमाः – अ. ६.2४.2/४ तु. भिषग्भ्यो
भिषजेन्द्रे (मैसं. ...द्रं) सरस्वती – वा. 2१.४६/2; मैसं. ३.११.५/2: १४७.2; तैब्रा. 2.६.१४.१/2,2/2
भिषजौ स्विष्टयै स्वाहा – काठसं. ५.४ तु. भेषजं स्विष्टयै
भिषज्यतं यच्छातुरम् – ऋ. ८.22.१०/४
भीताय नाधमानाय – ऋ. ५.७८.६/१
भीम आ वावृधे (सा. वावृते) शवः – ऋ. १.८१.४/2; सा. १.४2३/2
भीम एव सौयवसिः – ऐब्रा. ७.१७.५/१; शांश्रौसू. १५.2५/१
भीमं रथं केशिनः पादयन्ताम् – अ. ११.2.१८/2
भीमं वहन्तीभ्यः स्वाहा – तैसं. ७.४.१४.१; काठसं अश्व. ४.३
(ओं) भीमं देवं तर्पयामि – बौधसू. 2.५.९.६ तु. भीमाय देवाय
भीमं न गां वरयन्ते – ऋ. ८.८१.३/३; सा. 2.८०/५
भीमं न मन्युं राजानम् – वा. 2१.३६/३; मैसं.३.११.2/३: १४2.१५; तैब्रा. 2.६.११.८/३
भीमस्तुविष्मांचरषणिभ्य आतपः – ऋ.१.५५.१/३
(ओं) भीमस्य देवस्य पत्नीं तर्पयामि – बौधसू. 2.५.९.६ तु. उत्तरम्
भीमस्य देवस्य पत्न्यै स्वाहा – आपमपा. 2.१८.2८ (आपगृ. ७.20.४); हिर गृसू. 2.८.७ तु. पूर्वम्।
(ओं) भीमस्य देवस्य सुतं तर्पयामि – बौधसू. 2.५.९.६
भीमस्य वृष्णो जठरादभिश्वसः – ऋ. १०.६2.८/५
भीमा इन्द्रस्य हेतयः – अ.४.३७.८/१,६/१
भीमा जाया ब्राह्मणस्योपनीता – ऋ. १०.१०९.४/३; अ. ५.१७.६/३
भीमा यच्छेति शुचतस्त आ धीः – ऋ. ६.३.३/2
भीमाय देवाय स्वाहा – आपमपा. 2.१८.20 (आपगृ. ७.20.४); हिर गृसू.2.८.६ तु. भीमं देवं।
भीमा वायुसमा जवे – पारगृसू.2.१७.१६/१
भीमासस्तुविमन्यवोऽयासः – ऋ. ७.५८.2/2
भीमासो न प्रतीतये – ऋ.१.३६.20/2
भीमास्ते तक्मन् हेतयः – अ. ५.22.१०/३
भीमो न शृंगा दविधाव दुर्गृभिः – ऋ.१.१४०.६/४
भीमो विवेषायुधेभिरेषाम् – ऋ. ७.2१.४/१
भीषास्मदग्निश्चेन्द्रश्च – तैआ. ८.८.१/५; तै उप. 2.८.१/३; नृसिपू. उप.2.४/३
भीषास्मद्वातः पवते – तैआ. ८.८.१/१; तै उप. 2.८.१/१; नृसिपू. उप. 2.४/१
भीषोदेति सूर्यः – तैआ. ८.८.१/2; तै उप. 2.८.१/2; नृसिपू. उप. 2.४/2
भीष्मो हि देवः सहसः सहीयान् – तैब्रा.३.12.३.३/३
भुक्तिं मेऽवोचः – पंचब्रा. १.१.१; आपश्रौ. १०.१.४; आगृ. १.2३.१५ तु. भूतिं आदि।
भूक्त्वा वृषलीभूजनम् – महा नारा उप. १९.१/३
भुग् इत्यभिगतः – अ. 20.१३५.१; गोब्रा. 2.६.१.३; आश्रौ. ८.३.22; शांश्रौसू. 12.2३.2; वैसू. ३2.2३ तु बृहद. १.५५ प्रतिराध इत्यभिहितम् –ऐब्रा. ६.३३.१९; कौषी ब्रा. ३०.७
भुजः करिष्यमाणः – तैआ. ३.१४.४/३
भुजं ते भक्षयामि – आपश्रौ. 2१.22.६
भुजिष्यं पात्रं निहितं गुहा यत् – अ. 12.१.६०/३
भुजी सुपर्णे यज्ञो गन्धर्वः – मैसं. 2.12.2: १४५.६ द्र. भुज्युः आदि
भुजी हिरण्यपेशसा – ऋ. ८.८.2/३
भुजे न पुत्र ओण्योः – ऋ. ९.१०१.१४/2; सा. 2.७३७/2
भुजे मंहिष्ठमभि विप्रमर्चत – ऋ. १.५१.१/४; सा. १.३७६/४
भुजे मर्तो अमर्त्ये – ऋ.१.३०.20/2
भुजो भुजिष्या वित्त्वा – शब्रा. ७.५.१.2१/३
भुज्युं याभिरवथो याभिरध्रियुम् – ऋ. १.११2.20/2 तु. याभिः पक्थम्
भुज्युं याभिरव्यथिभिर्जिजिन्वथुः – ऋ. १.११2.६/2

वैदिकपादानुक्रमकोषः 182

भुज्युं वाजेषु पूर्व्यम् – ऋ. ८.22.2/2; ४६.20/४
भुज्युमंहसः पिपृथो निरश्विना – ऋ.१०.६५.१2/१ तु. बृहद. ७.१०६
भुज्युः सुपर्णो यज्ञो गन्धवः – वा. १८.४2; तैसं.३.४.७.१; काठसं.१८.१४; शब्रा. ६.४.१.११ द्र. भुजी आदि।
भुंजति मा मा हिंसीः – पंचब्रा. १.८.७ प्रः भुंजति– लाटयश्रौसू. 2.७.१६
भुंजदसि – शांश्रौसू. १८.20.८
भुरण्यन्तं जनां अनु – ऋ. १५०.६/2; अ. १३.2.2१/2; 20.४७.१८/2; आसं. ५.११/2; वा. ३३.३2/2; निरु. १2.22/2 – 2५/2
भुरन्तु नो यशसः सोत्वन्धसः – ऋ. १०.७६.६/१
भुव आशा अजायन्त – ऋ. १०.७2.४/2
भुव इडा – आश्रौ. 2.३.१2; आपश्रौ. ६.८.३; माश्रौसू. १.६. १.2६
भुवः – काठसं. ७.१३; 22.८; ऐब्रा. ५.३2.५; ३४.४,५; कौषी ब्रा. ६.१०; गोब्रा. १.१.१८; शब्रा. 2.१.४.११ – १३; ११.१.६.३; ५.८.४,६; तैब्रा.१.१.५.2; जै उप ब्रा. १.१. ४; 2३.६; ४.2८.2; आश्रौ. १.१2.३2; ५.2.१३; वैसू. १७. ५; कात्यश्रौसू.2५.१.६; आपश्रौ. ६.१६.४; १४.३2.७; १७.१.१2; 20.१५.१०; 2१.१७.११; माश्रौसू. १.५.४.५; – ६.2.१; – ८.६; गोभि गृसू. 2.७.५; आपमपा. 2.१४.१2 तु. ओं भुवः
(ओं) भुवः पुरुषं तर्पयामि – बौधसू.2.५.६.५
भुवः प्रजापतिनात्य् ऋषभेण सक्नदयामि – हिर गृसू. १. 2५.2
भुवः प्रपद्ये – तैआ.2.१६.१; ४.४2.2; शांश्रौसू. ६.2.2; कौसू. ३.४
भुवः प्राणो भूयान् भूयोमे भूयात् स्वाहा – शांश्रौसू. 2.१०. 2
भुवत् कण्वे वृषा द्युम्न्याहुतः – ऋ. १.३६.८/३
भुवत् त इन्द्र शं हृदे – ऋ. ८.८2.३/३
भुवत् ते कुत्सः सख्ये निकामः – तअ. ४.१६.१०/2
भुवत् स्वाधीर्होता हव्यवातट् – ऋ. ६.३४.४/१
भुवत् परिष्टिर्द्यौर्न भूम – ऋ.१.६५.३/2
भुवत् स्वाधीर्होता हव्यवाट् – ऋ.१.६७.2/2
भुवदग्निः पुरुपेशासु गर्भः – ऋ. 2.१०.३/2
भुवदग्ने शंतमा का मनीषा – ऋ.१.७६.१/2; काठसं. ३६.१४/2
भुवदिन्द्राय मत्सरः – ऋ. ६.३४.४/2
भुवद्दूतो विवस्वतो वि वो मदे – ऋ. १०.2१.५/३
भुवद्देवस्य चेतनम् – ऋ.४.७.2/2
भुवद्देवो देवानां महित्वा – ऋ. १.६८.2/2
भुवद्वस्तुर्ऋषूणाम् – ऋ. ८.७१.१५/४
भुवद्वाजस्य सातये – ऋ. ५.६.७/४
भुवद्वाजानां वृधः – ऋ.१०.2६.६/३
भुवद्वाजायि भुवद्वोजेषु – लाटयश्रौसू. 2.१०.१८
भुवद्वाजेष्वविता भुवद्वृधः – ऋ. ६.४८.2/३; सा.2.५४/३; वा. 2७.४४/३; मैसं.2.१३.६/३ः १५६.१३; काठसं. ३६.१2/३; आपश्रौ. १७.६.१/३
भुवद्वाणी सयावरी – ऋ. ७.३१.८/2
भुवद्विश्वमभ्यादेवमोजसा – ऋ.2.22.४/६ द्र. भुवो विश्वम्
भुवद्विश्वेषु काव्येषु रन्ता – ऋ. ६.६2.३/३
भुवनं वदिष्ये – तैआ.४.१.१
भुवनं देवासूवरीः – तैआ. १.१.३/2; 2१.2/2
भुवनपतये नमः – आश्रौ. १.४.६
भुवनपतये स्वाहा – वा.2.2; तैसं. 2.६.६.३; मैसं.2.८.६ः १०३.७; काठसं. 2५.७; ३५.८; शब्रा. १.३.३.१७; आश्रौ. ३.१३.१५; आपश्रौ. ६.१३.६,७; माश्रौसू. ३.१.३2; कौसू. ११६.2
भुवनमसि – वा. 22.३; तैसं. ११.१2.१; ७.१.११.१; मैसं. ३. १2.१ः १६०.१; ४.१.१४ः १६.१; काठसं.१.१2; ३१.११; काठसं अश्व. १.2; शब्रा. १३.१.2.३; तैब्रा. ३.३.७.५; ८. ३.५; आपश्रौ. 2.१३.2; १६.2३.७; माश्रौसू.2.३.७.2
भुवनमसि सहस्रपोषपुषि (आपश्रौ. सहस्रपोषं पुष) मैसं.१. ५.३ः ७०.५; १.५.३ः ७०.५; १.५.१०ः ७६.५; आपश्रौ. ६. १७.६
भुवनमसि सहस्रम् (शां गृ सू. सहस्रपोषम्) – मैसं. ४.2. ६ः ३१.2/१; शां गृ सू. ३.१०.2/१ द्र. उत्तरम्।
भुवनमसि साहस्रम् – माश्रौसू. ६.५.३; साम मन्त्रब्रा. १.८. ५/१; गोभि गृसू.३.६.५ प्रः भुवनम् – खादि गृसू. ३. १.४६ द्र. पूर्वम्।
भुवनस्य गोप्ता – तैआ.१०.१.१४/2 द्र. भव्ये भुवनस्य।
भुवनस्य पतये इदं हविः – तैआ. ६.१.2
भुवनस्य पतये (मैसं. पतयेऽधिपतये) स्वाहा – वा. ६.20; १८.2८; 22.३2; मैसं. १.११.३ः १६४.2; काठसं. १४.१; शब्रा. ५..2.१.2
भुवनस्य पते यस्य त उपरि गृहा इह च स नो रास्वाज्यानिं रायस्पोषं सुवीर्यं संवत्सरीणां स्वस्तिम् – तैसं. ३.४.७.2 प्रः भुवनस्य पते – तैसं. ३.४.८.५; ५.४.६.३; आपश्रौ. १७.20.३,५ तु. स नो भुवनस्य पते।
भुवनस्य पते वयम् – ऋ. ६.३१.६/2

भुवनस्य पितरं गीर्भिराभिः – ऋ.६.४६.१०/१ तु. बृहद.५.११६
भुवनान्यच्छीधयुः – ऋ.५.४०.५/४
भुवनान्यपिन्वत – ऋ.१०.७2.७/2
भुवनाय स्वाहा – कौसू. ११६.2
भुवना सं च पश्यति – ऋ. ३.६2.९/2; १०.१८७.४/2; अ. ६..३४.४/2
भुवन् दस्मम् उप द्यवि – ऋ. ७.३१.९/2
भुवन् नेमानां वसो (सा. पते) – ऋ.६.१६.१८/2; सा.2.५७/2; काठसं. 2०.१४/2
भुवन् यथा नो विश्वे वृधासः – ऋ. १.१८६.2/३; मैसं. ४.१४.११/३: 2३2.४; तैब्रा. 2.८.६.३/३
भुवन् वृधे रिशादसः – ऋ. ८.2७.४/2
भुवपतये स्वाहा – वा. 2.2; शब्रा. १.३.३.१७ प्रः भुवपतये – कात्यश्रौसू. 2५.2.७ द्र. भूपतये स्वाहा।
भुवश्चक्षुर्मह ऋतस्य गोपाः – ऋ. १०.८.५/१
(ओं) भुवस्तर्पयामि – बौधसू. 2.५.९.५; १०.१७.३७
भुवस्तस्य स्वतवां: पायुरग्ने – ऋ. ४.2.६/३
भुवस्ते ददामि – मागृसू.. १.१७.६ द्र. भुवस्तवयि।
भुवस्तवमिन्द्र ब्रह्मणा (मैसं. ...णे) महान् – ऋ.१०.५०.४/१; तैसं. ३.४.११.४/१; मैसं. ४.१2.६/१: १९७.६; काठसं. 2३.१2/१; आश्रौ. १.६.१; ४.११.६; ९.५.१६ प्रः भुवस्तवमिन्द्र माश्रौसू.७.2.४; भुवः आपश्रौ. १७.१०.६
भुवस्तवयि दधामि शब्रा.१४.९.४.2५; बृह उप. ६..४.2५; पारगृसू.१.१६.४; हिर गृसू.2.५.2 द्र. भुवस्ते।श
भुवः सखावृको वाजसातौ – ऋ. ४.१६.१८/2
भुव५ सम्राड् इन्द्र सत्ययोनिः – ऋ.४.१९.2/2
भुवः स्वः – मैसं. १.६.2: ८७.३; १.६.५: ९४.११,१३,१५,१६; माश्रौसू. १.५.४.१३
भुवः स्वाहा – मैसं. ४.९.१2: १३४.३; कौषी ब्रा. ६.१2; षड् ब्रा.१.५.८; शब्रा. १४.९.५.७,१2; बृह उप. ६.३.७,१2; ब्रम्ह ४.१७.५; आश्रौ. १.११.१३; शांश्रौसू.३.2१.३; लाटयश्रौसू. ४.११.४; माश्रौसू.३.१.१; कौसू. ५.१३; ९१.७; आपमपा. १.१०.१० – १३ (आपगृ. ३.८.१०); 2.१2.११ – १४ (आपगृ. ६.१५.४); 2.22.22 (आपगृ. ८.2३.९) तु. ओं भुवः स्वधा।
भुवां पतये स्वाहा – कौसू.११६.2
भुवाय स्वाहा – कौसू. ११६.2
भुवे त्वा – तैसं. ७.१.१2.१; काठसं अश्व. १.३; तैब्रा. ३.८.९.३; आपश्रौ. 2०.५.९
भुवो अपां नपाज् जातवेदः – ऋ. १०.८.५/३
भुवो जनस्य दिव्यस्य राजा – ऋ. ६.22.९/१; अ. 2०.३६.९/१
भुवो दूतो यस्य हव्यं जुजोषः – ऋ. १०.८.५/४
भुवो देवानां कर्मणापसर्तस्य पथ्यासि – तैसं. ७.१.१८.१; काठसं अश्व. १.९(मगपमे)प्रः भुवो देवानां कर्मणा तैब्रा. ३.८.१७.2; आपश्रौ. 2०.८.१2; ११.६
भुवो देवानां पिता पुत्रः सन् – ऋ. १.६९.2/2
भुवोऽधायि (जमत) – तैआ. ४.४०.१
भुवो नवेदा उचथस्य नव्यः – ऋ. ५.१2.३/2
भुवो नृश्चयौत्नो विश्वस्मिन् भरे – ऋ. १०.५०.४/३; तैसं. ३.४.११.४/३; मैसं.४.१2.६/३: १९७.७; काठसं. 2३.१2/३
भुवोऽन्नं वायवेऽन्तरिक्षाय स्वाहा – तैआ.१०.३.१; महा नारा उप. ७.2
भुवो ब्रह्म प्राणममृतं प्रपद्येतेऽयमसौ शर्म वर्माभ्यं स्वस्तये, सह प्रजया सह पशुभिः – ऐब्रा. ८.११.2
भुवो यजुर्वेदं त्वयि दधाम्यसौ स्वाहा – शां गृ सू.१.2४.८ द्र. उत्तरमेकवर्जम्।
भुवो यजुःषु त्वा वायावन्तरिक्षे प्राणे ब्रह्मणि ददे ऽसौ हिर गृसू. १.५.१३
भुवो यजूंषि त्वयि जुहामि अन्तरिक्षे प्राणे ब्रह्मणि ददे ऽसौ – हिर गृसू. १.५.१३
भुवो यजूंषि त्वयि जुहोमि स्वाहा – हिर गृसू. 2.३.९ द्र. पूर्वमेकवर्जम्।
भुवो यज्ञस्य रजसश्च नेता – ऋ. १०.८.६/१; वा. १३.१५/१; १५.2३/१; तैसं. ४..४.४.१/१; मैसं.2.७.१५/१: ९८.2; काठसं. १६.१५/१; कौषी ब्रा. १2.७; शब्रा. ७.४.१.४2; १३.४.१.१३; तैब्रा. ३.५.७.१/१ प्रः भुवो यज्ञस्य – मैसं. ४.१०.१: १४१.१; ४.१०.३: १४९.९; काठसं.2०.१५; आश्रौ.१.६.१; 2.१०.११; शांश्रौसू. १.८.५; ६.१०.१; कात्यश्रौसू. १७.१2.७; आपश्रौ. १६.22.९;□ माश्रौसू. ५.१.१.2१; – ५.१.३.८; – ५.१.५.2५; – ६.१.७; भुवः – तैसं.१.५.११.४; ४.१.११.१; तैब्रा.३.१.३.३; १2.३.४
भुवो यथा वन्द्यो नो हवेषु – ऋ.१०.४.१/2; तैसं. 2.५.१2.४/2
भुवो यशस्त्वयि जुहोमि स्वाहा – हिर गृसू. १.2४.2
भुवो राजा भुवनं च राजा – कौसू. १2८.४/2
भुवो वरुणो यच्छृताय वेषि – ऋ.१०.८.५/2
भुवो वाजानां पतिर्ववशां अनु – ऐआ. ४.४/2; महानाम्न्य. ४/2
भुवो वाजानां पते – ऋ. ८.९2.३०/2; अ.2०.६०.३/2; सा. 2.१७६/2

भुवो वायवे चान्तरिक्षाय च महते च स्वाहा – तैआ.१०.४.१; महा नारा उप. ७.३
भुवो वायवेऽन्तरिक्षााय स्वाहा – तैआ. १०.2.१; महा नारा उप. ७.१
भुवो वायुनान्तरिक्षेण साम्नामुं मयि कामं नि युनज्मि स्वाहा – आपमपा. 2.2१.३ (आपगृ. ८.22.७)।
भुवोऽविता वामदेवस्य धीनाम् – ऋ. ४.१६.१८/१
भुवो विवस्वानन्वाततान – अ. १८.2.३2/४
भुवो विश्वमभ्यच्छेवमोजसा – सा. १.४६६/६ द्र. भुवद्विशवम्।
भुवो विश्वस्य गोपतिः पुरुष्टुत – ऋ. ८.६2.७/३
भुवो विश्वेभिः सुमना अनीकैः – ऋ. ७.८.५/2
भुवो विश्वेषु सवनेषु यज्ञियः – ऋ. १०.५०.४/2; तैसं.३.४.११.४/2; मैसं.४.१2.६/2: १६७.६; काठसं.2३.१2/2
भूः काठसं.22.८; ३५.१७; ऐब्रा.2.३.१.४; ३2.१; ३७.१७; ५.३2.५; ३४.४,५; ८.७.६; कौषी ब्रा. ६.१०; गोब्रा. १.१.१७; शब्रा. 2.१.४.११ – १३; ११.१.६.३; ५.८.४,६; तैब्रा. १.१.५.2; ३.७.१.३; 2.१; जै उप ब्रा. १.१.३; 2३.६; ४.2८.१; आश्रौ. १.१2.३2; ५.2.१2; ६.११; शांश्रौसू. 2.७.७; कात्यश्रौसू. १७.४.१६; 2५.१५; ४.११; आपश्रौ. ६..१.११; 2.४; १६.४; १४.३2.७; १६.2३.१; 2०.१५.१०; 2१.१७.११; माश्रौसू. १.५.३.१५; – ३.१.८; – ३.2.७; – ६.१.७; – ८.६; शांगृसू. १.१६.४; गोभि गृसू. 2.७.५; ४.६.१; खादि गृसू. ४.१.१६; आपमपा. 2.१४.११; मागृसू.. 2.१.१६ तु. ओं भूः।
(ओं) भूः पुरुषं तर्पयामि – बौधसू. 2.५.६.५
भूः पृथिव्यग्निनर्चामुं मयि कामं नियुनज्मि स्वाहा – आपमपा. 2.2१.2 (आपगृ. ८.22.७)।
भूः प्रजापतिनात्य् ऋषभेण स्कन्दयामि – हिर गृसू.१.2५.2
भूः प्रपद्ये – तैआ.2.१६.१; ४.४2.2; शांश्रौसू. ६.2.2; कौसू. ३.४ तु. तपश्च तेजश्च।
भूतं दिष्ये – तैआ. ४.१.१
भूतं स्पृतम् – वा.१४.2५; शब्रा. ८.४.2.१2 द्र. भूतं निशान्तं।
भूतं ह प्रस्तोतैषामासीत् – तैब्रा.३.१2.६.३/३
भूतं ह भव्य आहितम् – अ. १७.१.१६/३
भूतकृतं गर्भं धत्स्व – आपश्रौ. १.१०.१०
भूतकृत स्थ – जैब्रा. १.३६; आपश्रौ. ६.५.६
भूतकृतो मे सर्वतः सन्तु वर्म – अ. १९.१६.2/६; 2७.१५/६
भूतं च मे भविष्यच् (मैसं. भव्यं) च मे – वा.१८.११; तैसं. ४.७.2.2; मैसं.2.११.३: १४१.६; काठसं.१८.८
भूतं च मे भूतिश्च मे (वा. मे यज्ञेन कल्पन्ताम्) – वा.१८.१४; तैसं. ४.७.५.2; मैसं. 2.११.५: १४2.९; काठसं. १८.१०
भूतं च यत्र ीव्यं च – अ.१०.७.22/३
भूतं च स्थ भव्यं च स्थ – काठसं. ३६.१; आपश्रौ. १६.३३.१ तु. भूतमसि भवद्।
भूतं जगत्पा उत नस्तनूपा – ऋ. ८.६.११/2; अ.2०.१४१.१/2
भूत देवा वृत्रतूर्येषु शंभुवः – ऋ.१.१०६.2/2
भूत देवास ऊतये सजोषाः – ऋ. १०.६१.2७/2
भूत नो विश्वेऽवसे सजोषाः – ऋ. ७.४८.४/2
भूतं देवानामवमे अवोभिः – ऋ. १.१८५.११/३; मैसं. ४.१४.७/३: 22४.१४; तैब्रा. 2.८.४.८/३
भूतं निशान्तं स्पृतम् (काठसं. इत्यस्य लोपः स्पृतम्) – तैसं. ४.३.६.2; मैसं.2.८.५: ११०.४; काठसं. १७.४ द्र. भूतं स्पृतम्।
भूतपतिर् निरजतु – अ.2.१४.४/१
भूतपती पशुपती नमो वाम् – अ. ११.2.१/2
भूतम् – गोभि गृसू. १.३.१६; खादि गृसू.१.५.१८; आपमपा. 2.१०.१३ (आपगृ. ५.१३.१८); हिर गृसू. १.१३.१४; आपधसू. 2.2.३.१०
भूतमवित्री वचसः सिषासतः – ऋ.2..३2.१/2
भूतमसि– शांश्रौसू. ८.2१.३
भूतमसि भवदसि – कौसू. ६१.१३/१ तु. भूतं च स्थ।
भूतमसि भव्यं नाम पितॄणामाधिपत्ये – तैसं. ३.३.५.१ प्रः भूतमसि भव्यं नाम – तैसं. ३.३.५.३ द्र. भूमिरसि भूतिर्।
भूतमसि भूते मा धाः – तैसं. ३.2.८.५; आपश्रौ. १३.१६.१
भूतं ब्रूमो भूतपतिम् – अ. ११.६.2१/१
भूतं भविष्यता सह – साम मन्त्रब्रा. 2.४.१०/2
भूतं भविष्यत् प्रस्तौमि – शब्रा. १०.४.१.६/१
भूतं भविष्यदभ्यं (पारगृसू. अकृतद्) विश्वमस्तु मे – आगृ. 2.४.१४/३; पारगृसू. ३.३.६/३ द्र. उत्तरमेकवर्जम्।
भूतं भविष्यदुच्छिष्टे – अ.११.७.१७/३
भूतं भविष्यदुत भद्रमस्तु मे – मागृसू..2.८.६/३ द्र. पूर्वमेकवर्जम्।
भूतं भविष्यद् भुवनं (विचनं हस्तलिपौ) प्रजापतिः – जैब्रा. 2.७2/४ स्तोत्रास्य नवतिस् इत्यस्य भागः।
भूतं भविष्यद् भुवना दुहानः – अ.४.११.2/३

भूतं भव्यं च गुप्यते – तैब्रा. 2.५.१.१/2
भूतं भव्यं भविष्यद्वषट् स्वाहा नमः – तैसं. ७.३.१2.१; काठसं अश्व. ३.2 प्रः भूतं भव्यं भविष्यत् – तैब्रा.३. ८.१७.३; आपश्रौ. 20.११.८
भूतं मा तस्माद् भव्यं च – अ. ६.११५.2/३; तैब्रा. 2.४.४. ६/३
भूतं मे अह्न उत भूतमक्तवे – ऋ. १०.४०.५/३
भूतये नमः – आश्रौ.१.४.६ द्र. भूत्यै नमः।
भूतस्त्वा भूत करिष्यामि – कात्यश्रौसू.2.३.१
भूतस्य जातः पतिरेक आसीत् – ऋ. १०.१2१.१/2; अ.४. 2.७/2; वा. १३.४/2; 2३.१/2; 2५.१०/2; का. 2६.३३; तैसं. ४.१.८.३/2; 2.८.2/2; मैसं.2.७.१५/2: ६६.१३; 2.१३.2३/2: १६८.५; ३.१2.१६/2: १६५.१; काठसं. १६.१५/2; ४०.१/2; काठसं अश्व. ५. ११/2; शब्रा. ७.४.१.१९; निरु.१०.2३/2 द्र. भूतानां आदि।
भूतस्य नः पतयो मृडयन्तु – अ.१०.१.22/2
भूतस्य पतये यजे – अ. ३.१०६/४,१०/४
भूतानां गर्भमा दधे – ऋ. ३.2७.६/2; अ. ५.2५.2/2; ६.१७.१/2; सा.2.८2६/2; शांश्रौसू. ५.१४.१2 द्र. अत्र उत्ताना गर्भम्।
भूतानां जातः पतिरेक आसीत् – पंचब्रा. ६.६.१2/2 द्र. भूतस्य आदि।
भूतानामधिपति – खिल. ६.११३.2/2
भूतानाम् उत यो वशी – अ. ११.६.2१/2
भूतानां पतये नमः – आश्रौ. १.४.६
भूतानां पतये स्वाहा – वा.2.2; तैसं. 2.६.६.३; मैसं. ३.८. ६: १०३.७; काठसं.2५.७; ३५.८; शब्रा. १.३.३.१७; आश्रौ.३.१३.१५; आपश्रौ. ६.१३.६,७; माश्रौसू.३.१.३2 तु. व्यासं ३.३2
भूतानां पतिरधिपतिरासीत् – वा. १४.2८; तैसं. ४.३.१०.१; मैसं.2.८.६: ११०.८; काठसं. १७.५; शब्रा. ८.४.३.५
भूतानां ब्रह्मा प्रथमो ह जज्ञे – अ.१६.22.2१/३; 2३. ३०/३ द्र. ऋतस्य ब्रह्म।
भूतानि त्वा हास्यन्ति – आपश्रौ. १०.2.११
भूतानि वशमायन्ति – साम मन्त्रब्रा. 2.६.७/३,८/३
भूतानि सर्वा संगत्य – अ. ११.६.2१/३
भूतान्यशायन् – वा.१४.३१; तैसं. ४.३.३; मैसं.2.८.६: १११. 2; काठसं. १७.५; शब्रा. ८.४.३.१६
भूतान्यसृज्यन्त – वा.१४.2८; तैसं. ४.३..१०.१; मैसं.2.८.६: ११०.७; काठसं. १७.५; शब्रा. ८.४.३.१६
भूतान्युपावधीः – आपश्रौ.१०.2.११
भूतान्येवमन्तानि (शां गृ सू. कके तृप्यन्तु) – आगृ. ३.४. १; शां गृ सू. ४.६.३
भूताय त्वा – मैसं.१.३.३५: ४2.३; काठसं.2६.५
भूताय त्वा नारातये – वा. १.११; शब्रा. १.१.2.१० प्रः भूताय तवा कात्यश्रौसू.2.३.2३ द्र. अत्र गोपीथाय वो।
भूताय नमः – काठसं.2६.१2; काठसं अश्व. ११.६; आपश्रौ. 20.१.१७
भूताय स्वाहा – काठसं.३५.८; शब्रा. १४.६.३.५; बृह उप. ६.३.५; तैब्रा. ३.८.१८.५; आपश्रौ. 20.१2.६
भूताः स्थ – आगृ.2.१०.८
भूतिं मे वोचः – शांश्रौसू.५.१.१० तु. भूकितिं आदि।
भूतिरसि – काठसं. ३६.५; जै उप ब्रा. ३.20.३.११; आपश्रौ. १६.22६.2
भूतिर् घृतेन मुंचतु यज्ञो यज्ञपतिमंहसः – आश्रौ. ३..१३. १५ डमजतपबंस?
भूतिर्दध्ना घृतेन वर्धताम् – तैसं.३.2.६.१; काठसं. ३५.४
भूतिर्भवति कर्मणाम् – पारगृसू. 2.१७.६/2
भूतिश्च वा अभूतिश्च – अ. ११.८.2१/१
भूतेन गुप्तो भव्येन चाहम् – अ. १७.१.2६/2
भूते भविष्यति जाते जनिष्यमाण आभ्जामि – आश्रौ.१.2.१
भूतेभ्यस्तवा – वा.५.१2; तैसं.१.2.१2.३; ६.2.८.३; मैसं.१.2. ८: १८.७; ३.८.५: १०१.2; काठसं.2.६; 2५.६; शब्रा. ३. ५.2.१३; ऐआ. ५.१.४.८; कात्यश्रौसू. ५.४.१५; आपश्रौ. ७.५.६; माश्रौसू. १.७.३.३2; आगृ. १.2४.१६
भूतेभ्यः समनमत् – तैसं. ७.५.2३.2
भूतेभ्यो नमः – तै आ आन्ध्र. १०.६७.2; महा नारा उप. १६.2
भूर्तोष्विमं यजमानमध्यूह – शब्रा. १३.४.३.2; कात्यश्रौसू.20. 2.22
भूते हविष्मत्यसि (अ. ...मती भव) – अ. ६.८४.2/१; तैसं. १.८.१.१; तैब्रा.१.६.१.2
भूतो भविष्यद् भुवनस्य यस्पतिः – अ.१३.३.७/३
भूतो भव्यो अजायत – अ.१३.१.५५/2
भूतो भूतेषु चरति प्रविष्टः – काठसं.३७.६/१; तैब्रा.2.७. १५.१/१ द्र. उत्तरम्।
भूतो भूतेषु पय आ दधाति – अ. ४.८.१/१ प्रः भूतो भूतेषु वैसू.३६.७; कौसू.१७.१ द्र. पूर्वम्।
भूत्यै जागरणम् – वा.३०.१७; तैब्रा.३.४.१.१४
भूत्यै त्वा – काठसं. ३६.५; तैआ.४.३.३; १०.2; ५.३.७; ८. ६; आपश्रौ. १५.११.१; १६.2६.2 द्र. भूत्यै त्वा स्वाहा।
भूत्यै त्वा शिरो वेष्टयामि बौधसू. ३.2.७
भूत्यै त्वा स्वाहा – माश्रौसू.४.३.३०; मागृसू.. १.१०.११ द्र.

भूत्यैत्वा।
भूत्यै नमः – मैसं.2.७.१2: ६१.६; ३.2.४: 2०.६; आपश्रौ. १६.१६.१; माश्रौसू. ६.१.५ द्र. भूतये नमः।
भूत्यै वः – कौसू.५१.११
भूत्यै स्वाहा – तैब्रा. ३.१.४.५; आपश्रौ. ६.१३.६
भूपतये नमः – आश्रौ.१.४.६
भूपतये स्वाहा – का.2.१.३; तैसं.2.६.६.2; मैसं. ३.८.६: १०३.७; काठसं. 2५.७; ३५.८; आश्रौ. ३..१३..१५; आपश्रौ. ६.१३.६,७; १४.2८.६; माश्रौसू. ३.१.३2 द्र. भुवपतये।
भूपते भुवनपते (वैसू. भूवनपते भुवां पते) महतो भूतस्य पते ब्रह्माणं त्वा वृणीमहे (माश्रौसू. वृणे) – तैब्रा. ३.७.६.१; वैसू.१.१७; कात्यश्रौसू. 2.१.१८; आपश्रौ. ३.१८.2; ४.४.2; माश्रौसू. ५.2.१५.१
भूपते भुवपते भुवनपते भूतपते भूतानां पते महतो भूतस्य पते मृल नो द्विपदे च चतुष्पदे च पश्वे मृल नश्च द्विपदश्च चतुष्पदश्च पशून् शांश्रौसू. ४.2०.१
भूमानं प्रतिष्ठां गमेयम् – आपश्रौ. ४.१०.१
भूमा पशूनां त इह श्रयन्ताम् – अ. ५.2८.३/४
भूमा पृष्ठेव रुरुहुः – ऋ. ५.७.५/४
भूमा रेजन्ते अध्वनि प्रविक्ते – ऋ.६.५०.५/४
भूमिः (कमोहदंजपवद वि खिल, भूमिर्माता नभः पिता, अर्यमा ते पितामहः) बृहद. ८.५१ द्र. रात्री माता।
भूमिः पार्ष्णिः शुनंकुरिः – पारगृसू.2.१७.१५/2
भूमिं यक्षाणि पर्वतान् – अ.११.६.१०/2; मैसं.2.७.१३/2: ६४.१५
भूमिं यो मन्यते नाथम् – अ. ४.2०.६/३
भूमिं संतन्वतीरिति – अ.८.७.१६/३
भूमिं गछ महायशाः – खिल. १.१६१.2/४,७/४
भूमिं च ज्योतिषा सह (मैसं. स्वः) – वा. ११.५३/2; तैसं. ४.१.५.2/2; मैसं.2.७.५/2: ८०.३; काठसं. १६.५/2; शब्रा. ६.५.१.५
भूमिदृंहमच्युतं पारयिष्णु – अ.५.2८.१४/2 तु. उत्तरम् तथा धनंजयं ध...।
भूमिदृंहोऽच्युतश्चयावयिष्णुः – अ. १६.३३.2/2 तु. अत्र पूर्वम्।
(ओं) भूमिदेवांस्तर्पयामि – बौधसू. 2.५.६.१2
भूमिबुध्नो न जीर्यति – ब्म्न.३.१५.१/2
भूमिं आतान् द्यां धासिनायोः – ऋ.६.६७.६/४
भूमिमृत्वा ते परांचो व्यथन्ताम् – अ. ४.४०.५/३
भूमिं प्रजन्य पयसा समङ्धि – अ.४.१५.६/2
भूमिं पर्जन्या जिन्वन्ति – ऋ.१.१६४.५१/रु; तैआ.१.६.६/३; निरु. ६.22; ७.23/३
भूमिं पिन्वन्ति पयसा परिज्रयः – ऋ. १.६४.५/४
भूमिरधि ब्रवीतु मे – अ. १2.१.५६/३
भूमिरसि – वा. १३.१८; तैसं.४.2.६.१; मैसं.2.८.१४: ११७.१६; ३.2.६: 2४.१६,१७; काठसं. १६.१६; ३६.३; शब्रा. ७.४.2.७
भूमिरसि भूतिर्नाम स्वाहा त्वा देवेभ्यः पितृभ्यः – माश्रौसू. ७.2.६ द्र. भूतमसि भव्यं।
भूमिरावपनं महत् – वा. 2३.१०/४,४६/४; तैसं. ७.४.१८.2/४; मैसं. ३.१2.१६/४: १६६.३; काठसं अश्व. ४.७/४; आश्रौ. १०.६.2/४; शांश्रौसू. १६.५.४/४
भूमिरिति त्वाभिप्रमन्वते जनाः (तैसं. त्वा जना विदुः) – अ. ६.८४.१/३; तैसं. ४.2.५.३/३ द्र. यां त्वा जनो।
भूमिरियमृत्वियवती – मैसं. 2.७.१2/३: ६2.६
भूमिर्धेनुर्धरणी लोकधारिणी (महा नारा उप. धेनुर्धरित्री च धरणी लोकधारिणी) – तैआ. १०.१.८/१; महा नारा उप. ४.५/३४
भूमिर्भूत्वा महिमानं पुपोश्झ – तैब्रा.. ३.७.६.४/१; आपश्रौ. ४.५.५/१
श्रभूमिर्भूमिमगात् (कात्यश्रौसू. कौसू. अवागात्) – षड् ब्रा. १.६.2०/१; आश्रौ. ३.१४.१2/१; कात्यश्रौसू.2५.५.2६/१; आपश्रौ. ३.2०.६/१; ६.१६.2; कौसू.१३६.2/१; आपमपा. 2.१५.१७/१; (आपगृ. ४.११.१८); बौधसू. १.४.६.७/१
भूमिर्भूम्ना द्यौर्वरिणा – तैसं.१.५.३.१/१; ४.१ प्रः भूमिर्भूम्ना – आपश्रौ. ५.१2.१; 2७.६ द्र. अत्र द्यौरिव भूम्ना।
भूमिर्मातादितिर्नो जनित्रम् – अ. ६.१2०.2/१; तैआ. 2.६.2/१
भूमिर्यामेषु यद्ध युंजते शुभे – ऋ.१.८७.३/2; तैसं. ४.३.१३.७/2; मैसं. ४.११.2/2; १६८.४
भूमिर्यामेषु रेजते – ऋ. ८.2०.५/३
भूमिश्च निरतक्षतम् – अ. १.३2.३/2
भूमिश्च विश्वधायसं बिभर्ति – ऋ. ७.४.५/४
भूमिष्ट्वा पातु हरितेन विश्वभृत् – अ. ५.2८.५/१
भूमिष्ट्वा प्रति गृह्णातु – अ. ३.2६.८/१ प्रः भूमिष्ट्वा – कौसू. ६६.2१
भूमिस्त्वोपस्थ आधित – तैसं. १.४.४०.१/2
भूमे मातर्नि धेहि मा – अ. १2.१.६३/१ प्रः भूमे मातः वैसू. 2७.८; कौसू. 2४.2७
भूमे सूर्येण मेदिना – अ. १2.१.३३/2
भूमौ दत्तेन तोयेन – माश्रौसू.११.६.2/३
भूम्ने परिष्कन्दम् – वा.३०.१३; तैब्रा.३.४.१.७

भूम्या अधि प्रवता यासि सानुना – ऋ. १०.७५.2/३
भूम्या अन्तं पर्यके चरन्ति – ऋ.१०.७५.2/३
भूम्या अन्तं पर्यके चरन्ति – ऋ. १०.११४.१०/१
भूम्या अयस्मयं पातु – अ. ५.2८.६/३
भूम्या असुरसृग् आत्मा ज्ञव स्वित् – ऋ. १.१६४.४/३; अ. ६.६.४/३
भूम्या आखूनालभते – वा.2४.2६; मैसं.३.१४.७: १७३.११
भूम्या उछनेव वि त्वचं बिभेद – ऋ. १०.६८.४/४; अ. 2०.१६.४/४
भूम्या उपस्थेऽवपज् जघन्वान् – ऋ.2.१४.७/४
भूम्यां देवेभ्यो ददति – अ. १2.१.22/१
भूम्यां पर्वतमूर्धनि – तैआ. १०.३०.१/2; महा नारा उप. १५.५/2
भूम्यां पिण्डं मयार्पितम् – आगृ. १.2.६/४
भूम्यां मनुष्या जीवन्ति – अ.१2.१.22/३
भूम्यां मर्त्या व्यैलबाः – अ.१2.१.४१/2
भूम्यां रक्षन्त्वग्नयः – अ.१६.१६.2/2; 2७.१५/2
भूम्यां रेणुमन्तरिक्षाच् चाभ्रम् – अ. १०.१.१३/2
भूम्यां वृत्वाय नो ब्रूहि – वा.११.१६/३; तैसं. ४.१.2.३/३; मैसं. 2.७.2/३: ७५.१४; काठसं.१६.2/३; शब्रा. ६.३.३.११
भूम्याश्चतस्रः प्रदिशः (काठसं. सूक्तयः) – ऋ. १०.१६.८/३; तैसं.३.३.१०.१/३; काठसं. १३.६/३; आपमपा. 2.22.७/३
भूम्याः सचन्ते अद्य् अन्तरिक्षम् – अ. १2.३.2६/2
भूम्यै प्रर्जन्यपत्न्यै – अ.१2.१.४2/३
भूम्यै पीठसर्पिणमालभते – तैब्रा. ३.४.१.१७ द्र. पृथिव्यै आदि।
भूय इद्वावृधे वीर्याय – ऋ. ६.३०.१/१; गोब्रा. 2.४.३; ऐआ. १.३.५.३; ५.१.६.१ प्रः भूय इद्वावृधे शांश्रौसू. ७. 2४.४; भूय इत् आश्रौ. ५.१६.2
भूय एवातः सोमो राजार्जति महांस्तव् एव गोर्महिमा – शब्रा.३.३.३.१,३; कात्यश्रौसू. ७.८.८
भूय एवोपजायते – कौसू. १३५.६/2
भूयश्च शरदः शतात् – वा. ३६.2४/2; मागृसू.. १.22. ११/८ तु. भूयसीः शरदः।
भूयसा वस्नमचरत् कनीयः – ऋ.४.2४.६/१
भूयसि हविष्करण उपहूतः (तैब्रा.३.५.१३.३, ...हूता) – तैसं. 2.६.७.६; तैब्रा. ३.५.८.३; १३.३; शब्रा.१.८.१.३३ द्र. उपहूतो भूयसि।
भूयसीर्भूयास्त या नो भूयसोऽकर्त – मैसं. ४.2.८: 2६.१७
भूयसीः शरदः शतात् – अ. १६.६७.८ तु. भूयश्च।

भूयस्कृदसि – तैसं.४.४.७.१; ५.३.११.१; मैसं. 2.१३.१८: १६४.१७; ३.५.2: ५८.६; काठसं. ३६.६; आपश्रौ. १७.५. १०; माश्रौसू. ६.2.३
भूयस्यायुरसि – मैसं. ४.2.५: 2६.१५
भूयस्येहि – मैसं. ४.2.५: 2६.१३; ४.2.६: 2७.८; आपश्रौ. ४.१०.४
भूया अन्तरा अृद्य् अस्य निस्पृशे – ऋ. १०.६१.१३/३
भूया ऋतस्य सुदुघा पुराण्वत् – ऋ. १०.४३.६/2; अ. 2०..१७.६/2
भूयांसं च भगं कुरु – आपमपा. 2.८.६/४; हिर गृसू. १. ११.४/४
भूयांसि मामेकशतात् पुण्यान्यागछन्तु – हिर गृसू. १.2३.१
भूयांसो भवता मया – अ.७.६०.७/४
भूयांसो भूयास्त ये नो भूयसोऽकर्त – मैसं. ४.2.८: ३०.१ प्रः भूयांसो भूयास्त माश्रौसू. ६.५.३ द्र. उत्तरम्।
भूयांसो भूयासम ये च नो भूयसः कार्षतापि (तमंक भूयसोऽकार्ष्टापि?) च नोऽन्ये भूयांसो जायन्ताम् – कौसू. ६2.2५ द्र. पूर्वम्।
भूयानरात्याः शच्याः पतिः – अ. १३.४.४७/१
भूयान् इन्द्रासि मृत्युभ्यः – अ. १३.४.४६/2
भूयान् इन्द्रो नमुरात् – अ. १३.४.४६/१
भूयान् पुत्रे पितुस्ततः – ऐब्रा. ७.१३.५/४; शांश्रौसू. १५. १७/४
भूयाम ते सममतौ वाजिनो वयम् – ऋ. ८.३.2/१; सा. 2.७७2/१ तु. भूयासम आदि।
भूयाम ते सुष्टुतयश्च वस्वः – ऋ. ३.१६.३/४; तैसं. १.३. १४.६/४; मैसं. ४.१४.१५/४: 2४०.१०
भूयाम पूत्रैः पशुभिः – षड् ब्रा.१.६.20/३; कात्यश्रौसू.2५. ५.2६/३ द्र. ऋध्यास्म आदि, तथा भूयास्म आदि।
भूयाम वाजदाव्नाम् – ऋ. १.१७.४/३
भूयामो षु त्वावतः – ऋ. ४.३2.६/१
भूयासम् – काठसं. ३६.५; श्रठन ३.2०.३,११; आपश्रौ. १६. 2६.2
भूयासमस्य समतौ यथा यूयम् – तैसं.४.३.११.३/३,४/३; काठसं. ३६.१०/३; पारगृसू.३.३.५/३।
भूयासमस्य स्वधया प्रयोगे – खिल.१०.१५१.६/४
भूयासं मधुसंदशः – अ. १.३४.३/४
भूयास्म ते सुमतौ विश्वेदाः – मैसं. 2.१३.१०/१: १६१.१ द्र. अभून् मम, तथा तु. भूयाम आदि।
भूयास्म पुत्रैः पशुभिः – आश्रौ.३.१४.१2/३; आपश्रौ. ३.2०. ६/३; आपमपा. 2.१५.१७/३; बौधसू. १.४.६.७/३

द्र. अत्र भूयाम आदि।
भूयिष्ठदाव्ने सुमतिमावृणानः – मैसं. ४५.१2.३/2ः १८2.१३; काठसं. ८.१६/2 द्र. अत्र आ सुत्राव्णे।
भूयिष्ठभाजो अध ते स्याम – तैब्रा. ३.७.११.५/४; तैआ. ४.५.६/४; ४2.५/४; आपश्रौ. ३.१2.१/४
भूयिष्ठानु विराहतु – तैआ.६.६.१/४
भूयिष्ठां ते नमौक्तिं विधेम (स्वाहा इत्यनेन सार्धं वा रहितं) – ऋ. १.१८९.१/४; वा. ५.३६/४; ७.४३/४; ४०.१६/४; का. ६.2.३/४ (वउपजजपदह स्वाहा, ीमतमें वा. ७.४३/४ ीं पज); तैसं. १.१.१४.३/४; ४.४३.१/४; मैसं. १.2.१३/४ः 22.७; काठसं.३.१/४; ६.१०/४; शब्रा. ३.६.३.११/४; ४.३.४.१2/४; तैब्रा. 2.८.2.३/४; तैआ.१.८.८/४
भूयो दत्तवा स्वयमल्पं च भुक्त्वा७कौसू. ७३.६/३
भूयो–भूयः श्वः–श्वः – अ. १०.६.५/५, ६/६, ७/७ – ६/७, १०/८, ११/४, १2/६ – १७/६
भूयो–भूयो रयिमिद अस्य वर्धयमन् – ऋ. ६.2८.2/३; अ. ४.2१.2/३; तैब्रा.2.८.८.११/३
भूयो वा अतः सोमो राजार्हति (माश्रौसू. राजा अर्हति) – शब्रा. ३.३.३.१,३; कात्यश्रौसू. ७.८.७; आपश्रौ. १०.2५.५; माश्रौसू.2.१.४.६
भूयो वा दातुमर्हसि – ऋ. ५.७६.१०/2
भूयो हविष्करणमाशास्ते – शब्रा.१.६.१.१५; तैब्रा. ३.५.१०.५; आश्रौ. १.६.५; शांश्रौसू. १.१४.१७
भूरग्नये च पृथिव्यै च महते च स्वाहा – तैआ. १०.४.१; महा नारा उप. ७.३
भूरग्नये पृथिव्यै स्वाहा – तैआ.१०.2.१; महा नारा उप. ७.१
भूरग्निं च पृथिवीं च मां च – तैब्रा. ३.१०.2.१; आपश्रौ. १६.१2.१६
भूरन्नमग्नये पृथिव्यै स्वाहा – तैआ. १०.३.१; महा नारा उप. ७.2
भूरसि – वा. १३.१८; तैसं. ४.2.६.१; ७.१.१2.१; मैसं.2.८.१४ः ११७.१५; ३.2.६ः 2४.१५; काठसं. १६.१६; ३६.३; काठसं अश्व. १.३; शब्रा. ७.४.2.७; तैब्रा. ३.८.६.३; ौच्ह १६.2३.७; 20.५.६
भूरसि भूवनस्य रेतः – मैसं. 2.७.१६ः ६६.३; काठसं. ३६.३; आपश्रौ. १६.2३.१०; माश्रौसू. ६.१.७
भूरसि श्रेष्ठो रश्मीनां प्राणपाः – तैसं. ३.2.१०.2; आपश्रौ. १2.2१.2
भूरस्माकम् – तैसं. १.६.१.३; मैसं. १.४.४ः ५2.७; १.४.६ः ५७.१६; काठसं. ५.६; ३2.६
भूरारभे श्रद्धां मनसा दीक्षां दपसा विश्वस्य भूवनस्याधिपत्नीम् – तैब्रा. ३.७.७.2; आपश्रौ. १०.६.५
भूरिकर्मणे वृषभाय वृष्णे – ऋ. १.१०३.६/१
भूरिगो भरि वावृधुः – ऋ. ८.६2.१०/३
भूरि घेदिन्द्र दित्ससि – ऋ. ४.३2..20/३
भूरि चकर्थ युजयेभिरस्मे – ऋ. १.१६५.७/१; मैसं. ४.११३/१ः १६६.३; काठसं. ६.१८/१ प्रः भूरि चकर्थ – मैसं. ४.१४.३ः 2३७.१; काठसं.2३.११
भूरि चक्र मरुतः पित्र्याणि – ऋ. ७.५६.2३/१
भूरि चिदन्ना समिदत्ति सद्यः – ऋ. ७.४.2/४
भूरि चिदर्यः सुदास्तराय – ऋ. १.१८५.६/३
भूरि चिद् धि तुजतो मर्त्यस्य – ऋ. ३.३६.८/३
भूरि च्यवन्त वस्तवे – ऋ. १.४८.2/2
भूरिजानां तवस्तम् – शांश्रौसू. ८.१७.१
भूरिजिदसि – काठसं. ३६.५; आपश्रौ. १६.३०.१
भूरि ज्योतींषि सुन्वतः – ऋ.८.६2.१2/४
भूरिडा – आश्रौ.2.३.१2; आपश्रौ. ६.८.३; माश्रौसू. १.६.१.2६
भूरि त इन्द्र वीर्यं तव स्मसि – ऋ. १.५७.५/१; अ. 20.१५.५/१
भूरि तोकाय तनयाय पश्वः – ऋ. ६.१.१2/2; मैसं. ४.१३.६/2ः 20७.१३; काठसं. १८.20/2; तैब्रा.३.६.१०.५/2
भूरि तोकावृकादिव – निरु.१.१०/2
भूरि त्वष्टैह राजति – ऋ. ६.४७.१६/2
भूरि दक्षेभिर्वचनेभिर्ऋक्वभिः – ऋ.१०.११३.६/१
भूरिदा असि वृत्रहन् – ऋ. ४.३2.१६/३
भूरिदात्र आपृणद् रोदसी उभे – ऋ. ३.३४.१/४; अ. 20.११.१/४
भूरिदा भूरि देहि नः – ऋ. ४.३2.20/१
भूरिदाभ्यश्चिन् मंहीयान् – ऋ.६.६६.१७/३
भूरिदावत्तरो जनः – ऋ.८.५.३६/४
भूरिदावरीं सुमतिम् – ऋ.८.2.2१/2
भूरिदाव्न आ विदं शूनमापेः – ऋ.2.2७.१७/2; 2८.११/2; 2९.७/2
भूरिदा ह्यसि श्रुतः – ऋ. ४.३2.2१/१
भूरि नाम मनामहे – ऋ. ८.११.५/2
भूरि नाम वन्दमानो दधाति – ऋ.५.३.१०/१
भूरिन्द्रवन्तः सवितृप्रसूताः – आश्रौ.५.2.१2
भूरिं द्वे अचरन्ती चरन्तम् – ऋ.१.१८५.2/१; मैसं.४.१४.७/१ः 22४.११; तैब्रा.2.८.४.८/१ प्रः भूरिं द्वे शांश्रौसू. ६.११.७

भूरि पोषं स धत्ते विरवद् यशः – ऋ. ८.2३.2१/३
भूरिभिः समह ऋषिभिः – ऋ. ८.७०.१४/१
भूरि मनीषी हवते त्वामित् – ऋ.७.22.६/2; सा.2. ११५०/2
भूरि शस्तं (सा. शस्त्रं) पृथुः स्वरुः७ऋ. ८.४५.2/2; सा. 2.६८६/2; वा.३३.2४/2
भूरिस्थात्रं भूर्य आवेशयन्तीम् (अ. ...तः) – ऋ.१०.१2५.३/४; अ.४.३०.2/४
भूरि हि ते सवना मानुषेषु – ऋ. ७.22.६/१; सा. 2. ११५०/१
भूरीणि भद्रा नर्येषु बाहुषु – ऋ. १.१६६.१०/१
भूरीणि वृत्रा हर्यश्व हंसि – ऋ. ७.१९.४/2; अ.2०.३७.४/2; तैब्रा. 2.५.८.११/2
भूरीणि हि कृण्वामा शविष्ठ – ऋ.१.१६५.७/३; मैसं. ४.११.३/३: १६९.४; काठसं. ९.१८/३
भूरीणि हि त्वे दधिरे अनीका – ऋ. ३.१९.४/१
भूरीण्य् हि त्वे दधिरे अनीका – ऋ. ३.१९.४/१
भूरीण्येको अप्रतीनि हन्ति – ऋ. ४.१९.१९/2
भूरीदिन्द्र उदिनक्षन्तमोजः – ऋ. १०.८.९/१
भूरीदिन्द्रस्य वीर्यम् – ऋ.८.५५(वाल. ७).१/१ प्रः भूरीदृ इन्द्रस्य शांश्रौसू. १६.११.2७ तु. बृहद.६.८६
भूर् ऋक्षु त्वाग्नौ पृथिव्यां वाचि ब्रह्मणि ददेऽसौ – हिर गृसू. १.५.१३
भूर् ऋचस्त्वयि जुहोमि स्वाहा – हिर गृसू.2.३.९ द्र. पूर्वम्।
भूरेरीशानमोजसा – ऋ.८.३2.१४/३
भूरेर्दत्तस्य वेदति – ऋ. ८.४५.४2/2; अ. 2०.४३.३/2; सा. 2.४2१/2
भूरेर दातारं सत्पतिं गृणीषे – ऋ.2.३३.१2/३
भूर्जा उत्तानपउदः – ऋ. १०.७2.४/१
भूर्णि (माश्रौसू. अंत समबज तूर्णि) देवास इह सुश्रियं दधुः – ऋ. ३.३.५/४; काठसं. ७.१2/४; आपश्रौ. ५.१०.४/४; माश्रौसू. १.५.2.१४/४
भूर्णिमश्वं नयत् तुजा पुरो गृभा – ऋ. ८.१७.१५/३
भूर्णि मृगं न सवनेषु चुक्रुधम् – ऋ. ८.१.2०/३; सा.१. ३९७/३; निरु.६.2४/३
भूर्ब्रह्म प्राणममृतं प्रपद्यतेऽयमसौ शर्म वर्माभयं स्वतये, सह प्रजया सह पशुभिः ऐब्रा. ८.११.१
भूर्भगं त्वयि जुहोमि स्वाहा – हिर गृसू.१.2४.2
भूर्भुवः – मैसं. १.६.१: ८६.७; १.६.५: ९४.१०,१2,१५,१८; काठसं. ७.१३; ८.४ ; ऐब्रा. ८.७.६; कौषी ब्रा. ३.५; शब्रा. 2.१.४.१४; जै उप ब्रा. ४.2८.४; शांश्रौसू.१.१.३८; माश्रौसू.१.५.३.१४
भूर्भुवः सुवः (सुवर्, तथ सुवश्) आदिः द्र. नइ जीम सचींइमजपब वतकमत व भूर्भुवः स्वः (स्वर्, तथा स्वश्) आदि।
भूर्भुवः स्वः (तैसं.तैब्रा.तैआ.आपश्रौ.आपमपा.हिर गृसू. सुवः) – वा. ३.५,३७; ७2६; ८.५३; 2३.८; ३६.३; का. 2.३.३; तैसं.१.६.2.2; ५.५.५.३; ७.४.2०.१; मैसं. १.६.५: ९४.६; १.८.५: १2०.2१; १.८.६: १2४.१०; १.८.७: १2५.११,१६; ३.४.७: ५४.६; ३.१2.१६: १६५.१५; ४.९.2; १2३.५; ४.९.१३: १३४.५; काठसं.६.७; ७.१३; ८.४: काठसं अश्व.४.९; ऐब्रा. ५.३2.५; ३४.४,५; ८.७.६; १३.2; १८.१; कौषी ब्रा. 2७.६; जैब्रा.१.८८,३2७; 2.६५(६६); षड् ब्रा.१.६.७; शब्रा. 2.१.४.१४,2५ – 2७; ४.१.१; ३.2.2.६; ४.६.९.2४; ८.७.४.५; १2.४.१.८; ८.३.१८; १३.2.६.८; तैब्रा. १.१.५.१; 2.५.७.2; ३.५.१.१; ७.६.३; ९.४.५; १०.५.१; ऐआ. १.३.2.९; ५.१.४.९; ३.2.४; तैआ.2.११.१; ३.६.१; ४.४.१; 2०.१; 2१.१; ४०.१; ७.५.१; १०.८.१; तै उप. १.५.१; महा नारा उप. ८.१; वर उ उप. 2; जै उप ब्रा. 2.९.३,७; ३.१७.2; १८.४,६; ४.५.५; 2८.६; आश्रौ.१.2.५; १2.३३; 2.३.2७; ५.१३; १७.१०; ३.१2.४; शांश्रौसू.१.४.५; 2.१३.2; ४.१2.१०; १०.2१.१५; १४.१६.७; लाटयश्रौसू. १.५.८; 2.४.६; ८.३१; ४.१.४; ९.१६; १०.2९; ५.११.६; कात्यश्रौसू.2.१.१९; ४.९.१६; १2.१2; ७.४.१६; ९.७.१५; 2०.५.१६; आपश्रौ. 2.१५.१; ३.१८.४; ५.१2.१; ६.१.७; १०.७,११; १९.७; ९.७.१,३,४; ८.2; १३.६; १०.१०.६; १५.१७.६; १८.१७; १९.११; १९.१2.2६; 2१.१2.५,९; 2४.११.2; माश्रौसू. १.६.2.2; – ५.2.१५.2; – ८.६; – ९.2.३; शां गृ सू. १.८.६; १३.५; 22.८; 2४.८; 2.2.१०; गोभि गृसू. १.१.११; पारगृसू. १.१५.४; आपमपा. 2.११.९; १४.१४ (आपगृ. ६.१४.2; १५.१2); हिर गृसू. १.३.४; ५.१३; ६.११; 2४.2; 2६.८; 2.३.९; मागृसू.. १.९.2३; माधसू.2.७६; वृ हासं. ३.५८; बृ परासं. 2.५४; ९.१०९; कप्र. 2.१.५,७ प्रः भूर्भुवः – कात्यश्रौसू. ४.९.१; १2.४.2७ द्र. ओं भूरादि, तथा जीम`मुनमस।
(ओं) भूर्भुवः सुवः पुरुषं तर्पयामि – बौधसू. 2.५.९.५
भूर्भुवः स्वः (तैआ. ४.४2.2, सुवः) प्रपद्ये – तैआ. 2.१९.१; ४.४2.2; शांश्रौसू. ६.2.2
भूर्भुवः सुवरग्निरोम् – महा नारा उप. ७.१ तु. तैआ.१०.2.१
भूर्भुवः स्वरग्निहोत्रम् – माश्रौसू. १.६.१.३७ तु.मैसं. १.८.५: १2०.2१
भूर्भुवः सुवरन्नं चन्द्रमसे दिग्भ्यः स्वाहा – तैआ.१०.३.१;

महा नारा उप.. ७.2
भूर्भुवः सुवरन्नमोम् – तैआ.१०.३.१; महा नारा उप. ७.2
भूर्भुवः सुवराप ओम् – तैआ. १०.22.१; महा नारा उप. १४.१
भूर्भुवः स्वरिन्द्रवन्तः सवितृप्रसूताः – आश्रौ. ५.2.१३
भूर्भुवः स्वरों नमः प्रा उप. १; शिरस् उप. ६
भूर्भूवः स्वर् (तैआ. बौधसू. सुवर्) ओम् – ऐब्रा. ५.३१.४ ; ८.2७.४; तैआ.१०.2.१; १५.१; 2७.१; 2८.१; तै आ आन्ध्र.१०.३५.१; ६८.१; महा नारा उप. १३.१; १५.2; आश्रौ. १.2.३; 2.३.१६; ४.2५; शांश्रौसू. ४.६.६; माश्रौसू.५.2.१५.१०; – ५.2.१६.१४; आगृ. १.१४.४; साम मन्त्रब्रा.१.६.३०; 2.४.५,१४; बौधसू. 2.७.१2.2,५
भूर्भुवः स्वर्जनत् महा नारा उप. ३ द्र. ओं भूरादि।
भूर्भुवः स्वर्बृहस्पतिप्रसूतः – आश्रौ. १.१2.१2; १३.७
भूर्भुवः स्वर्मयि तत् – माश्रौसू. ४.५.६ तु. मैसं. ४.६.१३: १३४.५
भूर्भुवः सुवर्महरोम् – तैआ. १०.४.१; महा नारा उप. ७.३ तु. ओं भूरादि।
भूर्भुवः स्वर् (तैआ. महा नारा उप. सुवर्) महर्जनस्तपः सत्यम् – तैआ. १०.2८.१; महा नारा उप.१५.2; बृ परासं. 2.६०; शंख सं. ११ ब्रह्महृदयम् इति नाम्ना – बौधसू. 2.४.७.८ द्र. ओं भूरादि।
भूर्भुवः स्वर् (तैसं. सुवर्) वषट् स्वाहा नमः – तैसं. ७.३.१2.१; काठसं अश्व.३.2
भूर्भुवः स्वर्वाकोवाक्यमितिहासपूराणम् – शां गृ सू.१.2४.८
भूर्भुवः स्वश्चन्द्रमसं च दिशश्च मां च – तैब्रा. ३.१०.2.१
भूर्भुवः सुवश्चन्द्रमसे च नक्षत्रेभ्यश्च दिग्भ्यश्च महते च स्वाहा – तैआ. १०.४.१; महा नारा उप. ७.३
भूर्भुवः सुवश्चन्द्रमसे दिग्भ्यः स्वाहा – तैआ. १०.2.१; महा नारा उप. ७.१
भूर्भुवः सुवश्छन्द ओम् – तैआ. १०.६.१; महा नारा उप. ७.५
भूर्भुवः स्वस्ते ददामि – मागृसू..१.७.६ द्र. उत्तरमेकवर्जम्।
भूर्भुवः सुवः सत्यं तपः श्रद्धायां जुहोमि – आपधसू. १.४.१2.५
भूर्भुवः स्वः सर्वं त्वयि दधामि – शब्रा. १४.६.४.2५; बृह उप. ६.४.2५; पारगृसू. १.१६.४ द्र. पूर्वमेकवर्जम्।
भूर्भुवः स्वः स्वाहा – मैसं. ४.६.१2: १३४.४; कौषी ब्रा. ६.१2; शब्रा. १४.६.३.७,१३; आश्रौ. १.११.१३; शांश्रौसू. ३.१६.३; 2१.६; ६.३.८; ८.८.१०; लाटयश्रौसू. ४.११.४; माश्रौसू.३.१
भूर्य अस्पष्ट कर्त्वम् – ऋ. १.१०.2/2; सा. 2.६६५/2
भूर्वाग् बहु बहु मे भूयात् स्वाहा – शांश्रौसू.2.१०.2
भूश्च कश्च वाक् चर्क च गौश्च वट् च खं च धूंश्च नूंश्च पूंश्च – आपश्रौ. ४.४.४
भूषन् न योऽधि ीठासु नमन्ते – ऋ.१.१४०.६/१
भूषन्न् इव प्र भरा स्तोममस्मै – ऋ.१०.४2.१/2; अ. 2०.८६.१/2
भूषेम शरदः शतम् – ट. १६.६७.७
भूष्णुरात्मा ☐लग्रहिः (शांश्रौसू. फले...) – ऐब्रा. ७.१५.2/2; शांश्रौसू. १५.१६/2
(ओं) भूस्तर्पयामि – बौधसू. 2.६.६.५: १०.१७.३७
भूस्ते ददामि – मागृसू.. १.१७.६ द्र. उत्तरम्।
भूस्त्वयि दधामि – शब्रा. १४.६.४.2५; बृह उप. ६.४.2५; पारगृसू. १.१६.४; हिर गृसू. 2.५.2 द्र. पूर्वम्।
भूः (आपमपा भू) स्वाहा – वा. 2०.१2,2३; मैसं. ३.११.८: १५१.१५; ३.११.१०: १५७.१४; ४.६.११: १३2.१2; ४.६.१2: १३४.३; काठसं. ३८.४,५; कौषी ब्रा. ६.१2; षड् ब्रा.१.५.८; शब्रा. १2.८.३.३०; १४.६.३.७,११; तैब्रा. 2.१.६.३; ६.५.८; ६.५; तैआ. ४.१०.५; ५.८.११; बृह उप. ६.३.७,११; आश्रौ. १.११.१३; शांश्रौसू. ३.2१.2; लाटयश्रौसू. ४.११.४; आपश्रौ. ६.८.४; १५.११.६; १६.१०.७; माश्रौसू. ३.१.१; – ५.2.११.2४; कौसू. ५.१३; ६१.६; आपमपा. १.१०.१० – १३ (आपगृ. ३.८.१०); 2.१2.११ – १४ (आपगृ. ६.१५.४); 2.22.2१ (आपगृ. ८.2३.६) तु. ओं भूः स्वधा।
भृगवाणं विशे – विशे – ऋ. ४.७.४/४
भृगवो ये च तुष्टुवुः – ऋ. ८.६.१८/2
भृगुं हिंसित्वा सृंजयाः (जैब्रा. माहेना) – अ.५.१६.१/३; जैब्रा. १.५2/३
भृगूणां त्वागिरषां (आपश्रौ. त्वा देवानां) व्रतपते व्रतेनादधामि – तैब्रा. १.१.४.८; आपश्रौ. ५.११.७ तु. अत्र अंगिरसां त्वा।
भृगूणामंगिरसां तपसा तप्यध्वम् – वा. १.१८; तैसं. १.१.७.2; काठसं. १.७; ३१.६; शब्रा. १.2.१.१३; तैब्रा. ३.2.७.६; आपश्रौ. १.१2.३; 2३.६ प्रः भृगूणाम् – कात्यश्रौसू. 2.४.३८ द्र. वसूनां रुद्राणामादित्यानां भृगूणाम्।
भृगूनगिरसोऽनुगाः – गोब्रा. १.१.३६/६
भृजश्छन्दः – मैसं.2.८७: ११2.१ द्र. भ्रजश्।
भृतमगिनं पुरीष्यम् – वा. ११.३०/४; शब्रा. ६.४.१.१० द्र. भर्तमादि।
भृतिं न प्र भरामसि – ऋ. ८.६६.११/४
भृतिं न भरा मतिभिर्जुजोष्ते – ऋ. ६.१०३.१/३; सा. १.५७३/३ भृमिं चिद् यथा वसवो जुषन्त – ऋ. ७.

५६.20/2
भृमिं (तैब्रा. भ्रुमिं) धमन्तो अप गा अवृणत – ऋ. 2.३४.१/४; तैब्रा. 2.५.५.४/४
भृमिरस्य् ऋषिकृन् मर्त्यानाम् – ऋ. १.३१.१६/४; लाटयश्रौसू. ३.2.७/४; निरु. ६.20
भृमिश्चिद् घासि तूतुजिः – ऋ. ४.३2.2/१
भेजाते अद्री रथ्येव पन्थाम् – ऋ. ७.३६.१/३
भेजानसः सुवीर्यम् – ऋ.१०.१५३.१/३; अ.20.६३.४/३ द्र. वन्वानासः।
भेजानासो बृहद्दिवस्य रायः – ऋ. ४.2६.५/३
भेजे पथो वर्तनिं पत्यमानः – ऋ. ७.१८.१६/४
भेत्तारं भङ्गुरावतः (का. ...ताम्) – का. ११.2.१५/४; तैसं. १.५.६.४/४; ४.१.2.५/४ द्र. हन्तारं आदि।
भगदं वन्वन्त प्र सुदासमावतम् – ऋ. ७.८३.४/2
भूदस्य चिच्छर्धतो विन्द रन्धिम् – ऋ. ७.१८.१८/2
भेषजं सम् उ जग्रभम् – अ.६.2१.१/४
भेषजं स्विष्टयै स्वाहा – कौसू. ५.१३ द्र. भेषजं दुर..., तथा तु. भिषजौ स्विष्टयै।
भेषजं गवेऽश्वाय (मैसं. अश्वाय) – वा. ३.५६/१; तैसं. १.८.६.१/१; मैसं. १.१०.४/१: १४४.१०; १.१०.20: १६०.१०; शब्रा. 2.६.2.११/१; लाटयश्रौसू. ५.३.५/१ प्रः भेषजं गवे तैब्रा. १.६.१०.४; आपश्रौ. ८.१८.१ द्र. उत्तरम्।
भेषजं गवेऽश्वाय पुरुषाय – काठसं. ६.७/१; ३६.१४ द्र. पूर्व भेषजं दुरिष्टयै स्वाहा – तैब्रा. ३.७.११.३; आपश्रौ. ३.११.2 द्र. भेषजं स्ष्टियै भेषजं नः सरस्वती – वा.2०.६४/2; मैसं.३.११.३/2: १४४.६; काठसं. ३८.८/2 तैब्रा.2.६.१2.४2
भेषज् असि – वा.३.५६; शब्रा.2.६.2.११; लाटयश्रौसू. ५.३.५
भेषजं भिषजाश्विना – वा. ३.५६; शब्रा. 2.६.2.११; लाटयश्रौसू. ५.३.५
भेषजं भिषजाश्विना – वा. १६.१2/2
भेषजं भिषजा सुते – वा.2०.५७/2; मैसं. ३.११.३/४: १४३.१४; काठसं.३८.८/४; तैब्रा. 2.६.१2.2/४
भेषजं भिषजो विदुः – अ. ८.७.2६/2
भेषजाय स्वाहा – वा. ३६.१2
भेषजीः सन्त्वाभृताः – अ. ८.७.2६/2
भेषजाय स्वाहा – वा. ३६.१2
भेषजीः सन्त्वाभृताः – अ. ८.७.८/४
भेषजेभ्यः स्वाहा – तैब्रा. ३.2.५.६
भेषजौ नीविभार्यौ – अ. ८.६.20/४
भैक्षम् – हिर गृसू. १.७.१५
भोः – मागृसू.. १.६.१2; वासि ध शा. १३.४६
भोगान् धुक्षक्षतान् बृहन् – साम मन्त्रब्रा. 2.४.६/४
भेगाय पुनरओहताम् – अ.१६.४४.१०/४
भोगेभिः परि वारय – अ. ११.६.५/४
भोगोऽसि – शांश्रौसू. १८.20.८
भोजं त्वामिन्द्र वयं हुवेम – ऋ.2.१७.८/१
भोजं दातारमब्रवम् – ऋ. ८.३.2४/४
भोजं देवासोऽवता भरेषु – ऋ. १०.१०७.११/३
भोजमश्वाः सुष्ठुवाहो वहन्ति – ऋ. १०.१०७.११/१
भोजयेत् तं सकृद् यस्तु – शां गृ सू.१.2.६/३
भोजः शत्रून् समनीकेषु जेता – ऋ.१०.१०७.११/४
भोजस्येदं पुष्करिणीव वेश्म – ऋ. १०.१०७.१०/३; निरु. ७.३
भोजा जिगुरन्तःपेयं सुरायाः – ऋ. १०.१०७.६/४
भाोजा जिगुर्ये अहताः प्रयन्ति – ऋ.१०.१०७.६/४
भोजा जिगुर्वध्वं या सुवासाः – ऋ. १०.१०७.६/2
भोजा जिग्युः सुरभिं योनिमग्रे – ऋ.१०.१०७.६/१
भोजायाश्वं सं मृजन्त्याशुम् – ऋ. १०.१०७.१०/१
भोजायास्ते कन्या शुम्भमाना – ऋ. १०.१०७.१०/2
भोजेष्वस्मां अभ्युच् चरा सदा – ऋ. ८.2५.2१/३
भोः सर्प भद्र भद्रं ते – खिल. १.१६१.५/१
भेः सवितुर्वरेण्यम् – गोब्रा. १.१.३2/१ द्र. तत् सवितुरादि।
भयसात्ते शुष्मात् पृथिवी चिददिंवः – सा.१.३७१/४ द्र. रेजते शुष्मात्।
भरजश्छन्दः – वा.१५.५; तैसं. ४.३.१2.2; काठसं. १७.६; शब्रा. ८.५.2.५ द्र. भृजश्।
भरमसि – शब्रा. १४.६.३.६; बृह उप. ६.३.६
भरष्टोऽथाप्यभूभुवः – अ. 2०.१३६.७/2,८/2
भ्राजं गच्छ – वा.४.१७; तैसं.१.2.४.१; मैसं.१.2.४: १३.१; १.2.१४: 2३.८; १.३.३८: ४४.१७; 2.१३.१: १५३.५; ३.६.३: ११६.४; काठसं.2.५; शब्रा. ३.2.४.६
भ्राजज्जन्मानो मरुतो अधृष्टाः – ऋ.६.६६.१०/४; मैसं. ४.१४.११/४:. 2३३.१
भ्राजते श्रेणिदन् – ऋ.१०.20.३/
भ्राजन्ते रुक्मैरायुधैस्तनूभिः – ऋ. ७.५७.३/2
भराजन्ते सूर्या इव – ऋ. ८.३४.१७/३
भराजन्तो अग्नयो यथा – ऋ. १.५०.३/३; अ.१३.2.१८./३; 2०.४७.१५/३; आसं. ५.८/३; वा. ८.४०/३; मैसं.१.३.३३/३: ४१.८; काठसं. ४.११/३; शब्रा. ४.५.४.१/३; आपश्रौ. ६.१2.१/३; निरु. ३.१५

भराजन्तो यन्ति धृष्णुया – ऋ.५.१०.५/2
भराजन्तो विश्ववेदसः – अ. १६.2७.६/३
भराजन्त्यग्ने समिधन दीदिवः – आसं.४.१/१
भ्राजन् दिवो अन्तान् पर्येषि विद्युता – वैसू.१४.१/४
भ्राजमानं हिरण्ययम् – ऋ.६.५.१०/४
भ्राजमाना रथेष्वा – सा.१.३५६/2
भ्राजमानो विपश्चिता – वा.४.३2/४; तैसं. १.2.४.१/४; मैसं. १.2.५/४: १३.१३; काठसं.2.६/४; शब्रा. ३.३.४.८/४
भ्राजसे स्वाहा – तैब्रा. ३.१.६.४
भ्राजस्य स्थाने स्वतेजसा भानि – तैआ.१.१६.१
भराजस्वन्तं मामायुष्मन्तं वर्चस्वन्तं (मैसं. मां वर्चस्वन्तं) मनुष्येषु कुरु – तैसं.३.३.१.2; मैसं.४.७.३: ६६.१३; द्र. उत्तरम् तथा भ्राजिष्थो।
भ्राजस्वान् (शांश्रौसू. भ्राजस्व्य्) अहं मनुष्येषु भूयासम् – का. ८.१५.१; १६.१; १७.१; शांश्रौसू. १०.४.१2 द्र. अत्र पूर्वम्।
भ्राजा नैति (सा. न याति) गव्ययुः – ऋ. ६.६८.३/४; सा.2.५६०/४
भ्राजिरसि – मैसं.४.६.५: १2५.१४
भ्राजिष्ठोऽहं मनुष्येषु भूयासम् – वा.८.४०; शब्रा.४.५.४.१2 द्र. अत्र भ्राजस्वान्तं।
भ्राजोऽसि – अ. 2.११.५; १७.१.2०; तैसं.2.४.३.2; मैसं.2.१.११: १३.१३; ४.६.५: १2५.१४; काठसं. १०.७; तैब्रा. ३.११.१.2१; तैआ.१०.2६.१; तै आ आन्ध्र. १०.३५; महा नारा उप.१५.१; माश्रौसू.८.2३
भराड् असि – काठसं. ३६.५; आपश्रौ. १६.३०.१
भरातरो मरुतस्तव – ऋ.१.१७०.2/2
भ्राता नो ज्येष्ठः प्रथमो वि वोचति – ऋ.१०.११.2/४; अ.१८.१.१६/४
भ्रातान्तरिक्षमभिशस्त्या नः (तैआ. अभिशस्त एनः) – अ. ६.१2०.2/2; तैआ.2.६.2/2
भ्राता भूत्वा पितेव च – अ. ८.६.७/2
भ्रातारो यच् चमे स्वाः – अ.१०.३.८/2
भ्राजता स्वसुः शयने यच् छयीय – अ.१८.१.१४/४
भ्रातुः पुत्रान् मघवन् तित्विषाणः – ऋ.१०.५५.१/४
भ्रातुर्न ऋते स्पतथस्य मायाः – ऋ.१०.६६.2/४
भ्रातृव्य उतपिपीते शुभस्पती (मैसं.भृस्पते) – तैसं.३.2.१०.2/2; मैसं.४.५.८/2: ७६.१३
भ्रातृव्यक्षयणमसि भ्रातृव्यचातनं मे दाः स्वाहा – अ.2.१८.१ प्रः भ्रातृव्यक्षयणम् कौसू.४८.१
भ्रातृव्यघ्नी यजमानस्य गातुः – अ.१०.६.१/४
भ्रातृव्यं पादयामसि – तैब्रा. 2.४.2.४/४
भ्रातृव्यस्याभिदासतः – तैब्रा. 2.४५.2.३/2
भ्रातृव्यहा मेऽसि स्वाहा – तैआ. ४.४१.३,६
भ्रातृव्याणां सपत्नानामहं भूयासम् उत्तमः – आपश्रौ. ६.2०.2
भ्रातृव्यान् द्विषतो वृषा – वैसू. १४.१/४
भ्रातृव्या मे सबन्धवः – अ.१०.३.६/2
भ्रातेन्द्रस्य सखा मम – ऋ. ६.५५.५/३
भ्रुमिं धमन्तो आदिः द्र. बृहमिं आदि।
भ्रुवौ ललाटे च तथा च कर्णौ – खिल.६.४५.३/१
भ्रूणघनि पूषन् दुरितानि मृक्ष्व – अ. ६.११2.३/४; ११३.2/४
भ्रूणहत्यां तिलाः (तै आ आन्ध्र. तिलाः शानतिं) शमयन्तु स्वाहा – तै आ आन्ध्र.१०.६४; महा नारा उप. १६.१/४
भ्रूणहत्यायै स्वाहा – काठसं अश्व. ५.६; तैब्रा.३.६.१५.2; आपश्रौ. 2०.22.६ तु. ब्रह्महत्यायै।
भ्रूणहा गुरुतल्पगः – तैआ.१०.१.१५/2; महा नारा उप. ५.११/2 तु. ब्रह्मा।
भ्रूभ्यां स्वाहा – तैसं. ७.३.१६.१; काठसं अश्व.३.६

म

मंससे शं च नस्कृधि – अ. ७.2०.2/2
मंसीमहि जिगीवांसस्तवोताः – ऋ.६.१६.७/४
मंसीमहि त्वा वयम् – ऋ.१०.2६.४/१
मंसीमहि स्वयशसो मरुद्भिः – ऋ.१.१३६.७/2
मंसीष्ठा अश्वसातमः – ऋ.१.१७५.५/४
मंहिष्ठ आ मदद्दिवि – अ.2०.४६.2/३
मंहिष्ठ इन्द्र जज्ञिषे – ऋ. ८.१५.१०/2
मंहिष्ठ इन्द्र विजुरो गृणध्यै – ऐआ.५..2.१.१०/३
मंहिष्ठं वाघतामृषिः – ऋ.१०.३३.४/३
मंहिष्ठं वाजसतये – ऋ.१.१३०.१/७; सा.१.४५६/७ तु. मंहिष्ठो आदि।
मंहिष्ठं विश्वचर्षणिम् – ऋ.६.४४.४/४ द्र. शचिष्ठं विश्ववेदसम्।
मंहिष्ठं वो मघोनाम् – ऋ. ५.३६.४/१ तु. मंहिष्ठासो।
मंहिष्ठं सिंच इन्दुभिः – ऋ.१.३०.१/३; सा.१.2१४/३
मंहिष्ठं चर्षणीनाम् – ऋ.८.६2.१/४; सा.१.१५५/४; 2.६३/४
मंहिष्ठमछोक्तिभिर्मतीनाम् – ऋ.१.६१.३/३; अ.2०.३५.३/३

मंहिष्ठम् उभ्याविनम् – ऋ.८.१.2/४; अ.2०.८५.2/४; सा.2.७११/४
मंहिष्ठरातिं स हि पप्रिरन्धसः – ऋ.१.५2.३/४
मंहिष्ठवज्रिन्नृंजसे – ऐआ. ४.३.४/३; महानाम्न्य. ४/३
मंहिष्ठस्यप्रभृतस्य स्वधावः – ऋ.१.१४७.2/2; वा. १2.४2/2; तैसं.४.2.३.४/2; मैसं.2.७.१०/25 ८८.१५; काठसं. १६.१०/2; शब्रा. ६.८.2.६
मंहिष्ठः सूरिरभूत् – ऋ.८.४६.2४/४
मंहिष्ठाभिर्मतिभिः शुक्रशोचिषे – ऋ.८2३.2३/३
मंहिष्ठाम् ऊतिं वितिरे दधानाः – ऋ.१०.१०४.५/३
मंहिष्ठा वाजसातमा – ऋ.८.५.५/१
मंहिष्ठा विश्ववेदसा – ऋ.१०.१४३.६/2
मंहिष्ठासो मघोनाम् – ऋ.८.१.३०/2 तु. मंहिष्ठं वो।
मंहिष्ठास्ते सधमादः स्याम – ऋ.१.१2१.१५/४
मंहिष्ठे अर्यः सत्पतिः – ऋ.८.१६.३६/३
मंहिष्ठो गीर्भिरा च यज्ञियो ववर्तत् (सा. ववर्त) – ऋ. ८.६७.१३/३; अ.2०.५५.१/३; सा.१.४६०/३; तैब्रा. 2.५.८.६/३
मंहिष्ठो जारयन्मखः सुदानुभिः – ऋ.१०.१७2.2/2
मंहिष्ठो तत्सदनसः – ऋ. ४.३१.2/2; अ.2०.१2४.2/2; सा. 2.३३/2; वा. 2७.४०/2; ३६.५/2; मैसं. 2.१३.६/2: १५६.६; ४.६.2७/2: १३६.१३; काठसं. ३६.१2/2; तैआ. ४.४2.३/2; आपश्रौ. १७.७.८/2
मंहिष्ठो वाजसातये – ऋ.८.४.१८/४; ८८.६/४; ऐआ. ५.2.2.१४/2; शांश्रौसू. १८.१५.५/2 तु. मंहिष्ठं आदि।
मंहिष्ठो वृत्रहन्तम् – ऋ. ६.१.३/2; सा.2.४१/2
मक्कान् नाशयामसि – अ. ८.६.१2/५
मक्षिका तृप्यतु क्रिमिः – अ. ११.६.१०/2
मक्षिकास्ते पशुपते – अ.११.2.2/४ द्र. जीम दवजम इत्यत्र अलिक्लवेभ्यो।
मक्षुंगमाभिर् ऊतिभिः – ऋ.८.22.१६/2
मक्षू कनायाः सख्यं नवग्वाः – ऋ.१०.६१.१०/१
मक्षू कनायाः सख्यं नवीयः – ऋ. १०.६१.११/१
मक्षू गोमन्तर्मिमहे – ऋ.८.३३.३/४; ८८.2/४; अ.2०.६.2/४; ४६.५/४; ५2.३/४; ५७.१६/४; सा. 2.३६/४,2१६/४
मक्षू चिद् यन्तो अद्रिवः – ऋ.८.६१.४/४
मक्षूजवस्तमासति – ऋ. ६.४५.१४/2
मक्षू जात आविशद् यु वर्धते – ऋ. 2.१३.१/2
मक्षूतमस्य रातिषु – ऋ.८.१६.१2/2
मक्षूतमेभिरहभिः – ऋ.६.५५.३/३; सा.2.३2७/३
मक्षू ता त इन्द्र दानाप्नसः – ऋ.१०.22.११/१
मक्षू देववतो रथः – ऋ.८.३१.१५/१; तैसं.१.८.22.३/१०□ मैसं. ४.११.2/१: १६४.१2; काठसं. ११.१2/१ प्रः मक्षू देववतः आपश्रौ. १६.१६.८; माश्रौसू. ५.१.६.७ तु. बृहद. ६.७३(ठ)
मक्षू न येषु दोहसे चिदयाः – ऋ.६.६६.५/१
मक्षू न वह्निः प्रजाय उपब्दिः – ऋ.१०.६१.६/१
मक्षूभिः परिदीयथः – ऋ. ८.2६.६/2
मक्षू – मक्षू कृणुहि गोजितो नः – ऋ.३.३१.2०/४
मक्षूयुभिर्नरा हयेभिरश्विना – ऋ. ७.७४.४/३
मक्षू रायः सुवीर्यस्य दात – ऋ. ७.५६..१५/३
मक्षू वाजं भरति स्पार्हराधः – ऋ.४.१६.१६/४
मक्षू समुद्राद् उत वा पुरीषात् – ऋ.४.......१.३/2
मक्षू स वाजं भरते धना नृभिः – ऋ.१०.१४७.४/४
मक्षू सुम्नाय नव्यसे – ऋ. ८.2७.१०/४
मक्षू स्थिरं शेवृधं सूत माता – ऋ.१०.६१.2०/४
मक्षू हि षमा गछथ ईवतो द्यून् – ऋ. ४.४३.३/१
मक्ष्व् इत्था धिया नरा – ऋ.१.2.६/३
मक्षस्य ते तविषस्य प्र जूतिम् – ऋ.३.३४.2/१; अ. 2०.११.2/१
मखस्य तेऽद्य शिरो राध्यासं देवयजने पृथिव्याः – वा. ३७.५; मैसं.४.६.१: १2१.४; शब्रा.१४.१.2.११; माश्रौसू.१.५.2.१2 द्र. ऋध्यासमद्य मक्षस्य शिरः।
मखस्य त्वा शीर्ष्णे – वा. ३७.३,४,५,६, ८, ६, १०; मैसं.४.६.१: १2१.2,३,५,६; शब्रा.१४.१.2.६ – ११,१३,१४,१७,१६ – 2१,2५; तैआ. ४.2.३, ४,५; ५.2.७; आपश्रौ. १५.१.१० प्रः कखस्य त्वा – माश्रौसू. ४.१.१०
मखस्य मा यशोऽश्रयात् – तैसं. ३.2.४.१
मखस्य रास्नासि – मैसं.४.६.१: १2१.८; तैआ. ४.2.६; आपश्रौ. १५.३.३; माश्रौसू.४.१.१८
मखस्य शिरोऽसि – वा.११.५७; ३७.८(जमत); तैसं.१.१.८.१; १2.१; ४.१.५.३; ५.१.६.३; मैसं.2.७.६: ८०.१३; ३.१.७: ८.१६; ४.१.६: ११.१५; ४.६.१: १2१.७; काठसं.१.८; १६.५; १६.६; ३१.७; शब्रा. ६.५.2.१,2; तैब्रा. ३..८.३; ३.७.११; तैआ.४.2.५; ५.३.2; आपश्रौ. १.2४.५; 2.१४.१2; १५.2.१४; १६.४.४; माश्रौसू.१.2.३.१६; – ४.१.१५; – ६.१.2 प्रः मखस्य शिरः – क्रात्यश्रौसू.१६.३.2३; 2६.१.१७
मखः सहस्वदर्चति – ऋ.१.६.८/2; अ.2०.४०.2/2; ७०.४/2
मखा अयासः स्वसृतो ध्रुवच्युतः – ऋ.१.६४.११/३
मखाय त्वा – वा. ३७.३,४,५,६, ८, ६. १०, ११; मैसं. ४.६.

१: १2१.2,३,४,६; ४.६.३: १2३.७; शब्रा. १४.१.2.६ – ११,१३,१४,१७,१६ – 2१,2५; ३.५; तैआ. ४.2.३। ४,५; ५.१; ५.2.७; ४.१; आपश्रौ.१५.१.१०; ६.४; माश्रौसू.४.१.१०; – ४.2.१४ प्रः मखाय – कात्यश्रौसू. 2६.१.६,११,१४,१५,१६,22,2४,2६
मखाय त्वा परिददामि – हिर गृसू.१.६.५
कखोऽसि – तैआ.४.2.६; आपश्रौ. १५.३.७
मघमिन्द्राय जभ्रिरे – वा.2०.६७/४; तैब्रा.2.६.१३.१/४ द्र. मद्यमादि।
मघवां (अ.सा.पंचब्रा.तैब्रा. ...वं) छग्धि तव तन्न ऊतिभिः (सा.पंचब्रा.तैब्रा.तैआ.आपश्रौ. ऊतये) – ऋ.८.2४.११/३; ६१.१३/३; अ.१६.१५.१/३; सा. १.2७४/३; 2.६७१/३; पंचब्रा.१५.४.३/३; तैब्रा. ३.७.११.४/३; तैआ. १०.१.६/३; महा नारा उप.2०.४/३; आपश्रौ. ३.2.१/३
मघवद्भिर्मघवन् विश्व आजौ – ऋ. ४.१६.१६/
मघवद्भ्यश्च सप्रथः – ऋ.८.५..१2/2
मघवद्भ्यो द्रुवं रयिम् – ऋ.६.2०.४/2; सा.2.३2१/2
मघवन् तव शर्मणि – ऋ.८.६2.१०/४
मघवन्नस्ति मर्दिता – ऋ. ८.६६.१३/४
मघवन् भूरि ते वसु – ऋ. ८.३2.८/३
मघवन् मन्दिषीमहि – तैसं. १.८.५.१/2; मैसं.१.१०.३/2: १४2.११; काठसं.६.६/2; लाटयश्रौसू. ५.2.१०/2 द्र. मघवन् वन्द...।
मघवन् मन्युमत्तमः – ऋ. ४.३०.७/2
मघवन् मातथा इव – ऋ.१.८2.१/2; ैट.१.४१६/2
मघवन् मातथा इव – ऋ.१.८2.१/2; सा. १.४१६/2
मघवन् वदिषीमहि – ऋ.१.८2.३/2; वा.३.५2/2; शब्रा. 2.६.१.३८/2 द्र. मघवन् मन्द...।
मघवन् वृत्रहत्याय – ऋ. ८.८६.५/2; सा.2.७७६/2; आसं.2.७/2
मघवा गोमतीरनु – ऋ.५.६१.१६/2
मघवानं शचीपते – ऋ. ४.३१.७/2
मघवाना सुवीरावनपच्युता – ऋ.८.2६.७/३
मघवानो अरासत – ऋ.५.७६.६/४
मघवानो वि रप्शन्ते (शांश्रौसू. ...शते) – अ. 2०.१2८.५/४; शांश्रौसू. १2.2०.2..५/४
मघस्य मेध्यातिथे – ऋ. ८.१.३०/४
मघा च घृष्णो दयसे वि सूरीन् – ऋ.६.३७.४/४
मघा नक्षत्रम् – तैसं.४.४.१०.१; मैसं.2.१३.2०: १६५.१७; काठसं.३६.१३
मघाभिर्गावो गृह्यन्ते – आपगृ. १.३.१/३ द्र. अत्र अघासु।
मघाभ्यः स्वाहा – तैब्रा.३.१.४.८
मघा विप्रेभ्यो ददतं शृणोमि – ऋ.५.३2.१2/2
मघासु यज्ञं सुकृतं जुषन्ताम् – तैब्रा.३.१.१.७/४
मघासु हन्यन्ते गावः – अ. १४.१.१३/३; कौसू. ७५.५ द्र. अत्र अघासु।
मघैर्मघोनि सुश्रियः – ऋ. ५.७६.४/३
मघैर्मघोनो अति शूर दाशसि – ऋ.८.2४.2/३; अ.१८.१.३८/३
मघोन आ पवस्व नः – ऋ. ६.८.७/१; सा.2.५३४/१
मघोनः स्म वृत्रहत्येषु चोदय – ऋ. ७.३2.१५/१; सा.2.१०३३/१
मघोनां विश्वेषां सुदानवः – ऋ. ८.१६.३४/३
मघोनामायुः प्रतिरन् महि श्रवः – ऋ. ६.८०.2/३
मघोनां मंहिष्ठा तुविशुष्मा – ऋ. ६.६८.2/३
मघोनीर्विरवत् पत्यमानाः – ऋ.६.६५.३/३
मघोनो रक्ष तन्वश्च वन्द्य – ऋ. १.३१.१2/2; वा. ३४.१३/2
मघोनो हृदो वरथस्तमांसि – ऋ.५.३१.६/४
मंगलिकेभ्यः स्वाहा – अ. १६.2३.2८
मज्जन्त्यविचेतसः – ऋ. ६.६४.2१/३
मज्जन्वते स्वाहा – तैसं.७.५.१2.2; काठसं अश्व. ५.३
मज्जभ्यः स्वाहा – वा. ३६.१०; तैसं. ७.३.१६.2; काठसं अश्व.३.६
मज्जानमस्य निर्जहि – अ.१2.५.७०/2
मज्जानं मृत्योर्जुहोमि मज्जभिर्मृत्युं वासये – वासि ध शा. 2०.2६
मज्जा मज्जोपमा कृता – शब्रा. १४.६.६..३2/४; बृह उप. ३.६.३2/४
मज्जा मज्ज्ञा सं धीयताम् – अ. ४.१2.४/१
मणिः कृणोतु देवजाः – अ.१०.६.३१/2
मणिं विष्कन्धदूषणम् – अ.2.४.१/३; ३.६.६/४
मणिं सहस्रवीर्यम् – अ.८.५.१४/५ तु. मणिः सहस्र...।
मणिं हस्तादाददाना मृत्स्य – तैआ. ६.१.३/१
मणिं हिरण्यं पृथिवी दधातु मे – अ. १2.१.४४/2
मणिं क्षत्रस्य वर्धनम् – अ.१६.३०.४/३
मणिना रूपाणि – तैसं.७.३.१४.१; काठसं अश्व.३.४
मणिं फालं घृतश्चुतम् – अ.१०.६.६/2 – १०/2
मणिर्दुर्णामचातनः – अ.१६.३६.१/४
मणिः श्रैष्ठयाय मूर्धतः – अ. १०.६.३१/६,३2/४
मणिस्ते अस्तु पंरएतु पुरस्तात् – अ. १०..३.2/2
मणिः सहस्रवीर्यः – अ.2.४.2/३ तु. मणिं सहस्र...।

मणे प्रत्यमुचं शिवम् – अ.१०.६.३४/2
मणे श्रैष्ठयाय जिन्वतात् – अ.१०.६.३४/४
मण्डाकको ह वः पिता – हिर गृसू.2.७.2/2 द्र. मन्थाकको।
मण्डूका इरिणानु – अ.४.१.५.१2/५
मण्डूका इवादकात् – ऋ.१०.१६६.५/५
मण्डूका उदकादिव – ऋ. १०.१६६.५/५
मण्डूका उदककादिव – ऋ. १०.१६६.५/६
मण्डूका जम्भ्येभिः (काठसं अश्व. जम्भैः) – तैसं.५.७.११.१; काठसं अश्व. १३.१; तैब्रा.३.९.११.१; आपश्रौ.20.21.६
मण्डूकानां वग्नुरत्रा समेति – ऋ. ७.१०३.2/४
मण्डूकि ताभिरागहि – वा.१७.६/४; तैसं. ४.६.१.2/१; मैसं.2.१०.१/४: १३१.१०; ". १७.१७/४; शब्रा. ९.१.2.2७/४
मण्डूको मूषिका तित्तिरिस् (मैसं. ...रस्) ते सर्पाणाम् – वा.2४.३६; मैसं.३.१४.१७: १७६.३
मण्डूको यदभिवृष्ठः कनिष्कन् – ऋ.७.१०३.४/३
मण्डूक्यप्सु शं भुवः – अ. १८.३.६०/५ द्र. उत्तरम्।
मण्डूक्या सु सं गम (तैआ. गमय) – ऋ.१०.१६.१४/३०; तैआ.६.४.१/३
मण्या रूपाणि – काठसं..३५.१५
मतयः सोमपाम् उरुम् – ऋ.३.४१.५/१; अ. २०.2३.५/१
मतस्ने वायव्यैर्न मिनाति पित्तम् – वा. १६.८५/४; मैसं. ३.११.९/४: १५३.१2; काठसं.३८.३/४; तैब्रा. 2.६.४.३/४
मतिः कवीनाम् – मैसं.४.९.६: १2६.५; तैआ. ४.७.४; ५.६.८
मतिं वसिष्ठ मीघुषे भरस्व – ऋ.७.८८.१/2
मतिं विप्रस्य वर्धयद्विक्षसे – ऋ.१०.2५.१०/४
मतिं कवीनामृषभं जनानाम् – आपश्रौ. 21.१2.३/2
मतिं तर्पयामि श्रद्धामेधे धारणां च – शां गृ सू. ४.९.३
मतिरुदितयः कुतः – अ.१०.2.१०/४
मतिर्नामासि – मागृसू..१.४.2
मतिश्च मे सुमतिश्च मे(वा. मे यज्ञेन कल्पन्ताम्) – वा. १८.११; तैसं.४.७.2.2; मैसं.2.११.३: १४१.८; काठसं.१८.८
मती जुष्टो धिया तिहः – ऋ.९.४४.2/१
मतीनां च साधनम् – ऋ. १०.2६.४/३; निरु. ६.2९
मती विप्राः समस्वरन् – ऋ.९.६३.21/३
मत्यै श्रुताय चक्षसे – अ.६.४१.१/३ तु. महे श्रोत्राय।
मतसदहिं वृत्रमपां जिन्वद् उदार्यम् उद्यान् दिवि समुद्रं पर्वतां इह – आश्रौ.६.2.११
मत्सद् यथा सौमनसाय देवम् – ऋ.६.४४.१६/३
मतत्सरा मादयिष्ण्वः – ऋ. १.१४.४/2

मत्सरासः प्रसुपः (सा. ...सतः) साकर्मिरते – ऋ.९.६९.६/2; सा.2.७2०/2
मत्सरासस्तदोकसः – ऋ.१.१५.१/३
मत्सरासः स्वर्विदः – ऋ.८.21.१/३; १०७.१४/४ द्र. उत्तरमेकवर्जम्
मत्सरासो जर्हृषन्त प्रसाहम् – ऋ.६.१७.४/४
मत्सरासो मदच्युतः – सा. १.५१८/४; 2.20६/४ द्र. पूर्वमेकवर्जम्
मत्सि द्यावापृथिवी देव सोम – ऋ.९.९७.४2/४; सा. 2.६०४/४
मत्सि नो वस्यैष्टये – ऋ.१.१७६.१/१; ह ११.११.१७; १८.१८.५
मत्सि महामिन्द्रमिन्दो मदाय – ऋ. ९.९०.५/४
मत्सि मित्रावरुणा पूयमानः – ऋ.९.९७.४2/2; सा.2.६०४/2
मत्सि वायुमिष्टये राधसे नः (ऋ. च) – ऋ. ९.९७.४2/१; सा.2.६०४/१; पंचब्रा.१५.१३
मत्सि शर्धे मारुतं मत्सि देवान् – ऋ.९.९०.५/३; ९७.४2/३; सा.2.६०४/३
मत्सि सोम वरुणं मत्सि मित्रम् – ऋ. ९.९०.५/१
मत्सीन्द्रमिन्दो पवमान विष्णुम् – ऋ.९.९०.५/2
मत्स्यं न दीन उदनि क्षियन्तम् – ऋ.१०.६८.८/; अ.2०.१६.८/2; निरु.१०.१2/2
मत्स्यपायि ते महः – ऋ.१.१७५./१; सा. 2.७८2/१; आश्रौ. ८.५.१2; शांश्रौसू. ११.११.१६; १2.४.९; १८.११.2
मत्स्यः संमदो राजा (आश्रौ.शांश्रौसू. मत्स्यः सांमदस्) तस्योदकेचरा (शांश्रौसू. ...कचर) विशस्त इमासत इतिहासे (आश्रौ. आसते पुराणविद्या; शांश्रौसू. आसत इतिहासवेदो) वेदः सोऽयम् – शब्रा.१३.४.३.१2; आश्रौ. १०.७.८; शांश्रौसू. १६.2.22 – 2४
मत्स्वा न इन्द्र गोमतः – ऋ.८.३.१/2; सा.१.2३६/2; 2.७७१/2
मत्स्वा मदं पुरुवारं मघाय – ऐआ.५.2.१.१०/2
मत्स्वा विवस्वतो मती – ऋ. ८.६.३९/३
मत्स्वा सुतस्य गोमतः – ऋ. ८.१३.१४/2; ९2.३०/३; अ.2०.६०.३/३; सा. 2.१७६/३
मत्स्वा सुशिप्र मन्दिभिः – ऋ. १.९.३/१; अ.2०.७१.९/१
मत्स्वा सुशिपं (सा. ...प्रिन्) हरिवस्तद् (सा. तम्) ईमहे – ऋ. ८.९९.2/१; सा. 2.१६४/१
मथव्यान् स्तोकानप यान् रराध – अ. 2.३५.2/३ द्र. मधव्यौ।
मथिते व्याहृतीर्जुहुयात् – कौसू. ७३.४/३

मथीद्यदीं विष्टो (ऋ. १.७१.४/१, विभृतो) मातरिश्वा – ऋ. १.७१.४/१; १४८.१/१; मैसं. ४.१४.१५/१: 2४०. १४ प्रः मथीद् यदीम् – शांश्रौसू. १४.५७.१३,१४
मथीरुग्रो न शवसा – ऋ. १.127.११/७
मथनन्तो दाशा भृगवः – ऋ. १.2७.७/३
मथना रजांस्यश्विना वि घोषैः – ऋ. १.१८१.५/४
मथयमानायानुब्रूहि – आपश्रौ. ७.१३.१
मथा नेमिं नि वावृतुः – ऋ. ८.४६.2३/३
मदं यो अस्य रंह्यं चिकेतति – ऋ. १०.१४७.४/2
मदच्युतः कृशनावतो अत्यान् – ऋ. १.126.४/३
मदच्युतमहये हन्तवा उ – ऋ. ८.६६.५/2
मदच्युतमौशानं नभोजाम् – ऋ.१०.३०.६/३
मदच्युत् क्षेति सादने – ऋ. ६.12.३/१; सा. 2.५४८/१
मदथा वृक्तबर्हिषः – ऋ. ८.७.20/2
मदन्ति देवगोपाः – ऋ. ८.४६.३2/५
मदन्ति देवा उभयानि हव्या – अ. ७.१०६.2/४
मदन्ति देवीरमृता ऋतावृतः (माश्रौसू.आपश्रौ. ...वृधः) – वैसू. १३.20; आपश्रौ. ११.१.६; आपश्रौ. 2.2.१.११ प्रः मदन्ति शब्रा. ३.४.३.22; कात्यश्रौसू. ८.2.12
मदन्ति वीरा विदथेषु घृष्वयः – ऋ. १.८५.१/४
मदन्तीःकात्यश्रौसू. ८.2.2३
मदन्तीन्द्रगोपाः – ऋ. ८.४६.३2/४
मदन्तो गीर्भिरध्वरे सुते सचा – ऋ. ३.५३.१०/2
मदन्त्येत्यस्मदा – ऋ. ५.५६.३/2
मदन् विश्वे कवितमं कवीनाम् – ऋ. ६.१८.१४/2; मैसं. ४.12.३/2: १८३.४; काठसं. ८.१६/2
मदं मदिष्ठ वीतये – ऋ. ६.६.६/2
मदः शिविष्ठ चेतति – ऋ. ८.12.१/2; अ. 2०.६३.७/2; सा. १.३६४/2
मदा अर्षन्ति रघुजा इव त्मना – ऋ. ६.८६.१/2
मदा उरवस्तरुत्रः – ऋ. ८.१६.४/2
मदादित्या अधि सर्वे तपन्ति – तैब्रा. 2.८.८.४/४
मदा मोद इव – आपश्रौ. १३.१३.८,१०; १५.१४
मदा मोद इवोमथ – आपश्रौ. १४.३.४
मदा मदैव – आश्रौ. ५.20.६; कात्यश्रौसू. १०.६.५; माश्रौसू. 2.५.१
मदा य इन्द्र गिर्वणः – ऋ. ८.४६(वाल.१).३/2
मदाय क्रत्वे अपिबो विरप्शिन् – ऋ.६.४०.2/2
मदाय क्रत्वे अस्थिरन् – ऋ. १.१३५.१/७
मदाय देववीतये – ऋ. ६.६.६/2
मदाय द्युक्ष सोमपाः – ऋ. ८.३३.१५/४; ६६.६/2
मदाय परि शिच्यसे – ऋ. ६.११.८/2; सा. 2.७६८/2
मदाय बर्हणा गिरा – ऋ. ६.१०.४/2; सा. १.४८५/2; 2.४७2/2
मदाय रसो अच्युतः – वा. 2०.2७/४; तैसं. १.2.६.१/४
मदाय वाजदा युवम् – ऋ. १.१३५.५/७
मदाय सोमं परमे व्योमन् – ऋ. ३.३2.१०/2
मदाय हरयत्सुतम् – ऋ. ८.४६.७/४
मदाय हर्यताय ते – ऋ. १.१३०.2/४
मदावती नाम ते माता – अ. ६.१६.2/2
मदितमो आदिः द्र. मदिन्तमो मत्सर इन्द्रियो
मदिन्तमस्य धारया – ऋ. ६.६2.22/३; सा. 2.४११/३
मदिन्तमानां त्वा पत्मन्नधूनोमि – वा. ८.४८; शब्रा. ११.५.६.८
मदिन्तमासः परि कोशमासते – ऋ.६.८६.१/४
मदिन्तमो मत्सर इन्द्रपानः – ऋ.६.६६.१३/४; सा. १.५३2/४
मदिन्तमो (माश्रौसू. मदितमो) मत्सर इन्द्रियो रसः – ऋ. ६.८६.१०/४; सा.2.३८१/४; पंचब्रा. १३.७.४; आपश्रौ. 2०.१३.४/४; माश्रौसू. ६.2.३/४
मदुघानां त्वा पत्मन्नाधूनोमि – मैसं.१.३.३६: ४2.१४ तु. मधुन्तमानाम्
मदुघान् मधुमत्तरः – अ.१.३४.४/2
मदे चिदस्य प्र रुजन्ति भामाः – ऋ. ५.2.१०/३; तैसं. १.2.१४.७/३
मदेथ मदैवो३ ओ३ ओथ (आश्रौ. मोथा; वैसू. ३था) मोदैव – आश्रौ. ७.११.१५,१७; शांश्रौसू. 12.१३.४; वैसू. ३2.१८
मदे दृधा अवासृजः – ऋ. ६.४३.३/2
मदेन सह गच्छति – ऋ. ६.६८.७/४; सा. १५५2/४; 2.६७६/४
मदेनेन्द्रं यजमानाः स्वर्काः – मैसं.३.११.७/४: १५०.१७ द्र. मदेमेन्द्रम्
मदेनेषितं मदम् – ऋ.८.१.21/१
मदेम तत्र परमे व्योमन् – अ. ७.५.३/३
मदे – मदे अनुमदन्ति विप्राः – ऋ. १०.12०.४/2; अ. 2०.१०७.७/2 द्र. रणे – रणे आदि।
मदे – मदे ववक्षिथ सुकृत्वने – ऋ. ८.१३.७/३
मदे – मदे हि नो ददिः (तैब्रा. ...दुः) – ऋ. १.८१.७/१; अ.2०.५६.४/१; मैसं. ४.12.४/१ १८६.१५; काठसं. १०.12/१; तैब्रा. 2.४.४.७/१; आश्रौ. ७.४.३ प्रः मदे – मदे हि – शांश्रौसू. 12.४.12
मदे मधोर्मदस्य मदिरस्य मदैवो३मोथामो दैवोम् – आश्रौ. ८.४.३

मदेम शतहिमाः सुवीराः – ऋ. ६.४.८/४; १०.७/४; १2.६/४; १३.६/४; १७.१५/४; 2४.१०/४; अ. १६.१2.१/४; 2०.६३.३/४; १2४.६/४; सा. १.४५४/2; मैसं.१.६.१/४: ८६.६; काठसं.७.१2/४

मदेमेन्द्रं यजमानाः स्वर्काः – वा.१६.32/४; काठसं. ३८.2/४; शब्रा. १2.८.१.2; तैब्रा.2.६.३.१/३ द्र. मदेन्द्रम्

मदेवोदेति (स देव उदेति?) सूर्य्योऽस्तमूदुप गच्छति मां सर्वे देव अन्वायत्ता मामु नात्येति किंचन – जैब्रा. 2.2८(2७)/१2३४

मदेषु गाय गिरा महा विचेतसम् – ऋ. ८.४६.१४/2; सा.१.2६५/2

मदेषु वृषन्नुशिजो यदाविथ – ऋ. १.१३१.५/2; अ.2०.७५.३/2

मदेषु शिप्रमादिः द्र. मदे सुशिप्रम्।

मदेषु सर्वधा असि – ऋ. ६.१८.१/३ – ७/३; सा.१.४७५/३; 2.४४३/३ ४४४/३,४४५/३

मदेषूग्रा इषणन्त भुर्विणि – ऋ. १.१३४.५/2

मदे सुतस्य विष्णवि – ऋ. ८.३.८/2; अ. ६६.2/2; सा. 2.६2४/2; वा. ३३.६७/2

मदेसुतस्य शवसाभिनच्छिरः – ऋ. १.५2.१०/४

मदे सुतस्य सोम्यस्यान्धसः – ऋ. १०.५०.७/४

मदे सुशिप्रम् (सा. मदेषु शिप्रम्) अन्धसः – ऋ. ८.६६.2/2; सा.2.३८/2

मदे सुशिप्रा महभिः प्रणध्वम् – ऋ. ७.३७.१/४

मदे सोमस्य दृंहितान्येरयत् – ऋ.2.१७.१/४

मदे सोमस्य पिप्रतोः – ऋ. १.४६.१2/३

मदे सोमस्य मूरा अमूरः – ऋ.४.2६.७/४; निरु.११.2/४

मदे सोमस्य रण्यानि चक्रिरे – ऋ. १.८५.१०/४

मदे सोमस्य रोचना – ऋ.८.१४.७/2; अ.2०.2८.१/2; ३६.2/2; सा.2.६६०/2; ऐब्रा. ६.७.४/2; गोब्रा. 2.५.१३/2

मदे सोमस्य वोचत – ऋ. ८.३2.१/३

मदे सोमस्यौशिजो हुवन्यति – ऋ. १.११६.६/2

मदे हि षमा ददाति नः – ऋ.८.१.2१/४

मदो न यः सोम्यो बोधिचक्षाः – मैसं. ४.१2.2/१: १८2.१

मदो य इन्द्रपातमः – ऋ.६.६६.३/2; सा.2.६८2/2

मदो यो देववीतमः – ऋ. ६.६३.१६/३; ६४.१2/2

मदो राजन्नदुच्छुनः – ऋ. ६.६१..१७/2; सा.2.2४०/2

मदो वृषन् स्वभिष्टिर्दास्वान् – ऋ. ६.३३.१/2

मद्गुर्हंसस्तेजोवृषः – मैत्री उप. ६.३४/2

मद्यमिन्द्राय जभ्रिरे – मैसं.३.११.४/४: १४५.2; काठसं. ३८.६/४ द्र. मघमादि।

मद्रयग् इन्द्रमियम्) च्यमाना – ऋ.६.३८.2/४

मघवे त्वा – वा. ७.३०; मैसं.१.३.१६: ३६.६; काठसं.४.७; शब्रा.४.३.१.१४; कात्यश्रौसू. ६.१३.2; आपश्रौ.१2.2६.१2; माश्रौसू. 2.४.2.2.,३

मधवे स्वाहा – वा.६.१३.2; आपश्रौ. १2.2६.१2; माश्रौसू. 2.४.2.2,३

मधवे स्वाहा – वा.22.३१; मैसं. ३.१2.१३: १६४.५; माश्रौसू. १.७.2.७

मधव्यौ स्तोकाव् (मैसं. ...का) अप तौ रराध – तैसं.३.2.८.2३; मैसं. 2.३.८/३: ३७.१ द्र. मथव्यान्

मधावा धावता मधु – ऋ. ६.११.५/३; सा. 2.७६५/३

मधु करिष्यामि मधु जनयिष्यामि मधु भविष्यति भद्रं भद्रमिषमूर्जम् – जैब्रा. १.८८ तु. मधु जनिष्ये, तथा अन्नं करिष्यामि।

मधु क्षरन्ति – तैआ.१०.१५.१; महा नारा उप. १३.१; १५.३ द्र. उत्तरम्

मधु क्षरन्ति तद्रसम् – तैआ.१०.१५.१ द्र. पूर्वम्

मधु क्षरन्ति सिन्धवः – ऋ.१.६०.६/2; वा. १३.2७/2; तैसं.४.2.६.३/2; मैसं.2.७.१६/2: ६६.१८; काठसं. ३६.३/2; शब्रा. १४.६.३.११/2; तैआ. १०.१०.2/2; ४६.१/2; बृह उप. ६.३.११/2; महा नारा उप. ६.८/2; १७.७/2; कौसू.६१.१/2

मधुछन्दाः शृणोतन – ऐब्रा.७.१७.७/१; शांश्रौसू. १५.2६/१

मधु छन्दो भनति रेभ इष्टौ – ऋ. ६.११.2/४

मधु जनिष्ये (अ. ...षीय) – अ. ६.१.१४/१; तैआ.३.३.2.2; तैआ.४.१.१; शांश्रौसू.१.५.६ तु. मधु करिष्यामि

मधुजिह्वं हविष्कृतम् – ऋ.१.१३.३/३; सा. 2.६६६/३

मधुजिह्वः स्वाहुतः – ऋ.१.४४.६/2

मधु त्वा मधुला करोतु (मैसं. कृणोतु) – मैसं.४.६.१: १2१.६; तैआ.४.2.५; ५.2.१३; आपश्रौ. १६.2.2,६ प्रः मधु त्वा – माश्रौसू. ४.१.१३ द्र. उत्तरम्, तथा मधु मे

मधु त्वा मधुला चकार – ऋ.१.१६१.१०/६७१2/६,१३/५ तु. पूर्वम्

मधू द्यौरस्तु नः पिता – ऋ. १.६०.७/३; वा. १३.2८/३; तैसं. ४.2.६.३/३; मैसं.2.७.१६/३: ६६.2१; काठसं. ३६.३/३; शब्रा. १४.६.३.१2; तैआ. १०.१०.2/३; ४६.१/३; ४६.१/३; बृह उप. ६.३.१2/३; महा नारा उप. ६.६/३; १७.७/३; कौसू. ६१.१/३

मधुधारमभि यमोजसातृणत् – ऋ.2.2४.४/2; निरु. १०.१३/2

मधुधारा व्युदती – अ.१८.४.५७/४; तैआ.६.१2.१/४

मधु नक्तमुतोषसः (काठसं. ...षसा; तैसं.तै आ ...षसि) – ऋ.१.९०.७/१; वा.१३.२८/१; तैआ. ४.2.९.३/१; मैसं. 2.७.१६/१: ९९.20; काठसं. ३९.३/१; शब्रा. . १४.९.३.१2/१; तैआ. १०.१०.2/१; ४९.१/१; बृह उप.६.३.१2/१; महा नारा उप. ६.६/१; १७.७/१; कौसू.९१.१/१

मधुनाँ तं शुभस्पती – अ.६.६६.2/2; ६.१.१६/2

मधुना त्वा खनामसि – अ.१.३४.१/2

मधुना मधुमतीः पृच्यन्ताम् – काठसं.१.८/३ तु. मधुमतीर्मधु...।

मधु नो द्यावापृथिवी मिमिक्षताम् – ऋ.६.७०.५/१

मधुन्तमानां (का. मध्वन्त...) त्वा पत्मन्नाधूनोमि – वा. ८. ४८; का. ८.22.2; शब्रा.११.५.६.८ तु. मधुघानाम्

मधु परुष्णी शीपाला – अ. ६.१2.३/३

मधुपर्कः – शांश्रौसू. ४.2१.६; हिर गृसू. १.१३.७; आपगृ. ५.१३.१०

मधुपर्के यथा यशः – अ. १०.३.2१/2

मधुपूरसि – अ. १८.३.३७

मधुपृशं धनसा जोहवीमि – ऋ.2.१०.६/४

मधुपृष्ठं घोरमयास्मश्वम् – ऋ. ६.८९.४/१

मधु प्र जातमन्धसः – ऋ.९.१८.2/2; सा. 2.४४४/2

मधुप्रतीक आहुतः – ऋ. १०.११८.४/2

मधु प्रियं भरथो यत् सरड्भ्यः – ऋ. १.११2.2१/३

मधुप्सरासो नोऽवन्तु यज्ञम् – ऋ. ४.३३.३/४

मधु ब्रुवन्तो अभि संचरन्ति – ऋ. ८.४८.१/४

मधुभागो मधुना सं सृजाति – अ.६.११६.2/2

मधुमं अस्तु सूर्याः द्र. मधुमां अस्तु सूर्यः

मधुमतीं वाचम् उदेयम् – अ. १६.2.2

मधुमतीं देवेभ्यो वाचम् उद्यासं शुश्रूषेण्यां मनुष्येभ्यः – तैसं.३.३.2.2; तैआ.४.१.१ द्र. उत्तरम्

मधुमतीमद्य देवेभ्यो वाचं वदिष्यामि चरुं मनुष्येभ्यः – शांश्रौसू.१.५.६ द्र. पूर्वम्।

मधुमतीरोषधीर्द्याव आपः – ऋ. ४.५७.३/१; अ. 20.१४३. ८/१; मैसं. ४.११.१/१: १६६.५; आश्रौ. ६.११.६ प्रः मधुमतीरोषधीः –वैसू. 2७.३०; शां गृ सू. १.१2.६ मधुमतीः –आगृ.४.७.2६

मधुमतीर्न (मैसं.माश्रौसू. ना इषस् कृधि – वा. ७.2; तैसं. १.४.2.१; ३.१; ६.४.५.४; मैसं.१.३.४: ३१.८; काठसं.४.१; 2७.१,2; शब्रा.४.१.१.१३; माश्रौसू.2.३.३.१४ प्रः मधुमतीः –कात्यश्रौसू.९.४.2३

मधुमतीर्मधुमतीभिः पृच्यन्ताम् – टू. १०.४/१; शब्रा. ५.३. ४.2७ प्रः मधुमतीः –कात्यश्रौसू.१५.४.४६ द्र.इत्यत्र देवीरापः सं, तथा तु मधुना मधु...

मधुमती स्थ – अ.१६.2.2

मधुमत् पर्णं मधुमत् पुष्पमासाम् – अ. ८.७.१2/३

मधुमत् पार्थिवं रजः – ऋ.१.९०.७/2; वा. १३.2८/2; तैसं.४.2.९.३/2; मैसं. 2.७.१६/2: ९९.2०; काठसं. ३९.३/2; शब्रा.१४.९.३.१2/2; तैआ. १०.१०.2/2; ४९.१/2; बृह उप. ६.३.१2/2; महा नारा उप. ६. ६/2; १७.७/2; कौसू. ९१.१/2

मधुमत् पुनरायनम् – ऋ. १०.2४.६/2 द्र.मधुमन् मे नि... ।

मधुमत्या नः कशया मिमिक्षतम् – ऋ. १.१५७.४/2

मधुमद् घृतवत् पिन्वमानाः – काठसं.१.३/३; ३१.2

मधुमद्वां सिन्धवो मित्र दुह्रे – ऋ. ५.६९.2/2

मधु मधु मधु – वा. ३७.१३; मैसं. ४.९.४: १2५.१; तैआ. ४. ५.७; माश्रौसू. ४.2.2६ प्रः मधु मधु – शब्रा. १४.१.३. ३०; तैआ.५.४.११; कात्यश्रौसू.2६.४.2; आपश्रौ. १.५.८. ६; माश्रौसू.११.९.३; बृ परासं. ५.2.५६; कप्र.१.३.७

मधु मनिष्ये – तैसं.३.३.2.2; तैआ.४.१.१; शांश्रौसू.१.५.६

मधुमन्तं चमू सुतम् – ऋ.१०.2४.१/2

मधुमन्तं तनूनपात् – ऋ. १.१३.2/१; १४2.2/2; सा.2. ६६८/१

मधुमन्तं पयस्वन्तम् – वा.६.३०/४; मैसं.१.३.३/2: ३०. १४; ४.५.४/2: ६८.१2; काठसं.३.१०/2; शब्रा. ३.९. ४.३

मधुमन्तं भक्षं करोमि – पंचब्रा.१.६.१2 प्रः मधुमन्तम – लाटयश्रौसू. 2.११.१८

मधुमन्तो घृतश्चुतः – ऋ.७.६६.५/2; अ. १८.३.६८/४; ४.2५/४,४2/४; तैसं. ३.१.११.३/४; मैसं. ४.१०. १/2: १४2.११; काठसं.१६.१४/2; निरु. १०.2४/2

मधुमन् नो भवत्वन्तरिक्षम् – ऋ. ४.५७.३/2; अ.20.१४३. ८/2; मैसं. ४.११.१/2: १६०.५

मधुमन् मध्यं वीरुधां बभूव – अ.८.७.१2/2

मधुमन् मूलं मधुमदग्रमासाम् – अ. ८.७.१2/१

मधुमन् मे निक्रमणम् – अ. १.३४.३/१ द्र. मधुमत् पुनर

मधुमन् मे परायणम् – ऋ.१०.2४.६/१; अ.१.३४.३/2

मधुमां अस्तु वायवे – ऋ. ६.६३.३/३

मधुमां (मैसं. ...मं) अस्तु सूर्यः – ऋ. १.९०.८/2; वा.१३. 2९/2; तैसं. ४.2.९.३/2; मैसं.2.७.१६/2: १००.१; काठसं.३९.३/2; शब्रा. १४.९.३.१३/2; तैआ.१०.१०. 2/2; ४९.१/2; बृहद्उप..३.१३/2; महा नारा उप. ९.१०/2; १७.७/2; कौसू. ९१.१/2

मधुमांसे (वर्जय)– गोभि गृसू. ३.१.2३

मधु माधुचीभ्याम – वा.३७.१८; मैसं.४.६.६: १2६.१2; शब्रा. १४.१.४.१३

मधु माध्वीभ्याम् – वा. ३७.१८; मैसं.४.६.६: १2६.१2; शब्रा. १४.१.४.१३

मधुमान् तन्वे तव – ऋ. ८.१७.६/2; अ.20.४.३/2

मधुमान् देववीतये – मैसं. ४.६.६: १2६.१३

मधुमान् द्रप्सः परि वारमर्षति – ऋ. ६.६६.2/४; सा. 2. ७2१/४

मधुमान् नो वनस्पति – ऋ. १.६०.८/१; वा.१३.2६/१; तैसं.४.2.६.३/१; मैसं.2.७.१६/१: १००.१; काठसं.३६. ३/१; शब्रा. १४.६.३.१३/१; तैआ.१०.१०.2/१; ४६. १/१; बृह उप.६.३.१३/१; महा नारा उप. ६.१०/१; १७.७/१; कौसू.६१.१/१

मधु मेतु माम् – तैआ. १०.४८.१; महा नारा उप. १७.६

मधु मे मधुला करः – अ. ५.१५.१/४ – ११/४ तु. मधुत्वा

मधु रेतो माधवः पात्वस्मान् – मैसं.३.१६.४/2: १८७.१४; काठसं.22.१४/2; आश्रौ. ४.१2.2/2 द्र. मधोरतोम्

मधु लाजैर्न मासरम् – वा.2१.३2/७; मैसं.३.११.2/७: १४१.११; तैब्रा. 2.६.११.३/७

मधु वंशिषीय – अ.६.१.१४/2 द्र. मधु वनिष्ये

मधु वक्षयामि – तैसं.३.३.2.2; तैआ.४.१.१

मधु वदिष्यामि – तैसं.३.३.2.2; तैआ. ४.१.१

मधु वनिष्ये – शांश्रौसू. १.५.६; द्र. मधु वंशिषीय।

मधु वाता ऋतायते – ऋ.१.६०.६/१; वा. १३.2७/१; तैसं.४.2.६.३/१; ५.2.८.६; मैसं. 2.७.१६/१: ६६.१८; काठसं. ३६.३/१; शब्रा.७.५.१.४; १४.६.३.११/१; तैआ. १०.१०.2/१; ४६.१/१; बृह उप.६.३.११/१; महा नारा उप. ६.८/१; १७.७/१; आपश्रौ. १६.2५.१; माश्रौसू.६.१.७; – ११.६.2; आगृ. १.2४.१५; कौसू.६०. 2५; ६१.१/१; ११८.१; मागृसू..१.६.१४; प्रः मधु वाताः –वैसू.2६.१; कात्यश्रौसू.१७.४.2७; याधशा. १.2३८; वृ हासं.८.2६; मधु –ऋवि.१.2१.१ तु पारगृसू. १.३.2१; गौतधशा. १५.2८; आपधसू. 2.७.१७.22; बौधसू.2.८. १४.५; वासि ध शा. 2८.१३; याधशा. १.2१६; बृहद. ३. १2३

मधु शविष्ठ सोम्यम् – ऋ. ८.३३.१३/2

मधु शष्पैर् (मैसं. मधुशष्पैर्) न तेज इन्द्रियम् – वा. 2१. 2६/४; मैसं. ३.११.2/४: १४१.३; तैब्रा. 2.६.११.१/४

मधुश्च माधवश्च – तैसं. १.४.१४.१; आपमपा. १.१०.८ (आपगृ. ३.८.१०) प्रः मधुश्च –आपश्रौ. १2.2६.११; १४. 2८.४

मधुश्च माधवश्च वासन्तिकाव् (का.मैसं.काठसं. ...का) ऋतू – वा.१३.2५; का. १४.2.११; तैसं. ४.४.११.१; मैसं.2.८.१2: ११६.३; काठसं.१७.१०; ३५.६; शब्रा. ७.४. 2.2६ प्रः मधुश्च माधवश्च कात्यश्रौसू.१७.४.2४; आपश्रौ. ८.2.१८; १६.2४.६; 20.20.५; माश्रौसू.६.१.८

मधुश्चुतं घृतमिव सुपूतम् – ऋ. ४.५७.2/३; तैसं. १.१. १४.३/३; काठसं. ४.१५/३; ३०.४/३; माश्रौसू.७.2. ६/३; आपमपा. 2.१८.४८/३; निरु.१०.१६/३

मधुश्चुतः शुचयो याः पावकाः – ऋ. ७.४६.३/३; तैसं. ५.६.१.१/३; मैसं.2.१३.१/३: १५१.१३

मधुश्चुता मधुदुघे मधुव्रते – ऋ. ६.७०.५/2

मधुश्चुन् मधुला मधूः – अ. ७.५६.2/2

(ओं) मधुसूदनं तर्पयामि – बौधसू. 2.५.६.१०

मधु स्वाद्म दुदुहे जेन्या गौः – ऋ. ३.३१.११/४

मधु हविर् (मैसं. मधुहविर्) असि – मैसं. ४.६.७: १2७.११; तैआ. ४.८.४; ५.७.७; आपश्रौ. १५.१०.३; माश्रौसू.४.३. १५ तु. हुतं हविर्

मधु हुतमिन्द्रतमे अग्नौ (लाटयश्रौसू. अग्नौ) – वा. ३८. १६; शब्रा. १४.2.2.४2; लाटयश्रौसू. ५.७.६ प्रः मधु हुतम् – कात्यश्रौसू.2६.६.20 द्र. हुतं हविर्।

मधु हे मध्विदं मधु – हिर गृसू. १.2४.६/१

मधूत्कटेन यः श्राद्धम् – विष्णुस्मृ. ७८.५३/१

मधूनि सप्त ऋतवो ह सप्त – अ.८.६.१८/2

मधो अर्षन्ति धारया – सा.१.४८५/३; 2.४७2/३ द्र. सुता अर्षन्ति।

अधोः कशामजनयन्त देवाः – अ.६.१.५/१

मधोः पपान उप नो गिरः शृणु – सा.१.2६४/३

मधोः पवन्त ऊर्मयः – सा. 2.४८५/2 द्र. मध्वः आदि

मधोः पवस्व धारया – सा. 2.३६६/2 द्र. मध्वः आदि

मधोः पिबतमश्विना – वा.३८.१०/४; मैसं. ४.६.६: १2६.६; शब्रा.१४.2.2.१६; तैआ. ४.६.2; ५.८.१; लाटयश्रौसू.५.७. ३ द्र. मध्वः आदि।

मधोः पिबन्ति गौर्यः – सा.१.४०६/2 द्र. मध्वः आदि।

मधोः पूर्णं घृतस्य च – आपश्रौ. ७.१७.१/2; आगृ. 2. १०.६/2; शां गृ सू. ३.६.३/2

मधोरग्ने वषटकृति – ऋ.१.१४.८/३

मधोरतो माधवः पात्वस्मान् – तैसं.४.४.१2.१/2 द्र. मधु रेतो

मधेरधि प्रजातोस – अ. १.३४.१/३

मधो रसं सधमादे – सा.2.३६०/३ द्र. मध्वो आदि।

मधोरस्मि मधुतरः – अ.१.३४.४/१

मधोर्घृतस्य च याः – वा. १८.६५/2; तैसं. ५.७.७.३/2;

शब्रा. ६.५.१.५०/2
मधोर्घृतस्य धारया – अ.१०.६.2५/४
मधोर्घृतस्य पिप्युषीम् – ऋ.८.६.४३/2
मधोर्दुग्धस्याश्विना तनायाः – अ.७.७३.५/३; आश्रौ.४.७.४/३; शांश्रौसू. ५.१०.१८/३
मधेर्धारा असृक्षत – ऋ.६.१०६.१४/2; सा.2.१22/३
मधोर्धारा पिन्वमाना दिवे – दिवे – ऋ. ६.७५.४/४
मधोर्धाराभिरज्यसे – ऋ.३.४०.६/2; अ.20.६.६/2; सा. १.६५/2
मधोर्धाराभिरोजसा – ऋ. ६.५.३/३
मधोर्धाराभिर्जनयन्तो अर्कमित् – ऋ. ६.७३.2/३
मधोर्धारामनु क्षर – ऋ.६.१७.८/१
मधोर्धारां प्रतरणीं वसूनाम् – शां गृ सू. ३.2.५/2,६/2 द्र. वसोरादि, तथा तु. अयं तल्पः
पधोर्धारा व्यानशुः – तैसं.५.७.७.३/2; काठसं.४०.१३/2
मधोर्न पात्रा प्रथमान्यस्मै – ऋ.८.१०३.६/३; सा.१.४४/३; 2.६३३/३
मधोर्मदस्य धारया – ऋ.६.2३.१/2
मधोर्मदाय बृहतीमृतज्ञाम् – ऋ. ५.४३.६/३
मधोर्मदाय मरुतः समन्यवः – ऋ. 2.३४.५/४
मधोर्मधु श्वात्र्यं सोममाशिरम् – ऋ.१०.४६.१०/४
मधोश्चकानश्चारुर्मदाय – अ. 2.५.१/४; सा. 2.३02/४ द्र. मध्वश् आदि।
मधः संभक्ता अमृतस्य भक्षः – अ.८.७.१.१2/४
मधै न मक्ष आसते – ऋ.७.३2.2/2; सा.2.१02६/2
मध्य आपस्य तिष्ठति – सा.2.१००६/2; जैब्रा. 2.१४४/2
मध्य आ बर्हिरूतये यजत्र – ऋ.३.१४.2/४
मध्य आ रोचने दिवः – सा. १.३६८/2 द्र. त्रिष्वा
मध्य आरोधने दिवः – ऋ. १.१०५.११/2
मध्यतःकारिणां चमसाध्वर्यवो वषट्कृतानुवषट्कृतां (माश्रौसू. ...ते) जुहुत – आपश्रौ. १2.2३.४; माश्रौसू.2.४.१.2१
मध्यं तदस्य यद्वैश्यः – अ. १६.६.६/३ द्र. ऊरू तद्
मध्यं त्वा सर्वस्य वेद – हिर गृसू.१.2३.१
मध्यंदिन उदिता सूर्यस्य – ऋ. ५.६६.३/2; ७६.३/2; सा. 2.११४/2
मध्यंदिनस्यतेजसा मध्यमन्नस्य प्राशिषम् – कौसू.22.३
मध्यमं सक्थ्युद्यतम् – अ. 20.१३६.५/४
मध्यमन्तं च रक्षसे – ऋ. ६.४३.2/2
मध्यमस्यामवमस्याम् उत स्थः – ऋ.१.१०८.१०/2; निरु. १2.३१/2
मध्यमस्यां परमस्याम् उत स्थः – ऋ. १.१०८.६/2
मध्यमहमस्य जनपदस्य भूयासम् – हिर गृसू. १.2३.१
मध्यमेतदनडुहः – अ. ४.११.८/१
मध्या कर्तोर्नयधाच्छक्म धीरः – ऋ. 2.३८.४/2
मध्या कर्तोर्विततं संजभार – ऋ. १.११५.४/2; अ.20.१2३.१/2; वा. ३३.३७/2; मैसं. ४.१०.2/2ः १४७.१; तैब्रा.2.८.७.१/2; निरु.४.११/2
मध्यात् त्वा पात्वर्जुनम् – अ. ५.2८.६/2
मध्या यत् कर्त्वमभवदभीके – ऋ.१०.६१.६/१
मध्याय स्वाहा – तैसं.७.2.20.१; काठसं अश्व.2.१०; तैब्रा. ३.८.१६.४; मध्यायुव उप शिक्षन्ति यज्ञैः – ऋ.१.१७३.१०/४
मध्ये छन्दसः परि यन्ति भास्वतीः – तैसं. ४.३.११.३/४; मैसं.2.१३.१०/४ः १६१.६; काठसं. ३६.१०/४; पारगृसू. ३.३.५/४
मध्ये जहुर्दुरेवासः समुद्रे – ऋ. ७.६८.७/2
मध्ये तस्थुर्महो दिवः – ऋ.१.१०५.१०/2
मध्ये ताल्प्यस्य तिष्ठात् – आपमपा. 2.१५.३/३
मध्ये दिवस्तरणिं भ्राजमानम् – अ. १३.2.३६/2
मध्ये दिवः स्वधया मादयन्ते (ऋ. १.१०८.१2/2, मादयेथे) – ऋ.१.१०८.१2/2; १०.१५.१४/2; अ.१८.2.३५/2; वा.१६.६०/2
मध्ये दिवो (मैसं. ३.४.४, दिव्यो) निहितः पृश्निरश्मा – ऋ. ५.४७.३/३; वा. १७.६०/३; तैसं. ४.६.३.४/३; ५.४.६.५; मैसं.2.१०.५/३ः १३७.१५; ३.४.४ः ४८.१६; काठसं.१८.३/३; 2१.८,१2; शब्रा. ६.2.३.१८
मध्ये देवानामासीना – हिर गृसू.१.१५.७/३
मध्येन घ्नन्तो यन्तु – अ. ८.८.१३/३
मध्येन यक्ष्मं बाधते – अ.१६.३६.2/३
मध्ये निषत्तो रण्वो दुरोणे – ऋ.१.६६.४/2
मध्ये मोषस्य तृम्पताम् (मागृसू..पुष्यताम्) – शां गृ सू.३.३.१/३; मागृसू..2.११.१2/३ द्र. उत्तरम्
मध्ये पोषस्व तिष्ठन्तीम् – आगृ.2.८.१६/३ द्र. पूर्वम्।
मध्ये युवाजरो विस्रुहा हितः – ऋ.५.४४.३/४
मध्ये वसिष्व तुविनृम्णोर्वोः – ऋ. ८.७०.१०/३
मध्ये वसोदीदिहि जातवेदः – तैब्रा.१.2.१.2१/४; आपश्रौ. ५.१४.५/४
मध्ये सीद – काठसं. ३६.६; आपश्रौ. १६.३१.१
मध्ये होता दुरोणे बर्हिषो राट् – ऋ. ६.१2.१/१
मध्ये ह्रदस्य नो गृहाः – अ.६.१०६.2/३
मध्ये ह्रदस्य पल्वस्व – खिल. ७.१०३.१/३; अ.४.१५.१४/३; निरु.६.७/३

मध्व ऊर्मिं दुहते सप्त वाणीः – ऋ. ८.५६(वाल.2).४/2
मध्वः ऊ षु मधूयुवा – ऋ. ५.७३.८/१
मध्वः क्षरन्ति धीतयः – ऋ.८.५०(वाल. 2).४/2
मध्वः पवन्त ऊर्मयः – ऋ. ६.७.८/2 द्र.मधोः आदि
मध्वः पवस्व धारया – ऋ.६.2.६/2 द्र. मधेः आदि
मध्वः पात रत्नधा इन्द्रवन्तः – ऋ.४.३४.६/४
मध्वः पिबतमश्विना – ऋ.७.७४.३/2; वा.३३.८८/2; आश्रौ. ४.७.४/४; शांश्रौसू.८.१५.११/४ द्र. मधोः आदि
मधवः पिबतं मधुपेभिरासभिः – ऋ.१.३४.१०/2; ४.४५.३/१
मध्वः पिबन्ता उषसः सचेथे – ऋ.१.१८०.१/४
मध्वः पिबन्ति गौर्यः – ऋ. १.८४.१०/2; अ.2०.१०६.१/2; मैसं.४.१४.१४/2: 2३८.५ द्र. मधोः आदि
मध्वः पीत्वा सचेवहि – ऋ. ८.६६.७/३; अ.2०.६2.४/३
मध्वः पुनन्ति धारया पवित्रैः – ऋ.३.३६.७/४
मध्वः पुनानाः कविभिः पवित्रैः – ऋ.३.३१.१६/३
मध्वः प्रति प्रभर्मणि – ऋ.८.८2.१/३
मध्वन्तमानां आदिः द्र. मधुन्तमानां आदि
मध्वर्णसो नद्यश्चतस्रः – ऋ. १.६2.६/४
मध्वश्चकानश्चारुर्मदाय – शांश्रौसू.६.५.2/४; आश्रौ. ६.३.१/४ द्र. मधोश् आदि
मध्व (अ. ...वः) श्चोतन्त्यभितो विरप्शम् – ऋ. ४.५०.३/४; ७.१०१.४/४; अ.2०.८८.३/४
मध्वः सिंचन्ति हर्म्यस्य सक्षणिम् – ऋ. ६.७१.४/2
मध्वः सिंचन्तो अद्रयः – ऋ.८.५३(वाल. ५).३/2
मध्वः सुजिह्व पायय – ऋ.१.१४.७/३
मध्वः सुतस्य स दिवि प्रियो नरा – ऋ. ८.८७.१/३
मध्वः सूदं पवस्व वस्व उत्सम् – ऋ.६.६७.४४/३
मध्वः सोमस्य पीतये – ऋ. १.४७.६/४; ८.८५.१/३ – ६/३
मध्वः सोमस्याश्विना मदाय – ऋ. १.११७.१/१
मध्वः स्वादिष्ठमीं पिब – ऋ. ८.४६ (वाल. १).४/2
मध्वा देवा ओषधीः सं पिपृक्त – ऋ. ३.५४.2१/2; काठसं. १३.१५/2
मध्वाद्य देवो देवेभ्यो देवयानाम् पथो अनक्तु – मैसं.४.१३.2: 2००.३; काठसं.१५.१2; तैब्रा.३.६.2.१
मध्वा नो अत्र पितरा शिशीताम् – ऋ. १०.१2.४/४; अ.१८.१.३१/४
मध्वा पृंचे नद्यः – अ.६.१2.३/१
मध्वा मदेम सह नू समानाः – ऋ. ३.५८.६/४
मध्वा माध्वी मधु वां प्रुषायन् – ऋ. ४.४३.५/३
मध्वा यज्ञं समंजथे – वा. ३३.३३/३.७३/३; शांश्रौसू.७.१०.१2/३
मध्वा यज्ञं नक्षति (वा.तैसं. नक्षसे) प्रीणानः (अ. प्रै...) – अ.५.2७.३/१; वा.2७.१३/१; तैसं. ४.१.८.१/१; मैसं. 2.१2.६/३: १४६.१७; काठसं.१८.१७/४
मध्वा यज्ञं मिमिक्षतम् – ऋ.१.४७.४/2
मध्वा यज्ञं मिमिक्षति – ऋ. १.१४2.३/2
मध्वा यज्ञं मिमिक्ष नः – ऋ. ६.१०७.६/४; सा.१.५१६/४
मध्वा यज्ञः समज्यते – ऋ. १.१८८.2/2
मध्वा रजांसि सुक्रतू – ऋ.३.६2.१६/३; सा.१.22०/३; 2.१३/३; वा.2१.८/३; तैसं.१.८.22.३/३; मैसं. ४.११.2/३: १६६.१2; काठसं. ४.१६/३
मध्वा रजांसीन्द्रियम् – मैसं.३.११.३/३: १४३.१2; काठसं. ३८.८/३; तैब्रा.2.६.१2.१/३ द्र. अध्वा आदि।
मध्वा समंगधि धारया – ऋ.६.५.१०/2
मध्वा समंजन् घृतवत् कराथ – कौसू.2.३६
मध्वा समंजन् पथिभिः सुगेभिः – वा.2८.१०/४; तैब्रा. 2.६.७.६/४
मध्वा समंजन् स्वदया सुजिह्व – ऋ. १०.११०.2/2; अ.५.१2.2/2; वा. 2६.2६/2; मैसं.४.१३.३/2: 2०१.१०; काठसं.१६.2०/2; तैब्रा. ३.६.३.१/2; निरु. ८.६/2
मध्वा संपृक्ताः कितवस्य बर्हणा – ऋ.१०.३४.७/४
मध्वा संपृक्ताः सारघेण धेनवः – ऋ. ८.४.८/३; सा.2.६५६/३
मध्वाा संपृक्तौ यजुषा समक्तौ – तैब्रा. ३.१.2.१०/४
मध्वा होतारो अंजते – ऋ. ८.७2.६/३
मध्व् इत्याकर्षैः कुशैर्यथा – कात्यश्रौसू. १३.३.2१/४ द्र. अत्र आकर्श्ये।
मध्वो अंशुः पवत इन्द्रियाय – ऋ. ६.८६.६/४
मध्वो अग्रं दिविष्टिषु – ऋ. ४.४७.१/2; सा.2.८७८/2; वा.2७.३०/2; तैब्रा. 2.४.७.६/2
मध्वो न मक्षः सवनानि गच्छथः – ऋ.४.४५.५/४
मध्वो रसं सधमादे – ऋ. ६.६2.६/३ द्र. मधे आदि।
मधवो रसं सुगभस्तिर्गिरिष्ठाम् – ऋ. ५.४३.४/३
मध्वो वाजस्य सातये – ऋ. ६.७.६/2; सा.2.४.८६/2
मध्वो वो नाम मारुतं यजत्राः – ऋ.७.५७.१/१; ऐब्रा. ५.१५.६ प्रः मध्वो वो नाम – आश्रौ. ८.८.६
मन आयुः – तैब्रा. ३.१०.५.१
मन आर्त्विज्यं करोतु – आपश्रौ.2.१५.१; 2४.११.2
मन इन्नौ सहसति – अ.७.३६.१/४
मन इवापूर्वं वायुरिव श्लोकभूर्भूयासम् – ऐआ. ५.१.१.१८
मन उपक्ता – मैसं.१.६.१: १३१.2; तैआ. ३.१.१; शांश्रौसू.

१०.१४.४
मन उपवधीः – आपश्रौ. १०.2.११
मनङ्गा मनन्या न जग्मी – ऋ. १०.१०६.८/४
मनः पश्चादनु यच्छन्ति रश्मयः – ऋ. ६.७५.६/४; वा. 2६.४३/४; तैसं.४.६.६.३/४; मैसं.३.१६.३/४ः १८६. ४; काठसं अश्व. ६.१/४; निरु. ६.१६/४
मनः प्रपद्ये – आश्रौ. १.४.६
मनवे च विवेदिथ – ऋ.८.१५.५/2; अ.20.६१.2/2; सा. 2.2३१/2
मनवे तल्पम् – तैब्रा. 2.2.५.३; तैआ.३.१०.३
मनवे शासदव्रतान् – ऋ. १.१३०.८/४
मनश्चन्द्रमसे – तैब्रा.३.४.१.१८
मनश्चन्द्रो दधातु मे – अ.१६.४३.४/४
मनश्च मा पितृयज्ञश्च यज्ञो दक्षिणत उदंचम् (उभौ कामप्रौ क्षित्या सहाविशताम्) – वैतान. १2.१ प्रः मनश्च मा पितृयज्ञश्च यज्ञो दक्षिणत उदंचम् उभौ – गोब्रा. १.३.22
मनश्च शक्वरीश्च – तैसं.३.४.४.१; पारगृसू. १.५.६
मनश्च हृदयं च ते – साम मन्त्रब्रा. १.३.८/४
मनश्चिन् मनसस्पतिः – ऋ. ६.११.८/३; सा. 2.७६८/३
मनश्चिन् मे हृद आ प्रत्यवोचद् – ऋ. ८.१००.५/३
मनश्छन्दः – वा. १४.१६; १५.४; तैसं.४.३.७.१; १2.2; मैसं. 2.८.३ः १०८.१५; 2.८.७ः १११.१३; काठसं. १७.३,६; शब्रा.८.५.2.३
मनः श्रेयसि – श्रेयसि – तैब्रा. 2.५.१.2/३
मनःषष्ठानि मे हृदि – अ. १६.६.५/2
मनसः काममाकूतिम् – खिल. ५.८७.१०/१; वा.३६.४/१; शब्रा. १४.३.2.१६; कात्यश्रौसू.2६.७.४६ प्रः मनसः कामम् –ऋवि. 2.१८.५ द्र. उत्तरम्
मनसश्चित्तमाकूतिम् – तैब्रा. 2.४.६.६/१ द्र. पूर्वम्
मनसश्चित्तेदम् – तैब्रा. 2.५.१.१/१
मनस्पत इमं देव यज्ञं (काठसं. देवयज्ञं स्वाहा वाचि) स्वाहा वाते धाः – वा. 2.2१; ८.2१; काठसं.१.१2; ४. १2; शब्रा. १.६.2.2८; ४.४.४.१३ द्र. उत्तरद्वयम्, तथा मनस्पते सुधात्व्
मनसस्पत इमं नो दिवि देवेषु यज्ञम्, स्वाहा दिविस्वाहा पृथिव्यां स्वाहान्तरिक्षे स्वाहा वाते धां स्वाहा – अ. ७.६७.८ प्रः मनसस्पते – वैसू. ४.१३ कौसू.६.४ द्र. अत्र पूर्वम्
मनसस्पत इमं नो देव वदेवेषु यज्ञं स्वाहा वाचि स्वाहा वाते धः – तैसं. १.१.१३.३; ४.४४.३ द्र. अत्र पूर्वमेकवर्जम्
मनसस्पतिना ते हुतस्य प्राश्नाम्यूर्ज उदानाय (शब्रा. हुतस्याश्नामीषे प्राणाय) – शब्रा. १.८.१.१४; शांश्रौसू. १.१०.2 द्र. उत्तरम्।
मनस्पतिना ते हुतस्योर्जेऽपानाय प्राश्नामि – आश्रौ.१.७.2 द्र. पूर्वम्
मनसस्पते तन्वा मा पाहि घोरात् – कौसू.११७.2/३
मनसस्पते सुधात्विमं यज्ञं दिवि देवेषु वाते धाः स्वाहा – मैसं. १.१.१३ः ८.५; १.३.३८ः ४५.१; ४.१.१४ः 20.११ द्र. अत्र मनसस्पत इमं देव
मनसः संभृतं चक्षुषो वा काठसं. ४०.१३/2 द्र. मनसे वा सं...
मनसा कृतं मनः करोति मनस एवेदं सर्वं यो मा कारयति तस्मै स्वाहा – बौधसू.३.४.2
मनसाग्निभ्यः प्रहिणोमि भक्षम् – आपश्रौ. ५.2५.20/१
मनसा ते वाचं प्रतिगृणामि – आपश्रौ. १2.३.१७
मनसा त्वान्वारोहामि – मैसं.2.७.१६ः ६६.४; काठसं. ३६. ३; आपश्रौ. १६.2३.१०
मनसा त्वा भक्षयामि – कौषी ब्रा. १2.५; शांश्रौसू. ६.१८. १४
मनसा त्वोपतिष्ठे – शांश्रौसू.2.१३.2
मनसा दुर्विचिन्तितम् – महा नारा उप. ४.७/2; बौधसू. ३.६.५/2; विष्णुस्मृ. ४८.१६/2
मनसा पुत्रमिच्छन्ती – अ.११.६.८/2
मनसा मा भूतेनाविश – तैसं.१.६.2.2; १०.५; काठसं.४.१४; ३१.१५; माश्रौसू. १.४.१.22
मनसा मे मनो दीक्षतां स्वाहा – आपश्रौ. १०.८.७ द्र. उत्तरम् तथा मनो मे मनसा
मनसा मे मनो दीक्षतां प्रजापतये समष्टवा उ – जैब्रा. 2. ६४(६५); आपश्रौ. १०.१०.६ द्र. अत्र पूर्वम्
मनसा यत् प्रणीतं च – मागृसू.. 2.१३.६/३
मनसा वाचा हस्ताभ्याम् – तैआ. १०.2४.१/2; 2५.१/2; महा नारा उप. १४.३/2,४/2
मनसा वा येऽवदन्नृतानि – अ.७.१.१/2; शांश्रौसू. १५.३. ७/2
मनसा सं कल्पयति – अ.१2.४.३१/१; शब्रा. ३.४.2.७/१
मनसा सवितादात् – ऋ.१०.८५.६/४; अ. १४.१.६/४
मनसा हृदयेन च – अ. ३.20.६/४; साम मन्त्रब्रा. 2.2. ८/2
मनसा होमैर्हरसा घृतेन – अ. ६.६३.2/१
मनसि मे चक्षुरथाश्चक्षुषी मे मनः – जैब्रा.१.१६७
मनसे चेतसे धिये – अ. ६.४१.१/१; कौसू. ५४.११
मनसे त्वा – वा.६.2५; ३७.१६; तैसं.१.३.१३.१; ६.४.३.१;

मैसं.१.३.१: 2६.४; ४.५.३: ६६.७; ४.६.६: १2६.७; काठसं.३.६; शब्रा. ३.६.३.४; १४.१.४.१४; तैआ. ४.७.2; ५.६.६; वैसू. ३३.2७; माश्रौसू.2.३.१.22
मनसे नमः – काठसं. 2६.१2; काठसं अश्व.११.६; आपश्रौ.2०.१.१७
मनसे स्वाहा – वा. 22.2३; तैसं.७.३.१५.१; मैसं.३.१2.६: १६३.८; काठसं अश्व.३.५; शब्रा. १४.६.३.४; तैब्रा.३.८. ११.१; १2.४.५; तैआ. ४.५.१; १५.१; बृह उप. ६.३.४
मनसैवानुद्रष्टव्यम् – शब्रा. १४.७.2.22/३; बृह उप. ४.४. 22/३
मनसैवाप्तव्यम् (कठ उप.मनसैवेदमाप्तव्यम्) – शब्रा. १४. ७.2.2१/५; बृह उप. ४.४.2१/५; कठ उप. ४.११/2
मनसोऽनु प्रवाय्यम् (कठ उप. मनसैवेदमाप्तव्यम्) – शब्रा. १४.७.2.2१/५; बृह उप. ४.४.2१/५; कठ उप. ४.११/2
मनसोऽनु प्रवाय्यम् – अ. ६.१०५.१/४
मनसो ये मनो विदुः – शब्रा. १४.७.2.2१/३; बृह उप. ४. ४.2१/३
मनसो रेतः प्रथमं यदासीत् – ऋ. १.2३.१/2; नृसिपू. उप. १.१/2
मनसो वशे सर्वमिदं बभूव – तैब्रा. ३.१2.३.३/१
मनसो वाचं संतनु – तैब्रा. १.५.७.१; आपश्रौ. १६.३2.३
मनसो वा प्रयुती देवहेडनम् – ऋ. १०.३७.१2/2; तै आ आन्ध्र. १०.६०/2; वैसू. 2३.१2/2; माश्रौसू. 2.५.४. ६/2
मनसो वा संभृतं चक्षुषो वा – वा. १८.५८/2; तैसं.५.७. ७.१/2; शब्रा. ६.५.१.४५ द्र. मनसः सं...
मनासोऽसि विलायकः – वा. 2०.३४/४
मनसो हविरसि प्रजापतेर्वर्णः – तैसं. ३.४.2.2 प्रः मनसो हविरसि – तैसं. ३.४.३.७; आपश्रौ. १६.१७.१४ द्र. तपो
मनस्कं पतयिष्णुकम् – अ. ६.१८.३/2
मनस्त आप्यायताम् – वा.६.१५; शब्रा.३.८.2.६ प्रः मनस्ते कात्यश्रौसू.६.६.५
मनस्तनूषु बिभ्रतः (लाटयश्रौसू.तैब्रा. ३.७.१४.३/2; आपश्रौ. १४.३2.2/2, पिप्रतः) – ऋ. १०.५७.६/2; वा. ३.५६/2; तैब्रा.2.४.2.७/2; ३.७.१४.३/2; लाटयश्रौसू.३.2.१०/2; आपश्रौ. ६.१६.१2/2; १४.३2. 2/2; कौसू. ८६.१/2
मनस् तिष्ठतु जानती – ऋ.१.१३४.१/५
मनस्ते मयि दधे – कौषी ब्रा उप. 2.१५
मनस्तवाष्टु – वा. ७.३,६; तैसं. १.४.2.१; ३.१; ६.४.५.४; मैसं. १.३.४: ३१.१०; ४.५.५: ७०.2०; काठसं.४.१; 2७. १,2; शब्रा.४.१.१.22; 2.2१; आपश्रौ. १2.१०.१५
मनस्त्वा हास्यति – आपश्रौ. १2.१०.2.११
मनस्यां हृदयादधि – हिर गृसू.१.१५.६/2 द्र. आ मनस्यां।
मनस्विने स्वाहा – तैसं. ७.५.१2.१; काठसं अश्व. ५.३
मनस्विनोभानुचरतो नु सं दिवम् – तैब्रा.2.८.६.2/४
मनः संधत्तं तन् मे जिन्वतम् – तैब्रा. १.१.१.३; आपश्रौ. १2.22.८; मनः संधत्तम् –माश्रौसू.2.४.१.११
मना असिः द्र. मनासि।
मनांग रेतो जहतुर्वियन्ता – ऋ. १०.६१.६/३
मनामहे चारु देवस्य नाम – ऋ.१.2४.१/2,2/2
मनायुर्वा भवति वस्त उस्राः – ऋ. ४.2५.2/2
मनायै तन्तुं प्रथमम् – कौसू.१०.७.१,2/१
मनासि (काठसं. मना असि) – वा.४.१६; तैसं. १.2.४.१; ६.१.७.४; मैसं. १.2.४: १३.३; ३.७.५: ८१.१५; ४.2.५: 2६.१४; काठसं.2.५; 2४.३; शब्रा.३.2.४.१६; आपश्रौ. ४. १०.४; १०.22.८; माश्रौसू.2.१.३.३५; – ६.५.१; निरु. ५. ५
मनीषाणां प्रार्पणः सोमगोपाः – ऋ. १०.४५.५/2; वा.१2. 22/2; तैसं.४.2.2.३/2; मैसं.2.७.६/2: ८६.११; काठसं.१६.६/2; आपमपा. 2.११.2७/2
मनीषिणः प्र भरध्वं मनीषाम् – ऋ.१०.१११.१/१ तु. बृहद. ८.३८
मनीषिणः सुवानस्य प्रयसः – ऋ.2.१६.१/2
मनीषिणो दीक्षिताः श्रद्दधानाः – गोब्रा. १.५.2४/१
मनीषिणो मनसा पृच्छतेदु तत् – ऋ.१०.८१.४/३; वा. १७.2०/३; तैसं.४.६.2.५/३; मैसं.2.१०.2/३: १३३.५; काठसं.१८.2/३; तैब्रा.2.८.६.६/३
मनीषिणो मनसा विब्रवीमि वः – तैब्रा. 2.८.६.७/३
मनीषिणो वद पक्षाः पतन्ति, यत्रामृतं विद्यते नोत मृत्युस्, तत्र विद्वांसः कवयः क्षियन्त्येवं विद्वांसो यजमान मृत्युः – जैब्रा. 2.७४/१2३४
मनीषिभिः पवते पूर्व्यः कविः – ऋ. ६.८६.2०/१; सा.2. १७2/१
मनुजातं घृतप्रुषम् – ऋ.१.४५.१/४; सा.१.६६/४
मनुना कृता स्वधया वितष्टा – तैसं.१.१.2.१/2; मैसं. १. १.2/2: १.६; ४.१.2: 2.१७; काठसं. १.2/2; ३१.१; तैब्रा.३.2.2.2/2
मनुना दृष्टां घृतपदीम् – तैब्रा.३.७.५.६/१; आपश्रौ. ३.१. ७/१
मनुप्रीतासो जनिमा विवस्वतः – ऋ.१०.६३.१/2

मनुराजाय मर्कटः – मैसं.३.१४.११: १७४.८ द्र. अत्र पुरुषराजाय।
मनुर्भव जनया दैव्यं जनम् – ऋ.१०.५३.६/४; तैसं.३.४.2.2/४; ३.७; काठसं. १३.११/४,12; ऐब्रा.३.३८.६
मनुर्यानीः – तैसं.३.३.2.१
मनुर्वैवस्वतो राजा (आश्रौ.शांश्रौसू. मनुर्वैवस्वतः) तस्य मनुष्या विशस्त इमासते ऋचो (शांश्रौसू. ऋचोवेदो) वेदः सोऽयम् –शब्रा. १३.४.३.३; आश्रौ. १०.७.१; शांश्रौसू. १६.2.१ – ३
मनुर्हितं सदमिद् राय ईमहे – ऋ. ३.2.१५/४
मनुवत् (आ च वक्षत्) – कात्यश्रौसू. ३.2.१३; आपश्रौ. 2.१६.12
मनुष्यकृतस्यैनसोऽवयजनमसि (तैआ. महा नारा उप. आश्रौ. बौधसू.. असि स्वाहा) – वा. ८.१३; तैसं.३.2.५.७; पंचब्रा. १.६.१०; तै आ. १०.५६; महा नारा उप. १८.१; आश्रौ.६.12.३; शांश्रौसू. ८.६.१; आपश्रौ.१३.१७.६; माश्रौसू.2.५.४.८; बौधसू. ४.३.६ प्रः मनुष्यकृतस्य – वैसू.2३.12
मनुष्यराजाय मर्कटः – वा.2४.३० द्र. पुरुषराजाय इत्यत्र
मनुष्यालोकाय प्रकरितारम् – वा.३०.12; तैब्रा. ३.४.१.८
मनुष्याः पश्वश्च ये – तैआ. ८.३.१/2; तै उप. 2.३.१/2
मनुष्याणां मयो हितम् – तैब्रा. ३.७.४.१६/४; आपश्रौ. १.१३.४/४
मनुष्यानन्तरिक्षमगन् यज्ञस्ततो मा द्रविणमष्ट – वा.८.६०; शब्रा. ४.५.७.८ द्र. अत्र अन्तरिक्षं तृतीयं तथा तु. उत्तरम्
मनुष्यान् जनमगन् यज्ञः – मैसं.१.४.४: ५१.१४ तु. पूर्वम्।
मनुष्यास्ते गोप्तारः – तैसं. ४.४.५.१; मैसं.2.८.१४: ११७.८
मनुष्येभ्यो हन्ता – तै आ आन्ध्र. १०.६७.2; महा नारा उप. १६.2
मनुष्वच्छंभू आ गतम् – ऋ.१.४६.१३/३
मनुष्वत्त्वा नि धीमहि – ऋ. ५.2१.१/१; काठसं.2.६/१; १७.१३/१; ३६.१३/१; तैब्रा. ३.११.६.३/१; आपश्रौ. ७.७.१/१; १६.३५.५/१; माश्रौसू.१.७.३.४३/१
मनुष्वत् समिधीमहि – ऋ.५.2१.१/2; काठसं.2.६/2; ७.१३/2; ३६.१३/2; तैब्रा. ३.११..६.३/2; आपश्रौ. ७.७.१/2; १६.३५.५/2; माश्रौसू.१.७.४३/2
मनुष्वद अग्न आहुत – ऋ. ८.४३.१३
मनुष्वदग्न इह यक्षि देवान् – ऋ. ७.११.३/३
मनुष्वदग्निं मनुना समिद्धम् – ऋ. ७.2.३/३
मनुष्वदग्ने अंगिरस्वदंगिरः – ऋ. १.३१.१७/१
मनुष्वदंगिरस्तम् – ऋ. ८.४३.2७/2
मनुष्वदिद्धाग्नयः – ऋ. ८.2७.७/४
मनुष्वदिन्द्र सवनं जुषाणः – ऋ.४.३2.५/१
मनुष्वद्देव धीमहि प्रचेतसम् – ऋ. १.४४.११/३ द्र. वनुष्वद्।
मनुष्वद्दैव्यमष्टमम् – ऋ. 2.५.2/३
मनुष्वद्यज्ञं सुधिता हविंषि – ऋ. १०७०.८/३
मनुष्वद्यज्ञं प्र तिरेममद्य – ऋ. ३.१७.2/४
मनुष्वद्वृक्तबर्हिषे रराणा – ऋ. १०.६१.१५2३
मनुष्वद्वृक्तबहिषो यजध्यै – ऋ.६.६८.१/2
मनुस्तोक्मेव रोहतु – ऋ.१०.६2.८/2
मनुः स्वायंभुवोऽब्रवीत् – निरु.३.४/४
मनूनाम् उदकं गृहे – तैआ. १.४३/2
मनै नु बभ्रूणामहम् – ऋ. १०.६७.१/३; वा. 12.७५/३; काठसं.१३.१६/३; १६.१३/३; शब्रा. ७.2.४.2६; निरु. ६.2८/३ द्र. मन्दामि, तथा मन्वे नु
मनो अस्ति श्रुतं बृहत् – ऋ. ५.३६.३/2; सा. 2.५2४/2
मनो अस्या अन आसीत् – ऋ. १०.८५.१०/१; अ. १४.१.१०/१
मनो गायत्र्यै (तैब्रा.आपश्रौ. ...त्रियै) – का. 2.३.2; तैब्रा. ३.७.६.2; कात्यश्रौसू.2.१.१६; आपश्रौ. ३.१८.४ द्र. मनो वाचे
मनो गृभायौषधे – अ. 2.३०.४/४
मनो जगाम दूरकम् – ऋ. १०.५८.१/2 – 12/2
मनो जगाम दूरगाः – पंचब्रा. १.५.१८/2
मनोजवसं वृषणं सुवृक्तिम् – तैसं. 2.४.७.१/2; काठसं. ११.१३/2; माश्रौसू. ५.2.६.१६/2
मनोजवसः सुकृतः सुकृत्याः – तैब्रा. ३.१.१.६/2
मनोजवसा वृषणा मदच्युतो – ऋ. ८.22.१६/१
मनोजवसा वृषणा स्वस्ति – ऋ.११७.१५/४
मनोजवसो वः पितृभिर्दक्षिणत उपदधताम् – तैआ. १.2०.१ द्र. अत्र पितरस्तवा मनोजवा
मनोजवा अयमानः – ऋ.८.१००.८/१; सुपर्ण आख्या. महा. ३१.६/१ तु. बृहद.६.12०
मनोजवा अवर इन्द्र आसीत् – ऋ. १६३.६/2; वा. 2६.2०/2; तैसं.४.६.७.४/2; काठसं. ६.३/2
मनोजवा अश्विना वातरंहाः – ऋ. ५.७७.३/३
मनोजवास्तवा पितृभिर् (काठसं. पितरो) दक्षिणतः पातु (काठसं. पान्तु) – वा. ५.११; तैसं. १.2.12.2; काठसं. 2.६; शब्रा. ३.५.2.६ द्र. अत्र पितरस्तवा मनोजवा।
मनो जविष्ठं पतयत्स्व अन्तः – ऋ. ६.६.५/2
मनोजवेभिरिषिरैः शयध्यै – ऋ. ६.६2.३/३

मनोजवेष्वसमा बभूवुः – ऋ. १०.७१.७/2; निरु. १.६/2
मनो जिन्व – वैसू. ३३.2७ तु. मनो मे जिन्व।
मनोजुवं वाजे अद्या हुवेम – ऋ.१०.८१.७/2; वा.८.४५/2; १७.2३/2; काठसं. 2१.१३/2; शब्रा. ४.६.४.५/2 द्र. मनोयुजं आदि।
मनोजुवा स्वतवः पर्वतेन – ऋ. ६.22.६/2; अ.2०.३६.६/2
मनोजुवो यन् मरुतो रथेष्वा – ऋ. १.८५.४/३
मनोजुवो वृष्णो यं वहन्ति – ऋ. १.१८६.५/४
मनोजुवो वृष्णो वीतपृष्ठाः – ऋ. १.१८१.2/३
मनो ज्योतिर् (वा.शब्रा.लाटयश्रौसू. जूतिर्) जुष्टामाज्यस्य (तैसं.तैब्रा. वैसू. आज्यम्; आश्रौ. आज्यं मे) – वा.2.१३/१; का.2.३.११/१; तैसं. १.५.३.2/१; १०.2/१; १०.2/१; ६.३.३/१; मैसं. १.७.१/१: १०६.४; ४.८.६: ११८.७; काठसं.३४.१६/१; तैब्रा.३.७.६.१६/१; शब्रा.१.७.४.22; आश्रौ. 2.५.१४/१; वैसू. ४.३; लाटयश्रौसू.४.१2.१; कात्यश्रौसू. 2५.१०.22/१ प्रः नमो ज्योतिर्जुषताम् – आपश्रौ. ३.३.2; ५.2७.१३; ६.2६.७; ६.८.१; १३.८; १७.2; १४.१६.१; १७.१; 2८.2; मनो ज्योतिः – माश्रौसू.2.३.६.३; – ३.५.१; बृ परासं. ६.१११
मनोतरा रयीणाम् – ऋ. १.४६.2/2; ८.८.१2/2; सा.2.१०७६/2
मनोतायै हविषोऽवदीयमानस्यानुब्रूहि – तैसं. ६.३.१०.३; कात्यश्रौसू. ६.८.६; आपश्रौ. ७.2४.१; माश्रौसू. १.८.५.१७ प्रः मनोतायै हविशः – शांश्रौसू. ५.१६.१३ तु. मैसं.३.१०.2: १३2.११/६६; शब्रा.३.८.३.१४
मनो दक्षमुत क्रतुम् – ऋ.१०.2५.१/2; सा.१.४22/2
मनो दानाय चोदयन् – ऋ.८.६६.४/४; अ.2०.५८.2/४; सा.2.६७०/४
मनो दानाय सूरयः – ऋ.१.४८.४/2
मनो दीक्षामुपैमि – शांश्रौसू. ५.४.४
मनोधृतः सुकृतस्तक्षत द्याम् – ऋ. ३.३८.2/2
मनो धेहि – तैआ. ४.2.५
मनो न येषु हवनेषु तिग्मम् (आपश्रौ. जिह्वत्) – ऋ.१०.६१.३/१; वा. ७.१७/१; शब्रा. ४.2.१.१2/१; आपश्रौ. १2.१४.१५/१ प्रः मनो न येषु –कात्यश्रौसू. ६.६.१४
मनो न योऽध्वनः सद्य एति – ऋ. १.७१.६/१
मनो नाम देवतावरोधनी – कौषी ब्रा उप.2.३
मनो नामासि – मागृसू..१.४.2
मनो निविष्टमनुसंविशस्व – अ.१८.३.६/३
मनोऽनुज्ञाय – सावि ब्रा.३.८.2

मनोन्मनाय नमः – तैआ. १०.४४.१; महा नारा उप. १७.2
मनो न्वा हुवामहे (वैसू. ...हि; वा. शब्रा.कौसू. ह्वा...) – ऋ.१०.५७.३/१; वा.३.५३/१; का.३.७.३/१; तैसं.१.८.५.2/१; काठसं. ६.६/१; ३६.१३; मैसं. १.१०.३/१: १४३.१५; ऐब्रा. ३.११.2०; शब्रा. 2.६.१.३६/१; आश्रौ.2.७.८; शांश्रौसू. ३.१७.३,४; वैसू. 2०.६; लाटयश्रौसू. ५.2.११/१; कात्यश्रौसू. ५.६.22; आपश्रौ. १.१०.५; कौसू. ८६.१/१ प्रः मनो नु – शांश्रौसू.१६.१३.१४
मनो ब्रह्मा – माश्रौसू.१.८.१.१ तु.मनो हविः।
मनो भिया मे अमतेरिदद्रिवः – ऋ. ५.३६.३/2
मनो भृग्वांगिरसां स्मृतम् – गोब्रा. १.५.2५/४
मनो मन्युः स्वराड् भामः – वा.2०.६/2; मैसं. ३.११.८/2: १५2.१; काठसं. ३८.४/१; तैब्रा.2.६.५.४/2
मनो मे जिन्व – वा.१४.१७; तैसं. ४.३.६.2 द्र. मनो मे पिन्व, तथा तु. मनो जिन्व।
मनो मे तर्पयत – वा. ६.३१; तैसं. ३.१.८.१; मैसं.१.३.2: ३०.८; शब्रा. ३.६.४.७
मनो मे त्वयि दधानि – कौषी ब्रा उप. 2.१५
मनो मे धाः – तैआ.४.५.४
मनो मेधामग्निं प्रयुजं स्वाहा – वा.११.६६; तैसं.४.१.६.१; मैसं.2.७.७: ८2.७; काठसं. १६.७; शब्रा. ६.६.१.१६
मनो मे पिन्व – मैसं. 2.८.३: १०८.११; काठसं. १७.३ द्र. मनो मे जिन्व।
मनो मे मनसा दीक्षताम् – कौषी ब्रा. ७.४; शांश्रौसू. ५.४.१ द्र. मनसा मे।
मनो मे वाचि प्रतिष्ठितम् – मागृसू.. १.४.४,८
मनो मे हार्दि यच्छ (का. हार्द यच्छ) – वा. ६.2१; का.६.५.१; तैसं.१.३.११.१; ६.४.१.४; काठसं.३.८; शब्रा.३.८.५.५; आपश्रौ. ७.2६.१2 प्रः मनो मे – कात्यश्रौसू.६.६.११ द्र. मनो हार्दिम्
मनो यजुः प्रपद्ये – वा. ३६.१; शांश्रौसू. ६.2.2
मनो यज्ञेन कल्पताम् (मैसं. कल्पते) – वा.१८.2६; 22.३३; तैसं.१.७.६.2; ४.७.१०.2; मैसं. १.११.३: १६३.१५; काठसं. १४.१; १८.१2
मनो यत्रा वि तद्दधुर्विचेतसः – ऋ.८.१३.2०/३
मनो यदस्य गुष्पितम् (आपश्रौ. गुल्फितम्) – उै. १.2.2/५: ११.८; आपश्रौ. १०.१०.३/३; १३.७.१६/५
मनो युजं वाजे अद्या हुवेम – तैसं.४.६.2.६/2; मैसं.2.१०.2/2: १३३.१८; काठसं.१८.2/2; ३०.५/2 द्र. मनोजुवम् आदि।
मनो यो अस्य घोरमाविवासात् – ऋ. ७.2०.६/2
मनोरश्वासि – वा.३७.१2; शब्रा. १४.१.३.2५ प्रः मनोरश्वा

– कात्यश्रौसू. 2.६.३.८ द्र. उत्तरम्।
मनोरश्वासि भूरिपुत्र (मैसं. ...पुत्रा सूपसदना) – मैसं.४.६.३ः १२४.५; तैआ.४.५.४; ५.४.८; आपश्रौ. १५.७.७ प्रः मनोः –माश्रौसू. ४.2.2० द्र. पूर्वम्
मनो राजानमिह वर्धयन्तः – तैब्रा. ३.१2.३.४/३
मनो रुहाणा अति यन्त्यापः – ऋ.१.३2.८/2
मनोर्देवा यज्ञियासः – ऋ. ८.३०.2/३
मनोर्नपातो अपसो दधनविरे – ऋ. ३.६०.३/2
मनोर्यजत्रा अमृता ऋतज्ञाः – ऋ.७.३५.१५/2; १०.६५.१४/2; अ. १६.११.५/2
मनोर्विश्वस्य घेदिमे – ऋ. ८.४७.४/३
मनोवाक्कायकर्माणिमे शुध्यन्ताम् – तै आ आन्ध्र.१०.६६
मनो वाचे – माश्रौसू.५.2.१५.2 द्र. मनो गायत्र्यै।
मनोवाता अध नु धर्मणि ग्मन् – ऋ. ३.३८.2/४
मनो वा ब्रह्मसंशितम् – अ. १६.६.४/2
मनो वाव सर्वं – सर्वं मे भूयात् – लाटयश्रौसू. १.2.५
मनोष्टवा ग्रामण्यो व्रतेनादधे – मैसं.१.६.१ः ८६.८; १.६.2ः ८७.४; १६.५ः ६४.१६ प्रः मनोष् ट्वा ग्रामण्यः – कात्यश्रौसू. ६.४; मनोस्त्वा
मनोऽसि प्रजापत्यम् – तैसं. १.६.2.2; १०.५; काठसं. ४.१४; ३१.१५; आपश्रौ. ४.६.४; माश्रौसू.१.४.१.22
मनोस्त्वा ग्रामण्यो व्रतपते (लोपः काठसं) व्रतेनादधामि (काठसं. ...दधे) – काठसं. ८.४; तैब्रा.१.१.४.८; आपश्रौ. ५.११.७ द्र. मनोष् ट्वा।
मनोहनं जहि जातवेदः – अ. ५.2६.१०/2
मनोऽहमस्मि वाक् त्वम् – आपमपा. १.३.१४ (आपगृ. 2.४.१७)।
मनो हविः – तैआ.३.६.१ तु. मनो ब्रह्मास
मनो हार्दि यच्छ – मैसं.१.2.१८ः 2८.३; ३.१०.७ः १३६.४,६; माश्रौसू.१.८.६.७ द्र. मनो मे हार्दि
मन्त्रं ये वारं मर्या अतक्षन् – ऋ. ७.७.६/2
मन्त्रं यादत्युक्थ्यम् (नृसिपू. उप. उक्थम्) – ऋ. १.४०.५/2; वा. ३४.५७/2; मैसं.१.६.2/2ः ८८.१५; काठसं.७.१४/2; ऐआ.१.2.१.६/2; आपश्रौ. ५.१६.३/2; नृसिपू. उप. 2.४/2
मन्त्रं वोचेम कुविदस्य वेदत् – ऋ. 2.३५.2/2; काठसं. १2.१५/2
मन्त्रं वोचेमाग्नये – ऋ. १.७४.१/2; सा.2.७2६/2; वा. ३.११/2; तैसं. १.५.५.१/2; मैसं. १.५.१/2ः ६५.६; काठसं. ६.६/2; शब्रा. 2.३.४.१०
मन्त्रतः कर्मतो वा – आपश्रौ. .३.११.2/2
मन्त्रं देवा अनेहसम् – ऋ. १.४०.६/2
मन्त्रमक्षर्वं सुधितं सुपेषसम् – ऋ. ७.३2.१३/१; अ.2०.५६.४/१
मन्त्र्यन्ते दिवो अमुष्य पृष्ठे – ऋ. १.१६४.१०/३; अ.६.६.१०/३
मन्त्रश्रुत्यं चरामसि – ऋ.१०.१३४.७/३; सा.१.१७६/३
मन्त्रान् नानार्थान् बहुधा जनासः – गोब्रा. १.५.2५/2
मन्त्रेषु ब्राह्मणे चैव – शां गृ सू. १.2.५/३
मन्त्रैरग्निं कविमच्छा वदामः – ऋ.१०.८८.१४/2
मन्त्रो (हस्तलिपौ पुत्रे) अजनयत् पुरा – अ. १६.५४.३/2
मन्त्रो गुरुः पुनरस्तु सो अस्मै – ऋ.१.१४७.४/३
मन्थता नरः कविमद्वन्तम् – ऋ. ३.2६.५/१ तु. बृहद.४.१०३
मन्थ दर्भ सपत्नान् मे – अ.१६.2६.५/१
मन्थ मे द्विषतो मणे – अ.१६.2६.५/४
मन्थ मे पृतनायतः – अ.१६.2६.५/2
मन्थ मे सर्वान् दुर्हाधः – अ.१६.2६.५/३
मन्थस्त इन्द्र शं हृदे – ऋ.१०.८६.१५/३; अ.१2६.१५/३
मन्थाकको ह वः पिता – आपमपा. 2.१६.८/५ द्र. मण्डाकको
मन्थामि त्वा जातवेदः –कौसू. ७०.१/१
मन्थिन एकविंशः – वा.१३.५७; तैसं.४.३.2.2; मैसं.2.७.१६ः १०४.१०; काठसं.१६.१६; शब्रा. ८.१.2.५
मन्थिनः पात्रमसि – तैसं.३.१.६.३
मन्थिनः समिदसि – तैब्रा. १.१.१५; आपश्रौ. १2.2३.३ तु. उत्तरमेकवर्जम्
मन्थिने स्वाहा – शब्रा. १2.६.2६
मन्थिनोऽधिष्थानमसि – वा. ७.१८; मैसं. १.३.१2५ ३५.१; ४.६.३ः ८2.१५; काठसं. ४.४; 2७.७; शब्रा. ४.2.१.2१; माश्रौसू. 2.४.१.१८ प्रः मन्थिनः – कात्यश्रौसू. ६.१०.१३ तु.पूर्वमेकवर्जम्
मन्थी मन्थिशोचिषा – वा.७.१८; तैसं.६.४.१०.४; काठसं.४.४; शब्रा. ४.2.१.१६; तैब्रा.१.१.१.2; आपश्रौ. १.2.22.८;
मन्थी सुक्तुश्रीः – वा. ८.५७; तैसं. ४.४.६.१
मन्थ्यसि मन्थिशोचिः – काठसं.४.४
मन्दद्वीरायेन्दवे – ऋ. ८.५६.१/2 द्र. वन्दद...।
मन्दन्तु तुग्रयावृधः – ऋ. ८.१.१५/४
मन्दन्तु त्वा मघवन्निन्द्रेन्दवः – ऋ. ८.४.४/१; सा.2.१०७2/१
मन्दन्तु त्वा मन्दिनः सुतासः – ऋ. 2.११.११/2
मन्दन्तु त्वा मन्दिनो वायविन्दवः – ऋ. १.१३४.2/१
मन्दन्तु धृष्णविन्दवः – ऋ.८.४५.१४/2
मन्दमान ऋतादधि प्रजायै – ऋ.१०.७३.५/१; शांश्रौसू.

१४.१६.१०
मन्दमानः स्वायुध – ऋ.१.१३१.४/७; अ.20.७५.2/७
मन्दसानः सहस्रिणम् – ऋ. ८.६३.2१/2
मन्दसानः सुतं पिब – ऋ.१.१०.११/2
मन्दस्व धीतिभिर्हितः – ऋ.८.६०.४/४; १०.१४.३/2; सा. 2.११६८/2; वा.१2.१०८/2; तैसं. ४.2.७.2/2; मैसं. 2.७.१४/2: ६५.१८; काठसं. १६.१४/2; शब्रा.७.३.१. ३१
मन्दस्व सख्यस्य च – ऋ.१.2६.५/2
मन्दस्व होत्रदनु जोषमन्धसः – ऋ.2.३७.१/१ तु. बृहद. ३.2७
मन्दस्वा सु स्वर्णरे – ऋ.८.६.३६/१
मन्दान इद्वृषायसे – सा.१.५०७/३ द्र. उत्तरमेकवर्जम्
मन्दान इन्द्रो अन्धसः – ऋ.१.८०.६/३
मन्दान उद्वृषायते – ऋ. ६.४७.१/३ द्र. पूर्वमेकवर्जम्
मन्दान प्रेदियक्षसि – ऋ.८.४५.३१/2
मन्दानः शिप्रयन्धसः – ऋ.८.३३.७/४; अ.20.५३.१/४; ५७.११/४; सा.१.2६७/४
मन्दानः सोमं पपिवाँ ऋजीषिन् – ऋ. ३.५०.३/३
मन्दानः सोम्येभ्यः – ऋ.८.३2.५/2
मन्दानो अस्य बर्हिषो वि राजसि – ऋ. ८.१३.४/३; १५. ५/३; अ.20.६१.2/३; सा.2.2३१/३
मन्दानो याह्यन्धसः – ऋ.१.८2.५/४
मन्दामहे दशतयस्य धासेः – ऋ.१.१22.१३/१
मन्दामि बभ्रूणामहम् – तैसं.४.2.६.१/३ द्र. अत्र मनै।
मन्दिमिन्द्राय मनदिने – ऋ.१.६.2/2; अ.20.७१.८/2
मन्दिष्ट यदुशने काव्ये सचा – ऋ.१.५१.११/१
मन्दि मदाय तोशते – ऋ.६.१०७.६/४; सा.2.३४८/४
मन्दू समानवर्चसा – ऋ.१.६.७/३; अ.20.४०.१/३; ७०. ३/३; सा. 2.200/३; निरु. ४.१2/३ तु. बृहद.2. १४१
मन्दू हितप्रयसा विक्षु यज्यौ – ऋ. १०.६१.१५/४
मन्द्र ओजिष्ठो अध्वरे – ऋ.६.६७.१/2; सा.2.६७३/2
मन्द्र ओजिष्ठो बहुलाभिमानः – ऋ.१०.७३.१/2; वा.३३. ६४/2; मैसं. १.३.20/2: ३७.६; काठसं. ४.८/2; ऐब्रा. ८.2१; तैब्रा.2.८.३.५/2
मन्द्रः कविरुदतिष्ठो विवस्वतः – ऋ. ५.११.३/2; तैब्रा. 2.४.३.३/2
मन्द्रं होतारं शुचिमद्वयाविनम् – ऋ.३.2.१५/१
मन्दं होतारं दधिरे यजिष्ठम् – ऋ.१०.४६.८/४
मन्द्रं होतारम् उशिजो नमोभिः – ऋ.१०.४६.४/१
मन्द्रं होतारम् उशिजो यविष्ठम् – ऋ. १०.४६.४/१
मन्द्रं होतारम् उशिजो यविष्ठम् – ऋ. ७.१०.५/१
मन्द्रं होतारमृत्विजम् – ऋ.८.४४.६/१; सा.2.८६३/१
मन्द्रजिह्वा जुगुर्वणी – ऋ.१.१४2.८/१
मन्द्रम् – गोभि गृसू. ३.५.20
मन्द्रं परो मनीषया – ऋ. ५.१७.2/४
मन्द्रया देव जिह्वया – ऋ.५.2६.१/2; सा.2.८७१/2; वा.१७.८/2; तैसं.१.३.१४.८/2; ५.५.३/2; ४.६.१. 2/2; मैसं.१.५.१/2: ६६.१४; काठसं. १७.१७/2
मन्द्रया याति धारया – ऋ.६.१०७.८/४; सा.१.५१५/४; 2.३४७/४
मन्द्रया सोम धारया – ऋ.६.६.१/१; सा.१.५०६/१
मन्द्र सुजात सुक्रतो – ऋ. ८.७४.७/३ तु उत्तरम् द्विवर्जम्
मन्द्रस्य कवेर्दिव्यस्य वहेनेः – ऋ. ६.३६.१/१
मन्द्रस्य रूपं विविदुर्मनीषिणः – ऋ.६.६८.६/१
मन्द्र स्वधाव ऋतजात सुक्रतो – ऋ. १.१४४.७/2 तु. पूर्वं द्विवर्जम्
मन्द्रा कृणुध्वं धिय आ तनुध्वम् – ऋ.१०.१०१.2/१
मन्द्रा गिरो देवयन्तीरुप स्थुः – ऋ. ७.१८.३/2
मन्द्राग्रेत्वारी भुवनस्य गोपाः – अ.१2.१.५७/३
मन्द्रा चिकेत नाहुषीषु विक्षु – ऋ.१.१००.१६/४
मन्द्राजनी चोदते अन्तरासनि – ऋ.६.६६.2/2; सा.2. ७2१/2
मन्द्रा धनस्य सातये (काठसं. ...यः) – तैसं.१.१.३.१/३; मैसं.४.१.३/४: ५.६; काठसं. १.३/३; तैब्रा.३.2.३.१०; काठसं. ४.2.३2/४; मैसं.१.१.३.३2/४; शां गृ सू. १. 2८.८/४
मन्द्राभिभूतिः केतुर्यज्ञानां वाग् जुषाणा सोमस्य तृप्यतु – तैसं. ३.2.५.१ प्रः मन्द्राभिभूतिः केतुर्यानां वाक् – तैब्रा.३.१०.८.2; मन्द्राभिभूतिः – आपश्रौ. १2.2४.७; १६. १३.2४ द्र. उत्तरम्।
मन्द्रा विभूतिः केतुर्यज्ञिया वाग् जुषाणा सोमस्य पिबतु – माश्रौसू.2.४.१.३६ द्र. पूर्वम्
मन्द्रा (काठसं. मन्द्रास्) स्थाभिभुवः – काठसं.३६.१; आपश्रौ. १६.३३.१
मन्द्रा स्वर्वाच्यदितिरनाहतशीर्ष्णी वाग् जुषाणा सोमस्य तृप्यतु (माश्रौसू. पिबतु) – तैसं. ३.2.५.१; माश्रौसू.2. ४.१.३७
मन्द्राः सुजिह्वाः स्वरितार आसभिः – ऋ. १.१६६.११/३
मन्द्रास् स्था...: द्र. मन्द्रा स्था...।
मन्द्रो देवानां सख्यं जुषाणः – ऋ.७.७.2/2
मन्द्रो यजिष्ठो अध्वरेष्वीडयः – ऋ. ८६०.३/३

मन्द्रो विश्वानि काव्यानि विद्वान् – ऋ.३.१.१७/2 तु. अग्निर्विश्वानि।
मन्द्रो होता गृहपतिः – ऋ.१.३६.५/१
मन्द्रो होता नित्यो वाचा यजीयान् – ऋ.१०.१2.2/४; अ.१८.१.३०/४
मन्द्रो होता स जुह्वा यजिष्ठः – ऋ.१०.६.४/३
मन्धातारं क्षैत्रपत्येष्वावतम् – ऋः १.११2.१३/2
मन्धातासि द्रविणोदा ऋतावा – ऋ. १०.2.2/2; आपश्रौ. 2४.१३.३/2
मन्धातुर्दस्युहन्तमम् – ऋ. ८.३६.८/४
मन्धातृवदङ्गिरस्वदवाचि – ऋ. ८.४०.१2/2
मन्म श्रुतं नक्षत ऋच्यमाने – ऋ. ६.४६.३/४
मन्म श्रुधि नवीयसः – ऋ. १.१३१.६/७; अ. 20.७2.३/७
मन्मा दीध्याना उता नः सखाया – मैसं. ४.६.१2/2: १३३.७ द्र. अन्वादीध्याथाम्
मन्मानि चित्रा अपिवातयन्तः – ऋ.१.१६५.१३/३; मैसं. ४.११.३/३५ १७०.३; काठसं. ६.१८/३
मन्मानि धीभिरुत यज्ञमृन्धन् – ऋ. १०.११०.2/३; अ. ५.१2.2/३; वा. 2६.६/३; मैसं. ४.१३.३/३: 20.११; काठसं. १६.20/३; तैब्रा. ३.६.३.१/३; निरु. ८.६/३
मन्यवेऽयस्तापम् – वा.३०.१४; तैब्रा. ३.४.१.१०
मन्यवे स्वजः – तैसं. ५.५.१४.१; काठसं अश्व. ७.४
मन्यवे स्वाहा – तै आ आन्ध्र. १०.६2; महा नारा उप. १८.३
मन्यासै शं च नस् (तैसं. नः) कृधि – वा. ३४.८/2; तैसं. ३.३.११.४/2; मैसं. ३.१६.४/2: १८६.१०; काठसं. १३.१६/2; आश्रौ.४.१2.2/2; शांश्रौसू. ६.27. 2/2; निरु. ११.३०/2
मन्युं विश ईडते मानुषीर्याः (तैब्रा. ईडते देवयन्ती) – ऋ. १०.८३.2/३; मैसं.४.१2.३/३; मैसं.४.१2.३/३: १८६. ७; तैब्रा. 2.४.१.११/३ द्र. मन्युर्विश
मन्युं कृत्यां च दीधिरे – तैआ. १.2८.१/४
मन्युं जनस्य दूध्यः (सा. दुध्यम्) – ऋ. ८.१६.१५/३; सा.१.११३/३; काठसं. ३६.१५/३
मन्युना कृतं मन्युः करोति मन्यव एवेदं सर्वम् यो मा कारयति तस्मै स्वाहा – बौधसू. ३.४.2 तु. मन्युरकार्षीन् मन्युः
मन्युना पुरुषे मृते – अ.१2.2.५/2 द्र. उत्तरम्, तथा मन्युना सुमनस्तर
मन्युना यदवर्त्या – तैसं.१.५.३.2/2; काठसं. ८.१४/2 द्र. अत्र पूर्वम्
मन्युना वृत्रहा – तैसं. ४.४.८.१; काठसं.३६.११
मन्युना सुमनस्तर – मैसं. १.७.१/2: १०८.३ द्र. अत्र मन्युना पुरुषे।
मन्युं तनोमि ते हृदः – अ. ६.४2.१/2
मन्युरकार्षीन् नमो नमः – तै आ आन्ध्र. १०.६2
मन्युरकार्षीन् नाहं करोमि मन्युः करोति मन्युः करता मन्युः कारयिता – महा नारा उप. १८.३ द्र. उत्तरम्
मन्युरकार्षीन् मन्युः करोति नाहं करोमि न्युः कर्ता नाहं कर्ता मन्युः कारयिता नाहं कारयिता – तै आ आन्ध्र. १०.६2; प्रः मन्युरकार्षीत् – आपधसू. १.६.2६. १३ द्र. पूर्वं तथा तु मन्युना कृतम्
मन्युरसि मन्युं मयि धेहि – वा.१६.६; तैब्रा. 2.६.१.५
मन्युरिन्द्रो (तैब्रा. भगो) मन्युरेवास देवः – ऋ.१०.८३. 2/१; अ. ४.३2.2/१; मैसं. ४.१2.३/१: १८६.६; तैब्रा. 2.४.१.११/2
मन्युर्विश ईडते मानुषीर्याः – अ. ४.३2.2/३ द्र. मन्युं विश
मन्युर्होता वरुणो जातवेदाः (मैसं.तैब्रा. विश्ववेदाः) – ऋ. १०.८३.2/2; अ.४.३2.2/2; मैसं.४.१2.३/2: १८६.६; तैब्रा.2.४.१.११/2
मन्युशमन उच्यते – अ. ६.४३.१/४,2/४
मन्युश्च मे भामश्च मे – वा. १८.४; तैसं. ४.७.2.१
मन्ये तवा च्यवनमच्युतानाम् – ऋ.८.६६.४/2
मन्ये त्वा जातवेदसम् – ऋ. ५.६.१/३; का. १६.५. १2/३; काठसं.३६.१४/३; तैब्रा. 2.४.१.५/३; आपश्रौ. १६.१८.७/३
मन्ये त्वा यज्ञियं यज्ञियानाम् – ऋ. ८.६६.४/१
मन्ये त्वा वृषभं चषणीनाम् – ऋ. ८.६६.४/४
मन्ये त्वा सत्वनामिन्द्र केतुम् – ऋ.८.६६.४/३
मन्ये भेजानो अमृतस्य तर्हि – अ. ३.१३.६/३; तैसं. ५.६. १.४/३; मैसं. 2.१३.१/३: १५३.३ द्र. मेने आदि।
मन्ये वां जातवेदसा यजध्यै – ऋ. ७.2.७/2
मन्ये वां द्यावापृथिवी सुभेजसौ – आसं. ४.८/१ द्र. मन्वे वां आदि।
मन्येऽहं मां तद्विद्वांसम् – कौषी ब्रा उप. 2.८/३; आगृ.१. १३.७/३
मन्योः क्रोधस्य नाशनी – पारगृसू. ३.१३.५/2; द्र. मन्योर्मृ...।
मन्योरियाय हर्म्येषु तस्थौ – ऋ. १०.७३.१०/३
मन्योर्मनसः शरव्या जायते या – ऋ.१०.८७.१३/३; अ. ८.३.१2/३; १०.५.४८/३
मन्योर्मृध्रस्य (हिर गृसू. मृद्धस्य) नाशिनी – आपमपा. 2.

22.१/2; हिर गृसू. १.१५.2/2 द्र. मन्योः क्रोधस्य
मन्योर्विमन्युकस्यायम् – अ.६.४३.१/३
मन्यो वज्रिन्नभि माम् (अ. न) आ ववृत्स्व – ऋ. १०.८३.६/३; अ. ४.३2.६/३
मन्वे नु बभ्रूणामहम् – मैसं. 2.७.१३/३: ६३.2; द्र. अत्र मनै
मन्वे वां द्यावापृथिवी – अ.४.2६.१/१; वैसू. १५.१३ द्र. मन्ये वां आदि
मन्वे वां मित्रावरुणा तस्य वित्तम् – तैसं. ४.७.१५.2/१; मैसं. ३.१६.५/१५ १६०.१४; काठसं.22.१५/१ द्र. उत्तरम्
मन्वे वां मित्रावरुणावृतावृधौ – अ. ४.2६.१/१ द्र. पूर्वम्
मम गावो ममाश्वाः – कौसू. १३३.३/१
मम च नाम तव च (काठसं. ७.३/१ इत्यस्य लोपः च) जातवेदः – काठसं. ७.३/१,११ द्र. तव च नाम इत्यत्र
मम चामुष्य च पाप्मानं हनोमि – पारगृसू. १.३.2७
मम चामुष्य च पाप्मा हतः – पारगृसू. १.३.2८
मम चित्तं चित्ते नान्वेहि – हिर गृसू.१.५.११/2 द्र. उत्तरत्रयम्
मम चित्तमनु चित्तं ते अस्तु – आगृ. १.2१.७/2; शां गृ सू. 2.४.१/2; साम मन्त्रब्रा. १.2.2१/2; पारगृसू. १.८.८/2; मागृसू.. १.१०.१३/2; 22.१०/2 द्र. अत्र पूर्वम्
मम चित्तमनु चित्तेभिरेत – अ. ३.८.६/2; ६.६४.2/2 द्र. अत्र पूर्वमेकवर्जम्
मम चित्तम् उपायसि – अ. १.३४.2/४; ३.2५.५/४; ६.६.2/४; ४2.३/४; ४३.३/४ द्र. पूर्व जीतमम।
ममच् चन ते मघवन् व्यंसः – ऋ. ४.१८.६/१
ममच् चन त्वा कुषवा जगार – ऋ. ४.१८.८/2
ममच् चन त्वा युवतिः परास – ऋ. ४.१८.८/१
ममच् चिदापः शिशवे ममृड्युः – ऋ. ४.१८.८/१
ममच् चिदिन्द्रः सहसोदतिष्ठत् – ऋ.४.१८.८/४
मम ज्यैष्ठयाय सव्रताः – वा. १३.2५/४; १४.६/४,१५/४,१६/४,2७/४; १५.2७; तैसं. ४.४.११.१/४; मैसं. १.६.2/४ऋः ८६.५; 2.८.१2/४; ११६.५,१३; काठसं.१७.१०/४,१४/४; शब्रा. ८.७.१.६; तैब्रा. १.2.१.१८/४
मम तुभ्य च संवनम् – पारगृसू. १.६.2/३ द्र. तुभ्यं च
ममत्तु त्वा दिव्यः सोम इन्द्र – ऋ.१०.११६.३/१
ममत्तु परिज्मा वसर्हा – ऋ. १.१22.३/१; तैसं. 2.१.११.१/१; काठसं.2३.११/१
ममत्तु यः सूयते पार्थिवेषु – ऋ. १०.११६.३/2
ममत्तु येन निरिणासि शत्रून् – ऋ. १०.११६.३/४
ममत्तु येन वरिवश्चकर्थ – ऋ. १०.११६.३/३
ममत्तु वातो अपां वृषण्वान् – ऋ. १.१22.३/2; तैसं.2.१.११.१/2; काठसं.2३.११/2
मम त्वं योनिस्तव योनिरस्मि – कात्यश्रौसू. ३.६.१2/2 द्र. ममासि
मम त्वष्टा च पूषा च – कौसू.१३३.३/३
मम त्वा दोषणिश्रिषम् – अ. ६.६.2/१
मम त्वा सूर उदिते – ऋ. ८.१.2६/१; आश्रौ. ७.४.३
मम दिप्सन्ति ये धना – अ.१६.४६.७/2
मम देवा विहवे सन्तु सर्वे – ऋ. १०.१2८.2/१; अ. ५.३.३/१; तैसं. ४.७.१४.१/१; काठसं.४०.१०/१
मम देवासो अनु केतमायन् – ऋ. ४.2६.2/४
ममद्धि सोमं मधुमन्तमिन्द्र – ऋ. १०.६६.१३/३; अ. ३2.३/३; ऐब्रा. ४.४.११; कौषी ब्रा. १७.४; आश्रौ.६.३.१६
मम द्विता राष्ट्रं क्षत्रियस्य – ऋ. ४.४2.१/१
मम नाम तव च जातवेदः – तैसं. १.५.१०.१/१; आश्रौ.2.५.१०/१; आपश्रौ. ६.2४.४ द्र. अत्र तव च नाम
मम नाम प्रथमं जातवेदः – तैसं.१.५.१०.१/१; काठसं. ७.३/१,११; आश्रौ.2.५.३/१; आपश्रौ. ६.2४.७; माश्रौसू. १.६.३.६/१; हिर गृसू.2.४.११
मम पद्याय वि राज – आपमपा. 2.६.१३ द्र. मयि दोहः, तथा मयि पद्यायै
मम परे ममापरे – हिर गृसू. १.१५.८/१
मम पितरेष तेऽर्घ्यः (ऊहस् इत्यनेन सार्धं, पितामह, तथा प्रपितामह, पितर् इत्यर्थे) – माश्रौसू. ११.६.१
मम पुत्रांश्च रक्षतु – खिल.१०.१४2.६/४,६/५
मम पुत्राः शत्रुहणः – ऋ.१०.१५६.३/१; आपमपा. १.१६.३/१ (आपगृ. ३.६.६)।
मम प्रपित्वे अपिशर्वरे वसो – ऋ. ८.१.2६/३
मम ब्रह्मेन्द्र याह्यच्छ – ऋ. 2.१८.७/१
मम भोगाय भव – तैसं. १.2.३.2–३; ६.१.४.८; शांश्रौसू. १८.20.८
मम मध्यंदिने दिवः – ऋ. ८.१.2६/2
मम यातमनुवर्तमान एत – अ.३.८.६/४; ६.६४.2/४
मम योनिरप्स्वन्तः समुद्रे – ऋ. १०.१2५.७/2; अ. ४.३०.७/2र
मम राष्ट्रस्याधिपत्यमेहि – ऋ. १०.१2४.५/४
मम वशेषु हृदयानि वः कृणोमि – अ. ३.८.६/३; ६.६४.2/३ द्र. मम व्रते, तथा मम हृदये
मम वाचमेकमना जुषस्व –शां गृ सू. 2.४.१/३; साम

मन्त्रब्रा. १.2.2१/३; पारगृसू.१.८.८/३; हिर गृसू. १. ५.११/३; मागृसू..१.१०.१३/३ द्र. उत्तरम्
मम वाचमेकव्रतो जुषस्व – आगृ. १.2१.७/३; मागृसू.. १. 22.१०/३ द्र. पूर्वम्
मम वाचा तं सह भक्षयन्तु – आपश्रौ. ५.2५.20/2
मम विष्णुश्च सोमश्च – कौसू. १३३.३/१
मम व्रते ते हृदयं (आगृ.शां गृ सू. व्रते हृदयं ते) दधामि (साम मन्त्रब्रा.मागृसू.. दधातु) – ।ह.१.2१.७/१; शां गृ सू. 2.४.१/१; साम मन्त्रब्रा.१.2.2१/१; पारगृसू.१. ८.८/१; 2.2.१६; मागृसू.. १.१०.१३/१; 22.१०/१ तु. बृहद. ७.११७ द्र. अत्र मम वशेषु।
मम समिद्धेऽहौषीः पुत्रपशूंस्त आददेऽसौ – शब्रा. १४.६.४. ११; बृह उप.६.४.११
मम समिद्धेऽहौषीः प्राणापानौ त आददेऽसौ – शब्रा. १४. ६.४.११; बृह उप.६.४.११
मम समिद्धेऽहौषीः आशापराकाशौ त आददेऽसौ – शब्रा. १४.६.४.११; बृह उप.६.४.११
मम सनुषा श्वशुरस्य प्रविष्टौ – आश्रौ.2.११.८/३ द्र. अस्य सनुषा।
मम स्वनात् कृधुकर्णो भयाते – ऋ. १०.2७.५/३
मम हृदये हृदयं ते अस्तु – हिर गृसू. १.५.११/१ द्र. अत्र मम वशेषु
ममाग्निश्चेन्द्रश्च – हिर गृसू. १.१५.८/३
ममाग्ने वर्चो विहवेष्वस्तु – ऋ.१०.१2८.१/१; अ.५.३. १/१; तैसं.४.७.१४.१/१; मैसं.१.४.१/१: ४७.१; १.४.५: ५2.११; काठसं. ४.१४/१; ३१.१५; ४०.१०/१; कात्यश्रौसू. 2.१.३/१; आपश्रौ. १.१४; ४.८.६; ६.१६.७; 20.2; 22.१; १७.2१.१ प्रः ममाग्ने वर्चः काठसं.८.१६; आश्रौ. ६.६.१६; शांश्रौसू. ४.2.७,१३; १३.५.१७; वैसू. १. १2.१४; कात्यश्रौसू.2५.१४.१६; माश्रौसू. १.४.१.७; आगृ. ३.६.2; शां गृ सू. १.४.2; ३.१.८; कौसू. १.३३; १2.१०; 22.१४; ३८.2६; ४६.१५; ऋवि. ४.६.2; ममाग्ने –वृहासं. ५.४६६ तु. बृहद. ८.४४ विहव्य, उताहो विहवीय (सूक्त) इति नाम्ना प्रसिद्धः। अ. ७.५.४; तैसं.३.१.७.३; ७.५.५.2; काठसं. ३४.४; गोब्रा. 2.2.2४; पंचब्रा. ६.४.१४; शांश्रौसू. ४.2.७,१३; १३.५.१७; लाटयश्रौसू.४.१०.८; कात्यश्रौसू.2५.१४.१८; आपश्रौ. १४.१६.१०; माश्रौसू. १.६.2.१७
ममाजाश्चावयश्च – कौसू.१३३.३/2
ममानीकं सूर्यस्येव दुष्टरम् – ऋ. १०.४८.३/३
ममान्तरिक्षमुरुलोकम् (तैसं. उरु गोपम्) अस्तु – ऋ. १०. १2८.2/३; अ. ५.३.३/३; तैसं.४.७.१४.१/३; काठसं. ४०.१०/३
ममान्तर् हृदये श्रितः – तैआ. १.३१.५/2
ममामित्रान् वि विध्यत (अ. १.१६.३/५, ...तु) – अ.१.१६. 2/४,३/५ तु. अमित्रान् नो वि।
ममाशीरादिः द्र. मय्य् आशीर्।
ममासि योनिस्तव योनिरस्मि – तैब्रा. १.2.१.20/2; 2.५. ८.७/2; ३.७.७.१०/2; आपश्रौ. ५.१६.१/४ द्र. मम त्वं योनिस्
ममेदं सर्वमात्मनवत् – कौसू. १३३.३/४
ममेदनु क्रतुं पतिः – ऋ. १०.१५६.2/३; आपमपा. १.१६. 2/३
ममेदमिष्टं न मिथुर्भवाति – तैब्रा.३.७.५.१2/2; आपश्रौ. 2.20.६/2
ममेदसस्त्वं केवलः – अ.७..३८.४/३ तु. यथासो मम
ममेदभ क्रतावसः – अ. १.३४.2/३ तु. यथा मम क्रताव्
ममेदह श्वशुरो ना जगाम – ऋ.१०.2८.१/2
ममेदिह श्रुतं हवम् – ऋ. 2.४१.४/३; सा.2.2६०/३; वा. ७.६/३; तैसं. १.४.५.१/३; मैसं.१.३.७/३५ ३2.१७; काठसं. ४.2/३; शब्रा.४.१.४.७/३
ममेदु कर्मन् करुणेऽधि जाया – अ. १2.३.४७/2
ममेदुग्र श्रुधी हवम् – ऋ. ८.६.१८/३
ममेदुग्रस्य चर्कृधि – अ. 20.१2७.११/३; शांश्रौसू. १2.१५. १.2/३
ममद् वर्धस्व सुष्टुतः – ऋ.८.६.१2/३; अ.20.११५.३/३; सा.2.८५2/३
ममेमाः सर्वा ओषधीः – कौसू. १३३.३/३
ममेयमस्तु पोष्या – अ. १४.१.५2/१ द्र. ध्रुवैधि।
ममेयं पृथिवी मही – हिर गृसू. १.१५.८/2
ममैतान् पुत्रो महता वधेनृ – ऋ. ४.१८.७/३
ममैतौ केवलाविति – अ. ६.४.१2/४
ममैव कृणुतं वशे – अ. ३.2५.६/४
ममैव पुरुषा भवन् – कौसू. १३३.३/३
ममैव मरुतो भवन् – कौसू. १३३.३/2
ममैव सन् दिवि देवेष्वधि – कात्यश्रौसू.३.६.१2/३ द्र. उत्तरम्
ममैव सन् वह हव्यान्यग्ने – तैब्रा. १.2.१.20/३; 2.५.८. ७/३; ३.७.७.१०/३; आपश्रौ. ५.१६.१/५ द्र. पूर्वम्
ममैव सविता वशे – कौसू. १३३.३/४
ममैव हवमेतन – अ.५.८.३/५
ममैवोपेहि पुत्रताम् – ऐब्रा. ७.१७.५/४; शांश्रौसू. १५. 2५/४
ममैष राय उप तिष्ठतामिह – अ. १८.2.३७/४

ममोभा द्यावापृथिवी – कौसू. १३३.३/१
ममोभा मित्रावरुणा – कौसू. १३३.2,३/१
ममोभेन्द्राबृहस्पती – कौसू. १३३.३/2
मम्नाते इन्द्र रोदसी – ऋ. ७.३१.७/३
मय इवापो न तृष्यते बभूथ – ऋ. १.१७५.६/2; १७६.६/2
मयः कृणोषि प्रय आ च सूर्यये – ऋ.१.३१.७/४
मयः पतिभ्यो जनयः (अ. जनये) परिष्वजे – ऋ.१०.४०.१०/४; अ. १४.१.४६/४; आपमपा. १.१.६/४
मयंदं (मैसं.माश्रौसू. मयंतं) छन्दः – वा. १४.९; तैसं.४.३.५.१; मैसं. 2.८.2: १०७.१७; काठसं.१७.2; शब्रा. ८.2.३.११; माश्रौसू. ६.2.१
मयस् करन् परतरे चनाहन् – ऋ.१०.६५.१/४; शब्रा. ११.५.१६/४
मयस्तोकेभ्यस्कृधि – अ.१.१३.2/४; 2६.४/३
मया गावो गोपतिना सचध्वम् – अ.३.१४.६/१ तु. मयि गावः, तथा मयि तिष्ठन्तु।
मया त्वा सयुजा युजा युनज्मि – तैसं. ४.४.५.१; काठसं. ४०.2
मया दत्तेन भूतले – आगृ.१.2.८/४ (आलो.टि.)
मया पत्या जरदष्टिर्यथासः – ऋ.१०.८५.३६/2; अ. १४.१.५०/2; साम मन्त्रब्रा. १.2.१६/2; पारगृसू. १.६.३/2; आपमपा. १.३.३/2; हिर गृसू. १.20.१/2; मागृसू.. १.१०.१५/४
मया पत्या प्रजावती – खिल.१०.८५.६/३; अ.१४.१.५2/३; पारगृसू. १.८.१९/३; आपमपा. १.८.६/३
मया भूतान्ययक्षत – तैआ.१.११.४/१
मया वः सं सृजामसि – अ.३.१४.५/४
मया सो अन्नम् (अ. अन्नम्) अत्ति यो विपश्यति – ऋ. १०.१2५.४/१; अ. ४.३०.४/१
मयि कीर्तिः – ऐआ. ५.१.५.८
मयि क्षत्रं वर्च आ धत्त देवीः – अ.१६.१.१३/2 द्र. मयि वर्चो बलम्
मयि क्षत्रं च विशश्च धारयाणि – कौसू. ६०.१०
मयि क्षत्रं पर्णमणे – अ.३.५.2/१
मयि क्षत्रं मयि रायो दधामि – मैसं.१.६.१/३: ८६.६
मयि गावः सन्तु गोपतौ – आश्रौ. ३.११.६/४ तु. मया गावो इत्यत्र
मयि गृह्णामि त्वामहम् – वा.20.३2/५ द्र. मह्यम् आदि
मयि गृह्णाम्यक्षितम् – वा. ३८.2६/५
मयि गृह्णाम्य् (मैसं. ...म्यहम्) अग्रे अग्निम् – वा. १३.१/१; तैसं.५.७.८.१/१,2; मैसं.१.६.१/१: ८६५; काठसं. ७.१2/१; शब्रा.७.४.१.2; आपश्रौ. ५.६.१; १६.2१.६; १६.११.७; 2४.११.१ प्रः मयि गृह्णामि –कात्यश्रौसू.१७.३.2७; माश्रौसू.१.५.३.१३; – ६.१.५; – ८.2५; हिर गृसू. १.१.१५
मयि गोत्रं हरिश्रियम् – ऋ. ८.५०(वाल. 2) १०/४
मयि गोष्ठे निविशध्वम् – आगृ.2.१०.६/४
मयि घोषः – ऐआ. ५.१.५.८
मयि चित्तानि सन्तु ते – हिर गृसू.१.५.११/2
मयि त (मैसं.ता) ऊर्क – वा. १७.१; मैसं.2.१०.१: १३१.३; ३.३.५: ३७.१३; शब्रा. ९.१.2.५; कात्यश्रौसू.१८.2.2
मयि तदिन्द्रियं वीर्यम् – मैसं.४.९.१३: १३४.५ प्रः मयि तत् (वत त्यत्) – माश्रौसू.४.५.६ द्र. मयि त्यद्, तथा तु. मयीन्द्रियम्।
मयि तद्धस्तिवर्चसम् – अ. ३.22.५/४
मयि ता ऊर्कः द्र. मयि त ऊर्क।
मयि तिष्ठतु यो रयिः – माश्रौसू. ६.४.१/४
मयि तिष्ठन्तु गोपतौ – माश्रौसू.६.४.१/2 तु. मया गावो इत्यत्र
मयि ते कामधरणं भूयात् – वा.१2.४६; तैसं. ४.2.४.१; मैसं.2.७.११: ८६.६; काठसं. १६.११; शब्रा. ७.१.१.८; तैब्रा.१.2.१.१७ तु. मयि वः आदि
मयि तेज इन्द्रियम् – शब्रा.१४.९.४.६; बृह उप. ६.४.६; हिर गृसू. १.१३.१ प्रः मयि तेजः – याधशा. ३.2७६
मयि ते रायः श्रयन्ताम् – तैसं.१.2.७.१ तु. मयि वो आदि
मयि ते वष्टतां मनः – अ. ६.१02.2/४
मयि त्यदिन्द्रियं बृहत् (काठसं.तैब्रा.तैआ. महत्) – वा.३८.2७/१; काठसं.५.2/१; ३2.१2; तैब्रा.३.७.९.४/१; शब्रा.१४.३.१.३१; तैआ. ४.2१.१/१; आश्रौ.५.१३.६/१; शांश्रौसू. ७.१६.८/१ प्रः मयि त्यत् – कात्यश्रौसू. 2६.७.५५ तु.मयि तदिन्द्रियम्
मयि त्वयीदमस्तु त्वयि मयीदम् – साम मन्त्रब्रा. 2.५.११
मयि दक्षक्रतू – आपश्रौ. ४.३.१2; आगृ. ३.६.७; हिर गृसू. १.१६.2 तु. उत्तरम्
मयि दक्षो मयि क्रतुः – वा.३८.2७/2; मैसं.४.९.१३: १३४.५; तैब्रा.३.७.९.४/2; शब्रा.१४.३.१.३१; ज्तैआ.४.2१.१/2; शांश्रौसू. ७.१६.८/2 तु. पूर्वं तथा द्र. मयि द्युम्न
मयि देवा उभये साध्याश्च – अ. ७.७९.2/३
मयि देवा दधतु श्रियमुत्तमाम् – वा. ३2.१६/३
मयि देवा द्रविणमा यजन्ताम् – ऋ. १०.१2८.३/१; अ. ५.३.५/१; तैसं. ४.७.१४.१/१; काठसं.४०.१०/१
मयि देवासोऽवृजन्नपि क्रतुम् – ऋ.१०.४८.३/2

मयि देवेभ्यः कल्पत – ऐब्रा.८.६.१2

मयि दोहः पद्यासयै विराजः (मागृसू..विराजः कल्पताम्) –आगृ.१.2४.22; हिर गृसू. १.१३.१; मागृसू. १.६.७ द्र. मम पद्याय इत्यत्र।

मयि द्युम्न उत क्रतुः – काठसं. ५.2/2; आश्रौ.५.१३.६/2 द्र. मयि दक्षो।

मयि धायि सुवीर्यम् – तैब्रा.३.७.६.४/३; तैआ.४.2१.१/३ द्र. मयि धेहि आदि।

मयि धारयताद् रयिम् – अ.३.५.2/2

मयि धृतिः – लाटयश्रौसू. ३.८.१2; साम मन्त्रब्रा.१.३.१४

मयि धेहि – तैसं. ७.४.१६.१; काठसं अश्व. ४.५; तैब्रा. ३.६.१६.2; तैआ.४.2.५

मयि धेहि रुचा रुचम् – खिल. १०.१2८.११/४; वा. १८.४८/४; तैसं. ५.७.६.४/४; मैसं.३.४.८/४ः ५६.४; काठसं.४०.१३/४

मयि धेहि सुवीर्यम् – मैसं. ४.६.१३५ १३४.६; द्र.मयि धाययि।

मयि पद्यायै विराजो दोहः – शांश्रौसू. ४.2१.३; शां गृ सू. ३.७.५; पारगृसू. १.३.१2 द्र. अत्र मम पद्याय

मयि पर्वतपूरुषम् – आपमपा. 2.६.१ (आपगृ. ५.१2.११); हिर गृसू. १.११.५/५

मयि पर्वतभेषजम् – आपमपा. 2.६.१

मयि पर्वतवर्चसम् – आपमपा. 2.६.१

मयि प्रवतायुषम् – आपमपा. 2.६.१

मयि पुष्टिं (अ. पुष्टं) पुष्टपतिर्दधातु – अ. ७.१६.१/४; १६.३१.६/2; मैसं.2.१३.2३/४ः १६६.५; काठसं. १३.१५/४,१६/४; ४०.१/४; तैआ. १०.६७.2/४; महा नारा उप. 20.१/४; आपश्रौ. १४.2८.४/४; आगृ.१.2.५/४ (आलो.टि.); साम मन्त्रब्रा. 2.४.७/३ तु. उत्तरम्

मयि पुष्टिं पुष्टिपत्नी दधातु – काठसं. ८.१७/४ तु. पूर्वम्

मयि पुष्यत यद्वसु – अ.३.१४.2/४

मयि प्रजाम् – तैसं. ३.३.१.2; तैआ. ४.४2.2; तै आ. १.१०.४४; आगृ.१.2१.४; हिगृसू. १.८.६

मयि प्रजां प्रजापतिः स्वाहा – साम मन्त्रब्रा. 2.४.७/४

मयि प्रजां मय्यायुर् (काठसं. मयि पुष्टिं; तैसं. मयि वर्चो) दधामि – अ. ७.०८2.2/३; तैसं. ५.७.६.१/३; काठसं.७.१2/३

मयि प्राणांस्त्वयि मनसा जुहोमि स्वाहा – शब्रा.१४.६.४.2३; बृह उप. ६.४.2३

मयि प्राणापानौ – वा.३६.१; ऐब्रा.३.८.६; गोब्रा. 2.३.६; आश्रौ. १.५.१७; वैसू.१६.६; आपश्रौ. 2४.१2.८

मयि बध्नामि वो मनः – साम मन्त्रब्रा. 2.2.८/४ तु. मयि वो रमतां।

मयि ब्रह्म च तपश्च धारयाणि – कौसू. ६०.६

मयि भगः – ऐआ. ५.१.५.८

मयि भद्रम् – शांश्रौसू.५.१.१०

मयि भर्गः – गोब्रा.१.५.१५,१६; शब्रा. १2.३.४.६; ऐआ. ५.१.५.८; शांश्रौसू. ५.१.१०; वैसू.2१.६; कात्यश्रौसू. १३.१.१2

मयि भुक्तिः – ऐआ. ५.१.५८

मयि भुजः – ऐआ. ५.१.५८

मयि भुतिः – ऐआ. ५.१.१०

मयि महः – गोब्रा. ५.१५,१७; शब्रा. १2.३.४.६; वैसू. 2१.६; कात्यश्रौसू. १३.१.१2; आपमपा. 2.६.११ (आपगृ. ५.१३.६)

मयि महान् – ऐआ. ५.१.५.८

मयि मेधाम् – तैसं.३.३.१.2; तै आ. १०.४४; आपश्रौ. १३.८.१०; आगृ. १.2१.४; हिर गृसू. १.८.६ तु. त्वयि आदि।

मयि यशः – गोब्रा. १.५.१५,१८; शब्रा. १2.३.४.६; ऐआ. ५.१.५.८ः शांश्रौसू. ५.१.१०; वैसू. 2१.६; कात्यश्रौसू.१३.१.१2; आपमपा. 2.६.११

मयि रमः – लाटयश्रौसू. ३.८.१2; साम मन्त्रब्रा. १.३.१४

मयि रमध्वम् – लाटयश्रौसू.३.८.१2 द्र. मयि रमस्व।

मयि रमन्तां ब्रह्मचारिणः – कौसू.५६.१४

मयि रमस्व – साम मन्त्रब्रा.१.३.१४; ७.११; गोभि गृसू. ३.४.2५ द्र. मयि रमध्वम्

मयि रमो देवानां तेजसे ब्रह्मवर्चसाय – कात्यश्रौसू. १३.2.१६/४

मयि रायो मयि रक्षः (मूलतः दक्षः?) – मैसं.४.६.१३ः १३४.५

मयि रुक् – तैआ.४.६.2; ५.५.३

मयि रुचं धाः (काठसं. देहि) – मैसं.१.५.2५ ६८.७; १.५.६ः ७७.११; काठसं. ६.६; ७.६ द्र. रुचं मयि धेहि।

मयि वः कामधरणं भूयात् (शांश्रौसू. इत्यस्य लोपः भूयात्) – वा. ३.2७; शब्रा. 2.३.४.३४; शांश्रौसू. 2.१2.४ तु. मयि ते आदि।

मयि वर्चो बलमोजो नि धत्त – तैसं. ५.६.१.2/४; मैसं.2.१३.१/४ः १५2.६; ऐब्रा. ८.६.१०/४ द्र. मयि क्षत्रं वर्च।

मयि वसुः पुरूवसुः – तैसं. ३.2.१०.2; ऐब्रा.2.2७.३; आश्रौ. ५.६.१ प्रः मयि क्षत्रं वर्च

मयि वसुः पुरूवसुः – तैसं.३.2.१०.2; ऐब्रा. 2.2७.३; आश्रौ.

५.६.१ प्रः मयि वसुः – आपश्रौ. १2.2१.५ द्र. अत्र अयं वसुः आदि
मयि वसुर्विदद्वसुः – आपश्रौ. १2.2१.५ द्र. अत्र अयं वसुः आदि।
मयि वसुर्विदद्वसुः – तैसं. ३.2.१०.2; ऐब्रा. 2.2७.६; आश्रौ. ५.६.७ द्र. अत्र अयं वसुरादि
मयि वाग् अस्तु धर्णसिः – तैब्रा.2.७.१६.४/2
मयि वो रमतां मनः – अ. ७.१2.४/४ तु. मयि बघ्नामि
मयि वो रायः श्रयन्ताम् – तैसं. १.५.६.2,४; मैसं. १.५.2: ६६.१; काठसं. ७.१,७,८; लाटयश्रौसू. ३.६.३ तु. मयि ते आदि
मयि श्रद्धा – आपश्रौ. ६.५.३
मयि श्रयस्व – आपश्रौ. ६.३.८
मयि श्रीः – ऐआ. ५.१.५.८; शांश्रौसू. ५.१.१०; सावि ब्रा. ३.१.३
मयि श्रीः श्रयतां यशः – खिल. ५.८७.१०/४ द्र. यशः श्रीः
मयि श्लोकः – ऐआ. ५.१.५.८
मयि सजाता रमतिर्वो अस्तु – अ. ६.७३.2/४,३/४
मयि संज्ञानमस्तु वः – अ.३.१४.४/४
मयि सत्यं गोषु मे व्रतम् – कात्यश्रौसू. ४.१५.५
मयि सं भ्रम कर्दम – खिल. ५.८७.११/2
मयि सर्वम् – गोब्रा. १.५.१५,१६; शब्रा. १2.३.४.६; वैसू. 2१.६; कात्यश्रौसू. १३.१.१2
मयि सामीच्यमस्तु ते – हिर गृसू. १.५.११/३
मयि सूर्यो भ्राजो दधातु – तैसं. ३.३.१.2; तैआ.४.४2.2; तै आ आन्ध्र. १०.४४; ।ह.१.2१.४
मयि स्तोभः – ऐआ. ५.१.५.८
मयि स्तोमः – ऐआ.५.१.५.८
मयि स्वधृतिः – सध ३.८.१2; साम मन्त्रब्रा. १.३.१४
मयि स्वाहा – तैआ.१.३१.६
मयीदमिन्द्र इन्द्रियं दधातु – वा.2.१०/१; शब्रा. १.८.१.४2/१; शांश्रौसू. ४.६.१/१ प्रः मयीदम् – कात्यश्रौसू.३.४.2१ द्र.अस्मास्विन्द्र, तथा उत्तरम्
मयीन्द्र इन्द्रियं दधातु – तैसं.३.३.१.2; तैआ. ४.४2.2; तै आ आन्ध्र. १०.४४; ।ह. १.2१.४
मयीन्द्रियं वीर्यम् – आपमपा. 2.६.११ तु. मयि तदिन्द्रियम्
मयीन्द्रियं ज्यैष्ठयं श्रैष्ठयमग्निर्दधातु स्वाहा – जैब्रा.2.६७(६८) तु. मय्यग्निस्।
मयुः प्राजापत्यः – वा.2४.३१; तैसं. ५.५.१2.१; मैसं.३.१४.१2: १७४.११; काठसं अश्व. ७.2
मयुं ते शुगृच्छतु (काठसं. ते क्षुत्) – वा. १३.४७; मैसं. 2.७.१७: १०2.११; काठसं. १६.१७; शब्रा. ७.५.2.३2
मयुमारण्यमनु ते दिशामि – तैसं.४.2.१०.१/३; मैसं.2.७.१७/३: १७/३; शब्रा. ७.५.2.३2 द्र. पूर्वम्
मयैतां मांस्तां भ्रियमाणा – तैआ. ६.१2.१/१
मयो दधे मेधिरः पूतदक्षः – ऋ.३.१.३/१; ऐब्रा. ७.७2
मयो दात्रे भूयात् – मैसं. १.६.४(बप्र.): १३३.१५,१६; १३४.४,१०,१५ द्र. आयुर्दात्र।
मयो नो भूतोतिभिर्मयोभुवः – ऋ.८.2०.2४/३
मयोभुवा सरथा यातमर्वाक् – ऋ.५.४३.८/३
मयोभुवा सुप्रणीती गमेम – ऋ. ५.४2.१८/2; ४३.१७/2; ७६.५/2; ७७.५/2
मयोभुवो जरिता जोहवीति – ऋ. ५.४३.१/४
मयोभुवो नो अर्वन्तो नि पान्तु – ऋ. ७.४०.६/३
मयोभुवो ये अमिता महित्वा – ऋ.५.५८.2/३
मयोभुवो वृष्टयः सन्त्वस्मे – ऋ. ७.१०१.५/३; काठसं. 2०.१५/३ द्र. मयोभूर्वातो विश्व...।
मयोभूरद्विषेण्यः – ऋ.१.१८७.३/३; काठसं. ४०.८/३
मयोभूर्वातो अभि वातूस्राः (काठसं अश्व. वात्युस्राः) – ऋ. १०.१६६.१/१; तैसं. ७.४.१७.१/१; काठसं अश्व. ४.६/१; तैब्रा. ३.८.१८.३; आपश्रौ. 2०.१2.2; आगृ.2.१०.५ प्रः मयोभूर्वातः – शां गृ सू. ३.६.५; ऋवि.४.2०.४; मयोभूः – शां गृ सू. ३.११.१५; पारगृसू.३.६.७ तु. बृहद. ८.७2
मयोभूर्वातो विश्वकृष्टयः सन्त्वस्मे – तैआ.१.2६.१/३ द्र. मयोभुवो वृष्टयः
मयोभूः शंतनमा यद् ध्रुदो (धृदो इति भाष्ये) ऽसि – तैब्रा. 2.५.६.४/2
मयो मह्यं (तैब्रा. मह्यमस्तु प्रतिग्रहीत्रे (शांश्रौसू. प्रतिगृह्णते) – वा.७.४७; मैसं.१.६.४: १३३.१५,2०; १३४.४,१०,१५; शब्रा.४.३.४.2८; तैब्रा.2.2.५.४; शांश्रौसू. ७.१८.१ द्र. वयो दात्रे, तथा हयो दात्र।
मयोषितोन यानि वै – निरु.१४.६/४
मयोऽसि – वा. 22.१६; मैसं. ३.१2.४: १६१.८; काठसं अश्व. १.३; पंचब्रा.१.७.१; शब्रा. १३.१.६.१; हिर गृसू. १.१2.३
मय्यग्निस्तेजो दधातु – तैसं.३.३.१.2; तैआ.४.४2.2; तै आ. १०.४४; आगृ. १.३१.४ तु. मयीन्द्रियं ज्यैष्ठयम्
मय्यग्रे अग्निं गृह्णामि – अ. ७.८2.2/१ प्रः मय्यग्रे – वैसू. ५.१६; कौसू.५७.2१
मय्यस्तु शरदः शतम् – शांश्रौसू. १७.१2.१/४
मय्यहं तं परि गृह्णामि देवम् – अ.१2.2.३३/३
मय्याशीर् (काठसं. नामाशीर्) अस्तु मयि देवहूतिः – ऋ.

१०.१2८.३/2; अ. ५.३.५/2; तैसं. ४.७.१४.१/2; काठसं.४०.१०/2
मय्येव तन्वं मम – मैसं. ४.१2.१/४: १७६.१३; निरु. १०. १८/४ द्र. उत्तरम्।
मय्यवास्तु मयि श्रुतम् – अ.१.१.2/४,३/४ द्र. पूर्वम्
परीचयः स्वायंभुवाः – तैआ.१.2७.2/१
मरीचयोऽनु धावत – अ.५.2१.१०/2
मरीचीनां पदमिछन्ति वेधसः – ऋ. १०.१७७.१/४; तैआ. ३.११.११/४; १३.2/४; जै उप ब्रा. ३.३५.१/४
मरीचीरुप संनुद – तैआ. ४.३६.१/४
मरीचीर्धूमान् प्र विशानु पाप्मन् – अ.६.११३.2/१
मरीचीर्वा या अनुसंचरन्ति – अ. ४.३८.५/2
मरीचीर्विप्रुड्भिः (मैसं. ...प्रुषा) – वा. 2५.६; मैसं.३.१५.८: १८०.१
मरीच्यात्मानो अद्रुः (तैआ.१.2१.१/2, अदुः) – तैआ. १.१. 2/2; 2१.१/2
मरुत ऋंजती शरुः – ऋ.१.१७2.2/2
मरुतः कृष्णावसे नो अद्य – ऋ. ६.2१.६/2
मरुतः क्व सुविता – ऋ.१.३८.३/2
मरुतः परिवेष्टारः – ऐब्रा.८.2१.१४/१; शब्रा.१३.५.४.६/१; शांश्रौसू. १६.६.१६/१; महा. १2.2६.१८/१
मरुतः पर्याध्वं स्वाहा – आपमपा. 2.१३.७/४
मरुतः पर्वतानामधिपतयस्ते पावन्तु – अ.५.2४.६
प्रः मरुतः पर्वतानाम् वैसू.८.१३ द्र. मरुतो गणानाम्
मरुतः पिबत ऋतुना – ऋ.१.१५.2/१
मरुतः पूषणो भगः – ऋ.१०.६३.४/४
मरुतः पृश्निमातरः – जैब्रा. 2.१८०(१७६). तु पृषदश्वा
मरुतः पोत्रत् (अ. पोत्रत् त्रिष्टुभः स्वर्गाद् ऋतुना सोमं पिबन्तु) – अ. 2०.2१; वैसू. १६.2३; (2०.१); कात्यश्रौसू. ६.८.१2; आपश्रौ. ११.१६.८ द्र. पूर्वम्
मरुतः प्रतिहर्तारः – तैसं. ३.३.2.१
म३तश्च म (मैसं. मा) इन्द्रश्च मे – वा.१८.१७; तैसं. ४.७. ६.2; मैसं.2.११.५: १४2.१६; काठसं.१८.१०
मरुतश्च रिशादसः – वा.३.४४/2; शब्रा.2.५.2.2१/2 द्र. मरुतो यज्ञ...।
मरुतः शर्म यच्छत – ऋ. ७.५६.१/४
मरुतः शृणुता हवम् – ऋ. १.८६.2/३; तैसं.४.2.११.2/३
मरुतस्तज्जुजुष्टन – ऋ.७.५६.६/2; अ.७.७७.१/2; तैसं. ४.३.१३.३/2; मैसं.४.१०.५/2: १५४.७; काठसं. 2१.१३/2
मरुतस्ते गोप्तारः – तैसं.४.४.५.2; मैसं. 2.८.१४: ११७.११
मरुतस्ते देवा अधिपतयः – वा. १५.१३; तैसं.४.४.2.2; मैसं. 2.८.६: ११४.2; काठसं. १७.८; शब्रा. ८.६.१.८
मरुतस् त्रिणवे स्तुतम् – तैब्रा. 2.६.१६.2/2 द्र. त्रिणवे।
मरुतस्त्वेषसंदृशः – शांश्रौसू. ३.५.११/१
मरुतः संरराणाः – वा. १७.१/४; तैसं.४.६.१.१/५; ५.४. ४.१; मैसं. 2.१०.१/४: १३१.३; काठसं.१७.१७/४; शब्रा. ६.१.2.५
मरुतः सदोहविर्धानैः (तैआ. ...धानाभ्याम्) – मैसं.१.६.2: १३2.2; तैआ. ३.८.१ द्र. अदितिः सदो...।
मरुतः सप्तमे – वा.३६.६
मरुतः सप्ताक्षरया सप्तपदां (काठसं लोपः) शक्वरीम् उदजयन् – मैसं. १.११.१०: १७2.2; काठसं. १४.४ द्र. उत्तरम् द्विवर्जम्।
मरुतः सप्ताक्षरयोष्णिहम् उदजयन् – मैसं. १.११.१०: १७2.१३; काठसं. १४.४
मरुतः सप्ताक्षराम् – मैसं. १.११.१०: १७१.१५; काठसं.१४.४
मरुतः सप्ताक्षरेण सप्त ग्राम्यान् पशून् उदजयंस्तान् उज्जेषम् (तैसं. ...क्षरेण सप्तपदां शक्वरीम् उदजयन्)
– वा. ६.३2; तैसं. १.७.११.१ द्र. पूर्वं द्विवर्जम्
मरुतः सूर्यत्वचः – अ.१.2६.३/2; काठसं.2०.१५/2; तैआ. १.४.३/2 द्र. कवयः सूर्य...
मरुतः सोमपीतये – ऋ. १.2३.१०/2; ८.६४.३/३,६/३; तैसं. ४.७.१2.१/४
मरुतां शर्धोऽसि – आपश्रौ. १.2३.१
मरुतां शृण्व आयताम् उपब्दिः – ऋ. १.१६६.७/2
मरुतां सप्तमी – वा.2५.४; तैसं.५.७.2१.१; मैसं. ३.१५.४: १७६.१; काठसं अश्व. १३.११
मरुतां सकन्धाः – वा.2५.६; मैसं.३.१५.६: १७६.७
मरुां च विहायसाम् – तैसं.१.2७.६/४
मरुतां त्वौजसे – वा. ७.३६; शब्रा. ४.३.३.६,१४; कात्यश्रौसू. १०.३.३
मरुतामधा महः – ऋ. ५.५2.३/३
मरुतामाधिपत्यम् – वा.१४.2५; तैसं. ४.३.६.2; मैसं.2.८.५: १०६.१५; काठसं. १७.४; 2१.१; शब्रा. ८.४.2.८
मरुतामुग्रा नप्तिः – अ. ६.१.३/४,१०/४
मरुतामेति धृष्णुया – ऋ.१.2३.११22
मरुतामोजसा (शांश्रौसू. ओजसा सह) – तैब्रा. १.७.८.४; शांश्रौसू. ८.१६.१
मरुतामोजसे स्वाहा – वा.१०.2३; तैसं.१.८.१५.2; काठसं. १५.८; शब्रा.५.४.३.१७ तु. मरुतां बलाय
मरुतामोज (हस्त.माश्रौसू. ओजः; काठसं. ओजस्) स्थ – तैसं. १.८.११.१; मैसं. 2.६.७: ६८.३; काठसं. १५.६;

तैब्रा.१.७.५.2; आपश्रौ. १८.१३.७; माश्रौसू. ६.१.2
मरुतां पितरुत तद् गृणीमह – काठसं.१३.६/2 द्र. उत्तरम्।
मरुतां पितस्तदहं गृणामि (मैसं. गृणे ते) तैसं.३.३.६.१/2; मैसं. 2.५.१०/2: ६१.१०; द्र. पूर्वम्
मरुतां पिता पशूनामधिपतिः स मावतु – अ. ५.2४.१2
मरुतां पुरुतममपूर्व्यम् – ऋ. ५.५६.५/३
मरुतां पृत्सुतिर् हासमाना – ऋ.१.१६६.2/३
मरुतां पृषतय स्थ – तैसं. १.१.१३.१; तैब्रा. ३.३.६.४; आपश्रौ. ३.६.६ द्र. उत्तरम्
मरुतां पृषतीर् (का. पृषतीं) गच्छ – वा.2.१६; का. 2.४.३; शब्रा. १.८.३.१५ प्रः मरुताम् कात्यश्रौसू. ३.६.४ द्र. पूर्वम्
मरुतां पृषती वशा – काठसं.१.१2/१; ३१.११
मरुतां प्रसवे (वा.शब्रा. प्रसवेन) जय (तैसं. जयत) – वा. १०.2१; तैसं. १.७.८.१; मैसं. ४.४.५: ५५.१६; काठसं. १५.८; शब्रा. ५.४.३.८; माश्रौसू. ६.१.३ प्रः मरुताम् – कात्यश्रौसू. १५.६.१८
मरुतां प्रसवे जेषम् – तैसं.१.८.१५.१; तैब्रा.१.७.६.३; आपश्रौ. १८.१७.५ द्र. सपत्नहा मरुताम्
मरुतां प्रसवेन आदिः द्र. पूर्वमेकवर्जम्
मरुतां प्राणस्ते ते प्राणं ददतु येषां प्राणस्तेभ्यो वस् स्वाहा – काठसं. ११.७
मरुतां बलाय स्वाहा – मैसं. 2.६.१2: ७१.१३; ४.४.६: ५७.2 द्र. मरुतामोजसे
मरुतां मन इच्छतः – अ.४.१५.१५/३
मरुतां मन्वे अधि नो (अ. मे) ब्रुवन्तु – अ. ४.2७.१/१; तैसं.४.७.१५.४/१; मैसं.३.१६.५/१: १६१.१०; काठसं. 22.१५/१
मरुतां महिमा सत्यो अस्ति – ऋ. १.१६७.७/2
मरुतो अस्तु मर्त्यः – ऋ. १.८६.७/2
मरुतो अहिभानवः – ऋ. १.१७2.१/३
मरुतो गणानामधिपत्यः (तैब्रा. ...नां पतयः) – तैसं. ३.४.५.१; तैब्रा. ३.११.४.2; पारगृसू. १.५.१० द्र. मरुतः पर्वतानाम्।
मरुतो गन्त गृणतो वरस्याम् – ऋ. ६..४६.११/2
मरुतो गृहमेधिनो (माश्रौसू. ...मेधन्) यज – शब्रा. 2.५.३.६,१४; माश्रौसू.१.७.५.2३
मरुतो घ्नन्त्वोजसा – अ.३.१.६/2
मरुतो जज्झतीरिव – ऋ. ५.५2.६/४; निरु. ६.१६
मरुतो देवता – वा.१४.20; तैसं.१.८.१३.१; ४.३.७.2; मैसं.१.५.४: ७१.१2; 2.८.३: १०८.१८; 2.१३.20: १६५.१४; काठसं. १५.७; १७.३; ३६.७,१३
मरुतो देवा इह श्रवन्निह सोमस्य मत्सन् – शांश्रौसू. ८.2३.१
मरुतो देवाः सोमस्य मत्सन् – शांश्रौसू. ८.2३.१
मरुतो नपातोऽपां क्षयाः पर्वतानां ककुभः श्येना अजिराः – पंचब्रा.१.2.५ प्रः मरुतः – लाटयश्रौसू.१.१०.४ तु. श्येना अजिरा, तथा तैब्रा. ३.७.६.१
मरुतोऽपश्च बर्हिश्च – काठसं. ६.१० तु. अत्र अदितिरपश्
मरुतो बलेन – वा.३६.६
मरुतो ब्रह्मार्चत – ऋ.८.८६.३/2; सा.१.2५७/2; वा. ३३.६६/2
मरुतो मा गणैरवन्तु प्राणपानायायुषे वर्चस ओजसे तेजसे स्वस्तये सुभूतये स्वाहा – अ. १६.४५.१०
मरुतो माप भूतन – ऋ.७.५६.१०/2; तैसं. ४.३.१३.५/2; मैसं. ४.१०.५/2: १५४.१2; काठसं.2१.३/2
मरुतो मारुतस्य नः – ऋ. ८.20.2३/१
मरुतो मृदयन्तु नः – ऋ. १.2३.१2/३
मरुतो यज – शब्रा. 2.५.2.३८; आपश्रौ. १६.१६.१५; माश्रौसू.५.१.७.८
मरुतो यज्ञवाहसः – तैसं. १.८.३.१/2; मैसं. १.१०.2/2: १४१.१०; काठसं. ६.४/2 द्र. मरुतश्च रिश...।
मरुतो यद्ध वो दिवः – ऋ. ८.७.११/१; तैसं. १.५.११.४/१; 2.१.११.१; ३.१४.४; मैसं.४.१०.४/१: १५३.१; ४.११.2: १६८.३; ४.११.४: १७०.१३; काठसं. ८.१७/१; ६.१६/१; 2१.१३; माश्रौसू. ५.१.६.४३
मरुतो यद्ध वो बलम् – ऋ. १.३७.१2/१; मैसं. ४.११.४/१: १७१.५; माश्रौसू. ५.१.७.११ प्रः मरुतो यद्ध – शांश्रौसू. ३.१४.६
मरुतो यन्तु सेनया – अ.३.१६.६/६
मरुतो यमवथ वाजसातौ – ऋ. ६.६६.८/2
मरुतो यस्य हि षये – ऋ. १.८६.१/१; अ. 20.१.2/१; वा.८.३१/१; तैसं. ४.2.११.१/१; ऐब्रा. ५.2१.१७; ६.१०.३; ७.६.८; कौषी ब्रा.2६.१७; 2८.३; गोब्रा. 2.2.20; शब्रा. ४.५.2.१७/१; आश्रौ. 2.११.१४; १७.१५□□ ५.५.१८; आपश्रौ. ६.१६.१३; बृ परासं. ३.३३१ प्रः मरुतो यस्य हि – आश्रौ. ८.११.४; मरुतो यस्य – शांश्रौसू. ७.४.८; १०.११.६; मरुतः – कात्यश्रौसू. 2५.१०.१६; बृहासं. ८.७०
मरुतो वर्षयन्तु – तैसं.३.५.५.2
मरुतो विप्रो अक्षरत् – ऋ. ८.७.१/2
मरुतो विडुपानिभिः – ऋ. १.३८.११/१

मरुतो वृत्रहं शवः – ऋ. ६.४८.21/४
मरुतो वृत्रहन्तमम् – ऋ. ८.८६.१/2; सा. १.2५८/2; वा. 20.३०/2; तैब्रा.2.५.८.४/2; वैसू.३०.१६/2
मरुतो हेतिमिच्छत – कौसू.12८.४/४
मरुत्तस्यावसन् गृहे – ऐब्रा. ८.21.१४/2; शब्रा. १३.५.४.६/2; शांश्रौसू. १६.९.१६/2 तु. महा. 12.2९.१८/2
मरुत्वं इन्द्र वृषभो आदिः द्र. मरुत्वां आदि।
मरुत्वती धृषती जेषि शत्रून् – ऋ. 2.३०.८/2
मरुत्वतीयम् उक्थमव्यथायै (काठसं. ...थाय; तैसं. ... थयत्) स्तभनातु (मैसं. ...नोतु) – वा. १५.12; तैसं.४.४.2.2; मैसं. 2.८.९: ११३.१६; काठसं.. १७.८; शब्रा. ८.६.१.७
मरुत्वतीयश्च मे निष्केवल्यश् (काठसं. महेन्द्रीयश्) च मे – वा.१८.20; तैसं. ४.७.७.2; मैसं. 2.११.५: १४३.६; काठसं. १८.११
मरुत्वते गिरिजा एवयामरुत् – ऋ.५.८७.१/2; सा. १.४६2/2
मरुत्वते च मत्सरः – ऋ. ९.६५.१०/2; सा.१.४६९/2; 2.१५३/2; पंचब्रा.६.१०.१०
मरुत्वते तुभ्यं राता हवींषि – ऋ. ३.३५.७/४
मरुत्वतो अप्रतीतस्य जिष्णोः – ऋ.५.42.६/१
मरुत्वन्तं वृषभं वावृधानम् – ऋ. ३.४७.५/१; ६.१६.११/१; वा. ७.३६/१; तैसं.१.४.१७.१/१; मैसं. १.३.21/१: ३७.१३; काठसं.४.८/१; शब्रा. ४.३.३.१४/१; तैब्रा. 2.८.३.४/१ प्रः मरुत्वन्तम् –कात्यश्रौसू.१०.३.६; आपश्रौ. १३.2.४
मरुत्वन्तं सख्याय हवामहे (सा. हवेमहि) – ऋ. १.१०.१.१/४ – ७/४; सा. १.३८०/४
मरुत्वन्तं सख्याय हवामहे (सा. हवेमहि) – ऋ.१.१०.१.१/४ – ७/३; सा.१.३८०/४
मरुत्वन्तं हवामहे – ऋ. १.2३.७/१; ८.७६.६/2
मरुत्वन्तं न वृंजसे – ऋ. ८.७६.१/३
मरुत्वन्तमृजीषिणम् – ऋ. ८.७६.५/१
मरुत्वन्तो मत्सरा इन्द्रिया हयाः – ऋ. ९.१०७.2५/३; सा.१.५22/३
मरुत्वां अस्तु गण्वान् सजातवान् (आश्रौ. सुजातैः) – तैब्रा. 2.४.६.12/2; आश्रौ.2.११.८/2
मरुत्वाँ इन्द्रमीढवः – ऋ. ८.७६.७/१; ऐब्रा. ५.६.१३; कौषी ब्रा. 2३.६; आश्रौ. ८८.2; शांश्रौसू. १०.८.६
मरुत्वाँ (मैसं. ...वं) इन्द्र वृषभो रणाय – ऋ.३.४७.१/१; वा. ७.३८/१; का. 2८.१०/१; तैसं. १.४.१६.१/१; मैसं. १.३.22/१; ३८.१;. ४.८/१; ऐब्रा. ५.४.१४; कौषी ब्रा. 2३.१; ऐआ. १.2.2.2.१३; ५.१.१.८; निरु. ४.८/१ प्रः मरुत्वाँ इन्द्र वृषभः –शांश्रौसू. १०.६.६; मरुत्वां इन्द्रः –आश्रौ. ७.११.2५; ८.12.१७; ९.७.३१; आपश्रौ. १३.८.2; वृ हासं. ६.३2; मरुत्वान् –बृ परासं. ६.३21
मरुत्वान् नो भवत्विन्द्र ऊती – ऋ. १.१००.१/४७१५/३; तैब्रा. 2.८.३.६/४
मरुत्सु विश्वभानुषु – ऋ.४.१.३/५; ८.2७.३/४; काठसं. 2६.११/५
मरुत्सु वो दधीमहि – ऋ. ५.५2.४/१
मरुतस्तोरस्य वृजनस्य गोपाः – ऋ. १.१०१.११/१
मरुत्स्तोत्रो मरुद्गणः – शांश्रौसू. ८.१६.१
मरुत्स्विन्द्रे यशसं कृधी नः – ऋ.७.42.५/2
मरुदगणे वृजने मन्म धीमहि – ऋ.१०.६६.2/३
मरुद्भिः परिश्रीयस्व – शब्रा. १४.१.३.2७ तु. स्वाहा मरुद्भिः।
मरुद्भिः प्रच्युता मेधाः – अ.४.१५.७/३ – ९/३
मरुद्भिरग्न (मैसं. अग्ना) आ गहि – ऋ.१.१९.१/३ – ९/३; सा. १.१६/३; मैसं. ४.११.2/३: १६७.७; कौसू. 12७.७/३; निरु. १०.३६/३,३७/३
मरुद्भिरित् सनिता वाजमर्वा – ऋ. ७.५६.2३/४
मरुद्भिरिन्द्र सखिभिः सुतं नः (निरु. सखिभिः सजोषाः) – ऋ.३.५१.८/2; निरु. ५.१५ (तु. राथकृत ऐरलांगेन ६५)
मरुद्भिरिन्द्र सख्यं ते अस्तु – ऋ. ८.९६.७/३; सा. १.३2४/३; ऐब्रा.३.20.१/३; तैब्रा.2.८.३.५/३
मरुद्भिरुग्रः पृतनासु साधा – ऋ. ७.५६.2३/३
मरुद्भिरुग्रः प्रहितो न आगन् – अ.2.2९.४/2
मरुद्भिरुग्रः शुभमन्य ईयते – ऋ. ७.८2.५/४
मरुद्भिरुग्रा अहृणीयमाणाः – अ. ६.७४.३/2 द्र. उत्तरमेकवर्जम्
मरुद्भिः सखिभिः सह – शांश्रौसू.८.१६.१
मरुद्भिः रुद्राः समजानताभि – तैसं.2.१.११.३/2 द्र. पूर्वमेकवर्जम्
मरुद्भय उज्जेषिभ्यः – जैब्रा. 2.१८०(१७९) ।
मरुद्भय एनोमुग्भ्यः सप्तकपालः (मैसं. पुरोदाशं सप्तकपालम्) – तैसं. ७.५.22.१; मैसं.३.१५.११: १८१.३; काठसं अश्व. ५.१९
मरुद्भय एव मरुद्भयः – जैब्रा. 2.१८०(१७८)।
मरुद्भायः (नमः) – विष्णुस्मृ. ६७.१३; माधसू. ३.८८ द्र. मरुद्भयो नमः।
मरुद्भयः क्रीडिभ्यः प्रातस्सप्तकपालस्साकं सूर्यस्य रश्मिभिः – काठसं.९.५ द्र. उत्तरमेकवर्जम्

मरुद्भयः क्रीडिभ्यः (का. क्रीलि...) संसृष्टान् – वा.2४.१६; का. 2६.2०; मैसं.३.१३.१४: १७१.७; आपश्रौ. 2०.१४.१०
मरुद्भयः क्रीडिभ्यः साकं रश्मिभिः सप्तकपालः – मैसं. १. १०.१: १४०.१५ द्र. पूर्वमेकवर्जम्
मरुद्भयः पश्चात्सद्भयः (काठसं. ...सद्भयो रक्षोभ्यस्) स्वाहा – मैसं.2.६.३: ६५.१2; काठसं.१५.2
मरुद्भयस्त्वा – मैसं. १.2.३: १2.१५; ३.६.१०: ७४.2; आपश्रौ. १०.१६.१
मरुद्भय स्वतवद्भयः – जैब्रा.2.१८०(१७६)।
मरुद्भय स्वापिभ्यः – जैब्रा. 2.१८०(१७६)।
मरुद्भयः सप्ताक्षराय छन्दसे स्वाहा – मैसं.१.११.१०: १७३. ५
मरुद्भयः सांतपनेभ्यः स्वात्यान् – वा.2४.१६; मैसं.३.१३.१४: १७१.६; आपश्रौ. 2०.१४.१०
मरुद्भयः सांतपनेभ्यो मध्यंदिने चरुः – मैसं.१.१०.१: १४०. १३; काठसं.६.५
मरुद्भयः सांतपनेभ्यो मध्यंदिने चरुः – मैसं. १.१०.१: १४०. १३; काठसं.६.५
मरुद्भयः स्वाहा – वा.22.2८; मैसं.३.१2.७: १६३.१
मरुद्भयो गृहमेधिभ्यो (माश्रौसू. ...मेधेभ्यो) ऽनुब्रूहि शब्रा. 2. ५.३.६.१४; माश्रौसू.१.७.५.22
मरुद्भयो गृहमेधिभ्यो (मैसं. ...मेधेभ्यो) बष्किहान् (मैसं. वष्किहान्; आपश्रौ. बाष्कान्) – वा. 2४.१६; मैसं. ३. १३.१४: १७१.७; आपश्रौ. 2०.१४.१०
मरुद्भयो गृहमेधेभ्यः सर्वासां दुग्धे सायमोदनः – मैसं.१. १०.१: १४०.१४; काठसं.६.५
मरुद्भयां नमः–काठक अश्व. ११.३ द्र. मरुद्भयः
मरुद्भयो न मानुषो ददाशत् – ऋ. १०.७७.७/2
मरुद्भयोऽनुब्रूहि – शब्रा. 2.५.2.३८; आपश्रौ. १६.१६.१५; माश्रौसू.५.१.७.१०
मरुद्भयोभिष्टिभ्यः – जैब्रा. 2.१८०(१७८)।
मरुद्भयो वायवे मदः – ऋ. ६.2५.१/३; सा.१.४७७/३; 2.2६६/३
मरुद्भयो वैश्यम् – वा.३०.५; तैब्रा.३.४.१.१
मरुदवृधे मरुत्सखा – शांश्रौसू.८.१६.१
मर्काय त्वा – वा.७.१६; तैसं.१.४.६.१; मैसं. १.३.११: ३४.६; शब्रा. ४.2.१०; आपश्रौ. १2.१५.१
मर्काय सूर्याय त्वा जुष्टं गृह्णामि –काठसं. ४.३
मर्जयन्तीरिषस् पतिम् – ऋ. ६.१४.७/2
मर्जयन्तीर्दिवः शिशुम् – सा.2.22०/३ द्र.मर्मृज्यन्ते आदि
मर्डितारं शतक्रतो – ऋ. ८.८०.१/2
मर्त आनाश सुवृक्तिम् – ऋ. ६.१६.2६/३; काठसं.2६. ११/३; तैब्रा.2.४.६.2/३
मर्तं युवन्त रायः – ऋ. ८.७१.४/2
मर्तं शंसं विश्वधा वेति धायसे – ऋ. १.१४१.६/४
मर्तं दधासि श्रवसे दिवे – दिवे – ऋ.१.३१.७/2
मर्तभेजनमध रासते नः – ऋ. ७.४५.३/४; मैसं. ४.१४. ६/४: 22३.१८; तैब्रा.2.८.६.2/४
मर्तश्चिद्वो नृतवो रुक्मवक्षसः – ऋ. ८.2०.22/१
मर्तस्य तनुहि स्थिरम् – ऋ.१०.१३४.2/2; सा. 2. ४४2/2
मर्तस्य देवी जरयन्त्यायुः – ऋ.१.६2.१०/४
मर्तस्य देव्यवसः – ऋ. ६.५८.2/2; सा.2.४०/2
मर्ता अमर्तस्य ते – ऋ.८.११.५/१
मर्ता अमृत मो ते अंह आरन् – ऋ. ५.३१.१३/2
मर्ता एन स्तुवतो यः कृणाति – ऋ. ७.१८.१८/३
मर्ता नरः पित्र्यासः पुरुत्रा – ऋ. ७.१.६/2
मर्तानां चिद् उर्वशीरकृप्रन् – ऋ. ४.2.१८/३ द्र. मर्तासश्।
मर्ताय देवावदभा – ऋ.५.८६.५/2
मर्तासश्चिद् उर्वशीरकृप्रन् – अ. १८.३.2३/३ द्र. मर्तानाम्
मर्तासस्त्वा समिधान हवामहे – ऋ. १०.१५०.2/३
मर्तासः सन्तो अमृतत्वमानशुः – ऋ.१.११०.४/2; निरु. ११.१६/2
मर्तासः स्यतन – ऋ. १.३८.४/2
मर्तासो अभि पश्यथ – ऋ. १०.१३६.३/४
मर्तासो दधिरे पुरः – ऋ.५.१६.१/४; सा.१.८८/४
मर्तासो देव वीतये – ऋ. ६.१६.७/2
मर्तासो विक्ष्वीड्यम् – ऋ. ४.७.2/४
मर्तेष्व् (वा.मैसं.काठसं. मत्येष्व्) अग्निरमृतो नि धायि – ऋ. ७.४४/2; १०.४५.७//; वा. १2.2४/2; तैसं. ४.2.2.2/2; मैसं. 2.७.६/2: ८६.१३; काठसं.१६. ६/2; आपमपा. 2.११.2५/2
मर्तेष्वन्यद्दोहसे पीपाय – ऋ.६.६६.१/३
मर्तो ददाश धिषणे स साधति – ऋ.६.७०.३/2
मर्तो न वृत (सा. वष्ट) तद्वचः – ऋ. ६.१०१..१३/2; सा. १.५५३/2; 2.७३/2
मर्तोऽभिदासति देवाः – तैब्रा.३.७.६.2३/2; तैआ.2.५. 2/2; आपश्रौ. ४.१६.१/2
मर्तो मर्तं मर्चयति द्वयेन – ऋ.१.१४७.५/2
मर्तो यस्ते वसो दाशत् – ऋ. ८.१०३.४/2; सा. १. ५८/2
मतो यो अस्मै सुतुको ददाश – ऋ.१.१४६.५/३; सा. 2.

११२६/३
मर्तो यो नो जिघांसति – ऋ. ६.१६.३2/३
मर्तो वधाय दाशति – ऋ. ६.१६.३१/2
मर्तो वुरीत (तैसं. वृणीत; काठसं. वरेत) सख्यम् – ऋ.५.५०.१/2; वा. ४.८/2; ११.६७/2; 22.21/2; तैसं. १.2.2.१/2; ४.१.६.१/2; ६.१.2.५; मैसं. १.2.2/2: १०.१५; 2.७.७/2: ८2.१०; ३.६.५: ६५.६; काठसं. 2.2/2; १६.७/2; शब्रा. ३.१.४.१८/2; ६.६.१.21/2
मर्त्यं गत्वा पुनरायाभिनन्दन् – अ.१६.८.३/४
मर्त्यश्चेन निप्रियायते – अ. १2.४.21/४
मर्त्यस्यामृता गृहे – अ.१०.८.2६/2
मर्त्यः स्विन् मृत्युना वृक्णः – शब्रा. १४.६.६.३३/३,३४/१; बृह उप. ३.६.३३/३,३४/१
मर्त्यान् मा सचध्वम् – अ. ४.३७.१2/४
मर्त्येष्वग्निरः आदिः द्र. मर्त्येष्वादि।
मर्त्योऽयममृतत्वमेति – अ.१८.४.३७/३
मर्त्विजो मो इमाः प्रजाः – काठसं. ३५.५/2; तैब्रा. ३.७.८.३/2; आपश्रौ. १४.३०.३/2
मर्माणि ते वर्मणा (तैसं. वर्मभिश्) छादयामि – ऋ. ६.७५.१८/१; अ.७.११८.१/१; सा. 2.१220/१; वा. १७.४६/१; तैसं. ४.६.४.५/१ प्रः मर्माणि ते –वैसू. ३४.१2; कात्यश्रौसू. १३.३.११; कौसू. १६.७ बृ परासं. ६.१११
मर्माविधं रोरुवतं सुपर्णैरदन्तु – अ.११.१०.2६/१
मर्मृजानास आयवः – ऋ.६.६४.१७/१
मर्मृजानोऽविभिर्गोभिरद्भिः – ऋ. ६.६१.2/४
ममृजानोऽविभिः सिन्धुभिर्वृषा – ऋ. ६.८६.११/४; सा. 2.३८2/४
ममृजेन्य उशिग्भिर्नाक्रः – ऋ. १.१८६.७/४
मर्मृजेन्यः श्रवस्यः स वाजी – ऋ. 2.१०.१/४
मर्मृज्मा ते तन्वं भूरि कृत्वः – ऋ. ३.१८.४/४
मर्मृज्यन्ते अपस्युवः – ऋ.६.2.७/2; ३८.३/2; सा. 2.३६३/2, ६2६/2
मर्मृज्यन्ते दिवः शिशुम् – ऋ.६.३३.५/३ द्र. मर्जयन्तीरादि।
मर्मृज्यन्ते दिवे – दिवे – ऋ. ४.१५.६/३
मर्मृज्यन्ते देवयवः – ऋ. ८.१०३.७/2; सा. 2.६३४/2
मर्मृज्यन्ते द्वीपिनमप्सवन्तः – अ. ४.८.७/४; मैसं. 2.१.६/४: ११.११; काठसं. ३७.६/४; तैब्रा.2.७.१६.४/४; आपश्रौ. १८.१५.३/४
मर्मृज्यमान आयुभिः – ऋ. ६.६2.१३/2; सा. 2.१३५/2
मर्मृज्यमानाः परि यन्त्यापः – ऋ. 2.३५.४/2; तैसं.2.५.१2.2/2; मैसं.४.१2.४/2: १८८.५
मर्मृज्यमाना महते सौभगाय – तैब्रा. १.2.१.2७/३; ३.७.६.४/३; आपश्रौ. ४.५.१/३
मर्मृज्यमानो अत्यो न सानसिः – ऋ. ६.८५.५/३
मर्य इव युवतिभिः समर्षति (अ. इव योषाः समर्षसे) – ऋ. ६.८६.१६/३; अ.१८.४.६०/३; सा. १.५५७/३; 2.५०2//३
मर्य इव योषामधि रोहयैनाम् – अ. १४.2.३७/३
मर्य इव स्व ओक्ये – ऋ. १.६१.१३/३
मर्यं न योषाकृणुते सधस्थ आ – ऋ. १०.४०.2/४; निरु. ३.१५/४
मर्यं न वाजिनं हितम् – ऋ.८.४३.25/2
मर्यं न शुन्ध्युं मघवानम् ऊतये – ऋ.१०.४३.१/४; अ. 20.१७.१/४; सा. १.३७५/४
मर्यश्री (मैसं....श्रीः; काठ सं श्रीस्) स्पृहयद्वर्णो अग्निः – ऋ.2.१०.५/३; वा. ११.2४/३; तैसं.४.१.2.५/३; ५.१.३.३; मैसं.2.७.2/३: ७६.६; काठसं. १६.2/३; शब्रा. ६.३.३.20
मर्या इव श्रियसे चेतथा नरः – ऋ. ५.५६.३/४
मर्या इव सुवृधो वावृधुर्नरः – ऋ. ५.५६.५/३
मर्यादायै प्रश्नविवाकम् –वा.३०.१०; तैब्रा.३.४.१.६
मर्यादे पुत्रमा धेहि – अ. ६.८१.2/३
मर्यायेव कन्या शश्वचै ते – ऋ.३.३३.१०/४; निरु. 2.2७/४
मर्यासो भद्रजानयः – ऋ.५.६१.४/2
मर्यो देव धन्व पस्त्यावान् – ऋ.६.६७.१८/४
मर्यो न योषामभि निष्कृतं यन् – ऋ. ६.६३.2/३; सा. 2.७६६/३
मर्यो न योषामभि मन्यमानः – ऋ. ४.20.५/३
मर्यो न योषामभ्येति पश्चात् (मैसं. पश्चा) – ऋ. १.११५.2/2; अ.20.१०७.१५/2; मैसं. ४.१४.४/2: 220.६; तैब्रा. 2.८.७.१/2
मर्यो न शुभ्रस्तन्वं मृजानः – ऋ. ६.६६.20/१
मलिम्लुचं पलीजकम् – अ. ८.६.2/2
मलिम्लुचाय (आपश्रौ. ...मलुचे) स्वाहा – वा. 22.३०; मैसं. ३.१2.११: १६३.१७; काठसं.३५.१०; आपश्रौ. १४.2५.११
मलिम्लुचो द्रोणासः – पारगृसू.१.१६.2३/३
मलिम्लुचो नामासि त्रयोदशो मासः – काठसं.३८.१४; आपश्रौ.१६.८.८
मलिम्लुचोऽसि सगरः – शांश्रौसू. ६.१2.१४ तु. सदस्योऽसि।

मल्मलाभवन्तीं त्वा (निरु. मल्मलाभवन्तीत्या) सादयामि – तैसं.१.४.३४.१; मैसं.2.१३.१६: १६५.१०; काठसं.४०.४; तैआ.३.१६.१
मल्वं बिभ्रती गुरुभृत् – अ. १2.१.४८/१
मल्वो यो मह्यं क्रुध्यति – अ. ४.३६.१०/३
मशकस्यारसं विशम् – अ. ७.५६.३/४
मशकान् केशैः – वा.2५.३; तैसं. ५.७.१४.१; मैसं.३.१५.३: १७८.८; काठसं अश्व. १३.४
मशकान् यदघायवः – आपश्रौ. 2१.१2.३/2
मष्णारे भरतोऽददत् – ऐब्रा. ८.2३.३/३
मस्तिष्कमस्य यतमो ललाटम् – अ. १०.2.८/१
मस्तिष्कादूर्ध्वः प्रैरयत् – अ. १०.2.2६/३
मस्तिष्काय स्वाहा – तैसं. ७.३.१६.१; काठसं अश्व. ३.६
मह इच्छन्ति पणयो निधीन् वः – ऋ. १०.१०८.2/2
मह उग्राय तवसे सुवृक्तिम् – ऋ.८.६६.१०/१
महऋषभस्य नदतो नभस्वतः – अ.४.१५.१/३,५/३
महः – शब्रा. ११.८.१.३; तैआ. ७.५.१ – ३; तै उप. १.५.१ – ३
महः क्षोणस्याश्विना कण्वाय – ऋ.१.११७.८/2; निरु. ६.६
महः पार्थिवे सदने यत्सव – ऋ. १.१६६.६/2
महः पितुं पपिवाँ (अ. ...वां) चार्वन्ना – ऋ.१.६१.७/2; अ. 2०.३५.७/2
महः पितुर्जनितुर्जामि तन् नः – ऋ. ३.५४.६/2
महः पितुर्दम आसींचदग्रे – ऋ.३.४८.2/४
महः पुरूणि सातये वसूनि – ऋ. ६.८८.2/2; सा. 2.८22/2
महं इन्द्रो आदिः द्र. महां इन्द्रो आदि।
महतः पर्य अर्णवात् – अ. १३.१.2६/2
महतः साधु खोदनम् – अ. 2०.१३६.१2/2,१४/2,१५/४; शांश्रौसू. १2.2४.2.८/४
महते क्षत्राय महत अधिपत्याय महते जानराज्याय – तैसं.१.८.१०.2; तैब्रा. १.७.४.2; ६.७ द्र. उत्तरम्
महते क्षत्राय महते जानराज्याय – मैसं. 2.६.६: ६७.१४; माश्रौसू.६.१.2 द्र. पूर्वम्
महते देवाय स्वाहा – हिर गृसू.2.८.६; आपमपा. 2.१८.2१ (आपगृ. ७.2०.४) तु. महान्तं देवम्
(ओं) महतो देवस्य पत्नीं तर्पयामि – बौधसू. 2.५.६.६ तु. उत्तरम्
महतो देवस्य पत्न्यै स्वाहा – हिर गृसू.2.८.७; आपमपा. 2.१८.2६ (आपगृ. ७.2०.४) तु. पूर्वम्
(ओं) महतो देवस्य सुतं तर्पयामि – बौधसू. 2.५.६.६
महत्काण्डाय स्वाहा – अ.१६.2३.१८
महत त इन्द्र वीर्यम् – ऋ.१.८०.८/३
महत् तत् सोमो महिषश्चकार – ऋ. ६.६७.४१/१; सा. १.५४2/१; 2.६०५/१; सावि ब्रा.१.७.१; निरु. १४.१७/१
महत् तदस्य पौंस्यम् – ऋ.१.८०.१०/३
महत् तदस्यासुरस्य नाम – काठसं.३७.६/३; तैब्रा.2.७.८.१/३ द्र. महत् तद्वृष्णो।
महत् तदासामभवन् महित्वनम् – आपमपा. 2.2.४/2
महत् तदुल्बं स्थविरं तदासीत् – ऋ. १०.५१.१/१; निरु. ६.३५ तु. बृहद. ७.८०
महत् तद्वः कवयश्चारु नाम – ऋ.३.५४.१७/१
महत् तद्वृष्णो असुरस्य नाम – ऋ. ३.३८.४/३; अ.४.८.३/३; वा. ३३.22/३ द्र. महत् तदस्यासु..
महत् तद्वो देवयस्य प्रवाचनम् – ऋ.४.३६.१/३
महत् तन् नाम गुह्यं पुरुस्पृक् – ऋ.१०.५५.2/१; शांश्रौसू. १८.१.८
महत् ते अग्ने महि शर्म भद्रम् – मैसं. ४.११.४/४: १७2.६ द्र.बृहत् आदि।
महत् तेजो वसुमद्राजतो दिवि – तैब्रा. 2.८.६.१/2
महत् ते वृष्णो अभिचक्ष्यं कृतम् – ऋ. ८.४.७/३; सा. 2.६५५/३
महत् पयो विश्वरूपमस्याः – अ. ६.१.2/१
महत् सधस्थं महती बभूविथ – अ. १2.१.१८/१
महत् स्वाहा – कौसू. ६१.१३
महदद्य भरतस्य (शब्रा. १३.५.४.2३/१, भरतानाम्) – शब्रा.१३.५.४.१४/१,2३/१ तु. महाभः १2.2६.४८ द्र. महाकर्म
महदद्य महतामा वृणीमहे – ऋ. १०.३६.११/१
महदसि – शांश्रौसू.१८.2०.८
महदेषाव तपति – अ.१2.४.३६/१
महद्देवानामसुरत्वमेकम् – ऋ. ३.५५.१/४ – 22/४; निरु.१०.३४/४ तु. बृहद. ४.१22
महद्ध तस्थौ भुवनेष्वन्तः – शब्रा. 2.५.१.५/४ द्र. अत्र बृहद्ध
महद् ब्रह्म वदिष्यति – अ. १.३2.१/2
महद् ब्रह्मैकमक्षरम् – शब्रा. १०.४.१.६/2
महद्भूताधिपतये स्वाहा – षड् ब्रा. ५.८; अब्रा. ८
महद् यक्षं भुवनस्यमध्ये – अ.१०.७.३८/१; ८.१५/३
महद्धि जज्ञे अक्षरं पदे गोः – ऋ. ३.५५.१/2
महन् महत्या असुरत्वमेकम् – ऋ. १०.५५.४/४
महन् मेऽवोचः – पंचब्रा१.१.१; लाटयश्रौसू. १.१.१०;

आपश्रौ.१०.१.४; आगृ. १.२३.१५
महयत पितॄन् – कौसू.८४.६
महर्षिमस्य गोप्तारम् – तैआ.१.६.६/३
(ओं) महर्षीस्तर्पयामि – बौधसू. २.५.६.१४
मह विश्वाय मा परि देहि – शां गृ सू. ३.५.२
महश्च यामन्नध्वरे चकानाः – ऋ. १०.७७.८/४
महश्चरन्ति बिभ्रतं वपूंषि – ऋ. ३.५७.३/४
महश्च रायो रेवतस् कृधी नः – ऋ. १०.२२.१५/४
महश्चर्कर्म्य अर्वतः क्रतुप्राः – ऋ. ४.३६.२/१; काठसं. ७.१६/१
महश्चित् त्वमिन्द्र यत एतान् – ऋ. १.१६९.१/१; ऐब्रा. ५.१८.१२; कौषी ब्रा. २६.१२; शांश्रौसू. १४.२५.५ प्रः महश्चित् त्वमिन्द्र – आश्रौ. ८.७.२२; महश्चित् – शांश्रौसू.१०.१०.५; शां गृ सू. १.२७.७ तु. बृहद. ४.४६
महश्चिदग्न (काठसं.अग्ना) एनसो अभीके – ऋ.४.१२. ५/१; मैसं. ४.११.१/१ः १६२.६; काठसं.२.१५/१
महश्चिदभ्यवर्धत – ऋ. ६.४७.१/२ द्र. महांत् सन्न्
महश्चिदसि त्यजसो वरूता – ऋ.१.१६९.१/२; कौषी ब्रा. २६.१२
महश्चिद्धि ष्मसि हिताः समर्ये – ऋ.६.६७.२७/३
महश्चिद् यस्य मीढुषो (का. मीलुषो) यव्या – ऋ. १. १७३.१२/३; वा.३.४६/३; का.३.५.३/३; शब्रा.२.५.२. २८/३ द्र. मही चिद्यस्य, मही देवस्य मी..., तथा मही ह्यस्य।
महः शर्मणा नृपत्नीः – ऋ.१.२२.११/२
महसा भूत्या सह – अ. १०.६.२४/५
महसे त्वा – वा.१६.८; काठसं. ३७.१८; तैब्रा. २..६.१.५; आपश्रौ. १६.७.६
महसे वीणावादम् – वा. ३०.१६; तैब्रा. ३.४.१.१३
महसो भक्षोऽसि – साम मन्त्रब्रा. २.८.१२; गोभि गृसू. ४. १०.१५ प्रः महसः –खादि गृसू. ४.४.१५
महसो – महसो स्वः – तैआ.१.१.२/२; २१.१/२
मह सकम्भस्य मिमानो अंगम् – अ. १०.७.२/४
महस् करथो वरिवो यथा नः – ऋ. ६.५०.३/३
(ओं) महस्तर्पयामि – बौधसू. २.५.६.५; १०.१७.३७
महस्तव क्रतुं परः – ऋ.१.१६.२/२
मह (मैसं.महः; काठसं. महस्) स्तवानो अद्रिवः – ऋ.६. ४६.२/२; अ.२०.६८.२/२; सा.२.१६०/२; वा.२७. ३८/२; मैसं.२.१३.६/२ः १५६.२; काठसं. ३६.१२/२; आपश्रौ. १७.८.७।
महस्तस्थतुरर्वतेव साधुना–ऋ.१.१५५.१/४
महस्ते भक्षयामि – आपश्रौ. २१.२२.६; माश्रौसू.७.२.७ तु. भर्गस्ते।
महस्ते विष्णो सुमतिं भजामहे – ऋ. १.१५६.३/४ द्र. बृहत् ते विष्णो।
महस्ते सतो महिमा पनस्यते (सा. पनिष्टम) – ऋ. ८. १०१.११/३; अ.२०.५८.३/३; सा. १.२७६/३; २. ११३८/३; वा. ३३.३६/३ द्र. महांस्ते
महस्ते सतो वि चरन्त्यर्चयः – ऋ. १.३६.३/३
महस्तोदस्य धृष्टा ततन्थ – ऋ.६.६.६/२
मह (हस्त. ...हः; काठसं. ...हस्) स्थ – वा.३.२०; तैसं. १. ५.६.१; ८.१; मैसं.१.५.२ः ६८.६; १.५.६ः ७७.१५; काठसं. ७.१,७; शब्रा.२.३.४.२५;शांश्रौसू. २.११.६
महस् पुत्राँ अरुषस्य पर्यक्षे – ऋ. ३.३१.३/२
महस् पुत्रासो असुरस्य वीराः – ऋ. १०.१०.२/३; अ.१८. १..२/३
महस्वन्तं मत्सरं मादयाथः – अ.४.२५.६/२
महस्वन्तो महान्तो भवामि – साम मन्त्रब्रा. २.५.१०/३
महः समुद्रं वरुणस्तिरो दधे – ऋ. ६.७३.३/३; तैआ. १. ११.१/३; निरु. १२.३२/३
महः स राय एषते (ऋ. १.१४६.१/१, एषते पतिर्दन्) – ऋ. १.१४६.१/१; १०.६३.६/३र
महः सु वो अरमिषे स्तवामहे – ऋ. ८.४६.१७/१
महः (तथा महस्) स्तवानो आदिः द्र. मह स्तवानो आदि।
महः (तथा महस्) स्थः द्र. मह स्थ।
महँ अग्निर्नमसा रातहव्यः – ऋ. ४.७.७/३
महाँ अदब्धो वरुणो हुरुग्यते – ऋ. ६.७७.५/२
महाँ अपार ओजसा – ऋ. ८.६.२६/३
महाँ अभिज्ञु बाधते – शांश्रौसू. १२.२४.२.८/३ द्र.महाँ अभितो।
महाँ अभिज्ञ्वायमत् – ऋ. ८.६२.३/३; सा. २.६५/३
महाँ अभितो बाधते – अ.२०.१३६.१५/३ द्र. महाँ अभिज्ञु
महाँ अभिष्टिरोजसा – ऋ.१.६.१/३; अ.२०.७१.७/३; सा. १.१८०/३; वा. ३३.२५/३
महाँ अमत्रो वृजने विरपशी – ऋ.३.३६.४/१; छ० ६०२३
महाँ अवीनामनु पूर्व्यः – सा. १.४३६/२ द्र. महामादि।
महाँ असि महिष वृष्ण्येभिः – ऋ. ३.४६.२/१
महाँ असि सोम ज्येष्ठः – ऋ. ६.६६.१६/१
महाँ असुन्वतो वधः – ऋ. ८.६२.१२/३
महाँ अस्यध्वरस्य प्रकेतः – ऋ.७.११.१/१
महाँ आदित्यो नमसोपस्द्यः – ऋ. ३.५६.५/१; तैब्रा. २.८. ७.६/१ प्रः महाँ आदित्यः – शांश्रौसू. ३.१७.१२; ६. २६.३
महाँ आरोधनं दिवः – ऋ.४.८.२/२; काठसं. १२.१५/२;

कौषी ब्रा.2६.१३
महाँ इन्द्र५ परश्च नु (सा. पुरश्च नः) – ऋ. १.८.५/१; अ.2०.७१.१/१; सा. १.१६६/१
महाँ इन्द्र धने हिते – ऋ. ६.४५.१३/2
महाँ (मैसं.माश्रौसू. महं) इन्द्रो नृवदा चर्षणिप्राः – ऋ.६. १६.१/१; वा. ७.३६/१; तैसं. १.४.2१.१/१; मैसं.१.३. 2५/१: ३८.१2; काठसं.४.८/१; ऐब्रा.५.१८.१४; कौषी ब्रा. 2१.४; 2६.१2; शब्रा. ४.३.३.१८/१; तैब्रा.३.५.७. ४/१ प्रः महाँ (माश्रौसू. महँ) इन्द्रो नृवत् –आश्रौ. ६.७.६; ८.७.22; शांश्रौसू.१.८.१३; १०.१०.५; ११.६.४; १७.६.५; माश्रौसू.2.४.६.१७; महाँ इन्द्रः–कात्यश्रौसू.१०. ३.१०
महाँ (मैसं.माश्रौसू. महं) इन्द्रो य ओजसा – ऋ.८.६. १/१; अ.2०.१३८.१/१; सा.2.६५७/१; वा. ७. ४०/१; ३३.2७/१; तैसं.१.४.2०.१/१; मैसं. १.३. 2४/१: ३८.६; काठसं.४.८/१; पंचब्रा.१५.2.७; तैब्रा. ३.५.७.४/१; ऐआ. ५.2.३.2; आश्रौ.१.६.१; ६.४.१०; ७. 2; ६.११.१६; शांश्रौसू. १.८.१३; ६.१५.१; १2.१.४; १८.७. 2; वैसू. 2७.८; ३३.१४; ४१.८,११; ४2.६; आपश्रौ. १३. ८.४; माश्रौसू.७.2.४ तु. बृहद. ६.४६
महाँ इन्द्रो वज्रबाहुः (वा. वज्रहस्तः) – वा. 2६.१०/१; तैसं. १.४.४१.१/१; तैआ. १०.१.१०/१; महा नारा उप. 2०.११/१
महाँ इव युवजानिः – ऋ.८.2.१६/३; सा. १.22७/३
महाँ उग्र ईशानकृत् – ऋ. ८.५2(वाल. ४).५/2; ६५. ५/2
महाँ उग्रो अभि व्रतैः – ऋ. ८.१.2७/2
महाँ उग्रो वावृधे वीर्याय – ऋ. ३.३६.५/१
महाँ उतासि यस्य ते – ऋ. ७.३१.७/१
महाँ ऋषिर्देवजा देवजूतः – ऋ.३.५३.६/१
महाँ देवो न सूर्यः – सा. 2.2८४/४ द्र.महो दिवे
महांश्चरस्योजसा – ऋ. ८.३३.८/४; अ. 2०.५३.2/४; ५७.१2/४; सा.2.१०४७/४
महांश्च स्तोमो अधि वर्धदिन्द्रे – ऋ. ६.३८.३/४
महांस्ते महतो महिमा – अ.१३.2.2६/३ द्र. महस्ते सतो महिमा।
महांस्त्वेन्द्रो रक्षत्यप्रमादम् – अ.१2.१.१८/३
महांस्त्वेव गोर्महिमा – शब्रा. ३.३.३.१,३; कात्यश्रौसू. ७.८. ८
महाकर्म भरतस्य – ऐब्रा. ८.2३.७/१ द्र. महदद्य भरतस्य
महा कवी युवाना – माश्रौसू. 2.५.४.१३/१ द्र. उभा आदि।
महाकौषीतकम् (शां गृ सू...किम्) (तर्पयामि) – आश्रौ. ३. ४.४; शां गृ सू.४.१०.३
महागणे भ्यः स्वाहा – अ.१६.22.१७
महाग्रामो न यामन्नुत त्विषा – ऋ. १०.७८.६/४
महाजपाय धीमहि – मैसं.2.६.१/2: १2०.१2
महात्मनश्चतुरो देव एकः – ब्ृ.४.३.६/१; जै उप ब्रा. ३. 2.2/१,५
महादमात्रम् (तर्पयामि) – शां गृ सू.४.१०.३
महादुर्गायै धीमहि – महा नारा उप. ३.१३/2
महादेव उत मृत्युरिन्द्रः – अ. ५.2१.११/४
महादेवं सहस्राक्षम् – मैसं. 2.६.१/३: ११६.६
महादेवमन्तःपार्श्वेन (वा. ...श्व्येन) – वा.३६.८; तैसं. १.४. ३६.१; तैआ. ३.2१.१
महादेवस्य धीमहि – तैआ.१०.१.५/2 द्र. सहस्राक्षस्य महा...।
महादेवस्य पुत्राभ्याम् – शांश्रौसू. ४.2०.१/३
महादेवस्य याकृत् – वा.३६.६
महादेवाय धीमहि – मैसं.2.६.१/2: ११६.७; काठसं. १७. ११/2; तैआ. १०.१.५/2; ४५.१/2; महा नारा उप. ३.2/2; १७.४/2
महाद्भुतं वायसं देवतानाम् – खिल. ५.५१.१/2 सुपर्ण आख्या. महा. १६.५/2
महाद्युतिकाराय धीमहि – तैआ.१०.१.७/2; महा नारा उप. ३.६/2 तु. दिवाकराय आदि।
महाधनस्य पुरुहूत संसृजि – ऋ.१०.८४.६/४; अ. ४.३१. ६/४
महानग्नी कृकवाकुम् – अ. 2०.१३६.१०/१; शांश्रौसू. १2. 2३.2.५/१
महानग्नी महानगनम् – अ. 2०.१३६.११/१; शांश्रौसू. १2. 2४.2.५/१
महानग्नी महानग्नम् – अ.2०.१३६.११/१; शांश्रौसू. १2. 2४.2.४/१
महानग्न्यच्छूपद्विमुक्तः – अ.2०.१३६.७/१ – ६/१; शांश्रौसू. १2.2४.2.६/१
महानग्न्युलूखलम् – अ.2०.१३६.६/१; शांश्रौसू.१2.2४.2. ७/१
महानाम्नी रेवतयः – तैसं.५.2.११.१/१; मैसं. ३.१2.2१/१: १६७.६; काठसं अश्व. १०.५/१ द्र. महानाम्न्यों
महानाम्नीर्महामानाः – तैआ.१.१.2/१; 2१.१/१
महानाम्नीर्महाव्रतम् – अ. ११.७.६/2
महानाम्न्यः (ऋचः) – अ. ११.७.६; वा. 2३.३५; काठसं. १०.१०; तैसं. ५.2.११.१; ऐब्रा. ४.४.१; ५.७.१; ६.2४.७;

कौषी ब्रा. 2३.2; शब्रा. १३.५.१.१०; पंचब्रा. १३.४.१; षड् ब्रा. ३.११; तैआ. १.१.2; 2१.१; आश्रौ.७.१2.१०; ८. 2.2३; १४.2; शांश्रौसू. १०.६.१०; १2.६.६; १६.८.१,2; लाटयश्रौसू. ३.५.१३; ७.५.2,५; १०.2.१,2; आपश्रौ.20. १३.१; शां गृ सू. 2.१2.१३; गोभि गृसू. ३.2.६,2८; गौतधशा. १६.१2: बौधसू. ३.१०.१०; ऋवि. ४.2५.१; सावि ब्रा.१.४.६,१2; 2.७.१ विदा मघवन् इत्यारभ्य मन्त्राणामभिधानम, द्र. पूर्वत्रयम् तथा उत्तरम्।

महानाम्न्यो रेवत्यः – वा. 2३.३५/१ द्र. महानाम्नी रेवतयः।

महानि चक्रे पुरुधप्रतीकः – ऋ. ३.४८.३/४

महान् कविर् निपवचनानि शंसन् – ऋ. ६.६७.2/2; सा. 2.७५०/2

महान् कविर् निश्चरति स्वधावान् – ऋ. १.६५.४/४

महान् केतुरर्णवः सूर्यस्य – ऋ.७.६३.2/2

महान् गर्भश्चरति मर्त्येषु – अ.६.१.४/४

महान् गर्भो मह्या जातमेषाम् – ऋ.३.३१.३/३

महान्तं कोशमुदचा नि (अ. उदचाभि) षिंच – ऋ.५.८३. ८/१; अ. ४.१५.१६/१

महान्तं गह्वरेष्ठाम् – सा.१.३५३/2 तु. तनूर्वरिष्ठा

महान्तं चिदर्बुदं नि क्रमीः पदा – ऋ. १.५१.६/३

महान्तं त्वा महीनाम् – ऋ.१०.१३४.१/३; सा. १. ३७६/३; 2.४४०/३; ऐब्रा. ८.७.४

महान्तं त्वा महीरनु – ऋ.६.2.४/१; सा.2.३६०/१

(ओं) महान्तं देवं तर्पयामि – बौधसू.2.५.६.६ तु. महते देवाय

महान्तमस्य महिमानमाहुः – ब्र्न. ४.३.७/३; जै उप ब्रा. ३.2.४/३

महान्तमात्मानं प्रपद्ये – साम मन्त्रब्रा.2.४.५

महान्तमिन्द्र पर्वतं वि यद्वः – ऋ. ५.३2.१/३; सा.१. ३१५/३; निरु. १०.६/३

महान्तं पूर्विनेष्ठाम् – सा. १.३५३/३

महान्तं महिना वयम् – ऋ. ८.१2.2३/३

महान्ता इन्द्रा...: द्र. महान्तावादि।

महान्ता मित्रावरुणा – ऋ. ८.2५.४/१

महान्ताव् (मैसं. ...ता) इन्द्रावरुणा महावसू – ऋ. ७.८2. 2/2; मैसं. ४.१2.४/2: १८७.३

महान्ति चित् सं विव्याचा रजांसि – ऋ.१०.१११.2/४

महान्ति वृष्णे सवना कृतेमा – ऋ.३.१.20/३

महान्तो अस्यां महिमानो अन्तः – अ. ३.१०.४/३; ८.६. ११/३ द्र. .य एनां।

महान्तो न स्परसे नु – ऋ.८.20.८/४

महान्तो मह्ना विभ्वो विभूतयः – ऋ. १.१६६.११/१

महान्तो ये च शब्दिनः – अ. १६.३६.३/2

महान्तौ चरू सकृद्दुग्धेन पप्रौ – तैब्रा. 2.८.८.2/१

महांत् सन्नभ्यवर्धथाः – सा.१.५०७/2 द्र. महश्चिदभ्य्।

महान् (सा. महां) देवस्तमसो निरमोचि – ऋ. ५.१.2/४; सा. 2.१०६७/४; मैसं.2.१३.७/४: १५६.१

महान् भद्र उदुम्बरः – अ. 20.१३६.१५/2; शांश्रौसू.१2. 2४.2.८/2

महान् भोगः प्रजापतेः – तैआ. ३.१४.४/2

महान् महित्वे तस्तभानः (काठसं. महित्वा संस्तम्भे) – काठसं.४०.६/३; तैब्रा.2.७.६.३/३; आपश्रौ. 22.१2. 2०/३

महान् महि प्रजया मा तनूभिः – काठसं.४०.१०/३

महान् मही अस्तभायच्छ् (अ. अस्क...) वि जातः – अ. ४.१.४/३; तैसं.2.३.१४.६/१; काठसं.१०.१३/१; ऐब्रा. १.१६.३; आश्रौ. ४.६.३/१

महान् मही ऋतावृधा – ऋ. ६.६.३/३; सा.2.2८६/३

महान् महीभिरूतिभिः – ऋ. ४.३2.१/३; सा.१.१८१/३; वा. ३३.६५/३; मैसं.४.११.४/३: १७१.2; काठसं. ६. १०/३

महान् महीभिरूतिभिः सरण्यन् – ऋ.३.१.१६/2; ३१. १८/४; मैसं. ४.१४.५/2: 2४2.2

महान् महीभिः शचीभिः – ऋ. ८.2.३2/३; १६.७/३

महान् महीयमानाम् – ऋ. ४.३०.६/2

महान् मित्रो न दर्शतः – ऋ. ६.2.६/2; सा. १.४६७/2; 2.३६2/2; वा. ३८.22/2; तैआ. ४.११.६/2; ५.६.६

महान्यग्ने नकिरा दधर्ष – ऋ. ६.७.५/2

महान् विभस्यर्चिषा – ऋ. ६.४८.३/2

महान् वेग एजथुर्वेपथुष्टे – अ.१2.१.१८/2

महान् वै भद्रो बिल्वः – अ.20.१३६.१३/३/३,१५/१; शांश्रौसू. १2.2४.2.८/१

महान् सधस्थे ध्रुव आ निषत्तः – ऋ.३.६.४/१; वा. १८. ५३/३; तैसं. ४.७.१३.१/४; मैसं. 2.१2.३/३: १४६७. १३; ४.६.११/३: १३2.८; काठसं. १८.१५/३; शब्रा. ६. ४.४.५; तैब्रा. ३.१०.४.३; तैआ. ४.११.६/३

महान् ह्यस्यमहिमा पनस्यते – ऋ. १०.७५.६/३

महापथाद्विश्ववयो यदुद्रुध्यति पुरुषस्तमेव सृप्तवाजिं श्रान्तः पुनरभ्यैजिगांसति –जैब्रा. 2.३७८(३. १३)/१2३४

महापातकसंयुक्तम् – बौधसू.३.६.५/१

महापैंगयम् (तर्पयामि) – आगृ.३.४.४; शां गृ सू. ४.१०.३

महाबुध्न इव पर्वतः – अ.१.१४.१/३

महा भूत्वा प्रजापतिः – शब्रा.७.५.१.2१/2
महामद्रिं परि गा इन्द्र सन्तम् – ऋ. ६.१७.५/३
महामनसं भुवनच्यवानाम् – ऋ. १०.१०३.६/३; अ.१६.१३.१०/३; सा.2.१2.१2०७/३; वा.१७.४१/३; तैसं.४.६.४.३/३; मैसं. 2.१०.४/३: १३६.१०; काठसं. १८.५/३
महामनूनं तवसं विभूतिम् – ऋ.६.१७.४/३
महामनूषत श्रुतम् – ऋ. १.६.६/३; अ.2०.७०.2/३
महामपारं वृषभं सुवज्रम् – ऋ.४.१७.८/2; सा. १.३३५/2
महामर्कं मघवाँ चित्रमर्च – ऋ. १०.११2.६/४
महामवीनामनु पूर्व्यः – ऋ. ६.१०६.७/2; द्र. महां आदि।
महामहिव्रतं मदम् – ऋ. ६.४८.2/2; सा. 2.१८७/2
महामाहवमभि सं नवनत – ऋ. ६.७.2/2; सा.2.४६2/2
महामिन्दुं महीयुवः – ऋ. ६.६५.१/३; सा.2.2५४/३
महामुग्रमजुर्यं सहोदाम् – ऋ. ६.१७.१३/2
महामुग्रमवसे विप्रा नूनम् – ऋ. ६.३८.५/३
महामुभे रोदसी वृद्धमृष्वम् – ऋ. ४.१६.१/३
महामु रण्वमवसे यजध्वम् – ऋ. ६.2६.१/४
महामु रण्वः शवसा ववक्षिथ – ऋ. 2.2४.११/2
महायशा धरयिष्णुः प्रवक्ता – खिल.१०.१५१.६/३
महाराजाय (स्वाहा) – गोभि गृसू. ४.७.४१; सावि ब्रा. ३३.५
महाराजाय धीमहि – मैसं.2.६.१/2: १2०.८
महालक्ष्मी च विद्महे – खिल. ५.८७.2५/१
महावटूरिणा पदा – ऋ.१.१३३.2/४
महावीरं तुविबाधमृजीषम् – ऋ.१.३2.६/2; तैब्रा. 2.५.४.३/2
महावीरस्य नग्नहुः – वा. १६.१४/2
महावृक्षाः शिखण्डिनः – अ. ४.३७.४/2
महावृषान् मूजवतः – अ.५.22.८/१
महावैलस्थे अर्मके – ऋ.१.१३३.३/४
महाव्याहृतयः (तृप्यन्तु) – शां गृ सू. ४.६..३ द्र. व्याहृतयः तथा व्याहृतीस्।
महाव्रतम् (पिबतु आदि) – लाटयश्रौसू.2.६.५ तु. अदः पिबतु आदि।
महाव्रातस्तुविकूर्मिर्ऋघावान् – ऋ.३.३०.३/2
महाशूलिन्यै विद्महे – उ।भ।छन्. ३.१३/१
(ओं) महासेनां तर्पयामि – बौधसू. 2.५.६.८
महासेनाय धीमहि – तैआ.१०.१.६/2; महा नारा उप.३.५/2
महासेनासो अमेभिरेषाम् – ऋ. ७.३४.१६/2
महाहविर्होता – मैसं.१.६.१: १३१.१०; काठसं.६.६; तैआ. ३.५.१; शांश्रौसू.१०.१८.४; माश्रौसू. ५.2.१४.४
महाहस्ती दक्षिणेन – ऋ.८.८१.१/३; सा. १.१६७/३; 2.७८/३; वर उ उप.१.४/३
महाहिमिव वै ह्रदात् – शब्रा. ११.५.५.८/१
महिकेरव ऊतये – ऋ.१.४५.४/१
महि क्षत्रं स्थविरं वृषण्यं च – ऋ. १.५४.८/४
महि क्षत्रं क्षत्रियाय दधतीः – वा. १०.४/४ द्र. महि वर्चः, तथा तु अनाधृष्टाः सीदत
महि क्षत्रं क्षत्रियाय दधतीः – वा.१०.४/४ द्र. महि वर्चः, तथा तु. अनाधृष्टाः सीदत
महि क्षत्रं क्षत्रियाय वन्वानाः – वा. १०.४/2; काठसं.१५.६/2; मैसं. 2.६.८/2: ६८.६; ४.४.2: ५१.८; शब्रा. ५.३.४.2७ द्र. महि वर्चः
महि क्षत्रं जनाषाडिन्द्र तव्यम् – ऋ. १.५४.११/2; मैसं. ४.१४.१८/2: 2४६.१; काठसं.३८.७/2; तैब्रा. 2.६.६.१/2
महि क्षत्राय पौंस्याय शूर – ऋ. ७.३०.१/४
महिक्षत्रावृतं बृहत् – ऋ. ५.६८.१/३; सा. 2.४६३/३
महि क्षेत्रं पुरु श्चन्द्रं (तमंक पुरुश्चन्द्रं?) – विविद्वान् – ऋ. ३.३१..१५/१; तैब्रा. 2.७.१३.३/१
महि जज्ञानमभि तत् सु तिष्ठ – ऋ. ६..2१.७/2र
महि ज्योतिः पितृभिर्दत्तमागात् – ऋ. १०.१०७.१/३
महि ज्योतिर्निहितं वक्षणासु – ऋ.३.३०.१४/१
महि जयोतिर्बिभ्रतं त्वा विचक्षण – ऋ. १०.३७.८/१
महि ज्योतिस्तमसो निरजानन् – ऋ. ३.३१.४/2
महि ज्योती रुरुचुर्यद्ध वस्तोः – ऋ. ४.१६.४/2; अ.2०.७७.४/2; कौषी ब्रा.2५.७
महि तृतीयं सवनं मदाय – ऋ.४.३४.४/४
महि त्रीणमवोऽस्तु (सा. अवरस्तु) – ऋ. १०.१८५.१/१; सा. १.१६2/१; वा. ३.३१/१; मैसं. १.५.४/१: ७०.७; १.५.११: ७६.६; काठसं. ७.2/१,६; शब्रा. 2.३.४.३७/१; आपश्रौ. ६.१७.१०/१; माश्रौसू.१.६.2.११; मागृसू..१.५.४; ऋवि. ४.2३.३ प्रः महि त्रीणाम् – शांश्रौसू. १2.2.१४; आगृ. ३.१०.७; सावि ब्रा.2.१.५ तु. बृहद. ८.८६; ऋवि. 2.३१.६ महित्रम् (इति नाम्ना सूक्तम्) – वासि ध शा. 2६.५; बृहद.८.८६
महित्वमग्ने त्वमंग वित्से – ऋ. १०.४.४/३; निरु.६.८
महित्वमस्तु वज्रिणे – ऋ.१.८५/2; अ.2०.७१.१/2; सा. १.१६६/2
महित्वमस्य तवसो न तन्दते – ऋ. १.१३८.१/2

महि त्वाष्ट्रमूर्जयन्तीरजुर्यम् – ऋ. ३.७.४/१
महि त्विषीमत् सुकृतो वि हि ख्यन् – ऋ. ३.३१.१2/2
महित्वेभिर्यतमानौ समीयतुः – ऋ. १०.११३.७/2
महि त्वेषा अमवन्तो वृषप्सवः – ऋ. ८.20.७/2
महि द्यावापृथिवी भूतमुर्वी – ऋ.१०.६३.१/१
महि द्युक्षतमो मदः – ऋ.६.१०८.१/३; सा. १.५७८/३; 2.४2/३
महि धाम द्विषते सोम राजन् – ज्ञश्रै. ४०.१०/४
महिनां पयोऽसिः द्र. महीनाम् आदि।
महिन्तमाय धन्वनेदविष्यते – ऋ. १०.११५.६/४
महि पाथः पूर्व्यं सध्र्यक् कः – ऋ. ३.३१.६/2; वा. ३३.५६/2; मैसं.४.६.४/2: ८३.१०; काठसं.2७.६/2; तैब्रा. 2.५.८.१०/2; आपश्रौ. १2.१५.६/2
महि प्सरः सुकृतं सोम्यं मधु – ऋ.६.७४.३/१
महि प्सरो वरुणस्य – ऋ.१.४१.७/३
महि भ्राजन्ते (तैसं.मैसं.काठसं. ...त्य्) अर्चयो विभावसो – ऋ. १०.१४०.१/2; सा.2.११६६//; वा.१2.१०६/2; तैसं.४.2.७.2/2; मैसं. 2.७.१४/2: ९५.१2; काठसं. १६.१४/2; शब्रा. ७.३.१.2६
महि महान्तः – शांश्रौसू.८.2१.१
महि महे त्वसे दीध्ये नॄन् – ऋ. ५.३३.१/१
महि महे दिवे अर्चा पृथिव्यै – ऋ. ३.५४.2/१
महिमा तेऽन्येन न संनशे – वा.2३.१५/३; शब्रा.१३.2.७.११
महिमानं वाध्र्यश्व प्र वोचन् – ऋ. १०.६९.६/2
महिमानमग्नेर्विहितस्य ब्रह्मणा – अ.१८.४.८/४
महिम्न एषां पितरो चनेशिरे – ऋ. १०.५६.४/१
महिम्ने सोम तस्थिरे – ऋ.९.६2.2७/2; सा.2.१2७/2
महि राधः सह ओजो बलं यत् (काठसं. ओजो महद् बलम्) – मैसं. 2.३.४/2५ ३१.६; काठसं. ४०.३/2 द्र. अत्र भर्गो यशः।
महि राधो विश्वजन्यं दधानान् – ऋ. ६.४७.2५/१
महि वर्चः क्षत्रियाय दधतीः (काठसं. ददतीः; तैसं. वन्वानाः) – तैसं. १.८.१2.१; काठसं.१५.६/४; मैसं.2.६.८/४: ६८.८ द्र. अत्र महि क्षत्रं क्षत्रियाय
महि वां क्षत्रं देवेषु – ऋ. ५.६८.३/३; सा.2.४९५/३; काठसं. 2६.११/३
महि वो महतामवः – ऋ.८.४७.१/१; ६७.४/१; काठसं. ११.१2/2 प्रः महि वो महताम् – शांश्रौसू. १2.2.१४; महि – ऋवि.2.३३.१ तु. बृहद. ६.८३
महिव्रतं न सरजन्तमध्वनः – ऋ.१०.११५.३/४
महिव्रतः शुचिबन्धुः पावकः – ऋ.६.६७.७/३; सा.१.५2४/३; 2.४६६/३
महिव्रतस्य मिढुषः – अ. १३.2.१/४
महि व्राधन्त उक्षणः – ऋ.१.१३५.९/३
महि व्राधन्त ओगणास इन्द्र – ऋ. १०.८९.१५/2
महि व्राधन्त वाजिनः – ऋ. ५.६.७/2
महि शविष्ठ नस्कृधि – ऋ. १.१2७.११/४
महि श्रवस्तुविनृम्णम् – ऋ. १.४३.७/३
महि श्रवो वाजमस्मे सुवीर्यम् – ऋ. ६.७०.५/४
महिषं नः सुभ्वं तस्थिवांसम् – मैसं.2.१.६/३: ११.११ द्र. समुद्रं न सुहवम्
महिषासो मायिनः चित्रभानवः – ऋ.१.६४.७/१
महिषि हये हये महिषि – शब्रा. १३.५.2.५
महिषीर् (काठसं. ...ष्य्) असि – तैसं. १.2.१2.2; ६.2.७.३; मैसं.१.2.८: १८.१; ३.८.५: १००.४; काठसं. 2.९; 2५.६; माश्रौसू. १.७.३.20
महिषीव त्वद्रयिः – ऋ.५.2५.७/३; सा.१.८६/३; वा. 2६.१2/३; तैसं. १.१.१४.४/३; काठसं. ३९.१४/३
महिषीव वि जायते – सा.2.११७५/३
महिष्यसिः द्र. महिषीर्
महि स्तोतृभ्यो मघवन् सुवीर्यम् – ऋ. १.१2७.११/६
महि स्तोत्रमव आगन्म सूरेः – ऋ. ३.३१.१४/३
महि स्थूरं शशयं राधो अह्रयम् – ऋ.८.५४ (वाल. ६).८/३
मही अत्र महिना वारमृण्वथः – ऋ.१.१५१.५/१
मही अपारे राजसी विवेविदत् – ऋ.६.६८.३/३
महीं साहस्रीमसुरस्य मायाम् – वा. १३.४४/३; तैसं. ४.2.१०.३/३; मैसं.2.७.१७/३: १02.७; काठसं. १६.१७/३; शब्रा. ७.५.2.20
मही क्षेमं रोदसी अस्कभायत् – अ. ४.१.४/2
मही गृणाना – वा.2७.१९/३; तैसं. ४.१.८.2/३ द्र. अत्र भरती गृ...
मही चित्रा रश्मिभिश्चेकिताना – ऋ. ४.१४.३/2
मही चिद्धि धिषणाहर्यदोजसा – ऋ.१०.९६.१०/३; अ. 20.३१.५/३
मही चिद्यस्य मीढुषो यव्या – मैसं.१.१०.2/३: १४१.१३; द्र. अत्र महश्चिद्यस्य।
मही जजानादितिर्ऋतावरी – ऋ.८.2५.३/३
मही जज्ञुर्मातरा पुर्वचित्तये – ऋ. १.१५९.३/2
महीं चिद् द्यामातनोत् सूर्येण – ऋ. १०.१११.५/३
मही त्रयेतां सुविताय मातरा – ऋ.१०.३५.३/2
मही दस्मस्य मातरा समीची – ऋ.१०.३५.३/2
मही देवस्य मुधुषो अव्याः – काठसं. ६.४/३ द्र. अत्र

महश्चिद्यस्य
मही देवस्य सवितुः परिष्टुतिः – ऋ.५.८१.१/४; वा. ५. १४/४; ११.४/४; ३७.2/४; का. ५.५.१/४ (स्वाहा इत्यनेन सह); तैसं.१.2.१३.१/४; ४.१.१.2/४; मैसं.१. 2.६/४: १८.१४; ४.६.१/४: १20.४; काठसं.2.१०/४; १५.११/४; शब्रा. ३.५.३.१2; ६.३.१.१६; १४.१.2.८/४; तैआ. ४.2.१/४; श्वेत उप. 2.४/४
मही देव्युषसो विभाती – अ.१०.८.३०/३
मही द्यावापृथिवी इह ज्येष्ठे – ऋ. ४.५६.१/१; मैसं.४. १४.७/१: 22४.६; ऐब्रा. ५.८.८; कौषी ब्रा. 2३.३; शब्रा. १३.५.१.११; आश्रौ. ३.८.१; ८.८.६ प्रः मही द्यावापृथिवी –शांश्रौसू. १०.६.१८ तु. बृहद. ५.७ द्र. मही नु।
मही द्यावापृथिवी चेततामपः – ऋ.१०.३५.१/३
मही द्यौः पृथिवी च नः – ऋ.१.22.१३/१; वा.८.३2/१ १३.३2/१; तैसं.३.३.१०.2/१; ४.१.2; ५.११.३/१; ४.2. ६.३/१; ५.2.८.६; मैसं. 2.७.१६/१: १००.८; ४.१०.३: १४८.३; ४.११.१: १६2.११; काठसं. १३.६/१,१०,१५; १५.१2; १६.१६/१; 20.७; ३६.३/१; ऐब्रा. १.१६.५; ४. १०.११; ५.१६.१०; कौषी ब्रा. ८.१; 2६.१३; जैब्रा. 2. ४६(४५)/१; शब्रा.४.५.2.१८/१; ७.५.१.१०; आश्रौ.2.६. १४; १६.2; ३.१०.2४; ११.20; ६.५.१८; ८.१०.2; लाटयश्रौसू. ४.४.८/१; माश्रौसू. ३.५.१८; – ५.१.५. ६८; आपश्रौ. ६.2.५; १३.१५; १६.१३; १६.2५.१ प्रः मही द्यौः –काठसं. 20.१५; शांश्रौसू. १३.१2.६; १३.१७; ६. 20.2५; १०.१०.७; १३.2१; कात्यश्रौसू. 2५.१०.१६
मही ध्रुवा सलिलासि सा स्वर्गं लोकं प्रजानिहि – काठसं. ३८.१३
मही न धारात्यन्धो अर्षति – ऋ.६.८६.४४/2; सा.2. ६६५/2; तैब्रा. ३.१०.८.१/2
महीनां जनुषे पूर्व्याय – ऋ. ५.४५.३/2
महीनां (का. महीनां) पयोऽसि – वा.१.20; ४.३; का. ४.2. १; ॱ. १.2.१.१; काठसं.2.१; शब्रा. १.2.१.22; ३.१.३.६; कात्यश्रौसू.७.2.३३; आपश्रौ. 2.६.2; ७.६.2; ८.2.८; ६. ६; १०.६.११; १५.१४.१०; माश्रौसू.2.१.१.३५; शां गृ सू. १.८.१८ प्रः महीनाम् – कात्यश्रौसू. 2.५.६
महीनां पयोऽसि विश्वेषां देवानाम् तनूः – तैसं.३.2.६.१
महीनां पयोऽसि विहितं देवत्रा – तैआ.४.१2.१
महीनां पयोऽस्योषधीनां (मैसं. अस्यपामोषधीनां) रसः – तैसं.१.१.१०.2,३; मैसं.१.2.१: १०.३; ३.६.2: ६2.2; तैब्रा. ३.३.३.५; आपश्रौ. 2.६.१
मही नु द्यावापृथिवी इह ज्येष्ठे – तैब्रा.2.८.४.६/१ द्र. मही द्यावापृथिवी आदि।
मही नो वाता इह वान्तु भूमौ – अ.१८.१.३६/2 द्र. मिहं न वातो
महीं त ओमात्रां कृष्टयो विदुः – ऋ. १०.५०.५/2
महीं दिवं पृथिवीमन्तरिक्षम् – तैब्रा. ३.१.2.६/2
महीं दीक्षां सौमायनो बुधो यदुदयच्छदनन्दत् सर्वमापनोन् मन्मांसे मेदोधाः – पंचब्रा .2४.१८.६
महीं देवस्य नकिरा धर्ष – ऋ. ५.८५.६/2
महीं देवीं विष्णुपत्नीमजूर्याम् – तैब्रा. ५.८५.६/2
मही प्रवृद्धर्यश्वस्य यज्ञैः – ऋ. ३.३१.३/४
मही बुधस्यासीद्दीक्षा – पंचब्रा. 2४.१८.५/३
महीमकर् द्युम्नहूतिं नो अद्य – काठसं.2.१५/४ द्र. भद्रामकर्।
मही मन्द्रा वाणी वाणीची सलिला स्वयंभूः – शां गृ सू. १.१2४.१०/४
महीमपारां सदने ससत्थ – ऋ.३.३०.६/2
महीममुष्णाः पृथिवीमिमा अपः – ऋ.१.१३१.४/६; अ.20. ७५.2/६
महीमस्मभ्यमुरुषामुरु जयः – ऋ.५.४४.६/३
मही माता दुहितुर्बोधयन्ती – ऋ.५.४७.१/2
मही मित्रस्य वरुणस्य माया – ऋ. ३.६१.७/३
मही मित्रस्य साधथः – ऋ. ४.५६.७/१; सा.2.६४८/१ प्रः मही मित्रस्य – लाटयश्रौसू. ८.६.४
महीमियर्मि सुष्टुतिम् – ऋ.१०.१८८.2/३
महीम् ऊ षु मातरं सुव्रतानाम् – अ.७.६.2/१; वा. 2१. ५/१; तैसं. १.५६.११.५/१; मैसं.४.१०.१/१: १४४.१०; काठसं. ३०.४/१,५/१; ऐब्रा. १.६.७; आश्रौ.2.१. 2६/१; ३.८.१; ४.३.2; शांश्रौसू. 2.2.१४/१ (५.५.2; ६.2७.2; प्रः महीम् ऊ षु मातरम् – तैब्रा.३.१.३.३; कात्यश्रौसू. १६.७.१६; आपश्रौ. 2१.2१.६; माश्रौसू. ७. 2.६; महीम् ऊ षु – तैसं. ७.१.१८.2; ४.१७.2; मैसं. ४.१2.४: १८८.१३; ४.१४.४: 220.१३; काठसं.११.१३; १६. १४; काठसं अश्व.१.६; ४.६; तैआ.१.१३.2; माश्रौसू.५.१. ४.2५; कौसू.५2.१०; ७.१.2३; ७६.३; ८६.2६ तु. बृहद. ७.१०४
महीमे अस्य वृषणाम शूषे – ऋ.६.६७.५४/१; सा.2. ४५६/१
महीं भर्षद् द्युमतीमिन्द्रहूतिम् – ऋ.६.३८.१/2
महीं मायां वरुणस्य प्र वोचम् – ऋ. ५.८५.५/2
महीं मित्रस्य वरुणस्य धासिम् – ऋ.१०.३०.१/३
मही यज्ञस्य रप्सुदा – ऋ. ८.७2.१2/2; सा.१.११७/2; 2.६५2/2; वा.३३.१६/2,७१/2 प्रः मही यज्ञस्य

—लाटयश्रौसू. ८.६.४
मही यदि धिषणा शिश्नथे धात् — ऋ. ३.३१.१३/१
महीयन्ते सजोषसः — ऋ. १०.७५.३/2
महीरपो वि गाहते — ऋ.६.७.2/2; ६६.७/४; सा. 2.४७६/2
महीरपो वृषन्तमः — ऋ. ६.५७.४/2; सा. १.१४८/2; काठसं.2३.११/2
महीरस्य प्रणीतयः — ऋ. ६.५७.४/2; सा. १.१४८/2; काठसं.2३.११/2
महीर्गृणानाः — काठसं.१८.१७/३ द्र. अत्र भारती गृ...।
महीव कृत्तिः शरणा त इन्द्र — ऋ. ८.६०.६/३; सा.2.७६2/३; निरु. ५.22
महीव द्यौरध (अ. वध) त्मना — ऋ. १०.१३३.५/४; अ. ६.६.३/४
महीव रीतिः श्वसासरत् पृथक् — ऋ.2.2४.१४/४; मैसं. ४.१४.१०/४: 2३०.१३; तैब्रा. 2.८.५.2/४
मही वाम् ऊतिरश्विना मयोभूः — ऋ. १.११७.१६/१
मही विश्पत्नी सदने (काठसं. ...नी) ऋतस्य काठसं. ७.१2/१; तैब्रा. १.2.१.१३2१; आपश्रौ. ५.८.६/१; मैसं. १.५.2.३/१
मही समेरच्चम्वा समीची — ऋ. ३.५५.20/१
महीस्तुषे विदथेषु प्रचेतसा — ऋ. १.१५६.१/2
मही ह्यस्य मीढुषो यव्या — तैसं. १.८.३.१/३ द्र. अत्र महश्चिद् यस्य।
महे क्षत्राय जिन्वथः — ऋ.22.७/४
महे क्षत्राय धत्तना — अ. १६.2४.2/2 द्र. महे राष्ट्राय
महे क्षत्राय शवसे हि जज्ञे — ऋ. ७.2८.३/३
महे चन त्वामद्रिवः (सा. त्वाद्रि...(— ऋ. ८.१.५/१; सा.१.2६१/१; शांश्रौसू. १८.६.2; १०.2
महे चित्राय राधसे — ऋ.१.१३६.६/५
महे तने नासत्या — ऋ.८.2६.2/2
महे नृतम राधसे — ऋ.८.2४.१०/2
महे नृम्णाय नृपते सुवज्र — ऋ.७.३०.१/३
महे नो अद्य बोधय — ऋ. ५.७६.१/१; सा.१.४2१/१; 2.१०६०/१; सावि ब्रा.३.७.१ प्रः महे नो अद्य — आश्रौ. ४.१४.2; महे नः —शांश्रौसू. ६.५.१४ तु. बृहद. ५.८.८
महे नो अद्य सुविताय बोधि — ऋ. ७.७५.2/१
महेन्द्र इदं हविरजुषत — तैब्रा.३.५.१०.३
महेन्द्र एत्यावृतः — अ. १३.४.2/६/2
महेन्द्रमावः — तैब्रा. ३.५.३.2 तु. शांश्रौसू.१.५.३
महेन्द्रस्य (अहं देवयज्ययान्नादो भूयासम्) — आपश्रौ. ४.६.१३
महेन्द्रस्याहं देवयज्यया जेमानं महिमानं (काठसं. जेहमानं भूमानं) गमेयम् — तैसं.१.६.2.४; ११.७; काठसं.५.१; ३2.१; माश्रौसू. १.४.2.६
महेन्द्रस्याहम् उज्जितिमनूज्जेषम् — तैसं.१.६.४.2
महेन्द्राय (अनुब्रूहि) — माश्रौसू.१.३.2.१६; इन्द्रायानुब्रूहि इत्यस्य ऊहः
महेन्द्राय (त्वा भागं सोमेनातनच्मि) — माश्रौसू. १.१.३.३४ इन्द्राय त्वा भागम् इत्यस्य ऊहः आदि
महेन्द्राय (स्वाहा) — गोभि गृसू.४.७.११; सावि ब्रा. ३३.५
महेन्द्राय त्वा — वा.७.३६;; 2६.१०; तैसं.१.४.20.१; 2१.१; मैसं.१.३.2४ः ३८.११; १.३.2५ः ३८.१४; काठसं. ४.८; शब्रा.४.३.३.१८; माश्रौसू.2.४.६.१७
महे पित्रे ददाथ स्वं नपातम् — ऋ.६.20.११/४
महे पोषाय दध्मसि — हिर गृसू.१.४.८/2
महे भराय कारिणः — ऋ. ६.१६.५/३
महे भराय पुरुहूत विश्वे — ऋ. ३.५१.८/४
महे मन्दन्तु राधसे — ऋ.८.४५.2४/2; अ. 20.22.३/2; सा.2.८३/2
महे मित्रं नावसे — ऋ. १.१2६.१०/३
महे यत् त्वा पुरूरवो रणाय — ऋ.१०.९५.७/३; निरु.१०.४७/३
महे यत् पित्र ईं रसं दिवे कः — ऋ. १.७१.५/१
महे यामन् पुरुभुजा पुरंधिः — ऋ. १.११६.१३/2
महे युवानमा दधुः — ऋ.६.६.५/2
महे रणाय चक्षसे — ऋ. १०.६.१/३; अ.१.५.१/३; सा. 2.११८७/३; वा. ११.५०/३; ३६.१४/३; तैसं. ४.१.५.१/३; ५.६.१४/३; ७.४.१६.४/३; मैसं.2.७.५/३; ७६.१७; ४.६.2७/३: १३६.४; काठसं. १६.४/३; ३५.३/३; तैआ. ४.४2.४/३; १०.१.१2/३; आपमपा. 2.७.१३/३; निरु. ६.2७/३
महे राज्ञे यूने अरन्धनायः — ऋ. १.५३.१०/४; अ. 20.2१.१०/४
महे राधसे नृम्णाय — ऋ. ८.2.2६/2
महे राष्ट्राय दध्मसि — हिर गृसू. १.४.८/2 द्र. महे क्षत्राय धत्तन।
महे ववृत्यामवसे सुवृक्तिभिः — ऋ.१.१६८.१/४
महे वाजाय द्रविणाय दर्शतः — ऋ.३.१०.६/३
महे वाजाय धन्याय धन्वसि — ऋ.९.८६.३४/४
महे वाजाय धन्वन्तु गोमते — ऋ.९.७७.३/2
महे वाजाय श्रवसे धियं दधुः — ऋ. ६.११०.७/2; सा. 2.८५६/2
महे वाजयामृताय श्रवांसि — ऋ. ९.८७.५/2

महे वीराय तवसे तुराय – ऋ. ६.३2.१/2; सा. १. ३22/2; ऐब्रा.५.१६.१; कौषी ब्रा.2६.१2
महे वृणक्तु नस् परि – ऋ. ८.६७.८/2
महे वृत्राय हन्तवे – ऋ. ८.६३.७/2; अ. 20.४७.१/2; १३७.१2/2; सा.१.११६/2; 2.५७2/2; मैसं.2.१३. ६/2: १५५.७; काठसं.३६.१2/2; तैब्रा.१.५.८.३/2; 2.४.१.३/2
महे शुल्काय वरुणस्य नु त्विषे – ऋ.७.८2.६/१
महे शुष्माय येमिरे – ऋ. ८.७.५/३
महे शुराय विष्णवे चार्चत – ऋ. १.१५५.१/2
महे श्रोत्राय चक्षसे – अ. १०.६.८/५ तु. मत्यै श्रुताय।
महे श्रोत्राय धत्तन (हिर गृसू.दध्मसि) – अ.१६.2४.३/2; हिर गृसू. १.४.८/2
महे षु नः सुविताय प्र भूतम् – ऋ. ३.५४.३/2
महे समर्यराज्ये – ऋ. ६.११०.2//; सा. १.४३2//; ऐब्रा. ८.११.2/2
महे सहस्रचक्षसे – ऋ.६.६५.७/३
महे सुम्नाय मह आववर्तत् – ऋ.६.६८.१/४
महे सोम नृचक्षेसे – ऋ. ६.६६.१५/2
महे सोम प्सरस इन्द्रपानः (ऋ. ६.६७.2७/2, प्सरसे देवपानः) – ऋ. ६.६६.३/2; ६७.2७/2
महैतरेयसम् (तर्पयामि) – आगृ.३.४.४; शां गृ सू. ४.१०.३
महो अग्ने अनीकमा सपर्यन् – ऋ. ४.१2.2/2
महो अग्नेः समिधानस्य शर्मणि – ऋ.१०.३६.१2/१; वा. ३३.१७/१ तु. बृहद.७.३८
महो अर्णः सरस्वती – ऋ.१.३.१2/१; वा.20.८६/१; निरु.११.2७/१
महो अर्भस्य वसुनो विभागे – ऋ.७.३७.३/2
महो आदित्यां अदितिं स्वस्तये – ऋ.१०.६३.५/४
महो गाहाद् दिव आ निरधुक्षत – ऋ. ६.११०.८/2; सा. 2.८४४/2
महो गोत्रस्य क्षयति स्वराजः (अ. ५.2.८/३, ...राजा) – ऋ. १०.१2०.८/३; अ.५.2.८/३; 2०.१०७.११/३
महो जाया विवस्वतो ननाश – ऋ.१०.१७.१/४; अ.१८.१. ५३/४; निरु. १2.११/४
महो ज्यायोऽकृत – ज्ञडै. ४.१३.६: 2१2.४,५,७,८; शब्रा.१.६. १.६.१०; तैब्रा.३.५.१०.2, ३,४; आश्रौ.१.६.१,५; शांश्रौसू.१. १४.६ – ८ तु. माश्रौसू. ५.१.४.2८
महो ज्यायोऽक्रत – आश्रौ. १.६.१, (भाष्य), ३; शांश्रौसू. १. १४.१४
महो ज्यायोऽक्राताम् – मैसं.४.१३.६: 2१2.६; तैब्रा.३.५.१०. ३; आश्रौ.१.६.१(भाष्य),३; शांश्रौसू. १.१४.६,११,१2

महो ज्योतिषः परमे व्योमन् – ऋ. ४.५०.४/2; अ.2०. ८८.४/2; मैसं. ४.१2.१/2: १७७.१४; काठसं. ११. १३/2; तैब्रा.2.८.2.७/2
मजो ज्योतिषा शुचता गोर्णसा – ऋ.2.३४.१2/४
महो दिवः पृथिव्याश्च सम्राट् – ऋ.१.१००.१/2; तैब्रा.2. ८.३.६/2
महो दिवः सदने जायमानः – ऋ. ७.३६.३/३
महो दिवे न सूर्यः – ऋ.८.७०.2/४; अ.20.६2.१७/४; १०५०५/४ द्र.महां देवो
महो देवस्य धुर्तेः – ऋ.१.१2८.७/७
महो देवस्य पूर्व्यस्य धाम – अ.४.१.६/2
महो देवान् बिभ्रती न व्यथेते – ऋ.३.५४.८/2
महो देवान् यजसि यक्ष्यानुषक् – ऋ.६.४८.४/१
महो देवान् रोदसी एह वखि – ऋ. ३.७.६/४
महो देवाय तद् ऋतं सपर्यत – ऋ.१०.३७.१/2; वा. ४. ३५/2; तैसं.१.2.६.१/2; काठसं.2.७/2; मैसं. १.2. ६/2: १५.१८; शब्रा. ३.३४.2४/2
महो देवो मर्त्यां (मैसं. मर्त्यं) आ विवेश – ऋ.४.५८. ३/४; वा. १७.६१/४; मैसं. १.६.2/४: ८७.१८; काठसं.४०.७/४; गोब्रा. १.2.१६/४; तैआ.१०.१०. 2/४; महा नारा उप. १०.१/४; आपश्रौ. ५.१७. ४/४; निरु. १३.७/४
महो द्रुहो अप विश्वायु धायि – ऋ.४.2८.2/४; ६.2०. ५/१
महो दनानि दयमान ओजसा – ऋ. १.१३०.७/६
महो नरो द्रविणसो गृणानाः – ऋ.४.३४.५/2
महो नृम्णस्य धर्मणामिरज्यसि – ऋ.१.५५.३/2
महो नो अग्ने सुवितस्य विद्वान् – ऋ. ७.१.2४/१
महो नो रत्ना वि दध इयानः – ऋ.७.१७.७/2
महो नो राय आ भर – ऋ. ६.६१.2६/१; सा. 2. ५६४/१
महो बुध्ने रजसो अस्य योनौ – ऋ. ४.१.११/2
महोभिरेतां (मैसं. एकम्) उप युज्महे नु – ऋ. १.१६५. ५/३; मैसं.४.११.३/३: १६८.१५; काठसं. ६.१८/३
महोभिश्चर्षणीनाम् – तैसं. ४.३.१३.५/३ द्र. अवोभिश्च...
महोभ्यः संमहोभ्यः (आश्रौ. संमहेभ्यः) स्वाहा – आश्रौ.३.१. १४; वैसू. १८.६
महोभ्यः स्वाहा – तैसं. ७.४.१४.१; काठसं. ४.३; आपश्रौ. 2०.११.१८
महो महद्र्यामनयन्त शूषम् – ऋ.३.७.६/2
महो महानि पनयन्त्यस्य – ऋ. ३.३४.६/१; अ. 2०.११. ६/१

महो महीं सुष्टुतिं ईरयामि – ऋ.2.३३.८/2
महो महीरवसा यन्तु वक्षणीः – ऋ. १०.६४.६/2
महो मेऽवाचः – माश्रौसू.2.१.१.५; – ५.2.१५.2
महो यन्तः सुमतये चकानाः – ऋ.६..2६.१/2
महो यस्पतिः शवसो असामि – ऋ.१०.22.३/१
महो ये धनं (मैसं. काठसं. धना; तैसं. रत्नं) समिथेषु जभ्रिरे – ऋ.१०.६४.६/४; वा. ६.१७/४; तैसं. १.७.८.2/३; मैसं.१.११.2/४: १६2.१६; काठसं.१३.१४/४; शब्रा.५.१.५.2३/४
महो राजाना ईशते – ऋ.७.६६.६/३; सा.2.७०३/३
महो राज्ञः सुवसनस्य दातॄन् – ऋ. ६.५१.४/2
महो रायः पुरुवार प्र यन्धि – ऋ. ४.2.2०/४
महो रायः सातिमग्ने अपा वृधि – ऋ. ८.2३.2६/३
महो रायः सुचेतुना – ऋ.१.१2७.११/३
महो राये चितयन्तो अनु ग्मन् – ऋ. ६.१.2/४; मैसं.४.१३.६/४: 2०६.८; काठसं. १८.2०/४; तैब्रा. ३.६.१०.१/४
महो राये चितयन्नत्रिमस्पः – ऋ. ५.१५.५/४
महो राये चित् तरुते यच्छर्वतः – ऋ.१०.७६.2/४
महो रये तमु त्वा समिधीमहि – ऋ.८.2३..१६/३
महो राये दिवित्मते – ऋ.४.३१.११/३
महो राये नृपते वज्रबाहुः – ऋ.१०.६१.22/2
महो राये बृहतीः विप्रः – ऋ.५.४३.१/३
महो रायो दिव्यस्य – ऋ. ५.६८.३/2; सा.2.४६५/2; काठसं.2६.११/2
महो रायो राधसो यद्दन्नः – ऋ.७.2८.५/2
महो रुजामि बन्धुता वचोभिः – ऋ.४.४.११/१; तैसं.१.2.१४.४/१; मैसं.४.११.५/१: १७३.१४; काठसं.६.११/१
महो वज्रेण सिष्वपो वराहुम् – ऋ.१.१2१.११/४
महो वाजस्य गध्यस्य सातौ – ऋ. ६.2६.2/2
महो वाजस्य सातौ वावृषाणाः – ऋ.६.2६.१/2
महो वाजिनं सनिभ्यः – ऋ.८.१६.३/३; अ.2०.४४.३/३
महो वाजिनावर्वन्ता सचासनम् – ऋ. ८.2५.2४/३
महो वाजेभिर्महद्भिश्च शुष्मैः – ऋ. ४.22.३/2; ६.३2.४/2
महो वा विष्ण (अ. महो विष्ण) उरोरन्तरिक्षात् (तैसं. विष्णवुत वान्तरिक्षात्) – अ. ७.2६.८/2; वा. ५.१६/2; तैसं.१.2.१३.2/2; काठसं.2.१०/2; शब्रा. ३.५.३.22/2 प्रः महो वा विष्णो –आपश्रौ. ११.७.७ द्र. उरोर वा आदि
महो विश्वां अभि षतः – ऋ. ८.2३.2६/१
महो विष्ण आदिः द्र. महो वा विष्ण

महो वै नो भविष्यति – अ.११.४.५/४
महो वो भक्षीय – वा. ३.2०; तैसं. १.५.६.१; ८.१; मैसं.१.५.2: ६८.६; १.५.६: ७७.१६; काठसं. ७.१; शब्रा.2.३.४.2५; शांश्रौसू.2.११.६
महो व्रजान् गोमतो देव एषः – ऋ. ६.७३.३/2; अ.2०.६०.३/2; काठसं. ४.१६/2; ४०.११/2; तैब्रा.2.८.2.८/2; आपश्रौ. १७.2१.७/2
महो व्राधन्तमो दिवि – ऋ.१.१५०.३/2
महोऽसि महो मयि धेहि – तैब्रा. 2.६.१.५
महो हि दाता वज्रहस्तो अस्ति – ऋ. ६..2६.१/३
महौदवाहिम् (तर्पयामि) – आगृ. ३.४.४; शां गृ सू. ४.१०.३
मह्ना जिनोषि (मैसं. हिनोषि) महिनि – ऋ. ५.८४.१/४; तैसं. 2.2..१2.2/४; मैसं. ४.१2.2/४: १८१.2; काठसं. १०.१2/४; आपमपा. 2.१८.६/४; निरु. ११.३७/४
मह्ना दक्षस्य राजथः – ऋ. ३.६2.१७/2; सा. 2.१४/2
मह्ना दिवं न तस्तभुः – ऋ. ८.५५(वाल. ७).2/३
मह्ना देव महां असि – सा.१.2७६/४; 2.११३८/४ द्र. अत्र अद्धा देव।
मह्ना देवानामसुर्यः पुरोहितः – ऋ. ८.१०१.१2/३; अ. 2०.५८.४/३; सा. 2.११३६/३; वा. ३३.४०/३
मह्ना महद्भिः पृथिवी वि तस्थे – ऋ. १.७2.६/३
मह्ना रजांसि दीयथः – ऋ.५.७३.३/४
मह्ना रायः संवरणस्य ऋषे५ – ऋ.५.३३.१०/३
मह्नाविव्यक् पृथिवीं पत्यमानः – ऋ. ७.१८.८/३
मह्ना हिनोषि आदिः द्र. मह्ना जिनोषि।
मह्यं यजन्तु (अ.काठसं. ...तां) मम यानि हव्या (अ. काठसं. यानिष्टा) – ऋ. १०.१2८.४/१; अ. ५.३.४/१; तैसं.४.७.१४.2/१; काठसं. ४०.१०/१
मह्यं यजमानाय तिष्ठ – तैसं. ३.५.५.३/४ द्र. यजमानाय तिष्ठतु
मह्यं वाचं नियच्छतात् – हिर गृसू. १.५.११/४
मह्यं वातः पवतां (काठसं. ...ते) कामे अस्मिन् (अ. कामायास्मै) – ऋ. १०.१2८.2/४; अ.५.३.३/४; तैसं. ४.७.१४.१/४; काठसं.४०.१०/४
मह्यं विशः समनमन्त दैवीः – काठसं.४०.६/३
मह्यं शिवतमास् कृधि – अ.१६.८.६/४
मह्यं श्रियं वद – खिल. १०.१५१.६/४
मह्यं षड्डुर्वीर्घृतमा वहन्तु – अ. ६.2.११/४
मह्यं सूरो अभरज् ज्योतिषे कम् – अ.६.६१.१/2 द्र. मह्यं ज्योतिर्
मह्यं गृह्णामि त्वामहम् – आपमपा. 2.५.22/४ द्र. मयि

आदि
मह्यं गोपतये पशून् – तैब्रा. ३.७.४.१८/४; आपश्रौ. ४.३.६/४
मह्यं ज्यैष्ठयाय पीपिहि (आपश्रौ. पवते) – तैआ. ४.१०.2; ५.८.६; आपश्रौ. 12.१५.८ द्र. अस्यै विशे मह्यम्
मह्यं ज्योतिरभरत् सूर्यस्तत् – काठसं. ४०.६/2 द्र. मह्यं सूरो
मह्यं तेजसे ब्रह्मवर्चसाय – पंचब्रा. ६.६.१७
मह्यं तेजसे मह्यं ब्रह्मवर्चसाय मह्यमन्नाद्याय मह्यं भूम्ने मह्यं पुष्ट्यै मह्यं प्रजननाय प्रजानां भूम्ने प्रजानां पुष्ट्यै प्रजानां प्रजनराय सोमस्य राज्ञो राज्याय मम ग्रामणेयाय – जैब्रा.१.८४
मह्यं त्वष्टा वज्रमत्क्षदायसम् – ऋ. १०.४८.३/१
मह्यं त्वादाद् बृहस्पतिः – खिल. १०.८.५.६/2; अ.१४.१.५2/2; पारगृसू. १.८.१६/2; आपमपा. १.८.६/2
मह्यं त्वादुर्गार्हपत्याय देवाः – ऋ.१०.८५.३६/४; अ.१४.१.५०/४; साम मन्त्रब्रा. 1.2.१६/४; पारगृसू.१.६.३/४; आपमपा. १.३.३/४; हिर गृसू. 1.20.१/४; मागृसू.. १.१०.१५/६
मह्यं त्वा मध्यं भूम्याः – अ. ६.८६.३/३
मह्यं त्वा मित्रावरुणौ – अ.६.८६.३/१
मह्यं दत्त्वा व्रजत (तै आ आन्ध्र. प्रजातुं) ब्रह्मलोकम् – अ.१६.७१.१/५; तै आ आन्ध्र. १०.३६/४
मह्यं ददतु पुष्टये – अ.१०.६.2६/2
मह्यं ददातु सोमिनः – खिल. ५.८७.१६/४
मह्यं देवं यज – माश्रौसू.१.४.१.2६
मह्यं देवः सविता व्यचो धात् – अ.६.६१.१/४; काठसं. ४०.६/४
मह्यं देवा उत विश्वे तपोजाः – अ.६.६१.१/३
मह्यं देवान् (यज) – माश्रौसू. १.४.१.2६
मह्यं देवी सरस्वती – अ. ६.८६.३/2
मह्यं धुक्ष्व यजमानाय कामान् – तैब्रा.१.2.१.2७/४; ३.७.६.४/४; आपश्रौ. ४.५.१/४ तु. सा मे धुक्ष्व।
मह्यं धेहि शचीपते – अ. ६.८2.३/४
मह्यं नमन्तां प्रदिशश्चतस्रः – ऋ.१०.१2८.१/३; अ. ५.३.१/३; ६.2.११/३; तैसं. ४.७.१४.१/३; मैसं. १.४.१/३: ४७.2; काठसं.४.१४/३; ४०.१०/३; कात्यश्रौसू.2.१.३/३
मह्यमन्नमथो श्रियम् – साम मन्त्रब्रा. 2.४.१०/४
मह्यममुष्यात् – शांश्रौसू.४.12.१०
मह्यमापो मधुमदेरयन्ताम् (काठसं. ऐरयन्त) – अ. ६.६१.१/१; काठसं. ४०.६/१; कौसू. १३३.2 प्रः मह्यमापः –कौसू. ६.2; ४१.१४; ५६.१०
मह्यमायुर्घृतं पयः – अ.2०.४८.३/३
मह्यमिद्वशमा नयात् – आपमपा. 2.22.१०/४ द्र. मह्यं पुनर, तथा मह्यं मुक्त्वा...
मह्यमिन्द्रो नियच्छतु – तैआ.३.११.७/३
मह्यमौदुम्बरो मणिः – अ.१६.३१.६/३
मह्यं पुनरुदाजतु – हिर गृसू. १.१४.४/४ द्र. अत्र मह्यमिद्
मह्यं प्रजामायुश्च वाजिन् धेहि – वैसू.६.१/2
मह्यं भव्यं विदुषी कल्पयाति – कौसू. १०.१.2/४
मह्यं मुक्त्वाथान्यमानयेत् – पारगृसू.३.७.३/४ द्र. अत्र मह्यमिद्
मह्यं मेधां वद – खिल. १०.१५१.६/३
मह्या अरिष्टतातये – अ.३.५.५/2; ८.५.2०/2
मह्या इन्द्रं (आपमपा. ...द्र) स्वस्तये – ऋ. ६.५७.६/३; आपमपा. १.६.१४/३; ८.८/३
मह्या ते सख्यं वश्मि शक्तिः – ऋ.३.३१.१४/१
मह्या महान् घोषः – गोभि गृसू.३.2.2३
मा असि – तैआ. ४.५.५; आपश्रौ. १५.८.2 द्र. मासि।
मां वृताः समरणे हवन्ते – ऋ.४.४2.५/2
मांश्चत्व इन्दो सरसि प्र धन्व – ऋ.६.६७.५2/2; सा. १.५४१/2; 2.४५४/2
मांश्चत्वे वा पृशने वा वधत्रे – ऋ. ६.६७.५४/2; सा.2.४५६/2
मांसं वार्ध्रीणसस्य च – विष्णुस्मृ. ८०.१४/2
मांसन्वते स्वाहा – तैसं.७.५.12.2 द्र. मांसवते।
मांसमेकः पिंशति सूनयाभृतम् – ऋ.१.१६१.१०/2
मांसं म (मैसं. मा) उपनतिर्वसु – वा.2०.१३/३; मैसं. ३.११.८/३: १५2.१०; काठसं. ३८.४/३; शब्रा. 12.८.३.३१/३; तैब्रा.2.६.५.८/३ (मूलपाठे म इत्यस्य लोपः, परं भाष्ये लोपः न)
मांसं मज्जानमाभरत् – अ.११.८.११/2
मांसं मा उपनतिरादिः द्र. पूर्वमेकवर्जम्
मांसं मांसेन रोहतु – अ.४.12.४/४
मांसं मृत्योर्जुहोमि मांसेन मृत्युं वासये – वासि ध शा.2०.2६
मांसवते स्वाहा – काठसं अश्व. ५..३ द्र. मांसन्वते
मांसान्यस्य शकराणि – शब्रा.१४.६.६.३/१; बृह उप. ३.६.३2/१
मांसान्यस्य शातय – अ. 12.५.६६/१
मांसाय स्वाहा – तैसं.७.३.१६.2; काठसं अश्व.३.६ द्र. उत्तरम्

वैदिकपादानुक्रमकोषः 230

मांसेभ्यः स्वाहा – वा.३६.१० द्र. पूर्वम्।
मां स्पृष्टोऽनुवित्तो मयैव (शब्रा. १४.७.2.११/2; बृह उप. ४.४.११/2
मां हवन्ते पितरो न जन्तवः – ऋ.१०.४८.१/2
मा कर्म देवहेडनं तुरासः – ऋ. ७.६०.८/४
मा कस्मै धातमभ्यमित्रिणे नः – ऋ.१.१2०.८/१
मा कस्य नो अररुषः – ऋ.७.६४.८/१
मा कस्य यक्षं सदमिद्धुरो गाः – ऋ.४.३.१३/१
मा कस्याद्भुतक्रतू – ऋ. ५.७०.४/१; शांश्रौसू.१2.2.१४
मा काकम्बीरमुद्वृहो वनस्पतिम् – ऋ.६.४८.१७/१
माकिरेना पथा गात् – ऋ. ८.५.३६/१
माकिर्देतानामप भूरिह स्याः – ऋ.१०.११.६/४; अ.१८.१.2५/४
माकिर्न एना सख्या वि यौषुः – ऋ.१०.2३.७/१
माकिर्नेशन् माकीं रिषत् – ऋ. ६.५४.७/१
माकिर्नो अस्य परिषूतिरिशत – ऋ.६.८५.८/३
माकिर्नो देवा अनृतस्य वर्पसः – ऋ.१०.१००.७/३
माकिस्तोकस्य नो रिषत् – ऋ.८.६७.११/३
माकीं सं शारि केवटे – ऋ.६.५४.७/2
माकीं ब्रह्मद्विषो (सा. ...षं) वनः – ऋ.८.४५.2३/३; अ. 2०.22.2/३; सा.2.८2/३
माकी रणस्य नप्त्या – ऋ. ८.2.४2/2
माकुत्रा नो गृहेभ्यो धेनवो गुः – ऋ.१.१2०.८/2
माकुध्र्यगिन्द्र शूर वस्वीः – ऋ.१०.22.१2/१
मा क्षाः – खादि गृसू.१.५.१६
माक्षिषुर्मा रीरिषुर्म हिंसिषुर्मा दांक्षुः सर्पाः – मागृसू..2.१६.३
मा क्षुधन् मा तृषत् – अ.2.2६.४/४
मा गतानामा दीधीथाः – अ.८.१.८/१
मागदधः पुंश्चली कित्वः कलीबोऽशूद्रा अब्राह्मणास् (का. पुंश्चली क्लीवः कित्वोऽशूद्राब्राह्मणास्) ते प्राजापत्याः – वा.३०.22; का.३४.22
मा गन्धर्वो विश्वावसुरा दघत् – तैसं.१.2.६.१/६
मा गामनागामदितिं वधिष्ट – ऋ.८.१०१.१५/४; तैआ.६.१2.१/४; कौसू.६2.१४/४; साम मन्त्रब्रा.2.८.१५/४; पारगृसू.१.३.2७/४; आपमपा.2.१०.१०/2; हिर गृसू.१.१३.१2/४; मागृसू..१.६.2३/४
मा गामश्वं पुरुषमुच्छिष एषाम् – अ.१०.१.१७/2
मा गायत्री वीर्यम् – ऐब्रा. ७.2४.३
मा गृधः कस्य स्विद्धनम् – वा.४०.१/४; ईश उप.१/४
मा गृधो नो अजाविषु – अ.११.2.2१/2
मागोतायै सहसस्पुत्र मा निदे – ऋ.३.१६.५/३
माघं भूत् – कौसू.८३.५ द्र. मा नोऽघं, तथा शाम्यतु
माघशंसाय रीरधः – ऋ. ८.६०.८/2
माघान्यर्यो वनुषामरातयः – ऋ. ७.८३.५/2
माघोनं दधिषे शवः – ऋ.६.४३.४/2
माघोनं मघवत्तम – ऋ.८.५४(वाल. ६).५/2
माघोने यज्ञं जनयन्त सूर्यः – ऋ.१०.६६.2/४
मा घाषा उत्थुर्बहुले विनिर्हते – अ. ७.५2.2/३
मांगानां मा रसस्य ते – अ.१८.2.2४/2
मां गोपतिमभिसंविषन्तु – तैब्रा.2.७.१६.३/४
मा चक्रा अवृत्सत – मैसं. १.2.६/2ः १८.१५ द्र. अत्र अप चक्रा
मा च ते ख्यास्मती रिषत् (?) – तैआ.१.2७.2/४
मा च त्वं द्विषतामधः – साम मन्त्रब्रा.१.2.१/४
मा च दुःखं लभे क्वचित् – खिल.१०.८५.2/2
मा च नः किं चनाममत्– अ, ६.५७.३/२; १०.५.२३/४, द्र0 मा नः किम् चन् मो च नः तथा मो षु ते तु. मा भेर्, तथा मा भैर्।
मा च याचिष्म कं चन – विष्णुस्मृ. ७३.३०/४
मा च रिषदुपसत्ता ते अग्ने – वा.2७.2/३; तैसं.४.१.७.१/३; मैसं.2.१2.५/३ः १४८.१४; काठसं. १८.१६/३ द्र. मा ते रिषन्नुप...।
मा च वो गोपती रिषत् – आश्रौ.2.५.१७
मा च हा मा च रीरिषत् – ऋ.३.५३.2०/2
मा चाहं द्विषते रधम् – अ.१७.१.६/४,2४/४ तु. मा त्व अहं।
मा चिदन्यद्वि शंसत – ऋ. ८.१.१/१; अ.2०.८५.१/१; सा. १.2४2/१; 2.७१०/१; कौषी ब्रा.2३.७; 2६.५; पंचब्रा. १५.१०.2; ऐआ.५.2.४.2; आश्रौ.५.१2.६,2१; ७.४.2; शांश्रौसू. १2.३.22; १८.८.११; वैसू.३१.१८; ४०.११; निरु. ७.2 प्रः मा चिदन्यत् – शांश्रौसू.१०.८.८ तु. बृहद.६.४०
मा चिरं तनुथा अपः – ऋ.५.७६.६/2
मा छन्दः – वा.१४.१८; तैसं.४.३.७.१; ५.३.2.४; मैसं. 2.८.३ः १०८.११; 2.१३.१४ः १६३.७; ३.2.६ः ३०.३; काठसं. १७.३; 2०.११; ३६.४; शब्रा. ८.३.३.५; काठसं. १७.६.६; आपश्रौ. १६.2८.१; १७.2.४; माश्रौसू. ६.१.८
मा छित्था अस्माल् लोकात् – अ.८.१.४/३
मा छिदो मृत्यो मा वधीः – तैआ.३.१५.१/१; तै आ आन्ध्र.१०.५१/१
मा चेत्था (बाहुलकेन भेत्था) मा व्यथिष्ठाः – कौषी ब्रा उप. 2.११
मा छेद्म रश्मीँरिति नाधमानाः – ऋ. १.१०६.३/१; तैब्रा.३.६.६.१/१

मा जने प्र मेषि – अ.१६.४.५
मा जस्वने वृषभ नो ररीथाः – ऋ. ६.४४.११/१
मा जामिं मोषीरमुया श्यानाम् – अ.७.६६.१/2 द्र. जामिं मा
मा जरिषुः सूर्यः सुव्रतासः – ऋ.१.१२५.७/2
मा जिह्वा बर्हिः प्रमयुः कथा स्याः – अ.८.१.१६/2
मा जीवेभ्यः प्र मदो मानु गाः पितृन् – अ.८.१.७/2
मा ज्ञातारं मा प्रतिष्ठां विदन्त (अ....तु) – अ. ६.३2.३/३; ८८.21/३; आगृ.३.१०.११/३
मा ज्यायसः शंसमा वृक्षि देवाः – ऋ.१.2७.१३/४; आपश्रौ. 2४.१३.३/४
मा ज्येष्ठं वहीदयमग्न एषाम् – अ. ६.११2.१/१ प्रः मा ज्येष्ठम् –कौसू. ४६.2६
मा ज्योतिषः प्रवस्थानि गन्म – ऋ.2.2८.७/३; मैसं. ४.१४.६/३: 22६.६
मां चत्वार आशवः – ऋ. ८.७४.१४/१
मां च रक्ष पत्रांश्च – ऋ.१०.१४2.३/५
मां चाग्निं चान्तरा – अ.१३.१.५७/2
मां जिन्व – आपश्रौ. ३.20.५
माण्डव्यम् (तर्पयामि) – आगृ.३.४.४
माण्डुकेयम् (तर्पयामि) – आगृ.३.४.४; शां गृ सू.४.१०.३
मा त आ सुस्रोद् भिषजस्ते अक्रन् – अ.2.2६.७/४
मा त इन्द्र ते वयं तुराषातट् (का. ...षाल्) – वा. १०.22/१; का. ११.७.2/१; शब्रा.५.४.३.१४/१ प्रः मा ते – कात्यश्रौसू.१५.६.22 द्र. अत्र न ते त इन्द्रा...
मा ते एनस्वन्तो यक्षिन्भुजेम – ऋ. ७.८८.६/३
मा तण्डुलं वि शरैर्देवयन्तम् – अ.१2.३.१८/४
मा तत् कारिन्द्र मृडय – ऋ.८.४५.३१/३
मा तत् कर्म वसवो यच्चयध्वे – ऋ. ६.५१.७/2; ७.५2.2/४
मा तत् संपादि (तैब्रा. समृद्धि) यदसौ जुहोति (तैब्रा. करोति) – अ.७.७०.2/४; तैब्रा.2.४.2.2/४
मा तद् भूम्यामा श्रिषन् (का. बाहुलकेन श्लिषन्) मा तृणेषु – ऋ.१.१६2.११/३; वा.2५.३४/३; का.2७.३४/३; तैसं.४.६.८.४/३; मैसं.३.१६.१/३: १८३.१; काठसं अश्व. ६.५/३
मा तन्तुश्छेदि वयतो धियं मे – ऋ.2.2८.५/३; मैसं. ४.१४.६/३: 22८.१४
मा तमो (आश्रौ.तपो) मा यज्ञस्तमत् (आश्रौ. तपत्) – तैब्रा. ३.७.2.७/१; आश्रौ.१.१2.३४/१; आपश्रौ. ६.2.६/१
मातरं पद्ममालिनीम् – खिल. ५.८७.११/४
मातरं पर्युपासते – ब्रू. ५.2४.४/2
मातरिश्वनो घर्मोऽसि (माश्रौसू.माश्रौसू. घर्मः) – वा.१.2; तैसं.१.१.३.१; मैसं. १.१.३: 2.६; ४.१.३: ४.१५; काठसं. १.३; ३१.2; शब्रा. १.७.१.११; तैब्रा.३.2.३.१; आपश्रौ. १.१2.१; माश्रौसू.१.१.३.2० प्रः मातरिश्वनः –कात्यश्रौसू. ४.2.2०
मातरिश्वा भूतभव्यस्य कर्ता – कौसू.१३५.६/४
मातरिश्वा यदमिमीत मातरि – ऋ.३.2६.११/३
मातरो विविधा दृष्टाः – निरु.१४.६/३
मातली कव्यैर्यमो अंगिरोभिः – ऋ.१०.१४.३/१; अ.१८.१.४७/१; तैसं.2.६.१2.५/१; मैसं. ४.१४.६/१: 2४३.३; ऐब्रा. ३.३७.११; आश्रौ.५.2०.६ प्रः मातली कव्यैः –तैब्रा.2.६.१६.2; शांश्रौसू. ८.६.१३
मा तस्याग्निर्हव्यं वाक्षीत् – अ.५.८.३/३
मा तस्योच्छेषि किंचन – तैब्रा.2.४.१.2/४; ३.७.६.१७/४,2३/४; तैआ.2.५.2/४; शांश्रौसू.४.१३.१/४; आपश्रौ. ४.११.५/४; १६.१/४
माता गवामृतावरी – ऋ.४.५2.2/2; सा.2.१०७६/2
माता च ते पिता च ते – वा.2३.2४/१,2५/१; तैसं.७.४.१६.३/१; मैसं.३.१३.१/१: १६८.५; काठसं अश्व.४.८/१; शब्रा.१३.2.६.७; ५.2.५/१; तैब्रा.३.६.७.४; आश्रौ.१०.८.१०/१; शांश्रौसू.१६.४.१/१ तु. बृहद.१.४८
माता च मे छन्दयथः समा वसो – ऋ. ८.१.६/३; सा.१.2६2/३
माता च यत्र दुहिता च धेनू – ऋ. ३.५५.१2/१
माता जघन्या सर्पति (हिर गृसू. गच्छन्तिः गच्छति इति पठतु) – आपमपा. 2.१४.१/५; हिर गृसू.2.३.७/३
मातादित्यानां दुहिता वसूनाम् – अ.६.१.४/१; कौसू. ६2.१४/१ द्र. माता रुद्राणाम्
माता देवानामदितेरनीकम् – ऋ.१.११३.१६/१
माता पितरमृत आ भभाज – ऋ.१.१६४.८/१; अ. ६.६.८/१
माता पिता च दधतुर्नवग्रे – काठसं. ७.३/2
माता पिता च रेतसो भवाथः – अ. १४.2.३७/2
मातापितृभ्यामनृणार्थात् – ऐब्रा. ७.६.१५/३
मातापित्रोरशुश्रुषाम् – विष्णुस्मृ.४८.2०/३; बौधसू. ३.६.५/३
मातापित्रोर्यन् न कृतं वाचो मे – खिल. ६.६७.८/१
माता पुत्रं यथा सिचा – ऋ.१०.१८.११/३; अ.१८.2.५०/३; ३.५०/३; तैआ.६.७.१/३
माता पुत्रं यथोपस्थे – वा.११.५७/३; तैसं.४.१.५.३/३; मैसं.2.७.५/३ ८०.१2; काठसं. १६.५/३; शब्रा. ६.५.

१.११ तु. मातेव पुत्रं बिभृताम्
माता पुत्रस्यचरतः क्व स्वित् – ऋ. १०.३४.१०/2
माता पुत्राय मे पयः – अ.१2.१.१०/६
माता पुत्रैरदितिर्धायसे वेः – ऋ.१.७2.६/४
माता बिभर्ति सचनस्यमाना – ऋ.१०.४.३/2
माता भूमिः पुत्रो अहं पृथिव्याः – अ. १2.१.१2/४
(ओं) मातामहांस् (तथा मातामहीः) स्वधा नमस्तर्पयामि – बौधसू. 2.५.१०.१
माता मातरमप्यगात्–षड् ब्रा.१.६.20/2; आश्रौ.३.१४.१2/2; कात्यश्रौसू.2५.५.2६/2; आपश्रौ.३.20.६/2; कौसू.१३६.2/2; आपमपा. 2.१५.१७/2; बौधसू. १.४.८.७/2
माता मातरि माता – काठसं.३६.३/2; आपश्रौ. १६.2६.१2/2 द्र. मातुरादि।
माता मित्रस्य रेवतः – ऋ.८.४७.६/३
माता मित्रस्य वरुणस्य रेवतः – ऋ.१०.३६.३/2
माता यद्वीरं दधनद्धनिष्ठा (मैसं. वीरं जजनज् जनिष्ठम्) – ऋ.१०.७३.१/४; वा.३३.६४/४; मैसं.१.३.20/४ ३७.१०; काठसं.४.८/४; तैब्रा.2.८.३.५/४
माता यन् मन्तुर्यूथस्य पूर्वया – ऋ.१०.३2.४/३
माता रुद्राणां दुहिता वसूनाम् – ऋ.८.१०१.१५/१; तैआ. ६.१2.१/१; आगृ.१.2४.३2; साम मन्त्रब्रा.2.८.१५/१; पारगृसू.१.३.2७/१; आपमपा. 2.१०.६/१ (आपगृ. ५.११३.१७); हिर गृसू. १.१३.१2/१; मागृसू.. १.६.2३/१ प्रः माता रुद्राणाम् शांश्रौसू.४.2१.2४; ६.2८.६(भाष्यम्); गोभि गृसू.४.१०.20; माता ऋवि.2.३५.६ तु. बृहद.६.१2७ द्र.मातादित्यानाम्
माता रेहितः (पारगृसू. सीसरः) पिता – पारगृसू.१.१६.2४/2; आपमपा. 2.१६.७/2
(ओं) मातुः पितामहान् (तथा च पितामहीः, प्रपितामहान्, तथा प्रपितामहीः) स्वधा नमस्तर्पयामि – बौधसू.2.५.१०.१
मातुरन्योऽव पद्यत – शां गृ सू.३.१३.५/४ द्र.आभुरन्यो
मातुरुपस्थ आदधे – तैआ. ६.६.१/2,2/2, ७.३/2
मातुरुपस्थ आवपतु – वा. ३५.५/2; शब्रा. १३.८.३.३/2
मातुरुपस्थे यदशोचदूधनि – ऋ.३.2६.१४/2
मातुरुपस्थे वन आ च सोमः – ऋ. ६.८६.१/४
मातुर्गर्भं पितुरसुं युवानम् – अ.७.2.१/2
मातुर्गर्भे भरामहे – ऋ.८.८३.८/३
मातुर्दिधिषुमब्रवम् – ऋ.६.५५.५/१
मातुर्न सीमुप सृजा इयध्यै – ऋ.६.20.८/४
मातुर्महि स्वतवस्तद् ध्वीमभिः – ऋ. १.१५६.2/2
मातुर्मातरि माता – मैसं.2.७.१६/2: १००.१६ द्र. माता मातरि
मातुर्मात्रधि निर्मिता – अ.८.६.५/2
मातुर्यदेन इषितं न आगन् – अ. ६.११६.2/३
मातुर्वस्त्रेण भद्रया – अ.१८.2.५2/2
मातुर् हेडं न गच्छति – अ. १2.४.३2/४
मातुष्टे किरणौ द्वौ – अ.20.१३३.2/१; शांश्रौसू. १2.22.१.2/१
मातुष्पदे परमे अन्ति षद् गोः – ऋ.४.५.१०/३
मातुष्पदे परमे शुक्र आयोः – ऋ. ५.४३.१४/१
मातृक् (भाष्ये मादृक्) क्व चन विद्यते – तैआ. १.५.१/४
मातृवंशस्तृप्यतु – शां गृ सू.४.१०.६
मातॄन् सिन्धून् पर्वतांछर्यणावतः – ऋ.१०.३५.2/2
(ओं) मातॄः स्वधा नमस्तर्पयामि – बौधसू.2.५.१०.१
मा ते अग्ने चयेन मातिचयेनायुरावृक्षि – तैब्रा.३.१०.३.१
मा ते अग्ने प्रतिवेशा रिषाम – अ.३.१५.८/४; १६.५५.१/४,2/४,७/४ द्र. अग्ने मा ते प्रति...।
मा ते अमाजुरो यथा – ऋ. ८.2१.१५/१; आश्रौ.७.८.2
मा ते अस्मान् दुर्मतयो भृमाच्चित् – ऋ. ७.१.22/३
मा ते अस्यां सहसावन् परिष्टौ – ऋ. ७.१६.७/१; अ. 20.३७.७/१; तैसं. १.६.१2.५/१; मैसं.४.१2.३/१: १८३.2; आश्रौ. 2.१०.४ प्रः मा ते अस्याम् –मागृसू..2.१५.६
मा ते कशप्लकौ दृशन् – ऋ. ८.३३.१६/३
मा ते कुमारं रक्षो वधीत् – आपमपा. 2.१३.१/१ (आपगृ. ६.१५.५) द्र. मा ते पुत्रं।
मा ते केशाननुगाद्वर्च एतत् – तैब्रा.2.७.१७.2/१; मागृसू.. १.2१.८/१ प्रः मा ते केशान् – आपश्रौ. 22.2८.७
मा ते गात्रा वि हायि मो शरीरम् – अ.१८.३.६/2
मा ते गृध्नुरविषस्तातिहाय – ऋ.१.१६2.20/३; वा.2५.४३/३; तैसं.४.६.६.४/३; काठसं अश्व. ६.५/३
मा ते गृहे (साम मन्त्रब्रा. गृहेषु) निशि घोष उत्थात् – साम मन्त्रब्रा.१.१.१३/१; आपमपा. १.४.६/१ (आपगृ. 2.५.2); हिर गृसू. १.१६.७/१
मा ते गोदत्र निरराम राधसः – ऋ.८.2१.१६/१
मा ते जीविषुः कतमच्चनाहः – अ.६.2.१०/४
मा ते तेजोऽपक्रामीत् – तैब्रा.३.७.५.५; आपश्रौ. 2.१८.६
मा ते दृशन् सूर्यम् उच्चरन्तम् – ऋ. ७.१०४.2४/४; अ. ८.४.2४/४
मा तेन हेड उपगाम भूम्याः – आपश्रौ. ४.५.५/३
मा ते पुत्रं रक्षो हिंसीत् – हिर गृसू. 2.४.2/१ द्र. मा ते कुमारम्

मा ते प्राण उप दसत् – अ. ५.३०.१५/१
मा ते भयं जरितारं यविष्ठ – ऋ. १.१८६.४/३
मा ते भूम प्रसितौ हीडितस्य – ऋ.७.४६.४/2
मा ते मनस्तत्र गान् मा तिरो भूत् – अ.८.१.७/१
मा ते मनो मासोः – अ.१८.2.2४/१ प्रः मा ते मनः –कौसू. ८2.2६; ८५.2६
मा ते मनो विषवद्रयग् (तैसं. ...द्रियग्) वि चारीत् – ऋ. ७.2५.१/४; तैसं. १.७.१३.2/४; मैसं.४.१2.३/४: १८६.३; काठसं. ८.१६/४
मा ते मर्म विमृग्वरि – अ.१2.१.३५/३
मा ते मोच्यनृतवाङ् नृचक्षः – अ. ४.१६.७/2; काठसं. ४.१६/2
मा ते यज्ञापतिर् ह्वार्षीत् – वा.१.2,६; शब्रा. १.१.2.१2 तु. मा वो यज्ञो...
मा ते युयोम संदृशः – अ.७.६८.३/३ द्र. मा ते व्योम
मा ते रसस्य मत्सत द्वयाविनः – ऋ. ६.८५.१/३; सा.१. ५६१/३
मा ते राधांसि मा त ऊतयो वसो – ऋ.१.८४.20/१; सा. 2.१०७४/१; निरु.१४.३७/१
मा ते रिषन् खनिता – ſlन्ह ३३.६/१ द्र. मा वो रिषत्
मा ते रिषन्न् उपस्तारो अग्ने (अ. ३.१2.६/३, उपस्तरो गृहाणां शाले) – अ. 2.६.2/३; ३.१2.६/३ द्र. मा च रिषद्।
मा ते रेवतः सख्ये रिषाम – ऋ.६.४४.११/2
मातेव पुत्रं पिपृतेह युक्ताः – अ. ५.2६.५
मातेव पुत्रं पृथिवी पुरीष्यम् – वा.१2.६१/१; तैसं.४.2.५. 2/१; ५.2.४.2; मैसं.2.७.११/१: ६०.१2; काठसं.१६. ११/१; 20.१; 22.६; शब्रा. ७.१.१.४३; आपश्रौ. १६.१०. ८/१ प्रः मातेव पुत्रम् – कात्यश्रौसू.१७.१.2१; आपश्रौ. १६.१५.७; माश्रौसू.६.१.५
मातेव पुत्रं प्रमणा उपस्थे – अ.2.2८.१/३ द्र. उत्तरमेकवर्जम्
मातेव पुत्रं बिभृताप्स्वेनत् (मैसं. बिभृता स्व् एनत्; तैसं. काठसं. बिभृता स्वेनम्) – वा. १2.३५/2; तैसं. ४.2. ३.2/४; मैसं.2.७.१०/४: ८८.५; काठसं.१६.१०/४: ८८.५; काठसं. १६.१०/४; शब्रा. ६.८.2.३
मातेव पुत्रं बिभृतामुपस्थे – ऋ. ६.७५.४/2; वा.2६. ४१/2; तैसं.४.६.६.2/2; मैसं. ३.१६.३/2: १८५.१६; काठसं अश्व. ६.१/2; निरु.६.४०/2 द्र. पूर्वमेकवर्जम्, तथा तु. माता पुत्रं यथोपस्थे
मातेव पुत्रं बिभृता स्वादिः द्र. पूर्वमेकवर्जम्
मातेव पुत्रेभ्यो मृड – अ. ६.३०.३/३

मातेव यद् भरसे पप्रथानः – ऋ. ५.१५.४/१
मातेवास्मा अदिते शर्म यच्छ (शां गृ सू. आदितिः शर्म यंसत्) – अ.2.2८.५/३; तैसं.2.३.१०.३/३; मैसं.2.३. ४/३: ३१.१2; काठसं. ११.७/३,८; ३६.१५/३; तैब्रा. 2.७.७.५/३; तैआ.2.५.१/३; शां गृ सू. १.2७.७/३; आपमपा. 2.४.2/३
माते व्योम संदृशि – ऐआ. भूमिका १/३; तैआ. १.१. ३/2; १.2१.३/2; ३१.६/2; ४.४2.१/५; आश्रौ. ८. १४.१८/३; लाटयश्रौसू. ५.३.2/३; मागृसू.. १.११. १८/३ द्र. मा ते युयोम
मा ते सखायः सदमिद्रिषाम – ऋ.४.१2.५/३; मैसं.४.११. १/३: १६2.१०; काठसं.2.१५/३
मा ते हरी वृषणा वीतपृष्ठा – ऋ. ३.३५.५/१
मा ते हासिषुरसवः शरीरम् – अ. ८.2.2६/४
मा ते हास्त तन्वः किं चनेह – अ.१८.2.2४/३
मा ते हृदयमर्पिपम् – अ. १2.१.३५/४
मा ते हेतिं तविषीं चक्रुधाम – ऋ.१०.१४2.३/४
मा ते हेत्या मुक्षत दैव्यायाः – ऋ.१०.८७.१६/४; अ.५. 2६.११/४; ८.३.१८/४; सा.१.८०/४
मात्मानमप गूहथाः – अ.४.20.५/2
मात्र तिष्ठः पराङमनाः – अ.८.१.६/४
मात्र पूषन्नाघृण इरस्यः – ऋ. ७.४०.६/१
मात्रा भवतु संमनाः – अ.३.३०.2/2
मा त्रिवृत् स्तोम आयुः – ऐब्रा. ७.2४.३
मा त्रिष्टुब् वीर्यम् – ऐब्रा. ७.2४.३
मात्रे नु ते सुमिते इन्द्र पूर्वी – ऋ.१०.2६.६/१; अ.20. ७६.६/१
मा त्वं रुदत्य् (आपमपा.हिर गृसू. विकेश्य्) उर आ वधिष्ठाः –साम मन्त्रब्रा. १.१.१३/३; आपमपा. १.४. ६/३; हिर गृसू. १.१६.७/३
मा त्वं हार्षीः श्रुतं मयि – पारगृसू. ३.६१.१/४ द्र. श्रुतं मे मा
मा त्वत् क्षेत्राण्यरणानि (मैसं. अरण्यानि) गन्म – ऋ.६. ६१.१४/४; तैसं. ७.2.७.५; मैसं.४.११.2/४: १६६.५; काठसं.१७.१८/४; ३०.३/४; तैब्रा. 2.४.३.2/४
मा त्वद् राष्ट्रम् (काठसं. यज्ञो) अधि भ्रशत् – ऋ.१०. १७३.१/४; अ. ६.८७.१/४; वा. १2.११/४; वा. १2. ११/४; काठसं. ३५.७/४; शब्रा.६.७.३.७; तैब्रा. 2.४. 2.८/४; ७.१५.४/४ द्र. अत्र अस्मिन् राष्ट्रम्
मा त्वं पुत्र्यमघं निगाः – कौषी ब्रा:2.१०/४
मा त्वं मद्वयवछित्था असौ – शांश्रौसू. 2.१2.१०
मा त्वया समरामहि – अ.११.2.2०/३

मा त्वहं द्विषतां रधम् – माश्रौसू. १.६.2.१७/४ तु. चाहम्
मा त्वा का चिदभिभा विश्व्या विदत् – ऋ. 2.४2.१/४; निरु.६.४
मा त्वा के चिन् नि (अ. के चिद् धि) यमन् विं (सा. के चिन् नि येमुरिन्; तैआ. के चिन् न्येमुरिन्) न पाशिनः – ऋ.३.४५.१/३; अ.७.११७.१/३; सा.१. 2४६/३; 2.१०६८/३; वा. 20.५३/३; तैआ.१.१2. 2/३
मा त्वा क्रव्यादभि मंस्त – अ.८.१.१2/१
मा त्वाग्निर् ध्वनयीद् (मैसं. धन...; तैसं. ...यिच्छ्; काठसं अश्व. ...येद्) धूमगनधिः – ऋ.१.१६2.१५/१; वा. 2५. ३७/१; तैसं. ४.६.६.2/१; मैसं ३.१६.१/१: १८३.१०; काठसं अश्व.६.५/१
मा त्वाघरुदो रुदन् – अ.८.१.१६/४
मा त्वा जम्भः संहनुर्मा तमो विदत् – अ.८.१.१६/१
मा त्वा तनर्दिशिषे वीर्यस्य – ऋ.१.६१.2३/३; वा. ३४. 2३/३
मा त्वा तपत् प्रिय आत्मापियन्तम् – ऋ.१.१६2.20/१; वा.2५.४३/१; तैसं.४.६.६.३/१; काठसं अश्व.६.५/१
मा त्वा तारीदभिमातिर्जनानम् – ऋ.१०.६६.५/2
मा त्वा दभन् – वा.५.३६; ८.१; मैसं.१.2.१३: 22.१३; १.३. ६: ३३.१०; काठसं.३.१; ४.2; शब्रा. ३.६.३.१८; ४.३.५.८
मा त्वा दभन् दुरेवासः कशोकाः – अ.५.2.४/४ द्र. मा त्वा दभन् यातुधना दुर...।
मा त्वा दभन् पण्यो यातुधानाः – अ.१६.४६.2/2
मा त्वा दभन् परियान्तमाजिम् – अ.१३.2.५/१
मा त्वा दभन् यज्ञहनः पिशाचाः – आपश्रौ. ४.६.४/४
मा त्वा दभन् यातुधाना दुरेवाः – ऋ.१०.१20.४/४; अ. 20.१०७.७/४ द्र. त्वा दभन् दुरेवासः
मा त्वा दभन् यातुधाना नृचक्षः – ऋ.१०.८७.६/४; अ. ८.३.६/४
मा त्वा दभन् सलिले अप्स्वन्तः – अ.१७.१.८/१
मा त्वादामान आ दभन् मघोनः – ऋ.६.४४.१2/४
मा त्वा दिव्याशनिर्वधीत् – अ.६.१४2.१/४
मा त्वा दोषः – मागृसू.. १.६.१०
मा त्वा नि क्रन् पूर्वचितो (अ. ...चित्ता; मैसं. ...चित्तौ) निकारिणः – अ.७.८2.३/2; वा.2७.४/2; तैसं.४.१.७. 2/2; मैसं.2.१2.५/2: १४८.१७; काठसं. १८.१६/2
मा त्वा परिपन्थिनो विदन् – वा. ४.३४; तैसं.१.2.६.१/४; शब्रा. ३.३.४.१४ तु. मा विदन्, तथा मो अभिव्याधिनो।
मा त्वा परिपरिणो (तैसं. परि – परि) विद्वान् (काठसं. त्वा परिपरिणो विदन् मा परिपनथिनः; मैसं. त्वा परिपरिणो मा परि विदन् मा परिपन्थिनः; मैसं. त्वा परिपरिणो मा परिपन्थिनः) – वा.४.३४; तैसं.१.2.६. १/३; ६.१.११.५; मैसं.१.2.६/३: १५.१४; ३.७.८: ८६. 20; काठसं. 2.७; शब्रा.३.३.४.१४
मा त्वापि सखा नो विदत् – अ.20.१३०.१४
मा त्वा प्रजाभि भून् मोत सूतुः – अ. ७.३५.३/2
मा त्वा प्राणो बलं हासीत् – अ. ८.१.१५/३
मा त्वा प्रापच्छपथो माभिचारः – अ. ११.१.22/३
मा त्वा प्रापन्नघायवः – शां गृ सू.३.३.१/४; आपमपा. 2. १५.३/४ द्र. आ त्वा आदि।
मा त्वाभिशूशुचन् – वा.३५.८/४; शब्रा.१३.८.३.५/४
मा त्वा पूरा अविष्यवः – ऋ. ८.४५.2३/१; अ.20.22. 2/१; सा.2.८2/१
मा त्वायतो जरितुः काममूनयीः – ऋ. १.५३.३रु४; अ. 20.2१.३/४
मा त्वा रुद्र चक्रुधामा नमोभिः – ऋ. 2.३३.४/१
मा त्वा वयं सहसावन्नवीराः – ऋ.७.४.६/३
मा त्वा विददिषुमान् वीरो अस्ता – ऋ. 2.४2.2/2
मा त्वा वृका अघायवो विदन् (तैसं. वृका अघायवः) – वा. ४.३४; तैसं. १.2.६.१/५; मैसं. १.2.६/४: १५.१४; ३.७.८: ८७.१; काठसं.2.७; शब्रा. ३.३.४.१४
मा त्वा वृकासो अशिवास उ क्षन् – ऋ. १०.६५.१५/2; शब्रा. ११.५.१.६/2
मा त्वा वृक्षः (तैआ. वृक्षौ) सं बाधिष्ट (तैआ. एकत्र बाधिष्टाम्; अन्यत्र बाधेथाम्) – अ.१८.2.2५/१; तैआ. ६.७.2/१ प्रः मा त्वा वृक्षः– कौसू. ८2.३2
मा त्व वोचन्नराधसं जनासः – अ.५.११.७/४
मा त्वा व्यस्तकेश्यः – अ. ८.१.१६/३
मा त्वाशनिर्मा वातः – पारगृसू.३.१५.2१/१ द्र. आरात् ते अग्निर्
मा तवा श्येन उद्वधीन् मा सुपर्णः – ऋ. 2.४2.2/१ द्र. उत्तरम्
मा त्वा समुद्र उद्वधीन् (वा. बधीन्) मा सुप्रणः – वा.१३. १६/३; तैसं.४.2.६.१/३; मैसं.2.१७: ६८.५; काठसं. १६.१६; शब्रा. ७.४.2.५
मा त्वा सूर्योऽभि (काठसं. सूर्यः परि; आपश्रौ. सूर्यः परी) ताप्सीन् माग्निर् (।च्ब्. मो अग्निर्) वैश्वानरः – वा. १३.३०; मैसं. 2.७.१६: १००.४; काठसं.३६.३; शब्रा. ७. ५.१.८; आपश्रौ. १६.2५.2
मा त्वा सोमस्य गल्दया – ऋ. ८.१.20/१; निरु. ६. 2४/१ द्र. आ त्वा आदि।
मा त्वा सोमस्य बभृहन् – खिल. ७.३४.४/३

मा त्वा हिंसिषम् – तैसं. १.१.४.2; ३.१३.१; तैब्रा. ३.2.४.५; ७.५.५; आपश्रौ. 2.१८.६; माश्रौसू. १.३.2.१2
मा त्वा हिंसीत् (काठसं. हिंसीः) – वा.20.१; तैसं. १.८. १६.१; काठसं.३.४; तैब्रा. १.७.१०.2; 2.६.५.१; शब्रा. १2.८.३..६; आपश्रौ. १८.१८.७ प्रः मा त्वा –कात्यश्रौसू. १६.४.८
मा त्वे सचा तनये नित्य आ धक् – ऋ. ७.१.2१/३
मा दत्वेते दशते मादते नः – ऋ.१.१८६.५/३; मागृसू.. 2.१६.३/३
मा दभ्रं भूर्य आ भर – ऋ. ४.३2.20/2
मा दंपती पौत्रमघम् नि गाताम् – अ. १2.३.१४/४
मादयध्वं मरुतो मध्वो अन्धसः – ऋ.१.८५.६/४; अ. 20. १३.2/४
मादयस्व राधसा सूनृतावता – ऋ.८.६७.६/३
मादयस्व सुते सचा – ऋ.१.८१.८/१; अ.20.५६.५/१
मा दयस्व स्वर्णरे – ऋ. ८.१०३.१४/४ तु. मादयासे आदि
मादयस्व हरिभिर्ये त इन्द्र – ऋ.१.१०१.१०/१ प्रः मादयस्व हरिभिः –शांश्रौसू. १.६.१४; ६.2७.2
मादयासे स्वर्णरे – ऋ. ८.६५.2/2 तु. मादयस्व आदि
मादयेथां तदोकसा – ऋ. ४.४६.६/३
मा दिवा सुषुप्थाः (साम मन्त्रब्रा.गोभि गृसू.हिर गृसू. स्वाप्सीः) – शां गृ सू. 2.४.५; साम मन्त्रब्रा. १.६.2६; गोभि गृसू.2.१०.३४; पारगृसू. 2.३.2; हिर गृसू. १.५. १० द्र. अत्र ऊर्ध्वस् तिष्ठन्
मा दुःखे मा सुखे रिषत् – आपमपा. 2.2१.१६/2; हिर गृसू. १.१2.2/2 द्र. मा दुर्गे, तथा तु. अरिष्टास विश्वभेषजः
मो दुर्वोवा उत्तरं सुमन्मुन्नशन् – ऋ.2.2३.८/४
मा दुर्गे मा स्तरो रिषत् – पारगृसू. ३.१४.१2/2, १३/2 द्र. मा दुःखे इत्यत्र।
मा दर्विदत्रा निर्ऋतिर्न ईशत – ऋ. १०.३६.2/३
मादुष्कृतौ व्येनसा (अ. ...सौ) – ऋ.३.३३.१३/३; अ.१४.2. १६/३
मा दुष्टुती वृषभ मा सहूती – ऋ. 2.३३.४/2
मादृक् क्व चन विद्यतेः द्र. मातृक् आदि।
मा देव्यानैः पुनरा गाः – अ.१2.2.१०/३
मा देवानां यूयुपाम भगधेयम् – मैसं.१.2.७/४ः १६.११ द्र. मा देवानां मिथुया
मा देवानां तन्तुश्छेदि मा मनुष्याणाम् – मैसं. १.६.१ः १३१.१३
काठसं. ६.६; शांश्रौसू.१०.१८.६ द्र. मा दैव्यस्।
मा देवानामपसश्छित्स्महि – तैसं.१.2.१०.2
मा देवानां मिथुया (आश्रौ. मोमुहद्) कर्मभागम् (आश्रौ. भागधेयम्; तैसं. कर्भागधेयम्) – अ. ४.३६.६/४; तैसं.१.३.७.2/४; तैब्रा.2.७.१५.१/४; आश्रौ.८.१४.४/४ द्र. मा देवानां यूयुपाम
मा देवा मघवा रिषत् – ऋ.८.६५.१०/३
मा देवी पृथिवीमहि – अ.१८.2.2५/2 द्र. मा माता आदि
मा दैव्यस्तन्तुश्छेदि मा मनुष्यः – तैआ.३.५.१ द्र. मा देवानां तन्तुश्
माद्भिः शरद्भिर्दुरो वरन्त वः – ऋ.2.2४.५/2
माद्भयस्तवा चन्द्रो वरन्त वः – ऋ.2.2४.५/2
माद्भयः संवत्सरेभ्यः – अ.३.१०.१०/2
मा द्यावापृथिवी अभिशेचीः (तैसं. ...शूषुचः; मैसं.हिंसीः; काठसं. ...शुचः; तैआ. हीदिषाताम्) – वा.११.४५/३; तैसं.४.१.४.३/३; ५.१.५.६; मैसं.2.७.४/३ः ७६.४; काठसं.१६.४/३; १६.५; शब्रा.६.४.४.४; तैआ.४.20. 2/४ द्र. मा नो द्यावा...
मा द्वयोरुत त्रिषु – ऋ. ८.४५.३४/2
(ओं) माधवं तर्पयामि – बौधसू.2.५.६.१०
माधवाय तवा – वा.७.३०; मैसं.१.३.१६ः ३६.६; काठसं. ४. ७; शब्रा. ४.३.१४; आपश्रौ.१2.2६.१2; माश्रौसू.2.४.2.६
माधवाय स्वाहा –वा.22.३१; मैसं.३.१2.१३ः १६४.५
माधवीं माधवप्रियाम् – खिल. ५.८७.2४/2
मा धृथाः श्यने स्वे – अ.३.2५.१/2
मा धेनुरत्यासारिणी (हिर गृसू. अतिसारिणी) – आपमपा. 2.१३.१/2; हिर गृसू. 2.४.2/2
माधो मोपरि पुरस्त ऋध्यासम् – मैसं. ४.१.2ः ३.६; काठसं.१.2; ३१.१; माश्रौसू.१.१.१.३३
माध्यं हि पौर्णमासं जुषेथाम् – तैसं.३.५.१.2/३
माध्यंदिनं सवनं केवलं ते – ऋ.४.३५.७/2
माध्यंदिनं सवनं चारु यत् ते – ऋ.३.३2.१/2
माध्यंदिनस्य सवनस्य दध्नः – ऋ.१०.१७६.३/३; अ.७. ७2.३/३
माध्यंदिनस्य सवनस्य धानाः –ऋ.३.५2.५/१; आश्रौ.५.४. ३ प्रः माध्यंदिनस्य सवनस्य –शांश्रौसू.७.१७.१
माध्यंदिनस्य सवनस्य निष्केवल्यस्य भगस्य शुक्रवतो मधुश्चुत (कात्यश्रौसू.१०.2.३, मन्थीवत) इन्द्राय सोमान् प्रस्थितान् प्रोष्य (आपश्रौ.शुक्रवतो मन्थिवतो मधुश्चुत इन्द्राय सोमान्; माश्रौसू. सवनस्य शुक्रवतो मन्थिवतो निष्केवलस्य भागस्येन्द्राय सोमान् प्रस्थितान् प्रेष्य) – कात्यश्रौसू.१०.2.2,३; आपश्रौ. १३. ४.१४; माश्रौसू. 2.४.४.2६

माध्यंदिनस्य सवनस्य वृत्रहन्ननेद्य – ऋ. ८.३७.१/४, 2/३, ३/३, ४/३, ५/३, ६/३
माध्यंदिनस्य सवनस्येन्द्राय पुरोडाशानाम् – आपश्रौ.१३.४.८; माश्रौसू.2.४.४.22
माध्यंदिनः सप्तदशेन क्लृप्तः – गोब्रा.१.५.2३/३
माध्यंदिने सवन आ वृषस्व – ऋ.६.४७.६/३; अ. ७.७६.६/३
माध्यंदिने सवने जातवेदः – ऋ.३.2८.४/१; आश्रौ.५.४.६ प्रः माध्यंदिने सवने –शांश्रौसू. ७.१७.2
माध्यंदिने सवने मत्सदिन्द्रः – ऋ.५.४०.४/४; अ.20.१2.७/४
माध्यंदिने सवने वज्रहस्त – ऋ.२.३2.२/३; कौषी ब्रा.22.2
माध्यमाः (तृप्यन्तु) – आश्रौ. ३.४.2; शां गृ सू.४.१०.३
माध्वी धर्तारा विदथस्य सत्पती – अ. ७.७३.४/३; आश्रौ.४.७.४/३; शांश्रौसू.५.१०.2१/३
माध्वीनां त्वा पत्मन्नाधूनोमि – मैसं.१.३.३६: ४2.१३ द्र. माध्वीषु।
माध्वीभ्यां त्वा – वा.७.११; तैसं.१.४.६; मैसं.१.३.८: ३३.४; काठसं.४.2; शब्रा.४.१.५.१७,१८; माश्रौसू. 2.३.६.१४
माध्वी मम श्रुतं हवम् – ऋ.५.७५.१/५ – ८/५; सा.१.४१८/५; 2.१०६३/५ – ५/५
माध्वीर्गावो भवन्तु नः – ऋ.१.९०.८/३; वा.१३.2९/३; तैसं.४.2.९.३/३; मैसं.2.७.१६/३: १००.2; काठसं.३९.३/३; शब्रा.१४.९.३.१३/३; तैआ.१०.१०.2/३; ४९.१/३; बृह उप. ६.३.११/३; महा नारा उप. ९.८/३; १७.७/३; कौसू. ९१.१/३
माध्वीर्गावो भवन्तु नः – ऋ.१.९०.८/३; वा.१३.2९/३; तैसं.४.2.९.३/३; मैसं.2.७.१६/३: १००.2; काठसं.३९.३/३; शब्रा.१४.९.३.१३/३; तैआ.१०.१०.2/३; ४९.१/३; बृह उप. ६.३.१३/३; महा नारा उप. ९.१०/३; १७.७/३; कौसू. ९१.१/३ माध्वीषु (ते शुक्रमा धूनोमि) – तैसं.३.३.३.१ द्र. माध्वीनाम्
मा न आपो मेधाम् – अ.१९.४०.2/१
मा न आभ्यो रीरधो दुच्छुनाभ्यः – ऋ. 2.३2.2/2
मा न आयुः परमवरं मानदोनैः – मैसं. ४.९.१2/2: १३३.१ तु. मा नः परम्।
मा न इन्द्र परा वृणक् – ऋ. ८.९७.७/१,७/४; सा.१.2६०/१,2६०/४
मा न इन्द्र पीयत्नवे – ऋ.८.2.१५/१; सा.2.११५६/१
मा न इन्द्राभितस्तवद् ऋष्वारिष्टासः – तैब्रा.2.७.१६.2/१ द्र. अत्र न ते त इन्द्रा...
मा न इन्द्राभ्यादिशः – ऋ. ८.९2.३१/१; सा.१.१2८/१
मा न उक्षन्तमुत मा न उक्षितम् – ऋ.१.११४.७/2; वा.१६.१५/2; तैसं.४.५.१०.2/2; तै आ आन्ध्र. १०.५2/2; मैसं.३.१.2८/2 द्र. मा नो वहन्तम्
मा न एकस्मिन्नागसि – ऋ.८.४५.३४/१
मा नः कश्चित् प्राघान् (काठसं. प्रखान्) मा प्रमेष्महि – काठसं.३७.१५; आपश्रौ. ६.2१.१
मा नः कामं महयन्तमा धक् – ऋ.१.१७८.१/३
मा नः किं चन रीरिषः (काठसं. प्रखान्) मा प्रमेष्महि – काठसं.३७.१५; आपश्रौ.६.2१.१
मा नः किं चन रीरिषः (काठसं. चनाममत्) – काठसं.१७.१६/६; आश्रौ.३.१४.१३/३; आपश्रौ. ६.१६.११/३; द्र. अत्र मा च नः।
मा नः क्रतुभिर् हीदिषेभिः (तैआ. हीडितेभिरस्मान्) – मैसं..४.६.१2/१: १३३.४; तैआ.४.20.2/१
मा नः क्रुधः पशुपते नमस्ते – अ.११.2.१६/2
मा नः क्षुधे मा रक्षस ऋतावः – ऋ.७.८.१६/2
मा नः पथः पितृयान् मानवादधि – ऋ. ८.३०.३/३
मा नः परमधरं मा रजोऽनैः (माश्रौसू. परमधनं मा रजो नैः) – तैआ. ४.20.2/2; माश्रौसू.2.५.४.2४/2 तु. मा न आयुः
मा नः परि ख्यदक्षरा चरन्ती – ऋ.७.३६.७/३
मा नः पश्चान् मा पुरस्तान् नुदिष्ठाः – अ. १2.१.३2/१
मा नः पात्रा भेत् सहजानुषाणि – ऋ.१.१०४.८/४
मा नः पाशं प्रति मुचः – अ. ६.३.2४/१ प्रः मा नः पाशम् –कौसू.६६.३०
मा नः प्रजां रीरिषो (तैब्रा. ३.१.१.३/४, रीरिषन्) मोत वीरान् – ऋ.१०.१८.१/४; वा.३५.७/४; शब्रा.१३.८.३.४/४; तैब्रा.३.१.१.३/४; ७.१४.५/४; तैआ.३.१५.2/४; ६.७.३/४; तै आ आन्ध्र.१०.४६/४; आपश्रौ.2१.४.१/४; साम मन्त्रब्रा.१.१.१५/६; हिर गृसू. १.2८.१/४; मागृसू..2.१८.2/४; निरु.११.७/४
मा नः प्रिया भोजनानि प्र मोषीः – ऋ.१.१०४.८/2
मा नः प्रियास्तन्वो रुद्र रीरिषः – ऋ.१.११४.७/४; वा.१६.१५/४; मैसं.३.१.2८/४ द्र. प्रिया मा।
मानवीः पंच कृष्टयः – अ. ३.2४.३/2
मानवी घृतपदी मैत्रावरुणी – तैसं. 2.६.७.३; मैसं.४.१३.५: 20५.१५; शब्रा. १.८.१.2६; तैब्रा.३.५.८.2; १३.2; आश्रौ.१.७.७; शांश्रौसू.१.१2.१
मा नः शंसो अररुषः – ऋ.१.१८.३/१; वा. ३.३०/१; काठसं. ७.2/१; शब्रा.2.३.४.३५/१; आपश्रौ. ६.१७.१2/१

मा नः शाप्त जनुषा सुभगाः – तैसं.३.३.६.१/३; पारगृसू. ३.६.६/३ द्र. मा नो हासिष्ट, तथा मा वश्वात्र
मानसम् – तैआ.१०.६2.१; ६३.१; महा नारा उप. 2१.2; 2३.१
मा न स्तरभिमातये – ऋ. ८.३.2/2; सा. 2.७७2/2
मा नस्तस्मादेनसः पापयिष्ट – तैसं. ३.2.८.३/४
मा नस्तस्मादेनसो देव रीरिषः – ऋ. ७.८६.५/४; अ.६. ५१.३/४; तैसं.३.४.११.६/४; मैसं. ४.१2.६/४: १६७. 2; काठसं. 2३.१2/४
मा नस्तारिषुरभिमातयः – अ.2.७.४/४
मा नस्तारीन् निर्ऋतिर्मो अरातिः – अ. १2.३.१७/४
मा नस्तारीन् मघवन् रायो अर्यः – ऋ. ६.४७.६/४
मा न (काठसं. नस्) स्तेन ईशत माघशंसः – ऋ. 2.४2. ३/३; काठसं.३०.१० द्र. मा व स्तेन।
मा न स्तेनेभ्यो ये अभि द्रुहस्पदे – ऋ.2.2३.१६/१
मा नस्तोके तनये मा न आयुषि (ऋ.काठसं.साम मन्त्रब्रा. आयौ) – ऋ. १.११४.८/१; वा.१६.१६/१; तैसं. ३.४. ११.2/१; ४.५.१०.३/१; मैसं.४.१2.६/१: १६७.१५; काठसं.2३.१2/१; तै आ आन्ध्र.१०.५३/१; श्वेत उप. ४.22/१; साम मन्त्रब्रा. 2.१.८/१ प्रः मा नस्तोके –तैब्रा. 2.८.६.६; माश्रौसू.११.2; कालाग्नि उप. १; शां गृ सू.५.१०.2; गोभि गृसू. ३.८.2; खदि.गृसू. ३.३.2; बौधसू. ३.६.६; परा स्मृ. ११.३४; बृ परासं. 2.१३१; ६. १११,११४,१४५; मा नः –लघु अत्रिसं. ५.५१ मा–नस्तोकीय (सूक्त) इति नाम्ना अभिहितम् –बौधसू.३.2.६
मा नस्तोकेषु तनयेषु रीरिषः – ऋ. ७.४६.३/४; निरु. १०.७/४
मानस्य पत्नि शरणा स्योना – अ. ३.१2.५/१ द्र. मा नः सपत्नः
मानस्य सूनुः सहसाने अग्नौ – ऋ. १.१८६.८/2
मा नः सं स्रा दिव्येनाग्निना – अ.११.2.2६/2
मा नः सपत्नः शरणः स्योना – हिर गृसू.१.2७.८/१ द्र. मानस्य पत्नि
मा नः सबन्धुरुत वान्यबन्धुः – काठसं. ३५.५/2; आपश्रौ. १४.३०.४/2
मा नः समरणे वधीः – ऋ. १.७०.2/४
मा नः समस्य दुध्यः – ऋ.८.७५.६/१; तैसं.2.६.११.2/१; मैसं.४.११.६/: १७५.१०; काठसं.७.१७/१; निरु.५. 2३/१
मा नः स रिपुरीशत – ऋ.१.३६.१६/४
मा नः सूर्यस्य संदृशो युयोथाः – ऋ.2.३३.१/2; ऐब्रा.३. ३४.४/2; तैब्रा.2.८.६.६/2
मा नः सेतुः सिषेदयम् – ऋ.८.६७.८/१
मा नः सेना अररुषीरुप गुः – अ.१६.१५.2/३
मा नः सोमपरिबाधः – ऋ.१.४३.८/१
मा नः सोम सं वीविजः – ऋ. ८.७६.८/१
मा नः सोम ह्वरितो विह्वरस्व – माश्रौसू.2.५.४.2४/१ तु.मा नो घर्म
मा नस् स्तेन आदिः द्र. मा न स्तेन।
मा निन्दत य इमां मह्यं रातिम् – ऋ.४.५.2/१
मा नि पप्तं भुवने शिश्रियाणः – अ.१2.१.३१/४; मैसं.४. १४.११/४: 2३३.१७
मा निररं शुक्रदुघस्य धेनोः – ऋ.६.३५.५/३
मा नु भूमिगृहो भुवत् – अ.५.2०.१४/४
मानुषः – शांश्रौसू. १.६.१; आपश्रौ. 2.१६.१४; माश्रौसू.१.३. १.2६ द्र. असौ मानुषः।
मानुषस्तन्तुरसि – शांश्रौसू.2.१2.१०
मानुषाद् दैव्यम् (माश्रौसू. दैवम्) उपैमि – तैब्रा. १.2.१.१५; आपश्रौ. ५.८.१ प्रः मानुषाद् दैवम् माश्रौसू. १.५.2.४
मानुषान् मा भयात् पाहि – शांश्रौसू.2.१४.2
मानुषान् मा भयादजुगुपस्तस्मान् मा पाह्येव – शांश्रौसू. 2.१५.५
मानुषासो विचेतसो य एषाम् – ऋ. ७.७.४/2
मानुषीभ्यस्तवमंगिरः – ऋ.११.४५/2; तैसं.४.१.४.३/2; ५. १.५.६; मैसं. 2.७.४/2: ७६.३; काठसं.१६.४/2; १६. ५; शब्रा. ६.४.४.४
मानुषौ (अध्वर्यू) – माश्रौसू.2.३.६.१७
मा नृणां यातुधन्यः – अ.१६.४७.७/2
मानेनेव तस्थिवां अन्तरिक्षे – ऋ. ५.८५.५/३
मानेभिर्मघवाना सुवृक्ति – ऋ.१.१८४.५/2
मा नो अकृते पुरुहूत योनौ – ऋ.१.१०४.७/३
मा नो अग्निं निर्ऋतिर्मा न आष्टान् (पपाठ. आष्ठां) – मैसं.४.६.१2/३: १३३.५ द्र. मा नो रुद्रो।
मा नो अग्ने दुर्भृतये साचैषु – ऋ. ७.१.22/१
मा नो अग्नेऽमतये – ऋ.३.१६.५/१
मा नो अग्ने महाधने – सा.2.१०००/१ द्र. मा नो अस्मिन् महाधने।
मा नो अग्नेऽव (मागृसू.. वि) सृजो अघाय – ऋ.१.१८६. ५/१; ।ह. 2.१.६; मागृसू..2.१६.३/१
मा नो अग्नेऽवीरते परा दाः – ऋ. ७.१.१६/१
मा नो अग्ने सख्या पित्र्याणि – ऋ.१.७१.१०/१
मा नो अज्ञाता वृजना दुराध्यः – ऋ.७.३2.2७/१; अ.2०. ७६.2/१; सा.2.८०७/१; पंचब्रा.४.७.५

मा नो अति ख्य आ गहि – ऋ.१.४.३/३; अ.20.५७.३/३; ६८.३/३; सा.2.४३६/३
मा नो अद्य गवां स्तेनः – अ. १६.४७.६/३
मा नो अन्धे तमस्यन्तराधात् (उे. आदात्) – माश्रौसू. 2.५.४........2४/३ द्र. मा स्यस्मांस्, तथा मो ष्वत्वम्।
मा नो अरातिरघशंसागन् – तैब्रा.३.१.2.७/४
मा नो अरातिरीशत – ऋ.2.७.2/१
मा नो अर्यो अनुकामं परा दाः – ऋ.८.४८.८/४
मा नो अस्मिन् मघवन् पृत्सु अंहसि – ऋ.१.५४.१/१ प्रः मा नो अस्मिन् मघवन् – आश्रौ. ६.४.१०; शांश्रौसू. ६.१०.३
मा नो अस्मिन् महाधने – ऋ.६.५६.७/३; ८.७५.१2/१; तैसं.2.६.११.३/१; मैसं.४.११.६/१: १७६.2; काठसं. ७.१७/१; ऐब्रा. ७.७.१ शब्रा.१2.४.४.३/१; आश्रौ.३.१३.१2; शांश्रौसू. ३.५.४ द्र. मा नो अग्ने महाधने
मो नो गयमारे अस्मत् परा सिचः – ऋ. ६८१.३/४
मा नो गव्येभिरश्व्यैः – ऋ.८.७३.१५/१
मा नो गामश्वं पुरुषं वधीः – अ.१०.१.2६/2
मा नो गुह्या रिप आयोरहन् दभन् – ऋ.2.३2.2/१
मा नो गोषु पुरुषेषु – अ.११.2.21/१
मा नो गोषु मा नो अश्वेषु रीरिषः – ऋ. १.११४.८//; वा.१६.१६/2; तैसं.३.४.११//2; ४.५.१०.३/2; मैसं. ४.१2.६/2: १६७.१५; काठसं.2३.१2/2; तै आ आन्ध्र.१०.५३/2; श्वेत उप. ४.22/2; साम मन्त्रब्रा. 2.१.८/2
मा नोऽघं भूत् – शब्रा. १३.८.१.४ द्र. अत्र माघं भूत्
मा नो घर्म व्यथितो विव्यधीत् (तैआ. विव्यथो नः) – मैसं.४.६.१2/१: १३३.१; तैआ.४.2०.2/१ प्रः मा नो घर्म व्यथितः – आपश्रौ. १५.१७.१० द्र. उत्तरम् तथा तु मा नः सोम ह्वरितों
मा नो घर्म ह्वरितः – माश्रौसू.४.४.३६ मा नः सोम ह्वरितो
मा नो घोरेण चरताभि धृष्णु – ऋ.१०.३४.१४/2
मा नो जैषुरिदं धनम् – अ.४.३८.३/६
मा नोऽतोऽन्यत् पितरो युंगध्वम् – आश्रौ. 2.७.६ द्र. अत्र अतो नोऽन्यत्।
मा नो दमे मा वन आ जुहूर्थाह – ऋ.७.१.१६/४
मा नो दीर्घा अभि नशन् तमिस्राः – ऋ. 2.७.१४/४
मा नो दुश्चक्षा अघशंस ईशत – आपश्रौ. १४.३०.४/३
मा नो दुःशंस ईशत – ऋ. १.2३.६/३; ७.६४.७/३; अ. १६.४७.६/2
मा नो दुःशंस ईशता विवक्षसे – ऋ.१०.2५.७/४
मा नो दुःशंसो अभिदिप्सुर् (काठसं. अघशंस) ईशत – ऋ.2.2३.१०/३; काठसं.३५.५/३
मा नो देवा अहिर्वधीत् – अ.६.५६.१/१; कौसू.१३६.८ प्रः मा नो देवाः वैसू.2६.१०; कौसू.५०.१७
मा नो देवा इह हिंसीत् कपोतः – अ.६.2७.३/४ द्र. मा नो हिंसीदिह
मा नो देवानां विशः – ऋ.८.७५.८/१; तैसं.2.६.११.2/१; मैसं.४.११.६/१: १७५.८; काठसं.७.१७/१
मा नो द्यावापृथिवी हीडिषेथम् – मैसं.४.६.१2/४: १३३.५ द्र. मा द्यावा...।
मा ने द्यूतेऽव गान् मा समित्याम् – अ. १2.३.४६/३
मा नो द्विक्षत कश्चन – अ.१2.१.१८/६,2३/५,2४/५,2५/७
मा नो ध्वारिषुः पितरो मोत वीराः – काठसं.३५.५/१; आपश्रौ. १४.३०.४/१
मा नो नि कः पुरुषत्रा नमस्ते – ऋ.३.३३.८/४
मा नो निदे च वक्तवे – ऋ.७.३१.५/१; अ.2०.१८.५/१
मा नो निद्रा ईशत मोत जल्पिः – ऋ.८.४८.१४/2
मा नो निर्भाग वसुनः सादनस्पृशः – ऋ.६.७2.८/३
मा नो नु गादपरो अर्धमेतम् – तैआ.६.१०.2/2; आपश्रौ. १४.22.३/2 द्र. मैषं नु गाद्।
मा नोऽन्वागादघं यतः – गोब्रा.१.2.७/४
मा नो बर्हिः पुरुषता निदे कः – ऋ.७.७५.८/३
मा नोऽभि मांस्त नमो अस्त्वस्मै – अ.११.2.८/३
मा नोऽभि स्रा मत्यं देवहेतिम् – अ. ११.2.१६/१
मा नो मघेव निष्षपी परा दाः – ऋ.१.१०४.५/४; निरु. ५.१६
मा नो मध्य रीरिषतायुर्गन्तोः – ऋ.१.८६.६/४; वा.2५.22/४; मैसं. ४.१४.2/४: 2१७.१४; काठसं.३५.१/४; गोब्रा.१.४.१७/४; शब्रा.2.३.३.६/४; आपश्रौ. १४.१६.१/४; आपमपा. 2.४.३/४; हिर गृसू. १.४.१३/४
मा नो मर्तस्य दुर्मतिः परि ष्ठात् – ऋ. ३.१५.६/४
मा नो मर्ता अभि द्रुहन् – ऋ.१.५.१०/१; अ.2०.६६.८/१
मा नो मर्ताय रिपवे रक्षस्विने (ऋ. ८.22.१४/३, वाजिनीवसू) – ऋ.८.22.१४/३; ६०.८/१
मा नो मर्धिष्टमा गतं शिवेन – ऋ. ७.७३.४/४
मा नो मर्धिष्टमुत मा नो अर्भकम् – ऋ.१.११४.७/१; अ. ११.2.2६/१; वा.१६.१५/१; तैसं.४.५.१०.2/१; तै आ आन्ध्र.१०.५2/१; माश्रौसू.३.१.2८/१ प्रः मा नो महान्तम् –माश्रौसू. ११.७.१; बृ परासं.६.११८,१४३;

ऋवि.१.2४.१

मा नो माता पृथिवी दुर्मतौ धात् – ऋ.५.४2.१६/४; ४३.१५/४

मा नो मित्रो वरुणो अर्यमायुः – ऋ.१.१६2.१/१; वा. 2५.2४/१; तैसं.४.६.८.१/१; मैसं. ३.१६.१/१ः १८१.; काठसं अश्व.६.४/१; शब्रा.१३.५.१.१६; निरु. ६.३/१ प्रः मा नो मित्रो वरुणः –माश्रौसू. ६.2.५; मानो मित्रः –आश्रौ. १०.८.७; शांश्रौसू.१६.३.22; कात्यश्रौसू. 2०.८.६ तु. बृहद.४.2७

मा ने मिथुनं रीध्वम् – तैआ.१.१४.४; १५.१; १७.2; १८.१

मा नो मृचा रिपूणाम् – ऋ. ८.६७.६/१

मा नो मेधां मा नो दीक्षाम् – अ.१९.४०.३/१

मा नो रक्ष आ वेशीदाघृणीवसो – ऋ.८.६०.2०/१

मा नो रक्षीर्दक्षिणं नीयमानाम् – अ.५.७.१/2

मा नो रक्षो अभि नड् यातुमावताम् (अ. ...आवत्) – ऋ. ७..१०४.2३/१; अ.८.४.2३/१ तु. बृहद.६.३१

मा नो रीरधतं निदे – ऋ.७.६४.३/३; ८.८.१३/४; सा.2.2६८/३

मा नो रुद्र तक्मना मा विषेण – अ.११.2.2६/१

मा नो रुद्रासो अधिगुर्वधे नु (उे. नुः) – माश्रौसू. 2.५.४.2४/४ द्र. मा रुद्रियासो

मा नो रुद्रो निर्ऋतिर्मा नो अस्ता – तैआ.४.2०.2/३ द्र. मा नो अग्निम्

मा नो रुरोः शुचद्विदः – कौसू. ७१.६/१

मा नो वधाय हत्नवे – ऋ.१.2५.2/१

मा नो वधीः (तैसं. विधीः) पितरं मोत मातरम् – ऋ.१.११४.७/३; वा. १६.१५/३; तैसं. ४.५.१०.2/३; तैआ आन्ध्र. १०.५2/३; माश्रौसू. ३.१.2८/३ द्र. मा नो हिंसीः पितरम्

मा नो वधीदभिभ आदिः द्र. मा नो विददादि।

मा नो वधीरिन्द्र मा परा दाः – ऋ.१.१०४.८/१ द्र. उत्तरम्

मा नो वधी रुद्र मा परा दाः – ऋ.७.४६.४/१ तु. पूर्वम्

मा नो वधीर्विद्युता देव सस्यम् – अ.७.११.१/३

मा नो वधैर्वरुण ये त इष्टौ – ऋ.2.2८.७/१; मैसं.४.१४.६/१ः 22६.५

मा नो वहन्तमुत मा नो वक्षयतः – अ.११.2.2६/2 द्र. मा न उक्षन्तम्

मा नो विदद् (काठसं. वधीद्) अभिभा मो अशस्तिः – अ.१.2०.१/३; ५.३.६/३; काठसं.४०.१०/३; तैब्रा.३.७.५.१2/३; आपश्रौ. 2.2०.६/३

मा नो विदद् (काठसं. वृधद्) वृजिना (काठसं.तैब्रा. आपश्रौ. वृजना) द्वेष्या याः – अ.१.2०.१/४; ५.३.६/४; काठसं.४०.१०/४; तैब्रा.३.७.५.१३/४; आपश्रौ. 2.2०.६/४

मा नो विदन् विव्याधिनः – अ.१.१९.१/१ प्रः मा नो विदन् –कौसू.१४.७; १०४.३; १०५.१; ११३.३

मा नो विधीः आदिः द्र. मा नो वधीः आदि।

मा नो वि यौष्टं सख्या मुमोचतम् – ऋ. ८.८६.१/४ – ५/४

मा नो वि यौः सख्या विद्धि तस्य नः – ऋ.2.३2.2/३

मा नो विश्वे देवाः – कौसू.१.2८.४/३

मा नो विहासीद् गिर आवृणानः – तैब्रा.३.७.१३.2/2

मा नो वीरान् रुद्र भामिनो वधीः – वा. १६.१६/३ द्र. वीनान् मा।

मा नो वृकाय वृक्ये समस्मै – ऋ.६.५१.६/१

मा नो वृधद्वृजना आदिः द्र. मा नो विददादि।

मा नो हार्दि त्विषा वधीः – ऋ.८.७९.८/३

मा नो हासिषुर्ऋषयो दैव्या ये – अ.६.४१.३/१

मा ने हासीष्ट जनुषा सुभागाः – अ.६.४.2४/३ द्र. अत्र मा नः शाप्त।

मा नो हासीद्विचक्षणम् – तैब्रा.2.५.१.३/४

मा नो हासीन् मेत्थितो नेत् त्व जहाम – तैब्रा.३.७.2.७/३; आपश्रौ. ६.३.१/३ द्र. मा नो हिंसीद् धिंसितो, तथा मा मा हासीन्।

मा नो हिंसिष्ट – साम मन्त्रब्रा. 2.१.७ द्र. मा मा हिंसिष्टा

मा नो हिंसिष्टं द्विपतो मा चतुष्पदः – अ. ११..2.१/४

मा नो हिंसिष्ट यत् तपः – अ.१९.४०.३/2

मा नो हिंसीः पितरं मातरं च – अ.११.2.2९/३ द्र. मा नो वधीः

मा नो हिंसीज्जनिता यः पृथिव्याः – ऋ.१०.१2१.९/१; तैसं.४.१.७.2/१; ".2.७.१४/१ः ९५.१; काठसं.१६.१४/१; आपश्रौ. १६2०.५ प्रः मा नो हिंसीज्जनिता – माश्रौसू.६.१.६ द्र. मा मा हिंसीज् आदि।

मो नो हिंसीज्जातवेदः – तैआ.१०.१.५/१; महा नारा उप.2.१०/१; आपमपा. १.६.१०/१ (आपगृ. ३.८.५); हिर गृसू. १.१८.५/१

मा नो हिंसीदिह देवाः कोपतः – ऋ.१०.१६५.३/४; मागृसू..2.१७.१/४ द्र. मा नो देवा इह।

मा नो हिसीद्धिंसितो (केषुचित् हस्तलिपिषु दधामि इति पाठः) न त्वा जहामि – आश्रौ.१.१2.३७/३ द्र. अत्रमा नो हासीन्।

मा नो हिंसीरधि नो ब्रूहि – अ. ११.2.2०/१

मा नो हिंसीः (हिंसीत् इति पठतु) शपथो माभिचारः – माश्रौसू. १.६.१.2१/३
मा नो हिसीः (शां गृ सू. ३.४.2/३, हिंसी) स्थविरं मा कुमारम् –शां गृ सू. .१.७.६2रु; ३.४.2/३
मा नोऽहिर्बुध्न्यो रिषे धात् – ऋ.५.४१.१५/३; ७.३४.१७/१; निरु.१०.४५ तु. बृहद.५.१६५
मा नो हृणीतामतिथिर् (सा. हृणीथा अतिथिं) वसुरग्निः – ऋ. ८.१०३.१2/१; सा.१.११०१
मा नो हेतिर्विवस्वतः – ऋ.८.६७.20/१
मान्तरा गमत – पारगृसू.2.१४.११
मान्तरां भुजमा रीरिषो नः – ऋ.१.१०४.६/३
मान्तरिक्षं मा वनस्पतीन् – वा.११.४५/४, तैसं.४.१.४.३/४; ५.१.५.६; मैसं.2.७.४/४: ७६.४; काठसं.१६.४/४; १६.५; शब्रा.६.४.४.४
मान्तर्गात भाग्निं भागधेयात् – आपश्रौ. ६.८.११/2
मान्त (आपश्रौ.माश्रौसू. ...न्तः) स्थुर्नो अरातयः – ऋ.१०.५७.१/३; अ. १३.१.५६/३; ऐब्रा. ३.११.१७; जैब्रा. ४.१६८/३; आपश्रौ. ६.2४.८/३; माश्रौसू. १६.३.१०/३
मां ते कामेन शुष्यन्तु – अ.६.६.१/४
मान्थालाः कुलि परि मा पतन्ति – तैब्रा.2.५.८.४/2
मान्दानां त्वा पत्मन्नाधुनोमि – मैसं.१.३.३६: ४2.१2; काठसं. ३०.६ तु. मान्दासु।
मान्दार्यस्य मान्यस्य कारेः – ऋ.१.१६५.१५/2; १६६.१५/2; १६७.११/2; १६८.१०/2; वा.३४.४८/2; मैसं.४.११.३/2: १७०.७; काठसं.६.१८/2
मान्दा वाशाः शुन्ध्यूर् (काठसं. श्रुन्ध्युवो) अजिराः (मैसं. वाशा जयोतिष्मतीरमस्वरीः) – तैसं.2.४.७.2/१; मैसं. 2.४.७/१: ४४.६; 2.४.८: ४५.११; काठसं.११.६/१ प्रः मान्दा वाशः – तैसं.2.४.६.३; काठसं.११.१०; ३५.३; आपश्रौ. १४.१८.१; १६.2६.१; माश्रौसू.५.2.६.५
मान्दासु ते शुक्रमा धूनोमि – तैसं.३.३.३.१; ४.१ प्रः मान्दासु ते –आपश्रौ. १2.८/१ तु. मान्दानां।
मान्दा (मैसं.माश्रौसू. ...दाः; काठसं. ...दास्) स्थ – तैसं.१.८.११.१; मैसं.2.६.७: ६८.2; काठसं. १५.६; तैब्रा.१.७.५.३; माश्रौसू. ६.१.2 प्रः मान्दाः आपश्रौ. १८.१३.१2 द्र. उत्तरम्
मान्दा स्थ राष्ट्रदाः – वा. १०.४; शब्रा. ५.३.४.१४ द्र. पूर्वम्
मां देवा अनु विश्वे तपोजाः – काठसं.४०.६/३
मां देवा दधिरे हव्यवाहम् – ऋ.१०.५2.४/१
मां धुरिन्द्रं नाम देवता – ऋ.१०.४६.2/१
मां धेहि – तैसं. ७.४.१६.१; तैब्रा.३.६.१६.2; तैआ.४.2.५ द्र. अस्मान् धेहि
मां नरः स्वश्वा वाजयन्तः – ऋ.४.४2.५/१
मापगाः पुनरेहि माम् – ऐब्रा.७.१७.३/४; शांश्रौसू.१५.2४/४
माप गातमितो युवम् – अ. ३.११.६/2
मापगाः शौद्रान् न्यायात् – शांश्रौसू.१५.2४/३ द्र. नापागाः।
मा पंचदशः स्तोम आयुः – ऐब्रा. ७.2३.३
मा पनिर्भूरस्मदधि प्रवृद्ध – ऋ.१.३३.३/४
मा पराच्युप वस्तथा – कौसू. ८६.१०/2
माप रात्सीर्माति व्यात्सीः – तैसं. ७.५.१०.१; आपश्रौ. 2१.१६.१४
मा परा सेचि नो धनम् (आपश्रौ. नः स्वम्; आपमपा. मे धनम्) – शांश्रौसू. ४.११.६/४; लाटयश्रौसू.2.१७/४; आपश्रौ. १३.१८१/४; शां गृ सू.३.४.४; आपमपा.2.१५१६/2 द्र. आगाम।
मा परा सेचि मत् पयः – कात्यश्रौसू.2५.५.2८/४; आपश्रौ. ४.१४.४/४; माश्रौसू. १.४.३.६/४; पारगृसू.१.३.१४/४; आपमपा. 2.१६.१४/४; हिर गृसू.१.१३.४/४; मागृसू.. 2.११.१८/४ द्र. पूर्वम्
मा परा सेचि मे धनमः द्र. पूर्वमेकवर्जम्
मा परि वर्क्तमुत माति धक्तम् – ऋ.१.१८३.४/2
मा पश्चचाद् दघ्म रथ्यो विभागे – ऋ.७.५६.2१/2
माप स्थतं महिषेवापानात् – ऋ.१०.१०६.2/४
माप स्फरीः पयसा मा न आ धक् – ऋ.६.६१.१४/2; मैसं.४.११.2: १६६.३; काठसं. १७.१८/2; ३०.३/2; तैब्रा.2.४.३.१/2
मा पात् सोममसोमपः – लाटयश्रौसू.2.१2.१७/४ द्र. मा सोमं पातु
मा पाद्य आयुषः पुरा – वा. ११४६/४; तैसं.४.१.४.३/४; ५.१.५.७; मैसं.2.७.४/४: ७६.६; ३.१.६: ७.१८; काठसं. १६.४/४; १६.५; शब्रा. ६.४.४.७
मा पापत्वाय नो नरा – ऋ.७.६४.३/१; सा.2.2६८/१
मा पितरो यशस् कीर्तिम् – ऐब्रा. ७.2३.३
मा पिशाचं तिरस्करः – अ.४.20.७/४
मा पुत्रस्य प्रभूवसो – ऋ.८.४५.३६/2
मा पुमांसं स्त्रियं क्रन् – अ. ८.६.2५/2
मा पुरा जरसो मृथाः – अ. ५.३०.१७/६
मा पूर्वाननु गाः पितॄन् – अ.५.३०.१/४
मा पूर्वे अग्ने पितरः पदज्ञाः – ऋ.३.५५.2/2
मा पृणन्तो दुरितमेन आरन् – ऋ.१.१2५.७/१
मा पृणन् पूर्त्या वि राधि (मैसं.काठसं. राधिष्ट) – तैसं.

१2.३.2; मैसं.१.2.३: १2.६; काठसं.2.४

मापो मौषधीर् हिंसीः – वा.६.22; शब्रा. ३.८.५.१०; शांश्रौसू.८.१2.१2 प्रः मापो मौषधीः – कात्यश्रौसू.६.१०.३

मा प्र गाम पथो वयम् – ऋ.१०.५७.१/१; अ.१३.१.५६/१; ऐब्रा. ३.११.१५; जैब्रा.४.१६८/१; आपश्रौ. ६.2४.८/१; माश्रौसू.१.६.३.१०/१ प्रः मा प्र गाम –आश्रौ. 2.५.४; १६.३६; ६.६.१८; वैतान .१८.८; कौसू. ५४.१८; ८2.६; ८६.११; ऋवि.३.११.2 तु. बृहद. ७.६०

मा प्रतिष्ठायाश् छित्स्महि – तैआ.४.४2.१

मा प्रमेष्महि – आपश्रौ. ६.2१.१

मा प्राणं पायिनो दभन् – अ.१६.2७.५/४

मा प्रेक्षथाः – शब्रा.४.६.७.१०; कात्यश्रौसू.८.४.2६

माप्सवः परि षदाम मादुवः – ऋ.७.४.६/४

मा बिभेर्न परिष्यसि – खिल.१.१६१.१/१; अ.५.३०.८/१ द्र. मा भैषीर्, तथ तु. न मरिष्यसि।

मा ब्रह्म प्र मथिष्टन – अ.१६.४०.2/2

मा ब्राह्मणस्य राजन्य – अ.५.१८.१/३; ३/३ अत्र शंकरपंडितस्य संस्करणे सा इत्यस्य स्थाने मा प्रयुक्तः

मा ब्राह्मणाग्रतः कृतमश्नीयात् – कौसू. ७४.१2/१

मा ब्राह्मणा ब्रह्म यशस् कीर्तिम् – ऐब्रा. ७.2४.३

माब्राह्मणायोच्छिष्टं दात – लाटयश्रौसू.2.१2.१७/३; कौसू. ६१.2०/३

माभागो भक्त – मैसं.१.४.१2: ६2.५; काठसं. ५.2; तैब्रा.३.७.५.६; आपश्रौ. ४.११.१

माभीद्रुहः परुशः कल्पयैनम् – अ. ६५.४/३

मा भूम निष्टया इव – ऋ. ८.१.१३/१; ट.2०.११६.१/१; वैसू.४०.७; ४१.१2 द्र. मो भम आदि।

मा भेः – वा. १.2३; ६.३५; तैसं.१.१..४.१; ३.१३.१; शब्रा.१.2.2.१५; ३.६.४.१८; तैब्रा.३.2.४.५; ७.५.५; कात्यश्रौसू.2.५.2४; ६.४.१५; आपश्रौ. 2.१८.६; १2.१०.2 द्र. मा भैः

मा भेम निष्टया इव – पंचब्रा. ६.१०.१/१ द्र. मा भूम आदि

मा भेम मा श्रमिष्म – ऋ.८.४.७/१; सा.2.६५५/१; कौषी ब्रा.2६.५; शांश्रौसू.१2.३.22

मा भेम शवसस्पते – ऋ. १.११.2/2; सा.2.१७८/2

मा भेर्मा रोङ् (का. मो रोङ्; तैसं. मासरो) मो च नः (तैसं. मो एषं) किं चनाममत् – वा.१६.४७/४; का. १७.८.१/४; तैसं.४.५.१०.१/४; शब्रा. ६.१.2४ द्र. मा भैर्, तथ तु. अत्र मा च नः

मा भैः – मैसं. १.३.३: ३१.४; काठसं.३.१०; माश्रौसू. १.३.2.१2; 2.३.३.८ द्र. मा भेः।

मा भैर्मा रुङ् मा (काठसं. रौङ् मा) च नः किं चनाममत् – मैसं.2.६.६/४: १2७.७; काठसं.१७.१६/५ द्र. मा भेर् तथ तु. अत्र मा च नः

मा भैषीर्न मरिष्यसि – साम मन्त्रब्रा. 2.६.१८/१; गोभि गृसू. ४.६.१६; आपमपा. 2.१६.१४/४ प्रः मा भैषी –खदिर. गृसू. ४.४.१ द्र. अत्रमा बिभेर्।

माभ्यां गा अनु शिश्रथः – ऋ. ४.३2.22/३

मा भ्राता भ्रातारं द्विक्षत् – अ.३.३०.३/१

मा भ्रातुरग्ने अनृजोर्ऋणं वेः – ऋ. ४.३..१३/३

मा म आयुः प्रमोषीर्मो अहं तव – वा. ४.2३/३; काठसं. 2.५; शब्रा. ३.३.१.१2/३

मा म इन्द्र इन्द्रियमादित – ऐब्रा.७.2३.३

मामग्ने भागिनं कुरु – आपमपा. 2.६.१2/४ तु. मामिन्द्र

मा मघोनः परि ख्यतम् – ऋ.५.६५.६/३

मामदन्त्यहमद्ध्यमन्यान् – तैब्रा.2.८.८.३/2

मा मद्वेदोऽधि विस्रसत् – तैआ. ४.४2.५

मामनु प्र ते मनः – ऋ.१०.१४५.६/३; अ.३.१८.६/३; आपमपा. १.१५.६/३

मामनुव्रता भव – हिर गृसू.१.2४.५/१ तु. पत्युरनुव्रता।

मा मत्यस्य मायिनः – ऋ.१.३६.2/४

मा मां श्रीश्च ह्रीश्च धृतिश्च तपो मधा प्रतिष्ठा शरद्धा सतयं धर्मश्चैतानि मा मा हासिषु – तैआ.४.४2.५

मा मां सुवर् हासीत् – तैसं.३.३.१.2

मा मां हिंसिष्टं यत् आदिः द्र. मा मा हिंसिष्टं स्वम् आदि।

मा मा के चिन् न्येमुरिन् न पाशिनः – तैआ. १.१2.2/३

मा मा च्योढवम् – हिर गृसू.१.१८.३

मा मातरममुया पत्तवे ाः – ऋ. ४.१८.2/४

मा मातरं प्र मिनीज् जनित्रीम् – अ. ६.११०.३/४

मा माता पृथिवी त्वम् – तैआ.६.७.2/2

मा माता पृथिवी मही – तैआ. ६.७.2/2 द्र. मा देवी पृथिवी।

मा मा तितीर्षन् तारीत् –मैसं. १.५.१/३: ६७.८

मा मात्रा शार्य अपसः पुर ऋतोः – ऋ. 2.2८.५/४; मैसं.४.१४.६/४: 22८.१४

मा मा द्यावापृथिवी संतापतं मा पाद्याभि श्वश च चरतम् – माश्रौसू. 2.३.७.2 तु. पातं मा द्यावापृथिवी अद्या...

मा माधि पुत्रे विमिव ग्रभीष्ट – ऋ. 2.2६.५/४; मैसं.४.१2.६/४: १६४.८

मा पानुषीरवसृष्टा वधाय – अ.१७.१.2८/४

वैदिकपादानुक्रमकोषः 242

मा मां तेजो हासीत् – तैसं.३.३.१.१
मा मा प्राप्त् पाप्मा मोता मृत्यु – अ. १७.१.2६/३
मा मा प्रापत् प्रतिचिका – अ. १६.20.४/४
मा मा प्रापदतो भयम् – आपश्रौ. १४.2६.१/४
मा मा प्रापन्निषवो दैव्या याः – अ.१७.१.2८/३
मा मामिमं तव सन्तम.ो – ऋ. ५.४०.७/१
मा मामिमे पतरिणी वि दुग्धाम् – ऋ. १.१५८.४/2
मा मामृषयो मन्त्रकृतो मन्त्राविदः प्रादुः (तैआ. मन्त्रपतयः परादुः) – मैसं. ४३.६.2: १22.६; तैआ.४.१.१
मा मामेधो दर्शतयश्चितो धाक् – ऋ. १.१५८.४/३
मा मामोजो हासीत् – तैसं.३.३.१.2
मा मां पद्येन रपसा विदत् त्सरुः – ऋ. ७.५०.१/४ – ३/४
मा मां प्राणो हासीन् मो अपानोऽवहाय परा गात् – अ. १६.४.३
मा मां माता पृथिवी हिंसीत् – तैसं.१.८.१५.१; मैसं. 2.६.१2: ७१.५ तु. पृथिवि मातर्
मा मा यूनर्वा हासीत् (जैब्रा.योनो वां हारसीः?) – पंचब्रा. ६.४.८; जैब्रा. १.७०; लाटयश्रौसू.१.७.५
मा मा राजन् वि बीभिषः – तैसं.३.2.५.2/१; माश्रौसू.2.४.१.३६/१
मामर्यन्ति कृतेन कर्त्वेन च – ऋ. १०.४८.३/४
मामा वसन्ति सुकृतो मयीमे – अ. ७.७६.2/2
मा मा वोचन्नराधसं जनासः – अ.५.११.८/१
मा मा सं ताप्तम् (आपश्रौ. ताप्सीः) – वा. ५.३३; तैसं.१.१.१2.१; काठसं. १.१2; ३१.११; ४०.३; तैब्रा. ३.३.७.७; पंचब्रा.१.५.१; शांश्रौसू. १.६.११; ६.१2.१३; लाटयश्रौसू. 2.३.६; आपश्रौ. ६.१०.११; आपमपा. 2.६.३; हिर गृसू. १.११.६; मागृसू.. १.2.१६ तु. मा मोदोषिष्टम्
मा मा हासिष्ट – मैसं. १.५.2: ६८.१2; १.५.६: ७७.20; काठसं.७.१; आपश्रौ. ६.20.2
मा मा हासीन् (माश्रौसू. हासीर्) नाथितो नेत् (माश्रौसू. न) त्वा जहामि (काठसं. ...नि) – अ. १३.१.१2/३; काठसं.३.५.१८/३; माश्रौसू.३.१.2८/३ द्र. अत्र मा नो हासीन्
मा मा हिंसिष्ट – वा. ५.३४; पंचब्रा.१.४.१५; आश्रौ. ५.३.१५; शांश्रौसू. ६.१३.१; वैसू. १८.८ द्र. मा नो हिंसिष्ट।
मा मा (काठसं. मां) हिंसिष्टं स्वं (काठसं. यत् स्वं) योनिमाविशन्तौ (काठसं. आविशथः) – मैसं.2.३.८/४: ३६.१2; काठसं. १७.१६/४ द्र. मा मा हिंसीः स्वां, तथ मैनं हिंसिष्टम्
मा मा हिंसिष्टम् – अ.५.६.८; तैसं.१.४.१.2; मैसं.१.१.१३: ८.७; काठसं.३७.१५,१६; शब्रा.१.५.१.2५; शांश्रौसू. १.६.११
मा मा हिंसीः – वा.३.६३; १८.५३; ३७.20; ३८.१६; तैसं.१.2.2.2; ३.३.१; ३.५.६.2; ४.७.१३.2; ५.५.६.३; ६.१.३.७; मैसं.१.2.2: १०.१८; ११.६; १.2.१2: 22.१; १.४.३: ५१.७; 2.६.१०: १३०.८,१०; 2.१2.३: १४६.१३; १४६.१३; ३.३.६: ६८.१; ४.६.६: १27.2; ४.६.६: १३०.४; ४.६.११: १३2.८; काठसं.2.३,१३; १८.१५; ३८.४; ऐब्रा. १.22.१०; पंचब्रा. १.१.७; ५.६; ७.2; जैब्रा. १.३६१; शब्रा.३.2.१.८; ७.2.१.११; ६.४.४.५; १2.८.३.६; १४.१.४.१५; 2.2.४2; तैब्रा.३.७.५.५; १०.४.३; तैआ.१.३१.३; ४.५.५; ७.५; १०.५; ११.७; 2८.१; ५.४.८; ८.१2; ६.६; तै आ आन्ध्र.१०.७2; जैब्रा. १.३६.१; शब्रा. ३.2.१.८; ७.2.१.११; ६.४.४.५; १2.८.३.६; १४.१.४.१५; 2.2.४2; तैब्रा.३.७.५.५; १०.४.३ तैआ.१.३१.३; ४.५.५; ७.५; १०.५; ११.७; 2८.१; ५.४.८; ८.१2; ६.६; तै आ आन्ध्र. १०.७2; आश्रौ. ४.७.४; शांश्रौसू.४.20.१; ६.१2.३; १७.१३.१०; लाटयश्रौसू. १.७.१५; ६.३; ३.१2.१३; ५.७.६; ६.७.१६; आपश्रौ.2.५.७; १८.६; ३.३.८; १०.६.१७; ११.१४.६; १७.2३.८; 2४.१४.१2; माश्रौसू.१.2.५.१०; ३.2.१2; 2.३.2.१३; |ह.४.८.22; साम मन्त्रब्रा. १.७.६; आपमपा. १.१३.८,६; हिर गृसू. १.६.१०; १६.३ द्र. मा मा हिंसीत्, तथा मा हिंसीः।
मा मा हिंसीज्जनिता यः पृथिव्याः – वा. १2.१०2/१; का.2६.३६; शब्रा. ७.३.१.20 प्रः मा मा हिंसीत् – वा. ३2.३; कात्यश्रौसू. १७.३.११ द्र. मा नो हिंसीज् आदि।
मा मा हिंसीत् (काठसं. शब्रा. ..सीः) – वा. 20.१; काठसं. ३८.४; तैसं.१.८.१६.१; शब्रा.१2.८.३.६; तैब्रा.१७.१०.2; 2.६.५.१; आपश्रौ. १८.१८.७ द्र. मा मा हिंसीः
मा माहिंसीरधिगतं पुरस्तात् – आपश्रौ. ७.६.५/४; माश्रौसू. १.७.३.४०/४
मा मा हिंसीः स्वां योनिमाविशन्ती (काठसं.तैब्रा.आपश्रौ. आविशन्) – वा. १६.७/४; काठसं. ३७.१८/४; शब्रा. १2.७.३.१४; तैब्रा. १.४.2.2/४; 2.६.१.४/४; आपश्रौ. १६.३.४/४ द्र. अत्र मा मा हिंसिष्टं स्वम्
मामित् किल त्वं वनाः – अ. १.३४.४/३
मा मित्रस्य प्रियतमस्य नृणाम् – ऋ. ७.६2.४/४
मामिन्द्र भगिनं कृणु – अ. ७.१2.३/४ तु. मामग्ने
मामिषां कं चनोच्छिषः – ऋ. ६.७५.१६/४; सा. 2.१2१३/४; वा. १७.४५/४ द्र. उत्तरम्, मैषां कं, तथा मैषामुच्छेषि
मामिषां मोचि कश्चन – अ.३.१६.८/५; ८.१८.१६/४; ११.६.20/४; १०.१६/४ द्र. अत्र पूर्वम्

मामु देवताः सचन्ताम् – वा. १३.१/३; शब्रा. ७.४.१.2
मा मृतयोरुप गा वशम् – अ. १६.2७.८/४
मामृषद् एव (देव? इति पठतु) बर्हिः स्वासथं त्वाध्यासदेयम् ऊणम्रदमनभिशेकम् – कौसू.३.७; १३७.३६ तु देव बर्हिः स्वा...
मा मे क्षेथ – विष्णुस्मृ. ७३.2५
मा मे क्षेष्ठा अमुत्रामुष्मिँ लोक इह च – का. 2.३.८; शांश्रौसू. ४.६.४; ११.३; कात्यश्रौसू. ३.४.३०
म मे क्षेठा अमुत्रामुष्मिं लोके – तैसं. १.६.३.३; ७.३.४; गोब्रा. 2.१.७; वैसू. ३.2०;माश्रौसू.१.४.2.१2
मा मे क्षेष्ठा अस्मिंश्च लोकेऽमुष्मिंश्च – आश्रौ.१.१३.४
मा मे क्षेष्ठाः – तैसं.१.६.५.१; काठसं. ५.५; ८.१३; आश्रौ.१.११.६
मा मेऽग्निस्तेज आदित – ऐब्रा. ७.2४.३
मा मे दभ्राणि मन्यथाः – ऋ.१.१2६.७/2; निरु.३.2०
मा मे दीक्षां मा तपो निर्वधिष्ट (कात्यश्रौसू. ब.) – तैसं. ३.१.१.३; कात्यश्रौसू.2५.११.22; माश्रौसू.2.१.2.३६
मा मेऽद्येशायां वात्सीत् – शब्रा. ५.३.१.१३; कात्यश्रौसू. १५.३.३५
मा मे द्विषं जन्यत एव प्राङ् प्रजिघ्यतु – ऐब्रा. ८.2८.१2 – १६
मा मे प्रजया मा पशूनां मा मम प्राणैरप प्रसृप मोत्सृप (तथा...प्रसृपत मोत्सृपत) – तैआ. १.१४.2–४ (प्रत्येकं त्रिवारम्)
मा मे बलं विवृहो मा प्रमोषीः – तैआ.३.१५.१/2; तै आ आन्ध्र. १०.५१/2
मा मे भूर्यृक्ता विदहाथ लोकान् – गोब्रा. १.५.2४/2
मामेवा ग्नाभिरभिगाः – वैसू. १६.१८/४ द्र. उत्तरम्
मा मेऽवाङ् नाभिमतिगाः – तैसं.३.2.५.३/४; कात्यश्रौसू. ६.१2.४/४; माश्रौसू.2.४.१.३५/४ द्र. पूर्वम्
मामेवानुसंरभस्व – हिर गृसू. १.५.११/१
मामेवान्वेतु ते मनः – अ.६.८६.2/४
मा मे सख्युः स्तामानमपि ष्ठात – अ.५.१३.५/३
मा मे अर्दि त्विषा (माश्रौसू. हार्दि द्विषा) वधीः – तैसं. ३.2.५.2/2; माश्रौसू.2.४.१.३६/2
मा मैन्द्रयं ज्यैष्ठयं श्रैष्ठयं व्यौषीः – कात्यश्रौसू.१०.६.४ तु. मैन्द्रयम्
मा मोदोषिष्टम् – मैसं. १.१३: ८.७; शब्रा. १.५.१.2५ तु. मा मा सं तापतम्
मा मोदोषीः – शांश्रौसू.१.५.६
मांपश्यमभिरोरुदम् – अ.७.३८.१/2
मां पुनीहि (पाण्डु. पुनाहि) विश्वतः – ऋ.६.६७.2५/३; वा.१६.४३/३; मैसं.३.११.१०/३: १५५.१८; काठसं.३८. 2/३ द्र. अत्र अस्मान् पुनीहि
माय एहि – अ.८.१०.22
मा यजमानं तमो विदत् (कात्यश्रौसू. विदन्) – तैब्रा.३.७. ८.३/१; कात्यश्रौसू. 2५.१2.५/१; आपश्रौ. १४.३०. ३/१ द्र. मेमं यज्ञं तमो
मा यजमानस्तमतः द्र. मा यज्ञपतिस्
मा यज्ञं हिंसिष्टं मा यज्ञपतिं जातवेदसौ – वा.५.३/३; १2.६०/३; तैसं. १.३.७.2/३; ४.2.५.2/३; मैसं. १.2. ७/३: १६.६; शब्रा. ३.४.१.2४/३ प्रः मा यज्ञं हिंसिष्टम् –माश्रौसू.८.१३ द्र. मा हिंसिष्टं यज्ञ...
मा यज्ञं जातवेदसौ – काठसं.३.४/४; १६.११; 2६.७; कौसू.१०८.2/४
मा यज्ञपतिस्तपत् (तैब्रा. आपश्रौ. यजमानस्तमत्) – तैब्रा. ३.७.2.७/2; आश्रौ. १.१2.३४/2; आपश्रौ. ६.2.६/2
मा यज्ञादिन्द्र सोमिनः – ऋ. १०.५६.१/2; अ.१३.१. ५६/2; ऐब्रा.३.११.१६: जैब्रा.४.१६८/2; आपश्रौ. ६. 2४.८/2; माश्रौसू.१.६.३.१०/2
मा यज्ञो अस्य स्रिधद् ऋतायोः – ऋ.७.३४.१७/2; निरु. १०.४५
मा यः सोममिमं पिबात् (कात्यश्रौसू. पिबा; काठसं. सोमं पिबादिमम्) – काठसं. ३५.५/३; तैब्रा. ३.७.८.३/३; कात्यश्रौसू. 2५.१2.५/2; आपश्रौ. १४.३०.३/३
मायाः कृण्वानस्तन्वं परि (जै उप ब्रा. कृण्वानः परि तन्वं) स्वाम् – ऋ.३.५३.८/2; जै उप ब्रा. १.४४.६/2,८
मा यातुर्यातुमावताम् – ऋ. ८.६०.2०/2
मायात् सोममसोमपः – लाटयश्रौसू. 2.१2.१७/४ द्र. मा सोमं पातु।
मायादेवा अवतरन् – हिर गृसू.१.१४.४/2 द्र. अदेवा देव. ..
मायाभिरश्विना युवम् – ऋ.५.७८.६/३
मायाभिरिन्द्र मायिनम् – ऋ. १.११.७/१
मायाभिरुत्सिसृप्सतः – ऋ. ८.१४.१४/१; अ. 2०.2६. ४/१
मायाभिरस्यूंरभिभूत्योजाः – ऋ. ३.३४.६/४; अ.2०.११. ६/४
मा यामादस्मादव जीहिपो नः – ऋ. ३.५३.१६/४
मायाम् ऊतु यज्ञियानामेताम् – ऋ.१०.८८.६/३; निरु. ७.2७/३
मायां मायावत्तरः – ऐब्रा. ८.2३.६/४ द्र. अमायान्
मायाया मातली परि – अ.८.६.५/४
मायायै हर्मारम् – वा.३०.७; तैब्रा.३.४.१.३

माया वां मित्रावरुणा दिवि श्रिता – ऋ.५.६३.४/१
मायाविनं वृत्रमस्फुरन् निः – ऋ. 2.११.६/2
मायाविनो बलिनो मिच्छमानाः (१) – खिल. ७.५५.११/2
मायाविनो ममिरे अस्य मायया – ऋ. ६.८३.३/३; सा. 2.22७/३; आसं. 2.2/३
माया ह जज्ञे मायायाः – अ.८.६.५/३
मा युत्स्महि मनसा दैव्येन – अ. ७.५2.2/2
मायुं दशं मारुशस्ताः प्रमेष्ठाः – गोब्रा. १.५.2४/१
माय युवमस्मान् हिंसिष्टम् – काठसं. ३.१०
मा युष्मावत्स्वापिषु श्रमिष्म – ऋ. 2.2६.४/४
मायेत् सा ते यानि युद्धान्याहुः – ऋ. १०.५४.2/३; शब्रा. ११.१.६.१०/२
मायोभव्याय चतुष्पदी – आगृ.१.७.१६ द्र. अत्र आयेभाव्याय
मा रधाम द्विषते सोम राजन् – ऋ. १०.१2८.५/४; अ.५.३.७/४; तैसं. ४.७.१४.2/४; आपमपा. 2.६.६/४; हिर गृसू. १.22.१३; विष्णुस्मृ. ८६.१६/४
मा राजप्रेषितो दण्डः – पारगृसू.३.१५.2१/2
मारातयो जुहुरन्त – ऋ.१.४३.८/2
मा रायस्पोषण वियौषम – मैसं.१.2.४: १३.११ प्रः मा रायस्पोषेण –माश्रौसू. 2.१.३.४५ द्र. मा वयं रायस..., तथा माहं रायस...।
मा रायो राजन् सुयमादव स्थाम् – ऋ.2.2७.१७/३; 2८.११/३; 2६.७/३
मा रिषण्यो वसवान वसुः सन् – ऋ.१०.22.१५/2
मा रिषद् देव्योषधे – कौसू.३३.६/४
मा रिषाम वाजिनं भक्षयन्तः – आपश्रौ. ८.३.१६/४
मा रिषाम सुमतौ ते स्याम – अ.१३.2.३७/४
मा रिषामा वयं तव – गोब्रा.१.2.2१/४; वैसू.६.७/४
मा रीषते सहसावन् परा दाः – ऋ. १.१८६.५/४; मागृसू.. 2.१६.३/४
मारुतः कल्माषः – वा.2८.५८,५६; तैसं.५.५.22.१; 2४.१; काठसं अश्व. ८.१.३,
मारुतः क्लथन् – वा.३६.५
मारुतं शर्धः पृतनासूग्रम् – अ.४.2७.७/2 द्र. दिव्यं शर्धः
मारुतं शर्धो अदितिं हवामहे – ऋ. १.१०६.१/2
मारुतमसि मरुतामोजः – तैसं.2.४.७.१; ६.१; काठसं. ११.६; आपश्रौ. १६.2५.१७
मारुतश्च त्वांगिरसश्च देवा अतिछन्दसा छन्दसा त्रयस्त्रिंशेन स्तोमेन रैवतेन साम्नारोहन्तु – ऐब्रा. ८.१2.४
मारुतः सप्तकपालः – मैसं. १.१०.१: १४०.६; काठसं.६.४
मारुताः पर्जन्य घोषिणः पृथक् – अ.४.१५.४/2
मारुताः पार्जन्या वा वार्षिकाः – आपश्रौ. 2०.2३.११
मारुताय स्वतवसे भरध्वम् – ऋ. ६.६६.६/2; तैसं. ४.१.११.३/2; मैसं. ४.१०.३/2: १५०.८; काठसं.2०.१५/2; तैब्रा.2.८.५.५/2
मारुतेन शर्मण दैव्येन – तैब्रा. ३.७.६.११/३; आपश्रौ. ४.७.2/३
मारुतो गणोऽभ्यावृत्तः–काश्रौसू.३४.१६
मारुतो न प्लवायति – खिल. १६१.४/४ द्र. नश्टचेष्टश्
मारुतोऽसि मरुतां गणः – वा.१८.४५; तैसं.४.७.१2.३; मैसं. 2.१2.३: १४६.१; ३.४.३: ४८.१2; काठसं.१८.१४; शब्रा. ६.४.2.६
मारुत्यामिक्षा – मैसं.१.१०.१: १४०.१2; काठसं. ६.४
मा रुद्रियासो अभि गुल्बधानः (तैआ. अभि गुर्वृधानः) – मैसं.४.६.१2/४: १३३.३; तैआ.४.2०.2/४ द्र. मा नो रुद्रासो
मा रूरुपाम यज्ञस्य – तैब्रा.३.७.५.६/३; आपश्रौ. ३.१.2/३
मारे अस्मद्वि मुमुचः – ऋ.३.४१.८/१; अ.2०.2३.८/१
मारे अस्मन् मघवँ (सा. ...वं) ज्योक् कः – ऋ.७.22.६/३; सा. 2.११५०/३
मार्गशीर्षपौषमाघापरपक्षेषु तिस्रोऽष्टकाः – कौसू.१४१.2४/३४
मार्जयन्तां पितरः (हिर गृसू. सोम्यासः इत्यस्योपसंख्यानम्) – माश्रौसू.१.१.2.३०; हिर गृसू. 2.१2.2 द्र. उत्तरं द्विवर्जम्
मार्जयन्तां पितामहाः (हिर गृसू. सोम्यासः इत्यस्योपसंख्यानम्)–माश्रौसू. १.१.2.३०; हिर गृसू. 2.१2.2 द्र. उत्तरं द्विवर्जम्
मार्जयन्तां प्रपितामहाः (हिर गृसू. सोम्यासः इत्यस्योपसंख्यानम्) – माश्रौसू. १.१.2.३०; हिर गृसू. 2.१2.2 द्र. उत्तरं द्विवर्जम्
मार्जयन्तां मम पितरः – आपश्रौ. १.८.१०; आपमपा. 2.2०.2, १४ (आपगृ. ८.2१.६) द्र. पूर्वं द्विवर्जम्
मार्जयन्तां मम पितामहाः – आपश्रौ. १.८.१०; आपमपा. 2.2.2०.४,१६ द्र. पूर्वं द्विवर्जम्
मार्जयन्तां मम प्रपितामहाः – आपश्रौ. १.८.१०
मार्जयन्तां मम मातरः (तथा च पितामह्यः तथा प्रपितामह्यः) – आपमपा. 2.2०.५ – ७, १७ – १६
मार्जाल्यो मृज्यते स्वे दमुनाः – ऋ. ५.१.८/१
मार्डीकं धेहि जीवसे – ऋ.१.७६.६/३; सा.2.८७६/३; मैसं. ४.१०.६/३: १५६.३; काठसं.2.१४/३; तैब्रा.2.४.

५.३/३; आपश्रौ. ८.१४.2४/३
मार्डीकामिन्द्रावरुणा नि यच्छतम् – ऋ. ७.८2.८/४
मार्डीकमिट्टे सुवितं च नव्यम् – ऋ. ७.६१.2/४
मार्डीकेभिर्नाधमानम् – ऋ.८.७.३०/३
मार्त्युंजयाय त्वा मार्त्यवाय परिददामि – कौसू.५६.१३
मा व एनो अन्यकृतं भुजेम – ऋ.६.५१.७/१ द्र. मा वयमेनो, तथा तु. मा वो भुजेमा...।
मा वः क्षेत्रे परबीजानि वाप्सुः – आपधसू. 2.६.१३.६/2
मा वः परि ष्ठात् सरयुः पुरीषिणी – ऋ.५.५३.६/३
मा वः प्रमत्तामममृताच्च यज्ञात् – गोब्रा.१.५.2४/३
मा वः प्राणं मा वोऽपानम् – अ. १६.2७.६/१
मा वनिं व्यथयीर्मम – अ.५.७.2/४
मा वनिं मा वाचं वीर्त्सीरुभौ – अ. ५.७.६/१ प्रः मा वनिं मा वाचम् –वैसू.३.2
मा वयं रायस्पोषेण वि यौष्म – वा.४.22; शब्रा. ३.३.१.६ प्रः मा वयम् –कात्यश्रौसू.७.६.2३ द्र. मा रायस्पोषेण इत्यत्र
मा वयमायुषा वर्चसा च – मैसं. १.2.३५ १2.६ द्र. माहमायुषा
मा वयमेतमवहाय परागाम – काठसं.७.१2/५
मा वयमेनोऽन्यकृतं भुजेम – काठसं.३०.३/३ द्र. अत्रमा व एनो
मा वपो अस्मदप गूह एतत् – ऋ. ७.१००.६/३; सा.2. ६७५/३; तैसं.2.2.१2.५/३; मैसं.४.१०.१/३: १४४.५; निरु. ५.८/३
मा वश्वात्र जनुषा संविदाना – शां गृ सू. ३.११.१४/३ द्र. अत्र मा नः शाप्त
मा वः शिवा ओषध्यो मूलं हिंसिषम् – मैसं. १.१०: ५.१६ प्रः मा वः शिवा ओषध्यः – माश्रौसू. १.2.४.१४
मा वस्तस्यामपि भूमा यजत्राः – ऋ. ७.५७.४/३
मा व (मैसं. वः) स्तेन ईशत माघशंसः – ऋ. ६.2८. ७/३; अ.४.2१.७/३; ७.७५.१/३; वा. १.१; तैसं.१.१. १.१; मैसं. १.१.१: १.३; ४.१.१: १.१६; काठसं. १.१; शब्रा. १.७.१७; तैब्रा.2.८.८.१2/३: ३.2.१.५ द्र. मा न स्तेन
माव स्थत परावतः – ऋ. ५.५३.८/३
मा वः सिन्धुर् नि रीरमत् – ऋ.५.५३.६/2
मा वः सुस्रोच्चमसो दृंहता तम् – ऋ. १०.१०१.८/४; अ. १६.५८.४/४; काठसं.३८.१३/४; आपश्रौ. १६.१४. ५/४
मा वः स्तेन आदिः द्र. मा व स्तेन।
मा वां रातिरुप दसत् कदा चन – ऋ. १.१३६.५/३; सा.१.2८७/३
मा वां वृको मा वृकीरा दधर्षीत् – ऋ.१.१८३.४/१
मा वां हिंसिषम् – तैसं.१.४.१.2; मैसं.१.३.३: ३१.५; काठसं. ३.१०
मावाङ् अवागाः – पंचब्रा.१.५.५
मा वामन्ये नि यमन् देवयन्तः – ऋ. ४.४४.५/३; ७.६६. ६/४; अ. 20.१४३..५/३
मा वामेतौ मा परेतौ रिषाम – ऋ.१०.१७८.2/४; ऐब्रा.४. 20.2६
मा वास्तोश्छित्स्महि – तैआ.४.४2.१
मा विदन् परिपन्थिनः – ऋ.१०.८५.३2/१; अ.१2.१. ३2/४; १४.2.११/१; ।ह.१.८.६; शां गृ सू. १.१५.१४; साम मन्त्रब्रा.१.३.१2/१; गोभि गृसू.2.४.2; आपमपा. १.६.१०/१ (आपगृ. 2.५.2४) प्रः मा विदन् –कौसू. ७७.३ तु. बृहद. ७.१३३ तु. मा त्वा परिपन्थिनो इत्यत्र
मा विद्विषावहै – तैआ.८.१.१; ६.१.१; १०.१.१; तै उप.2.१.१; ३.१.१; कठ उप. ६.६
मा विपर्यास्त (इति) – आपश्रौ. ७.22.८ भाष्ये मा विपर्यास्थाः
मा विबाध बिबाधथाः – साम मन्त्रब्रा. 2.५.७/2
मा वि बीभिषथा राजन् – ऋ. ८.७६.८/2
मा विराधिषि ब्रह्मणा – ब्मन्. ३.११.2/४
मा वि रिक्षि तन्वा मा प्रजया मा पशुभिः – कौसू.११७. 2/४
मा विवेनो विरुनुष्वाजनेषु – तैब्रा. 2.४.७.४/2
मा विस्रसः (साम मन्त्रब्रा. विस्रसोऽन्तक) – शां गृ सू.३. ८.५; साम मन्त्रब्रा.१.६.20 तु. खादि गृसू.2.४.१६ द्र. स मा वि स्रसः
मावीनां वृक ईशत – अ. १६.४७.६/४
मावीरतायै रीरधः – ऋ. ४.१६.५/2
मा वीरो अस्मन् नर्यो वि दासीत् – ऋ. ७.१.2१/४
मा वेशस्य प्रमिनतो मापेः – ऋ. ४.३.१३/2
मा वो घनन्तं मा शपन्तम् – ऋ. १.४१.८/१
मा वोऽतोऽन्यत् पितरो योयुवत – कौसू.८८.१५ द्र. अतो नोऽन्यत् इत्यत्र
मो वो दभत् – तैसं.१.३.४.2
मा वो दभन् – वा. ४.2७; तैसं.१.2.७.१; मैसं.१.2.५: १४. १2; काठसं.2.६; शब्रा.३.३.३.११
मा वो दात्रान् मरुतो निरराम – ऋ. ७.५६.2१/१
मा वो दुर्मतिरिह प्रणङ् नः – ऋ. ७.५६.६/2
मा वो देवा अविषसा मा विशसायुरा वृक्षि – शांश्रौसू. ८. 2१.१

मा वो भुजेमान्यजातमेनः – ऋ. ७.५2.2/३ तु. मा व एनो इत्यत्र
मा वो मृगो न यवसे – ऋ. १.३८.५/१
मा वो यज्ञपती रिषत् – आपश्रौ. १.१३.११; माश्रौसू.१.१.३.३३ तु. मा ते यज्ञ...
मास वो यामेषु मरुतश्चिरं करत् – ऋ.५.५६.७/३
मा वो रथो मध्यमवाङ् ऋते भूत् – ऋ.2.2६.४/३
मा वो रसानितभा कुभा क्रुमुः – ऋ. ५.५३.६/१
मा वो रिषत् खनिता – ऋ.१०.६७.20/१; वा. १2.६५/१; तैसं.४.2.६.५/१ द्र. मा ते रिषन्
मा वो वचांसि परिचक्ष्याणि वोचम् – ऋ.६.५2.१४/३; आसं. ३.६/३
मा व्यथिष्ठा मया सह – अ. १४.१.४८/४
मा व्यथिष्महि भूम्याम् – अ.१2.१.2८/४
मा शकन् प्रतिधामिषुम् – अ. ८.८.20/2; ११.१०.१६/४
मा शर्धते परा दाः – ऋ. ८.2.१५/2; सा. 2.११५६/2
माशिवासो अव क्रमुः – ऋ. ७.३2.2७/2; अ.20.७६.2/2; सा.2.८०७/2; पंचब्रा. ४.७.५
मा शिश्नदेवा अपि गुर् ऋतं नः – ऋ.७.2१.५/४; निरु. ४.१६
मा शूने अग्ने नि शदाम नृणाम् – ऋ.७.१.११/१
मा शूने भूम सूर्यस्य संदृशि – ऋ.१०.३७.६/३
मा शेषसा मा तनसा – ऋ.५.७०.४/३
माशेषसोऽवीरता परि त्वा – ऋ.७.१.११/2
मा श्रुतेन वि राधिषि – अ.१.१.४/४
माश्वानां भद्रे तस्करः – अ. १६.४७.७/१
मासाः पिष्टा भागधेयं ते हव्यम् – अ.१2.2.५३/३
माषाज्येन नलेध्मेन – आपश्रौ. ६.३.22/३ तु. तं माषाज्यम्
माषाश्च मे तिलाश्च मे – वा.१८.१2; ज्तैसं. ४.७.४.2; मैसं.2.११.४: १४2.2; काठसं. १८.६
मा संविक्थाः – वा.१.2३; ६.३५; तैसं. १.१.४.१; ३.१३.१; मैसं.१.३३: ३१.४; काठसं. ३.१०; शब्रा.१.2.2.१५; ३.६..४.१८; तैब्रा. ३.2.४.५; ७.५.५; आपश्रौ. 2.१८.६; १2.१०.2; माश्रौसू.१.३.2.१2; 2.३.३.८
मा सं वृतो मोप सृपः – अ.८.६.३/१
मा संसृक्षाथां परमे व्योमन् (ऐब्रा.आश्रौ. व्योमनि) – वा. १६.७/2; मैसं.2.३.८/2: ३६.११; काठसं. १७.१६/2; ३७.१८/2; ऐब्रा. ८.८.११/2; शब्रा.१2.७.३.१४; तैब्रा. १.४.2.2/2; 2.६.१.४/2; आश्रौ.३.६.४/2; आपश्रौ. १६.३.४/2
मा सख्युर्दक्षं रिपोर्भुजेम – ऋ.४.३.१३/४
मा सख्युः शूनमा विदे – ऋ. ८.४५.३६/१
मासरेण परिष्कृताः (मैसं. परिस्रुता) – वा.2१.४2/६; मैसं. ३.११.४/६: १४५.१६; तैब्रा.2.६.११.१०/६
मासरंण परिस्रुता (तैब्रा. परिष्कृता; काठसं. परिस्रुतम्) – वा.20.६६/2; मैसं. ३.११.३/2: १४४.१३; काठसं. ३८.८/४; तैब्रा. 2.६.१2.४/2
मा सव्येन दक्षिणमतिक्राम (हिर.गृसू. अतिक्रामीः) – गोभि गृसू. 2.2.१३; हिर गृसू. १.20.१०
मासश्चतुर्थः – काठसं अश्व.१३.८ द्र. मासं आदि
मासश्च पाथः शरदश्च पूर्वीः – ऋ. ७.६१.2/2
मासा असृज्यन्त – वा.१४.2६; तैसं. ४.३.१०.१; मैसं.2.८.६: ११०.११; काठसं.१७.५; शब्रा. ८.४.३.६
मासा आच्छयन्तु शम्यन्तः – वा. 2३.४१/2 द्र. मासाश्छयन्तु।
मासां विधानमदधा अधि द्यवि – ऋ.१०.१३८.६/३
मासां कश्यपः – वा.2४.३७; तैसं. ५.५.१७.१; काठसं अश्व. ७.७ द्र. कश्यपो मा...
मासां चतुर्थः – तैसं. ५.७.१८.१ द्र. मासश् आदि
मा सा ते अस्मत् सुमतिर्वि दसत् – ऋ. १.१2१.१५/१
मासा देवा अभिद्यवः – गोब्रा. १.५.2३/2 तु. प्र वो वाजा अभि द्यवः।
मासाममित्र्युर्जनः – अ.20.१2७.१३/३; शांश्रौसू. १2.१५.१.४/३
मासा मे कल्पन्ताम् – तैब्रा. ३.७.५.८; आपश्रौ. ४.१०.६ तु. मासास्ते
मासा रक्षन्तु ते हविः – वा. 2६.१४/2
मासार्धमासान् विभजति – हिर गृसू. 2.१७.2/३
मासाश्चार्धमासाश्च – शां गृ सू.३.१2.५/३; १३.५/३ द्र. अर्धमासैश् इत्यत्र
मासाश्चार्धमासाश्चपर्वाणि (काठसं अश्व. परूंषि) – तैसं. ५.७.2५.१; काठसं अश्व.५.५
मासाश्छयन्तु शिम्यन्तः – तैसं.५.2.१2.१/2; काठसं अश्व. १०.६/2 द्र. मासा आछयन्तु
मासास्ते कल्पन्ताम् – वा.2७.४५; शब्रा. ८.१.४.८; काठसं. ४०.६ तु. मासा मे
मासास्तवर्तुभ्यः परिददतु – साम मन्त्रब्रा. १.५.१५
मासास्त्वा श्रपयन्तु – तैआ. ४.2६.१
मासाः स्थर्तुषु श्रितः, अर्धमासानां प्रतिष्ठाः, युष्मास्व् इदमन्तः, विश्वं यक्षं विश्वं भूतं विश्वं सुभूतम्, विश्वस्य भर्तारो विश्वस्य जनयितारः – तैब्रा. ३.११.१.१६
मासि – मैसं.४.८.४: १2४.७; माश्रौसू. ४.2.2३ द्र. मा असि

मा सीमवद्य आ भाक् – ऋ. ८.८०.८/१
मासीमामूर्जमुत ये भजन्ते – हिर गृसू.2.१०.६/३ द्र. आसीनामूर्जम्
मा सु भित्था मा सु रिषः – वा. ११.६८/१; तैसं. ४.१.६.१/१; मैसं. 2.७.७/१: ८2.१३; ३.१.६: ११.१४; काठसं. १६.७/१; १६.१०; शब्रा.६.६.2.५; माश्रौसू. ६.१.३ प्रः मा सु भित्थः – कात्यश्रौसू. १६.४.३१; आपश्रौ. १६.६.४
मा सुषुप्थाः – शब्रा. ११.५.४.५; आपमपा. 2.६.१४ द्र. ऊर्ध्वस्तिष्ठन् इत्यत्र
मासेभ्यः स्वाहा – वा. 22.2८; तैसं. ७.१.१५.१; मैसं.३.१2.७: १६2.१५; काठसं अश्व. १.६; तैब्रा. ३.१.६.१
मासेभ्यो दात्यौहान् – वा. 2४.2५; मैसं.३.१४.६: १७३.१०
मासेव सूर्यो वसु पूर्यमा ददे – ऋ. १०.१३८.४/३
मा सो अन्यद्विदत भागधेयम् – अ. १८.2.३१/४
मा सो अस्मां अवहाय परा गात् – तैसं. ५.७.६.१/४ द्र. अवहाय इत्यत्र
मा सो अस्मान् द्विक्षत मा वयं तम् – अ. १2.2.३३/४
मासो जभार शरदश्च पूर्वीः – ऋ.४.१८.४/2
मा सोमं पात्वसोमपः–कौसू.६१.20/४ द्र. मा पात् सोमम्
मा सोमो राज्यम् – ऐब्रा. ७.2३.३
मा सोम्यस्य शंभुवः – ऋ. १.१०५.३/३
मास्त्विह रतिः – पारगृसू. ३.१४.११
मास्म दक्षिणतो वदः – तैआ.४.३2.१/2
मास्माकं प्राणेन प्रजया पशुभिराप्याययिष्ठाः (कौषीब्रा.उप. 2.६, अपक्षेष्ठाः)–कौषी ब्रा.उप. 2.८,६
मा समातोऽर्वाङैः पुनः – अ. ५.22.११/३
मास्मान् इच्छो अनागसः – अ.१०.१.७/४
मास्मान् प्रापन्नरातयः – तैब्रा. 2.४.2.३/४
मा स्मान्यस्मा उत्सृजता पुरा मत – अ. १2.३.४६/४
मास्मान् युवं हिंसिष्टम् – मैसं. १.३.३: ३१.६
मा स्मैतादृगप गूहः समर्ये – ऋ.१०.2७.2४/2
मा समैतान् सखीन् कुरुथाः – अ.५.22.११/१
मास्य त्वचं चिक्षिपो मा शरीरम् – ऋ. १०.१६.१/2; अ. १८.2.४/2; तैआ. ६.१.४/2
मास्याभिताप्सीत् – पारगृसू. ३.६.३/४
मा स्रेधत सोमिनो दक्षता महे – ऋ. ७.३2.६/१
मा स्वधितिस्तन्व (तैसं. तनुव) आ तिष्ठिपत् ते – ऋ. १.१६2.20/2; वा. 2५.४३/2; तैसं. ४.६.६.४/2; काठसं अश्व. ६.५/2
मा स्वसारमुत स्वसा – अ. ३.३०.३/2
मा स्व अस्मांस्तमस्य अन्तराधाः – तैआ. ४.20.2/३ द्र. अत्र मा नो अन्धे।
माहं राजन्नन्यकृतेन भोजम् – ऋ. 2.2८.६/2; मैसं. ४.१४.६/2: 22८.१५
माहं रायस्पोषेण वि योषम् – तैसं.१.2.५.2; काठसं.2.५; तैआ.४.७.५; आपश्रौ. १०.2३.५ द्र. अत्र मा रायस...
माहं वर्चो हासिषं स्वाहा – मैसं. ४.७.३: ६६.१०
माहं सुवर्हासिषम् – तैसं. ३.३.१.2
माहं तेजो हासिषम् (मैसं. हासिषं स्वाहा) – तैसं. ३.३.१.१; मैसं.४.७.३: ६६.७
माहं त्वद्वयवछित्सि – शांश्रौसू. 2.१2.६
माहमस्माल्लोकादस्माच्च जनपदाच्चेष्टिषि (सेव जनपदाच्च्योसि, तथा जनपदाद्वयथिषि) – हिर गृसू. १.2३.१
माहमायुषा (काठसं. कके वर्चसा विराधिषि) – तैसं. १.2.३.2; काठसं.2.४ द्र. मा वयमायुषा
माहमृषीन् मन्त्राकृतो मन्त्रपतीन् परादाम् – तैआ. ४.१.१
माहमोजो हासिषम् (मैसं. ...षं स्वाहा) – तैसं. ३.३.१.2; मैसं.४.७.३: ६६.८
माहं पौत्रमृ (कौषी ब्रा. उप. पुत्र्यम्) अघं रुदम् (आगृ. नियाम्; साम मन्त्रब्रा.१.५.१०/४, निगाम्; साम मन्त्रब्रा. १.५.११/४, रिषम्) आगृ.१.१३.७/४; साम मन्त्रब्रा. १.५.१०/४,११/४,१३/४; आपमपा. 2.१३.३/४,१४/४; हिर गृसू. 2.३.८/४; कौषी ब्रा. उप. 2.८/४
माहं प्रजां परासिचम् – आश्रौ.१.११.८/१; ६.१2.११
माहं प्राणेन मात्मना मा प्रजया – अ.३.2६.८/३
माहं भवतीभ्यश्चौषीः – हिर गृसू.१.१८.३
माहं मघोनो वरुण प्रियस्य – ऋ.2.2७.१७/१; 2८.११/१; 2६.७/१
माहं मातरं पृथिवीं हिंसिषम् – तैसं.१.८.१५.१
मा हरो मायिनो दभन् – अ. १६.2७.६/2
मा हास्महि प्रजया मा तनूभिः – ऋ.१०.१2८.५/३; अ. ५.३.७/३; तैसं. ४.७.१४.2/३; आपमपा. 2.६.६/३; विष्णुस्मृ. ८६.१६/३ प्रः मा हास्महि प्रजया – हिर गृसू. १.22.१2
मा हिंसिषुर्वहतुम् उह्यमानम् (आपमपा. ऊह्य...) – अ.१४.2.६/६; आपमपा. १.७.८/४
मा हिंसिष्टं यज्ञपतिम् – काठसं.३.४/३; १६.११; 2६.७; कौसू. १०८.2/३ द्र. मा यज्ञं हिंसिष्टम्
मा हिंसिष्टं कुमार्यम् – अ.१४.१.६३/१ प्रः मा हिंसिष्टम् –कौसू. ७७.20
मा हिंसिष्ट पितरः केन चिन् नः – ऋ.१०.१५.६/३; अ.

१८.१.५2 / ३; वा.१६.६2 / ३
मा हिंसिष्टं पितरं मातरं च – अ.६.१४०.2 / ५,३ / ४
मा हिंसीः – तैसं.१.2.2.2 द्र. मा मा हिंसीः।
मा हिंसीः पुरुषं जगत् – वा.१६.३ / ४; तैसं. ४.५.१.2 / ४; मैसं.2.६.2 / ४: १2१.2; काठसं. १७.११ / ४; श्वेत उप. ३.६ / ४ द्र. मा हिंसीत्
मा हिंसीः प्रतिगृह्णतः – अ.६.३.१६ / ४
मा हिंसीत् पुरुषान् मम – नील उप. ५ / ४ द्र. मा हिंसीः पुरुषम्
मा हिंसीर्देव प्रेरितः (आपश्रौ. प्रेष्तिः) – आश्रौ. ३.१४. १३ / १; आपश्रौ. ६.१६.११ / १
मा हिंसीस्तत्र गो भूगे अ.१2.१.३४ / ५
मा हिंसीस्तन्वा (तैसं. तनुवा) प्रजाः – वा.१2.३2 / ४; तैसं. ४.2.३.१ / ४; ५.2.2.३; मैसं.2.७.१० / ४: ८७.१2; काठसं.१६.१० / ४; शब्रा.६.८.१.६
मा हिंसीस्तवमोषधीः शिवाः – माश्रौसू.१.2.४.१८ / ३ द्र. शं नो भवन्त्वाप
माहिर्भूर्मा पृदाकुः – वा. ६.१2; ८.2३; शब्रा. ४.४.५.३; आपश्रौ. १३.१८.७ प्रः माहिर्भूः –कात्यश्रौसू. ६.५.2६; १०.८.१३
माहीनानाम् उपस्तुतम् – ऋ.१०.६०.१ / 2
मा हृणानस्य मन्यवे – ऋ. १.2५.2 / ३
मा हृणीथा अभ्यस्मान् – ऋ.८.2.१६ / 2 द्र. वाजेभिर्मा
मा हेडे भूम वरुणस्य वायोः – ऋ.७.६2.४ / ३
मा ह्वाः – वा. १.2,६; तैसं.१.१.३.१; ४.१; मैसं.१.१.५: ३.2; ४.१.५: ६.१४; काठसं.१.३; १.४; ३१.2,३; शब्रा. १.७.१. ११; तैब्रा. ३.2.३.2; ४.५
मातञ्चवो वरिमन्न् (तैब्रा. वरिवन्न्) आ पृथिव्याः – ऋ.३. ५६.३ / 2; मैसं. ४.१०.2 / 2: १४६.१५; तैब्रा. 2.८.७. ५ / 2
मातञ्जुभिः पुरुकृत्वा जिगाय – ऋ. ६.३2.३ / 2
मातञ्जुभिर्नमस्यैरियाना – ऋ. ७.६५.४ / ३ द्र. द्युतद्युभिर्
मितद्रवः सहस्रसाः – तैसं. १.७.८.2 / १ प्रः मितद्रवः – आपश्रौ. १८.४.2१
मातमेधाभिरूतिभिः – ऋ. ८.५३ (वाल. ५).५ / 2; सा.१. 2८2 / 2
मितश्च संमितश्च सभराः – वा.१७.८१; तैसं.१.८.१३.2; ४. ६.५.५; मैसं.2.११.१: १४०.४; काठसं.१८.६
मिता इव स्वरवोऽध्वरेषु – ऋ.४.५१.2 / 2
मिता पृथिव्यां तिष्ठसि – अ.६.३.१७ / ३
मितासश्च संमितासश्च न ऊतये (वा.काठसं. संमितासो नो अद्य; मैसं. संमितासो न ऊतये) सभरसो मरुतो यज्ञे अस्मिन् – वा.१७.८४; तैसं.४.६.५.६; मैसं.2.११.१: १४०.६; काठसं.१८.६ प्रः मितासश्च संमितासश्च नः – आपश्रौ. १७.१६.१६; मन्त्रांशः – सभरसो मरुतो यज्ञे –माश्रौसू.६.2.५
मितास्तण्डुलाः प्रदिशो यदीमाः – अ.१2.३.३० / ४
मितेव सद्म पशुमान्ति (सा. ...मन्ति होता – ऋ. ६.६७. १ / ४; सा.१.५2६ / ४; 2.७४६ / ४
मित्र इन्द्रो महापितर आपो विश्वे देवा ब्रह्मा विष्णुरित्येतानि प्रत्यग्दवराणि दैवतानि सनक्षत्राणि सग्रहाणि साहोरात्राणि समुहूर्ताणि तर्पयामि – बौधसू.2.५.६.३
मित्ना इव गो दिधिषाय्यो भूत् – ऋ.२.४.१ / ३; काठसं. ३६.१४ / ३
मित्र उपवक्ता – मैसं. १.६.१: १३१.३; तैआ.३.३.१; शांश्रौसू. १०.१५.४
मित्र एनं वरुणो वा रिशादाः – अ. 2.2८.2 / १
मित्र एनं मित्रियात् पात्वंहसः – अ.2.2८.१ / ४
मित्रः कृष्टीरनिमिषाभि चष्टे – ऋ. ३.५६.१ / ३; तैसं.३.४. ११.५ / ३; काठसं.2३.१2 / ३; ३५.१६ / ३; तैब्रा. ३.७.2. ४ / ३; आपश्रौ. ६.2.६ / ३; माश्रौसू.३.2.८ / ३; निरु. १०.22 / ३
मित्रः क्रीतः – वा.८.५५; तैसं.४.४.६.१
मित्रः क्षत्रं वरुणः सोमो अग्निः – शब्रा. ११.४.३.७ / ४; शांश्रौसू. ३.७.४ / ४; कात्यश्रौसू.५.१2.2१ / ४ द्र. मित्रो दाता।
मित्रः क्षत्रं क्षत्रपतिः क्षत्रमस्मिन् यज्ञे मयि (तैब्रा. यजमानाय) दधातु (तैब्रा. ददातु) स्वाहा – शब्रा.११. ४.३.११; तैब्रा. 2.५.७.४; कात्यश्रौसू.५.१३.१
मित्रः क्षीरश्रीः – तैसं. ४.४.६.१ तु. शुक्रः क्षी...।
मित्रः पान्त्यच्छु – ऋ. ८.४६.४ / ३ द्र. मित्रास् पान्ति।
मित्रः पृथिव्योदक्रामत् – अ.१६.१६.१ / १
मित्रः प्रतिख्यातः – काठसं.३४.१६
मित्रः प्रातर्वयुब्जतु – अ.६.३.१८ / ४
मत्रिं वयं हवामहे – ऋ.१.2३.४ / १; सा. 2.१४३ / १; ऐब्रा. ६.१०.2; कौषी ब्रा.2८.३; गोब्रा.2.2.2०; पंचब्रा.११.७.३; १४.८.३; आश्रौ.५.५.१८; ७.2.2; ५.६ प्रः मित्रं वयम् –शांश्रौसू. ७.४.६; १४.१; ११.७.४; १2.१.३
मित्रं वरुणं भगम् – तैब्रा. ३.१2.७.५ / 2
मित्रं वह वरुणमिन्द्रमग्निम् – ऋ.७.३६.५ / 2
मित्रं विष्णुमथो भगम् – अ.११.६.2 / 2
मित्रं शतवृष्ण्यम् – अ.१.३.2 / 2
मित्रं सौरत्येन – वा. ३६.६

मित्रं हुवे पूतदक्षम् – ऋ. १.2.७/१; सा. 2.१६७/१; वा. ३३.५७/१; पंचब्रा. १2.2.३; १५.2.५; ऐआ. १.१४.५; आश्रौ. ७.2.2; ५.६ प्रः मित्रं हुवे –शांश्रौसू.७.१०.११; १2.१.३

मित्रं हुवे वरुणं पूतदक्षम् – ऋ. ७.६५.१/2; कौषी ब्रा. 2६.११

मित्रक्रुवो यच्छसने न गावः – ऋ.१०.८६.१४/३

मित्रं कृणुध्वं खलु मृडता नः – ऋ.१०.३४.१४/१

मित्रं गृणीषे वरुणम् – ऋ.७.६६.७/2; सा.2.४१७/2

मित्रधा नो मित्रे दधात – काठसं.३७.१०

मित्र धिये वरुण सत्यमस्तु – ऋ. ४.१.१८/४

मित्रधेयाय स्वाहा – तैब्रा.३.१.५.१

मित्रं देवं मित्रधेयं नो अस्तु – तैब्रा. ३.१.2.१/2

मित्रं न ईं शिम्या गोषु गव्यवत् – तैब्रा.2.८.७.६/१ द्र. मित्रं न यं शिम्या।

मित्रं न क्षेत्रसाधसम् – ऋ.८.३१.१४/४; तैसं.१.८.22.. ३/४; मैसं.2.१३.७/४: १५६.११; काठसं. ११.१2/४

मित्रं न जने सुधितमृतावनि – ऋ.८.2३.८/३

मित्रं न यं शिम्या गोषु गव्यवः – ऋ.१.१५१.१/१ तु. बृहद.४.१७ द्र. मित्रं न ईं।

मित्रं न यं सुधितं भृगवो दधुः – ऋ. ६.१५.2/१

मित्रं न यातयज्जनम् – ऋ.८.१०2.१2/३ तु. मित्रस्तयोर्

मित्रं न शेवं दिव्याय जन्मने – ऋ. १.५८.६/४

मित्रं न सर्पिरासुतिम् – ऋ.८.७४.2/2; सा. 2.६१५/2

मित्रभृतः क्षे.भृतः – तैसं.2.४.७.2/३; मैसं.2.४.७: ४४.८; ४.2.११: ३४.१६; काठसं. ११.६/३; माश्रौसू.६.५.३

मित्रर्मिमहे वरुणं स्वस्तये – ऋ.८.१८.20/३

मित्रं प्रथिष्ठम् उप यामि शर्म – ऋ.१०.८७.१/2; अ. ८. ३.१/2; तैसं.१.2.१४.६/2

मित्रं भगमदितिं नूनमश्याः – ऋ.५.४2.१/2

मित्र यत्र वरुण गातुमर्चथः – ऋ. १.१५१.६/2

मित्राजाना वरुणा महोभिः – ऋ.५.६2.३/2

मित्र वंसि वां सुमतिम् – ऋ.५.७०.१/३; सा. 2.३३५/३

मित्र वयं च सूर्यः – ऋ.५.६६.६/2

मित्रश्च तुभ्यं वरुणः सहस्वः – ऋ. ३.१४.४/१

मित्रश्च नो वरुणश्च – अ.१९.४४.१०/१

मित्रश्च नो वरुणश्च – ऋ.५.७2.३/१

मित्रश्च म(मैसं. मा) इन्द्रश्च मे – वा. १८.१७; तैसं. ४.७. ६.१; मैसं. 2.११.५: १४2.१४; काठसं. १८.१०

मित्रश्च वरुणश्च – अ. ३.22.2/१; १०.४.१६/2; तैआ. १.१३.३/१ तु. अ.६.७.७

मित्रश्च वरुणश्चोत्तरे – आपमपा. 2.१५.६ (आपगृ. ७.१७. ६)।

मित्रश्च सोमापीतये – ऋ. ७.६६.१७/३

मित्रश्चा यातमद्रुहा – ऋ. ७.६६.१८/2

मित्रश्चिद्धि ष्मा जुहुराणो देवान् – ऋ.१०.१2.५/३; अ. १८.१.३३/३

मित्रश्चोभा वरुणश्च – ऋ.५.६८.2/2; सा.2.४६४/2

मित्रः शाशद्रे अर्यमा सुदानवः – अ.१.१४१.६/2

मित्र सत्यानां पते (शांश्रौसू. सत्यानामधिपते) – तैब्रा.३. ११.४.१; शांश्रौसू.४.१०.१ द्र. मित्रः सत्यानाम्

मित्र साधयतं धियः – ऋ.७.६६.३/३

मित्रस्तन् नो वरुणो देवो अर्यः – ऋ. ७.५2.2/१

मित्रस्तन् नो वरुणो मामहन्त – ऋ. ७.५2.2/१

मित्रस्तन् नो वरुणो रोदसी च – ऋ. ७.४०.2/१

मित्रस्तयोर्वरुणो यातयज्जनः – ऋ.१.१३६.३/६ तु. मित्रं न यातयज...।

मित्रस्ते अस्त्वंशभूः – तैब्रा. ३.७.६.१/४; आपश्रौ. १2.१०. 2/४

मित्रस्ते हस्तमग्रभीत् – हिर गृसू. १.५.६; आपमपा. 2.३. ११ (आपगृ. ४.१०.१2)

मित्रस्त्वमसि धर्मणा (साम मन्त्रब्रा. कर्मणा) – शां गृ सू. 2.३.१/१; साम मन्त्रब्रा. १.६.१५; हिर गृसू.१.५. १०/2; आपमपा. 2.३.१2 (आपमपा. ४.१०.१2)

मित्रस्त्वा पदि बध्नातु (वा.शब्रा. बध्नीताम्) – वा. ४.१६; तैसं. १.2.४.2; ६.१.७.६; मैसं.१.2.४: १३.५; ३.७.६: ८2. ६; काठसं. 2.५; 2४.३; शब्रा. ३.2.४.१८; आपश्रौ.१०. 22.१०

मित्रस्य गर्भो वरुणस्य नाभिः – ऋ. ६.४७..2८/2; अ.६. १2५.३/2; वा.2६.५४/2; तैसं. ४.६.६.६/2; मैसं. ३.१६.३/2: १८६.११; काठसं अश्व. ६.१/2

मित्रस्य चक्षुर्धुणं बलीयः (हिर गृसू. धरीयः) – शां गृ सू. 2.१.३०/१; पारगृसू. 2.2.१०/१; हिर गृसू. १.४. ६/१; आपमपा. 2.2.११/१ (आपगृ. ४.१०.११)।

मित्रस्य चक्षुषा समीक्षामहे – वा.३६.१८ तु. मित्रस्य वश्चक्षुषा सम्...

मित्रस्य च प्रशस्तिभिः – ऋ.५.६.६/2

मित्रस्य चर्षणीधृतः – ऋ.३.५९.६/१; वा.११.६2/१; तैसं. ३.४.११.५/१; ४.१.६.३/१; मैसं.१.५.४/१: ७०.१७; १. ५.११: ७६.१५; 2.७.६/१: ८१.१७; ३.१.८: १०.१४; ४.६. १/१: १2१.१७; काठसं. १६.६/१; १६.७; 2३.१2/१; शब्रा.६.५.४.१०; तैआ. ४.३.2/१; आश्रौ. ७.५.६; शांश्रौसू.३.१७.१2; ६.2६.३; आपश्रौ. ६.१८.१; माश्रौसू. ४.१.2३; – ६.१.2; बौधसू. 2.४.७.११ प्रः मित्रस्य

—कात्यश्रौसू.१६.४.१५ तु. इन्द्रस्य आदि।
मित्रस्य ता वरुणस्य व्रतानि – ऋ.३.५५.६/३
मित्रस्य तृतीया – वा.2५.५
मित्रस्य त्वा चक्षुषा प्रतीक्षे (माश्रौसू. चक्षुषान्वीक्षे; लाटयश्रौसू. चक्षुषा प्रेक्षे) – का. 2.३.४; तैसं. १.१.४.१; काठसं.१.४; ३१.३; कौषी ब्रा.६.१४; तैब्रा. ३.2.४.५; आश्रौ.१.१३.१; ८.१४.१८; शांश्रौसू. ४.७.४; लाटयश्रौसू. ४.११.१०; कात्यश्रौसू. 2.2.१५; आपश्रौ. १.१७.६; ३.१६.५; माश्रौसू.५.2.१५.१५; आगृसू. १.2४.१४ प्रः मित्रस्य त्वा –पारगृसू. १.३.१६ तु. मित्रस्य वश् आदि मैत्र्यः (ऋचः) इति नाम्ना– बौधसू.2.१०.१८.2१
मित्रस्य नवमी – तैसं.५.७.2१.१; काठसं अश्व.१३.११
मित्रस्य भागोऽसि – वा. १४.2४; तैसं.४.३.६.१; ५.३.४.2; मैसं.2.८.५: १०६.१2; काठसं. १७.४; 2१.१; शब्रा.८.४.2.६; माश्रौसू.६.2.१ प्रः मित्रस्य भागः – कात्यश्रौसू.१७.१०.१2
मित्रस्य मा चक्षुषा सर्वाणि भूतां समीक्षन्ताम् – वा.३६.१८
मित्रस्य मा चक्षुषेक्षध्वम् – वा. ५.३४ प्रः मित्रस्य मा –कात्यश्रौसू.६.८.2३
मित्रस्य यायां पथा – ऋ.५.६४.३/2
मित्रस्य वरुणस्य च – अ. ६.८५.2/2; कौसू.६.१७/2
मित्रस्य वश्चक्षुषानुवीक्षे – आश्रौ.८.१४.१८ द्र. उत्तरम्, तथा तु. मित्रस्य त्वा आदि
मित्रस्य वश्चक्षुषा परेक्षे – मैसं.१.१.५: ३.2; ४.१.५: ६.१६; माश्रौसू.१.2.१.2६ द्र. पूर्वं तथा तु.मित्रस्य त्वा
मित्रस्य वश्चक्षुषावेक्षे – मैसं.१.१.७: ४.६; ४.१.७: ६.१३; माश्रौसू.१.2.2.३१ तु. अदब्धेन वश् आदि।
मित्रस्य वश्चक्षुषा समीक्षध्वम् (तथा समीक्षमहे) – मैसं.४.६.2७: १४०.७ प्रः मित्रस्य –माश्रौसू. ४.३.४2 तु. मित्रस्य चक्षुषा
मित्रस्य व्रता वरुणस्य दीर्घश्रुत् – ऋ. ८.2५.१७/३
मित्रस्य व्रते वरुणस्य देवाः – ऋ.१०.३६.१३/2; मैसं.४.१४.११/2: 2३2.८; तैसं. 2.८.६.४/2
मित्रस्य श्रद्धा – तैआ.३.६.2
मित्रस्य हि प्रतूर्वतः – ऋ.५.६५.४/३
मित्रस्यासि कनीनिका – काठसं.2.१ द्र. वृत्रस्य कनीनिका, तथ वृत्रस्यासि।
मित्रस्यासि वरुणस्यासि – वा.१०.८; शब्रा.५.३.५.2८ प्रः मित्रस्यासि वरुणस्य –कात्यश्रौसू. १५.५.१८
मित्रस्याहं चक्षुषा सर्वाणि भूतानि समीक्षे – वा. ३६.१८
मित्रः संसृज्य (मैसं. ...ज्या) पृथिवीम् – वा. ११.५३/१; तैसं. ४.१.५.१/१; ५.१.६.१; मैसं.2.७.५/१: ८०.३; ३.१.६: ८.१2; काठसं.१६.५/१; १६.६; शब्रा.६.५.१.५; आपश्रौ. १६.४.१ प्रः मित्रः संसृज्य –कात्यश्रौसू.१६.३.१८; माश्रौसू.६.१.2
मित्रः सत्यानाम् (वा.शब्रा. सत्यः) – वा.६.३६; तैसं.१.८.१०.2; ३.४.५.१; मैसं. 2.६.६: ६७.१2; काठसं.१५.५; शब्रा.५.३.३.११; पारगृसू. १.५.१० द्र. मित्र सत्यानां
मित्रः सम्राजो वरुणो युवानः – ऋ.३.५४.१०/३
मित्रः सिन्धूनाम् उत पर्वतानाम् – ऋ.३.५.४/४
मित्रः सीदन्तु वरुणः – ऋ.५.2६.६/2
मित्राग्निं पूषणं भगम् – ऋ.१.१४.३/2; वा. ३३.४५/2
मित्रा तना न रथया – ऋ. ८.2५.2/१
मित्रा देवजना यूयम् – अ.११.६.2/2,2६/३
मित्राबृहस्पतिभ्यामनुब्रूहि – शब्रा. ५.३.2.८
मित्राबृहस्पती यज – शब्रा. ५.३.2.८
मित्राय कुलीप्यान् – वा.2४.2१ द्र. मित्राय पुलीकयान्
मित्राय गौरान् – वा.2४.2८; मैसं. ३.१४.१०: १७४.५
मित्राय नवाक्षराय छन्दसे स्वाहा – मैसं. १.११.१०: १७३.६
मित्राय पंरच येमिरे – ऋ.३.५६.८/१; तु. बृहद.४.१2३(।)
मित्राय पुलीकयान् – मैसं.३.१४.2: १७३.१ द्र. मित्राय कुलीपयान्।
मित्राय मद्गून – वा. 2४.22; मैसं. ३.१४.३: १७३.३
मित्राय वरुणाय च – ऋ.६.१००.५/४; १०.८५.१७/2; अ. १2.४.2६/2; १४.2.४६/2; वा. १2.७2/2; तैसं. ४.2.५.६/2; मैसं.2.७.१४/४: ९५.११; काठसं. १६.१2/2; ऐब्रा. ५.2७.४/४; ७.३.2/४; जैब्रा. १.५८/४; शब्रा. ७.2.2.१2/2; १2.४.१.६; तैब्रा. १.४.३.१/४,2/४; आश्रौ.३.११.2/४; शांश्रौसू. ३.2०.2/४; कात्यश्रौसू.2५.१.१४/४; आपश्रौ. ६.५.2/४; माश्रौसू. ३.2.१/४
मित्राय वा सदमा जीरदानवः – ऋ. 2.३४.४/2
मित्राय वोचं वरुणायमीधुषे(ऋ. १.१2६.३/६, सप्रथः) – ऋ.१.१2६.३/६; १३६.६/2
मित्राय शिक्ष वरुणाय दाशुषे – ऋ.१०.६५.५/१ तु. बृहद्. ७.१०६
मित्राय स्वाहा – वा.22.६; तैसं. ७.१.१४.१; १६.१; मैसं.३.१2.2: १६०.१०; काठसं अश्व.१.५,७; शब्रा. १2.६.१.११; १३.१.३.३; तैब्रा.३.१.५.१; ८.६.५; आपश्रौ. ६.६.१४
मित्राय हव्यं घृतवज्जुहोत (काठसं. घृतवद्विधेम – ऋ. ३.५९.१/४; काठसं.३५.१६/४; माश्रौसू. ३.2.८/४; निरु. १०.22/४ द्र. सत्याय हव्यं।
मित्रायुवो न पूर्पतिं सुशिष्टौ – ऋ. १.१७३.१०/३
मित्रावरुण (पपाठ. ...णा) दूडभम् – ऋ. १.१५.६/2

मित्रावरुणनेत्रेभ्यो वा मरुन्नेत्रेभ्यो वा देवेभ्य उत्तरासद्भ्यः (का. उत्तर...) स्वाहा – वा.९.३५; का. ११.१.१; शब्रा. ५.2.४.५

मित्रावरुणयोः पयस्या – मैसं.३.१०.६: १३८.2; काठसं.2९. १

मित्रावरुणयोः पात्रमसि – तैसं. ३.१.६.2

मित्रावरुण्योः प्राणस्तौ ते प्राणं दत्तां तेन जिन्व – काठसं.११.७ प्रः मित्रावरुणयोः काठसं. ११.८ द्र. उत्तरम्।

मित्रावरुण्योः प्राणोऽसि – तैसं.2.३.१०.१; ११.३; मैसं.2.३.४: ३१.१६ द्र. पूर्वम्।

मित्रावरुण्योर्धेनुरुत्तरस्याम् उत्तरवेद्याः श्रोण्यामासन्ना – काठसं. ३४.१५

मित्रावरुणयोर्ध्रुवेण धर्मणा – काठसं.2.१2; 2५.१० द्र. मित्रावरुणौ आदि।श

मित्रावरुणयोर्भागधेयी (अ. भाग; काठसं. ...यीस्; मैसं. माश्रौसू. ...यीः) स्थ – अ. १०.५.११; वा.६.2४; तैसं. १.३.१2.१; मैसं. १.३.१: 2९.2; काठसं. ३.६; शब्रा. ३.६. 2.१५; आपश्रौ. ११.2१.४; माश्रौसू. 2.2.५.३४ प्रः मित्रावरुणयोः कात्यश्रौसू. ८.६.22

मित्रावरुणयोर्वो ब्रह्मणा (काठसं. देवयोर्) देवताभिर्गृह्णामि काठसं. ३६.१; आपश्रौ.१६.३३.१

मित्रावरुणयोस्तवा प्रशास्त्रोः प्रशिषा प्रयच्छामि (शांश्रौसू. कके यज्ञस्यारिष्टयै) – शांश्रौसू. ५.१५.८; कात्यश्रौसू. ६.४.४; आपश्रौ. १०.2७.2 तु. उत्तरमेकवर्जम्

मित्रावरुणयोस्तवा प्रशास्त्रोः प्रशिषा युनज्मि (का. युनग्मि; तैसं. युनज्मि यज्ञस्य योगेन) – वा. १०.2१; का. ११. ७.१; तैसं. १.८.१५.१; मैसं.2.६.११: ७०.१४; ४.४.५: ५५. १2; काठसं. १५.८; शब्रा. ५.४.३.५; तैब्रा. १.७.६.१; आपश्रौ. १८.१७.१; माश्रौसू. ६.१.३ प्रः मित्रावरुणयोः –कात्यश्रौसू. १५.६.१५

मित्रावरुणयोस्तवा बाहुभ्यां (आश्रौ. बाहुभ्यां प्रशास्त्रोः प्रशिषा) प्रयच्छामि – आश्रौ.३.१.१६; माश्रौसू.१.८.३.१४ तु. पूर्वमेकवर्जम्

मित्रावरुणयोस्तवा बाहुभ्यां प्रशस्त्रोः प्रशिषा प्रतिगृह्णामि – आश्रौ.३.१.१७

मित्रावरुणयोस्त्वा हस्ताभ्यां प्रसूतः प्रशिषा पर्यछामि (कौसू.५६.३, प्रतिगृह्णामि) – कौसू. ५६.2,३; ५७.४

मित्रावरुणवन्ता उत धर्मवन्ता – ऋ. ८.३५.१३/१

मित्रावरुणसमीरिताम् – तैब्रा. ३.७.५.६/2; आपश्रौ. ३.१. ७/2

मित्रावरुणा अल्गाभ्याम्: द्र. मित्रावरुणावादि।

मित्रावरुणा ऊरुभ्याम् – मैसं. ३.१५.६: १७६.८ तु. इन्द्राबृहस्पती ऊरु... तथा मित्रावरुणौ श्रो...।

मित्रावरुणा जमदग्निमत्रिम् – अ. ४.2९.३/2

मित्रावरुणा परि मामधाताम् – अ. १८.३.१2/१; कौसू. ८१.४६; ८७.३

मित्रावरुणा पुरुमीढमत्रिम् – अ.४.2९.४/2

मित्रावरुणा भगो अश्विनोभा – अ.१४.१.५४/2

मित्रावरुणाभ्यां वसुभ्यो रुद्रेभ्य आदित्येभ्यो विश्वेभ्यो देवेभ्यो ब्राह्मणेभ्यः सौम्येभ्यः सोमपेभ्यः – आश्रौ. ६. ११.१६

मित्रावरुणाभ्यां कपोतान् – वा.2४.2३; मैसं.३.१४.४: १७३. ६

मित्रावरुणाभ्यां गोर्वपाया मेदसः (तथा हविषः) प्रेष्य – आपश्रौ. १३.2३.८,९

मित्रावरुणाभ्यां गोर्वपाया मेदसो (तथा हविषा) ऽनुब्रूहि – आपश्रौ. १३.2३.८,९

मित्रावरुणाभ्यां त्वा – वा. ७.९; तैसं.१.४.५.१; मैसं.१.३.७: ३३.१; ४.६.५: ८६.१०; काठसं. ४.2,६; शब्रा. ४.१.४.७; 2.३.१५; आपश्रौ. १2.2८.११; माश्रौसू.2.३.८.१2; – 2.४. ३.2।

मित्रावरुणाभ्यां त्वा जुष्टं गृह्णामि – आपश्रौ. १2.2८.११

मित्रावरुणाभ्यां त्वा देवाव्यं यज्ञस्यायुषे गृह्णामि (का. देवायुवं गृह्णामि यज्ञस्यायुषे) – वा. ७.2३; का. ७. ९.2; शब्रा. ४.2.३.१2 प्रः मित्रावरुणाभ्यां त्वा –कात्यश्रौसू. ९.१४.९

मित्रावरुणाभ्यां दीक्षां प्राह – माश्रौसू.2.१.2.2३

मित्रावरुणाभ्यां देवाभ्यां देवतयानुष्टुभेन छन्दसाग्नेः पक्षमुपदधामि – मैसं.2.८.११: ११५.१५ द्र. अत्र आनुष्टुभेन छन्दसा मित्रा...

मित्रावरुणाभ्यां नमः – काठसं अश्व. ११.५

मित्रावरुणाभ्यामागोमुग्भ्यां पयस्या (मैसं. ...स्याम्) – तैसं. ७.५.22.१; मैसं. ३.१५.११: १८१.2; काठसं अश्व. ५.१६

मित्रावरुणाभ्यामानुष्टुभाभ्याम् (काठसं अश्व. ... ष्टुभ्याभ्याम्) एकविंशाभ्यां वैराजाभ्यां शारदाभ्यां पयस्या (मैसं. पयस्याम्; वा. वैराजाभ्यां पयस्या) – वा.2९.६०; तैसं. ७.५.१४.१; मैसं.३.१५.१०: १८०.१०; काठसं अश्व. ५.१०

मित्रावरुणाभ्याम् उत्तरात्सद्भ्यां (काठसं. ...सद्भ्यां रक्षोहभ्यां) स्वाहा – मैसं. 2.६.३: ६५.१2; काठसं.१५. 2

मित्रावरुणा यच्छपश्यतां त्वा – ऋ. ७.३३.१०/2

मित्रावरुणा रक्षतमाधिपत्यैः (आश्रौ. ...पत्ये) – तैसं. ४.४.

१2.३/४; मैसं.३.१६.४/४: १८८.१३; काठसं. 22. १४/४; आश्रौ. ४.१2.2/४

मित्रावरुणाव् (का. ...णा) अल्गाभ्याम् – वा. 2५.६; का. 2७.६ द्र. इन्द्रावरुणा आदि।

मित्रावरुणावाशिषा – तैआ.३.८.१

मित्रावरुणा विदथे स्वर्दृशा – ऋ. ५.६३.2/2; मैसं.४.१४. १2/2: 2३४.१०

मित्रावरुणाव् उशनां काव्यं यौ – अ. ४.2९.६/2

मित्रावरुणा शरदाह्नां (मैसं. ...ह्ना) चिकित्नू (मैसं. चिकित्तम्; काठसं. जिगत्नू; आश्रौ. चिकित्वम्) – तैसं. ४.४.१2.३/३; मैसं. ३.१६.४/३: १८८.११; काठसं. 22.१४/३, आश्रौ. ४.१2.2/३

मित्रावरुणेदस्य होत्रमर्हतः – वा. 2८.१९/६; मैसं.४.१३. ८/४; 2१०.१४; काठसं. १९.३/४; तैब्रा. 2.६.१०. ५/६; ३.६..१३.१/४

मित्रावरुणौ गच्छ स्वाहा – वा.६.2१; तैसं. १.३.११.१; ६.४. १.2; मैसं. १.2.१८: ३.१०.७: १३८.१४; काठसं. ३.८; शब्रा.३.८.४.१४

मित्रावरुणौ त्वा परि...: द्र. उत्तरमेकवर्जम्

मित्रावरुणौ त्वा वृष्टयावताम् – वा. 2.१६; शब्रा. १.८.३. १2; आपश्रौ. ३.५.६ तु. मित्रावरुणौ वृष्टया

मित्रावरुणौ त्वोत्तरतः (काठसं. त्वा) परिधत्ताम् (तैसं. काठसं. कक ध्रुवेण धर्मणा; वा. शब्रा. ध्रुवेण धर्मणा विश्वस्यारिष्टयै इत्यस्य उपसंख्यानम्) – वा. 2.३; तैसं. १.१.११.2; मैसं.१.१.१2: ७.१2; काठसं.१.११; शब्रा. १.३.४.४; तैब्रा.३.३.६.६ प्रः मित्रावरुणौ त्वा –माश्रौसू. १.2.६.८

मित्रावरुणौ त्वोत्तरतो मरुद्भी रोच्येताम्–मैसं. ४.९.५: १2५.७

मित्रावरुणौ देवता – तैसं.१.८.१३.2; ४.३.३.2; मैसं.१.५.४: ७१.१३; 2.६.१०: ७०.१; 2.७.20: १०५.१2; काठसं. ७.2; १५.७; ३९.७; तैब्रा. ३.११.५.2; आपश्रौ. ६.१८.३

मित्रावरुणौ धिष्ण्यैः (काठसं. धिष्ण्येभिरग्निभिः) – मैसं. १.९.2: १३2.३; काठसं. ९.१० तु. अंगिरसो धि...।

मित्रावरुणौ ध्रुवेण धर्मणा – मैसं. १.2.११/४: 20.१८; ३. ८.६: १०८.2; द्र. मित्रावरुणयोरादि

मित्रावरुणौ प्रशास्तारौ प्रशास्त्रात् (कात्यश्रौसू. प्राशास्त्रात्) – कात्यश्रौसू. ६.८.१०; आपश्रौ. ७.१४.५; ११.१९.८; माश्रौसू. 2.३.६.१७

मित्रावरुणौ मे प्राणापानावग्निर्मे दक्षं दधातु – अ.१६.४.७

मित्रावरुणौ मैतस्या दिशो गोपायताम् – काठसं. ३७.१५

मित्रावरुणौ वृष्टया अधिपती तौ मावताम् – अ.५.2४.५ प्रः मित्रावरुणौ वृष्टयाः –वैसू. १६.३ तु. मित्रावरुणौ त्वा वृष्टया...।

मित्रावरुणौ शीर्षण्ये – ऐब्रा. ८.१७.2

मित्रावरुणौ श्रोणीभ्याम् (काठसं अश्व. श्रोणि...) – तैसं. ५.७.१५.१; काठसं अश्व. १३.५ तु. मित्रावरुणा ऊरु...

मित्रावरुणौ स (तैब्रा. ...वरुणौ स दिशां देवौ देवतानाम्) ऋच्छतु यो मैतस्यै (काठसं. ...स्या) दिशोऽभिदासति – काठसं. ७.2; तैब्रा. ३.११.५.2; आपश्रौ. ६.१८.३ द्र. यो मैतस्या

मित्रा वा यन्त्यद्रुहः – अ. ६.७.१/2

मित्रासाथ वरुणेलास्वन्तः – ऋ.५.६2.५/४

मित्रासो न ये सुधिता ऋतायव – ऋ. १०.११५.७/३

मित्रास् पान्त्यद्रुहः – सा.१.20६/३ द्र. मित्रः पान्ति

मित्राः सुवाना (सा. स्वाना) अरेपसः – ऋ. ६.१०१. १०/३; सा.१.५४८/३; 2.४५१/३

मित्रेण वरुणेन च – अ. ३.६.2/४; तैआ. ६.६.2/४

मित्रेण साकं सह संविशन्तु – आगृ. 2.६.५/४ द्र. अन्येष्वहम् इत्यत्र

मित्रेणाग्ने मित्रधेये (अ. मित्रधा) यतस्व – अ.2.६.४/2; वा. 2७.५/2; तैसं. ४.१.७.2/2; मैसं. 2.१2.५/2: १४६.2; काठसं. १८.१६/2

मित्रेव ऋता शतरा शातपन्ता – ऋ. १०.१०६.५/2

मित्रैतां त उखां परिददाम्यभित्त्यै – वा. ११.६४; मैसं. 2. ७.६: ८2.2; ३.१.८: १०.१८; काठसं. १६.६; शब्रा. ६.५. ४.१४; आपश्रौ. १६.५.३,११; प्रः मित्रैतां त उखां परिददामि –काठसं. १९.७; माश्रौसू. ६.१.2; मित्राता ते –कात्यश्रौसू.१६.४.22

मित्रैताम् उखां तप – तैसं.४.१.६.2; ५.१.६.३; आपश्रौ. १६. ६.५

मित्रैताम् उखां पच – तैसं. ४.१.६.2; आपश्रौ. १६.५.१०

मित्रैरमित्रां अव जङ्घनीहि – अ.५.20.८/४

मित्रो अंहोश्चिदादुरु – ऋ. ५.६५.४/१

मित्रो अग्निर्रीड्यो मातरिश्वा – ऋ. ३.५.६/३

मित्रो अग्निर्भवति यत् समिद्धः – ऋ. ३.५.४/१

मित्रो अध्वर्युरिषिरो दमूनाः – ऋ. ३.५.४/३

मित्रो अर्यमा वरुणः सजोषाः – ऋ. १.१८६.2/2; ७.६०. ४/४; मैसं.४.१४.११/2: 2३2.2; ४.१३.४/४: १८७. १६; तैब्रा.2.८.६.३/2

मित्रो अर्यमा वरुणो जुषन्त – ऋ. 2.2७.2/2

मित्रो अर्यमा वरुणो रजिष्ठाः – ऋ. ७.५१.2/2

मित्रो अर्यमा वरुणो हि सन्ति – ऋ. ७.६०.५/2

मित्रो गच्छन्तु वरुणः सजोषसः – ऋ. ६.८१.४/2

मित्रो गृणाति वरुणः – ऋ. ८.१५.६/2; अ. 20.१०६.३/2; सा. ६६७/2

मित्रो जनान् कल्पयति प्रजानन् – तैब्रा.३.७.2.३/१; आपश्रौ. ६.2.६/१ द्र. उत्तरम्।

मित्रो जनान् यातयति ब्रुवाणः (तैसं.आपश्रौ. प्रजानन्) – ऋ. ३.५६.१/१; तैसं.३.४.११.५/१; काठसं. 2३.१2/१; ३५.१६/१; आश्रौ. ३.११.22; आपश्रौ. ६.2६.७; माश्रौसू.३.2.८/१; निरु.१०.22/१ प्रः मित्रो जनाम् यातयति –बौधसू. 2.४.७.११; मित्रो जनान् – तैब्रा.2.८.७.५; ३.७.६.५; आपश्रौ. १३.४.६ तु. बृहद. ४.१22 द्र. पूर्वं तथा तु जनं च मित्रो

मित्रो दाता वरुणः सोमो अग्निः – तैब्रा. 2.५.३.३/४; आश्रौ.2.११.४/४ द्र. मित्रः क्षत्रं।

मित्रो दाधार पृथिवीमुत द्याम् – ऋ. ३.५६.१/2; तैसं. ३.४.११.५/2; काठसं.2३.१2/2; ३५.१६/2; तैब्रा. ३.७.2.४/2; आपश्रौ. ६.2.६/2; माश्रौसू. ३.2.८/2; निरु.१०.22/2 तु. अत्र अनड्वानादि

मित्रो देवता – तैसं. ४.४.१०.2; मैसं.2.१३.१४: १६३.११; 2.१३.20: १६६.३; काठसं. ३६.४,१३

मित्रो देवेष्वायुषु – ऋ. ३.५६.६/१

मित्रो न (मैसं.माश्रौसू. ना) एहि सुमित्रधः (तैसं.काठसं. ...धाः; मैसं. १.2.६, ...धः सह रायस् पोषण) – वा. ४.2७; तैसं.१.2.७.१; ६.१.११.१; मैसं.१.2.६: १५.2; ३.७.८: ८५.१८; काठसं.2.६; 2४.६; शब्रा. ३.३.३.१० प्रः मित्रो न (माश्रौसू. ना) एहि –आपश्रौ. १०.2७.३; माश्रौसू. 2.१.४.१७; मित्रो नः –कात्यश्रौसू.७.८.2१

मित्रो न भूददभुतस्य रथीः – ऋ. १.७७.३/2

मित्रो नयतु (सा. ...ति) विद्वान् – ऋ. १.९०.१/2; सा. १.2१८/2; ऐब्रा. ६.६.2; गोब्रा. 2.५.१2

मित्रो नयन्ति वरुणो अति द्विषः – ऋ.१०.१2६.१/४; सा. १.४2६/४

मित्रो न यो जनेष्वा – ऋ.१०.22.2/३

मित्रो नवमे – वा. ३६.६

मित्रो नवाक्षरया बृहतीम् उदजयत् – मैसं.१.११.१०: १७2.१५; काठसं. १४.४

मित्रो नवाक्षरया बृहतीम् उदजयत् – मैसं. १.११.१०: १७2.१५; काठसं.१४.४

मित्रो नवाक्षराम् – मैसं. १.११.१०: १७१.१६; काठसं.१४.४

मित्रो नवाक्षरेण त्रिवृतं स्तोमम् उदजयत् (वा. तमुज्जेषम् इत्यस्योपसंख्यानम्) – वा. ९.३३; तैसं. १.७.११.१

मित्रो न सत्य उरुगाय भृत्यै – ऋ. १०.2९.४/३; अ.20.७६.४/३

मित्रो ना एहि आदिः द्र. मित्रो न एहि।

मित्रो नो अत्यंहतिम् – ऋ. ८.६७.2/१; शांश्रौसू. १2.2.१४

मित्रो नो अत्र वरुणश्च पूषा – ऋ. ६.2४.५/३ प्रः मित्रो नो अत्र –शांश्रौसू.१४.६०.३

मित्रो नो अत्र वरुणश्च पूषा – ऋ. ६.2४.५/३ प्रः मित्रो नो अत्र –शांश्रौसू.१४.६०.३

मित्रो नो अत्रदितिरनागान् – ऋ.१०.१2.८/३; अ.१८.१.३६/३

मित्रो बभूव सप्रथाः – ऋ. ३.५९.७/2; तैसं.४.१.६.३/2; मैसं.४.९.१/2: १2१.१५; तैआ.४.३.१/2 द्र. विप्रो आदि

मित्रो मित्रियादुत न उरुष्येत् – ऋ. ४.५५.५/४

मित्रो यच्छन्ति वरुणः सुदासे – ऋ. ७.६०.८/2

मित्रो यत् पान्ति वरुणो यच्छर्यमा – ऋ. ८.2५.१३/३

मित्रो यत्र वरुणो अज्यमानः – ऋ.१०.३१.९/३ द्र. मित्रो नो अत्र वरुणो

मित्रो राजानो अर्यमापो धुः – ऋ.७.४०.४/2

मित्रा वा यद्वरुणो वासि पूषा – ऋ.१०.९८.१/2

मित्रो वायुर्बृहस्पति – काठसं. ४०.६/३

मित्रो वा वनते गिरः – ऋ. ५.६५.१/४

मित्रो विश्वाभिरूतिभिः – ऋ. १.2३.६/2; सा. 2.१४५/2; वा. ३३.४६/2

मित्रोऽसि – वा.१०.१९; तैसं. १.८.१६.१; मैसं. 2.६.९: ६९.१०; 2.६.१2: ७१.४; ४.४.३: ५३.१४; ४.४.६: ५६.६; काठसं. १५.७,८; शब्रा. ५.४.१.१६; तैब्रा. १.७.१०.१; 2.६.५.१; कात्यश्रौसू. १५.५.2९; आपश्रौ. १८.१४.१४; १८.१; १९.९.११; माश्रौसू. ९.१.३; – ९.१.४

मित्रोऽसि सुषेवः – तैसं.१.८.१६.2; मैसं.2.६.१2: ७१.१६; काठसं. १५.८; तैब्रा.१.७.१०.३,४; माश्रौसू. ९.१.४ द्र. रुद्रोऽसि सुषेवः

मित्रो होता वरुणो जातवेदाः – ऋ. ३.५.४/2

मित्वा शिशुं जज्ञातुर्वर्धयन्ती – ऋ.१०.५.३/2

मिथस्तुर ऊतयो यस्य पूर्वीः – ऋ. १०.५.३/2

मिथस्तुर ऊतयो यस्य पूर्वीः – ऋ. ७.2६.४/३

मिथस्तुर ऊतयो यस्य पूर्वीः – ऋ. ६.४६.३/३

मिथस्पृध्येव तविषाण्याहिता – ऋ. १.१६६.९/2

मिथः सन्तु प्रशस्तयः – ऋ. १.2६.९/३

मिथुचरन्तम् (तैसं. मिथुश्च...; काठसं. मिथूच...; अ. मिथुया च...) उपयाति (अ. अभियाति) दूषयन. ४.2९.७/2; तैसं. ४.७.१५.2/2; मैसं. ३.१६.५/2: १९०.१६; काठसं. 22.१५/2

मिथुनं कर्णयोः कृधि (साम मन्त्रब्रा. कृतम्) – अ. ६.१४१.2/2; साम मन्त्रब्रा.१.८.७/2
मिथुनं विसर्गादौ – निरु. ३.४/३
मिथुना वहतो रथम् – ऋ.८.३३.१८/2
मिथुया चरन्तमादिः द्र. मिथुचरन्तम्।
मिथुश्चरन्तमादिः द्र. मिथुचरन्तम्।
मिथुचरन्तमादिः द्र. मिथुचरन्तम्।
मिथो नसन्त जामिभिः – ऋ.८.७2.१४/३; सा.2.८३१/३
मिथो भिन्दाना उपयन्तु मृत्युम् – अ. ३.१०.११/४ द्र. मिथो विघनाना
मिथो यात् त्यागमुभयासो अग्मन् – ऋ. ४.24.३/३
मिथो विघनाना उप गन्तु मृत्युम् – अ. ६.३2.३/४; ८.८.21/४ द्र. मिथो भिन्दाना
मिथो हिन्वाना तन्वा समोकसा – ऋ. १०.६५.2/2
मिनन्ता दस्योरश्विस्य मायाः – ऋ.१.११७.३/३
मिनाति श्रियं जरिमा तनूनाम् – ऋ. १.१७९.१/३
मिनीमसि द्यवि – द्यवि – ऋ. १.25.१/३; तैसं. ३.४.११.६/३; मैसं.४.१2.६/३: १६७.१०
मिन्वन् सद्म पुर एति – ऋ. १०.20.५/३
मिमाति मायुं ध्वसनावधि श्रिता – ऋ.१.१६४.2९/2; अ. ९.१०.७/2; जैब्रा. 2.2६० (2६५)/2; निरु. 2.९/2
मिमाति मायुं पयते पयोभिः – ऋ. १.१६४.2८/४; अ. ९. १.८/४; १०.६/४; निरु. ११.४2/४
मिमाति वह्निरेतशः – ऋ. ६.६४.१६/१
मिमातु द्यौरदितिवीतये नः – ऋ. ५.५९.८/१
मिमाना यज्ञं मनुषा यजध्यै – ऋ.१०.११०.७/2; अ.५.१2.७/2; वा. 2९.३2/2; मैसं.४.१३.३/2: 20२.७; काठसं. १६.20/2; तैब्रा. ३.६.३.३/2; निरु. ८.१2/2
मिमिक्ष इन्द्रे न्ययामि सोमः – ऋ. ६.३४.४/2
मिमिक्षुर्यमद्रय इन्द्र तुभ्यम् – ऋ.१०.१०४.2/३; अ.20.३३.१/३
मिमिक्ष्वा समिडाभिरा – ऋ. १.४८.१६/2
मिमीते अस्य योजना वि सुक्रतुः – ऋ. ६.१०2.३/३; सा. 2.३६५/३
मिमीते यज्ञमानुषगृ विचक्षय – ऋ. ८.१३.३०/३
मिमीहि श्लोकमास्ये – ऋ. १.३८.१४/१
मिम्यक्ष येषु रोदसी नु देवी – ऋ. ६.५०.५/१
मिम्यक्ष येषु सुधिता घृताची – ऋ.१.१६७.३/१
मिम्यक्ष वज्रो नृपते गभस्तौ – ऋ. १०.४४.2/2; अ. 20.९४.2/2
मिश्रवाससः कौबेरकाः – आपमपा. 2.१३.११/१ (आपगृ. ६.१५.६) द्र. कौबेरका।
मिश्रा देवेभिराध्वम् – अ. ४.१४.2/४; वा. १७.६५/४; तैसं. ४.६.५.१/४; मैसं.2.१०.५६/४: १३८.2; काठसं. १८.४/४; शब्रा. ९.2.३.2४
मिहः पावकाः प्रतता अभूवन् – ऋ. ३.३१.20/१
मिहः प्र त्मरा अवपत् तमांसि – ऋ. १०.७३.५/४
मिहं वसान उप हीमदुद्रोत् – ऋ.2.३०.३/३
मिहं कृण्वन्त्यवाताम् – ऋ. १.३८.७/३
मिहं न वातो वि ह वाति भूम – ऋ. १०.३१.९/2 द्र. मही नो वाता।
मिहं नो सूरो अति निष्टतन्युः – ऋ. १.१४१.१३/४
मिहो नपातं सुवृधं तमोगाम् – ऋ. ५..३2.४/2
मिहो नपातममृध्रम् – ऋ. १.३७.११/2
मिहो वसाना दिवमुत् पतन्ति – तैसं. ३.१.११.४/2 द्र. अपो वसाना
मीढुषे अरंगमाय जग्मये – ऋ. ८.४६.१७/2
मीढुषे स्वाहा – हिर गृसू. 2.८.५; आपमपा. 2.१८.११
मीढुषटम (का. मील्हुष्...) श्वितम – वा.१६.५१/१; का. १७.८.५/१; तैसं. ४.५.१०.४/१; मैसं.2.९.९/१: १2७.१५; काठसं. १७.१६/१ प्रः मीढुष्टम –तैब्रा.2.८.६.६
मीढुष्टमाय तव्यसे – ऋ.१.४३.१/2; तैआ.१०.१७.१/2; महान् उप. १३.३/2
मीढुष्मतीव पृथिवी पराहता – ऋ. ५.५६.३/१
मीढुष्मन्तो विष्णुर्मृडन्तु वायु–ऋ. ६.५०.१2/2
मीढुष्यै स्वाहा – हिर गृसू. 2.८.५; आपमपा. 2.१८.१2
मीढे सप्तिर्न वाजयुः – ऋ. ९.१०६.१2/2; १०७.११/2 द्र. मीढवांत्।
मीढवस्तोकाय तनयाय मृड (का. मृल) – ऋ. 2.३३.१४/४; वा. १६.५०/४; का. १७.८.४/४; तैसं. ४.५.१०.४/४; मैसं.2.९.९/४: १2७.१४; काठसं. १७.१६/४
मीढ्वां अस्माकं बभूयात् – ऋ. १.27.2/३; सा. 2.९८५/३
मीढवाँत् सप्तिर्न वाजयुः – सा. 2.2६2/2, १०.४०/2 द्र. मीढे।
मीढ्वो अग्ने सुवीर्यस्य – ऋ. ३.१६.३/2
मीढ्वो अप स्रिधः सेध – ऋ. ८.७९.९/४
मुक्षीजयेव पदिम् उत्सिनाति – ऋ. १.१25.2/४; निरु. ५.१९/४
मुखं यज्ञानामभि संविदाने – वा. 2९.६/2; तैसं. ५.१.११.2/2; मैसं.३.१६.2/2: १८४.८; काठसं अश्व.६.2/2
मुखं शुन्धस्व देवयज्यायै – कौसू. ४४.१९

मुखं सदस्य शिर (मैसं. शिरा) इत् सतेन (तैब्रा. सदेन) – वा.१६.८८/१; मैसं. ३.११.६/१: १५४.2; काठसं. ३८.३/१; तैब्रा.2.६.४.४/१
मुखं हि मम शोभ्य – आपमपा. 2.८.६/३ द्र. मुखं च
मुखं किमस्य (वा. अस्यासीत्) कौ (अ.वा. किं) बाहू – ऋ.१०.९०.११/३; अ.१६.६.५/३; वा. ३१.१०/३; तैआ. ३.12.५/३
मुखं कृत्वा ब्राह्मणम् – अ.12.४.20/2
मुखं च मम शोभ्य – हिर गृसू. १.११.४५/३ द्र. मुखं हि
मुखं देवानामिह यो बभूव – कौसू. १३५.६/१
मुखमंगधि सरस्वति (माश्रौसू. वर्चसा इत्यस्योपसंख्यानम्) – तैब्रा. 2.५.८.६/४; आपश्रौ. ४.१४.४/४; माश्रौसू.१. ४.३.१०/४
मुखमसि मुखं भूयासम् – तैसं. ३.2.८.५; ऐब्रा. 2.22.७; आश्रौ. ५.2.८
मुखमहं श्रेष्ठः समानानां भूयासम् – कौसू. ६०.१८
मुखवते स्वाहा – तैसं. ७.५.12.१; काठसं अश्व. ५.३
मुखस्य त्वा द्युम्नाय सुरभ्यास्यत्वाय प्राश्नामि – शांश्रौसू. १.12.५
मुखादग्निरजायत – वा. ३१.12/४ तु. उत्तरम्।
मुखादिन्द्रश्चाग्निश्च – ऋ.१०.९०.१३/३; अ.१६.६.७/३; तैआ. ३.12.६/३ द्र. पूर्वम्।
मुखानि वक्रा वृजिना कृणाषि – अ. ७.५६.४/2
मुखान् मे वद्वदान् घोरान् – साम मन्त्रब्रा. 2.४.2/३
मुखाय ते पशुपते – अ. ११.2.५/१
मुखाय स्वाहा – तैसं.० ७.३.१६.१; काठसं अश्व. ३.६
मुखेन निर्ऋते तव – काठसं. ३५.४/2; आपश्रौ. ६.१७. ४/2,५/2; माश्रौसू. ३.५.१५/2
मुखे मे सारघं मधु – हिर गृसू. १.2४.६/३
मुखे श्मश्रूणि न व्याघ्रलोम (तैब्रा. ...मम्) – वा. १६. ९2/2; मैसं. ३.११.६/2: १५४.१०; काठसं. ३८. ३/2; तैब्रा. 2.६.४.५/2
मुग्धाः कुर्वन्त्यृत्विजः – आपश्रौ. ३.12.१/2
मुग्धा देवा उत शुनायजन्त – अ. ७.५.५/१
मुग्धाय वैनंशिनाय स्वाहा – वा. ६.20; १८.2८; शब्रा. ५. 2.१.2
मुचुकुन्दो महामुनिः – खिल. १.१६१.६/2
मुच्यमानो निरेनसः – अ. 12.2.१.12/५
मुंच गां वरुणपाशात् – साम मन्त्रब्रा. 2.८.१३; गोभि गृसू. ४.१०.१६ प्रः पुंच गाम –खादि गृसू. ४.४.१७
मुंचतांहसोऽअंहसः – अ. १.३१.2/४
मुंचतु यज्ञं (आपश्रौ. यज्ञो) यज्ञपतिमंहसः स्वाहा – मैसं. ४.८.६: ११८.६; आपश्रौ. ६.१०.१५ द्र. मुंचेमम् इत्यत्र
मुंच नः पर्य अंहसः – अ. १६.४४.८/४,६/४
मुंचन्तु तस्मात् त्वां देवाः – अ. ८.2.2७/३
मुंचन्तु त्वा वीरुधो वीर्येण – अ.१०.१.12/३
मुंचन्तु मा शपथ्यात् – ऋ. १०.९७.१६/१; अ. ६.९६. 2/१; ७.११2.2/१; ११.६.७/१; वा.12.९०/१ द्र. निर्मा मुंरचामि
मुंचन्त्वितः प्रणीतये – अ. ६.2३.2/2
मुंच शीर्षक्त्या उत कास एनम् – अ.१.12.३/१ प्रः मुंच –कौसू. 2७.३४
मुंचामि त्व वैश्वानरात् – अ.१.१०.४/१
मुंचामि त्वा हविषा जीवनाय कम् – ऋ. १०.१६१.१/१; अ. ३.११.१/१; 2०.९६.६/१; शांश्रौसू. १६.१३.४; आगृ. ३.६.४ प्रः मुंचामि त्वा– वैसू. ३८.१; कौसू. 2७. ३2; ५८.११; ऋवि. ४.१६.१,५ तु. बृहद. ८.६४
मुंचामि वरुणादहम् – अ.१.१०.३/४
मुंचेमं यज्ञं मुंच यज्ञपतिमहंसः स्वाहा – काठसं. ३५.४ द्र. मुंचतु यज्ञं, तथा उत्तरद्वयम्।
मुंचेममंहसः – तैसं. १.८.१.१; तैब्रा. १.६.१.३ द्र. अत्र पूर्वम्।
मुंचेमानमूनंहसः स्वाहा – अ.६.८४.2/३ द्र. अत्र पूर्वमेकवर्जम्।
मुदः प्रमुद आसते – ऋ. ९.११३.११/2 तु. मोदः प्र...।
मुदे दधे मरुतो जीरदानवः – ऋ. ५.५३.५/2
मुद्गाश्च मे खल्वाश् (मैसं. खर्वाश्) – च मे – वा.१८. 12; तैसं.४.७.४.2; मैसं.2.११.४: १४2.४; काठसं. १८.६
मुनयो वातरशनाः – ऋ.१०.१३६.2/१ द्र. ऋषयो वात...।
मुनिर्देवस्य – देवस्य – ऋ.१०.१३६.४/३
मुनेर्देवस्य मूलेन – अ. ७.७४.१/३
मुमुक्तमस्मान् ग्रसितानभीके – मैसं. ४.११.2/३: १६५.१४
मुमुक्तमस्मान् दुरितादवद्यात् – अ. ५.६.८/१
मुमुक्षमाणा उत या मुमुच्रे – ऋ.१०.१११.६/३
मुमुक्ष्वो मनवे मानवस्यते – ऋ. १.१४०.४/१
मुमुग्ध्यस्मान् निधयेव बद्धान् – ऋ. १०.७३.११/४; सा.१. ३१.६/४; काठसं. ९.१६/४; ऐब्रा.३.१६.१७; तैब्रा. 2. ५.८.३/2; तैआ. ४.४2.३/४; तै आ आन्ध्र. १०. ७३/४; आपश्रौ. ६.22.१/४; निरु. ४.३/४
मुमुचाना ओषधयः – अ. ८.७.१६/१
मुमोद गर्भो वृषभः ककुद्मान् – ऋ.१०.८.2/१
मुषाय इन्द्र सूर्यम् – ऋ. ४.३०.४/३
मुषायद्विष्णुः पचतं सहीयान् – ऋ. १.६१.७/३; अ.2०. ३५.७/३

मुषायश्चक्रमविवे रपांसि (पठतु अविवेरपांसि इति) – ऋ. ६.३१.३/४
मुषाय सूर्यं कवे – ऋ. १.१७५.४/१
मुषीवाणं हुरश्चितम् – ऋ. १.४2.३/2
मुष्कयोरदधात् सपम् – तैब्रा. 2.४.६.६/2
मुष्कयोर् निहितः सपः – तैब्रा.2.४.६.६/2
मुक्ष्का इद् आदिः द्र. उत्तरमेकवर्जम्।
मुक्ष्काबर्हो गवामिव – अ. ३.६.2/४
मुक्ष्काव् इद् (का. मुक्ष्का इद्; लाटयश्रौसू. मुक्ष्कौ यद्) अस्या एजतः – अ.20.१३६.१/३; वा. 2३.2८/३; का. 2३.३०/३; शांश्रौसू. १2.2४.2.2/३; लाटयश्रौसू. ६.१०.५/३
मुष्णतां पतये नमः – वा.१६.2१; तैसं.४.५.३.१; मैसं.2.६.३: १2३.६; काठसं. १७.१2
मुष्णन्नुषसः सूर्येण – ऋ. स्तवान् – ऋ.2.20.५/३
मुहुरा वर्तते पुनः – अ.१2.2.५2/2
मुहुरुक्था च शंसत – ऋ. ८.१.१/४; अ.20.८५.१/४; सा. १.2४2/४; 2.७१०/४
मुहुर्गी रेतो वृषभः कनिक्रदत् – ऋ. १.१2८.३/2; काठसं.३६.१५/2
मुहुर्गृध्यैः प्र वदति – अ.१2.2.३८/१
मुहुर्देवां (पठतु देवां इति) अपृच्छत – पंचब्रा. 2४.१८.५/2
मुहुः श्रथ्ना मनस्यवे – ऋ.१०.१७१.३/३
मुहूर्िः प्रेष्या अभवन् – तैब्रा. ३.१2.६.६/2
मुह्यन्त्वद्यामूः सेनाः – अ. ६.६७.१/३: ११.१०.20/३
मुह्यन्त्वन्ये अभितो जनासः (वा.का.तैसं. अभितः सपत्नाः) – ऋ.१०.८१.६/३; सा.2.६३६/३; वा. १७.22/३; का. ८.20.१/३; तैसं.४.६.2.६/३; मैसं.2.१०.2/३: १३३.१७; काठसं.१८.2/३; 2१.१३/३; निरु. १०.2७
मुह्यन्त्व् एषां बाहवः – अ.११.६.१३/१
मुढा अमित्रा न्यर्बुदे – अ.११.१०.2१/१
मूढा अमित्राश्चरत – अ. ६.६७.2/१ द्र. अन्धा अमित्रा
मूत्रं भवत्वामयत् – अ. ६.८.१०/2
मूरा अमूर न वयं चिकित्वः – ऋ. १०.४.४/१; निरु.६.८
मूरा अमूरे पुरं दर्माणम् – ऋ. १०.४६.५/2 द्र. उत्तरमेकवर्जम्
मूरास इन्द्र सख्ये त्ववतः – ऋ. ८.2१.१५/2
मूरैरमूरं पुरं दर्माणम् – सा.१.७४/2 द्र. पूर्वमेकवर्जम्
मूर्णा मृगस्य दन्ताः – अ.४.३.६/१
मूर्धघ्रीणन्त्यग्रियं वरीमभिः – ऋ.६.७१.४/४
मूर्धन् यज्ञस्य कारवः – ऋ. ६.१७.६/2
मूर्धन् यज्ञस्य जुषातां (पठतु जुषतां) स्वाहा – काठसं. ३८.६/४; तैब्रा.2.६.८.४/४
मूर्धन् यज्ञस्य मधुना दधाना – वा.20.४2/३; मैसं. ३.११.१/३: १४०.६; काठसं.३८.६/३; तैब्रा. 2.६.८.३/३
मूर्धन् यज्ञस्य समनक्तु देवान् – ऋ.2.३.2/४; वा.20.४४/४; मैसं.३.११.१/४: १४०.१३; काठसं. ३८.६/४; तैब्रा.2.६.८.४/४
मूर्धन्वान् यत्र सौभ्रवः – आपमपा. १.३.४/३
मूर्धा कवीरयीणाम् – ऋ. ८.७५.४/३; वा. १५.2१/३; तैसं.2.६.११.१/३; ४.४.४.१/३; मैसं.2.७.१५/३: ६७.१८; काठसं. १६.१५/३
गूर्धा च ग इन्द्रश्च गे तैरां. ४.७.६.2
मूर्धा च मा विधर्मा च मा हासिष्टाम् – अ.१६.३.2
मूर्धा दिवो नाभिरग्निः पृथिव्याः – ऋ. १.५६.2/१; आश्रौ. ८.६.2३ प्रः मूर्धादिवः –शांश्रौसू.११.१४.३५
मूर्धानां राय आरभे – ऋ. १.2४..५/३
मूर्धानं वा ततपते त्वाया – ऋ. ४.2.६/2; तैआ. ६.2.१/2
मूर्धानं हिङ्ङ्कृणोन् मातवा उ – ऋ.१.१६४.2८/2; अ. ६.१०.६/2; निरु. ११.४2/2
मूर्धानं गावः पयसा चमूषु – ऋ. ६.६३.३/३; सा.2.७७०/३
मूर्धानं ते द्रोणकलशः पातु – मैसं.४.८.७: ११५.१2
मूर्धानं दिवो अरतिं पृथिव्याः – ऋ.६.७.१/१; सा.१.६७/१; 2.४६०/१; वा.७.2४/१; ३३.८/१; तैसं.१.४.१2.१/१; ६.५.2.१; मैसं.१.३.१५/१: ३६.2; काठसं. ४.५/१; 2८.१; कौषी ब्रा. 2३.३; पंचब्रा. १४.2.१; शब्रा. ४.2.४.2४/१; १३.५.१.१2; आश्रौ. ८.६.2३; आपश्रौ.१2.१६.१ प्रः मूर्धानं दिवः – मैसं.४.१४.६: 22६.६; पंचब्रा. ४.६.१८; कात्यश्रौसू. ६.६.22; माश्रौसू. 2.३.५.११; वृहासं. ८.2६ मूर्धानम् – आश्रौ. ४.१३.७; शांश्रौसू.१०.६.20; ११.१४.३५ तु. बृहद. ५.१०४
मूर्धानं निवेष्येण – मैसं.३.१५.2: १७८.४ द्र. निवेष्यं।
मूर्धानमस्य संसीव्य – अ.१०.2.2६/१
मूर्धानं पत्युरा रोह – आपमपा. १.६.५/३
मूर्धानं प्रत्यर्षणीः – अ.६.८.१३/2
मूर्धा नाभा सोम वेनः – ऋ.१.४३.६/३
मूर्धा भूवो भवति नक्तमग्निः – ऋ.१०.८८.६/१; निरु. ७.2७/१
मूर्धा भूयासं स्वाहा – तैसं.2.४.५.2
मूर्धा रथस्य चाकन्नः – ऋ. १०.१३2.४/३
मूर्धालोकानामसि – ऐआ. ५.३.2.१

मूर्धा वयः – वा.१४.९; तैसं.४.३.५.१; मैसं.2.८.2: १०७.१८; काठसं. १७.2; शब्रा. ८.2.३.१०; कात्यश्रौसू.१७.८.22
मूर्धासि राट् – वा. १४.2१; तैसं.४.३.७.2; ५.३.2.५; मैसं.2.८.३: १०८.१९; ३.2.९: ३०.९; काठसं. १७.३; 20.११; शब्रा. ८.३.४.६,८; कात्यश्रौसू.१७.९.१४; आपश्रौ. १७.2.५; माश्रौसू.६.2.१
मूर्धाहं रयीणां मूर्धा समानानां भूयासम् – अ.१६.३.१ प्रः मूर्धाहम् –कौसू.१८.2५; ५८.22
मूर्ध्ने वैयशनाय स्वाहा – काठसं. १४.१
मूर्ध्ने स्वाहा – वा.22.३2; तैसं.७.३.१६.१; काठसं अश्व.३.६
मूर्ध्नो देवस्य बृहतः – अ.१९.६.१६/१
मूर्ध्नोऽधि मे वैश्रवणान् – साम मन्त्रब्रा.2.५.१/१ प्रः मूर्ध्नोऽधि मे –गोभि गृसू.४.६.५; खादि गृसू.४.१.20
मूर्ध्नो विश्वस्य वाघतः – ऋ. ६.१६.१३/३; सा.१.९/३; वा.११.३2/३; १५.22/३; तैसं. ३.५.११.३/३; ४.१.३.2/३; ४.४.१/३; मैसं.2.७.३/३: ७७.५; काठसं. १६.३/३; शब्रा.६.४.2.2; वैसू.५.१४/३
मूलं लोकस्य संततिम् – आपश्रौ. ५.१८.2/2
मूलं नक्षत्रम् – मैसं.2.१३.20: १६६.४; काठसं.३९.१३; तैब्रा. ३.१.2.३
मूलं रक्षत्रमिति यद्वदन्ति – तैब्रा. ३.१.2.३/2
मूलबर्हणात् परि पाह्येनम् – अ.६.११०.2/2; ११2.१/2
मूलमुर्वावा इव – अ. ६.१४.2/४ तु. उर्वारुकम्।
मूलं प्रजां वीरवतीं विदेय – तैब्रा. ३.१.2.2/१
मूलान् नवतरः पुनः – शब्रा. १४.६.९.३३/2; बृह उप.३.९.३३/2
मूलाय स्वाहा – तैब्रा. ३.१.५.३
मूलिनं शपथेय्यम् – अ.५.३१.१222
मूलेन यातुधान्यः – अ.१९.३६.2/2
मूलेभ्यः स्वाहा – वा.22.2८; तैसं. ७.३.१९.१; 20.१; मैसं.३.१2.७: १६३.१; काठसं अश्व. ३.९,१०; तैब्रा.३.८.१७.४; आपश्रौ.20.११.१४
मूषो न शिश्ना व्यदन्ति माध्यः – ऋ. १.१०५.८/३; १०.३३.३/१; निरु. ४.६/३
मृक्षा शीर्षा चतुर्णाम् – ऋ. ८.७४.१३/४
मृगं न भीममुपहत्नुम् उग्रम् – ऋ. 2.३३.११/2; तैसं.४.५.१०.४/2; नृसिपू. उप.2.४/2 द्र. राजानं भीमम्
मृगं न व्रा मृग्यन्ते – ऋ. ८.2.६/2; निरु. ५.३
मृगशीर्षं नक्षत्रम् – तैसं.४.४.१०.१ तु. इन्वगा
मृगशीर्षाय स्वाहा – तैब्रा.३.१.४.३
मृगस्य घोषं महिषस्य हि ग्मन् – ऋ.१०.१2३.४/2
मृगस्य सृतम् (हिर गृसू. शृतम्) अक्ष्णया – आपमपा. १.१३.६/३; हिर गृसू. १.१६.१७/३
मृगः स मृगयुस्त्वम् – अ. १०.१.2६/३
मृगः सृतिं यति धावादजुष्टाम् – अ.१०.३.६/2
मृगा इव क्षिपणोरीषमाणाः – ऋ.४.५८.६/४; वा. १७.९४/४; काठसं.४०.७/४; आपश्रौ. १७.१८.१/४
मृगा इव हस्तिनः खादथा वना – ऋ.१.६४.७/३
मृगाणां चरणे चरन् – ऋ. १०.१३६.६/2
मृगाणां न हेतयो यन्ति चेमाः – ऋ.१.१९०.४/३
मृगाद् ऋश्या इवेरते – अ.१९.३८.2/2
मृगा न भीमास्तविषीभिरर्चिनः (तैब्रा. तविषेभिर् ऊर्मिभिः) – ऋ. 2.३४.१/2; तैब्रा.2.५.५.४/2
मृगा या विदुरोषधीः – अ.८.७.2४/५
मृगो न तक्तो अर्षसि – ऋ.९.३2.४/2
मृगो न भीमः कुचरो गिरिष्ठाः – ऋ. १.१५४.2/2; १०.१८०.2/१; अ.७.2६.2/2; ८४.३/१; सा.2.१22३/१; वा.५.20/2; १८.७१/१; तैसं.१.६.१2.४/१; मैसं.१.2.९/2५ १९.१2; ४.१2.३/१: १८३.१४; काठसं.2.१०/2; ८.१६/१; शब्रा.३.५.३.2३/2; ६.५.2.५; तैब्रा.2.४.३.४/2; नृसिपू. उप.2.४/2; आश्रौ.2.१०.१४; आपश्रौ. ११.९.१/2; निरु.१.20 प्रः मृगो न भीमः –शांश्रौसू. ३.१.३; वैसू. 2९.५; मागृसू..2.१५.६
मृगो न भीमो अरक्षसस्तुविषमान् – ऋ.१.१९०.३/४
मृगो न हस्ती तविषीमुषाणः – ऋ. ४.१६.१४/३
मृगो नाश्नो अति यज्जुगुर्यात् – ऋ.१.१७३.2/2
मृजन्ति त्वा दश क्षिपः – ऋ. ९.८.४/१; सा. 2.५३१/१; आश्रौ. ५.१2.१५; शांश्रौसू. ७.१५.७
मृजन्ति त्वा नद्यः सप्त यह्वीः – ऋ. ९.९2.४/४
मृजन्ति त्वा समग्रुवः – ऋ.९.६६.९/१
मृजन्ति देवतातये – ऋ. ९.१७.७/३
मृजन्ति योषणो दश – ऋ.९.६.५/2
मृजन्ति वह्निं वदनेष्वच्छ – सा. १.५४३/४ द्र. अजन्ति वह्निम्
मृजन्ति सप्त धीतयः – ऋ. ९.१५.८/2
मृजन्ति सिन्धुमातरम् – ऋ. ९.६१.७/2; सा.2.४३१/2
मृजानो अप्सु दुदुहानो अद्रौ – ऋ. ९.९६.१०/2
मृजानो वारे पवमानो अव्यये – ऋ. ९.१०७.22/१; शांश्रौसू. १०.१३.५ द्र. पुनानो वारे।
मृज्महे दुरितं वयम् – अ.१४.2.६६/४
मृज्यमानः कनिक्रदत् – ऋ. ९.३०.2/2
मृज्यमानः सुहस्त्य – ऋ. ९.१०७.2१/१; सा.१.५१७/१; 2.४2९/१; पंचब्रा.१३.९.३; आश्रौ. ५.१2.१५; सावि ब्रा. १.४.१८

मृज्यमाना गभस्त्योः – ऋ. ६.६४.५/2; सा. 2.३८५/2 तु. उत्तरम्
मृज्यमानो गभस्त्योः – ऋ. ६.20.६/2; ३६.४/2; ६५.६/2; सा.2.३2३/2 तु. पूर्वम्।
मृज्यमानो मनीषिभिः – ऋ.६.६४.१३/2; सा.१.५०५/2; 2.१६१/2
मृज्यसे पवसे मती – सा.2.३20/2 द्र. मृशसे।
मृज्यसे सोम सातये – ऋ. ६.५६.३/३
मृडता नो मरुतो मा वधिष्टन – ऋ. ५.५५.६/१
मृड त्वमस्मभ्यं रुद्र – माश्रौसू.१.३.४.३/३
मृडया नस्तनूभ्यः – अ.१.१३.2/३; 2६.४/2
मृडा च नो अधि च ब्रूहि देव – ऋ.१.११४.१०/३ द्र. रक्षा च नो अधि।
मृडा जरित्रे रुद्र स्तवानः – ऋ.2.३३.११/३; अ.१८.१.४०/३; तैसं.४.५.१०.४/३; नृसिपू. उप.2.४/३
मृडाद् गन्धर्वो भुवनस्य यस्पतिः – अ.2.2.2/३
मृडा नो अभि चिद्वधाद्विवक्षसे – ऋ. १०.2५.३/४
मृडा नो रुद्रोत नो मयस् कृधि – ऋ.१.११४.2/१; तैसं. ४.५.१०.2/१; काठसं.४०.११/१; आश्रौ.३.८.१; आपश्रौ. १७.22.१
मृडा सुक्षत्र मृडय – ऋ.७.८६.१/३ – ४/३
मृडा सु नो भूत्वेषां मनः पुनः – ऋ.१.६४.१2/३
मृडास्मभ्यं मोत हिंसीः पशून् नः – कौसू.७2.३४/2
मृडीकं धनसातये – ऋ.१०.१५०.४/४
मृडीकाय त्वा–कासं. 22.५
मृडीकाय न आ गहि – ऋ.१०.१५०.१/४
मृडीकाय पुरोहितः – ऋ.१०.१५०.५/४
मृडीकाय पृयव्रतान् – ऋ.१०.१५०.३/४
मृडीकाय वरुणं मित्रमग्निम् – ऋ. ६.५०.१/2
मृडीकाय हवामहे – ऋ. १०.१५०.2/४
मृडीकायोरुचक्षसम् – ऋ. १.2५.५/३
मृडीके अस्य सुमतौ स्याम – ऋ. ८.४८.१2/४
मृडोऽसि मृडसे द्विपदे चतुष्पदे – काठसं.३७.१३,१४
मृण दर्भ सप्तनान् मे – अ.१६.2६.४/१
मृण मे द्विषतो मणे – अ.१०.2६.४/१
मृण मे पृतनायतः – अ. १६.2६.४/४
मृण मे सर्वान् दुर्हार्दः – अ.१६.2६.४/३
मृणीहि कृत्ये मोच्छिषः – अ.१०.१.३१/३
मृणीहि विश्वा पात्राणि – अ. ६.१४2.१/३
मृणोऽसि मृणामुष्य द्विपदश्चतुष्पदः – काठसं.३७.१३,१४
मृतं जीवं च यत् किं चित् – तैआ.१.११.६/३
मृतवत्साम् उपेयिम – अ.१०.१.१०/2

मृतश्चाहं पुनर्जातः – निरु. १४.६/१
मृतान् मृतमनस्तरा – अ.६.१८.2/2
मृताय जीवां परिणीयमानाम् – तैआ.६.१2.१/2 द्र. जीवामृतेभ्यः
मृत्तिके देहि मे पुष्टिम् – तैआ.१०.१.८/१; महा नारा उप. ४.७/१
मृत्तिके प्रतिष्ठिते सर्वम् – तैआ.१०.१.६/१
मृत्तिके ब्रह्मतिष्ठिते सर्वम् – तैआ.१०.१.६/१
मृत्तिके हन (महा नारा उप. हर) मे पापम् – तैआ.१०.१.८/१; महा नारा उप. ४.६/१
मृत्यव एकशतं परः – कौसू. ६७.८/2 द्र. मृत्यून् एकशतं च ये, तथा मृत्योरेकशतं च ये
मृत्यवे (नमः) – मागृसू.. 2.१2.८ द्र. मृत्यवे धर्मा..
मृत्यवे गोव्यच्छम् – वा.३०.१८ तु. पिपासायै गो..
मृत्यवे त्वा–तैब्रा.३.१०.८.१
मृत्यवे त्वा जुष्टं गृह्णामि – तैब्रा. ३.१०.८.१
मृत्यवे त्वा परि ददाम्यसौ – आपमपा. 2.३.१७ (आपगृ. ४.१०.१2)
मृत्यवे धर्माधर्माभ्याम् (नमः) – कौसू. ७४.५ द्र. पूर्वं चतुवर्जम
मृत्यवेऽमून् प्र यच्छामि – अ. ८.८.१०/१
मृत्यवे मृग्युम् – वा. ३०.७; तैब्रा. ३.४.१.३
मृत्यवेऽसितः – वा.2४.३७; तैसं.५.५.१४.१; मैसं.३.१४.१८: १७६.७; काठसं अश्व. ७.४
मृत्यवे स्वाहा – वा. ३६.१३; काठसं अश्व. ५.८; शब्रा.१३.३.५.2; तैब्रा. ३.६.१५.१; तैआ.६.१०.१; तैआ आन्ध्र. १०.५८; आपश्रौ. 20.22.६; माश्रौसू. ६.2.५; कौसू. १३५.६
मृत्यावमृतमाहितम् – शब्रा. १०.५.2.४/2
मृत्युः प्रजानामधिपतिः स मावतु – अ. ५.2४.१३
मृत्युं यजे प्रथमाजामृतस्य – तैआ. ३.१५.2/४
मृत्युं च निरजामसि – अ. १2.2.2/४
(ओं) मृत्युंजयं तर्पयामि – बौधसू. 2.५.६.११
मृत्युना च पुरोहितिम् – अ. ११.१०.१८/2
मुत्युना प्राजाः – काठसं. ३५.१५
मुत्युं तराम्यहम् – माश्रौसू. १.५.2.१/४ द्र. अति मृत्युं आदि
मृत्युपाशैरमी सिताः – अ. ८.८.१०/2
मुत्युं प्रत्यौहन् पदयोपनेन – अ. १2.2.2६/४
मुत्युरसि – अ. ६.४६.2; १६.५.१ – ६
मुत्युर्रिशे द्विपदाम् (अ. ८.2.2३/2;चतुष्पदाम्) – अ. ८.2.2३/१,2३/2
मृत्युर्धर्मेणान्नपतिः – तैब्रा. 2.५.७.2

मृत्युर्धावति पंचमः – तैआ.८.८.१/४; तै उप. 2.८.१/४; नृसिपू. उप. 2.४/४
मृत्युर्मा मारयादिति – तैआ. १.११.५/४
मुत्युर् (१) मे पाहि – तै आ आन्ध्र. १०.७५ तु. मृत्योः पाहि, तथा मृत्योर्मा।
मृत्युर्यमस्यासीद् दूतः प्रचेताः – अ. १८.2.2७/३
मृत्युर्वाजः प्रजापतिः – अ. ११.७.३/४
मृत्युर्विवस्वन्तं वस्ते – शब्रा. १०.५.2.४/३
मृर्त्युस्तदभवद् धाता – तैब्रा. ३.१2.६.६/३
मृत्यून् एकशतं सुवे – आपश्रौ. १६.१६.१/४ द्र. मृत्योरादि।
मृत्यून् एकशतं च ये – आपश्रौ. १६.१६.१/2 द्र. अत्र मृत्यव।
मृत्यून् एकशतं नुदे – कौसू.६७.८/४
मृत्यून् एकशतं ब्रूमः – अ. ११.६.१६/३
मृत्यो अनवधर्ष्यम् – अ. ८.2.१०/2
मृत्योः पड्बीशमवमुंचमानः – अ.८.१.४/2
मृत्योः पदं (मागृसू.. पदानि) योपयन्तो यदैत (अ. योपयन्त एत; तैआ. योपयन्तो यदैम; मागृसू.. सोपयन्ते यदेत) – ऋ. १०.१८.2/१; अ.१2.2.३०/१; तैआ. ६.१०.2/१; मागृसू.. 2.१.१३/३ प्रः मृत्योः पदम् –शांश्रौसू. ४.१५.2; कौसू. ७१.20; ८६.2३
मृत्योः पाशेषु बध्यताम् – अ.१2.४.३७/४
मृत्योः पाशैरमोक्यैः – अ. ३.६.५/2
मृत्योः (का. मृत्योष्) पाहि – वा.१०.१५; 20.2; का. 2१. ६३; मैसं. 2.६.१०: ७०.६; ४.४.४: ५४.१; काठसं.१५.७; शब्रा.५.४.१.१2; १2.८.३.११; माश्रौसू.६.१.३ प्रः मृत्योः –कात्यश्रौसू. १५.५.2६; १६.४.१० तु. मृत्युर्मे इत्यत्र
मृत्यो मर्त्याय हन्तवे – काठसं. ३८.१३/2; तैब्रा.३.१०.८. 2/2; तै आ आन्ध्र.१०.५७/2; आपश्रौ. १६.१६.१/2; कौसू. ६७.८/2
मृत्यो मा पुरुषं वधीः – अ. ८.2.५/४
मृत्यो मृत्युना संवदस्व – तैआ. ४.2८.१; हिर गृसू. १.१६. 20
मृत्योरहं ब्रह्मचारी यदस्मि – अ. ६.१३३.३/१ प्रः मृत्योरहम् – कौसू. ४७.१३
मृत्योरात्मा विवस्वति – शब्रा. १०.५.2.४/४
मृत्योरुत पारयामसि – अ.८.१.१८/४
मृत्योरेकशतं सुवे – काठसं. ३८.१३/४ द्र. मृत्यव इत्यत्र
मृत्योरोजीयसो वधात् – अ.१०.३.७/३
मृत्योरोषमा पद्यन्ताम् – अ. ८.८.१८/१
मृत्योर्दूत्यः क्रविशः सं बभूवुः – कौसू.११७.2/2
मृत्योर्मा पाहि – तैसं. १.८.१४.१; मैसं.१.५.2: ६७.१६; १.५. ८: ७६.१५; काठसं.६.६; तैब्रा. १.७.८.१; आश्रौ. ३.६. 2७; आपश्रौ. ६.१६.१2 तु. मृत्युर्मे इत्यत्र
मृत्योर्मामृतं गमय – शब्रा. १४.४.१.३०,३2; बृह उप. १.३. ३०,३2; शांश्रौसू. ६.८.६
मृत्योर्मुक्षीय मामृतात् (माश्रौसू. मा पत्युः) – ऋ. ७.५६. १2/४; वा.३.६०/४; तैसं.१.८.६.2/४; मैसं.१.१०. ४/४: १४४.१३; काठसं. ६.७/४; शब्रा. 2.६.2. १2/४; तैब्रा. १.६.१०.५; तै आ आन्ध्र. १०.५६/४; वैसू. ६.१६/४; लाटयश्रौसू. ५.३.७/४; माश्रौसू. १.७. ७.७ (ऊह इत्यनेन सहितं, मा पत्युः); निरु. १४. ३५/४ द्र. इतो मुक्षीय इत्यत्र
मृत्योर्मुंचन्त्वंहसः – अ. ८.७.१३/४
मृत्योर्मेऽभयं स्वस्ति मेऽस्तु – आपश्रौ. ६.७.2
मृत्योर्ये अघला दूताः – अ. ८.८.१०/३
मृत्योष्पाहिः द्र. मृत्योः पाहि।
मृत्योः स मृत्युमाप्नोति (कठ उप. ४.११/३, मृत्युं गच्छति) – शब्रा. १४.७.2.22/१; बृह उप. ४.४. 22/१;कठ उप.४.१०/३,११/३
मृत्वा पुनर्मृत्युमापद्यन्ते – तैआ. १.८.६/१
मृदं बस्वैः (तैसं. बर्स्वेभिः) – वा.2५.१; तैसं.५.७.११.१; मैसं. ३.१५.१: १७७.७; काठसं अश्व.१३.१
मृदा शिथिरा देवानां तीर्थम् – पंचब्रा. ११.७ प्रः मृदा शिथिरा –लाटयश्रौसू.१.६.2
मृदुकं वादयिष्यति – लाटयश्रौसू.४.2.८/2
मृदुर्निमन्युः केवली – अ.३.2५.४/३
मृधश्च सर्वा इन्द्रेण – तैब्रा. 2.४.७.2/३
मृधो जेता पुरएतायोध्यः – अ.५.20.१2/2
मृधो व्यास्थदभ्यं नो अस्तु – तैब्रा. 2.५.2.१/2 द्र. व्यास्थन् मृधो
मृन्मयीं योनिमग्नये – वा.११.५६/2; तैसं.४.१.५.४/2; मैसं.2.७.६/2: ८१.५; काठसं. १६.५/2; शब्रा. ६.५. 2.2१
मृशसे पवसे मती – ऋ. ६.20.३/2 द्र. मृज्यसे आदि
मृशस्व शूर राधसे – ऋ.८.७०.६/2
मृषैष (शांश्रौसू. मृषैव) ते संगरः कश्यपाय – शब्रा. १३.७. १.१५/४; शांश्रौसू. १६.१६.३/४ द्र. मोघस्
मृष्टोऽसि हव्यासूदनः – वा.५.३2 द्र. असंमृष्टोऽसि
मेक्षितास् स्थ – काठसं.१.११
मेक्षयाम्यूर्ध्वस् तिष्ठन् – अ. ७.१02.१/३
मेखलेऽस्कन्नमछिन्नम् – शां गृ सू.2.१३.५/३
मेघयन्ती नामासि – काठसं.४०.४

मेघयन्त्यै स्वाहा – तैब्रा. ३.१.४.१
मेघायते स्वाहा – तैसं.७.५.११.१; काठसं अश्व. ५.2
मेघाय स्वाहा – वा.22.2६; तैसं. ७.५.११.१; काठसं अश्व. ५.2
मेघायिताय स्वाहा – काठसं अश्व.५.2
मेघायिष्यते स्वाहा – तैसं. ७.५.११.१; काठसं अश्व.५.2
मेघिताय स्वाहा – तैसं. ७.५.११.१; काठसं अश्व.५.2
मेघ्या विद्युतो वाचः – तैसं. ५.2.११.१/३; मैसं.३.१2.2१/३: १६७.१०; काठसं अश्व.१०.५/३ द्र. मैघीर्।
मेडिं न त्वा वज्रिणं भृष्टिमन्तम् – सा.१.३2७/१
मेडिं मदन्तम् पित्रोरुपस्थे – ऋ. ३.2६.६/३
मेढ्रं त आप्यायताम् – आपश्रौ. ७.१८.६
मेढ्रं ते मा हिंसिषम् – काठसं. ३.६ द्र. मेढ्रमस्य।
मेढ्रं ते शुन्धामि – वा. ६.१४; शब्रा. ३.८.2.६
मेढ्रं (शुन्धस्व देवयज्यायै) – कौसू. ४४.2६
मेढ्रमस्य मा हिंसीः – मैसं.१.2.१६: 2६.१० द्र. मेढ्रं ते मा।
मेतेव धूमं स्तभ्यदुप द्याम् – ऋ. ४.६.2/४
मेथिष्ठाः पिन्वमाना इह – तैब्रा. 2.७.१६.३/३
मेथीं त्वा सर्वस्य वेद – हिर गृसू.१.2३.१
मेथ्यहमस्य जनपदस्य भूयासम् – हिर गृसू.१.2३.१
मेदतां वेदता वसो – ऋ. १०.६३.११/४
मेदसः कूल्या (हिर गृसू. कूल्या) उप तान् (आगृ. उपैनान्; साममन्त्रब्रा. अभि तान्) स्रवन्तु (हिर गृसू. आपमपा. क्षरन्तु) – वा. ३५.20/३; ।ह. 2.४.१३/३; शां गृ सू. ३.१३.३/३; कौसू. ४५.१४/३; ८४.१/३; साम मन्त्रब्रा.2.३.१८/३; हिर गृसू. 2.१५.७/३; आपमपा. 2.20.2८/३ द्र. मेदसो घृतस्य, तथा तु. आज्यस्य कूल्या इत्यत्र
मेदसः (का. मेदस) स्वाहा – वा. 2८.११; का. ३६.१०; मैसं. ४.१३.५: 20५.2; तैब्रा.३.६.2.2 प्रः मेदसः –आश्रौ. ३.४.३ द्र. मेदोभ्यः।
मेदसा देवा वपया यजध्वम् – मैसं. ४.१४.६/2: 22३.१; ४.१४.६/१: 22३.३; तैब्रा. 2.८.४.४/2,४/१
मदसो घृतस्य कूल्या अभिनिःस्रवन्तु – मागृसू.2.६.४/३ द्र. मेदसः कुल्या
मेदस्तः प्रतिपचत – वा.2१.६०; 2८.2३,४६; मैसं.४.१३.६: 2११.८; काठसं.१६.१३; तैब्रा.2.६.१५.2; ३.६.१५.१ द्र. तं मेदस्तः
मेदस्वता यजमानाः – अ. ६.११४.३/१; तैब्रा. 2.४.४.६/१
मेदस्वतीं घृतवतीं स्वधावतीम् – हिर गृसू. 2.१५.2/३
मेदिनीर्वचसो मम – अ.८.७.७/2
मेदोभ्यः स्वाहा – वा.३६.१०। द्र. मेदसः स्वाहा।
मेदो मृत्योर्जुहोमि मेदसा मृत्युं वासये – वासि ध शा. 20.2६
मेदयन्तु ते वह्न्यो येभिर्रीयसे – ऋ. 2.३७.३/१; निरु. ८.३/१
मेध आप्रीषु हविः पर्यग्निकृतः पितृदेवत्यः संज्ञप्यमानः – काठसं.३४.१५
मेधं जुषन्त वह्न्यः – ऋ. १.३.६/३; मैसं.४.१०.३/३: १५०.१३
मेध्या प्रजया धनेन – तैसं. ४.2.१.2/३; कौसू. ७2.१४/४
मेधसाता वाजिनमह्वये धने – ऋ.१०.१४७.३/४
मेधसाता सनिष्यतः – ऋ. ९.६४.६/३; सा.2.१५2/३; तैसं.१.७.८.2/2
मेधसाता सो अर्वता – ऋ. ४.३७.६/४
मेधां सप्त ऋषयो (आपमपा. सप्तर्षयो) ददुः – खिल. १०.१५१.१/2; आपमपा. 2.४.५/2 तु. ऋषयो भद्राम्
मेधां सायं मेधां प्रातः – अ. ६.१०८.५/१
मेधां सूर्यस्य रश्मिभिः – अ. ६.१०८.५/३
मेधाकारं विदथस्य प्रसाधनम् – ऋ. १०.६१.८/१; सा.2.३३४/१; काठसं.३६.१३/१; तैब्रा.३.११.६.३/१; आपश्रौ. १६.३५.५/१
मेधां को अस्मिन्नध्यौहत् – अ.१०.2.१७/३
मेधातिथेर्मेष – षड् ब्रा. १.१.१४; शब्रा. ३.३.४.१८; तैआ.१.१2.३; लाटयश्रौसू. १.३.१
मेधा देवी जुषमाणा न आगात् – तैआ.१०.३६.१/१; महा नारा उप. १६.४/१
मेधां त इन्द्रो ददातु – हिर गृसू. १.६.४/१
मेधां ते अश्विनौ देवौ (हिर गृसू. अश्विनावुभौ) – आगृ. १.१५.2/३; साम मन्त्रब्रा. १.५.६/३; हिर गृसू. १.६.४/३; आपमपा. 2.१2.2/३ द्र. मेधामश्विनौ, तथा मेधां मे अश्विनौ।
मेघां ते देवः सविता – आगृ. १.१५.2/१; आपमपा. 2.१2.2/१ (आपगृ. ६.१५.१) द्र. मेधां मे आदि।
मेधां ते मित्रावरुणौ – साम मन्त्रब्रा. १.५.६/१; गोभि गृसू.2.७.2१ प्रः मेधां ते –खादि गृसू.2.2.३४
मेधां देवीं मनसा रेजमानाम् – खिल. १०.१५१.६/१
मेधां देवी सरस्वती – खिल. १०.१५१.2/2; तैआ.१०.४०.१/2; महा नारा उप. १६.५/2; ।ह. १.१५.2/2; पारगृसू. 2.४.८/2; हिर गृसू. १.६.४/2; ८.४/2; आपमपा. 2.१2.2/2
मेधां धाता ददातु मे – खिल. १०.१५१.१/४ वा. ३2.१५/४

मेधामग्निः प्रजापतिः – वा.३2.१५/2
मेधामग्निर्ददातु मे(साम मन्त्रब्रा. दधातु ते) – साम मन्त्रब्रा. १.५.६/2; आपमपा. 2.४.५/2
मेधामनीषे माविशतां समीची भूतस्य भव्यस्यावरुद्ध्यै – तैआ.४.४2.५
मेधामभि प्रयांसि च – ऋ. ९.१०७.2५/४; सा.१.५22/४
मेधामश्विनौ देवौ – पारगृसू.2.४.८/३ द्र. मेधां ते अश्विनौ इत्यत्र
मेधामहं प्रथमां ब्रह्मण्वतीम् – अ. ६.१०८.2/१
मेधामाशासते श्रिये – सा. १.१०१/2 द्र. वेधामशासत
मेधामिन्द्रश्चाग्निश्च (वा. इन्द्रश्च वायुश्च) – खिल. १०. १५१.१/३; वा. ३2.१५/३ तु. अग्निर्मेधाम्
मेधामृतस्य जग्रभः – ऋ. ८.६.१०/2; अ.2०.११५.१/2; सा.१.१५2/2; 2.८५०/2; मागृसू.. १.४.2
मेधां म इन्द्रो ददातु – तैआ. १०.४०.१/१; महा नारा उप. १६.५/१; हिर गृसू. १.८.४/१
मेधां मध्यंदिनं परि – अ.६.१०८.५/2
मेधां मह्यमंगिरसः – खिल.१०.१५१.१/१; आपमपा. 2.४. ५/१ (आपगृ. ४.११.६) मेधासूक्त इति नाम्ना– ऋवि..४.१४.१; १६.१
मेधां मह्यं प्रजापतिः – आपमपा. 2.४.५/३
मेधां मे अश्विनावुभौ (खिल. तैआ.अश्विनौ देवौ) – खिल.१०.१५.2/३; तैआ.१०.४०.१/३; महा नारा उप. १६.५/३; हिर गृसू. १.८.४/३ द्र. मेधां ते अश्विनौ इत्यत्र
मेधां मे देवः सविता – पारगृसू.2.४.८/१ द्र. मेधां ते आदि
मेधां मेधाविनो विदुः – अ.६.१०८.४/2
मेधां मे वरुणो ददातु (खिल. राजा) – खिल.१०.१५१. 2/१; वा. ३2.१५/१
मेधां मे विष्णुर्नयनक्त्वासन् – अ. १८.३.११/2
मेधाय वासः पल्पूलीम् – वा.३०.१2; तैब्रा. ३.४.१.७
मेधायै (नमः) – पारगृसू. 2.१०.६; बौधसू.३.६.४
मेधायै मनसेऽग्नये (मैसं.काठसं. अग्नये) स्वाहा – वा.४. ७; तैसं. १.2.2.१; ६.१.2.2; मैसं.१.2.2: १०.११; ३.६.४: ६३.१८; काठसं.2.2; 2३.2; शब्रा. ३.१.४.७,१३
मेधायै रथकारम् – वा. ३०.६; तैब्रा.३.४.१.2
मेधा वना न कृणवन्त ऊर्ध्वा – ऋ.१.८८.३/2
मेधाविनं पितरो गर्भमा दधुः – कौसू. ८६.६/2
मेधाविनं ब्रह्मचार्योपन्नम् – विष्णुस्मृ. 2९.१०/2; वासि ध शा. 2.६/2; निरु. 2.४/2
मेधावि दिक्षु मनसा तपस्वी – तैब्रा.३.७.६.३/३; आपश्रौ. ४.५.३/३
मेधावी भूयासमजराजरिष्णुः – खिल. १०.१५१.६/५
मेधाव्यहं सुमनाः सुप्रतीकः – खिल.१०.१५१.६/१
मेधाव्यहमसानि – पारगृसू.2.४.३
मेधिरासो विपश्चितः – ऋ. ८.४३.१९/2T
मेधे वृणीत मर्त्यः – ऋ.८.६.४४/2
मेधे रभीयान् – आश्रौ.३.४.१४
मेध्यं सात्राजितो हयम् – शब्रा. १३.५.४.2१/2
मेध्यामेध्यविभागज्ञे – शां गृ सू.2.१३.५/१
मेनका च सहजन्या चाप्सरासौ – वा.१५.१६; तैसं. ४.४.३. १; मैसं.2.८.१०: ११४.१७; काठसं. १७.९; शब्रा. ८.६.१. १७
मेनाभवो वृषणश्वस्य सुक्रतो – ऋ.१.५१.१३/३
मेनामश्वस्य परि मातरं गोः – ऋ. १.१2१.2/४
मेनिः शतवधा हि सा – अ. १2.५.१६/१
मेनिः शरव्या भव – अ.१2.५.५६/१
मेने इव तन्वा शुम्भमाने – ऋ.2.३९.2/३
मेने भेजानो अमृतस्य तर्हि – काठसं.३५.३/३ द्र. मन्ये आदि।
मेन्द्रो नो विष्णुर्मरुतः परि ख्यन् – ऋ. ७.६३.८/३
मेन्या मेनिरसि – अ.2.११.१
मेन्या मेनिरस्य अमेनयस्ते सन्तु – अ.५.६.६/३
मेमं यज्ञं यजमानं च रीरिषः – तैब्रा.३.७.८.2/2; आपश्रौ. ९.१८.१/2
मेमं यज्ञं तमो विदत् – काठसं. ३५.५/१ द्र. मा यजमानं तमो
मेमं सनाभिरुत वान्यनाभिः – अ.१.३०.१/३
मेममन्ये मृत्यवो हिंसिषुः शतं ये – अ. 2.2८.१/2
मेमं प्राणो हासीन् मो अपानः – अ. 2.2८.३/३; ७.५३. ४/१
मेमं प्रापत् पौरुषेयो वधो यः – अ. १.३०.१/४
मेमं मित्रा विधिषुर्मो अमित्राः – अ.2.2८.३/४
मेमा इन्द्र गावो रिषत् – अ. 2०.१2७.१३/१; शांश्रौसू. १2.१५.१.४/१
मे रायः – वा. ४.22; काठसं.2.५; 2४.४; शब्रा.३.३.१.८; कात्यश्रौसू. ७.६.22 द्र. अस्मे ते रायः इत्यत्र
मेष इव वै सं च वि चोर्व अच्यसे (काठसं.आपश्रौ. इव यदुप च वि च चर्वति) – अ. ६.४९.2/१; काठसं. ३५.१४/१; आपश्रौ. १४.2९.३/१
मेषं विप्रा अभिस्वना (सा. ...स्वरे) – ऋ. ८.९७..१2/2; अ. 2०.५४.३/2; सा.2.2८१/2
मेषं ते शुगृच्छतु (काठसं. ते क्षुत्) – मैसं.2.७.१७: १०३.१;

काठसं. १६.१७ द्र. उष्ट्रं आदि
मेषमारण्यमनु ते दिशामि – मैसं.2.७.१७: १०2.१६; काठसं. १६.१७/१ द्र. उष्ट्रमादि
मेषस्त्वा पचतैरवतु – तैसं. ७.४.१2.१; काठसं अश्व. ४.१; तैब्रा.३.८ १७.५; आपश्रौ.20.११.१६; १७.४; द्र. वायुष्ट्वा पचतैर्।
मेषः सरस्वती भिषक् – वा.2१.३१/३; मैसं.३.११.2/३: १४१.७; तैब्रा. 2.६.११.2/३
मेष वर्हि मा युगं वि शारि – ऋ. ३.५३.१७/2
मेषीषु (ते शुक्र शुक्रमाधूनोमि) – तैसं. ३.३.३.१
मेषुः पप्तदिन्द्रस्याहन्यागते – अ. ७.५2.2/४
गेषेवेषा सगार्या गुरीषा – ऋ.१०.१०६.५/४
मेषो भूतोऽभि यन्नयः – ऋ. ८.३.४०/३; निरु.३.१६
मेषोऽसि मम भोगाय भव – तैसं.१.2.३.३
मेसौहार्दाय मे श्रियै – शांश्रौसू. १५.2५/2 द्र. सौहार्द्याय
मेह कस्य चनाममत् – तैआ. ४.३५.१/३; हिर गृसू. १. १७.2/३
मेह गात्रमवहा मा शरीरम् – तैआ.६.४.2/2
मेहत्न्वा सरथं याभिरीयसे – ऋ. १०.७५.६/४
मेहना केतसापः – ऋ.५.३८.३/2
मेहनाद्वनंकरणात् (आपमपा. वलं...) ऋ. १०.१६३.५/१; अ. 20.९६.2१/१; आपमपा. १.१७.५/१ (आपगृ. ३.६. १०)
मेहन्ति बहुलं श्रियम् – तैआ.३.११.६/2
मैघीर्विद्युतो वाचः – वा.2३.३५/३ द्र. मेघ्या।
मैतं पन्थामनु गा भीम एषः – अ.८.१.१०/१
मैत्रः शरसि संताप्यमाने – वा.३६.५
मैत्राबार्हस्पत्या धूम्रललामास्तूपराः – तैसं. ५.६.११.१; काठसं अश्व. ९.१
मैत्रावरुणस्ते चक्षुषी पात्वसौ – आश्रौ. ६.६.३
मैत्रावरुणस्य चमसाध्वर्यव् (माश्रौसू. ...य) आद्रव (शब्रा. कात्यश्रौसू. एहि) – तैसं. ६.४.३.३; शब्रा.३.६.३.१६; कात्यश्रौसू. ९.३.३; आपश्रौ. १2.५.2; माश्रौसू. 2.३.2.६
मैथुनम् (वर्जय) – गोभि गृसू.३.१.१७
मैनं यज्ञहनो विदन् – आपश्रौ. ७.७.2/३
मैनं हिंसिष्टं स्वां योनिमाविशन्तौ – ऐब्रा. ८.८.११/४ द्र. मा मा हिंसिष्टं स्वम् इत्यत्र
मैनं हिंसीः – शां गृ सू. १.2८.१४
मैनमग्ने वि दहोमाभि शोचः (अ. शूशुचः) – ऋ. १०.१६. १/१; अ. १८.2.४/१; तैआ.६.१.४/१; आश्रौ.६.१०.१६ प्रः मैनमग्ने वि दहः – कौसू. ८१.३३,४४; मैनमग्ने –शांश्रौसू. ४.१५.१; १६.१2.१६ तु. बृहद. ६.१६१
मैना अर्वा रेणुककाटः – पृणक् (काठसं. प्रणक) – मैसं. ४.१३.८: 20६.१2; काठसं. १६.१३; तैब्रा.३.६.१३.१
मैनागे च महागिरौ – तैआ.१.३१.2/2
मैनामर्चिषा मा तपसाभि (वा.काठसं. मैनां तपसा मार्चिषाभि) शोचीः (काठसं. शोचः; तैसं. शूशुचः) – वा. १2.१५/३; तैसं.४.१.९.३/३; 2.१.५/३; मैसं.2.७. ८/३: ८५.१८; काठसं.१६.८/३
मैन्द्रयं ज्यैष्ठ्यं श्रैष्ठ्यमग्निर्दधातु स्वाहा – कात्यश्रौसू. १०.६.६ तु. मा मैन्द्रयम्
मैभ्यो भैषीः शतौदने – अ.१०.९.७/४
मैवं मांस्ता (मांस्थाः इति पठतु) प्रियेऽहम् – तैआ. ६.१. 2/१
मैवापो मोषधीर् (१) हिंसीः – आश्रौ. ३.६.2४/१
मैषां कं चनोच्छिषः – तैसं.४.६.४.५/४; तैब्रा. ३.७.६. 2३/४; आपश्रौ. ३.१४.३/४ द्र. अत्र मामीषां कम्
मैषां नु गादपरो अर्थम् (तैब्रा.आपश्रौ.आपमपा. अर्धम्) एतम् – ऋ. १०.१८.४/2; अ.१2.2.2३/2; वा. ३५. १५/2; शब्रा.१३.८.४.१2/2; तैब्रा. ३.७.११.३/2; आपश्रौ. ९.१2.४/2; आपमपा. 2.22.2४/2 द्र. मा नो नु गाद्।
मैषामग्ने वास्तु भून् मो अपत्यम् – अ.७.१०८.१/४
मैषाम् उच्छेषि किं चन – अ.११.९.१३/३ द्र. मा मिषां कम् इत्यत्र
मैषां मोच्यघहारश्च नेन्द्र – सा. 2.१2१४/३
मैषो अस्मानवहाय परागात् – काठसं. ७.१2/४ द्र. अवहाय इत्यत्र
मो अपानोऽपि धायि ते – अ. ५.३०.१५/2
मो अभिव्याधिनो विदन् – अ. १.१९.१/2 तु. मा त्वा परिपन्थिनो इत्यत्र
मो अस्माकमृषीणाम् – ऋ.५.६५.६/४
मो अस्माकं मोमुहद् भागधेयम् – आश्रौ.८.१४.४/५
मो अहं द्विषते (तैब्रा.आपश्रौ. ...तो) रधम् – ऋ.१.५०. १३/४; तैब्रा.३.७.६.2३/४; आपश्रौ. ४.१५.१/४
मो आसां गोपती रिषत् – अ. 20.१2७.१३/2; शांश्रौसू. १2.१५.१.४/2
मोखा भ्राजन्त्यभि विक्त जघ्निः – ऋ.१.१६2.१५/2; वा. 2५.३७/2; तैसं. ४.६.९.2/2; मैसं. ३.१६.१/2: १८३.१०; काठसं अश्व. ६.५/2
मोघं वा देवां अप्यूहे अग्ने – ऋ.७.१०४.१४/2; अ.८.४. १४/2
मोघं वेत्ता कुरुते तन्तुमेतम् – आपधसू. 2.६.१३.६/४
मोघमन्नं विन्दते अप्रचेताः – ऋ.१०.११७.६/१; तैब्रा. 2.

८.८.३/१; शां गृ सू. 2.१४.2६ तु. बृहद.१.४६, तथा महा. ५.१2.2०

मोघस्त एष कश्यपायास संगरः – ऐब्रा. ८.2१.१०/४ द्र. मृषैष

मोघाशिषो यन्त्यनिवर्तमानाः – गोब्रा.१.५.22५/३

मो च नः किं चनाममत् – ऋ. ६.११४.४/४ द्र. मा च नः इत्यत्र

मोच्छिषः पिशितं चन – अ.६.१2७.१/४

मोत वधी रश्मिभिः सूर्यस्य – अ.७.११.१/४

मोत सूरो अह एवा चन – ऋ. ६.४८.१७/३

मो ते रिषन् यो अच्छोक्तिभिर्वसो – ऋ. ८.१०३.१३/१

मोत्तरादधरादुत – अ. १2.१.३2/2 तु. उत्तरादधरादुत इत्यत्र

मोदः प्रमोद आनन्दः – तैब्रा. 2.४.६.५/१ द्र. आनन्दा इत्यत्र, तथा तु. मुदः

मोदमानौ स्वे गृहे (अ. ...नौ स्वस्तकौ) – ऋ.१०.८५.४2/४; अ. १४.१.22/४

मोदाः प्रमोदा अंगुलीः – वा.2०.६/३ः मैसं. ३.११.८/३ः १५2.2; काठसं. ३८.४/३; तैब्रा.2.६.५.४/३

मोदाम शरदः शतम् – तैआ. ४.४2.५; हिर गृसू. १.७.१०; आपमपा. 2.५.१६ (आपगृ. ४.११.१८)।

मोदा मोद इव – आपश्रौ. १३.१३.८,१०; १५.१४

मोदा मोदैव – माश्रौसू.2.५.१.४७

मोदा मोदैवोम् – आश्रौ. ५.2०.६

मोदाय त्वा – वा. १६.८; काठसं. ३७.१८; तैब्रा. 2.६.१.५; आपश्रौ. १६.७.४

मोदाय स्वाहा – काठसं अश्व. १.५

मोदायानुक्रोशकम् – तैब्रा. ३.४.१.१५

मोपहस्वान आ दभन् – ऋ. ८.४५.2३/2; अ.2०.22.2/2; सा.2.८2/2।

मोपाराम जिह्वयेयमानम् – अ.११.2.१७/३

मोषथा वृक्षं कपनेव वेधसः – ऋ. ५.५४.६/2; निरु. ६.४

मो षु णः परा – परा – ऋ.१.३८.६/१

मो षु णः सोम मृत्यवे परा दाः – ऋ. १०.५६.४/१ तु. बृहद. ७.६2

मो षु ते किं चनाममत् – ऋ. १०.५६.८/५,६/६,१०/५ द्र. मा च नः इत्यत्र

मो षु त्वामत्र बहवो हि विप्राः – ऋ. 2.१८.३/३

मो षु त्वा वाघतश्चन – ऋ. ७.३2.१/१; सा. १.2८४/१; 2.१०2५/१; ऐब्रा.५.७.८; ऐआ. ५.2.४.2; आश्रौ. ७.३.१६; शांश्रौसू.१६.2१.2४; १८.८.६; सावि ब्रा. 2.३.४

मो षु देवा अदः स्वः – ऋ. १.१०५.३/१

मो षु पणीँरभ्येतावतो भूत् – अ. ५.११.७/३

मो षु प्र सेधीर्मुहुरिन् ममन्धि – ऋ.१०.2७.2०/2

मो षु ब्रह्मेव तन्द्रयुः – ऋ. ८.६2.३०/१; अ.2०.६०.३/१; सा. 2.१७६/१

मो षु वरुण मृन्मयम् – ऋ. ७.८६.१/१

मो षु वो अस्मदभि तानि पौंस्या – ऋ. १.१३६.८/१; अ. 2०.६७.2/१; आश्रौ. ८.१.2 प्रः मो षु वो अस्मत् –शांश्रौसू.१०.७.७

मो षू ण इन्द्रात्र पृत्सु देवैः (काठसं. देवाः; तैसं.मैसं.देव) – ऋ. १.१७३.१2/१; वा. ३.४६/१; तैसं.१.८.३.१/१; मैसं. १.१०.2/१ः १४१.१2; काठसं. ६.४/१; शब्रा.2.५.2.2८/१ प्रः मो षू ण इन्द्र –आपश्रौ. ८.६.2४; माश्रौसू. १.७.४.१४; मोषू णः – कात्यश्रौसू. ५.५.१2

मो षू णो अत्र जुहुरन्त देवाः – ऋ. ३.५५.2/१

मो ष्वत्वमस्मान् तराधान् – मैसं. ४.६.१2/३ः १३३.३; द्र. मा नो अन्धे इत्यत्र

मो ष्वद्य दुर्हणावान् – ऋ. ८.2.2०/१

मो ष्वन्यत्र गन्तन – ऋ. ७.५६.५/४

मो ष्वन्याँ उपारतम् – ऋ. ८.५.१३/३

मो ष्वेषामसवो यमं गुः – अ.१८.३.६2/४

मोहयित्वा निपद्यते (खिल. प्रपद्यन्ते) – ऋ.१०.१६५.६/2; खिल. १०.१2७.१०/३; अ.2०.६६.१६/2; मागृसू.. 2.१८.2/2

मोहयिष्यन् यजमानस्य लोकान् – कौसू.१2५.2/2

मौंजा अदृष्टा वैरिणाः – ऋ. १.१६१.३/३

मौस्तकृतेन सुरभिः – आपश्रौ. 2०.१५.१३/१

म्रोकं खनिं तनूदूषिम् – अ. १६.१.७/2

म्रोकं निर्दाहं क्रव्यादम् – अ. ५.३१.६/३

म्रोकानुम्रोक पुनर्वो यन्तु आदिः शेरभक इत्यादेः ऊह – अ.2.2४.३

म्रोको मनोहा खनो निर्दाह आत्मदूषिस्तनूदूषिः – अ.१६.१.३

म्लापयामि भ्रजः शिभ्रम् – अ. ७.६०.2/३

य्

य आकरः सहस्रा यः शतामघः – ऋ. ८.३३.५/३

य आक्ताक्षः स्वभ्यक्तः – अ. 2०.१2८.७/१; शांश्रौसू. १2.2१.2.2/१

य आक्षियन्ति पृथिवीम् उत द्याम् – अ.१८.2.४६/३

य आक्षियन् पृथिवीं यादजायत – अ. १2.१.५७/2

य आगच्छात् पथिभिर्देवयानैः–माश्रौसू. 2.५.५.2१/३ द्र. यदागच्छात्।

य आगरे मृगयन्ते – अ. ४.३६.३/१

वैदिकपादानुक्रमकोषः 264

य आंगिरसो नमसोपसद्यः – ऋ.१०.४७.६/३

य आजग्म (निरु. ...मुः) सवने मा (अ. सवेनेमा इति पठतु; तैसं. काठसं. सवनेदं; निरु. सवनमिदं; वा. मैसं. शब्रा. य आजग्मेदं सवनं) जुषाणाः – अ. ७. ६७.४/2; वा. ८.१८/2; तैसं. १.४.४४.2/2; मैसं. १. ३.३८/2: ४४.१०; काठसं. ४.१2/2; शब्रा. ४.४.४.१०; निरु. १2.४2/2

य आजिषु मघवा शृण्व एकः – ऋ. ४.१७.६/2

य आण्डकोशे भुवनं बिभर्ति – तैआ. ३.११.४/१

य आतृणत्त्य् (स उप ब्रा. आतृणोत्य्) अवितथेन (वासि ध शा. अविदथेन) कर्णौ –संहितोपनिषद् ब्रा. .३/१; वासि ध शा. 2.१०/१, निरु. 2.४/१ द्र. य आवृणोत्य्।

य आत्मदा बलदा यस्य विश्वे – ऋ.१०.१2१.2/१; अ. ४.2.१/१; १३.३.2४/१; वा. 2५.१३/१; तैसं.४.१.८. ४/१; ७.५.१७.१/१; नृसिपू. उप. 2.४/१ प्रः य आत्मदा – तैब्रा.३.८.१८.५; वैसू. ८.22; 2८.५; आपश्रौ. १६.७.११; 20.१2.६; १३.2; कौसू. ४४.१; ४५.१ द्र. य ओजोदा बलदा।

य आत्मानमतिमात्रम् – अ. ८.६.१३/१

य आददिः स्वर्नृभिः – ऋ. ८.४६.८/३

य आदित्य शवसा वां नमस्वान् – ऋ. ७.८५.४/2

य आदित्यानां भवति प्रणीतौ – ऋ. 2.2७.१३/४; तैसं. 2.१.११.४/४; मैसं. ४.१४.१४/४: 2३६.६

य आदृत्या परिपन्थीव शूरः – ऋ.१.१०३.६/३

य आदृत्या शशमानाय सुन्वते – ऋ. ८.६६.2/३; सा.2. ३८/३

य आध्राय चकमानाय पित्वः – ऋ. १०.११७.2/१

य आनयत् परावतः – ऋ.६.४५.१/१; सा.१.१2७/१; दैब्रा. १.१५; ऐआ. ५.2.५.2; शांश्रौसू. १८.७.१८ तु. बृहद. ५.१०८

य आन्तरिक्षाः (सर्पास्तेभ्य इमं बलिं हरामि) – हिर गृसू. 2.१६.६ द्र. ये सर्पाः

य आपिर् नित्यो वरुण प्रियः सन् – ऋ. ७.८८.६/१

य आबभूव भुवनानि विश्वा – वा. ३2.५/2; जैब्रा. १. 20५/2; शांश्रौसू. ६.५.१/2; वैसू.2५.१2/१ द्र. य आवबभूव, तथा तु. य आविवेश आदि।

य आबेधे प्रथमो देवो अग्रे – अ. ५.2८.११/2

य आमं मांसमदन्ति – अ. ८.६.2३/१

य आमस्य क्रविषो गन्धो अस्ति – ऋ. १.१६2.१०/2; वा. 2५.३३/2; तैसं. ४.६.८.४/2; मैसं.३.१६.१/2: १८2.१2; काठसं अश्व. ६.४/2

य आयुक्त तुजा गिरा – ऋ. ५.१७.३/2

य आयुं कुत्समतिथिग्वमर्दयः – ऋ. ८.५३ (वाल. ५). 2/१

य आरण्याः पशवो विश्वरूपाः – तैसं.३.१.४.2/१; काठसं. ३०.८/१,६; तैआ. ३.११.१2/१; माश्रौसू.१.८. ३.३/१ प्रः य आरण्याः –माश्रौसू.१..८.३.2३

य अरण्या व्यध्वराः – अ. ६.५०.३/३

य आरितः कर्मणि–कर्मणि स्थिरः – ऋ. १.१०१.४/2; निरु. ५.१५

य आर्जीकेषु कृत्वसु – ऋ. ६.६५.2३/१; सा.2.५१४/१

य आर्षेयेभ्यो याचद्भयः – अ.१2.४.2/३,१2/१

य आवभूव (१) भूवनानि विश्वाः (१) – पंचब्रा. १2.१३. ३2/2 द्र. य आबभूव इत्यत्र

य आवहद् उशीनराण्या अनः – ऋ.१०.५६.१०/2

य आविविशुरुर्व अन्तरिक्षम् – अ.१८.2.४६/2; ३.५६/2

य आविवेश द्विपदो यश्चतुष्पदः (काठसं. द्विपदश्चतुष्...) – अ. ३.2१.2/३; मैसं.2.१३.१३/३: १६2.१३; काठसं. ४०.३/३; आपश्रौ. १६.३५.१/३

य आविवेश भुवनानि विश्वा – वा. ८.३६/2; काठसं. ४०.३/३; तैब्रा. ३.७.६.५/2; तैआ.१०.१०.2/2; आपश्रौ. १४.2.१३/2; १६.३५.१/३; महा नारा उप. ६.४/2; नृसिपू. उप.2.४/2 तु. य आबभूव इत्यत्र

य आविवेशोषधीर् (मैसं. ...शौषधीर्) यो वनस्पतीन् – अ. ३.2१.१/३; मैसं.2.१३.१३/३: १६2.११

य आविष्टो वयस्सु यो मृगेषु – अ. ३.2१.2/2 द्र. वयांसि य

य आवृणोत्यवितथेन कणौ – विष्णुस्मृ. ३०.४७/१ द्र. य आतृणत्त्य्।

य आशंसेत भूत्याम् – अ. १2.४४/४,४६/४

य आशानामाशापालस्तुरीयः – अ. १.३१.३/३

य आशानामाशापालाः – अ. १.३१.2/१

य आश्वश्वा अपवद्वहन्ते – ऋ. ५.५८.१/३

य आसां कृष्णे लक्ष्मणि – तैसं.७.४.१६.2/३; काठसं अश्व. ४.८/३

य आसां बिलधावनः – तैसं. ७.४.१६.१/१; काठसं अश्व. ४.८/१

य आसिचत् संदुग्धं कुम्भया सह – तैसं. ३.2.८.४/३

य आसिंचन्ति रसमोषधीषु – अ.४.2७.2/2

य आसीदन्ति दंपती – ऋ.१०.८५.३2/2; अ.१४.2. ११/2; साम मन्त्रब्रा.१ ३.१2/2; आपमपा. १.६. १०/2

य आसुरा मनुष्या आत्तधन्वः – कौसू.१०४.2/१

य आस्ते यश्च चरति (अ. यश्चरति) – ऋ. ७.५५.६/१; अ. ४.५.५/१
य आस्यन् ये अवासृजन् – अ.४.६.७/2
य आस्वत्क आशये – ऋ. ८.४१.७/१
य आहना दुहितुर्वक्षणासु – ऋ. ५.४2.१३/३
य आहुतिम् (जै उप ब्रा. ...तीर्) अत्यमन्यन्त देवाः – अ. १०.८.३५/३; जै उप ब्रा. १.३४.६/३
य आहुतिं परि वेदा नमोभिः – ऋ. ६.१.६/३; मैसं. ४. १३.६/३: 20७.८; काठसं. १८.20/३; तैब्रा. ३.६.१०. ४/३
य आहुतिं परि वेदा वषट्कृतिम् – ऋ. १.३१.५/३
या आहुतीरत्यमन्यन्त आदिः द्र. आहुतिमत्य...।
य इत स्त्री पुमां जभार – अ. ७.६५.३/४
य इतोऽग्निर्जनिष्यते स नः सह – शब्रा. ४.६.८.१५; कात्यश्रौसू.१2.2.८
य इत तद्विदुस्त इमे (अ. ते अमी) समासते – ऋ.१. १६४.३६/४; अ. ९.१०.१८/४; तैब्रा.३.१०.९.१४/३; तैआ.2.११.१/४; श्वेत उप. ४.८/३; नृसिपू. उप. ४. 2/३; ५.2/३; निरु. १३.१०/४
य इत् तद्विदुस्ते अमृतत्वमानशुः – ऋ.१.१६४.2३/४; अ. ९.१०.१/४; ऐब्रा. ३.१2.६/४; कौषी ब्रा. १४.३४
य इदं विश्वं भुवनं जजान – अ.१३.३.१५/३
य इदं स्त्री पुमानकः – अ. १.८.१/३
य इदं दीर्घं प्रयतं सधस्थम् – ऋ.१.१५४.३/३
य इदमकस्तस्मै नमस्तस्मै स्वाहा – तैब्रा. ३.७.८.३; आपश्रौ. ९.१८.७
य इदं प्रतिपप्रथे – सा.2.१०५६/१
य इद्ध आविवासति – ऋ.६.६०.११/१; सा.2.५००/१
य इन्दुर्वारमाविशत् – ऋ.९.३८.५/३; सा.2.६2७/३
य इन्दोः पवमानस्य – ऋ. ९.११४.१/१
य इन्द्र इन्द्रियं दधुः – वा.20.७०/१; मैसं.३.११.४/१: १४५.७; काठसं.३८.९/१; तैब्रा.2.६.१३.2/१ प्रः य इन्द्रे –कात्यश्रौसू. १९.६.१८
य इन्द्र इव देवेषु – अ.६.४.११/१
य इन्द्र चमसेष्वा – ऋ. ८.८2.७/१; सा.१.१६2/१ प्रः य इन्द्र चमसेष्वा सोमः – आश्रौ. ६.४.१०
य इन्द्र जथरेषु ते – ऋ. ८.९2.2३/३; सा. 2.१०.११/३
य इन्द्र यतयस्त्वा – ऋ. ८.६.१८/१
य इन्द्र वृत्रहन्तमः – ऋ. ८.४६.८/2; ९2.१७/2
य इन्द्र शुष्मो मघवन् ते अस्ति – ऋ. ७.2७.2/१; तैब्रा. 2.८.५.७/१
य इन्द्र सस्त्यव्रतः – ऋ. ८.९७.३/१
य इन्द्र सोमपातमः – ऋ. ८.१2.१/१; अ. 20.६३.७/१; सा.१.३६४/१; ऐआ. ५.2.५.2; आश्रौ. ६.४.१०; ७.८.2; ८.१2.22; शांश्रौसू.१८.१2.३; वैसू.2७.१५; ३१.20; तु. बृहद. ६.४८
य इन्द्रस्य हृदंसनिः – ऋ. ९.६१.१४/३; सा. 2.६८६/३
य इन्द्राग्नी असनं सखायौ – काठसं. ४०.९/४ द्र. यो अग्नीषोमावजुषे।
य इन्द्राग्नी चित्रतमो रथो वाम् – ऋ.१.१०८.१/१ तु. बृहद. ३.१३१
य इन्द्राग्नी सुतेषु वाम् – ऋ.६.५९.४/१; निरु. ५. 22/१
य इन्द्राय वचोयुजा – ऋ.१.20.2/१
य इन्द्राय सुतसोमो ददाशत् – ऋ. ५.३७.५/४
य इन्द्राय सुनवत् साममद्य – ऋ.४.2४.७/१
य इन्द्राय सुनवामेत्याह – ऋ. ४.2५.४/३; ५.३७.१/४
य इन्द्राय सुनुथ सोममद्रयः – ऋ. १०.७६.८/2
य इन्द्रे कर्मणा भुवत् – ऋ. ७.३2.१३/४; अ. 20.५९. ४/४
य इन्द्रेण सरथं याति देवः – अ. ३.2१.३/१ द्र. येनेन्द्रस्य
य इन्द्रो हरिवान् न दभन्ति तं रिपः – ऋ. ७.३2.१2/३; अ. 20.५९.३/३
य इन्वति द्रविणानि प्रचेताः – ऋ. ६.५.१/३
य इमं यज्ञं स्वधया ददन्ते (शांश्रौसू. भजन्ते) – वा. ८. ६१/2; तैसं. १.५.१०.४/2; शांश्रौसू. १३.१2.१३/2 द्र. इमं यज्ञं स्वधया इत्यत्र
य इमं यज्ञमयजन्त पूर्वे – ऋ. १०.१३.६/४
य इमं यज्ञमवान् ये यज्ञपतिं वर्धान् – तैसं. 2.६.७.४; मैसं. ४.१३.५: 20५.१६; शब्रा. १.८.१.2७; तैब्रा. ३.५.८. ३; १३.३; आश्रौ. १.७.७; शांश्रौसू. १.१2.१
य इमं यज्ञं मनसा चिकेत – अ. ७.2.१/३; ५.५./३
य इमं दुर्गास्तवं पुण्यम् – खिल. १०.१2७.१३/३
य इमाः प्रजा विश्वकर्मा जजान – मैसं.2.७.१७/३: १०2. ९ द्र. येन प्रजा विश्व...।
य इमाँल्लोकान् ईशत् ईशनीभिः – श्वेत उप. ३.2/2; शिरस् उप. ५/2
य इमां संविवृत्सति – अ. ८.६.१६/४
य इमां देवो मेखलामाबबन्ध – अ. ६.१३३.१/१ प्रः य इमाम् –कौसू. ४७.१४
य इमां प्रतीचीमाहुतिम् – अ. ११.१०.2६/३
य इमा विश्वा जातानि – ऋ. ५.८2.६/१; मैसं. ४.१2. ६/१: १६८.१; काठसं. १०.१2/१; 2३.१2; ऐब्रा.१.६.७;

शब्रा.१३.४.2.७; आश्रौ. ४.३.2; १०.६.६; शांश्रौसू. ५.५. 2; १६.१.2१; माश्रौसू. ५.2.७.2७

य इमा विश्वा भुवनानि चाक्लृपे – अ. ७.८७.१/३; शिरस् उप. ६/३ द्र. रुद्रो विश्वा

य इमा विश्वा भुवनानि जुह्वत् – ऋ. १०.८१.१/१; टै. १७.१७/१; तैसं. ४.६.2.१/१; मैसं. 2.१०.2/१: १३३. १; काठसं. १८.१/१; आपश्रौ. १७.१४.2; माश्रौसू. ६.2. ५ प्रः य इमा विश्वा भुवनानि – शांश्रौसू. ६.११.६; य इमा विश्वा – वा. ३४.५.८ तु. बृहद. ७.११७; वा. १७. १७,१८ मन्त्राः वैश्वकर्मणे इत्यभिधेयेन ज्ञायन्ते; शब्रा. ६.2.2.६

य इगे उगे अटनी – ऋ. ५.८2.८/१

य इमो द्यावापृथिवी जजान – ऋ. ४.५६.३/2; अ. १३. ३.१/१; मैसं. ४.१४.७/2: 22४.६; तैब्रा. 2.८.४.७/2 प्रः य इमे द्यावापृथिवी – कौसू. ४६.१६

य इमे द्यावापृथिवी जनित्री जनित्री – ऋ.१०.११०.६/१; अ. ५.१2.६/१; वा. 2६.३४/१; मैसं. ४.१३.३/१: 20२.११; काठसं. १६.20/१; तैब्रा. ३.६.३.४/१; आश्रौ. ३.८.१; निरु. ८.१४/१

य इमे द्यावापृथिवी तस्तभाने – मैसं. 2.१३.2३/१: १६८. १६; काठसं. ४०.१/१

य इमो द्यावापृथिवी महित्वा – मैसं. ४.१४.१2/१: 2३६.2; तैब्रा. 2.८.४.३/१

य इमो रोदसी उभे – ऋ. ३.५३.१2/१

य इमो रोदसी मही – ऋ. ८.६.१७/१; ६.१८.५/१

य इषवो यातुधानानाम् – मैसं. 2.७.१५/१: ६७.३ द्र. या इषवो, तथा येषु वा।

य इषा वर्तते सह – ऋ. ८.५.३४/2

य इह नानेव पश्यति – शब्रा. १४.७.2.22/2; बृह उप. ४.४.22/2; कठ उप. ४.१०/४,११/४

य इह पितर एधतुरस्माकं सः – शांश्रौसू. ४.५.१

य इह पितरो जीवा इह वयं स्म अस्मांस् (शंकरपण्डितस्य संस्करणे स्मस्, अस्मांस्) ते ऽनुवयं तेषां श्रेष्ठा भूयास्म – अ. १८.४.८७ द्र. उत्तरम्।

य इह पितरो मनुष्या वयं तेषां श्रेष्ठा भूयास्म – शांश्रौसू. ४.५.१ द्र. पूर्वम्

य ईं रजानाव् ऋतुथा विदधत् – ऋ. ६.६2.६/१

य ईं वहन्त आशुभिः – ऋ. ५.६१.११/१ तु. बृहद. ५.७० द्र. यदी वहन्ति

य ईं वहाते महिषीमिषिराम् – ऋ. ५.३७.३/2

य ईं वहाते य ईं वा वरेयात् – ऋ. १०.2७.११/४; वैसू. ३८.६/४

य ईङ्खयन्ति पर्वतान् – ऋ. १.१६.७/१

य ईजानाः पितरो ये पितामहाः – कात्यश्रौसू. 2५.६. ६/१

य ईं चकार न सो अस्य वेद – ऋ. १.१६४.३2/१; अ. ६.१०.१०/१; निरु. 2.८/१

य ईं चिकेत गुहा भवन्तम् – ऋ. १.६७.७/१

य ईं चिकेतदमृतस्य गोपाः – ऋ. ६.६.३/३

य ईं जगृभुरव ते सृजन्तु – ऋ. ५.2.५/३

य ईं जजान सर्वं सुवज्रम् – ऋ. ४.१७.४/३

य ईं ददर्श हिरुगिन्नु तस्मात् – ऋ. १.१६४.३2/2; अ. ६.१०.१०/2; निरु. 2.८/2

य ईमर्वाचं करते यजत्रम् – ऋ. ७.८८.१/३

य ईमा देवयुं जनम् – ऋ. ४.६.१/2; काठसं. ४०. १४/2 द्र. अय आ

य ईमाहुः सुरभिर्निर्हरेति – ऋ. १.१६2.१2/2; वा. 2५. ३५/2; तैसं.४.६.६.१/2; मैसं.३.१६.१/2: १८३०2; काठसं अश्व. ६.५/2

य ईमेनं देवा अन्वमदन् – शांश्रौसू. ८.१६.१

य ईं पुष्यन्त इन्धते – ऋ. ४.८.५/३; काठसं अश्व.६. ५/2

य ईं भवन्त्याजयः – ऋ. ७.३2.१७/2

य ईवते ब्रह्मणे गातुमेरत् – ऋ.४.४.६/2; तैसं.१.2. १४३/2; मैसं. ४.११.५/2: १७३.४; काठसं.६.११/2

य ईवतो वृषणो अस्ति गोपाः – ऋ. ७.५६.१८/३

य ईशिरे भुवनस्य प्रचेतसः – ऋ.१०.६३.१८/३

य ईशे अस्य द्विपदश्चतुष्पदः – ऋ.१०.१2१.३/३; वा.2३. ३/३; 2५.११/३; तैसं.४.१.८.४/३; ७.५.१६.१/३; काठसं.४.१६/३ द्र. ईशे यो अस्य इत्यत्र

य इशे पशुपतिः पशूनाम् – अ. 2.३४.१/१; कौसू. ४४.७ प्रः य ईशे – वैसू.१०.१६; कौसू. ५६.2१ द्र. येषामीशे।

य ईशे महतो महान् – वा.20.३2/३

य उक्था केवला दधे – ऋ. ८.५2(वाल. ४).३/१

य उक्थेभिर्न विन्धते – ऋ. ८.५१(वाल. ३).३/१

य उग्र इव शर्यहा – ऋ. ६.१६.३६/१; सा. 2. १०५७/१; तैसं. 2.६.११.४/१; ऐब्रा.१.2५.८; आश्रौ.४. ८८ प्रः य उग्र इव –शांश्रौसू. ५.११.७

य उग्रः सन्ननिष्टृतः – ऋ. ८.३३.६/१; अ. 20.५३. ३/१; ५७.१३/१; सा.2.१०४८/१

य उग्रा अर्कमानृचुः – ऋ. १.१६.४/१

य उग्रीणाम् उग्रबाहुर्ययुः – अ. ४.2४.2/१

य उग्रेभ्यश्चिदोजीयान् – ऋ. ६.६६.१७/१

य उ चानृतवादिनः – तैआ. ६.५.३/४
य उ चोत्तरत आ ययुः – साम मन्त्रब्रा. 2.६.३/2
य उतो मर्त्येभ्यः – अ.१६.३५.५/2
य उत्तमा अध्मा वरुणा ये – अ. ६.१2१.१/2; ७.८३.४/2
य उत्तरतो जुह्वति जातवेदः – अ.४.४०.४/१ तु. अस्यां म उदीच्याम्
य उ त्रिधातु पृथिवीमुत द्याम् – ऋ.१.१५४.४/३
य उदगान् महतोऽर्णवात् – तैआ.४.४2.५/१ प्रः य उदगात् –बौधसू.2.५.८.११
य उदाजन् पितरो गोम्यं वसु – ऋ.१०.६2.2/१
य उदानट् परायणम् – ऋ. १०.१६.५/2; अ. ६.७७.2/१
य उदानड्व्ययनम् (अ. ...नण् न्यायनम्) – ऋ. १०.१६.५/१; अ. ६.७७.2/2
य उदारा अन्तर्हिताः – अ. ११.६.१६/३
य उदीच्यां दिशि रोहितपिपीलिकानां राजा तस्मै स्वाहा – कौसू. ११६.३
य उदीच्यां दिशि सर्पराज एष ते बलिः – साम मन्त्रब्रा. 2.१.४
य उदृचि यज्ञे अध्वरेष्ठाः – ऋ. १०.७७.७/१
य उदृचीन्द्र देवगोपाः सखायः – ऋ. १.५३.११/१; अ. 2०.2१.११/१ प्रः य उदृचि – वैसू. 2६.७
य उद्धता उत ये निखाताः – आपश्रौ. १.८.७/३
य उद्नः फलिगं भिनत् – ऋ. ८.३2.2५/१
य उद्यन्तमारोहति सूर्यमह्ने – तैब्रा. ३.७.४.३/2; आपश्रौ. ४.१.८/2
य उपरिष्टाज्जुह्वति जातवेदः – अ. ४.४०.७/१ तु. अस्यां म ऊर्ध्वायाम्
य उभाभ्यां प्रहरसि – अ. ७.५६०८/१
य उरावन्तरिक्ष आ – ऋ. ५.५2.७22
य उरो ग्रीवाश्चिक्युः पूरुषस्य – अ. १०.2.४/2
य उ वाते यस्ते महिमा तेन संभव – जैब्रा. १.१2८/३,३2७/३ यस्ते अग्नौ इत्यस्य भागः
य उ विद्यायां रताः – वा. ४०.१2/४; ईश उप. ८/४
य उशता मनसा सोममस्मै – ऋ. १०.१६०.३/१; अ. 2०.९६.३/१
य उ श्रिया दमेष्वा – ऋ. 2.८.३/१
य उ संभूत्यां रताः – वा. ४०.९/४; शब्रा. १४.७.2.१३/४; बृह उप.४.४.१३/४; ईश उप.१2/४
य उस्राणामपीच्या – ऋ. ८.४१.५/2
य उस्रिया अप्या (सा. अपि या) अन्तर अश्मनः (सा. अश्मनि) – ऋ. ६.१०८.६/१; सा. १.५८५/१
य उ स्वयं वहते स अरं करत् – ऋ. ५.४४.८/४
य ऊरु अनुसर्पति – अ. ६.८.७/१
य ऊर्ध्वया स्वध्वरः – ऋ. १.१2७.१/४; अ.2०.६७.३/४; सा.१.४६५/४; 2.११६३/४; वा. १५.४७/४; तैसं.४.४.४.८/४; मैसं. 2.१३.८/४: १५८.४; काठसं. 2६.११/४; ३९.१५/४
य ऊर्ध्वायां दिश्यरुणपिपीलिकानां राजा तस्मै स्वाहा – कौसू. ११६.३
य ऊर्मिर्हविष्य इन्द्रियावांस् (काठसं. इन्द्रियावान् मदिन्तमस्) तं व ऋध्यासम् – काठसं. ३५.३; आपश्रौ. १४.१८.१
य ऋक्षादंहसो मुचत् – ऋ. ८.१.३2/१
य ऋज्रा मह्यं मामहे – ऋ. ८.१.३/2/१
य ऋज्रा वातरंहसः – ऋ. ८.2४.2७/१
य ऋतव ऋतुभ्योऽध्यासन्, पूरा (पुरा?) सूर्याच्चन्द्रमसश्च पूर्वे, येभिः प्रजानं प्रदिशो दिशश्च, तानन्वारोहामि तपसा ब्रह्मणा च – जैब्रा. 2.५.१(५2)/१2३४
य ऋतवश्चन्द्रमसोऽधि पूर्व ऋचं वाचं ब्राह्मणमाबभूव्यः(?) – जैब्रा. 2.५१(५2)।
य ऋते चिदभिश्रिषः – ऋ. ८.१.१2/१; अ. १४.2.४७/१; सा.१.2४४/१; पंचब्रा. ९.१०.१/१; कात्यश्रौसू. 2५.५.३०/१; माश्रौसू.३.८.2; कौसू.५७.७; ७७.७; गोभि गृसू.2.४.३ प्रः य ऋते चित् –शांश्रौसू. १३.१2.१३; वैसू. १2.७; शां गृ सू.५.८.४ द्र. जरि चेतीद् इत्यत्र
य ऋते चिद् गास् पदेभ्यः – ऋ. ८.2.३९/१
य ऋतेन सूर्यमरोहयन् दिवि – ऋ. १०.६2.३/१
य ऋत्वियः प्र ते वन्वे – तैब्रा.2.४.३.१०/१; ३.७.९.६/१; आपश्रौ. १४.2.१३/१
य ऋष्वः श्रावयत्सखा – ऋ. ८.४६.१2/१
य ऋष्वा ऋष्टिविद्युतः – ऋ. ५.५2.१३/१
य एक इच्च्यावयति प्र भूम – ऋ. ४.१७.५/१
य एक इच्छतपतिर्जनेषु – तैब्रा. 2.८.४.2/३ द्र. य एक इञ्।
य एक इत्तमुष्टुहि – ऋ. ६.४५.१६/१
य एक इदप्रतिर्मन्यमानः – ऋ.५.३2.३/३
य एक इद्धव्यश्चर्षणीनाम् – ऋ. ६.22.१/१; अ.2०.३६.१/१; ऐब्रा. ६.१८.३; १९.३; कौषी ब्रा. 2५.५,६; गोब्रा. 2.६.१; शांश्रौसू. १४.५०.2; १८.४.७; ५.७; वैसू. ३१.2५ प्रः य एक इद्धव्यः –शांश्रौसू. ११.१४.६; १2.४.११; य एक इत् – आश्रौ. ७.५.20; ६.७.2६
य एक इद् भूरतिथिर्जनानाम् – सा. १.३७.2/2 द्र. एको

विभूर्।
य एक इद्विदयते – ऋ. १.८४.७/१; अ.२०.६३..४/१; सा. १.३८६/१; २.६६१/१; ऐआ. ५.२.५.२; आश्रौ.७.८.२; शांश्रौसू. १८.१२.६; वैसू.२७.१५; ३१.२०; ३३.१८; ४०.१२; ४१.११,१८,२२; ४२.७ प्रः य एक इद्विदयते वसु – निरु. ४.१७
य एक इन्नर्य अपांसि कर्त – ऋ. ८.६६.१६/३
य एक–एक आयय – ऋ. ५.६१.१/२
य एकमोजस्त्रेधा विचक्रमे–अ..१.१२.१/४
य एकवीरः स जनास इन्द्रः – ऋ. २०.३४.१७/४
य एकश्चर्षणीनाम् – ऋ.१.७.६/१; १७६.२/२; अ.२०.७०.१५/१
य एक इञ् शतपतिर्जनेषु – मैसं.४.१४.१२/३: २३५.१६ द्र. य एक इच्छ...
य एको अस्ति दंसना – ऋ. ८.१.२७/१
य एको रुद्र उच्यते – तैआ.१.१२.१/४
य एको वस्वो वरुणो न राजति – ऋ.१.१४३.४/४
य एतद्विदुरमृतास्ते भवन्ति – कठ उप. ६.२/४, ९/४; श्वेत. उप. ३.१/४,१०/३,१३/४; ४.१७/४,२०/४ द्र. य एनं विदुर्, तथा ये तद्विदुर्।
य एतं देवमकवृतं वेद – अ. १३.४.१५
य एतस्मिं लोके स्थ युष्मांस्तेऽनु – तैसं. ३.२.५.६; तैब्रा. १.३.१०.८
य एतस्मिँ लोके स्थ यूयं तेषां वसिष्ठा भूयास्त – तैसं. ३.२.५.६; तैब्रा.१.३.१०.६ तु. येऽत्र पितरः पि...
य एतस्य पथो गोप्तारस्तेभ्यः स्वाहा – तैआ. ६.२.१
य एतस्य पथोऽभिरक्षितारस्तेभ्यः स्वाहा – तैआ. ६.२.१
य एतस्य पथो रक्षितारस्तेभ्यः स्वाहा – तैआ.६.२.१
य एतस्यै दिशः पराभवन्नघायवः – तैआ. ६.६.१/३
य एतावन्तश्च (मैसं.काठसं. ...तो वा) भूयांसश्च (मैसं. काठसं. ...सो वा) – वा.१६.६३/१; तैसं. ४.५.११.२/१; मैसं.२.९.९/१: १२९.७; काठसं.१७.१६/१ प्रः य एतावन्तः –माश्रौसू. ११.७.१; बृपरासं. ९.१२०
य एति प्रदिशः सर्वाः – आपमपा. १.३.६/१ (आपगृ.२.४.१५) द्र. यदैषि।
य एनं विदुरमृतास्ते भवन्ति – तैआ. १०.१.३/४; महा नारा उप. १.११/४ द्र. य एतदादि इत्यत्र
य एनं सत्येन भर्तुम् – तैआ. ३.१४.१/४
य एनं हन्ति मृदुं मन्यमानः – अ. ५.१८.५/१
य एनद्वेद स इदेनद् (अ. एनम्) अर्हति – खिल. १०.१२८.६/३; अ. १६.२६.१/३
य एनमादिदेशति – ऋ. ६.५६.१/१
य एनं परिषीदन्ति – अ. ६.७६.१/१; कौसू. ५०.४
य एनं पशुषु दिप्सन्ति – अ. १०.३.१६/३
य एनां वनिमायन्ति – अ. १२.४.११/१
य एनां निप्रियायते – अ.१२.४.११/४
य एनामवशामाह – अ.१२.४.१७/१
य एवं विदुषेऽदत्त्वा – अ.१२.४.२३/१
य एवं विदुषे वाशां ददुः – अ. १०.१०.३२/३
य एवं विद्यात् – अ.१०.१०.२७/१
य एवं विद्वांसं ब्राह्मणं जिनाति – अ.१३.३.१/६,२/४ – ४/४, ५/५, ६/६, ७/५, ८/४, ९/५ – १२/५, १३/६, १४/६, १५/५, २६/६, १७/५, १८/६, १९/६, २०/४, २१/६, २२/४, २३/६,, २४/५, २५/६
य एव पापं करवत् तस्यैव तत् – शब्रा. ४.६.८.१५; कात्यश्रौसू. १२.२.८
य एवास्मि स सन् यजे – तैब्रा. ३.७.५.५; आपश्रौ. ४.९.६ द्र. उत्तरम्, तथा इदं अहं य
य एवास्मि सोऽस्मि – शांश्रौसू. ४.१२.१० तु. अत्र पूर्वम्
य एवेदमिति ब्रवत् – ऋ. ६.५४.१/३; खिल. ७.३४.१/४,२/४
य एष आगन् मम चेदभूदिह – अ. १८.२.३७/२
य एष निहितस्त्वयि – अ.१८.३.७०/२
य एष स्वप्ननंशनः (अ. ...नाशनः) – ऋ.१०.८६.२१/३; अ. २०.१२६.२१/३; निरु.१२.२८/३
य एषां विषधानकः – साम मन्त्रब्रा.२.७.३/४ द्र. यस्ते विष...।
य एषां ज्योतिष्मां उत यश्चकर्श – अ. १२.३.१६/२
य एषामेक एकजः – अ. १०.८.५/४
य एषां भृत्यामृणधत् स जीवात् – ऋ. १.४.१६/४; अ. १८.१.६/४; सा. १.३४१/४; तैसं. ४.२.११.३/४; मैसं. ३.१६.४/४: १९०.५; काठसं अश्व.५.२१/४; निरु.१४.२५/४
य ओजिष्ठ इन्द्र तं सु नो दाः – ऋ. ६.३३.१/१ प्रः य ओजिष्ठः –शांश्रौसू. १२.५.७
य ओजिष्ठस्तमा भर – ऋ. ९.१०१.९/१; सा.२.१७०/१
य ओजोदातमो मदः – ऋ. ८.९२.१७/३
य ओजोदा बलदा यस्य विश्वे – मैसं. २.१३.२३/१: १६८.६; काठसं. ४०.१/१ द्र. य आत्मदा
य ओतवो ये च तन्तवः – अ. १४.२.५१/२
य ओषधीनामधिपा बभूव – अ. ४.१५.१०/२
य ओषधीवीरुध आविवेश – अ. ७.८७.१/२; शिरस् उप. ६/२

य ओषधीषु पशुष्वाप्स्वन्तः (काठसं. पशुष्वाविवेश) – अ. १६.३.2/2; काठसं. ७.१३/2 द्र. ये अन्तरिक्ष ओष... ।
य ओषधीः सचते यश्च सिन्धून् – अ. १2.३.५०/2
य ओहते रक्षसो देववीतौ – ऋ. ५.४2.१०/१; तु. बृहद. ५..३८
यः ककुभो निधारयः – ऋ. ८.४१.४/१; ऐब्रा. ६.2४.३; आश्रौ. ७.2.१७
यः कर्मभिर्महद्भिः सुश्रुतो भूत् – ऋ. ३.३६.१/४
यः कश्च ककुदि श्रितः – अ. ७.७६.३/४
यः कीकसाः प्रशृणाति – अ. ७.७६.३/१ प्रः यः कीकसाः –कौसू.३2.११
यः कुक्षिः सोमपातमः – ऋ. १.८.७/१; अ. 2०.७१.३/१
यः कृणोति प्रमोतम् – अ.६.८.४/१
यः कृणोति मृतवत्साम् – अ. ८.६.६/१
यः कृत्याकृन् मुलकृद् यातुधानः – अ. ४.2८.६/१
यः कृन्तदिद्वि योन्यम् – ऋ. ८.४५.३०/१ तु. बृहद. ६. ८2
यः कृष्णः केश्यसुरः – अ. ८.६.५/१
यः कृष्णगर्भा निरहन्नृजिश्वना – ऋ. १.१०१.१/2; सा. १.३८०/2
यः क्रव्यात् तमशीशमम् – कौसू. ७१.३ तु. तं क्रव्यादम्
यः क्रव्यादनिराहितः – अ. १2.2.३५/४
यः क्रव्यादं निरादधत् – अ. १2.2.३६/४
यः पंच चर्षणीरभि – ऋ. ७.१५.2/१; ६.१०१.६/३; सा. 2.१७०/३
यः पत्यते वृषभो वृष्ण्यावान् – ऋ. ६.22.१/३; अ. 2०. ३६.१/३
यः पथः समनुयाति – मैसं. 2.६.१०/१: १३०.३ प्रः यः पथः माश्रौसू. ११.७.१; – ११.७.2
यः पन्था विततो देवयानः – काठसं. ३६.2/१; आपश्रौ. १६.2६.१/१
यः परमो बृहस्पतिश्चिकित्वान् – मैसं. १.३.१2/2: ३५.३ द्र. स प्रथमो बृहस्पतिः
यः परमो वरुणो मित्रो अग्निः – काठसं.४.४/३
यः परस्य प्राणं परमस्य तेज आददे – अ. १३.३.५/३
यः परस्याः परावतः – ऋ. १०.१८७.2/१; अ. ६.३४. ३/१
यः परः स महेश्वरः – तैआ.१०.१०.३/४; महा नारा उप. १०.८/४
यः परुषः पारुषेयः – अ. ५.22.३/१
यः पर्वतान् प्रकुपिताँ अरम्णात् – ऋ. 2.१2.2/2; अ. 2०.३४.2/2
यः पर्वतान् व्यदधाः – अ. 2०.१2८.१४/१
यः पशूनां रक्षिता विष्ठितानाम् – मैसं. ४.१४.१/2: 2१६. 2; तैब्रा.2.८.१.४/2
यः पशूनामधिपतिः – गोभि गृसू. १.८.2८/१; खादि गृसू. 2.१.2६/१ द्र. यो देवानामसि, तथा यो भूतानामधि...
यः पश्यादुत्तरे युगे – ऋ. १०.७2.१/४
यः पात्रं हारियोजनम् – ऋ.१.८2.४/३; सा. १.४2४/३
यः पार्थिवस्य क्षम्यस्य राजा – ऋ. 2.१४.११/2
यः पार्थिवानि त्रिभिरिद्विगामभिः – ऋ.१.१५५.४/३
यः पार्थिवानि विममे रजांसि – ऋ. १.१५४.१/2; अ. ७. 2६.१/2; वा. ५.१८/2; तैसं. १.2.१३.३/2; मैसं. १. 2.६/2: १६.८; काठसं. 2.१०/2; शब्रा. ३.५.३.2१/2
यः पार्थिवानि विममे स एतशः – ऋ. ५.८१.३/३; वा. ११.६/३; तैसं.४.१.१.2/३; मैसं.2.७.१/३: ७४.५; काठसं. १५.११/३; शब्रा. ६.३.१.१८
यः पावकः पुरुतमः पुरूणि – ऋ. ६.६.2/३; तैसं. १.३. १४.४/३
यः पावमानीरध्येति – ऋ. ६.६७.३१/१; सा.2.६४८/१; ऋवि.३.2.३ तु. बृहद.६.१३३ द्र. अत्र पावमानीरध्यृ...।
यः पिंशते सूनृताभिः सुवीर्यम् – ऋ. ८.१६.22/३
यः पिता स पुनः पुत्रः – योगतत्त्व उप. ४/३ तु. पिता सन्।
यः पितासीत् प्रजापतेः – अ. १६.५३.८/४
यः पिप्रुं नमुचिं यो रुधिक्राम् – ऋ. 2.१४.५/३
यः पुरुषे यो अश्मनि – मैसं. 2.१३.१३/2: १६2.१०; काठसं. ४०.३/2; आपश्रौ. १६.३५.१/2 द्र. ये पुरुषे ये
यः पुष्टानि संसृजति द्वयानि (तैसं.मैसं.काठसं. त्रयाणि) – अ.४.2४.७/2; तैसं. ४.७.१५.2/2; मैसं.३.१६. ५/2: १६०.१2; काठसं. 22.१५/2
यः पुष्पिणीश्च प्रस्वश्च धर्मणा – ऋ.2.१३.७/१
यः पूतः स पुनातु मा – तैब्रा. १.४.८.१/३ द्र. यः पोता।
यः पूर्वीरन्वानोनवीति – ऋ. १०.६८.१2/2; अ.2०.१६. १2/2
यः पूर्व्याभिरुत नूतनाभिः – ऋ. ६.४४.१३/३
यः पूर्व्यामनुष्टुतिम् – ऋ.८.६८.७/३
यः पूर्व्याय वेधसे नवीयसे – ऋ. १.१५६.2/१; तैब्रा. 2.४. ३.६/१ प्रः यः पूर्व्याय –शांश्रौसू. ५.११.७
यः पृणाति स ह देवेषु गच्छति – ऋ. १.१2५.५/2
यः पृतनासु दुष्टरः – ऋ. ८.४६.८/४
यः पृथिवीं व्यथमानामदृंहत् – ऋ. 2.१2.2/१; अ.2०.३४.

2/१

यः पृथिव्यां च्यावयन्नेति वृक्षान् – कौसू. १३५.६/१

यः पोता स पुनातु नः (वा.मैसं.काठसं.आपश्रौ. मा) – ऋ. ६.६७.22/३; वा. १६.४2/३; मैसं. ३.११.१०/३: १५५.१2; काठसं. ३८.2/३; आपश्रौ. १०.७.१३/३ द्र. यः पूतः।

यः पौरुषेयेण क्रविष समंकते (अ. समङ्क्ते) – ऋ. १०.८७.१६/१; अ. ८.३.१५/१; कौसू. ११2.१

यः प्रजानामेकराण् मानुषीणाम् – ज्तैआ. ३.१५.2/३

यः प्रतीच्यां दिशि रजतपिपीलिकानां राजा तस्मै स्वाहा – कौसू. ११६.३

यः प्रतीच्यां दिशि सर्पराज एष ते बलिः – साम मन्त्रब्रा. 2.१३

यः प्रथमः कर्मकृत्याय जज्ञे – अ. ४.2४.६/१

यः प्रथमः प्रवतमाससाद – अ. ६.2८.३/१

यः प्रथमो दक्षिणया रराध – ऋ.१०.१०७.६/४

यः प्रथमो दक्षिणामाविवाय – ऋ.१०.१०७.५/४

यः प्राच्यां दिशि श्वेतपिपीलिकानां अराजा तस्मै स्वाहा – कौसू. ११६.३

यः प्राच्यां दिशि सर्पराजा एष ते बलिः – साम मन्त्रब्रा. 2.१.१; गोभि गृसू. ६.७.१३ प्रः यः प्राच्याम् –खादि गृसू.३.2.2

यः प्राणति आदिः द्र. यः प्राणिति।

यः प्राणतो निमिषतश्च राजा – काठसं.४.१६/१; ४०.१/१; मैसं.2.१३.2३/१: १६८.७; ३.१2.१७/१: १६५.५ प्रः यः प्राणतः मैसं.४.१2.१: १७७.१३; काठसं.८.१७; १०.१३; 22.१४; माश्रौसू. ५.१.६.११; – ६.2.३ द्र. उत्तरम्

यः प्राणतो निमिषतो (वा. निमे...) महित्वा – ऋ. १०.१2१.३/१; अ. ४.2.2/१; वा. 2३.३/१; 2५.११/१; तैसं. ४.१.८.४/१; ७.५.१६.१/१; काठसं अश्व. ५.१३/१; शब्रा. १३.५.३.७ प्रः यः प्राणतः तैब्रा.३.८.१८.५; शांश्रौसू. ३.१४.७; ६.2७.2; कात्यश्रौसू. 20.५.2; आपश्रौ. १६.७.११; 2०.१2.६; १३.2 द्र. पूर्वम्

यः प्राणदः प्राणदावान् बभूव – अ.४.३५.५/१

यः प्राणिति (अ. प्राणति) य ईं शृणोत्युक्तम् – ऋ.१०.१2५.४/2; अ. ४.३०.४/2

यः प्राणेन द्यावापृथिवी तर्पयति – अ. १३.३.४/१

यः प्राब्रवीत् प्रो तस्मा अब्रपवीतन – ऋ.१.१६१.१2/४

यः प्रासुवद्वसुधिती – शांश्रौसू. ८.१८.१

यः प्रेयाय प्रथमो लोकमेतम् – अ. १८.३.१३/2

यं – यं युजं कृणुते ब्रह्मणस्पतिः – ऋ.2.2५.१/४ – ५/४; मैसं. ४.१४.१०/४: 2३०.१६; तैब्रा. 2.८.५.2/४

यं यज्ञं चकृमा वयम् – ऋ. 2.५.८/४

यं यज्ञं नयथा नरः – ऋ.१.४१.५/१

यं–यं जजान स उ गोपो अस्य – तैआ. ३.१४.४/2

यं याचमानो अभ्यैमि देवाः – अ. ६.११८.३/2

यं याचाम्यहं वाचा – अ. ५.७.५/१ प्रः यं याचामि –कौसू. ४६.६

यं युक्तेषु तुरयन्तो हवन्ते – सा.१.३३७/2

यं युंजन्ति तं वा स्थापयन्ति – ऋ.१०.१०2.१०/2I

यं युध्यमाना अवसे हवन्ते – ऋ. 2.१2.६/2; अ. 2०.३४.६/2

यं युवं दाश्वध्वराय देवा – ऋ. ६.६८.६/१

यं रक्षन्ति प्रचेतसः – ऋ. १.४१.१/१; सा.१.१८५/१ प्रः यं रक्षन्ति –शांश्रौसू. १2.2.१४ तु. बृहद. ३.१०७

यं वयं द्विष्मः स आत्मानं द्वेष्टु – अ.१६.७.५

यं वयं ध्वराम तं ध्वर (काठसं. वयं धूर्वामस्तं च धूर्व) – मैसं.१.१.४: 2.१६; १.2.६: १५.११; काठसं.१.४; 2.७ द्र. तं धूर्व

यं वयं मृगयामहे – अ. १०.५.४2/१ प्रः यं वयम् कौसू. ४०.१३

यं वर्धयन्ति पुष्टयश्च नित्याः – ऋ.2.2७.१2/2

यं वर्धयन्तीद् गिरः – ऋ. ६.४४.५/१

यं वाघतो वृणते अध्वरेषु – ऋ. १.५८.७/2

यं वाजो विभवां ऋभवो यमाविषुः – ऋ. ४.३६.६/४

यं वातः परिशुभति – अ.१३.१.५१/१

यं वा त्वा कुष्ठकामयः – अ.१६.३६.६/2

यं वां देवा अकल्पयन् – तैब्रा.३.७.५.११/१; शांश्रौसू.४.१०.१/१; आपश्रौ. 2.2०.६/१

यं वां पिता पचति यं च माता – अ. १2.३.५/१

यं वायसो यं मात्स्यः – अ.१६.३६.६/३

यं वा वातो मातरिश्वा पवमानो ममाथ – अ.१०.६.2६/३

यं विप्रा उक्थवाहसः – ऋ.८.१2.१३/१

यं विप्रास ईडते अध्वरेषु – ऋ.१०.३०.४/2; अ.१४.१.३७/2; निरु. १०.१६/2

यं विप्रासो वाजयन्ते स इन्द्र – सा.१.३३७/४

यं विश्व इदभिहर्यन्ति देवाः – ऋ.१०.११2.६/४

यं विश्वे देवाः समरमसिंचन्नप्स्वन्तः – अ. ६.१३2.2/१

यं वृत्रेषु क्षितय स्पर्धमानाः – सा. १.३३७/१ प्रः यं वृत्रेषु –सावि ब्रा.१.८.१2

यं वृषा यम् उपस्तुतः – ऋ.१.३६.१०/४

यं वेन्द्रो ब्रह्मणस्पतिः – अ. १३.१.५१/2

यं वै सूर्यं स्वर्भानुः – ऋ. ५.४०.६/१; कौषी ब्रा.2४.

४/१; शांश्रौसू.१४.३६.2
यं शूरसाता मरुतो हिते धने – ऋ.१०.६३.१४/2
यं शूरसातौ यमपाम् उपज्मन् – सा.१.३३७/३
यं शेवधिमावहाज्जातवेदाः – अ.६.१23.१/2 द्र. यमावहाच्
यं संजभ्रुः सूर्याया विवाहे – अ.१2.१.2४/2
यंसद्विश्वं न्यत्रिणम् – सा.१.22/2; तैसं.४.६.१.५/2; काठसं.१८.१/2 द्र. यासदादि।श्यं समांजन्नज्येना वृणानाः – ऋ.१०.८८.४/2
यं समिदन्य इन्धते – सा.१.५६/४ द्र. यं सीमिद्
यं सर्वेऽनुजीवाम – तैसं.१.2.१३.१/2 द्र. यं बहवो
यं सीमकृण्वन् तमसे विपृचे – ऋ. ४.१३.३/१
यं सीमनु प्रवतेव द्रवन्तम् – ऋ. ४.३८.३/१
यं सीमिदन्य ईडते – ऋ. १.३६.१/४ द्र. यं समिद्
यं सुक्रतुं धिषणे विभवतष्टम् – ऋ.३.४६.१/३
यं सुगोपा रक्षसि ब्रह्मणस्पते – ऋ. 2.23.५/४
यं सुप्रणः परावतः – ऋ. १०.१४४.४/१
यं सूरिरर्थी पृच्छमान एति – ऋ.७.१.23/४
यं सूर्यस्य दुहितावृणीत – ऋ. ४.४३.2/४
यं सोममिन्द्र पृथिवीद्यावा – ऋ. ३.४६.५/१
यं सोमं पपिमा वयम् – काठसं.१७.१६/2
यं स्मा पृच्छन्ति कुह सेति घोरम् – ऋ.2.१2.५/१; अ. 2०.३४.५/१
यं हवन्त इषुमन्तं ग्रविष्टौ – अ.४.2४.५/2
यं हुतादमग्निं यम् उ काममाहुः – आपश्रौ. १६.३५.१/१ द्र. यो देवो विश्वाद्, तथा विश्वादमग्निम्
यकासकौ शकुन्तिका – वा. 23.22/१; शब्रा.१३.2.९.६; ५.2.४ प्रः यकासकौ –कात्यश्रौसू.2०.६.१८ द्र. इयं यका इत्यत्र
यकृत् क्लोमानं वरुणो भिषज्यन् – वा.१९.८५/३; मैसं.३.११.९/३: १५३.१2; काठसं.३८.३/३; तैब्रा.2.६.४.३/३
यकृद्दृक्कौ गुदश्रोणी – कौसू. ४५.३/३
यको सरस्वतीमनु – ऋ.८.2१.१८/2
यकोऽसकौ शकुन्तकः – वा.23.23/१; शब्रा. १३.५.2.४
यक्नस्ते वि वृहांमसि – अ.2.३३.३/४
यक्षच्च पिप्रयच्च नः – ऋ. ८.३९.९/४; तैसं.३.2.११.३/४
यक्षतः स्वौ महिमानौ – माश्रौसू. ५.१.३.2७ तु. उत्तरमेकवर्जम्
यक्षतोऽग्नीवरुणयोर्होत्रोः प्रिया धामानि – माश्रौसू.५.१.३.2७ तु. यक्षदग्नेर् होतुः।
यक्षत् स्वं महिमानम् – वा.2१.४७; मैसं.४.१३.७: 2०९.६; काठसं. १८.2१; शब्रा. १.७.३.१३; तैब्रा.३.५.७.६; ६.११.४; १2.2ⁿ आश्रौ.१.६.५ तु. पूर्वमेकवर्जम्
यक्षदग्निर्देवो देवां (मैसं. देवं) आ च वक्षत् – वा. १७.६2; तैसं.४.६.३.४; ५.४.६.६; मैसं. 2.१०.५: १३७.१६,१७; ३.३.८ : ४१.८,९; काठसं. १८.३; ऐब्रा. 2.३४.११ (आ च वक्षत् इत्यस्य लोपः); शब्रा. ९.2.३.2०
यक्षदग्नेर् होतुः प्रिया धामानि – वा.2१.४७; मैसं. ४.१३.७: 2०९.६; काठसं.१८.2१; शब्रा. १.७.३.११; तैब्रा. ३.५.७.६; ६.११.४; १2.2 तु. यक्षतोऽग्नी...।
यक्षद्रोशो न शुभयन्त मर्याः – ऋ. ७.५६.१६/2; तैसं.४.३.१३.७/2; मैसं.४.१०.५/2: १५५.६; काठसं.2१.१३/2
यक्षद् देवां अमृतान् पिप्रयच्च – ऋ. ७.१७.४/2
यक्षद् राजन् सर्वतातेव नु द्यौः – ऋ.६.१2.2/2
यक्षमिव चक्षुषः प्रियो वो भूयासम् – साम मन्त्रब्रा. १.७.१४; गोभि गृसू.३.४.2८ प्रः यक्षमिव– खादि गृसू.३.१.2७
यक्षं पृथिव्यामेकवृत् – अ. ८.९.2५/३,2६/३
यक्षं भुजेमा तनूभिः – ऋ. ५.७०.४/2
यक्षस्याध्यक्षं तविषं बृहन्तम् – ऋ. १०.८८.१३/४
यक्षाः (तृप्यन्तु) – आगृ.३.४.१; शां गृ सू.४.९.३
यक्षाधिपतये स्वाहा – षड् ब्रा. ५.६; अब्रा. ६
यक्षि चिकित्व आनुषक् – ऋ. 2.६.८/2
यक्षि देवान् रत्नधेयाय विश्वान् – ऋ. ७.९.५/४; मैसं. ४.१४.११/४: 2३३.३; तैब्रा.2.८.६.४/४
यक्षि देवान् सुवीर्या – ऋ.१.३६.६/४
यक्षि वेषि (सा. यासि) च वार्यम् – ऋ. ७.१६.५/४; सा. १.६१/४; मैसं.2.१३.८/४: १५७.६
यक्षेभ्यः (नमः) – मागृसू..2.१2.१७
यक्ष्मः कर्णत आस्यतः – अ.६.८.३/2
यक्ष्मं शीर्षण्यं मस्तिष्कात् (पारगृसू. इत्यस्य लोपः मस्तिषकात्) – ऋ. १०.१६३.१/३; अ.2.३३.१/३: 2०.९६.१७/३; पारगृसू.३.६.2/३; आपमपा. १.१७.१/३
यक्ष्मं श्रोणिभ्यां (आपमपा. श्रोणी...) भसदात् – ऋ. १०.१६३.४/३; अ.2.३३.१/३; 2०.९६.१७/३; पारगृसू.३.६.2/३; आपमपा. १.१७.१/३
यक्ष्मं सर्वस्मादात्मनः – ऋ.१०.१६३.५/३,६/३
यक्ष्मं कुक्षिभ्यां प्लाशेः – अ.2.३३.४/३
यक्ष्मं च सर्वं तेनेतः – अ.१2.2.2/३
यक्ष्मं च सर्वं नाशय – अ. ५.४.९/३
यक्ष्मं ते अन्तरंगेभ्यः – अ. ९.८.७/३

यक्ष्मं ते वारयामहे – अ. ६.८५.2/४
यक्ष्मं त्वचस्यं ते वयम् – अ.2.३३.७/३
यक्ष्मं दोषण्यमंसाभ्याम् – ऋ. १०.१६३.2/३; अ.2.३३.2/३; 2०.६६.१८/३; आपमपा. १.१७.2/३
यक्ष्मं पाणिभ्यामंगुलिभ्यः – अ.2.३३.६/३
यक्ष्मं भसद्यं श्रोणिभ्यां भासदम् – अ.2.३३.५/३ द्र. यक्ष्मं श्रोणिभ्याम्
यक्षमं मतस्नाभ्यां यक्नः (अ. 2.३३.३/३, प्लीहनः) – ऋ. १०.१६३.३/३; अ.2.३३.३/३; 2०.६६.१६/३; आपमपा. १.१७.३/३
यक्ष्मः श्येन इव प्रापप्तत् – अ.५.३०.६/३
यक्ष्माणां सर्वेषां विषग् अ.६.८.१०/३ – १2/३,१६/३,2०/३
यक्ष्माद् देवेष्टादधि – अ.८.७.2/2
यक्ष्मान् रक्षांसि तेजसा – अ.१६.३६.१/2
यक्ष्मा यन्ति जनाद् (अ.आपमपा. जनां) अनु – ऋ.१०.८५.३१/2; अ.१४.2.१०/2; आपमपा. १.६.६/2
यक्ष्मासो रोपणास्तव – अ.६.८.१६/2
यक्ष्मैतत् ते – पारगृसू.2.६.१०
यक्ष्मोधामन्तरात्मनः – अ.६.८.६/३
यक्ष्मो यो अस्मिन्नाविष्टः – अ.६.८५.१/३; १०.३.५/३
यक्ष्मो विन्दत्यनामनात् – अ.१2.४.८/४
यक्ष्वा महे सौमनसाय रुद्रम् – ऋ.५.४2.११/३
यं कं च लोकमगन् यज्ञस्ततो मे भद्रमभूत् – वा.८.६०; शब्रा.४.५.७.८ द्र. यत्र क्व च यज्ञो
यं कण्वो मेध्यातिथिर्धनस्पृतम् – ऋ.१.३६.१०/३
यं कामं कामये देव – आपमपा. १.१३.४/३
यं कामये तं – तम् उग्रं कृणोमि – ऋ. १०.१2५.५/३; अ. ४.३०.३/३
यं काव्येन चतुरो विचक्र – ऋ. ४.३५.४/2
यं कुमार नवं रथम् – ऋ.१०.१३५.३/१
यं कुमार प्रावर्तयः – ऋ. १०.१३५.४/१
यं कुमारी पिंगलिका – अ.2०.१३६.१६/१
यं कृपा सूदयन्त इत् – ऋ.८.2३.८/2
यं क्रन्दसी अवतश्चस्कभाने – अ. ४.2.३/१ द्र. उत्तरम्
यं क्रन्दसी अवसा तस्तभाने – ऋ.१०.१2१.६/१; वा. ३2.७/१; का. 2६.३४/१; तैसं.४.१.८.५/१ द्र. पूर्वम्
यं क्रन्दसी संयती विह्वयेते – ऋ. 2.१2.८/१; अ.2०.३४.८/१
यं क्रव्यादनुवर्तते – अ. १2.2.३७/४
यं क्षोणीरनुचक्रदे – ऋ.८.३.१०/४; अ.2०.६.४/४; ४६.७/४
यं गन्धर्वा अप्सरसश्च भेजिरे – अ.१2.१.2३/३
यं गर्भमदितिर्दधे – वा.2८.2५/2; तैब्रा.2.६.१७.१/३
यं गाव आसभिर्दधुः – ऋ.६.६६.३/३; सा.2.६८2/३
यं गोतमा अजीजनन् – ऋ.८.८८.४/४
यं ग्राममाविशते – अ.४.३६.८/१
यच्च उग्रात् (१) प्रतिग्रहात् – तैआ.१०.१.१३/2; महा नारा उप. ५.2/2
यच्च किंचिज्जगत् सर्वम् (महा नारा उप. जगत्यस्मिन्) – तैआ.१०.११.१/१; महा नारा उप. १.६/१
यच्चक्षुषा मनसा यच्च वाचा – अ.६.६६.३/१
यच्च गोषु दुष्वप्न्यम् – ऋ. ८.४७.१४/१; आगृ.३.६.५ तु. ऋति. 2.३३.2
यच्चचाराननुव्रतम् – आपश्रौ. १.६.६/2 द्र. चरति इत्यत्र
यच्च पड्बीशम् (वा.मैसं. ...वीशम्) अर्वतः – ऋ. १.१६2.१४/2; वा.2५.३८/2; तैसं.४.६.६.१/2; मैसं.३.१६.१/2५ १८३.८; काठसं अश्व. ६.५/2
यच्च पापौ यच्च घासिं जघास – ऋ.१.१६2.१४/३; वा.2५.३८/३; तैसं.४.६.६.१/३; मैसं.३.१६.१/३: १८३.६; काठसं अश्व.६.५/३
यच्च पश्यति चक्षुषा – अ. ११.७.2३/2
यच्च प्राणति प्राणेन – अ. ११.७.2३/१
यच्च प्राणति (तैब्रा. ...णिति) यच् च न – अ. ११.४.१०/४; १३.४.११/2, १६/2; शब्रा.१४.४.३.१/४; तैब्रा.३.१2.६.१/2; बृह उप.१.५.१/४
यच्च ब्रह्म यच् चाब्रह्म – तैब्रा. ३.१2.८.2/१
यच्च वर्चो अक्षेषु – अ. १४.१.३५/१; कौसू. १३६.१५ प्रः यच्च वर्चः –कौसू. ७५.2७
यच्च वस्तेन विन्दते – अ.१2.2.३६/४
यच्च शेपे अभीरुणम् – अ. ७.८६.३/४; वा. ६.१७/४; लाटयश्रौसू.2.2.११/४ द्र. यद्वा शेप
यच्च हन्तेति नेति च – अ.११.८.22/2
यच्चाकाशे प्रतिष्ठितम् – तैब्रा. ३.१2.७.४/2
यच्चाज्ञानतः कृतम् – खिल. ६.६७.१३/2
यच्चातोऽधिभविष्यति – तैब्रा. ३.१2.८.३/2
यच्चान्तर्भूतं प्रतिष्ठितम् – तैब्रा. ३.१2.८.१/2
यच्चान्यच्छ्राद्धिकं भवेत् – शां गृ सू.४.७.५५/2
यच्चान्यदुपदेश्यम् – अ.११.८.2३/2
यच्चान्यद् दैवमद्भुतम् – कौसू.१४१.३३/३
यच्चाभिदुद्रोहानृतम् – अ.७.८६.३/३; वा.६.१७/३; लाटयश्रौसू.22.११/३ द्र. यद्वाभिदु..., तथा यद्वाहम्।
यच्चामृतं यच्च मर्त्यम् – तैब्रा. ३.१2.६.१/१; आपश्रौ. १६.१५.३

यच्चास्मिन्नन्तराहितम् – तैब्रा.३.१2.७.१/2
यच्चास्मे दुहितर्दिवः – ऋ.८.४७.१४/2
यच्चास्याः क्रूरं यदु चोल्वणिष्णु – ऐआ.2.३.८.४/2
यच्चाहमेनो विद्वांश्चकार यच्चाविद्वांस्तस्य सर्वस्यैनसोऽवयजनम् (शांश्रौसू. सर्वस्यावयजनम्) असि – वा. ८.१३; शांश्रौसू. ८.६.१ द्र. उत्तरम्
यच्चाहमेनो विद्वांसश्चाविद्वांसश्चैनश्चकृम तस्यावयजनमसि स्वाहा – महा नारा उप. १८.१ द्र. पूर्वम्।
यच्चिकेत सत्यमित् तन्न मोघम् – ऋ.१०.५५.६/३; सा. 2.११३३/३
यच्चित्रमप्न उषसो वहन्ति – ऋ.१.११३.20/१
यच्चिद्धि ते अपि व्यथिः – ऋ.८.४५.१६/१
यच्चिद्धि ते गणा इमे – ऋ.६.७६.५/१
यच्चिद्धि ते पुरुषत्रा यविष्ठ – ऋ.४.१2.४/१; मैसं.३.१६.५/१: १६2.७; काठसं.2.१५/१ प्रः यच्चिद्धि ते –मैसं.४.११.१: १६2.८; यच्चिद्धि –शां गृ सू. १.2७.७; वृ हासं. ६.५५ द्र. यत्ते वयं पुरुषत्रा
यच्चिद्धि ते विशो यथा – ऋ.१.2५.१/१; तैसं. ३.४.११.५/१; मैसं. ४.१2.६/१: १६७.६ प्रः चिद्ध ते विशः – आश्रौ.७.५.६ तु. बृहद. ३.६८; वारुण्यः ऋचः इति नाम्ना ज्ञायते– गौतधशा. 2३.2८; 2५.७; बौधसू.2.५.७.2; १०.१७.३७; १८.2१; ४.2.६,१३; वृ हासं.६.३०८,४४७
यच्चिद्धि त्वं गृहे – गृहे – ऋ.१.2८.५/१; ऐब्रा. ७.१७.2; शांश्रौसू.१५.2३; आपश्रौ. १६.2६.१/१; माश्रौसू. ६.१.७/१; निरु. ६.2१2१ तु. बृहद.३.१०१
यच्चिद्धि त्वा जना इमे – ऋ. ८.१.३/१; अ.2०.८५.३/१; आश्रौ.७.४.2; वैसू.३१.१८
यच्चिद्धि वां पुर ऋषयः – ऋ. ८.८.६/१
यच्चिद्धि शश्वता तना – ऋ. १.2६.६/१; सा.2.६६८/१
यच्चिद्धि शश्वतामसि – ऋ. ४.३2.१३/१; ८.६५.७/१
यच्चिद्धि सत्य सोमपाः – ऋ.१.2९.१/१; अ.2०.७४.१/१; ऐब्रा.७.१६.९; आश्रौ.७.११.३९; शांश्रौसू.१५.22; वैसू.३2.८ प्रः यच्चिद्धि सत्य –शांश्रौसू.१2.५.१2 तु. बृहद. ३.१02
यच् च्यावयथ विथुरेव संहितम् – ऋ.१.१६८.६/३
यच्छकृत् करोति तस्मै स्वाहा – तैसं.७.१.१९.३; काठसं अश्व. १.१०
यच्छक्नवाम तदनु प्रवोढुम् – ऋ. १०.2.३/2; अ.१९.५९.३/2; तैसं.१.१.१४.३/2; काठसं. 2.१५/2; शब्रा.१2.४.४.१/2; कौसू.५.१2/2 द्र. याञ् शक्नवाम।
यच्छक्रं वाच आरुहन् – अ.2०.४९.१/१
यच्छक्रासि परावति – ऋ. ८.१३.१५/१; ६७.४/१; सा.१.2६४/१
यच्छक्वरीषु बृहता रवेण – ऋ.७.३३.४/३; तैब्रा.2.४.३.१/३
यच्छं च योश्च मनुरायेजे (तैसं. आयजे) पिता – ऋ.१.११४.2/३; तैसं. ४.५.१०.2/३; काठसं.४०.११/३
यच्छन्दोभिरोषधीभिर्वनस्पतौ – तैब्रा.३.७.१४.१/३; आपश्रौ. १३.2१.३/३
यच्छयानः पर्यावर्ते। – अ.१2.१.३४/१ प्रः यच्छयानः –कौसू.2४.३०
यच्छल्मलौ भवति यन्नदिषु – ऋ. ७.५०.३/१
यच्छस्यसे द्युभिरक्तो वचोभिः – ऋ.६.५.६/३
यच्छालायां विजायते – अ.६.३.१३/2
यच्छिक्षसि स्तुवते मावते वसु – सा.१.2६६/३ द्र. यद् दित्ससि स्तुवते।
यच्छिवं तेन नो मृड – अ.१2.१.४६/६, ४७/५
यच्छुभं याथना नरः – ऋ.१.2३.११/३
यच्छुश्रूया इमं हवम् – ऋ. ८.४५.१८/१
यच्छूद्रे यच्छर्ये – वा. 2०.१७/३; तैसं. १.८.३.१/३; काठसं.३८.५/३; शब्रा.१2.९.2.३; तैब्रा.2.६.६.2/३ तु. उत शूद्रम् इत्यत्र
यच्छूर धृष्णो घृषता दधृष्वान् – ऋ.४.22.३/३
यच्छूर सन्ति तिस्रः – ऋ.५.३५.2/2
यच्छोचिषा सहसस्पुत्र तिष्ठाः – ऋ.३.१४.४/३
यच्छ्वसन्तो जग्रसाना अराविषुः – ऋ. १०.९४.६/३
यच्छ्वेतान् रोहितांश्चाग्नेः – तैआ.१.११.८/३
यच्छता नो दुष्परिहन्तु शर्म – ऋ. 2.2७.६/४
यच्छन्तां पंच – वा.१.९; शब्रा.१.१.2.१६; आपश्रौ. १.१७.१2 प्रः यच्छन्ताम् –कात्यश्रौसू.2.३.१९ द्र. यच्छन्तु त्वा, तथा यच्छन्तु पंच
यच्छन्तु चन्द्रा उपमं नो अर्कम् – ऋ. ७.३९.७/३; ६2.३/३
यच्छन्तु त्वा पंच – काठसं. १.४; ३१.३ द्र. अत्र यच्छन्ताम्
यच्छन्तु नो मरुतः शर्म भद्रम् – ऋ. ३.५४.20/४
यच्छन्तु पंच – मैसं.१.१.५: ३.४; ४.१.५: ७.१,2 द्र. यच्छन्ताम् इत्यत्र
यच्छा तोकाय तनयाय शं योः – ऋ. ४.१2.५/४; मैसं. १.६.2: ८८.१७; ८६.१,2; ४.११.१/४: १६2.१०; काठसं. 2.१५/४; ७.१४ तु. छर्दिस्तोकाय
यच्छा नः शर्म दीर्घश्रुत् – ऋ. ७.१६.८/४

वैदिकपादानुक्रमकोषः 274

यच्छा नः शर्म सप्रथः (वा.काठसं. तैआ. आपश्रौ.आपमपा. हिर गृसू. ...थाः) – ऋ.१.22.१५/३; वा. ३५.2१/३; ३६.१३/३; मैसं. ४.१2.2/३: १८०.१७; काठसं. ३८. १३/३; तैआ.१०.१.१०/३; आपश्रौ. १६.१७.१७/३; साम मन्त्रब्रा.2.2.७/३; हिर गृसू. 2.१७.६/३; आपमपा. 2.१५.2/३; १८.८/३; निरु. ६.३2/३ द्र. उत्तरमेकवर्जम्

यच्छा सुरिभ्य उपमं वरूथम् – ऋ. ७.३०.४/३

यच्छास्मै शर्म सप्रथः – अ. १८.2.१६/३; तैसं.१.४.४०. १/४ द्र. पूर्वमेकवर्जम्

यज – वा.2१.४८ – ५८; 2८.१2 – 22,३५ – ४५; तैसं. १.६.११.१,2,३, ४; ३.३.७.2,३; मैसं.१.४.११: ५६.2१; ३. ११.५: १४७.2,४,५,७,६,११,2३,१५; १४८.१,३,८; ४.१३.८: 20६.१०,१३; 2१०.१,३,७,६,१2,१५,१८; 2११.2,३; काठसं. १६.१३; ३१.१३; गोब्रा. १.३.१०; ५.१०.2१; शब्रा.१.५.2. १०,१६,१८,20; ४.६.७.१६; ६.४.३.१५; ५.१.४०; १2.३.३. ३; तैब्रा. 2.६.१०.१, 2, ३, ४, ५, ६; १४.१, ३, ४, ५,६; 20.१, 2, ३, ५; ३.६.१३.१; कात्यश्रौसू. ५.१2.१४; १५. १०.१५; आपश्रौ. 2.१६.2; ७.2७.2; ८.३.३; ८.११; १६. १७; माश्रौसू.१.७.६.४१; 2.३.७.१2; निरु. ६.४2,४३ तु. यजयज।

यजत्रं द्युम्नहूतिभिः – ऋ.१.१2६.७/७

यजत्रा मुंचतेह नः (तैब्रा. मा) – अ.६.११४.2/2; तैब्रा.2. ४.४.६/2

यजध्वैनं प्रियमेधाः – ऋ.८.2.३७/१

यजन्ते अस्य सख्यं वयश्च – ऋ. ७.३६.५/१

यजमान इयक्षति – ऋ. ८.३१.१५/४ – १८/४; तैसं.१. ८.22.४/४; मैसं.४.११.2/४: १६४.१३.१५; १६५.2,४; काठसं.११.१2/४ ।

यजमानः पशुभिर्ध्रुवः – काठसं.३५.७/४

यजमान किमत्र – शब्रा.३.५.४.१६ द्र. अध्वर्यो किमत्र इत्यत्र

यजमानं च वर्धय – अ.१६.६३.१/४

यजमानमपि गच्छताम् – तैब्रा.३.७.४.१2/2; आपश्रौ. 2. ८.६/2

यजमानमवर्धयन् – वा. 20.७३/४; मैसं.३.११.४/४: १४६.६; काठसं.३८.६/४; तैब्रा.2.६.१३.३/४

यजमानमृषया एनसाहुः – मैसं.2.३.८/१: ३६.20; द्र. यज्ञपतिमृषय।

यजमानं प्रथत – काठसं.१.१2; ३१.११; आपश्रौ. ३.७.१४

यजमानं मा हिंसीः – आपश्रौ. ६.2.६; माश्रौसू.३.१.2६ द्र. यज्ञं आदि।

यजमान वाचं यच्छ – कात्यश्रौसू. 2.३.2; आपश्रौ. १.१६. ५; ७.८.४; ११.2.१६; माश्रौसू. १.2.१.१३

यजमानस्य नो गृहे देवैः (मैसं.काठसं. देवैः इत्यस्य लोपः) संस्कृतम् – तैसं.१.2.६.१; मैसं.१.2.६: १५.१६; काठसं.2.७; 24.७

यजमानस्य परिधिरस्यग्निरिड (मैसं. परिधिरसीड्) ईडितः (का. अग्निरिल ईलितः) – वा. 2.३(जमत); का.2.१. ४; मैसं.१.१.१2: ७.१2; शब्रा.१.३.४.2,३,४ द्र. उत्तरम्।

यजमानस्य परिधिरिड ईडितः – तैसं.१.१.११.१, 2; मैसं. १.१.१2: ७.१०,११; काठसं.१.११ द्र. पूर्वम्।

यजमानस्य पशुपा असि – काठसं.१.१

यजमानस्य पशून् पाहि – वा. १.१; तैसं.१.१.१.१; मैसं. १. १.१: १.४; ४.१.१: 2.८; काठसं.१.१; शब्रा.१.७.१.८; तैब्रा. ३.2.१.५; आपश्रौ. १.2.१०; माश्रौसू.१.१.१.22 प्रः यजमानस्य पशून् –कात्यश्रौसू. ४.2.११

यजमानस्य प्राणापानौ पातम् – कात्यश्रौसू.३.४.2५

यजमानस्य विजितं सर्वं समैतु – वैसू. ३७.१३

यजमानस्य सत्पते – ऋ. ८.१2.१८/2; अ.20.१११.३/2

यजमानस्य सुन्वतः – ऋ. ६.५४.६/2; ६०.१५/2

यजमानस्य स्वस्त्ययन्यसि – तैसं.१.2.६.१; ६.१.११.५

यजमानस्यायुषा – मागृसू..१.2१.2/2

यजमानस्यावापतत् – गोब्रा. 2.2.५/४

यजमान हविर् निर्वपस्यामि – आपश्रौ. १.१७.2; ४.४.४; माश्रौसू. १.2.१.३०

यजमान होतरध्वर्योऽग्नीद् ब्रह्मन् पोतर्नेष्टरुतोपवक्तरिषेषयध्वम् ऊर्जोर्जयध्वम् – कौषी ब्रा.2८.५; आश्रौ. ५.७.३; शांश्रौसू.७.६.३;

यजमाना उपहूयध्वम् (उपह्वयध्वम् इत्यर्थे) – लाटयश्रौसू. ५.७.७ प्रः यजमानाः आश्रौ.५.६.१६

यजमानाय जागृत – आपश्रौ.१.१४.३/४ तु. सपुत्रिकायां।

यजमानाय तिष्ठतु – माश्रौसू.१.८.६.22/४ द्र. मह्यं यजमानाय

यजमानाय जागृत – आपश्रौ. १.१४.३/४ तु. सपुत्रिकायाम्

यजमानाय तिष्ठतु – माश्रौसू.१.८.६.22/४ द्र. मह्यं यजमानाय

यजमानाय दाशुषे – वा.20.७१/2; मैसं. ३.११.४/2: १४५.६; काठसं. ३८.६/2; तैब्रा.2.६.१३.2/2; मागृसू. १.2१.2/४

यजमानाय द्रविणं दधातु (वा.शब्रा.काठसं. १३.१६/४, दधात) – अ. ७.१७.४/४; वा. ८.१७/४; का. ६.३. ३/४; तैसं.१.४.४४.१/४; मैसं. १.३.३८/४: ४४.५;

काठसं.३.६/४; ४.१2/४; १३.६/४; शब्रा.४.४.४.६/४; तैब्रा.३.७.४.१५/३; आपश्रौ. १.१2.१७/३; १2.६.३/४; माश्रौसू.१.१.३.2५
यजमानाय परिगृह्य देवान् – काठसं.४.१६/३; तैब्रा.2.४.३.३/३; आश्रौ.४.2.३/३
यजमानाय पीपिहि – तैआ. ४.१०.2; ५.८.६
यजमानाय वार्यमा सुवस्करस्मै – तैआ.३.2.१ द्र. यज्ञपतये वसु, तथा यज्ञपतये वार्यम्
यजमानाय शिक्षसि – ऋ.१.८१.2/४; अ.2०.५६.2/४; सा. 2.३५३/४
यजमानाय शिक्षितौ – वा. 2८.१५/४,१६/८; तैब्रा.2.६.१०.2/५, ३/८
यजमानाय शिक्षितौ – वा. 2८.१७/४; तैब्रा.2.६.१०.४/४
यजमानाय सश्चत – वा.2०.७०/४; मैसं.३.११.४/४: १४५.८; काठसं. ३८.६/४; तैब्रा.2.६.१३.2/४
यजमानाय सुन्वते – ऋ. ५.2६.५/१; ८.१४.३/2; १७.१०/३; १०.१७५.४/३; अ.६.६.१/४; ५४.३/४; ७.११०.३/४; 2०.५.४/३; 2७.३/2; सा.2.११८६/2; मैसं.४.१2.३/३: १८६.१2; काठसं. ६.१०/३
यजमाने पुरोहिते – ऐब्रा.८.22.५/४
यजमाने प्राणापानौ दधामि – आपश्रौ. 2.८.६; माश्रौसू.१.2.१.१८; ६.2; ३.४.१४
यजमाने सुन्वति दक्षिणावति – ऋ. ८.६६.2/३; अ.2०.५५.३/३
यजमानोऽग्निर्मा पातु चक्षुषः – तैसं.३.५.५.१
यज – यज – शब्रा.१.५.३.८; 2.५.2.३०,४१; कात्यश्रौसू.३.2.१६; ५.७; ६.११.७; आपश्रौ.2.१७.४; ३.५.१; माश्रौसू.१.३.2.2; ४.४. तु यज।
यजस्व जातवेदसम् – ऋ. ८.2३.१/2; सा.१.१०३/2
यजस्व वीर प्र विहि मनायतः – ऋ.2.2६.2/१
यजस्व सु पुर्वणीक देवान् – ऋ. ७.४2.३/३
यजस्व होतरिषितो यजीयन् – ऋ.६.११.१/१ प्रः यजस्व होतः –शांश्रौसू. १४.५५.४
यजा देवां ऋतं बृहत् – ऋ.१.७५.५/2; सा.2.८८७/; वा.३३.३/2; तैब्रा.2.७.१2.१/2
यजा नो (मैसं. यजानो) देवो (तैब्रा.आश्रौ.आपश्रौ. देवां) अजरः सुवीरः – मैसं.४.११.४/2: १७2.१; तैब्रा.2.४.१.११/2; आश्रौ.३.१2.१४/2; आपश्रौ. ६.४.१७/2 द्र. भवा नो दूतो
यजा नो मित्रावरुणा – ऋ.१.७५.५/१; सा.2.८८.७/१; वा.३३.३/१; तैब्रा.2.७.१2.१/१
यजाम इन्नमसा वृद्धमिन्द्रम् – ऋ. ३.३2.७/१
यजाम देवमधि नो ब्रवीतु – मैसं.४.१४.१/४: 2१५.१2; तैब्रा.2.८.१.३/४
यजाम देवान् यदि शक्नवाम – ऋ.१.2७.१३/३; आपश्रौ. 2४.१३.३/३
यजामह इन्द्रं वज्रदक्षिणम् – ऋ. १०.2३.१/१; सा.१.३३४/१; आश्रौ. ७.११.३८ प्रः यजामह इन्द्रम् – शांश्रौसू. १2.३.८; यजामहे सावि ब्रा.१.३.६; ३.६.१; वैमद्यः ऋचः इति नाम्ना ज्ञायन्ते– ऐब्रा. ६.१६.६
यजामहे वां महः सजोषाः – ऋ.१.१५३.१/१
यजामहे सौमनसाय देवान् – ऋ.१.७६.2/४; आपश्रौ.2४.१2.१०/४
यजामहै यज्ञियान् हन्त देवान् – ऋ.१०.५३.2/३
यजा स्वध्वरं जनम् – ऋ.१.४५.१/३; सा.१.६६/३
यजिष्ठं सप्त धामभिः – ऋ.४.७.५/४
यजिष्ठं हव्यवाहन – ऋ.१.३६.१०/2; ४४.५/2 तु. उत्तरम्, तथा यजिष्ठो हव्य...।
यजिष्ठं हव्यवाहनम् – ऋ. ८.१६.2१/३ तु. अत्र पूर्वम्
यजिष्ठं त्वा यजमाना हुवेम – ऋ.१.१2७.2/१; सा.2.११६४/१; काठसं.३६.१५/१
यजिष्ठं त्वा ववृमहे – ऋ.८.१६.३/१; सा. १.११2/१; 2.७६३/१; आश्रौ.७.८.१
यजिष्ठं दूतमध्वरे कृणुध्वम् – ऋ.७.३.१/2; सा.2.५६६/2; काठसं. ३५.१/2; आपश्रौ. १४.१७.१/2
यजिष्ठमृंजसे गिरा – ऋ. ४.८.१/३; सा. १.१2/३; मैसं.2.१३.५/३: १५३.१८; काठसं.३६.१५/३
यजिष्ठं बर्हिरासदे – ऋ.८.६०.१/४; अ.2०.१०३.2/४; सा. 2.६०2/४; काठसं.३६.१५/४
यजिष्ठं मानुषे जने – ऋ.५.१४.2/३; १०.११८.६/३
यजिष्ठः स प्र यजतामृतावा – ऋ. ६.१५.१३/४; मैसं.४.१३.१०/४: 2१३.१५; तैब्रा.३.५.१2.१/४
यजिष्ठ होतरा गहि – ऋ.2.६.६/३
यजिष्ठेन मनसा यक्षि देवान् – ऋ.३.१४.५/३; वा.१८.७५/३
यजिष्ठे देवां ऋतुशो यजाति – ऋ.१०.2.५/४; कौषीब्रा.2६.६/४; तैब्रा. ३.७.११.५/४; आपश्रौ.३.१2.१/४
यजिष्ठो बर्हिरा सदत् (आश्रौ. सदोम्) – ऋ.३.१३.१/४; आश्रौ.५.६.2१/४
यजिष्ठो वह्नितमः शोशुचानः – ऋ.४.१.४/३; वा.2१.३/३; तैसं.2.५.१2.३/३; मैसं.४.१०.४/३: १५३.१३; ४.१४.१७/३: 2४६.१०; काठसं.३४.१६/३; आपमपा.१.४.१४/३
यजिष्ठो हव्यवाहनः – ऋ.७.१५.६/३ तु. यजिष्ठं हव्य...

।
यजुः कालादजायत – अ.१६.५४.३/४
यजुर्भिराप्यन्ते ग्रहाः – वा.१६.2८/१
यजुर्भिरेवोभ्यतोथर्वांगिरोभिर्गुप्ताभिर्गुप्तैस्तुत – गोब्रा.2.2.१४
यजुर्भ्यः स्वाहा – तैसं.७.५.११.2; काठसं अश्व.५.2 प्रः यजुर्भ्यः – बौधसू.३.६.४
यजुर्यस्मादपाकशन्–अ. १०.७.20/2
यजुर्युक्तं सामभिराक्तखं त्वा (मैसं. सामभिर् ऋक्तखंता) – मैसं.४.६.2/१: १2३.३; तैआ.४.४.१/१ प्रः यजुर्युक्तं सामभिराक्तखम् – आपश्रौ. १५.६.2; यजुर्युक्ताम् –माश्रौसू.४.2.११
यजुर्वेदं क्षत्रियस्याहुर्योनिम् – तैब्रा.३.१2.६.2/2
(ओं) यजुर्वेदं तर्पयामि – बौधसू.2.५.६.१४
यजुर्वेदे तिष्ठति मध्ये अहनः – तैब्रा.३.१2.६.१/2र
यजुर्वेदो वायुदेवतः – गोब्रा.१.५.2५/2
यजुर्हृदेयन् पच्यते – अ.६.६.2/2
यजुषां मथिते अग्नौ – कौसू. ६८.३७/१
यजुषां प्राण उच्यते – गोब्रा.१.५.2५/2
यजुषा समनिहि – शां गृ सू.१.2४.2
यजुषोपसमाहिते – कौसू. ६८.३७/2
यजु ष्कन्नं प्रथमं देवयानम् – ऋ.१०.१८१.३/2
यजुस्तस्मादजायत – ऋ.१०.६०.६/४; अ.१६.६.१३/४; वा.३१.७/३; तैआ.३.१2.४/४
यजूंषि ते महिमा (बौधसू. कके दत्तस्याप्रमादाय) – आपमपा. 2.१६.१६; हिर गृसू.2.१३.१; बौधसू. 2.८.१४.१2
यजूंषि त्रैष्टुभेन सह जज्ञिरे – गोब्रा.१.५.2५/2
यजूंषि त्वा दीक्षमाणमनुदीक्षन्ताम् – तैब्रा.३.७.७.८; आपश्रौ. १०.११.१
यजूंषि त्वा सामभिः – मैसं.३.११.८: १५१.१० द्र. यजूंषि सा...।
यजूंषि नाम – वा.१2.४; तैसं. ४.१.१०.५; मैसं.2.७.८: ८५.१; काठसं.१६.८; शब्रा. ६.७.2.६; शां गृ सू.१.22.१५
यजूंषि पंचदशेन सह जज्ञिरे – गोब्रा. १.५.2५/2
यजूंषि भगांश्चतुरो वहन्ति – गोब्रा.१.५.2४/४
यजूंषि यज्ञे समिधः स्वाहा – अ.५.2६.१/१; गोब्रा.2.2.११ प्रः यजूंषि यज्ञे समिधः स्वाहा – अ.५.2६.१/१; गोब्रा.22.११ प्रः यजूंषि यज्ञे – वैसू.१६.६; कौसू.2३.१
यजूंषि विद्वान् बृहदन्तरिक्षम् – गोब्रा.१.५.2५/2
यजूंषि सामभिः – वा.20.१2; काठसं.३८.४; शब्रा.१2.८.३.३०; तैब्रा.2.६.५.८ द्र. यजूंषि त्वा सा...।
यजूंषि होत्रा ब्रूमः – अ.११.६.१४/३
यजूंष्यतिकाशाः – ऐब्रा.८.१७.2
यजूंष्यापः – तैआ. १०.22.१; महा नारा उप.१४.१
यजेत वाश्वमेधेन – विष्णुस्मृ.८५..६७/३
यजेति धय्यारूपम् – वा.१६.2४/३
यजेति वचनाच्छ्रुतिः – ऐब्रा. ७.६.१५/४
यजेत् सौत्रामण्याम् – ऐब्रा. ७.६.१५/१
यजे यक्षि यष्टाहे च – तैआ.१.११.४/४
यजे संराधनीमहम् – शब्रा.१४.६.३.३/४; बृह उप.६.३.३/४; आश्रौ.८.१४.४/४; साम मन्त्रब्रा.१.५.६/४; आपमपा. 2.८.५/४ द्र. अग्नौ सम्राधनीम् इत्यत्र
यज्जाग्रथ सविता सत्यधर्मा – ऋ. १.2५.१७/2, गागृसू. १.११.20/2 द्र. यमबध्नीत सविता।
यज्जाग्रतो दूरम् उदैति दैवम् – वा.३४.१/१ शिवसंकल्प इति नाम्ना– माधसू.११.2५१; वृ अ सं. 2.५
यज्जाग्रद् यत् सुप्तो यद्दिवा यन्नक्तम् – अ.१६.७.१०
यज्जतं यच्च जन्त्वम् – ऋ. ८.८६.६/४; सा.2.७८०/४
यज्जातं जनितव्यं च केवलम् – अ.४.2३.७/2 द्र. यस्य जातम्
यज्जातवेदो भुवनस्य मूर्धन् – ऋ.१०.८८.५/१
यज्जामयो यद्युवतयः – अ.१४.2.६१/१
यज्जायथा उपूर्व्य – ऋ.८.८६.५/१; सा.2.७७६/१; आसं.2.७/१; कौषी ब्रा.2४.५; आश्रौ.८.५.१2; १०.2.22; शांश्रौसू. ११.११.१४; १८.१८.१2
यज्जायथास्तदहरस्य कामे – ऋ. ३.४८.2/१
यज्जायमानः पित्रोरुपस्थे – ऋ.६.७.५/३
यज्जायमानस्य च किंचिदन्यत् – खिल. ६.६७.७/2
यज्जीवति स जीवति – खिल.१०.१४2.६/४
यज्ज्योतिरन्तरमृतं प्रजासु – वा.३४.३/2
यज्ञ आप्याययेत् कविः – वैसू.१६.20/2
यज्ञ आयुष्मान् स दक्षिणाभिरायुष्मान् – काठसं.११.७; पारगृसू. १.१६.६; आपमपा. 2.१४.७(आपगृ.६.१५.१2) प्रः आयुष्मान् स दक्षिणाभिः – तैसं.2.३.१०.३ द्र. उत्तरम्
यज्ञ आयुस्तस्य दक्षिणा आयुष्कृतः – मैसं.2.३.४: ३१.१४ द्र. पूर्वम्
यज्ञ इन्द्रमवर्धयत् – ऋ.८.१४.५/१; अ.20.2७.५/१; सा. १.१2१/१; 2.६८६/१; वैसू.३६.१३
यज्ञ इष्टः पूर्वचित्तिं दधातु – तैब्रा.2.५.५.१/३
यज्ञ एति विततः कल्पमानः – अ.१८.४.१३/१
यज्ञः – तैआ.१०.६2.१; ६३.१; महा नारा उप. 2१.2; 2३.१
यज्ञः पयो दक्षिणा दोहो अस्य – अ.४.११.४/४

यज्ञः पर्वाणि प्रतिरन्नेति कल्पयन् – तैब्रा.३.७.११.१/४; आपश्रौ. 2.21.१/४; ३.११.2/४
यज्ञः पुरुषसंमितः – तैब्रा.३.७.११.५/2; आपश्रौ. ३.12.१/2 द्र. कर्मार्थः
यज्ञः प्रत्यष्ठात् (बाहुलकेन प्रत्यु ष्ठात्) – काठसं. 2.६ तु. उत्तरम्
यज्ञः प्रत्यु ष्ठात् सुमतौ मतीनाम् – माश्रौसू. १.७.३.४2/१ द्र. यज्ञ प्रतितिष्ठ, तथा तु. पूर्वम्
यज्ञं – यज्ञं प्रति देवयद्भयः – का. 2.५.३/2; तैसं.१.६.५.१/2; शांश्रौसू.४.११.१/2; कात्यश्रौसू.३.३.12/2; माश्रौसू.१.३.2.७/2 द्र. यज्ञिया यज्ञं प्रति
यज्ञं यज्ञाय मुंचतु स्वाहा – काठसं.३५.४
यज्ञं यद् यज्ञवाहसः – अ.६.११४.2/३ द्र. यज्ञैर्वो
यज्ञं यन्तं मनसा बृहन्तम् – अ.६.122.४/१
यज्ञं ये विश्वतोधारम् – अ. ४.१४.४/३; वा. १७.६८/३; तैसं. ४.६.५.2/३; मैसं.2.१०.६/३: १३८.६; काठसं. १८.४/३; शब्रा. ६.2.३.2७; निरु.१३.८/३
यज्ञं रुद्राय मीढुषे भरध्वम् – ऋ. १.122.१/2
यज्ञं वष्टु धियावसुः – ऋ.१.३.१०/३; सा.१.१८६/३; वा. 2०.८४/३; मैसं. ४.१०.१/३: १४2.८; काठसं.४.१६/३; तैब्रा.2.४.३.१/३; ऐआ.१.४.१६/३; निरु. ११.2६/३
यज्ञं वहन्त्यृत्विजः – तैसं.५.७.७.३/2; काठसं.४०.१३/2
यज्ञं विदानाः सृकृतस्य लोके – आपश्रौ. १६.2६.१/४। द्र. यज्ञं दधानाः, तथा यज्ञं दुहानाः
यज्ञं विप्रस्य मावतः – ऋ. १.१४2.2/३
यज्ञं विमाय कवयो मनीषा – ऋ.१०.११४.६/३
यज्ञं विश्वेभिर्देवेभिः – ऋ.४.४०.३/2; अ.2०.६.३/2
यज्ञं विष्टार ओहते – ऋ.५.५2.१०/४
यज्ञं संसादयन्तु नः – आपश्रौ. १.१६.८/2
यज्ञं हव्यमरंकृतम् – अ.12.१.22/2
यज्ञं हिन्वन्ति महिषा नमोभिः – वा.१६.३2/2; मैसं.३.११.७/2५ १५०.१६; काठसं.३८.2/2; शब्रा.12.८.१.2; तैब्रा.2.६.३.१/2
यज्ञं हिन्वन्त्यद्रिभिः – ऋ.६.१०१.३/३ द्र. यज्ञाय सन्तु
यज्ञकृतः सुकृतो येन यन्ति – अ.१८.४.७/2
यज्ञकृतो यज्ञकामाः सुदेवाः – तैसं.३.2.८.३/2
यज्ञं कलाशस्तुतिगोपलायनम्– गोब्रा.१.५.2४/४
यज्ञं गच्छ स्वाहा – वा. ६.21; तैसं.१.३.११.१; ६.४.१.३; मैसं.१.2.१८: 2८.2; ३.१०.७; १३६.१; काठसं.३.८; शब्रा. ३.८.५.१
यज्ञं गिरो जरितुः सुष्टुतिं च – ऋ. ५.४३.१०/३
यज्ञं गृहीत्वा सुकृतस्य लोकम् – काठसं. ३६.2/४; आपश्रौ. १६.2६.१/४
यज्ञं च नस्तन्वं च प्रजां च – ऋ. १०.१५७.2/१; अ.2०.६३.१/३: 12४.४/३; सा. 2.४६१/१; वा. 2५.४६/१; मैसं.४.१४.६/१: 22८.११; तैआ. १.2७.१/१; आपश्रौ.21.22.१/३; माश्रौसू. ७.2.६/३
यज्ञं च मानुषाणाम् – ऋ. १.८४.2/४; सा. 2.३८०/४; वा. ८.३५/४; तैसं. १.४.३.१/४; मैसं.१.३.३४/४: ४१.12; काठसं. ४.११/४
यज्ञं चोरु चान्तरिक्षम् – शांश्रौसू. ८.21.१
यज्ञं जनित्वी तन्वी नि मामृजुः – ऋ. १०.६५.७/४; कौषी ब्रा.21.2
यज्ञं जुषाणो अभि सामम् ऊधः – ऋ.४.2३.१/2
यज्ञ नमश्च त उप च यज्ञस्य शिवे संतिष्ठस्व – वा. 2.१६; शब्रा. ११.2.३.६ प्रः यज्ञ नतश्च ते – कात्यश्रौसू. ३.६.21 द्र. उत्तरम्, तथा यज्ञ शम्
यज्ञ नमस्ते यज्ञ – तैब्रा.३.७.६.१६; आपश्रौ. ४.12.१० द्र. अत्र पूर्वम्
यज्ञं तन्वाना उशिजो न मन्म – ऋ. ७.१०.2/2
यज्ञं तन्वानादितिः स्वाहा – अ.५.2६.६/2
यज्ञं तन्वानास्तपसभ्यपश्यम् – ऋ.८.५६ (वाल. ११).६/४
यज्ञं तपः – तैआ.१०.८.१ द्र. यज्ञस्तपः।
यज्ञं ते तनवावहै – ऋ.१.१७०.४/४
यज्ञं दधानाः सृकृतस्य लोकम् – काठसं.३६.2/४ द्र. यज्ञं विदानाः इत्यत्र
यज्ञं दधे सरस्वती – ऋ. १.३.११/३; वा.2०.८५/३; तैसं. ४.१.११.2/३
यज्ञं दुहानं सदमित् प्रपीनम् – अ. ११.१.३४/१
यज्ञं दुहानाः सृकृतस्य लोके – काठसं.३६.2/४ द्र. यज्ञं विदानाः इत्यत्र
यज्ञं देवा अतन्वत – अ.७.५.४/2 द्र. देवा यज्ञमत...
यज्ञं देवेभिरिन्वितम् (मैसं.आपश्रौ. अन्व्...) – तैसं.३.१.४.३/2; मैसं.१.2.१५/2: 2५.१७; आपश्रौ. ६.७.१०/2
यज्ञं देवेभ्यः प्रतिवेदयन्नजः – ऋ. १.१६2.४/४; वा.2५.2७/४; तैसं. ४.६.८.2/४; मैसं.३.१६.१/४: १८2.३; काठसं अश्व. ६.४/४
यज्ञं देवेषु नः कवे – ऋ. १.१३.2/2; सा. 2.६६८/2
यज्ञं देवेषु नस्कृधि – तैब्रा. 2.४.2.३/2
यज्ञं देवेषु पिस्पृशः – ऋ. ६.१५.१८/४
यज्ञं देवेषु मन्यताम् – अ. ७.20.१/2; वा. ३४.६/2; तैसं. ३.३.११.३/2; मैसं.३.१६.४/2: १८६.८; आश्रौ.४.

१2.2/2; शांश्रौसू. ६.2७.2/2; साम मन्त्रब्रा. 2.2. १६/2
यज्ञं देवेषु यच्छतः – अ. ७.५४.१/४ द्र. उत्तरमेकवर्जम्
यज्ञं देवेषु यच्छताम् – ऋ.2.४१.20/३; तैसं.४.१.११. ४/३; मैसं. ४.१०.३/३: १५०.१५; निरु. ६.३८/३
यज्ञं देवेषु वक्षतः – सा.१.३६६/४ द्र. पूर्वमेकवर्जम्
यज्ञं धीरा निचाय्य – सा. १.३६१/४
यज्ञं न आ हि गच्छताम् – तैब्रा. 2.४.८.४/१
यज्ञं नः पातु (तैब्रा. पान्तु) रजसः (तैब्रा. वसवः) परस्मात् (तैब्रा.आपश्रौ. पुरस्तात्) – मैसं.2.१३.22/४: १६८.१; काठसं.४०.१2/४; तैब्रा. ३.१.2.७/१; आपश्रौ. १७.१३. 2/४
यज्ञं नय यजमानाय साधु – ऋ.६.१५.१६/४; तैसं.३.५. ११.2/४; मैसं.४.१०.४/४: १५2.५; काठसं.१५.१2/४; ऐब्रा.१.2८.2८
यज्ञं नो देवीरमृतेषु धत्त – वा. 2६.८/४; तैसं.५.१.११. ३/४; काठसं अश्व. ६.2/४
यज्ञं नो यक्षताममम् – ऋ.१.१३.८/३: १४2.८/३; १८८. ७/३
यज्ञं नो राजा वरुण उपयातु – तैब्रा.३.१.2.७/१
यज्ञन्यं सामगामुक्थशासम् – ऋ.१०.१०७.६/2
यज्ञन्योः कतरो नौ वि वेद – ऋ. १०.८८.१७/2; निरु. ७.३०/2
यज्ञपतये वसु वार्यमासंस्करसे – शांश्रौसू.१०.१५.६ द्र. उत्तरम्, तथा यजमानाय वार्यम्
यज्ञपतये वार्यमा स्वस्कः – मैसं. १.६.१: १३१.४; १.६.४: १३३.५ द्र. पूर्वं, तथ यजमानाय वार्यम्
यज्ञपतिं गछ – अ. ७.६७.५; वा. ८.22; तैसं.१.४.४४.३; ६. ६.2.2; मैसं. १.३.३८: ४४.१६; काठसं. ४.१2; ५.३; ३2. ३; शब्रा. ४.४.४.१४
यज्ञपतिमृषय एनसाहुः – अ.2.३५.2/१; तैसं.३.2.८.१/१; आपश्रौ. १३.७.१७ द्र. यजमानमृषया
यज्ञपदीराक्षीरा – अ.१०.१०.६/१
यज्ञ प्रतितिष्ठ सुमतौ सुशेवाः – तैब्रा.2.५.८.१2/१; आपश्रौ. ७.६.७/१ द्र. यज्ञः प्रत्यु
यज्ञप्रिये यजमानाय सुक्रतो (काठसं. सुन्वते) – ऋ.१०. १22.६/2; काठसं.१2.१४/2
यज्ञमक्तुं चादृचम् – ऋ.७.६६.११/2
यज्ञमनु वि क्रमोऽहम् – अ.१०.५.३१
यज्ञमन्वभिरक्षताम् – माश्रौसू.३.५.७/४
यज्ञमा ददे ते वषट्कृतम् – तैसं.७.३.११.2; काठसं अश्व. ३.१
यज्ञमा सोभरीयवः – ऋ.८.20.2/४
यज्ञमाहुर्भुवनस्य नाभिम् – तैसं.७.४.१८.2/2; काठसं अश्व.४.७/2 द्र. अयं यज्ञो भुवनस्य
यज्ञमिमं वर्धयता गिरः – अ.१६.१.१/३,2/३ तु. इमं वर्धयता
यज्ञमिमं चतस्रः प्रदिशो वर्धयन्तु – अ. १६.१.३/३
यज्ञमिमं दिवि धाः – तैआ. ४.६.३; ५.८.३ द्र. इमं यज्ञं दिवि इत्यत्र
यज्ञमिमं नो भगधेयं जुषस्व – खिल. ७.५५.८/2; निरु. १४.३१/2
यज्ञमुक्थं तुरं वचः – ऋ.८.६६.५/४
यज्ञं पाहि विभावसो स्वाहा – तैआ. १०.५.१; शां गृ सू. ५.१.८; महा नारा उप. ७.४
यज्ञं पृच्छाम्यवमम् – ऋ.१.१०५.४/१
यज्ञं प्रजां मा निर्मार्जीः – मैसं.१.१.११:६.१३; माश्रौसू.१.2.५. ६
यज्ञं प्रणय (तैसं. प्र सुव) देवाव्यम् (तैसं.मैसं. देवायुवम) – वा.११.८/2; तैसं. ४.१.१.३/2; मैसं.2.७.१/2: ७४.८; काठसं.१५.११/2; शब्रा.६.३.१.20/2
यज्ञं प्रावन्तु नः शुभे – वा.१८.७६/४; शब्रा.१०.१.३.८/४
यज्ञं प्रेष्य – मैसं. ४.५.2: ६४.१४
यज्ञं ब्रूमो यजमानम् – अ. ११.६.१४/१
यज्ञं मरुत (मैसं. ...ता) आ वृणे – ऋ. ७.५६.११/३; मैसं.४.१०.३/३: १५०.७ द्र. शर्म यच्छाथ, तथ शर्मा सप्रथा।
यज्ञं मर्तस्य रिपोः – ऋ. ८.११.४/2
यज्ञं महिष्वणीनाम् – ऋ. ८.४६.१८/३
यज्ञं मा हिंसीः – माश्रौसू. ३.१.2६ द्र. यजमानं आदि
यज्ञ यज्ञं गच्छ – अ.७.६७.५; वा.८.22; तैसं. १.४.४४.३; ६.६.2.2; मैसं. १.३.३८: ४४.१६; काठसं. ४.१2; ५.३; ३2.३; शब्रा.४.४.४.१४; आपश्रौ. ७.2७.१५; माश्रौसू. १. ७.४.३३; संन्यास उप. प्रः यज्ञ यज्ञम् –कात्यश्रौसू.५. 2.६
यज्ञ यज्ञस्य यत्तेजस्तेन सं क्राम मामभि – तैसं. ७.३. ११.१; काठसं अश्व.३.१
यज्ञ शं च त उप च – का. 2.६.2 द्र. उत्तरद्वयम्, तथा यज्ञ नमः इत्यत्र
यज्ञ शं च त उप च ते नमश्च ते – लाटयश्रौसू.2.१.१० द्र. पूर्व, तथा यज्ञ नमः इत्यत्र
यज्ञ शं च म उप च म आयुश्च मे बलं च मे – आपश्रौ. ४.१६.१५ प्रः यज्ञ शं च मे –आपश्रौ. ७.2८.३ द्र. पूर्व, जूव, तथा यज्ञ नमः इत्यत्र

यज्ञ शिवो मे संतिष्ठस्व – आपश्रौ. ४.१६.१५
यज्ञश्चतुष्पाद् दिवमारुरोह – गोब्रा.१.५.२५/४
यज्ञश्चतुष्पाद् दिवम् उद्वदेह – गोब्रा.१.५.२५/४
यज्ञश्च त्वा दक्षिणा च दक्षिणे संधौ गोपायेताम – पारगृसू.३.४.११
यज्ञश्च त्वा दक्षिणा च श्रीणीताम् – काठसं.३५.११
यज्ञश्च दक्षिणा (आपमपा. ...णाश्) च (आपमपा. च दक्षिणे) – शां गृ सू.३.३.४; आपमपा. 2.१५.७ (आपगृ. ७.१७.६)।
यज्ञश्च भूद्विदथे चारुरन्तमः – ऋ.१०.१००.६/३
यज्ञश्च मे भूयात् – तैआ. ३.७.१
यज्ञश्रियं नृमादनम् – ऋ.१.४.७/2; अ.20.६८.७/2
यज्ञस्तपः – महा नारा उप.८.१ द्र. यज्ञं तपः।
यज्ञस्तुरीयं पशवस्तुरीयम् – अ.१०.१०.2६/३
यज्ञस्ते वज्रमहिहत्य आवत् – ऋ. ३.३2.१2/४
यज्ञस्य काम्यः प्रियः – तैब्रा. 2.४.६.७/४
यज्ञस्य केतुः पवते स्वध्वरः – ऋ. ९.८६.७/१
यज्ञस्य केतुं जनयन्त देवाः – ऋ. ६.७.2/४; सा. 2. ४६2/४
यज्ञस्य केतुमरुषं यजध्यै – ऋ.६.४६.2/४
यज्ञस्य केतुमिन्धते – ऋ. ६.2.३/2
यज्ञस्य केतुं प्रथमं पुरस्तात् – ऋ.३.2९.५/३
यज्ञस्य केतुं प्रथमं पुरोहितम् – ऋ.५.११.2/१; १०.१22. ४/१; सा.2.2५९/१; तैसं.४.४.४.३/१; काठसं.३९. १४/१
यज्ञस्य केतुरर्हणा – ऋ.१.१2७.६/५
यज्ञस्य केतुर्बृहती वि भाहि – ऋ.१.११३.१९/2
यज्ञस्य केतुर्मन्मसाधनो वेः – ऋ.१.९६.६/2
यज्ञस्य क्रियते मिथु – षड् ब्रा.१.६.१९/2; तैब्रा.३.७.११. ५/2; आपश्रौ. ३.१2.१/2 द्र. अर्थस्य कर्मणः
यज्ञस्य गोपा उत रक्षितारः – काठसं.१.१2/३
यज्ञस्य घोषदसि – तैसं. १.१.2.१; तैब्रा.३.2.2.2; आपश्रौ. १.३.३ द्र.गोषद्
यज्ञस्यचक्षुः प्रभृतिर्मुखं च – अ. 2.३५.५/१; १९.५८.५/१ प्रः यज्ञस्य चक्षुः – कौसू.३.१६
यज्ञस्य जिह्वामविदाम गुह्याम् (मैसं. ...यम्) – ऋ.१०. ५३.३/2; तैसं.१.३.१४.2/2; मैसं. ४.११.१/2ः १६2.६; काठसं.2.१५/2
यज्ञस्य जूत्या वृणे – ऋ. ३.१2.३/2; सा.2.2१/2
यज्ञस्य ते यज्ञपते सूक्तोक्तौ – मैसं.१.३.३९/३ः ४५.१० द्र. यज्ञस्य त्वा यज्ञपते इत्यत्र
यज्ञस्य ते विदथा प्रब्रवीमि – वा.2३.५८/३
यज्ञस्य त्वा प्रमयाभिमया परिमयोन्मया (आपश्रौ. प्रतिमया) परिगृह्णामि – मैसं.१.४.११ः ६०.९; आपश्रौ. ४.५.४; ६.१३.६ प्रः यज्ञस्य त्वा प्रमयाभिमया – माश्रौसू.१.४. १.१४ द्र. उत्तरद्वयम्
यज्ञस्य त्वा प्रमयाभिमयोन्मया प्रतिमया परिगृह्णामि – काठसं.५.४; ३2.४ द्र. पूर्वं तथा उत्तरम्
यज्ञस्य त्वा प्रमयोन्मयाभिमया प्रतिमया – आश्रौ.३.१३.१५ द्र. पूर्वद्वयम्
यज्ञस्य त्वा यज्ञपते सह – काठसं.४.१३/३; 2९.३; द्र. यज्ञस्य ते यज्ञपते तथा उत्तरम्
यज्ञस्य त्वा यज्ञपते सूक्तोक्तौ (तैसं. हविर्भिः) – वा.० ८. 2५/३; तैसं. १.४.४५.2/३; शब्रा.४.४.५.20 द्र. यज्ञस्य ते यज्ञपते, तथा पूर्वम्
यज्ञस्य त्वा विदथा पृच्छमत्र – वा.2३.५७/३
यज्ञस्य त्वा संततिमनुसंतनोमि – तैब्रा.३.७.४.१७; आपश्रौ. १.१३.१५; ६.५.५
यज्ञस्य त्वा संतत्यै स्तृणामि (शांश्रौसू. नयामि) – तैब्रा.३. 2.४.१; शांश्रौसू. 2.६.१2; आपश्रौ. १.१५.४; १2.१८.७; माश्रौसू. १.2.१.१६
यज्ञस्य देवमृत्विजम् – ऋ.१.१.१/2; आसं.३.४/2; तैसं. ४.३.१३.३/2; मैसं.४.१०.५/2ः १५५.१; काठसं.2. १४/2; गोब्रा. १.१.2९/2; निरु. ७.१५/2
यज्ञस्य दोहो विततः पुरुत्रा – वा. ८.६.2/१; शांश्रौसू. १३.१2.१३/१ प्रः यज्ञस्य दोहः – कात्यश्रौसू. 2५.६.७
यज्ञस्य धाम परमं गुहा यत् – ऋ.१०.१८१.2/2
यज्ञस्य धाम प्रथमं मनन्त – ऋ.१०.६७.2/४; अ.20.९१. 2/४
यज्ञस्य धूर्षु सद्मन् – ऋ. १०.१०५.९/2
यज्ञस्य निधिपोऽसि (पारगृसू. निधिपा असि) – आगृ.१. 22.2१/2; पारगृसू.2.४.2/2 द्र. वेदानां निधिपो असि
यज्ञस्य नेत प्रथमस्य पायोः – ऋ.३.१५.४/३
यज्ञस्य नेत्री शुचयद्भिरर्कैः – ऋ. ४.५६.2/१
यज्ञस्य नो विरिष्टं संधेहि – गोब्रा.१.१.१४
यज्ञस्य पक्षाव् ऋषयः कल्पयन्तः – अ.८.९.१४/2 द्र. उत्तरम्
यज्ञस्य पक्षाव् (मैसं.काठसं. ...षा) ऋषयो भवन्ती – तैसं. ४.३.११.2/2; मैसं.2.१३.१०/2ः १६०.७; काठसं.३९. १०/2 द्र. पूर्वम्
यज्ञस्यपंकतिः – तैआ.३.९.2
यज्ञस्य पथा सुविता नयन्तीः – तैसं.१.४.४३.2; ६.६.१.३
यज्ञस्य पदे स्थः – तैसं.४.१.५.३; ५.१.६.३; मैसं.४.९.१ः

१2१.७; तैआ.४.2.६; ५.३.३; आपश्रौ. १५.2.१४; १६.४.४; माश्रौसू.४.१.१६
यज्ञस्य पाथ उपसमितम् – तैसं.१.१.१३.2; तैब्रा.३.३.६.६; आपश्रौ. ३.७.१2; माश्रौसू.१.३.४.2६
यज्ञस्य पेशः सुदुघे पयस्वती – ऋ.2.३.६/४
यज्ञस्य प्रमाभिमोन्मा प्रतिमा वेद्यां क्रियमाणायाम् – काठसं.३४.१४
यज्ञस्य प्राविता भव – ऋ.३.2१.३/४; मैसं. ४.१३.५/४: 20४.१३; काठसं.१६.2१/४; ऐब्रा.2.१2.१३/४; तैब्रा. ३.६.७.2/४
यज्ञस्य माता (साम मन्त्रब्रा. मातरं) सुहवा मे अस्तु – तैब्रा.2.५.३.2/2; साम मन्त्रब्रा.2.६.८/2 द्र. वित्तस्य माता
यज्ञस्य मात्रां वि मिमीत उ त्वः – ऋ.१०.७१.११/४; निरु.१.८/४
यज्ञस्य मिथुनं पन्नेजनीषु – काठसं.३४.१५
यज्ञस्य – यज्ञस्य केतुं रुशन्तम् – ऋ.१०.१.५/2; तैब्रा. 2.४.३.६/2
यज्ञस्य युक्तौ धुर्या अभूथाम् (तैब्रा.आपश्रौ. धुर्यावभूताम्) – मैसं.१.४.३/2: ५१.४; काठसं. ५.४/2; तैब्रा.३.७.५.११/2; आपश्रौ. ३.६.१०/2
यज्ञस्य योनिमभिसंबभूवुः – काठसं.३६.2/2; आपश्रौ. १६.2६.१/2
यज्ञस्यर्द्धिमनु संतिष्ठस्व – तैब्रा. ३.७.६.20; तै आ आन्ध्र. १०.७७; आपश्रौ. ४.१2.१०
यज्ञस्य वय उत्तिरन् – अ. ६.३६.2/३; आश्रौ. ८.६.७/३; शांश्रौसू. १०.११.६/३ द्र. यज्ञस्य स्वर्
यज्ञस्य वा निशितिं वोदितिं वा – ऋ. ६.१५.११/३
यज्ञस्य विद्वान्परुषश्चिकित्वान् – ऋ.१०.५३.१/2; आपश्रौ. 2४.१३.३/2
यज्ञस्य विद्वान् समये न धीरः – अ.2.३५.३/2 द्र. प्राणस्य आदि
यज्ञस्य वृद्धिमनु वर्ध – आपमपा. 2.१०.८
यज्ञस्य वो रथ्यं विश्पतिं विशाम् – ऋ.१०.९2.१/१; ऐब्रा. ४.३2.६; कौषी ब्रा. १९.६; 22.2 प्रः यज्ञस्य वो रथ्यम् –आश्रौ. ७.४.१2; यज्ञस्य वः शांश्रौसू.१०.३.१४ तु. बृहद.७.१४६
यज्ञस्य शाके परमे व्योमन् – ऋ.५.१५.2/2
यज्ञस्य शिरः प्रतिधास्यामः – शब्रा.१४.१.३.2
यज्ञस्य शिरः प्रतिधेहि – शब्रा. १४.१.३.2
यज्ञस्य संततिरसि – तैब्रा.३.2.४.१; ७.४.१७; शांश्रौसू. 2.६.१2; आपश्रौ.१.१३.१५; १५.४; ६.५.५; १2.१८.७; माश्रौसू.१.2.१.१६
यज्ञस्य संततिर्वसतीवरीषु प्रह्वियमाणासु – काठसं.३४.१५
यज्ञस्य सप्त धामभिरध प्रियम् – ऋ.९.१02.2/३; सा.2.३६४/३
यज्ञस्य सहसो यहो–ऋ.८.८४.५/2; सा.2.९००/2
यज्ञस्य साधनं गिरा – ऋ.८.2३.९/2
यज्ञस्य स्वरुत्तिरन् – सा.2.१०५६/2 द्र. यज्ञस्य वय
यज्ञस्य हि स्थ ऋत्विजा –तैब्रा.आपश्रौ. ऋत्वियौ) – ऋ.८.३८.१/१; सा. 2.४2३/१; काठसं.३५.५/१; पंचब्रा.१३.८.५; तैब्रा. ३.७.८.३/१; आश्रौ.७.2.४; शांश्रौसू.१2.१.५; आपश्रौ. १४.३०.2/१ प्रः यज्ञस्य हि स्थ – आश्रौ.७.५.१७
यज्ञस्यांगानि सर्वशः – तैब्रा.३.७.४.११/2; आपश्रौ. १.६.१०/2
यज्ञस्याणुनि विद्याया – अ.११.७.१०/४
यज्ञस्यायुः प्रतिरन् (काठसं.माश्रौसू. ...तिरन्तौ) – मैसं. ४.१३.४: 20३.६; काठसं.2.७; १६.2१; तैब्रा. ३.६.५.१; माश्रौसू.2.१.४.2७
यज्ञस्यायुरनु सं चरन्ति (आश्रौ.रिन्तु) – तैसं. १.५.१०.४/४; आश्रौ. ३.१४.१०/४ तु. यज्ञायुर्
यज्ञस्यायुरसि – काठसं. ५.३.३2.३
यज्ञस्यायुषि प्रयुज्यताम् – तैब्रा. ३.७.४.१४/2; आपश्रौ.१.१४.३/2
यज्ञा स्विष्टो मे संतिष्ठस्व – आपश्रौ. ४.१६.१५
यज्ञः सस्यानाम् उत सुक्षितानाम् – तैब्रा. 2.५.५.१/2
यज्ञाः (तृप्यन्तु) – आगृ.३.४.१; शां गृ सू.४.९.३
यज्ञात् तं निर्भजामो योऽस्मान् द्वेष्टि यं वयं द्विष्मः – अ. १०.५.३१
यज्ञादेत सन्नपुरोगवासः – शांश्रौसू.१2.१६.2/2 द्र. जज्ञानेत
यज्ञानां रथये वयम् – ऋ.८.४४.2७/१
यज्ञानां केतुर्मिमहे – ऋ.८.४४.१०/३
यज्ञामध्वरश्रियम् – ऋ.१.४४.३/४
यज्ञान् मन्त्रपरिक्रमान् – कौसू. ७३.१६/2
यज्ञाऽयज्ञा वः समना तुतुर्वणिः – ऋ.१.१६८.१/१
यज्ञा–यज्ञा वो अग्नये – ऋ. ६.४८.१/१; सा.१.३५/१; 2.५३/१; वा. 2७.४2/१; मैसं.2.१३.९/१: १५९.१0; काठसं.३९.१2/१; ऐब्रा. ३.३५.६; पंचब्रा. ८.६.५; ११.५.2; १८.१.७; आश्रौ. ५.20.६; शांश्रौसू. ७.2५.१०; ८.६.५; आपश्रौ.१७.९.१/१; माश्रौसू.६.2.३; सावि ब्रा.१.४.३ प्रः यज्ञ – यज्ञा – ऋवि. 2.22.2 यज्ञा–यज्ञीयम् (सूक्तम्) इति नाम– शांश्रौसू.७.2५.१० द्र. यज्ञ वो,

तथा वयो यज्ञा
यज्ञायज्ञियं पुच्छम् – वा.१2.४; तैसं.४.१.१०.५; मैसं.2.७.८: ८५.2; काठसं.१६.८; शब्रा. ६.७.2.६
यज्ञयज्ञीयं प्रतिष्ठा – शांश्रौसू. ६.३.८
यज्ञायते वा पशुषो न (मैसं. नु) वाजान् – ऋ.५.४१.१/४; मैसं.४.१४.१०/४: 2३१.१०; कौषी ब्रा.2३.३
यज्ञा यथा अपूर्व – पंचब्रा.2१.६.१६ भाष्यमनु अनुष्टुप्
यज्ञाय वः पन्नेजनीः सादयामि – तैसं.३.५.६.2
यज्ञाय शिक्ष गृणते सखिभ्यः – ऋ.३.३०.१५/2
यज्ञाय सन्त्वद्रयः – सा.2.४६/३ द्र. यज्ञां हिन्वन्त्यद्रिभिः
यज्ञाय स्तीर्णबर्हिषे वि वो मदे – ऋ.१०.2१.१/३; आश्रौ. ७.११.१४/३,१७/३ द्र. यज्ञेषु स्तीर्ण...
यज्ञाय स्वाहा – तैसं.७.४.2१.१; काठसं अश्व.४.१०; तैब्रा. ३.१.६.७; १2.2.५
यज्ञायापि धाम्यहम् – तैब्रा.३.७.४.१७/2; आपश्रौ. १.१४.३/2
यज्ञायुधैराज्येनातिषक्ता – अ.१2.३.2३/४
यज्ञायुरनुसंचरान् – तैब्रा.३.७.४.६/2; आपश्रौ. १.६.१/2 तु. यज्ञास्यायुरनु...
यज्ञारिष्टो मे संतिष्ठस्व – आपश्रौ. ४.१६.१५
यज्ञाव् एतौ समृताव् उभौ – कौसू. ७३.१६/४
यज्ञा वाऽग्नये – पंचब्रा. ८.६.६/१; ७.१ द्र. यज्ञा – यज्ञा वो
यज्ञासाहं दुव इषे – ऋ.१०.20.७/१
यज्ञासो यन्तु संयतः – ऋ.८.2३.१०/2
यज्ञियाः पाशा वितता महान्तः (आपश्रौ. वितताः पुरुत्रा) – कात्यश्रौसू.2५.१.११/2; आपश्रौ. ३.१३.१/2; 2४.१2.६/2; कौसू. ६७.८/2
यज्ञिया यज्ञं विचयन्ति शं च – तैब्रा.३.७.६.४/३; आपश्रौ. ४.५.५/३
यज्ञिया यज्ञकृत स्थ – तैसं. ३.2.४.१/३
यज्ञिया यज्ञं प्रति देवयद्भयः – काठसं. ३१.१४/2 द्र. यज्ञं–यज्ञं प्रति
यज्ञियासि – वा. ४.१९; तैसं.१.2.४.2; ६.१.७.५; मैसं. १.2.४: १३.४; ३.७.५: ८१.१८; काठसं.2.५; 2४.३; शब्रा.३.2.४.१६
यज्ञियासो हवामहे – वा.४.५/४; तैसं.१.2.१.2/४; मैसं. १.2.2/४: ११.१2; शब्रा. ३.१.३.2४/४
यज्ञियैः केतुभिः सह – तैब्रा. १.2.१.६/४; आश्रौ. 2.१.१७/४; वैसू.५.७/४; आपश्रौ. ५.१.2/४; माश्रौसू.१.५.१.६/४
यज्ञे कृण्वन्ति विदथेषु धीराः – वा.३४.2/2
यज्ञे कोकपितुस्तव – शब्रा. १३.५.४.१७/2
यज्ञे जागृत – तैसं.१.३.१2.१; आपश्रौ. ११.2१.६
यज्ञे जाते पितरो नः पुराणे – ऋ.१०.१३०.६/2
यज्ञे दिवो नृषदने पृथिव्याः – ऋ.७.९७.१/१ प्रः यज्ञे दिवः – आश्रौ. ७.६.३; शांश्रौसू. १2.१2.१३ तु. बृहद. ६.2५,2६
यज्ञेन गातुमप्तुरो विविद्रिरे – ऋ. 2.2१.५/१
यज्ञेन गातुमव इच्छमानः – ऋ.६.६.१/2
यज्ञेन तपसा सह – अ.१2.१.३६/४
यज्ञेन त्वामुपशिक्षेम शक्र – काठसं.४०.५/४; आपश्रौ. १६.३४.४/४
यज्ञेन देवताभ्यः – अ.१2.४.३2/2
यज्ञेन पयसा सह – वा. १2.१०३/2; तैसं.४.2.७.१/2; मैसं.2.७.१४/2: ९५.४; काठसं. १६.१४/2; ३६.१५/2; ३७.६/2; शब्रा.७.३.१.2१; तैब्रा. ३.७.६.४/४; तैसं.४.2१.१/४
यज्ञेन मघवान् – तैसं.४.४.८.१; काठसं. ३६.११
यज्ञेन यज्ञमयजन्त देवाः – ऋ. १.१६४.५०/१; १०.९०.१६/१; अ.७.५.१/१; वा. ३१.१६/१; तैसं.३.५.११.५/१; मैसं. ४.१०.३/१: १४८.१६; ४.१४.2: 2१८.2; काठसं.१५.१2/१; ऐब्रा. १.१६.३५/१; कौषी ब्रा. ८.2; शब्रा. १०.2.2.20; तैआ. ३.१2.७/१; आश्रौ. 2.१६.७; निरु. १2.४१/१ प्रः यज्ञेन यज्ञम् –शांश्रौसू. ५.१५.५; वैसू. १३.१३; माश्रौसू. ५.१.३.४
यज्ञेन यज्ञमव यज्ञियः सन् – ऋ. ३.३2.१2/३
यज्ञेन यज्ञः संततः – आपश्रौ. 2.१४.१३ तु. प्राणेन प्राणः
यज्ञेन वर्धत जातवेदासम् – ऋ.2.2.१/१; ऐब्रा.४.३2.११; कौषी ब्रा. १९.९; 20.३ प्रः यज्ञेन वर्धत – आश्रौ. ७.४.१३; शांश्रौसू. ६.४.११; ११.2.११; १४.५६.१५; १६.20.१६ तु. बृहद. ४.६५
यज्ञेन वाचः पदवीयमायन् – ऋ.१०.७१.३/१; आश्रौ. ३.८.१
यज्ञेनेद्रमवसा चक्रे अर्वाक् – ऋ. ३.३2.१३/१
यज्ञे पत्नी श्रद्दधानेह युक्ता – गोब्रा. १.५.2४/४
यज्ञे पवित्रं पोतृतमम् – तैब्रा. ३.७.४.११/३; आपश्रौ. १.६.१०/३
यज्ञे बर्हिषि वेद्याम् – ऐब्रा. 2.22.५/2; आश्रौ. ५.2.८/2
यज्ञेभिरद्भुतक्रतुम् – ऋ. ८.2३.८/१
यज्ञेभिर् गिर्भिरीडते – ऋ.६.2.2/2
यज्ञेभिगीर्भिर्विश्वमनुषां मरुतामियक्षसि – ऋ.८.४६.१७/३४
यज्ञेभिर्यावाहसम् – ऋ. ८.१2.20/१

यज्ञेभिः सूनो सहसो यज्ञासि – ऋ. ६.४.१/2; तैसं. ४. ३.१३.३/2
यज्ञे–यज्ञे उपस्तुता – ऋ. १.१३६.१/५
यज्ञे–यज्ञे न उदव – ऋ. ५.५.६/३; तैसं. ३.१.११.2/३
यज्ञे–यज्ञे स मर्त्यः – ऋ. १०.६३.2/१
यज्ञे–यज्ञे ह स्वना भुरण्यथः – ऋ. ८.५६ (वाल.११). १/३
यज्ञे या विप्रुषः सन्ति बह्वीः – तैब्रा.३.७.६.21/३; आपश्रौ. ३.१०.१/५
यज्ञे वा नाम जगृहुः – अ.१०.१.११/2
यज्ञेषु चित्रमा भरा विवक्षसे – ऋ. १०.21.४/४
यज्ञेषु देवमीडते – ऋ.१.१५.७/३; ५.21.३/४; ६.१६. ७/३; निरु. ८.2/३
यज्ञेषु देववीतमः – ऋ.६.४६.३/2; सा. ८.७८७/2
यज्ञेषु पूर्व्यं गिरा – ऋ. ५.20.३/३
यज्ञेषु मनुषो विशः – ऋ. ६.१४.2/४
यज्ञेषु मित्रावरुणावकारि – ऋ.७.६०.१2/2
यज्ञेषु य उ चायवः – ऋ.३.24.४/३
यज्ञेषु विप्रराज्ये – ऋ. ८.३.४/४; अ.20.१०४.2/४; सा. 2.६५८/४; वा.३३.८३/४
यज्ञेषु स्तीर्णबर्हिषं विवक्षसे – सा. १.४2६/४ द्र. यज्ञाय स्तीर्ण...
यज्ञे सौत्रामणी सुते – वा.१६.३१/४
यज्ञे ह्यभूतं पोतारौ – तैब्रा. ३.७.४.१2/३; आपश्रौ. 2.८. ६/३
यज्ञैरथर्वा प्रथमः पथस्तते – ऋ. १.८३.५/१; अ. 20.25. ५/१
यज्ञैरथर्वा प्रथमो वि धारयत् – ऋ. १०.६2.१०/३
यज्ञैरिषुः संनममानो अग्ने – ऋ. १०.८७.४/१; अ. ८.३. ६/१
यज्ञैर्जुहोति हविषा यजुषा (तैब्रा. जुहोति यजुषा हविर्भिः) – अ. ७.७०.१/2; तैब्रा. 2.४.2.१/2 तु. यज्ञैर्विधेम
यज्ञैर्मर्तो निशितिं वेद्यानट् – ऋ.६.१३.४/2
यज्ञैर्य इन्द्र दधते दुवांसि – ऋ. ७.20.६/३
यज्ञैर्यस्तवा जिघांसति – अ. ८.५.१५/2
यज्ञैर्वा यज्ञवाहसः – ऋ. १.८६.2/१; तैसं.४.2.११.2/१ तु. यज्ञैर्वो
यज्ञैर्विधेम नमसा हविर्भिः – ऋ.2.३५.१2/2; ४.५०.६/2; अ. 20.८८.६/2; तैसं.१.८.22.2/2; मैसं.४.११.2/2: १६६.६; काठसं. १७.१८/2 तु. यज्ञैर्जुहोति
यज्ञैर्वोयज्ञवाहसः – तैब्रा.2.४.४.६/३ द्र. यज्ञं यद्, तथा तु यज्ञैर्वा

यज्ञ संमिश्लाः प्रषतीभिर् ऋष्टिभिः – ऋ.2.३६.2/१; अ. 20.६७.४/१; वैसू. ३१.27
यज्ञो अयं स्वरिदं यजमानाय स्वाहा – अ.५.2६.१2/४
यज्ञो गात्राणि – शांश्रौसू.१०.१७.४
यज्ञो जिगाति चेतनः – ऋ.३.१2.2/2; सा. 2.20/2
यज्ञो दक्षिणतः समृतः – गोब्रा.2.2.५/2
यज्ञो दक्षिणाभिरुदक्रामत् – अ. १६.१६.६/१
यज्ञो दक्षिणायाम् – काठसं.३४.१६
यज्ञो दिवं रोहतु – तैसं. १.६.३.2
यज्ञो दिवं गच्छतु – तैसं.१.६.३.2 द्र. यज्ञो देवान्
यज्ञो देवानां प्रत्येति (मैसं. एतु) सुम्नम् – ऋ.१.१०७. १/१; वा. ८.४/१; ३३.६८/१; तैसं. १.४.22.१/१; 2.१.११.४/१; मैसं. १.३.2६/१: ३६.७; ४.१४.१४: 23६. ४; काठसं. ४.१०/१; शब्रा. ४.३.५.१५/१ प्रः यज्ञो देवानाम् –काठसं. १.१2; तैब्रा.2.८.१.६; कात्यश्रौसू. १०.४.६; आपश्रौ. १३.६.७; माश्रौसू. 2.५.१.2; वृ हासं. ८.६१
यज्ञो देवान् गच्छतु – मैसं. १.४.१: ४८.१; काठसं. ५.३; आपश्रौ. ४.१2.६ द्र. यज्ञो दिवं गच्छतु
यज्ञो देवान् गम्यात् – मैसं. १.४.१: ४८.१; ज्ञश्रै. ५.३
यज्ञो देवेभिः सह देवयानः – तैसं. ३.१.४.३/2; काठसं. ३०.८/2; माश्रौसू. १.८.३.३१/2
यज्ञो देवेषु कल्पताम् – वा.१६.४५/४; मैसं.३.११.१०/४: १५६.१2; काठसं. ३८.2/४; शब्रा. १2.८.१६/४; तैब्रा. 2.६.३.४/४; आपश्रौ. १.६.१2/४; शां गृ सू. ५.६. ४/४
यज्ञो न सप्त धतृभिः – ऋ. ६.१०.३/३; सा. 2.४७१/३
यज्ञोपवीतमसि यज्ञस्य त्वोपवीतेनोप नह्यामि – शां गृ सू. 2.2.३; पारगृसू. 2.2.१०
यज्ञोपवीतं परमं पवित्रम् – पारगृसू.2.2.१०/१
यज्ञोपवीतं बलमस्तु तेजः–पारगृसू.2.2..१०/४
यज्ञो बभूव स आ बभूव (माश्रौसू. स उ वाबभूव) – अ. ७.५.2/१; तैसं. १.६.६.३/१; ७.६.७; ३.2.७.2/१; शांश्रौसू. ४.१2.१०/१; १०.१३.23; १५.३.११; माश्रौसू. १.४.३.१८/१ प्रः यज्ञो बभूव – आपश्रौ. ४.१६.१2
यज्ञो बृहद्दक्षिणा त्वा पिपर्तु – काठसं.३७.६/2
यज्ञो ब्रह्म एवाँ अप्येतु देवान् – तैब्रा.2.५.५.१/४
यज्ञो भूत्वा यज्ञमासीद स्वां (आश्रौ. इत्यस्य लोपः स्वां; माश्रौसू. स्वं) योनिं जातवेदो (माश्रौसू. जातवेदो इत्यस्य लोपः) भूव आजायमानः (तैब्रा. आपश्रौ. सक्षय एहि इत्यस्योपसंख्यानम्; माश्रौसू. स्वक्षय एहि इत्यस्योपसंख्यानम्) – तैब्रा. 2.५.८.८; आश्रौ.३.१०.६;

आपश्रौ. ६.2८.११; माश्रौसू.१.६.३.३
यज्ञो म आयुर्दधातु – काठसं.५.३; ३2.३
यज्ञो मनुः प्रमतिर्नः पिता हि कम् – ऋ.१०.१००.५/३
यज्ञो मन्त्रो ब्रह्मोद्यतं वचः – ऋ.१०.५०.६/४
यज्ञो यर्जुभिः – वा.20.१2; काठसं. ३८.४; शब्रा.१2.८.३.३०; तैब्रा.2.६.५.७ द्र. ब्रह्म त्वा य...।
यज्ञो यज्ञस्य – आपश्रौ. 2.१५.१
यज्ञो यज्ञेन कल्पताम् (मैसं. कल्पते; वा.22.2३, कल्पतां स्वाहा) – वा. ६.2१; १८.2६; 22.३३; तैसं.१.७.६.2; ४.७.१०.2; मैसं. १.११.३: १६३.१६; काठसं. १४.१; १८.१2; शब्रा.५.2.१.४
यज्ञो यत्र पराक्रान्तः – अ. १०.७.१६/३
यज्ञो रायो यज्ञ ईशे वसूनाम् – तैब्रा.2.५.५.१/१ प्रः यज्ञो रायः – तैब्रा.३.१2.१.१
यज्ञो वर्धताम् – आपमपा. 2.१०.८(आपगृ. ५.१३.१७)
यज्ञो वितन्तसाय्यः – ऋ. ८.६.22/३; ६८.११/३
यज्ञो विपश्चितश्चन – ऋ. १.१८.७/2
यज्ञोऽसि सर्वतः श्रितः – तैब्रा.३.७.६.११; आपश्रौ. ४.८.2
यज्ञो हि त इन्द्र वर्धनो भूत् – ऋ. ३.३2.१2/१
यज्ञो हि ष्मेन्द्रं कश्चिदृन्धन् – ऋ. १.१७३.११/१
यज्ञो हीडो वो अन्तरः – ऋ. ८.१८.१६/१
यज्वानो येऽप्ययज्वानः – तैआ. १.2७.५/2
यज्वेदयज्योर्वि भजाति भोजनम् – ऋ. 2.2६.१/४
यं चाहं द्वेष्मि यश्च माम् – तैब्रा. ३.७.६.१७/2; तैआ. 2.५.2/2; आपश्रौ. ४.११.५/2
यं जनासो हविष्मन्तः – ऋ. ८.७४.2/१; सा.2.६१५/१
यं जीवमश्नवामहै (मैसं. ...हे) – ऋ.१०.६७.१७/३; अ.६.१०६.2/३; वा. १2.६१/३; तैसं. ४.2.६.५/३; मैसं. 2.७.१३/३: ६४.१४; काठसं. १६.१३/३
यं जोहवीमि पृतनासु सासहिम् – अ.३.2१.३/३; मैसं.2.१३.१३/३: १६३.३; काठसं. ४०.३/३
यं शक्नवाम तदनु प्रवोधुम् – मैसं. ४.१०.2/2: १४७.६ द्र. यच्छक्नवाम।
यं शीभं समवल्गत – मैसं.2.१३.१/2: १५2.६ द्र. आच्छीभम् इत्यत्र
यतात्तस् (आश्रौ. आर्त्तस्) तदग्न् पुनः – तैसं.१.५.१०.४/४; आश्रौ. ३.१४.१०/2
यत इन्द्र भयामहे – ऋ. ८.६१.१३/१; अ. १६.१५.१/१; सा.१.2७४/१; 2.६७१/१; पंचब्रा.१५.४.३/१; तैब्रा.३.७.११.४/१; तैआ.१०.१.६/१; आश्रौ. ७.४.४; शांश्रौसू. ६.१३.३; १2.५.20; आपश्रौ. ३.१2.१/१; ६.१2.८; शां गृ सू. १.४.2; ६.५.६; महा नारा उप.20.४/१; सावि ब्रा. 2.३.४ प्रः यतः –ऋवि.2.३३.४
यत उ आयन्तदुर्दियुराविशम् – ऋ. 2.2४.६/४
यत ऐति मधुकशा रराणा – अ.६.१.2/३
यत ओषधीभिः पुरुषान् पशूंश्च – महा नारा उप. १.४/३ द्र. यदादि।
यतः क्षरन्ति सिन्धवः – काठसं.३६.१५/2; तैब्रा.2.७.७.६/2
यतः खनेम (तैसं. ...नाम) तं वयम् – वा.११.१६/४; तैसं. ४.१.2.३/४; मैसं. 2.७.2/४: ७५.१४; काठसं. १६..2/४; शब्रा. ६.३.३.११
यतः परि जार इवाचरन्ती – ऋ.७.७६.३/३; पंचब्रा.2५.८.४/३
यतः पूर्वाँ इव सखीँरनु ह्वय – ऋ. ५.५३.१६/३
यतः प्रजज्ञ इन्द्रो अस्य वेद – ऋ.१०.७३.१०/४
यतः प्रजा अखिद्रा अजायन्त तस्मै त्वा प्रजापतये विभूदाव्ने ज्योतिष्मते ज्योतिष्मन्तं जुहोमि (काठसं. विभूदाव्ने जुहोमि स्वाहा) – तैसं.३.५.८.१; काठसं. 2६.५ द्र. येन प्रजा।
यतः प्रसूता जगतः प्रसूती – तैआ.१०.१.१/१; महा नारा उप.१.४/१
यतथः सं च नयथः – ऋ. ५.६५.६/2
यतन्ते वृथग् अग्नयः – ऋ. ८.४३.४/३; वा.३३.2/३
यतमाना रश्मिभिः सूर्यस्य – ऋ. १.१2३.१2/2 तु. उत्तरम्।
यतमानो रश्मिभिः सूर्यस्य – ऋ.५.४.४/2 तु. पूर्वम्।
यतरश्मय उप यन्त्वर्वाक् – ऋ. ५.६2.४/2
यतश्चुतदग्नावेव तत् – आश्रौ.३.१०.३१/३ द्र. उत्तरम्, यत्र चुष्चुतद्, तथ तु. द्यौर्यतश्।
यतश्चुतद् धुतमग्नौ तदस्तु – कात्यश्रौसू.2५.६.१४/३ द्र. अत्र पूर्वम्।
यतश्चोदेति सूर्यः – शब्रा. १४.४.३.३४/१; बृह उप. १.५.३४/१ द्र. यतः सूर्य।
यतस्तत् परिषिच्यते – अ.१०.८.2६/४
यतस्तपः समूहसि – अ.१.१३.2/2
यतस्रुचः सुरुचं विश्वदेव्यम् – ऋ. ३.2.५/३
यतस्रुचा बर्हिरु तिस्तिराणा – ऋ. १.१०८.४/2
यतस्रुचा मिथुना या सपर्यतः – ऋ. १.८३.३/2; अ. 20.2५.३/2; ऐब्रा.१.2६.११
यतस्व सदस्यैः – वा.७.४५; तैसं.१.४.४.३2; ६.६.१.४; मैसं. १.३.३७: ४४.१; ४.८.2: १०६.१; काठसं. ४.६; शब्रा. ४.३.४.१८; कात्यश्रौसू. १०.2.१८
यतः सद्य आ च परा च यन्ति – अ. 2.2.३/४

यतः सूर्य उदेति – अ.१०.८.१६/१ द्र. यतश्चोदेति
यतः स्वः समीहसे – वा. ३६.2१/४
यतायै यतायै शान्तायै शान्तिवायै भद्रायै भद्रावति स्योनायै शग्मायै शिवायै – कौसू. ३९.६
यता सुजूर्णि रातिनी घृताची – ऋ. ४.६.३/१
यतेमहि स्वराज्ये – ऋ. ५.६६.६/४
यते स्वाहा – वा.22.८; तैसं. ७.४.22.१; मैसं. ३.१2.३: १६०.१७; काठसं. १.४; ५.१
यतो घृतश्रीरतिथिरजायत – ऋ.१.१2८.४/६
यतो जज्ञ उग्रस्त्वेषनृम्णः – ऋ. १०.१2०.१/2; अ. ५.2.१/2; 20.१६७.४/2; सा. 2.८३३/2; वा. ३३.८०/2; ऐआ. १.३.४.2; ५.१.६.५; आपश्रौ. 2१.22.३/2; माश्रौसू. ७.2.६/2; निरु. १४.2४/2
यतो जातः प्रजापतिः – वा. 2३.६३/४; आश्रौ. १०.६.५/४; शांश्रौसू. १६.७.१/४
यतो जातमिदं विषम् – अ. ४.६.८/४
यतो जातो (जाब्रा उप. जातः प्राणाद्) अरोचथाः – ऋ. ३.2९.१०/2; अ. ३.20.१/2; वा. ३.१४/2; १2.५2/2; १५.५६/2; तैसं. १.५.५.2/2; ४.2.४.३/2; ७.१३.५/2; मैसं. १.५.१/2: ६६.४; १.६.१/2: ८५.७; काठसं. 2.४/2; ६.९/2; १६.११/2; १८.१८/2; जैब्रा. १.६१/2; शब्रा.2.३.४.१३/2; ७.१.१.2८; तैब्रा. १.2.१.१६/2; 2.५.८.८/2; जाब्रा उप. ४/2
यजो जायत उक्थ्यः – ऋ. ३.१०.६/2
यतो जायन्य जायसे – अ. ७.७६.५/2
यतो दष्टं यतो धीतम् – अ. ७.५६.३/१
यतो देव दधिषे पूर्वपेयम् – काठसं. ४.2/४; १३.११/४ द्र. यस्य देव आदि
यतो देवा उदजायन्त विश्वे – ऋ. ४.१८.१/2
यतो देवीः प्रतिपश्याम्यापस्ततो मा राद्धिरागच्छतु – साम मन्त्रब्रा.2.८.५ प्रः यतो देवीः गोभि –गृसू. ४.१०.६; खादि गृसू. ४.४.१०
यतो द्यावापृथिवी निष्टतक्षुः – ऋ.१०.३१.७/2; ८१.४/2; वा. १७.20/2; तैसं.४.६.2.५/2; मैसं. 2.१०.2/2: १३३.३; काठसं. १८.2/2; तैब्रा. 2.८.६.६/2,७/2
यतो नः प्रुष्णवद्वसु – ऋ.३.१३.४/३
यतो न पुनरायति (तैब्रा.आपश्रौ. आयसि) – अ. ६.७५.2/३,३/४; तैब्रा. ३.३.११.४/३; आपश्रौ. ३.१४.2/३
यतो नैषां पुनरेकश्चनोदयत् – अ.८.४.३/३ द्र. यथा नातः
यतो भगः सविता दाति वार्यम् – ऋ. ५.४८.५/४
यतो भयमभयं तत्कृधी नः – आपश्रौ. १४.१७.१/३ द्र. उत्तरम्
यतो भयमभयं तन्नो अस्ति (काठसं.तैब्रा.आपश्रौ.माश्रौसू. अस्तु) – अ.१९.३.४/३; काठसं. ७.१2/३; ३५.१/३; तैब्रा. १.2.१.६/३; आपश्रौ. ५.५.८/३; माश्रौसू. १.५.१.१६/३ द्र. पूर्वम्।
यतो भूमिं जनयन् विश्वकर्मा – ऋ.१०.८१.2/३; वा. १७.१८/३; मैसं.2.१०.2/३: १३३.७ द्र. यदिद् भूमिं, तथा यदी भूमिम्
यतो मे मध्वाभृतम् – ऋ.१.2५.१७/2
यतो–यत आवर्तते – ब्रन. ४.१७.६/१
यतो–यतः समीहसे – वा.३६.22/१
यतो यविष्ठ जज्ञिषे सुषेवः – ऋ. ७.७.३/४
यतो यविष्ठो अजनिष्ट मातुः – ऋ. ७.४.2/2
यतो युञ्जानस्ततो विमुंचामि – माश्रौसू. १.३.४.2८
यतो वाचो निवर्तन्ते – तैआ. ८.४.१/१; ९.१/१; तै उप. 2.४.१/१; ९.१/१
यतो वातो मनोजवाः – काठसं. ३६.१५/१; तैब्रा.2.७.७.६/१; आपश्रौ. 22.2६.११
यतो विपान एतति – ऋ. ८.६.2९/३
यतो विष्णुर्विचक्रमे – ऋ. १.22.१६/2; सा. 2.१०/४/2
यतो वीरः कर्मण्यः सुदक्षः – ऋ. ३.४.९/३; तैसं. ३.१.११.१/३,2; मैसं. ४.१३.१०/३; 2११३.६; नृसिपू. उप. 2.४/३
यतो व्रतानि पस्पशे – ऋ. १.22.१९/2; अ.७.2६.६/2; सा. 2.१०.2१/2; वा. ६.४/2; १३.३३/2; तैसं. १.३.६.2/2; मैसं.१.2.१४/2: 2३.१८; काठसं. ३.३/2; १६.१६/2; शब्रा. ३.७.१.१७/2; ७.५.१.2५
यत् कक्षीवान् संवननम् – खिल. १०.१९१.३/१
यत् कोपतः पदमग्नौ कृणाति – ऋ.१०.१६५.४/2: मागृसू.. 2.१७.१/2 द्र. यद्वा कपोतः
यत्करोमि तदृध्यताम् – कौसू. ४५..१६/३ तु. उत्तरमेकवर्जम्
यत्कर्मणात्यरीरिचम् – शब्रा. १४.९.४.2४/१; बृह उप.६.४.2४/१; पारगृसू. १.2.११ द्र. यदस्य कर्मणो
यत्काम इदं जुहोमि तन्मे समृध्यताम् – तैब्रा.३.११.2.४ तु. पूर्वं एकवर्जं, तथा यत्कामाः
यत्काम इदमभिषिंचामि वोऽहम् – अ. ६.१22.५/३; १०.९.2७/३; ११.१.2७/३
यत्काम कामयमानाः – अ.१९.५2.५/१; कौसू. ९2.३०,३१/१
यत्कामास्ते जुहुमस्तन् नो अस्तु – ऋ.१०.१2१.१०/३;

अ. ७.७६.४/३; ८०.३/३; वा. १०.20/३; 23. ६५/३; का. 2६.३६/३; तैसं.१.८.१४.2/३; ३.2.५. ७/३; काठसं. १५.८/३; षड् ब्रा.१.६.१६/३; शब्रा. ५.४.2.६/३; तैब्रा. 2.८.१.2/३; ३.५.७.१/३; तै आ आन्ध्र.१०.५४/३; साम मन्त्रब्रा. 2.५.८/३; आपमपा. 2.22.१६/३; निरु. १०.४३/३ द्र. यस्मै कं, तथा तु. यत्काम इदं जुहोमि

यत्कारवे दश वृत्राण्यप्रति – ऋ.१.५३.६/३; अ.20.21. ६/३

यत्किं च जगत्यां जगत् – वा.४०.१/2; ईश उप. १/2

यत्किं च (काठसं. चित्) तन्वो (तैसं. ...वां) रपः – ऋ. १०.६७.१०/४; वा.१2.८४/४; तैसं. ४.2.६..३/४; मैसं.2.७.१३/४; ६४.४; काठसं. १६.१३/४

यत्किं च दुरितं मयि – ऋ. १.2३.22/2; १०.६.८/2; का. ६.५.५/2; तैआ. १०.2४.१/५,2५.१/५; महा नारा उप. १४.३/५,४/५ द्र. अवद्यं च इत्यत्र

यत्किं च पर्वण्यासक्तम् – अ. १६.४८.३/३

यत्किं च पृथिव्यामधि – ऋ. ५.८३.६/४ तु. उत्तरम्

यत्किं च भूम्यामधि – अ.११.४.४/४ तु. पूर्वम्।

यत्किं चानृतमादिम (तैआ. ऊदिम) – मैसं. ४.१४.१७/४ : 2४४.६.११; तैआ.2.३.१/४

यत्किं चाश्नीत ब्राह्मणाः – लाटयश्रौसू. 2.१2.१७/2; कौसू. ६१.20/2

यत्किं चासौ मनसा यच्च वाचा – अ. ७.७०.१/१; तैब्रा. 2.४.2.१/१ प्रः यत्किं चासौ मनसा – कौसू. ४८.2७

यत्किं चाहं त्वायुरिदं वदामि – ऋ. ६.४७.१०/३

यत्किं चित् तन्वोः द्र. यत् किं च आदि।

यत्किं चिद् (माश्रौसू. अंत समबज च) दुरितं मयि – तै आ आन्ध्र. १०.६४/४; महा नारा उप. १६.१/४; माश्रौसू. १.८.४.४०/2 द्र. अवद्यं च इत्यत्र

यत् किं चेदं वरुण दैव्ये जने – ऋ. ७.८६.५/१; अ. ६. ५१.३/१; तैसं. ३.४.११.६/१; मैसं. ४.१2.६/१: १६७. ११; काठसं. 2३.१2/१; आश्रौ. ४.११.६ प्रः यत्किं चेदं वरुण –शांश्रौसू. ६.2६.३; ऋवि. 2.2६.१; यत्किं चेदम् – तैब्रा.2.८.१.६; शां गृ सू. ५.2.६; माधसू. ११. 2५2

यत्किं चेदं विरोचते – अ. १३.१.५५/४

यत्किं चेदं सरिसृपम् – अ. १६.४८.३/2

यत्किं चेदं पतयति – अ. १६.४८.३/१

यत्किं चेह करोत्ययम् – शब्रा. १४.७.2.८/४; बृह उप. ४.४.८/४

यत्कुमारी मन्द्रयते – तैआ. १.2७.४/१

यत्कुसीदमप्रतीत्तं (मैसं.माश्रौसू.तैआ. ...तीतं; साम मन्त्रब्रा. अप्रदत्तं) मयि ६ मैसं..माश्रौसू.तैआ.साम मन्त्रब्रा. मयेह) – तैसं.३.३.८.१/१,४; मैसं. ४.१४.१७/१: १४५. ६; तैआ.2.३.2/१; माश्रौसू. 2.५.५.१८/१; साम मन्त्रब्रा. 2.३.20/१ प्रः यत् कुषीदमप्रतीतम् – आपश्रौ. १३.2४.१५; यत् कुषीदम् –गोभि गृसू. ४.४. 2६ द्र. अपमित्यम् इत्यत्र

यत्कृषते यद्वनुते – अ. १2.2.३६/१

यत्कृष्णो रूपं कृत्वा – तैब्रा. ३.७.४.८/१; आपश्रौ. १.६. १/१

यत्क्रीडथ मरुत ऋष्टिमन्तः – ऋ.५.६०.३/३; तैसं. ३.१. ११.५/३; मैसं. ४.१2.५/३: १६३.१४

यत्क्षुरेण पर्चयता (मागृसू.. वर्तयता) सुतेजसा (आगृ. पारगृसू.आपमपा. 2.१.७/१ (आपगृ. ४.१०.७); हिर गृसू. १.६.१६/१; मागृसू..१.21.७/१ प्रः यत्क्षुरेण –कौसू. ५३.१६; ५५.३

यत्त अपोदकं विषम् – अ.५.१३.2/१ तु. कौसू. 2६.2

यत्त आक्रमणं दिवि – अ.१३.१.४४/2

यत्त आत्मनि तन्वां घोरमस्ति – अ.१.१८.३/१

यत्त आस्थितं शमु तत्ते अस्तु – तैब्रा. ३.७.१३.३/३ द्र. यत्ते विरिष्टम्

यत्त इन्द्र बृहद्वयस्तस्मै त्व विष्णवे त्वा – वा. ७.22; तैसं. १.४.१2.१; काठसं.४.५; मैसं.१.३.१४: ३५.१४; शब्रा. ४.2.३.१०

यत्त ऊनं यदु तेऽतिरिक्तम् – तैब्रा. ३.११.६.१/2 द्र. अग्ने यदून, तथा तु. यत्ते अग्ने न्यूनम्

यत्त ऊनं तत्त आ पूरयति – अ. १2.१.६१/३ प्रः यत्त ऊनम् –कौसू. ४६.५2; १३७.१३

यत्ते एतन्पुखेऽमतम् (हिर गृसू.मतम्) – आपमपा. 2.22. 2/१ (आपगृ. ८.2३.2); हिर गृसू. १.१५.३/१

यत्तच्छरीरमशयत् – अ. ११.८.१६/१

यत्तत्र मधु तन्मयि – अ. ६.१.१८/४

यत्तत्रैनो अप तत्सुवामि – अ. ६.११६.३/४ द्र. यदत्रैनो

यत्तदासीदिदं नु ताइदिति – अ. १2.५.५०/2

यत्तिष्ठति चरति यदु च विश्वमेजकित – अ. ७.20.६/2

यत्तिष्ठथः क्रतुमन्तानु पृक्षे – ऋ.१.१८३.2/2

यत्तुदत्सूर एतशम् – ऋ. ८.१.११/१

यत्तृतीयं सवनं रत्नधेयम् – ऋ. ४.३५.६/१

यत्ते अग्ने तेजस्तेनाहं तेजस्वी भूयासम् – तैसं. ३.५.३.2; आगृसू. १.21.४ प्रः. यत् अग्ने तेजस्तेनाहम् हिर गृसू. १.८.६ तु अग्ने यत्ते तेजस्

यत्ते अग्ने न्यूनं यदु

तेऽतिरिक्तमादित्यास्तदंगिरसश्चिन्वन्तु – तैब्रा.३.१०.३.१ तु. यत्त ऊनं यद्
यत्ते अग्ने वर्चस्तेनाहं वर्चस्वी भूयासम् – तैसं.३.५.३.2; आगृसू.. १.2१.४
यत् ते अग्ने हरस्तेनाहं हरस्वी भूयासम् – तैसं. ३.५.३.2; आगृ.१.2१.४ तु. अग्ने यत् ते हरस्।
यत्ते अंगमतिहितं पराचैः – अ. १८.2.2६/१ प्रः यत्ते अंगम् –कौसू. ८2.2६; ८५.2६
यत्ते अन्नं भुवस्पते – अ.१०.५.४५/१
यत्ते अपो यदोषधीः – ऋ.१०.५८.७/१
यत्ते अभ्रस्य विद्युतः – ऋ.५.८४.३/३; काठसं. १०.१2.१/३
यत्ते अस्मिन् घोर जुहोमि – काठसं.१५.६.१2/१ द्र. यत् अद्य ते घोर इत्यत्र
यत्ते काम शर्म त्रिवरूथम् उद्भु – अ.६.2.१६/१
यत्ते कृष्णः शकुन आ तुतोद – ऋ.१०.१६.६/१; अ.१८.३.५५/१; तैआ.६.४.2/१ प्रः यत् ते कृष्णः कौसू.८०.५; ८३.20 तु. विष्णुस्मृ.५६.१३
यत्ते केशेषु दौर्भाग्यम् – मागृसू..2.१४.2६/१; याधसू.१.2८.2/१
यत्ते क्रुद्धः परोवप – काठसं.८.१४/१ द्र. अत्र यत्त्वा क्रुद्धः।
यत्ते क्रुद्धासे धनपतिः – अ.१०.१०.११/१
यत्ते क्रूरं यदास्थितं तत्त आप्यायतां निष्टयायतां तत्ते शुध्यतु (तैसं.आपश्रौ. आप्यायतं तत्ते एतेन शुन्धताम्) – वा.६.१५; तैसं.१.३.६.१; शब्रा.३.८.१.६ – १०; आपश्रौ. ७.१८.८ प्रः यत्ते क्रूरम् कात्यश्रौसू. ६.६.६ द्र. उत्तरद्वयम्।
यत्ते क्रूरं यदास्थितं तदेतेन शुन्धस्व (कौसू. तच्छुन्दस्व) – मैसं. १.2.१६ः 2६.८; ३.१०.१ः १2८.१३ प्रः यत्ते क्रूरं यदास्थितम् –कौसू. ४४.2३; यत्ते क्रूरम् – माश्रौसू. १.८.४.४ द्र. पूर्वं तथा उत्तरम्
यत्ते क्रूरतरं यदास्थितं तत्त एतेन कल्पताम् – काठसं.३.६ द्र. पूर्वद्वयम्
यत्तेऽक्षेममनीनचत् – नील उप.३/३
यत्ते गात्रादग्निना पच्यमानात् – ऋ.१.१६2.११/१; वा. 2५.३४/१; तैसं. ४.६.८.४/१; मैसं. ३.१६.१/१५ १८2.१६; काठसं अश्व. ६.५/१
यत्ते ग्रावा बहुच्युतो अचुच्यवुः (वैसू.अचुच्योत्) – तैब्रा. ३.७.१३.१/१; वैसू.2४.१/१ (अपै) प्रः यत् ते ग्रावा – वैसू.2३.22 सौम्यः (ऋचः) इति नाम– गोब्रा.2.४.७
यत्ते ग्राव्णा चिच्छिदुः (माश्रौसू. विच्छिन्दत्) सोम राजान् – तैब्रा. ३.७.१३.१/१; वैसू. 2४.१/१ (अपै); माश्रौसू. 2.५.४.2४/१ प्रः यत्ते ग्राव्णा आपश्रौ. १३.20.८
यत्ते घोरं यत्ते विषं तद् द्विषत्सु नि दध्मस्यमुष्मिन् – कौसू.१०2.2
यत्ते चक्षुर्दिवि यत्सुपर्णे – आश्रौ.५.१६.४/१ द्र. येन श्येनम्
यत्ते चतस्रः प्रदिशः – ऋ.१०.५८.४/१
यत्ते चन्द्रं कश्यप रोचनावत् – अ.१३.३.१०/१ द्र. यत्ते शिल्पम्
यत्ते शर्म शतौदुने – अ.१०.६.2५/१
यत्तेऽचितं यदु चितं ते अग्ने – काठसं.४०.५/१; तैब्रा. ३.११.६.१/१; आपश्रौ. १६.३४.४/१
यत्ते जामित्वमवरं परस्याः – ऋ.१०.५५.४/३
यत्ते तनूष्वनह्यन्त – अ.१६.20.३/१
यत्ते तपस्तस्मै ते मावृक्षि – तैसं.१.६.६.१; ७.६.१
यत्ते तान्तस्य हृदयमाछिन्दन् – तैब्रा.१.2.१.७/१; आपश्रौ. ५.2.४/१
यत्तेऽतिरिक्तं तस्मै ते नमः – आश्रौ. १.११.५
यत्ते त्वचं बिभिदुर्यच्च योनिम् – तैब्रा.३.७.१३.१/१
यत्ते दर्भ जरामृत्युः – अ. १६.३०.१/१
यत्ते दित्सु (सा. दिक्षु) प्राध्यम् – ऋ.५.३६.३/१; सा. 2.५2४/१; आश्रौ. ६.६.१2
यत्ते दिवं यत्पृथिवीम् – ऋ.१०.५८.2/१
यत्ते दिवो दुहितर्मर्तभेजनम् – ऋ. ७.८१.५/३
यत्ते देवा अकृण्वन् भागधेयम् – अ. ७.७६.१/१; कौसू. ५.६ प्रः यत्ते देवा अकृण्वन् –कौसू. ५६.१६; यत्ते देवाः –वैसू.१.१६ द्र. उत्तरम्।
यत्ते देवा अदधुर्भागधेयम् – तैसं.३.५.१.१/१; माश्रौसू. ६.2.३/१ प्रः यत्ते देवा अदधुः –तैसं.४.४.१०.३; तैब्रा. १.५.१.५; ३.१.2.११; आपश्रौ. ५.2३.४; १७.६.८ द्र. पूर्वम्
यत्ते देवी निरर्ऋतिराबबन्ध – अ. ६.६३.१/१; तैसं. ४.2.५.2/१; आपश्रौ. १६.१७.१ प्रः यत्ते देवी – वैसू.2८.2७; कौसू. ४६.१६; ५2.३ द्र. यं ते देवी
यत्ते धीतिं सुमतिमावृणीमहे – ऋ.६.१५.६/३; सा.2.६१६/३
यत्ते नक्षत्रं मृगशीर्षमस्ति – तैब्रा.३.१.१.३/१
यत्ते नद्धं विश्ववारे – अ.६.३.2/१
यत्तेऽनाधृष्टं नाम यज्ञियं (काठसं. नामानाधृष्यं; मैसं. धामानाधृष्यं) तेन त्वादधे – वा. ५.६; तैसं.१.2.१2.१; मैसं. १.2.८; १७.१०,१2,१५; काठसं.2.६; ७.१४; शब्रा. ३.५.१.३2
यत्ते नाम सुहवं सुप्रणीते – अ. ७.20.४/१; काठसं. १३.

१६/१ प्रः यत्ते नाम – काठसं.22.१५
यत्ते नियानं रजसम् – अ. ८.2.१०/१
यत्ते न्यूनं तस्मै ते उप – आश्रौ. १.११.१५
यत्ते पराः परावतः – ऋ.१०.५८.११/१
यत्ते पर्वतान् बृहतः – ऋ.१०.५८.६/१
यत्ते पवित्रमर्चिवत् – ऋ. ६.६७.2४/१
यत्ते पवित्रमर्चिषि (आश्रौ. अर्चिषा) – ऋ. ६.६७.2३/१; वा. १६.४१/. मैसं. ३.११.१०/१५ १५६.३; काठसं. ३८.2/१; तैब्रा. १.४.८..2/१; 2.६.३.४; आश्रौ.2.१2.४; लाटयश्रौसू. ५.४.१४/१; वृ हासं. 2.३७,३६; ७.2३६ तु. बृहद. ६.१३2
यत्ते पावक चकृमा कच्चिदागः – आपश्रौ. ७.६.५/१; माश्रौसू. १.७.३.४०/१
यत्ते पिताबिभः पुरा – अ.१८.४.५६/2
यत्ते पितृभ्यो ददतः – अ. १०.१.११/१
यत्ते पुच्छं ये ते बालाः – अ.१०.६.22/१
यत्ते प्रजापते चरणं छन्दस्तत् प्रपद्ये – शांश्रौसू.१.४.५; आपश्रौ. 2४.११.2
यत्ते प्रजायां पशुषु – अ. १४.2.६2/१
यत्ते भमेन विचकर – मैसं. १.७.१/१: १०८.७
यत्ते भूतं च भव्यं च – ऋ.१०.५८.३/१
यत्ते भूमे विखनामि – अ. १2.१.३५/१ प्रः यत्ते भूमे –कौसू.४६.५१; १३७.१2
यत्ते मध्यं पृथिवि यच्च नभ्यम् – अ. १2.१.१2/१
यत्ते मध्यं पृथिवि यच्च नभ्यम् – अ. १2.१.१2/१
यत्ते मनस्तवयि तद्धारयामि – अ. ८.2.३/३
यत्ते मनुर्यदनीकं सुमित्रः – ऋ. १०.६६.३/१
यत्ते मन्युपराप्तस्य – तैसं. १.५.३.2/१; ४.2; मैसं. १.७. १/१: १०८.५; काठसं. ८.१४/१; आपश्रौ. ५.2७.१2
यत्ते परीचीः प्रवतः – ऋ. १०.५८.६/१
यत्ते महे आदिः द्र. यत् त्वेमहे।
यत्ते माता यत्ते पिता – अ. ५..३०.५/१
यत्ते मेधः स्वर्ज्योतिस्तस्य ते – शांश्रौसू. ७.५.22
यत्ते यकृद्ये मतस्ने – अ. १०.६.१६/१
यत्ते यमं वैवस्वतम् – ऋ. १०.५८.१/१ प्रः यत्ते यमम् – शांश्रौसू. १६.१३.१४; ऋवि. ३.११.३ तु. बृहद. ७. ८३(ठ),६०।
यत्ते राजँ (आगृ. राजं) छृतं हविः – ऋ. ६.११४.४/१; आगृ. ३.५.७; शां गृ सू. ४.५.८
यत्ते रिष्टं यत्ते द्युत्तम् – अ. ४.१2.2/१
यत्ते रुद्र दक्षिणा धनुः – तैसं.५.५.७.३/१
यत्ते रुद्र पश्चाद्धनुः – तैसं. ५.५.७.३/१
यत्ते रुद्र पुरोधनुः – तैसं. ५.५.७.2/१; आपश्रौ. १७.१2.३
यत्ते रुद्रोपरि धनुः – तैसं.५.५.७.३/१
यत्ते रुद्रोपरि धनुः – तैसं. ५.५.७.४/१
यत्ते वयं पुरुषत्रा यविष्ठ – तैसं.४.७.१५.६/१ प्रः यत्ते वयम् – आपश्रौ. ६.१2.१० द्र. यच्चिद् धि ते पुरुषत्रा
यत्ते वयं प्रमिनाम व्रतानि – ऋ. ८.४८.६/३
यत्ते वर्चो जातवेदः – अ.३.22.४/१
यत्ते वासः परिधनम् – अ. ८.2.१६/१ प्रः यत्ते वासः वैसू.१०.६; कौसू. ५८.१७
यत्ते विरिष्टं समु तत्त एतत् – वैसू. 2४.१/३ द्र. यत्त आस्थितम्
यत्ते विश्वमिदं जगत् – ऋ.१०.५८.१०/१
यत्ते श्क्विः परावधीत् – आपश्रौ. ७.६.६/१ द्र. यत्त्वा शिक्वः
यत्ते शिरो यत्ते मुखम् – अ.१०.६.१३/१
यत्ते शिल्पं कश्यप रोचनावत् – काठसं. ३७.६/१; तैब्रा. 2.७..१५.३/१; तैआ. १.७.१/१ द्र. यत्ते चन्द्रं।
यत्ते शुक्रं तन्वो रोचते शुचि – ऋ.१.१४०.११/३
यत्ते शुक्र शुक्रं वर्चः शुक्रा तनूः शुक्रं ज्योतिरजस्रं तेन मे दीदिहि तेन त्वादधे – तैब्रा.१.१.७.2; 2.१.2४; आपश्रौ. ५.१2.१ द्र. उत्तरम्, तथा उत्तरं द्विवर्जम्
यत्ते शुक्र शुक्रं ज्योतिस्तेन रुचा रुचमशीथाः – मैसं.१.६. १: ८६.३; १६.६: ६५.१४
यत्ते शुक्र शुक्रं धाम शुक्रा तनूश् शुक्रं ज्योतिरजस्रं यत्तेऽनाधृष्टं नामाधृष्यं तेन त्वादधे – काठसं. ७.१४ द्र. पूर्वं द्विवर्जम्
यत्ते सधस्थं परमे व्योमन् – अ. १३.१.४४/३
यत्ते समुद्रमर्णवम् – ऋ.१०.५८.५/१
यत्ते सादे महसा शूकृतस्य – ऋ. १.१६2.१७/१; वा. 2५.४०/१; तैसं. ४.६.६.2/१; काठसं अश्व.६.५/१
यत्ते सुजाते हिमवत्सु भेषजम् – तैब्रा.2.५.६.४/१
यत्ते सुसीमे हृदये (साम मन्त्रब्रा.पारगृसू.आपमपा.हिर गृसू. ...यम्) कौषी ब्रा॰2.१०/१; आगृ. १.१३.७/१; साम मन्त्रब्रा. १.५.१०/१; पारगृसू. १.११.६/१; आपमपा. 2.१३.४/१ (आपगृ. ६.१५.५); हिर गृसू. 2.३.८/१ प्रः यत्ते सुसीमे –गोभि. गृसू.2.८.४; खादि गृसू. 2.३.४
यत्ते सूर्यं यदुषसम् – ऋ.१०.५८..८/१
यत्ते सृष्टस्य यतः – तैब्रा. १.2.१.७/१; आपश्रौ. ५.2. ४/१
यत्ते सोम गवाशिरः – ऋ. १.१८७.६/१; काठसं. ४०. ८/१
यत्ते साम दिवि ज्योतिः – वा. ६.३३/१; तैसं. १.४.१.

वैदिकपादानुक्रमकोषः 288

2/१; ६.४.४.2; मैसं. १.३.३ः ३१.३; ४.५.४ः ६६.३; काठसं. ३.१०/१; शां गृ सू. ३.६.४.१2/१; आपश्रौ. १2.६.१०; माश्रौसू.2.३.३.५ प्रः यत्ते –कात्यश्रौसू. ६.४.६
यत्ते सोमादाभ्यं नाम जागृवि तस्मै ते साम सोमाय स्वाहा – वा. ७.2; तैसं. १.४.१.2; ३.३.2; मैसं.१.३.४ः ३१.११; काठसं.2७.१; ३०.६; शब्रा. ४.१.१.५ प्रः यत्ते सोमादाभ्यं नामा जागृवि – तैसं. ३.३.४.2; ६.४.४.३; मैसं. ४.५.७ः ७३.१५; आपश्रौ. १2.८.३; ११.११; यत्ते सोमादाभ्यम् –माश्रौसू. 2.३.३.22; यत्ते –कात्यश्रौसू. ६.४.2८
यत्ते सोमादाभ्यं नामा जागृवि तस्मै त्वा गृह्णामि – वा. ८.४६; शब्रा. ११.५.६.१०
यत्तौ हासाते अहमुत्तरेषु – तैब्रा.2.८.८.१/2
यत्त्वं शीतोऽत्थो रूरः – अ. ५.22.१०/१
यत्त्वा क्रुद्धः परोवप (मैसं. उत्तरस्य पादस्य मन्युना इति उपसंख्यायते) – तैसं. १.५.३.१/१; ४.2; मैसं. १.७.१/१ः १०८.३; आपश्रौ. ५.2७.१2; माश्रौसू. १.६.५७ द्र. उत्तरम्, तथा यत् ते क्रुद्धः।
यत्त्वा क्रुद्धाः प्रचक्रुः – अ. १2.2.५/१ प्रः यत् त्वा क्रुद्धाः – वैसू. ५.१३; कौसू. ७०.६; द्र. अत्र पूर्वम्।
यत्त्वा गीर्भिर्हवामहे – आश्रौ. 2.१४.३१/१; शांश्रौसू. १.१७.१६/2
यत्त्वा तुरीयमृतुभिः – ऋ. १.१५.१०/१
यत्त्वा देव प्रपिबन्ति – ऋ. १०.८५.५/१; निरु. ११.५/१ द्र. यत्त्वा सोमं
यत्त्वा पृछाच्छृतं हविः शमिता३ः शृतमित्येव ब्रूतान् न शृतं भगवो न शृतं हि – शब्रा. ३.८.३.४; कात्यश्रौसू. ६.८.१
यत्त्वा पृच्छार्दिजानः – ऋ.८.2४.३०/१
यत्त्वाभिचेरुः पुरुषः – अ. ५.३०.2/१
यत्त्वा भीते अह्वयेतां वयोधै – ऋ. १०.५५.१/2
यत्त्वा भीते रोदसी अह्वयेताम् – ऋ.१०.५४.१/2
यत्त्व यामि दद्धि तन्न इन्द्र – ऋ. १०.४७.८/१
यत्त्वा शिक्वः परावधीत् – अ. १०.६.३/१ प्रः यत्त्वा शिक्वः –वैसू. १०.३; कौसू. ८.१३ द्र. यत्ते शिक्वः।
यत्त्वा सुन्वन्त ईमहे – ऋ. ८.१३.५/2
यत्त्वा सूर्य स्वर्भनुः – ऋ.५.४०.५/१ तु. बृहद. ५.2८
यत्त्वा सोम प्रपिबन्ति – अ. १४.१.४/१ द्र. यत्त्वा देव।
यत्त्वा स्रुचः समस्थिरन् – ऋ. १०.११८.2/३
यत्त्वा हृदा शेचता जोहवीमि – अ. 2.१2.३/2
यत्त्वा होतारमनजन् मियेधे – ऋ. ३.१६.५/१
यत्त्वेमहे (साम मन्त्रब्रा. ते महे) प्रति तन् नो (कौसू. प्रति नस्तज्) जुषस्व – ऋ. ७.५४.१/३; तैसं. ३.४.१०.१/३; मैसं. १.५.१३/३ः ८2.१४; कौसू. ४३.१३/३; साम मन्त्रब्रा.2.६.१/३; पारगृसू. ३.४.७/३; आपमपा. 2.१५.१८/३
यत्त्वेषयामा नदयन्त पर्वतान् – ऋ. १.१६६.५/१
यत्पंच मानुषां अनु – ऋ. ८.६.2/2; अ. 2०.१३६.2/2
यत्परममवमं यच् च मध्यमम् – अ. १०.७.८/१
यत्पर्जन्यः कृणुते वर्ष्यं नभः – ऋ. ५.८३.३/४
यत्पर्जन्यः पृथिवीं रेतसावति – ऋ.५.८३.४/४; मैसं. ४.१2.५/४ः १६३.2; तैआ. ६.६.2/४
यत्पर्जन्य कनिक्रदत् – ऋ. ५.८३.६/१
यत्पर्जन्य सतन्यन् हन्ति दुष्कृतः – ऋ. ५.८३.2/४; निरु. १०.११/४
यत्पर्णयघन उत वा करंजहे – ऋ. १०.४८.८/३
यत्पर्यपश्यत् सरिरस्य मध्ये – तैब्रा. १.2.१.४/१; आपश्रौ. ५.2.४/१
यत्पर्वते न समशीत हर्यतः – ऋ. १.५७.2/३; अ.2०.१५.2/३
यत्पर्वतेषु भेषजम् – ऋ. ८.2०.2५/३
यत्पर्वतेष्वोषधीष्वप्सु – ऋ.१.१०८.११/2; मैसं. 2.७.११/2ः ८६.१३; काठसं. १६.११/2
यत्पर्शाने पराभृतम् – ऋ.८.४५.४१/2; अ. 2०.४३.2/2; सा. १.2०७/2; 2.४22/2
यत्पशवः प्र ध्यायत – साम मन्त्रब्रा. 2.2.८; गोभि गृसू.३.१०.६ प्रः यत्पशवः – खादि गृसू.३.४.2
यत्पशुर्मायुमकृत – तैसं. ३.१.४.३/१; ५.2; शांश्रौसू. ४.१७.१2/१; कात्यश्रौसू. 2५.६.१2/१; आपश्रौ. ७.१७.३; माश्रौसू.१.८.३.३४/१; साम मन्त्रब्रा. 2.2.११/१; गोभि गृसू. ३.१०.2८ प्रः यत् पशुः–खादि.गृसू. ३.४.७ द्र. यद्वशा
यत्पश्यसि चक्षसा सूर्यस्य – ऋ. ७.६८.६/2; अ. 2०.८७.६/2; मैसं. ४.१४.५/2ः 22१.१५; तैब्रा.2.८.2.६/2
यत्पाकत्रा मनसा दीनदक्षाः – ऋ. १०.2.५/१; कौषी ब्रा. 2६.६/१; तैब्रा. ३.७.११.५/१; आपश्रौ. ३.१2.१/१ प्रः यत्पाकत्रा मनसा –आपश्रौ. 2४.१३.३
यत्पांचजन्यया विशा – ऋ. ८.६३.७/१; ऐब्रा.५.६.८; कौषी ब्रा. 2३.१; आश्रौ. ७.१2.६; निरु. ३.८ प्रः यत्पांचजन्यया –शांश्रौसू.१०.६.८
यत्पापं तन्निवार्य – आपमपा. 2.६.५
यत्पार्थिवे सदने वृत्रहन्तम – ऋ.८.६७.५/३

यत्पार्या युनजते धियस्ताः – ऋ.७.2७.१/2; सा. १.३१८/2; तैसं. १.६.१2.१/2; मैसं. ४.१2.३/2: १८४.१७; कौषी ब्रा.2६.१५
यत्पार्श्वादुरसो मे – कौसू. ५८.१/१
यत्पितरं मातरं वा जिहिंसिम् –काठसं.६.६/2 द्र. यन्मातरं पितरम्
यत्पिबति तस्मै स्वाहा–वा. 22.८; तैसं. ७.१.१६.३; मैसं. ३.१2.३: १६१.६; काठसं अश्व. १.१०
यत्पिबामि सं पिबगामि – अ.६.१३५.2/१
यत्पुण्डरीकं पुरमध्यसंस्थम् – तैआ. १०.१०.३/2; महा नारा उप. १०.७/2
यत्पुनानो मखस्यसे – ऋ. ६.६१.2७/३; सा. 2.५६५/३
यत्पुरुषं व्यदधुः – ऋ.१०.६०.११/१; अ.१६.६.५/१; वा. ३१.१०/१; तैआ.३.१2.५/१
यत्पुरुषेण् हविषा – ऋ. १०.६०.६/१; अ. ७.५.४/१; १६.६.१०/१; वा. ३१.१४/१; तैआ. ३.१2.३/१
यत्पूतं यच्च यज्ञियम् (तैसं. यच्छ् यज...) – वा. १2.१०४/2; तैसं.४.2.७.१/2; मैसं. 2.७.१४/2: ६५.६; काठसं.१६.१४/2; शब्रा. ७.३.१.22
यत्पूरौ कच्च वृष्ण्यम् – ऋ. ६.४६.८/2
यत्पूर्तं याश्च दक्षिणाः – वा. १८.६४/2; शब्रा. ६.५.१.४६/2 द्र. यच्छ् दत्तं या।
यत्पूर्वं व्याहार्षं तन्नेन् मोघमसत् – डै।. ४.४.६: ५७.१६
यत्पूर्व्यं मरुतो यच्चनूतनम् – ऋ. ५.५५.८/१
यत्पृत्सु तुर्वणे सहः – ऋ. ८.६.१३/३; अ.2०.१४१.३/३
यत्पृथिवीं व्युन्दन्ति – ऋ. १.३८.६/३; मैसं.2.४.७/३: ४४.१७; काठसं. ११.६/३ द्र. पृथिवीं यद।
यत्पृथिवीमचरत् तत् प्रविष्टम् – तैब्रा. ३.७.६.१2/१; आपश्रौ. ४.८.३/१
यत्पृथिव्या अनामृतम् – काठसं.७.१2/१; आपश्रौ. ५.६.८/१; माश्रौसू. १.५.३.८/१; साम मन्त्रब्रा. १.५.११/१
यत्पृथिव्यां यद् उराव् (का.मैसं.काठसं. उरा) अन्तरिक्षे – वा. ६.३३/2; का. ६.८.४/2; तैसं. १.४.१.2/2; मैसं. १.३.३/2: ३१.३; काठसं. ३.१०/2; शब्रा.३.६.४.१2/2
यत्पृथिव्यां (महा नारा उप. ...व्या) रजः स्वम् – तैआ. १०.१.१४/१; महा नारा उप.५.८/१
यत्पृथिव्या वरिमन्ना स्वंगुरिः – ऋ. ४.५४.४/३
यत्प्रजामनुजीवन्ति सर्वाः – काठसं. ३८.१2/५
यत्प्रज्ञानमुत चेतो धृतिश्च – वा. ३४.४/१
यत्प्राक्षिणाः पितरं पादगृह्य – ऋ. ४.१८.१2/४
यत्प्राङ् स्थो वाजिनीवसू – ऋ. ८.१०.५/2
यत्प्राङ् प्रत्यङ् स्वधया यासि शीभम् – अ. १३.2.३/१
यत्प्राण ऋतावागते – अ.११.४.४/१
यत्प्राणत् पृथिवीमनु – अ.११.2.१०/५
यत्प्राणद्वायुरक्षितम् – काठसं.४०.११/४; तैआ. ६.५.2/४; आपश्रौ. १७.2१.८/४
यत्प्राणन् निमिश्च् यत् – अ. ८.2/४
यत्प्राण स्तनयितुना – अ.११.४.३/१
यत्प्राणान्प्राणयत्पुरि – शब्रा. ७.५.१.2१/५
यत्प्रायासिष्ट पृषतीभिरश्वैः – ऋ. ५.५८.६/१
यत्प्रेषिता वरुणेन – अ.३.१३.2/१; तैसं. ५.६.१.2/१; काठसं.३६.2/१ द्र. संप्रच्युता।
यत्प्रैरत नामधेयं दधानाः – ऋ.१०.७१.१/2; ऐआ.१.३.३.५
यत्र ऋषयः प्रथमजाः – अ.१०.७.१४/१
यत्र ऋषयः (तैसं.तैब्रा.आपश्रौ. यत्रर्षयः) प्रथमजा ये पुराणाः (कौसू. प्रथमजाः पुराणाः) – तैसं. ४.७.१३.१/४; ५.७.७.१/४; तैब्रा.३.७.६.६/2; आपश्रौ. ४.७.2/2; कौसू.६८.2६/४ द्र. उत्तरम्।
यत्र ऋषयो (मैसं. यत्रा ऋषयो; काठसं. यत्रर्षयो) जग्मुः प्रथमजाः (काठसं. प्रथमाः; मैसं. प्रथमा ये) पुराणाः – वा. १८.५2/४,५८/४; काठसं. १८.१५/४; ३१.१४/2; ४०.१३/४; मैसं.2.१2.३/४: १४६.१०; 2.१2.४/४: १४८.2; शब्रा.६.४.४.४/४; ५.१.४५ द्र. पूर्वम्
यत्र कामं निपद्यते – तैब्रा. 2.५.५.७/४ द्र. यथाकामम्
यत्रकामं भरामसि – अ. ६.३.2४/४
यत्र कामाः परागताः – शब्रा. १०.५.४.१६/2
यत्र कामा निकामाश्च – ऋ. ६.११३.१०/१
यत्र क्व च ते मनः – ऋ. ६.१६.१७/१; सा. 2.५६/१ द्र. यत्रो क्व।
यत्र क्व च यज्ञोऽगात् ततो मा द्रविणमष्टु – षड् ब्रा. १.५.११ द्र. यं कं च
यत्र गंगा च यमुना – खिल. ६.११३.५/१
यत्र गवां निहिता सप्त नाम (अ. नामा) – ऋ. १.१६४.३/४; अ. ६.६.३/४
यत्र गा असृजन्त भूतकृतो विश्वरूपाः – अ.३.2८.१/2
यत्र गावः पिबन्ति नः – ऋ. १.2३.१८/2; अ. १.४.३/2; ऐब्रा. 2.2०.2३/2
यत्र गावो भूरिशृंगा अयासः – ऋ. १.१५४.६/2; वा. ६.३/2; काठसं. ३.३/2; शब्रा.३.७.१.१५/2; निरु. 2.७/2 द्र. गावो यत्र
यत्र गोषाता धृषितेषु खादिषु – ऋ.१०.३८.१/३
यत्र ग्रावा पृथुबुध्नः – ऋ.१.2८.१/१ तु. बृहद. ३.१००
यत्र ग्रावा वदति तत्र गछतम् – ऋ. १.१३५.७/2

यत्र चाभिमृशामसि – आपमपा. 2.१३.५/३ द्र. यत्र वाभि...।

यत्र चुश्चुतदग्नावैतत् – माश्रौसू.३.५.१४/३ द्र. यतश्चुतदग्नौ इत्यत्र

यत्र जामयः कृणवन्नजामि – ऋ. १०.१०.१०/2; अ.१८.१.११/2; निरु. ४.20/2

यत्र ज्योतिरजस्रम् – ऋ.९.११३.७/१; आत्मप्रा उप. १/१

यत्र तत्परमं पदम् – खिल. ९.११३.१/१

यत्र तत्परमाव्यम् – खिल. ९.११३.2/१

यत्र तन्मायया हितम् – अ. १०.८.३४/४

यत्र तापः पराक्रम्य – अ.१०.७.११/१

यत्र ते दत्तं बहुधा विबन्धुषु – अ.१८.2.५७/४ द्र. यथा ते आदि

यत्र त्वाच्छावदामसि – अ.६.१४2.2/2

यत्र देवा अजुषन्त आदिः द्र. यत्र देवासो आदि

यत्र देवा अमृतमानशानाः – अ. 2.१.५/३; वा. ३2.१०/३; तैसं. १०.१.४/३; महा नारा उप. 2.५/३

यत्र देवा इति ब्रवन् – ऋ.९.३९.१/३ द्र. यत्रा आदि

यत्र देवां ऋघायतः – ऋ. ४.३०.५/१

यत्र देवा दधिरे भागाधेयम् – ऋ. १०.११४.३/४ तु. तयोर्देवानाम्

यत्र देवानामाज्यपानां प्रिया धामानि – वा. 2१.४६; मैसं. ४.१३.७: २०८.१५; काठसं. १८.2१; तैब्रा. ३.६.११.३

यत्र देवानामृषीणां प्रियं धाम तत्र म इदमग्निहोत्रं गमय – जैब्रा. १.४०

यत्र देवा ब्रह्मविदः – अ.१०.७.2४/१

यत्र देवा महात्मानः – खिल. ९.११३.४/१

यत्र देवाश्च मनुष्याश्च – अ. १०.८.३४/१

यत्र देवासो (काठसं. देवा) अजुषन्त विश्वे – वा. ४.१/2; काठसं. 2.४/2; शब्रा. ३.१.१.११; माश्रौसू. 2.१.१.६/2 द्र. विश्वे देवा यद्।

यत्र देवासो मदन्ति – ऋ. ८.2९.७/2

यत्र देवाः समगछन्त विश्वे – ऋ.१०.८2.६/2; वा. १७.३०/2; तैसं.४.६.2.३/2,३/४

यत्र देवाः समपश्यन्त विश्वे – ऋ.१०.८2.५/४; वा.१७.2९/४; मैसं. 2.१०.३/2: १३४.१४; 2.१०.३/४: १३४.१३; काठसं. १८.१/2,१/४

यत्र देवाः सहाग्निना – वा.20.2५/४

यत्र देवैः सधमादं मदन्ति (मैसं.तैब्रा. मदेन) – अ. १८.४.१०/४; मैसं. 2.१३.22/४: १६७.१७; तैब्रा. ३.१.१.८/४ द्र. अथा देवैः आदि, तथा तु. यथा देवैः आदि

यत्र द्वाविव जघना – ऋ. १.2८.2/१

यत्र धारा अनपेताः – वा. १८.६५/१; तैसं. ५.७.७.३/१; शब्रा. ९.५.१.५०/१

यत्र धारा मधुमतीः – काठसं.४०.१३/१

यत्र धीरा मनसा वाचमक्रत – ऋ. १०.७१.2/2; निरु. ४.१०/2

यत्र नः पूर्वे पितरः पदज्ञाः – सा. 2.७०६/३ द्र. येना नः आदि

यत्र नः पूर्वे पितरः परेताः – मैसं. 2.12.४/४: १४८.५ द्र. यत्रा आदि इत्यत्र

यत्र नार्य अपच्यवम् – ऋ. १.2८.३/१

यत्र नाकप्रभ्रंशनम् – अ.१९.३९.८/१

यत्र निर्वपणं दधुः – शब्रा. ७.५.2.५2/४

यत्र नो अन्य इतरो देवयानात् – साम मन्त्रब्रा. १.१.१५/४ द्र. यस्त एष, यस्ते अन्य, तथा यस्ते स्व।

यत्र पुण्यकृतो जनाः – तैआ. १.८.५/४

यत्र पूर्वमयनं हुतानाम् – अ. १८.४.१५/४

यत्र पूर्ववहो हिताः – आपमपा. १.३.४/2

यत्र पुर्वे साध्याः सन्ति देवाः – ऋ.१.११६४.५०/४; १०.९०.१६/४; अ.७.५.१/४; वा. ३१.१६/४; तैसं.३.५.११.५/४; मैसं.४.१०.३/४: १४९.१; काठसं. १५.१2/४; ऐब्रा.१.१६.३७/४; शब्रा.१०.2.2.३; तैआ. ३.१2.७/४; निरु.१2.४१/४

यत्र पूषा बृहस्पतिः – हिर गृसू.2.६.१2/१

यत्र प्राची सरस्वती – खिल. ९.११३.५/2

यत्र प्रपादि शश उल्कुषीमान् – अ. ५.१७.४/४

यत्र प्राप्नोष्योषधे – अ. ४.१९.2/३

यत्र प्रेप्सन्तीरभियन्त्यापः – अ.१०.७.६/३

यत्र प्रेप्सन्तीरभियन्त्यावृतः – अ. १०.७.४/३

यत्र बाणाः संपतन्ति – ऋ.६.७५.१७/१; सा.2.१2१६/१; तैसं. ४.६.४.५/१; आगृ. ३.१2.१६ द्र. यत्र वाणाः

यत्र बृहस्पतेश्छागस्यहविषः प्रिया धामानि – काठसं. १८.2१

यत्र ब्रध्नस्य विष्टपम् – ऋ. ९.११३.१०/2

यत्र ब्रह्म च क्षत्रं च – वा. 20.2५/१

यत्र ब्रह्मविदो यान्ति – अ. १९.४३.१/१ – ८/१

यत्र ब्रह्मा पवमान – ऋ.९.११३.६/१; ऐआ.३.2.४.८

यत्र भूमेर्जुषसे (तैआ. भूम्यै वृणसे(तत्र गछ – अ.१८.३.९/४; तैआ. ६.४.2/३ ।

यत्र मन्थां विबध्नते – ऋ. १.2८.४/१

यत्र मृत्युर्भवत्यन्नमस्य – जैब्रा. 2.७३/४ त्रयः पन्थानस् इत्यस्य भागः

यत्र यज्ञो विरिष्यते – गोब्रा. 2.2.५/४
यत्र–यत्र कामयते सुषारथिः – ऋ. ६.७५.६/2; वा. 2६.४३/2; तैसं. ४.६.६.2/2; मैसं. ३.१६.३/2ः १८६.३; काठसं अश्व. ६.१/2; निरु. ६.१६/2
यत्र–यत्र जातवेदः संबभूथ (तैब्रा. भाष्ये पाठे च ...बभूव) – तैब्रा. १.2.१.22/३; आपश्रौ. ५.१३.४/३ द्र. उत्तरमेकवर्जम्
यत्र–यत्र निहिता वाक् (आपमपा. यत्र – यत्र ते वाङ् नि...) तां ततस् – तत (हिर गृसू.आपमपा. तां त) आददे – पारगृसू.३.१३.६; हिर गृसू. १.१५.६; आपमपा. 2.2१.३३
यत्र–यत्र विभृतो (काठसं. बिभ्रतो) जातवेदाः – अ. १९.३.१/३; काठसं.७.१३/३ द्र. पूर्वमेकवर्जम्
यत्र–यत्रांसि निहिता – अ.१०.१.2६/३
यत्र यन्ति सुकृतो नापि दुष्कृतः – मैसं.१.2.१५/३ः 2५.१६; तैब्रा. 2३.७.७.१४/३; १2.५/३; आपश्रौ. ७.१६.७/३
यत्र यन्ति स्रोत्यास् (काठसं. स्रवत्यस्) जत् जितं ते – अ. ६.९८.३/३; मैसं. ४.१2.2/३ः १८१.१०; तैसं. 2.४.१४.१/३; काठसं.८.१७/३
यत्र यन्त्यृतवो यत्रार्तवाः – अ. १०.७.५/३
यत्र यातयते यमः – तैआ. १.८.५/2
यत्र राजभिर्दशभिर्निबाधितम् – ऋ. ७.८३.६/३
यत्र राजा वैवस्वतः – ऋ. ९.११३.८/१
यत्रर्षयः आदिः द्र. यत्र ऋषयः; यत्रष्यो आदिः द्र. यत्र ऋषयो
यत्र लोकांश्च कोशांश्च – अ. १०.७.१०/१
यत्र लोकास्तनुत्यजाः – खिल. ९.११३.३/१
यत्र वः प्रेङ्खा हरिता अर्जुना उत – अ. ४.३७.४/३
यत्र वनस्पतेः प्रिया पाथांसि – वा.2१.४६; मैसं.४.१३.७ः 20८.१४; काठसं. १८.2१; तैब्रा. ३.६.११.३
यत्र वयं वदामसि (हिर गृसू. वदामः) – आपमपा. 2.१३.५/2; हिर गृसू. 2.४.५/2
यत्र वरुणस्य प्रिया धामानि – वा. 2१.४६
यत्र वष्टि प्र तदश्नोति धन्वना – ऋ. 2.2४.८/2
यत्र वह्निरभिहितः – ऋ.५.५०.४/१
यत्र वाजी जनयो वुडुपाणिः – ऋ. ७.१.१४/2; तैब्रा.2.५.३.३/2
यत्र वाणाः संपतन्ति – वा.१७.४८/१ द्र. यत्र बाणाः
यत्र वाभिमृशामसि – हिर गृसू.2.४.५/३ द्र. यत्र चाभि...
यत्र वाजायते यमिन्यपर्तुः – अ. ३.2८.१/३
यत्र विश्वं भवत्येकनीडम् (का. ...नीलम्; अ. ...रूपम्) – अ.2.१.१/2; वा. ३2.८/2; का.३५.३५/2; तैआ.१०.१.३/2; महा नारा उप. 2.३/2
यत्र विश्वे कारवः संनसन्त – ऋ. ६.६2.५/2
यत्र वेत्थ वनस्पते – ऋ. ५.५.१०/१; काठसं. ३५.१९/१; तैब्रा. ३.७.2.५/१; आश्रौ. ३.११.2३; आपश्रौ. ९.2.७/१; माश्रौसू. ३.2.१०/१; आगृ.. १.१2.३
यत्र शुक्लो (शुल्को इति पठतु) न क्रियते – अ. ३.2९.३/४
यत्र शूरासस्तन्वो वितन्वते – ऋ. ६.४६.१2/१
यत्र सप्तर्षीन् पर एकमाहुः – तैसं. ४.६.2.१/४; काठसं. १८.१/४ द्र. यत्रा आदि।
यत्र सरस्वत्या मेषस्य (काठसं. मेष्या) हविषः प्रिया धमानि – वा. 2१.४६; काठसं. १८.2१
यत्र सवितुः प्रिया धामानि – वा. 2१.४७
यत्र सुहार्दः सुकृतो मदन्ते – तैआ. 2.६.2/१ द्र. यत्रा आदि
यत्र सेदिर्न विद्यते – वा. 20.2६/४
यत्र सोमस्य (मैसं. सोमस्याज्यस्य) प्रिया धामानि – वा. 2१.४६; मैसं.४.१३.७ः 20८.१३
यत्र सोमः सदमित् तत्र भद्रम् – अ. ७.१८.2/४
यत्र सोमः सूयते यत्र यज्ञः – ऋ. ४.५८.९/३; वा. १७.९७/३; काठसं. ४०.७/३; आपश्रौ. १७.१८.१/३
यत्र सोमेश्वरो देवः – खिल.९.११३.५/३
यत्र स्कम्भः प्रजनयन् – अ.१०.७.2६/१
यत्र हिमवतः शिरः – अ.१९.३९.८/2
यत्रा ऋषयो आदिः द्र. यत्र ऋषयो
यत्रा कृण्वन् धर्मधृतो नमांसि – अ.१.2५.१/2
यत्रा कृपीटमनु तद्दहन्ति – ऋ.१०.2८.८/४
यत्राग्निश्चन्द्रमाः सुर्यः – अ.१०.७.१2/३
यत्राग्नेः (मैसं. ...ग्नेराज्यस्य) प्रिया धामानि – वा. 2१.४६; मैसं.४.१३.७ः 20८.१2
यत्राग्नेर्होतुः प्रिया धामानि – वा. 2१.४६; मैसं. ४.१३.७ः 20८.१५; काठसं.१८.2१; तैब्रा.३.६.११.३
यत्राघाताः कर्कर्यः संवदन्ति – अ.४.३७.४/४
यत्रा चक्रुरमृता गातुमस्मै – ऋ. ७.६३.५/१
यत्राचिध्वं मरुतो गच्छथेदु तत् – ऋ. ५.५५.७/2
यत्रा त आहुः परमं जनित्रम् – ऋ. १.१६३.४/४; वा. 2९..१५/४; तैसं. ४.६.७.2/४; काठसं. ४०.६/४
यत्रातिष्ठन् एकपत्नीः परस्तात् – अ.१०.८.३९/३
यत्रा दशस्यन्नुशसो रिनन्नपः – ऋ. १०.१३८.१/३
यत्रादस्त्रिदिवं दिवः – अ.१०.९.५/2
यत्रादित्या मधु भक्षयन्ति – अ. १८.४.३/४

यत्रादित्या विराजथ – ऋ.१.१८८.४/३
यत्रादित्याश्च रुद्राश्च – अ. १०.७.22/१
यत्रा देवा इति ब्रुवन् – सा. 2.2४८/३ द्र. यत्र आदि
यत्राधि सुर उदितो विभाति (तैसं. उदतौ व्येति) – ऋ. १०.१2१.६/३; वा.३2.७/३; का. 2६.३४/३; तैसं. ४.१.८.५/३ द्र. यस्मिन्नधि
यत्रा नः पूर्वे पितरः परेताः – अ.१८.१.५०/३; मैसं. ४.१४.१६/2: 2४2.१2; द्र. उत्तरम्, यत्र नः आदि, तथ येना ते पूर्वे
यत्रा नः पूर्वे पितरः परेयुः – ऋ.१०.१४.2/३,७/2; मैसं. ४.१४.१६/३: 2४2.११ द्र. अत्र पूर्वम्
यत्रानन्दाश्च मोदाश्च – ऋ. ९.११३.११/१
यत्रा नरः सं च वि च द्रवन्ति – ऋ. ६.७५.११/३; वा. 2९.४८/३; तैसं.४.६.६./३; मैसं. ३.१६.३/३: १८७.३; काठसं अश्व. ६.१/३; निरु. ९.१९/३
यत्रा नरः समयन्ते कृतध्वजः – ऋ. ७.८३.2/१
यत्रा नरः समास्ते सुजाताः – ऋ. ७.१.४/३
यत्रा नरो देदिशते तनूष्वा – ऋ. ८.20.६/३
यत्रा नरो देवयन्तो युगानि – ऋ.१.११५.2/३; आश्रौ. 20.१०७.१५/३; मैसं.४.१४.४/३: 220.७; तैब्रा.2.८.७.१/३
यत्रा नरो मरुतः सिंचथा मधु – अ.६..22.2/४; तैसं. ३.१.११.८/४
यत्रा नश्चक्रा (काठसं. चक्र) जरसं तनूनाम् – ऋ. १.८९.९/2; वा. 2५.22/2; मैसं.४.१४.2/2५ 2१७.१३; काठसं.३५.१/2; गोब्रा.१.४.१७/2; शब्रा. 2.३.३.६/2; आपश्रौ. १४.१६.१/2; आपमपा. 2.४.३/2; हिर गृसू. १.४.१३/2
यत्रा नियुद्भिः सचसे शिवाभिः – ऋ. १०.८.६/2; वा. १३.१५/2; १५.2३/2; तैसं. ४.४.४.१/2; मैसं.2.७.१५/2५ ९८.2; काठसं. १६.१५/2; तैब्रा. ३.५.७.१/2
यत्रानुकामं चरणम् – ऋ. ९.११३.९/१
यत्रा भयन्ते भुवना स्वर्दृशः – ऋ. ७.८३.2/३
यत्राभि संनवामहे – ऋ. ८.६९.५/३; अ. 20.22.५/३; ९2.2/३; सा. 2.८४०/३
यत्रा मतिर्विद्यते पूतबन्धनी – ऋ. ५.४४.६/४
यत्रामदद्वृषाकपिः – ऋ. १०.८६.१/३; अ. 20.१2६.१/३; शांश्रौसू. १2.१३.2; वैसू. ३2.१७/३; निरु.१३.४/३
यत्रा मदन्ति धूतयः – ऋ. ५.६१.१४/2
यत्रामूर्यह्वतीरापः – ऋ. ९.११३.८/३
यत्रामूस्तिस्रः शिंशपाः – अ. 20.१2९.७; शांश्रौसू. १2.१८.७

यत्रामृतं विद्यते नोत मृत्युः – जैब्रा.2.७४/2 मनीषिणो वद इत्यस्य भागः
यत्रामृतं च मृत्युश्च – अ. १०.७.१५/१
यत्रामृतस्य चक्षणम् – ऋ.१.१३.५/३ तु. तत्रामृतस्य आदि
यत्रामृतास आसते (सा. आशत) – ऋ. ९.१५.2/३; 2५.४/३; सा. 2.६१७/३
यत्रायुधं निहितमस्य वर्म – ऋ. ६.७५.८/2; वा. 2९.2४/2; तैसं. ४.६.६.३/2; काठसं अश्व. ६.१/2
यत्रा रणन्ति धीतयः – ऋ. ९.११.2/५; सा.2.९४2/५
यत्रा रथस्य बृहतो निधानम् – ऋ. ३.५३.५/३,६/३
यत्रा रथेन गच्छथः – ऋ.१.22.४/2
यत्रा वदेते अवरः परश्च – ऋ.१०.८८.१७/१; निरु. ७.३०/१
यत्रावरोधनं दिवः – ऋ. ९.११३.८/2
यत्रावहन्ति कवयः पुरुणि – माश्रौसू. १.७.३.४2/2
यत्रा वृक्षस्तनुवै यत्र वासः – हिर गृसू. १.१६.७/३ द्र. यत्रास्पृक्षत्
यत्रा वो दिद्युद्रदति क्रिविर्दती – ऋ.१.१६६.६/३; निरु. ६.३०
यत्राश्वत्था नयग्रोधाः – अ. ४.३७.४/१
यत्राश्विनोश्छागस्य हविषः प्रिया धामानि – वा.2१.४६; काठसं. १८.2१
यत्रासते सुकृतो यत्र ते ययुः (अ. त ईयुः) – ऋ. १०.१७.४/३; अ.१८.2.५५/३; वा.2३.१६/३; शब्रा. १३.2.७.१2; तैआ. ६.१.2/३
यत्रा सप्त ऋषीन् पर एकमाहुः – ऋ.१०.८2.2/४; वा. १७.2६/४; मैसं.2.१०.३/४: १३४.४; निरु.१०.2६/४ द्र. यत्र आदि।
यत्रा समुद्र सकभितो व्यौनत् – ऋ. १०.१४९.2/१
यत्रा सुपर्णा अमृतस्य भागम् (अ. भक्षम्) – ऋ. १.१६४.2१/१; अ. ९.९.22/१; निरु. ३.१2/१
यत्रा सुहार्दः सुकृतो मदन्ति – अ. ३.2८.५/१; ६.१2०.३/१ द्र. यत्र आदि
यत्रा सुहार्दां सुकृताम् – अ. ३.2८.६/१
यत्रा सोमस्य तृम्पसि – ऋ.८.४.१2/2; ५३ (वाल.५).४/४
यत्रास्पृक्षत् तन्वो यच्च वाससः (आपमपा. तनुवं यत्र वासः) – अ.६.१2४.2/३; आपमपा. 2.22.११/३ द्र. यत्रा वृक्षस्
यत्रास्य नाम परमं गुहा विदुः – मैसं.४.१४.१४/४: 2३९.८

यत्राहमस्मि तां (मैसं. जैब्रा. तं) अव – ऋ. ८.७५.१५/३; वा.११.७१/३; तैसं. 2.६.११.४/३; ४.१.६.३/३; मैसं. 2.७.७/३: ८३.४; काठसं. १६.७/३; जैब्रा.१.६५/३; शब्रा. ६.६.३.१; १2.४.४.३/३
यत्रेदं वेशयामि वः – अ. ३.१३.७/४ प्रः यत्रेदम् कौसू. ४०.६
यत्रेदं ब्रह्म क्रियते – अ.८.2.2५/३; तैआ.६.११.2/३
यत्रेदानीं पश्यसि जातवेदः – ऋ. १०.८७.६/१; अ. ८.३.५/१
यत्रेन्द्रश्च वायुश्च – वा.2०.2६/१
यत्रेन्द्रस्य ऋषभस्य (काठसं. मेषस्य) हविषः प्रिया धामानि – मैसं. ४.१३.७: 2०८.१४; तैब्रा.३.६.११.३
यत्रेमा विश्वा भुवनाधि तस्थुः – ऋ. १.१६४.2/४; अ. ६.६.2/४; १३.३.१८/४; निरु. ४.2७/४ द्र. येनेमा आदि।
यत्रैतदुपदृश्यते – तैआ. १.2.३/३; ३.३/४
यत्रेमा विश्वा भुवनाधि तस्थुः – ऋ. १.१६४.2/४; अ. ६.६.2/४; १३.३.१८/४; निरु. ४.2७/४ द्र. येनेमा आदि।
यत्रैतदुपदृश्यते – तैआ. १.2.३/३; ३.३/४
यत्रैतशेभिर्रियसे – वा. ४.३2/३; शब्रा. ३.३.४.८/३ द्र. यदेतशेभिर्।
यत्रैनान् (आगृ.कौसू.साम मन्त्रब्रा.हिर गृसू.मागृसू.. यत्रैतान्) वेत्थ निहितान् पराके (साम मन्त्रब्रा. पराचः) – वा. ३५.2०/2; ।ह. 2.४.१३/2; कौसू. ४५.१४/2; ८४.१/2; साम मन्त्रब्रा. 2.३.१८/2; आपमपा. 2.2०.2८/2; हिर गृसू. 2.११.१/2; १५.७/2; मागृसू.. 2.६.४/2 द्र. उत्तरम्।
यत्रैनान् वेत्थ सुकृतस्य लोके – शां गृ सू.३.१३.३/2 द्र. पूर्वम्
यत्रैष वह आहितः – अ. ४.११.८/2
यत्रैषमग्ने जनिमानि वेत्थ – अ. १.८.४/१
यत्रो क्व च ते मनः – काठसं. 2०.१४/१ द्र. यत्र आदि
यत्रेत बाधितेभ्यः – ऋ. ४.३०.४/१
यत्रोत मर्त्याय कम् – ऋ.४.३०.६/१
यत्रौषधीः समग्मत – ऋ.१०.९७.६/१; वा. १2.८०/१ द्र. यच्छोषध्यः।
यत्संयमो न वि यमः – अ.४.३.७/१
यत्संवत्समभरन् भासो अस्याः – ऋ. ४.३३.४/३
यत्संवत्समृभवो गामरक्षन् – ऋ. ४.३३.४/१
यत्संवत्समृभवो मा अपिंशन् – ऋ. ४.३३.४/2
यत्संहितं पुष्कलं चित्रभानु – अ.१३.३.१०/2 द्र. इन्द्रियावत् पुष्कलम्
यत्सखायं दुधूर्षति – अ. 2०.१2८.2/2; शांश्रौसू. १2.2०.2.३/2
यत्संगरमभिधावाम्याशाम् – अ. ६.११६.३/2; तैआ. 2.६.१/2
यत्संगृभ्णा मघवन् काशिरित् ते – ऋ. ३.३०.५/४; निरु. ६.१; ७.६
यत्सत्यं तद् दृश्यताम् – ।ह. १.५.४
यत्स दूरं परेत्य – शब्रा. ११.३.१.७/१
यत्सनवथ (उै.काठसं. ...वाथऋ पूरुषम् – ऋ. १०.९७.५/४; वा. १2.७६/४; ३५.४/४; तैसं. ४.2.६.2/४; मैसं. 2.७.१३/४: ९३.१०; काठसं. १६.१३/४
यत्सप्तान्नानि मेधया – शब्रा.१४.४.३.१/१,2/१; बृह उप. १.५.१/१,2/१
यत्सभायां यदिन्द्रिये – वा. ३.४५/2; 2०.१७/2; तैसं. १.८.३.१/2; मैसं. १.१०.2/2: १४१.१४; काठसं.९.४/2; ३८.५/2; शब्रा.2.५.2.2५; १2.९.2.३; तैब्रा. 2.६.६.2/2
यत्समजासि शर्धतः – ऋ. ७.३2.७/2
यत्समीची कृणुतो वीर्याणि७उै. 2.७.७/४: ८४.६; ३.१.९/४: १३.४
यत्समुद्रमनु श्रितम् – अ. १३.2.१४/१
यत्समुद्राति पर्षथः – ऋ. ५.७३.८/३
यत्समुद्रे अभ्यक्रन्दत् – अ. १६.३०.५/१
यत्समुद्रेषु मरुतः सुबर्हिषः – ऋ. ८.2०.2५/2
यत्समूलम् उद्युहेयुः – शब्रा. १४.६.९.३४/३; बृह उप.३.९.३४/३
यत्संपिंषन्त्योषधिम् – ऋ. १०.८५.३/2; अ. १४.१.३/2; निरु. ११.४/2
यत्संपृच्छं मानुषीर्विश आयन् – ऋ.१०.६६.६/३
यत्सम्यंच मिथुनावभ्यजाव – ऋ. १.१७६.३/४
यत्सवृद्धिः सहाभुवः – सा. १.६०/2
यत्ससन्तं वज्रेणाबोध्योऽहिम् – ऋ. १.१०३.७/2
यत्सस्वर्ता जिहीडिरे यदाविः – ऋ. ७.५८.५/३
यत्सानोः सानुमारुहत् (सा. सान्वारुहः) – ऋ. १.१०.2/१; सा.2.६९५/१
यत्सासहत् (सा. सासाहा) सदने कंचिदत्रिणम् – ऋ. ८.१६.१५/2; सा. १.११३/2; काठसं.३९.१५/2
यत्सिन्धौ यदसिकन्याम् – ऋ. ८.2०.2५/१
यत्सीं वरिष्ठे बृहती विमिन्वन् – ऋ. ४.५६.१/३; मैसं. ४.१४.७/३: 22४.७; तैब्रा. 2.८.४.७/३
यत्सीं वां पृक्षो भुरजन्त पक्वाः – ऋ. ४.४३.५/४

यत्सीं हवन्ते समिथे वि वो मदे – ऋ. १०.२५.६/३
यत्सीमंजन्ति पूर्व्यं हविरभिः – ऋ. ३.१४.३/३
यत्सीमनु क्रतुना विश्वथा विभुः – ऋ. १.१४१.६/३
यत्सीमनु द्विता शवः – ऋ. १.३७.६/३
यत्सीमनु प्र मुचो बद्बधानाः – ऋ. ४.22.७/३
यत्सीमन्तं कंकतस्ते लिलेख – तैब्रा. 2.७.१७.३/१ प्रः यत्सीमन्तम् – आपश्रौ. 22.2८.६
यत्सीमन्तं ना धूनुथ – ऋ.१.३७.६/३
यत्सीमहि दिविजात प्रशस्तम् – तैसं. ४.३.१३.2/३
यत्सीमागश्चकृमा तत् सु मृडतु (ऋ. ७.६३.७/३, मृड) – ऋ.१.१७६.५/३; ७.६३.७/३
यत्सीमागश्चकृगा शिश्रथस्तत् – ऋ. ५.८५.७/४
यत्सीमिन्द्रो अदधाद् भोजनाय – ऋ. ३.३०.१४/४
यत्सीमुप श्रवद् गिरः – ऋ. ६.४५.2३/३; अ.20.७८.2/३; सा. 2.१०१७/३
यत्सीमुपह्वरे विदत् – ऋ. ८.६६.६/३; अ. 20.22.६/३; ६2.३/३; सा.2.८४१/३; तैब्रा.2.७.१३.४/३
यत्सीं महीमवनिं प्राभि मर्मृशत् – ऋ.१.१४०.५/३
यत्सुन्वते यजमानाय शिक्षथः (ऋ.१०.2७.१/2, शिक्षम्) – ऋ.८.५६(वाल.११).१/४; १०.2७.१/2
यत्सुपर्णा विवक्षवः – अ. 2.३०.३/१
यत्सुभृतं यत्स्वाहा – का. ७.६.४/४; ७.५/४ द्र. याः सुप्रीताः
यत्सुरामं व्यापिबः शचीभिः – ऋ.१०.१३१.५/३; अ.20.१2५.५/३; वा.१०.३४/३; 20.७७/३; मैसं. ३.११.४/३ः १४६.४; काठसं. १७.१९/३; ३८.६/३; शब्रा. ५.५.४.2६/३; तैब्रा.१.४.2.१/३; आपश्रौ.१९.2.१९/३
यत्सुवाचो वदथनाध्यपसु – ऋ. ७.१०३.५/४
यत्सुषुप्तश्चैनश्चकृम तस्यावयजनमसि स्वाहा – तै आ आन्ध्र.१०.५६; महा नारा उप. १८.१
यत्सूर्यं दिव्यारोहयन्ति – ऋ.४.१३.2/४
यत्सूर्यस्य हरितः पतन्तीः – ऋ. ५.2९.५/३
यत्सूर्यो न रोदसी अवर्धयत् – ऋ.८.12.७/३
यत्सोम आ सुते नरः – ऋ.७.६४.१०/१; ऐब्रा. ६.६.५; गोब्रा. 2.५.12; आश्रौ. ७.2.१० प्रः यत् सोम आ सुते –शांश्रौसू. 12.2.१९
यत्सोम चित्रमुक्थ्यम् – ऋ. ९.१९.१/१; सा. 2.३४६/१; पंचब्रा. १३.३.४
यत्सोममिन्द्र विश्णवि – ऋ. ८.12..१६/१; अ. 20.१११.१/१; सा. १.३८४/१; वैसू. ४०.१,४; ४१.22
यत्सोमासो हर्यश्वममन्दन् – ऋ.३.३६..४/४
यत्सोमे – सोम आभवः (सा. आभूवः) – ऋ. ८.६३.१७/३; सा. १.१८८/३
यत्सोमो वाजमर्षति – ऋ. ९.५६.2/१
यत्सोम्यस्यान्धसो (आपमपा. सौ...) बुबोधति – ऋ.१०.३2.१/४; आपमपा. १.१.१/४
यत्स्तृनणैरध्ययनं तदधीतम् – खिल. ५.४६.१/३; ६..४८.१/१
यत्स्तेनान् यद्वृकान् दंशान् – आपश्रौ. 21.12.३/१
यत्स्तोतारं जिघांससि सख्यायम् – ऋ. ७.८६.४/2
यत्स्त्रीणां जीवभेजनम् – वैसू. ३६३०/४ द्र. य स्त्री... तथा यः स्त्री..।
यत्स्था जगच् च रेजते – ऋ.१.८०.१४/2
यत्स्थवरं जंगममाबभूव – खिल ६.६७.८/2
यत्स्थो दीर्घप्रसद्मनि – ऋ. ८.१०.१/१ प्रः यत्स्थः – आश्रौ.४.१५.2
यत्स्वपन्तश्च जाग्रतश्चैनश्चकृम तस्यावयजनमसि (तै आ आन्ध्र. महा नारा उप. स्वाहा इत्यस्योपसंख्यानम्) – पंचब्रा. १.६.१०; तै आ आन्ध्र. १०.५६; बौधसू. ४.३.६; महा नारा उप.१८.१
यत्स्वप्ने अन्नमश्नामि – अ.७.१०१.१/१ प्रः यत् स्वप्ने –कौसू.४६.12 द्र. यदन्नमद्यते
यथ ऋणं संनयामसि – ऋ.८.४७.१७/2 द्र. उत्तरमेकवर्जम्
यथ ऋतव ऋतुभिर्यन्ति साधु – ऋ.१०.१८.५/2 द्र. उत्तरमेकवर्जम्
यथर्णं संनयन्ति – अ. ४६.३/2; १९.५७.१/2 द्र. पूर्वमेकवर्जम्
यथर्तव ऋतुभिर्यन्ति साकम् (तैआ. क्लृप्ताः) – अ.12.2.2५/2; तैआ. ६.१०.१/2 द्र. पूर्वमेकवर्जम्
यथा कण्वे मघवन् त्रसदस्यवि – ऋ. ८.४९ (वाल. १)१०/१
यथा कण्वे मघवन् मेधे अध्वरे – ऋ.८.५०(वाल.2).१०/१
यथा कलां यथा शफम् – ऋ.८.४७.१७/१; अ. ६.४६.३/१; १९.५७.१/१ अथर्वपरिशिष्टे, ८ पैप्पलाद–मन्त्राः इति नाम्ना ज्ञायन्ते। तु. हैटफील्ड, जर्नल आफ अमेरिकन सोसाईटी, २४, पृ0 १५४
यथाकामं नि पद्यते – ऋ.१०.१४६.५/४; द्र. यत्र कामम्
यथा कुमारि मन्यसे – अ.20.१३३.१/४ – ६/४; शांश्रौसू.12.22.१.१/४ – ७/४
यथा कूपः शतधारः – तै आ आन्ध्र. १०.६७.2/१
यथ कृतद्विष्टासः – अ. ७.११३.१/३
यथाकृतमभि मित्रं चितासः – ऋ. ७.१८.१०/2

यथ कृत्याकृतं हनत् – अ. ५.१४.४/४; १०.१.५/४
यथा क्रिमीणां नकिरुच्छिषातै – अ. 2.३१.३/४
यथा क्रीत्वा धनमाहराणि – अ. ३.१५.2/४
यथा क्षयाम सर्ववीरया विशा – ऋ. १.११1.2/३
यथाक्षा अधिदेवने – अ.६.७०.१/2
यथाक्षितिमक्षितयः पिबन्ति (काठसं. ...यो मदन्ति) – मैसं. ४.६.2७/2: १४०.३; ४.१2.2/2५ १८१.७; काठसं. १०.१2/2 द्र. यमक्षितम्
यथाखरो मघवंश्चारुरेषः–अ. 2.३६.४/१
यथागमप्रज्ञाश्रुतिस्मृतिविभवादनुक्रान्तमानादविवादप्रतिष्ठाद भयं शं भवे नो अस्तु – शां गृ सू.६.६.१६
यथा गोशर्यं असनोर् ऋजिश्वनि – ऋ. ८.४६(वाल. १)१०/३
यथा गोशर्ये असिषसो अद्रिवः – ऋ.८.५०(वाल.2) १०/३
यथा गौरो अपा कृतम् – ऋ. ८.४.३/१; सा. १.2५2/१; 2.१०७१/१; आश्रौ. ७.४.४।
यथाग्निः पृथिवीमा विवेश – कौसू. ६८.2/३
यथाग्निः पृथिव्या समनमदेवं मह्यं भद्राः संनतयः सं नमन्तु – तैसं.७.५.2३.१ द्र. यथा पृथिव्याम्
यथाग्निगर्भा पृथिवी – शब्रा.१४.६.४.2१/१; बृह उप.६.४. 2१/१; हिर गृसू. १.2५.१/१ द्र. यथा पृथिवी, तथा यथा भूमिः
यथाग्निरक्षितोऽनुपदस्त एवं मह्यं पित्रेऽक्षितोऽनुपदस्त स्वधा भव (हिर.गृसू.. ...दस्तः स्वधा भवताम्) – आपमपा. 2.१६.१४; हिर गृसू.2.१३.१ तु. पृथिवी दर्विर्।
यथाग्रे त्वं वनस्पते – अ.१६.३१.६/१
यथाग्रे ब्रह्मणस्पतिः – कौसू.३.2/2
यथांगं वर्धतां शेपः – अ. ६.१०१.१/३
यथा चक्रुर्देवासुराः – अ. ६.१४१.३/१ प्रः यथा चक्रुः –कौसू. 2३.१५
यथा चन्द्रमा नक्षत्रैः समनमदेवं मह्यं भद्राः संनतयः सं नमन्तु – तैसं.७.५.2३.१
यथा चिच्चैद्यः कशुः – ऋ. ८.५.३७/३ तु. बृहद. ६.४५
यथा चित्कण्वमावतम् – ऋ. ८.५.2५/१
यथा चित्कण्वमावतम् – ऋ. ८.५.2५/१
यथा चित्पूर्वे जरितार आसुः – ऋ. ६.१६.४/३
यथा चिद्वशो अश्वयः – ऋ. ८.४६.2१/३
यथा चिद्वृद्धमतसम् – ऋ. ८.६०.७/१
यथा चिन्नो अबोध्यः – ऋ. ५.७६.१/३; सा.१.४2१/३; 2.१०६०/३

यथा चिन्मन्यसे हृदा – ऋ.५.५६.2/१
यथ जघन्थ धृष्टा पुरा चित् – ऋ. 2.३०.४/३
यथा जीवन्तो अप्ययात् – साम मन्त्रब्रा. १.८.४/४
यथा जीवा अदितेरुपस्थे – अ. 2.2८.४/३
यथा जीवेम शरदः सर्वीराः – तैब्रा.३.१.१.2/४
यथा जेषाम समिथे त्वोतयः – ऋ. ६.७६.५/४
यथाज्यं प्रगृहीतम् – अ.१2.४.३४/१
यथा ज्योक् सुमना असाः (हिर गृसू. असत्) – आपमपा. 2.१.६/४; हिर गृसू. 2.६.१०/४
यथा त उश्मसीष्टये – ऋ. १.३०.१2/३
यथातथं वह हव्यमग्ने – हिर गृसू. 2.१४.४/३
यथा तन्त्रस्य तन्तवः – कौसू. ६.३४/४
यथा तरेम दुरितानि विश्वा – तैब्रा. ३.१.१.११/४
यथा तव वनस्पते – अ. 2०.१३६.६/३; शांश्रौसू. १2.2४. 2.७/३
यथा ते जातमन्धसः – ऋ. ६.५५.2/2स सा. 2.३2६/2
यथा ते दत्तं बहुधा विबन्धुषु – तैआ. ६.१.१/४ द्र. यत्र ते आदि
यथा ते नाभवन् पुनः – तैआ. ६.६.१/४
यथा तेऽसानि सुप्रिया – अ. ७.३८.2/४
यथा लोकाय रुद्रियम् – ऋ. १.४३.2/३; तैसं. ३.४.११. 2/३; मैसं. ४.१2.६/३: १६७.१४; काठसं. 2३.१2/३
यथा त्रिते छन्द इन्द्र जुजोषसि – ऋ. ८.५2(वाल.४). १/३
यथा त्वं सुश्रवः सुश्रवा अस्येवमहं सुश्रवः सुश्रवा भूयासम् – आपमपा. 2.५.१ द्र. उत्तरम् जीतमम।
यथा त्वं (पारगृसू. त्वमग्ने) सश्रवः सुश्रवा अस्येवं मां सुश्रवः सौश्रवसं कुरु – आगृ. १.22.2१; पारगृसू. 2. ४.2; मागृसू.. १.22.१७ द्र. पूर्वं तथा उत्तरद्वयम्
यथा त्वं सुश्रवः सुश्रवा देवेष्व् एवमहं सुश्रवः सुश्रवा ब्राह्मणेषु भूयासम् – साम मन्त्रब्रा.१.६.३१ द्र. पूर्वद्वयं तथा उत्तरम्
यथा त्वं सुश्रवो देवानां निधिगोपोऽस्येवमहं ब्राह्मणानां ब्रह्मणो निधिगोपो भूयासम् – आपमपा. 2.५.१ द्र. पूर्वत्रयम्
यथा त्वं सूर्यासि विश्वदर्शत एवमहं विश्वदर्शतो भूयासम् – मैसं.४.६.६: ८६.2; आपश्रौ. १३.१६.६; माश्रौसू.2.५. 2.2६
यथा त्वं (पारगृसू.त्वमग्ने देवानाम् – ।ह.१.22.2१/१; पारगृसू. 2.४.2/१; मागृसू.. १.22.१७/१
यथा त्वमग्ने समिधा समिध्यसि (साम मन्त्रब्रा. ...से) साम मन्त्रब्रा. १.६.३2/३; पारगृसू. 2.४.३/३; आपमपा. 2.

६.2 / ३; हिर गृसू. १.७.2 / ३
यथा त्वमग्ने सुश्रवः आदिः द्र. यथा त्वं सुश्रवः सुश्रवा अस्येवं मां आदि
यथा त्वमुत्तरोऽसः – अ. १६.४६.७ / १
यथा त्वम् उद्भिनत्स्योषधे पृथिव्या अधि एवमिम उद्भिन्दन्तु कीर्त्या यशसा ब्रह्मवर्चसेन –तैआ.६.१०.2
यथा दान्त्यनुपूर्वं वियूय – ऋ. १०.१३१.2 / 2; अ.20.१२५.2 / 2; वा.१०.३2 / 2; १६.६ / 2; 2३.३८ / 2; तैसं.१.८.2१.१ / 2; ५.2.११.2 / 2; मैसं. १.११.४ / 2: १६६.३; 2.३.८ / 2; तैसं.१.८.2१.१ / 2; ५.2.११.2 / 2; मैसं.१.११.४ / 2: १६६.३; 2.३.८ / 2: ३६.३; काठसं.१2.६ / 2; १४.३ / 2; ३७.१८ / 2; शब्रा.५.५.४.2४ / 2, तैब्रा.2.६.१.३ / 2
यथा दावो विदह्यति – अ.2०.१३६.८ / ३
यथा दिक्षु चन्द्राय समनमन्नेवा मह्यं संनमः सं नमन्तु – अ. ४.३६.७
यथादित्या अंशुम् (काठसं. यथादित्यमादित्या) आप्याययन्ति – मैसं. ४.६.2७ / १: १४०.३; ४.१2.2 / १: १८१.७; काठसं. १०.१2 / १ प्रः यथादित्याः माश्रौसू. ५.१.१०.१८ द्र. यथा देवा अंशुम्, यं देवा अंशुम्, तथा यमादित्या अंशुम्
यथादित्या वसुभिः संबभूवुः – अ. ६.७४.३ / १; तैसं.2.१.११.३ / १
यथादित्योऽक्षितोऽनुपदस्त एवं मह्यं प्रपितामहायाक्षितोऽनुपदस्त (हिर गृसू. ...तः) स्वधा भवताम्) – आपमपा. 2.१६.१६; हिर गृसू. 2.१३.१ तु. द्यौर्दर्विर्।
यथा दिवो जातवेदश्चिकित्वान् – ऋ. ३.१७.2 / 2
यथा दिव्यादित्याय समनमन्नेवा मह्यं संनमः सं नमन्तु – अ. ४.2३६.५ तु. यथा सूर्यो दिवा
यथा दूतो बभूथ हव्यवाहनः – ऋ. ८.2३.६ / ३
यथा देव न हृणीषे न हंषि – ऋ. 2.३३.१५ / 2; तैब्रा.2.८.६.६ / 2
यथा देवा अंशुमाप्याययन्ति – निरु.५.११ / १ द्र. यथादित्या अंशुम् इत्यत्र
यथा देवा असुरान् प्रणुदन्त – अ.६.2.१८ / १
यथा देवा असुरेषु – ऋ.१०.१५१.३ / १; तैब्रा.2.८.८.७ / १
यथा देवा इहागमन् – वा. १७.७८ / 2; तैसं.५.५.४.३ / 2; मैसं. 2.१०.६ / 2: १३६.८; काठसं. ३६.३ / 2; शब्रा. ६.2.३.४2
यथा देवानां जनिमानि वेद – ऋ. ३.४.१० / ४; साम मन्त्रब्रा.2.2.१2 / ४
यथा देवान् प्रतिभूषेम पाकवत् – ऋ.१०.१००.३ / ३
यथा देवेभ्योऽपवथा एवं मह्यं पवस्व – आपश्रौ. १2.१५.८
यथा देवेषु जाग्रथ – आपश्रौ. १.१४.३ / 2; पारगृसू.१.१६.22 / 2; हिर गृसू.2.४.५ / 2
यथा देवेष्वमृतम् – अ. १०.३.2५ / १
यथा देवैः सधमादं मदेम – तैब्रा. ३.१2.३.2 / ४ तु. यत्र देवैः आदि इत्यत्र
यथा देवो दिवि सतेनयन् वि राजति – कौसू.६८.2 / १
यथा द्यां च पृथिवीं च – अ.१.2४ / १
यथा द्यौरिन्द्रेण गर्भिणी – शब्रा. १४.६.४.2१ / 2; बृह उप. ६.४.2१ / 2; शां गृ सू.१.१६.५ / 2 द्र. द्यौर्यथेन्द्रेण
यथा द्यौश्चापृथिवी च – अ. 2.१५.१ / १; मागृसू १2 १३ / १ प्रः यथा द्यौः –कौसू.५४.११
यथाधुरम् (काठसं. ...धूरन्) धुरो (काठसं. धूरो) धूर्भिः कल्पन्ताम् – काठसं.३.६; 2८.१; माश्रौसू. 2.३.2.22 द्र. यथायथं धुरो
यथा न इन्द्रः केवलीः (तैसं. इन्द्र इद्विशः) – अ.७.६४.१ / ३; तैसं. ३.2.८.६ / १; काठसं. ३५.७ / ३ द्र. अथा न इन्द्र इद् इत्यत्र
यथा नः पशुमतः करत् – तैसं.१.८.६.2 / ५; लाटयश्रौसू. ५.३.५ / ५
यथा नः प्रतरं तिरात् – मैसं. १.१०.४ / ६:१४४.८
यथा नकुलो विछिद्य – अ. ६.१३६.५ / १
यथा नडं कशिपुने – अ.६.१३८.५ / १
यथा न पूर्वमपरो जहाति – ऋ. १०.१८.५ / ३; अ. १2.2.2५ / ३; तैआ. ६.१०.१ / ३
यथा न प्रागग्नेर्भूमिं शोणितं गच्छेत् – गोभि गृसू.३.१०.३३
यथा नभ्यं प्रधावधि – अ.६.७०.३ / 2
यथा न मुच्यातै कतमश्चनैषाम् – अ.८.८.६ / ४
यथा न रिष्या अमृतः सजूरसः – अ. ८.2.१३ / ३
यथा न विद्विषामहे – पारगृसू.2.१०.22 / ४
यथा नः शमसद् द्विपदे चतुष्पदे – तैसं. ४.५.१०.१ / ३; मैसं.2.६.६ / ३: १2७.१०; काठसं. १७.१६ / ३ द्र. यथा शमसद्
यथा नः श्रेयसस् (तैसं. ...सः) करत् – वा.३.५८ / ४; तैसं.१.८६.2 / ३; मैसं. १.१०.४ / ४: १४४.७; काठसं. ६.७ / ४; शब्रा.2.६.2.११ / ४; लाटयश्रौसू. ५.३.५ / ३
यथा नः सर्व (मैसं. सर्वा) इज्जनः (वा. जनऽनमीवः) – ऋ. १०.१४१.४ / ३; अ. ३.2०.६ / ३; वा. ३३.८६ / ३; मैसं. १.३.१५ / ३: ३६.७; १.११.४ / ३; १६४.१५; 2.2.६ / ३: 2०.७; 2.६.2 / ३: १2१.४; काठसं. १०.१2 / ३;

१४.2 / ३ द्र. उत्तरम्
यथा नः सर्वमिज्जगत् – वा. १६.४ / ३; तैसं. ३.2.८.६ / ३; ४.५.१.2 / ३; काठसं. १७.११ / ३; नील उप. ६ / ३ द्र. पूर्वम्
यथा नः सर्वा इद्दिशः – तैसं.३.2.८.६ / ३
यथा नः सुफलाससि (अ. सुफला भुवः) – ऋ.४.५७.६ / ४; अ.३.१७.८ / ४; तैआ.६.६.2 / ४
यथा नः सुभगाससि (अ. सुमना असः) – ऋ. ४.५७.६ / ३; अ.३.१७.८ / ३; तैआ.६.६.2 / ४
यथा नातः पुनरेकश्चनोदयत् – ऋ. ७.१०४.३ / ३ द्र. यतो नैषाम्
यथा नाभिः प्राणानां विषुवान् एवमहं विषूवान् – हिर गृसू. १.2३.१
यथा नामगोत्रे भवतस्तथा प्रभूहि – कौसू.५५.१०
यथानाम व ईशमहे स्वाहा – अ.४.३८.७ / ५
यथा नीपातिथिं धने – ऋ. ८.४६ (वाल.१).६ / ४
यथानुन्मदितोऽससि – अ. ६.१११.2 / ४,४ / ४
यथा नो अत्र नापरः – तैआ. ६.१.2 / ३
यथा नो अदितिः करत् – ऋ. १.४३.2 / १; तैसं. ३.४.११.2 / १; मैसं. ४.१2.६ / १: १९७.१३; काठसं. 2३.१2 / १; शांश्रौसू. ६.2७.2
यथा नो भूयसस्करत् –मैसं. १.१०.४ / ५५ १४४.८
यथा नो मित्रो अर्यमा – ऋ. ८.३१.१३ / १ तु.बृहद. ६.७४
यथा नो मित्रो वरुणः – ऋ. १.४३.३ / १
यथा नो मित्रो वरुणो जुजोषत् – ऋ. ३.४.६ / ३
यथा नो मीढ्वान् स्तवते सखा तव – ऋ. 2.2४.१ / ३
यथा नो वस्यसस् (तैसं. वस्यसः; लाटयश्रौसू. वसीयसस्) करत् – वा. ३.५८ / ३; तैसं. १.८.६.2 / ४; मैसं. १.१०.४ / ३५ १४४.७; काठसं. ६.७ / ३; शब्रा. 2..६.2.११ / ३; लाटयश्रौसू.५.३.५ / ४
यथा नो व्यवसाययात् – वा. ३.५८ / ५; तैसं. १.८.६.2 / ६; मैसं.१.१०.४ / ७: १४४.८; काठसं. ६.७ / ५; शब्रा. 2.६.2.११ / ५; लाटयश्रौसू.५.३.५ / ६
यथा नोऽसो अवीरहा – अ. १.१६.४ / ४
यथान्तरिक्षं मातरिश्वाभिवस्ते – कौसू. ६८.2 / 2
यथान्तरिक्षे वायवे समनमन्नेवा मह्यं संनमः सं नमन्तु – अ. ४.३६.३ द्र. यथा वायुरन्तरिक्षेण।
यथाप ओषधीषु यशस्वतीः – अ. ६.५८.2 / 2
यथापः पृथिवीमा विविशुः – कौसू. ६८.2 / ३
यथापः प्रवता यन्ति – तैआ.७.४.३ / १; तै उप. १.४.३ / १; कौसू. ५६.१७ / १ द्र. यथा यन्ति।
यथा पक्थे दशव्रजे – ऋ. ८.४६ (वाल. १).१० / 2
यथा पंरचदशर्षयः – काठसं.४०.११ / 2; तैआ. ६.५.2 / 2; आपश्रौ. १७.2१.८ / 2
यथा पंच यथा षट् – काठसं.४०.११ / १; तैसं. ६.५.2 / १; आपश्रौ. १७.2१.८ / १
यथा पतन्ति पक्षिणः – अ. १.११.६ / 2
यथापरं न मासातै – अ. १८.2.३८ / 2 – ४४ / 2,४५ / ३
यथापरु तन्वं सं भरस्व – अ. १८.४.५2 / ३
यथापर्व असिना माभि मंस्थाः – अ. ६.५.४ / 2
यथापवथा मनवे वयोधाः – ऋ. ६.६६.१2 / १
यथापः शन्ताः, यथा पृथिवी, एवं मयि शाम्यतु – शां गृ सू. ६.६.३ – ६
यथा पसस्तायादरम् – अ. ६.७2.2 / १
यथापिबः पूर्व्यां इन्द्र सोमान् – ऋ. ३.३६..३ / ३
यथा पुंसो वृषण्यतः – अ.६.७०.१ / ३ – ३ / ३
यथापुण्यस्य कर्मणः – तैआ.१.८.६ / 2
यथा पुत्रं जनादिति – अ. ६.८१.३ / ४
यथा पुनर्न विद्यते – अ. १६.४६.७ / ५
यथा पुमान् भवेदिह – माश्रौसू. १.१.2.३१ / ३ द्र. यथेह पुरुषो
यथा पुरा मनवे गातुमश्रेत् – ऋ. १०.७६.३ / 2
यथा पुरीषं तद्यः समुद्रम् – कौसू. ६८.2 / १
यथा पुरुष ते मनः – शब्रा. ३.४.2.७ / ४
यथापूर्वमकल्पयत् – ऋ. १०.१६०.३ / 2; तैआ.१०.१.१४ / 2; महा नारा उप. ५.७ / 2
यथापूर्वमहोरात्रे – तैसं. ७.५.20.१; काठसं अश्व.५.१७
यथा पूर्वेभ्यः शतसा अमृध्रः – ऋ. ६.८2.५ / १
यथा पूर्वेभ्यो जरितृभ्य इन्द्र – ऋ. १.१७५.६ / १; १७६.६ / १
यथा पृथिव्यग्निगर्भा – आपमपा. १.१2.५ / १ (आपगृ. ३.८.१३) द्र. यथाग्निगर्भा इत्यत्र
यथा पृथिव्यामग्नये समनमन्नेवा मह्यं संनमः सं नमन्तु – अ. ४.३६.१ द्र. यथाग्निः पृथिव्या
यथा प्रजापतिर्भूतैः समनमदेवं मह्यं भद्राः संनतयः सं नमन्तु – तैसं. ७.५.2३.2
यथा प्रधिर्यथोपधिः – अ. ६.७०.३ / १
यथा प्रसूता सवितुः सवाय – ऋ. १.११३.१ / ३; सा.2.१०९६ / ३; निरु. 2.१६ / ३
यथा प्राण बलिहृतः – अ.११.४.१६ / १
यथा प्राव एतशं कृत्व्ये धने – ऋ. ८.५०(वाल.2).६ / ३
यथा प्रावो मघवन् मेध्यातिथिम् – ऋ. ८.४६(वाल.१).६ / ३
यथा बाणः सुसंशितः – अ. ६.१०५.2 / १

यथा बीजमुर्वरायाम् – अ. १०.६.३३/१
यथा ब्रह्म क्षत्रेण समनमदेवं मह्यं भद्रा संनतयः सं नमन्तु – तैसं. ७.५.2३.2; काठसं अश्व. ५.20
यथा ब्रह्म च क्षत्रं च – अ. 2.१५.४/१
यथा भगस्याभ्यां ददत् – आपमपा. १.८.४/३
यथा भर्गस्वतीं वाचम् – अ.६.६६.2/३ द्र. यथा वर्चस्वतीम्
यथा भवदनुदेयी – ऋ. १०.१३५.६/१
यथा भवाम्युत्तमः – आगृ.2.१०.६/५
यथा भवेम मीढुषे अनागाः – ऋ. ७.६७.2/३
यथाभागं वहतु हव्यमग्निः – कौसू.६.११/४
यथाभागं व्यावर्तेथाम् – आपश्रौ. १.2४.५
यथाभागं हव्यदातिं जुषाणाः – अ. ७.१०६.2/३
यथाभागं देवताः प्रति मातिष्ठिपन् – माश्रौसू. १.४.१.2६
यथाभिचक्र देवाः – अ. ३.६.१/३
यथा भूतं च भव्यं च – अ. 2.१५.६/१
यथा भूमिरग्निगर्भा – शां गृ सू.१.१९.५/१ द्र. यथाग्निगर्भा इत्यत्र
यथा भूमिर्मृतमनाः – अ. ६.१८.2/१
यथा मक्षा इदं मधु – अ. ९.१.१७/१
यथा मदधरं वदान् – ऋ. १०.१६६.३/४
यथा मधु मधुकृतः – अ. ९.१.१६/१
यथा मनुष्या उत – अ. ६.१४१.३/2
यथामनो मनस्केतैः – अ.६.१०५.१/१ प्रः यथा मनः –कौसू.३१.2७
यथा मनौ विवस्वति – ऋ. ८.५2(वाल.४).१/१ तु. ऋ. ८.५१ (वाल. ३)।
यथा मनौ संवरणौ – ऋ. ८.५2(वाल.३).१/१ तु. ऋ. ८. ५2 (वाल. ४)।
यथा मन् नापगा असः – अ. १.३४.५/४; 2.३०.१/५; ६. ८.१/५ – ३/५
यथा मम् क्रतावसः – अ.३.2५.५/३; ६.६.2/३ द्र. ममेदह क्रताव्।
यथा मम समरादसौ – अ. ६.१३०.३/१
यथा मांसं यथा सूरा – अ. ६.७०.१/१ प्रः यथा मांसम् – कौसू.४१.१८
यथा मां कामिन्यसः – अ. १.३४.५/३; 2.३०.१/४; ६.८. १/४ – ३/४
यथा मासा अहर्जरम् – तैआ. ७.४.३/2; तै उप. १.४. ३/2; कौसू. ५६.१७/2; साम मन्त्रब्रा. 2.६.४/2
यथा मित्राय वरुणाय शंतमः (सा. ...मम्) – ऋ. ६.१०४. ३/३; सा. 2.५०६/३

यथामी अन्यो अन्यं न जानन् – वा. १७.४७/४ द्र. उत्तरम्, यथैतेषाम्, तथा यथैषाम्।
यथामिषामन्यो अन्यं न जानात् – खिल.१०.१०३.१/४ द्र. पूर्वम् इत्यत्र
यथामुं तृणहां जनम् – अ.५.८.७/५
यथा मृगाः संविजन्ते – अ. ५.2१.४/१
यथा मे भूरयोऽसत – अ. १८.४.५५/४ द्र. यथासाम
यथायं यजमानो न रिष्येत् – तैब्रा. ३.७.७.१४/४; आपश्रौ. ११.५.१/४
यथायं वायुरेजति – वा. ८.2८./३; शब्रा. ४.५.2.५ द्र. यथा वातो यथा वनम्, तथा यथैव सोमः
यथायं वाहो अश्विना – अ.६.१०2.१/१ प्रः यथायं वाहः –कौसू.३५.2१
यथायज ऋतुभिर्देव देवान् – ऋ.१०.७.६/३
यथायजो होत्रमग्ने पृथिव्याः – ऋ.३.१७.2/१
यथा यज्ञं कल्पयसि प्रजानन् – अ. ४.2३.2/2
यथा यज्ञं मनुषो विक्ष्वासु – ऋ.४.३७.१/३
यथायथं धुरो धुर्भिः कल्पन्ताम् – आपश्रौ. १2.६.३ द्र. यथाधुरम्
यथायथं नौ तन्वौ (आश्रौ. तन्वा; माश्रौसू. तन् नौ) जातवेदः – काठसं.७.३/४; आश्रौ. 2.१०/४; माश्रौसू.१.६.३.१६/४
यथायथं नौ (काठसं. नो) व्रतपते (काठसं. ...पा) व्रतानि (तैसं.मैसं. व्रतिनोर्व्रतानि; काठसं. व्रतिनां व्रतानि) – वा. ५.४०; तैसं.१.३.४.३; मैसं. १.2.१३: 22.१८; काठसं. ३.१; शब्रा.३.६.३.2१
यथा–यथा कृपण्यति – ऋ. ८.३९.४/2
यथा–यथा पतयन्तो वियेमिरे – ऋ. ४.५४.५/३
यथा–यथा मतयः सन्ति नृणाम् – ऋ. १०.१११.१/2
यथा–यथा मित्रधितानि संदधुः – ऋ.१०.१००.४/३
यथा–यथा वृष्ण्यानि स्वगूर्ता – ऋ.४.१९.१०/३
यथा–यथास्य श्रपणं तथा – तथा – तैब्रा.३.६.६.४/४ द्र. यथास्य श्रपणम्
यथा यन्ति प्रपदः – साम मन्त्रब्रा. 2.६.४/१ द्र. यथापः प्रवता
यथायं न प्रमीयेत – साम मन्त्रब्रा.१.५.१2/३; गोभि गृसू. 2.८.४
यथायमरपा असत् – ऋ. १०.१३७.५/४; अ. १.22.2/३; ४.१३४/४; आश्रौ. 2.७.१३/३
यथा यमस्य त्वा गृहे – अ. ६.2९.३/५
यथा यमस्य सादने – अ. १८.३.७०/३
यथा यमाय हर्म्यम् (तैआ. हार्म्यम्) – अ.१८.४.५५/१;

तैआ. ६.६.2 / १ प्रः यथा यमाय –कौसू. ८६.११
यथायं भस्ममुष्टिर्दिग्भ्यः आहृतो दिग्भ्य एव गच्छत्येवमथ भवन्तः – माश्रौसू. ८.2५
यथा यशः कन्यायाम् – अ. १०.३.20 / १
यथा यशः पृथिव्याम् – अ.१०.३.१६ / १
यथा यशः प्रजापतौ – अ.१०.३.2४ / १
यथा यशश्चन्द्रमसि – अ.१०.३.१८ / १
यथा यशः सोमपीथे – अ.१०.३.2१ / १
यथा यशो अग्निहोत्रे – अ.१०.३.22 / १
यथा यशो यजमाने – अ.१०.३.2३ / १
यथायाद् यमसादनात् – अ.१2.५६.६४ / १
यथा युक्तो जातवेदो न रिष्याः – ऋ. १०.५१.७ / 2; मैसं.४.१४.१५ / 2: 2४2.४
यथा युगं वरत्राय – ऋ.१०.६०.८ / १ प्रः यथा युगम् – शांश्रौसू.१६.१३.१४
यथा युवयो सर्वाणि – साम मन्त्रब्रा.2.६.७ / 2,८ / 2
यथा रथोऽश्वैः समनमदेवं मह्यम् भद्राः संनतयः सं नमन्तु – तैसं. ७.५.2३.2; काठसं अश्व.५.20
यथा रयिं सर्ववीरं नशामहै – ऋ.2.३०.११ / ३
यथा राजा विशा समनमदेवं मह्यं भद्रा संनतयः सं नमन्तु – तैसं.७.५.2३.2; काठसं अश्व. ५.20
यथा रुद्रश्चिकेतति – ऋ. १.४३.३ / 2
यथा रुद्रस्य सून्वः – ऋ. ८.20.१७ / १
यथा लोकं वि तिष्ठध्वम् – अ.११.९.2६ / ५
यथालोकं पुनरस्तं परेत – मैसं.१.६.2 / ५: ८८.९; १६०७ / ५: ९७.८; आपश्रौ. ५.१८.१ / ५
यथा वयम् उश्मसि तद्वसो कृधि – ऋ.१०.३८.2 / ४
यथा वरुणोऽद्भिः समनमदेवं मह्यं भद्रा संनतयः सं नमन्तु – तैसं. ७.५.2३.१; काठसं अश्व.५.20
यथा वरो सुषाम्ने – ऋ. ८.2४.2८ / १ तु. बृहद. ६.६३
यथा वर्चस्वतीं वाचम् – अ. ९.१.१६ / ३ द्र. यथा भर्गस्वतीम्
यथा वर्षं वर्षकामाय वर्षति – कौसू. ९८.2 / 2
यथावशं चरति देव एषः – ऋ.१०.१६८.४ / 2
यथावशं तन्वं (अ. ...वः) कल्पयस्व (अ.वा.कल्पयाति) – ऋ.१०.१५.१४ / ४; अ. ७.१०४.१ / ४; १८.३.५६ / ४; वा. १९.६० / ४
यथावशं तन्वं चक्र एषः – ऋ. ३.४८.४ / 2; ७.१०१.३ / 2
यथावशन्ति देवास्तथेदसत् – ऋ. ८.2८.४ / १
यथा वशं दशव्रजे – ऋ. ८.५० (वाल.2).९ / ४
यथावशं नयति दासमार्यः – ऋ.५.३४.६ / ४
यथावशो न वादिषः – अ. ६.४2.३ / ३; ४३.३ / ३
यथा वसु वीरजातं नशामहै – ऋ.१०.३६.११ / ३
यथा वः सुसहासति – ऋ.१०.१९१.४ / ४; अ. ६.६४.३ / ४; मैसं.2.2.६ / ४: 20.११; काठसं.१०.१2 / ४; तैब्रा.2.४.४.५ / ४
यथा वः स्वाहाग्नये दाशेम – ऋ.७.३.७ / १
यथा वाजेषु सोभरिम् – ऋ. ८.५.2६ / ३
यथा वातः पुष्करिणीम् – ऋ. ५.७८.७ / १; शब्रा. १४.९.४.22 / १; बृह उप.६.४.22 / १ तु. बृहद. ५.८६ तु. यथा वातो यथा मनः
यथा वातश्चाग्निश्च – अ.१०.३.१४ / १
यथा वातश्चयावयति – अ.१०.१.१३ / १
यथ वातेन प्रक्षीणाः – अ.१०.३.१५ / १
यथा वातो यथा मनः – अ.१.११.६ / १ तु. यथा वातः पुष्करिणीम्
यथा वातो यथा वनम् – ऋ. ५.७८.८ / १; निरु.३.१५ / १ द्र. यथायं वायुः इत्यत्र
यथा वातो वनस्पतीन् – अ. १०.३.१३ / १
यथा वामत्रिरश्विना – ऋ. ८.४2.५ / १
यथा वायुरक्षितोऽनुपदस्त एवं मह्यं पितामहायाक्षितोऽनुपदस्त (हिर गृसू. ...तः) स्वधा भव (हिर गृसू. भवताम्) – आपमपा. 2.१९.१५; हिर गृसू. 2.१३.१ तु. अन्तरिक्षं दर्विः
यथा वायुरन्तरिक्षेण समनमदेवं मह्यं भद्रा संनतयः सं नमन्तु – तैसं. ७.५.2३.१; काठसं अश्व. ५.20 द्र. यथान्तरिक्षे
यथा विद आत्मन्नन्यवर्णाम् – अ.१2.३.५४ / 2
यथा विद्यां अरं करत् – ऋ.2.५.८ / १
यथा विप्रस्य मनुषो हविर्भिः – ऋ. १.७६.५ / १; आश्रौ.३.७.५
यथा विश्वं भुवनं धारयिष्यति – ऋ. ४.५४.४ / 2
यथा विश्वे सजोषसः – ऋ. १.४३.३ / ३
यथा वृकादजावयः – अ.५.2१.५ / १
यथा वृक्षं लिबुजा – अ. ६.८.१ / १ प्रः यथा वृक्षम् –कौसू. ३५.2१ तु. परि ष्वजाते।
यथा वृक्षमशनिः – अ. ७.५०.१ / १; कौसू. ४१.१३
यथा वृक्षो वनस्पतिः – शब्रा. १४.६:९.३० / १; बृह उप. ३.९.३० / १
यथा वृत्र इमा आपः – अ. ६.८५.३ / १
यथा वो देवा वरिवः कराणि – ऋ.१०.५2.५ / 2
यथा वोऽहं चारुतमं वदानि – पंचब्रा.१.३.९ / ४
यथाशक्ति यथाबलम् – कौसू.७३.१४ / १
यथा शमध्वंछमसद्दुरोणे – ऋ.१०.३७.१० / ३ द्र.

उत्तरमेकवर्जम्
यथा शमसद् द्विपदे चतुष्पदे – ऋ.१.११४.१/३; वा. १६. ४८/३ द्र. यथा नः शम्।
यथा शमस्मै शमसद् दुरोणे – तैब्रा.2.८.७.३/३ द्र. पूर्वमेकवर्जम्
यथा शरीरं भूतेषु न्यक्तम् – तैब्रा.१.2.१.६/2; आपश्रौ. ५.३.१/2
यथा शर्धाय वीतये – ऋ.६.१०४.३/2; सा.2.५०६/2
यथा शार्याते अपिबः सुतस्य – ऋ. ३.५१.७/2; वा. ७. ३५/2; तैसं.१.४.१८.१/2; मैसं.१.३.१६/2: ३७.५; काठसं. ४.८/2; शब्रा. ४.३.३.१३/2
यथाशृणोरत्रेः कर्माणि कृण्वतः – ऋ. ८.३६.७/2; ३७. ७/2
यथा शेपो अपयातै – अ. ७.६०.३/१
यथा शेवधिर् निहितः – अ.१2.४.१४/१
यथा श्यामाकः प्रपतन् – अ. १६.५०.४/१
यथा श्येनात्पतत्रिणः – अ. ५.21.६/१
यथाश्वत्थ निरभनः – अ.३.६.३/१
यथाश्वत्थ वानस्पत्यान् – अ.३.६.६/१
यथा संवर्ते अमदो यथा कृशे – ऋ. ८.५४(वाल.६).2/३
यथासच्छतहायनः – अ. ८.७..22/४
यथा सत्यं चानृतं च – अ. 2.१५.५/१
यथासद् बहुधान्यम् – कौसू. 20.५/३
यथा समुद्र एजति – ऋ.५.७८.८/2; वा. ८.2८/४; शब्रा.४.५.2.५; आपमपा. 2.११.१६/2; हिर गृसू.2.३. १/2; निरु. ३.१५/2
यथा समुद्रं स्रवन्तीः – साम मन्त्रब्रा. 2.६.५/१
यथा संमनसौ भूत्वा – अ.६.४2.१/३
यथासाम जीवलोके भूरयः – तैआ.६.६.2/४ द्र. यथा मे भूरयो।
यथा सामर्चा समनमदेवं मह्यं भद्राः संनतयः सं नमन्तु – तैसं. ७.५.2३.2; काठसं अश्व. ५.20
यथा सा (यथासो इति पठतु) राष्ट्रवर्धनः – तैब्रा.2.७.१५. ४/३ द्र. यथासो मित्र...।
यथासितः प्रथयते वशां अनु – अ.६.७2.१/१ प्रः यथासितः – कौसू. ४०.१६
यथा सिन्धुर्नदीनाम् – अ. १४.१.४३/१ प्रः यथा सिन्धुः –कौसू. ७५.2७
यथसुखम् (भुंगध्वम्) – याधशा. १.2३८
यथा सुपर्णः प्रपतन् – अ. ६.८.2/१
यथ सूर्यश्च चन्द्रश्च – अ. 2.१५.३/१ प्रः यथा सूर्यः –कौसू.३६.2; ४८.३५
यथा सूर्यस्य रश्मयः – अ. ६.१०५.३/१
यथा सूर्यो अतिभाति – अ. १०.३.१७/१
यथा सूर्यो दिवा समन्मदेवं मह्यं भद्राः संनतयः सं नमन्तु – तैसं.७.५.2३.१; काठसं अश्व. ५.20 तु. यथा दिव्यादित्याय।
यथा सूर्यो दिव रोचते – कौसू. ६८.2/१
यथा सूर्यो नक्षत्राणम् – अ. ७.१३.१/१
यथा सूर्यो मुच्यते तमसस् परि – अ.१०.१.३2/१
यथा सेनाममूं हनन् – अ. ८.८.१४/४,१५/४
यथा सो अस्य परिधिष्पताति – अ.५.2६.2/४,३/१
यथा सोम ओषधीनाम् – अ.६.१५.३/१
यथा सोमः प्रातःसवने – अ. ६.१.११/१; वैसू. 2१.७; कौसू.१३६.१५
यथा सोमं दशशिप्रे दशोण्ये – ऋ.८.५2(वाल.४).2/३
यथासो मम केवलः – अ. ७.३७.१/३ द्र. ममेदसस्
यथा सोमस्तृतीये सवने – अ.६.१.१३/१
यथासो मित्रवर्धनः – अ.४.८./३; काठसं.३६.१५/३; ३७. ६/३ द्र. यथा सा राष्ट्र...
यथा सोमो द्वितीये सवने – अ. ६.१.१2/१
यथा स्तेनो न विद्यते – अ.१६.४६.७/४
यथा स्त्री तृप्यति पुंषि प्रिये प्रिया – तैब्रा. 2.४.६.६/2
यथास्थानं कल्पन्ताम् (आपश्रौ. कल्पयध्वम्) – शब्रा. १४. ६.४.५/४; बृह उप. ६.४.५/४; आपश्रौ. ६.20.2 द्र. उत्तरद्वयम्
यथास्थानं धारयन्तामिहैव – शांश्रौसू. ८.१०.१/४ द्र. पूर्वं तथा उत्तरम्
यथास्थाम कल्पयन्तामिहैव – अ. ७.६७.१/४ द्र. पूर्वं उत्तरं च
यथा स्म ते विरोहतः – अ. ४.४.३/१
यथास्मिँ जातवेदसि – अ.१०.३.१६/2
यथस्मिन् तेज आहितम् – अ.१०.३.१७/2
यथस्मिन् परमेष्ठिनि – अ. १०.३.2४/2
यथास्मिन् यज्ञ आहितम् – अ.१०.३.2३/2
यथास्मिन् संभृते रथे – अ. १०.३.20/2
यथास्य श्रपणं तथा – मैसं.४.१३.४/४: 20४.६ द्र. यथायथास्य।
यथाहं शत्रुहोऽसानि – अ. १.2६.५/३
यथा ह त्यद् (तैसं. आपश्रौ.हिर गृसू. तद्) सववो गौर्यं चित् – ऋ. ४.१2.६/१; १०.१2६.८/१; तैसं. ४.७. १५.७/१; मैसं.३.१६.५/१: १६2.६; काठसं. 2.१५/१; आपश्रौ. ६.22.१/१ प्रः यथा ह तद्वसवो गौर्यम् – हिर गृसू.१.८.३; यथा ह त्यद्वसवः – काठसं.६.१६

शांश्रौसू.१.१५.५; ८.८.६; यथा ह त्यत् (आपश्रौ. तत्) मैसं.४.११.१: १६१.११; आपश्रौ. ६.१2.१०
यथा हनाम सेनाः – अ.८.८.१/३
यथाहमभिभूः – वैसू. ६.१/३
यथाहमस्य वीरस्य – ऋ.१०.१५६.६/३; आपमपा. १.१६.६/३
यथाहमस्या अतृपं स्त्रियै पुमान् – तैब्रा.2.४.६.६/१
यथाहमुत्तमश्चेतयानि – मैसं. ४.५.८/४: ७६.१५ द्र. यथेन्द्राहम्
यथाहमुत्तरो वदामि – हिर गृसू.१.१५.५/३
यथाहमुत्तरोऽसानि – अ. ३.५.५/३
यथाहमेषां भूतानाम् (अ. वीरणाम्) – ऋ. १०.१७४.५/३; अ. १.2६.६/३
यथाहं भरत ऋषभ (शांश्रौसू. भरतर्षभ) – ऐब्रा. ७.१७.७/३; शांश्रौसू. १५.2५/३
यथा ह वा स्थूरिणैकेन यायात् – ऐब्रा. ५.३०.६/१
यथा हव्यं वहसि जातवेदः – अ. ४.2३.2/१
यथाहश्च रात्री च – अ. 2.१५..2/१
यथा हस्ती हस्तिन्याः – अ. ६.७०.2/१
यथाहान्यनुपूर्वं भवन्ति – ऋ.१०.१८.५/१; अ.१2.2.2५/१; तैआ. ६.१०.१/१ प्रः यथाहानि शांश्रौसू. ४.१६.६ तु. बृहद. ७.१2
यथा हिरण्यतेजसा – अ. १६.2६..३/३
यथाहुवन्त मेधिराः – ऋ. ८.३८.६/2; ४2.६/2
यथा होतरभ्यमसत् तथा कुरु – कौषी ब्रा.६.४
यथा होतर्मनुषो देवताता – ऋ. ६.४.१/१; तैसं.४.३.१३.2/१ प्रः यथा होतः – शांश्रौसू. १४.५४.४
यथेदं स्त्रीपौत्रमगन्म रुद्रियाय – मागृसू.. १.१०.१०/४ द्र. यथेयं स्त्री
यथेदं हर्म्यं तथा – ऋ. ७.५५./४; अ. ४.५.५/४
यथेदं नापायति – अ.१६.५०.६/४
यथेदं भूम्या अधि – अ. 2.३०.१/१; कौसू.३५.2१
यथेन्द्र उद्वाचनम् – अ. ५.८.८/१
यथेन्द्रं दैवीर्विशो मरुतोऽनुवर्तमानोऽभवन् (तैसं. मरुतोऽनुवत्मान) एवमिमं यजमानं दैवीश्च विशो मानुषीश्चानुवर्तमानो भवन्तु (का. भूयासुः) – वा. १७.८६; का. १८.७.७; तैसं.४.६.५.६; मैसं. 2.११.१: १४०.७; काठसं. १८.६
यथेन्द्रः सहेन्द्राण्या – मागृसू..१.१०.१७/१
यथेन्द्राहमुत्तमश्चेतयानि – तैसं.३.2.१०.2/४ द्र. यथाहमुत्तमः
यथेन्द्रो दस्यूनधमं तमो बबाधे – अ.६.2.१८/2
यथेन्द्रो द्यावापृथिव्योर्यशस्वान् – अ. ६.५८.2/१
यथेन्द्रो हस्तमग्रहीत् – मागृसू..१.१०.१५/१
यथेमं पारयामसि – अ.८.७.७/३,१६/३
यथेमां वाचं कल्याणीम् – वा. 2६.2/१
यथेमेतद्भवसि मृत्युबन्धुः – ऋ.१०.६५.१८/2
यथेमे द्यावापृथिवी – अ.६.८.३/१
यथेयं शचीं वावाताम् – शां गृ सू.१.१2.६/१
यथेयं स्त्री पौत्रमघं न रोदात् – आगृ..१.१३.६/४; साम मन्त्रब्रा. १.१.१०/४; पारगृसू. १.५.११/४; आपमपा. १.४.७/४; हिर गृसू. १.१६.७/४ द्र. यथेदं स्त्री...
यथेयमिन्द्र मीढ्वः – ऋ. १०.८५.2५/३; अ. १४.१.१८/३; आपमपा. १.४.५/३
यथेयं पृथिवी मही – ऋ.१०.६०.६/१; खिल.१०.१८४.2/१; अ.५.2५.2/१; ६.१७.१/१ – ४/१; आपमपा. १.१2.४/१ (आपगृ. ३.८.१३); मागृसू..2.१८.४/१ प्रः यथेयं पृथिवी – कौसू. ३५.१2
यथेवांग भविष्यति – ऋ.१०.८६.७/2; अ.2०.१2६.७/2
यथेषुका परापतत् – अ.१.३६/१
यथेह क्षुधिता बालाः–छा.उप.५.2४.४/१
यथेह पुरुषोऽसत् (साम मन्त्रब्रा. पुरुषः स्यात्) – वा.2.३३/३; शांश्रौसू. ४.५.८/३; आपश्रौ. १.१०.११/३; कौसू. ८६.६/३; साम मन्त्रब्रा. 2.३.१६/३ द्र. यथा पुमान्
यथैक ऋषिर् (काठसं. ...कर्षिर्) विजानते – काठसं. ४०.११/४; तैआ. ६.५.2/४; आपश्रौ. १७.2१.८/४
यथैतेषामन्यो अन्यं न जानात् – सा. 2.१2१६/४ द्र. यथामी इत्यत्र
यथैनं जरसे नयात् – अ. १६.2३४.2/३,३/३ द्र. अथैनं जरिमा
यथैनयोर्न प्रमीयातै – आपमपा. १.८.५/३
यथैनानन्यस्मिं जिनीयात् – अ. १2.४.१५/३
यथैव तृष्यते मयः – अ.१६.2.५/३
यथैव ते न गुरोर्भोजनीयाः – वासि ध शा.2.११/३; निरु.2.४/३
यथैव ते वनस्पते – अ.2०.१३६.७/३
यथैव सोमः (हिर गृसू. वायुः) पवते – आपमपा. 2.११.१६/१ (आपगृ. ६.१४.१४); हिर गृसू. 2.३.१/१ द्र. यथायं वायुर् इत्यत्र
यथैवांगिरसः सन् – ऐब्रा. ७.१७.६/३; शांश्रौसू. १५.2५/३
यथैषामन्यो अन्यं न जानात् – अ.३.2.६/४ द्र. यथामी इत्यत्र

यथैषामिन्द्र वृत्रहन् – अ.११.६.2३/३
यथैषु सत्यमाहितम् – अ. १०.३.2५/2
यथोत कृत्व्ये धने – ऋ.८.५.2६/१
यथोत मम्रुषो मनः – अ.६.१८.2/३
यथोदकमपपुषः – अ.६.१३६.४/१
यदकर्म यन् नाकर्म – आपश्रौ. ३.१2.१/१
यदक्रन्दः प्रथमं जायमानः – ऋ.१.१६३.१/१; वा.2६.१2/१; तैसं. ४.2.८.१/१; ६.७.१/१; मैसं.१.६.2/१: ८६.१५; काठसं.३६.१/१; गोब्रा. १.2.१८,2१; शब्रा. १३.५.१.१७; तैब्रा. ३.८.१८.६; वैसू. ६.१/१; आपश्रौ. 20.१2.१०; 2१.११ प्रः यदक्रन्दः काठसं. ४०.६; काठसं अश्व. ६२, आश्रौ.१०.८.५, शांश्रौसू. १६.३.20, वैसू. ६.७; आपश्रौ. ५.१४.१५; ६.१६.६; १६.22.१; माश्रौसू.१.५.४.2
यदक्रन्दः सलिले जातो अर्वन् – वैसू.६.१/१
यदक्षरं पंचविधं समेति – ऐआ. 2.३.८.2/१
यदक्षरं भूतकृतम् – तैआ. १.६.६/१
यदक्षरादक्षरमेति युक्तम् – ऐआ. 2.३.८.३/१
यदक्षवृत्तमनु दत्तं न एतत् (मैसं.तैआ. दत्तमेतत्) – अ. ६.११८.2/2; मैसं. ४.१४.१७//: 2४५.१३; तैआ.३.४.१/2
यदक्षारति देवयुः – ऋ.६.४३./३
यदक्षेषु वदा यत् समित्याम् – अ. १2.३.५2/१ प्रः यदक्षेषु –कौसू. ६३.१
यदग्न एषा समितिर्भवाति – ऋ.१०.११.८/१; अ.१८.१.2६/१; मैसं.४.१४.१५/१: 2४१.१०; ऐआ.५.१.१.2४ तु. ऐआ. ५.१.१.2५ (शाखान्तरे): द्र. अत्र विभजाथ
यदग्निरापो अदहत् प्रविश्य – अ.१.2५.१/१ प्रः यदग्निः –कौसू.2६.2५
यदग्ने अद्य मिथुना शपातः – ऋ.१०.८७.१३/१; अ. ८.३.१2/१; १०.५.४८/१
यदग्ने कव्यवाहन – तैसं.2.६.१2.४/१; तैब्रा. 2.६.१६.2; आपश्रौ. १६.३.११ द्र. यो अग्निः क्रव्य...।
यदग्ने कानि–कानि चित् (काठसं. च) – ऋ. ८.१02.20/१; वा. ११.७३/१; काठसं.१६.७/१; १६.१०; शब्रा. ६.६.३.५/१ प्रः यदग्ने –कात्यश्रौसू. १६.४.३८ द्र. यदग्ने यानि।
यदग्ने तपसा तपः – अ. ७.६१.१/१; कौसू.०५७.2३; मागृसू..१.१.१८/१ प्रः यदग्ने तपसा – कौसू.१०.22
यदग्ने दिविजा असि – ऋ.८.४३.2८/१; आश्रौ. ३.१३.१2
यदग्ने पूर्वं प्रभृतं (आश्रौ. प्रहितं; माश्रौसू. निहितं) पदं हि ते – तैब्रा. १.४.४.१०/१; आश्रौ. ३.१०.१६/१; आपश्रौ. ६.१०.१७/१; माश्रौसू. ३.४.१०/१
यदग्ने मर्त्यस्त्वम् – ऋ. ८.१६.2५/१
यदग्ने यानि कानि चित् (तैसं.मैसं.माश्रौसू.आपश्रौ. च) – अ. १६.६४.३/१; तैसं. ४.१.१०.१/१; ५.१.१०.१; मैसं. 2.७.७/१: ८३.७; ३.१.६: १2.११; वैसू. 2८.१४; आपश्रौ. ६.2.३; १६.१०.१; माश्रौसू.६.१.३ द्र. यदग्ने कानि – कानि।
यदग्ने यासि दूत्यम् – ऋ. १.१2.४/2; ७४.७/३
यदग्ने स्यामहं त्वम् – ऋ.८.४४.2३/१
यदग्नेः सेन्द्रस्य सप्रजापतिक्षय सषिकस्य सषिराजन्यस्य सपितृमस्य सपितृराजन्यस्य समनुष्यस्य रागगुष्यराजन्यरय राकाशरय रातीकाशरय सानूकाशस्य सप्रतीकाशस्य सदेवमनुष्यस्य सगन्धवाप्सरस्कस्य सहार्णयैश्च पशुभिर्ग्राम्यैश्च यन् म आत्मन आत्मनि व्रतं तन् मे सर्वव्रतमिदमहमग्ने सर्वव्रतो भवामि स्वाहा – आगृ. ३.६.१ द्र. यद् ब्राह्मणानां।
यदग्नौ सूर्ये विषम् – अ.१०.४.22/१
यदघ्रियत् (काठसं. ...यथास्) तद् घृतम् (काठसं. अभवः इति उपसंख्यायते) – मैसं. 2.३.४/३: ३१.2; 2.३.५/३: ३2.20; काठसं.११.७/३ द्र. यदघ्रियत
यदंग तविषीयवः – ऋ. ८.७.2/१
यदंगा तविषीयसे – ऋ.८.६.2६/१
यदंग त्वा भरताः संतरेयुः – ऋ. ३.३३.११/१
यदंगा दाशुषे त्वम् – ऋ.१.१.६/१
यदंगा स तम् उत्खिदेत् – अ. ११.४.2१/३
यदंगिरसामभवः सचाभूः – ऋ. १०.७०.६/2
यदंगिरोभ्योऽवृणोरप व्रजम् – ऋ. १.१३2.४/2
यदचरस्तन्वा वावृधानः – ऋ. १०.५४.2/१
यदजः प्रथमं संबभूव – अ.१०.७.३१/३
यदज्ञातमनाम्नातम् – कौसू.११६.2/१ द्र. अज्ञातं यद् इत्यत्र
यदज्ञातेषु वृजनेष्वासम् – ऋ. १०.2७.४/१
यदतिष्ठ ऋतावरि – अ.१०.१०.१६/2
यदतिष्ठो दिवस्पृष्ठे – कौसू. ६८.2६/१ प्रः यदतिष्ठः कौसू. ६८.2५
यदत्ति तस्मै स्वाहा – वा.22.८; तैसं. ७.१.१६.३; मैसं.३.१2.३: १६१.६; काठसं अश्व.१.१०
यदत्त्युपजिह्विका – ऋ. ८.१02.2१/१; वा.११.७४/१; तैसं.४.१.१०.१/१; मैसं.2.७.७८/१: ८३.६; काठसं. १६.७/१; शब्रा. ६.६.३.६; माश्रौसू. ६.१.३; निरु.३.20 प्रः यदत्ति –कात्यश्रौसू.१६..४.३६

यदत्यरेचि यन्नात्यरेचि – आपश्रौ. ३.१2.१/2
यदत्र रिप्तं रसिनः सुतस्य – वा.१६.३५/१; काठसं.३८. 2/१; शब्रा. १2.८.१.५; तैब्रा.2.६..३.2/१; आश्रौ.३.६. ५/१ प्रः यदत्र रिप्तम् – आपश्रौ.१६.८.११; यदत्र – कात्यश्रौसू. १६.३.१४ द्र. उत्तरम्।
यदत्र शिष्टं रसिनः सुतस्य – मैसं.2.३.८/१ः तैब्रा. १.४. 2.३/१; आपश्रौ. १६.३.४/१ प्रः यदत्र शिष्टम् – माश्रौसू.५.2.४.2६ द्र. पूर्वम्
यदत्रापि मधोरहम् – गोब्रा.१.2.७/१ ; वैसू.१2.८/१
यदत्रापि रसस्य मे – गोब्रा.१.2.७/१; वैसू.१2.६/१; आपश्रौ. १०.१३.११/१
यदत्रैनो अव तत् सुवामि – तैआ. 2.६.१/४ द्र. यत् तत्रैनो
यददः (ऋ. संहितापाठे अदो) पितो अजगन् – ऋ. १. १८७.७/१ काठसं.४०.८/१
यददश्चन्द्रमसि कृष्णं तदिहस्तु – आपश्रौ.५.६.७; १६.१४. 2;८१६.११.८ द्र. उत्तरम्
यददश्चन्द्रमसि कृष्णम् – साम मन्त्रब्रा.१.५.१३/१ प्रः यददश्चन्द्रमसि –गोभि गृसू. 2.८.७; यददः – खादि गृसू.2.३.४ द्र. पूर्वम्
यददः संप्रयतीः – अ. ३.१३.१/१; तैसं. ५.६.१.2/१; मैसं.2.१३.१/१ः १५2.७; काठसं.३६.2/१; कौसू.४०.१ प्रः यददः –कौसू.४१.१४
यददीव्यन्नृणमहं बभूव (अ. कृणामि) – अ. ६.११६.१/१; तैआ.३.४.१/१; ७.१; बौधसू.३.७.१०,१६ द्र. अदीव्यन्न् इत्यत्र
यददो – अदो अभ्यगच्छं यद् दोषा यत् पूर्वा रात्रिरम् – अ. १६.७.६
यददो दिवो अर्णवे – ऋ. ८.2६.१७/१
यददो दिवो यदिदं पृथिव्याः – माश्रौसू.१.५.2.१३/१ द्र. यदिदं दिवो, तथ यदीदं दिवो
यददो देवा असुरान् – अ. ४.१६.४/१
यददो पितो अजगन् – ऋ.१.१८७.७/१ द्र. यददः आदि।
यददो वात ते गृहे – ऋ. १०.१८६.३/१; सा. 2. ११६2/१; तैब्रा. 2.४.१.८/१; तैआ.४.४2.2/१; कौसू. ११७.४/१
यदद्भिः परिशिच्यसे – ऋ. ६.६५.६/१; सा. 2.१३५/१
यदद्य कच्च वृत्रहन् – ऋ. ८.६३.४/१; अ.20.११2.१/१; सा.१.१2६/१; वा.३३.३५/१ आश्रौ. ६.११.१५; शांश्रौसू.१५.८.६; १८.७.१३; वैसू.४०.३; सावि ब्रा.2.४.८ प्रः यदद्य कच्च –ऋवि. 2.३५.१
यदद्य कर्हि कर्हि चित् – ऋ. ८.७३.५/१
यदद्य ते घोर आसन् जुहोमि – मैसं.2.2.१/१ः १५.१४ प्रः यदद्य ते घोर आसन् – माश्रौसू. ५.१.८.१३; यदद्य ते –मैसं. 2.७.१2ः ६१.१ द्र. यत्ते अस्मिन, यस्यास्त आसनि, यस्यास्ते अस्याः, तथा यस्यास्ते घोर
यदद्यते लप्यते यत् परोप्यते – तैब्रा.2.८.८.2/३
यदद्य त्वापुरुष्टुत – ऋ. ६.५६.४/१
यदद्य त्वा प्रयति यज्ञे अस्मिन् – ऋ. ३.2६.१६/१; अ.७. ६७.१/१; तैसं.१.४.४४.2/१; मैसं.१.३.३८/१ः ४४.१४; काठसं. ४.१2/१ प्रः यदद्य त्वा प्रयति – कौसू. ६.३ द्र. वयं हि त्वा आदि
यदद्य त्वा सूर्योपब्रवामहै – ऋ. १०.३७.१०.३७.५/३
यदद्य दुग्धं पृथिवीमसृप्त (तैब्रा.आपश्रौ. असक्त; माश्रौसू. अभक्त) – ऐब्रा. ५.2७.८/१; ७.३.४/१; तैब्रा.१.४.३. ३/१; आश्रौ. ३.११.७/१; आपश्रौ. ६.५.६/१; माश्रौसू. ३.2.2/१ तु. यन् मेऽद्य् रेतः।
यदद्य देवः सविता सुवाति – ऋ. ७.४०.१/३
यदद्य भागं विभजासि नृभ्यः – ऋ. १.१2३.३/१
यदद्य वां नासत्या – ऋ. ८.६.६/१; अ.20.१४०.४/१
यदद्य सूर उदिते – ऋ.७.६६.४/१; ८.2७.2१/१; सा.2. ७०१/१; वा.३३.20/१; पंचब्रा.१५.८.३; शांश्रौसू.११.६. ३; १2.१.३ तु. बृहद. ६.६, ८
यदद्य सूर्य उद्यति – ऋ.८.2७.१६/१
यदद्य सूर्य ब्रवोऽनागाः – ऋ.७.६०.१/१; मैसं. ४.१2. ४/१ः १८७.१३ प्रः यदद्य सूर्य – माश्रौसू.५.2.१.2८ तु. बृहद. ६.४,५।
यदद्य स्थः परावति – ऋ. ५.७३.१/१; शांश्रौसू.६.६.४
यदद्य होतृवर्ये (शांश्रौसू. ...वूर्ये) – शब्रा. १.५.१.20/१; शांश्रौसू. १.६.2/१; आपश्रौ.2४.१2.६/१
यदद्या चित्कृणवः कस्तवा परि – ऋ.१.५४.५/४
यदद्या रात्रि सुभगे – अ.१६.५०.६/१
यदद्याराध्यं (?) वदन्तः – माश्रौसू. ७.2.७/१ द्र. यदाराघटी
यदद्याश्विनावपाक् – ऋ. ८.१०.५/१
यदद्याश्विनावहम् – ऋ. ८.६.१३/१; अ.20.१४१.३/१
यदद्रयः पर्वताः साकमाशवः – ऋ.१०.६४.१/३छ निरु.६. ६/३
यदध्यतिष्ठद् भुवनानि धारयन् – ऋ.१०.८१.४/४; वा. १७.20/४; तैसं. ४.६.2.५/४; मैसं.2.१०.2/४ः १३३. ५; काठसं. १८.2/४; तैब्रा. 2.८.६.६/४
यदधिगावो अधिगू – ऋ. ८.22.११/१
यदद्रियत तद् घृतमभवत् – तैसं.2.३.१०.१/३ द्र.

यदघ्रियत।
यदनूचीन्द्रमेः – अ. १०.१०.१०/१
यदृ अनेन यज्ञेन जेष्यामोऽनेन सत्तेरण (कात्यश्रौसू. पशुबन्धेन) – तन् नः सह – शब्रा.४.६.८.१५; कात्यश्रौसू. १2.2.८
यदनेन हविषाशास्ते तदश्यात् (आश्रौ. अस्याम् १) मैसं.४.१३.६: 2१2.१०; शब्रा. १.६.१.१६; तैब्रा.३.५.१०.५; आश्रौ. १.६.५; शांश्रौसू.१.१४.१८
यदन्तरं तद् बाह्यम् – अ.2.३०.४/१
यदन्तरा द्यावापृथिवी – अ.१०.८.३६/१
यदन्तरा परावतम् – ऋ. ३.४०.६/१; अ. 20.६.६/१; मैसं.४.१2.३/१: १८४.११
यदन्तरा पितरं मातरं च – ऋ. १०.८८.१५/४; वा. १६.४७/४; मैसं.2.३.८/४: ३६.१५; काठसं. १७.१६/४; ३८.2/४; शब्रा.१2.८.१.2१; १४.६.१.४/४; तैब्रा.2.६.३.५/४; बृह उप.६.१.४/४
यदन्तरा रोदसी यत् परस्तात् – अ. ४.१६.५/2
यदन्तरिक्ष आ गतम् – ऋ. ५.७३.१/४
यदन्तरिक्ष आ गहि – ऋ. ८.६७.५/४
यदन्तरिक्षं रजसो विमानम् – अ.६.३.१५/३ तु. यो अन्तरिक्षे।
यदन्तरिक्षं तदु मे पिताभूत् (का. पितास) – वा. ८.६/2; टेज्ञ.८.६.2/2; तैसं. ३.५.५.१/३; मैसं.१.३.2६/४: ३६.१०; शब्रा.४.४.2.१४/2
यदन्तरिक्षं पृथिवीमुत द्याम् – अ.६.१2०.१/१; तैसं.१.८.५.३/१; मैसं.१.१०.३/१: १४३.१; ४.१४.१७/१: 2४५.१; काठसं.६.६/१; तैब्रा.३.७.१2.४/१; तैआ. 2.६.2/१; आश्रौ.2.७.११/१ प्रः यदन्तरिक्षम् –तैआ. 2.३.2; आपश्रौ. १.१०.६; ८.१६.१४; माश्रौसू.१.७.६.४६
यदन्तरिक्षस्य – आपश्रौ. ५.६.६; माश्रौसू.१.५.३.१० यत् पृथिव्या अनामृतम् इत्यस्य ऊह तु. उत्तरम्
यदन्तरिक्षस्य यद्दिवः – काठसं. ७.१2/१ तु. पूर्वम्
यदन्तरिक्षे पतथः पुरुभुजा – ऋ. ८.१०.६/१र
यदन्तरिक्षे पतयन्ति पर्णिनः – ऋ. ६.४६.११/३
यदन्तरिक्षे यद्दिवि – ऋ.८.६.2/१; अ.2०..१३६.2/१
यदन्तः समुद्रे कवयो वदन्ति – महा नारा उप.१.३/३ द्र. यमन्तः
यदन्ति यच्च दूरके – ऋ. ६.६७.2१/१; ऐआ.३.2.४.८; आपधसू. १.१.2.2
यदन्नमग्निर्बहुधा विराद्धम् (बाहुलकेन विराजम् विरुद्धम्) प्रा. उप. १/१ तु. उत्तरम्।
यदन्नमद्मि बहुधा विरूपम् – अ. ६.७१.१/१; तैआ.2.६.2/१ प्रः यदन्नम् –वैसू.४.१६; कौसू.४५.१७; ५७.2६ तु. पूर्वम्
यदन्नमद्म्यनृतेन देवाः– अ. 6.71.3/1; तैआ. 2.6.2/1
यद् अद्यते नक्तम् (हिर गृसू. सायम्) – आपश्रौ.१०.१३.११/१; हिर गृसू.१.१७.४/१ द्र. यत् स्वप्ने।
यदन्नेनातिरोहति – ऋ. १०.६०.2/४; आसं.४.६/४; वा. ३१.2/४; तैआ. ३.१2.१/४ द्र. यदन्येनाभवत्
यदन्यकृतमारिम – तैब्रा.३.७.१2.2/४; तैआ.2.३.१/४
यदन्या स्फिग्याक्षामवस्थाः – ऋ. ३.३2.११/४; शब्रा.४.५.३.३
यदन्यरूपः समिथे बभूथ – ऋ.७.१००.६/४; सा. 2.८७५/४; तैसं. 2.2.१2.५/४; मैसं.४.१०.१/४: १४४.५; निरु.५.८/४
यदन्यासु वृरषभो रोरवीति – ऋ.३.५५.१७/१
यदन्येनाभवत् सह – अ. १६.६.४/४ द्र. यदन्नेनातिरोहति।
यदन्ये शतं याचेयुः – अ.१2.४.22/१
यदपां क्रूरं यदमेध्यं यदशान्तं तदपगच्छतात् – तैआ.१०.१.१३; महा नारा उप.५.१; बौधसू.2.५.८.६ द्र. उत्तरम्
यदपां घोरं यदपां क्रूरं यदपामशान्तमति तत् सृजामि –साम मन्त्रब्रा.१.७.2 प्रः यदपां घोरं यदपां क्रूरं यदपामशान्तम् –गोभि गृसू.३.४.१५; यदपाम् – खादि गृसू. ३.१.१४ द्र. पूर्वम्
यदपामृक्षच्छकुनिः – आपश्रौ. ६१७.४/१ द्र. यदवामृक्षच्छकुनिः।
यदपामोषधीनाम् – ऋ.१.१८७.८/१ काठसं. ४०.८/१
यदपूर्वं यक्षमन्तः प्रजानाम् – वा.३४.2/३
यदप्रवीता दधते ह गर्भम् – ऋ.४.७.६/३
यदप्सरद्रोरुपरस्य (आपश्रौ. अप्सररूपरस्य) खादति – काठसं. ३५.१४/2; आपश्रौ. १४.2६.३/2 द्र. यद् उत्तरद्रौ
यदप्सश्चकृमा वयम् – मैसं.१.१०.2/४: १४2.१; काठसं.६.४/४
यदप्सु ते सरस्वति – तैब्रा.2.५.८.६/१; आपश्रौ. ४.१४.४/१; माश्रौसू.१.४.३.१०/१
यदप्सु यद्वनस्पतौ – ऋ.८.६.५/१; अ.2०.१३६.५/१
यदब्रवं प्रथमं वां वृणानः – ऋ. १.१०८.६/१
यदभ्रियां वाचम् उदीरयन्ति – ऋ.१.१६८.८/2
यदमीषामदो मनः (तैआ. अदः प्रियम्) – अ.१६.५2.४/३; तैआ. ३.१५.2/३
यदमुष्णीतमवसं पणिं गाः (तैब्रा. गोः) – ऋ. १.६३.४/2; तैब्रा. 2.८.७.१०/2

यदयातं वहतुं सूर्यायाः – तैसं. ४.७.१५.४/१; मैसं. ३.१६. ५/१: १६१.८; काठसं. 22.१५/१
यदयातं शुभस्पती – ऋ.१०.८५.१५/१; अ.१४.१.१५/१
यदयातं दिवोदासाय वर्तिः – ऋ.१.११६.१८/१
यदयात् सूर्या गृहम् – ऋ. १०.८५.१०/४ द्र. उत्तरम्
यदयात् सूर्या पतिम् – ऋ.१०.८५.७/४; अ. १४.१. ६/४,१०/४ द्र. पूर्वम्
यदयुक्था अरुषा रोहिता रथे – ऋ.१.६४.१०/१
यदरण्यानि प्रजापतिः – आपश्रौ. 2१.12.३/१
यदर्जुन सारमेय – ऋ. ७.५५.2/१ तु. बृहद. ६.१३
यदर्यमन्भय आ चिन्मयेभु – ऋ. 2.2७.५/2
यदर्वाचीनं त्रैहायणात् – अ.१०.५.22/१ प्रः यदर्वाचीनम् –कौसू.४६.५०
यदर्वावति वृत्रहन् – ऋ.८.१३.१५/2; ६७.४/2; सा.१. 2६४/2
यदर्वावत्यश्विना – ऋ. ५.७३.१/2
यदल्पिका स्वल्पिका – अ.2०.१३६.३/१
यदवदानानि तेऽवद्यन् – तैब्रा. ३.७.५.५/१; आपश्रौ. 2. १६.६/१; माश्रौसू.१.३.2.१३/१
यदवामृक्षच्छकुनिः – काठसं. ३५..४/१; माश्रौसू.३.५. १५/१ द्र. यदपामृक्षच्।
यदवामृक्षच् (आपश्रौ. अवालिक्षच्) छवपात् – काठसं.३५. ४/१; आपश्रौ. ६.१७.५/१
यदविद्वान् यच् चविद्वांश्चकार – आश्रौ.2.2.३/2; शांश्रौसू.2.६.६/2; आपश्रौ. ६.१.७/2; माश्रौसू.१.६.१. ३/2; आपमपा. 2.१५.12/2
यदव्य एषि सानवि – ऋ.६.५०.2/३; सा. 2.५५६/३
यदशीर्ष्णी तद् ल्प्सयसि – मागृसू.. 2.११.११/४
यदशुद्धः पराजघान तद्व एतेन शुन्धन्ताम् – काठसं.१.५ द्र.यद्वोऽशुद्ध इत्यत्र
यदश्नामि बलं कुर्वे – अ. ६.१३५.१/१ प्रः यदश्नामि –कौसू.४७.2०
यदश्नासि यत् पिबसि – अ.८.2.१६/१
यदश्वस्य क्रविषो मक्षिकाश – ऋ.१.१६2.६/१; वा.2५. ३2/१; तैसं.४.६.८.३/१; मैसं.३.१६.१/१: १८2.१४; काठसं अश्व.६.४/१
यदश्वान् धूर्षु प्रष्टीरयुग्ध्वम् – ऋ.५.५५.६/१
यदश्वाय वास उपस्तृणन्ति – ऋ. १.१६2.१६/१; वा.2५. ३६/१; तैसं.४.६.६.2/१; मैसं. ३.१६.१/१: १८३.६; काठसं अश्व. ६.५/१ प्रः यदश्वाय वासः – शांश्रौसू. १६.३.2६
यदश्विना ऊहथुर्भुज्युमस्तम् – ऋ.१.११६..५/३
यदश्विना पृच्छमानावयातम् – ऋ.१०.८५.१४/१; अ. १४. १.१४/१ तु. बृहद. ७.12४
यदश्विना वहथः सूरिमा वरम् – ऋ. १.११६.३/४
यदसर्पत् (काठसं. ...पस्) तत् सर्पिरभवत् (काठसं. ...वः; मैसं. इत्यस्य लोपः अभवत्) – तैसं. 2.३.१०.१/2; मैसं.2.३.४/2: ३१.१; 2.३.५/2: ३2.१६; काठसं.११. ७/2 प्रः यदसर्पः काठसं.११.८
यदसावमुतो देवाः – अ. ५.८.३/१
यदसुरस्य जठरादजायत – ऋ.३.2६.१४/४
यदस्मभ्यमिति द्रवत – शांश्रौसू.१७.12.४/४
यदस्मासु दुष्वप्न्यम् – अ.१६.४५.2/१; ५७.५/१।
यदस्मिन् यज्ञेऽन्तरगाम – आपश्रौ. ३.११.2/१
यदस्मृति चकृमा किं चिदग्ने – अ.७.१०६.१/१ प्रः यदस्मृति – वैसू. 12.५; १६.८; कौसू.६.2; ४६.2४
यदस्य कर्मणोऽत्यरीरिचम् – आपश्रौ. ३.12.१/१; आगृ.१. १०.2३/१; आपगृ. १.2.७/१; हिर गृसू. १.३.७/१; ८.१६; ६.७; १७.६; १८.६; 2६.१४; 2७.१; 2८.१; 2.१.३; 2.2; ४.१०; ५.2; ६.2 द्र. यत् कर्मणात्य्
यदस्य गुषितं (अ. क्षेत्रियं; आपश्रौ. गुल्फितं) हृदि – अ. ३.७.2/४; मैसं. १.2.2/४: ११.८; आपश्रौ. १०.१०. ३/2; १३.७.१६/४
यदस्य धामनि प्रिये – ऋ. ८.12.३2/१
यदस्य पारे रजसः (मैसं. रजसो महः) – तैसं.४.2.५. 2/१; मैसं. 2.७.12/१: ६१.४; ३.2.४/१: 2०.७; काठसं.१६.12/१; 2०.2; तैब्रा. ३.७.८.१/१; आपश्रौ. ६.१७.६; १६.१५.७; १६.१; माश्रौसू. ६.१.५; बौधसू. 2. १०.१७.३३
यदस्य पूर्वमपरं तदस्य – ऐब्रा. ३.४३.५/१; जैब्रा. १. 2५८/१
यदस्य मन्युरधिनीयमानः – ऋ.१०.८६.६/३
यदस्य मन्युरध्वनीत् – ऋ. ८.६.१३/१
यदस्य वातो अनुवाति शोचिः – ऋ. ४.७.१०/2 तु. यदा ते वातो
यदस्य हृतं विहृतं यत् पराभृतम् – अ. ५.2६.५/१
यदस्या अंहुभेद्याः (लाटयश्रौसू. अणुहोदभ्याः) – अ.2०. १३६.१/१; वा. 2३.2८/१; गोब्रा.2.६.१५; शब्रा. १३.५. 2.७; आश्रौ. ८.३.2८ शांश्रौसू. 12.2४.2.2/१; १६.४. ३; वैसू.३2.३१; लाटयश्रौसू. ६.१०.५/१ आहनस्याः इत्यभिहितम् –ऐब्रा. ६..३६.४; कौषी ब्रा. ३०.५; आश्रौ. ८.३.2८; शांश्रौसू.12.2४.१; ऋवि.३.2४.४
यदस्याः कस्मै चिद् भोगाय – अ.12.४.७/१
यदस्याः पल्पूलनम् – अ. 12.४.६/१

यदस्या गोपतौ सत्याः – अ. १2.४.८/१
यदस्याग्रे ब्रह्मणा शुष्ममैरयः – ऋ. 2.१७.३/2
यदस्यां जायते पुनः – ऐब्रा.७.१३.१०/2; शांश्रौसू. १५.१७/2
यदस्यां महि दिवि जातं प्रशस्तम् – पारगृसू. १.५.११/३
यदस्यार्धं कतमः से केतुः – अ.१०.८.१३/४; ११.४.22/४
यदस्यार्धं क्व तद् बभूव – अ. १०.८.७/४
यदस्योर्विया दीर्घयाथे – ऋ.५.४५.६/2
यदस्रवन् (तमंक अश्रवन्) पश्व उद्यमानम् – अ.७.६६.१/३
यदहं वाजयन्निमा – तैसं.४.2.६.2/१; काठसं. १६.१२/१ द्र. यदिमा वा...
यदहं वेद तदहं धारयाणि – तैआ.४.४2.५/४
यदहं गोपतिः स्याम् – ऋ. ८.१४.2/३; अ.20.2७.2/३; सा.2.११८५/३
यदहं देवयजनं वेद तस्मिंस्त्वा देवयजन आ क्षिणोमि (षड् ब्रा. तस्मिंस्त्वा वृश्चानि) – षड् ब्रा. 2.१०; आपश्रौ. १०.2.१०
यदहं धनेन प्रपणंश्चरामि – आपमपा. 2.22.४/१ (आपगृ. ८.2३.५) द्र. यद्वो देवाः, तथ येन धनेन
यदहं ब्रवीमि तत्सत्यमधरो मत्पद्यस्व – पारगृसू.३.१३.६
यदहर् – अहरभिगच्छामि तस्मादेनमव दये – अ.१६.७.११
यदहा नक्तमातिरः – ऋ.४.३०.३/३
यदह्नात्कुरुते पापम् – तै आ आन्ध्र.१०.३४/१ तु. उत्तरम्
यदह्ना पापमकार्षम् – जं. १०.2४.१/१; महा नारा उप. १४.३/१ तु. पूर्वम्
यदा कदा च मीढुषे – सा. १.2८८/१
यदा कदा च सुनवाम सोमम् – ऋ.३.५३.४/३
यदा करस्तदुश्मसि – ऋ.८.८०.६/2
यदाकूतम् – मागृसू..१.१०.६; 2.2.१५
यदाकूतात् समसुस्रोद् धृदो वा – वा.१८.५८/१; तैसं.५.७.७.१/१; काठसं. ४०.१३/१; शब्रा. ६.५.१.४५ प्रः यदाकूतात् –आपश्रौ. १३.2४.१७; १७.2३.११; कात्यश्रौसू.१८.६.22
यदा कृणोषि नदनुं समूहसि – ऋ. ८.2१.१४/३; अ.20.११४.2/३; सा. 2.७४०/३
यदा केशनस्थि स्नाव – अ.११.८.११/१
यदाक्षिषुर्दिव्यमज्ममश्वाः – ऋ.१.१६३.१०/४; वा. 2६.2१/४; तैसं.४.६.७.४/४; काठसं अश्व. ६.३/४; निरु. ४.१३/४

यदागच्छात् पथिभिर्देवयानैः – वा. १८.६०/३; तैसं.५.७.८७.१/३; काठसं. ४०.१३/३; शब्रा. ६.५.१.४७/३; तैब्रा.३.७.१३.४/३ द्र. य आगच्छात्।
यदा गच्छात्यसुनीतिमेताम् – ऋ.१०.१६.2/३; तैआ.६१.४/३ द्र. यदो गच्छाति
यदा गार्हपत्यमसपर्यैत् – अ.१४.2.20/१
यदा घोरासो अमृतत्वमाशत – ऋ.१०.६2.३/३
यदा चरिष्णू मिथुनाव् (मैसं. ...ना) अभूताम् – ऋ.१०.८८.११/३; मैसं.४.१४.१४/३: 2३६.१८; निरु. ७.2६/३
यदाजिं यात्याजिकृत् – ऋ.८.४५.७/१
यदान्जनं त्रैककुदम् – अ.४.६.६/१; तैआ.६.१०.2/१; आपमपा. . 2.८.११/१ (आपगृ. ५.१2.११); हिर गृसू. १.११.५/१
यदाततमव तत् तनु – अ.७.६०.३/५
यदा ते मतो अनु भोगमानट् (का. आनल्) – ऋ. १.१६३.७/३; १०.७.2/३; वा.2६.१८/३; का.३१.३०/३; काठसं अश्व. ६.३/३; तैसं.४.६.७.३/३; निरु. ६.८
यदा ते मारुतीर्विशः – ऋ. ८.१2.2६/१
यदा ते वातो अनुवाति शोचिः – ऋ.१०.१४2.४/३ तु. यदस्य वातो
यदा ते विष्णुरोजसा – ऋ.८.१2.2७/१
यदा ते हर्यता हरी – ऋ.८.१2.2८/१
यद आत्मनि तन्वो मे विरिष्टम् – अ.७.५७.१/३
यदा त्वमभिवर्षसि – प्र.उप. 2.१०/१ द्र. यदा प्राणो
यदा त्वं प्राण जिन्वसि – अ. ११.४.१४/३,१६/४
यदा त्वष्टा व्यतृणत् – अ.११.८.१.१८/१
यदा दाता प्रमीयते – माश्रौसू. ११.१.१/१
यदादावुदेति – तैब्रा.३.१०.३.१/2
यदा आदित्येभिर्ऋभुभिः सजोषसा – ऋ.८.६.१2/३; अ. 20.१४१.2/३
यदादित्यैर्हूयमाना – अ.१०.१०.६/१
यदादीध्ये न दविषाण्येभिः – ऋ.१०.३४.५/१
यदा दुग्धं वरुणो वष्टयादित् – ऋ. ५.८५.४/2
यदाद्यं यदनाद्यम् – अ. ८.2.१६/३
यदा नः सुनृतावतः – ऋ. १.८2.१/३ द्र. कदा आदि
यदानुमदितोऽसति – अ.६.१११.१/४,३/४
यदान्त्रं याश्च ते गुदाः – अ.१०.६.१६/2
यदान्त्रेषु गवीन्योः – अ. १.३.६/१
यदा पशुं न गोपाः करामहे – ऋ.१०.2३.६/४
यदापिपेष मातरम् (तैब्रा. मातरं पितरम्) – वा.१६.११/१; शब्रा.१2.७.३.2१/१; तैब्रा.३.७.१2.४/१ प्रः यदापिपेष

– जं.2.३.१; कौसू.१६.2.2८
यदापीतासो अंशवः – ऋ.८.६.१६/१; अ.20.१४2.४/१
यदापो अघ्न्या (तैसं.तैब्रा. अघ्निया) इति (तैसं.मैसं.काठसं. तैब्रा.लाटयश्रौसू. इतेर्लोपः) – अ.७.८३.2/३; १६.४४. ६/१; वा.20.१८/१; तैसं.१.३.११.१/३; मैसं.१.2. १८/३ः 2८.५; काठसं.३.८/३; ३८.५/१; शब्रा.१2.६. 2.४/१; तैब्रा.2.६.६.2/१; आश्रौ.३.६..2४/३; शांश्रौसू. ८.१2.११/३; लाटयश्रौसू.५.४.६/३ तु. यदाहुर्
यदापो नक्तं दुरितं चराम – तैब्रा. ३.७.१2.६/१ प्रः यदापः – तैआ.2.३.१
यदा प्राणो अभ्यवषीत् – अ. ११.४.५/१, १७/१ द्र. यदा त्वमभि...
यदाबध्नन् दाक्षायण हिरण्यम् – खिल.१०.१2८.६/१; अ. १.३५.१/१; वा. ३४..५2/१ प्रः यदाबध्नन् –कौसू.११. १६; ५2.20
यदा भंगयश्विनौ वदतः – आपश्रौ.2१.20.३/१
यदा भारं तन्द्रयते स भर्तुम् – तैआ. ३.१४.१/३,४/३
यदाभ्यामिन्द्रो अदधाद् भागधेयम् – तैब्रा. ३.७.५.१2/४; आपश्रौ. 2.20.६/४
यदाभ्यो अरदो गातुमिन्द्र – ऋ.६.३०.३/2
यदामयति निष्कृथ (तैसं.मैसं.काठसं. कृत) – ऋ.१०.६७. ६/४; वा.१2.८३/४; तैसं. ४.2.६.३/४; मैसं.2.७. १३/४ः ६३.१४; काठसं.१६.१३/४
यदा महः संवरणाद् (काठसं....णे) व्यस्थात् – ऋ. ७.३. 2/2; सा.2.५७०/2; वा.१५.६2/2; तैसं.४.४.३. ३/2; मैसं.2.८.१४/2ः ११८.६; काठसं.१७.१०/2; कौषी ब्रा.2६.११; शब्रा.८.७.३.१2/2
यदा मह्यं दीधरो भागमिन्द्र – ऋ. ८.१००.१/३
यदा मागन् प्रथमजा ऋतस्य – ऋ.१.१६४.३७/३; अ.६. १०.१५/३
यदा यमस्यसादने – आपधसू. 2.६.१३.६/३
यदा यमो भवति हर्म्ये हितः – ऋ.१०.११४.१०/४
यदायुक्त त्मना स्वादधि ष्णुभिः – ऋ.५.८७.४/३
यदारमक्रन्नृभवः पितृभ्याम् – ऋ.४.३३.2/१
यदाराघटी वरदः (आपश्रौ. यदा राखाट्यौ वदतः) – वैसू.३४.६/१; आपश्रौ.2१.20.३/१ द्र. यद्याराध्यं
यदारुणीषु तविषीरयुग्ध्वम् – ऋ.१.६४.७/४
यदा वः पृश्निमातरः – अ. ८.७.2१/३
यदा वज्रं हिरण्यमिदथा रथम् – ऋ. १०.2३.३/१; अ. 20.७३.४/१
यदावधीर्वि पुरः शम्बरस्य – ऋ.१.१०३.८/2
यदा वलस्य पीयतो जसुं भेत् – ऋ.१०.६८.६/१; अ. 20.१६.६/१
यदावाख्यच्चमसाँ चतुरः कृतान् – ऋ. १६१.४/३; कौषी ब्रा. 2५.६
यदावाख्यत् समरणमृघावत् – ऋ. १०.2७.३/३
यदा वाजम् सनद्विश्वरूपम् – ऋ.१०.६७.१०/१; अ.20. ६१.१०/१; मैसं.४.१2.१/१ः १७८.१
यदा वाजस्य गोमतः – सा.2.१७६/३ द्र. यदी आदि
यदाविर्यदापीच्यम् – ऋ.८.४७.१३/१
यदा वीरस्य रेवतो दुरोणे – ऋ.७.४2.४/१
यदा वृत्रं नदीवृतम् – ऋ.८.१2.2६/१
यदा वृत्रमतरं शूरा (तैब्रा. अतरच्छूर) इन्द्रः – मैसं. ४.१४. १३/३ः 2३६.७,११; तैब्रा. 2.८.३.७,८/३
यदा वृत्राणि जङ्घनत् – ऋ. ४.2४.१०/३
यदाशवः पद्याभिस्तित्रतो रजः – ऋ.2.३१.2/३
यदाशसा निशसा यत् पराशसा – ऋ.१०.१६४.३/१ द्र. पूर्व, तथा अवशसा
यदाशसा वदतो मे विचुक्षुभे – अ.७.५७.१/१ प्रः यदाशसा – कौसू.४६.६
यदाशीर्दा दंपती वाममश्नुतः – वा. ८.५/2 द्र. यमाशिरा
यदाशुभिः पत्सि योजना पुरु – ऋ.2.१६.३/४
यदा शृतं कृणवो (तैआ. करवो) जातवेदः – ऋ.१०.१६. १/३; अ. १८.2.५/१; तैआ.६.१.४/३
यदा सत्यं कृणुते मन्युमिन्दः – ऋ.४.१७.१०/३ मैसं. ४.१४.2/३ः 2३५.६; तैब्रा.2.८.३.३/३
यद आसन्द्यामुपधाने – अ.१४.2.६५/१ प्रः यदासन्द्याम् – कौसू. ७५.2६
यदा समर्यं व्यचेद् ऋघावा – ऋ.४.2४.८/१
यदा सर्वे प्रमुच्यन्ते – शब्रा. १४.७.2.६/१; बृह उप. ४.४. ६/१; कठ उप. ६.१४/१
यदा सहस्रमभि षीमयोधीत् – ऋ.४.३८.८/३
यदासमग्रं प्रवतामिनक्षसि – ऋ.१०.७५.४/४
यदा आसिंचा ओषधीभिः पुनीतात् – ऋ.१०.३०.५/४
यदासुतेः क्रियमाणायाः – अ.३.७.६/१
यदासु मर्तो अमृतासु निस्पृक् – ऋ. १०.६५.६/१
यदा सूर्यममुं दिवि – ऋ.८.१2.३०/१
यदा स्तोतृभ्यो महि गेत्रा रुजासि – तैब्रा. ३.७.११.५/३; तैआ.४.५.६/३; ४2.५/३; आपश्रौ. 2?३.१2.१/३
यदास्थानात् प्रच्युतो वेनसि त्मना – तैब्रा.३.७.१३.१/2
यदा स्थाम जिघांसति – अ.१2.४.2६/४,३०/2
यदा स्थूलेन पससा – अ.20.१३६.2/१; शांश्रौसू. १2.2४. 2.३/१

यदाहुरघन्या इति – वा.६.22/३; शब्रा.३.८.५.१०/३ तु. यदापो अघ्न्या
यदाहुश्चक्षुरादितावनन्तम् – पंचब्रा. १.५.१६/३ द्र. दीर्घं यच्चक्षुर्
यदि कर्तं पतित्व संशश्रे – अ.४.१2.७/१
यदि कर्मसु काम्येषु – छा.उप. ५.2.६/१
यदि काः कालिकाद् भयम् – खिल. ७.५५.५/2
यदि कामादपकामात् – अ. ६.८.८/१
यदि कालिकदूतस्य – खिल. ७.५५.५/१
यदि क्लोशमनु स्वणि – ऋ. ६.४६.१४/2
यदि क्षितायुर्यदि वा परेतः – ऋ.१०.१६१.2/१; अ.३.११. 2/१; 20.९६.७/१
यदि चतुर्वृषोऽसि सृजारसोऽसि – अ.५.१६.४
यदि चिन्नु त्वा धना जयन्तम् – अ.५.2.४/१ प्रः यदि चिन्नु त्वा – कौसू. १५.६ द्र. इति चिद्धि
यदिच्छामि मनसा सकामः – तैब्रा.2.५.३.2/३
यदि जाग्रद् यदि स्वप्न् (वा.काठसं.शब्रा.तैब्रा. सवपने) – अ.६.११५.2/१; वा.20.१६/१; काठसं.३८.५/१; शब्रा.१2.६.2.2; तैब्रा. 2.६.६.१/१ द्र. यदि स्वप्न्
यदितस्तन्वो मम – सावि ब्रा.१.७.११
यदिति मामतिमन्यध्वम् – हिर गृसू. १.१४.४/१ द्र. यदि मां
यदि ते मन उद्युतम् – अ.६.१११.2/2
यदित्थमेकम् – एकमित् – ऋ. ८.७०.१४/३
यदि त्रिवृषोऽसि सृजारसोऽसि – अ.५.१६.३
यदि त्वमत्र (वैतान. त्वं तत्र) मनसा जगन्थ – वा. 2३. ४६/2; आश्रौ.१०.६.2/2; शांश्रौसू. १६.६.१/2; वैसू. ३७.१/2 द्र. यद्–यत्त्वम्।
यदिदं हृदयं मम – साम मन्त्रब्रा. १.३.६/३
यदि दक्षिणतो वदात् – तैआ.४.३2.१/३
यदिदं दिवो यददः पृथिव्याः – तैब्रा. १.2.१.2/१,2३/१; आपश्रौ. ५.१.७/१; १५.५/१ द्र.यददो दिवो इत्यत्र
यदिदमभिदासति – काठसं.22.१५/१ तु. यदिदं माभिशोचति
यदिदमिति हैतिहम् – शांश्रौसू. १७.१2.४/१
यदिदं पश्यामि चक्षुषा – साम मन्त्रब्रा.2.५.१2/१
यदिदं माभिशेचति – तैसं. ४.७.१५.५/१; मैसं..३.१६. ५/१ः १६१.१६ तु. यदिदमभिदासति
यदि दशवृषोऽसि सृजारसोऽसि – अ.५.१६.१०
यदि दिवा यदि नक्तम् – वा.20.१५/१; मैसं.३.११. १०/१ः १५७.५ काठसं.३८.५/१; शब्रा.१2.६.2.2; तैब्रा. 2.४.४.६/१; ६.६.१/१
यदि देवा दैव्येनेदृगार – अ. ४.2७.६/2
यद इद् द्यावापृथिवी अप्रथेताम् – काठसं. १८.2/३ द्र. आदिद् आदि
यदिद् भूमिं जनयन्विश्वकर्मा – काठसं. १८.2/३ द्र. यतो भूमिम् इत्यत्र
यदि द्विवृषोऽसि सृजारसोऽसि – अ.५.१६.2
यदि नववृषोऽसि सृजारसोऽसि – अ. ५.१६.६
यदि नो गां हंसि – अ.१.१६.४/१
यदिन्द्र चित्र मेहना (सा.पंचब्रा. म इह न) – ऋ.५.३६. १/१; सा.१.३४५/१; 2.22/१; पंचब्रा. १४.६.४/१; आश्रौ. ७.८.३; शांश्रौसू.११.११.१५; १८.१८.८; निरु. ४. ४/१ प्रः यदिन्द्र चित्र – शांश्रौसू. १2.2९.20 तु. बृहद.१.४६
यदिन्द्र ते चतस्रः – ऋ.५.३५.2/१; शांश्रौसू. १६.2६.20
यदिन्द्र दिवि पार्ये यदृधक् – ऋ. ६.४०.५/१
यदिन्द्र नाहुषीष्वा – ऋ. ६.४६.७/१; ८.६.2४/2; सा.१. 2६2/१; कौषी ब्रा.2३.2; तैब्रा. 2.७.१३.2/2; शांश्रौसू. १०.६.१५
यदिन्द्र पूर्वो अपराय शिक्षन् – ऋ.७.20.७/१
यदिन्द्र पृतनाज्ये – ऋ. ८.१2.2५/१; ऐब्रा. ४.३.2; आश्रौ.६.2.५
यदिन्द्र प्रागपागुदक् – ऋ. ८.४.१/१; ६५.१/१; अ.20. १.20.१/१; सा.१.2७६/१; 2.५८१/१; ऐआ. ५.2.४.2; आश्रौ. ७.४.४; शांश्रौसू. १2.४.७; १६.2१.३०; १८.८.१2; वैसू. ४2.३,५
यदिन्द्र ब्रह्मणस्पते – ऋ.१०.१६४.४/१; अ.६.४५.३/१
यदिन्द्रमजहातन – ऋ. ८.७.३१/2
यदिन्द्र मन्मशस्तव – ऋ. ८.१५.१2/१
यदिन्द्र मृडयासि नः – ऋ.८.६.2५/३; ४५.३३/३; ६३. 2८/३ – ३०/३; सा.१.७2३/३
यदिन्द्र यावतस्त्वम् – ऋ. ७.३2.१८/१; अ.20.८2.१/१; सा.१.३१०/१; 2.११४६/१; ऐब्रा. ५.१.१८; कौषी ब्रा. 22.४; आश्रौ. ७.१०.; वैसू. 2७.22; ३३.६ प्रः यदिन्द्र यावतः – शांश्रौसू. १०.४.६
यदिन्द्र राधो अस्ति ते – ऋ.८.५४ (वाल. ६).५/१
यदिन्द्र वज्रिन्नोजसा – ऋ.१.८०.११/३
यदिन्द्र शासो अव्रतम् – सा. १.2६८/१
यदिन्द्र सर्गे अर्वतः – ऋ.६.४६.१३/१
यदिन्द्र हन्तवे मृधः – ऋ.१.१३१.६/४ अ.20.७2.३/४
यदिन्द्र हव्यो भुवः – ऋ.८.१.2८/४
यदिन्द्राग्नी अवमस्यां पृथिव्याम् – ऋ.१.१०८.९/१
यदिन्द्राग्नी उदिता सूर्यस्य – ऋ.१.१०८.१2/१

यदिन्द्राग्नी जना इमे – ऋ.८.४०.७/१
यदिन्द्राग्नी दिवि ष्ठो यत्पृथिव्याम् – ऋ.१.१०८.११/१
यदिन्द्राग्नी परमस्यां पृथिव्याम् – ऋ.१.१०८.१०/१; निरु. 12.३१/१
यदिन्द्राग्नी मदथः स्वे दुरोणे – ऋ.१.१०८./१
यदिन्द्राग्नी यदुषु तुर्वशेषु – ऋ.१.१०८.८/१
यदिन्द्रादो दाशराज्ञो – अ.20.१२८.१2/१; गोब्रा.2.६.१2; शांश्रौसू.१2.१.५.१.५/१ इन्द्रगाथः इति नाम्नाभिधीयते – ऐब्रा.६.३2.2५;६; कौषी ब्रा.३०.५
यदिन्द्राहं यथा त्वम् – ऋ.८.१४.१/१; अ.20.2७.१/१; सा.१.१22/१; 2.११८४/१; ऐआ.५.2.५.2; शांश्रौसू. १८.१३.५; वैसू.३१.22; ३2.४; सावि ब्रा. १.३.६ प्रः यदिन्द्राहम् –आश्रौ.६.४.१० तु. बृहद. १.५५ गोषूक्तम् इति नाम्ना विख्यातः – वासि ध शा. 2८.१४; विष्णुस्मृ. ५६.१८; लघु अत्रिसं.३.१४; वृ अ सं.३.१४
यदिन्द्रहन् प्रथमजामहीनाम् – ऋ.१.३2.४/१; तैब्रा. 2.५. ४.३/१
यदिन्द्रेण सरथं याथो अश्विना – ऋ.८.९.१2/१; अ.20. १४१.2/१
यदिन्द्रो अनयद्रितः – ऋ.६.५७.४/१; सा.१.१४८/१; काठसं.2३.११/१ प्रः यदिन्द्रो अनयत् – सावि ब्रा.2. ६.१
यदिन्द्रो अपिबच्छचीभिः – वा.१९.३५/2; काठसं.३८. 2/2; ऐब्रा. ७.३३.३/2; ८.20.४/2; शब्रा.१2.८.१.५; तैब्रा.१.४.2.३/2; 2.६.३.2/2; आश्रौ.३.९.५/2; आपश्रौ. १९.३.४/2 द्र. यमस्येन्द्रो
यदिन्द्रो वृत्रहा वेद – अ.५.2५.६/३ द्र. इन्द्रो यद्वृत्र...
यदिन्विन्द्रं वृषणं सचा सुते – ऋ.८.६१.११/३
यदिन्विन्द्र पृथिवी दशभुजिः – ऋ.१.५2.११/१
यदि पंचवृषोऽसि सृजारसोऽसि – अ.५.१६.५
यदि प्रवृद्ध सत्पते – ऋ. ८.१2.८/१
यदि प्रेयुर्देवपुराः – अ.५.८.६/१; ११.१०.१७/१
यदि मामतिमन्याध्वै – आपमपा. 2.22.१०/१ (आपगृ. ८. 2३.७) द्र. यदिति।
यदिमा वाजयन्नहम् – ऋ. १०.९७.११/१; वा.१2.८५/१; मैसं.2.७.१३/१: ९३.१७ द्र. यदहं वा...
यदि मृत्योरन्तिकं नीत एव – ऋ.१०.१६१.2/2; अ.३.११. 2/2; 20.९६.७/2
यदि मे रारणः सुते – ऋ.८.३2.६/१
यदि मे शृणवद् धवम् – ऋ. ८.६१.१०/2
यदि मे सख्यमावरः – ऋ.८.१३.2१/१
यदियं कुमार्यभिजाता – अ.१.५.४/३
यदि यामुनमुच्येषे – अ.४.९.१०/2
यदि वरुणस्यासि राज्ञो वरुणात्त्वा राज्ञोऽधिक्रीणामि–कौसू. ३३.७ द्र. यदि वारुणी,तथा याद्यसि वारुणी
यदि वा दधे यदि वा न – ऋ. १०.१2९.७/2; मैसं.४.१2. १/2: १७६.१; तैब्रा.2.८.९.६/2
यदि वा नद्यस् तिरः – अ.७.३८.५/2
यदि वापुरुषेष्टिाः – अ.2.१.४.५/2
यदि वा पुरुषैः कृता – अ. ५.१४.७/2
यदि वायुस्ततप पूरुषस्य – ऋ.७.१०४.१५/2; अ.८.४. १५/2
यदि वा राज्ञो वरुणस्यासि पुत्रः – अ. १.2५.३/2
यदि वारुण्यसि वरुणात्त्वा निष्क्रीणामि – आपगृ. ३.९.५ द्र. उत्तरं तथा यदि वरुणस्यासि इत्यत्र
यदि वारुण्यसि वरुणाय त्वा परिक्रीणाम्यहं ततः, वसुभ्योऽथवा रुद्रेभ्य आदित्येभ्योऽथवा पुनः – ऋवि. ४.१.४ द्र. पूर्वत्र
यदि वाश्मा प्रहृतो जघान – अ.४.१2.७/2
यदि वासि तिरोजनम् – अ.७.३८.५/१
यदि वासि त्रैककुदम् – अ.४.९.१०/१
यदि वासि देवकृता – अ. ५.१४.७/१
यदि वासि न्यर्बुदम् – अ. १३.४.४५/2
यदि वाहमनृतदेव आस (अ. ...देवो अस्मि) – ऋ.७.१०४. १४/१; अ. ८.४.१४१ तु. बृहद. ६.३०
यदि वीरो अनु ष्यात् – सा.१.८2/१
यदि वृक्षादभ्यपप्तत् (हिर गृसू. वृक्षग्रादभ्यपतत्) फलम् (अ. फलं तत्) – अ.६.१2४.2/१; हिर गृसू. १.१६. ७/३ द्र. उत्तरम्
यदि वृक्षाद्याद्यन्तरिक्षात् – आपमपा. 2.22.११/१ (आपगृ. ८.2३.८)। द्र. पूर्वम्
यदि वृक्षेषु यदि वोलपेषु – अ.७.६.१22
यदि वेत्थासतो गृहान् – तैआ.१.८.५/४
यदि शोको यदि वाभिशोकः – अ.१.2५.३/१
यदि श्रातो (अ. श्रातं) जुहोतन – ऋ. १०.१७९.१/३; अ. ७.७2.१/३; आपश्रौ. १३.३.४; माश्रौसू.४.५.४
यदि षड्वृषोऽसि सृजारसोऽसि – अ.५.१६.६
यदिष्टं यत् परादानम् – तैसं.५.७.७.2/१ द्र. यद्दत्तं यत्
यदि सप्तवृषोऽसि सृजारसोऽसि – अ.५.१६.७
यदि सोमस्यासि राज्ञः सोमात् त्वा राज्ञोऽधिक्रीणामि –कौसू. ३३.७ द्र. उत्तरं, तथा यद्यसि सौमी
यदि सौम्यसि सोमात्त्वा निष्क्रीणामि (ऋवि. सोमाय त्वा परिक्रीणाम्योषधिम्) – आपगृ. ३.९.५; ऋवि.४.११.४

द्र. पूर्वत्र
यदि स्तुतं यदि वाद्य सुष्टुतम् – लाटयश्रौसू.2.१.६/१
यदि स्तुतस्य मरुतो अधीथ – ऋ.७.५६.१५/१
यदि स्तोतारः शतं यत् सहस्रम् – ऋ.६.३४.३/३
यदि स्तोतुर्मघवा शृणवद्धवम् – ऋ.८.३३.६/३; अ.20.५३.३/३; ५७.१३/३; सा. 2.१०४८/३
यदि स्तोमं मम श्रवत् – ऋ. ८.१.१५/१
यदि स्त्री यदि वा पुमान् – अ.५.१४.६/१
यदि स्थ क्षेत्रियाणम् – अ.2.१४.५/१
यदि स्थ तमसावृताः – अ.१०.१.३०/१
यदि स्थ दस्युभ्यो जाताः – अ.2.१४.५/३
यदि स्वपन् यदि जाग्रत् – मैसं. ३.११.१०/१: १५७.२ द्र. यदि जाग्रद्
यदिह घोरं यदिह क्रूरं यदिह पापं तच्छान्तं तच्छिवं सर्वमेव शमस्तु नः – अ.१६.६.१४
यदि हनत् कथं हनत् – अ.20.१३2.१० द्र. यदीं हनत्, तथा लेलिम्
यदि हुतां यद्य अहुताम् – अ.१2.४.५३/१
यदिहोनमकर्म यदत्यरीरिचाम प्रजापतिं तत् पितरमप्येतु – ऐब्रा.५.2४.१३; आश्रौ. ८.१३.2६; वैसू.३.2
यदीं वज्रस्य प्रभृतौ ददाभ – ऋ.५.३2.७/३
यदीं शृणोत्यलकं शृणोति – ऋ.१०.७१.६/३; ऐआ. ३.2.४.३/३; तैआ.१.३.१/३; 2.१५.१/३
यदीं सबाधः पितरं न पुत्राः – ऋ. ७.2६.2/३; तैसं. १.४..४६.2३; आपमपा. 2.११.८/३
यदीं सुक्षत्र प्रभृता मदस्य – ऋ. ५.३2.५/३
यदीं सुजातं वृषणो वो असित – ऋ. ७.५६.2१/४
यदीं सुता अमन्दिषुः – ऋ. ८.५० (वाल. 2).2/४; अ. 20.५१.४/४
यदीं सुतास इन्दवः – ऋ.८.५० (वाल.2).३/१
यदीं सुमित्रा विशो अग्र इन्धते – ऋ. १०.६६.१/३
यदीं सुवाते उषसा विरूपे – ऋ.५.१.४/३
यदीं सूर्यं न हरितो वहनित – ऋ.१०.३१.८/४
यदीं सोमः पृणति दुग्धो अंशुः – ऋ.३.३६.६/४; तैब्रा.2.४.३.११/४
यदीं सोमा बभ्रुधूता अमन्दन् – ऋ.५.३०.११/१
यदीं सोमासः सुषुता अमन्दन् – ऋ. ५.३०.१०/४
यदीं हनत् कथं हनत् – आश्रौ. ८.३.१७/१ द्र. यदि हनत् इत्यत्र
यदीक्षे तद्वनन्ति मा – अ. १2.१.५८/2
यदी गोभिर्वसायते – ऋ.६.१४.३/३
यदी घृतं मरुतः प्रुष्णुवन्ति – ऋ.१.१६८.८/४
यदी घृतेभिराहुतः – ऋ. ८.१६.2३/१; आश्रौ. ७.८.१; शांश्रौसू. १2.११.१६
यदीं गछन्त्युशतीरपिष्ठितम् – ऋ. १.१४५.४/४
यदीं गणं भजते सुप्रयावभिः – ऋ. ५.४४.१2/४
यदीं गणस्य रशनामाजीगः – ऋ.५.१.३/१; सा.2.१०६८/१
यदीं गृभीततातये – ऋ. ५.७४.४/३
यदीं तुंजन्ति भूर्णयः – ऋ.६.१५.३/३; सा.2.६१६/३
यदीतो यान्ति संप्रति – तैआ. १.८.१/४
यदीदग्ने प्रति त्वं देव हर्याः – ऋ. ५.2.११/३; तैब्रा. 2.४.७.४/३
यदीदं दिवो यदि वा पृथिव्याः – काठसं. ७.१2/१ द्र. यददो दिवो इत्यत्र
यदीदमृतुकाम्य – गोब्रा. १.2.७,७/१
यदीदं मातुर्यदि वा पितुर्नः – अ. ६.११६.३/१
यदीदहं युध्ये संनयानि – ऋ.१०.2७.2/१
यदीदिदं मरुतो मा तेन – अ. ४.2७.६/१
यदी देवस्य श्रवसा सदो विदुः – ऋ. ६.७०.2/४; सा. 2.७७४/४
यदीनृणं संगरो देवतासु – तैआ. 2.६.१/2 द्र. यद्घृणम्
यदी पवित्रे अधि मृज्यते हरिः – ऋ. ६.८६.६/३; सा.2.2३७/३
यदी भूमिं जनयन् विश्वकर्मा – तैसं. ४.६.2.४/३ द्र. यतो भूमिम् इत्यत्र
यदी भृगुभ्यः परि मातरिश्वा – ऋ. ३.५.१०/३
यदीमनु प्रदिवो मध्व आध्वे – ऋ. १.१४१.३/३
यदी मन्थन्ति बाहुभिर्वि रोचते – ऋ. ३.2६.६/१
यदीमर्भे महति वा हितासः – ऋ.६.५०.४/३
यदी मर्मृज्यते धियः – ऋ. ६.४७.४/३
यदीमह त्रितो दिवि – ऋ. ५.६.५/३
यदी ईमहे अति द्विषः – ऋ. १०.१2६.७/४
यदी मातरो जनयन्त वह्निम् – ऋ.३.३१.2/३; निरु. ३.६/३ जनयन्त वह्निम् –ऐब्रा. ६.१८.५
यदी मातुरुप स्वसा – ऋ. 2.५.६/१
यदीमाशुर्वहति देव एतशः – ऋ. ७.६६.१४/३
यदीमिन्द्रं शम्यृक्वाण आशत – ऋ. १.८७.५/३
यदीमिन्द्र श्रवाय्यम् – ऋ. ५.३८.2/१
यदीमुप ह्वरते साधते मतिः – ऋ. १.१४१.१/३
यदीमुशन्तम् उशतामनु क्रतुम् – ऋ.१०.११.३/३; अ.१८.१.20/३
यदीमुशन्नुशतीरेत्यद – ऋ. १०.३०.६/2; काठसं. १३.१६/2

यदीमुश्मसि कर्तवे करत् तत् – ऋ. १०.७४.६/४; ऐब्रा. ३.22.४/४
यदी मृजन्ति सुगभस्तयो नरः – ऋ.६.७2.2/३
यदीमृण्वन्ति वेधसः – ऋ. ६.७.५/३; सा.2.४८2/३
यदीमृतस्य पयसा पियानः – ऋ.१.७६.३/१
यदीमृताय भरथो यदर्वते – ऋ. १.१५१.३/३
यदीमे केशिनो जनाः – अ.१४.2.५६/१ प्रः यदिमे केशिनः – कौसू. ७६.३०
यदीमेनां उशतो अभ्यवर्षीत् – ऋ. ७.१०३.३/१
यदीं ब्रह्मभ्य इद्दः – ऋ. ८.४५.३६/३
यदीं मृगाय हन्तवे महावधः – ऋ. ५.३४.2/३
यदीयं दुहिता तव – अ. १४.2.६०/१
यदी वर्धन्ति प्रस्वो घृतेन – ऋ. ३.५.८/2
यदी वहन्त्याशवः – सा. १.३५६/१ द्र. य ईं वहन्त
यदी वाजस्य गोमतः – ऋ. १.११.३/३ द्र. यदा आदि
यदी वाजाय सुध्यो वहन्ति – ऋ. ४.2१.८/४
यदी विवस्वतो धियः – ऋ. ६.६६.2/३; सा. 2.६८१/३
यदी विशो मानुषीर्देवयन्तीः – ऋ. ३.६.३/३
यदी विशो वृणते दस्ममार्याः – ऋ.१०.११.४/३; अ. १८.१.2१/३
यदी वेधसः समिथे हवन्ते – ऋ. ६..2५.६/2
यदीशानो ब्रह्मणा वेषि मे हवम् – ऋ.2.2४.१५/४; मैसं. ४.१2.१/४ः १७८.१०; तैब्रा.2.८.५.३/४
यदीशीयामृतानाम् – ऋ.१०.३३.८/१
यदीषितो यदि वा स्वकामी – तैआ. ४.३१.१/१; हिर गृसू. १.१७.१/१
यदी सखाया सख्याय सोमैः – ऋ. ४.४१.३/३
यदी सुतेभिरिन्दुभिः – ऋ. ६.४2.३/१; सा. 2.७६2/१
यदुग्रमिन् मघवा विश्वहावेत् – ऋ. ६.४७.१५/2
यदुग्रो धा बाधितो मर्त्येषु – ऋ. ३.३०.३/३
यदुच्छिष्टमभोज्यम् – तैआ.१०.2३.१/१; महा नारा उप. १४.2/१; प्रा उप. १/१; बौधसू. 2.५.८.१०/१
यदुत्ततं नि तत्तनु – अ. ७.६०.३/६
यदुत्तमे मरुतो मध्येमे वा – ऋ. ५.६०.६/१; तैब्रा. 2.७.१2.४/१ तु. बृहद. ५.४८(ठ)।
यदुत्तरद्रावुपरश्च खादतः – अ. ५.६०.2/2 द्र. यदप्सरद्
यदुत्पतन्वदसि कर्करिर्यथा – ऋ. 2.४३.३/३; कौसू.४६.५४/३
यदुदंचो वृषकपे – ऋ. १०.८६.22/१; अ.20.१2६.22/१; निरु. १३.३/१
यदुदरं वरुणस्य – अ.१०.१०.22/१
यदुदीरत आजयः – ऋ.१.८१.३/१; अ.20.५६.३/१; सा. १.४१४/१; 2.३५४/१ प्रः यदुदीरते सावि ब्रा. ३.१.2
यदुदुद्वत उन्निवतः शकेयम् – कौसू. ३.८; १३७.४० तु. उन्निवत।
यदुदेति वि भासति – अ. १३.४.७/2
यदु देवी सरस्वती – खिल. १०.१2८.७/2 द्र. यद्वा देवी।
यदुद्घ्नन्तो जिहिंसिम – आपश्रौ. ४.५.५/१
यदुद्ध्नन्तो जिहिंसिम क्रूरमस्याः – आपश्रौ. ४.५.५/१
यदुद्यते वसवो यच्च शस्यते – ऋ. ५.५५.८/2
यदुद्रुध्यति पुरुषः – जैब्रा.2.३७८(३.१३)/2 महापथाद् इत्यस्य भागः
यदुद्वतो निवतो यासि बप्सत् – ऋ.१०.१४2.४/१
यदुपावति चिच्चिकः – ऋ.१०.१४६.2/2; तैब्रा.2.५.५.६/2
यदुलूको वदति मोघमेतत् – ऋ. १०.१६५.४/१; अ. ६.2६.१/2; मागृसू.. 2.१७.१/१
यदुवक्थानृतम् – अ. १.१०.३/१
यदुष औछः प्रथमा विभानाम् – ऋ. १०.५५.४/१
यदुषो यासि भानुना – ऋ.८.६.१८/१; अ. 20.१४2.३/१
यदुस्तुर्वश्च मामहे – ऋ. १०.६2.१०/३
यदुस्रियाणमप वारिव व्रन् – ऋ. ४.५.८/३
यदुस्रिया सचत पूर्व्यं गौः – ऋ. ४.५.६/2
यदुस्रियास्वाहुतं घृतं पयः – अ. ७.७३.४/१; ऐब्रा. १.22.५; आश्रौ. ४.७.४/१; शांश्रौसू. ५.१०.2१/१
यदुधो ये च ते स्तनाः – अ.१०.६.22/2
यदूनं यद्वात्रतिरिक्तम् – काठसं. ४०.५/2; आपश्रौ. १६.३४.४/2 द्र. अग्ने यदूनं यद् इत्यत्र
यदूर्ध्वस्तिष्ठा (काठसं. ...ष्ठाद्) द्रविणेह धत्तात् – ऋ. ३.८.१/३; मैसं. ४.१३.१/३ः १६६.३; काठसं.१५.१2/३; ऐब्रा.2.2.५; तैब्रा. ३.६.१.१/३; निरु. ८.१८/३ प्रः यदूर्ध्वः – माश्रौसू. ५.2.८.६
यदूवध्यम् उदरस्यापवाति – ऋ.१.१६2.१०/१; वा. 2५.३३/१; तैसं. ४.६.८.४/१; मैसं. ३.१६.१/१ः १८2.१2; काठसं अश्व. ६.४/१
यदूषा तमसा युक्ता – आपश्रौ.2१.१2.३/१
यदृचा साम्ना यजुषा – तैब्रा. ३.७.१४.१/१; आपश्रौ. १३.2१.३/१
यदृछजो वनस्पते – कौसू.१३५.६/2
यदृते चिदभिश्रिसः – तैआ. ४.20.१/१; आपश्रौ. १५.१७.८; आपमपा. १.७.१/१ (आपगृ. 2.६.४) द्र. जरि चेतीद् इत्यत्र
यदेक एकमकृणोरयज्ञम् – ऋ. १०.१३८.६/2

यदेकं ज्योतिर्बहुधा वि भााति – अ. १३.३.१७/३
यदेकमव्यक्तमनन्तरूपम् – तैआ.१०.१.१/३; महा नारा उप. १.५/३
यदेकस्याधि (काठसं. ..स्यापि) धर्मणि – वा. 20.१७/५; तैसं. १.८.३.१/३; काठसं. ६.४/५; ३८.५/५; १2.६.2.३; तैब्रा. 2.६.६.2/५ द्र. तदादि
यदेकेन क्रतुना विन्दसे वसु – ऋ. 2.१३.११/2
यदेको विश्वं परि भूम जायसे – अ. १३.2.३/४
यदेजति जगति यच्च चेष्टति नाम्नो (महा नारा उप. नान्यो) भागो यन्नाम्ने (महा नारा उप. यत्नान् मे) स्वाहा – तै आ आन्ध्र.१०.६७.2; महा नारा उप.१६.2
यदेजति पतति यच्च तिष्ठति – अ.१०.८.११/१
यदेजति पतति यत्पतत्रिषु – कौसू.११५.2/2
यदेजथ स्वभानवः – ऋ. ८.20.४/४
यदेजथा मरुतो रुक्मवक्षसः – अ. ६.22.2/2
यदेतद् धृदयं तव – साम मन्त्रब्रा. १.३.६/१
यदेतद् भाति मंगलम् – साम मन्त्रब्रा. 2.४.१३/2
यदेतद् भूतान्यन्वाविश्य – तैआ. ४.३४.१/१; हिर गृसू. १.१६.१६/१
यदेतद्वृकसो भूत्वा – तैआ. ४.३०.१/१
यदेतशेभिः पतरै रथर्यसि – ऋ.१०.३७.३/2
यदेतशेभिर्रीयसे – तैसं. १.2.४.१/३; मैसं. १.2.५/३: १३.१३; काठसं. 2.६/३ द्र. यत्रैतशेभिर्।
यदेतशो वहति धूर्षु युक्तः – ऋ. ७.६३.2/४
यदेददेवीरसहिष्ट मायाः – ऋ. ७.६८.५/३; अ.20.८७.५/३; गोब्रा.2.३.2३
यदेद अन्ता अददृहन्त (तैसं. अददृंह...) पूर्वे – ऋ. १०.८2.१/३; वा. १७.2५/३; तैसं. ४.६.2.४/३; मैसं.2.१०.३/३: १३४.2 द्र. आदिदन्ता
यदेद अयुक्त हरितः सधस्थात् – ऋ. १.११५.४/३; अ. 20.१2३.१/३; वा. ३३.३७/३; मैसं.४.१०.2/३: १४७.2; तैब्रा. 2.८.७.2/३; निरु. ४.११/३
यदेद अस्तम्भीत् प्रथयन्नमूं दिवम् – ऋ.८.५१ (वाल. ३).८/३
यदेद एनमदधुर्यज्ञियासः – ऋ. १०.८८.११/१; मैसं.४.१४.१४/१: 2३६.१७; निरु. ७.2६/१ प्रः यदेद एनम् – मागृसू..१.१६.३
यदेनं द्यौर्जनयत् (वा.तैसं.मैसं.काठसं.शब्रा.आपमपा. अजन्..) सुरेताः – ऋ. १०.४५.८/४; वा. १2.१/४,2५/४; तैसं. १.३.१४.६/४; ४.१.१०.४/४; 2.2.४/४; मैसं. 2.७.८/४: ८४.११; काठसं. १६.८/४,६/४; शब्रा. ६.७.2.2; आपमपा. 2.११.३१/४
यदेनमेते देवाः प्रापद्यनत – शब्रा. ७.५..१.2१/३
यदेनश्चकृमा नूतनं यत् पूराणम् – तैब्रा.३.७.१2.५/2
यदेनश्चकृमा वयम् – अ. १०.३.८/३; वा.३.४५/३; 20.१७/४; मैसं. १.१०.2/३: १४2.१; काठसं. ६.४/३; शब्रा.2.५.2५; १2.६.2.३; लाटयश्रौसू.2.१2.१2/१ द्र. एनश्चकृमा इत्यत्र
यदेनश्चकृवान् बद्ध एषः – अ.2.३५.३/३ द्र. इ एनश्चकृवान् इत्यत्र
यदेनसो मातृकृतात् – अ. ५.३०.४/१
यदेमि प्रस्फरन्निव – ऋ. ७.८६.2/१
यदेव किं च प्रतिजग्रहाहम् (तैआ. ...जग्राहम्) – अ. ६.७१.१/३; तैआ. 2.६.2/४।
यदेषं वृष्टिरसर्जि – ऋ. १.३८.८/३; तैसं. ३.१.११.५/३; मैसं. ४.१2.५/३: १६३.१2; काठसं. ११.१३/३
यदेषां श्रेष्ठं यदरिप्रमासीत् – ऋ. १०.७१.१/३; ऐआ. १.३.३.६
यदेषामग्रं जगतामिरज्यसि – ऋ.०१०.७५.2/४
यदेषामन्यो अन्यस्य वाचम् – ऋ. ७.१०३.५/१
यदेषां पृषती रथे – ऋ. ८.७.2८/१ द्र. यं त्व पृषती
यदैतमनुपश्यति – शब्रा. १४.७.2.१८/१; बृह उप. ४.१४.१८/१
यदैत्कृण्वानो महिमानमिन्द्रियम् – ऋह. १०.११३.१/३; ऐब्रा. ५.१८.१६; कौषी ब्रा.2६.१2
यदैषि मनसा दूरम् – पारगृसू. १.४.१५/१ द्र. य एति प्रदिशस्
यदो गच्छात्यसुनीतिमेताम् – अ. १८.2.५/३ द्र. यदा गच्छात्य्
यदोषध्यः संगछन्ते (काठसं. समग्मत) – तैसं. ४.2.६.2/१; मैसं. 2.७.१३/१: ६३.११; ४.१४.६: 22४.५; काठसं. १६.१३/१ द्र. यत्रैषधीः।
यदोषधीभिः पुरुषान् पशूंश्च – तैआ. १०.१.१/३ द्र. यत आदि
यदोषधीभ्यः परि जायते विषम् – ऋ. ७.५०.३/2
यदोषधीरत्यसृपद् (शब्रा.तैब्रा.तैआ.आपश्रौ.बृह उप. अप्यसरद्) यदापः – ऐब्रा. ५.2७.८/2; ७.३.४/2; शब्रा.१४.६.४.५/2; तैब्रा. १.४.३.३/2; तैआ. १.३०.१/2; बृह उप.६.४.५/2; आश्रौ. ३.११.७/2; आपश्रौ. ६.५.६/2; माश्रौसू. ३.2.2/2
यदोषधीरभिसृष्टो वनानि च – ऋ.१०.६१.५/३; सा. 2.३32/३
यदोषधीषु पुरुदंससा कृतम् – ऋ. ८.६.५/2; अ. 20.१३६.५/2

यदोषधीष्वप्स्व आ (तैसं. अप्सु वा) यजत्र – ऋ. ३.22.2/2; वा. १2.४८/2; तैसं. ४.2.४.2/2,३/2; शब्रा. ७.१.१.2३

यदोहते वरुणो मित्रो अर्यमा – ऋ. ७.६६.१2/३

यद् गव्यन्ता द्वा जना – ऋ. १.१३१.३/४; अ. 20.७2.2/४; ७५.१/४

यद् गायत्रीं बृहतीमर्कमस्मै – अ. ३.३.2/३

यद् गायत्रे अधि गायत्रमहितम् – ऋ. १.१६४.2३/१; अ. ६.१०.१/१; ऐब्रा. ३.१2.६/१; कौषी ब्रा. १४.३/१; गोब्रा. 2.३.१०

यद् गिरामि सं गिरामि – अ. ६.१३५.३/१

यद् गिरिषु पर्वतेषु – अ.६.१.१८/१ प्र: यद् गिरिषु वैसू. ३०.१३

यद् गुग्गुलु सैन्ध्वम् – अ. १६.३८.2/३

यद् गृहीतमविज्ञातम् – निरु.१.१८/१ तु. संहितोपनिषद् ब्रा. ३ (भाष्यम्)

यद् गोजिद् धनजिदश्वजिद् यत् – तैब्रा.३.७.१४.५/2; आपश्रौ. 2१.४.2/2; हिर गृसू. १.2८.१/2

यद् गोपावददितिः शर्म भद्रम् – ऋ. ७.६०.८/१

यद् गोभिरिन्दो चम्वोः समज्येसे – ऋ. ६.८६.४७/३

यद् गोभिर्वासयिष्यसे – ऋ. ६.2.४/३: ६६.१३/३; सा. 2.३६०/३

यद् गोमायू वदतो जातवेदः – कौसू. ६६.३/१

यद् गोषु यच् च नो गृहे – अ. १६.४५.2/2; ५७.५/2

यद् गोष्वश्विना वर्चः – अ.१४.१.३५/३ तु. एवा मे अश्विना।

यद् गोष्वोषधीष्वप्सु – काठसं. ३५.१2/४

यद् ग्रामे यदरण्ये – वा.३.४५/१; 20.१७/१; तैसं.१.८.३.१/१; मैसं.१.१०.2/१: १४१.१४; काठसं. ६.४/१; ३८.५/१; शब्रा. 2.५.2.2५; १2.६.2.३; तैब्रा. १.६.५.३; 2.६.६.2/१; माश्रौसू.१.७.४.१५; – ५.2.११.३६ प्र: यद् ग्रामे – मैसं.३.११.१०: १५७.७; कात्यश्रौसू. ५.५.११; आपश्रौ. ८.६.2४

यद् घर्मः पर्यवर्तयत् (माश्रौसू. पर्या...) – तैब्रा. १.५.५.2/१; आपश्रौ. ८.८.2१/१; माश्रौसू. १.७.४.५१/१

यद् घर्मे – माश्रौसू.१.३.५.2३ यानि घर्मे कपालानि इत्यस्य ऊह

यद्दण्डेन यदिष्वा – अ. ५.५.४/१

यद्दत्तं यत् परादानम् – वा. १८.६४/१; शब्रा. ६.५.१.४६/१ द्र. यदिष्टं।

यद्दत्तं या च दक्षिणा – तैसं. ५.७.७.2/2 द्र. यत् पूर्तम्

यद्दधिषे प्रदिवि चार्व अन्नम् – ऋ. ७.६८.2/१; अ.20.८७.2/१

यद्दधिषे मनस्यसि – ऋ.८.४५.३१/१

यद्दंपतीसमनसा कृणोसि – ऋ.५.३.2/४; आपमपा. १.५.१2/४

यद्दारुणि बध्यसे यच्च रज्जवाम् – अ. ६.१2१.2/१

यद्दाशूषे दशस्यसि – ऋ. ८.८८.६/2

यद्दित्ससि स्तुतो मघम् – ऋ. ४.३2.८/2; ८.१४.४/३; अ. 20.2७.४/३

यद्दित्ससि स्तुवते मावते वसु – ऋ. ८.८८.३/३ द्र. यच्छिक्षसि

यद्दिदीक्षे मनसा यच्च वाचा – तैब्रा. ३.७.१४.१/१; आपश्रौ. १३.2१.३/१

यद्दिद्यवः पृतनासु प्रक्रीडान् – ऋ. ४.४१.११2३

यद्दिधृक्षेम वज्रहस्त रोदसी – आसं. १.७/३ द्र. येनेमे चित्र

यद्दिवः – आपश्रौ. ५.६.६; माश्रौसू. १.५.३.१० यत् पृथिव्या अनामृतमादेर् ऊह

यद्ददिवा च नक्तं चैनश्चकृम तस्यावयजनमसि (तै आ आन्ध्र. महा नारा उप. स्वाहा इत्यस्योपसंख्यानम्) – पंचब्रा. १.६.१०; तै आ आन्ध्र. १०.५६; महा नारा उप. १८.१; बौधसू. ४.३.६

यद्दिवि चक्रथुः पयः – ऋ. ४.५७.५/2; अ. ३.१७.७/2; तैआ. ६.६.2/2; निरु. ६.४१/2

यद्दीदयच् (मैसं. ..यां) छवस (तैसं. छवसा; मैसं. शवस) ऋतप्रजात (काठसं. छवसर्त...) – ऋ. 2.2३.१५/३; वा. 2६.३/३; तैसं. १.८.22.2/३; मैसं.४.१४.४/३: 220.४; काठसं.४.१६/३; ४०.११/३; ऐब्रा. ४.११.८

यद् दुद्रोहिथ शेपिषे – अ.५.३०.३/१

यद् दुर्भगां प्रस्नपिताम् – अ.१०.१.१०/१

यद् दुष्कृतं यच्छमलम् – अ.७.६५.2/१; १४.2.६६/१ प्र: यद् दुष्कृतम् –कौसू. ७६.१

यद् दूरे सन्निहाभवः (सा. ...भुवः) – ऋ. ३.६.2/४; सा. १.५३/४; निरु. ४.१४/४; माश्रौसू. ३.८.१/४

यद्देवत्यः सोमस्तद्देवत्याः पशवः – काठसं.३४.१६

यद् देवत्रा हविः स्यात् – अ. १2.४.४०/४

यद् देवयन्तमवथः शचीभिः – ऋ. ७.६६.४/३; मैसं. ४.१४.१०/३५ 2३०.६; तैब्रा. 2.८.७.८/३

यद् देवयन्तो दधति प्रयांसि ते – ऋ. १०.६१.६/३

यद् देवस्य शवसा प्रारिणाः – ऋ. 2.22.४/४ द्र. यो देवस्य आदि।

यद् देवा अदः सलिले – ऋ.१०.७2.६/१

यद् देवा देवमयजन्त विश्वे – ऋ. १०.१३०.३/४ तु.

उत्तरमेकवर्जम्

यद् देवा देवहेडनम् (का.तैआ. 2.३.१/१, ...लनम्) – अ. ६.११४.१/१; वा. 20.१४/१; का. 22.१/१; मैसं. ३. ११.१०/१: १५७.१; ४.१४.१७/१; 2४४.४; काठसं. ३८. ५/१; शब्रा. १2.६.2.2; तैब्रा. 2.४.४.८/१; ६.६.१/१; ३.७.१2.१/१; तैआ. 2.३.१/१; ७.१; वैसू. 22.१५; आपश्रौ. १०.७.१४; १४.३०.१; १६.१०.४; माश्रौसू. ५.2. ११.३५; कौसू. ६७.१६; बौधसू. ३.७.१०,१६; गौतधशा. 2७.६ प्रः यद् देवाः शब्रा.१०.५.४.१७; वैसू.३०.22; कात्यश्रौसू. १६.५.१३ कूष्माणडाः इति नाम्ना, देवहेडनम् (सूक्तम्) इति वा –वैसू. 2३.१2; कौसू. ४६.३०; ६०.७

यद् देवा देवान् हविष्यजन्त – अ. ७.५.३/१ तु. पूर्वमेकवर्जम्

यद् देवानां चक्षुष्यागो अस्ति – तैआ.2.६.2/३।

यद् देवानां (वा. देवेषु) त्र्यायुषम् – वा. ३.६2/३; का. ३.६.४/३; शां गृ सू. १.2८.६/४; साम मन्त्रब्रा. १.६. ८/४; आपमपा. 2.७.2/३; हिर गृसू. १.६.६/३; मागृसू.. १.१.2४/४

यद् देवानां मित्रमहः पुरोहितः – ऋ. १०.६८.७/१; निरु. 2.१2/१

यद् देवान् प्राणयो नव – तैआ. ३.१४.४/४

यद् देवापिः शंतनवे पुरोहितः – ऋ. १०.६८.७/१; निरु. 2.१2/१

यद् देवा यतयो यथा – ऋ. १०.७2.७/१

यद् देवाः शर्म शरणम् – ऋ.८.४७.१०/१

यद् देवासो अविक्षत – ऋ.१०.१३६.2/४

यद् देवासो ललामगुम् – अ. 20.१३.४/१; वा.2३.2६/१; शब्रा.१३.५.2.७; शांश्रौसू. १2.2४.2.१/१; १६.४.६ द्र. यं देवासो आदि

यद् देवेषु त्र्यायुषम्: द्र. यद् देवानां आदि

यद् देवेषु धरयथा असुर्यम् – ऋ. ६.३६.१/४

यद् देवैर्ब्रह्मणा कृतम् – वा. १६.३१/2

यद् देवैर्विदितं पुरा – अ. ६.१2.2/2

यद् दैव्यमृणमहं बभूव – मैसं. ४.१४.१७/१: 2४५.७ द्र. अदीव्यन्न् इत्यत्र

यद् द्याव इन्द्र ते शतम् – ऋ. ८.७०.५/१; अ.20.८१. १/१; ६2.20/१; सा. १.2७८/१; 2.2१2/१; तैसं. 2.४.१४.३/१; काठसं. १2.१५/१; ऐब्रा. ५.१.१८; कौषी ब्रा. 22.४; 2५.६; पंचब्रा. १2.४.१; तैआ.१.७.५/१; आश्रौ. ७.१०.८; वैसू. 2७.22; ३३.६; ४2.६; जै उप ब्रा.१.३2.१/१,2; निरु. १३.2/१ प्रः यद् द्यावः –शांश्रौसू. ११.१३.22; ऋवि. 2.३४.2

यद् द्रुह्यव्यनवि तुर्वशे यदौ – ऋ. ८.१०.५/३

यद् ब्रुह्युष्वनुषु पूरुषु स्थः – ऋ. १.१०८.८/2

यद् द्विपाच्च चतुष्पाच्च – अ. १६.३१.४/१

यद् धांसि वृत्रमोजसा शचीपते – ऋ. ८.६2.८/३; सा. १.३६१/३

यद्ध क्राणा इरध्यै – ऋ. १.१३४.2/४

यद्ध क्राणा विवस्वतति (सा. ...ते) – ऋ. १.१३६.१/४; सा. १.४६१/४

यद्ध क्षये मघेनाम् – ऋ. ५.६४.४/३

यद्ध क्षुमन्तः शवसा समायन् – ऋ. १०.३१.५/2

यद्ध ते विश्वा गिरयश्चिदभ्वाः – ऋ. १.६३.१/३

यद्ध त्यद्वां पुरुमीढस्य सोमिनः – ऋ.१.१५१.2/१

यद्ध त्यन् मित्रावरुणावृतादधि – ऋ. १.१३६.2/१

यद्ध त्यं मायिनं मृगम् – ऋ. १.८०.७/३; सा. १. ४१2/३

यद्ध त्यामगिरोभ्यः – ऋ. १.१३६.७/४

यद्ध देवा भवथ विश्व इन्द्रे – ऋ. ३.५४.१७/2

यद्ध द्यावापृथिवी आविवेशीः – ऋ. ३.३2.१०/३

यद्धनं कामयामहे – अ. १2.१.४०/2

यद्ध नूनं यद्वा यज्ञे – ऋ. ८.४६(वाल.2).७/१

यद्ध नूनं परावति – ऋ. ८.५० (वाल.2).७/१

यद्ध प्रभासि कृत्वयां अनु द्यून् – ऋ. १.१2१.७/३

यद्ध प्रसर्गे त्रिककुम् निवर्तत्७ऋ. १.१2१.४/३

यद्ध प्राचीरजगन्त – ऋ. १०.१५५.४/१; अ. 20.१३७. १/१; कौषी ब्रा. ३०.७ प्रः यद्ध प्राचीः – शांश्रौसू. १2.2४.2 तु. बृहद. ८.६१

यद्ध यान्ति मरुतः – ऋ. १.३७.१३/१

यद्धरिणो (तैसं.काठसं अश्व.तैब्रा. ...णी) यवमत्ति – वा. 2३.३०/१,३१/१; तैसं. ७.४.१६.2/१; मैसं. ३.१३. १/१: १६८.७; काठसं अश्व. ४.८/१; शब्रा. १३.2.६. ८; ५.2.८/१ ; तैब्रा. ३.६.७.2; शांश्रौसू. १६.४.४/१,६

यद्धविष्यमृतुशो देवयानम् – ऋ. १.१६2.४/१; वा. 2५. 2७/१; तैसं. ४.६.८.2/१; मैसं. ३.१६.१/१: १८2.2; काठसं अश्व. ६.४/१

यद्ध शुष्णस्य दम्भयः – ऋ. १०.22.११/३

यद्ध शूर वृषमणः पराचैः – ऋ. १.६३.४/३

यद्ध सा ते पनीयसी – अ. १८.४.८८/३ द्र. यद्ध स्या आदि।

यद्ध सूनुः श्रवसे नाम दधे – ऋ. १.१०३.४/४

यद्धस्तयोः शमितुर्यन् नखेषु – ऋ. १.१६2.६/३; वा. 2५. ३2/३; तैसं. ४.६.८.४/३; मैसं. ३.१६.१/३: १८2.

१५; काठसं अश्व. ६.४/३
यद्धस्ताभ्यां चकृम (मैसं.तैब्रा.तैआ. चकर) किल्बिषणि (तैआ. किलिविषाणि) – अ. ६.११८.१/१; मैसं. ४.१४.१७/१: 2४५.११; तैब्रा. ३.७.12.३/१; तैआ. 2.४.१/१
यद्ध स्य मानुषो जनः – ऋ. ६..2.३/३
यद्ध स्या त इन्द्र श्रुष्टिरस्ति – ऋ. १.१७८.१/१
यद्ध स्या ते पनीलयसी – ऋ. ५.६.४/३; सा. १.४1६/३; 2.३72/३; तैसं. ४.४.४.६/३; काठसं. ६.६/३; मैसं. 2.1३.७/३: १५६.१५ द्र. यद्ध सा आदि।
यद्धावसि त्रियोजनम् – अ. ६.1३१.३/१
यद्धितं माव पादि तत् – अ. ८.६.20/2
यद्धिरण्यं सूर्येण सुवर्णम् – अ. १६.2६.2/१
यद्धृतं यत् पराभृतम् – अ. ५.2६.12/2
यद् बंहिष्ठं नातिविधे (तैब्रा. ...दे) सुदानू – ऋ. ५.६2.६/१; मैसं. ४.१४.१०/१५ 2३१.१४; कौषी ब्रा.१८.1३; तैब्रा. 2.८.६.७/१; आश्रौ. 2.१४.११; ३.८.१ प्रः यद् बंहिष्ठम् –शांश्रौसू. ८.12.८
यद् बद्धमिह वेह वा – अ. ७.12.४/2
यद् बाह्यं तदन्तरम् – अ. 2.३०.४/2
यद् बाह्यं तदन्तरम् – अ. 2.३०.४/2
यद् ब्रह्मणि राजनि वा यजत्रा – ऋ. १.१०८.७/2
यद् ब्रह्मभ्यः प्रदीयते – अ. 1२.४.३३/४,४०/2
यद् ब्राह्मणानां ब्रह्मणि व्रतं यदग्नेस्सेन्द्रस्य सप्रजापतिकस्य सदेवस्य सदेवराजस्य समनुष्यस्य समनुष्यराजस्य सपितृकस्य सपितृराजस्य सगन्धर्वाप्सरकस्य यन्म आत्मन आत्मनि व्रतं तेनाहं सर्वव्रतो भूयासम् – आपमपा. 2.५.१० (आपगृ. ४.११.१८) द्र. यदग्नेः सेन्द्रस्य
यद् ब्राह्मणः संयजन्ते सखायः – ऋ.१०.७१.८/2; निरु. 1३.1३/2
यद् भद्रं यदनातुरम् – ऋ. ८.४७.१०/2
यद् भद्रं तन्न (तैब्रा.तैआ.आपश्रौ. म) आ सुव – ऋ. ५.८2.५/३; वा. ३०.३/३; तैब्रा. 2.४.६.३/३; तैआ.१०.१०.2/३; ४६.१/३; आपश्रौ. ६.2३.१/३; 2१.12.३/३; कौसू. ५८.१/४; महा नारा उप. ६.७/३; १७.७/३
यद् भद्रस्य पुरुषस्य – अ. 20.12८.३/१; शांश्रौसू. 12.20.2.2/१
यद् भूतं यच्च भव्यम् (अ.आसं.वा. भाव...) – ऋ. १०.६०.2/2; अ. १६.६.४/2; आसं. ४.५/2; वा. ३१.2/2; तैसं.३.12.१/2 तु. उत्तरम्।
यद् भूतं यद्वा भाव्यम् – अ. 1३.१.५४/४ तु. पूर्वम्
यद् भूतं भविष्यच्चापि सर्वम् – ऐब्रा. ५.३०.३/2
यद् भूतं भव्यमासन्वत् – अ. ६.12.2/३
यद् भूमिं व्यवर्तयत् – ऋ. ८.१४.५/2; अ. 20.2७.५/2; सा. १.121/2; 2.६८६/2
यद् भूमेः क्रूरं तदितो हरामि – आपमपा. 2.१५.१/१ (आपगृ. ७.१७.१)।
यद् भूमेर्हृदयं चन्द्रमसि श्रितम् – आपमपा. 2.1३.३/12 (आपगृ. ६.१५.५)। द्र. वेद ते भूमि।
यद् भूम्यां बध्यसे यच्च वाचा – अ.६.121.2/2
यद् भेषजं कुणुमहे तनूषु – काठसं.३५.12/2
यद्यग्निः क्रव्याद्यदि वा व्याघ्रयः – अ. 12.2.४/१ प्रः यद्यग्निः – कौसू. ७१.६
यद्यज्जाया पचति त्वत् परः – परः – अ. 12.३.३६/१ प्रः यद्यज्जाया –कौसू. ६2.११
यद्यत्कृष्णः शकुन एह गत्वा – अ. 12.३.1३/१ प्रः यद्यत् कृष्णः –कौसू. ८.१४
यद्यत्क्रव्याद् गृह्यद्यदि – कौसू. ८2.2१/१
यद्यत् त्वमत्र मनसानु वेत्थ – लाटयश्रौसू. ६.१०.६/2 द्र. यदि त्वमत्र।
यद्यदेजति प्रावृषि – अ. 12.१.४६/४
यद्यदैच्छत्प्रजापतौ – अ. ११.५.१५/३
यद्यद् द्युत्तं लिखितमर्पणेन – अ.12.३.22/३
यद्यद् यामि तदा भर – ऋ. ८.६१.६/४; अ. 20.११८.2/४; सा. 2.६३०/४
यद्यद्रेतो अधि वां संबभूव – अ. 12.३.३/४
यद्यन्तरिक्षात् स उ वायुरेव – अ. ६.12४.2/2 द्र. फलमभ्यपप्तत् इत्यत्र
यद्यन्तरिक्षे यदि वात आस – अ. ७.६६.१/१ प्रः यद्यन्तरिक्षे –कौसू. ६.2
यद्यन्यधीयते पूर्वधीयते तं प्रतिग्रामन्त्यहोन पंचविंशतिर्येर्वै संवत्सरो मितः – आश्रौ.८.1३.३१
यद्यर्चिर्यदि वासि शोचिः – अ. १.2५.2/१
यद्यशोऽप्सरसामिन्द्रः – पारगृसू. 2.६.2४/१
यद्यश्रातो (अ. ...तं) ममत्तन – ऋ.१०.१७६.१/४; अ. ७.७2.१/४; आपश्रौ. 1३.३.४; माश्रौसू. ४.५.४
यद्यश्वं यदि पूरुषम् – अ. १.१६.४/2
यद्यष्टवृषेऽसि सृजारसोऽसि – अ. ५.१६.८
यद्यसि मरुद्भयो मरुद्भयस्तवा परिक्रीणामि – गोभि गृसू. 2.६.७
यद्यसि ऋद्रेभ्यो ऋद्रेभ्यस्तवा परिक्रीणामि – गोभि गृसू. 2.६.७
यद्यसि वारुणी वरुणाय त्वा राज्ञो परिक्रीणामि – गोभि

गृसू.2.६.७
यद्यसि वारुणी वरुणाय त्वा राज्ञे परिक्रीणामि – गोभि गृसू.2.६.७ द्र. अत्र यदि वरुणस्यासि।
यद्यसि विश्वेभ्यो देवेभ्यो विश्वेभ्यस्तवा देवेभ्यः परिक्रीणामि – गोभि गृसू.2.६.७
यद्वासि सौमी सोमाय त्वा राज्ञे परिक्रीणामि – गोभि गृसू. 2.६.७ द्र. यदि सोमस्यासि इत्यत्र
यद्यस्यादित्येभ्य आदित्येभ्यस्त्वा परिक्रीणामि – गोभि गृसू.2.६.७
यद्याचमानस्य चरतो जनां अनु – अ.७.५७.१/2
यद्यामं यान्ति वायुभिः – ऋ. ८.७.४/३
यद्यामं (यद्यामं इति पठतु) चक्रुर् निखनन्तो अग्रे – अ. ६.११६.१/१ प्रः यद्यामं चक्रुर् निखनन्तः कौसू. १३2. १ तु. आमे मांसे
यद्युक्तो देवगन्धवः – हिर गृसू. १.2४.६/३
यद्युंजते मरुतो रुक्मवक्षसः – ऋ. 2.३४.८/१
यद्युंजाथे वृष्णमश्विना रथम् – ऋ.१.१५७.2/१; सा. 2. ११०६/१
यद्युन्मृष्टं यदि वाभिमृष्टम् – कौसू. १2४.४/१
यद्युयुज्रे किलास्यः – ऋ. ५.५३.१/३
यद्यूयं पृश्निमातरः – ऋ. १.३८.४/१
यद्यृणं संगरो देवतासु – अ. ६.११६.2/2 द्र. यदीनृणम्
यद्येकवृषोऽसि सृजारसोऽसि – अ. ५.१६.१ वृषलिंगाः (ऋचः) इति नाम्ना –कौसू. 2९.१५
यद्येकादशोऽसि सोऽपोदकोऽसि – अ.५.१६.११
यद्येकोऽपि गयां व्रजेत् – टपक•ः ८५.६७/2
यद्येयथ द्विपदीचतुष्पदी – अ.१०.१.2४/१
यद्योग्या अश्नवैथे ऋषीणम् – ऋ.७.७०.४/2
यद्योध्या महतो मन्यमानान् – ऋ.७.९८.४/१; अ.2०.८७. ४/१
यद्योषित् पतिव्रता – तैआ.१.2७.४/2
यद्राजानमकुर्वत – अ.६.१2८.१/2
यद्राजानो विभजन्ते – अ.३.2९.१/१ प्रः यद्रराजानः –कौसू.६४.2
यद्रात्रियात्कुरुते पापम् – तै आ आन्ध्र. १०.३४/३ द्र. उत्तरम्
यद्रात्रिया (महा नारा उप. तैआ. बाहुलकेन ...त्र्या) पापमकार्षम् (तैआ. बाहुलकेन अकारिषम्) – तैआ. १०.2५.१/१; महा नारा उप. १४.४/१ द्र. पूर्वम्
यद्रिप्रं शमलम् – अ.१2.2.४०/१ प्रः यद्रिप्रम् – कौसू. ७१.१६; ८६.१६
यद्रुद्रेणापिबत् सह – ऋ. १०.१३६.७/४
यद्रेतसा मिथुनेनाप्यात्मना – तैब्रा.३.७.१४.१/३; आपश्रौ. १३.2१.३/३
यद्रोदसी प्रदिवो अस्ति भूम – ऋ.६.६2.८/१
यद्रोदसी रेजमाने – अ.१.३2.३/१
यद्रोहितमजनयन्त देवाः – अ. १३.३.१2/३,2३/४
यद्व आगः पुरुषता कराम – ऋ.७.५७.४/2; १०.१५. ६/४; अ.१८.१.५2/४; वा.१९.६2/४
यद्व एष करोति तद्वः कृतमसत् – आपश्रौ. 2०.३.१
यद्वः क्रव्यादंगमदहत् – हिर गृसू.2.११.१/१ प्रः यद्वः क्रव्यात् – विष्णुस्मृ.७३.१५
यद्वदामि मधुमत् तद्वदामि – अ.१2.१.५८/१ प्रः यद्वदामि – विष्णुस्मृ. ७३.१५
यद्वम्रो अतिसर्पति – ऋ.८.१०2.2१/2; वा.११.७४/2; तैसं.४.१.१०.१/2; मैसं.2.७.७/2ः ८३.६; काठसं.१६. ७/2; शबा.६.६.३.६; निरु. ३.2०
यद्वर्चो हिरण्यस्य – आसं.४.१०/१ प्रः यद्वर्चः – सावि ब्रा.३.७.७
यद्वर्धयन्तं प्रथयन्तमानुषक् – ऋ.१०.४६.६/३
यद्वर्मी याति समदामुपस्थे – ऋ. ६.७५.१/2; वा.2९. ३८/2; तैसं.४.६.६.१/2; मैसं. ३.१६.३/2ः १८५.१०; काठसं अश्व. ६.१/2
यद्वशामायुमक्रत – कौसू. ४४.१७/१ द्र. यत् पशूर्
यद्वशं ब्राह्मणा अभि – अ.१2.४.१५/2
यद्वश्चित्रं युगे – युगे – ऋ.१.१३९.८/४; अ.2०.६७. 2/४
यद्वः श्रान्ताय सुन्वते – ऋ.८.६७.६/१
यद्वस्तावधि संश्रुतम् (संस्रुतम् इति पठतु) – अ.१.३.६/2
यद्वस्यापरं तद्वस्य पूर्वम् – ऐब्रा.३.४३.५/2; जैब्रा.१. 2५८/2
यद्वः सहः सहमानाः – अ. ८.७.५/१
यद्वा उ विश्पतिः शितः – ऋ.८.2३.१३/१; सा.१.११४/१ प्रः यद्वा उ विश्पतिः – लाटयश्रौसू.2.१2.८; सावि ब्रा. १.४.2०; 2.2.2
यद्वां रथे विभिष्पतात् – ऋ.१.४६.३/३; ८.५.22/३; सा. 2.१०८०/३
यद्वां वृष्णवसू हुवे – ऋ.८.५.2४/३
यद्वां हवन्त उभये अध सपृधि – ऋ.७.८2.६/३
यद्वा कपोतः दमग्नौ कृणोति – अ. ६.2९.१/३ द्र. यत्कपोतः
यद्वा कृणोष्योषधीः – अ.१३.४.४३/१
यद्वा केशेषु प्रतिचक्षणे वा – अ. १.१८.३/2
यद्वा क्षयो मातुरस्या उपस्थे – ऋ.३.८.१/४; मैसं. ४.१३.

१/४: १६६.३; काठसं. १५.१2/४; ऐब्रा.2.2.५; तैब्रा.३.६.१.१/४; निरु.८.१८/४
यद्वा क्षुरः परिववर्ज वपांस्ते – तैब्रा.2.७.१७.३/2
यद्वा गृहान्घोरमुता जगाम – कौसू. १2६.2/2; १३५.६/2
यद्वा गृहेषु निष्ठितम् – अ. १४.2.५६2/2
यद्वागृ वदन्त्यविचेतनानि – ऋ. ८.१००.१०/१; तैब्रा. 2.४.६.११/१; आश्रौ.३.८.१; निरु. ११.2८/१ प्रः यद्वाग्वदन्ती – तैब्रा.2.८.८.४; शांश्रौसू. ६.2८.६; यद्वाक् – ऋवि.2.३५.2 तु. बृहद.६.१2१
यद्वा घ आप्त्ये – ऋ. ८.१2.१६/2; अ.2०.१११.१/2; सा. १.३८.४/2
यद्वा घा सत्यमुत यन्न विद्म – ऋ. ५.८५.८/2; १०.१३६.५/३; तैसं.३.४.११.६/2; मैसं.४.१४.३/25 2१८.४; काठसं.2३.१2/2 द्र. यद्वाद्य
यद्वा घास्य प्रभृतमास्ये तृणम् – ऋ.१.१६2.८/३; वा.2५.३१/३; तैसं. ४.६.८.३/३; मैसं.३.१६.१/३: १८2.११; काठसं अश्व. ६.४/३
यद्वां कक्षीवां उत यद्वयशः – ऋ. ८.६.१०/१; अ.2०.१४०.५/१
यद्वाच ओमिति यच्च नेति – ऐआ.2.३.८.४/१
यद्वाचस्तृष्टमनयन्त रेभाः – ऋ.१०.८७.१३/2; अ.८.३.१2/2; १०.५.४८/2
यद्वाचनृतमोदिम (तैब्रा.तैआ. ऊद्...ऋ) – मैसं.४.१४.१७/2 : 2४४.४,६; तैब्रा.३.७.१2.१/2; तैआ.2.३.१/2
यद्वाचा यन् मनसा – तैब्रा.३.७.१2.2/१; तैआ. 2.३.१/१ तु. बौधसू.2.४.७.१८; ४.१.३
यद्वा चेरिम पापया – अ.७.६५.2/2
यद्वाचो मधुमत्तस्मै स्वाहा – मैसं.१.३.१: ३०.३ द्र. देवि वाग्
यद्वाचो यच्च मे हृदः – काठसं.३४.१६/2; आपश्रौ. १४.१६.१/2
यद्वा जगज्जगत्याहितं पदम् – ऋ.१.६४.2३/३; अ. ६.१०.१/३; ऐब्रा. ३.१2.६/३; कौषी ब्रा.१४.३/३
यद्वा जन्यमवीवृधः – अ. १३.४.४३/३
यद्वाजायते पुनः – ६ 2.१६.१६/३; वैसू. ८.१६/३; लाटयश्रौसू. ४.१2.१६/३ द्र. यन्म आजायते आदि
यद्वाजिनो दाम संदानमर्वतः – ऋ.१.१६2.८/१; वा.2५.३१/१; तैसं.४.६.८.३/१; मैसं.३.१६.१/१: १८2.१०; काठसं अश्व.६.४/१
यद्वाजिनो देवजातस्य सप्तेः – ऋ. १.१६2.१०; काठसं अश्व. ६.४/३; निरु.६.३/३
यद्वातजूतो वना व्यस्थत् – ऋ.१.६५.८/१
यद्वातृक्षौ मधवन् द्रुह्यावा जने – ऋ. ६.४६.८/१
यद्वातो अपो (मैसं.माश्रौसू. ऽपो) अगनीगन् (तैसं.काठसं. आपश्रौ. अगमत्) – वा.2३.७/१; तैसं. ७.४.2०.१/१; मैसं.३.१2.१६?८/१: १६५.११; काठसं अश्व.४.६/१; आपश्रौ. 2०.१६.१६; माश्रौसू. ६.2.३ प्रः यद्वातः –कात्यश्रौसू.2०.५.१४
यद्वा तोकेषु तनुषु प्रजासु
यद्वा नृभिर्वृत इन्द्राभियुध्याः – ऋ. ७.६८.४/३; अ.2०.८७.४/३
यद्वां तदश्विना यशः – शांश्रौसू. ८.११.१३/५; साम मन्त्रब्रा. १.७.५/५; पारगृसू. 2.६.१2/४
यद्वान्तरिक्षात् तदु वायुरेव – हिर गृसू. १.१६.७/2 द्र. फलमभ्यपप्तत् इत्यत्र
यद्वान्तरिक्षे पथिभिः पतन्तम् – ऋ.१०.८७.६/३ द्र. उतान्तरिक्षे पतन्तम्
यद्वां दंसोभिरश्विना – ऋ. ५.७३.७/३
यद्वान्यकृतमारिमा – लाटयश्रौसू. 2.१2.१2/2
यद्वो न्यूनमिहाकरम् – शब्रा.१४.६.४.2४/2; बृह उप. ६.४.2४/2; आपश्रौ. ३.१2.१/2; आगृ.१.१०.2३/2; आपगृ. १.2.७/2; हिर गृसू. १.३.७/2
यद्वा पंरच क्षितीनां द्युम्नमा भर – ऋ. ६.४६.७/३; सा. १.2६2/३
यद्वा पंच क्षितीनाम् –ऋ.५.३५.2/३; जैब्रा. 2३.2
यद्वा पितापराद्धो जिहीडे – अ.६.११६.2/४
यद्वा पुरू पुरुभुजा – ऋ. ५.७३.१/३
यद्वा पुर्तं परिविष्टं यदग्नौ – तैआ. 2.६.2/३ द्र. यद्वां पक्वम्
यद्वा पृथिव्यां दिवि – ऋ.८.५० (वाल. 2).७/2 तु. उत्तरम्
यद्या पृथिव्यामधि – ऋ. ८.४६(वाल.१). ७/2 तु. पूर्वम्
यद्वाप्यसि समुद्रियम् – अ. १६.३८.2/४
यद्वा प्रवृद्ध सत्पते – ऋ.८.६३.५/१; अ.2०.११2.2/१
यद्वा प्रस्रवणे दिवः – ऋ. ८.६५.2/१
यद्वा प्राणैश्चक्षुषा यच्च श्रोत्रेण – तैब्रा. ३.७.१४.१/2; आपश्रौ. १३.2१.३/2
यद्वाभिदुद्रोहानृतम् – आपश्रौ. ७.2१.६/३ द्र. यच्चाभि... इत्यत्र
यद्वाभिपित्वे असुरा ऋतं यते – ऋ.८.2७.2०/१
यद्वा मध्यंदिने दिवः – ऋ. ८.2७.१६/४
यद्वामभिभा अत्रोचुः – अ. १८.४.४६/2
यद्वा मरुत्वः परमे सधस्थे – ऋ. १.१०१.८/१

यद्वा मरुत्सु मन्दसे समिन्दुभिः – ऋ. ८.१2.१६/३; अ. 2०.१११.१/३; सा. १.३८४/३
यद्वामश्वावर्दिमहे – ऋ. ७.६४.६/2; काठसं.४.१५/2; कौसू. ५.2/2
यद्वा मे अप गच्छतिः द्र. वा मे अपि।
यद्वा मे अपरागतम् – तैसं. ६.६.७.2/2; मैसं. ४.७.१/2५ ६५.७; काठसं.2९.2/2; पंचब्रा. १.५.१७/2; जैब्रा. १.१६७/2; आश्रौ. ५.१९.५/2
यद्वा मे अपि (लाटयश्रौसू. ऽपि; वैसू. अप) गछति – आश्रौ.2.१६.१६/2; वैसू.८.१६/2; लाटयश्रौसू. ४.१2.१६/2
यद्वां पक्वं परिविष्टमग्नौ – अ. ६.१22.३/३; १2.३.७/३ द्र. यद्वा पूर्तम्
यद्वां पज्रासो अश्विना हवन्ते – ऋ. १.११७.१०/३
यद्वां मानसा उचथमवोचन् – ऋ. १.१८2.८/2
यद्वा यज्ञं नोऽद्भुतमा जगाम – कौसू.१३५.६/2
यद्वा यज्ञं मनवे संमिमिक्षथुः – ऋ. ८.१०.2/१
यद्वा युक्ताभ्यां मघवन् हरिभ्याम् – ऋ. ६.2३.१/३
यद्वा रुमे रुशमे श्यावके कृपे – ऋ. ८.४.2/१; अ.2०..१2०.2/१; सा.2.५८2/१
यद्वारुररसा कृतम् – अ. ५.५.४/2
यद्वा वदा अनृतं वित्तकाम्या – अ. १2.३.५2/2
यद्वावन्थ पुरुषतुत – ऋ. ८.६६.५/१
यद्वावमे वृजने मादयासे – ऋ. १.१०१.८/2
यद्वावमे सुभगासो दिवि ष्ठ – ऋ.५.६०.६/2; तैब्रा.2.७.१2.४/2
यद्वा वर्चो गवामुत – आसं. ४.१०/2
यद्वा वर्षं घोरमनिष्टमन्यत् – कौसू. ६४.१४/2
यद्वा वर्षसि भद्रया – अ. १३.४.४३/2
यद्वा वाणीभिरश्विना – ऋ. ८.६.६/३; अ. 2०.१४०.४/३
यद्वा वाणीरनूषत – ऋ. ८.६.१६/३; अ. 2०.१४2.४/३
यद्वावान पुरुतमं पुराषाट् – ऋ. १०.७४.६/१; ऐब्रा. ३.22.2/१,६; ४.2९.१४ प्रः यद्वावान – ऐब्रा. ४.३१.१2; ५.१.१६; ४.2०; ७.६; १2.१५; १६.2६; १८.22; 2०.2१; ८.2.४; ऐआ. ५.2.2.2०; आश्रौ. ५.१५.2१; शांश्रौसू. ७.2०.५
यद्वा वायुना भवथः समोकसा – ऋ. ८.६.१2/2; अ.2०.१४१.2/2
यद्वा विष्णोर्विक्रमणेषु तिष्ठथः – ऋ. ८.६.१2/४; अ.2०.१४१.2/४
यद्वा शक्र परावति – ऋ. ८.१2.१७/१; अ. 2०.१११.2/१
यद्वा शेप उतानृतम् (आपश्रौ. शेपे अभीरुणम्) – ऋ. १.2३.22/४; १०.६.८/४; का. ६.५.५/४; आपश्रौ. ७.2१.६/४; माश्रौसू. १.८.४.४०/४ द्र. यच् च शेपे
यद्वा समुद्रे अध्याकृते गृहे – ऋ. ८.१०.१/३
यद्वा समुद्रे अन्धसः – ऋ.८.६५.2/३
यद्वा समुद्रे अन्धसोऽवितेदसि – ऋ. ८.१३.१५/३
यद्वा सिक्तं प्र जायते – शांश्रौसू. ३.८.2७/2
यद्वासि रोचने दिवः – ऋ. ८.९७.५/१ तु. यद्वादो
यद्वासि सुन्वतो वृधः – ऋ. ८.१2.१८/१; अ.2०.१११.३/१
यद्वा सुम्नेभिरुक्थ्या – ऋ. ८.१2.2१/३; अ.2०.१४2.६/३
यद्वास्कन्दद्धविषो यत्र – यत्र – ।ाज्ञ ६.१/2 द्र. उत्तरम्
यद्वा स्कन्दादाज्यस्योत विष्णो – तैसं. १.६.2.2/2; काठसं. ३१.१४/2 द्र. पूर्वम्
यद्वा स्थानात् प्रच्युतो यदि वासुतोऽसि – वैसू. 2४.१/2
यद्वा स्थे अधि तुर्वशे – ऋ. १.४७.७/2 तु. उत्तरम्
यद्वा स्थे अध्यम्बरे – ऋ. ८.८.१४/2 तु. पूर्वम्
यद्वा स्वधाभिरधितिष्ठतो रथम् – ऋ. ८.१०.६/३
यद्वा स्वरौ स्वधितौ रिप्तम् (मैसं. रिप्रम्) अस्ति – ऋ. १.१६2.६/2; वा.2५.३2/2; तैसं.४.६.८.४/2; मैसं. ३.१६.१//: १८2.१४; काठसं अश्व. ६.४/2
यद्वा स्वे सदने यत्र वासि – ऋ. ६.४०.५/2
यद्वाहमभिदुद्रोह – ऋ. १.2३.22/३; १ ०.९८.८/३; का. ६.५.५/३; माश्रौसू. १.८.४.४०/३; द्र. यच् चाभि... इत्यत्र
यद्वाहिष्ठं तदग्नये – ऋ. ५.2५.७/१; सा.१.८६/१; वा. 2६.१2/१; तैसं. १.१.१४.४/१; काठसं. ३९.१४/१; कौषी ब्रा. ७.६; 2४.१; आश्रौ. १०.६.७ प्रः यद्वाहिष्ठम् – शांश्रौसू. ३.१५.१०; ५.५.६; ११.१०.2; १४.३.३
यद्विजामन् परुषि वन्दनं भुवत् – ऋ. ७.५०.2/१
यद्विदच्छर्यणावति – अ. 2०.४१.2/३
यद्विद्वांसश्चाविद्वांसश्चैनश्चकृम तस्यावयजनमसि (तै आ आन्ध्र. महा नारा उप.बौधसू. स्वाहा इति उपसंख्यायते) – पंचब्रा.१.६.१०; तै आ आन्ध्र.१०.५९; महा नारा उप. १८.१; बौधसू. ४.३.६
यद्विद्वांसा निधिमिवापगूढम् – ऋ.१.११६.११/३
यद्विद्वांसो यदविद्वांसः – अ. ६.११५.१/१; आपश्रौ. ३.१2.१/१; कौसू. ६७.१९ प्रः यद्विद्वांसः – वैसू. ८.७
यद्विरूपाचरं मर्त्येषु – ऋ. १०.९५.१६/१; शब्रा. ११.५.१.१०/१
यद्विश्वसृज आसत – तैब्रा. ३.१2.६.३/४ – ५/४

यद्विष्णोरेकम् उत्तमम् – तैआ. १.८.३/४
यद्विहव्येनेजिरे – अ. ७.५.४/४
यद्वीडयासि वीडु तत् – ऋ. ८.४५.६/३
यद्विडाव् (अ. वीलाव्) इन्द्र यत् स्थिरे – ऋ. ८.४५.४१/१; अ.20.४३.2/१; सा.१.20७/१; 2.४22/१; सावि ब्रा.३.१.८ तु. सावि ब्रा. ३.५.2
यद्वृक्षो वृक्णो राहति – शब्रा. १४.६.६.३३/१; बृह उप.३.६.३३/१
यद्वृत्रं तव चाशनिम् – ऋ.१.८०.१३/१
यद्वेद राजा वरुणः – खिल.१०.१२८.७/१; अ. ५.25.६/१; १६.2६.४/१
यद्वेमे रोदसी अनु – ऋ. ८.१०.६/2
यद्वै देवस्य सवितुः पवित्रम् – तैआ. ६.३.2/१; ४.2; ६.2
यद्वैरूप उपहते व्यस्वे, हिंकृण्वन्तस्समतिष्ठन्त यामन्तर, देवस्थानमसृजन्त साम तेन, देवा देवासो अमृतत्वमायन् – जैब्रा.2.३६३(३.2८)/१2३४
यद्वो अग्निरजहाद् एकमंगम् – अ.१८.४.६४/१ प्रः यद्वो अग्निः – कौसू. ८८.५
यद्वो देवा अतिपादयानि (आश्रौ. ...पातयानि) – तैब्रा.३.७.११.2/१; आश्रौ.३.१३.१८/१; आपश्रौ. ३.११.2/१; ६.१2.१; १५.2३
यद्वो देवा ईमहे तद्ददातन – ऋ. १०.३६.१०/2
यद्वो देवा उपजीकाः – अ.६.१००.2/१
यद्वो देवाः प्रपणं चराम – हिर गृसू.१.१५.१/१ द्र. यदहं धनेन इत्यत्र
यद्वो देवाश्चकृम जिह्वया गुरु – ऋ. १०.३७.१2/१; तै आ आन्ध्र. १०.६०/१; आश्रौ. ६.१2.३; वैसू. 2३.१2/१; माश्रौसू.2.५.४.६/१
यद्वो देवास आगुरे (मैसं. ...रि) – तैसं. १.2.१.2/३; मैसं. १.2.2/३ः ११.१2 द्र. आ वो देवास आशिषः
यद्वोपवासने कृतम् – अ.१४.2.६५/2
यद्वो मनः परागतम् – अ. ७.१2.४/१
यद्वो मुद्रं पितरः सोम्यं च – अ. १८.३.१६/१
यद्वो रेवती रेवत्यं यद्वो हविष्या हविष्यं यद्वो जगतीर्जगत्यं तेनास्मै यज्ञपतय आशासाना मधुना मधुमतीस् संपृच्यध्वम् (माश्रौसू. हविष्यं यद्व ओजो यच्च नृम्णं तं व ऊर्मिं मधुमन्तं देवयज्यायै जुष्टं गृह्णामि) – काठसं.१.८; माश्रौसू.१.2.१.११ प्रः यद्वो रेवती रेवत्यं यद्वो हविष्या हविष्यं यद्वो जगतीर्जगत्यम् – काठसं.३१.७
यद्वो वयं चकृमा कच्चिदागः – ऋ.2.2७.१४/2 तु. देवान् वा यच्, तथा अचित्तिभिश् इत्यत्र
यद्वो वयं प्रमिनाम वरतानि – ऋ.१०.2.४/१; अ.१६.५६.2/१; तैसं.१.१.१४.४/१; मैसं.४.१०.2/१ः १४७.६; काठसं.३५.६/१; ऐब्रा. ७.८.2; आश्रौ.३.१३.१2 प्रः यद्वो वयं प्रमिनाम –आपश्रौ. १४.2८.४; 2४.१३.३; यद्वो वयम् –मैसं.४.११.४ः १७१.१४; काठसं.६.१०; शांश्रौसू.2.४.८
यद्वोऽशुद्धा आलेभे तंछुन्धध्वम् – मैसं.१.१.६ः ३.१०; ४.१.६ः ७.१८ प्रः यद्वोऽशुद्धः – माश्रौसू. १.2.2.४ द्र. उत्तरं तथा यदशुद्धः
यद्वोऽशुद्धाः परा जघ्नुर् (का. जघ्नैतद्) इदं वस्तच्छुन्धमि – वा.१.१३; का. १.४.४; शब्रा. १.१.३.१2 द्र. पूर्वम् इत्यत्र
यद्वतमतिपेदे – कौसू.४2.१७/१
यद्वतेषु दुरितं निजग्मिम – कौसू. ४2.१७/३
यं त आसानो जुहुते हविष्मान् – ऋ. ६.१०.६/2
यन्तं सुम्नं रिशादसा – ऋ.५.६७.2/४
यन्तं नो मित्रावरुणावधृष्टम् – ऋ. ६.६७.2/३
यन्ता च मे धर्ता च मे – वा.१८.७; तैसं.४.७.३.१; मैसं.2.११.४ः १४१.१४; काठसं.१८.८
यन्ता नकिर्विदाय्यः – ऋ.१०.22.५/४
यन्ता नोऽवृकं छर्दिः – ऋ. ८.2७.४/४
यन्तारं धीनामुशिजं च वाघताम् – ऋ. ३.३.८/2
यन्ता राट् – तैसं. ७.१.११.१; काठसं अश्व. १.2; तैब्रा. ३.८.३.६ तु. यन्त्री राट्
यन्तारो ये मघवानो जनानाम् – ऋ. ७.१६.७/३; सा.१.३८/३; वा.३३.१४/३
यन्ता वसूनि विधते तनूपाः – ऋ.१०.४६.१/४; सा.१.७७/४; काठसं.१०.१३/2
यन्तासि – तैसं.४.४.१.३; ७.१.११.१; काठसं अश्व. १.2; तैब्रा. ३.८.३.५ प्रः यन्ता – तैसं.५.३.६.2
यन्तासि धर्ता – वा. 22.३; मैसं. ३.१2.१ः १६०.१; शब्रा. १३.१.2.३
यन्तासि यदसे हस्तौ – अ.६.८१.१/१ प्रः यन्तासि – कौसू.३५.११
यन्तासि यमनः – वा. ६.22; १८.2८; तैसं.७.१.११.१; काठसं. १८.१2; काठसं अश्व. १.2; शब्रा. ५.2.१.25; ६.३.३.१०,११; तैब्रा. ३.८.३.६ प्रः यन्तासि – कात्यश्रौसू.१४.५.१८ तु. यन्त्र्यसि
यन्ति गिरो न संयतः – सा.2.१११६/2; आश्रौ.६.2.६/2; शांश्रौसू.६.६.६/2
यन्ति प्रमादमतन्द्राः – ऋ. ८.2.१८/३; अ.20.१८.३/३; सा.2.७१/३

यन्तु नदयो वर्षन्तु पर्जन्याः – तैब्रा. 2.७.१६.४/३

यं ते अग्न आवृश्चामि – तैब्रा.३.७.६.१६/१; आपश्रौ. ४.११.५/१

यं ते अग्निममन्थाम – तैआ. ६.४.१/१

यं ते काव्य उशना मन्दिनं दात् – ऋ. १.१२१.१2/३

यं ते देवी निर्ऋतिरा बबन्ध – वा.१2.६५/१; मैसं.2.७.१2/१: ६१.2; ३.2.४: 20.५; काठसं.१६.१2/१; 20.2; शब्रा. ७.2.१.१५; माश्रौसू. ६.१.५ प्रः यं ते कात्यश्रौसू. १७.2.४ द्र. यत्ते देवी

यं ते पूर्वं पिता हुवे – ऋ.१.३०.६/३; अ.20.2६.३/३; सा. 2.६४/३

यं ते भगं निचख्नुः – कौसू.३६.१८/१

यं ते भगमधारयन् – ऋ. ८.३६.१/३ – ६/३

यं ते मन्थं यमोदनम् – अ.१८.४.४2/१ प्रः यं ते मन्थम – कौसू. ८४.६

यं ते वहन्ति हरितो वहिष्ठाः – अ.१३.2.६/३,७/३

यं ते श्येनः पदाभरत् – ऋ.८.८2.६/१

यं ते श्येनश्चारुमवृकं पदा – ऋ. १०.१४४.५/१

यं ते सुनोति भावयुः – ऋ.१०.८६.१५/४; अ. 20.१2६.१५/४

यं ते सुषाव हर्यश्वाद्रिः – ऋ. ७.22.१/2; अ. 20.११७.१/2; सा.१.३६८/2; 2.2७७/2; तैसं.2.४.१४.३/2; पंचब्रा. १2.१०.१/2 प्रः यं ते सुषाव– शांश्रौसू. १०.५.११,१३

यं ते स्वदावन् स्वदन्ति गूर्तयः – ऋ.८.५० (वाल.2).५/३ द्र. उत्तरम्

यं ते स्वधावन् स्वदयन्ति धेनवः – ऋ. ८.४६ (वाल.१)५/३ द्र. पूर्वम्

यं तौग्रयो नाधितः पर्यषस्वजत् – ऋ. १.१८2.७/2

यन्त्रमसि – काठसं. १.७; ३१.६

यं त्रायध्व इदम्–इदम् – ऋ.७.५६.१/१

यं त्रायध्वे यं पिपृथात्यंहः – ऋ. १०.३५.१४/2

यं त्रायध्वे स्याम ते – ऋ.५.५३.१५/३

यं त्रायन्ते सजोषसः – ऋ.८.2७.१७/४

यं त्रयसे दम आ नित्यहोता – ऋ. १०.७.४/2

यं त्रायसे दाश्वांसम् – ऋ. ८.७१.४/३

यं त्रासाथे वरुणेडास्वन्तः – ऋ.५.६2.६/2

यन्त्री च यमनी च मित्रावरुणयोर्मित्रस्य धातुः – काठसं. 22.५

यन्त्री दिशं क्षत्रमिदं दाधार – काठसं. 22.१४/१

यन्त्री राट् – वा.१४.22; तैसं. ४.३.७.2; ५.३.2.५; मैसं.2.८.३: १०६.१; ३.2.६: ३०.१०; काठसं.१७.३; 20.११; शब्रा. ८.३.४.६,१०; आपश्रौ. १७.2.५; माश्रौसू. ६.2.१;७७.१.३ तु. यन्ता राट्

यन्त्र्यसि यमनी (तैसं. यमित्री) – वा. १४.22; तैसं. ४.३.७.2; मैसं.2.८.३: १०६.१; काठसं. १७.३; शब्रा. ८.३.४.६,१०; माश्रौसू. ७.१.३ तु. यन्तासि यमनः

यं त्वं रथमिन्द्र मेधसातये – ऋ. १.१2६.१/१; ऐब्रा. ५.१2.८; कौषी ब्रा. 2३.६ प्रः यं त्वं रथमिन्द्र – आश्रौ. ८.१.१४; यं त्वं रथम् – शांश्रौसू. १०.८.६ तु. बृहद.४.४

यं त्वं विप्र मेधसातौ – ऋ. ८.७१.५/१

यं त्वं हिनोषि मर्त्यम् – ऋ.८.४.१६/४

यं त्वमग्ने समदहः – ऋ.१०.१६.१३/१; अ.१८.३.६/१; तैआ. ६.४.१/१ प्रः यं त्वमग्ने – शांश्रौसू. ४.१५.८

यं त्वं प्रचेत ऋतजात राया – ऋ. ६.१३.३/३

यं त्वं मित्रेण वरुणः सजोषाः – ऋ. ६.३.१/३; मैसं. ४.१४.१५/३: 2४०.४

यं त्वा गोपवनो गिरा – ऋ. ८.७४.११/१ द्र. तं त्वा आदि

यं त्वा जनास इन्धते – ऋ.८.४३.2७/१

यं त्वा जनास ईडते – ऋ.८.७४.१2/१

यं त्वा जनासो अभि संचरन्ति – ऋ. १०.४.2/१

यं त्वा देवा दधिरे हव्यवाहम् – ऋ.१०.४६.१०/१

यं त्वा देवापिः शुशुचानो अग्ने – ऋ. १०.६८.८/१; मैसं. ४.११.2/१: १६७.१०; काठसं.2.१५/१; आश्रौ.2.१३.८

यं त्वा देवासो मनवे दधुरिह – ऋ.१.३६.१०/१

यं त्वा द्यावापृथिवी यं त्वापः – ऋ.१०.2.७/१; आपश्रौ. 2४.१३.३/१

यं त्वा पूर्वमीडितो वध्र्यश्वः – ऋ. १०.६६.४/१

यं त्वा पृषती रथे – अ. १३.१.2१/१ द्र. यद् एषं पृषती

यं त्वामयं (तैसं.काठसं. त्वायं) स्वधितिस्तेजमानः (तैसं. काठसं. तेतिजानः; मैसं. तिग्मतेजाः) – ऋ.३.८.११/३; तैसं. १.३.५.१/३; मैसं. १.2.१४/१: 2३.७; काठसं. ३.2/१; 2६.३ प्रः यं त्वाम अयम् – माश्रौसू. १.८.१.१० द्र. अयं हि त्वा

यं त्वा वाजिन्नघ्न्या अभ्यनूषत – ऋ.६.८०.2/१

यं त्वा वेद पूर्व इक्ष्वाकोः – अ. १६.३६.६/१

यं त्वा शविष्ठमीमहे – सा. १.४३७/2; ऐआ. ५.2.2.१३/2; शांश्रौसू. १८.५.५/2

यं त्वा समभरं जातवेदः – तैब्रा.१.2.१.६/१; आपश्रौ. ५.३.१/१

यं त्वा समेनातीतृपाम (तैसं...पम्; माश्रौसू. ...पन्) – वा. ७.2६/४; का. ६.१४/४; तैसं. ३.2.३.2; शब्रा. ४.५.६.

४; माश्रौसू.2.३.७.१
यं त्वा सोमेनामीमदम् (माश्रौसू. ...दन्) – तैसं. ३.2.३.2; माश्रौसू.2.३.७.१
यं त्वा होतारं मनसाभि संविदुः – अ. ३.2१.५/१
यं दातारं प्रतिगृह्णन्तम् (मैसं.काठसं.आपश्रौ. प्रतिग्रहीतारम्) आहुः – अ.३.2१.४/2; मैसं. 2.१३.१३/2: १६३.2; काठसं.४०.३/2; आपश्रौ. १६.३५.१/2
यं देव आ चित्सचसे स्वस्ति – ऋ. ४.११.६/४
यं देवं देवः प्रायाणाय पुरुषं परिगृह्य जगृती – जैब्रा.४.३४७/३ ऋषभो लोको इत्यस्य भागः
यं देवा अंशुमाप्याययन्ति – अ.७.८१.६/१ द्र. यथादित्या अंशुम् इत्यत्र
यं देवा अभि रक्षथ – अ.१०.७.2३/४
यं देवाः पितरो मनुष्याः – अ.१०.६.३2/१
यं देवा दूतमरतिं न्येरिरे – ऋ.८.१६.2१/2
यं देवा मनुष्येषु – तैब्रा. ३.३.११.१/१; आपश्रौ. ३.१३.६/१
यं देवाः शरुमस्यथ – अ.६.६५.2/2
यं देवास इति द्विता – सा. 2.५६५/2 द्र. यं देवासो अध
यं देवास ईडयं विश्वविदम् – ऋ.३.2६.७/३
यं देवासश्चक्रिरे पीतये मदम् – ऋ. ६.७८.४/३
यं देवासस्त्रिरहन्नायजन्ते – ऋ.३.४.2/१
यं देवासो अददुः सूर्यायै – ऋ.६.५८.४/३; मैसं. ४.१४.१६/३: 2४४.१ द्र. तं आदि
यं देवासो अध द्विता – ऋ.८.८४.2/2 द्र. यं देवास इति
यं देवासोऽजनयन्ताग्निम् – ऋ.१०.८८.६/१
यं देवासो ललामगुम् – लाटयश्रौसू.६.१०.६/१ द्र. यद्देवासो आदि
यं देवासोऽवथ वाजसातौ – ऋ.१०.३५.१४/१; ६३.१४/१ प्रः यं देवासोऽवथ –शांश्रौसू.६.१०.६
यं देवासोऽवथा स विचर्षणिः – ऋ. ४.३६.५/४
यं देवाः समरमसिंचन्नप्स्वन्तः – अ. ६.१३2.१/१
यं द्विष्मस्तं स ऋच्छतु – ऋ.१०.१६४.५/४; तु. यं द्वे...
यं द्विष्मस्तं ते शुगृच्छतु – वा.१३.४७ – ५१; १७.१; मैसं. 2.७.१७: १०2.१2,१४,१७; १०३.१,४; 2.१०.१: १३१.४; ३.३.५: ३७.१३; काठसं. १६.१७; १७.१७; 2१.७; शब्रा. ७.५.2.३2 – ३६; ६.१.2.१2; शांश्रौसू. ८.१2.११ प्रः यं द्विष्मः – कात्यश्रौसू.१८.2.४ द्र. तमभि शोच इत्यत्र
यं द्विष्मस्तस्मिन् प्रति मुंचामि पाशम् – तैसं.३.१.४.४/४; आपश्रौ. ७.१७.७ द्र. तस्मिन् पाशान्
यं द्विष्मो यश्च नो द्वेष्टि तस्मा एनद् गमयामः – अ.१६.६.४
यं द्वेषाम तमृच्छतु – अ. ६.2६.३/३ तु. पूर्वं इनज जीतमम।
यन्धि ष्मा विप्र स्तुवते वरूथम् – ऋ. ७.८८.६/४
यन्न इदं पितृभिः सह मनोऽभूत् तद् उपह्वयामि कौसू. ८८.2६ प्रः यन्न इदं पितृभिः –वैसू. ३८.४
यन्न इन्द्रो अखनद्यदग्निः – अ. ७.2४.१/१ प्रः यन्न इन्द्रः –कौसू. ५६.१६
यन्न इन्द्रो जुजुषे यच्च वष्टि – ऋ. ४.22.१/१; ऐब्रा.६.१८.१; १६.2; गोब्रा. 2.६.१ प्रः यन्न इन्द्रः –आश्रौ.७.५.2०; शांश्रौसू.१2.३.६
यं (ऐब्रा. यन्) नः पिता संजानीते – ऐब्रा. ७.१८.३/१; शांश्रौसू.१५.2६/१
यन्नक्षत्रं पतति जातवेदः – कौसू.१2८.2/१
यन्नदीभ्य उदाहृतम् – हिर गृसू. १.2४.६/2
यन्नध्वानमप वृंकते चरित्रैः – ऋ.१०.११७.७/2१
यन्न प्राविशत् कियत्तद् बभूव – अ.१०.७.८/४
यं नमस्यन्ति कृष्टयः – ऋ. १.३६.१६/४; सा.१.५४/४
यन्नवमेत् (काठसं. ऐस्) तन्नवनीतमभवत् (काठसं. ...वः) – तैसं. 2.३.१०.१; ११.2; मैसं. 2.३.४/१: ३१.१; 2.३.५/१: ३2.१६; काठसं. ११.७/१ प्रः यन्नवमेत् –माश्रौसू.५.2.2.६
यन्न व्येति तदव्ययम् – गोब्रा. १.१.2६/४; महाभाष्य. १.६६/४
यन्नार्षदाय श्रवो अध्यधत्तम् – ऋ. १.११७.८/४
यन्नासत्या पराके – ऋ. ८.६.१५/१; अ. 2०.१४१.५/१
यन्नासत्या परावति – ऋ. १.४७.७/१; ८.८.१४/१
यन्निक्तहस्तस्तरणिर्विचक्षणः – ऋ. ४.४५.५/५
यं निदधुर्वनस्पतौ – अ. ३.५.३/१
यन्निम्रुचि प्रबुधि विश्ववेदसः – ऋ. ८.2७.१६/३
यन्नियानं न्ययनम् – ऋ.१०.१६.४/१
यं निरयाचथास्तं जुषस्व – तैसं.३.१.६.४ प्रः यं निरयाचथाः –आपश्रौ. १2.2३.११
यन्निर्णिजा रक्णसा प्रावृतस्य – ऋ. १.१६2.2/१; वा. 2५.2५/१; तैसं. ४.६.८.१/१; मैसं. ३.१६.१/१: १८१.६; काठसं अश्व. ६.४/१ प्रः यन्निर्णिजा – मैसं.४.१2.६: १६६.५; माश्रौसू.५.2.७.१७
यं निर्मन्थतो अश्विना – ऋ. १०.१८४.३/2; आपमपा. १.१2.३/2; हिर गृसू.१.2५.१/2; मागृसू.. 2.१८.2/2 द्र. याभ्यां निर्मन्थताम्

यन्नीक्षणं मांस्पचन्या उखायाः – ऋ. १.१६2.१३/१; वा. 2५.३६/१; तैसं. ४.६.६.१/१; मैसं. ३.१६.१/१: १८३. ४; काठसं अश्व.६.४/१
यं नु नकिः प्रतनासु स्वराजम् – ऋ. ३.४६.2/१
यन्नूनं धीभिरश्विना – ऋ. ८.६.2१/१; अ.2०.१४2.६/१
यन्नूनमश्यां गतिम् – ऋ.५.६४.३/१
यन्नौ कामस्य विछिन्नम् – साम मन्त्रब्रा. 2.४.८/३
यन्न्यूनं यश्च अधिकम् – शांश्रौसू.१2.22.१.७/१
यन्विमं पुत्रमिच्छन्ति – ऐब्रा. ७.१३.2/१; शांश्रौसू. १५. १७/१
यन्मा आजायते पुनः – तैआ. १.३०.१/2 द्र. यद्वाजायते।
यन्म आत्मनो मिन्दाभूत् – तैसं. ३.2.५.४/१; आपश्रौ. ८. १2.११; १३.१७.८; हिर गृसू. १.2६.६; बौधसू.2.१.१.३८
यन्मण्डूकाः प्रावृषीणं बभूव – ऋ. ७.१०३.७/४
यन्मधुनो मध्व्यं परमं रूपमन्नाद्यं (आपमपा. परममन्नाद्यं वीर्यम् – हिर गृसू. परममन्नाद्यं रूपं) तेनाहं मधुनो मध्व्येन परमेण रूपेणान्नाद्येन (आपमपा. परमेणान्नाद्येन वीर्येण; हिर गृसू. परमेण रूपेण) परमो मधव्योऽन्नादो (आपमपा. परमोऽन्नादो मधव्यो) ऽसानि –हिर. गृसू. भूयासम्) – पारगृसू.१.३.2०; आपमपा. 2.१०.५ (आपगृ. ५.१३.१३; हिर गृसू. १३.८
यन्मध्यंदिनातुचि – ऋ. ८.2७.2१/2
यन्मन्यसे वरेण्यम् – ऋ. ५.३६.2/१; सा. 2.५2३/१
यन्मन्युर्जायामावहत् – अ. ११.८.१/१; संन्यास उप. ३; कण्ठश्रुति उप. ५
यन्मया दुष्कृतं कृतम् – तैआ. १०.१.८/2; महा नारा उप. ४.६/2; बौधसू. ३.६.५/2 तु. यन्मे किं चन
यन्मया भुक्तमसाधूनाम् – तैआ. १०.१.१2/३; महा नारा उप. ४.११/३; बौधसू. 2.५.८.३/३
यन्मया मनसा वाचा – तैआ. 2.६.2/३; बौधसू.३.७. १३/१ तु. यन् मे मनसा।
यन्मयि माता गर्भे सति – तैब्रा.३.७.१2.३/१ प्रः यन्मयि माता – तैआ.2.३.१
यन्मरुतः सभरसः स्वर्णरः – ऋ. ५.५४.१०/१
यन्मर्कटः श्वापदो वायसो यदि – कौसू. ६५.३/१
यन्मांसं यच् च लोहितम् – अ. १०.६.१८/2
यन्मांसं निपृणामि ते – अ. १८.४.४2/2
यन्माजिहीत वयुना चनौषक् – ऋ. १०..४६.५/2
यन्मातरं च पितरं च साकम् – ऋ. १०.५४.३/३
यन्मातरं पितरं वा जिहिंसिम – अ. ६.१2०.१/2; तैसं.१. ८.५.३/2; मैसं. १.१०.३/2: १४३.१; ४.१४.१७/2: 2४५.१; तैब्रा.३.७.१2.४/2; तैआ.2.६.2/2; आश्रौ. 2. ७.११/2 द्र. यत् पितरं।
यन्मातली रथक्रीतम् – अ. ११.६.2३/१; कौसू.५८.2५ तु. कौसू.५५.१, दवजम।
यन्मातृरजगन्नपः – ऋ.३.६.2/2; सा. १.५३/2; निरु. ४.१४/2; माश्रौसू. ३.८.१/2
यन्मानुषप्रधना इन्द्रमूतयः – ऋ. १.५2./३
यन्मानुषान्यक्षयमाणां अजीगः – ऋ. १.११३.६/३
यन्मा पितेव कितवं शशास – ऋ.2.2६.५/2; मैसं.४.१2. ६/2: १६४.७
यन्मामेकं समधत्ताहिहत्ये – ऋ. १.१६५.६/2; मैसं. ४.११. ३/2: १६६.१; काठसं. ६.१८/2; तैब्रा. 2.८..३.५/2
यन्मायिनो व्रन्दिनो मन्दिना धृषत् – ऋ. १.५४.५/३
यन्मा सावो मनुष आह निर्णिजे – ऋ. १०.४६.७/३
यन्मा सोमास उक्थिनो अमन्दिषुः – ऋ. १०.४८.४/४
यन्मा सोमासो ममदन्यदुक्था – ऋ. ४.४2.६/३
यन्मा हुतमाहुतमाजगाम – अ. ६.७१.2/१
यन्मुत्रं करोति तस्मै स्वाहा – वा. 22.८ द्र. यन् मेहति
यन्मृगेषु पय आविष्टमस्ति – कौसू. ११५.2/१
यन्मृतः पुनरप्येति जीवान् – काठसं. ३५.१३/2; तैब्रा. ३. ७.१०.६/2; आपश्रौ. १४.2६.१/2
यन्मे अक्षयोरादिद्योत – अ. ६.2४.2/१
यन्मे अग्न ऊनं तन्वस्तन्म (मैसं. मा) आपृण – मैसं. १. ५..2: ६८.2; १.५.६: ७७.५; ४.१.१४: 2०.३; काठसं.६.६; ७.६ द्र. अग्ने यन्मे
यन्मे अग्ने अस्य यज्ञस्य रिष्यात् – तैसं. १.६.2.१/१; १०.2; काठसं. ३१.१४/१
यन्मे किं चन दुष्कृतम् – विष्णुस्मृ.४८.१८/४ तु. यन्मया दुष्...
यन्मे किं चिदस्त्युपहूतः – पारगृसू.३.४.१८/१
यन्मे किं चिदुपेप्सितम् – पारगृसू. 2.१७.६/१
यन् मेऽगदायुषः पराग् इतोऽगात्तां तेऽगद दक्षिणां नयामि – कात्यश्रौसू.१2.2.१८
यन्मे गर्भे वसतः पापमुग्रम् – खिल. ६.६७.७/१
यन्मे छिद्रं चक्षुषः – वा. ३६.2/१ द्र. उत्तरम्।
यन्मेछिद्रं मनसो यच्च वाचः – अ. १६.४०.१/१ द्र. पूर्वम्
यन्मेऽत्र पयसः – आपश्रौ.१०.१३.१०/१
यन्मेऽद ऋणं यददस्तत् सर्वं ददामि – आपश्रौ. 22.१.१०
यन्मेदमभिशोचति – अ. ४.2६.७/१
यन्मेऽद्य रेतः पृथिवीमस्कान्त्सीत् (तैसं. अस्कान्) – शब्रा. १४.६.४.५/१; तैआ.१.३०.१/१; बृह उप. ६.४.५/१ प्रः यन्मेऽद्य रेतः –याधशा. ३.2७८ रेतस्या (ऋक्) इति नाम्ना– गौतधशा. 2३.2०; बौधसू.2.१.१.2६ तु.

यदद्य दुग्धम्
यन् मे नरः श्रुत्यं ब्रह्म चक्र – ऋ. १.१६५.११/2; मैसं. ४.११.३/2: १६६.१2; काठसं. ६.१८/2
यन्मे नोक्तं तद्रमताम् – खिल. १०.१५१.४/१
यन्मे पितामही प्रलुलोभ – आपमपा. 2.१६.३/१ (आपगृ. ८.2१.३)। प्रः यन्मे पितामही – हिर गृसू. 2.१०.७
यन्मे प्राकामात् (अथवा इत्यस्योपसंख्यानं भाष्ये) – विष्णुस्मृ. ७३.१५
यन्मे प्रपितामही प्रलुलोभ – आपमपा. 2.१६.५/१ (आपगृ. ८.2१.2) प्रः यन्मे प्रपितामही – हिर गृसू.2. १०.७
यन्मे बभस्ति नाभिनन्दति – अ. ६.2.2/2
यन्मे मनः परागतम् – तैसं. ६.६.७.2/१; आपश्रौ. १३.१४. ४; १६.३.७; हिर गृसू. १.११.६ द्र. यन्मे मनो, तथा यन्मे वर्चः
यन्मे मनसश्छिद्रम् – काठसं.३४५.१६/१; आपश्रौ. १४. १६.१/१ प्रः यन्मे मनसः – काठसं.३५.2; आपश्रौ. १४.१७.१
यन्मे मनसा वाचा – तैआ. १०.१.१2/१; महा नारा उप. ४.१2/१; १६.१/१; बौधसू. 2.५.८.३/१ तु. यन्मया मनसा
यन्मे मनसो न प्रियं न चक्षुषः – अ. ६.2.2/१
यन्मे मनो यमं गतम् – मैसं. ४.७.१/१: ६५.७; काठसं. 2६.2/१; पंचब्रा. १.५.१७/१; जैब्रा. १.१६७/१; आश्रौ. ५.१६.५/१; माश्रौसू.2.५.2.७ द्र.यन्मे मनः परा.. इत्यत्र
यन्मे माता प्रलुलुभे (आपश्रौ. प्रममाद; आपमपा.हिर गृसू. प्रलुलोभ) – आपश्रौ. १.६.६/१; शां गृ सू. ३.१३. ५/१; आपमपा. 2.१६.१/१ (आपगृ. ८.2१.३); हिर गृसू. 2.१०.७/१; माधसू. ६.2०/१ प्रः यन्मे माता – विष्णुस्मृ. ७३.१2
यन्मे माता यन्मे पिता – अ. १०.३.८/१
यन्मे यमं वैवस्वतम् – पंचब्रा. १.५.१८/१ प्रः यन्मे यमम् –लाटयश्रौसू.2.१०.६ द्र. यमादहम्
यन्मे रामः (शकुनिः इत्यस्य भाष्ये उपसंख्यानम्) – विस्मृ. ७३.2६
यन्मे रेतः प्रसिच्यते (शांश्रौसू. प्रधावति; वैसू. प्रसिध्यति) – तैआ. १.३०.१/१; आश्रौ.2.१६.१६/१; शांश्रौसू.३.८. 2७/१; वैसू. ८.१६/१; लाटयश्रौसू. ४.१2.१६/१ रेतस्या (ऋक) इति नाम्ना– गौतधशा. 2३.2०; बौधसू.2.१.१..2६
यन्मे वर्चः परागतम् – आपमपा. 2.६.2/१ (आपगृ. ५.१2. ११) द्र. यन्मे मनः परा... इत्यत्र
यन्मे व्रतं व्रतपते लुलोभ – कौसू.४2.१७/१
यन्मे श्रुतमधीतम् – पारगृसू. ३.१६.१/३
यन्मे सुसीमं हृदयम् – कौषी ब्रा.2.८/१
यन्मे सकन्नं मनसो जातवेदः – कौसू. ६.१/१ प्रः यन्मे स्कन्नम् – वैसू. १६.१७; कौसू. ५६.2
यन्मेहति तस्मै स्वाहा – तैसं. ७.१.१६.३; मैसं.३.१2.३: १६१.७; काठसं अश्व.१.१० द्र. यन्मूत्रम्
यन्स्वर्षाता परि षदत् सनिष्यन् – ऋ. १०.६६.३/2
यभ मामद्ध्योदनम् – अ. 2०.१३६.११/४ – १३/४; शांश्रौसू. १2.2४..2.४/४
यमः पन्थाः – तैब्रा. 2.५.७.३
यमः परोऽवरो विवस्वान् – अ. १८.2.३2/१
यमः पिता – अ. ६.४६.१
यमः पितृनामधिपतिः स मावतु – अ. ५.2४.१४
यमः पूषास्मान्परिपातु मृत्योः – अ.१६.2०.१/४
यमः पृथिव्याः – तैसं.३.४.५.१; पारगृसू.१.५.१०
यमं यो विद्यात् स ब्रूयात् – काठसं.४०.११/३; तैआ. ६. ५.2/३; आपश्रौ. १७.2१.८/३
यमं राजानं हविषा दुवस्य (तैआ. दुवस्यत; अ. सपर्यत) – ऋ. १०.१४.१/४; अ. १८.१.४६/४; ३.१३/४; मैसं. ४.१४.१६/४: 2४३.७; तैआ. ६.१.१/४; निरु.१०. 2०/४
यमं विष्णुं च दक्षिणे – आगृ. १.2.2/४
यमं ह यज्ञो गच्छति (तैआ. ...तु) – ऋ.१०.१४.१३/३; अ. १८..2.१/३; तैआ. ६.५.१/३
यमक्षितम् (शांश्रौसू. निरु. ...तिम्) अक्षितयः पिबन्ति – तैसं. 2.४.१४.१/2; शांश्रौसू. ५.८.४/2; निरु. ५. ११/2; द्र. उत्तरं तथा यमक्षितिम्
यमक्षितमक्षिता भक्षयन्ति – अ. ७.८१.६/2 द्र. पूर्वं तथा यथाक्षितिम्
यमक्षितिमक्षितयः आदिः द्र. पूर्वमेकवर्जम्
यमग्निं मेध्यातिथिः – ऋ. १.३६.११/१
यमग्ने कव्यवाहन – वा.१६.६४/१ द्र. यमग्ने वाज..
यमग्ने पृत्सु मर्त्यम् – ऋ. १.2७.७/१; सा. 2.७६५/१; वा. ६.2६/१; तैसं. १.३.१३.2/१; मैसं. १.३.१/१५ ३०.१; काठसं.३.६/१; शब्रा. ३.६.३.३2/१; आपश्रौ. १2.६.५; माश्रौसू.2.३.2.2६ प्रः यमग्ने –कात्यश्रौसू. ६. ३.१६
यमग्ने मन्यसे रयिम् – ऋ. १०.2१.४/१
यमग्ने यज्ञमुपयन्ति वाजिनः – ऋ. 2.2.११/३
यमग्ने वाजसातम – ऋ.५.2०.१/१; आश्रौ. १०.2.१८ द्र.

यमग्ने कव्य..।
यमङ्कूयन्तमानयन् – ऋ. ६.१५.१७/३
यमं गाय भंगयश्रवः (काठसं.माश्रौसू. भंग...) – काठसं. ३८.१2/१; तैआ. ६.५.2/१; आपश्रौ. १६.६.४/१; माश्रौसू. ६.१.2/१
यमत्यमिव वाजिनम् – ऋ. ६.६.५/१
यमत्र नाधीमस्तस्मै स्वाहा – तैआ. ६.2.१
यमत्र मित्रावरुणावथो युवम् – ऋ. ५.६३.१/३; मैसं. ४.१४.१2/३: 2३४.६
यमादूत नमस्तेऽस्तु – पारगृसू.३.१५.20/३
यमदूता अपोम्भत – अ. ८.८.११/2
यमधयस्था उषस्तवम् – ऋ. १.४६.2/2
यमध्यस्थान् मघवा वाजयन्तम् – ऋ. ५..३१.१/2; कौषी ब्रा.2६.१६
यमध्वानमगाम दूरम् – अ.३.१५.४/2 द्र. इममध्वानं यम्।
यमनेत्रेभ्यो देवेभ्यो दक्षिणासदभ्यः स्वाहा – वा.६.३५; शब्रा. ५.2.४.५
(ओं) यमं तर्पयामि – बौधसू.2.५.६.११
यमन्तः समुद्रे कवयो वयन्ति – तैआ. १०.१.१/३ द्र. यदन्तः
यमं देवस्य वाजिनः – ऋ. ३.2७.३/2; मैसं. ४.११.2/2: १६३.४; काठसं.४०.१४/2; तैब्रा.2.४.2.५/2
यमन्वविन्दन् तपसा श्रमेण – अ.४.३५.2/2
यमपुरुषेभ्यः (नमः) – मागृसू.. 2.१2.१३; विष्णुस्मृ. ६७.१६ तु. नमो यमाय याम्येभ्यश्
यमप्नवानो भृगवो विरुरुचुः – ऋ.४.७.१/३; वा. ३. १५/३; १५.2६/३; ३३.६५/३; तैसं. १.५.५.१/३; मैसं. १.५.१/३: ६६.१; १.५.५/३: ७३.१६; काठसं. ६. ६/३; शब्रा.2.३.४.१४/३
यमबध्नाद् बृहस्पति – अ.१०.६.६/१ – १७/१,22/१ – 2८/१
यमबध्नीत सविता सुकेतः (आपमपा. सुशेवः) – तैसं. १.१. १०.2/2; ३.५.६.2/2; आपमपा. १.५.१७/2 द्र. यज्जग्रन्थ।
यमभ्यचुश्चुतदग्निष्टच्छुन्धतादिह पुनः स्वाहा – कात्यश्रौसू. 2५.११.३2
यममी पुरोदधिरे – अ. ५.८.५/१
यममृत्वा ते परांचो व्यथन्ताम् – अ. ४.४०.2/३
यमं पश्यासि वरुणं च देवम् – ऋ. १०.१४.७/४; अ. १८.१.५४/४; मैसं. ४.१४.१६/४: 2४2.१३
यमं भंगयश्रवो (काठसं.माश्रौसू. भंग...) गाय – काठसं. ३८.१2/३; तैआ. ६.५.2/३; आपश्रौ. १६.६.४/३; माश्रौसू. ६.१.2/३
यमं मा प्रापत्पितॄश्च सर्वान् – अ.१४.2.६६/६
यमयं यजमानो द्वेष्टि यश्चैनं द्वेष्टि – शब्रा. १.८.३.2,४; कात्यश्रौसू.३.५.2३
यमयोश्चिन्न समा वीर्याणि – ऋ. १०.११७.९/३
(ओं) यमराजं तर्पयामि – बौधसू. 2.५.६.११
यमराज्ञः पितॄन् गच्छ – अ. १८.2.४६/४
यमराज्ञो (वा.मागृसू.. ...राज्यं) गच्छतु रिप्रवाहः – ऋ.१०. १६.९/2; अ.१2.2.८/2; वा. ३५.१९/2; मागृसू..2.१. ८/2
यमराज्ये विराजसि – तैआ.६.७.2/४
यमाराते पुरोधत्से – अ. ५.७.2/१
यमर्का अध्वरं विदुः – ऋ. ८.६३.६/३
यमर्धं ते मघवन्क्षेम्या धूः – ऋ. १०.2८.५/४
यम वैरूपैरिह मादयस्व – ऋ. १०.१४.५/2; अ. १८.१. ५/2; तैसं.2.६.१2.६//; मैसं.४.१४.१६/2: 2४2.१४
यमश्चिकित्वान् प्रत्येतदाह – अ. १८.2.३७/३
यमश्वत्थमुपतिष्ठन्त जायवः – ऋ.१.१३५.८/2
यमश्विना ददथुः श्वेतमश्वम् – ऋ. १.११६.६/१
यमश्विना नमुचेरासुरादधि (शांश्रौसू. नमुचावासुरे) – वा. १९.३४/१; मैसं.३.११.७/१: १५१.2; काठसं.३८.2/१; शब्रा. १2.८.१.३; तैब्रा.2.६.३.१/१; शांश्रौसू. १५.१५. १३/१; वैसू.३०.१2/१; लाटयश्रौसू. ५.४.१५/१ प्रः यमश्विना नमुचेः – आपश्रौ. १९.८.१०; यमश्विना – कात्यश्रौसू.१९.३.१०; माश्रौसू. ५.2.११.2३
यमश्विना सरस्वती – वा.20.६८/१; मैसं. ३.११.४/१: १४५.३; काठसं.३८.९/१; तैब्रा.2.६.१३.१/१
यमश्विना सुहवा रुद्रवर्तनी – ऋ. ८.22.१/३; १०.३९. ११/३
यमश्वी नित्यमुपयाति यज्ञम् – ऋ. ७.१.१2/१
यमस्य जातममृतं यजामहे – ऋ. १.८३.५/४; अ.20.2५. ५/४
यमस्य त्रयोदशी – वा. 2५.४; मैसं.३.१५.४: १७६.2
यमस्य दूतः प्रहित एष एति (तैआ. प्रहितो भवस्य चोभ्योः) – मैसं.४.९.१९/४ १३६.2; तैआ.४.2९.१/४
यमस्य दूतश्च वाग्विधावति – मैसं. ४.९.१९/2: १३६.१ द्र. उत्तरम्
यमस्य दूतः श्वपाद्विधावसि – तैआ. ४.2९.१/2 द्र. पूर्वम्
यमस्य दूतौ चरतो जनां (तैआ. ऽवशां) अनु – ऋ.१०. १४.१2/2; अ. १८.2.१३/2; तैआ.६..३.2/2
यमस्य पन्थामनुवेता पुराणम् – आपश्रौ. १.१०.६/2
यमस्य पाटूरः (काठसं अश्व. पाटोरः) – तैसं. ५.७.2१.१;

काठसं अश्व. १३..११
यमस्य बलिना चरामि – तैब्रा.३.७.६.८/2; आपश्रौ. १३. 22.५/2 द्र. यमस्य येन, तथा येन यमस्य
यमस्य भाग स्थ – अ.१०.५.१2
यमस्य माता पर्युह्वमाना – ऋ.१०.१७.१/३; अ. १८.१. ५३/३; निरु. १2.११/३
यमस्य मा यम्यं काम आगन् – ऋ. १०.१०.७/१; अ. १८.१.८/१
यमस्य येन बलिना चरामि – अ.६.११७.१/2 द्र. यमस्य बलिना इत्यत्र
यमस्य योनौ शकुनं भुण्युम् – ऋ.१०.१2३.६/४; अ. १८. ३.६६/४; सा.१.३2०/४; 2.११६६/४; तैब्रा.2.५.८. ५/४; तैआ. ६.३.१/४
यमस्य यो मनवते सुमन्तु – ऋ. १०.१2.६/३; अ.१८.१. ३४/३
यमस्य यौ पथिरक्षी श्वानौ – अ. ८.१.६/2
यमस्य लोकादध्या बभूविथ – अ. १६.५६.१/१ अथर्वपरिशिष्टान्ते (८) पैप्पलादमन्त्राः इति नाम्ना वर्णिता
यमस्य लोके अधिरज्जुरायत् (तैआ. आय; मैसं. लोके निधिरजराय) – अ.६.११८.2/४; मैसं.४.१४.१७/४: 2४५.१४; तैआ. 2.४.१/४
यमस्य समिदसि – मैसं.१.५.2: ६७.१६; १.५.८: ७६.१५; काठसं. ६.६; आपश्रौ. ६.१६.2 प्रः यमस्य काठसं. ७. ६ द्र. पितॄणं समिद।
यमस्याग्निं निरादधौ – अ. १2.2.५४/४
यमस्यामी सभासादः – अ. ३.2६.१/३
यमस्येन्द्रो अपिबं शचीभिः – मैसं. 2.३.८/2: ३६.६; ३. ११.७/2: १५१.४ द्र. यदिन्द्रो अपिबच्
यमः सूयमानः – वा.८.५७ द्र. यमोऽभिषुतः।
यमहं ग्राममविशे – अ. ४.३६.७/४
यमा इव सुसदृशः सुपेशसः – ऋ. ५.५७.४/2
यमांगिरसा यशस्विनं मामद्यास्मिं जने कुरुतम – आपश्रौ. ६.2१.१
यमा चिदत्र यमसूरसूत – ऋ. ३.३६.३/१
यमा चिद्विश्वे वसवो गृणन्ति – ऋ.७.३८.३/2
यमादहं वैवस्वतात् – ऋ.१०.६०.१०/१ द्र. यन् मे यमम्
यमादित्या अंशुमाप्याययन्ति – तैसं. 2.३.५.३; ४.१४.१/१; तैब्रा. ३.१.३.१; शांश्रौसू. ५.८.४/१; हिर गृसू. १.१६.१; कौषी ब्रा. 2.८ द्र. यथादित्या अंशुम् इत्यत्र
यमादित्या अभि द्रुहः – ऋ. ८.४७.१/३
यमादित्या अहेतन – ऋ. ८.४७.६/४
यमादित्यासो अद्रुहः – ऋ. ८..१६.३४/१ तु. बृहद. ६.५०
यमादित्यासो नयथा सुनीतिभिः – ऋ.१०.६३.१३/३
यमापो अद्रयो वना – ऋ. ६.४८.५/१
यमा मनुष्वत् प्रदिवो दधिध्वे – ऋ. ४.३४.३/2
यमाय (नमः) – गोभि गृसू.४.७.४.१; मागृसू..2.१2.१३; विष्णुस्मृ. ६७.१६; सावि ब्रा.३.३.५ तु. नमो यमाय, तथा यमाय नमः।
यमाय कृष्णः – वा. 2४.३०; मैसं.३.१४.११: १७४.७ द्र. यमाय राज्ञ।
यमाय क्रियते हविः – अ. १८.2.१/2 द्र. उत्तरमेकवर्जम्
यमाय घृतवद्धविः (अ. ...वत् पयः) – ऋ. १०.१४.१४/१; अ.१८.2.३/१; तैआ. ६.५.१/१
यमाय जुहुता हविः – ऋ. १०.१४.१३/2; तैआ. ६.५. १/2 द्र. पूर्वमेकवर्जम्
यमाय त्वा – वा. ३७.११; मैसं.४.६.३: १2३.७; काठसं.2३. ६; शब्रा. १४.१.३.४; तैआ. ४.५.१; ५.४.१; कात्यश्रौसू. 2६.2.१2; आपश्रौ. १०.१६.४; १५.६.४; माश्रौसू. ४.2.१४; बृ परासं. ६.६१
यमाय त्वांगिरस्वते पितृमते (मैसं. त्वा पितृमतेंऽगिरस्वते) स्वाहा – वा. ३८.६; मैसं. ४.६.८: १2८.११; शब्रा. १४. 2.2.११; तैआ. ४.६.2; ५.७.११ तु. यमायांगिरस्वते
यमाय त्वा परि ददामि (आपमपा. ददाम्यसौ) – आपमपा.2.३.१८ (आपगृ. ४.१०.2); हिर गृसू.१.६.५
यमाय त्वा मह्यं वरुणो ददातु (मैसं.ददाति) – वा. ७.४७; का. ६.2.८; मैसं. १.६.४: १३३.१४; शब्रा. ४.३.४.३१; शांश्रौसू. ७.१८.४ प्रः यमाय त्वा – कात्यश्रौसू. १०.2. ३१; माश्रौसू.५.2.१४.७; – ११.१.१
यमाय दक्षिणात्सदे (काठसं. ...सदे रक्षोघने) स्वाहा – मैसं. 2.६.३: ६५.११; काठसं. १५.2 तु. यमाय सवित्रे
यमाय नमः गोपा ता उप. 2 तु. यमाय इत्यत्र
यमाय पितृमते स्वधा नमः – अ.१८.४.७४ प्रः यमाय पितृमते –कौसू.८८.४ द्र. यमायांगिरसे।
यमाय मधुमत्तमम् – ऋ. १०.१४.१५/१; अ. १८.2.2/१; तैआ. ६.५.१/१
यमाय यमसूम् – वा.३०.१५ द्र. यम्यै आदि।
यमाय राज्ञ ऋश्यः – तैसं. ५.५.११.१; काठसं अश्व. ७.१ द्र. यमाय कृष्णः
यमाय सर्वमित् तस्थे – काठसं. ४०.११/३; तैआ. ६.५. 2/३; आपश्रौ. १७.2१.८/३
यमाय सवित्रे वरुणाय बृहस्पतये दुवस्वते रक्षोघने स्वाहा – तैसं.१.८.७.2 तु. यमाय दक्षिणात्...
यमाय सोमं सुनुत (अ. सोमः पवते) – ऋ. १०.१४.

१३/१; अ.१८.2.१/१; तैआ. ६.५.१/१ प्रः यमाय सोमम् – वृ हासं.८.६८
यमाय स्वाहा – वा. ३६.१३; षड् ब्रा.५.४; अब्रा. ४; शब्रा. १2.६.१.2१; तैब्रा.३.१.५.१2
यमायांगिरसे स्वधा नमः – विष्णुस्मृ.2१.८ द्र. यमाय पितृमते।
यनायांगिरस्वते पितृमते स्वाहा (आपश्रौ.माश्रौसू.हिर. गृसू. मागृसू.. स्वधा नमः; बौधसू. स्वधा नमः स्वाहा) – शांश्रौसू. ४.४.१; आपश्रौ. १.८.४स माश्रौसू. ११.६.१; हिर गृसू. 2.१०.७; मागृसू..2.६.१३; बौधसू. 2.८.१४.७ तु. यमाय त्वांगिरस्वते।
यमायासूम् – वा. ३०.१४; तैब्रा. ३.४.१.१०
यमावहाच्छेवधिं जातवेदाः – वा. १८.५६/2; तैसं. ५.७.७.१/2; काठसं. ४०.१३/2; शब्रा. ६.५.१.४६; माश्रौसू. 2.५.५.2१/2 द्र. यं शेवधिम्।
यमाविहेहमातरा – ऋ. ६.५९.2/४
यमाशिरा दंपती वाममश्नुतः – तैसं. ३.2.८.४/2 द्र. यदाशीर्दा
यमासा कृपनीडम् – ऋ.१०.20.३/१
यमास्थानादनुद्धवम् – शब्रा. ११.५.५.६/१
यमाहुर्मनव (मैसं. ...वः; काठसं. ...वस्) स्तीर्णबर्हिषम् – वा. १५.४६/४; मैसं.2.१2..१४/३: १४७.७; काठसं. १८.१८/४; शब्रा. ८.६.३.१८ द्र. एतं यम्
यमाहुश्चन्द्रमा इति – अ.११.६.७/४
यमिच्छसि तमादत्स्व – कौसू. ३७.७
यमिच्छामि मनसा सोऽयमागात् – आपश्रौ. २४.१३.३/१ द्र. यमेच्छाम आदि।
यमिन्द्र चकृषे युजम् – ऋ. ८.७७.७/३
यमिन्द्र दधिषे त्वम् – ऋ. ८.६७.2/१; अ. 20.५५.३/१; कौषी ब्रा.2४.६ प्रः यमिन्द्र दधिषे – शांश्रौसू.११.१2.४
यमिन्द्रमाहुर्वरुणं यमाहुः – तैब्रा. ३.७.६.३/१; आपश्रौ. १३.४.2/१ प्रः यमिन्द्रम् –माश्रौसू.४.५.६
यमिन्द्राग्नी स्मरमसिंचतामप्स्वन्तः – अ. ६.१३2.४/१
यमिन्द्राणी स्मरमसिंरचदप्स्वन्तः – अ. ६.१३2.३/१
यमिन्द्रायाबिभर्वाजिनीवते – अ. १८.३.५४/2
यमिन्द्रो ब्रऋणस्पतिः – ऋ. १.१८.४/2
यमिन्धते युवतयः समित्थ – ऋ. 2.३५.११/३
यमिमं त्वं वृषाकपिम् – ऋ.१०.८६.४/१; अ.20.१2६.४/१
यमिमं प्रजयं प्राजैषं तमन्वसानि – शांश्रौसू.१८.2१.८
यमिष्ठासः सारथयो य इन्द्र ते – ऋ. १.५५.७/३
यमिं गर्भमृतावृधः – ऋ. ६.१०2.६/१
यमिं द्वा सवयसा सपर्यतः – ऋ. १.१४४.४/१
यमीर्यमस्य बिभृयाद् (अ. विवृहाद्) अजामि – ऋ. १०.१०.६/४; अ. १८.१.१०/४
यमिंशानः समिदिन्धे हविष्मान् – ऋ.७.१.१६/2
यमु ते क्षीर ओदनम् – अ. १८.2.३०/2
यमु द्विष्मस्तमिज्जहि – अ. ६.2६.३/४
यमु द्विष्मस्तमु ते प्रसुवामसि – अ. १2.2.३/४
यमु द्विष्मस्तमु प्राणो जहातु – ऋ. ३.५३.2१/४; अ.७.३१.१/४
यमुननदी कालिकम् – खिल. ७.५५.६/३
यमुनह्रदेऽसौ जातः – खिल. ७.५५.४/३
यमुनायामधि श्रुतम् – ऋ. ५.५2.१७/३
यमुपूर्वमहुवे तमिदं हुवे – ऋ. 2.३७.2/१; अ. 20.६७.७/१
यमृत्विजो बहुध कल्पयन्तः – ऋ. ८.५८ (वाल.१०).१/१; आगृ. १.2३.६
यमृत्विजो वृजने मानुषासः – ऋ.१.६०.३/३
यमृषयस्त्रयिविदा विदुः – तैब्रा. १.2.१.2६/2
यमे अध्वरो अधि मे निविष्टः – अ. १८.2.३2/३
यमे इव यतमाने यदैतम् (तैआ. एतम्) – ऋ. १०.१३.2/१; अ. १८.३.३८/2; ऐब्रा.१.2६.५; कौषी ब्रा. ६.३; तैआ.६.५.१/१; आश्रौ. ४.६.४ प्रः यमे –शांश्रौसू. ५.१३.५
यमेन ततं परिधिं वयन्तः – ऋ. ७.३३./३
यमेन ततं परिधिं वयिष्यन् – ऋ.७.३३.१2/३
यमेन त्वं यम्या संविदाना (तैसं.काठसं.तैआ. ६.७.2/४, ...नः) वा.१2.६३/३; तैसं.४.2.५.३/३; मैसं. 2.७.१2/३५ ६०.१८; काठसं. १६.१2/३; शब्रा. ७.2.१.१०; तैआ. ६.४.2/३; ७.2/३
यमेन त्वं पितृभिः संविदानः – अ. ६.६३.३/३; ८४.४/३ तु. तत्र त्वम्
यमेन दत्तं त्रित एनम आयुनक् – ऋ.१.१६३.2/१; वा. 2९.१३/१; तैसं.४.६.७.१/१; काठसं.४०.६/१
यमेन पितॄन् (काठसं. पितरः(– तैसं. ७.३.१४.१; ज्ञे. ३५.१५; काठसं अश्व. ३.४
यमेन ये सधमादं पदन्ति – ऋ.१०.१४.१०/४; अ. १८.2.११/४; तैसं. १.८.५.2/४; तैआ.६.३.१/४
यमेन समजीगमत् – अ.६.३2.2/४
यमे राजनि ते जनाः – तैआ.६.५.३/2
यम एरिरे भृगवो विश्वेदसम् – ऋ.१.१४३.४/१ प्रः यमेरिरे भृगवः – निरु. ४.2३
यमेव विद्याः शुचिम् (वासि ध शा. सुचिम्) अप्रमत्तम् –

विष्णुस्मृ.2८.१०/१; वासि ध शा.2.८/१; निरु. 2.४/१
यमेष्टमसि (काठसं.मैसं. 2.६.८ स्वाहा इत्युपसंख्यायते) – तैसं. १.८.१४.2; मैसं.2.६.८: ६६.१; ४.४.2: ५१.१८; काठसं. १५.६; तैब्रा.१.७.८.६ द्र. अमेष्टमसि
यमेच्छाम मनसा सोऽयमागात् – ऋ. १०.५३.१/१ द्र. यमिच्छामि।
यमेच्छामाविदाम तम् – अ. ८.५.११/४
यमो गृह्णातु निर्ऋतिः सपत्नान् – मैसं.2.५.६/४: ५५.११; काठसं. १३.2/४
यमो ददात्य् (वा.शब्रा.तैआ. ...त्व्) अवसानमस्मै – ऋ.१०.१४.६/४; अ.१८.१..५५/३; वा. ३५.१/2; शब्रा.१३.८.2.४; तैआ. १.2७.६/४; ६.६.१/४ तु. अदादिदं यमो
यमोदनं पचति वां जनित्री – अ.१2.३.४/४
यमोदनं पचतो देवते इह – अ.१2.३.१2/३
यमोदनं प्रथमजा ऋतस्य – अ.४.३५.१/१ प्रः यमोदनम् –कौसू. ६६.११
यमो दाधार पृथिवीम् – काठसं.४०.११/१; तैआ. ६.५.2/१; आपश्रौ. १७.2१.८/१ प्रः यमो दाधार आपश्रौ. ८.20.४ (भाष्ये)
यमो देवता – तैसं.४.४.१०.३; मैसं.2.१३.20: १६६.८; काठसं.३८.१2
यमो द्यामुत सूर्यम् – काठसं. ४०.११/2 द्र. यमो विश्वम्
यमो नो गातुं प्रथमो विवेद – ऋ.१०.१४.2/१; अ. १८.१.५०/१; मैसं. ४.१४.१६/१: 2४2.१०; कौसू.८१.३५
यमोऽभिष्टुतः – तैसं. ४.४.८.१; काठसं.३४.१५ द्र. यमः सूयमानः
यमो मह्यं पुनरित्त्वां ददाति – अ.६.६३.2/३; ८४.३/३
यमो मृत्युरघमारो निर्ऋथः – अ. ६.६३.१/१ प्रः यमो मृत्युः – कौसू. ८.2३; ८.2; ५०.१३
यमो राजा प्रमृणाभिः पुनातु (तैब्रा. पुनातु माम्) – खिल. ८.६७.५/३; तैब्रा.१.४.८.६/३
यमो राजभितिष्ठति (काठसं.माश्रौसू. राजाधि...) – काठसं.३८.१2/४; तैआ. ६.५.2/४; आपश्रौ. १६.६.४/४; माश्रौसू.६.१.2/४
यमो वः (सर्वासां साकम्) – कौसू.११६.८/३ इन्द्रो वः इत्यादेरूहः
यमो विश्वमिदं जगत् – तैआ. ६.५.2/2; आपश्रौ. १७.2१.८/2 तु. यमो द्याम्।
यमो वैवस्वतो राजा (आश्रौ.शांश्रौसू. वैवस्वतः, राजा इत्यस्य लोपः) तस्य पितरो विशस्त इम आसते यजूंषि (आश्रौसू. शांश्रौसू. यजुर्वेदो) वेदः सोऽयम् – शब्रा. १३.४.३.६; आश्रौ. १०.७.2; शांश्रौसू. १६.2.४ – ६
यमोऽसि यमदूतोऽसि – आगृ. १.2.८/१
यमो ह जातो यमो जनित्वम् – ऋ.१.६६.८/१; निरु. १०.2१/१
यमो ह वेह प्रयताभिरक्ता – तैआ. ६.५.१/2
यं पपाच ब्रह्मणे ब्रह्म पूर्वम् – अ. ४.३५.2/३
यं परिधिं पर्यधत्थाः – वा. 2.१७/१; तैसं. १.१.१३.2/१; मैसं. ४.१.१४/१: 20.५; काठसं. १.१2/१; ३१.११; शब्रा.१.८.३.22/१; तैब्रा. ३.३.६.५; आपश्रौ. ३.७.१2; माश्रौसू.१.३.४.2६/१ प्रः यं परिधिम् –कात्यश्रौसू.३.६.१७
यं परिहस्तमबिभः – अ. ६.८१.३/१
यं पांचजन्यं बहवः समिन्धते – तैसं.४.७..१५.१/2; मैसं. ३.१६.५/2५ १९०.६; काठसं. 22.१५/2 द्र. पांचजन्यस्य
यं पुत्रिण आक्रमन्ते विशोकाः – ऐब्रा. ७.१३.१३/2 द्र. येनाक्रमन्ते
यं पूर्वो वृत्रहणं सचन्ते – ऋ. १.५८.६/2; निरु. ७.2३/2
यं पूरुभ्यो दीदिवांसं नाग्निम् – ऋ. ४.३८.2/३; काठसं. ७.१६/३
यं बल्बजं न्यस्यथ – अ. १४.2.22/१ प्रः यं बल्बजम् – कौसू. ७८.३
यं भव उपजीवन्ति यो जनानामसद्वशी तं विदेय प्रजां विदेय – आश्रौ.१.११.१
यं बहवोऽनुजीवान् – मैसं. १.2.८/३: १८.४ द्र. यं सर्वे
यं बाहुतेव पिप्रति – ऋ.१.४१.2/१
यं बिभ्रतं नानु पाप्मा विवेद – अ. १९.३2.८/३
यं बिभ्रत्योषधयो यमापः – अ. १2.१.2३/2
यं ब्राह्मणे निदधे यं च विक्षु – अ. ६.५.१९/१
यं भद्रया सुमत्या चोदयासे – ऋ. १०.2८.८/४; अ.20.७६.८/४
यं भद्रेण शवसा चोदयासि – ऋ.१.६४.१५/३; निरु. ११.2४/३
यं भेषजस्य गुग्गुलोः – अ.१९६.३८.१/३
यं मन्त्रमधिजग्मतुः – लाटयश्रौसू. ४.2.४/2
यं मरुतो यमर्यमा – ऋ. ८.४६.४/2; सा. १.20६/2
यं मर्तासः श्येतं जगृभ्रे – ऋ. ७.४.३/2
यं मर्त्यः पुरुस्पृहम् – ऋ. ५.७.६/१
यं मर्त्यं पृषदश्वा अवाथ – ऋ. ७.४०.३/2
यं मर्त्यं मनवे परावतः – ऋ. १.१2८.2/६

यं मित्रं न प्रशस्तिभिः (सा. ...शस्तये) – ऋ. ५.१६.१/३;
सा.१.८८/३

यं मित्रमाहुर्यमु सत्यमाहुः – तैब्रा.३.७.६.३/2; आपश्रौ.
१३.४.2/2

यं मित्रावरुणौ स्मरमसिंचतामप्स्वन्तः – अ.६.१३२.५/१

यं मे दत्तो ब्रह्मभागं वधूयोः – अ. १४.2.४2/१

यं मे दुरिन्द्रो मरुतः – ऋ.८.३.2९/१ तु. बृहद्. ६.४२

यस्मै (मैसं. ...यास्) त्रयोदशी – वा.25.५; मैसं.३.१५.५;
१७६.५

यस्मै पाटूरः – तैसं. ५.७.22.१; यस्याः पाटोरः – काठसं
अश्व.१३.१२

यस्मै यमसूम् – तैब्रा. ३.४.१.११ द्र. यमाय आदि।

यया कृणोति मुहु का (मुहुका इति पठतु) चिद् ऋष्वः –
ऋ. ४.20.६/2; काठसं.29.१३/2

यया गा आकरामहे (सा. ...है) – ऋ.१०.१५६.2/१; सा.
2.८७८/१

यया गाव इहागमन् – ऋ.६.४६.2/2; सा.2.७८६/2;
पंचब्रा. ६.१०.१६

ययाग्निर्दीक्षया दीक्षितस्तया त्वा दीक्षया दीक्षयामि –
तैब्रा. ३.७.७.५; आपश्रौ. १०.११.१

ययाग्रे असुरा जिताः – अ.११.१०.१५/४

यया चन्द्रमा दीक्षया दीक्षितस्तया त्वा दीक्षया दीक्षयामि
– तैब्रा. ३.७.७.६; आपश्रौ. १०.११.१

यया ज्योतिर्विदासि नः – ऋ. ६.३५.१/३

यया तन्वा ब्रह्म जिन्वसि तया मा जिन्व तया मा जनय
प्रकाशं मा कुरु (शांश्रौसू जनय तया मा पाहि) –
पंचब्रा.१.६.७; शांश्रौसू. १७.१३.१०

ययातरन् दश मासो नव्वाः – ऋ.५.४५.११/2

ययातिवत् सदने पूर्ववच्छुचे – ऋ.१.३९.१७/2

ययाति विश्वा दुरिता तरेम – ऋ.८.४2.३/३; तैसं.१.2.2.
2/३; मैसं. १.2.2/३: ११.2; काठसं. 2.३/३; ऐब्रा.१.
१३.26

ययातेर्ये नहुष्यस्य बर्हिषि – ऋ.१०.६३.१/३

यया ते सृष्टस्याग्नेः – तैब्रा. १.2.१.६/१; आपश्रौ. ५.2.
४/१

ययाथ दूरादनसा रथेन – ऋ. ३.३३.१०/2; निरु.2.
2७/2

यया दासान्यार्याणि वृत्रा – ऋ. ६.22.१०/३; अ.20.३६.
१०/३

ययादित्यो दीक्षया दीक्षितस्तया त्वा दीक्षया दीक्षयामि –
तैब्रा. ३.७.७.५; आपश्रौ. १०.११.१

यया द्यौर्याया पृथिवी – अ. १०.१०.४/१

यया धिया गामरिणीत चर्मणः – ऋ. ३.६०.2/2

यया निदो मुंचथ वन्दितारम् – ऋ. 2.३४.१५/2

यया पीतो विचक्षसे – ऋ. ६.४५.६/2

ययापो गुपिता इमाः – अ. १०.१०.४/2

यया प्राणो दीक्षया दीक्षितस्तया त्वा दीक्षया दीक्षयामि –
तैब्रा. ३.७.७.७; आपश्रौ. १०.११.१

यया बभूथ जरितृभ्य ऊती – ऋ. १.१७८.१/2

यया मनुर्विशिशिप्रं जिगाय – ऋ.५.४५.६/३

यया यज्ञः प्राङ् तायते – अ.१०.८.१०/३

यया रध्रं पारयथत्यंहः – ऋ. 2.३४.१५/१

यया राधः पिन्वसि विश्ववार – ऋ. ७.५.८/३

यया रूपाणि बहुधा वदन्ति – तैब्रा. 2.५.१.2/१

यया वज्रिवः परियास्यंहः – ऋ. ६.३७.४/३

यया वणिग्वङ्कुरापा पुरीषम् – ऋ. ५.४५.६/४

यया वरुणो राजा दीक्षया दीक्षितस्तया त्वा दीक्षया
दीक्षयामि – तैब्रा. ३.७.७.६; आपश्रौ. १०.११.१

यया वाचा यजति पज्रियो वाम् – ऋ. १.120.५/2

यया वायुर्दीक्षया दीक्षितस्तया त्वा दीक्षया दीक्षयामि –
तैब्रा. ३.७.७.५; आपश्रौ. १०.११.१

यया विधाना विदधुर्ऋभूणाम् – ऋ. ४.५१.६/2

यया वृष्टिं शंतनवे वनाव – ऋ. १०.९८.३/३

यया शश्वत्पिबसि मध्व ऊर्मिम् – ऋ. ६.४१.2/2; तैब्रा.
2.४.३.१३/2

ययाशिषा दंपती वाममश्नुतः – अ. १४.2.६/2र

यया शूर प्रत्यस्मभ्यं यंसि – ऋ.१.६३.८/३

यया संविन्दते पतिम् – ऋ. १०.१४५.१/४; अ. ३.१८.
१/४; आपमपा. १.१५.१/४

यया सपत्नीं बाधते – ऋ.१०.१४५.१/३; अ.३.१८.१/३;
आपमपा. १.१५.१/३

यया सूर्यमरोचयः – ऋ. ६.६३.७/2; सा.१.४६३/2; 2.
५६६/2

यया सोमो राजा दीक्षया दीक्षितस्तया त्वा दीक्षया
दीक्षयामि – तैब्रा. ३.७.७.७; आपश्रौ. १०.११.१

यया स्वे पात्रे सिंचस उत् – ऋ.१०.१०५.१०/३

यया हव्यमकृणोज्जातवेदाः – अ. १८.४.१/2

ययुर्नमासि – वा.22.१६; तैसं.७.१.१2.१; काठसं अश्व. १.
३; मैसं.३.१2.४: १६१.१०; शब्रा.१३.१.६.१; तैब्रा.३.८.६.2;
आपमपा. 2.2१.2६ (आपगृ. ८.22.१६)।

ययुर्निचक्रया नरः – ऋ.८.७.2८/३

ययेन्द्र तन्वान्तरिक्षं व्यापिथ – अ. १७.१.१३/४

ययैव ससृजे घोरम् – अ. १६.६.३/३

ययोः प्रायं नान्वानशे कश्चन – अ.४.2५.2/३

ययो रथः सत्यवर्त्मर्जुरश्मिः – अ.४.२६.७/१ द्र. यो वां रथ
ययोरधि प्र यज्ञाः – ऋ. ८.१०.४/१
ययोरनु प्रदिवः श्रुष्टिमावः – ऋ. ३.५०.2/2
ययोरन्तर्हरिश्चरत् – ऋ. ३.४४.३/४
ययोरभ्यध्व उत यद्दूरे चित् – अ.४.2८.2/१
ययोरसुर्यमक्षितं ज्येष्ठम् – ऋ.७.६५.१/३
ययोरस्ति प्र णः सख्यम् – ऋ.८.१०.३/३
ययोरानन्दो निहितो महश्च – तैब्रा.2.४.५.७/2; शांश्रौसू. ३.१८.१४/2
ययोरायुः प्रतरं ते इदं पुरः – ऋ. 2.३१.१/३
ययोरिदं विश्वं भुवनमा विवेश – तैब्रा. 2.४.५.७/१; शांश्रौसू.३.१८.१४/१
ययोरुभे रोदसी नाधसी वृतौ – ऋ.१०.६५.५/४
ययोरोजसा सकभिता रजांसि – अ.७.2५.१/१; वा. ८.५६/१; मैसं. ४.१४.६/१: 22३.७; ऐब्रा. ३.३८.३; ७.५.४; षड् ब्रा. १.५.१३/१; शब्रा. ४.५.७.७/१; तैब्रा.2.८.४.५/१; आश्रौ.५.20.६/१; शांश्रौसू. ३.20.४/१; माश्रौसू. 2.५.2.2५ प्रः ययोरोजसा –शांश्रौसू. ४.११.६; ८.६.१६; ६.५; कात्यश्रौसू. 2५.2.६; कौसू. ५६.१६
ययोर्देवो न मर्त्यः – ऋ.१०.22.५/३
ययोर्धाम धर्मणा रोचते बृहत् – ऋ. १०.६५.५/३
ययोर्वधान् नापपद्यते कश्चन – अ. ४.2८.५/१
ययोर्वां विश्वा भुवनान्यन्तः – अ. ४.2६.५/2
ययोर्वां देवौ देवेष्वनिशितम् (मैसं.काठसं. ..षिटम्) ओजः – तैसं. ४.७.१५.३/३; मैसं.३.१६.५/३: १६१.७; काठसं.22.१५/३
ययोर्वामिदं प्रदिशि यद्विरोचते – अ. ४.2८.१/2
ययोर्विश्वमपि व्रतम् – सा. १.३६१/३
ययोर्विश्वमिदं जगत् – ऋ. ८.४०.४/३
ययोर्व्रतं न ममे जातु देवयोः – तैब्रा.2.८.६.१/४
ययोर्ह स्तेमे विदथेषु देवाः – ऋ. ३.५४.2/३
ययोः शत्रुर्नकिरादेव ओहते – ऋ. ८.५६(वाल.११).2/४
ययोस्तिष्ठति वृष्ण्यम् – अ. ६.१३८.४/2
ययोः संख्याता वरिमा पार्थिवानि – अ. ४.2५.2/१
ययौ वो दुरादनसा रथेन – ऋ. ३.३३.६/2
यवः पक्वः परो (शांश्रौसू. पथो) बिलम् – अ. 20.१2७.१०/2; शांश्रौसू.१2.१७.१.४/2
यवं – यवं नो अन्धसा – ऋ. ६.५५.१/१; सा. 2.३2५/१
यवं वृकेण कर्षथः – ऋ. ८.22.६/2
यवं वृकेणाश्विना वपन्ता – ऋ. १.११७.2१/१; निरु. ६..2६/१
यवं न चर्कृषद्वृषा – ऋ. १.१७६.2/४
यवं न दस्म जुह्वा विवेक्षि – ऋ. ७.३.४/४
यवं न पश्व आ ददे – ऋ. ८.६३.९/३
यवं न वृष्टिर्दिव्येन दानुना – ऋ. १०.४३.७/४; अ.20.१७.७/४
यवं न वृष्टिर्वयुनत्ति भूम – ऋ. ५.८५.३/४; निरु. १०.४/४
यवय द्वेषो अस्मत् – मैसं. १.2.११: 20.१५; १.2.१४: 2३.११. द्र. यवयास्मदघा, यवयास्मद् द्वेषो, तथा यावयास्मद्।
यव यवयास्मदघा द्वेषांसि – तैआ. ६.६.2
यवय स्तेनमूर्म्ये – ऋ. १०.१2७.६/2
यवयारातीः (मैसं.कौसू. ...तिम्) – वा. ५.2६; ६.१; तैसं. १.३.१.2; 2.2; ६.१; मैसं.१.2.११: 20.१५; १2.१४; 2३.११; शब्रा. ३.६.१.११; ७.१.४; कौसू. ८2.१७ द्र. यावयारातिम्
यवयावानो देवा यावयन्त्वेनम् – अ.६.2.१३
यवयास्मदघा द्वेषंसि – तैआ. ६.६.2; १०.2 द्र. यवय द्वेषो इत्यत्र
यवयास्मद् द्वेषः – वा. ५..2६; ६.१; तैसं.१.३.१.१; 2.2; ६.१; शब्रा.३.६.१.११; ७.१.४; कौसू. ८.2.१७ द्र. यवय द्वेषो इत्यत्र
यवस्य ते पलाल्या – अ. 2.८.३/2
यववा अयवा ऊमा अब्दः (काठसं. यवा आयवा ऊमा एना अब्दस्) सगरः सुमेकः – मैसं. 2.१३.१2: १६2.६; काठसं.22.५ प्रः यवा अयवाः माश्रौसू.६.2.३ द्र. यावा अयावा, तथा तु. शब्रा.१.७.2.2६
यवा (मैसं. यवैर्) न बर्हिर्भ्रुवि केसराणि – वा. १९.९१/३; मैसं.2.११.६/३५ १५४.६; काठसं.३८.३/३; तैब्रा.2.६.४.५/३
यवानां भागोऽसि – वा. १४.2६; मैसं.2.८.५: ११०.2; काठसं. १७.४; 2१.१; शब्रा. ८.४.2.११ द्र. यावानां आदि
यवानां मेधः – माश्रौसू. १.2.६.22 व्रीहीणां मेधः इत्यादेरूह (तु. आपश्रौ. 2.११.१)।
यवा नोप तिष्ठन्ति कुक्षिम् – अ. 20.१३०.७
यवान्नेददानपि नह्यतं मुखम् – अ. ६.५०.१/३
यवाशिरं च नः पिब – ऋ. ३.४2.७/2; अ.20.2४.७/2
यवाशिरो भजामहे – ऋ.१.१८७.९/2; काठसं. ४०.८/2
यवाश्चायवाश्चाधिपतय आसन् – वा. १४.३१; मैसं. 2.८.६५ १११.१; काठसं.१७.५; शब्रा. ८.४.३.१८ द्र. यावानां

चायावानां।
यविष्ठ दूत नो गिरा – ऋ.2.६.६/2
यविष्ठो हव्यवाहनः – तैब्रा.2.४.८.६/१
यवेन (अ. ७.५०.७/2, यवेन वा) क्षुधं पुरुहूत विश्वाम् (अ. ७.५०.७/2; २०.१७.१०/2; ८६.१०/2; ६४.१०/2
यवेनौषधीः (काठसं. ...धयः) – तैसं. ७.३.१४.१; काठसं. ३५.१५; काठसं अश्व. ३.४
यवे ह प्राण आहितः – अ.११.४.१३/३
यवैः कर्कन्धुभिः – वा. 2१.३2/६; मैसं. ३.११.2/६: १४१.११; तैब्रा. 2.६.११.३/६
यवैर्न बर्हिरादिः द्र. यवा न बर्हिर्।
यवो न पक्वो जेता जनानाम् – ऋ. १.६६.३/2
यवो वृष्टीव मोदते – ऋ.2.५.६/४
यवोऽसि – वा. ५.2६; ६.१; तैसं.१.३.१.१; 2.2.६.१; मैसं. १.2.११: २०.१५; १.2.१४: 2३.१०; काठसं.2.१2; ३.३; शब्रा. ३.६.१.११; ७.१.४; तैआ. ६.१०.2; कात्यश्रौसू. ६.2.१५; आपश्रौ. ७.६.१०; ११.१2.५; माश्रौसू.१.८.2.३; कौसू. ८2.१७; याधशा. १.2३०; वृ हासं. ८.१८; बृ परासं. ५.१८2
यवोऽसि धन्यराजोऽसि – विष्णुस्मृ. ४८.१७/१; बौधसू.३.६.५/१
यव्यायै गव्याया एतद्देवा अन्नमत्त – तैसं. ७.४.२०.१; काठसं अश्व.४.६
यव्यावत्यां पुरुहूता श्रवस्या – ऋ. ६.2७./2
यश आस्तरणम् – ऐब्रा. ८.१७.2
यश इन्द्रे वयो दधत् – वा. 2८.४४/५; तैब्रा. 2.६.२०.५/५
यशः परिददाम्यहम् – आपश्रौ. ५.१८.2/४
यशश्चक्रे असाम्या – ऋ.१.2५.१५/2; १०.22.2/४
यशः श्रीः श्रयतां मयि – वा. ३६.४/४; शब्रा. १४.३.2/०; तैब्रा.2.४.६.६/४ द्र. मयि श्रीः श्र...
यशसं वीलरवत्तमम् – ऋ. १.१.३/३; तैसं.३.१.११.१/३; ४.३.१३.३.५/३; मैसं. ४.१०.४/३: शब्रा. ११.४.३.१६/३; कात्यश्रौसू. ५.१2.१६/३
यशसं कारुं कृणुहि स्तवानः – ऋ. १.३१.८/2; मैसं. ४.११.१/2 १६१.१
यशसं द्यावापृथिवी उभे इमे – अ.६.५८.१/2
यशसं भागं कृणुतं नो अश्विना – ऋ.१०.३६.2/३
यशसं मा देवः सविता कृणोतु – अ. ६.५८.१/३
यशसं मेन्द्रो मघवान् कृणोतु–अ.६.५८.१/१ प्रः यशसं मेन्द्रः – कौसू. ५६.६; १३६.१५
यशसा कीर्त्या सह – अ. १०.६.2७/५
यशसा गावो गोपतिम् – अ. १६.५८.३/४
यशसा च भगेन च – पारगृसू. 2६.१७/४,2३/४
यशसा मा द्यावापृथिवी – पारगृसू.2.६.2१/१; मागृसू..१.६.2७/१ द्र. यशो मा द्यावा...
यशसा समनक्तु मा – अ. १०.३.१७/६ – 2५/६
यशसा संपरीवृताम – अ. १०.2.३३/2; तैआ. १.2७.३/2
यशसे तेजसे ब्रह्मवर्चसाय बलायेन्द्रियाय – साम मन्त्रब्रा. . १.७.४ प्रः यशसे तेजसे –गोभि गृसू. ३.४.१७
यशसेन्द्राबृहस्पती – पारगृसू. 2.५.2१/2; मागृसू..१.६.2७/2 द्र. यशो मेन्द्रा...।
यशसे ब्रह्मणे ब्रह्मवर्चसाय – पारगृसू.2.६.११/३
यशसो भक्षोऽसि – साम मन्त्रब्रा. 2.८.१2; गोभि गृसू. ४.१०.१५ प्रः यशसः –खादि गृसू.४.४.१५
यशसो यशोऽसि – साम मन्त्रब्रा.2.८.११; गोभि गृसू. ४.१०.१४; खादि गृसू. ४.४.१४; आपमपा. 2.१०.१
यशकरं बलवन्तं प्रभुत्वम् – खिल. ७.५५.६/१
यशस्तमस्य मीढुषः – ऋ.2.८.१/३
यशस्तरं शतमूतेः – ऋ. ८.2.22/३
यशस्तरो यशसां क्षैतो अस्मे – ऋ. ६.६७.३/2; सा.2.७५१/2
यशस्ते भक्षयामि – माश्रौसू. ७.2.७
यशस्वतीरपस्युवो न सत्याः – ऋ. १.७६.१/४; तैसं. ३.१.११./४
यशस्वन्तो यशस्कृतम् (काठसं. यशसविनम्) – तैसं. १.५.५.४/४; काठसं.६.६/४ द्र. सहस्वन्तः।
यशस्विनं नमसाना विधेम – अ. ६.३६.2/2
यशस्विनि यशो मे देहि – मागृसू.. 2.१४.३०
यशस्विनो नो यशसेह पाहि – अ. १६.५६.६/३
यशस्वी भूयासम् – शब्रा. ११.2.७.११; आपश्रौ. ६.१४.६ प्रः यशस्वी –कात्यश्रौसू. ३.३.५
यशस्व्यहमद्यास्मिँ जने भूयासमयशाः स यो ऽस्मान् द्वेष्टि – आपश्रौ. ६.2१.१
यशस्व्या३स्याः संसदः – आसं. ३.१०/५
यशः सत्यस्य भवामि – साम मन्त्रब्रा.2.५.६/३
यशःसदसि – काठसं. ३६.५; आपश्रौ. १६.2६.2
यशः सूरया भेषजम् – वा.2१.३८/७; मैसं. ३.११.2/७: १४2.१३; तैब्रा.2.६.११.७/५
यशः स्थ यशस्वी भूयासम् – आपश्रौ. ६.१४.६ तु. यशोऽसि यशो
यशा इन्द्रो यशा अग्निः – अ. ६.३६.३/१; ५८.३/१
यशाः पशूनामुत चर्षणीनम् – अ. १३.१.३८/2

यशाः पृथिव्या अदित्या उपस्थे – अ.१३.१.३८/३
यषांसि देवाः परमे जनित्रे – तैब्रा.2.५.१.2/2
यशा यासि प्रदिशो दिशश्च – अ. १३.१.३८/१
यशा विश्वस्य भूतस्य – अ. ६.३६.३/३; ५८.३/३
यशाः सोमो अजायत – अ. ६.३६.३/2; ५८.३/2
यशो गृहीत्वा पृथिवीमनुसंचरेम – अ. १६.५८.३/६
यशो गोषु प्रविष्टं यत् – अ. १४.2.५६/३
यशो जनेऽसानि स्वाहा – तैआ. ७.४.३; तै उप. १.४.३
यशोदा असि – वैसू. 20.६
यशोदां त्वा यशसि सादयामि – मैसं.2.१३.१८: १६५.१; काठसं.३६.६ प्रः यशोदां त्वा यशसि तैसं.४.४.६.2; यशोदां त्वा –आपश्रौ. १७.५.६
यशो द्रविणं सुकृतम् – शब्रा. १४.६.४.६; बृह उप. ६.४.६
यशो न दधदिन्द्रियम् – वा. 2१.५८/४; तैब्रा. 2.६.१४.६/४
यशो न पक्वं मधु गोष्वन्तः – ऋ.१०.१०६.११/३
यशो ब्रऋवर्चसं कीर्तिस्त्वा जुषताम् – कौषी ब्रा- 2.१५
यशो भगश्च मा विदत् (मागृसू.. रिषत्) पारगृसू.2.६.2१/३; मागृसू.. १.६.2७/३ द्र. उत्तरम्
यशो भगस्य विन्दतु – आसं.३.१०/३ द्र. पूर्वम्
यशो भर्गः सह ओजो बलं च – तैब्रा.2.५.७.१/2; आश्रौ. ६.१2.2/2 द्र. भर्गो यशः इत्यत्र
यशो मयि धेहि – पंचब्रा. १.१.८; वैसू. 20.; साम मन्त्रब्रा. 2.८.१० तु. यशो मे
यशो महत् – तैब्रा. ३.१०.५.१
यशो मा उत् (संधिं विना) तिष्ठतु – शां गृ सू. ६.५.४
यशो मा द्यावापृथिवी – आसं.३.१०/१ प्रः यशो मा –सावि ब्रा. 2.६.१६; यशः –सावि ब्रा. 2.६.१५ द्र. यशसा मा
यशो मा प्रति मुच्यताम् (पारगृसू. मद्यताम्) – आसं. ३.१०/४; 2.६.2१/४; मागृसू..१.६.2७/४
यशो मे धाः (शांश्रौसू. धेहि) – तैआ. ४.५.४; शांश्रौसू. ७.१०.१५ तु. यशो मयि
यशो मेन्द्राबृहस्पती – आसं.३.१०/2 द्र. यशसेन्द्रा...
यशो मेऽवोचः (शांश्रौसू. वोचः) – पंचब्रा. १.१.१; शांश्रौसू. ५.१.१०; आपश्रौ. १०.१.४; माश्रौसू. ५.2.१५.2; आगृ. १.2३.१५
यशो यज्ञस्य दक्षिणाम् – तैब्रा.2.४६.७/2 द्र. दिशो यज्ञस्य
यशो यशस्वानायुरमृतः – तैब्रा. 2.१०.१.३
यशो राज्ञां यशो विशाम् – साम मन्त्रब्रा. 2.५.६/2
यशो वेदिष्ये – तैआ.४.१.१
यशोऽसि – शांश्रौसू. १८.20.८; वैसू. 20.६; साम मन्त्रब्रा. 2.८.१०; गोभि गृसू. ४.१०.१३; खादि गृसू.४.४.१३
यशोऽसि यशोऽहं त्वयि भूयासमसौ (हिर गृसू. असौ इत्यस्य लोपः) – आपमपा. 2.2१.१६ (आपगृ. ८.22.१३); हिर गृसू. १.१2.७ तु. यश स्थ
यशोऽहं भवामि ब्राह्मणानाम् – साम मन्त्रब्रा.2.५.६/१ प्रः यशोऽहं भवामि –गोभि गृसू. ४.६.१०; यशोऽहम् –खादि गृसू. ४.१.2३
यशो हविर्वर्धतामिन्द्रजुतम् – अ.६.३६.१/१ प्रः यशो हविः –कौसू. १३.४; १३६.१५
यश च कवची यश्चाकवचः – अ. ११.१०.22/१
यश्चकार जजार सः – अ.१०.८.2/४
यश्चकार तमिज्जहि – अ. ५.१४.६/2
यश्चकार न शशाक कर्तुम् – अ. ४.१८.६/१; ५.३१.११/१
यश्चकार सदावृधम् – ऋ. ८.७०.३/2; अ. 20.९2.१८/2; सा. १.2४३/2; 2.५०५/2
यश्चकार स निष्करत् – अ. 2.६.५/१
यश्च गां पदा सफुरति – अ. १३.१.५६/१ प्रः यश्च गाम् –कौसू.४६.2६
यश्च तिष्ठन् विपश्यति – अ. ४.५.५/2 द्र. यश्च पश्यति
यश्च तेऽधिपतिर्यश्च रक्षिता ताभ्यां नमो अस्तु – मैसं. 2.१३.2१; १६६.१४; १६७.१,३,६,,६,१2 द्र. यश्चाधिपतिर्
यश्च ते हृदयामयः – अ. ५.३०.६/2
यश्च द्विषं छपाति नः – अ. १.१६.४/2
यश्च नः शपतः शपात् – तैब्रा. ३.७.६.2३/2; तैआ. 2.५.2/; आपश्रौ. ४.१५.१/2 द्र. शपतो।
यश्च निष्टयो जिघंसति – ऋ. ६.७५.१६/2; सा.2.१222/2
यश्च नो द्वेष्टे जनः – वा. ११.८०/2; तैसं.४.१.१०.३/2; मैसं. 2.७.७/2; ८४.2; ३.१.६: १2.20; काठसं. १६.७/2; शब्रा. ६.६.३.१०; तैआ.2.५.2/2
यश्च पणिरभुजिष्ठः (शांश्रौसू. ...ष्यः) – अ.20.१2८.४/१; शांश्रौसू.१2.20.2.४/१
यश्च पश्यति नो जनः – ऋ. ७.५५./2 द्र. यश्च तिष्ठन्
यश्च पात्नीवतो ग्रहः – आश्रौ. ५.५.2१/2; वैसू.20.४/2
यश्च पूर्व उतापरः – ऋ. १०.१३६५/४
यश्च रेवां अदाशुरिः – अ. 20.१2८.४/2; शांश्रौसू. १2.20.2.४/2 तु. यस्ते रेवाम्
यश्चर्षणिप्रो वृषभः स्वर्वित् – अ.४.2४.३/१

यश्च वेद प्रजापतिम्– अ. १०.७.१७/४
यश्च शूद्र उतार्यः – अ. ४.20.४/४ तु. उत शूद्रम् इत्यत्र
यश्च वापत्नः शपथः – अ. 2.७.2/१
यश्च स्फातिं जिहीर्षति – अ. 2.2५.३/2
यश्चाधिपतिर्यश्च गोप्ता ताभ्यां नमः – तैसं. ५.५.१०.१,2; आपमपा. 2.१७.१४ – १६ द्र. यश्च तेऽधिपतिर्
यश्चापश्चन्द्रा बृहतीर् (वा.मैसं.काठसं.शब्रा. चन्द्राः प्रथमो) जजान – ऋ.१०.१2१.६/३; वा.१2.१०2/३; तैसं.४.2.७.१/३; मैसं. 2.७.१४/३: ६५.३; काठसं. १६.१४/३; शब्रा. ७.३.१.20
यश्चाप्सु वरुणः स पुनात्वघमर्षणः – तैआ. १०.१.१३
यश्चासमा अजनो दिधुतो दिवः – ऋ.2.१३.७/३
यश्चिकेत च सुक्रतुः – ऋ.५.६५.१/१; शांश्रौसू. १०.५.४
यश्चित्रो मानुषे जने – ऋ. १.४८.११/2
यश्चिदापो महिना पर्यपश्यत् – ऋ.१०.१2१.८/१; वा. 2७.2६/१; तैसं. ४.१.८.६/१ प्रः यश्चिदापः – वा. ३2.७
यश्चिद्धि त इत्था भगः – ऋ. १.2४.४/१
यश्चिद्धि त्वा बहुभ्य आ – ऋ. १.८४.६/१; अ.20.६३.६/१; सा.2.६६2/१
यश्छन्दसामृषभो विश्वरूपः – तैआ. ७.४.१/१; १०.६.१/१; तै उप. १.४.१/१; महा नारा उप. ७.५/१
यः शंसते स्तुवते धयि पज्रः – ऋ. ८.६३.१2/३; वा.३३.५०/३
यः शंसते स्तुवते शंभविष्ठः – ऋ. ५.४2.७/३
यः शंसन्तं यः शशमानमूती – ऋ. 2.१2.१४/2; 20.३/३; अ.20.३४.१५/2
यः शक्रो मृक्षे अश्व्यः – ऋ. ८.६६.३/१; शांश्रौसू. १८.८.१५
यः शग्मस्तुविशग्म ते – ऋ.६.४४.2/१
यः शतौदनां पचति – अ.१०.६.४/१
यः शम्बरं यो अहन् पिप्रुमव्रतम् – ऋ.१.१०१.2/2
यः शम्बरं परिभवं छचीभिः – अ. 20.३४.१2/१
यः शम्बरं पर्वतेषु क्षियन्तम् – ऋ. 2.१2.११/१; अ. 20..३४.११/१
यः श्रधते नानुददाति शृध्याम् – ऋ. 2.१2.१०/३; अ.20.३४.१०/३
यः शविष्ठः शूराणाम् – ऐआ.४.४/४; महानाम्न. उप. ४/४
यः (अ. प्रः) शश्वतो अदाशुषो गयस्य – ऋ. ७.१६.१/३; अ. 20.३७.१/३
यः शश्वतो मह्येनो दधानान् – ऋ. 2.१2.१/१; अ.20.३४.१०/१
यः शिप्रवान् वृषभो यो मतीनाम् – ऋ. ६.१७.2/2; तैब्रा. 2.५.८.१/2; शांश्रौसू. १४.2३.४
यः शिश्रय मघवा काममस्मे – ऋ.१०.४2.६/2; अ.20.८६.६/2
यः शुक्र इव सूर्यः – ऋ. १.४३.५/१
यः शुचिः प्रयतो भूत्वा – खिल. ५.८७.22/१
यः शुष्णमशुषं यो व्यंसम् – ऋ.2.१४.५/2
यः शूरसता परितक्म्ये धने – ऋ.१.३१.६/३
यः शूरेभिर्हव्यो यश्च भीरुभिः – ऋ. १.१०१.६/१
यः शुरैः स्वः सनिता – ऋ.१.१2६.2/४; कौषी ब्रा. 2३.६
यः शूरो मघवा यो रथेष्ठाः – ऋ.१.१७३.५/2
यः श्रद्दधाति सन्ति देवा इित – अ. ११.2.2८/३
यः श्रमात्तपसो जातः – अ.१०.७.३६/१
यः श्रुतेन हृदयेनेष्णता च – तैब्रा. ३.७.६.५/३; आपश्रौ. ४.५.2/३
यः श्रेयसीं लोकममुं जिगाय – गोब्रा.१.५.2४/2
यः श्वेतां अधिनिर्णिजः – ऋ. ८.४१.१०/१
यष्टा देवां (हस्त. देवां) आयजिष्ठः स्वस्ति – ऋ. 2.६.६/2; तैसं. ४.३.१३.2/2; ६१.५/2; मैसं. ४.१०.५/2: १५४.४; काठसं.2१.१३/2
य स्कम्भेन वि रोदसी – ऋ. ८.४१.१०/४
यस्ते आतिथ्यमानुषग् जुजोषत् – ऋ. ४.४.१०/४; तैसं. १.2.१४.४/४; मैसं.४.११.५/४: १७३.१३; काठसं. ६.११/४
यस त आत्मा पशुषु प्रविष्टः – तैब्रा.१.2.१.22/2; ३.७.५.३/१; आपश्रौ. 2.१०.५/१; ५.१३.४/2; ७.2३.८; माश्रौसू.१.2.६.2५/१ द्र. यस्ते प्राणः, तथा या ते तनूः
यस्त आदित्या शिक्षति व्रतेन – ऋ. ३.५६.2/2; तैसं. ३.४.११.५/2; मैसं. ४.१०.2/2: १४६.१३; काठसं. 2३.१2/2; निरु. 2.१३
यस्त आनट् कवये शूर धीतिम् – ऋ. ६.१५.११/2
यस्त आनट् समिधा तं तुषस्व – ऋ.१०.१22.३/४
यस्ते आनट् समिध हव्यदातिम् – ऋ.६.१.६/2; मैसं.४.१३.६/2: 20७.७; काठसं. १८.20/2; तैब्रा. ३.६.१०.४/2
यस्त आनड् उपस्तुतिम् – ऋ.८.४.६/2
यस्त आस्यत् पंचाङ्गुरिः – अ. ४.६.४/१
यस्त आहुतश्चरति स्वधाभिः (अ. ..धावान्) – ऋ.१०.१६.५/2; अ.१८.2.१०/2; तैआ.६.४.2/2

यस्त इध्मं जभरत् सिष्विदानः – ऋ. ४.2.६/१; तैआ. ६.2.१/१
यस्त इन्द्रो मदेष्वा – ऋ. ६.६१.१/2; सा. १.४६५/2; 2.५६०/2
यस्त इन्द्र नवीयसीम् – सा. 2.2३४/१ द्र. इन्द्र यस्ते
यस्त इन्द्र प्रियो जनो ददाशत् – ऋ. ७.20.८/१
यस्त इन्द्र महीरपः – ऋ. ८.६.१६/१
यस्त ऊरू विहरति – ऋ. १०.१६2.४/१; अ.20.९६.१४/१; मागृसू..2.१८.2/१
यस्ते एष इतरो देवयानात् – अ. १2.2.2१/2 द्र. यत्र नो अन्य इत्यत्र
यस्तद्वेद यत आबभूव – तैआ. ३.१४.2/१
यस्तद्वेद सवितुः (महा नारा उप. स पितुः) पितासत् – तैआ. १०.१.४/४; महा नारा उप. 2.४/४ द्र. यस्तानि, तथा तु. यस्ता विजानात्
यस्तद्वेदोभ्यं सह – वा.४०.११/2,१४/2; ईश उप. ११/2,१४/2; मैत्री उप. ७.६/2
यस्तन् न वेद (अ. ..दं) किं ऋचा करिष्यति – ऋ.१.१६४.३६/३; अ. ९.१०.१८/३; तैब्रा. ३.१०.९.१४/३; तैआ. 2.११.१/३; श्वेत उप. ४.८/३; नृसिपू. उप. ४.2/३; ५.2/३; निरु. १३.१०/३
यस्तस्तम्भ सहसा वा ज्मो अन्तान् – ऋ. ४.५०.१/१; अ.20.८८.१/१; मैसं. ४.१2.१५/१ः १६३.३; काठसं.९.१६/१; वैसू. ३३.१६ प्रः यस्तस्तम्भ – आश्रौ. ७.६.३; ९.५.५; शांश्रौसू. १2.१2.2; १५.४.६; माश्रौसू. ५.2.५.2१ तु. बृहद. ५.५
यस्ताकृणोः प्रथमं सास्युक्थ्यः – ऋ. 2.१३.2/४ – ४/४
यस्ता चकार नर्या पूरूणि – ऋ. ४.१६.१६/2
यस्ता चकार स कुह स्विदिन्द्रः – ऋ. ६.2१.४/१
यस्तातृषाण उभयाय जन्मने – ऋ. १.३१.७/३
यस्तानि वेद स पितुष् (वा. पितुः) पितासत् – अ.2.१.2/४; वा.३2.९/४ द्र. यस्तद्वेद सवितुः इत्यत्र
य स्तायन् मन्यते चरन् – अ. ४.१६.१/३
यस्ता विजानात् स पितुष् पितासत् (तैआ. सवितुः पिता सत् १) – ऋ. १.१६४.१६/४; अ. ९.९.१५/४; तैआ. १.११.५/४; निरु. १४.20/४ तु. यस्तद्वेद सवितुः इत्यत्र
यस्ता विश्वानि चिच्युषे – ऋ. ४.३०.22/३
यस् तिग्मशृंगो वृषभो न भीमः – ऋ. ७.१९.१/१; अ.20.३७.१/१; ऐब्रा.६.१८.३; १९.३; ऐआ. ५.2.2.३; वैसू.३१.2५; गोब्रा. 2.६.१। प्रः यस् तिग्मशृंगः – आश्रौ. ७.५.20; ७.५; ८.६.१2; शांश्रौसू. १2.४.१४
यस्तित्याज सचिविदं सखायम् – ऋ. १०.७१.६/१; ऐआ. ३.2.४.३/१; तैआ. १.३.१/१; 2.१५.१/१
यस्तिष्ठति चरति यश्च वंचति – अ. ४.१६.2/१
यस्तु कश्चिदनध्यायः – कौसू. १४१.३४/४
यस्तु कृष्णाजिनं दद्यात् – विष्णुस्मृ. ८७.८/१
यस्तुभ्यं शमसत् – अ. ३.2३.५/४
यस्तुभ्यं दाशाद्यो वाति शिक्षत् – ऋ. १.६८.६/१
यस्तुभ्यं दाशान्न तमंहो अश्नवत् – ऋ.2.2३.४/2
यस्तुभ्यमग्ने अमृताय दाशत् – ऋ. ४.2.९/१
यस्तुभ्यमग्ने अमृताय मर्त्यः – ऋ. १०.९१.११/१
यस्तु विद्यादाज्यभागौ – कौसू. ७३.१६/१
यस्तु सर्वाणि भूतानि – वा. ४०.६/१
यस्तृतीयस्यां पृथिव्यामसि यत्तेऽनाधृष्टं नाम यज्ञियं तेन त्वादधे – वा.५.९
यस्तृष्टो नामासि कृष्णशकुनेर्मुखं तं त्वा स्वप्न तथा सं विद्म स त्वं स्वप्नाश्व इव कक्ष्यारुमश्व इव नीनाहमनास्माकं देवपीयुं पियारुं (बधान) – अ. १६.५७.४
यस्ते अग्ने नमसा यज्ञमीट्टे – ऋ.५.१2.६/१
यस्ते अग्ने सुमतिं मर्तो अक्षत् (अ. अख्यत्) – ऋ. १०.११.७/१; अ.१८.१.2४/१
यस्ते अग्नौ महिमा तेन संभव – पंचब्रा. ७.७.१६/३ द्र. प्रथमानि त्रीणि पादानि उत्तरस्य
यस्ते अग्नौ महिमा यस्ते अप्सु, रथे यस्ते महिमा स्तनयित्नौ, य उ वाते यस्ते महिमा तेन संभव रथंतर द्रविणस्वं (१) न एधि – जैब्रा. १.१2८ (३2७)/१2३४ द्र. पूर्वं यस्ते अप्सु, तथा यस्ते गोषु। अस्य साम्यं विद्यते अ.१९.३.2; काठसं. ७.१३
यस्ते अद्य कृणवद् भद्रशोचे – ऋ. १०.४५.९/१; वा. १2.2६/१; तैसं.४.2.2.३/१; मैसं.2.७.९/१ः ८७.१; काठसं. १६.९/१; आपमपा. 2.११.2८/१ (आपगृ. ६.१५.१)।
यस्ते अनु स्वधामसत् – ऋ. ३.५१.११/१; सा. 2.८८/१
यस्ते अन्य इतरो देवयानात् – वा. ३५.७/2; शब्रा.१३.८.३.४/2 द्र. यत्र नो अन्य इत्यत्र
यस्ते अप्सरसः प्रविष्टस्तेन संपृच्यस्व – जैब्रा. १.३६
यस्ते अप्सु महिमा यो वनेषु – अ. १९.३.2/१; काठसं.७.१३/१ द्र. यस्ते अग्नौ महिमा यः इत्यत्र
यस्ते अश्वसनिर् (का. यस्ते देव सामाश्व...) भक्षो यो गोसनिस्तस्य त इष्टयजुष स्तुतस्तोमस्य शस्तोक्थस्योपहूतस्योपहूतो (का. ...क्थस्योपहूत

उपहूतस्य) भक्षयामि – वा. ८.१2; का. ८.७.2; शब्रा. ४.४.३.११ प्रः यस्ते अश्वसनिः – कात्यश्रौसू.१०.८.५ तु. अप्सु धूतस्य देव इत्यत्र
यस्ते केशांऽवपद्यते – अ.६.१३६.३/१
यस्ते क्लोमा यद्धृदयम् – अ. १०.६.१५/१
यस्ते गन्धः पुरुषेषु – अ.१2..१.2५/१
यस्ते गन्धः पुरुषेषु – अ. १2.१.2५/१
यस्ते गन्धः पृथिवि संबभूव – अ.१2.१.2३/१ गन्धप्रवादाः (ऋचः) इति नाम्ना– वैसू. १०.१५; कौसू. १३.१2; ५४. ५
यस्ते गभीरा सवनानि वृत्रहन् – ऋ.७.३2.६/३
यस्ते गर्भममीवा – ऋ. १०.१६2.2/१; अ.2०.६६.१2/१; मागृसू..2.१८..2/१; निरु. ६.१2
यस्ते गर्भं प्रतिमृशात् – अ. ८.६.१८/१
यस्ते गोषु महिमा यस्ते अप्सु – पंचब्रा. ७.७.१६/१ प्रः यस्ते गोषु – लाटयश्रौसू.2.६.८ द्र. यस्ते अग्नौ महिमा यः इत्यत्र
यस्तेऽङ्कुशो वसुदानः – अ.६.८2.३/१
यस्ते चित्रश्रवस्तमः – ऋ. ८.६2.१७/१
यस्ते जसा प्रथमजा विभाति – मैसं.४.१४.१४/४: 2३६. १०,१४
यस्ते ददाश मर्त्यः – ऋ. १.३६.४/४
यस्ते देव वरुण गायत्रच्छन्दाः पाशस्तं त एतेनावयजे (आपश्रौ. स्वाहा इत्यस्योपसंख्यानम्) – तैब्रा. १.४.2. ३; आपश्रौ. १६.४.६ (ऊहेन सहितम्) द्र. यस्ते राजन् वरुण गायत्र...
यस्ते देव वरुण जगतीछन्दाः पशस्तं त एतेनावयजे – तैब्रा. १.४.2.४ द्र. यस्ते राजन् वरुण जगत्...
यस्ते देव वरुण त्रिष्टुप्छन्दाः पाशस्तं ते एतेनावयज – तैब्रा.१.४.2.४ द्र. यस्ते राजन् वरुण त्रिष्टुप...
यस्ते देव समाश्वसनिरादिः द्र. यस्ते अश्वसनिर आदि
यस्ते देवेषु महिमा स्वर्गे (तैब्रा.आपश्रौ. सुव...) – अ.१६.३. ३/१; तैब्रा. १.2.१.2१/१; आपश्रौ. ५.१३.४/१
यस्ते द्रप्सः पतितः पृथिव्याम् – वैसू. १६.१७/१ द्र. यो द्रप्सो
यस्ते द्रप्स (काठसं.शांश्रौसू.वैसू. ...सः) स्कन्दति यस्ते अंशुः – ऋ.१०.१७.१2/१; वा. ७.2६/१; तैसं. ३.१. १०.१/१; काठसं. ३५..८/१ ; गोब्रा. 2.2.१2; शब्रा. ४.2.५.2; वैसू. १६.१७/१; माश्रौसू.2.४.३.2६/१ प्रः यस्ते द्रप्स (शांश्रौसू. ...सः) स्कन्दति – शांश्रौसू. ८. १५.७; यस्ते द्रप्सः आपश्रौ. १2.१६.१५; १४.2८.३; यस्ते – कात्यश्रौसू.६.६.३० इदमनुगामी च द्रप्सवत्यौ (ऋचौ) इति नाम्ना प्रसिद्धः– गोब्रा.2.४.७; वैसू.2३. 22; आपश्रौ. १३..2०.८
यस्ते द्रप्स स्कन्नो यस्ते अंशुः – ऋ.१०.१७.१३/१ द्र. द्रप्सः पातीतो
यस्ते द्रप्सो मधुमां इन्द्रियावान् – तैसं. ३.१.१०.2/१; काठसं. ३५.८/१
यस्ते द्रप्सो यस्त उदर्षो दैव्यः – तैब्रा.३.७.१०.१/१; आपश्रौ. ६.१८.१५/१ प्रः यस्ते द्रप्सः – आपश्रौ. १2. १६.१५; १४.2८.३
यस्ते न दुह्योत्कतमच्चनाह – विष्णुस्मृ.2६.१०/३; वासि ध शा. 2.६/३; निरु.2.४/३
यस्तेनान्यं जिघांसति – अ. ४.१८.३/2
यस्ते नूनं शतक्रतौ – ऋ.८.६2.१६/१; सा.१.११६/१
यस्ते परूंषि संदधौ – अ. १०.१.८/१
यस्ते पर्वणि – पर्वणि – अ. 2.३३.७/2 द्र. जातं प...
यस्ते पृथु स्तनयित्नुर्य ऋष्वः – अ. ७.११.१/१ प्रः यस्ते पृथु स्तनयित्नुः – कौसू. ३८.८; १३६.८
यस्ते प्राणः पशुषु प्रविष्टः – कात्यश्रौसू. 2.८.१४/१; का. १.१०.५/१ द्र. यस्त आत्मा इत्यत्र
यस्ते प्राणेदं वेद – अ. ११.४.१८/१
यस्ते प्लाशिर्यो वनिष्ठुः – अ. १०.६.१७/१
यस्ते भरादन्नियते चिदन्नम् – ऋ. ४.2.७/१
यस्ते भाग ऋतावस्ति – अ.१०.६.१८/१र
यस्ते मदः पृतनाषादमृध्रः – ऋ. ६.१६.७/१
यस्ते मदः पृतनाषडमृध्रः – ऋ. ६.१६.७/१
यस्ते मदो युज्यश्चारुरस्ति – ऋ.७.22.2/१; अ.2०.११७. 2/१; सा. 2.2७८/१
यस्ते मदोऽवकेशो विकेचः – अ. ६.३०.2/१ प्रः यस्ते मदः – कौसू. ३१.१
यस्ते मदो वरेण्यः – ऋ. ८.४६.८/१; ६.६१.१६/१; सा. १.४७०/१; 2.१६५/१; पंचब्रा. ११.१०.१; १४.५.१; लाटयश्रौसू. ३.६.22
यस्ते मन्योऽविधद्वज्र सायक – ऋ. १०.८३.१/१; अ. ४. ३2.१/१ प्रः यस्ते मन्यो – आश्रौ.६.७.2; ८.१६; शांश्रौसू. १४.22.५; कौसू. १४.2६; ऋवि. ३.१४.७ तु. बृहद. ७.१७ इदं चोत्तरं सूक्तं मन्युसूक्ते इति नाम्ना ज्ञायेते–आश्रौ.६.८.१०; शांश्रौसू. १४.22.५
यस्ते यज्ञेन समिधा य उक्थैः – ऋ. ६.५.५/१
यस्ते रथो मनसो जवीयान् – ऋ. १०.११2.2/१ प्रः यस्ते रथः शांश्रौसू. ६.१३.४
यस्ते रसः संभृत (मैसं. ...ता) ओषधीष् – वा. १६.३३/१; मैसं. ३.११.७/१: १५०.१८; काठसं. ३८.2/१; शब्रा.

१2.८.१.४; तैब्रा.2.६.३.१/१ प्रः यस्ते रसः संभृतः – आपश्रौ. १६.८.६; यस्ते कात्यश्रौसू. १६.३.६

यस्ते राजन् वरुण गायत्रछन्दाः पाशो ब्रऋन प्रतिष्ठितस्तं त एतेनावयजे (काठसं. पाशस्तं त एतदवयजे) – मैसं.2.३.३ः ३०.१०; काठसं. १2.६ प्रः यस्ते राजन् वरुण गायत्रछन्दाः – माश्रौसू.५.2.१.20 द्र. यस्ते देव वरुण गायत्र...

यस्ते राजन् वरुण जगच्छन्दाः पाशो विशि प्रतिष्ठितस्तं ते एतेनावयजे – उै.2.३.३ः ३०.१2 द्र. यस्ते देव वरुण जगती...

यस्ते राजन् वरुण त्रिष्टुप्छन्दाः पाशः क्षत्रे प्रतिष्ठितस्तं त एतेनावयजे (काठसं. त्रिष्टुप्छन्दा जगच्छन्दा अनुष्टुप्छन्दाः पाशस्तं त एतदवयजे) – मैसं. 2.३.३ः ३०.११; काठसं. १2.६ द्र. यस्ते देव वरुण त्रिष्टुप...

यस्ते राजन् वरुण देवेषु पाशस्तं त एतेनावयजे (काठसं. ते एतदवयजे) मैसं.2.३.१ः 2८.2; काठसं. ११.११ प्रः यस्ते राजन् वरुण देवेषु – माश्रौसू. ५.2.१.३

यस्ते राजन् वरुण द्रुहः पाशस् त्रिष्टुप्छन्दा (सेव पाशो गायत्रछन्दाः, पाशे जगच्छन्दा, तथा पाशोऽनुष्टुप्छन्दा) अन्तरिक्षम् (सेव पृथिवीम्, दिवम्, तथा दिशो) अन्वाविवेश (वदबमऽन्वाविवेश, जिमत दिशो) क्षत्रे (काठकसं. ब्रह्मणि, विशि, तथा पशुषु) प्रतिष्ठितस्तं त एतदवयजे – काठसं.१७.१६

यस्ते राजन् वरुण द्विपात्सु चतुष्पात्सु पशुषु पाशस्तं त एतेनावयजे – मैसं.2.३.१ः 2८.४; प्रः यस्ते राजन् वरुण द्विपात्सु चतुष्पात्सु पशुषु – माश्रौसू. ५.2.१.३ द्र. उत्तरमेकवर्जं तथा तु. यो वामिन्द्रवरुणा द्विपात्सु

यस्ते राजन् वरुणानुष्टुप्छन्दाः पाशो दिक्षु प्रतिष्ठितस्तं त एतेनावयज – मैसं. 2.३.३ः ३०.१४

यस्ते राजन् वरुणान्ने द्विपात्सु चतुष्पात्सु पशुषु वनस्पतिष्वोषधीष्वप्सु पृथिव्यां पाशस्तं त एतदवयजे – काठसं. ११.११ द्र. पूर्वमेकवर्जम्

यस्ते राजन् वरुणान्ने पाशस्तं त एतेनावयजे – मैसं. 2.३.१ः 2८.३ प्रः यस्ते राजन् वरुणान्ने – माश्रौसू. ५.2.१.३

यस्ते राजन् वरुणाषधीषु वनस्पतिष्वप्सु पृथिव्यां दिक्षु पाशस्तं त एतेनावयजे – मैसं. 22.३.१ः 2८.५ प्रः यस्ते राजन् वरुणौषधीषु वनस्पतिष्वप्सु पृथिव्यां दिक्षु – माश्रौसू. ५.2.१.३

यस्ते रात्रौ संवत्सरे महिजमा संबभुव यस्ते पृथिव्यामग्नौ महिमा संबभूव यस्ते नक्षत्रेषु चन्द्रमसि महिमा संबभूव तस्मै ते महिम्ने प्रजापतये देवेभ्यः स्वाहा – वा.2३.४ प्रः यस्ते रात्रौ संवत्सरे महिमा संबभूव – शब्रा. १३.५.३.७; यस्ते रात्रौ – कात्यश्रौसू.20.७.2६

यस्ते रेवाँ अदाशुरिः – ऋ.८.४५.१५/१ तु. यश्च रेवाँ

यस्ते वष्टि ववक्षि तत् – ऋ. ८.४५.६/2

यस्ते विघातुको भ्राता – तैआ.१.३१.५/१

यस्ते विषधानः – अ.2.३2.६/४ द्र. य एषां विष...

यस्ते शत्रुत्वमाचके – ऋ.८.४५.५/३

यस्ते शृंगवृषो नपात् – ऋ.८.१७.१३/१; अ.20.५.७/१; सा. 2.७७/१; तैब्रा.2.४.५.१/१

यस्ते शोकाय तन्वं रिरेच – अ. ५.१.३/१ प्रः यस्ते शोकाय – कौसू.2१.१2

यस्ते सखिभ्य आ वरम् – ऋ. १.४.४/३; अ. 20.६८.४/३

यस्ते सर्पो वृश्चिकस्तृष्टदंश्मा – अ.१2.१.४६/१; कौसू. १३६.८ प्रः यस्ते सर्पः – वैसू. 2६.१०; कौसू. ५०.१७

यस्ते साधिष्ठोऽवसे – ऋ. ५.३५.१/१; ८.५३ (वाल. ५).७/१; कौषी ब्रा. 2४.६; आश्रौ. ७.८.३; ८.५.१४ प्रः यस्ते साधिष्ठः – शांश्रौसू. ११.११.१2; १८.१८.६

यस्ते सूनो गीर्भिरुक्थैः – ऋ.६.१३..४/१

यस्ते सोम प्रजावत् सोऽभि सो अहम् – महा नारा उप. १७.६ द्र. यास्ते आदि

यस्ते सोमाविधन् मनः – ऋ. ६.११४.१/४

यस्ते स्तनः शशयो (अ. ...युर्) यो मयोभूः – ऋ. १.१६४..४६/१; अ. ७.१०.१/१; वा. ३८.५/१; मैसं. ४.६.७/१ः १2७.७; ४.१४.३/१ः 2१६.८; ऐब्रा. १.22.2; शब्रा. १४.2.१.१५; ६.४.2८/१; तैआ. ४.८.2/१; बृह उप. ६.४.2८/१; आश्रौ. ३.७..६; ४.७.४ प्रः यस्ते स्तनः शशयः – तैआ. ५.७.३; आपश्रौ. १५.६.६; यस्ते स्तनः – तैब्रा.2.८.2.८; शांश्रौसू.५.१०.५; कात्यश्रौसू. 2६.५.७; माश्रौसू.४.३.३; कौसू.३2.१; पारगृसू. १.१६.2१

यस्ते स्व इतरो देवयानात् – ऋ. १०.१८.१/2; तैब्रा. ३.७.१४.५/2; तैआ. ३.१५.2//; ६.७.३/2; तै आ आन्ध्र. १०.४६/2; आपश्रौ. 2१.४.१/2; हिर गृसू. १.2८.१/2; मागृसू..2.१८.2/2; निरु. ११.७/2 द्र. यत्र नो अन्य इत्यत्र

यस्ते हन्ति पतयन्तम् – ऋ. १०.१६2.३/१; अ. 20.६६.१३/१; मागृसू.. 2.१८.2/१

यस्तेऽहन् संवत्सरे महिमा संबभूव यस्ते वायाव् (का. वाया) अन्तरिक्षे महिमा संबभूव यस्ते दिवि सूर्ये महिमा संबभूव तस्मै ते महिम्ने प्रजापतये स्वाहा देवेभ्यः – वा. 2३.2; का. 2५.2 प्रः यस्तेऽहन् संवत्सरे महिमा संबभूव – शब्रा.१३.५.2.2३; यस्तेऽहन्

– कात्यश्रौसू. 20.७.१६
यस्ते हवं विवदत् – अ. ३.३.७/१
य स्तोतृभ्यो हव्यो अस्ति यामन् – ऋ. १.३३.2/४
य स्तोमेभिर्वावृधे पूर्व्येभिः – ऋ.३.३2.१३/३
य स्त्रीणां जीवभोजनः – वा.2३.2१/३; तैसं.७.४.१६.१/३ द्र. यत् स्त्री... इत्यत्र
यस्त्वद्धोता पूर्वो अग्ने यजीयान् – ऋ.३.१७.५/१
यस्त्वमात्मानमावयः – अ. ६.१६.2/४
यस्त्वा करदेकवृषं जनानाम् – अ.४.22.५/३ द्र. स त्वाकर
यस्त्वा कृत्याभिर्यस्त्वा दीक्षाभिः – अ. ८.५.१५/१
यस्त्वा चकार तं प्रति – अ. १०.१.2८/३
यस्त्वा जघान बध्यः सो अस्तु – अ. १८.2.३१/३
यस्त्वा दिप्सति जाग्रतीम् – अ. ८.६.८/2
यस्त्वा देवि सरस्वति – ऋ. ६.६१.५/१
यस्त्वा दोषा य उषसि प्रषंसात् – ऋ. ४.2.८/१
यस्त्वा ध्रुवमच्युतं सपुत्रं सपौत्रं ब्रह्म वेद ध्रुवा अस्मिन्पुत्राः पौत्रा भवन्ति – हिर गृसू. १.22.१४
यस्त्वा निरूेन हविषा य उक्थैः – ऋ. ४.७.४/2; तैसं. १.2.१४.३/2; मैसं. ४.११.५/2: १७३.६; काठसं. ६. ११/2
यस्त्वा पिबति जीवति – अ. ५.५.2/१
यस्त्वा पृतन्यादधरः सो अस्तु – अ. १६.४६.५/४
यस्त्वा बिभर्त्य आंजन – अ. ४.६.५/४
यस्त्वा भ्राता पतिर्भूत्वा – ऋ. १०.१६.५/१; अ. 20.६६.. १५/१; मागृसू..2.१८.2/१
यस्त्वामग्न इन्धते यतस्रुक् – ऋ. ४.१2.१/१
यस्त्वामग्ने हविषपतिः – ऋ. १.१2.८/१; सा. 2.१६५/१
यस्त्वा मृत्युरभ्यधत्त – अ. ३.११.८/३
यस्त्वायन्तं वसुना प्रातरित्वः – ऋ.१.१2५.2/३; निरु. ५. १६/३
यस्त्वा शाले निमिमाय – अ. ६.३.११/१
यस्त्वा शाले प्रतिगृह्णाति – अ. ६.३.६/१
यस्त्वा शृणवत् सुश्रवः – अ. ११.४.१६/४
यस्त्वा स्वपन्तीं त्सरति – अ. ८.६.८/१
यस्त्वा स्वप्नेन तमसा – ऋ. १०.१६2.६/१; अ.20.६६. १६/१; मागृसू..2.१८.2/१
यस्त्वा स्वप्ने निपद्यते – अ. ८.६.७/१
यस्त्वा स्वश्वः सुहिरण्यो अग्ने – ऋ. ४.४.१०/१; तैसं.१. 2.१४.४/१; मैसं.४.११.५/१: १७३.१2; काठसं.६. ११/१; कौषी ब्रा. ८.2 प्रः यस्त्वा स्वश्वः – शांश्रौसू. ५.७४
यस्त्वा हृदा कीरिणा मन्यामानः – ऋ.५..४.१०/१; तैसं.१. ४.४६.१/१; आश्रौ.2.१०.६; आपमपा. 2.११.५/१ (आपगृ. ६.१४.2)। प्रः यस्त्वा हृदा शांश्रौसू. ४.2.६
यस्त्वैवं वेद तस्मै मे – साम मन्त्रब्रा.2.४.६/३
यस्त्वैवं ब्राह्मणो विद्यात् – वा.३१.2१/३; तैआ. ३.१३. 2/३
यस्त्वोवाच परेहीति – अ. १०.१.७/१
यस्पतिर्वार्याणाम् – ऋ. १०.2४.३/१
य स्म श्रुतर्वन्नाक्ष्र्ये – सा.१.८६/३ द्र. यस्य श्रुतर्वा
यस्मा अछिन्नपर्णेन – अ. १६.३2.2/३
यस्मा अन्ये दश प्रति – ऋ.८.३.2३/१
यस्मा अराध्वं नरः – ऋ. ७.५६.४/2
यस्मा अरासत क्षयम् – ऋ. ८.४७.४/१
यस्मा अर्कं सप्तशीर्षाणमानृचुः – ऋ. ८.५१ (वाल.३). ४/१
यस्मा आदित्या अध्वनो रदन्ति – ऋ. ७.६०.४/३; मैसं. ४.१2.४/३: १८७.१६
यस्मा इरस्यसीदु नु – ऋ.१०.८६.३/३; अ.20.१2६.३/३
यस्मा उ देवः सविता जजान – ऋ. १०.३१.४/2
यस्मा उ शर्म सप्रथः – ऋ. ८.४७.७/३
यस्मा ऊमासो अमृता अरासत – ऋ.१.१६६.३/१
यस्मा ऋणं यस्य जायामुपैमि – अ. ६.११८.३/१
यस्माज्जाता न परा नैव किं चनास (वा. जातं न पुरा किं चनैव) – वा. ३2.५/१; तैआ. १०.१०.2/१ द्र. उत्तरं, यस्मादन्यन्, यस्मादन्यो, तथा यस्मान्न जातः
यस्माज् जातो न पारोऽन्यो (शांश्रौसू. अन्यो) अस्ति – जैब्रा.१.20५/१; शांश्रौसू. ६.५.१/१ द्र. अत्र पूर्वम्
यस्मात्कोशादुदभ्राम वेदम् – अ. १६.७2.१/१; कौसू. १३६.2६/१ प्रः यस्मात्कोशात् –कौसू. १३६.2५
यस्मात्पक्वादमृतं संबभूव – अ. ४.३५.६/१
यस्मात्परं नापरमस्ति किं चित् – तैआ.१०.१०.३/१; महा नारा उप. १०.४/१; निरु.2.३/१ तु. उत्तरं द्विवर्जम्
यस्मात्प्राणन्ति भुवनानि विश्वा – अ.१३.३.३/2
यस्मात्समुद्रा अधि विक्षरन्ति – अ. १३.३.2/2
यस्मादन्यन्न परं किं चनास्ति – वैसू. 2५.१2/2 द्र. अत्र यस्माज्जाता, तथा तु. पूर्वं, द्विवर्जम्
यस्मादन्यो न परो अस्ति जातः – पंचब्रा.१2.१३.३2/१ प्रः यस्मादन्यः – लाटयश्रौसू.३.१.१ द्र. यस्मात्जाता इत्यत्र
यस्मादर्वाक् संवत्सरः – शब्रा. १४.७.2.20/१; बृह उप. ४.४.20/१
यस्मादिन्द्राद् बृहतः किं चनेमृते – ऋ. 2.१६.2/१

यस्मादृचो अपातक्षन् – अ.१०.७.20/१
यस्मादृते न सिध्यति – ऋ. १.१८.७/१
यस्माद्देवा जज्ञिरे भुवनं च विश्वे – तैब्रा.३.१2.३.2/2
यस्माद्देवा जज्ञिरे भुवनं च सर्वे – तैब्रा. ३.१2.३.३/2
यस्माद् भीत उदप्रोष्ट – माश्रौसू. ३.५.६
यस्माद् भीत उदवाशिष्ट – माश्रौसू. ३.५.११ द्र. यस्माद् भीषावाशिष्ठाः
यस्माद् भीत उदवेपिष्ट – माश्रौसू. ३.५.१० द्र. यस्माद् भीषावेपिष्ठाः
यस्माद् भीता (माश्रौसू. ३.५.१2/१, भीतो) निशिदसि – माश्रौसू. ३.2.१/१; – ३.५.१2/१ द्र. यस्माद् भीषा निषीदसि।
यस्माद् भीषा निमेहसि – आपश्रौ. ६.१८.६
यस्माद् भीषा निषीदसि – ऐब्रा. ५.2७.2/१; ७.३.2/१; आश्रौ. ३.११.१/१; शांश्रौसू. ३.20.2/१ द्र. यस्माद् भीता
यस्माद् भीषा नयषदः (शांश्रौसू. ...सदः) – तैब्रा. ३.७.८.१/१; शांश्रौसू. १३.2.५; आपश्रौ. ६.५.2; १७.७
यस्माद् भीषापलायिष्ठाः – शांश्रौसू.१३.2.४; आपश्रौ. ६.१८.४
यस्माद् भीषावाशिष्ठाः – तैब्रा.३.७.८.१/१; शांश्रौसू. १३.2.३; आपश्रौ. ६.५.१/१; १७.६/१ द्र. यस्माद् भीत उदवाशिष्ट
यस्माद् भीषावेपिष्ठज्ञः – तैब्रा. ३.७.८.2/१; शांश्रौसू.१३.2.2/१; आपश्रौ. ६.१८.३ द्र. यस्माद् भीत उदवेपिष्ट
यस्माद् भीषा शकृत् करोसि – आपश्रौ. ६.१८.६
यस्माद् भीषा संज्ञप्ताः (आपश्रौ. समज्ञास्थाः) – शांश्रौसू. १३.2.६; आपश्रौ. ६.१८.६
यस्माद्योनेर उदारिथा (काठसं. ...थ) यजे (मैसं.काठसं. ...जा) तम् – ऋ.2.६.३/३; वा.१७.७५/३; तैसं.४.६.५.४/३; मैसं.2.१०.६/३: १३६.४; काठसं.१८.४/३; शब्रा. ६.2.३.३६
यस्माद्रेजन्त कृष्टयः – ऋ. ८.१०३.३/१; सा.2.८६६/१
यस्माद्रेजन्ते भुवनानि विश्वा – अ. 20.३४.१७/2
यस्माद्वाता ऋतुथा पवन्ते – अ. १३.३.2/१
यस्माद्विश्वं प्रजायते – अ.६.३.20/४
यस्मान्न ऋते किं चन कर्म क्रियते – वा. ३४.३/३
यस्मान्न ऋते विजयन्ते जनासः – ऋ.2.१2.६/१; अ. 20.३४.६/१
यस्मान्न जातः परो अन्यो अस्ति (नृसिपू. उप. ६.४/१; नृसिपू. उप.2.४/३ प्रः यस्मान्न जातः – कात्यश्रौसू. १2.५.20 द्र. अत्र यस्माज्जाता

यस्मान्नाणियो न ज्यायोऽस्ति कश्चित् – तैआ. १०.१०.३/2; महा नारा उप. १०.४/2; निरु. 2.३/2
यस्मान्नान्यत् परमस्ति भूतम् – अ.१०.७.३१/१
यस्मान्मासा निर्मितास्त्रिंषदराः – अ. ४.३५.४/१
यस्मान्मे मन उदिव रारजीति – अ. ६.७१.2/३
यस्माल्लोकात् परमेष्ठी समाप – अ. १2.३.४५/2
यस्मिंलोका अधि श्रिताः – वा.20.३2/2
यस्मिंलोके स्वर्हितम् – ऋ. ६.११३.७/2; आत्मप्र. उप. १/2
यस्मिंश्चासि प्रतिष्ठितः – अ. ११.४.१८/2
यस्मिंश्चित्तं सर्वमोतं प्रजानाम् – वा. ३४.५/३
यस्मिं ज्येष्ठमधि श्रितम् – अ.१०.८.१६/४
यस्मिन् कस्मिंश्च जायते – अ. १2.४.१४/४
यस्मिन्क्षियन्ति प्रदिशः षडुर्वीः – अ. १३.३.१/३
यस्मिन्देवा अधि विश्वे निषेदुः – ऋ.१.१६४.३६/2; अ.६.१०.१८/2; तैब्रा. ३.१०.६.१४/2; तैआ. 2.११.१/2; १०.१.१/2; महा नारा उप. १.2/2; श्वेत उप. ४.८/2; नृसिपू. उप.४.2/2; ५.2/2; निरु. १३.१०/2
यस्मिन्देवा अमृजत – अ. १2.2.१७/१
यस्मिन्देवा मन्मनि संचरन्ति – ऋ.१०.१2.८/१; अ. १८.१.३६/१
यस्मिन्देवा विदथे मादयन्ते – ऋ.१०.१2.७/१; अ.१८.१.३५/१
यस्मिन्नक्षत्रे यम एति राजा – तैब्रा. ३.१.2.११/१
यस्मिन्नग्रे अजायत – अ.१2.४.2४/2
यस्मिन्नग्रे योन्यां गर्भो अन्तः – वा.१६.८७/2; मैसं.३.११.६/2: १५३.१५; काठसं.३८.३/2; तैब्रा.2.६.४.३/2
यसमिन्नधि विततः सूरा (काठसं. सूर) एति – मैसं. 2.१३.2३/३: १६६.१; काठसं.४०.१/३ द्र. यत्राधि सूर
यस्मिन्नमूर्छत् स जनास इन्द्रः – अ.20.३४.१2/४
यस्मिन्नर्कः शिश्रिये यस्मिन्नोजः – अ. ४.2४.५/३
यस्मिन्नश्रान्ता असनाम वाजम् – ऋ. १०.६2.११/४
यस्मिन्नश्वास ऋषभास उक्षणः – ऋ.१०.६१.१४/१; वा. 20.७८/१; मैसं. ३.११.४/१: १४६.१३; काठसं.३८.६/१; तैब्रा.१.४.2.2/१; आपश्रौ. १६.३.2/१ प्रः यस्मिन्नश्वासः – कात्यश्रौसू.१६.६.2१
यस्मिन्नाजा भवति किं चन प्रियम् – ऋ. ७.८३.2/2
यस्मिन्नाजुहवुर्भुवनानि विश्वा – ऋ.१०.८८.६/2
यस्मिन्नातस्थुर भुवनानि विश्वा – अ.६.६.११/2,१४/४ द्र. अत्र तस्मिन्नादि
यस्मिन्नामा समतृप्यं श्रुतेऽधि – ऐआ.2.३.८.५/१
यस्मिन्नाविथावसा दुरोणे – ऋ.१०.१2०.७/2; अ. ५.2.

६/2; 20.१०७.१०/2
यस्मिन्निदं विश्वं भुवनमधि श्रितम् – तैसं.४.६.2.३/४ द्र. यस्मिन् विश्वानि भू...
यस्मिन्निदं सं च वि चैकम् – तैआ.१०.१.३/३; महा नारा उप.2.३/३ द्र. तस्मिन्नादि, तथा तु. उत्तरम्
यस्मिन्निदं सं च वि चैति सर्वम् – तैआ. १०.१.१/१; महा नारा उप. १.2/१ तु. अत्र पूर्वम्
यस्मिन्निन्द्रः प्रदिवि वावृधानः – ऋ.2.१६.१/३
यस्मिन्निन्द्रो वरुणो मित्रो अर्यमा – ऋ.१.४०.५/३; वा. ३४.५७/३; मैसं.१.६.2/३: ८८.१६; काठसं. ७.१४/३; कौषी ब्रा.१५.2; आपश्रौ. ५.१६.३/३; नृसिपू. उप. 2.४/३
यस्मिन्निन्द्रो वसुभिर्मादयाते – ऋ.७.४७.2/३
यसिमन्निमा भुवनान्यन्तः – अ. ११.2.११/2
यस्मिन्नुक्थानि रण्यन्ति – ऋ. ८.१६.2/१; अ.20.४४.2/१
यस्मिन्नृचः साम यजूंषि यस्मिन् – वा. ३४.५/१
यस्मिन्नेकं युज्यते यस्मिन्नेकम् – अ. ८.६.३/४
यस्मिन्नेनमभ्यषिंचन्त देवाः – तैब्रा. ३.१.2.११/2
यस्मिन्नोताः प्रजा इमाः – अ.१०.८.३७/2,३८/2
यस्मिन्पक्तिः पच्यते सन्ति धानाः – ऋ.६.2६.४/2
यस्मिन्पंच पंरचजनाः – शब्रा.१४.७.2.१६/१; बृह उप. ४.४.१६/१
यस्मिन्पुरा वावृधुः शाशदुश्च – ऋ. 2.20.४/2
यस्मिन्ब्रह्माभ्यजयत् सर्वमेतत् – तैब्रा.३.१.2.५/१
यस्मिन्ब्रह्मा राजनि पूर्व एति – ऋ.४.५०.८/४; तैब्रा. 2.४.६.४/४; ऐब्रा. ८.2६.६
यस्मिन्श्रभूतं च भव्यं च – हिर गृसू.१.१३.१६/१; आपमपा. 2.५.22/१ (आपगृ. ४.११.१६) तु. यस्मै आदि
यस्मिन्भूमिरन्तरिक्षम् – अ.१०.७.१2/१
यस्मिन्मनुष्या उत – अ.१2.2.१७/2र
यस्मिन्महीरुरुज्रयः – ऋ. ८.७०.४/2; अ.20.९2.१६/2; सा.2.५०६/2
यस्मिन्यज्ञे वारमकृण्वत क्षयम् – ऋ.१.१३2.३/2
यस्मिन्यशो निहितं विश्वरूपम् – निरु. १2.३८/2 द्र. तस्मिन् यशो।
यस्मिन्रायः शेवृधासः – ऋ. ३.१६.2/2
यस्मिन्राष्ट्रे निरुध्यते – अ.५.१७.१2/३७१७/३
यस्मिन्वयं दधिमा शंसमिन्द्रे – ऋ.१०.४2.६/१; अ.20.८९.६/१
यस्मिन्विराट् परमेष्ठी प्रजापतिः – अ.१३.३.५/१
यस्मिन्विश्वा अधि श्रियः – ऋ.८.९2.20/१; अ.20.११०.2/१; सा.2.७३/१
यस्मिन्विश्वानि काव्या – ऋ. ८.४१.६/१२
यस्मिन्विश्वानि पौंस्या – ऋ.१.५.९/३; अ.20.६९.७/३
यस्मिन्विश्वानि भूवनानि (मैसं. विश्वा भूवनाधि) तस्थुः – ऋ. ७.१०१.४/१; १०.८2.६/४; वा. १७.३०/४; मैसं. 2.१०.३/४: १३४.१५ द्र. यस्मिन्निदं वि..।
यस्मिन्विश्वाश्चर्षणयः – ऋ.८.2.३३/१
यस्मिन्वीरो न रिष्यति – अ.१४.2.८/३; आपमपा. १.६.११/३
यस्मिन्वृक्षे मध्वदः सुपर्णाः – ऋ. १.१६४.22/१; अ. ९.९.21/१
यस्मिन्वृक्षे सुपलाशे – ऋ.१०.१३५.१/१; तैआ. ६.५.३/१; निरु.१2.2९/१ प्रः यस्मिन्वृक्षे –बृ परासं. ६.३१३ तु. बृहद. ८.४८
यस्मिन्वृत्रं वृत्रतूर्ये ततार – तैब्रा. ३.१.2.१/2
यस्मिन्वेदा निहिता विश्वरूपाः – अ.४.३५.६/३
यस्मिन्व्रतान्यादधुः – ऋ. ८.१०३.१/2; सा. १.४७/2; 2.८६५/2
यस्मिन्षडुर्वीः पंरच दिशो अधि श्रिताः – अ. १३.३.६/१
यस्मिन्समुद्रो द्यौर्भूमिः – अ.११.३.20/१
यस्मिन्सर्वं प्रतिष्ठितम् – अ. ११.४.१/४
यस्मिन्सर्वाणि भूतानि – वा.४०.७/१; ईश उप.७/१
यस्मिन्सहस्रं ब्राह्मणाः – ऐब्रा. ८.2३.४/३
यस्मिन्सुजाता इषयन्त सूरयः – ऋ.2.2.११/2
यस्मिन्सुजाता सुभगा महीयते – ऋ. ५.५६.६/३
यस्मिन्सूर्या आर्पिताः (तैब्रा.तैआ. अर्पो...) सप्त साकम् – अ. १३.३.१०/३; काठसं. ३७.६/३; तैब्रा.2.७.१५.३/३; तैआ.१.७.१/३
यस्मिन् स्तब्ध्वा प्रजापतिः – अ. १०.७.७/१
यस्मै कं जुहुमस्तन्नो अस्तु – मैसं. 2.६.१2/३: ७2.५; ४..१४.१/३: 21५.१० द्र. यत्कामाः
यस्मै कृणाति (तैसं. करोति) ब्राह्मणः – ऋ.१०.९७.22/३; वा.१2.८९/३; तैसं. ४.2.६.५/३
यस्मै कृता शये सः – अ. १०.८.2६/३
यस्मै ग्रावाणः प्रवदन्ति नृम्णम् – अ. ४.2४.३/2
यस्मै च काम्यामहे – अ.१६.३2.८/४
यस्मै च त्वा खनाम्यहम् (कौसू. खनामसि) – वा. १2.१००/2; कौसू.३३.६/2 द्र. उत्तरम्।
यस्मै चाहं खनामि वः – ऋ.१०.९७.20/2; वा.१2.९५/2; तैसं. ४.2.६.५/2 द्र. पूर्वम्।
यस्मै त्वं वसो दानाय मंहसे (ऋ. ८.५१.६/१, चिक्षसि)

– ऋ. ८.५१ (वाल. ३).६/१; ५2 (वाल.४).६/१
यस्मै त्वं सुकृते जातवेदः – ऋ.५.४.११/१; तैसं. १.४.४६.१/१; काठसं.१०.१2/१; आश्रौ.2.१०.६; आपमपा. 2.११.६/१ (आपगृ. ६.१४.2)।
यस्मै त्वं सुद्रविणो ददाशः – ऋ.१.६४.१५/१; निरु. ११.2४/१
यस्मै त्वमायजसे स साधति – ऋ.१.६४.2/१
यस्मै त्वमिह मृत्यवे – अ. ५.३०.१७/३
यस्मै त्वं मघवन्निन्द्र गिर्वणः – ऋ.८.५2 (वाल.४).८/१
यस्मै त्वा काम कामाय – आश्रौ. ८.१४.४/१
यस्मै त्वा यज्ञवर्धन – अ. १०.६..३४/१
यस्मै दत्तं स जीवति – माश्रौसू. ११.१.१/2
यस्मै देवाः सदा बलिम् – अ.१०.७.३६/३
यस्मै द्युभिरावृताः – पारगृसू.2.१७.६/2
यस्मै धायुरदधा मर्त्याय – ऋ. ३.३०.७/१
यस्मै नमस्तस्मै त्वा जुष्टं नियुनज्मि – ।ह. ४.८.१५
यस्मै परिब्रवीमि त्वा – अ. १६.३६.2/४,३/४,४/५
यस्मै पुत्रासो अदितेः – ऋ.१०.१८५.३/१; काठसं.७.2/१ तु. ते हि पुत्रासो।
यस्मै भूतं च भव्यं च कौसू. १३५.६/३ तु. यस्मिनादि
यस्मै भूतानि बलिमावहनित – तैआ. १.३१.१/१
यस्मै मीयन्ते स्वरवः सर्वविदे – अ. ४.2४.४/2
यस्मै लोका घृतवन्तः क्षरन्ति – अ. ४.३५.५/2
यस्मै विष्णुस्त्रीणि पदा विचक्रमे – ऋ. ८.५2 (वाल.४).३/३
यस्मै वेदाः प्रसृताः सोमबिन्दुः – गोब्रा.१.५.2४/३
यस्मै शुक्रः पवते ब्रह्मशुम्भितः – अ. ४.2४.४/३
यस्मै हस्ताभ्यां पादाभ्याम् – अ.१०.७.३६/१
यस्मै हुतं देवता भक्षयन्ति – कौसू. १३५.६/३
यस्य कृण्मो (वा.तैसं.मैसं.काठसं.शब्रा. कुर्मो) हविर्गृहे (वा.उै.काठसं.शब्रा. ...मो गृहे हविः) – अ. ६.५.३/१; ७.७६.५/४; वा. १७.५2/१; तैसं. ४.६.३.१/१; मैसं.2.१०.४/१ः १३५.७; काठसं. १८.३/१; शब्रा. ६.2.2.७
यस्य क्रतुर्विदथ्यो न सम्राट् – ऋ. ४.2१.2/३
यस्य क्रूरमसचन्त दुष्कृतः – अ.१६.५६.५/१
यस्य क्षयाय जिन्वथ – ऋ.१०.६.३/2; अ.१.५.३/2; सा. 2.११८६/2; वा.११.५2/2; ३६.१६/2; तैसं. ४.१.५.१/2; ५.६.१.४/2; ७.४.१६.४/2; मैसं.2.७.५/2ः ८०.१; ४.६.2७/2ः १३६.७; काठसं.१६.४/2; ३५.३/2; तैआ. ४.४2.४/2; १०.१.१2/2; आपमपा. 2.७.१५/2
यस्य गा अन्तरश्मनः – ऋ. ६.४३.३/१
यस्य गावावरुषा सूयवस्यू – ऋ. ६.2७.७/१
यस्य ग्रामा यस्य विश्वे रथासः – ऋ.2.१2.७/2; अ.2०.३४.७/2
यस्य ग्रावाणो अजुषध्वमध्वरम् – ऋ. १०.६४.१६/४
यस्य चतस्रः प्रदिशः – अ.१०.७.१६/१
यस्य छायामृतं यस्य मृत्युः – ऋ.१०.१2१.2/३; अ. ४.2.2/३; वा.2५.१३/३; तैसं.४.१.८.४/३; ७.५.१७.१/३; मैसं. 2.१३.2३/३ः १६८.१०; काठसं.४०.१/३; नृसिपू. उप.2.४/३
यस्य जातं जनमानं च केवलम् – तैसं. ४.७.१५.१/2; मैसं. ३.१६.५/2ः १६०.८; काठसं.22.१५/2 द्र. यज्जातं जनितव्यम्
यस्य जीरमध्वर्यवश्चरन्ति – ऋ. ५.३१.१2/४
यस्य जुजोषो अध्वरम् – ऋ.४.८.६/2
यस्य जुष्टिं सोमिनः कामयन्ते – अ. ४.2४.५/१
यस्य त इन्द्रः पिबाद्यस्य मरुतः – सा. 2.४४७/१ द्र. यस्य न
यस्य तक्मा कासिका हेतिरेकम् – अ. ११.2.22/१
यस्य तरेम तरसा शतं हिमाः – ऋ. ५.५४.१५/४
यस्य तीव्रसुतं मदम् – ऋ.६.४३.2/१
यस्य ते अग्ने अन्ये अग्नयः – ऋ.८.१६.३३/१
यस्य ते द्युम्नवत् पयः – ऋ. ६.६६.३०/१
यस्य ते नामामन्महि – वा. ७.2६; का. ६.१.४; शब्रा. ४.५.६.४
यस्य ते नू चिदादिशम् – ऋ. ८.६३.११/१
यस्य तेऽन्नं न क्षीयते – कौसू.१३५.६/१२
यस्य ते पीत्वा वृषभो वृषायते – ऋ.६.१०८/१; सा.2.४३/१
यस्य ते पूषन् सख्ये विपन्यवः – ऋ.१.१३८.३/१
यस्य ते वासः प्रथमवास्यं हरामः – अ.2.१३.५/१ प्रः यस्य ते वासः – कौसू.५४.६ द्र. यस्य ते प्र...
यस्य ते विश्वमानुषः (सा. विश्वमानुषक) – ऋ.८.४५.४2/१; अ. 2०.४३.३/१; सा. 2.४2१/१
यस्य ते विश्वा आशा अप्सरसः प्लीया नाम स न इदं ब्रह्म क्षत्रं पातु – मैसं. 2.१2.2ः १४५.११
यस्य ते विश्वा भुवनानि केतुना – ऋ.१०.३७.६/१
यस्य ते सख्ये वयम् – सा.2.१2६/१ द्र. अस्य आदि
यस्य ते सप्त सिन्धवः – ऋ. ८.६६.१2/2; अ.2०.६2.६/2; मैसं.४.७.८/2५ १०४.११; निरु. ५.2७/2
यस्य ते स्वादु सख्यम् – ऋ. ८.६८.११/१
यस्य त्यच्छम्बरं मदे – ऋ.६.४३.१/१; सा.१.३६2/१; ऐआ.५.2.५.2

यस्य त्यत्ते महिमानं मदेषु – ऋ.१०.११2.४/१
यस्य त्यन्महित्वम् – ऋ. १०.2६.2/१
यस्य त्रयस्त्रिंशद् देवाः – अ.१०.७.१३/१,2३/१,2७/१
यस्य त्रया गतमनुप्रयन्ति – कौसू. ८2.१३/१
यस्य त्रसन्ति शवसः – ऋ.६.१४.४/३
यस्य त्रितो व्योजसा – ऋ.१.१८७.१/३; वा.३४.७/३; काठसं. ४०.८/३; निरु. ६.2५/३
यस्य त्रिधात्वृतम् – ऋ. ८.१02.१४/१; सा.2.६2१/१; काठसं.४०.१४/१
यस्य त्री पूर्णा मधुना पदानि – ऋ. १.१५४.४/१
यस्य त्वं सख्यमावरः (सा.तैसं. आविथ) – ऋ.८.१६.३०/३; सा.१.१०८/३; 2.११७2/३; तैसं.३.2.११.१/३; काठसं.१2.१४/३
यस्य त्वमग्ने अध्वरं जुजोषः – ऋ. ४.2.१०/१
यस्य त्वमविता भुवः – ऋ. ७.३2.११/2
यस्य त्वमिन्द्र स्तोमेषु चाकनः – ऋ. ८.५2 (वाल.४).४/१
यस्य त्वमूर्ध्वो अध्वराय तिष्ठसि – ऋ.८.१६.१०/१
यस्य दिवमति मह्ना पृथिव्याः – ऋ. ६.2१.2/३
यस्य दूतः प्रहित एष एतत् – ऋ. १०.१६५.४/३; मागृसू.. 2.१७.१/३
यस्य दूतो असि क्षये – ऋ.१.७४.४/१
यस्य देव दधिषे पूवपेयम् – ऋ. ७.६2.१/४; वा.७.७/४; तैसं.१.४.४.१/४; ३.४.2.१/४; मैसं.१.३.६/४ः ३2.१०; शब्रा. ४.१.३.१८/४ द्र. यतो देव आदि
यस्य देवा अकल्पन्त – अ. ११.३.2१/१
यस्य देवा अनुसंयन्ति चेतः – तैब्रा. ३.१.१७/2
यस्य देवा गच्छथो वीथो अध्वरं – ऋ.७.८2.७/३
यस्य देवा देवता संबभूवुः – अ.१६.४.४/३
यस्य देवैरासदो बर्हिरग्ने – ऋ. ७.११.2/३; तैब्रा.३.६..८.2/३
यस्य द्यावापृथिवी पौंस्यं महत् – ऋ. १.१०१.३/१
यस्य द्यावो न विचरन्ति मानुषा (सा. ...षम्) – ऋ.१.५१.१/३; सा.१.३७६/३
यस्य द्यौरुर्वी पृथिवी च मही – अ. ४.2.४/१ द्र. येन द्यौरुग्रा
यस्य द्वारा मनुष् (सा. ...नुः) पिता – ऋ.८.६३.१/३; सा.१.३५५/३
यस्य द्विता विधर्तरि – ऋ. ८.७०.2//; अ.20.६2.१७/2; १०५०५/2; सा.2.2८४/2
यस्य द्विबर्हसो बृहत् – ऋ.८.१५.2/१; अ.20.६१.५/१; ६2.६/१

यस्य धर्मन् स्वरेनीः – ऋ. १0.20.2/३
यस्य धाम श्रवसे नामेद्रियम् – ऋ.१.५७.३/३; अ. 2०.१५.३/३
यस्य न इन्द्रः पिबाद्यस्य मरुतः – ऋ.६.१०८.१४/१ द्र. यस्य त
यस्य नाम महद्यशः – वा.३2.३/2 द्र. तस्य आदि
यस्य नेशे यज्ञपतिर्न यज्ञः – अ.४.११.५/१
यस्य पित्वा मदः – शांश्रौसू.६.७.१०/१
यस्य प्रतिष्ठोर्व अन्तरिक्षम् – तैब्रा.३.१2.३.३/१
यस्य प्रतीकमाहुतं घृतेन – ऋ. ७.८.१/2; सा.१.७०/2र
यस्य प्रयांसि प्रष्ठ – ऋ.१.८६.७/३
यस्य प्रयाणमन्वन्य इद्ययुः – ऋ.५.८१.३/१; वा. ११.६/१; तैसं. ४.१.१.2/१; मैसं.2.७.१/१ः ७४.४; काठसं. १५.११/१; शब्रा. ६.३.१.१८
यस्य प्रस्वादसो गिरः – ऋ.१०.३३.६/१ तु. बृहद. ७.३६
यस्य प्रिये ममतुर्यज्ञियस्य – ऋ. ३.३2.७/३र
यस्य ब्रह्म मुखमायुः – अ. १०.७.१६/१
यस्य ब्रह्म वर्धनं यस्य सोमः – ऋ.2.१2.१४/३; अ.20.३४.१५/३
यस्य ब्रह्माणि सुक्रतू अवाथः – ऋ. ७.६१.2/३
यस्य भान्ति केतवो यस्य रश्मयः (तैब्रा. भान्ति रश्मयो यस्य केतवः) – मैसं. ४.१४.१४/१ः 2३६.६; तैब्रा.३.१.१.१/१
यस्य भीमः प्रतीकाशः – अ.६.८.६/१
यस्य भूमिः प्रमा – अ.१०.७.३2/१
यस्य मदे अप गोत्रा ववर्थ – ऋ.३.४३.७/४
यस्य मदे च्यावयसि प्र कृष्टीः – ऋ. ३.४३.७/३
यस्य मन्दानो अन्धसः – ऋ. ६.४३.४/१
यस्य मा पुरुषाः शतम् – ऋ. ५.2७.५/१
यस्य मा हरितो रथे – ऋ.१०.३३.५/१
यस्य योगे दुहिता जायते दिवः – ऋ. १०.३६.१2/३
यस्य योनिं पतिरेतो गृभाय (हिर गृसू. प्रति रेतो गृहाण) – शां गृ सू.१.१६.१2/१; हिर गृसू. १.2५.१/१ द्र. व्यस्य योनिं।
यस्य रूपं बिभ्रदिमामविन्दत् – तैब्रा.१.2.१.३/१; आपश्रौ. ५.१.७/१
यस्य लोका इमे त्रयः – अ. १०.६.३१/३
यस्य वर्णं मधुश्चुतम् – ऋ.६.६५.८/१र
यस्य वशास ऋषभास उक्षणः – अ.४.2४.४/१
यस्य वातः प्राणापानौ – अ.१०.७.३४/१
यस्य वा यूयं प्रति वाजिनो नरः – ऋ. ८.20.१६/१
यस्य वायोरिव द्रवत् – ऋ. ६.४५.३2/१

यस्य वर्यमणा भगः – ऋ. ६.१०८.१४/2; सा.2.४४७/2
यस्य विश्वानि हस्तयोः – ऋ.१.१७६.३/१; ६.४५.८/१
यस्य विश्वे हिमवन्तो महित्वा – अ.४.2.५/१ द्र. यस्येमे विश्वे, तथ यस्येमे हिमवन्तो
यस्य वीर्यं प्रथमस्यानुबुद्धम् – अ.४.2४.६/2र
यस्य व्रत उप...: द्र. उत्तरं द्विवर्जम्
यस्य व्रत ओषधीर्विश्वरूपाः – ऋ. ५.८३.५/३
यस्य व्रतं न मीयते – ऋ.2.८.३/३
यस्य व्रतम् (अ. ...त) उपतिष्ठन्त (मैसं. ...ता) आपः – खिल. ७.६६.१/2; अ. ७.४०.१/2; तैसं.३.१.११.३/2; मैसं.४.१०.१/2: १४2.१३; काठसं.१६.१४/१; आश्रौ. ३.८.१/2; शांश्रौसू. ६.११.८/2
यस्य व्रतं (काठसं. ...ते) पशवो यन्ति सर्वे – खिल. ७. ६६.१/१; अ. ७.४०.१/१; तैसं.३.१.११.३/१; मैसं. ४. १०.१/१: १४2.१३; काठसं.१६.१४/2; आश्रौ. ३.८. १/१; शांश्रौसू. ६.११.८/१ प्रः यस्य व्रतम् – वैसू.८. 2
यस्य व्रते पुष्टिपतिर्निविष्टः – खिल. ७.६६.१/३; अ. ७. ४०..१/३; तैसं. ३.१.११.३/३; मैसं. ४.१०.१/३: १४2. १2; काठसं. १६.१४/३; आश्रौ. ३.८.१/३; शांश्रौसू. ६.११.८/३
यस्य व्रते पृथिवी नन्नमीति – ऋ. ५.८३.५/१ प्रः यस्य व्रते –शांश्रौसू.३.१३.४
यस्य व्रते वरुणो यस्य सूर्यः – ऋ.१.१०१.३/2
यस्य व्रते शफवज्जर्भुरीति – ऋ. ५.८३.५/2
यस्य शक्रो भ्रातरं नात इषते – ऋ. ५.३४.४/2
यस्य शर्मन्नुप विश्वे जनासः – ऋ. ७.६.६/१
यस्य शश्वत्पपिवां इन्द्र शत्रून् – ऋ.१०.११2.५/१
यस्य शिरो वैश्वानरः – अ.१०.७.१८/१र
यस्य शुष्कात् सिन्धवः – ऋज्ञसी.७.५५.३/३
यस्य शुष्माद् रोदसी अभ्यसेताम् – ऋ.2.१2.१/३; अ. 20.३४.१/३; तैसं. १.७.१३.2/३; मैसं. ४.१2.३/३: १८६.५; काठसं. ८.१६/३; निरु. ३.2१; १०.१०/३
यस्य श्रवांसि तूर्वथ – ऋ. ८.७४.१०/३
यस्य श्रवो रोदसी अन्तरुर्वी – ऋ.७.१८.2४/१
यस्य श्रुतर्वा बृहन् – ऋ.८.७४.४/३ द्र. य स्म।
यस्य श्वेता विचक्षणा – ऋ.८.४१.६/१
यस्य संस्थे न वृण्वते – ऋ.१.५४/१; अ.20.६६.2/१ प्रः यस्य संस्थे – शांश्रौसू.६.१६.2
यस्य समुद्रं रसया सहाहुः – ऋ. १०.१2१.४/2; वा.2५. १2/2; तैसं.४.१.८.४/2 द्र. समुद्रं यस्य, तथा समुद्रे यस्य।

यस्य सर्वमिदं वशे – अ.११.४.१/2
यस्य सूर्यश्चक्षुः – अ.१०.७.३३/१
यस्य स्थ तमत्त – अ.2.2४.१ – ८
यस्य स्वादिष्ठा सुमतिः पितुर्यथा – ऋ.८.८६.४/३
यस्य हरी अश्वतरौ – नील उप.2५/३
यस्य हेतोः प्रच्युवते – अ. ६.८.३/१
यस्या अनन्तो अह्रुतः – ऋ.६.६१.८/१र
यस्या आशास् (काठसं.इमास्) तन्वो वीतपृष्ठाः – अ.६. ६2.2/2; काठसं.३८.2/2; द्र. यस्या बह्वयः, यस्यामिमा,तथा यस्यै बह्वीः
यस्या इमाः पंच कृष्टयः – अ.१2.१.४2/2
यस्या इमास्तन्वो आदिः द्र. पूर्वमेकवर्जम्
यस्या उदरमामयत् – ऋ.१०.८६.2३/४; अ.20.१2६. 2३/४
यस्या उद्वतः प्रवतः समं बहु (मैसं. उहत्) – अ. १2.१. 2/2; मैसं.४.१४.११/2: 2३३.१०
यस्या उपस्थ उर्वन्तरिक्षम् – अ.७.६.४/३; तैसं. ३.३.११. ४/३
यस्याः पदे पुनते देवयन्तः – खिल. ६.८६.१/2; अ. ७. 2७.१/2; आपश्रौ. ४.१३.४/2; माश्रौसू. १.४.३.2/2
यस्याः पर्वाणि सख्याय विव्ये – ऋ. ४.22.2/४
यस्याः पुरुष उच्यते – अ. १०.2.2८/४,३०/४
यस्याः पुरो देवकृताः – अ. १2.१.४३/१
यस्यां यज्ञं तन्वते विश्वकर्माणः – अ.१2.१.१३/2
यस्यां वदति दुन्दुभिः – अ. १2.१.४१/४
यस्यां वातो मातरिश्वेयते – अ.१2.१.५१/३
यस्यां विश्वमिदं जगत् – पारगृसू. १.७.2/2
यस्यां वृक्षा वानस्पत्याः – अ. १2.१.2७/१ प्रः यस्यां वृक्षाः – वैसू. 2.८
यस्यां वेदिं परिगृह्णन्ति भूम्याम् – अ.१2.१.१३/१ प्रः यस्यां वेदिम् – वैसू.१५.८
यस्यां वैवस्वतो यमः – शां गृ सू.३.१2.५/१
यस्यां वदोहविर्धाने – अ.१2.१.३८/१; कौसू. 2४.३७ प्रः यस्यां सदः... वैसू.१०.८; १५.४
यस्यां समुद्र उत सिन्धुरापः – अ.१2.१.३/१
यस्यां सोमो अधिपा मृडिता च – अ.१2.३.६/2
यस्यां हिरण्यं विन्देयम् – खिल.५.८७.१५/३
यस्यागृधद्वेदने वाज्यक्षः – ऋ. १०.३४.४/2
यस्याग्निर्वपुर्गृहे स्तोमं चनः – ऋ.८.१६.११/१
यस्यां कर्माणि कुर्वते (आपश्रौ. कृण्वते) – काठसं. ३८. १४/2; आपश्रौ. १६.१८.७/2 द्र. यानि कर्माणि
यस्यां कृष्णमरुणं च संहिते – अ.१2.१.५2/१ प्रः यस्यां

कृष्णम् – कौसू.2४.४१
यस्यां गायन्ति नृत्यन्ति – अ. १2.१.४१/१
यस्याजस्रं शवसा मानम् उक्थम् – ऋ. १.१००.१४/१
यस्याजुषन् नमस्विनः – ऋ.८.७५.१४/१; तैसं.2.६.११.३/१; मैसं. ४.११.६/१: १७६.४ प्रः यस्याजुषत् – आपश्रौ.१६.2५.१३
यस्याञ्जजन प्रसर्पसि – अ. ४.६.४/४ द्र. यस्यौषधः
यस्याण्डकोशं शुषममाहुः प्राणमुल्वम् – तैआ. ३.११.४/३
यस्यादुर्वन्तरिक्षम् – अ.४.2.४/2
यस्या देवा उपस्थे – ऋ.८.६४.2/१
यस्याध्वरः सप्तहोता मदिष्ठः – अ.४.2४.३/३
यस्याध्वरः सप्तहोता मदिष्ठः – अ. ४.2४.३/३
यस्यानक्षा दुहिता जात्वास – ऋ.१०.३2७.११/१; वैसू. ३८.६/१
यस्यानाप्तः सूर्यास्येव यामः – ऋ.१.१००.2/१
यस्या नास्ति विराधनम् – अ.११.१०.2७/2
यस्यानुवित्तः प्रतिबुद्ध आत्मा – शब्रा.१४.७.2.१७/१; बृह उप. ४.४.१७/१र
यस्यानूना गभीराः – ऋ.८.१६.४/१
यस्यां दिशि महीयसे – तैब्रा. ३.१०.४.2/2
यस्यां देवा अदधुर्भोजनानि – तैब्रा.2.८.८.४/2
यस्यां (बाहुलकेन अस्यां) देवा अभि संविशन्तः – माश्रौसू. ६.2.३/३ द्र. अत्र तस्यां देवा
यस्यां देवा असुरानभ्यवर्तयन् – अ.१2.१.५/2; मैसं. ४.१४.११/2: 2३३.१४
यस्यापमृत्युर्न च मृत्युः – खिल.१०.१४2.१०/३
यस्या बह्वयस्तन्वो वीतपृष्ठाः – मैसं.३.११.१०/2५ १५६.५ द्र. अत्र यस्या आशाः।
यस्या भावेवैदिकलोकिकानाम् – पारगृसू.2.१७.६/१
यस्यामन्नं व्रीहियवौ – अ.१2.१.४2/१ प्रः यस्यामन्नम् –कौसू.2४.३८
यस्यामन्नं कृष्टयः संबभूवुः – अ.१2.१.३/2,४/2
यस्यामापः परिचराः समानीः – अ.१2.१.६/१
यस्यामसन्नग्नयो ये अप्सवन्तः – अ.१2.१.३७/2
यस्यामितानि वीर्या – ऋ. ८.2४.2१/१; अ.2०.६५.३/१
यस्यामिदं विश्वं भुवनमाविवेश – वा. ६.५/३; १८.३०/३; तैसं.१.७.७८.१/३; काठसं.१३.१४/३; शब्रा.५.१.४.४ द्र. विश्वं ह्यस्यां।
यस्यामिदं जिन्वति प्राणदेजत् – अ. १2.१.३/३
यस्यामिदं प्रदिशि यद्विरोचते – तैसं. ३.३.११.४/१
यस्यामिमा बह्वयस्तन्वो वीतपृष्ठाः – खिल.६.८६.2/2; वा.१६.४४/2 द्र. अत्र यस्या आशास्

यस्यामु कामा बहवो निविष्ट्यै – पारगृसू. १.४.१६/४
यस्यामुशन्तः प्रहराम (अ.आपमपा.हिर गृसू. ...रेम) शेपम् (अ.शेपः) – ऋ.१०.८५.३७/४; अ.१४.2.३८/४; पारगृसू.१.४.१६/३; आपमपा. १.११.६/४; हिर गृसू. १.2०.2/४; निरु.३.2१
यस्यां पितर आसते – अ.१८.2.४८/४
यस्यां पूर्वे पूर्वजना विचक्रिरे – अ.१2.१.५/१; मैसं.४.१४.११/१: 2३३.१४
यस्यां पूर्वे भूतकृतः – अ.१2.१.३६/१; वैसू. 22.१
यस्यां बीजं मनुष्या वपन्ति – ऋ. १०.८५.३७/2; अ.१४.2.३८//; आपमपा. १.११.६/2; हिर गृसू. १.2०.2/2
यस्यां भूतं समभवत् – पारगृसू.१.७.2/१ तु. मागृसू.. १.१०.१५(ठ)।
यस्यां पीयन्त स्वरवः पृथिव्याम् – अ. १2.१.१३/३
यस्यायं विश्व आर्यः – ऋ. ८.५१ (वाल.३) ६/१; सा.2.६५६/१; वा.३३.८2/१ प्रः यस्यायम् – वा. ३३.६७
यस्यायमृषभो हविः – तैब्रा.2.४.७.३/१
यस्या योनिरादिः द्र. यस्यै योनिरादि।
यस्या रुशन्तो अर्चयः – ऋ. १.४८.१३/१
यस्यावधीत् पितरं यस्य मातरम् – ऋ. ५.३४.४/१
यस्या व्रते प्रसवे यक्षमेजति – अ.८.६.८/३र
यस्याश्चतस्रः प्रदिशः पृथिव्याः – अ. १2.१.४/१; कौसू.१३७.१७
यस्याश्वासः प्रदिशि यस्य गावः – ऋ.2.१2.७/१; अ.2०.३४.७/१
यस्यासौ पन्था रजसो विमानः – अ.४.2.३/३
यस्यासौ सूरो विततो महित्वा – अ.४.2.४/३
यस्यास्त आसनि घोरे जुहोमि – अ.६.८४.१/१ प्रः यस्यास्ते – वैसू. ३८.१; कौसू. ५2.३ द्र. अत्र यदद्य ते घोर
यस्यास्ते एकमक्षरं परम् – साम मन्त्रब्रा.2.६.६/३
यस्यास्ते अस्याः क्रूर आसा् जुहोमि – तैसं.४.2.५.३/१; आपश्रौ. १६.१५.६ द्र. अत्र यदद्य ते घोर
यस्यास्ते घोर आसन् जुहोमि – वा.१2.६४/१; शब्रा.७.2.१.११ द्र. अत्र यदद्य ते घोर
यस्यास्ते यज्ञियो आदिः द्र. यस्यै आदि।
यस्यास्ते विचृतामसि – अ.६.३.१०/३
यस्यास्ते हरितो गर्भः – तैसं.३.३.१०.१/१; ४.१.१; आपश्रौ. ६.१६.2 द्र. गर्भो यः
यस्यास्मि न तमन्तरेमि – तैब्रा.३.७.५.४; आपश्रौ. ४.६.६
यस्याहमस्मि पुरोहितः – वा. ११.८१/४; तैसं.४.१.१०.

३/४; मैसं. 2.७.७/४: ८४.७; काठसं.१६.७/४; शब्रा.६.६.३.१४/४; तैआ.2.५.2/४ द्र. येषामस्मि

यस्याह शक्रः सवनेषु रण्यति – ऋ.१०.४३.६/३; अ.2०.१७.६/३

यस्या हृदयं परमे व्योमन् – अ.१2.१.८/३र

यस्येक्ष्वाकुरुप व्रते – ऋ.१०.६०.४/१

यस्येदं राधः स जनास इन्द्रः – ऋ.2.१2.१४/४; अ.2०..३४.१५/३

यस्येदं सर्वं तमिमं हवामहे – शांश्रौसू. ४.१८.2/१

यस्येदं दूतीरसरः पराकात् – ऋ.१०.१०८.३/2

यस्येदं दूतीरसरं पराकात् – ऋ.१०.१०८.४/2

यस्येदमप्यं हविः – ऋ.१०.८६.१2/३; अ.2०.१2६.१2/३; तैसं.१.७.१३.2/३; काठसं. ८.१७/३; निरु.११.३६/३

यस्येदमा रजो युजः (ऐआ. युजः इत्यस्य लोपः ; शांश्रौसू. ...दमोज आरुजः) – अ. ६.३३.१/१; आसं. १.३/१; ऐआ.५.2.१.2/१; शांश्रौसू.१८.३.2/१ प्रः यस्येदमा रजः –कौसू. 2३.१७; ५६.१८ ग्रीवाः इति नाम्ना– ऐआ.५.2.१.१; ग्रैवं तृचम् इति – शांश्रौसू. १८.३.१

यस्येदं प्रदिशि यद्विरोचते – अ.४.2३.७/१; ७.2५.2/१ द्र. उत्तरम्

यस्येदं प्राणन् निमिषद्यदेजति – तैसं. ४.७.१५.१/१; मैसं. ३.१६.५/१: १६०.८; काठसं.22.१५/१ द्र. पूर्वम्

यस्येदिन्द्रः पुरुदिनेषु होता – ऋ.१०.2६.१/३; अ.2०.७६.१/३

यस्येन्द्रः पीत्वा वृत्राणि जङ्घनत् प्र स जन्यानि तरिषोम् – ऐब्रा.2.2०.१४; आश्रौ.५.१.१७

यस्येन्द्रस्य सिन्धवः सश्चति व्रतम् – ऋ.१.१०१.३/३

यस्येन्द्रो अपिबच्छचीभिः – काठसं. १७.१६/2र

यस्येन्द्रो वृत्रहत्ये ममाद – ऋ.६.४७.2/2

यस्येमाः प्रदिशो यस्य बाहू – ऋ.१०.१2१.४/३; वा.2५.१2/३; तैसं. ४.१.८.५/३ द्र. अत्र इमाश्च प्रदिशो

यस्येमा विश्वा भुवनानि सर्वा – मैसं.४.१४.१४/2: 2३६.६; तैब्रा. ३.१.१.१/2

यस्येमे विश्वे गिरयो महित्वा – मैसं. 2.१३.2३/१: १६८.११; काठसं. ४०.१/१ द्र. उत्तरम्, तथा यस्य विश्वे

यस्येमे हिमवन्तो महित्वा – ऋ. १०.१2१.४/१; वा. 2५.१2/१; तैसं. ४.१.८.४/१ प्रः यस्येमे हिमवन्तः – शां गृ सू.१.६.६ द्र. अत्र पूर्वम्

यस्येशिषे प्रदिवि यस्ते अन्नम् – ऋ. ६.४१.३/४

यस्यै (का. यस्यास्) ते यज्ञियो गर्भः – वा. ८.2६/१; का. ६.५.2/१; शब्रा. ४.५.2.१० प्रः यस्यै ते – कात्यश्रौसू. 2५.१०.६; पारगृसू.१.१६.१

यस्यै बह्वीस्तनुवो वीतपृष्ठः – तैब्रा.१.४.८.2/2 द्र. अत्र यस्या आशाः

यस्यै (का. यस्या) योनिर् हिरण्ययी – वा. ८.2६/2; का. ६.५.2/2; शब्रा. ४.५.2.१० द्र. अत्र अथो योनिर्

यस्यै विजातायां मनः – आपमपा. 2.१४.2/४; हिर गृसू. 2.३.७/४

यस्योरुषु त्रिषु विक्रमणेषु – ऋ.१.१५४.2/३; अ.७.2६.३/१; वा. ५.2०/३; मैसं. १.2.६/३: १६.१३; काठसं. 2.१०/३; शब्रा. ३.५.३.2३/३; तैब्रा. 2.४.३.४/३; आपश्रौ. ११.६.१/३; नृसिपू. उप. 2.४/३ प्रः यस्योरुषु –वैसू. ४.2०; १३.५; आपश्रौ. ११.६.१

यस्योर्ध्वा दिवं तन्वा३स्तपन्ति – अ. १३.३.१६/३

यस्यौषधीः प्रसर्पथ – ऋ. १०.९७.१2/१; वा. १2.८६/१ द्र. यस्यांजन

यः संस्थे चिच्छतक्रतुः – ऋ. ८.३2.११/१र

यः सकृत्पापकं कुर्यात् – ऐब्रा. ७.१७.४/१; शांश्रौसू. १५.2४/१

यः संग्रामान् (तैसं.मैसं. ..मं) नयति (काठसं. जयति) सं युधे वशी (तैसं.मैसं. सं वशी युधे; काठसं. सं वशी युधा) – अ. ४.2४.७/१; तैसं. ४.७.१५.2/१; मैसं.३.१६.५/१: १६०.१2; काठसं.22.१५/१

यः सत्यवाद्य् अति तं सृजन्तु – अ. ४.१६.६/४

यः सत्राहा विचर्षणिः – ऋ.६.४६.३/१; सा. १.2८६/१; कौषी ब्रा.2५.६; ऐआ. ५.2.४.2; आश्रौ. ७.४.४; शांश्रौसू.११.१३.३१; १८.८.८

यः संदेश्यो वरुणो यो विदेश्यः – अ. ४.१६.८/2

यः संननाह य उ नो युयोज – अ. ६.१३३.१/2

यः सपत्नो योऽसपत्नः – अ.१.१९.४/१ तु. यो नः सपत्नो

यः सप्तरश्मिर्वृषभस्तुविष्मान् तुविष्मान् – ऋ.2.१2.१2/१; अ.2०.३४.१३/१; जै उप ब्रा. १.2६.७/१,८

यः सप्त लोकानकृणाद्दिशश्च – मैसं. ४.१४.१३/2: 2३७.४; तैब्रा.2.८.३.८/2

यः सप्त सिन्धूंरदधात् पृथिव्याम् – मैसं.४.१४.१३/१: 2३७.४; तैब्रा.2.८.३.८/१

यः सभेयो विदथ्यः – अ. 2०.१2८.१/१; गोब्रा.2.६.१2 ; शांश्रौसू. १2.2०.2.१/१ दिशां कलृप्त्यः इति नाम्ना – ऐब्रा.६.३2.१६; कौषी ब्रा.३०.७; गोब्रा. 2.६.१2; शांश्रौसू. १2.2०.१

यः समानं न प्रमिनाति धाम – ऋ. ७.६३.३/४

यः समाम्यो वरुणो यो व्याम्यः – अ.४.१६.८/१

यः समिधा य आहुती (काठसं. आहुत्या(– ऋ. ८.१६.५/१; काठसं.३६.१५/१; आश्रौ. ७.८.१; आगृ.१.१.३
यः समुद्रादुदाचरत् – ऋ.७.५५.७/2; अ.४.५.१/2
य(:) संपन्नेन यजते – जैब्रा.१.2३४/३ पुरश्चक्रम् इत्यस्यांशः
यः संमिश्लो हर्योर्यः सुते सचा (सा. हर्योर्यो हिण्ययः) – ऋ.८.३३.४/३; सा.१.2८६/३
यः सर्पे न निवर्तते – खिल.१.१६१.६/2; महा. १.५८.2६/2
यः सहमानश्चरसि – अ.३.६.४/१
यः सहस्रं शताश्वम् – ऋ. १०.६2.८/३
यः सिन्धूनामुपोदये – ऋ.८.४१.2/४; निरु.१०.५/४
यः सुत्रामा जीरदानुः सुदानुः – अ.१८.३.६१/2
यः सुनीथो ददाशुषे – ऋ.2.८.2/१
यः सुन्वते पचते दुध्र आ चित् – ऋ.2.१2.१५/१; अ.2०.३४.१८/१
यः सुन्वते स्तुवते काम्यं वसु – ऋ.८.५०(वाल.2).१/३; अ.2०.५१.३/३
यः सुन्वन्तमवति यः पचन्तम् – ऋ. 2.१2.१४/१; अ.2०.३४.१५/१
यः सुम्नयुः सुहवो यः सुदत्रः – अ.७.१०.१/2 द्र. यो रत्नधा
यः सुम्नैर्दीर्घश्रुत्तमः – ऋ. १०.६३.2/३
यः सुशृंगः सुवृषभः – तैब्रा.2.४.७.2/१
यः सुषव्यः सुदक्षिणः – ऋ. ८.३३.५/१
यः सुहात्तेन नः सह – अ.2.७.५/2
यः सुहोता स्वध्वरः – ऋ. ८.१०३.१2/३; सा. १.११०/३
यः सूरिषु श्रवो बृहत् – ऋ.६.६८.८/३
यः सूर्यं य उषसं जजान – ऋ.2.१2.७/३; अ.2०.३४.७/३
यः सूर्यस्यासिरेण मृज्यते – ऋ.६.७६.४/३
यः सूर्यं वहति वन्धुरायुः – ऋ.४.४४.१/३; अ. 2०.१४३.१/३
यः सृबिन्दमनर्शनिम् – ऋ.८.३2.2/१
यः सोमः कलशेष्वा – ऋ. ६.१2.५/१; सा.2.५५०/१
यः सोमकामो अर्यश्व आसुतेः – अ. 2०.३४.१७/१
यः सोमं धृषितापिबत् – ऋ.८.५2(वाल. ४).३/2
यः सोमपा निचितो वज्रबाहुः – ऋ. 2.१2.१३/३; अ.2०.३४.१४/३
यः सोम सख्ये तव – ऋ.१.६१.१४/१
यः सोमे अन्तर्यो गोष्वन्तः – अ. ३.2१.2/१; मैसं. 2.१३.१३/१: १६2.१2; काठसं.४०.३/१; आपश्रौ. १६.३५.१/१
यः स्त्रीणां जीवभोजनः – काठसं अश्व.४.८/३; शांश्रौसू.१६.३.३६/३ द्र. अत्र यत् स्त्री...
यः समीहितीषु पूर्व्यः – ऋ.१.७४.2/१; सा.2.७३०/१
यः समारुन्धानो गध्या समत्सु – ऋ.४.३८.४/१
यः स्वजनान् (बाहुलकेन स्वजनानां) नीलग्रीवः – नील उप.2१/१
यः स्वजनान् (बाहुलकेन स्वजनानां) नीलग्रीवः – नील उप.2१/2
यह्वं पृष्ठं प्रयसा सप्तधातु – ऋ.४.५.६/४
यह्वं प्रत्नाभिरूतिभिः – ऋ. ८.१३.2४/2
यह्वं प्रत्नेषु धामसु – ऋ.८.१३.2०/2र
यह्वा इव प्र वयामुज्जिहानाः – ऋ. ५.१.१/३; अ.१३.2.४६/३; सा.१.७३/३; 2.१०६६/३; वा.१५.2४/३; तैसं.४.४.४.2/३; मैसं.2.१३.७/३: १५५.१५
यह्वी ऋतस्य मातरा – ऋ. १.१४2.७/३; ५.५.६/2; ६.१०2.७/2; १०.५६.८/2 तु. उत्तरम्
यह्वीर् ऋतस्य मातरः – ऋ. ६.३३.५/2; सा.2.22०/2 तु. पूर्वम्
यह्वोऽसि – आपश्रौ. १३.१६.८
या अकृन्तन्नवयन् या अतन्वत – साम मन्त्रब्रा.१.१.५/१; पारगृसू.१.४.१३/३; आपमपा. 2.2.५/१ (आपगृ. ४.१०.१०); हिर गृसू.१.४.2/१ प्रः या अकृन्तन् – गोभि गृसू. 2.१.१८; खादि गृसू.१.३.६ द्र. उत्तरद्वयम्
या अकृन्तन्नवयन् याश्च तत्निरे – अ.१४.१.४५/१ प्रः या अकृन्तन् – कौसू. ७६.४; ७६.१३ द्र. अत्र पूर्वम्
या अकृन्तन् या अत्न्वन् – मागृसू..१.१०.८/१; 22.३/१ द्र. अत्र पूर्वमेकवर्जम्
या अक्षेषु प्रमोदन्ते – अ.४.३८.४/१
या अग्निं गर्भं दधिरे सुवर्णाः – अ. १.३३.१/३:३/३; आपमपा.१.2.2/३:४/३ द्र. अत्र अग्निं या गर्भम्
या अंगिरसस्तपसेह चक्रुः – ऋ.१०.१६६.2/३; तैसं.७.४.१७.१/३; काठसं अश्व.४.६/३
या अत्र पितरः स्वधा युष्माकं सा – शांश्रौसू.४.५.१
या अन्तरा याश्च बाह्या अलक्ष्मीः – खिल.५.८७.६/४
या अन्तरिक्ष उत पाथिवीर्याः – तैब्रा.2.७.१५.४/2; ३.१.2.३/2; आपश्रौ. ५.१2.2/2; १३.८/2; १५.६/2 द्र. अत्र अन्तरिक्ष उत।
या अन्तरिक्षे दिवि याः पृथिव्याम् – काठसं. ७.१३/2; १६.१३/३; आपश्रौ. ५.१०.३/2
या अन्तरिक्षे बहुधा भवन्ति (आपमपा. निविष्टाः – अ.१.३३.३/2; तैसं.५.६.१.१/2; मैसं.2.१३.१/2५ १५2.१;

आपमपा. १.2.४/2

या अन्तरिक्ष्या उत पार्थिवासः (आगृ. पार्थिवीर्याः) – काठसं.३७.६/2; ।ह.४.७.१५/2 द्र. अत्र अन्तरिक्ष उत

या अन्यत्रेह तास्ते रमन्ताम् – अ.७.१११.१/४

या अप्स्वन्तर्देवतास्ता इदं शमयन्तु – का.2.३.५; आश्रौ.१. १३.१; आपश्रौ. ३.20.१

या अस्य धम प्रथमं ह निंसते – ऋ. १.१४४.१/४

या अख्याता याश्चानाख्याता देवसेना (आगृ. या आख्याता देवसेना याश्चानाख्याता) उप स्पृशत देवसेनाभ्य (हिर गृसू. ताभ्यः) स्वाहा – आपमपा. 2. १८.४१ (आपगृ.७.20.५); हिर गृसू. 2.६.४

या आतस्थतुर्भुवनानि विश्वा – मैसं.४.१2.६/2५ १६४.११ द्र. यावादि

या आतस्थुः परुः – परुः – मैसं.2.७.१३/2: ६४.५ द्र. अत्र अंगमंगम्

या आत्मन्वद् बिभृतो यौ च रक्षतः – मैसं.३.१६..५/2: १६१.2; काठसं.22.१५/2 द्र. यावादि।

या आपो दिव्या उत वा स्रवन्ति – ऋ.७.४६.2/१

या आपो दिव्याः पयसा मदन्ति (कासं. संबभूवुःऋ – अ. ४.८.५/१; काठ सं ३७.६/१ प्रः या आपो दिव्याः – वैसू.2६.१2 द्र. या दिव्या आपः

या आपो याश्च देवताः – अ. ११.८.३०/१

या अर्द्रोध्नीः परि तस्थुषीः – आपमपा. 2.१६.2/2 द्र. या दभ्राः

या आवन् या अवाहरन् – मागृसू.. १.१०.८/2; 22.३/2

या आविविशुः परुः – परुः – तैसं.४.2.६.४/2 द्र. अत्र अंगम्–अंगम्

या आहरज्जमदग्निः – पारगृसू.2.६.2३/१ द्र. यामहरत्

या इत्थ मघवन्ननु जोषम् – ऋ.५.३३.2/३

या इदं विश्वं भुवनं व्यानशुः – आपश्रौ. ४.४.४/2

या इन्द्र प्रस्वस्त्वा – ऋ. ८.६.20/१

या इन्द्र भुज आभरः – ऋ.८.६७.१/१; अ. 2०.५५.2/१; सा.१.2५४/१; ऐआ.५.2.४.2; आश्रौ. ७.४.३; शांश्रौसू. १८.८.१,2 प्रः या इन्द्र भुजः – शांश्रौसू.११.११.१५

या इन्द्रेण सयावरीः – ऋ.१.८४.१०/३; अ.2०.१०६.१/३; सा.१.४०६/३; मैसं.४.१४.१४/३: 2३८.६

या इमा अन्तः पुरुष आपस्ते मे होत्राशंसिनस्ते मोपह्वयन्ताम् – षड् ब्रा.2.७

या इमा अन्तश्चक्षुष्यापस्ते मे होत्राशंसिनस्ते मोपह्वयन्ताम् – षड् ब्रा.2.६

या इषवो यातुधनानाम् – वा.१३.७/१; तैसं.४.2.८.३/१; शब्रा. ७.४.१.2६; नील उप.2०/१; आपमपा. 2.१७. ७/१ (आपगृ. ७.१८.८); द्र. अत्र य इषवो

या इष्टा उषसो निम्रुचश्च – तैसं.१.५.१०.2/३ द्र. उत्तरम्

या इष्टा उषसो या अनिष्टाः (मैसं. याश्च याज्याः) – मैसं.१.७.१/३: १०६.१०; आश्रौ.2.५.१४/३; कात्यश्रौसू.2५.१०.22/३ द्र. पूर्वम्

या ईं वहन्ति सूर्यं गृताचीः – ऋ.७.६०.३/2

या उ चान्येभिराभृताः – अ.८.५.६/2

या एकमक्षि वावृधुः – ऋ. ६.६.४/३

या एतद् दुह्रे मधुदोघमूधः – ऋ. ७.१०१.१/2

या ओषधयः प्रथमजाः – मैसं.2.७.१३/१: ६३.१; काठसं. १६.१३/१; माश्रौसू.३.८.३; – ६.१.६; – ११.३ प्रः या ओषध्यः मैसं.४.१४.६: 22४.४; मागृसू.. १.५.५; १६.१; 2३.१८; 2.६.५ द्र. या ओषधीः पूर्वा, तथा या जाता ओषधयः

या ओषधयः सोमराज्ञीः – अ.६.६६.१/१; तैसं.४.2.६/१; तैब्रा.2.८.४.८; प्रा उप. १/१ प्रः या ओषधयः –कौसू. ३१.22 द्र. या ओषधीः आदि।

या ओषधयो या नद्यः – अ.१४.2.७/१; आपमपा. १.७. ६/१; (आपगृ. 2.६.५) प्रः या ओषधयः –कौसू. ७७. ११

या ओषधीः पूर्वा जाताः – ऋ. १०.६७.१/१; वा. १2. ७५/१; काठसं.१३..१६/१; शब्रा. ७.2.४.2६; निरु. ६. 2८/१ प्रः या ओषधीः पूर्वाः –शांश्रौसू. ६.2८.७; या ओषधीः – कात्यश्रौसू. १७.३.८; ऋवि. ३.४2.८ तु. बृहद. ७.१५४ द्र. अत्र या ओषधयः प्रथमजाः

यो ओषधीः सोमराज्ञीः – ऋ.१०.६७.१८/१,१६/१; वा. १2.६2/१,६३/१; ऐब्रा. ८.2७.५/१,६/१; साम मन्त्रब्रा.2.८.३/१,४/१ प्रः या ओषधीः – गोभि गृसू. ४.१०.६; खादि गृसू. ४.४.८ द्र. या ओषधयः आदि

याः काश्च पृथिवीं श्रिताः – तैआ. ८.2.१/2; तै उप. 2. 2.१/2

याः काश्च सिन्धुं प्रवहन्ति नद्यः – निरु.१४.३४/2

याः काश्चेमाः खनित्रिमाः – अ.५.१३.६/३

याः कृत्या आंगिरसीः – अ.८.५.६/१

याः कृत्या आसुरीः – अ.८.५.६/2

याः कृत्यास्त्रिपंचाशीः – अ.१६.३४.2/१ तु. अत्र अक्षकृत्यास्त्रि...।

याः कृत्याः स्वयंकृताः – अ.८.५.६/३

याः क्लन्दास्तमिषीचयः – अ. 2.2.५/१

याः पतंगो अनु विचाकशीति–अ.१३.३.१/४

वैदिकपादानुक्रमकोषः 346

याः परस्ताद् रोचने (उै. ...नाः) सूर्यस्य – तैसं.४.2.४.2/३; मैसं. 2.७.११/३: ८६.१2 द्र. या रोचने
याः पशूनामृषभे वाचस्ताः सूर्यो अग्रे शुक्रो अग्रे ताः प्रहिणोमि (आपश्रौ. प्रहिण्वो) यथाभागं वो अत्र – मैसं.१.2.३: १2.१2; आपश्रौ.१०.१2.४ प्रः याः पशूनामृषभे वाचः – मैसं.३.६.१०: ७३.१६; याः पशूनाम् – माश्रौसू.2.१.2.2७
याः पापीस्ता अनीनशम् – अ.७.११.५.४/४ द्र. पराभवन्तु
याः पार्थिवासो या अपामपि व्रते – ऋ.५.४६.७/३; अ. ७.४६.१/३; मैसं.४.१३.१०/३: 2१३.८; तैब्रा.३.५.१2. १/३; निरु.१2.४५/३
याः पार्श्वे उपर्षन्ति – अ. ६.८.१५/१
याः पुरस्तात् प्रस्रवन्ति – तैब्रा.३.७.४.१; आपश्रौ. ४.४. ४/१
याः पूतः परिशेरते – तैब्रा.३.७.४.१७/४; आपश्रौ. १.१४. ३/४
याः पृथिवीं पयसोन्दन्ति शुक्राः – तैसं.५.६.१.१/३; मैसं. 2.१३.१/३: १५2.३
याः पृथिव्यां बर्हिषि सूर्ये याः – तैसं. ३.५.५..३/2
याः पृष्टीर्याश्च पर्शवः – अ. १०.६.20/2
याः प्रवतो निवत उद्वतः – ऋ.७.५०.४/१
याः प्राचीः संभवन्त्याप उत्तरतश्च या अद्भिर्विश्वस्य भूवनस्य धर्त्रीभिरन्तरन्यं पितुर्दधे स्वधा नमः – हिर गृसू.2.१०.७
याः फलिनीर्या अफलाः – ऋ.१०.६७.१५/१; वा.१2. ८६/१; तैसं.४.2.६.४/१; मैसं.2.७.१३/१: ६४.११; काठसं. १६.१३/१; प्रा उप.१/१ द्र. फलिनीर्
यां आभजो मरुत इन्द्र सोमे – ऋ. ३.३५.६/१
यां आभजो मरुतो ये त्वानु – ऋ. ३.४७.३/३
यां आवह उशतो देव देवान् – वा. ८.१६/१; शब्रा. ४.४. ४.११ प्रः यां आवहः–कात्य श्रौसू. ५.2.११ द्र. यानावह
यां रक्षन्त्यस्वप्ना विश्वदानीम् – अ. १2.१.७/१; मैसं.४. १४.११/१: 2३३.१2
यां वां होत्रां परिहिनोमि मेधया – ऋ.७.१०४.६/३; अ. ८.४.६/३
यां वा ते पुरुषेषु – अ.४.१८.५/४; १०.१.४/४
यांश्च ग्रामे यांश्चारण्ये जपन्ति – गोब्रा.१.५.2५/१
यांश्च देवा वावृधुर्ये च देवान् – ऋ. १०.१४.३/३; अ. १८.१.४७/३; तैसं.2.६.१2.५/३; मैसं.४.१४.१६/३५ 2४३.५
यांश्च पश्यामि यांश्च न – अ. १७.१.७/३
यांश्च विद्म यां उ च न प्रविद्म – ऋ.१०.१५.१३/2; वा. १६.६७/2; तैब्रा.३.१.१.७/३; आपमपा. 2.१६.७/2; हिर गृसू.2.११.१/2
यांश्चाहं द्वेष्मि ये च माम् – तैब्रा.३.७.६.१७/४; तैआ.2. ५.2/४; आपश्रौ. ४.११.५/४
यांश्चो नु दाधृविर्भरध्यै – ऋ. ६.६६.३/2
यां संधां समधत्त – साम मन्त्रब्रा.2.१.७/१; गोभि गृसू. ३.७.2१
यांस्ते देवा अधारयन् – अ.१८.३.६८/2; ४.2५/2
यांस्ते सोम प्राणांस्ताँ (महान उप. ताँ) जुहोमि – तैआ. १०.४८.१; महा नारा उप. १७.६
यां स्वस्तिमग्निर्यायुस्सूर्यश् (हिर गृसू. वायुरादित्यः) चन्द्रमा आपोऽनु संचरन्ति तां स्वस्तिमनु संचरासौ – आपमपा. 2.३.३१; हिर गृसू. १.६.३
या कन्या विन्दते पतिम् – अ. १४.2.22/४
या कशीकेव जंगहे – ऋ.१.१2६.६/2
या गङ्गुर्या सिनीवाली – ऋ. 2.३2.८/१
या गुदा अनुसरोन्ति – अ.६.८.१७/१
यो गोमतीरुषसः सर्ववीराः – ऋ.१.११३.१८/१
यो गौर्वर्तनिं पर्येति निष्कृतम् – ऋ.१०.६५.६/१ तु. बृहद. ७.१०६
याग्ने मम तनूरेषा सा त्वयि या तव तनूरियं सा मयि – काठसं.2.८ तु. अत्र अग्ने व्रतपते या
याग्ने मम तनूस्तवय्यभूदियं सा मयि या तव तनूर्मय्यभूदेषा सा त्वयि – काठसं.३.१ तु. अत्र अग्ने व्रतपते या
याग्रे वाक् समवदत – मागृसू.. १.१०.१५/१ तु. पारगृसू. १.७.2
या ग्रैव्या अपचितः – अ. ७.७६.2/१
याघं मूरमादधे – अ.१.2८.३/2; ४.१७.३/2
यां कल्पयन्ति नोऽरयः – बृहद. ८.४५; यां कल्पयन्ति नः
यां कल्पयन्ति वहतौ वधूमिव – अ.१०.१.१/१ प्रः यां कल्पयन्ति – कौसू.३६.७; ऋवि. ४.६.३ कृत्यासूक्त इति नाम्ना – ऋवि.४.८.४
यां क्षेत्रे चक्रुर्यां गोषु – अ.४.१८.५/३; १०.१.४/३
या चकर्थ मघवन्निन्द्र सुन्वते – ऋ.८.१००.६/2
या चकर्थ सेन्द्र विश्वास्युक्थ्यः – ऋ.2.१३.११/४
या चकार वयुना ब्रह्मणस्पतिः – ऋ.2.2४.५/४
याचतः प्रतिगृह्णतः – बौधसू. 2.2.४.2६/2
याचन्ते सुम्नं पवमानमक्षितम् – ऋ.६.७८.३/४
याचयते बृहस्पति – अ.१2.४.३८/४
या च सूतवशा वशा – अ.१2.४.४४/2
या चासां घोरा मनसो विसृष्टिः – कौसू. ११.७.2/2

याचितां च न दित्सति – अ. १2.४.१३ / ४,१६ / 2
याचितारश्च नः सन्तु – विष्णुस्मृ. ७३.३० / ३
या चिन्नु वज्रिन् कृणवो दधृष्वान् – ऋ.५.2६.१४ / ३
या चोदिता या च नोदिता (तैआ. या चानुदिता) तस्यै वाचे नमः – मैसं. ४.६.2: १22.८; तैआ.४.१.१
या चो नु नव्या कृणवः शविष्ठ – ऋ. ५.2६.१३ / ३
याद्रेष्ठाभिर्मघवंछूर जिन्व – ऋ.३.५३.2१22 द्र. यावद्रेष्ठाभिर्
याजमानेन चाशिषः – वैसू.४.2३ / 2
या जरन्ता युवशा ताकृणोतन – ऋ. १.१६१.७ / 2
या जागृविर्विदथे शस्यमाना – ऋ.३.३६.१ / ३
या जाता ओषधयः – तैसं. ४.2.६.१ / १; तैब्रा.2.८.४.८; ३.७.४.६ / १; आपश्रौ. १.५.५ / १; १४.2१.१; १६.१६.११ द्र. अत्र या ओषधयः प्रथम...
या जाता ओषधीभ्यः – तैब्रा.३.७.१2.६ / 2
या जातानि पिशाच्याः – अ. १.१६.३ / ४
या जाता पूतदक्षसा – सा. 2.१४३ / ३ द्र. जज्ञाना
या जामयो वृष्ण इच्छन्ति शक्तिम् – ऋ.३.५७.३ / १
या जायमानस्य – जायमानस्य – काठसं.३८.१३ / ३
या जिह्वा जातवेदो यो अचिः – तैसं.५.७.८.१ / 2; काठसं. ४०.५ / 2
याज्ञतुरे यजमाने – शब्रा. १३.५.४.१५ / १
याज्याभिर्वषट्कारान् – वा.१६.20 / ४
याज्या वषट्कारैः – वा.2०.१2; काठसं.३८.४; शब्रा. १2.८.३.३०; तैब्रा. ३.६.५.८ द्र. याज्यास्त्वा
याज्याश्च वषटकाराः – तैब्रा. ३.७.६.१८ / ४; आपश्रौ. ४.११.६ / ४
याज्यास्त्वा वषट्कारैः – मैसं.३.११.८: १५१.१2 द्र. याज्या वषट्कारैः
यां चक्रुरधिदेवने – अ. ५.३१.६ / 2
यां चक्रुरिष्वायुधे – अ. ५.३१.७ / 2
यां चक्रुर्नीललोहिते – अ. ४.१७.४ / 2
यां चक्रुर्मिश्रधन्ये – अ.५..३१.१ / 2
यां च रात्रीमजायेथा यां च प्रेतासि – ऐब्रा.८.१५.2;... अजायेऽहं यां च प्रेतास्मि – ऐब्रा. ८.१५.३
यांच्याय कृणुते मनः – अ.१2.४.३० / ४
यां जनाः प्रतिनन्दन्ति – पारगृसू. ३.2.2 / १; आपमपा. 2.2०.2७ / १,2६ (आपगृ. ८.22.१); हिर गृसू. 2.१७.2 / १; मागृसू.. 2.८.४ / १ द्र. यां देवाः आदि
यां जमदग्निरखनत् – अ.६.१३७.१ / १ प्रः यां जमद्ग्निः – कौसू. ३१.2८।
या त आयुरुपहरात् – प्राणाग्निहोत्र उप. १ / ३
या त इन्द्र तनूरप्सु – अ.१७.१.१३ / १
या त इन्द्र पवमाने स्वर्विदि – अ.१७.१.१३ / १
या त (मैसं.माश्रौसू. ता) इषुर्युवा नाम तया नो मृड (मैसं. तया वधेम) तस्यास् (मैसं. ...स्यै) ते नमस्तस्यास्त उप जीवन्तो (मैसं. तस्यास्ता उप पत्सूतो जीवा) भूयास्म – तैसं.५.५.६.१; मैसं.2.१३.१2: १६2.७ प्रः या ता इषुर्युवा नाम – माश्रौसू. ६.१.८ द्र. उत्तरम्
या त इषुर्युवा नाम तस्यै ते विधेम तया नः पाहि तस्यै ते स्वाहा – काठसं.४०.३ द्र. पूर्वम्
या त इषुः श्वितमा – तैसं.४.५.१.१ / १; काठसं. १७.११ / १; नील उप.७ / १
या त ऊतिरमित्रहन् – ऋ.६.४५.१४ / १
या त ऊतिरवमा या परमा – ऋ. ६.2५.१ / १; ऐब्रा. ४.३2.१; कौषी ब्रा.22.2; 2४.2 चः या त ऊतिरवमा आश्रौ. ७.६.४; या त ऊतिः शांश्रौसू.१०.३.६; ११.१०.८; १८.१६.३
या ते एषा रराट्या तनूः – पारगृसू.३.१३.५ / १; आपमपा. 2.22.१ / १ (आपगृ.८.22.६); हिर गृसू.१.५.३ / १
यातं वर्तिर्नृपाय्यम् – ऋ. ८.2६.१५ / 2
यातं वर्तिस्तनयाय त्मने च – ऋ.१.१८४.५ / ३
या तक्ष्म रथां इव – ऋ. ५.७३..१० / ३
यातं छर्दिष्पा उत नः परस्पा – ऋ.८.६.११ / १; अ. 2०.१४१.१ / १
यातनान्धांसि पीतये – ऋ.७.५६.५ / 2
यातमच्छा पतत्रिभिः – ऋ.१०.१४३.५ / ३
यातमश्विना सुकृतो दुरोणम् – ऋ. ४.१३.१ / ३
यातमश्वेभिरश्विना – ऋ.८.५.७ / ३
यातमिषा च विदुषे च वाजम् – ऋ. १.११७.१० / ४
यातमृतस्य पथिभिः – ऋ. ८.22.७ / 2
यातं पाराय गन्तवे – ऋ. १.४६.७ / 2
यातयज्ज्नो गृणते सुशेवः – ऋ. ३.५६.५ / 2; तैब्रा. 2.८.७.६ / 2
यातयमानो अधि सानु पृश्नेः – ऋ. ६६.४ / ४
या तव तनूरियं सा मयि यो (का. या) मम तनूरेषा सा त्वयि – वा. ५.६; का. ५.2.४; शब्रा. ३.४.३.६ तु. अत्र अग्ने व्रतपते या
या तव तनूर्मय्यभूदेष स त्वयि यो (का. या) मम तनूस्तवय्यभूदियं सा मयि – वा. ५.४०; का. ५.६.७; शब्रा. ३.६.2.१ तु. अत्र अग्ने व्रतपते या
या ता इषुरादिः द्र. या त आदि
या तां रात्रीमुपास्महे – पारगृसू.३.2.2 / 2 द्र. यां त्वा रात्रि, तथा ये त्वा रात्रि

याता रथेभिरध्रिगुः – ऋ.८.७०.१/2; अ.20.६2.१६/2; १०५.४/2; सा.१.2७३/2; 2.2८३/2
याति देवः प्रवता यात्युद्वता – ऋ.१.३५.३/१
या तिरश्चि निपद्यसे (बृह उप.आश्रौ.शांश्रौसू.साम मन्त्रब्रा. ...ते) – शब्रा. १४.९.३.३/१; आश्रौ. ८.१४.४/१; शांश्रौसू. ४.१८.१/१; साम मन्त्रब्रा.१.५.६/१; आपमपा. 2.८.५/१ (आपगृ. ५.१2.९,१०); हिर गृसू. १.2.१८/१; बृह उप.६.३.१/१ प्रः या तिरश्ची –गोभि गृसू.2.७.१४; ४.६.६; खादि गृसू. 2.2.2९
याति शुभ्राभ्यां यजतो हरिभ्याम् – ऋ.१.३५.३/2
याति शुभ्रा विश्वपिशा रथेन – ऋ.७.७५.६/३
यातुजम्भनमांजन – अ. ४.९.३/2
यातुधानक्षयणं घृतेन – अ.६.३2.१/2
यातुधानं किमीदिनम् – अ. १.७.१/2; ४.20.८/2 तु. यातुधाना किं..., तथा यातुधनान् किं...
यातुधानमथो वृकम् – अ. ४.३.४/४
यातुधानस्य रक्षसः – ऋ. १०.८७.2५/३; सा.१.९५/३
यातुधानस्य सोमप – अ.१.८.३/१
यातुधाना किमीदिना – ऋ. १०.८७.24/2 तु. अत्र यातुधानं किम...
यातुधाना निर्ऋतिरादु रक्षः – अ.७.७०.2/१; तैब्रा.2.४.2.2/१
यातुधानान् किमीदिनः – अ.१.2८.१/४ तु. अत्र यातुधानं किम...
यातुधनान् वि लापय – अ.१.७.2/४,६/४
यातुधाना हेतिः – वा.१५.१६; तैसं. ४.४.३.१; मैसं. 2.८.१०: ११४.१४; काठसं. १७.९; शब्रा. ८.६.१.१७
यातुधानेभ्यः कण्टकीकारीम् (तैब्रा. कण्टककारम्) – वा. ३०.८; तैब्रा.३.४.१..५
यातुधानो य इदं कृणोति – अ.८.३.८/2 द्र. यो यातुधानो
यातुर्मेऽसि – काठसं.३७.१३,१४
यातुहनं त्वा वज्रं सादयामि–काठकसं. ३९.५; आपश्रौ. १६.३०.१
यातुंश्च सर्वा जम्भयत् – अ. ४.९.९/३ तु. अरातीर्
यातून्मनून्गान्धर्वान्राक्षसांश्च – कौसू.१०६.७/2
या ते अग्न उत्सी दतः पवमाना प्रिया तनूस्तया सह पृथिवीमाविश रथंतरेण साम्ना गायत्रेण च छन्दसा – आपश्रौ. ५.2६.५
या ते अग्ने पर्वतस्येव धारा – ऋ.३.५७.६/१
या ते अग्ने पवमाना तनूः पृथिवीमन्वाविवेश याग्नौ या रथंतरे या गायत्रे छन्दसि या त्रिवृति स्तोमे यान्ने तां त एतदवरुन्धे – काठकसं.७.१४ तु. उत्तरम्
या ते अग्ने पशुषु पवमाना प्रिया तनूर्या पृथिव्यां याग्नौ या रथंतरे या गायत्रे छन्दसि तां त एतेना वायजे स्वाहा – आपश्रौ. ५.१६.४ तु. पूर्वम्
या ते अग्ने पावका तनूरन्तरिक्षमन्वाविवेश या वाते या वामदेव्ये या त्रैष्टुभे छन्दसि या पंचदशे स्तोमे या पशुषु तां त एतदवरुन्धे – काठसं.७.१४ तु. उत्तरमेकवर्जम्
या ते अग्ने पावका या मनसा प्रेयसी प्रिया तनूस्तया सहान्तरिक्षमाविश वामदेव्येन साम्ना त्रैष्टुभेन च छन्दसा – आपश्रौ. ५.2६.५
या ते अग्नेऽप्सु पावका प्रिया तनूर्यान्तरिक्षे या वायौ या वामदेव्ये या त्रैष्टुभे दन्दसि तां त एतेनावयजे स्वाहा – आपश्रौ. ५.१६.४ तु. पूर्वमेकवर्जम्
या ते अग्ने यज्ञिया तनूस्तया मे ह्यारोह तया मे ह्याविश – गोब्रा. 2.४.६; वैसू.2४.१४ तु. या ते यज्ञिया
या ते अग्ने यज्ञिया तनूस्तयेहि – तैसं. ३.४.१०.५; तैब्रा. 2.५.८.८/१; आश्रौ. ३.१०.६/१; आपश्रौ. ६.2८.११/१; माश्रौसू. १.६.३.३/१ प्रः या ते अग्ने यज्ञिया तनूः – बौधसू. 2.१०.१७.2६ तु. या ते यज्ञिया
या ते अग्नेऽयःशया तनूर्वर्षिष्ठा गह्वरेष्ठा (काठसं. वर्षिष्ठ गह्वरेष्ठः) – मैसं.१.2.७: १७.४; काठसं. 2.८; माश्रौसू. 2.2.१.३९ द्र. पूर्वं तथा उत्तरम्
या ते अग्नेऽयाशया रजाशया हराशया तनूर्वर्षिष्ठा गह्वरेष्ठा – तैसं. १.2.११.2 प्रः या ते अग्नेऽयाशया तनूः –आपश्रौ. ११.३.१2 द्र. पूर्वद्वयम्
या ते अग्ने योगवती प्रिया तनूः स्वर्शोखाराद्वाखाततयेदपात्रम् आरोहति तस्मै ते नमः स्वाहा – माश्रौसू.८.2३
या ते अग्ने राजःशया (मैसं.माश्रौसू. राजा..) तनूर्वर्षिष्ठा गह्वरेष्ठा – वा. ५.८; शब्रा. ३.४.४.24 प्रः या ते अग्ने रजाशया –मैसं. १.2.७: १७.६; माश्रौसू.2.2.१.३९ द्र.उत्तरम्
या ते अग्ने अग्ने रजाशया हराशया तनूर्वर्षिष्ठा गहनेष्ठा वर्षिष्ठा गह्वरेष्ठा – काठसं. 2.८ द्र. पूर्वम्
या ते अग्ने रुद्रिया तनूस्तया नः पाहि तस्यास् (मैसं. काठसं.तस्यै) ते स्वाहा – तैसं. १.2.११.2; मैसं. १.2.७: १७.६; काठसं.2.८ प्रः या ते अग्ने रुद्रिया तनूः – तैसं. ६.2.2.७; काठसं. 2४.९; मैसं.३.७.१०: ९१.७; आपश्रौ. ११.2.४; माश्रौसू.2.2.१.४६
या ते अग्ने शुचिस्तनूर्दिवमन्वाविवेश या सूर्ये या बृहति या जागते छन्दसि य सप्तदशे स्तोमे यापसु तां त

एतदवरुन्धे – काठसं.७.१४ द्र. उत्तरम्
या ते अग्ने सूर्ये शुचिः प्रिया तनूर्या दिवि यादित्ये या बृहति या जागते छन्दसि तां त एतेनावयजे स्वाहा – आपश्रौ.५.१६.४ तु. पूर्वम्
या ते अग्ने सूर्ये शुचिः प्रिया तनूः शुक्रेऽध्यधि संभृता तया सह दिवमाविश बृहता साम्ना जागतेन च छन्दसा – आपश्रौ. ५.2६.५
या ते अग्ने हरिशया (का. हरीशया; मैसं.माश्रौसू. हराशया) तनूर्वर्षिष्ठा गह्वरेष्ठा – वा. ५.८; का.५.2.८; शब्रा.३.४.४.2५ प्रः या ते अग्ने हराशया – मैसं.१.2.७: १७.६; माश्रौसू.2.2.१.३६
या ते अष्ट्रा गोओपशा – ऋ.६.५३.६/१
या ते काकुत् सुकृता या वरिष्ठा – ऋ. ६.४१.2/१; तैब्रा.2.४.३.१३/१
या ते गात्राणामृतुथा कृणोमि – ऋ. १.१६2.१६/३; वा. 2५.४2/३; तैसं.४.६.६.३/३; काठसं अश्व. ६.५/३; माश्रौसू. ६.2.४/३
या ते घर्म दिव्या शुग्या गायत्र्यां हविर्धाने सा त आप्यायतां निष्टयायतां तस्यै ते स्वाहा – वा. ३८.१८; शब्रा. १४.३.१.४ प्रः या ते घर्म दिव्या शुक् – कात्यश्रौसू. 2६.७.४
या ते घर्म पृथिव्यां शुग् या जगत्यां सदस्या सा त आदि; तथा पूर्वं वा. ३८.१८; शब्रा.१४.३.१.८
या ते घर्मान्तरिक्षे शुग्या त्रिष्टुभ्याग्नीध्रे स त आदि वा. ३८.१८; शब्रा.१४.३.१.६
या ते जनेषु पंचसु – ऋ.३.३७.६/2; अ.2०.2०.2/2; ५७.५/2; तैसं.१.६.१2.१/2; मैसं. ४.१2.2/2: १८2.३; काठसं.८.१६/2
या ते जिह्वा मधुमती सुमेधाः – ऋ.३.५७.५/१
या ते तनूः पितृष्वाविवेश – अ.१६.३.३/2 द्र. अत्र यस्त आत्मा
या ते दिद्युदवसृष्टा दिवस् परि – ऋ.७.४६.३/१; निरु. १०.७/१
या ते धामानि दिवि या पृथिव्याम् – ऋ.१.६१.४/१; तैसं.2.३.१४.१/१; मैसं.४.१०.३/१: १४६.१2; ४.१४.१: 2१४.८; काठसं.१३.१५/१; तैब्रा.2.८.३.2/१; आश्रौ.2.६.६; ३.७.७; ४.३.2 प्रः या ते धामानि दिवि –शांश्रौसू. ३.१2.५; ६.१०.३; या ते धामानि –काठसं. 2०.१५; तैसं. ४.१.११.१; आपश्रौ.१०.३१.2; माश्रौसू.५.2.७.७
या ते धामानि परमाणि यावमा – ऋ.१०.८१.५/१; वा. १७.2१/१; तैसं. ४.६.2.५/१; मैसं.2.१०.2/१: १३३.१०; काठसं. १८.2/१; आश्रौ.2.१८.१६; ३.८.१ प्रः या ते धमानि परमाणि – शांश्रौसू.३.१५.१६
या ते धामानि वृषभ तेभिरा गहि – ऋ. ८.2१.४/३
या ते धामानि हविषा यजन्ति – ऋ.१.६१.१६/१; वा.४.३७/१; तैसं.१.2.१०.१/१; मैसं. ४.१2.४/१: १८८.११; ४.१४.१: 2१४.११; काठसं. ११.१३/१; ऐब्रा.१.१३.2१; कौषी ब्रा. ७.१०; शब्रा.३.३.४.३०/१; तैब्रा.2.८.३.१; आश्रौ.३.७.७; ४.४.६ प्रः या ते धामानि हविषा –शांश्रौसू. ५.५.2; ६.६; ६.१०.३; या ते – कात्यश्रौसू. ७.६.३2
या ते धामान्युश्मसि गमध्यै – वा.६.३/१; शब्रा.३.७.१.१५/१ प्रः या ते –कात्यश्रौसू.६.३.८ द्र. अत्र ता ते धामानि
या ते पतिघ्नी तनुः – हिर गृसू.१.2४..५/३ द्र. उत्तरद्वयम्, तथा यास्यां पतिघ्नी
या ते पतिघ्नी प्रजाघ्नी पशुघ्नी गृहघ्नी यशोघ्नी निन्दिता तनूर्जारघ्नीं तत एनां करोमि सा जीर्य त्वं मया सहासौ – पारगृसू.१.११.४ द्र. अत्र पूर्वम्
या ते पतिघ्न्यलक्ष्मी देवरघ्नी जारघ्नीं तं करोम्यसौ स्वाहा – शां गृ सू.१.१६.४ द्र. अत्र पूर्वमेकवर्जम्
या ते प्राण प्रिया तनूः – अ.११.४.६/१
या ते प्राणांछुग्जगाम या चक्षुर्या श्रोत्रं – तैसं.१.३.६.१ प्रः या ते प्राणांछुग्जगाम–आपश्रौ. ७.१८.८
या ते भीमान्यायुधा – ऋ. ६.६१.३०/१; सा.2.१३०/१
यातेमखिद्रयामभिः – ऋ. १.३८.११/३
या ते मन्म गृत्समदा ऋतावरि – ऋ.2.४१.१८/३
या ते यज्ञिया तनूस्तयोरोह – काठसं.2.४ तु. या ते अग्ने यज्ञिया
या ते रातिर्ददिर्वसु – ऋ.१०.१३३.३/५; अ.2०.६५.४/५; सा. 2.११५३/५
या ते रुद्र शिवा तनूः – वा. १६.2/१;४६/१; तैसं. ४.५.१.१/१; १०.१/१; मैसं.2.६.2/१: १2०.१८; 2.६.६/१: १2७.११; काठसं.१७.११/१,१६/१; श्वेत उप. ३.५/१; छडप्स-।त्न: ८/१ प्रः या ते रुद्र शिवा तनूः –माश्रौसू.११.2 – ११.७.१; या ते रुद्र – बृ परासं. ६.११2
या तेऽवदीप्तिरवरूपा जातवेदः – कौसू. १३०.2/१
यातेव पत्मन् त्मना हिनोत – ऋ.७.३४.५/2
यातेव भीमस्त्वेषः समत्सु – ऋ.१.७०.११/2 यातेव भीमो – विष्णुर्न – त्वेषः समत्सु – क्रतुर्न – आश्रौ. ६.३.१/३
या ते वसोर्या त इष्टिः – अ.१६.५५.2/१

या ते शविष्ठ नव्या अकर्म – ऋ.५.2६.१५/2
या ते शिवतमा तनूः – मैसं.१.2.१/३: ६.१०; १.2.१४/३: 2३.६; १.2.१६/३: 2६.१३
या तेषामवया दुरिष्टिः – अ.2.३५.१/३; मैसं.2.३.८/३: ३६.१2 द्र. इयं तेषाम्
या ते हेतिमीढुष्टम (का. मील्हुष्टम) – वा.१६.११/१; का. १७.१.१०/१; तैसं.४.५.१.४/१; मैसं.2.६.2/१: १22.७; काठसं. १७.११/१; नील उप. १७/१
यात्यग्नी रथीरिव – ऋ. ४.१५.2/2; मैसं.४.१३.४/2: 20३.३; काठसं.१६.2१/2; ३८.१2/2; ऐब्रा.2.५.४; तैब्रा. ३.६.४.१/2; आपश्रौ. १६.६.७/2
यात्र पितरः स्वधा तया यूयं मादयध्वम् – माश्रौसू. १.१.2. 2३ द्र. उत्तरम्
यात्र पितरस्स्वधा यत्र यूयं स्थ सा युस्मासु तया यूयं यथाभागं मादयध्वम् – काठसं.६.६ द्र. पूर्वम्
यात् सूर्यामासा मिथ उच्चरातः – ऋ.१०.६८.१०/४; अ. 20.१६.१०/४
याथातथ्यतोऽर्थन् व्यदधात् – वा.४०.८/४; ईश उप. ८/४
या दक्षिणतः या पश्चात् यत्तरतः योपरिष्टाद्विद्युदापतत् तं त एतेनावयजे स्वाहा – तैआ.४.१४.१
या दभ्राः परिसस्रुषीः – शां गृ सू.३.१३.५/2 द्र. या आर्द्रोध्नीः
या द्रपती समनसा – ऋ.८.३१.५/१ तु. बृहद. ६.७४
यादसे शाबल्याम् (तैब्रा. शाबुल्याम्) – वा.३०.20; तैब्रा.३. ४.१.१५
या दस्रा सिन्धुमातरा – ऋ.१.४६.2/१; सा.2.१०७६/१
या दिव्या अपः पयसा (आगृ. पृथिवी) संबभूवुः – तैब्रा.2. ७.१५.४/१; ३.१.2.३/१; आगृ.४.७.१५/१ प्रः या दिव्या आपः आपश्रौ.22.2८.१३; या दिव्याः याधशा.१. 2३१; औशधशा. ५.३६; बृ परासं.५.१८६ द्र. या आपो दिव्या
या दिव्या वृष्टिस्तया त्वा श्रिणामि – तैसं. १.४.22.१; ६. ५.६.५; मैसं.४.६.६: ६2.६; काठसं.४.१०; 2८.६; आपश्रौ. १३.६.८; माश्रौसू.2.५.१.४
या दुरिता परिबाधमाना – हिर गृसू.१.४.४/१ द्र. इयं दुरुक्तात्
या दुर्हार्दो युवतयः – अ.१४.2.2६/१
यादृगेव ददृशे तादृगुच्यते – ऋ. ५.४४.६/१
यादृश्मिन् धायि तमपस्यया विदत् – ऋ.५.४४.८/३; निरु. ६.१५ प्रः यादृश्मिन् – निरु. १.१५
यादेव विद्म तात् त्वा महान्तम् – ऋ.६.2१.६/४

या देवानामसि स्वसा – ऋ.2.३2.६/2; अ. ७.४६.१/2; वा.३४.१०/2; तैसं.३.१.११.३/2; मैसं.४.१2.६/2: १६५.४; काठसं.१३.१६/2; निरु. ११.३2/2
या देवीः पंच प्रदिशः – अ.११.६.22/१
या देवीरन्तां अभितोऽददन्त – अ.१४.१.४५/2 द्र. याश्च ग्ना, याश्च देवीर्, तथा याश्च देवीस्
या देवीः स्थेष्टकाः सुशेवा उपशीवरीस्ता मोपशेध्वम् जाया इव सदमित् पतिम् – मैसं.2.१३.१६: १६४.१2 प्रः या देवीः स्थेष्टकाः सुशेवाः – माश्रौसू. ६.2.३
या देवेषु तन्वमेरयन्त – ऋ. १०.१६६.३/१; तैसं.७.४.१७. १/१; काठसं. ४.६/१; ।ह.2.१०.६
या देव्यष्टकासि – काठसं.३५.१2/१ द्र. उत्तरम्
या देव्यष्टकेष्वपसापस्तमा – मागृसू..2.८.४/१ द्र. पूर्वम्
या देव्यासीष्टक आयुर्दा उपशीवरी सा माम् उपशेष्व जायेव पतिमित् सदा – काठसं.३६.६; आपश्रौ. १७. ५.१६ द्र. उत्तरम्
या देव्यसीष्टक आयुर्दाः प्राणदा अपानदा व्यानदाश्चक्षुर्दाः श्रोत्रदाः पृथिव्यामन्तरिक्षे दिवः पृष्ठ उपशीवरी सा मोपशेष्व जायेव सदमित् पतिम् – मैसं.2.१३.१: १६४. १० प्रः या देव्यसीष्टक आयुर्दाः – माश्रौसू. ६.2.३ द्र. पूर्वम्
या देव्यसीष्टके कुमार्य उपशीवरी सा मोपशेष्व जायेव सदमित् पतिम् – मैसं.2.१३.१६: १६४.७ प्रः या देव्यसीष्टके कुमार्युपशीवरी – उ६६..2.३
या देव्यसीष्टके प्रफर्व्युपशीवरी सा मोपशेष्व जायेव सदमित् पतिम् – मैसं.2.१३.१६: १६४.८
या देव्यसीष्टके प्राणदा व्यानदा अपानदाश् (आपश्रौ. प्राणदा अपानदा व्यानदाश्) चक्षुर्दाः (आपश्रौ. ...दा) श्रोत्रदा वाग्दा आत्मदाः पृथिविदा अन्तरिक्षदा द्यौर्दाः (आपश्रौ. ...दा) स्वर्दाः कुमारीदाः प्रफर्वीदाः (आपश्रौ. ...विदाः) प्रथमौपशदा युवतिदा उपशिवरी सा माम् उपशेष्व जायेव पतिमित् सदा – काठसं.३६.६; आपश्रौ. १७.५.१६
या देव्यसीष्टके युवतिरुपशीवरी सा मोपशेष्व जायेव सदमित् पतिम् – हस्त.2.१३.१६: १६४.६
या दैवीश्चतस्रः प्रदिशः – तैब्रा.2.५.६.2/१; आपमपा. 2. १2.८/१ (आपगृ. ६.१५.४); हिर गृसू. 2.४.१/१ द्र. इमा या देवीः
या दोहते प्रति वरं जरित्रे – ऋ. १०.१३३.७/2
याद्ददाति तदेवास्य – जैब्रा.2.३४/५ चंतज वि पुरश्चक्रम्
याद्राध्यं वरुणो योनिमप्यम् – ऋ.2.३८.८/१

या द्विपक्षा चतुष्पक्षा – अ.६.३.2१/१
या धर्तारा रजसो रोचनस्य – ऋ..५.६६.४/१
या धारयन्त देवा – ऋ.७.६६.2/१; तैब्रा. 2.४.६.४/१
या न उपेषे अत्रः – ऋ.१.१2६.८/५
या न ऊरू उशती विश्रयाते (अ. ...ति; आपमपा.हिर गृसू. विस्रयातै) – ऋ.१०.८५.३७/३; अ.१४.2.३८/३; आपमपा. १.११.६/३; हिर गृसू. १.20.2/३ द्र. सा न ऊरू
या नः पीपरदश्विना – ऋ.१.४६.६/१; अ.१६.४०.४/१
या नः प्रजां मनुष्यां सं सृजन्ते – कौसू.१३०.2/४; १३१.2/४
यानग्नयो अन्वतप्यन्त (तैसं. ऽन्व...) धिष्ण्याः – अ.2.३५.१/2; तैसं.३.2.८.३/2; मैसं. 2.३.८/2: ३६.१६
यानसावतिसरान् – अ.५.८.७/१
या नः सयावरी स्थन – आश्रौ.१.११.८/2
यानहं द्वेष्मि य च माम् – अ. ३.६.१/४,३/४,५/४
यानाक्रम्य न मुच्यसे – अ. ८.८.१६/2
यानावह उशतो देव देवान् – अ. ७.६७.३/१; तैसं.१.४.४४.2/१; मैसं.१.३.३८/१: ४४.१2/१ प्रः यानावहः – वैसू.४.१३ द्र. यां आवह
या नाष्ट्रा अतितार्याः – अ.८.2.2७/2
यानाहुरितरां छतम् – अ.३.११.५/४,७/५
यानि करिष्या कृणुहि प्रवृद्ध – ऋ.१.१६५.६/४; वा.३३.७६/४; मैसं. ४.११.३/४: १६६.६; काठसं. ६.१८/४
यानि कर्माणि शक्रिरे – अ. ४.७.७/2; ५.६.2/2 द्र. यस्यां कर्माणि
यानि कानि च घोराणि – साम मन्त्रब्रा.१.३.६/१ तु. यानि रक्षांसि
यानि कानि च चकृम – मैसं.१.2.१०/४: 20.११; 2.७.१०/४: ८६.१; आपश्रौ. ११.१2.३/४ (पाण्डुलिपौ च इत्यस्य अभावः)
यानि कानि चिच्छान्तानि – अ.१६.६..१३/३
यानि क्षेत्राणि या वना – अ.१४.2.७/2 द्र. यानि धन्वानि
यानि घर्मे कपालानि – तैसं.१.१.७.2/१; ५.१०.३/१; मैसं.१.१.८/१: ४.१४; ४.१.८/१ १०.१३; काठसं.१.७/१; ३१.६; कात्यश्रौसू.2.८.१६/१; माश्रौसू.१.३.५.22
यानि चकर्थ पौंस्या – ऋ.४.३2.११/2
यानि चकार प्रथमानि वज्री – ऋ.१.३2.१/2; अ.2.५.५/2; आसं.३.११/2; मैसं.४.१४.१३/2: 2३७.७; तैब्रा.2.५.४.१/2
यानि चकार भुवनस्य यस्पतिः – अ.१६.20.2/१
यानि चक्षूंषि ते भव – अ.११.2.५/2
यानि चित्तनि वो हृदि – अ.३.2.2/2
यानि च्यवमिन्द्र (मैसं. ...द्रा) इर्दिश एषाम् – ऋ. १.१६५.१०/४; मैसं.४.११.३/४: १६६.११; काठसं. ६.१८/४
यानि जीतस्य वावृतु५ – अ.५.१६.१३/2
यानि तेऽन्तः शिक्यानि – अ.६.३.६/१
यानि त्रीणि प्रजापतौ – अ.१०.७.४०/४
यानि त्रीणि बृहन्ति – अ.८.६.३/१
यानि दाधार नकिरा मिनाति – ऋ.६.३०.2/2
यानि देवा अकृण्वत – ऋ. १.३६.५/४
यानि धन्वानि ये वना – आपमपा. १.७.६/2 द्र. यानि क्षेत्राणि
यानि नक्षत्राणि दिव्यन्तरिक्षे – अ.१६.८.१/१ प्रस्तुतसूक्तं नक्षत्रकल्पे 26 अध्यायः द्र. इण्दिशे स्तुदीयन, ४, ४३३, पादटि. 2
यानि नोऽजिनं धनानि – तैब्रा.2.५.३.१/१ द्र. उत्तरम्
यानि नो धनानि – आश्रौ.2.१०.१६/१ द्र. पूर्वम्
यानि पंचधा त्रीणि तेभ्यो न ज्यायः परमन्यदस्ति छा.उप. 2.22.2/१2
यानि पयांसि दिव्य आर्पितानि – कौसू. ११५.2/१
यानि प्रभूणि वीर्याणि – हिर गृसू.१.2५.१/१ द्र. यानि भद्राणि
यानि प्रवृद्धो वृषभश्चकार – ऋ.८.६६.2/४; मैसं.३.८.३/४: ६५.६; काठसं.६.१६/४
यानि प्रागाग्निमारुतात् – वैसू.20.११/४
यानि ब्रुवन्ति वेधसः सुतेषु – ऋ.७.2६.३/2
यानि भद्राणि बीजानि – अ.३.2३.४/१; शां गृ सू. १.१६.१०/१; आपमपा. १.१३.३/१ (आपगृ. ३.८.१३) द्र. यानि प्रभूणि।
यानि मनुरवृणिता पिता नः – ऋ.2.३३.१३/३
यानि रक्षांस्यभितो व्रजन्ति – मागृसू.. १.११.६/१ तु. यानि कानि च घोराणि
यनि रूपाण्युत वृष्ण्यानि – ऋ.१.१०८.५/2
यानि लोमान्यघ्न्ये – अ.१०.६.2४/2
यानि वान्तः परीणहि – अ.१६.४८.१/2
यानि स्थनान्यश्विना दधथे – ऋ. ७.७०.३/१
यानि स्थानान्यसृजन्त धीराः – ऋ.८.५६(वाल. ११).६/३
यानीन्द्राग्नी चक्रथुर्वीर्याणि – ऋ.१.१०८.५/१
या नु दधृष्वान् कृणवै मनीषा – ऋ.१.१६५.१०/2: मैसं. ४.११.३/2: १६६.१०; काठसं. ६.१८/2
या नु श्वेतावववो दिवः – ऋ.८.४०.८/१
या नु साधन्त नो धियः – ऋ.८.४०.६/४
या नु स्वसारा कृणवन्त योनौ – ऋ.१.१७८.2/2

यान् ऋषयो सृजन्ति ये च सृष्टाः पुराणैः – गोब्रा. १.५.2५/४
या नो ददाति श्रवणं पितृणाम् – काठसं.१३.१६/३ द्र. सा नो ददातु
या नो दूरे तडितो या अरातयः – ऋ.2.2३.६/३; निरु. ३.११/३
या नो दोहते त्रिरहन्नसश्चुषी – ऋ.६.८६.१८/३; सा.2.५०४/३
या नो मित्राण्यर्बुदे – अ.११.६.2/४
यान् कांश्चेमानृ प्राणभृतां जिघांसन् – कौसू.१३५.६/४
यां तितर्पयिषेत् कां चित् – शां गृ सू.१.2.७/१२
यान्ति शुभ्रा रिणन्नपः – ऋ.८.७.2८/३ द्र. शुभा यासि
यां ते कृत्यां कूपेऽवदधुः – अ.५.३१.८/१
यां ते चक्रुः कृकवाकौ – अ.५.३१.2/१
यां ते चक्रुः पुरुषास्थे – अ.५.३१.६/१
यां ते चक्रुरमूलायाम् – अ.५.३१.४/१
यां ते चक्रुरामे पात्रे – अ.४.१७.४/१; ५.३१.१/१ प्रः यां ते चक्रुः – कौसू.३६.७
यां ते चक्रुरेकशफे – अ.५.३१.३/१
यां ते चक्रुर्गार्हपत्ये – अ.५.३१.५/१ तु. अग्नौ वा त्वा
यां ते चक्रुः सभायाम् – अ.५.३१.६/१
यां ते चक्रुः सेनायाम् – अ.५.३१.७/१
यां ते त्वचं बिभिदुर्यां च योनिम् – वैसू.2४.१/१
यां ते धेनुं निपृणामि – अ.१८.2.३०/१
यां ते बर्हिषि यां श्मशाने – अ.१०.१.१८/१
यां ते रुद्र इषुमास्यत् – अ.६.६०.१/१ प्रः यां ते रुद्रः – कौसू.३१.७
यां ते वसिष्ठो अर्चिति प्रशस्तिम् – ऋ.७.22.३/2; अ. 2०.११७.३//; सा.2.2७६/2; मैसं.४.१2.४/2: १८६.३; काठसं.१2.१५/2
यां त्वा गन्धर्वो खनत् – अ.४.४.१/१; कौसू. ४०.१४/१
यां त्वा जज्ञुर्वृषभस्य रवेण – ऋ.७.७६.४/३
यां त्वा जनो भूमिरिति प्रमन्दते – वा.१2.६४/३; मैसं.2.2.१/३: १५.१५; काठसं अश्व.१६.१2/३; शब्रा. ७.2.१.११ द्र. भूमिरिति
यां त्वा दिवो दुहितर्वर्धयन्ति – ऋ. ७.७७.६/१
यां त्वा देवा असृजन्त विश्वे – अ.१.१३.४/१
यां त्वा पूर्वे भूतकृतः – अ.६.१३३.५/१
यां त्व रात्र्यपास्महे (तैसं. उपासते; साम मन्त्रब्रा. रात्रि यजामहे) – अ.३.१०.३/2; तैसं.५.७.2.१/2; साम मन्त्रब्रा.2.2.१८/2 द्र. अत्र या तां रात्रीम्
यां त्वा विश्वस्य भूतस्य (मागृसू. कके भव्यस्य) – पारगृसू.१.७.2/३; मागृसू.१.१०.१५/३ द्र. तां त्वा आदि
यां देवा अनुतिष्ठनित – अ.११.१०.2७/१
यां देवाः प्रजापतिगृहपतय ऋद्धिमराध्नुवंस्तामृद्धिं रात्स्यामः – ऐब्रा. ५.2५.१३; आश्रौ.८.१३.१०
यां देवाः प्रति नन्दन्ति (साम मन्त्रब्रा. पश्यन्ति) – अ.३.१०.2/१; साम मन्त्रब्रा.2.2.१७/१ द्र. यां जनाः।
यां द्विपादः पक्षिणः संपतन्ति – अ.१2.१.५१/१
यान्नाजुजोषं परि तानवृजम् – काठसं. ३.2; 2६.३
यां नीविं कृणुषे त्वम् – अ.८.2.१६/2
यान्नु द्यावस्ततनन्यादुषसः – ऋ.७.८८.४/४
यान्यन्तरिक्षे बहुधा भूनि – कौसू. ११५.2/2
यान्यन्नानि ये रसाः – अ.१६.३१.४/2
यान्यपामित्यान्यप्रतीत्तान्यस्मि – तैब्रा.३.७.६.८/१; आपश्रौ. १३.22.५/१ द्र. अत्र अपमित्यम्
यान्याविर्या च गुहा वसूनि – ऋ. १०.५४.५/2
यान्यासन्त्सवितुः सवे – मैसं.१.६.१/४: ८५.६; काठसं.७.१2/४; तैब्रा.१.2.१.१३/४; आपश्रौ. ५.७.१७/४
यान्राये मर्तान्त्सुषूदो अग्नू – ऋ.१.७३.८/१
यान् वो नरो देवयन्तो निमिम्युः – ऋ.३.८.६/१; आश्रौ. ३.१.१० प्रः यान् वो नरः – शांश्रौसू.६.६.७; शां गृ सू. ५.३.३
यान् सीं बन्धादमुंचताम् – ऋ.८.४०.८/५
या पंरच चर्षणीरभि – ऋ.५.८६.2/३
या पत्येते अप्रतीता सहोभिः – वा.८.५६/३; मैसं.४.१४.६/३: 22३.८; षड् ब्रा.१.५.१३/३; शब्रा. ४.५.७.७/३; तैब्रा. 2.८.४.५/३; आश्रौ.५.2०.६/३; शांश्रौसू.३.2०.४/३ द्र. यौ पत्येते।
या पर्वतेष्वोषधीष्वप्सु – ऋ.१.५६.३/३; ६१.४/2; तैसं.2.३.१४.१/2; मैसं. ४.१०.३/2: १४६.१2; काठसं. १३.१५/2; तैब्रा.2.८.३.2/2
याप सर्प विजमाना विमृग्वरी – अ. १2.१.३७/१
या पात्राणि यूष्ण आसेचनानि – ऋ.१.१६2.१३/2; वा. 2५.३६/2; तैसं.४.६.६.१/2; मैसं.३.१६.१/2: १८३.४; काठसं अश्व.६.४/2
या पुरस्ताद् युज्यते या च पश्चात् – अ.१०.८.१०/१ प्रः या पुरस्ताद् युज्यते – गोब्रा.१.१.22
या पुरस्ताद्विद्युदापतत् तां त एतेनावयजे स्वाहा – तैआ. ४.१४.१ प्रः या पुरस्ताद्विद्युदापतत् आपश्रौ. १५.१७.2
या पूरुभ्यस्त्रसदस्युर्नितोशे – ऋ. ४.३८.१/2
या पूर्वं पतिं वित्त्वा – अ.६.५.2७/१
या पृतनासु दुष्टरा – ऋ.५.८६.2/१

या पृथिव्यां यान्तरग्नौ – अ.१७.१.१३/2
या पृष्ञती तां पिशांगी तां सारंगी तां कल्माषी तां पृश्निस्तां श्वेता – मैसं.४.2.४: 2५.१६
या प्रथमा व्यौच्छत् – तैसं.४.३.११.५/१; पारगृसू.३.३.५/१; हिर गृसू. 2.१४.५ द्र. प्रथमा ह, तथा तु. इयमेव सा या प्रथमा, तथा अर्हणा
या प्रथमा संस्कृतिर्यो अस्मिन् – मैसं. १.३.१2/१: ३५.३ प्रः या प्रथमा संस्कृतिः – माश्रौसू.2.४.१.2४ द्र. स प्रथमः तथ सा प्रथमा
या प्राचीनमुदिता सूर्यस्य – ऋ.७.७६.३/2; पंचब्रा. 2५.८.४/2
या प्लीहानं शोषयति – अ.३.2५.३/१
या बभ्रवो याश्च शुक्राः – अ.८.७.१/१ प्रः या बभ्रवः – वैसू.३०.६; कौसू.2६.३३
या बिभर्ति बहुधा प्राणदेजत् – अ.१2.१.४/३; मैसं.४.१४.११/३: 2३.१५
या भानुना रुशता राम्यासु – ऋ.६.६५.१/३
याभिः कण्वमभिष्टिभिः – ऋ.१.४७.५/१
याभिः कण्वं प्र सिषासन्तमावतम् – ऋ.१.११2.५/३
याभिः कण्वं मेधातिथिम् – ऋ. ८.८.20/१
याभिः कण्वस्य सूनवः – ऋ.१.४५.५/३
याभिः कर्कन्धुं वय्यं च जिन्वथः – ऋ.१.११2.६/३
याभिः काण्वस्योप बर्हिरासदम् – ऋ.८.१.८/३
याभिः कुत्सं श्रुतर्यं नर्यमावतम् – ऋ.१.११2.९/३
याभिः कुत्समार्जुनेयं शतक्रतू – ऋ.१.११2.2३/१
याभिः कुष्ठं निरावहन् – अ.५.४.५/४
याभिः कृशानुमसने दुवस्यथः – ऋ.१.११2.21/१ प्रः याभिः कृशानुम् – माश्रौसू.४.2.३४
याभिः क्रिविं वावृधुस्ताभिरा गतम् – ऋ.८.22.१2/४
याभिः पक्थमवथो याभिरध्रिगुम् – ऋ. ८.22.१०/१ तु. भुज्युं याभिरवथो
याभिः पठर्वा जठरस्य मज्मना – ऋ.१.११2.१७/१
याभिः पत्नीर्विमदाय न्यूहथुः – ऋ.१.११2.१९/१
याभिः परिज्मा तनयस्य मज्मना – ऋ.१.११2.४/१
याभिः पुरा मनवे गातुमिषथुः – ऋ.१.११2.१६/2
याभिः पूर्भिद्ये त्रसदस्युमावतम् – ऋ.१.११2.१४/३
याभिः पृश्निगुं पुरुकुत्समावतम् – ऋ.१.११2.७/३
याभिरंगिरो मनसवा निरण्यथाः – ऋ.१.११2.१८/१
याभिरदृंहज् जगतः प्रतिष्ठाम् – तैब्रा.१.2.१.४/१; आपश्रौ. ५.2.१/१
याभिरन्तकं जसमानम आरणे – ऋ.१.११2.६/१
याभिरापृणासि दिवमन्तरिक्षम् – अ.१३.2.९/2; १८.2.९/2
याभिरिन्द्रमनयन्नत्यरातीः – वा.१०.१/४; तैसं.१.८.११.१/४; काठसं.१५.६/४; शब्रा. ५.३.४.३ द्र. ताभिरादि
याभिरिन्द्रमभ्यषिंचत्प्रजापतिः – ऐब्रा. ८.७.३/१
याभिरिन्द्रो वावृधि वीर्याय (अ. वीर्यावान्) – ऋ.१०.३०.४/४; अ.१४.१.३७/४; निरु.१०.१६/४
याभिर्गच्छति नान्दनम् – खिल.६.६७.१६/2 द्र. ताभिरादि
याभिर्गाभिरुदमयम् – ऐब्रा. ८.22.४/१
याभिर्गौशर्यमावतम् – ऋ.८.८.20/३
याभिर्ददासि दाशुषे वसूनि – ऋ.2.३2.५//; अ.७.४८.2/2; तैसं. ३.३.११.५/2; मैसं.४.१2.६/2: १६५.2; काठसं.१३.१६/2; साम मन्त्रब्रा.१.५.४/2; आपमपा. 2.११.११/2
याभिर्दशस्यथा क्रिविम् – ऋ. ८.20.2४/2
याभिर्देवा असुरानकल्पयन् – कौसू.१०६.७/१
याभिर्धियोऽवथः कर्मन्निष्टये – ऋ. १.११2.2/३
याभिर्धेनुमस्वं पिन्वथो नरा – ऋ.१.११2.३/३
याभिर्ध्वसन्तिं पुरुषन्तिमावतम् – ऋ. १.११2.2३/३
याभिर्नरं गोषुयुधं नृषाह्य – ऋ.१.११2.22/१
याभिर्नरा त्रसदस्युम् – ऋ. ८.८.21/१
याभिर्नरा शयवे याभिरत्रये – ऋ.१.११2.१६/१
याभिर्बभ्रुं विजोषसम् – ऋ.८.22.१०/2
याभिर्भरे कारमंशाय जिन्वथः – ऋ.१.११2.१/३
याभिर्मदाय शुम्भते – ऋ.६.३८.३/३; सा.2.६2९/३
याभिर्मदाय शुम्भसे – ऋ.६.2.७/३; सा.2.३६३/३
याभिर्मनुं शूरमिष समावतम् – ऋ. १.११2.१८/३
याभिर्महामतिथिग्वं कशोजुवम् – ऋ.१.११2.१४/१
याभिर्मायाभिः प्रतिजूतिवर्पसः – ऋ.३.६०.१/३
याभिर्मित्रावरुणव् (मैसं.काठसं. ...णा) अभ्यषिञ्चन् – वा.१०.१/३; तैसं.१.८.११.१/३; मैसं.2.६.८/३: ६८.१०; काठसं.१५.६/३; शब्रा. ५.३.४.३
याभिर्यासि दूत्यां सूर्यस्य – तैब्रा.2.५.५.५/३ द्र. ताभिरादि
याभिर्वंशानभिनिदधाति प्राणिनाम् – कौसू.१.३५.६/३
याभिर्वम्रं विपिपानमुपस्तुतम् – ऋ.१.११2.१५/१
याभिर्वर्तिकां ग्रसितामुंचतम् – ऋ.१.११2.८/३; आपश्रौ.१५.८.१2
याभिर्वशं दशव्रजम् – ऋ.८.८.20/2
याभिर्वशमश्व्यं प्रेणिमावतम् – ऋ. १.११2.१०/३
याभिर्वा सूर्यः सह – ऋ.१.2३.१७/2; अ.१.४५.2/2; वा.६.2४/2; ऐब्रा.2.20.22/2; आपश्रौ. 21.६.१३/2

याभिर्विप्रं प्र भरद्वाजमावतम् – ऋ.१.११2.१३ / ३
याभिर्विवेषो हर्यश्व धीभिः – ऋ.७.३७.५ / 2
याभिर्विश्पलां धनसामथर्व्यम् – ऋ. १.११2.१० / १
याभिर्वयश्वमुत पृथिमावतम् – ऋ. १.११2.१५ / ३
याभिः शचीभिर्वृषणा परावृजजम् – ऋ.१.११2.८ / १
याभिः शचीभिश्चमासां अपिंशत – ऋ. ३.६०.2 / १
याभिः शंताती भवथो ददाशुषे – ऋ.१.११2.20 / १
याभिः शर्यातमवथो महाधने – ऋ. १.११2.१७ / ३
याभिः शारीराजतं स्यूमरश्मये – ऋ.१.११2.१६ / ३
याभिः शुचन्तिं धनसां सुषंसदम् – ऋ.१.११2.७ / १
याभिस् त्रिमन्तुरभवद्विचक्षणः – ऋ. १.११2..४ / ३
याभिस् त्रिशोक उस्रिया उदाजत – ऋ.१.११2.१2 / ३
याभिः सत्यं भवति यद्वृणीषे – अ.६.2.2५ / 2
याभिः सिन्धुमतर इन्द्र पूर्भित् – ऋ.१०.१०४.८ / 2
याभिः सिन्धुमवथ याभिस्तूर्वथ – ऋ. ८.20.2४ / १
याभिः सिन्धुं मधुमन्तमसश्चतम् – ऋ.१.११2.६ / १
याभिः सुदानू औशिजाय वणिजे – ऋ.१.११2.११ / १
याभिः सुदास ऊहथुः सुदेव्यम् – ऋ.१.११2.१९ / ३
याभिः सूर्यं परियाथः परावति – ऋ.१.११2.१३ / १
याभिः सोमो मोदते हर्षते च – ऋ.१०.३०.५ / १ प्रः याभिः सोमो मोदते – वृ हासं.८.६५
या भीमाददुषो गृहे – अ.१2.४.४८ / ४
याभी रथां अवथो याभिरर्वतः – ऋ.१.११2.22 / ३
याभी रसां क्षोदसोद्नः पिपिन्वथुः – ऋ. १.११2.१2 / १
याभी रेभं निवृतं सितमद्भ्यः – ऋ.१.११2.५ / १
या भूमिर्वयधूनुत – अ.५.१८.१2 / 2; १६.११ / 2
याभ्य इन्द्रो अरदद् गातुमूर्मिम् – ऋ.७.४७.४ / 2
याभ्यां यमस्य सादनम् – तैआ. ६.१.१ / ३
याभ्यां रक्षांस्यपहंस्यग्नू (कौसू. ओदन) – वा.१८.५2 / 2; तैसं. ४.७.१३.१ / 2; मैसं.2.१2.३ / 2: १४६.८; काठसं. १८.१५ / 2; शब्रा. ६.४.४.४ / 2; कौसू. ६८.2६ / 2
याभ्यां रजो युपितमन्तरिक्षे – अ.४.2५.2 / 2
याभ्यां वितुदायसि – अ.2.३2.६ / 2
याभ्यां स्वर् (तैब्रा. सुवर्) अजनन् (तैब्रा. अजयन्) अग्र एव – मैसं.४.१2.६ / १: १६४.११; तैब्रा.2.४.५.७ / १ प्रः याभ्यां स्वरजनन् – माश्रौसू.५.2.७.४ द्र. याभ्यामजयन्।
याभ्यां कर्माणि कुर्वते (सा. कृण्व...) – अ.७.५४.१ / 2; सा.१.३६६ / 2
याभ्यां कुसिन्धं सुदृधं बभूव – अ.१०.2.३ / ४
याभ्यां गायत्रम्) च्यते – ऋ.८.३८.१० / ३
याभ्यां जितमसुराणां स्वर्यत् (सा. असुराणां सहो महत्) – अ.१६.१३.१४; सा.2.१2१६ / ४
याभ्यां निर्मथ्यते वसु – अ.१०.८.20 / 2
याभ्यां निर्मन्थतामश्विनौ देवौ – शब्रा. १४.६.४.2१ / 2; बृह उप.६.४.2१ / 2 द्र. यं निर्मन्थतो
याभ्यामजयन् स्वरग्र एव – अ.७.११०.2 / १ द्र. याभ्यां स्वर्
याभ्यामन्तरिक्षमावृतम् – अ.११.६.४ / ३
याभ्यामिदं विश्वमेजत् समेति – मैसं. 2.३.८ / ३: ३६.१५; तैब्रा. 2.६.३.५ / ३ द्र. ताभ्यामादि
याभ्यामृते न किं चन शक्नुवन्ति – अ.४.2६६ / ३
यामं येष्ठाः शुभा शेभिष्ठाः – ऋ.७.५६.६ / १
यामं शुभ्रा अचिध्वम् – ऋ.८.७.2 / 2,१४ / 2
या मज्ज्ञो निर्धयन्ति – अ.६.८.१८ / १
यामं (अ. ...मं) छुभ्रासो अंजिषु प्रिया उत – ऋ.2.३६.2 / 2; अ.20.६७.४ / 2
या मत्यैः सरथं यान्ति घोराः – कौसू.११७.2 / १
यामथर्वा मनुष् पिता – ऋ.१.८०.१६ / १; निरु. १2.३४ / १ तु बृहद.३.१2१
यामदत्तवा चिकीर्षति – अ.१2.४.१६ / ४
यामदत्वा पराभवेत् – अ.१2.४.४५ / ४
या मदपचक्रमुः – साम मन्त्रब्रा.2.५.१० / 2
यामद्धातय इद्विदुः – अ.११.८.७ / 2
या मध्यमा विश्वकर्मन्नुतेमा – ऋ.१०.८१.५ / 2; वा.१७.2१ / 2; तैसं.४.६.2.५ / 2; मैसं.2.१०.2 / 2: १३३.१०; काठसं. १८.2 / 2
या मध्यमेन्द्र शुष्मिन्नस्ति – ऋ.६.2५.१ / 2
या मन्दसान आरुजः – ऋ. ४.३2.१० / 2
या मन्दाना चिदा गिरा – ऋ. ७.६४.११ / 2; वा. ३३.७६ / 2
यामन्नंजस्पा इव घेदुपद्भिभिः – ऋ.१०.६४.१३ / 2
यामन्नयामंछृणुतं हवं मे – ऋ.१.१८१.७ / ४
यामन्ना मृडयत्तमा – ऋ.५.७३.६ / ४
यामन – यामन्नुपयुक्तं वहिष्ठम् – अ.४.2३.३ / १
यामन्रुद्रस्य सूनवः सुदांससः – ऋ.१.८५.१ / 2
यामन्वैच्छद्धविष विश्वकर्मा – अ.१2.१.६० / १
यामपीता उपतिष्ठन्त आपः – लाटयश्रौसू. ३.५.१५ / १ द्र. यामापीनाम्
या मम तनूरेषा सा त्वयि या त्व तनूरियं सा मयि – तैसं.१.2.११.१ तु. अत्र अग्ने व्रतपते या
या मम तनूस्तवय्यभूदियं सा मयि या तव तनूर्मय्यभूद् एषा सा त्वयि – तैसं.१.३.४.३ तु. अत्र अग्ने व्रतपते या

या ममापचितिः सा व एतस्मिन – आपश्रौ.20.३.१
या मर्त्याय प्रतिधीयमानमित् – ऋ.१.१५५.2/३; निरु.११.८/३
यामश्रुतेभिरजिभिः – ऋ.५.५2.१५/४
यामश्विनावमिमाताम् – अ.१2.१.१०/१
यामस्य कण्वो अदुहत् प्रपीनाम् – अ.७.१५.१/३; वा.१७.७४/३; तैसं.४.६.५.४/३; मैसं.2.१०.६/३: १३६.१; काठसं.१८.४/३; शब्रा.६.2.३.३८/३
यामस्यन्ति शरव्यां न सा मृषा – अ.५.१८.६/2
या महती महोमाना – अ.५.७.६/१
या मानुषेष्वसि तस्य राजा – ऋ.१.५६.३/४
यामापीनाम् उपसीदन्त्यापः – अ.६.१.६/१ द्र. यामपीत
या मा लक्ष्मीः पतयालूरजुष्टा – अ.७.११५.2/१
यामाशामेमि केवली सा मे अस्तु – अ.१६.३.2/३
यामहरत् जमदग्निः – आपमपा. 2.८.१०/१ (आपगृ. ५.१2.११); हिर गृसू.१.११.४/१ द्र. या आहरत्
यामाहुतिं प्रथमामथर्वायेजे – अ.१६.४.१/१
यामाहुर्वाचं कवयो विराजम् – अ.६.2.५/2
यामाहुस्तारकैक्षा विकेशीति – अ.५.१७.४/१; कौसू. १2६.६
यामिन्द्रेण संधां समधत्थाः (काठसं. इन्द्रेण सम दध्वम्) – अ.११.१०.६/१; काठसं.१४.१/2
यामि मयूररोमभिः – तैआ. १.१2.2/2
यामिषुं गिरिशन्त (नील उप. ...न्तम्) – वा.१५.६/१; तैसं. ४.५.१.१/१; मैसं.2.६.2/१: १2१.१; काठसं.१७.११/१; श्वेत उप. ३.६/१; नील उप. ५/१
या मुखेनोपजिघ्रति – अ. १2.४.५/४
या मृडीके मरुतां तुराणाम् – ऋ.६.४८.१2/३
यामृधाथे सधस्तुतिम् – ऋ.१.१७.६/३
यामृषयो भूतकृतः – अ.६.१०८.४/१ द्र. यां मेधां देव...
यामृषयो मन्त्रकृतो मनीषिणः – तैब्रा.2.८.८.५/१
या मेधा अप्सरासु (मागृसू.. मेधाप्सरःसु)–खिल. १०.१५१.३/१; मागृसू.. १.22.११/१ द्र. अप्सरासु च या मेधा
या मे प्रियतमा तनूः – अ.१४.2.५०/१ प्रः या मे प्रियतमा – कौसू.७६.2४
यामेरयंश् (तैसं. ...यां) चन्द्रमसि स्वधाभिः – वा.१.2८/३; तैसं.१.१.६.३/३; शब्रा.१.2.५.१६ द्र. तामादि
यामो बभूयाद् उषसो वो अद्य – ऋ.४.५१.४/2
यां पत्न्यपघाटिलाम् – लाटयश्रौसू. ४.2.८/१
यां पूषन् ब्रह्मचोदनीम् – ऋ.६.५३.८/१
यां प्रच्युतामनु यज्ञाः प्रच्यवन्ते – अ.८.६.८/१
यां मनुष्याणां भूतौ संपश्यसि तेष्वभिभूयासम् – लाटयश्रौसू.३.११.४
यां मायाभिरन्वचरन् मनीषिणः – अ.१2.१.८/2
यां मृतायानुबध्नन्ति – अ.५.१६.१2/१
यां मेधां देवगणाः – खिल. १०.१५१.८/१; वा. ३2.१४/१ द्र. यामृषस्यो भू...।
यां मेधामसुरा विदुः – अ.६.१०८.३/2
यां मेधामृभवो विदुः – अ. ६.१०८.३/१
यां मे धियं मरुत इन्द्र देवाः – ऋ.१०.६४.१2/१
यां मे पलस्तिजमदग्नयो ददुः – ऋ. ३.५३.१६/४
याम्या नैर्ऋतिकाश्च ये – आगृ.१.2.६/2
या यजमानस्य व्रतधुक् तस्य आशिरं कुरुत या पत्नियै तस्यै दधिग्रहाय या घर्मधुक् तस्यै दधिघर्माय तप्तमतनातक्तं मैत्रावरुणाय शृतातंक्यं दधि कुरुतात् – आपश्रौ. ११.2१.८
या यज्ञस्य समृद्धस्याशीः सा मे समृध्यताम् – कौषी ब्रा. 2.2; शांश्रौसू.2.६.६
यायैः परिनृत्यती – अ.४.३८.३/१
या रसस्य हरणाय जातम् – अ.१.2८.३/३; ४.१७.३/३
या राका या सरस्वती – ऋ. 2.३2.८/2
या राजन्ये दन्दुभावायतायाम् – काठसं.३६.१५/१; तैब्रा. 2.७.७.१/१ द्र. राजन्ये
या राजानं (काठसं.मैसं. राजाना) सरथं याथ (मैसं. यात) उग्रा – तैसं.४.७.१५.2/३; मैसं.३.१६.५/३: १६०.१५; काठसं.22.१५/३
या राधसा चोदितारा मतीनाम् – ऋ.५.४३.६/३
या राष्ट्रात् पन्नादपयन्ति शाखाः – तैआ.६.३.2/१ प्रः या राष्ट्रात् पन्नात् – तैआ.६.४.2; ६.2
या रुचो जातवेदसः – ऋ.१०.१८८.३/१
या रोचने परस्तात् सूर्यस्य – ऋ. ३.22.३/३; वा.१2.४६/३; कौषी ब्रा. 2४.५; शब्रा.७.१.१.2४ द्र. याः परस्ताद्
या रोहन्ति पुनर्णवाः – अ. ८.७.८/2
या रोहन्त्यंगिरसीः – अ.८.७.१७/१
या रोहिणी तामरुणा तां गौरी तां बभ्रूः – मैसं.४.2.४: 2५.१५
या रोहिणीर्देवत्याः (रोहिणीदेवत्याः इति पठतु) – अ.१.22.३/१
यार्णवेऽधि सलिलमग्र आसीत् – अ. १2.१.८/१
या लोहिनी तां ते अग्नौ जुहोमि – अ.१2.३.५४/४
यावंसौ या च ते ककुत् – अ.१०.६.१६/2
या (यो इति भाष्ये) यक्रायां कपिशीर्ष्याम् – लाटयश्रौसू. ४.2.2/१

यावघ्न्यामपिन्वतमपो न – ऋ.७.६८.८/३
यावंगिरसमवथो यावगस्तिम् – अ.४.२६.३/१
यावच्चतस्रः प्रदिशः – अ.३.22.५/१
यावच्च सप्त सिन्धवो वितस्थिरे (तैसं. ...तस्थुः) – वा. ३८.2६/2; तैसं.३.2.६.१/2 द्र. यावत् सप्त
यावच्छ्रेष्ठाभिर्मघवं छूर जिन्व – अ.७.३१.१/2 द्र. याच्छ्रेष्ठाभिर्
यावज्जातस्तक्मंस्तावानसि – अ.५.22.५/३
यावतामहमीशे – शांश्रौसू.४.१८.५/१
यावतीः कियतीश्चेमाः – अ. ८.७.१३/१
यावतीः कृत्या उपवासने – अ.१४.2.४६/१ प्रः यावतीः कृत्याः – कौसू.७६.2३
यावती द्यावापृथिवी – वा.३८.2६/१; कात्यश्रौसू.2६.७.५४ द्र. उत्तरम्
यावती द्यावापृथिवी महित्वा (अ. वरिम्णा) – अ. ४.६. 2/१; ६.2.2०/१; तैसं.३.2.६.१/१ प्रः यावती द्यावापृथिवी – आपश्रौ. १३.३.३ द्र. पूर्वम्
यावतीनां – यावतीनां व ऐषमो लक्ष्णमकारिषं भूयसीनां – भूयसीनां व उत्तरां समां क्रियासम् – साम मन्त्रब्रा.१.८.७ द्र. उत्तरमेकवर्जम्
यावतीनामजावयः – अ.८.७.2५/३
यावतीनामिदं करोमि (शां गृ सू. करिष्यामि) भूयसीनाम् उत्तरां (शां गृ सू. ...मां) स्मां क्रियासम् – उै.४.2.६: ३१.४; माश्रौसू. ६.५.३; शां गृ सू. ३.१०.2 द्र. पूर्वमेकवर्जम्
यावतीनामोषधीनाम् – अ.८.७.2५/१
यावतीराशा अभिचक्षणा दिवः – अ. ६.2.2१/2
यावतीरोषधीः सर्वाः – तैब्रा. ३.१2.६.३/१
यावतीर्दिशः प्रदिशो विषूचीः – अ.६.2.2१/१
यावतीर्भृंगा जातवः कुरूरवः – अ.६.2.22/१
यावतीर्वघा वृक्षसर्प्यो बभूवुः – अ.६.2.22/2
यावतीवीरुधः सवाः – तैब्रा.३.१2.६.३/१
यावतीः शकरा धृत्यै – तैब्रा. ३.१2.६.2/१
यावतिषु मनुष्याः – अ.८.७.2६/१
यावतीस्तारकाः सर्वाः – तैब्रा. ३.१2.८.१/१
यावतीः सिकताः सर्वाः – तैब्रा.३.१2.६.2/१
यावतो लोकानभियद्विभाति – अ.१३.2.४2/४
यावत् कृष्णाय सं सर्वम् – तैब्रा.३.१2.६.५/१
यावत् कृष्णोऽभिधावति – वासि ध शा. १.१५/३
यावत् तरस्तन्वो यावदोजः – ऋ.७.६१.४/१; ऐब्रा.५.१८. ८; कौषी ब्रा.2५.2; 2६.११; आश्रौ. ८.१०.१ प्रः यवत्तरः –शांश्रौसू.१०.१०.४ तु. बृहद.६.१८
यावत्तरो मघवन् यावदोजः – ऋ.१.३३.१2/३
यावत्तेऽभि विपश्यामि – अ.१2.१.३३/१ प्रः यावत्ते – वैसू.2७.७; कौसू.2४.३३
यावत्ते विष्णो वेद तावत्ते करिष्यामि – शांश्रौसू.१.४.५; आपश्रौ. 2४.११.2
यावत्परस्वतः पसः – अ.६.७2.2/३
यावत्सप्त सिन्धवो वितष्ठिरे – अ. ४.६.2/2 द्र. यावच्च।
यावत्साभि वाजंगहे – अ.५.१६.४/2
यावत्सूर्यस्य वर्चः – अ. ३.2.४/३
यावत्सूर्यो असद् दिव – अ.६.७५.३/६; तैब्रा.३.३.११. ३/४; आपश्रौ. ३.१४.2/४
यावत्सूर्यो विपश्यति – अ.१०.१०.३४/४
यावत्स्तोतृभ्यो अरदो गृणाना – ऋ.७.७६.४/2
यावदंगिनं पारस्वतम् – अ.६.७2.३/१ प्रः यावदंगीनम् – कौसू.४०.१७
यावदश्वस्य वाजिनः – अ.६.७2..३/३
यावदस्या गोपतिः – अ.१2.४.2७/१
यावदांजनमुच्यते – तैब्रा.३.१2.६.४/१
यावदादित्यस्तपते – खिल.१०.१४2.८/१
यावदापः सिष्यदुर्यावदग्निः – अ. ६.2.2०/2
यावदितः पुरस्तादुदयति सूर्यस्तावदितोऽमुं नाशय योऽस्मान् द्वेष्टि यं च वयं द्विष्मः –तैआ. ४.३६.१
यावदिदं भुवनं विश्वमस्ति – ऋ.१.१०८.2/१
यावदीशे ब्रह्मणा वन्दमानः – ऋ.३.१८.३/३; अ.३.१५. ३/३
यावद् द्यावापृथिवी तावदित्तत् – ऋ.१०.११४.८/2; ऐआ. १.३.८.७
यावद् ब्रह्म विष्ठितं तावती वाक् – ऋ.१०.११४.८/४; ऐआ.१.३.८.६
यावद् भ्राजति चन्द्रमाः – खिल. १०.१४2.८/2
यावद्रोदसी विबबाधे अग्निः – अ.८.६.६/2
यावद्वायुः प्लवायते – खिल.१०.१४2.८/३
यावन्त ऊषाः पशूनाम् – तैब्रा.३.१2.६.2/१
यावन्तः कामाः समतीतृपस्तान् – ।. १2.३.३६/2
यावन्तः पांसवो भूमेः – तैब्रा. ३.१2.६.१/१
यावन्तः पृथिव्यां भोगाः – ऐब्रा. ७.१३.५/१; शांश्रौसू.१५. १७/१
यावन्तावग्रे प्रथमं समेयथुः – अ.१2.३.१/३
यावन्तो अप्सु प्राणिनाम् – ऐब्रा. ७.१३.५/३; शांश्रौसू. १५.१७/३
यावन्तो अस्मान्पितरः सचन्ते – अ.६.११६.३/३

यावन्तो अस्याः पृथिवीं सचन्ते – अ.१2.३.४०/१
यावन्तो गृह्याः स्मस्तेभ्यः कमकरम् – तैसं.१.८.६.१; आपश्रौ. ८.१७.2
यावन्तो ग्राम्याः पशवः – तैब्रा.३.१2.६.४/१2
यावन्तो जातवेदसि – ऐब्रा.७.१३.५/2; शांश्रौसू.१५.१७/2र
यावन्तो देवा दिव्यातपन्ति – अ.१2.३.५०/३
यावन्तो देवास्त्वयि जातवेदः – शब्रा.१४.६.३.2/१; बृह उप.६.३.2/१
यावन्तो देवाः समिषा मादयन्ताम् – अ.१६.५८.६/४
यावन्तो मा सपत्नानाम् – अ. ७.१३.2/१
यावन्तो मे अमात्याः – शांश्रौसू. ४.१८.५/2
यावन्तो राज्ञो वरुणस्य पाशः – अ.१४.2.४६/2
यावन्तो वनस्पत्यः – तैब्रा.३.१2.६.४/१
यावन्तोऽश्मानोऽस्यां पृथिव्याम् – तैब्रा.३.१2.६.३/१
यावन् नरश्चक्षसा दीध्यानाः – ऋ.७.६१.४/2; कौषी ब्रा. 2५.2; 2६.११
यावन्मात्रमुषसो न प्रतीकम् – ऋ.१०.८८.१६/१; निरु. ७.३१/१
यावयच्छत्रुमन्ति तम् – अ.६.४.2/४
यावयद्द्वेषसं त्वा – ऋ.४.५2.४/१
यावयद्द्वेषा ऋतपा ऋतेजाः – ऋ. १.११३.१2/१
यावय द्वेष आ भरा वसूनि – ऋ.७.७७.४/३
यावया दिद्युमेभ्यः – ऋ.६.४६.१/४; अ.2०.८३.१/४; सा. १..2६६/४; काठसं. ६.१६/४
यावयारातिम् – काठसं.2.१2; ३.३ द्र. यवयारातीः
यावया वृक्यं वृकम् – ऋ.१०.१2७.६/१
यावयास्मद् द्वेषम् – काठसं.2.१2; ३३ द्र. अत्र यवय द्वेषो
यावृण्ये पत्यतः – शांश्रौसू.४.2०.१/१
यावर्भगाय विमदाय जायाम् – ऋ.१.११६.१/३
यावल्लोहायसं सर्वम् – तैब्रा.३.१2.६.५/१
या वशा दुकल्पयन् – अ. १2.४.४१/१
या वः शर्म शशमानाय सन्ति – ऋ.१.८५.१2/१; तैसं.१.५.११.५/१; मैसं.४.१०.४/१: १५३.३; ४.१४.१८: 2४७.८; काठसं. ८.१७/१; तैब्रा.2.८.५.६/१; आश्रौ. ३.७.१2 प्रः या वः शर्म – तैसं.2.१.११.१; ३.१४.४; मैसं.४.११.४: १७०.१३; काठसं.2१.१३; शांश्रौसू. ६.१०.८
यावस्या स्तनौ सहस्रधारावक्षितौ – अ.६.१.७/2
यावस्येषाथे द्विपदो यौ चतुष्पदः – अ.४.2८.१/३ – ६/३
यः व सरवा उपब्रुवे– ऋ. 1.188.8/2
या वां शतं नियुतो याः सहस्रम् – ऋ.७.६१.६/१; ऐब्रा. ५.१६.११; आश्रौ. ८.६.2
या वां सन्ति पुरुस्पृहः – ऋ. ४.४७.४/१; ६.६०.८/१; सा.2.३४.2/१; मैसं.४.११.१/१: १५६.१५; काठसं.४.१५/१ प्रः या वां सन्ति – माश्रौसू.५.१.५.१७,2०
या वां कशा मधुमती – ऋ. १.22.३/१; वा. ७.११/१; तैसं. १.४.६.१/१; मैसं.१.३.८/१: ३३.2; काठसं.४.2/१; शब्रा.४.१.५.१७/१ प्रः या वां कशा आपश्रौ. १2.१८.१०; १५.१८.६; माश्रौसू.2.३.६.१४; वा वाम् –कात्यश्रौसू.६.७.८
या वाजस्य द्रविणोदा उत त्मन् – ऋ.५.४३.६/४
या वाजिन्नग्नेः पवमाना (आपश्रौ. अग्नेः पशुषु पव...) प्रिया तनूस्तामावः – मैसं.१.६.2: ८६.१2; आपश्रौ.५.१३.७ प्रः या वाजिन्नग्नेः – माश्रौसू.१.५.४.१ द्र. उत्तरमेकवर्जम
या वाजिन्नग्नेः पावका (आपश्रौ. अग्नेरप्सु पाव.) प्रिया तनूस्तामवह – मैसं. १.६.2: ८६.१३; आपश्रौ.५.१३.७ द्र. पूर्वम्
या वाजेषु श्रवाय्या – ऋ.५.८६.2/
यावातस्थतुर्भुवनानि विश्वा (तैब्रा. भुवनस्य मध्ये) – अ.७.११०.2/2; तैब्रा.2.४.५.७/2 द्र. या आदि।
या वा ते सन्ति दाशुषे अधृष्टाः – ऋ. ७.३.८/१
यावात्मन्वद्विशथो (तैसं. बिभृतो यौ च रक्षथः (तैसं. ...तः) – अ.४.2५.१/2; तैसं.४.७.१५.३/2 द्र. या आदि
यावानग्निश्च पृथिवी च तावत्यस्य मात्रा तावतीं त एतां मात्रं ददामि (हिर गृसू. मात्रा तावानस्य महिमा) – आपमपा. 2.१६.१४; हिर गृसू.2.१३.१
यावानां चायावानां चाधिपत्यमासीत् – तैसं.४.३.१०.३ द्र. यवाश्चायवाः
यावानादित्यश्च द्यौश्च तावत्यस्य मात्रा तावतीं त एतां मात्रां ददामि (हिर. गृसू. मात्रा तावानस्य महिमा) – आपमपा. 2.१६.१६; हिर गृसू.2.१३.१
यावानां भागोऽसि – तैसं.४.३.६.2; ५.३.४.५ द्र. यावानां आदि
यावान् प्रत्याङ् समाहितः – अ.४.११.८/४
यावान् वायुश्चान्तरिक्षं च तावत्यस्य मात्रा तावतीं त एतां मात्रां ददामि (हिर गृसू. मात्रा तावानस्य महिमा) – आपमपा. 2.१६.१५; हिर गृसू.2.१३.१
या वा परो रोचने सूर्यस्य – काठसं.१६.११/४
या वामिन्द्रावरुणा यातव्या तनूस्तयेममंहसो मुंचतम् – तैसं. 2.३.१३.१ प्रः या वामिन्द्रावरुणा यातव्या तनूः – आपश्रौ. १६.2५.५ तु. बौधसू. ४.७.५ तथा च ऊहः अमुक्तम्, मुंचतम् इत्यर्थम्–आपश्रौ. १६.2५.६

या वामिन्द्रावरुणा सहस्या रक्षस्या तेजस्या तनूस्तयेममंहसो मुंचतम् – तैसं. 2.३.१३.१
या वां प्रत्नानि सख्या शिवानि – ऋ. १.१०६८.५/३
या वां मित्रावरुणा ओजस्या तनूस्तया वां विधेम – मैसं. 2.३.१ः 2७.१५ प्रः या वां मित्रावरुणा ओजस्या – माश्रौसू.५.2.१.३,४ ऊह इत्यनेन सह, अग्नीवरुणा, तथा इन्द्रावरुणा मित्रावरुणा इत्यर्थे – माश्रौसू.५.2. १.३
या वां मित्रावरुणा ओजस्या सहस्या यातव्या रक्षस्या तनूस्तया वामविधाम – मैसं.2.३.१ः 2७.१६ द्र. उत्तरम् त्रिवर्जम्
या वां मित्रावरुणौ यात्वया तनूस्तया वां विधेम – मैसं. 2.३.१ः 2७.१७
या वां मित्रावरुणौ रक्षस्या तनूस्तया वां विधेम – मैसं.2. ३.१ः 2७.१८
या वां मित्रावरुणौ सहस्या तनूस्तया वां विधेम – मैसं. 2.३.१ः 2७.१६
या वां मित्रावरुणौ सहस्यौजस्या रक्षस्या यातव्या तनूस्तया वां विधेम (तथा च वामविधाम) – काठसं. ११.१ द्र. पूवं त्रिवर्जम्
यावारेभाथे बहु साकमग्रे – अ.४.2८.४/१
यावाहुः सयुजाविति – सा. १.३६१/2
यावित्था श्लोकमा दिवः – ऋ.१.६2.१७/१; सा.2. १०८६/१
या विप्रुष ओदनानामोजस्य – अ.६.५.१६/2
या विराड् ब्रह्मणा सह – अ.११.८.३०/2
या विश्पत्नीन्द्रमसि प्रतीची – अ. ७.४६.३/१
या विश्वतो युज्यते या च सर्वतः – अ.१०.८.१०/2
या विश्वासां जनितारा मतीनाम् – ऋ. ६.६६.2/१; आश्रौ.६.७.६
याविष्टं तूयमा गतम् – ऋ. ८.५.१३/2
यावीजिरे वृषणो देवयज्यया – ऋ. १०.६६.७/३
यावीरघस्य चिद् द्वेषः – ऋ.८.७६..४/३
या वीर्याणि प्रथमानि कर्त्वा – ऋ.१०.११३.७/१
या वृत्रहा परावति – ऋ.८.४५.2५/१
या वै प्रजा भ्रंश्यन्ते – तैआ.१.३.४/३
या वो देवाः सूर्ये रुचः – वा.१३.2३/१; १८.४७/१; तैसं. ४.१.६.४/१; ५.७.६.३/१; मैसं.2.७.१६/१ः ६६.१; काठसं. १६.१६/१; शब्रा. ७.४.2.2१; ६.४.2.१४; माश्रौसू. ६.2.६ प्रः या वो देवाः – काठसं.४०.१३
या वो भेषजा मरुतः शुचीनि – ऋ. 2.३३.१३/१
या वो माया अभिद्रुहे यजत्राः – ऋ.2.2७.१६/१
या व्याघ्रं विषूचिका – वा.१६.१०/१; मैसं. ३.११.७/१ः १५०.१४; काठसं.३७.१८/१; शब्रा.१2.७.३.2१/१; तैब्रा. 2.६.१.५/१; माश्रौसू.५.2.११.20 प्रः या व्याघ्रम् – कात्यश्रौसू. १६.2.2७
या व्युष्टा उषसो याश्च निम्रुचः – काठसं.३४.१६/३; आपश्रौ. १४.१६.१/३
या व्यूषुर्याश्च नूनं व्युच्छान् – ऋ.१.११३.१०/2
या शंसते स्तुवते शंभविष्ठा – ऋ.६.६2.५/३
या शतेन प्रतनोषि – वा. १३.2१/१; तैसं.४.2.६.2/१; मैसं. 2.७.१५/१ः ६८.१५; काठसं. १६.१६/१; शब्रा. ७.४.2.१५; तैआ.१०.१.८/१ प्रः या शतेन – हिर गृसू. 2.20.१०
या शंतमा वृषणो या मयोभु – ऋ. 2.३३.१३/2
या शर्धाय मरुताय स्वभानवे – ऋ.६..४८.१2/१
या शशाप शपनेन – अ.१.2८.३/१; ४.१७.३/१
या शश्वन्तमाचखादावसं पणिम् – ऋ. ६.६१.१/३; मैसं. ४.१४.७/३ः 22६.५; काठसं. ४.१६/३
या शितिपृष्ठा तां मन्दिस्तां मेनी तां शबली तां शितिबाहुस्तां शुद्धवाला – मैसं.४.2.४ः 2५.१७
या शीर्षण्या रशना रज्जुरस्य – ऋ. १.१६2.८/2; वा. 2५.३१/2; तैसं. ४.६.८.३/2; मैसं.३.१६.१/2ः १८2. १०; काठसं. ६.४/2
याशूनां भोज्या शता – ऋ.१.१2६.६/४
याश्च कूप्या याश्च नाद्याः समुद्रियाः – तैब्रा.३.१.2.३/१; १2.७.४/१
याश्च ग्ना देव्यः – मागृसू..१.१०.८/३; 22.३/३ द्र. अत्र या देवीरन्ताम्
याश्च ते भव रोपयः – अ. ११.2.३/2
याश्च ते हस्त (मैसं. ...ता) इषवः – वा.१६.६/३; तैसं.४. ५.१..३/३; मैसं.2.६.2/३ः १2१.१६; काठसं. १७. ११/३; नील उप. १३/३
याश्च दूरं परागताः – ऋ. १०.६७.2१/2; वा.१2.६४/2; तैसं. ४.2.६.५/2; काठसं. १६.१३/2
याश्च देवीरन्तानभितोऽददन्त – आपमपा. 2.2.५/2; हिर गृसू. १.४.2/2 द्र. अत्र या देवीरन्ताम्
याश्च देवीस्तन्तून् (साम मन्त्रब्रा. देवयो अन्तान्) अभितो ततन्थ – पारगृसू.१.४.१३/४; साम मन्त्रब्रा.१.१.५/2 द्र. अत्र या देवीरन्ताम्
याश्च पश्यामि चक्षुषा – अ. ८.७.१८/2
याश्च भूम्यध्राग्याश्च पश्चा – मैसं. ४.१४.११/2ः 2३३. १६ द्र. यास्ते भूमे।
याश्च माया मायिनां विश्वमिन्व – ऋ.३.20.2/३; तैसं.

३.१.११.६ / ३; मैसं. 2.१३.११ / ३: १६2.४
याश्च वर्षन्ति वृष्टयः – तैब्रा.३.१2.७.४ / 2
याश्च वासुकि वैद्युताः – तैआ. १.६.2 / 2
याश्च वैशन्तीरुत प्रासचीर्याः – तैब्रा. ३.१.2.३ / 2; १2.७. ४ / 2
याश्चसर्वे पतत्रिणः – अ. ८.७.2४ / ४
याश्चावस्तादुपतिष्ठन्त (मैसं. ...ता) आपः – ऋ. ३.22. ३ / ४; वा. १2.४६ / ४; तैसं. ४.2.४.2 / ४; मैसं.2.७. ११ / ४: ८६.१2; कौषी ब्रा. 2४.५; शब्रा. ७.१.१.2४
याश्चाहं वेद वीरुधः – अ.८.७.१८ / १
याश्चिद्वृत्रो महिना पर्यातिष्ठत् – ऋ.१.३2.८ / ३
याश्चेदमुपशृण्वन्ति – ऋ. १०.६७.2१ / १; वा. १2.६४ / १; तैसं. ४.2.६.५ / १; काठसं. १६.१३ / १
याश्चेह जरतीरपि – अ. १४.2.2६ / 2
याः शुक्रं दुहते पयः – ऋ.६.१६.५ / ३
या संस्कृतिः प्रथमा विश्वकर्मा – काठसं. ४.४ / १
यासकौ शकुन्तिका – मैसं. ३.१३.१ / १: १६८.३ द्र. अत्र त्यं यका
या संजयन्तमधि यासु वर्धसे–काठकसं. ४.३ / ४ द्र. आशुं जयन्तम्
या सद्य उस्रा व्युषि ज्मो अन्तान् – ऋ.६.६2.१ / ३
यासद्राया सरथं यं जुनासि – ऋ.१.७१.६ / ४
यासद्वज्री भिनत्पुरः – ऋ. ८.१.८ / ४
यासद्विश्वं न्यत्रिणम् – ऋ.६.१६.2८ / 2; वा.१७.१६ / 2; मैसं.2.१०.2 / 2५ १३2.१६ द्र. यंसदादि
या सप्तबुध्नमर्णवम् – ऋ.८.४०.५ / ३
या समा रुशत्येति – कौसू.१०2.2 / १
या सम्राजा मनसा न प्रयुच्छतः – ऋ.१०.६५.५ / 2
या सरस्वती विशोभगीना तस्यां मे रास्व तस्यास्ते भक्तिवानो भूयास्म – आपश्रौ. ४.१३.७ द्र. द्वे उत्तरादधस्तात्
या सरस्वती विशोभगीना तस्यै स्वाहा – आपश्रौ.३.१०.2 द्र. उत्तरं त्रिवर्जम्
या सरस्वती वेशभगिनी तस्या नो रस्व तस्यास्ते भक्तिवानो भूयास्म – काठसं. ५.४ द्र. पूर्वं एकवर्जं तथा उत्तरम्।
या सरस्वती वेशभगीना तस्यास्ते भक्तिवानो भूयास्म – मैसं.१.४.३.३ द्र. या सरस्वती वेशभगीना – मानवश्रौसू. द्र0 पूर्वं तथा पूर्वं द्विवर्जम्
या सरस्वती वेशभगीना तस्यै स्वाहा – आपश्रौ. ३.१०.2
या सरस्वती वेशयमनी तस्यै स्वाहा – मैसं. १.४.३: ५१.७ प्रः या सरस्वती वेशयमनी – मैसं. १.४.८: ५६.१४; माश्रौसू.१.३.५.१2 द्र. पूर्वं त्रिवर्जम्
या सरस्वती वैषम्भल्या (आपश्रौ. ...बल्या) तस्यां मे रास्व तस्यास्ते भक्षीय तस्यास्ते भूयिष्ठभाजो भूयास्म – तैब्रा.2.५.८,६,७; आपश्रौ. ४.१४.४
यासां राजा वनस्पतिः – अ. ८.७.१६ / ४
यासां राजा वरुणो याति मध्ये – ऋ. ७.४६.३ / १; अ. १. ३३.2 / १; तैसं.५.६.१.१ / १; मैसं. 2.१३.१ / १: १५१.११; आपमपा. १.2.३ / १ (आपगृ. 2.४.८) प्रः यासां राजा – तैब्रा. 2.८.६.३
यासां विश्वे देवा अधिपतयश्च सर्वे – काठसं.१६.१३ / 2
यासां सोमः परि राज्यं बभूव – अ.१2.३.३१ / ३
यासां सोमो विश्वा रूपाणि वेद – ऋ.१०.१६६.३ / 2; तैसं.७.४.१७.१ / 2; काठसं अश्व. ४.६ / 2
या सानुनि पर्वतानामदाभ्या – ऋ. १.१५५.१ / ३
यासां तिस्रः पंचाशतः – ऋ.१.१३३.४ / १
यासां देवा दिवि कृण्वन्ति भक्षम् – अ. १.३३.३ / १; तैसं. ५.६.१.१ / १; मैसं. 2.१३.१ / १: १५2.१; आपमपा. १.2. ४ / १ (आपगृ. 2.४.८) प्रः यासां देवाः – तैब्रा. 2.८.६. ३
यासां द्यौः पिता पृथिवी माता – अ.३.2३.६ / १; ८.७. 2 / ३
यासां नाभिरारेहणम् – अ.६.६.३ / १
यासामग्निरिष्ट्या (काठसं अश्व. निष्ट्या) नामानि वेद – ऋ.१०.१६६.2 / 2; तैसं. ७.४.१७.१ / 2; काठसं अश्व. ४.६ / 2
यासामषाढा अनुयन्ति कामम् – तैब्रा.३.१.2.३ / ३
यासामषाढा मधु भक्षयन्ति – तैब्रा.३.१.2.४ / ३
यासामिन्द्र उदाजत वसु नाम रूपं पशूनाम् उषसं धाम पश्यमानस्तासामयं योनिरयं गोष्ठ इह रयिः पुष्टिः स्वाहा – मैसं.४.2.११: ३४.६ प्रः यासामिन्द्र उदाजत – माश्रौसू.६.५.३
यासामूदश्चतुर्बिलम् – आपश्रौ. ७.१७.१ / १; ।ह. 2.१०. ६ / १; शां गृ सू. ३.६.३ / १
यासामृषभो दूरतो वाजिनीवान् – अ. ४.३८.५ / ३
यासां प्रजापतिरुदाजतायुर्नाम रूपं पशूनामपराह्णम् धाम पश्यमानस्तासामयं योनिरयं गोष्ठ इह रयिः पुष्टिः स्वाहा – मैसं. ४.2.११: ३४.१2
यासां बृहस्पतिरुदाजतेडा नाम रूपं पशूनां संगवं धाम पश्यमानस्तासामयं योनिरयं गोष्ठ इह रयिः पुष्टिः स्वाहा – हस्त. ४.2.११: ३४.८
यासां मरुत उदाजन्त ज्योतिर्नाम रूपं पशूनां मध्यंदिनं धाम पश्यमानास्तासामयं योनिरयं गोष्ठ इह रयिः

पुष्टिः स्वाहा – मैसं. ४.2.११: ३४.१०
यासां मूलम् उदवधीः स्फ्येन – आपश्रौ. ४.६.१/३
यासि कुत्सेन सरथमवस्युः – ऋ. ४.१६.११/१
यासिष्टं वर्तिरश्विनाविरावत् – ऋ.७.४०.५/४; ६७.१०/2
यासिष्टं वर्तिर्वृषणा विजेन्यम् – ऋ.१.११६.४/३
या सिस्रतू रजसः पारे अध्वनः – ऋ.८.५६(वाल.११).2/३
यासु जातः सविता (तैसं.मैसं.आपमपा. कश्यपो) यास्वग्निः (तैसं.मैसं. इन्द्रः) – अ. १.३३.१/2; तैसं. ५.६.१.१/2; मैसं. 2.१३.१/2: १५१.७; आपमपा. १.2.2/2
या सुजूर्णिः श्रेणिः सुम्नापिः – ऋ. १०.९५.६/१
यासु देवीष्व अधि देव आसीत् – अ. ४.2.६/३
या सुनीथे शौचद्रथे – ऋ. ५.७६.2/१; सा.2.१०९१/१
या सुपाणिः स्वांगुरिः – तैसं.३.१.११.४/१; मैसं. ४.१2.६/१: १९५.६ प्रः या सुपाणिः – तैसं.३.३.११.५; मैसं. ४.१३.१०: 2१३.१2; द्र. उत्तरम्।
या सुबाहुः स्वंगुरिः – ऋ. 2.३2.७/१; अ.७.४६.2/१; काठसं. १३.१६/१ प्रः या सुबाहुः शांश्रौसू. १.१५.४ द्र. पूर्वम्
या सुम्नैरेवयावरी – ऋ. ६.४८.१2/४
या सुरथा रथीतमा – ऋ.१.22.2/१
यासु राजा वरुणो यासु सोमः – ऋ.७.४९.४/१
या सुरूपा तां श्यामा तां श्येनी तां कृष्णा – मैसं. ४.2.४: 2६.2
यासु विद्म च संभृतम् – अ. ८.७.१८/४
यास्त आविविशुर् (काठसं.तैसं.आतस्थुर्) आत्मानम् – तैसं.४.2.६.३/१; मैसं.2.७.१३/१: ९४.५; काठसं.१६.१३/१
यास्त ऊर्जस्तन्वः सम्बभूवुः – अ. १2.१.१2/2
यास् तिरश्चीरुपर्षन्ति – अ. ६.८.१६/१
यास् तिष्ठन्ति या धावन्ति (शां गृ सू. याः स्रवन्ति) – शां गृ सू. ३.१५.५/१; आपमपा. 2.१६.2/१ (आपगृ. ८.21.३) प्रः यास्तिष्ठन्ति – विष्णुस्मृ.७३.१2
यास्तिस्रः प्रथमजाः (काठसं.तैआ. परमजाः) – हस्त.१.११.४/१: १६५.१५; काठसं.१४.३/१; तैआ. १.2५.३/2 द्र. येषां तिस्रः
यास्ते अग्न आर्द्रा योनयो याः कुलायिनीः – मैसं.2.७.१५/१: ९८.११; ३.४.७/१: ५३.१४; काठसं. ३९.३/१; तैआ. ४.१८.१/१ प्रः यास्ते अग्न आर्द्रा योनयः – आपश्रौ. १५.१७.५; माश्रौसू. ३.८.१; – ६.१.७
यास्ते अग्ने कामदुघाः – आपश्रौ. ५.2६.५/१
यास्ते अग्ने घोरास्तनुवः क्षुच्च तृष्णा चास्नुक् चानाहुतिश्चाशनया च पिपासा च सेदिश्चामतिश्चैतास्ते अग्ने घोरास्तनुवस्ताभिरमुं गच्छ योऽस्मान् द्वेष्टि यं च वयं द्विष्मः – तैआ. ४.22.१ द्र. उत्तरम्
यास्ते अग्ने घोरास्तनुवस्ताभिरमुं गच्छ – तैब्रा.१.१.७.३; ८.६; आपश्रौ. ५.१५.३; १७.८ तु. पूर्वम्
यास्ते अग्ने तन्व (तैआ. तनुव) ऊर्जो नाम – काठसं.३९.३/३; तैआ.४.१८.१/३
यास्ते अग्ने शिवास्तनुवस्ताभिस्तवादधे – तैब्रा.१.१.७.३; ८.६; आपश्रौ. ५.१५.2
यास्ते अग्ने समिधो अप्स्वन्तः – काठसं. ३५.४/१
यास्ते अग्ने समिधो यानि धाम – तैसं.५.७.८.१/१ ; काठसं. ४०.५/१; प्रः यास्ते अग्ने समिधः – आपश्रौ. १६.21.६; ३४.४; १९.११.७
यास्ते अग्ने संभृतीः – आपश्रौ. ५.2६.५/१
यास्ते अग्ने सूर्ये रुचः – वा. १३.22/१; १८.४६/१; तैसं. ४.2.९.४/१; ५.७.६.३/१; मैसं.2.७..१६/१: ९८.१७; काठसं.१६.१६/१; शब्रा. ७.४.2.21; ९.४.2.१४; आपश्रौ. १६.24.2; १७.2०.१७; माश्रौसू. ६.१.७; – ६.2.६ प्रः यास्ते अग्ने – काठसं.४०.१३; यास्ते – मैसं. ४.४.१६: 2४2.६; कात्यश्रौसू. १७.४.2०; १८.६.६
यास्ते ग्रीवा ये स्कन्धाः – अ.१०.९.2०/१
यास्ते जंघा याः कुष्ठिकाः – अ.१०.९.2३/१
यास्ते तनूस्तिरश्चिना निर्दहन्तीः श्वसन्तीः – कौसू. १३१.2/2
यास्ते धाना अनुकिरामि – अ.१८.३.६९/१; ४.2६/१,४३/१ द्र. उत्तरम्
यास्ते धानाः परिकिराम्यत्र – तैआ. ६.६.१/2 द्र. पूर्वम्
यास्ते धारा मधुश्चुतः – ऋ.९.९2.७/१; सा.2.३2९/१
यास्ते पूषन् नावो अन्तः समुद्रे – ऋ.६.५८.३/१; मैसं. ४.१४.१६/१; 2४३.८; तैब्रा.2.५.५.५/१; आश्रौ.३.७.८ प्रः यास्ते पूषन् नावो अन्तः – तैब्रा.2.८.५.३; यास्ते पूषन् – शांश्रौसू. ६.१०.४
यास्ते प्रजा अमृतस्य – ऋ. १.४३.९/१
यास्ते प्राचीः प्रदिशो या उदीचीः – अ. १2.१.३१/१; मैसं.४.१४.११/१: 2३३.१६
यास्ते भूमे अधराद्याश्च पश्चात् – अ. १2.१.३१/2 द्र. याश्च भूमि
यास्ते राके सुमतयः सुपेषसः – ऋ.2.३2.५/१; अ. ७.४८.2/१; तैसं. ३.३.११.५/१; मैसं. ४.१2.६/१: १९५.2; काठसं. १३.१६/१; साम मन्त्रब्रा.१.५.४/१; आपमपा. 2.११.११/१ (आपगृ. ६.१४.३)। प्रः यस्ते

राके सुमतयः – गोभि गृसू.2.७.८; यास्ते राके – मैसं.४.१३.१०: 2१३.12; शांश्रौसू. १.१५.४; हिर गृसू.2.१.३

यास्ते रात्रीः (मैसं.काठसं. रात्रयः) सवितर्देवयानीः – तैसं. ३.५.४.१/१; मैसं.१.४.३/१: ४६.६; काठसं. ५.६/१

यास्ते रुद्र दक्षिणतः सेनास्ताभ्य एष बलिस्ताभ्यस्ते नमः – पारगृसू.३.८.११

यास्ते रुद्र पश्चात् सेनास्ताभ्य एष बलिस्ताभ्यस्ते नमः – पारगृसू.३.८.११

यास्ते रुद्र पुरस्तात् सेनास्ताभ्य एष बलिस्ताभ्यस्ते नमः – पारगृसू. ३.८.११ द्र. उत्तरम्

यास्ते रुद्र पूर्वस्यां दिशि सेनास्ताभ्य एनत् – ।ह.४.८.22 द्र. पूर्वम्

यास्ते रुद्राधस्तात् सेनास्ताभ्य एष बलिस्ताभ्यस्ते नमः – पारगृसू.३.८.११

यास्ते रुद्रोत्तरतः सेनास्ताभ्य एष बलिस्ताभ्यस्ते नमः – पारगृसू. ३.८.११

यास्ते रुद्रोपरिष्टात् सेनास्ताभ्य एष बलिस्ताभ्यस्ते नमः – पारगृसू. ३.८.११

यास्ते रुहः प्ररुहो यास्त आरुहः – अ.१३.१.६/१

यास्त विश्स्तपसः (तैब्रा. ...सा) संबभूवुः – अ. १३.१.१०/१; तैब्रा.2.५.2.2/१

यास्ते विश्वाः समिधः सन्त्यग्ने – तैसं. ३.५.५.३/१; आपश्रौ. १३..१०.2

यास्ते शतं शमनयः – अ. ६.६०.2/१; तु अत्र इमा यास्ते

यास्ते शिवास्तन्वः काम भद्राः – अ.६.2.2५/१ प्रः यास्ते शिवाः – कौसू.2४.2६

यास्ते शिवास्तन्वो (तैआ.आपश्रौ. तनुवो) जातवेदः – ऋ. १०.१६.४/३; अ. १८.2.८/३; काठसं. ७.१३/१; तैआ. ६.१.४/३; आपश्रौ. ५.१०.३/१; १2.2/१; १३.८/१; १५.६/१

यास्ते शोचयो रंहयो जातवेदः – अ. १८.2.६/१

यास्ते सहस्रं हेतयः – वा. १६.५2/३; तैसं. ४.५.१०.५/३; मैसं.2.९.९/३: १2८.४; काठसं. १७.१६/३

यास्ते सोम प्रजा वत्सोऽभि सो अहम् – तैआ. १०.४८.१ द्र. यस्ते आदि

या स्तोतृभ्यो विभवरि – ऋ. ५.७६.१०/३

या स्त्रीणाम् उत्तमं यशः (मागृसू.. मनः) – पारगृसू. १.७.2/४; मागृसू.. १.१०.१५/४

यास्त्वं वेत्थ मनुष्यजाः – अ. १2.४.४३/2

यास्त्वावस्तादुपतिष्ठन्त आपः – काठसं.१६.११/३

यास्मान् वीरवतोऽकरत् – शब्रा.१४.६.३.2७/४; बृह उप. ६.४.2७/४; पारगृसू.१.१६.१६/४

यास्मिन् यज्ञा ऋद्धिः सा नः सह – माश्रौसू. ७.2.१

यास्या अपशव्या तनूस्तामस्या अपजहि – शां गृ सू. १.१८.३; साम मन्त्रब्रा. १.४.४ द्र. यास्यै पशु...।

यास्या अपुत्र्या (शां गृ सू. ...त्रिया) तनूस्तनूस्तामस्या अपजहि – शां गृ सू. १.१८.३; साम मन्त्रब्रा. १.४.३ द्र. यास्यै प्रजाघ्नी

यास्याः पतिघ्नी तनूस्तास् अस्या अपजहि – शां गृ सू. १.१८.३; साम मन्त्रब्रा.१.४.2 द्र. यास्यै आदि

यास्याः पापी लक्ष्मीर्या पतिघ्नी यापुत्र्या यापशव्या ता अस्या अपहत – साम मन्त्रब्रा. १.४.५

यास्याः पापी लक्ष्मीस्तामस्या अपजहि – साम मन्त्रब्रा. १.४.१

यास्यां पतिघ्नी तनूः प्रजाघ्नी पशुघ्नी लक्ष्मीघ्नी जारघ्नीमस्यै कृणोमि स्वाहा – आपमपा. १.१०.३ – ६ द्र. अत्र या ते पतिघ्नी तनूः

यास्यै गृहघ्नी तनूस्तामस्य नाशय स्वाहा – पारगृसू.१.११.2

यास्यै घोरा तनूस्तामितो नाशय स्वाहा – हिर गृसू. १.2४.१

यास्यै निन्दिता तनूस्तामितो नाशय स्वाहा – हिर गृसू.१.2४.१

यास्यै पतिघ्नी तनूस्तामस्यै (हिर गृसू. इतो) नाशय स्वाहा – पारगृसू.१.११.2; हिर गृसू. १.2४.१ द्र. यास्याः आदि।

यास्यै पशुघ्नी तनूस्तामस्यै नाशय स्वाहा – पारगृसू.१.११.2 द्र. यास्या अपशव्या

यास्यै प्रजाघ्नी तनूस्तामस्यै नाशय स्वाहा – पारगृसू.१.११.2 द्र. यास्या अपशव्या

यास्यै यशोघ्नी तनूस्तामस्यै नाशय स्वाहा – पारगृसू.१.११.2

या स्वपन्तं बोध्यति (हिर गृसू. स्वपत्सु जागर्ति) – आपमपा. 2.१४.2/३; हिर गृसू. 2.३.७/३

यास्व् ईजानः शशमान उक्थैः – ऋ.४.५७.७/३

याः सभा अधि भूम्याम् – अ. १2.१.५६/2

याः सरूपा विरूपा एकरूपाः – ऋ.१०.१६९.2/१; तैसं.७.४.१७.१/१; काठसं अश्व. ४.६/१

याः सीमानं विरुजन्ति – अ. ९.८.१३/१

याः सुपर्णा आंगिरसीः – अ.८.७.2४/१

याः सुप्रीताः सुहुता यत् स्वाहा – वा.७.१५/४; शब्रा. ४.2.१.३३ द्र. यत् सुभृतं।

याः सुष्वयन्त सुदुघाः सुधाराः – ऋ.७.३६.६/३
याः सूर्यो रश्मिभिराततान – ऋ. ७.४७.४/१
याः सेना अभीत्वरीः – वा.११.७७/१; तैसं.४.१.१०.2/१; मैसं.2.७.७/१: ८३.१५; ३.१.६: १2.१५; काठसं. १६.७/१; १६.१०; शब्रा. ६.६.३.१० प्र: याः सेनाः – माश्रौसू.८.३
यास् सोमराज्ञीर्वरुणस्य राज्ञः – काठसं.१६.१३/१
या ह वामिन्द्रावरुणा घृतश्चुतः – ऋ. ८.५६ (वाल. ११).४/३
या हस्तिनि द्वीपिनि या हिरण्ये – अ.६.३८.2/१; काठसं. ३६.१५/१; तैब्रा. 2.७.७.१/१
याहि पथां अनेहसा – ऋ.१.१2६.८/2
याहि प्रपथिन्नवसोप मद्रिक् – ऋ. ६.३१.५/३
याहि मखाय पाजसे – ऋ. ८.४६.2५/2; मैसं.४.१४.2/2: 2१६.१३
याहि मदानां पते – ऋ.८.६३.३१/2; सा. १.१५०/2; 2.११४०/2; कौषी ब्रा.2३.७
याहि मयूररोमभिः – ऋ. ३.४५.१/2; अ. ७.११७.१/2; सा.१.2४६/2; 2.१०६८/2; वा. 20.५३/2; तैआ. १.१2.2/2
याहि राजेवामवां (मैसं. ...वां) इभेन – ऋ. ४.४.१/2; वा. १३.६/2; तैसं. १.2.१४.१/2; मैसं. 2.७.१५/2: ६७.७; काठसं. १६.१५/2; निरु. ६.१2/2
याहि वायुर्न नियुतो नो अच्छ – ऋ. ३.३५.१/2; ७.2३.४/३; अ.20.१2.४/३; वा.३३.१८५/३; काठसं अश्व. ६.2/४
याहि साध्या हविरदन्तु देवाः – वा.2६.११/४; तैसं.५.१.११.४/४; मैसं. ३.१६.2/४: १८५.३; काठसं अश्व.६.2/४
याहि सुतस्य पीतये – ऋ. ४.४८.१/४ – ४६/४
याहि सूनो सहसो यस्य नू चित् – ऋ. ६.१८.११/३
याहि हरिभ्यां सुतस्य पीतिम् – ऋ.2.११.१७/४
या हृदयम् उपर्षन्ति – अ. ६.८.१४/१
या ह्यक्षरपङ्क्तिः सा पङ्क्तिः – मैसं. १.११.१०: १७2.११; काठसं. १४.४
यियप्स्यत (आश्रौ. यी...) इव ते मनः (आश्रौ. मुखम्) – आश्रौ.१०.८.११/३; शांश्रौसू.१६.४.६/१
युक्तः – पारगृसू.३.१४.2
युक्तग्रावा जायते देवकामः – ऋ.३.४.६/४; तैसं.३.१.११.2/४; मैसं.४.१३.१०/४: 2१३.६; नृसिपू. उप.2.४/४
युक्तग्रावा सुतसोमो जराते – ऋ. ५.३७.2/2
युक्तग्राव्णो योऽविता सुशिप्रः – ऋ. 2.१2.६/३; अ.20.३४.६/३
युक्तस्ते अस्तु दक्षिणः – ऋ.१.८2.५/१; शां गृ सू. १.१५.८
युक्ता ग्रावाणः समिधाने अग्नौ – ऋ.३.३०.2/४; वा. ३४.१६/४
युक्ता ते ब्राह्मणा हरी – ऋ. १.८४.३/2; सा.2.३७६/2; वा. ८.३३/2; तैसं.१.४.३७.१/2; काठसं.३७.६/2; शब्रा. ४.५.३.६/2
युक्तानामिन्द्रर्मिमहे – ऋ. ४.३2.१७/2
युक्ता म आप स्थ – अ. १०.५.६
युक्ता मातासीद्धुरि दक्षिणायाः – ऋ.१.१६४.६/१; अ.६.६.६/१
युक्ता मे यज्ञमन्वासातै – आपश्रौ.2.५.१०
युक्ताय स्वाहा – तैसं. ७.४.22.१; काठसं अश्व.५.१
युक्ता रथेन तविषं यजत्रा – ऋ. ८.५७(वाल.६) १/2
युक्ता रथे हिरण्यये – ऋ. ८.१.2४/2; सा.१.2४५/2; 2.७४१/2
युक्ता वहन्ति सुकृतामु लोकम् – गोब्रा. १.५.2४/४
युक्ता वहनी रथानाम् – ऋ. ८.६४.१/३; सा.१.१४६/३
युक्तासो नवतिर्नव – ऋ.४.४८.४/2; खिल.१०.१2७.2/2; शांश्रौसू. ६.2८.१०/2 द्र. द्रष्टारो
युक्तास्तिस्रो विमृजः सूर्यस्य – पंचब्रा. १.2.१/४ द्र. युनज्मि तिस्रो
युक्ता स्थ वहत – पंचब्रा.१.2.५; तैब्रा.३.७.६.2; लाटयश्रौसू.१.१०.५; आपश्रौ. १2.३.2
युक्ता (भाष्ये युक्त्वा) हरी वृषणा याह्यर्वाङ् – तैब्रा.2.४.३.११/४ द्र. युक्त्वा आदि।
युक्ता ह्यस्य हरयः शतादश – ऋ.६.४७.१८/४; शब्रा. १४.५.५.१६/४; बृह उप. 2.५.१६/४; जै उप ब्रा. १४४.१/४,५
युक्तिर्नामासि – मागृसू.. १.४.2
युक्तेन मनसा वयम् – वा. ११.2/१; तैसं. ११.2/१; तैसं.४.१.१.१/१; मैसं.2.७.१/१: ७३.१०; काठसं. १५.११/१; शब्रा. ६.३.१.१४; श्वेत उप.2.2/१
युक्तेनाभि त्र्यरुणो गृणाति – ऋ. ५.2७.३/४
युक्तैषां हिरण्ययी – ऋ.१०.६३.१३/2
युक्तो वह जातवेदः पुरस्तात् – हिर गृसू. १.2.१८/१ प्र: युक्तो वह – मागृसू..१.१०.६; 2.2.१५ द्र.पुरस्ताद् युक्तो।
युक्तो वातोऽन्तरिक्षेण ते सह – पंचब्रा. १.2.१/३ द्र. युनज्मि वायुम्
युक्तो ह यद्वां तौग्रयाय पूरुः – ऋ.१.१५८.३/१

युक्त्वाय सविता (तैसं. श्वेत उप. मनसा) देवान् – वा. ११.३/१; तैसं.४.१.१.१/१; मैसं.2.७.१/१: ७३.१2; काठसं. १५.११/१; शब्रा.६.३.१.१५; श्वेत उप.2.३/१
युक्त्वा रथमुप देवां अयातन – ऋ. १.१६१.७/४
युक्त्वा वृषभ्यां वृषभ क्षितीनाम् – ऋ.१.१७७.३/३
युक्त्वा शपथो रथम् – अ.६.३७.१/2
युक्त्वा श्वेता औच्चैःश्रवसम् – अ.2०.१2८.१६/१
युक्त्वा हरिभ्यामुप यासदर्वाङ् – ऋ. ५.४०.४/३; अ.2०.१2.७/३र
युक्त्वा हरी वृषणा याह्यर्वाङ् (मैसं.काठसं. अर्वाक्) – ऋ.१.१७७.१/४; मैसं.४.१४..१८/४: 2४८.११; काठसं. ३८.७/४ द्र. युक्ता आदि
युक्ष्वा मदच्युता हरी – ऋ.१.८१.३/३; अ.2०.५६.३/३ द्र. युंक्ष्वा आदि।
युक्ष्वा रथं न शुचयद्भिरंगैः – ऋ.१०.४.६/१
युक्ष्वा रथममृतस्य द्रवित्नुम् – ऋ.१०.११.६/2; १2.६/2; अ.१८.१.2५/2
युक्ष्वा सुते हरितो रोहितश्च – ऋ.७.४2.2/2
युक्ष्वा हि केशिना हरी – ऋ.१.१०.३/१; वा.८.३४/१; शब्रा.४.५.३.१०/१ प्रः युक्ष्वा हि कात्यश्रौसू.१2.५.2 द्र. युङ्क्ष्वा आदि
युक्ष्वा हि त्वं रथासहा – ऋ.८.2६.20/१; मैसं. ४.१४. 2/१: 2१६.६ तु. बृहद. ६.६७
युक्ष्वा हि देवहूतमन् – ऋ. ८.७५.१/१; वा.१३.३७/१; ३३.४/१; तैसं.2.६.११.१/१; ४.2.६.५/१; ५.५.३.१,2; काठसं. ७.१७/१; 22.५/१,६; मैसं.2.७.१७/१: १०१. १०; ४.११.६: १७४.१2; ऐब्रा.५.१.४; कौषी ब्रा. 22.३; शब्रा. ७.५.१.३३; शांश्रौसू. १०.४.2; आपश्रौ. १६.2६.१३; १७.१०.११; १६.2५.१०; माश्रौसू.५.१.७.४७ प्रः युक्ष्वा हि – आश्रौ. ४.१३.७; ७.१०.४
युक्ष्वा हि वाजिनीवति – ऋ.१.६2.१५/१ द्र. युङ्क्ष्वा आदि
युक्ष्वा हि वृत्रहन्तम – ऋ.८.३.१७/१; शांश्रौसू.१८.८.११ द्र. युङ्क्ष्वा आदि
युक्ष्वा ह्यरुषी रथे – ऋ.१.१४.१2/१ तु. युंगध्वं आदि
युगपदग्नीन् प्रज्वालयत – आगृ. ४.४.१
युगमानेत्न – तैसं.५.७.१४.१; काठसं अश्व. १३.४
युगा जुर्णेव वरुणस्य भूरेः – ऋ.१.१८४.३/४
युगान्युभयतोमुखीम् – विष्णुस्मृ. ८८.४/2
युगाय विप्र उपराय शिक्षन् – ऋ.७.८७.४/४
युगा वि तन्वते पृथक् – ऋ.१०.१०१.४/2; अ.३.१७. १/2; वा.१2.६७/2; तैसं.४.2.५.५/2; मैसं.2.७. १2/2: ६१.१३; काठसं.१६.१2/2; 2१.१४/2; शब्रा. ७.2.2.४
युगे – युगे वयसा चेकितानः – ऋ.६.३६.५/४
युगे – युगे विदथ्यं गृणद्भ्यः – ऋ. ६.८.५/१
युङ्कत – शब्रा. १३.८.2.५; पारगृसू.३.१४.2
युङ्कते गवामरुणानामनीकम् – ऋ.१.१2४.११/2
युङ्क्ष्वा मदच्युता हरी – सा. १.४१४/३ द्र. युक्ष्वा आदि।
युङ्क्ष्वा हि केशिना हरी – सा. 2.१०८३/१ द्र. युक्ष्वा आदि।
युङ्क्ष्वा हि वृत्रहन्तम – सा. १.३०१/१ द्र. युक्ष्वा आदि
युंगध्वं रथेषु रोहितः – ऋ. ५.५६.६/2
युंगध्वं रथेषु रोहितः – ऋ. ५.५६.६/2
युंगध्वं हरी अजिरा धुरि वोधवे – ऋ. ५.५६.६/३
युंगध्वं ह्यरुषी रथे – ऋ. ५.५६.६/१ तु. युक्ष्वा आदि
युङ्ङसि – वा.१०.2५; तैसं. १.८.१५.2; मैसं.2.६.१2: ७१.३; ४.४.६: ५६.३; काठसं. १५.८; शब्रा. ५.४.३.2५; तैब्रा. १.८.१५.2; मैसं. 2.६.१2: ७१.३; ४.४.६: ५६.३; काठसं. १५.८; शब्रा. ५.४.३.2५; तैब्रा.१.७.६.५; आपश्रौ.१८.१७. १2
युजं वज्रं वृषभश्चक्र इन्द्रः – ऋ.१.३३.१०/३
युजं वज्रं नृषदनेषु कारवः – ऋ.१०.६2.७/४
युजं वाजेषु चोदय – ऋ.६.६५.१2/३; सा. 2.१५५/३
युजं वृत्रेषु वज्रिणम् – ऋ.१.१.७.५/३; अ.2०.७०.११/३; सा. १.१३०/३; तैब्रा. 2.७.१३.१/३
युजं हि मामकृथा आदिदिन्द्र – ऋ.५.३०.८/१
युजं ह्यन्यमकृत प्रवेपनी – ऋ.५.३४.८/३
युजं न जना मिनन्ति मित्रम् – ऋ. १०.८६.८/४
युजा कर्माणि जनयन् विश्वौजाः – ऋ.१०.५५.८/१
युजान इन्दो हरितः सुपर्ण्यः – ऋ.६.८६.३७/2; सा.2. ३०७/2
युजान इन्द्र हरिभिर्महेमते – ऋ.८.५० (वाल. 2)। ७/३
युजानः सोमपीतये – ऋ. ८.१३.2७/2
युजानो अश्वा वातस्य धुनी – ऋ.१०.22.४/१
युजानो हरिता रथे – ऋ.६.४७.१६/१; शांश्रौसू. १८.११.2
युजे अश्वां अयुक्षत – ऋ.८.४१.६/५
युजे रथं गवेषणं हरिभ्याम् – ऋ.७.2३.३/१; अ. 2०.१2. ३/१; मैसं.४.१०.५/१: १५५.१४; तैब्रा.2.४.१.३/१ प्रः युजे रथम् – मैसं.४.१2.३: १८५.६; ४.१४.५: 22१.११; तैब्रा. 2.८.2.५
युजे वां ब्रह्म पूर्व्यं नमोभिः – ऋ.१०.१३.१/१; अ.१५. ११/१; ऐब्रा. १.2६.2; शब्रा. ६.३.१.१७; श्वेत उप. 2.

५/१; आश्रौ.४.६.४
युजे समर्धनीमहम् – शांश्रौसू.४.१८.१/४ द्र. अत्र अग्नौ संराधनीम्।
युजे स्वाहा – मागृसू..१.४.३
युजो युक्त अभि यत् संवहन्ति – ऐआ.2.३.८.2/2,३/2
युजो युज्यन्ते (मैसं. युंजन्तु) कर्मभिः – वा.2३.३७/2; तैसं.५.2.११.१/2; मैसं.३.१2.2१/2: १६७.७; काठसं अश्व १०.५/2
युजो वाजाय घृष्वये – ऋ.४.३2.६/३
युज्यन्ते यस्यामृत्विजः – अ. १2.१.३८/५
युज्यस्ते सप्तपदः सखासिम – अ.५.११.१०/४
युज्यातामद्री अध्वरस्य पेशः – ऋ.७.४2.१/४
युज्याय पुरूवसुम् – ऋ. ८.४.१५/2
युज्यो मे सप्तपदः सखसि – अ. ५.११.६/४
युंजते मन उत युंजते धियः – ऋ.५.८१.१/१; वा. ५.१४/१; ११.४/१; ३७.2/१; तैसं.१.2.१३.१/१; ४.१.१.१/१; काठसं. 2.१०/१; १५.११/१; मैसं. १.2.६/१: १८.१३; ३.८.७: १०३.१३; ४.६.१/१: १2०.३; ऐब्रा.४.३०.४; कौषी ब्रा.2०.2; 22.१; 2५.६; शब्रा.३.५.३.११; ६.३.१.१६; १४.१.2.८/१; तैआ. ४.2.१/१; श्वेत उप. 2.४/१; आश्रौ.५.१2.६; शांश्रौसू. ७.१५.३; माश्रौसू.2.2.2.१४ प्रः युंजते मनः – मैसं.2.७.१: ७४.१; काठसं.१८.१६; 2५.८; आश्रौ.७.५.2३; शांश्रौसू. १०.2.७; आपश्रौ. ११.६.१०; १५.१.१; विष्णुस्मृ. ६४.22; ६५.2; युंजते कात्यश्रौसू.८.३.2६; 2६.१.३; माश्रौसू. ४.१.६; मागृसू..१.2.३
युंजते वां रथयुजो दिविष्टिषु – ट.१.१३६.४/2
युंजन्ति ब्रध्नमरुषम् – ऋ.१.६.१/१; अ.2०.2६.४/१; ४७.१०/१; ६६.६/१; सा.2.८१८/१; वा.2३.५/१; तैसं.७.४.2०.१/१; मैसं. ३.१2.१८/१: १६५.६; ३.१६.३/१: १८५.४; काठसं अश्व.४.६/१; कौषी ब्रा.2५.१५; शब्रा. १३.2.६.१; तैब्रा.३.६.४.१; आश्रौ. ६.४.१०; शांश्रौसू.६.१७.१; १2.१.४; वैसू.2६.१2; 2७.१६; ३३.2; ३६.४; आपमपा. १.६.2/१ (आपगृ.2.५.2०) प्रः युंजन्ति ब्रध्नम् – कात्यश्रौसू. 2०.५.१०; आपश्रौ. 2०.१६.१; माश्रौसू.६.2.३; – ६.2.४; मागृसू..१.१३.2
युंजन्ति इषिरस्य गाथया – ऋ.८.६८.६/१; अ.2०.१००.३/१; सा.2.६2/१
युंजन्तु त्वा मरुतो विश्ववेदसः – अ.३.३.१/३; ६.६2.१/३; वा. ६.८/३; शब्रा.५.१.४.६
युंजन्त्यस्य काम्या – ऋ.१.६.2/१; अ.2०.2६.५/१; ४७.११/१; ६६.१०/१; सा. 2.८१६/१; वा.2३.६/१; तैसं.७.४.2०.१/१; मैसं. ३.१६.३/१: १८५.६; काठसं अश्व. ४.६/१; तैब्रा.३.६.४.2; आपश्रौ.2०.१६.2; माश्रौसू. ६.2.३ प्रः युंजन्त्यस्य– कात्यश्रौसू.2०.५.११
युंजाथां रासभं युवम् – वा.११.१३/१; तैसं.४.१.2.१/१; ५.१.2.१; मैसं.2.७.2/१: ७५.३; ३.१.३: ३.१४; काठसं. १६.१/१; १६.2; शब्रा. ६.३.2.३; आपश्रौ. १६.2.2 प्रः युंजाथां रासभम् – माश्रौसू.६.१.१; युंजथाम् – कात्यश्रौसू.१६.2.६
युंजाथां रासभं रथे – ऋ.८.८५.७/१
युंजाथामश्विना रथम् – ऋ.१.४६.७/३; ८.७३.१/2
युंजाथां पीवरीरिषः – ऋ.८.22.६/३
युंजानः प्रथमं मनः – वा. ११.१/१; तैसं.४.१.१.१/१; मैसं. 2.७.१/१: ७३.८; काठसं.१५.११/१; शब्रा.६.३.१.१2; श्वेत उप.2.१/१; आपश्रौ. १६.१.४; माश्रौसू.६.१.१; मागृसू..१.६.2; 2३.६ प्रः युंजानः – कात्यश्रौसू.१६.2.७
युंजान्यविमोचनाय – हिर गृसू.१.2४.४/४
युंजे वाचं शतपदीम् – सा. 2.११७८/३, ११७६/१; षड् ब्रा.१.४.४,१०; जैब्रा. १.७४/१; लाटयश्रौसू.१.८.६/१
युतद्वेषसः समिषा रभेमहि – ऋ.१.५३.४/४; अ.2०.2१.४/४
युत्कारेण दुश्च्यवनेन धृष्णुना – ऋ.१०.१०३.2/2; सा.2.१2००/2; वा. १७.३४/2; तैसं.४.६.४.१/2; मैसं.2.१०.४/2: १३५.११; काठसं. १८.५/2 द्र. अयोध्येन।
युध एकः सं सृजति – अ.१०.१०.2४/१
युधा देवेभ्यो वरिवश्चकर्थ – ऋ.१.५६.५/४; ७.६८.३/४; अ.2०.८७.३/४ तु. यधेन्द्रो।
युधा युधमुप घेदेषि धृष्णुया – ऋ.१.५३.७/१; अ. 2०.2१.७/१
युधा विदं मनवे गातुमिष्टये – ऋ. १०.४६.६/४
युधेदापित्वमिच्छसे – ऋ.८.2१.१३/३; अ.2०.११३.१/३; सा. १.३६६/३; 2.७३६/३
युधेन्द्रो मह्ना वरिवश्चकार – ऋ.३.३४.७/१; अ.2०.११.७/१ तु. युधा देवेभ्यो
युधे यदिष्णान आयुधानि – ऋ.१.६१.१३/३; अ.2०.३५.१३/३
युधे यदुग्राः पृषतीरयुग्ध्वम् – तैब्रा. 2.४.४.३/४ द्र. शुभे यदादि
युधेव शक्रास्तविषाणि कर्तन – ऋ.१.१६६.१/४
युधो नर (मैसं. नरा) इषुहस्तेन वृष्णा – ऋ. १०.१०३.2/४; अ.१६.१३.३/४; सा.2.१2००/४; वा. १७.३४/४; तैसं.४.६.४.१/४; मैसं.2.१०.४/४: १३५.१2;

काठसं. १८.५/४
युध्मं सन्तमनर्वाणम् – ऋ.८.९2.८/१; सा. 2.९९३/१
युध्मस्य ते वृषभस्य स्वाराजः – ऋ.३.४६.१/१; मैसं. ४. १४.१४/१: 2३८.७; ऐब्रा. ५.५.2; कौषी ब्रा.22.८; शांश्रौसू.१८.१६.६ प्रः युध्मस्य ते – आश्रौ.७.११.2८; ८. १2.22; शांश्रौसू.१०.५.2०; १2.३.७
युध्मो अनर्वा खजकृत् समद्वा – ऋ.७.2०.३/१
युध्यन्त इव वर्मसु – ऋ.८.४७.८/2
युध्यन्ते यस्यामाक्रन्दः – अ. १2.१.४१/३
युध्यन्तो नेमधिता पृत्सु शुर – ऋ.६.३३.४/४
युध्यमानास्तोकसातौ विवक्षसे – ऋ. १०.2५.९/४
युध्यै त्वेन सं त्वेन पृच्छै – ऋ. ४.१८.2/४
युध्वा संछश्वज्जिगेथ – ऋ.६.६६.१६/३
युनक्त सीरा वि युगा तनुध्वम् (अ.तैसं.मैसं.काठसं. तनोत) – ऋ. १०.१०१.३/१; अ.३.१७.2/१; वा. १2. ६८/१; तैसं.४.2.५.५/१; मैसं.2.७.१2/१: ९१.१५; काठसं.१६.१2/१; शब्रा. ७.2.2.५
युनक्तु देवः सविता प्रजानन् – अ.५.2६.2/१
युनज्मि त उत्तरावन्तमिन्द्रम् – अ. ४.22.५/१; तैब्रा.2.४. ७.८/१
युनज्मि तिस्रो विपृचः सूर्यस्य ते (माश्रौसू. तिस्रो विवृतः सूर्यः सवः – तैसं. ३.१.६.2/४; आपश्रौ. १2.३.७; माश्रौसू.2.३.१2 द्र. युक्तास् तिस्रो
युनज्मि ते पृथिवीं ज्योतिषा सह – तैसं.३.१.६.2/१; आपश्रौ. १2.2.१०; माश्रौसू. 2.३.१.१2 द्र. उत्तरम्
युनज्मि ते पृथिवीमग्निना सह – पंचब्रा. १.2.१/१ प्रः युनज्मि – लाटयश्रौसू. १.६.११ द्र. पूर्वम्
युनज्मि ते ब्रह्मणा केशिना हरी – ऋ. १.८2.६/१; आश्रौ. ६.११.९ प्रः युनज्मि ते – शांश्रौसू. ८.८.६
युनज्मि त्वा ब्रह्मणा दैव्येन – अ. ७.७८.2/2; तैसं.१.६.2. १/१; १०.१; मैसं. १.४.१/१: ४७.६; १४.५: ५2.१८; काठसं. ४.१४/१; ३१.१५; आपश्रौ. ४.६.४; माश्रौसू. १. ४.१.१६; कौसू.३.१/१
युनज्मि प्रथमस्य च – अ. १९.2५.१/2
युनज्मि वाचं सह दिवा सह सूर्येण तेन सह – माश्रौसू. 2.३.१.१2 द्र. उत्तरम्
युनज्मि वाचं सह सूर्येण ते (पंचब्रा. इत्यस्य लोपः ते) – तैसं.३.१.६.2/३; पंचब्रा. १.2.१/2; आपश्रौ. १2.2.१2 द्र. पूर्वम्
युनज्मि वायुमन्तरिक्षेण ते (माश्रौसू. तेन) सह – तैसं. ३. १.६.१/2; आपश्रौ. १2.2.१2; माश्रौसू.2.३.१.१2 द्र. युक्तो वातो
युयुतं या अरातयः – ऋ. ८.९.१/४; अ.2०.१2९.१/४
युयुतं सूर्यादधि – ऋ.६.५९.८/४
युयुतमस्मदनिराममीवाम् – ऋ. ७.७१.2/३
युयुत्सन्तं तमसि हर्म्ये धाः – ऋ.५.३2.५/४
युयुयातामितो रपो अप स्रिधः – ऋ.८.१८.८/३ द्र. यूयाताम्
युयूषतः पर्युरू वरांसि – ऋ. ६.६2.१/४
युयूषतः सवयसा तदिद्वपुः – ऋ. १.१४४.३/१
युयोत नो अनपत्यानि गन्तोः – ऋ. ३.५४.१८/३
युयोत विष्वग् रपस्तनूनाम् – ऋ. ७.३४.१३/2
युयोता शरुमस्मदा – ऋ. ८.१८.११/१
युयोधि जातवेदः – ऋ. ८.११.३/2
युयोध्यस्मद् जुहुराणमेनः – ऋ.१.१८९.१/३; वा. ५. ३६/३; ७.४३/३; ४०.१६/३; तैसं. १.१.१४.३/३; ४.४३.१/३; मैसं. १.2.१३/2: 22.७; काठसं.३.१/३; ६.१०/५; शब्रा.३.६.३.११/३; ४.३.४.१2/३; तैब्रा. 2. ८.2.३/३; तैआ. १.८.८/३
युयोध्यस्मद् द्वेषांसि – ऋ.2.६.४/३; वा. १2.४३/३; तैसं.४.2.३.४/३; मैसं.१.2.१०/३: शब्रा. ६.८.2.९/३; आपश्रौ. ११.१2.३/३
युयोप नाभिरुपरस्यायोः – ऋ. १.१०४.४/१
युवं रथेन विमदाय शुन्ध्युवम् – ऋ.१०.३९.७/१
युवं राधोभिरकवेभिरिन्द्र – ऋ. ६.६०.३/३; मैसं.४.१३. ७/३: 2०८.2; काठसं. ४.१५/३; तैब्रा.३.६.८.१/३
युवं रेभं परिषूतेरुरुष्यथः – ऋ.१.११९.६/१
युवं रवन्दनं निर्ऋतं रजण्यया – ऋ. १.११९.७/१
युवं वन्दनमृश्यदाद् उदूपथुः – ऋ.१०.३९.८/३
युवं वरो सुषाम्णे – ऋ.८.2६.2/१
युवं वस्त्राणि पीवसा वसाथे – ऋ.१.१५2.१/१; मैसं. ४. १४.१०/१: 2३१.७; कौषी ब्रा. १८.१३; तैब्रा.2.८.६. ६/१; आश्रौ.३.८.१; आगृ. ३.८.९ प्रः युवं वस्त्राणि – शांश्रौसू. ८.१2.८; शां गृ सू. ३.१.६; वृ हासं.८.३३
युवं वा यन्निरततंसतम् – ऋ.१.१2०.७/2
युवं वायो सविता च भुवनानि रक्षथः – अ.४.2५.३/३
युवं विधन्तं विध्वामुरुष्यथः – ऋ. १०.४०.८/2
युवं विप्रस्य जरणामुपेयुषः – ऋ.१०.३९.८/१
युवं विप्रस्य मन्मनामिरज्यथः – ऋ. १.१५१.६/४
युवं विश्वेषु भुवनेष्वन्तः – ऋ. १.१५७.५/2
युवं शक्रा मायाविना – ऋ. १०.2४.४/१ तु. बृहद.७.22
युवं शचीभिर्ग्रसितामसुंचतम् – ऋ. १०.३९.१३/४
युवं शचीभिर्विमदाय जायाम् – ऋ.१.११७.2०/३
युवं शयोरवसं पिप्यथुर्गवि – ऋ.१.११९.६/३

वैदिकपादानुक्रमकोषः 366

युवं शुष्मं नर्यं चर्षणिभ्यः – ऋ. ६.७2.५/३
युवं श्यावाय रुशतीमदत्तम् – ऋ. १.११७.८/१
युवं श्रियमश्विना देवता ताम् – ऋ.४.४४.2/१; अ.2०.१४३.2/१
युवं श्रीभिर्दर्शताभिराभिः – ऋ. ६.६३.६/१
युवं श्वेतं पेदव इन्द्रजूतम् – ऋ.१११८.६/१
युवं श्वेतं पेदवेऽश्विनाश्वम् – ऋ.१०.३६.१०/१
युवं सद्यो विश्पलामेतवे कृथः – ऋ.१०.३६.८/४
युवं सनिभ्य स्तनयन्तमश्विना – ऋ. १०.४०.८/३
युवं सिंजारम् उशनाम् उपारथुः – ऋ.१०.४०.७/2
युवं सिन्धूंरभिशस्तेरवद्यात् – ऋ.१.६३.५/३; तैसं. 2.३.१४.2/३; मैसं.१.५.१; ४.१०.१/३: १४४.१५; काठसं. ४.१६/३; ऐब्रा. 2.६.५/३; तैब्रा. ३.५.७.३/३; कौसू. ५.१/३
युवं सुराममश्विना – ऋ.१०.१३१.४/१; अ. 2०.१2५.४/१; वा.१०.३३/१; 2०.७६/१; मैसं.३.११४/१: १४५.१३; ४.१2.५: १६१.१; काठसं.१७.१६/१; ३८.६/१; शब्रा. ५.५.४.2५/१; तैब्रा. १.४.2.१/१; ८.६.१; आश्रौ. ३.६.३; ८.३.३ (भाष्ये); वैसू.३०.११; आपश्रौ. १६.2.१६/१ प्रः युवं सुरामम् – शांश्रौसू.१५.१५.८; कात्यश्रौसू.१६.६.2०; माश्रौसू.५.2.४.३६; शां गृ सू. ६.४.2
युवं सुषुतिं चक्रथुः पुरंध्ये – ऋ. १०.३६.७/४
युवं सूर्यं विविदथुर्युवं स्वः – ऋ. ६.७2.१/३
युवं ह कृशं युवमश्विना शयुम् – ऋ.१०.४०.८/१
युवं ह गर्भं जगतीषु धत्थः – ऋ.१.१५७.५/१
युवं ह घर्मं मधुमन्तमत्रये – ऋ.१.१८०.४/१
युवं ह भुजयुं युवमश्विना वशम् – ऋ.१०.४०.७/१
युवं ह रेभं वृष्णा गुहा हितम् – ऋ.१०.३६.६/१
युवं हवं वध्रिमत्या अगच्छतम् – ऋ.१०.३६.७/३
युवं हव्या जुजोषतम् – ऋ. १.६३.११/2
युवं ह स्थो भिषजा भेषजेभिः – ऋ. १.१५७.६/१
युवं हि रुद्रा पर्षथो अति द्विषः – ऋ. ८.2६.५/३
युवं हि वस्व उभयस्य राजथः – ऋ.७.८३.५/३
युवं हि वृत्रहन्तमा – तैब्रा. 2.४.५.७/३ द्र. उभा हि आदि।
युवं हि ष्मा पुरुभुजेममेधतुम् – ऋ.८.८६.३/१
युवं हि स्थः स्वर्पती (सा.पंचब्रा. स्वःपती) – ऋ. ६.१६.2/१; सा. 2.३५.१/१; पंचब्रा. ६.१०.१४
युवं हि स्थो रयिदौ नो रयीणाम् – ऋ.३.५४.१६/३
युवं होत्रामृतुथा जुह्वते नरा – ऋ.१०.४०.४/३
युवं ह्यप्नराजावसीदतम् – ऋ. १०.१३2.७/१
युवं ह्यास्तं महो रन् – ऋ.१.१2०.७/१
युवं कण्वाय नासत्या – ऋ.८.५.2३/१
युवं कण्वायापिरिप्ताय चक्षुः – ऋ.१.११८.७/३
युवं कवी ष्ठः पर्य अश्विना रथम् – ऋ.१०.४०.६/१
युवं चित्रं ददथुर्भोजनं नरा – ऋ. ७.७४.2/१; सा.2.१०४/१
युवं च्यवाणं सनयं यथा रथम् – ऋ. १०.३६.४/१; निरु. ४.१६
युवं च्यवानं जरसोऽमुमुक्तम् – ऋ. ७.७१.५/१
युवं च्यवानमश्विना जरन्तम् – ऋ.१.११७.१३/१
युवं तमिन्द्रापर्वता पुरोयुधा – ऋ.१.१३2.६/१; वा. ८.५३/१; शब्रा. ४.६.६.१४/१; आश्रौ. ८.१३.2३; वैसू. ३४.१/१; आपश्रौ. 2१.१2.६/१; माश्रौसू. ७.2.३/१ प्रः युवं तमिन्द्रापर्वता – शांश्रौसू.१०.2१.१४; युवं तम् – कात्यश्रौसू.१2.४.१३ तु. बृहद.४.४
युवं तं मित्रावरुणौ – अ.१.2०.2/३
युवं तां इन्द्रावरुणावमित्रान् – ऋ. ७.८५.2/३
युवं तानिन्द्र वृत्रहन् – अ.३.१.३/३ द्र. उभौ तां युवं तासां दिव्यस्य प्रशासने – ऋ.१.११2.३/१
युवं तुग्राय पुर्व्येभिरेवैः – ऋ. १.११७.१४/१
युवं दक्षं धृतव्रत (पदपा. ...ता) – ऋ. १.१५.६/१ प्रः युवं दक्षम् –शांश्रौसू.१2.2.१४
युवं दधीचो मन आ विवासथः – ऋ.१.११६.६/३
युवं दाशुषे वि चयिष्ठमंहः – ऋ. ६.६७.८/४
युवं दिवो बृहतो दक्षमाभुवम् – ऋ.१.१५१.४/३
युवं देवा क्रतुना पूर्व्येण – ऋ. ८.५७ (वाल.६)१/१; आश्रौ. ६.११.१४
युवं धियं ददथुर्वस्यैष्टये – ऋ. ८.८६.2/2
युवं धेनुं शयवे नाधिताय – ऋ.१.११८.८/१
युवं नरा नासत्यामुमुक्तम् – ऋ. १.११६.१४/2
युवं नरा स्तुवते कृष्णियाय – ऋ.१.११७.७/१
युवं नरा स्तुवते पज्रियाय – ऋ.१.११६.७/१
युवं नो अत्र वरिवः कृणुतम् – काठसं.१७.१६/३
युवं नो येषु वरुण – ऋ.५.६४.६/१
युवमग्निं च वृषणावपश्च – ऋ. १.१५७.५/३
युवमत्यस्याव नक्षथो यत् – ऋ. १.१८०.2/१
युवमत्रयेऽवनीताय तप्तम् – ऋ.१.११८.७/१
युवमृबीसमुत तप्तमत्रये – ऋ. १.११८.७/१
युवमेतं चक्रथुः सिन्धुषु प्लवम् – ऋ.१.१८2.५/१
युवमेतानि दिवि रोचनानि – ऋ.१.६३.५/१; तैसं. 2.३.१४.१/१; काठसं. ४.१६/१; मैसं.४.१०.१/१: १४४.१४; ऐब्रा.2.६.५/१; तैब्रा.३.५.७.2/१; आश्रौ.१.६.१; ३.८.१; कौसू.५.१/१ प्रः युवमेतानि मैसं.४..११.2: १६३.

१० (तु. पपाठ. १.५.१, पृ. ६५, पादटि. ६); ४.४.१८ 2४८.१; शांश्रौसू.१.८.१०; ५.१८.११; माश्रौसू. १.६.2.४; – ५.१.५.2६
युवं पया उस्रियायामधत्तम् – ऋ.१.१८०.३/१
युवं पेदवे पुरुवारमश्विना अश्विना – ऋ. १.११६.१०/१
युवं प्रत्नस्य साधथो महो यत् – ऋ.३.३८.६/१
युवं ब्रह्मणेऽनुमन्यमानौ – अ.१४.2.४2/३
युवं भगं सं भरतं समृद्धम् – अ.१४.१.३१/१ प्रः युवं भगम् – कौसू. ७५.८
युवं भुज्युं समुद्र आ – ऋ.१०.१४३.५/१
युवं भुज्युमर्णसो निः समुद्रात् – ऋ.१.११७.१४/३
युवं भुज्युमवविद्धं समुद्रे – ऋ.७.६६.७/१; मैसं.४.१४.१०/१: 2३०.७; तैब्रा.2.८.७.८/१
युवं भुज्युं भुरमाणं विभिर्गतम् – ऋ.१.११६.४/१
युवं मदस्य चारुणः – ऋ.८.५.१४/2
युवं मधुमतस् कृतम् – ऋ.१०.2४.६/४
युवं महानि प्रथमानि चक्रथुः – ऋ.६.७2.१/2
युवं मित्रेमं जनम् – ऋ.५.६५.६/१
युवं मृगं जागृवांसम् – ऋ.८.५.३६/१
युवलं छन्दः – मैसं.2.८.2: १०८.४; काठसं.१७.2 द्र. विवलम्
युवस्व पोष्याणाम् – ऋ.४.४८.५/2; तैसं.2.2.१2.७/2; मैसं.४.१४.2/2: 2१६.४
युवस्व पोष्या वसो – ऋ.८.2६.20/2; मैसं.४.१४.2/2: 2१६.६
युवां यज्ञैः प्रथमा गोभिरंजते – ऋ.१.१५१.८/१
युवां स्तोमेभिर्देवयन्तो अश्विना – ऋ. १.१३६.३/१; ऐब्रा. ५.१2.५; आश्रौ.८.१.१2 प्रः युवां स्तोमेभिः – शांश्रौसू. १०.७.६; ८.३
युवां ह घोषा पर्य अश्विना याती – ऋ.१०.४०.५/१
युवां हवन्त उभयास आजिषु – ऋ. ७.८३.६/१
युवां हवन्ते अश्विना – ऋ. १.४७.४/४; ८.५.१७/३
युवां हव्याभ्यायवः – ऋ.१.१३६.३/३
युवां हि यन्तीन्दवः – ऋ. ४.४७.2/३; सा.2.६७६/३
युवा कविः पुरुनिष्ठ (काठसं. ...ष्ठा) ऋतावा – ऋ.५.१.६/३; तैसं.१.३.१४.१/३: १६2.५; काठसं.2.१५/३
युवा कविरध्वरस्य प्रणेता – ऋ.३.2३.१/2
युवा कविदीदयद् गोषु गच्छन् – ऋ. ५.४५.६/४
युवाकुमारः प्रत्येत्याहवम् – ऋ.१.१५५.६/४
युवाकु सुमतीनाम् – ऋ.१.१७.४/2
युवाकु हि शचीनाम् – ऋ. १.१७.४/१
युवां क्षेमस्य प्रसवे मितज्ञवः – ऋ.७.८2.४/2
युवां गोतमः पुरुमीढो अत्रिः – ऋ.१.१८३.५/१
युवा जेतेशानः स पुरुष्टुतः – अ. ६.2.३/३
युवां चिद्धि ष्माश्विनावनु द्यून् – ऋ.१.१८०.८/१
युवादत्तस्य धिष्ण्या – ऋ. ८.2६.१2/१
युवान आ ववृधवम् – ऋ.८.20.१८/४
युवानं विन्दते पतिम् – अ.११.५.१८/2
युवानं विश्पतिं कविम् – ऋ.८.४४.2६/१
युवानं सन्तं पलितो जगार – ऋ.१०.५५.५/2; अ.६.१०.६/2; सा.१.३2५/2; 2.११३2/2; मैसं. ४.६.१2/2: १३३.१०; तैआ.४.20.१/2; निरु.१४.१८/2
युवानमाहुतीवृधम् – ऋ. ६.६७.2६/2; अ. ७.३2.१/2
युवानस्तथेदसत् – ऋ.८.20.१७/३
युवाना पितरा पुनः – ऋ. १.20.४/१; ऐब्रा.५.१६.११; कौषी ब्रा.2६.१३; आश्रौ.८.१०.2 प्रः युवाना पितरा – शांश्रौसू.१०.१०.७
युवाननीतस्य सूरिभिः – ऋ. ८.2६.१2/2
युवानो रुद्रा अजरा अभोग्घनः – ऋ. १.६४.३/१
युवां दीयन्ति बिभरतः – ऋ.७.७४.४/2
युवं देवास्त्रय एकादशासः – ऋ.८.५७ (वाल.६).2/१; आश्रौ. ६.११.१५
युवां नरा पश्यमानास आप्यम् – ऋ.७.८३.१/१ प्र युवां नरा पश्यमानासः – शांश्रौसू.१2.११.१७; युवां नरा – आश्रौ.७.६.2
युवा पिता स्वपा रुद्र एषाम् – ऋ.५.६०.५/३
युवाभ्यां वाजिनीवसू – ऋ. ८.५.३/१; १०१.८/2
युवाभ्यां विश्वाः पुतना जयेम – ऋ.2.४०.५/४; मैसं.४.१४.१/४: 2१५.८; तैब्रा.2.८.१.६/४
युवाभ्यां देवी धिषणा मदाय – ऋ.१.१०६.४/१
युवाभ्यां भूत्वश्विना – ऋ.८.५.१८/३; 2६.१६/३
युवाभ्यां मित्रावरुणा – ऋ. ५.६४.४/१
युवामाहुर्मयोभुवा – ऋ.५.७३.६/2
युवामिदा वृणीमहे – ऋ. 2.४१.१६/2
युवामिदाहुर्भिषजा रुतस्य चित् – ऋ.१०.३६.३/४
युवामिद् ध्यावसे पूर्व्याय – ऋ. ४.४१.७/१
युवामिद् युत्सु पृतनासु वह्नयः – ऋ.७.८2.४/१
युवामिन्द्राग्नी वसुनो विभागे – ऋ.१.१०६.५/१
युवां पूषेवाश्विना पुरंधिः – ऋ.१.१८१.६/१
युवां मृगेव वारणा मृगण्यवः – ऋ.१०.४०.४/१
युवा यादी कृथः पुनः – ऋ.५.७४.५/३
युवायवोऽति रोमाण्यव्यया – ऋ. १.१३५.६/६
युवायुर्बर्हिष्पवमाने – काठसं.३४.१६
युवावते न तुज्या अभूवन् – ऋ. ३.६2.१/2

युवा स मारुतो गणः – ऋ. ५.६१.१३/१
युवा सुदक्षो रजसो विधर्मणि – ऋ. ६.७१.१/४
युवा सुवासाः परिवीत (मैसं. ...ता) आगात् – ऋ.३.८.४/१; मैसं.४.१३.१/१: १६६.१३; काठसं.१५.12/१; ऐब्रा.2.2.2६/१; कौषी ब्रा. १0.2; तैब्रा.३.६.१.३/१; आश्रौ.३.१.६; आगृ. १.20.६/१ प्रः युवा सुवसाः – तैआ.१.2७.2; शांश्रौसू.५.१५.४; माश्रौसू.५.2.८.१0; पारगृसू.2.६.2५: मागृसू..१.22.८; विष्णुस्मृ. ६५.८; वृहासं.८.३2
युवा ह यद्युवत्याः क्षेति योनिषु – ऋ.१0.४0.११/2
युवेऽहं यमराजगान् – तैआ.१.2७.६/४
युवोः क्राणाय सख्यैः – ऋ.१0.१३2.2/३
युवोरछिद्रा मन्तवो ह सर्गाः – ऋ. १.१५2.१/2; मैसं.४.१४.१0/2५ 2३१.७; तैब्रा.2.८.६.६/2
युवो रजांसि सुयमासो अश्वाः – ऋ.१.१८0.१/१ प्रः युवो रजांसि सुयमासो अश्वाः – ऋ.१.१८0.१/१ प्रः युवो रजांसि – आश्रौ.४.१५.2; शांश्रौसू.६.६.६ तु बृहद.४.६१
युवोरत्रिश्चिकेतति – ऋ.५.७३.६2/१
युवो रथं दुहिता सूर्यस्य – ऋ.१.११७.१३/३
युवो रथस्य परि चक्रमीयते – ऋ.८.22.४/१
युवो रथो अध्वरं देववीतये – ऋ.६.६८.१0/३; अ. ७.५८.१/३; गोब्रा. 2.2.22
युवोरप्तूर्यं हितम् – ऋ.३.१2.८/३; सा.2.६2८/३, १0४५/३
युवो ररावा परि सख्यमासते – ऋ.१0.४0.७/३
युवोरवश्चकृमा यातमर्वाक् – ऋ.३.५८.2/४
युवोरश्विना वपुषे युवायुजम् – ऋ. १.११६.५/१
युयोरह प्रवणे चेकिते रथः – ऋ.१.११६.३/३
युवोरहमवसा सुम्नमा चके – ऋ.१0.४0.७/४
युवो राष्ट्रं बृहदिन्वति द्यौः – ऋ. ७.८४.2/१
युवोरित्थाधि सद्मसु – ऋ.१.१३६.2/४
युवोरुषा अनु श्रियम् – ऋ.१.४६.१४/१
युवोरु षू रथं हुवे – ऋ.८.2६.१/१; आश्रौ. ४.१५.2 प्रः युवोरु षू रथम् – शांश्रौसू.६.६.१0 तु. बृहद. ६.६७
युवोर्ऋतं रथम् –शांश्रौसू. ६.६.१0 तु. बृहद. ६.६७
युवोर्ऋतं रोदसी सत्यमस्तु – ऋ.३.५४.३/१
युवोर्नरा द्रविणं जह्नाव्याम् – ऋ. ३.५८..६/2
युवोर्मित्रावरुणावस्कृधोयु – ऋ. ६.६७.११/2
युवोर्यदि सख्यायास्मे – ऋ.१0.६१.2५/१ प्रः युवोर्यदि – शांश्रौसू.१2.८.७
युवोर्वपुरभि पृक्षः सचन्ते – ऋ. ४.४४.2/३; अ.20.१४३.2/३
युवोर्विश्वा अधि श्रियः – ऋ. १.३६.३/४
युवोर्ह मक्षा पर्यश्विना मधु – ऋ.१0.४0.६/३
युवोर्हि नः सख्या पितृयाणि – ऋ. ७.७2.2/३
युवोर्हि पूर्वं सवितोषसो रथम् – ऋ.१.३४.१0/३र
युवोर्हि मातादितिर्विचेतसा – ऋ.१0.१३2.६/१
युवोर्हि यन्त्रं हिम्येव वाससः – ऋ. १.३४.१/३
युवोर्हि सख्यमुत वा यदाप्यम् – ऋ. ७.८2.८/३
युवाः श्रियं परि योषावृणीत – ऋ. ७.६६.४/१; मैसं.४.१४.१0/१: 2३0.५; तैब्रा. 2.८.७.८/१
युवोः सचाभ्यश्याम वाजान् – ऋ. ७.६३.८/2
युवोः स्क्ति वषुरूपाणि सव्रता – ऋ. ६.७0.३/४
युष्मत्सदश्वो मरुतः सुवीरः – ऋ.५.५८.४/४
युष्मदेति मुष्टिहा बाहुजूतः – ऋ. ५.५८.४/३
युष्मद् भिया वृषणो रेजमानाः – ऋ.७.६0.१0/३
युष्मभ्यं हव्या निशितान्यासन् – ऋ. १.१७१.४/३
युष्मभ्यं कं मरुतः सुजाताः – ऋ.१.१८८.३/३
युष्मा इन्द्रो आदिः द्र. युष्मान् इन्द्रो।
युष्मां इच्छन्तः शवसो नपातः – ऋ. १.१६१.१४/४
युष्मां उ नक्तमूतये – ऋ.८.७.६/१
युष्मांश्च दायं म उपेता (शांश्रौसू. दायं चोपेताम्) – ऐब्रा. ७.१८.७/३; शांश्रौसू. १५.2७/३
युष्मांश्च देवान्विश आ च मर्तान् – ऋ. ४.2.३/४
युष्मांस्तु पाप्मना तमसा विध्यानि– षड् ब्रा.१.४.६
युष्माकं शर्मणि प्रिये – ऋ.१0.१2६.४/३
युष्माकं सख्ये अहमस्मि शेवा – अ. ८.६.22/2 द्र. अहं वो अस्मि
युष्माकं स्मा रथां अनु – ऋ.५.५३.५/१
युष्माकं देवा अवसाहनि प्रिये – ऋ. १.११0.७/३; ७.५६.2/१
युष्माकं देवीरवसा सनेम – ऋ.१.१2४.१३/३
युष्माकं नावा वसवः – ऋ.८.१८.१७/2
युष्माकमस्तु तविषी तना युजा – ऋ.१.३६.४/३
युष्माकमस्तु तविषी पनीयसी – ऋ. १.३६.2/३
युष्माकं बुध्ने अपां न यामनि – ऋ.१0.७७.४/१
युष्माकं मित्रावरुणा प्रणीतौ – ऋ.2.2७.५/३
युष्माकेन परीणसा तुरासः – ऋ.१.१६६.१४/2
युष्माकोती रिशादसः – ऋ. ७.५६.६/३; तैसं. ४.३.१३.३/३; मैसं. ४.१0.५/३: १५४.८; काठसं.2१.१३/३ द्र. अस्माकोती
युष्माकोती सुदानवः – ऋ. ७.५६.१0/३
युष्मादत्तस्य मरुतो विचेतसः – ऋ.५.५४.१३/१

युष्मादत्तस्य वायति – ऋ. ८.४७.६/2
युष्मान् (वा.शब्रा. युष्मा) इन्द्रोऽवृणीता वृत्रतूर्ये – वा. १.१३; तैसं. १.१.५.१; मैसं.१.१.४: 2.१३; काठसं.१.११; शब्रा.१.१.३.८; तैब्रा. ३.2.५.४; ३.६.१
युष्मानीतो अभ्यं ज्योतिरश्याम् – ऋ. 2.2७.११/४: तैसं. 2.१.११.५/४; मैसं.४.१४.१४/४: 2३८.१५
युष्मान् दिवा हवामहे – ऋ. ८.७.६/2
युष्मान् प्रयत्यध्वरे – ऋ.८.७.६/३ तु. अग्ने प्रयत्, तथा इन्द्रं प्रयति
युष्मान् राय उत यज्ञा असश्चत – मैसं. १.३.३६/४: ४६.८ द्र. अत्र अस्मान् राय।
युष्माभिर्दक्षपितरः – ऋ. ८.६३.१०/2
युष्मे अस्तु दिवे – दिवे – अ.20.१३५.१०/३; ऐब्रा.६.३५.20/४; गोब्रा.2.६.१४; जैब्रा. 2.११७/३; शांश्रौसू. १2.१६.३/४
युष्मे इद्वो अपि ष्मसि सजात्ये – ऋ.८.१८.१६/३
युष्मे देवा अपि ष्मसि – ऋ.८.४७.८/१
युष्मिष्टो मरुतो मर्त्येष्टिः – ऋ.१.३६.८/१
युष्मे सचा बृहद्दिवेषु सोमम् – ऋ.४.३७.३रु४
यूष्मोतः सम्राडुत हन्ति वृत्रम् – ऋ.७.५८.४/३
युष्मोतो अर्वा सहुरिः सहस्री – ऋ.७.५८.४/2
युष्मोतो विप्रो मरुतः शतस्वी – ऋ.७.५८.४/१
युथत्वायै त्वतिसृजामि – कौसू.2४.20
युथा गवां ऋजुकृतुः – ऋ.१.८१.७/2; अ.20.५६.४/2; मैसं.४.१2.४/2: १८६.१५; काठसं.१०.१2/2; तैब्रा. 2.४.४.७/2
यूथा गवां ऋजुकृतुः – ऋ.१.८१.७/2; अ.20.५६.४/2; मैसं.४.१2.४/2: १८६.१५; काठसं.१०.१2/2; तैब्रा.2.४.४.७/2
यूथा गवां ऋतुकृतुः – ऋ.१.८१.७/2; अ. 20.५६.४/2; मैसं.४.१2.४/2: १८६.१५; काठसं.१०.१2/2; तैब्रा.2.४.४.७/2
यूथा दानाय मंहसे – ऋ.८.६१.८/2; सा.2.६३2/2
यूथे न निष्ठा वृषभो वि तिष्ठसे – ऋ. ६.११०.६/३; सा.2.८४६/३
यूथेन वृष्णिरेजति – ऋ.१.१०.2/४; सा.2.६६५/४
यूथे न साह्वां अव वाति वंसगः – ऋ.१.५८.५/2
यूथेव पशवः पशूपा दमूनाः – ऋ.६.१६.३/३
यूथेव पशवो व्युनोति गोपाः – ऋ.५.३१.१/३
यूथेवाप्सु समीजमान ऊती – ऋ.६.2६.५/४
यून ऊ सु नविष्ठया – ऋ. ८.20.१६/१
यूनः सृक्षत्रान् क्षयतो दिवो नॄन् – ऋ.६.५१.४/३
यूना ह सन्ता प्रथमं वि जज्ञतुः – ऋ. ६.६८.५/३
यूने समस्मै क्षितयो नमन्ताम् – ऋ.५.३६.६/३
यूपव्रस्का उत ये यूपवाहाः – ऋ.१.६2.६/१; वा.2५.2६/१; तैसं.४.६.८.2/१; मैसं.३.१६.१/१: १८2.८; काठसं अश्व.६.४/१
यूपादमुंचो अशमिष्ट हि षः – ऋ.५.2.७/2
यूपान् कृत्वा पर्वतान् – अ.१३.१.४७/2
यूपाय परिवीयमाणायानुब्रूहि – आपश्रौ..७.११.४; माश्रौसू.१.८.2.2५
यूपायाज्यमानायानुब्रूहि – शब्रा. 2३.७.१.१०; आपश्रौ. ७.१०.१; माश्रौसू.१.८.2.१2 प्रः यूपायाज्यमानाय –शांश्रौसू.५.१५.2
यूपायोदीयमाणायानुब्रूहि (माश्रौसू. ..छ्रिय...) – आपश्रौ. ७.१०.६; माश्रौसू.१.८.2.१६
यूपेन यूपा आप्यते – वा.१६.१७/३
यूपे बद्धं मुमुचिम यदन्नम् – वैसू.१०.१७/४
यूपो यस्यां निमीयते – अ.१2.१.३८/2र
यूपोविरोहंछतशाखोऽध्वरः समावृतः – कौसू.१2५.2/१
यूपो ह्यरुक्षद् द्विषतां वधाय – कौसू.१2५.2/१
यूयं रयिं मरुत स्पार्हवीरम् – ऋ.५.५४.१४/१
यूयं राजानः कं चिच्चर्षणीसहः – ऋ. ८.१६.३५/१
यूयं राजानमीर्यं जनाय – ऋ. ५.५८.४/१
यूयं वयं च सूर्यः – ऋ. ६.६८.१2/2 द्र. वयं यूयम्
यूयं विश्वं परि पाथ – ऋ.१०.१2६.४/१
यूयं वृष्टिं वर्षयथा पूरीषिणः – ऋ.५.५५.५/2; तैसं.2.४.८.2/2; काठसं. ११.६/2; ३०.४/2 द्र. दिवो वृष्टिं आदि
यूयं सखायः सप्तयः – ऋ. ८.20.2३/३
यूयं सप्तर्षिभिः सह – साम मन्त्रब्रा.2.१.७/2
यूयं ह भूमिं किरणं न रेजथ – ऋ.५.५६.४/३
यूयं ह रत्नं मघवत्सु धत्त – ऋ.७.३७.2/१
यूयं हि देवीर्ऋतयुग्भिरश्वैः – ऋ. ४.५१.५/१
यूयं हि ष्ठा नमस इद्वृधासः – ऋ.१.१७१.2/४
यूयं हि ष्ठा भिषजो मातृतमाः – ऋ. ६.५०.७/३
यूयं हि ष्ठा रथ्यो नस्तनूनाम् – ऋ.६.५१.६/३
यूयं हि ष्ठा सदानवः – ऋ.१.१५.2/३; ६.५१.१५/१; ८.७.१2/१; ८३.६/१ प्रः यूयं हि ष्ठ – शांश्रौसू.१०.५.४ (ऋ. ६.५१.१५)।
यूयं हि सोम पितरो म स्थन – ऋ.६.६६.८/३
यूयं गावो मेदयथा कृशंचित् – ऋ. ६.2८.६/१; अ. ४.2१.६/१; तैब्रा.2.८.८.१2/१ प्रः यूयं गावः – शांश्रौसू. ६.2८.८

यूयं तत्सत्यशवसः – ऋ.१.८६.६/१
यूयं तस्य प्रचेतसः – ऋ. ५.८७.६/४
यूयं दक्षस्य वचसो बभूव – ऋ.६.५१.६/४
यूयं देवाः प्रमतिर्यूयमोजः – ऋ.2.2६.2/१
यूयं द्वेषांसि सनुतर्युयोत – ऋ.2.2६.2/2
यूयं धत्थ राजानं श्रुष्टिमन्तम् – ऋ. ५.५४.१४/४
यूयं धूर्षु प्रयुजो न रश्मिभिः – ऋ.१०.७७.५/१
यूयं न उग्रा मरुतः सुचेतुना – ऋ.१.१६६.६/१
यूयं नः पुत्रा अदितेरदब्धाः – ऋ. 2.2८.३/३
यूयं नः प्रवतो नपात् – अ.१.2६.३/१
यूयं नस्तस्मान् पुंचत – अ. ६.११५.१/३
यूयं नो मित्रावरुणादिते च – ऋ. 2.2६.३/३
यूयमग्ने शंतमाभिस्तनूभिः – अ. १८.४.१०/१
यूयमर्भादुरुष्यत – ऋ.८.४७.८/४
यूयमर्वन्तं भरताय वाजम् – ऋ.५.५४.१४/३
यूयमस्मभ्यं धिष्णाभ्यस्परि – ऋ.४.३६.८/१
यूयमस्मभ्यं मृडत – ऋ.८.६७.१६/३
यूयमस्मान् इन्द्रं वः – काठसं.६.१६/2
यूयमस्मान् नयत वस्यो अच्छ – ऋ.५.५५.१०/१; काठसं.८.१७/१ प्रः यूयमस्मान् – शांश्रौसू.३.१४.६; ६.१०.८
यूयमिन्द्रमवृणीध्वम् वृत्रतूर्ये – वा.१.१३; तैसं.१.१.५.१; मैसं. १.१.४: 2.१४: 2.१४; काठसं. १.११; शब्रा. १.१.३.६; तैब्रा.३.2.५.४; ३.६.१
यूयमिन्द्रश्च मर्त्यम् – ऋ. ४.३७.६/2
यूयमीशिध्वे वसवस्तस्य निष्कृतेः – अ. ४.2७.६/३
यूयमुग्रा मरुत ईदृशे स्थ – अ. ३.१.2/१
यूयमुग्रा मरुतः पृश्निमातरः – अ.५.2१.११/१; १३.2.३/१; तैब्रा.2.५.2.३/१
यूयमृतस्य रथयः – ऋ. ७.६६.१2/४; ८.८३.३/३
यूयमृषिमवथ सामविप्रम् – ऋ.५.५४.१४/2
यूयं पाता स्वस्तिभिः सदा नः – ऋ.७.१.20/४,2५/४; ३.१०/४; ७.७/४,८/४; ६.६/४; ११.५/४; १2.३/४; १३.३/४; १४.३/४; १६.११/४; 20.१०/४; 2१.१०/४; 22.६/४; 2३.६/४; 2४.६/४; 2५.६/४; 2६.५/४; 2७.५/४; 2८.५/४; 2६.५/४; ३०.५/४; ३४.2५/४; ३५.2५/४; ३६.६/४; ३७.८/४; ३६.७/४; ४०.६/४; ४१.७/४; ४2.६/४; ४३.५/४; ४५.४/४; ४६.६/४; ४७.४/४; ४८.४/४; ५१.३/४; ५३.३/४; ५४.३/४; ५६.2५/४; ५७.७/४; ५८.६/४; ६०.१2/४; ६१.७/४; ६2.६/४; ६३.६/४; ६४.५/४; ६५.५/४; ६७.१०/४; ६८.६/४; ६६.८/४; ७०.७/४; ७१.६/४; ६४.५/४; ७३.५/४; ७५.८/४; ७६.७/४; ७७.६/४; ७८.५/४; ७६.५/४; ८०.३/४; ८४.५/४; ८५.५/४; ८६.८/४; ८७.७/४; ८८.७/४; ६०.७/४; ६१.७/४; ६2.५/४; ६३.८/४; ६५.६/४; ६७.१०/४; ६८.७/४; ६६.७/४; १००.७/४; १०१.६/४; ६.६०.६/४; ६७.३/४,६/४; १०.६५.१५/४; ६६.१५/४; १22.८/४; अ.३.१६.७/४; १६.११.५/४; 20.१2.६/४; १०.६५.१५/४; ६६.१५/४; १22.८/४; अ.३.१६.७/४; १६.११.५/४; 20.१2.६/४; १७.१2/४; ३७.११/४; ८७.७/४; सा.2.६५६,७५१/४, ६७७/४; वा.20.५४/४; 2७.2८/४; ३४.४०/४; तैसं.१.५.११.2/४; 2.2.१2.५/४; ३.४.१०.१/४; मैसं. ४.१४.2/४: 2१७.६; गोब्रा.2.४.2; तैब्रा.2.५.६.४/४; ८.५/४; ८.१.2/४; ४.१/४; ६.६/४; ३.५.2.३/४; ६.१.३/४; आपश्रौ. १३.१८.१/४; 22.७.११/४; माश्रौसू. 2.५.४.१2/४; पारगृसू. ३.४.७/४; आपमपा. १.१४.७/४; 2.१५.१६/४; मागृसू..2.११.१६/४
यूयं मर्त विपन्यवः – ऋ. ५.६१.१५/१
यूयं महः संवर्णस्य वसवः – ऋ.१०.७७.६/2
यूयं महो न एनसः – ऋ. ८.४७.८/३
यूयातामस्मद्रपो अप स्रिधः – तैब्रा.३.७.१०.५/३; आपश्रौ. १४.2६.१/३ द्र. युयुयाताम्
ये अंसत्रा य ऋधग् रोदसी ये – ऋ.४.३४.६/३
ये अंस्या ये अंगयाः – ऋ.१६१.७/१
ये अग्नयः पांचजन्याः (माश्रौसू.पुरीषिणः) – वा.१८.६७/१; शब्रा. ६.५.१.५३/१; माश्रौसू.६.2.६/१ प्रः ये अग्नयः –कात्यश्रौसू.१८.६.2३ द्र. येऽग्नयः पुरीष्याः
ये अग्नयः (तैसं.काठसं.तैब्रा.आप. ऽग्नयः) समनसः (काठसं. सचेतसः) – वा. १३.2५/१; १४.६/१; तैसं. ४.४.११.2/१; मैसं.१.६.2/१ : ८८.१; ८६.६; 2.८.१2/१ : ११६.६,१४; काठसं. ७.१४/१; १७.१०/; शब्रा. ८.७.१.६; तैब्रा. १.2.१.१८/१; आपश्रौ. ५.20.४; माश्रौसू.१.५.४.१६; ५.१८
ये अग्नयो अप्स्वन्तर्ये वृत्रे – अ.३.2१.१/१ प्रः ये अग्नयो अप्स्वन्तः – गोब्रा.2.2.१2; वैसू. १६.१६; ये अग्नयः – कौसू. ६.१; ४३.१६,20; ७2.१३; ८2.३५; १2३.१ द्र. यो अप्स्वन्तर्
ये अग्नयो दिवो ये पृथिव्याः – मैसं. १.६.2/१: ८८.७; १.६.७/१: ६७.६; आपश्रौ. ५.१८.१/१; माश्रौसू. १.५.४.20 द्र. येऽग्नयो दिवो
ये अग्नयो न शोशुचन्निधानाः – ऋ. ६.६६.2/१; मैसं.

४.१४.११/१: 2३३.५
ये अग्नयो विहृता धिष्ण्याः पृथिवीमनु ते नः पान्तु – वैसू.१८.४
ये अग्ना दधिरे दुवः – ऋ. ४.८.६/३: काठसं.१2.१५/३
ये अग्निजा ओषधिजा अहीनाम् – अ.१०.४.2३/१
ये अग्निजिह्वा ऋतसाप आसुः – ऋ.६.2१.११/३
ये अग्निदग्धा ये अनग्निदग्धाः – ऋ. १०.१५.१४/१; अ. १८.2.३५/१; तैब्रा.३.१.१.७/१; आश्रौ.2.१६.22 प्रः ये अग्निदग्धाः –शां गृ सू. 2.१४.१८ द्र. पूर्वम्
ये अग्निष्वात्ता येऽनग्निष्वात्ताः (वा. अनग्नि...) – वा.१६. ६०/१; तैब्रा. 2.६.१६.१/१; आपश्रौ. ८.१५.१७/१ द्र. पूर्वम्
ये अग्नेः परि जज्ञिरे – ऋ.१०.६2.६/१
ये अग्ने चन्द्र ते गिरः – ऋ.५.१०.४/१
ये अग्ने नेरयन्ति ते – १८.३.20/१
ये अद्रिर् – ऋ.५.20.2/१
ये अग्रवः शशमानाः परेयुः – अ. ५.५३.४/१
ये अत्रयो अंगिरसो नवग्वाः – अ. ६.८.१६/१
ये अञ्जिषु ये वाशीषु स्वभानवः – ऋ.५.५३.४/१
ये अत्रयो अंगिरसो नवग्वाः – अ. १८.३.20/१
ये अद्रिरीशाना मरुतश्चरन्ति – अ. ४.2७.४/३
ये अद्रिरीशाना मरुतो वर्षयन्ति – अ.४.2७.५/३
ये अद्रोघमनुष्वधम् – ऋ. ५.५2.१/३
ये अन्तः क्रिमयो गवि – अ. 2.३2.१/३
ये अन्तरिक्ष उत ये दिवि श्रिताः – मागृसू. 2.७.४/2 द्र. ये अन्तरिक्षे ये च
ये अन्तरिक्षे ओषधीषु पशुष्वप्स्वन्तः – अ. १०.३०.३/2 द्र. य ओषधीषु
ये अन्तरिक्षं पृथिवीं क्षियन्ति – तैब्रा. ३.१.१.६/३
ये अन्तरिक्षे य उप द्यवि ष्ठ – ऋ. ६.५2.१३/2; वा. ३३.५३/2; तैसं.2.४.१४.५/2; मैसं. ४.१2.१/2: १७६. ७; तैब्रा.2.८.६.५/2
ये अन्तरिक्षे ये च दिवि श्रितासः –कौसू. १३५.६/2 द्र. ये अन्तरिक्ष उत
ये अन्तरिक्षे ये दिवि – खिल. ७.५५.१०/३; अ. ११.१०. 2/३; वा. १३.६/३; तैसं. ३.५.४.३/३; ४.2.८.३/३; मैसं. 2.७.१५/३: ६७.2; काठसं. १६.१५/३; शब्रा. ७.४.१.2८/३; आपमपा. 2.१७.५/३; नील उप. १८/३
ये अन्ता यावतीः सिचः – अ. १४.2.५१/१ प्रः ये अन्ताः –कौसू. ७६.2६
ये अन्ति दूरादुपनायमेषाम् – ऋ. ६.६१.४/४
ये अन्ति ये च दूरके – अ.१०.४.६/2
ये अन्नेषु विविध्यन्ति – तैसं. ४.५.११.१/१; मैसं.2.६. ६/१: १2६.५ द्र. येऽन्नेषु।
ये अपीषन् ये अदिहन् – अ. ४.६.७/१र
ये अपोऽश्नन्ति के चन – तैआ.१.३१.१/४
ये अप्तुरो दिव्यासो न गृध्राः – ऋ. १.११८.४/३
ये अप्रथेथाममितमभि योजनम् – आसं. ४.८/2 द्र. उत्तरद्वयम्।
ये अप्रथेथाममिता योजनानि – अ. ४.2६.१22 द्र. पूर्वं तथा उत्तरम्
ये अप्रथेथाममितेभिरोजोभिः – तैसं.४.७.१५.६/१; मैसं. ३. १६.५/१: १६2.५; काठसं. 22.१५/१ द्र. पूर्वद्वयम्
ये अप्सवमर्णवं चित्राराधसः – ऋ. १०.६५.३/३
ये अप्सुजा विद्युता आबभूवुः – अ.१०.४.2३/2
ये अप्सु षडांसि (काठसं. ऽप्सु, तथा येषामप्सु।
ये अप्स्वन्तरग्नयः प्रविष्टाः – साम मन्त्रब्रा. १.७.१/१; गोभि गृसू. ३.४.१४; पारगृसू.2.६.१०/१ प्रः ये अप्सु – खादि गृसू. ३.१.१३
ये अमी रोचने दिवः – मैसं. 2.७.१५/१: ६७.५ द्र. ये चामी, येऽदो, ये वादो, तथा ये वामी।
ये अमृतं बिभृथो ये हवींषि – अ. ४.2६.१६/१
ये अम्नो जातान् मारयन्ति – अ. ८.६.१६/१
ये अवाङ् (अ. अवाङ् मध्य) उत वा पुराणे (अ. ...णम्) – अ.१०.८.१७/१; तैआ.2.१५.१/१
ये अर्वांचस्तां (जैब्रा. सम्) उ पराच आहुः – ऋ.१.१६४. १६/१; अ. ६.६.१६/१; जैब्रा. १.2७६/१
ये अर्वावति सुन्विरे – ऋ. ८.६३.६/2; ६.६५.22/2; अ. 20.११2.३/2; सा. 2.५१३/2
ये अर्वावतीन्दवः – ऋ. ८.५३ (वाल. ५).३/४
ये अशन्ति वषट्कृतम– अ. ११.१०.१४/2
ये अश्रमास उरवो वहिष्ठाः – ऋ. ६.2१.१2/३
ये अश्वदा उत वा सन्ति गोदाः – ऋ. ५.४2.८/३
ये अश्वदाः सह ते सूर्येण – ऋ.१०.१०७.2/2
ये अश्विना ये पितरा य ऊती – ऋ. ४.३४.६/१
ये अस्ता ये चास्याः – अ.१.१६.2/2
ये अस्मदपचेतसः – तैब्रा. ३.३.११.१/३; आपश्रौ. ३.१३. ६/३
ये अस्मभ्यं धनदा उद्भिदश्च – ऋ.१०.११६.६/४
ये अस्माकं तन्वमाविविशुः – अ. 2.३१.५/३
ये अस्माकं पितरो गोषु योधाः – ऋ.३.३६.४/2
ये अस्मिन्कामं सुयुजं ततस्रे – ऋ. ४.2३.५/४
ये अस्मिन् काममश्रियन् – ऋ.८.2.३६/३

ये अस्मिन् (काठसं. ऽस्मिन्) महत्यर्णवे – मैसं.2.६.६/१: १2८.६; काठसं.१७.१६/१; माश्रौसू. ४.७.१ द्र. अत्र अस्मिन् महति
ये अस्य कामं जनिधा इव ग्मन् – ऋ. १०.2६.५/2; अ. 2०.७६.५/2
ये अस्य गोपा महतो बभूवुः – अ.१०.८.६/४; निरु. १2. ३८/४
ये अस्या आचरणेषु दध्रिरे – ऋ.१.४८.३/३
ये उस्रिया बिभृतो ये वनस्पतीन् – अ.४.2६.५/१
ये कक्षेष्वघायवः – वा. ११.७६/३; तैसं.४.१.१०.2/३; मैसं. 2.७.७/३: ८३.१८; काठसं. १६.७/३
ये कर्मणः क्रियमाणस्य मह्ना – ऋ.१०.५५.७/३; सा. 2. ११.३४/३
ये कीलालेन तर्पयथो (अ. ४.2७.५/१, तर्पयन्ति) ये घृतेन – अ.४.2६.६/१; ४.2७.५/१
ये कुकुन्धाः कुकूरभाः – अ. ८.६.११/१
ये कृत्वनो देवकृताः – अ.६.३५.५2१
ये कृष्णाः शितिबाहवः – अ. १६.३५.५/2
ये के च ज्मा महिनो अहिमायाः – अ.६.५2.१५/१; काठसं. १३.१५/१; आश्रौ.2.६.१४; ३.७.१० प्रः ये के च ज्मा – काठसं.2०.१५; शांश्रौसू. ६.१०.६; ऋवि. 2. 22.६
ये के च पृथिवीमनु (काठसं. पृथिव्यामधि) – खिल. ७. ५५.१०/2; वा.१३.६/2; तैसं.४.2.८.३/2; मैसं.2.७. १५/2: ६७.१; काठसं.१६.१५/2; शब्रा. ७.४.१. 2८/2; आपमपा. 2.१७.५/2; नील उप. १८/2
ये के च भ्रातरः स्थना (शांश्रौसू. स्थाः) – ऐब्रा. ७.१७. ७/३; शांश्रौसू. १५.2६/३
ये के च राजन् प्रतिश.वस्ते – अ.४.22.६/2
ये के च विश्वरूपाः – अ. ५.2३.५/३
ये के च स्थ व्यध्वराः – अ. ६.५०.३/४
यू के चात्महनो जनाः – वा. ४०.३/४; ईश उप.३/४ द्र. अविद्वांसो ऽबुधा।
ये के चोभ्यादत् (तैआ. चौभ...) – ऋ. १०.६०.१०/2; वा. ३१.८/2; तैआ. ३.१2.५/2 द्र. य च के।
ये केशिनः प्रथमाः (मैसं. ...मे) सत्रमासत – तैब्रा. 2.७. १७.१/१; आपश्रौ. १८.22.१०; माश्रौसू. ६.१.५/१ प्रः ये केशिनः –आपश्रौसू. 22.2८.2
ये केसरप्राबन्धायाः – अ.५.१८.११/३
ये क्रिमयः पर्ववतेषु वनेषु – अ.2.३१.५/१
ये क्रिमयः शितिकक्षाः – अ.५.2३.५/१
ये गन्धर्वा अप्सरसः – अ.१2.१.५०/१
ये गन्धर्वा प्सरसश्च देवाः – अ. १४.2.६/३; आपमपा. १.७.८/१ (आपगृ. 2.६.५)।
ये गर्भा अवपद्यन्ते – अ. ५.१७.७/१
ये गर्भे मम्रुरुत ये परास्ताः – आपश्रौ. १.८.७/2
ये गव्यता मनसा शत्रुमादभुः – ऋ. ६.४६.१०/१; अ. 2०.८३.2/१
ये गोपतिं प्राणीय – अ. १2.४.५2/१
ये गोपायन्ति सूर्यम् – ऋ. १०.१५४.५/2; अ.१८.2. १८/2
ये गोमन्तं वाजवन्तं सुवीरम् – ऋ.४.३४.१०/१; कौषी ब्रा. 2३.३
येऽग्नयः पुरीष्याः (काठसं. पुरीषिणः) – तैसं. ५.५.७. ४/१; काठसं. 22.१०/१; आपश्रौ. १७.2३.१2; जै उप ब्रा. ४.३.१/१ द्र. ये अग्नयः पांचजन्याः
येऽग्नयः समनसः द्र. ये अग्नयः आदि।
येऽग्नयो दिवो येऽन्तरिक्षात् – काठसं. ७.१४/१ द्र. ये अग्नयो दिवो
ये ग्रहाः पंचजनीनाः – तैसं.१.७.१2.१/१; तैब्रा.१.३.६.2 द्र. अत्र ग्रह
ये ग्रामा यदरण्यम् – अ. १2.१.५६/१
ये ग्राम्याः पशवो विश्वरूपाः – अ.2.३४.४/१; ३.१०. ६/३; तैआ. ३.११.११/१,१2/१; आश्रौ.2.2.१७/३; आपश्रौ. ६.५.७/३; माश्रौसू. १.६.१.१५/३; साम मन्त्रब्रा. 2.2.१४/३; हिर गृसू. 2.१७.2/३
ये घर्मः यानि घर्मे आदेरूहः – माश्रौसू. १.३.५.2३
ये च कृष्णा अविष्यवः – अ. ११.2.2/३; द्र. टि. अलिक्लवेभ्यो इत्यत्र
य चे के चोभयादतः – अ. १६.६.१2/2 द्र. ये के चोभ...
ये च जानन्ति ये च न – शांश्रौसू. १५.१७/2 द्र. ये विजानन्ति
ये च जीवा य मे मृताः – अ. १८.४.५७/१ द्र. ये जीवाः –कौसू. ८.६.2; ८८.१७ द्र. ये जीवा
ये च त्वामनु – शब्रा. 2.४.2.१६; कात्यश्रौसू. ४.१.१2; आपश्रौ. १.६.१ असावेतत् ते, तथा एतत् ते ततासौ इत्यस्य भागः। द्र. ये चात्र, तथा ये त्वामत्रानु
ये चत्वारः पथयो देवयानाः – तैसं. ५.७.2.३/१; साम मन्त्रब्रा.2.१.१०/१; पारगृसू. ३.१.2/१; बौधसू.2.६.११. ११/१ प्रः ये चत्वारः – बौधसू. 2.६.११.६,2६ द्र. अत्र इमे चत्वारो
ये च त्वे वृक्तबर्हिषः – ऋ. ८.६७.१/४; अ. 2०.५५. 2/४; सा. १2५४/४
ये च देवा असुर ये च मताः – ऋ. 2.2७.१०/2

य चे देवां (शांश्रौसू. देवा) अयजन्त – अ.२०.१२८.५/१; शांश्रौसू. १2.2०.2.५/१
य च धीरा ये चाधीराः – अ.११.६.22/१
ये च पूर्व ऋषयो ये च नूतनाः – ऋ. ७.22.६/१
य चे भूतेषु जाग्रति (काठसं. जागृथ) – अ. १०.४८.५/2; काठसं. ३७.१०/2
ये च यज्ञा गुहा हिताः – अ.११.७.१५/2
ये च लोका ये चालोकाः – तैब्रा.३.१2.८.2/१
ये च वोऽत्र ये चास्मास्वाशंसन्ते याश्च वोऽत्र यश्शास्मास्वाशंसन्ते ते च वहन्तां ताश्च वहन्ताम् – आपमपा. 2.2०.2० (आपगृ. ८.२१.६)
य च सभ्याः सभासदः – अ.१६.५५.६/2; तैब्रा. १.2.१.२६/2
ये च सूर्यस्य रश्मिषु – नील उप. १६/2 द्र. ये वा आदि
ये चाकनन्त चाकनन्त नू ते – ऋ. ५.३१.१३/१
ये चात्र त्वानु तस्मै ते स्वधा – माश्रौसू. १.१.2.१६ द्र. उत्तरं तथा ये च त्वाम् इत्यत्र
चे चात्र त्वानु यांश्च त्वमनु तस्मै ते स्वधा – गोभि गृसू. ४.2.३५; ३.६,८,१३,2४; खादि गृसू. ३.५.१७ द्र. पूर्वं तथा ये च त्वाम् इत्यत्र
ये चान्ये आचार्यास्ते सर्वे तृप्यन्तु – आगृ.३.४.४; शां गृ सू. ४.१०.३
ये चामी रोचने (रोचते) दिवि – नील उप. १६/१ द्र. ये अमी इत्यत्र
ये चारायाः किमीदिनः – अ.१2.१.५०/2
ये चार्वते पचनं संभरन्ति – ऋ.१.१६2.६/३; वा. 2५.2६/३
तैसं. ४.६.८.2/३; मैसं. ३.१६.१/३: १८2.६; काठसं अश्व. ६.४/३
ये चार्वतो मांसभिक्षम् उपासते – ऋ. १.१६2.६/३; वा. 2५.2६/३; तैसं. ४.६.८.2/३; मैसं.३.१६.१/३: १८३.३; काठसं अश्व. ६.५/३
ये चार्हन्ति मरुतः सुदानवः – ऋ. ८.2०.१८/१
ये चास्य राष्ट्रदिप्सवः – अ.१०.३.१६/४
ये चित् पूर्व ऋतसापः (अ. ऋतसाताः) – ऋ.१०.१५४.४/१; अ. १८.2.१५/१ तु. उत्तरमेकवर्जम्
ये चिद्धि त्वामृषयः पूर्व ऊतये – ऋ.१.४८.१४/१
ये चिद्धि पूर्वा ऋतसाप आसन् – ऋ.१.१७६.2/१ तु. पूर्वमेकवर्जम्
ये चिद्धि मृत्युबन्धवः – ऋ. ८.१८.22/१
ये चेमां अनुशसे – ऋ. ५.५०.2/2
ये चेमे अभितो रुद्राः (तैसं. चेमां रुद्रा अभितः) – तैसं. ४.५.१.2/३; मैसं.2.६.2/३: १2१.६; नील उप.६/३ द्र. ये चैनम्
ये चेमे भूम्यमधि – अ.१०.६.१2/३
ये चेमे रुद्रा आदिः द्र. ये चैनं।
ये चेमेऽशिमिविद्विषः – तैआ.१.६.५/४
ये चेमे सर्वे पनीनः – साम मन्त्रब्रा.2.६.३/३
ये चेह पितरो चे च नेह – ऋ.१०.१५.१३/१; वा.१६.६७/१; आश्रौ.2.१६.22; आपमपा. 2.१६.७/१ (आपगृ. ८..२१.३); हिर गृसू. 2.११.१/१ प्रः ये चेह –शांश्रौसू. ३.१६.७
ये चेह सत्येनेछन्ते – तैआ.६.५.३/३
ये चैकशफा आशुगाः – तैब्रा.१.2.१.2६/४
ये चैनं (काठसं. चेमे) रुद्र अभितः – वा.१६.६/३; काठसं.१७.११/३ द्र. ये चेमे अभितो।
ये चोत्तिष्ठन्ति जीमूताः – तैब्रा. ३.१2.७.४/१
ये जनेषु मलिम्लवः – वा.११.७६/१; तैसं. ४.१.१०.2/१; मैसं.2.७.७/१: ८३.१७; काठसं.१६.७/१; १६.१०; शब्रा. ६.६.३.१०; आपश्रौ.१६.१०.४
ये जाता उत वा ये जनित्वाः – अ.2.2८.३/2
ये जाताः पशवो मम – साम मन्त्रब्रा. १.८.४/2
ये जाताये च यज्ञियाः (तैआ. जन्त्याः) – अ.१८.४.५७/2; तैआ. ६.१2.१/2
ये जातास्तन्वस् (पंचब्रा. तन्वं) परि – ऋ.१०.७2.८/2; मैसं. ४.६.६/2: ६2.2; पंचब्रा.2४.१2.६/2; शब्रा. ३.१.३.2/2; तैआ.१.१३.2/2
ये जीवा ये च मृताः – तैआ.६.१2.१/१ द्र. ये च जीवा
ये ज्ञातीनां प्रतिरूपाः – आपश्रौ. १.८.७/१
ये ज्योतींषि संदधति – काठसं. ३६.2/१; आपश्रौ. १६.2६.१/१
ये त आरण्याः पशवो मृगा वने हिताः – अ.१2.१.४६/१ तु. तुभ्यमारण्याः
ये त आसन् दश जाताः – अ.११.८.१०/१
येत आसीद् भूमिः पूर्वा – अ.११.८.७/१
ये त इन्द्र ददुषो वर्धयन्ति – ऋ.१.५४.८/३
ये तद्विदुरमृतास्ते भवन्ति – शां गृ सू.१४.७.2.१५/३; बृह उप.४.४.१५/३ द्र. अत्र ये एतद्विदुर्
ये तातृषुर् (तैब्रा. तातृपुर्) देवत्रा जेहमानाः – ऋ.१०.१५.६/१; अ.१८.३.४७/१; मैसं.४.१.६/१: १५७.१६; तैब्रा. 2.६.१६.2/१; आश्रौ. 2.१६.2४ प्रः ये तातृषुः – शांश्रौसू. ३.१६.१०; कौसू. ८७.22
ये तीर्थानि प्रचरन्ति – वा. १६.६१/१; तैसं. ४.५.११.

१/१; मैसं.2.६.६/१: १2६.३; काठसं. १७.१६/१; मागृसू.. १.१३.१४ प्रः ये तीर्थानि – बृ परासं. ६.११६
ये ते अग्न (मैसं. अग्ना) इन्दवो या उ नाभयः (तैआ. या उर्णुनाभ्यः) – मैसं.2.७.१५/2५ ६८.११; ३.४.७/2: ५३.१४; काठसं.३६.३/2; तैआ.४.१८.१/2
ये ते अग्ने मेडयो (काठसं. मेडवो) य इन्दवः – तैसं.५.७.८.१/३; काठसं.४०.५/३
ये ते अग्ने वानस्पत्याः – आपश्रौ. ५.2७.१/१
ये ते अग्ने शिवे तनुवौ प्रभवी च प्रभूतिश्च (तथा च विभूश्च परिभूश्च, विराट् च स्वराट् च, तथा सम्राट् चाभिभूश्च) ते मा विशतां ते मा जिन्वताम् – तैब्रा.१.१.७.2,३; आपश्रौ. ५.१५.2 विराट् च स्वराट् च – तैब्रा. १.१.८.६ द्र. विराट् च, तथा सम्राट् च
ये ते अर्यमनादिः द्र. ये तेऽर्यमन्
ये ते के च सभासदः – अ.७.१2.2/३
ये ते घ्नन्त्यप्सरसः – मागृसू.. 2.१८.2/१
ये ते त्रिरहन् सवितः सवासः – ऋ.४.५४.६/१
ये ते देवि शमितारः – अ.१०.६.७/१
ये ते नाड्यौ देवकृते – अ.६.१३८.४/१
ये ते नेदिष्ठं हवनान्यागमन् – ऋ.५.५६.2/३
ये ते पन्था अधो दिवः – सा.१.१७2/१; सावि ब्रा. १.५.१2 द्र. ये ते पथानोऽव
ये ते पन्थानः सवितः आदिः द्र. उत्तरं द्विवर्जम्
ये ते पन्थानो बहवो जनायनाः – अ.१2.१.४७/१ प्रः ये ते पन्थानः – कौसू. ५०.१ तु. ये तेऽर्यमन्
ये ते पन्थानोऽव दिवः – अ. ७.५५.१/१ द्र. ये ते पन्था अधो
ये ते पन्थाः (तैसं.काठसं अश्व.तैब्रा.आपश्रौ. पन्थानः) सवितः पूर्व्यासः – ऋ. १.३५.११/१; वा.३४.2७/१; तैसं. ७.५.2४.१/१; काठसं अश्व. १.१/१; तैब्रा. ३.६.४.३; आपश्रौ. 2०.2.2; १६.१५ प्रः ये ते पन्थाः – शांश्रौसू. ६.१०.१०; ऋवि.१.१८.४
ये ते पवित्रमूर्मयः – ऋ. ६.६१.५/१; सा. 2.१३८/१
ये ते पाशा एकशतम् – काठसं.३८.१३/१; आपश्रौ. १६.१६.१/१; कौसू. ६७.८/१ द्र. ये ते सहस्रम्
ये ते पाशा वरुण सप्त – सप्त – अ. ४.१६.६/१ तु. बहवोऽस्य
ये ते पूर्वे परागताः – अ.१८.३.७2/१; कौसू. ८६.2; ८८.१७
ये ते मदा आहनसो विहायसः – ऋ. ६.७५.५/३; निरु. ४.१५
ये ते रात्रि नृचक्षसः – खिल.१०.१2७.2/१; अ.१६.४७.३/१; शांश्रौसू.६.2८.१०/१
ये ते रात्र्यनड्वाहः – अ. १६.५०.2/१
ये तेऽर्यमन् (काठसं. अर्य...) बहवो देवयानाः – तैसं. 2.३.१४.४/१; मैसं. ४.१2.४/१: १६०.६; काठसं.१०.३/१ तु. ये ते पन्थानो ब...
ये ते विप्र ब्रह्मकृतः सुते सचा – ऋ.१०.५०.७/१
ये ते वृषणो वृषभास इन्द्र – ऋ.१.१७७.2/१
ये ते शतं वरुण ये सहस्रम् – कात्यश्रौसू. 2५.१.११/१; आपश्रौ. ३.१३.१/१; 2४.१2.६/१; कौसू. ६७.८/१ प्रः ये ते शतम् पारगृसू.१.2.८
ये ते शाखाम् उपासते – अ. १०.७.2१/४
ये ते शुक्रासः शुचयः शुचिष्मः – ऋ. ६.६.४/१
ये ते शुष्मं ये तविषीमवर्धन् – ऋ.३.३2.३/१
ये ते शृंगे अजरे जातवेदः – अ. ८.३.2५/१
ये ते सन्ति दशग्विनः – ऋ.८.१६/१
ये ते सरस्व (काठसं. ...स्वन्न्) उर्मयः – ऋ. ७.६६.५/१; तैसं. ३.१.११.३/१; मैसं.४.१०.१/१: १४2.११; काठसं. १६.१४/१; निरु. १०.2४/१
ये ते सहस्रमयुतं पाशाः – तैब्रा. ३.१०.८.2/१; तै आ आन्ध्र.१०.५७/१ द्र. ये ते पाशा एक...
ये ते सुम्नं सधन्यमियक्षान् – ऋ.१०.५०.३/2
ये ते हवेभिर्वि पर्णीरदाशन् – ऋ.७.१६.६/३; अ.2०.३७.६/३
येऽत्र पितरः पितरः स्थ यूयं तेषां श्रेष्ठा भूयास्थ – शांश्रौसू.४.५.१ द्र. उत्तरं तथा तु. य एतस्मिन् लोके स्थ यूयम्
येऽत्र पितरः पितरोऽत्र यूयं स्थ युष्मांस्तेऽनु यूयं तेषां श्रेष्ठा भूयास्थ – अ. १८.४.८६ द्र. अत्र पूर्वम्
येऽत्र पितरः प्रेतः – विष्णुस्मृ. ७३.2०
ये त्रयः कालकांजाः – अ. ६.८०.2/१
येऽत्र स्थ पुराणा ये च नूतनाः – वा. १2.४५/2; तैसं.४.2.४.१/2; काठसं. १६.११/2; मैसं.2.७.११/2: ८६.2; शब्रा. ७.१.१.2; तैब्रा.१.2.१.१६/2; तैआ.१.2७.५/2; ६.६.१/2
ये त्रिंशति त्रयस्परः – ऋ. ८.2८.१/१; ऐब्रा.५.2१.१४ प्रः ये त्रिंशति –आश्रौ.८.११.३; शांश्रौसू. १०.११.८; वृ हासं. ५.४१५ द्र. त्रिंशति त्रयस्परः – ऋ. ८.2८.१/१; ऐब्रा.५.2१.१४ प्रः ये त्रिंशति – आश्रौ. ८.११.३; शांश्रौसू.१०.११.८; वृ हासं. ५.४१५ द्र. त्रिंशति त्रयः
ये त्रिषप्ताः (उै. ...सप्ताः) परियन्ति – अ.१.१.१/१; मैसं. ४.१2.१/१: १७६.१४ त्रिषप्तीयम् इति नाम्ना (सूक्तम्) – कौसू. ७.८; १३६.१०; पूर्वम् (कौसू. ७.८)।

ये त्वां यज्ञैर्यज्ञिये अर्धयन्ति – अ.७.८०.४/३
ये त्वा कृत्वालेभिरे – अ. १०.१.६/१
ये त्वा गृणन्ति वह्नयः – ऋ. १.४८.११/४
ये त्वा दिप्सन्ति दिवम् उत्पतन्तम् – अ.१६.६५.१/2
ये त्वा देवोस्रिकं मन्यमानाः – ऋ.१.१६०.५/१
ये त्वा निदे दधिरे दृष्टवीर्यम् – ऋ.2.2३.१४/2
ये त्वा नूनमनुमदन्ति विप्राः – ऋ. ३.४७.४/३; वा. ३३.६३/३; ऐब्रा. ३.20.४/३
ये त्वां देवि प्रपद्यन्ते – खिल.१०.१2७.७/१
ये त्वामत्रानु – शांश्रौसू.४.४.2,५ द्र. अत्र ये च त्वाम्
ये त्वामवर्धन्नभवन् गणस्ते – ऋ. ३.३५.६/2
ये तवामिन्द्र न तुष्टुवुः – ऋ.८.६.१2/१; अ.20.११५.३/१; सा.2.८५2/१
ये त्वा मृजन्त्यृषिषाण वेधसः – ऋ.६.८६.४/४; सा. 2.2३६/४
ये त्वाया निदधुः काममिन्द्र – ऋ.५.३2.१2/४
ये त्वा रक्षन्ति सदमप्रमादम् – वैसू. ३६.2७/३ तु. तां रक्षन्ति
ये त्वारभ्य चरामसि प्रभूवसो – ऋ.१.५७.४/2; अ.20.१५.४/2; सा.१.३७३/2
ये त्वा रात्र्य् (मागृसू.. रात्रीम्) उपासते – काठसं.४०.2/2; मागृसू.. 2.८.४/2 द्र. अत्र या तां रात्रीम्
ये त्वा वहन्ति मुहुरध्वरां उप – ऋ.१०.३2.2/३
ये त्वा वहन्ति वह्नयः – ऋ. १.१४.६/2
ये त्वा विप्र निदधिरे नृचक्षसम् – ऋ. ८.१६.१७/१
ये त्वाहिहत्ये मघवन्नवर्धन् – ऋ. ३.४७.४/१; वा. ३३.६३/१; ऐब्रा.३.20.४/१; कौषी ब्रा. १५.३; आश्रौ.५.१४.2६ प्रः ये त्वाहिहत्ये – शांश्रौसू. ७.१६.2५
ये त्वे कामं न्येरिरे – ऋ. ८.१६.१८/४
ये दक्षिणतो जुह्वति जातवेदः – अ.४.४०.2/१ तु. अस्यां मे दक्षिणस्याम्
ये दग्धा ये चोद्धिताः – अ.१८.2.३४/2
ये ददति प्रिया वसु – ऋ.७.३2.१५/2; सा. 2.१०३३/2
ये ददते (जै उप ब्रा. ददन्ते) पंच दिशः सध्रीचीः – अ. १०.८.३५/2; जै उप ब्रा. १.३४.६/2
ये दन्दशूकाः पर्थिवास्तांस्त्वमितः परोगव्यूति निवेशय – आपमपा. 2.१७.१३ (आपगृ. ७.१८.१2)।
येदं पूर्वागन् रशनायमाना – अ. १४.2.७४/१ प्रः येदं पूर्वा – कौसू.७७.४
ये दस्यवः पितृषु प्रविष्टाः – अ.१८.2.2८/१ प्रः ये दस्यवः – कौसू. ८७.३०
ये दिक्ष्वन्तर्ये वाते अन्तः – अ. ३.2१.७/३
ये दिवं देवीमनुसंचरन्ति – तैब्रा. ३.१.१.६/2
ये दिव्याः (सर्पास्तेभ्य इमं बलिं हरामि)– हिर. गृ. 2.१६.६ द्र. ये सर्पाः
ये दिव्या ये च पार्थिवाः – अ. ६.५.१४/४; १०.६.६/2
ये दिव्या ये दिश्याः – आपमपा. 2.१७.८/३
ये दिशामन्तर्देशेभ्यो जुह्वति जातवेदः – अ.४.४०.८/१
ये देवयाना उत पितृयाणाः (अ.माश्रौसू. देवयानाः पितृयाणाश्च लोकाः) – अ. ६.११७.३/३; तैब्रा.३.७.६.८/३; तैआ.2.१५.१/३; आपश्रौ. १३.22.५/३; माश्रौसू. 2.५.५.22/३
ये देवा अग्निनेत्राः पुरःसदस्तेभ्यः स्वाहा – वा.६.३; शब्रा.५.2.४.६ प्रः ये देवाः – कात्यश्रौसू. १५.१.2१ द्र. ये देवाः परःसदो, तथा ये देवाः पुरःसदो
ये देवा अन्तरिक्ष एकदश स्थ – अ.१६.2७.१2/१
ये देवा असुरान् पराभवन् – खिल. ७.५५.११/३
ये देवा उत्तरात्सदो मित्रावरुणनेत्रा रक्षोहणस्ते नोऽवन्तु ते नः पान्तु (काठसं. ...हणस्ते नः पान्तु ते नोऽवन्तु) – मैसं.2.६.३ः ६५.८; काठसं.१५.2 द्र. ये देवा मित्रा...
ये देवा उपरिषदोऽवस्वद्वन्तः सोमनेत्रा (काठसं. उपरिषदस् सोमनेत्रा अवस्वद्वन्तो) रक्षोहणस्ते नोऽवन्तु) – मैसं.2.६.३ः ६५.८; काठसं. १५.2 द्र. ये देवा मित्रा...
ये देवा उपरिषदोऽवस्वद्वन्तः सोमनेत्रा (काठसं. उपरिषदस्सोमनेत्रा अवस्वद्वन्तो) रक्षोहणस्ते नोऽवन्तु ते नः पान्तु (काठसं. ...हणस्ते नः पान्तु ते नोऽवन्तु) – उै.2.६.३ः ६५.६; काठसं.१५.2 द्र. ये देवाः सोमनेत्रा
ये देवाः के च यज्ञियाः – ऋ.१०.१६.७/३
ये देवाः परःसदोऽग्निनेत्रा, दक्षिणासदो यमनेत्राः, पश्चात्सदः सवितृनेत्रा, उत्तरसदो वरुणनेत्रा, उपरिषदो बृहस्पतिनेत्रा रेक्षोहणस्ते नः पान्तु – तैसं. १.८.७.१ द्र. अत्र ये देवा अग्निनेत्राः
ये देवाः पश्चात्सदो मरुन्नेत्रा रक्षोहणस्ते नोऽवन्तु ते नः पान्तु (काठसं. ...हणस्ते नः पान्तु ते नोऽवनतु) – मैसं.2.६.३ः ६५.६; काठसं.१५.2 द्र. ये देवा विश्व...
ये देवाः पितरो ये च मनुषाः – आपश्रौ. १.८.७/१
ये देवाः पुरःसदो अग्निनेत्रा (कौषी ब्रा.बौधसू. अग्नि...) रक्षोहणस्ते नोऽवन्तु ते नः पान्तु (काठसं. ...हणस्ते नः पान्तु ते नोऽवन्तु) – उै.2.६.३ः ६५.४; ४.३.४ः ४३.१६; काठसं. १५.2 प्रः ये देवाः पुरःसदोऽग्निनेत्रा रक्षोहणः – बौधसू.३.६.६; ये देवाः पुरःसदः – आपश्रौ.१८.६.११; माश्रौसू. ६.१.१ द्र. अत्र ये देवा

अग्निनेत्राः
ये देवाः पृथिव्यामेकादश स्थ – अ.१६.2७.१३/१
ये देवा दक्षिणात्सदो यमनेत्रा रक्षोहणस्ते नोऽवन्तु ते नः पान्तु (काठसं. ...हणस्ते नः पान्तु ते नोऽवन्तु) – मैसं.2.६.३ः ६५.४; ४.३.४ः ४३.१६; काठसं.१५.2 प्रः ये देवाः पुरःसदोऽग्निनेत्रा रक्षोहणः – बौधसू.३.६.६; ये देवाः पुरःसदः – आपश्रौ. १८.६.११; माश्रौसू.६.१.१ द्र. अत्र ये देवा अग्निनेत्राः
ये देवाः पृथिव्यामेकादश स्थ – अ.१६.2७.१३/१
ये देवा दक्षिणात्सदो यमनेत्रा रक्षोहणस्ते नोऽवन्तु ते नः पान्तु (काठसं. ...हणस्ते नः पान्तु ते नोऽवन्तु) – मैसं.. 2.६.३ः ६५.५; काठसं. १५.2 द्र. ये देवा यमनेत्रा
ये देवा दिविभागा (मैसं. ...गाः स्थ) ये अन्तरिक्षभागा (तैसं.काठसं. अन्त...) ये पृथिवीभागास् (तैसं.काठसं. पृथिवि...) त इमं यज्ञमवन्तु (मैसं. इत्यस्य लोपः त... अवन्तु) त इदं क्षेत्रमा विशन्तु (मैसं. विशत त इदं क्षेत्रमनु वि विशन्तु (मैसं. विशत) – तैसं.2.४.८.2; मैसं.2.४.७ः ४५.३; 2.४.८ः काठसं.११.१०; आपश्रौ. १६.2७.११; माश्रौसू. ५.2.६.१८
ये देवा दिविषदः – अ.१०.६.१2/१; ११.६.१2/१
ये देवा दिवि ष्ठ ये पृथिव्याम् – अ. १.३०.३/१ प्रः ये देवा दिवि ष्ठ – वैसू.४.४
ये देवा दिव्येकादश स्थ – अ. १६.2७.११/१; तैसं.१.४.१०.१/१; ६.४.११.१; काठसं. ४.५/१; 2७.६; मैसं. १.३.१३/१ः ३५.७; ४.६.४ः ८३.४; ८४.१०; माश्रौसू. 2.३.५.६; ४.४.१०; ५.१.१६ प्रः ये देवा दिवि – आपश्रौ. १2.१५.३ द्र. ये देवासो दिवि
ये देवा देवसुव (तैब्रा. ...वः) स्थ त इममामुष्यायणमनमित्राय सुवध्वं महते क्षत्राय महत आधिपत्याय महते जानराज्याय – तैसं.१.८.१०.2 प्रः ये देवा देवसुवः स्थ – तैब्रा. १.७.४.2 द्र. ते देवा असपत्नम्
ये देवा देवानां यज्ञिया यज्ञियानाम् – वा. १७.१३/१; तैसं. ४.६.१.४/१; मैसं. 2.१०.१/१ः १३2.७; काठसं. १७.१७/१; शब्रा. ६.2.१४ प्रः ये देवा देवानाम् – तैसं. ५.४.५.2; आपश्रौ. १७.१३.६; ये देवाः – कात्यश्रौसू. १८.३.७ द्र. ये देवानां यज्ञिया
ये देवा देवेष्व् (मैसं.काठसं. देवेभ्यो) अधि देवत्वमायन् – वा.१७.१४/१; तैसं.४.६.१.४/१; मैसं.2.१०.१/१ः १३2.१०; काठसं. १७.१७/१; शब्रा. ६.2.१.१५
ये देवा द्वादश ऋतवः – अ.११.६.22/2
ये देवानां यज्ञिया यज्ञियानामृ – ऋ. ७.३५.१५/१ द्र. ये देवा देवानां, तथा ये देवानामृत्विजो
ये देवानां शृतभागाः क्षीरभाग दधिभागा मधुभागा इह स्थ – तैआ.६.८.१ ये देवानां घृतभागा इत्यस्योहाः
ये देवानां हुतभागा इह स्थ – अ.१८.३.2५/४ – ३५/४; ४.१६/३ – 2४/३
ये देवानां घृतभागा इह स्थ – तैआ. ६.८.१/४ तु. ये देवानां शृतभागाः
ये देवानामृत्विजो यज्ञियासः (अ. १६.५८.६/१, ऋत्विजो ये च यज्ञियाः) – अ.१६.११.५/१; ५८.६/१ द्र. ये देवानां यज्ञिया
ये देवा मनोजात (मैसं.कात्यश्रौसू.माश्रौसू. मनु...) मनोयुजः (काठसं. मनुयुजाः; विष्णुस्मृ.मनोजुषः सुदक्षा दक्षपितरस् (वा.शब्रा. मनोयुजो दक्षक्रतवस्) ते नः पान्तु – वा. ४.११; तैसं. १.2.३.१; मैसं. ११.१८; काठसं.2.४; शब्रा. ३.2.2.१८; बौधसू.३.६.८; विष्णुस्मृ. ४८.८ प्रः ये देवा मनोजाता (मैसं..माश्रौसू. मनु...) मनोयुजः – तैसं. ६.१.४.५; मैसं. ३.६.६ः ७2.१४; आपश्रौ. १०.१७.६; माश्रौसू. 2.१.३.६; ये देवा मनुजाताः काठसं.2३.५; ये देवाः –कात्यश्रौसू. ७.४.३३
ये देवा मित्रावरुणनेत्रा वा मरुन्नेत्रा वात्तरासदस् (का. वोत्तर...) तेभ्यः स्वाहा – वा. ६.३६; का. ११.१.2; शब्रा. ५.2.४.६ द्र. ये देवा उत्तरात्सदो
ये देवा यज्ञमुषः – मैसं. १.४.३/१ः ४६.७; ५०.४,१2
ये देवा यज्ञहनः – तैसं. ३.५.४.३/१; मैसं. १.४.३/१ः ४६.५; ५०.2,१०; आपश्रौ. ४.१४.१०; माश्रौसू. १.४.३.१६/१
ये देवा यज्ञहनो यज्ञमुषः – तैसं. ३.५.४.१/१ ,2/१; काठसं. ५.६/१; ३2
ये देवा यमनेत्रा दक्षिणासदस्तेभ्यः स्वाहा – वा.६.३६; शब्रा. ५.2.४.६ द्र. ये देवा दक्षिणात्सदो।
ये देवा येषामिदं भगधेयं बभूव – तैब्रा.३.७.१०.४/१; आपश्रौ. १४.३2.५/१
ये देवा राष्ट्रभृतः – अ.१३.१.३५/१
ये देवा विश्वदेवनेत्राः पश्चात्सदस्तेभ्यः स्वाहा – वा. ६.३६; शब्रा. ५.2.४.६ द्र. ये देवाः पश्चात्सदो
ये देवास इह स्थन – ऋ.८.३०.४/१
ये देवासो अभवता सुकृत्या – ऋ.४.३५.८/१
ये देवासो दिव्येकादश स्थ – ऋ.१.१३६.११/१; वा. ७.१६/१; ऐब्रा. ५.१2.५; शब्रा. ४.2.2.६/१; आश्रौ.८.१.१2 प्रः ये देवासो दिवि –ऋवि. १.2५.३; ये देवासः

वा. ३३.४७; कात्यश्रौसू. ६.६.१५; शां गृ सू. 2.१४.१६; वृ हासं.८.७१ द्र. ये देवा दिव्य्
ये देवास्तस्यां प्राणन्ति – अ.१०.१०.५/३
ये देवास्तेन हासन्ते – अ. ४.३६..५/१
ये देवाः सोमनेत्रा उपरिसदो (का. ...षदो) दुवस्वन्तस्तेभ्यः स्वाहा – वा. ६.३६; का. ११.१.2; शब्रा.५.2.४.६ द्र. ये देवा उपरिषदो।
ये दैव्या ऋत्विजस्तेभिरग्ने – ऋ. १०.2.१/३; तैसं. ४.३.१३.४/३; मैसं. ४.१०.१/३: १४१.३; काठसं.2.१५/३; १८.2१/३; तैब्रा. ३.५.७.५/३; ६.११.४/३
येऽदो रोचने – खिल. ७.५५.६/१ (मूलर संस्करणे); तैसं. ४.2.८.३/१; आपमपा. 2.१७.६/१ (आपगृ. ७.१८.८) द्र. अत्र ये अमी
ये द्यां च पृथिवीं चातुस्थुः – शांश्रौसू. ८.2१.१
ये द्रप्सा इव रोदसी – ऋ. ८.७.१६/१
ये द्विपादश्चतुष्पादः – तैब्रा. ३.१2.६.४/१
येऽधस्ताज्जुहवति जातवेदः–अ..४.४०.५/१ तु. अस्यां मे पृथिव्याम्
ये धीरासः कवयो ये मनीषिणः – अ. ६.४.८/४
ये धीवानो रथकाराः – अ.३.५.६/१
ये धेनुं विश्वजुवं विश्वरूपाम् (शांश्रौसू. ...रूपामतक्षन्) – ऋ. ४.३३.८/2; शांश्रौसू.८.20.१
येन (मैसं.माश्रौसू. येना) ऋषयस् (काठसं.तैसं.आपश्रौ. येनर्ष...) तपसा सत्रमासते (वा.शब्रा. आयन्) – वा. १५.४६/१; तैसं. ४.७.१३.2/१; मैसं. 2.१2.४/१: १४७.६; काठसं. १८.१८/१; शब्रा. ८.६.३.१८; माश्रौसू. ६.2.2; – ६.2.६ प्रः येन ऋषयः (आपश्रौ. यनर्ष...) कात्यश्रौसू.१७.१2.१६; आपश्रौ. १७.2४.१४; 2५.१०,१३
येन ऋषयो बलमद्योतयम् युजा – अ.४.३2३.५/१
ये नः पितुः पितरो ये पितामहाः – अ. १८.2.४६/१; ३.४६/१,५६/१; कौसू.८१.३७/ प्रः ये नः पितुः पितरः – कौसू.८७.१2 तु. उत्तरम्
ये नः पूर्वे पितरः सोम्यासः – ऋ.१०.१५.८/१; वा. १६.५१/१ प्रः ये नः पूर्वे – शांश्रौसू. ३.१६.५; ८.६.१2; ७.१६ तु. पूर्वम्
येन कणवं धनस्पृतम् – ऋ.८.७.१८/2
येन कर्माण्यपसो मनीषिणः – वा.३४.2/१
ये न कृशं वाजयन्ति – अ. ६.१०१.2/१
येन केन प्रकारेण – खिल. १०.१४2.६/१
येन गच्छथः सुकृतो दुरोणम् – ऋ. १.११७.2/३ तु. येनोपयाथः
येन चष्टे वरुणो मित्रो अर्यमा – ऋ. ८.१६.१६/१
ये न चासि मित्रात्वम् – अ.६.३.६/2
येन जना उभये भुंजते विषः – ऋ. 2.2४.१०/४
ये न जयन्ति (तैब्रा. जयांसि) न परा जयन्ते (तैब्रा. जयासै) – अ. ४.22.५/2; तैब्रा.2.४.७.८६/2
येन जाया न रिष्यति – अ. १४.१.३०/४
येन जिगाय शतवत् सहस्रम् – ऋ.१०.१02.६/३; निरु. ६.2४/३
येन जिताः सिन्धवो येन गावः – अ. ४.2४.2/३
येना ज्योतिरजनयन्नृतावृधः – ऋ. ८.८६.१/३; सा. १.2५८/३; वा. 20.३०/३; ऐब्रा. ४.३१.६; तैब्रा. 2.५.८.४/३; वैसू. ३०.१६/३
येन ज्योतींष्यायवे – ऋ. ८.१५.५/१; अ. 20.६१.2/१; सा. 2.2३१/१
येन तुर्येण ब्रह्मणा बृहस्पतयेऽपवथास्तेन मह्यं पवस्व – जैब्रा. १.८१ तु. येन रूपेण।
येन ते ते प्रजापते – तैब्रा. १.५.५.६/१; आपश्रौ. ८.2१.१/१ द्र. ये नैते
येन तोकं च तनयं च धामहे – ऋ.१.६2.१३/३; ६.७४.५/४; सा. 2.१०८.१/३; वा. ३४.३३/३; निरु. १2.६/३
येन तोकस्य तनयस्य सातौ – ऋ. ६.१६.७/३
येन तोकाय तनयाय धान्यम् – ऋ.५.५३.१३/१
येन त्रितो अर्णवान् निर्बभूव–मैसं. ४.१४.१७/१: 2४५.४; तैआ. 2.३.१/१
येन त्वं देव वेद (शांश्रौसू. त्वं वेद) देवेभ्यो वेदोऽभवस्तेन मह्यं (शांश्रौसू. तेनास्मभ्यं) वेदो भूयाः (का. भव; शांश्रौसू. वेद एधि) – वा. 2.2१; का. १.७.५; शब्रा. १.६.2.2३; शांश्रौसू.१.१५.१2
येन त्वाबध्नात् सविता सुशेवः (अ. ...वाः; आपमपा. सुकेतः) – ऋ.१०.८५.2४/2; अ. १४.१.१६/2,५८/2; आपमपा. १.५.१६/2 द्र. येन माबध्नात्
येन त्वा वन्दे विश्वासु दिक्षु – अ. १६.४६.५/४
ये नदीनां संस्रवन्ति – अ.१.१५.३/१
येन दीर्घं मरुतः शूशवाम् – ऋ. १.१६६.१४/१
येन दृधा समत्स्वा – ऋ. ८.४०.१/३
येन देवं सवितारम् – अ. १६.2४.१/१
येन देवत्रा मनसा निरूहथुः – ऋ.१.१८2.५/३
येन देवा अपुनत – तैब्रा. १.४.८.३/१
येन देवा अमृतम् – तैसं.2.४.५.१/१
येन देवा अमृतमन्वविन्दन् – अ. ४.2३.६/१ तु. येन देवासो अमृतत्वम्

येन देवा असहन्त दस्यून् – अ.११.१.२/४ द्र. येन देवासो आदि
येन देवा असुराणाम् – अ. ६.७.३/१
येन देवा असुरान् प्रणुदन्त – अ. ६.२.१७/१
येन देवाः पथा प्रपिबन्ते सुतस्य – षड्‌ ब्रा. ३.१ द्र. येन पथा प्र...
येन देवाः पवित्रेण – खिल. ६.६७.४/१; सा. २.६५२/१; तैब्रा. १.४.८.६/१; बौधसू २.१०.१९.३४; निरु. ५.६
येन देवा ज्योतिषोर्ध्वा (अ. ज्योतिषा द्याम्) उदायन् – अ. ११.१.३१/१; तैसं. ५.७.२.२/१,३; मैसं. २.७.१२/१; ६.१६; काठसं. २२.१०/१; ३८.१३/१; माश्रौसू. ६.१.४; आपश्रौ. १६.११.१; बौधसू २.१०.१७.३५
येन देवा देवताग्रा आयन् – अ. ३.२२.३/३
येन देवा न वियन्ति – अ. ३.३०.४/१
येन देवासो अनयन्नभि प्रियम् – ऋ. १०.५३.७/४
येन देवासो अमृतत्वमानशुः – ऋ. १०.५३.१०/४ द्र. येन देवा अमृतम्
येन देवासो असहन्त दस्यून् – ऋ. ३.२९.९/४ द्र. येन देवा आदि
येदन देवाः स्वराभरन् – अ. ४.२३.६/३
येन देवाः स्वरा रुरुहुः – अ. ४.११.६/१
येन द्यौः पृथिवी दृढा – काठसं. ३८.१२/४; तैआ. ६.५.२/४; आपश्रौ. १६.६.४/४; माश्रौसू. ६.१.२/४
येन द्यौरुग्रा पृथिवी च दृढा (तैसं. दृढे) – ऋ.१०.१२१.५/१; वा. ३२.६/१; का. २६.३३/१; तैसं. ४.१.८.५/१; मैसं.२.१३.२३/१; १६.८.१४; काठसं.४०.१/१ प्र. येन द्यौरुग्रा – मागृसू. १.११.१४ द्र. यस्य द्यौर्
येन धनेन प्रपणं चरामि – अ. ३.१५.५/१,६/१ द्र. अत्र यदहं धनेन
येन धाता बृहस्पतेः (शां गृ सू ...तिः) – का. ३.६५/१; आगृ. १.१७.२/१; शां गृ सू. १.२८.१५/३; द्र. येन पूषा
येन धृतो वरुणो येन मित्रः – आपश्रौ. ६.१४.७/२
येन नपातमपां जुनाम – ऋ. १.१८६.५/३
येन नरा नासत्येषयध्यै – ऋ.१.१८३.३/३; ६.६३.५/३
येन नासत्या भगः – ऋ. ८.२६.१६/२
येन पती भवथ सूर्यायाः – ऋ. ४.४३.६/४
येन पथा प्रपिबन्ते सुतस्य – ऋ. १०.११४.७/४ द्र. येन देवाः पथा
येन पथा हव्यमा वो वहानि – ऋ.१०.५२.१/४; शब्रा. १.५.१.२६/४; आपश्रौ. २४.१३.३/४

येन पितॄनचोदयः – ऋ. १.४२.५/३
येन पूतस्तरति दुष्कृतानि – तैब्रा. ३.१२.३.४/२; तैआ. १०.१.११/२; बौधसू ४.२.१६/२
येन पूर्व नेयथा तं ब्रवीमि – अ. ८.१.१०/२
येन पूषा बृहस्पतेः – साम मन्त्रब्रा. १.६.७/१; गोभि गृसू. २.६.१६; आपमपा. २.१.४/१, ६/१ (आपगृ. ४.१०.६); हिर गृसू.२.६.१०/१; मागृसू.. १.२९.६/१ प्र. येन पूषा – खादि गृसू. २.३.२६ द्र. येन धाता
येन प्रजा अच्छिद्रा अजायन्त तस्मै त्वा प्रजापतये विश्वकर्मणे विश्व्यचसे विभूदाग्ने विभुं भागं जुहोमि स्वाहा – मैसं. १.३.३५: ४२.४ प्र. येन प्रजा अच्छिद्राः –माश्रौसू.२.३.२.३२ द्र. यतः प्रजा
येन प्रजापतिः प्रजाः पर्यगृह्णात् तदरिष्ट्यै तेन त्वा परिगृह्णाम्यसौ–कौषी ब्रा. २.११
येन प्रजा विश्वकर्मा जजान (तैसं. व्यानतट्) – वा. १३.४५/३; तैसं. ४.२.१०.४/३; काठसं.१६.१७/३; शब्रा. ७.५.२.२९; १२५.२.४/३; द्र. य इमाः प्रजा
येन प्रस्कण्वमाविथ – ऋ.८.३.६/४; अ.२०.६.३/४; ४६.६/४
येन प्राच्या उत दक्षिणा – तैब्रा.२.५.१.३/१
येन प्राणन्ति विरुधः – अ.१.३२.१/४
येन ब्रह्म येन क्षत्रं येनेन्द्राग्नी – तैब्रा. ३.७.१४.२/१; आपश्रौ. १३.२१.३/१
येन भूतं जनयो येन भव्यम् – ऋ. १०.५३.२/२
येन भूयश्च रात्र्याम् (आपमपा. चरत्ययम्; मागृसू. चरत्ययम् – आगृ.१.१७.१३/१; आपमपा. २.१.५/१ (आपगृ. ४.१०.६); मागृसू.. १.२९/१ द्र. उत्तरम्
येन भूरिश्चरा दिवम् – पारगृसू. २.१.१६/१ द्र. पूर्वम्।
येन महानग्ध्या (...नग्न्या) जघनम् – अ. १४.१.३६/१; कौसू. १३६.१५
येन मा धनमेष्यति – साम मन्त्रब्रा. २.५.७/४
येन मानासश्चितयन्त उस्राः – ऋ.१.१७१.५/१
येन माबध्नात् सविता सुशेवः – कात्यश्रौसू. ३.८.२/२ द्र. येन त्वाबध्नात्
येन मासा अर्धमासाः – तैब्रा. १.५.५.६/१; आपश्रौ. ८.२१.१/३; माश्रौसू. १.७.८८/१
येन मासां असिषसन्नृतेन – ऋ. ३.३१.६/४
येन मृतं स्नपयन्ति – अ. ५.१९.१४/१
येन यज्ञनासत्योपयाथः – ऋ.१.३४.६/४
येन यज्ञस्तायते सप्तहोता – वा. ३४.४/३
येन यज्ञेन बहवो यन्ति प्रजानन्तः – अ. १३.३.१७/२
ये नयन्ति परावतम् – अ. ८.१.८/२

येन यमस्य निधिना (तैसं. बलिना) चरामि (मैसं.माश्रौसू. चरावः) – तैसं.३.३.८.2/2; मैसं. ४.१४.१७/2: 2४५. ६; तैआ.2.३.2/2; माश्रौसू.2.५.५.१८/2; साम मन्त्रब्रा.2.३.2०/2 द्र. अत्र यमस्य बलिना

येन – येन वा कृतं पौरुषेयान् न दैवात् – अ.४.2६.७/2

येन रक्षसि दाशुषः – ऋ. ४.६.८/३; वा. ३.३६/३; मैसं. १.५.४/३: ७१.४; काठसं. ७.2/३; शब्रा. 2.३.४.४०/३; आपश्रौ. ६.१७.१2/३

येन रक्षो वावृधनं निजूव्रथः – ऋ. ७.१०४.४/४; अ. ८.४.४/४

येन राजा मनुष्येष्वप्सवन्तः – अ. ३.22.३/2

येन रूपेण प्रजापतये अवपथास्तेन मह्यं पवस्व – काठसं.३०.६ तु. येन तुर्येण

येन रोहात् परमापद्य यद्वयः – अ. ११.१.३०/३

येनर्तवः पंचधोत क्लृप्ताः – तैआ.३.११.५/१

येनर्षयः आदिः द्र. येन रषयः

येन वंशाम पृतनासु शत्रून् (ऋ. ८.६०.१2/१, शर्धतः) – ऋ. ६.१६.८/३; ८.६०.१2/१

येन वयं सहसावन् मदेम – ऋ. ७.१.2४/३

येन वयं चितयेमात्यन्यान् – ऋ. ४.३६./३

येन वस्योऽनशामहै – ऋ. ८.2७.22/४

येन वहसि सहस्रम् – वा. १५.५५/१; १८.६2/१; हस्त. 2.१2.४/१: १४८.८; शब्रा. ८.६.३.2४ प्रः येन वहसि– शब्रा. ९.५.१.४७ द्र. येन सहस्रं, तथा येना सहस्रम्

येन विप्रास आपिरे – ऋ. ६.१०८७.४/2; सा.2.2८६/2

येन विश्वा अति द्विषो अतारिम – ऋ. ८.१३.2१/३

येन विश्वाः परि द्विषः – ऋ. ६.५१.१६/३; वा. ४. 2६/३; तैसं. १.2.६.१/३; हस्त. १.2.५/३: १४.2; काठसं.2.६/३; शब्रा. ३.३.३.१५/३

येन विश्वानि वृत्रा जघान – ऋ. ६.१०६.१४/2

येन विश्वा पुष्यसि वार्याणि – ऋ. १.१६४.४६/2; अ.७.१०.१/३; वा. ३८.५/३; हस्त. ४.६.७/2: १2७.७; ४.१४.३/2: 2१६.८; शब्रा. १४.2.१.१५; ६.४.2८/३; तैआ. ४.८.2/2; बृह उप. ६.४.2८/३

येन वृक्षां अभ्यभवः – अ. ६.१2६.2/१

येन वृत्रं चिकेतथः – ऋ.८.६.४/४; अ.2०.१३६.४/४

येन वृत्राणि हर्यश्व हंसि – ऋ. ७.22.2/2; अ.2०.११७.2/2; सा. 2.2७८/2

येन वृद्धो न शवसा – ऋ.६.४४.३/१

येन वृश्चादेतशो ब्रह्मणस्पतिः – ऋ. १०.५३.६/४

येन वेहद् बभूविथ – अ. ३.2३.१/१ प्रः येन वेहत् – कौसू. ३५.३ तु. यो वशायाम्

येन शत्रुं मन्दसानो निजूर्वाः – ऋ. 2.३०.५/2

येन शर्ध उग्रमवसृष्टम् (काठसं. शर्धोऽवसृष्टम् उग्रम्) एति – तैसं. 2.४.७.१/३; काठसं.११.१३/३ द्र. येनेदमुग्रम्

येन शश्वदूहथुर्दाशुषे वसु – ऋ.१.४७.६/३

येन शुष्णं मायिनमायसो मदे – ऋ.१.५६.३/३

येन श्येनं शकुनं सुपर्णम् – पंचब्रा. १.५.१६/2 द्र. यत्ते चक्षुर्

येन श्रवांस्यानशुः (सा. आशत) – ऋ.६.१०८.४/४; सा.2. 2८६/४

येन श्रियमकृणुताम् – पारगृसू.2.६.१2/१ द्र. येन स्त्रियम्

येन सद्यः परि रजांसि याथः – ऋ.४.५.७/३

येन सहस्रं वहसि – काठसं.१८.१८/१; ४०.१३/१ द्र. अत्र येन वहसि

येन विन्धुं महीरपः – ऋ. ८.१2.३/१ द्र. अत्र येन वहसि

येन सुव स्तभितं आदिः द्र. येन स्व आदि।

येन सूर्य ज्योतिषा बाधसे तमः – ऋ.१०.३७.४/१; आगृ. ३.७.१

येन सूर्यं तमसो निरमोचि (तैआ. ममुच)–मैसं. ४.१४.१७/2: 2४५.४; तैआ. 2.३.१/2

येन सूर्यमरोचयत् – खिल. ७.३४.३/३

येन सूर्यस्तपति तेजसेद्धः – तैब्रा. ३.१2.६.७/१; बौधसू. 2.६.११.३१/१

येन सूर्यं सावित्रीम् – अ. ६.८2.2/१

येन सोम साहन्त्य – अ. ६.७.2/१

येन सोमादितिः पथा – अ.६.७.१/१ प्रः येन सोम – कौसू.४६.४

येन सौख्यं लभाम्यहम् – खिल. ५.८८.2१/४

ये नस्तद्विचचक्षिरे – वा.४०.१०/४१३/४; ईश उप. १०/४,१३/४

ये नस्तमना शतिनो वर्धयन्ति – ऋ.७.५७.७/३

येन स्त्रियमकृणुतम् (शांश्रौसू. स्त्रियावकुरुतम्) – शांश्रौसू. ८.११.१३/१; साम मन्त्रब्रा..१.७.५/१; गोभि गृसू. ३.४.१८ प्रः येन स्त्रियम् – खादि गृसू. ३.१.१७ द्र. येन श्रियम्

येन स्मा वयमेमसि – अ.१०.४.६/४

येन स्मा सिनं भरथः सखिभ्यः – ऋ. ३.६2.१/४; निरु. ५.५

येन स्व (तैसं. सुव; हस्त.काठसं. स्वः) स्तभितं येन नाकः – ऋ.१०.१2१.५/2; वा.३2.६/2; का. 2६.३३/2;

तैसं.४.१.१८.५/2; हस्त. 2.१३.2३/2: १६८.१४; काठसं. ४०.१/2
ये नः सत्रे अनिन्दिषु – लाटयश्रौसू. ३.११.३/१
ये नः सपत्ना अप ते भवन्तु – ऋ.१०.१2८.९/१; अ. ५.३.१०/१; वा. ३४.४६/१; तैसं. ४.७.१४.४/१; काठसं. ४०.१०/१ प्रः ये नः सपत्नाः – वृ हासं. ८.७१
ये नः सूरिं मघवानं पृतन्यान् – अ.३.१९.३/2
येन हता दीर्घमध्वानमायन् – तैब्रा.2.५.६.४/३
येन हरी मनसा निरतक्षत – ऋ. ३.६०.2/३
येन हव्यं वहसि यासि दूतः – तैसं. ३.५.५.३/३
येन हस्ती वर्चसा संबभूव – अ. ३.22.३/१
येन हिन्वन्त्यातुरम् – अ. ६.१०१.2/2
येना ऋषयस् आदिः द्र. येन आदि।
ये नाकस्याधि रोचने – ऋ.१.१९.६/१
येनाक्रमन्ते पुत्रिणो (ये) विशोकाः – शांश्रौसू. १५.१७/2 द्र. यं पुत्रिण
येनाक्षा (शांश्रौसू. येना क्षाम्; साम मन्त्रब्रा. येनाक्षान्; पारगृसू. येनाक्ष्याव) अभ्यषिच्यन्त (शांश्रौसू.साम मन्त्रब्रा. अभ्यषिंचतम्; पारगृसू. ...ताम्) – अ. १४.१.३६/३; शांश्रौसू. ८.११.१३/३; साम मन्त्रब्रा.१.७.५/३; पारगृसू. 2.६.१2/३
येनाग्निना पणीनिन्द्रो जिगाय – अ. ४.2३.५/३
येनाग्निरस्या भूम्याः – अ.१४.१.४८/१ प्रः येनाग्निः – कौसू. ७६.१६
येनाग्ने दक्षिणा युक्ताः (काठसं. दक्षिणावन्तम्) – तैसं.५.७.७.३/१: काठसं. ४०.१३/१
येनाग्ने सर्ववेदसम् – अ.६.५.१७/2; वा.१५.५५/2; १८.६2/2; तैसं. ४.७.१३.४/2; ५.७.७.३/2; हस्त. 2.१2.४/2: १४८.८; काठसं. १८.१८/2; ४०.१३/2; शब्रा. ८.६.३.2४
येनाग्ने सुकृतः पथा – तैसं.५.७.७.३/१; काठसं.४०.१३/2
येनांगिरसो महिमानमानशुः – तैसं.५.७.2.2/३; हस्त.2.७.१2/३: ६१.१०; काठसं.22.१०/३; ३८.१३/३
येनातरन् भूतकृतोऽति मृत्युम् – अ. ४.३५.2/१
येनातियाथो दुरितानि विश्वा – ऋ.५.७७.३/४
येना ते पूर्वे पितरः परेताः – अ. १८.१.५४/2; ४.४४/2 द्र. अत्र यत्रा नः पूर्वे
येना दंसिष्ठ कृत्वने – ऋ. ८.2४.2५/2
येना दशग्वमध्रिगुम् – ऋ.८.१2.2/१; अ. 20.६३.८/१
येनादितेः सीमानं नयति – साम मन्त्रब्रा. १.५.2/१ प्रः येनादितेः – गोभि गृसू. 2.७.६
येनादित्यस्तपति तेजसा भ्राजसा च – तैआ. १०.१.१/2; महा नारा उप. १.३/2
येनादित्यान् हरितः संवहन्ति – अ.१३.३.१७/१
येनादित्या वसवो येन रुद्राः – तैसं. ५.७.2.2/2; हस्त.2.७.१2/2५ ६१.६; काठसं. 22.१०/2; ३८.१३/2
येना दुडशे अस्यसि – अ. १.१३.१/४
येना नः पूर्वे पितरः पदज्ञाः – ऋ.१.६2.2/३; ९.९७.३९/३; वा. ३४.१७/३ द्र. यत्र नः आदि।
येना नवग्वा आदिः द्र. उत्तरमेकवर्जम्
येना नवग्वे अंगिरे दशग्वे – ऋ. ४.५१.४/३
येना नवग्वो (सा. ...ग्वा) दध्यङङ् अपोर्णुते – ऋ.६.१०८.४/१; सा.2.2८९/१
येना निचक्र आसुरी – अ. ७.३८.2/१
येना निरहंसो यूयम् – ऋ. १०.१2६.2/३
येना नु कं मानुषी भोजते विट् – ऋ. १.७2.८/४; तैब्रा. 2.५.८.१०/2
येना नु सद्य ओजसा ववक्षिथ – ऋ. ८.१2.४/३
येनान्त्रिक्षम् उर्वाततन्थ – ऋ.३.22.2/३; वा. १2.४८/३; तैसं. ४.2.४.३/३; हस्त. 2.७.११/३: ८६.१४; काठसं. १६.११/३; शब्रा. ७.१.१.2३
येनापामृशतं (साम मन्त्रब्रा. बाहुलकेन ...मृषतं) सुराम् – शांश्रौसू. ८.११.१३/2; साम मन्त्रब्रा. १.७.५/2 द्र. येनावमृश...
येना पावक चक्षसा – ऋ.१.५०.६/१; अ. १३.2.2१/१; 20.४७.१८/१; आसं. ५.११/१; वा.३३.३2/१; निरु. १2.22/१ – 2५/१ तु. बृहद.३.११३
येनापूनादिन्द्रमनार्तमार्त्यै – तैआ. ६..३.2/३
येना पृथिव्यां नि क्रिविं शयध्यै – ऋ.2.१७.६2३
येनापो दिव्यंकशः – तैब्रा. .१.४८.३/2
येनापो नद्यो धन्वानि – काठसं. ३८.१2/३; तैआ.६.५.2/३; आपश्रौ. १६.६.४/३; माश्रौसू.६.१.2/३
येनाभि कृष्टीस्ततनाम विश्वहा – ऋ.१.१६०.५/३
येनाभिहस्यं पुरुषं कृणोसि – अ. ६.३०.2/2
येनायतिभ्यो भृगवे धने हिते – ऋ. ८.३.९/३; अ.20.९.३/३; ४९.६/३
येनायन्नुत्तमं स्वः – आश्रौ. १.३.2७/१; शांश्रौसू. १.६.३/३; आपश्रौ. 2४.१2.७/३
येनारुजासि मघवाँ (अ. ...वं) छफारुजः – ऋ. १०.४४.९/2; अ.20.९४.९/2
येनाव तुर्वशं यदुम् – ऋ. ८.७.१८/१
येनावधीर्वरशिखस्य शेषः – ऋ. ६..2७.४/2

येनावपत् सविता क्षुरेण (शां गृ सू. सविता श्मश्रवग्रे) – अ. ६..६८.३/१; तैब्रा. 2.७.१७.2/१; आपश्रौ. 22.2८.६; आगृ. १.१७.१०/१; शां गृ सू. १.2८.१५/१; पारगृसू. 2.१.११/१; आपमपा. 2.१.३/१ (आपगृ. ४.१०.६); हिर गृसू.2.६.१०/१; मागृसू.. १.2१.६/१ प्र५ येनावपत् – कौसू. ५३.20; ५५.४
येनावमृशतां सुराम् – पारगृसू.2.६.१2/2 द्र. येनापमृश...
येना वसु प्रयच्छसि – ऋ. ८.१७.१०/2; अ.20.५.४/2; हस्त. ४.१2.३/2: १८६.११; काठसं.६.१०/2
येना वसून्याभृता – ऋ. ६.१६.४८/३
येनाविष्टितः प्रविवेशिथापः – ऋ. १०.५१.१/2
येनाविहर्यतक्रतो अमित्रान् – ऋ. १.६३.2/३
येनावृतं खं च दिवं महीं (महा नारा उप. मही) च – तैआ. १०.१.१/१; महा नारा उप. १.३/१
येना वृत्रं निरद्भयः – ऋ.१.८०.2/३
येनावेपत् सरमा रपन्ती – मागृसू.. 2.१.१४/2
येना श्रवस्यवश्चरथ – अ. ३.६.४/१
येना संगच्छा उप मा स शिक्षात् – अ. ७.१2.१/३
येना समत्सु सासहः (सा. ...हिः; माश्रौसू. ...हि) – ऋ. ८.१६.20/2; सा. 2.६१०/2; वा. १५.३६/३,४०१; आपश्रौ. १४.३३.६/१,६/३; माश्रौसू. ६.2.2/१; – ६.2.2/३
येना समुद्रमसृजो महीरपः – ऋ. ८.३.१०/१; अ. 20.६.४/१; ४६.७/१
येना समुद्रमाविथ तमीमहे – ऋ. ८.१2.2/३; अ.20.६३..८/३
येना सहन्त ऋंजत स्वरोचिषः – ऋ. ५.८७.५/३
येना सहस्रं वहसि – अ.६.५.१७/१; तैसं. ४.७..१३.४/१; ५.७.७.३/१ प्रः येना सहस्रम् – बै सू.2६.६,2३ द्र. अत्र येन वहसि
येनासिंचद् बलमिन्द्रे प्रजापतिः – तैब्रा.३.७.६.१३/2; आपश्रौ. ४.८.३/2
येनासुरां अभि देवा असाम – ऋ.१०.५३.४/2; आपश्रौ. 2४.१३.३/2; निरु.३.८/2
येनासुराणामयुवन्त मायाः – अ.४.2३.५/2
येनासौ गुप्त आदित्यः – अ.११.१०.११/१
येना स्वर्ण ततनाम नं्ृरभि – ऋ. ५.५४.१५/2
येना हंसि न्यत्रिणं तमीमहे – ऋ.८.१2.१/३; अ.20.६३.७/३; सा.१.३६४/३
येना ह्याजिमजयद्विचक्ष्य – पंचब्रा. १.५.१६/१ प्रः येना ह्याजिम् – लाटयश्रौसू. 2.१०.११ द्र. येनैकराज्यम्
ये निखाता ये परोप्ताः – अ.१८.2.३४/१ प्रः ये निखाताः– कौसू. ८७.22
येऽनीजाना यज्ञियाः सोमपासः – कात्यश्रौसू.2५.६.६/2
ये नीलग्रीवाः शितिकण्ठाः – हस्त. 2.६.६/१: १2८.११,१३; काठसं. १७.१६/१ द्र. नीलग्रीवाः।
येनेदं विभजामहे – नील उप. 2४/2
येनेदं विश्वं परिभूतं यदस्ति – तैब्रा.३.१2.३.१/४
येनेदमद्य रोचते – अ. ११.८.१६/३
येनेदमुग्रमवसृष्टमेति – माश्रौसू. ५.2.६.१६/३ द्र. येन शर्ध।
येनेदं भूतं भुवनं भविष्यत् – वा.३४.४/१ तु. बृहद. ८.६६
येनेन्द्रं देवा अभ्यषिंचन्त राज्याय – आपश्रौ. ६.१४.७/३
येनेन्द्रः शुष्ममिद् दधे – ऋ. ८.६.११/३; अ.20.११५.2/३; सा.2.८५१/३
येनेन्द्रस्य रथं संबभूवुः – हस्त.2.१३.१३/१: १६2.१४; काठसं. ४०.३/१; आपश्रौ. १६..३५.१/१ द्र. य इन्द्रेण
येनेन्द्राय बृहस्पतिः – पारगृसू. 2.2.७/१
येनेन्द्राय समभरः (हस्त.काठसं. ...रन्) पयांसि – अ. १.६.३/१; तैसं. ३.५.४.2/१; हस्त. १.४.३/१: ५०.१४; काठसं. ५.६/१ प्रः येनेन्द्राय – बै सू.३.१
येनेन्द्रो अभिवावृते (अ. ...धे) – ऋ.१०.१७४.१/2; अ. १.2६.१/2
येनेद्रो दस्यूनधमं तमो निनाय – अ.६.2.१७/2
येनेन्द्रो विश्वा अजहादरातीः – हस्त. ४.१४.१७/३: 2४५.५; तैआ. 2.३.१/३
येनेन्द्रो वृत्रं निरहन् – काठसं.३७.१३/१
येनेन्द्रो हविषा कृत्वी (आपमपा. कृती) – ऋ.१०.१५६.४/१; १७४.४/१; आपमपा. १.१६.४/१ (आपगृ. ३.६.६)।
येनेमां पृथिवीं महीम् – शांश्रौसू. ८.११.१३/४; साम मन्त्रब्रा.१.७.५/४
येनेमा विश्वा च्यवना कृतानि – ऋ.2.१2.४/१; अ.20.३४.४/१
येनेमा विश्वा भुवनानि तस्थुः – तैआ.३.११.६/४ द्र. यत्रेमा आदि
येनेमा विश्वा भुवनानि संजिता – तैब्रा.३.१.१.७/१
येनेमा विश्वा भुवनान्याभृता – ऋ.१०.१७०.४/३
येनेमे चित्र वज्रहस्त रोदसी – ऋ. ६.४६.५/३; अ.20.८०.१/३ द्र. यद् दिधृक्षेम
येनेमे यन्ति चेदयः – ऋ. ८.५.३६/2
येनेमे रोदसी उभे – खिल.७.2४.३/४
येनेमे विधृते उभे – तैआ.१.८.2/2

येनेषुमेकतेजनाम् – अ.६.५७.१/३
येनैकराज्यमजयोऽहिना – आश्रौ.५.१६.४/2 द्र. येना ह्याजिम्।
येनैते प्रजापतेः – माश्रौसू.१.७.८.८/३ द्र. येन ते तै
यनैव ससृजे घोरम् – अ. १६.६.४/३
येनैष भूतस्तिष्ठत्य् (महा नारा उप. भूतैस् तिष्ठते ह्य) अन्तरात्मा – तैआ. १०.१०.१/४; महा नारा उप.८. ५/४
ये नो अंहोऽतिपिप्रति – ऋ. ७.६६.५/३; सा.2.७02/३
येनोद्यतो वज्रोऽभ्यायताहिम् – अ.४.2४.६/३
ये नो द्विषन्त्यनु तान् रभस्व – अ.६.५.2/३ प्र५ ये नो द्विषन्ति –कौसू.६४.८ द्र. यो नो द्वेष्टि तनूं तथा यो नो द्वेष्टयनु
येनोपयाथः सुकृतो दुरोणम् – ऋ.१.१८३.१/३ तु. येन गच्छथः
येनोपरिष्टादधिनोन् महेन्द्रम् – तैब्रा.३.७.६.१३/४; आपश्रौ. ४.८.३/४
येनोभावन्तौ परियासि सद्यः – अ.१३.2.६/2
ये नो राधांस्यश्व्या (ऋ. ५.७६.६/३, अह्रया) – ऋ. ५. ७६.६/३,७/३
येनौषधीर्मधुमतीरकृण्वन् – अ. ४.2३.६/2
येऽन्तरिक्षाज्जुहवति जातवेदः – अ.४.४०.६/१ तु. अत्र अस्मिन् म अन्तरिक्षे
येऽन्नं बृह्मोपासते – तैआ. ८.2.१/४; तैउप. 2.2.१/४
येऽन्नेषु विविध्यन्ति – वा. १६.६2/१; काठसं. १७.१६/१ द्र. ये अन्नेषु
ये पक्षिणः पतयन्ति – आपमपा. 2.22.१2/१ (आपगृ. ८. 2३.८); हिर गृसू. १.१६.५/१
ये पथन्ति मनीषिणः – खिल.६.६७.१६/2
ये पत्वभिः शफानाम् – ऋ.५.६.७/३
ये पथां (काठसं. पथीनां) पथिरक्षयः (वा. ..रक्षसः; का. .. रक्षिणः) – वा. १६.६०/१; का. १७.८.१४/१; तैसं. ४.५.११.१/१; हस्त. 2.६.६/१: १2६.१; काठसं. १७. १६/१; माश्रौसू. ११.७.१; मागृसू..१.१३.१३
ये पन्थानो बहवो देवयानाः – अ.३.१५.2/१; ६.५५.१/१ प्रः ये पन्थानः – कौसू. ५2.१ द्र. अत्र इमे चत्वारो
ये पन्थानो मेध्यासः – काठसं. ३६.2/१ द्र. ये पशवो
ये परांचस्तां उ अवाच आहुः – ऋ. १.१६४.१६/2; अ. ६.६.१६/2; जैब्रा.१.2७६/2
ये परावति सुन्विरे जनेष्वा – ऋ.८.५३ (वाल. ५).३/३
ये पर्वताः सोमपृष्ठाः – अ. ३.2१.१०/१
ये पवमान धामनी – ऋ. ६.६६.2/2
ये पशवो मध्यासः – आपश्रौ. १६.2६.१/१ द्र. वे पन्थानो मेध्यासः
ये पश्चाज्जातवेदः – अ. ४.४०.३/१ तु. अस्यां मे प्रतिच्याम्
ये पाकशंसं विहरन्त एवैः – ऋ. ७.१०४.६/१; अ. ८.४. ६/१ तु. बृहद. ६.2६
ये ये पातयन्ते अज्मभिः – ऋ. ८.४६.१८/१
ये पायवो मामतेयं ते अग्ने – ऋ. १.१४७.३/१; ४.४. १३/१; तैसं. १.2.१४.५/१; हस्त. ४.११.५/१: १७४.३; काठसं. ६.११/१
ये पार्थिवा य आन्तरिक्ष्याः – आपमपा. 2.१७.८/2
ये पार्थिवासो दिव्यासो अप्सु ये – ऋ. १०.६५.६/४
ये पार्थिवाः सर्पास्तेभ्य इमं बलिं हरामि – हिर गृसू. १८. १..४६/३; वा. १६.६८/३; तैसं.2.६.१2.४/३; हस्त. ४.१०.६/३: १५७.३
ये पाशिन उपतिष्ठन्त्यत्र – अ.१७.१.८/2
ये पितरो वधूदर्शाः – अ.१४.2.७३/१ प्रः ये पितरः – कौसू. ७७.१2
ये पुरास्ताज्जुहवति जातवेदः – अ. ४.४०.१/१ प्र५ ये पुरस्तात् – कौसू. ३६.७ तु. अस्यां मे प्राच्याम्
ये पंरुषे ब्रह्म विदुः – अ.१०.७.१७/१
ये पुरुषे ये अश्मसु – अ. ३.2१.१/2 द्र. यः पुरुषे यो ये पूर्वासो य उपरास (अ. ये अपरास) ईयुः – ऋ. १०. १५.2/2; अ. १८..१..४६/2; वा. १६.६८/2; तैसं. 2. ६.१2.४/2; हस्त. ४.१०.६/2: १५७.2
ये पूर्वे बध्वो यन्ति – अ. ८.६.१४/१
ये पृणन्ति प्र च यच्छन्ति संगमे (अ. सर्वदा) – ऋ. १०. १०७.४/३; अ.१८.४.2६/३
ये पृथिव्यास्ते म इह श्रुता हवम् – ऋ. १०.६2३.2/४
ये पृथिव्यास्समाजग्मुरिषमूर्जं वसानाः – काठसं. ७. १४/2 द्र. समागच्छन्तीषम्
ये पृषतीभिर्ऋष्टिभिः – ऋ. १.३७.2/१
येऽप्यदग्धाः कुले मम – माश्रौसू. ११.६.2/2
ये प्रतिष्ठे अभवतां वसूनाम् – तैसं. ४.७.१५.६/2; हस्त. ३.१६.५/2: १६2.५; काठसं. 22.१५/2
ये प्राणं ब्रह्मोपासते – तैआ.८.३.१/2; ज्न. 2.३.१/2
ये प्रियास्तान् उपह्वये – अ.० ६.५.३०/४
येऽप्सु सदांसि आदिः द्र. ये अप्सु षदांसि।
ये बध्यमानमनु बध्यमानाः (अ. दीध्यानाः) – अ.2.३४. ३/१; तैसं. ३.१.४.2/१; हस्त. १.११.४/४: १६६.४; 2.३.८/४: ३६.४; शब्रा. ५.५.४.2४/४; तैब्रा. 2.६.१. ३/४

ये बाहवो या इषवः – अ. ११.६.१/१ प्रः ये बाहवः –कौसू.१६.2१
ये बृहत्सामानमांगिरसम् – अ. ५.१६.2/१
ये ब्रह्मणः पुरऐतारो अस्य – वा.१७.१४/2; तैसं..६.१.४/2; हस्त. 2.१०.१/2: १३2.१०; काठसं. १७.१७/2; शब्रा. ६.2.१.१५
ये ब्रह्मणः प्रतिपीयन्त्यन्नैः – ऋ. १०.2८.११/2
ये ब्राह्मणं प्रत्यष्ठीवन् – अ. ५.१६.३/१
ये ब्राह्मणास् सोम्यास्तेषामिदं हविर्नासोम्यस्याप्यस्ति – काठसं. ५.2
ये भक्षयन्तो न वसून्यानृधुः (तैसं. आनृहुः; हस्त. आनशुः) – अ.2.३५.१/१; तैसं. ३.2.८.३/१; हस्त. 2.३.८/१: ३६.१६ प्रः ये भक्षयन्तः – बै सू. ६.७; 2६.22; कौसू. ३८.22; ५६.2१; ६८.३०
येभिः कर्माणि मघवँ चकर्थ – ऋ.१०.५४.४/४
येभिः परिज्मा परियन्नुरु ज्रयः – ऋ.१०.६2.५/३
येभिः पाशैः परिवित्तो विबद्धः – अ. ६.११2.३/१
येभिः प्रजानं प्रदिशो दिशश्च – जैब्रा. 2.५१(५2)/३ य ऋतव ऋतुभ्यो
येभिरपत्यं मनुषः परीयसे – ऋ. ८.४६ (वाल.१)८/३
येभिरादित्यस्तपति प्र केतुभिः – काठसं.३७.६/१; तैब्रा.2.७.१५.2/१
येभिराभृतं यदिदं विरोचते – तैब्रा. 2.७.१७.१/2 द्र. उत्तरम्
येभिरिदं भुवनमा (?) विराजति – माश्रौसू. ६.१.५/2 द्र. पूर्वम्
येभिरौक्षद्वृत्रहत्याय वज्री – ऋ. १०.५५.७/2; सा. 2.११३४/2
येभिर्देवां (हस्त. ...वं) ऋतुभिः कल्पयति – ऋ.१०.2.४/४; तैसं. १.१.१४.४/४; हस्त.४.१०.2/४: १४७.७; काठसं. ३५.६/४
येभिर्द्यामभ्यपिंशत् प्रजापतिः – काठसं.३७.६/2; तैब्रा.2.७.१५.2/2
येभिर्नि दस्युं मनुषो निघेषयः – ऋ.८.५०(वाल. 2).८/३
येभिर्नृम्णा च देव्या पुनते – ऋ. ६.७०.३/३; सा. 2.७७५/३
येभिर्मसै निवचनानि शंसन् – ऋ. १०.११३.१०/2
येभिर्यासि वृषभिर्मन्दमानः – ऋ. १०.११2.2/४
येभिर्वाचं विश्वरूपेभिरव्ययन् (तैब्रा. विश्वरूपां समव्ययत्) – काठसं.३७.६/३; तैब्रा.2.७.१५.2/३
येभिर्वाचं पुष्कलेभिरव्ययन् (तैब्रा. ...यत्) – काठसं. ३७.६/३; तैब्रा.2.७.१५.2/३
येभिर्वात इषितः प्रवाति – अ. १०.८.३५/१; जै उप ब्रा. १.३४.६/१
येभिर्विश्वं स्वर्दृशे – ऋ. ८.४६ (वाल. १).८/४
येभिर्विश्वम् (सा. व्यश्वम्) ऐरयः – अ.७.५५.१/2; सा.१.१७2/2
येभिर्विहाया अभवद्विचक्षणः – ऋ.१०.६2.१५/३
येभि् वृत्रस्येषितो विवेद – ऋ.३.३2.४/३
येभिर्व्यश्वमादिः द्र. येभिर्विश्वमादि।
येभिर्हव्यान्यूहथुः – ऋ.८.३८.५/2
येभिः शविष्ठ चाकनः – ऋ. ८.६2.४/३
येभिः शिल्पैः पप्रथानामदृंहत् – काठसं.३७.६/१; तैब्रा.2.७.१५.2/१
येभिः शिवः स्ववां एवयावभिः – ऋ.१०.६2.६/३
येभिस्तपोभिरदहो जरूथम् – ऋ. ७.१.७/2
येभिस्तिस्रः परावतः – ऋ. ८.५.८/१
येभिस्तृक्षिम् वृषणा त्रासदस्यवम् – ऋ.८.22.७/३
योभिः सखायो यन्ति नो वरेयम् – ऋ. १०.८५.2३/2; अ. १४.१.३४/2; आपमपा. १.१.2/2
योभिः सपित्वं पितरो – ऋ.१.१०६.७/४; तैब्रा.३.६.११.१/४; आपमपा. 2.३.2/४
येभिः सूर्यमुषसं मन्दसानः – ऋ.६.१७.५/१
येभिः सूर्यो ददृशे चित्रभनुः – काठसं. ३७.६/2; तैब्रा. 2.७.१५.2/2
येभिः स्वः परीयसे – ऋ. ८.५० (वाल.2) ८/४
येभिः स्वर्विदभवो विचक्षण – ऋ. ३.३.१०/2; हस्त.४.११.१/2: १६०.१३
ये भुंजते अपृणन्तो न उक्थैः – ऋ. ५.४2.६/2
येभूतस्य प्रचेतसः – ऋ.१०.८५.१७/३; अ. १४.2.६/३
ये भूताः प्रचरन्ति दिवा नक्तम् – तैआ. आन्ध्र १०.६७.2/१; महा नारा उप.2०.१/१; ।ह. १.2.५/१
ये भूतानामधिपतयः – वा. १६.५६/१; तैसं.४.५.११.१/१; हस्त.2.६.६/१: १2८.१७; काठसं.१७.१६/१; मागृसू.. १.१३.१2
ये भूतानि जनयन्तो विचिख्युः – तैब्रा.2.८.2.2/2
ये भूतानि समकृण्वन्निमानि – ऋ.१०.८2.४/४; वा. १७.2८/४; तैसं. ४.६.2.2/४; हस्त.2.१०.३/४: १३४.७; काठसं. १८.१/४; निरु. ६.१५
येभ्यो ज्योतिरमृतं मर्त्येभ्यः – अ. १2.१.१५/४
येभ्यो न ऋते (तैसं.काठसं. नर्ते) पवते धाम किं चन – वा. १७.१४/३; तैसं. ४.६.१४/३; हस्त.2.१०.१/३: १३2.११; काठसं. १७.१७/३; शब्रा. ६.2.१.१५
येभ्यो मधु प्रधावति (अ. प्रधाव अधि) – ऋ. १०.१५४.

१/३; अ. १८.2.१४/३; तैआ. ६.३.2/३
येभ्यो माता मधुमत् पिन्वते पयः – ऋ. १०.६३.३/१; हस्त.४.१2.१/१: १७७.७; आश्रौ. ५.१८.५ प्रः येभ्यो माता –ऐब्रा.३.३०.४; शांश्रौसू. ८.३.१५; माश्रौसू.५.१.८.१६
येभ्यो हव्यं क्रियते भगधेयम् – अ. १६.५८.६/2
येभ्यो होत्रां प्रथमामायेजे मनुः – ऋ.१०.६३.७/१
ये मध्यमासा उत नूतनासः – ऋ. ६.2१.५/३
ये मध्ये पस्त्यानाम् – ऋ. ६.६५.2३/2; सा. 2.५१४/2
ये मनुं चक्रुरुपरं दसाय – ऋ. ६.2१.११/४
ये मर्त्यं पृतनायन्तमूमैः – ऋ.१.१६६.७/३
ये महो रजसो विदुः – ऋ. १.१६.३/१
ये मा क्रोध्यन्ति लपिताः – अ.४.३६.६/१
ये माधायव उदीच्या दिशोऽभिदासान् – अ.१६.१८.७;..... माघायव उदीच्या दिशोऽभिदासान् – अ. १६.१८.७;... माघायव ऊर्ध्वाया दिशो...अ. १६.१८.१०. माघायव एतस्या दिशो...– अ. १६.१८,2,४,६,८;...माघायवः प्रतीच्या दिशो...– अ. १६.१८.५;...माघायवः प्राच्या दिशो...– अ.१६.१८.१;...माघायवो दक्षिणाया दिशो...– अ. १६.१८.३;...माघायवो ध्रुवाया दिशो...– अ. १६.१८.६
येमाते विश्वपेशसा – ऋ.४.४८.३/2
ये मानं मेऽनुगृह्णन्तः – ऐब्रा. ७.१८.५/३; शांश्रौसू. १५.2७/३
ये मामकाः पितरः – विष्णुस्मृ. ७३.१३ तु. येऽस्माकम्
येऽमावास्यां रात्रिम् – अ. १.१६.१/१ प्रः येऽमावास्याम् – कौसू. ४७.2३
ये मित्रे वरुणे सूक्तवाचः – ऋ. ५.४६.५/2
येऽमुं लोकं पितरः क्षियन्ति – तैब्रा. ३.१.१.७/2
ये मूर्धानः क्षितीनाम् – ऋ.८.६७.१३/१
ये मृत्यव एकशतम् – अ.८.2.2७/१
ये मे धियं पनयन्त प्रशस्ताम् – ऋ.७.१.१०/३
ये मे पंचाशतं ददुः – ऋ.५.१८.५/१; तैब्रा. 2.७.५.2/१ प्रः ये मे पंचाशतम्–आपश्रौ. 22.2५.१६
ये मे प्रजामुपलोभ्यन्ति – पारगृसू.१.१2.४/१
ये यक्ष्मासो अर्भकाः – अ.१६.३६.३/१
ये यजत्रा यः ईडयाः – ऋ.१.१४.८/१
ये यजामहे – वा.१६.2४; तैसं. १.६.११.१,2,३,४; ३.३.७.2,३; हस्त. १.४.११: ५६.2१; ४.१.११: १४.१७; काठसं.३१.१३; कौषी ब्रा. ३.५; गोब्रा. १.३.१०; ५.१०,2१; शब्रा. १.५.2.१६,१८,20; १2.३.३.३; ऐआ. ५.३.2.७; आश्रौ.१.५.५; ६.३; 2.११.४; शांश्रौसू.१.१.३६,३६,४६; 2.2.१६; बै सू. १६.८; आपश्रौ. ५.2८.६(भा); 2४.१३.५,६; माश्रौसू. 2.४.2.११; – ५.१.१.११; – ५.१.2.६; – ५.१.३.2७; – ५.2.३.६,१2; – ७.2.2; महा.३.१८०.३३ आगुः इति नाम्ना –ऐब्रा. 2.2८.४, तथा अन्यत्र
ये यज्ञं समगृभणन् – काठसं. ३६.2/१; आपश्रौ. १६.2६.१/१
ये यज्ञमभिरक्षन्तः – माश्रौसू.३.५.७/2
ये यज्ञस्य तनूकृतः – शांश्रौसू. ७.१०.१४/५
ये यज्ञा अमृते हिताः – अ. ११.७.११/५
ये यज्ञेन दक्षिणया समक्ताः – ऋ.१०.६2.१/१; ऐब्रा. ५.१३.१2; कौषी ब्रा.2३.८ प्रः ये यज्ञेन – आश्रौ. ८.१.2१; शांश्रौसू.१०.८.१४; १2.८.८; १६.११.३०
ये यज्वनामभिजिताः स्वर्गाः – अ. १2.३.६/2
ये यन्ति प्रांचः पन्थानः – साम मन्त्रब्रा.2.६.३/१
येयं प्रागाद् यशस्वती सा मा प्रोर्णोतु तेजसा यशसा ब्रह्मवर्चसेन – तैब्रा.३.११.६.८; आपश्रौ.१६.१४.१३
ये युक्त्वाय पंच शतास्मयु – ऋ. १०.६३.१४/३
ये युध्यन्ते प्रधनेषु – ऋ.१०.१५४.३/१; अ. १८.2.१७/१; तैआ.६.३.2/१
ये रथिनो ये अरथाः – अ. ११.१०.2४/१
ये राजानो राजकृतः – अ.३.५.७/१
ये रात्रिम् (काठसं. ..त्रीम्) अनुतिष्ठन्ति – अ.१६.४८.५/१; काठसं.३७.१०/१
ये राधसा श्रवसा चात्यन्यान् – ऋ.६.१०.५/३
ये राधांसि ददत्यश्व्या मघा – ऋ. ७.१६.१०/१
ये राया मघदेयं जुननित – ऋ.७.६७.६/2
ये रुद्रा अधि भूम्याम् – वा. १६.५४/2; तैसं. ४.५.११.१/2; हस्त.2.६.६/2५ १2८.७; काठसं. १७.१६/2; निरु. १.१५
ये रूपाणि प्रतिमुच्याचरन्ति – आपश्रौ. १.८.७/2; माश्रौसू.१.१.2.८/2
ये रूपाणि प्रतिमुंचमानाः – वा.2.३०/१; शब्रा. 2.४.2.१५/१; आश्रौ. 2.६.2/१; शांश्रौसू. ४.४.2/१; आपश्रौ.१.८.७/१; कौसू. ८८.१/१; साम मन्त्रब्रा. 2.३.४/१; गोभि गृसू. ४.३.३ प्रः ये रूपाणि – कात्यश्रौसू. ४.१.६
ये रजयन्ति रोदसी चिदुर्वी – ऋ. ७.५७.१/३
ये रोचने सूर्यस्यापि सर्पाः – तैब्रा.३.१.१.६/१
ये व आपोऽपामग्नयोऽप्स्वन्तर्यजुष्या देवयजनाः – अ.१०.५.2१
ये व एवा मरुतस्तूराणाम् – ऋ. ५.४१.५/४
येऽवतेषु शेरते – हस्त.2.७.१५/३: ६७.४; काठसं.१६.

१५/३ द्र. ये वावटेषु
ये वध्वश्चन्द्रं वहतुम् – ऋ.१०.८५.३१/१; अ. १४.2. १०/१; आपमपा. १.६.६/१ (आपगृ. 2.५.2४) प्रः ये वधवः – शां गृ सू. १.१५.१५ तु. बृहद. ७.१३३
ये वनस्पतीनाम् – हस्त.2.७.१५/2ः ६७.३ द्र. ये वा वनस्...
ये वनूषु शष्पिंजराः – काठसं. १७.१६/१ द्र. ये वृक्षेषु।
ये वयं ये च सूरयः – ऋ.५.१६.५/३
ये वर्मिणो येऽवर्माणः – अ. ११.१०.2३/१
ये वशाया अदानाय – अ.१2.४.५१/१
ये वस्त्रदाः सुभगास्तेषु रायः – ऋ. ५.४2.८/४
ये वा जनेषु पंचसु – ऋ. ६.६५.2३/३; सा.2.५१४/३
ये वाजां अनयता वियन्तः – ऋ.१०.६१.2७/३
ये वाजिनं परिपश्यन्ति पक्वम् – ऋ.१.१६2.१2/१; वा. 2५.३५/१; तैसं.४.६.६.१/१; हस्त.३.१६.१/१ः १८३.2. १ काठसं अश्व.६.५/१
ये वां जज्ञुः सुजानिमान ऋष्वे – ऋ. ७.६2.४/2
ये वातजूतास्तरणिभिरेवैः – ऋ. ४.३३.१/३
ये वादः शर्यणावति – ऋ. ६.६५.22/३; सा.2.५१३/३
ये वादो रोचने दिवः – काठसं.१६.१५/१ द्र. ये अमी इत्यत्र
ये वा नूनं सुवृजनासु विक्षु (अ. दिक्षु) – ऋ.१०.१५.2/४; अ. १८.१.४६/४; वा. १९.६८./४; तैसं. 2.६.१2. ४/४; हस्त. ४.१०.६/४ः १५७.३
ये वां दंसांस्यश्विना – ऋ.८.६.३/१; अ.20.१३६.३/१
ये वां ध्रूषु तरणयो वहन्ति – ऋ. ७.६७.८/४
ये वा भद्रं दूषयन्ति स्वधाभिः – ऋ.७.१०४.६/2; अ. ८. ४.६/2
ये वामी रोचने दिवः – वा.१३.८/१; शब्रा. ७.४.१..३०/१ द्र. अत्र ये अमी
ये वायव इन्द्रमादनासः – ऋ. ७.६2.४/१; ऐब्रा.५.१६.११; आश्रौ. ८.६.2
ये वा रिपो दधिरे देवे अध्वरे – ऋ.७.१०४.१८/४
ये वावटेषु शेरते – वा.१३.७/३; तैसं.४.2.८.३/३; हस्त. 2.७.१५/३ः ६७.४; शब्रा. ७.४.१.2६; नील उप. 2०/३; आपमपा. 2.१७.७/३ द्र. ये ऽवटेषु
ये वा वनस्पतींरनु (नील उप. वनस्पतीनाम्) – वा.१३. ७/2; तैसं.४.2.८.३/2; काठसं.१६.१५/2; शब्रा. ७. ४.१.2६; नील उप.2०/2; आपमपा. 2.१७.७/2 द्र. ये वनस्...
ये वा वयो मेदसा संसृजन्ति – अ.४.2७.५/2
ये वावृधन्त पार्थिवाः – ऋ. ५.५2.७/१
ये वावृधुः प्रतरं विश्ववेदसः – ऋ.१०.६६.१/३
येवाषासः कष्कषासः – अ. ५.2३.७/१
ये वा सद्मन्नरुषा वीरवाहः – ऋ.७.४2.2/३
ये वा सहस्रदक्षिणाः – ऋ. १०.१५४.३/३; अ. १८.2. १७/३; तैआ. ६.३.2/३
ये वा सूर्यस्य रश्मिषु – खिल. ७.५५.६/2 (मूलर संस्करणे); वा. १३.८/2; तैसं. ४.2.८.३/2; हस्त.2. ७.१५/2ः ६७.५; काठसं.१६.१५/2; शब्रा. ७.४.१. ३०/2; आपमपा. 2.१७.६/2 द्र. ये च आदि।
ये वास्मिँ शुल्कम् ईशिरे – अ. ५.१९.३/2
ये विजानन्ति ये च न – ऐब्रा. ७.१३.2/2 द्र. ये च जानन्ति
येऽविद्यामुपासते – वा.४०.१2/2; ईश उप.९/2
ये विद्युतमनुसंचरन्ति – अ.३.2१.७/2
ये विरूपे समनसा संव्ययन्ती – तैब्रा.३.१.३.१/१
ये विश्वा भुवनाभि प्रतस्थुः – ऋ.१०.६५.१५/2
ये वृक्णासो अधि क्षमि – ऋ.३.८.७/१
ये वृक्षेषु शष्पिंजराः (तैसं. सस्पि...) – वा.१६.५८/१; तैसं.४.५.११.१/१; हस्त.2.६.६/१ः १2८.१५; मागृसू.. १.१३.११ द्र. ये वनेषु
ये वै तन्वं वि सृजन्ति धीराः – खिल.१०.७५.१/३
ये वो देवाः पितरो ये च पुत्राः – अ. १.३०.2/१
ये शरीराण्यकल्पयन् – तैआ. १.2७.2/2
ये शाक्वरा ऋषभा ये स्वराजः – लाटयश्रौसू. ३.५. १५/2 द्र. शाक्वरा ऋषभा
ये शम्बरे हरिवो ये गविष्टौ (का. गैष्टौ० – ऋ. ३.४७. ४/2; वा.३३.६३/2; का. ३2.६३/2; ऐब्रा. ३.20. ४/2; कौषी ब्रा. १५.३
ये शालाः परिनृत्यन्ति – अ.८.६.१०/१
ये शुभ्रा घोरवर्पसः – ऋ.१.१९.५/१
ये शृंगे ये च तेऽक्षिणी – अ.१०.६.१४/2
येऽश्रद्धा धनकाम्यात् – अ. १2.2.५१/१
ये श्रोणी या च ते भसत् – अ.१०.६.2१/2
ये षां वः पंच प्रदिशो विभक्ताः – अ. १.३०.४/३
येषां शुष्मः पृतनासु साह्वान् – ऋ. ६.६८.७/३
येषां श्रियाधि रोदसी – ऋ. ५.६१.१2/१
येषां सख्ये असि श्रितः – ऋ. ३.९.३/४
ये षां सुतेषु मन्दसे – ऋ. ८.५४(वाल. ६).2/2
येषां चतुर्थं नियुनक्ति वाचम् – अ.८.९.३/2
येषां जल्पिश्चरत्यन्तरा तम् – अ.१९.५६.४/2
ये षां जातानि बहुधा महान्ति – अ. १०.४.2३/३
येषां तिस्रः परमजाः – तैसं.१.७.१2.१/2 द्र. यास्तिस्रः

येषां दत्तं पित्र्यमायनेन (तैआ. आयनवत्) – अ.६.१22.2/2; तैआ. 2.६.2/2
येषां नामानि विहितानि धामशः – हस्त.१.३.६/३: ३३.८
येषामज्मेषु पृथिवी – ऋ.१.३७.८/१
येषामज्मेष्वा महः – ऋ. ५.८७.७/४
येषामध्येति प्रवसन् – अ. ७.६०.३/१; वा.३.४2/१; आपश्रौ. ६.2७.३/१; लाटयश्रौसू. ३.३.१/१; शां गृ सू. ३.७.2/१; हिर गृसू.१.2६.१/१ द्र. येष्वादि
येषामन्नं वातो वर्षमिषवः – तैसं.४.५.११.2
येषामप्सु सदस् (तैसं.आपमपा. ...दः) कृतम् – वा. १३.८/३; तैसं. ४.2.८.३/३; शब्रा.७.४.१.३०/३; नील उप. १६/३; आपमपा. 2.७.६/३ द्र. अत्र ये अप्सु षदांसि
येषामर्णे न सप्रथो नाम त्वेषम् – ऋ. ८.20.१३/१
येषामस्मि पुरोहितः – अ. ३.१६.१/४,४/४ द्र. यस्याहमस्मि
येषामाबाध ऋग्मियः – ऋ. ८.2३.३/१
येषामाश्रेषा अनुयन्ति कामम् – तैब्रा.३.१.१.६/३
येषामिडा घृतहस्ता दुरोण आ – ऋ.७.१६.८/१
येषामिन्द्रस्ते जयन्ति – ऋ. ८.१६.५/३
येषामिन्द्रो युवा सखा – ऋ. ८.४५.१/३ – ३/३; सा.१.१३३/३; 2.६८८/३ – ६६०/३; वा. ७.३2/३; ३३.2४/३; हस्त. ४.१2.६/३: १६४.१०; काठसं. १३.१५/३; तैब्रा. 2.४.५.७/३; आपश्रौ. ११.१०.१७/३
येषामिमे पूर्वे अर्मास आसन् – तैब्रा.2.४.६.८/१
येषामीशे पशुपतिः पशूनाम् – तैसं.३.१.४.१/१; काठसं. ३०.८/१; माश्रौसू.१.८.३.३/१ द्र. य ईशे पशु...
येषां पश्चात् प्रपदानि – अ. ८.६.१५/१
येषां पुरुत्रा विज्यस्य मह्मनि – अ.१०.2.६/३
येषां पूर्वेषामशृणोर्ऋषीणाम् – ऋ.७.2६.४/2
येषां प्रयाजा उतानुयाजाः (अ. उत वानुयाजाः) – अ.१.३०.४/१; तैब्रा.३.७.१०.४/2; आपश्रौ.१४.३३.५/2 प्रः येषां प्रयाजाः –बैसू.४.१५
येषां ब्रह्माण्यसमानि विप्राः – ऋ.७.४३.१/३
येषां भागोऽसि (तैसं. असि तेभ्यस्त्वा) – वा.७.१; तैसं.१.४.१; ६.४.५.४; हस्त.१.३.४: ३१.७; काठसं. ४.१; 2७.१; शब्रा. ४.१.१.११
येषु ध्वजूषु दिद्यवः पितन्ति – ऋ. ७.८५.2/2
येषु वर्धन्त ओषधीः – अ.८.2.22/४
येषु वा यातुधानाः – काठसं.१६.१५/१ द्र. अत्र य इष्वो
येषु विश्वं भुवनमाविवेष्व् वा. 2३.५०/2; आश्रौ.१०.६.2/2; शांश्रौसू.१६.६.2/2; लाटयश्रौसू. ६.१०.६/४,१०/३ द्र. अत्र केषु आदि।
येषु विष्णुस् त्रिषु पदेष्व् एष्टः (लाटयश्रौसू. अष्ट) – वा. 2३.४६/३; लाटयश्रौसू. ६.१०.६/३,१०/2 द्र. केषु विष्णुस्
येषु सौमनसो बहुः (मागृसू.. सौमनसं महत्) – अ. ७.६०.३/2; वा.३.४2/2; आपश्रौ. ६.2७.३/2; लाटयश्रौसू. ३.३.१/2; शां गृ सू. ३.७.2/2; मागृसू..१.१४.५/2 द्र. एति सौमनसो
येष्ठो यात्वश्विना – ऋ.५.७४.८/2
येष्वध्येति प्रवसन् – मागृसू..१.१४.५/१ द्र. येषामादि
ये संग्रामस्येशते – अ.५.2१.७/४
ये संग्रामाः रागितयः – अ. १2.१.५६/३
ये सजाताः समनसः (कौसू. सु...) – तैब्रा. 2.६.३.५/१; आपश्रौ. १.१०.१2/१; कौसू. ८६.१/१ प्रः ये सजाताः – आपश्रौ. १६.६.१ द्र. ये समानाः
येऽसतः परि जज्ञिरे – अ.१०.७.2५/2
ये सत्यासो हविरादो हविष्पाः – ऋ.१०.१५.१०/१; अ. १८.३.४८/१ प्रः ये सत्यासः – कौसू. ८७.22
ये समानाः समनसः – वा. १६.४५/१,४६/१; हस्त.३.११.१०/१ (इपेः १५६.११,१३; काठसं.३८.2/१); शब्रा. १2.८.१.१६/१, 20/१; तैब्रा.2.६.३.४/१; आपश्रौ. १.६.१2/१; माश्रौसू.५.2.११.३०/१ ; – ८.2४; शां गृ सू. ५.६.४/१ । प्रः ये समानाः – कात्यश्रौसू.१६.३.2३,2४; आपश्रौ. १.१०.१३; १६.६.१; शां गृ सू.४.३.६; याधशा. १.2५३; औशधशा.७.१६ द्र. ये सजाताः
ये समुद्रान् निरखनन् – शब्रा. ७.५.2.५2/१
ये संभरान् समभरन् – अ.११.८.१३/2
येऽसंभूतिमुपासते – वा. ४०.६/2; शब्रा. १४.७.2.१३/2; बृह उप. ४.४.१३/2; ईश उप.१2/2
ये सर्पाः पार्थिवा ये अन्तरिक्ष्या ये दिव्या ये दिश्यास्तेभ्य इमं बलिमाहर्षं तेभ्य इमं बलिम् उपाकरोमि – आगृ. 2.१.६ द्र. ये पार्थिवाः सर्पास्
ये सर्पिषः संस्रवन्ति – अ.१.१५.४/१
ये सवितुः सत्यसवस्य विश्वे – ऋ. १०.३६.१३/१; हस्त. ४.१४.११/१: 2३2.८; तैब्रा.2.८.६.४/१
ये सहस्रमराजन् – अ.५.१८.१०/१
ये सहांसि सहसा सहन्ते – ऋ. ६.६६.६/३; तैसं.४.१.११.३/३; हस्त.४.१०.३/३: १५०.६; काठसं.20.१५/३; तैब्रा. 2.८.५.५/३
ये सुक्रतवः शुचयो धियंधाः – ऋ. ७.2.2/३; वा.2६.2७/३; हस्त. ४.१३.३/३: 20१.१३; काठसं.३७.४/३; निरु. ८.७/३ द्र. ते सुक्रतवः

ये सूर्यं न तितिक्षन्ते – अ.८.६.१२/१
ये सूर्यस्य ज्योतिषो भागनानशुः – ऋ.१०.६६.2/2; कौषी ब्रा.2५.६
ये सूर्यात् परिसर्पन्ति – अ. ८.६.2४/१
ये सेनाभिर्युधमायन्त्यिस्मान् – अ.६.६६.१/2
ये सोमासः परावति – ऋ.८.६३.६/१; ६.६५.22/१; अ. 2०.११2.३/१; सा.2.५१३/१; पंचब्रा. १४.५.६
ये स्तेना ये च तस्कराः – वा.११.७७/३; तैसं.४.१.१०. 2/३; हस्त.2.७.७/३: ८३.१६; काठसं.१६.७/३
ये स्तोतृभ्यो गोग्रामश्वपेशसम् – ऋ.2.१.१६/१; 2.१३/१
ये स्तोतमेभिः प्र सूरयः – ऋ.५.१०.३/३
ये स्थ जाता अदितेरद्भ्यस्परि – ऋ.१०.६३.2/३
ये स्थ त्रय एकादशाः (शांश्रौसू. एकादशासः) – काठसं. ३५.६; शांश्रौसू. ८.2१.१
ये स्थ त्रयश्च त्रिंशच्च – ऋ. ८.३०.2/2
ये स्था निचेतारो अमूराः – ऋ.१०.६१.2७/४
ये स्था मनोर्यज्ञियास्ते शृणेतन – ऋ.१०.३६.१०/१
येऽस्माकं पितरस्तेषां बर्हिरसि – अ.१८.४.६८/१ प्रः येऽस्माकम् – कौसू. ८७.2७ तु. ये मामकाः
येऽस्मानभ्यघायन्ति – अ.५.६.६/४ तु. यो अस्माँ अभ्य्...
ये स्मा पूरा गातूयन्तीव देवाः – ऋ. १.१६६.५/४
येऽस्मिँ लोके मां तेऽनु – तैसं.३.2.५.६; तैब्रा.१.३.१०.६
येऽस्मिँ लोकेऽहं तेषां वसिष्ठो भूयासम् – तैसं. ३.2.५.६; तैब्रा. १.३.१०.६
येऽस्मिन् महत्यादिः द्र. अस्मिनादि।
येऽस्य दोहमुपासते – अ.५.१७.१७/2
येऽस्यां स्थ दक्षिणायां दिश्यविष्यवो नाम देवास्तेषां वः काम इषवः – अ. ३.2६.2;...स्थ ध्रुवायां दिशि निलिम्पा नाम देवास्तेषां व ओषधीरिषवः – अ. ३. 2६.५;...स्थ प्रतीच्यां दिशि वैराजा नाम देवास्तेषां व आप इषवः – अ. ३.2६.३;...स्थ प्राच्यां दिशि हेतयो नाम देवास्तेषां वो अग्निरिषवः – अ. ३.2६.१;... स्थेदीच्यां दिशि प्रविध्यन्तो नाम देवास्तेषां वो वात इषवः – अ.३.2६..४;...स्थोर्ध्वायां दिश्यवस्वन्तो नाम देवास्तेषां वो बृहस्पतिरिषवः – अ. ३.2६.६ तु. अ.१2. ३.५५/६६; कौसू.१४.2५; ५०.१३
ये स्राक्त्यं मणिं जनाः – अ. ८.५.७/१
ये स्रोत्या बिभृथो ये मनुष्यान् – अ. ४.2६.४/2
ये स्वधा – आश्रौ.2.१६.१६
ये स्वधामहे – आश्रौ. 2.१६.१६; शांश्रौसू. ३.१६.१५; आपश्रौ. ८.१५.११; माश्रौसू. ५.१.४.22
ये ह त्ये ते सहमाना अयासः – ऋ.४.६.१०/१
येह पितर ऊर्क (काठसं. उर्ग् यत्र वयं स्मस् सास्मासु) तस्यै वयं ज्योग् जीवन्तो भूयास्म – काठसं. ६.६; माश्रौसू.१.१.2.2४
ये हरी मेध्योक्था मदन्तः – ऋ.४.३३.१०/१
ये हिन्विरे तन्वः सोम उक्थैः – ऋ.१०.2८.१2/2
यैनं जग्राह पर्वसु – अ.2.६.१/३
यैरिन्द्रः परिक्रीडते – अ.५.2१.८/१
यैरीजानाः स्वर्गं यन्ति लोकम् – अ.१८.४.2/४
यैरेव ससृजे घारम् – अ.१६.६.५/४
यैः संचरन्त्युभये भद्रपापाः – अ.१2.१.४७/३
यैः समामे बध्यते यैर्व्यामे – अ.१८.४.७०/2
यो अक्रन्दयत् सलिलं महित्वा – अ.८.६.2/१
यो अक्षाणां ग्लहणं शेषणं च – अ.७.१०६.५/2
यो अक्षेणेव चक्रिया (सा. ...यौ) शचीभिः – ऋ.१०.८६. ४/३; सा. १.३३६/३; तैब्रा. 2.४.५.2/३
यो अक्षेषु तनूवाशी – अ.७.१०६.१/2
यो अक्ष्योर्विसल्यकः – अ.६.१2७.३/2
यो अक्ष्यौ परिसर्पति – अ.५.2३.३/१
यो अग्नये ददाश विप्र उक्थैः–ऋ. 6.10.3/2
यो अग्नये ददाश हव्यदातिभिः (सा. ...दातये) – ऋ.८. 2३.१५/३; सा.१.१०४/३
यो अग्निः क्रव्यवाहनः (वा.काठसं. कव्य...) – ऋ. १०.१६. ११/१; वा. १६.६५/१; काठसं.2१.१४/१; आश्रौ.2. १६.2६ द्र. यदग्ने कव्य...।
यो अग्निः क्रव्यवाहनः (वा.काठसं. कव्य...०)–अ. १०.१६. ११/१; वा. १६.६५/१; काठसं.2१.१४/१; आश्रौ. 2. १६.2६ द्र. यदग्ने कव्य...
यो अग्निः क्रव्यात् प्रविवेश वो (अ. नो) गृहम् – ऋ.१०. १६.१०/१; अ. १2.2.७/१ प्रः यो अग्निः – कौसू. ७१.६
यो अग्निं हव्यदातिभिर्नमोभिर्वा – ऋ.८.१६.१३/१
यो अग्निं होतारमवृथाः – आश्रौ.१.४.१०; शांश्रौसू.१.६.१५ द्र. यो ऽग्निम् आदि।
यो अग्निं तन्वो दमे – ऋ. ८.४४.१५/१
यो अग्निं देववीतये – ऋ.१.१2.६/१; सा.2.१६६/१; ऐब्रा. ७.६.2; आश्रौ.३.१३.१2; शांश्रौसू.३.५.2; आपश्रौ. ६.१.११/१; माश्रौसू.३.३.३/१
यो अग्निरग्नेरध्यजायत (तैसं. हस्त. काठसं. अग्नेस्तपसोऽधि जातः) – वा.१३.४५/१; तैसं.४.2.१०. ४/१; हस्त.2.७.१७/१: १०2.८; काठसं.१६.१७/१; शब्रा. ७.५.2.2१; १2.५.2.४/१ प्रः यो अग्निरग्नेः – आपश्रौ. १६.2७.१2; माश्रौसू.६.१.७

वैदिकपादानुक्रमकोषः 388

यो अग्निर्जनयोपनः (अ. १2.2.१६/४, जीवितयोपनः) – अ. १2.2.१५/४, १६/४
यो अग्निः सप्तमानुषः – ऋ. ८.३६.८/१
यो अग्नीषोमावाजुषे सखाया – अ.६.६१.३/४ द्र. य इन्द्राग्नी असनम्
यो अग्नीषोमा हविषा सपर्यात् – ऋ.१.६३.८/१; तैब्रा.2.८.७.६/१
यो अग्नौ रुद्रो यो अप्स्वन्तः – अ.७.८७.१/१ प्रः यो अग्नौ – बै सू.४.१०; ६१.८; 2४.१७; कौसू.५६.2६ द्र. योऽग्नौ, तथा यो रुद्रो अग्नौ
यो अग्रतो रोचनानाम् – अ. ४.१०.2/१
यो अग्रभीत् पर्वास्या ग्रभीता – अ.१.१2.2/४
यो अघायुरभिदासात् – अ.५.६.१०/2 द्र. यो माघायुर्
यो अघ्न्याया भरति क्षीरमग्ने – ऋ.१०.८७.१६/३; अ. ८.३.१५/३
यो अंगयो यः कर्ण्यः – अ.६.१2७.३/१
यो अच्युतच्युत् स जनास इन्द्रः – ऋ. 2.१2.९/४; अ. 2०.३४.९/४
यो अंजसानुशासति – ऋ.६.५४.१/2
यो अत्य इव मृज्यते – ऋ. ६.४३.१/१
यो अदधाज्ज्योतिषि ज्योतिरन्तः – ऋ.१०.५४.६/१; शांश्रौसू. १८.१.८
यो अद्य देव सूर्य – अ. १३.१.५८/१
यो अद्य सेन्यो (आश्रौ. सौम्यो) वधः – अ. १.2०.2/१; ६.९९.2/१; आश्रौ.५.३.22/१ प्रः यो अद्य सौम्यः – आश्रौ.५.१2.५ द्र. यो ऽद्य सौम्यो
यो अद्य स्तेन आयति – अ.४.३.५/१; १९.४९.९/१
यो अद्रिभित् प्रथमजा ऋतावा – ऋ. ६.७३.१/१; अ.2०.९०.१/१; बै सू. ३३.2० प्रः यो अद्रिभित् – आश्रौ.७.९.३; शांश्रौसू.६.३.३; १2.१2.४; 2५.2; बै सू.३३.2१; ऋ वि.2.2३.५
यो अध्वरेषु शंतम ऋताव – ऋ.१.७७.2/१
यो अध्वरेष्वीड्यः – ऋ. ५.22.१/३
यो अनिध्मो दीदयदप्स्वन्तः – ऋ.१०.३०.४/१; अ.१४.१.३७/१; निरु.१०.१९/१ प्रः यो अनिध्मः – कौसू. ७५.१४
यो अनूचानो ब्राह्मणो युक्त आसीत् – ऋ.८.५८ (वाल. १०).१/३
यो अन्तरा रोदसी – अ.१३.३.६/३
यो अन्तरिक्षं विममे वरीयः – ऋ. 2.१2.2/३; अ.2०.३४.2/३; हस्त.2.१३.2३/३: १६८.१५; काठसं.४०.१/३
यो अन्तरिक्षमापृणाद् रसेन – अ.४.३५.३/2
यो अन्तरिक्षेण पतति – अ.४.2०.६/१ तु. अन्तरिक्षेण प..
.
यो अन्तरिक्षे रजसो विमानः – ऋ.१०.१2१.५/३; वा. ३2.६/३; का.2९.३३/३; तैसं.४.१.८.५/३ तु. यदन्तरिक्षं रजसो
यो अन्तरो मित्रमहो वनुष्यात् (काठसं. अनुष्यात्) – ऋ. ६.५.४/2; काठसं.३५.१४/2; आपश्रौ. १४.2९.३/2
यो अन्धो यः पुनःसरः – अ. ६.१2९.३/१
यो अन्नादो अन्नपतिर्बभूव – अ.१३.३.७/१
यो अन्येद्युरुभयद्युरभ्येति – अ. १.2५.४/३; ७.११६.2/१
यो अपाचिने तमसि मदन्ती – ऋ.७.६.४/१
यो अपां नेता स जनास इन्द्रः – ऋ. 2.१2.७/४; अ.2०.३४.७/४
यो अपो व्यगाहथाः – अ. 2०.१2८.१४/2
यो अप्सु चन्द्रमा इव – ऋ. ८.८2.८/१
यो अप्स्वन्तरग्निर्यो वृत्रे – हस्त.2.१३.१३/१: १६2.१०; काठसं.४०.३/१; आपश्रौ.१६.३५.१/१ प्रः यो अप्स्वन्तरग्निः – माश्रौसू.६.१.८ द्र. यो अग्नयो अप्सु
यो अप्स्वा शुचिना दैव्येन – ऋ.2.३५.८/१
यो अब्दिमाँ उदनिमाँ इयर्ति – ऋ.५.४2.१४/३
यो अभीके वरिवोविन् नृषाह्ये – ऋ.१०.३८.४/2
यो अभ्यु बभ्रुणायसि – कौसू.४६.५५/१ नक्षत्रकल्प. ३६
यो अभ्रजा वातजा यश्च शुष्मः – अ. १.१2.३/३
यो अर्चतो ब्रह्मकृतिमविष्ठः – ऋ. ७.2८.५/३
यो अर्बुदमव नीचा बबाधे – ऋ. 2.१४.४/३
यो अर्यपत्नीरकृणोदिमा अपः – ऋ.१०.४३.८/2; अ. 2०.१७.८/2
यो अर्यापत्नीरुशसश्चकार – ऋ.७.६.५/2; तैब्रा. 2.४.७.९/2
यो अर्यो मर्तभोजनम् – ऋ. १.८१.१.६/१
यो अर्वन्तं जिघांसति – वा.22.५/१; तैसं. ७.४.१५.१/१; हस्त.३.१2.१/१: १६०.७; काठसं अश्व. ४.४/१; तैब्रा.३.८.४.१; माश्रौसू. ९.१.2 प्रः यो अर्वन्तम् – कात्यश्रौसू.2०.2.१; आपश्रौ. 2०.३.१2
यो अर्वन्तं प्रथमो अध्यतिष्ठत् – ऋ.१.१६३.९/४; वा.2९.३०/४; तैसं. ४.६.७.४/४; काठसं अश्व. ६.३/४
यो अश्मनोरन्तरग्निं जनान – ऋ.2.१2.३/३; अ.2०.३४.३/३; हस्त.४.१४.५/३: 222.१2; निरु. ८.2
यो अश्मानं शवसा बिभ्रद् एति – ऋ.४.22.१/४
यो अश्वत्थः शमीगर्भः – काठसं. ७.१2/१; तैब्रा. १.2.१.८/१; आश्रौ.2.१.१७/१; बै सू. ५.७/१; आपश्रौ. ५.१.2/१; माश्रौसू. १.५.१.६/१

योऽश्वस्य दधिक्राव्णो अकारीत् – ऋ.४.३६..३/१; काठसं.७.१६/१
यो अश्वानां यो गवां यस्तनूनाम् – ऋ. ७.१०४.१०/2 द्र. अश्वानां गवाम्
यो अश्वानां यो गवां गोपतिर्वशी – ऋ.१.१०१.४/१
यो अशविनोश्चमसो देवपानः – अ.७.७३.३/2; आश्रौ.४.७.४/2; शांश्रौसू.५.१०.2३/2
यो अश्वेभिर्वहते वस्त उस्राः – ऋ. ८.४६.2६/१
यो अश्वेषु वीरेषु – अ.१2.१.2५/३
यो अश्व्येन पशुना यातुधानः – ऋ.१०.८७.१६/2; अ. ८.३.१५/2
यो असृजन् मधुना सं मधुनि – ऋ.१०.५४.६/2
यो अस्कभायदुत्तरं सधस्थम् – ऋ. १.१५४.१/३; अ. ७.2६.१/३; वा.५.१८/३; तैसं. १.2.१३.३/३; हस्त.१.2.६/३: १६.६; ३.८.७: १०५.५; काठसं. 2.१०/३; शब्रा. ३.५.३.2१/३
यो अस्कृधोयुरजरः स्वर्वान् – ऋ.६.22.३/३; अ.2०.३६.३/३; निरु. ६.३
यो अस्तभ्नादन्तरिक्षं दिवं च – अ. १६.३2.६/2
यो अस्तभ्नाद्दिवमूर्ध्वो महिम्ना – अ.४.३५.३/३
यो अस्ति याद्वः पशुः – ऋ. ८.१.३१/४
यो अस्ति श्मश्रुषु श्रितः – ऋ. ८.३३.६/2
यो अस्मत्रा दुर्हणावाँ उप द्वयुः – ऋ. ८.१८.१४/३
यो अस्मभ्यमंहुरणा चिकित्सात् – अ. ६.2.३/४
यो अस्मभ्यमरातीयात् – वा.११.८०/१; तैसं.४.१.१०.३/१; हस्त. 2.७.७/१: ८४.2; ३.१.६: १2.2०; काठसं. १६.७/१; १६.१०; शब्रा. ६.६.३.१०; तैआ.2.५.2/१; आपश्रौ.१६.१०.५; माश्रौसू. ६.१.३
यो अस्मभ्यमरावा – ऋ.६.2१.५/३
यो अस्मा अन्नं तृष्वादधाति – ऋ.१०.७६.५/१
यो अस्माँ अभिदासति – ऋ. १०.६७.2३/४; १५2.४/३; सा. 2.४४2/४, १2१८/३; अ.१.१६.३/३; 2१.2/४; ४.१६.५/४; ६.१५.१/४,2/४; ५४.३/2; वा.८.४४/३; १2.१०१/४; १८.७०/३; तैसं. १.६.१2.४/४; हस्त. ४.१2.३/४: १८३.१३; शब्रा.४.६.४.४/३; शांश्रौसू. ४.2१.2/४; १७.१2.४/३; आपश्रौ.2०.2०.७/३
यो अस्माँ अभ्यघायति – अ.१६.५०.४/४ तु. येऽस्मानभ्य्. ..
यो अस्माँ आदिदेशति – ऋ.६.५2.४/३; १०.१३४.2/४
यो अस्माकं मन इदं हिनस्ति – अ.2.१2.2/४,३/४
यो अस्मान् द्वेष्टि आदिः द्र. योऽस्मानादि अनुक्रमेण
यो अस्मान् प्रतिदीव्यति – अ. ७.१०६.४/४
यो अस्मान् वीर आनयत् – ऋ. ८.३३.१६/३
यो अस्मि सो अस्मि – अ. ६.१2३.३ द्र. योऽस्मि स सन्यजे तथा योऽहमस्मि
यो अस्मै घ्रंस उत वो य ऊधनि – ऋ.५.३४.३/१; निरु. ६.१६/१
यो अस्मै रेवान्न सुनोति सोमम् – ऋ.१०.१६०.४/2; अ. 2०.६६.४/2
यो अस्मै सुमतिं वाजसातौ – ऋ.५.३३.१/३
यो अस्मै हविषाविधत् – ऋ. ६.५४..४/१
यो अस्मै हव्यदातिभिः – ऋ.८.2३.2१/१
यो अस्मै हव्यैर्घृतवद्भिरविधत् – ऋ.2.2६.४/१
यो अस्य कामं विधतो न रोषति – सा.2.६७०/३ द्र. अस्य आदि
यो अस्य कौष्ठ्य जगतः – माश्रौसू.६.१.2/१ द्र. योऽस्य आदि
यो अस्य धाम प्रथमं व्यानशे – ऋ.६.८६.१५/2
यो अस्य पारे रजसः – ऋ.१०.१८७.५/१; अ.६.३४.५/१ द्र. उत्तरम्
यो अस्य पारे रजसो विवेष – ऋ.१०.2७.७/४ द्र. पूर्वम्
यो अस्य महिमा महान् – अ.११.३.22/2
यो अस्य मांसं जिहीर्षति – अ.५.2६.१५/४
यो अस्य विश्वजन्मनः – अ.११.४.2३/१
यो अस्य शुष्मं मुहुकैरियर्ति – ऋ.४.१७.१2/३
यो अस्य समिधं वेद – अ.६.७६.३/१
यो अस्य सर्वजन्मनः – अ.११.४.2४/१
यो अस्य स्याद्वशाभोगः – अ. १2.४.१८/१
यो अस्या ऋचच उपश्रुत्य – अ. १2.४.2८/१
यो अस्या एका इद्वशी – अ.१०.१०.2४/2
यो अस्याः कर्णावास्कुनोति – अ.१2.४.६/१
यो अस्याः पृथिव्यास्त्वचि – तैब्रा.१.५.५.४/१; आपश्रौ. ८.१६.६/१ द्र. योऽस्याः पृथिव्या
यो अस्याध्यक्षः परमे व्योमन् – ऋ.१०.१2६.७/३; हस्त. ४.१2.१/३: १७६.2; तैब्रा.2.८.६.६/३
यो अस्या हृदः कलशः सोमधानो अक्षितः – अ. ६.१.६/2
योक्त्रं गृध्राभिः – तैसं.५.७.१४.१; काठसं अश्व.१३.४
योगक्षेमं व आदाय – ऋ.१०.१६६.५/१
योगक्षेमं धेनुं वाजपत्नीम् – कौसू.११४.2/१
योगक्षेमस्य शान्त्यै – आश्रौ.३.१४.१३/४; आपश्रौ. ६.१६.११/४
योगक्षेमाभ्यां त्वा परिददामि – कौसू.५६.१३

योगक्षेमो नः कल्पताम् – वा.22.22; तैसं.७.५.१८.१; हस्त. ३.१2.६: १६2.११; काठसं अश्व.५.१४; शब्रा. १३.१.६. १०; तैब्रा.३.८.१३.३ द्र.कल्पताम्
योगं प्र पद्ये क्षेमं च – अ. १६.८.2/३
यो गर्भमोषधीनाम् – ऋ.७.१०2.2/१; तैब्रा.2.४.५.६/१; तैआ.१.2६.१/१
यो गा उदाजत् स दिवे चाभजत् – ऋ.2.2४.१४/३; हस्त.४.१४.१०/३: 2३०.१३; तैब्रा.2.८.५.2/३
यो गा उदाजदपधा वलस्य – ऋ.2.१2.३/2; अ. २०.३४. ३/2; हस्त.४.१४.५/2: 222.११
यो गा उदाजदप (हस्त. अपि) हि वलं (हस्त. बलं) वः – ऋ. 2.१४.३/2; हस्त. ४.१४.५/2: 222.७
योगां अग्नेरुप स्तुहि – ऋ.2.८.१/2
यो गाधेषु य आरणेषु हव्यः – ऋ. ८.७०.८/३
यो गायत्र्या अधिपतिर्बभूव – अ.४.३५.६/2
योगाय योक्तारम् – वा.३०.१४; तैब्रा. ३.४.१.१०
यो गिरिष्वजायथाः – अ. ५.४.१/१ कुष्ठलिंगाः (ऋचः) इत्यभिधानेन –कौसू.2८.१३
यो गृणतामिदासिथ – ऋ. ६.४५.१७/१
यो गृहां अभिशासति – ऋ. ६.५४.2/2
योगे – योगे त्वस्तरम् – ऋ.१.३०.७/१; अ.१६.2४. ७/१; २०.2६.१/१; सा.१.१६३/१; 2.६३/१; वा. ११.१४/१; तैसं. ४.१.2.१/१; ५.१.2.१; हस्त. 2.७. 2/१: ७५.५; ३.१.३: ३.2१; काठसं.१६.१/१; १६. 2/१; पंचब्रा. ६.2.2०; शब्रा. ६.३.2.४; आश्रौ.६.४.१०; बै सू.2६.१2; आपश्रौ. १६.2.३; माश्रौसू. ६.१.१; आपमपा. १.६.३/१; 2.४.१/१ (आपगृ. 2.५.2०; ४.११. ६); हिर गृसू.१.४.११ प्रः योगे–योगे – शांश्रौसू. ६. १७.१; कात्यश्रौसू. १६.2.६
यो गोजिद्धनजिदश्वजिद् यः – खिल. १०.१2८.१/2; अ. ५.३.११/2; तैसं.४.७.१४.४/2; काठसं. ४०.१०/2; तैब्रा.2.४.३.2/2
यो गोत्रभिद्वज्रभृद् यो हरिष्ठाः – ऋ.६.१७.2/३; तैब्रा.2. ५.८.१/३
योगो नामासि – मागृसू..१.४.2
यो गोपा अपि (तैब्रा.आपश्रौ. गोपायति तं हुवे – ऋ. १०. १६.४/४; अ. ६.७७.2/४; तैब्रा. ३.७.६.८/४; १३. २०.१/४ द्र. अपि गोपा।
यो गोपाः पुष्टपतिर्व आगात् – माश्रौसू. ६.४.१/2
यो गोपायति आदिः द्र. पूर्वमेकवर्जम्
यो गोषु पक्वं धारयत् – ऋ. ८.३2.2५/३
यो गोषु यक्ष्मः पुरुषेषु यक्ष्मः – अ. १2.2.१/३
योऽग्निं होतारमवृथाः – तैसं. 2.५.६.५ द्र. यो अग्निं आदि
योऽग्निर्नृम्णा नाम – गोब्रा. 2.१.३/१; बै सू. ३.१2/१; कौसू. ५६.१५/१
योऽग्नौ रुद्रो योऽप्स्वन्तः – शिरस् उप. ६/१ द्र. अत्र यो अग्नौ आदि
यो घृतेनाभिमानितः – तैब्रा.2.४.७.५/१
यो जघान शम्बरं यश्च शुष्णम् – अ.2०.३४.१७/३
यो जजान रोदसी विश्वशंभुवा – ऋ. १.१६०.४/2
यो जज्ञे विरुधां पतिः – ऋ. ६.११४.2/४
यो जननामसद्वशी – ऋ.३.2३.३/४; आश्रौ. १.११.१/2
यो जनान् महिषाँ इव – ऋ.१०.६०.३/१
योऽजं पंचौदनं दक्षिणाज्योतिषं ददाति – अ.६.५. 22/३,2४/३,2५/३,2६/४,2८/३
यो जरत्कारुणा जातः – खिल. १.१६१.७/१; महा.१.५८. ५४
यो जरितृभ्यो मघवा पुरूवसुः – ऋ. ८.४६(वाल.१).१/३; अ.2०.५१.१/३; सा.१.2३५/३; 2.१६१/३
यो जविष्ठो भुवनेषु – शब्रा.११.३.१.६/१
यो जागार तमयं सोम आह – ऋ. ५.४४.१४/३; सा.2. ११७६/३
यो जागार तमु सामानि यन्ति – ऋ.५.४४.१४/2; सा.2. ११७६/2
यो जागार तमृचः कामयनते – ऋ. ५.४४.१४/१; सा.2. ११७६/१
यो जागार भुवनेषु – शब्रा. ११.३.१.८/१
यो जात एव प्रथमो मनस्वान् – ऋ. 2.१2.१/१; अ.2०. ३४.१/१; तैसं.१.७.१३.2/१; हस्त.४.१2.३/१: १८६.४; काठसं. ८.१६/१; ऐब्रा. ५.2.१; कौषी ब्रा.2१.४; 22.४; ऐआ. १.५.2.५; ५.३.१.2; बै सू. ३३.१2; कात्यश्रौसू.2५. १४.१६; निरु. १०.१०/१ प्रः यो जात एव – तैब्रा.2. ८.३.३; आश्रौ.६.६.१५; ७.७.१; ८.७.११; ६.७.2३; माश्रौसू.५.१.१०.३६,५३; यो जातः –शांश्रौसू.१०.४.११; ११.१३; ११.६.५; १2.६.१६; १३.५.१६; १६.2३.१७; ऋ वि. १.2६.१ तु. बृहद. ४.६८; तैसं. ७.५.५.2; काठसं. ३४.४; ऐब्रा.५.2.2; पंचब्रा. ६.४.१७; ऐआ.१.५.2.७; शांश्रौसू.१३.५.१६; १६.2३.१७; १८.१६.४; कात्यश्रौसू. 2५.१४.१८; आपश्रौ.१४.१६.१०,११
यो जातमस्य महतो महि ब्रवत् – ऋ. १.१५६.2/३; तैब्रा. 2.४.३.६/३
यो जानाति वयूनानां समीपे – कौसू. १.३५.६/2
योजा न्विन्द्र ते हरी – ऋ. १.८2.१/५ – ५/५; सा.१.

४१५/५, ४2४/५; वा. ३.५१/५.५2/५; तैसं. १.८.५.१/५.2/५; हस्त. १.१०.३/५: १४2.१2; १४३.१३; काठसं. ६.६/५; शब्रा. 2.६.१.३८; तैब्रा.१.६.६.६; लाटयश्रौसू.५.2.१०
यो जाम्या अमेथयत् (शांश्रौसू. अप्रथयत् तत्) – अ.2०.१2८.2/१; शांश्रौसू. १2.2०.2.३/१
यो जायमानः पृथिवीमदृंहत् – अ.१६.३2.६/१
यो जिनाति तमिज्जहि – अ.६.१३४.३/2
यो जिनाति न जीयते – ऋ.६.५५.४/१; सा.2.३2८/१
यो ते प्राण प्रेयसी – अ. ११.४.६/2
योऽत्रासदजीवनः – अ.१८.2.३०/४
योऽथर्वाणं पितरं देवबन्धुम् – अ.४.१.७/१
यो दक्षिणस्यां दिशि सर्पराजा एष ते बलिः – साम मन्त्रब्रा. 2.१.2
यो दक्षिणायां दिशि कृष्णपिपीलिकानां राजा तस्मै स्वाहा – कौसू.११६.३
यो दत्रवाँ उषसो न प्रतीकम् – ऋ.६.५०.८/३
यो ददाति शतौदनाम् – अ. १०.६.५/४, ६/४, १०/४
यो ददाति शितिपादम् – अ.३.2६.३/१
यो दध्रे अन्तरिक्षेण मह्ना – अ.१८.३.६३/१
यो दभ्रेभिर्हव्यो यश्च भूरिभिः – ऋ.१०.३८.४/१
यो दस्यूंरवधूनुषे – ऋ.१.७८.४/2
यो दस्योर्हन्ता स जनास इन्द्रः – ऋ.2.१2.१०/४; अ. 2०.३४.१०/४
यो दाधार पृथिवीं विश्वभेजसम् – अ.४.३५.३/१
यो दानवानां बलमारुरोज – अ.४.2४.2/2
यो दाशुषः सुकृतो हवमेति (तैसं.हस्त.काठसं. उप गन्ता) – अ.४.2४.१/३; तैसं. ४.७.१५.१/३; हस्त.३.१६.५/३: १६०.११; काठसं.22.१५/३
यो दासं वर्णमधरं गुहाकः – ऋ.2.१2.४/2; अ.2०.३४.४/2; कौषी ब्रा.2१.४; 22.४
यो दिवं सत्यधर्मा व्यानट् – हस्त.2.७.१४/2: ६५.१; काठसं.१६.१४/2 द्र. यो वा दिवं।
यो दीदाय समिद्धः स्वे दुरोणे – ऋ.७.१2..१/2; सा.2.६५४/2; हस्त.2.१३.५/2५ १५४.१; काठसं. ३६.१३/2; पंचब्रा.१५.2.३; तैब्रा.३.११..६.३/2; आपश्रौ.१६.३५.५/2
यो दुष्कृतं करवत् तस्य दुष्कृतम् – कौसू. १७.७ तु. शमितारो यद्
यो दुष्टारो विश्ववार श्रवाय्यः – ऋ. ८.४६.६/१
यो दूणशो वनुष्यता – ऋ.६.६३.११/३
यो दृष्टीविष उच्यते – खिल. ७.५५.७/2
यो देवकामो न धना (अ. ७.५०.६/३, धनं) रुणद्धि – ऋ. १०.४2.६/३; अ.७.५०.६/३; 2०.८६.६/३
यो देवतात्युद्यता – ऋ.८.७४.३/2; सा.2.६१६/2
यो देवमुत्तरावन्तम् – अ.१०.८.22/2
यो देवयानः पन्थास्तेन यज्ञो देवां अप्येतु (काठसं. पन्थास्तेन देवान् गच्छ) – तैसं.१.६.३.2; काठसं.५.३; ३2.३
यो देवस्य शवसा परारिणाः – सा.१.४६६/४ द्र. यद् देवस्य आदि
यो देवाः कृत्यां कृत्वा – अ. ४.१८.2/१
यो देवानां स इमां पारयाति – अ.११.१.५/४
यो देवानां चरसि प्राणथेन – वा.११.३६/१; हस्त.2.७.४/३: ७८.८; ३.१.६.७.2; काठसं. १६.४/३; शब्रा.६.४.३.४ द्र. देवानां यश्
यो देवोनां देवतमस्तपोजाः – तैब्रा.३.७.६.४/३; आपश्रौ.१३.४.2/३; १६.३५.१/३
यो देवानां नामधा (अ. ...ध) एक एव (काठसं. एको अस्ति) – ऋ.१०.८2.३/३; अ.2.१.३/३; वा.१७.2७/३; तैसं.४.६.2.2/३; हस्त.2.१०.३/३: १३४.१०; काठसं.१८.१/३
यो देवानामधिराजो बभूव – अ.१६.४६.४/2
यो देवानामसिश्रेष्ठः – माश्रौसू.१.३.४.३/१ प्रः यो देवानामसि – मागृसू..2.2.१६ द्र. अत्र यः पशूनमधिपतिः
यो देवानामिह सोमपीथः – ऐब्रा.2.22.५/१; आश्रौ.५.2.८/१
यो देवानां पुरोहितः – वा.३१.2०/2; तैआ.३.१३.2/2
यो देवानां प्रथमं पुरस्तात् – तैआ.१०.१०.३/१; महा नारा उप.१०.३/१
यो देवान्विश्वां इत्परि – ऋ.६.६८.७/३; सा.१.५५2/३; 2.६७६/३
यो देवेभ्य आतपति – वा.३१.2०/१; तैआ. ३.१2.2/१
यो देवेष्वधि देव एक आसीत् – ऋ.१०.१2१.८/३; वा. 2७.2६/३; तैसं.४.१.८.६/३
यो देवो देवतमो जायमानः – ऋ.४.22.३/१
यो देवो देवेषु विभूरन्तः – तैब्रा.2.५.१.१/१
यो देवो मर्त्यां अति – अ.2०.१2७.७/2; शांश्रौसू. १2.१७.१.१/2
यो देवो विश्वाद्यमु काममाहुः – अ.३.2१.४/१ द्र. अत्र यं हुतादम्
यो देह्यो अनमयद्वधस्नैः – ऋ.७.६.५/१; तैब्रा.2.४.७.६/१ प्रः यो देह्यः – तैब्रा.३.१2.१.१

यो दैवो वरुणो यश्च मानुषः – अ.४.१६.८/३
यो दैव्यस्य धाम्नस्तुविष्मान् – ऋ. ७.५८.१/2
यो दैव्यानि मानुषा जनूंषि – ऋ.७.४.१/३; हस्त.४.१४.३/३: 2१८.५; काठसं. ७.१६/३; तैब्रा. 2.८.2.४/३
योद्धासि क्रत्वा शवसोत दंसना – ऋ.८.८८.४/१
योऽद्य सौम्यो वधः – पंचब्रा. १.३.३/१ प्रः योऽद्य सौम्यः –लाटयश्रौसू. १.११.१७ द्र. यो अद्य सेन्यो
य द्यामस्तभ्नात् स जनास इन्द्रः – ऋ.2.१2.2/४; अ. 2०.३४.2/४
यो द्युम्नैर्द्युम्नवत्तमः – ऋ. ६.४४.१/2; सा. १.३५१/2
यो द्रप्सो अंशुः पतितः पृथिव्याम् – तैसं.३.१.१०.१/१; काठसं.३५.८/१; माश्रौसू.2.४.2६/१ प्रः यो द्रप्सः– आपश्रौ. १2.१६.१५; १४.2८.३ द्र. यस्ते द्रप्सः प...
यो द्रापिं कृत्वा भुवनानि वस्ते – अ. १३.३.१/2
यो द्वितीयस्यां पृथिव्यामसि यत् तेऽनाधृष्टं नाम यज्ञियं तेन त्वादधे – वा.५.६
यो धर्ता भुवनानाम् – ऋ.८.४१.५/१
यो धर्मणा तूतुजानस्तुविष्मान् – ऋ.१०.४४.१/2; अ. 2०.६४.१/2
यो धारया पावकया – ऋ.६.१०१.2/१; सा. 2.४८/१; आश्रौ. 2.१2.३
यो धारया मधुमाँ ऊर्मिणा दिवः – ऋ. ६.६८.८/३
यो धावद्भिर्हूयते यश्च जिग्युभिः – ऋ. १.१०१.६/2
यो धीता मानुषाणाम् – ऋ.८.४१.१/४
यो धीरः शक्रः परिभूरदाभ्यः – अ. ३.2१.४/३ द्र. धीरो यः
यो धृषितो योऽवृतः – ऋ. ८.३३.६/१
यो धृष्णुना शवसा बाधते तमः – ऋ. १.५६.४/३
यो धृष्णुना शवसा रोदसी उभे – ऋ.१.५४.2/३
योधो न शत्रून् स वना न्यृंजते – ऋ.१.१४३.५/४
यो धौतीनामहिहन्नारिणक् पथः – ऋ.2.१३.५/2
यो ध्रुवायां दिशि बभ्रुपिपीलिकानां राजा तस्मै स्वाहा – कौसू. ११६.३
यो न आगो अभ्येनो भराति – ऋ.५.३.७/१
यो न इदम्–इदं पुरा – ऋ.८.2१.६/१; अ.2०.१४.३/१; ६2.३/१; सा.१.४००/१; गोब्रा. 2.४.१६; आश्रौ.६.१.2; ७.८.2; बै सू.2५.३ प्र५ यो न इदम्–इदम् –शांश्रौसू. ६.३.2
यो न इन्दुः पितरो हृत्सु पीतः – ऋ.८.४८.१2/१ द्र. यो नो अग्निः पितरो
यो न इन्द्र जिघांसति – ऋ.१०.१३३.३/४; अ.2०.६५.४/४; सा.2.११५३/४
यो न इन्द्रवायू अभिदासति – तैसं.३.2.१०.2/१; आपश्रौ. १2.2१.१
यो न इन्द्राभितो जनः – ऋ.१०.१३३.४/१ प्रः यो न इन्द्राभितः – शांश्रौसू. १2.४.१३
यो न इन्द्राभिदासति – ऋ.१०.१३३.५/१; अ.2.2७.७/2 द्र. यो नः सोमाभि...
यो न उपरिष्टादघायुरभिदासत्येतं सोऽश्मानमृच्छतु – आपश्रौ. १७.६.६ तु. यो नः पुरस्तात्
यो नः कदा चिदभिदासति द्रुहा – ऋ.७.१०४.७/४ द्र. यो मा कदा
यो नः कनीय (काठसं. कनिष्ठम्) इह कामयातै – काठसं. ३१.१४/१; तैब्रा.३.७.६.१४/१; आपश्रौ. ४.८.५/१
यो नः कश्चाभ्यघायति – अ. ७.७०.३/४ तु. यो मा कः
यो नः कश्चिद् रिरिक्षति – ऋ. ८.१८.१३/१
यो नः कुर्यात् समाहितः – विष्णुस्मृ. ८५.६६/४
यो नः पर्षदत्यंहः स्वस्तये – ऋ.१०.६३.६/४
यो नः पापं कर्म चिकीर्षति प्रत्यगेनमृच्छ – आपश्रौ. ६.६.८
यो नः पाप्मन् न जहासि – अ.६.2६.2/१
यो नः पिता जनिता यो विधाता (हस्त. विधर्ता) – ऋ. १०.८2.३/१; वा. १७.2७/१; तैसं.४.६.2.१/१; हस्त. 2.१०.३/१: १३४.८; काठसं. १८.१/१; आश्रौ. ३.८.१ प्रः यो नः पिता – वा.३४.५८ द्र. स नः पिता, तथा तु. स नो बन्धुर्
यो नः पुरस्ताद् दक्षिणतः पश्चाद् उत्तरतोऽघायुरभिदासत्येतं सोऽश्मानमृच्छतु – तैसं.५.७.३.१ तु. यो न उपरिष्टाद्
यो नः पूषन्नघो वृकः – ऋ.१.४2.2/१
यो नः पृतन्यादप तं – तमिद् धतम् – ऋ. १.१३2.६/2; वा. ८.५३/2; शब्रा.४.६.६.१४/2; बै सू. ३४.१/2; आपश्रौ. 2१.१2.६/2; माश्रौसू. ७.2.३/2
यो नक्षत्रैः सरथं याति देवः – कौसू.१३५.६/१
यो न जीवोऽसि न मृतो देवानाममृतगर्भोऽसि स्वप्न – अ. ६.४६.१ प्रः यो न जीवः –कौसू.४६.६
यो न तन्द्रयते चरन् – ऐब्रा.७.१५.५/४; शांश्रौसू. १५.१६/४
यो नन्त्वान्यनमन् न्योजसा – ऋ. 2.2४.2/१
यो नमसा स्वध्वरः – ऋ. ८.१६.५/३; काठसं.३६.१५/३; ।ह. १.१.४
यो नः शपादशपतः – अ.६.३७.३/१; ७.५६.१/१; तैब्रा.३.७..६.2३/१; तैआ.2.५.2/१; आपश्रौ. ४.१५.१/१ प्रः

यो नः शपात् –कौसू.४८.३७ तु. यो नो दिप्साद्
यो नः शश्वत् पुराविथ – ऋ. ८.८०.2/१
यो नस्तन् नपाद् यो नोऽन्योन्यस्मै द्रुह्यादित् एव सं निर्ऋच्छात् – हस्त.३.७.१०: ६०.५ प्रः यो नस्तन् नपात् –माश्रौसू.2.2.१..४ द्र. ताभ्यः स निर्
यो न स्तायद् दिप्सति यो न आविः – अ.७.१०८.१/१ प्रः यो न स्तायद् दिप्सति –कौसू.४८.३७
यो नः सतो अभ्या सज्जजान (काठसं. सन् निनाय) – तैसं.४.६.2.१/2; हस्त.2.१०.३/2: १३४.८; काठसं. १८.१/2
यो नः सनुत्य उत वा जिघत्नुः – ऋ.2.३०.६/१ तु. बृहद. ४.८५
यो नः सनुत्यो अभिदासदग्ने – ऋ.६.५.४/१; काठसं. ३५.१४/१; ऐब्रा.१.१६.७; कौषी ब्रा. ८.४.१; आश्रौ.४.६.३; आपश्रौ. १४.2६.३/१ प्रः यो नः सनुत्यः – शांश्रौसू.५.६.१०
यो नः सपत्नो योऽरणः – तैब्रा. ३.७.६.2३/१; तैआ. 2.५.2/१; आपश्रौ. ४.१६.१/१ तु. यः सपत्नो
यो नः सुप्तां जाग्रतो विभिदासात् – अ. ७.१०८.2/१
यो नः सोम सुशंसिनः – अ.६.६.2/१
यो नः सोमाभिदासति – अ.६.६.३/१ द्र. यो न इन्द्राभिदासति
यो नः स्येदुरप्रिये तं निर्दध्मः – अ. १2.१.३०/2
यो नः स्वो (अ. स्वो यो) अरणः (सा. ऽरणः) – ऋ. ६.७५.१६/१; अ.१.१६.३/१; सा.2.१222/१; ।ह. ३.५.७; शां गृ सू. ४.५.८ प्रः यो नः स्वः बै सू. ६.2१
योऽनाक्ताक्षो अनभ्यक्तः – अ.2०.१2८.६/१; गोब्रा. 2.६.१2; शांश्रौसू. १2.2१.2.१/१ प्रः योऽनाक्ताक्षः –शांश्रौसू.१६.१३.१० जनकल्पाः इति नाम्ना – ऐब्रा. ६.३2.2३/६६; कौषी ब्रा.३०.७
यो नारायणवाहनः – खिल. ७.५५.४/४
यो नार्मरं सहवसुं निहन्तवे – ऋ. 2.१३.८/१
योनावृतस्य सीदत – ऋ.९.१३.९/३; ३९.६/३; सा.2.५४५/३
योनावृतस्य सीदतम् – ऋ.३.६2.१८/2; सा.2.१५/2
योनावृतस्यापिबत् सुतस्य – अ.2०.३४.१2/2
यो नाश्नीयादनडुहो विजानन् – अ. ४.११.३/४
यो नासे परिसप्रति – अ.५.2३.३/2
योनिं यो अन्तरारेढि – ऋ.१०.१६2.४/३; अ. 2०.९६.१४/३; मागृसू..2.१८.2/३
योनिकृतः पथिकृतः सपर्यत – तैआ. ६.८.१/३।
योनिं कृत्वा त्रिभुजं शयानः – अ.८.६.2/2
योनिं गर्भाय धातवे – अ.६.८१.2/2
योनिनोर्ध्वमुदीषत – तैआ.१.१.३/४; 2१.2/४
योनिं दृंह – तैसं. १.१.७.2
योनिमेक आ ससाद द्योतनः – ऋ.८.2९.2/१
योनिं प्राविशदिन्द्रियम् – वा.१९.७६/2; हस्त.३.११.६/2: १४६.४; काठसं.३८.१/2; तैब्रा.2.६.2.2/2
योनिरग्नेः प्रतिष्ठितिः – तैब्रा. १.2.१.2७/४; आपश्रौ. ५.१८.2/४
योनिर्यस्ते हिरण्ययः – काठसं.१३.९/2,१० द्र. अत्र अथो योनिर्
यो निलायं चरति यः प्रतंकम् – अ. ४.१६.2/2 तु. योऽभि...
योनिश्चतुर्विंशः – वा.१४.2३; तैसं.४.३..८.१; ५.३.३.४; हस्त. 2.८.४: १०६.५; काठसं.१७.४; 2०.१३; शब्रा. ८.४.१.१८
योनिष्ट इन्द्र सदने (ऋ. १.१०४.१/१, निषदे) अकारि – ऋ.१.१०४.१/१; ७.2४.१/१; सा.१.३१.४/१; ऐआ. ५.३.१.2; शांश्रौसू. १८.१६.६
योनिः सूष्यन्त्या इव – ऋ. ५.७८.५/2
योनिहान् पज्रिहानधि – साम मन्त्रब्रा.2.५.४/2
यो नूनं मित्रावरुणावभिष्टये – ऋ.८.१०१.१/३; वा.३३.८७/३
योनेरिव प्रच्युतो गर्भः – तैआ.2.६.१/३ द्र. योन्या आदि
यो नो अग्निः पितरो हृत्स्वन्तः – अ. १2.2.३३/१; तैसं. ५.७.९.१/१; हस्त. १.६.१/१: ८५.१८; काठसं.७.१2/१ प्रः यो नो अग्निः पितरः – आपश्रौ. ५.९.१; १६.2१.६; १९.११.७; 2४.११.१; माश्रौसू.१.५.३.७; – ६.१.५; यो नो अग्निः – माश्रौसू. ८.2५; कौसू.. ७०.१५; हिर गृसू.१.१.१५ द्र. यो न इन्दुः
यो नो अग्निर्गार्हपत्यः – अ.१९.३१.2/१
यो नो अग्ने अररिवां अघायुः – ऋ.१.१४७.४/१
यो नो अग्ने दुरेव आ – ऋ. ६.१६.३१/१
यो नो अग्ने निष्टयोऽनिष्टयो (काठसं. निष्टयो योऽनिष्टयो) ऽभिदासतीदमहं तं त्वयाभिनिदधामि – काठसं. ७.१३; आपश्रौ. ५.१2.2; १३.८; १५.६; ६.2.१
यो नो अग्नेऽभिदासति – ऋ.१.७९.११/१
यो नो अन्ति शपति तमेतेन जेषम् – माश्रौसू. १.४.2.८ द्र. यो मेऽन्ति
यो नो अरातिं समिधान चक्रे – ऋ.४.४.४/३; वा.१३.१2/३; तैसं.१.2.१४.2/३; हस्त.2.७.१५/३: ९७.१४; काठसं.१६.१५/३
यो नो अश्विनावभिदासति – तैसं. ३.2.१०.2/१
यो नो अश्वेषु वीरेषु – अ. १2.2.१५/१ प्रः यो नो

अश्वेषु –कौसू. ७१.८
यो नो गोष्वजाविषु – अ. १2.2.१५/2
यो नो दद्याज्जलांजलीन् – विष्णुस्मृ. ८५.६५/2
यो नो दाता परावतः पितेव – ऋ. ७.६७.2/४
यो नो दाता वसूनाम् – ऋ.८.५१ (वाल. ३).५/१
यो नो दाता स नः पिता – ऋ. ८.५2(वाल. ४) ५/१
यो नो दास आर्यो वा पुरुष्टुत – ऋ. १०.३८.३/१
यो नो दिदेव यतमो जघास – अ.५.2६.2/३
यो नो दिप्सादिदिप्सतः – अ.४.३६.2/१ तु. यो नः शपाद्
यो नो दिवा दिप्सति यश्च नक्तम् – ऋ. ७.१०४.११/४ द्र. यो मा दिवा।
यो नो दुरस्याद् दिप्साच्च – अ. ४.३६.१/३
यो नो दुरेवो वृकतिर्दभीतिः – ऋ.४.४१.४/३
यो नो दूरी अघशंसो यो अन्ति – ऋ. ४.४.३/३; वा. १३.११/३; तैसं. १.2.१४.१/३; हस्त. 2.७.१५/३ः ६७.१2; काठसं. १६.१५/३
यो नो दूरे द्वेष्टि यो नो अन्ति – शांश्रौसू. ४.१३.१/१ द्र. अग्ने यो नोऽभिदासति
यो नो देवः परावतः – ऋ. ८.१2.६/१
यो नो द्युवे धनमिदम् चकार – अ.७.१०६.५/१
यो नो द्वेषत् पृथिवि यः पृतन्यात् – अ.१2.१.१४/१
यो नो द्वेष्टि तनूं रभस्व – माश्रौसू.३.५.१३/३ द्र. अत्र ये नो द्विषन्ति
यो नो द्वेष्टि तमद्धयग्ने अक्रव्यात् – अ.१2.३.३/३
यो नो द्वेष्टि तमृच्छतु – ऋ.१०.१६४.५/५
यो नो द्वेष्टि स भिद्यताम् – ।ब. ३.१४.१2/४; कात्यश्रौसू.2५.५.2६/४; आपश्रौ. ३.2०.६/४; कौसू. १३५.2/४; आपमपा. 2.१५.१७/४; बौधसू. १.४.६. ७/४ द्र. योऽस्मान् द्वेष्टि स
यो नो द्वेष्टयधरः सस्पदीष्ट (हस्त.माश्रौसू. पद्यताम्) – ऋ. ३.५३.2१/३; अ. ७.३१.१/३; हस्त. १.2.१५/३ः 2६.३; काठसं.३०.८/३,६; माश्रौसू.१.८.३/७
यो नो द्वेष्टयनु तं रवस्व – आपश्रौ. ७.१७.2/३ द्र. अत्र ये नो द्विषन्ति
यो नो धर्मः परापतत् – पारगृसू. 2.११.१2/2
यो नो नेदिष्ठमाप्यम् – ऋ.७.१५.१/३
यो नो भद्राहमकरः – अ.६.१2८.४/१
यो नो मरुतो अभि दुर्हृणायुः – ऋ.७.५६.८/१; हस्त.४. १०.५/१ः १५४.६; आश्रौ. 2.१८.३ प्रः यो नो मरुतः – शांश्रौसू. ३.१५.६ द्र. उत्तरमेकवर्जम्
यो नो मरुतो वृकताति मर्त्यः – ऋ.2.३४.६/१
यो नो मर्तो मरुतो (तैसं. वसवो) धुर्हृणायुः – अ.७.७७. 2/१; तैसं.४.३.१३.३/१; काठसं.2१.१३/१ द्र. पूर्वमेकवर्जम्
यो नो महान् संवरणेषु वह्निः – ऋ. ४.2१.६/४
यो नो मित्रावरुणा अभिदासात् सपत्नः (तैसं. ... वरुणावभिदासति) – तैसं.३.2.१०.2/१; हस्त.४.५. ८/१ः ७६.१३
यो नोऽयं परिबाधते – साम मन्त्रब्रा.2.५.६/३
यो नो रसं दिप्सति पित्वो अग्ने – ऋ. ७.१०४.१०/१; अ.८.४.१०/१
यो नो वनुष्यन्नभिदाति मतः – सा.१.३३६/१
यो नो वाचा मनसा दुर्हृणायुः – काठसं.३१.१४/१
यो नो हस्ताय प्रसुवाति यज्ञम् – तैब्रा.३.१.१.६/४
योनौ देवस्य सदने परीवृताः–ऋ. १.१४४.2/2
योनौ रेतो दधदस्मे नु त्वष्टा – हस्त.४.१४.६/३ः 22८. १2
योऽन्तरिक्षे तिष्ठति विष्ठभितः – अ. ११.2.2३/१
यो न्यंगो अवशिष्यते – तैब्रा. ३.७.६..2०/2; आपश्रौ.१. 2१.2/2
योन्या इव प्रच्युतो गर्भः – अ.६.१2१.४/३ द्र. योनेरादि
योपवेषे शुक् सामुमृच्छतु यं द्विष्मः – तैब्रा.३.३.११.2; आपश्रौ. ३.१४.१
योऽप्स्वग्निरति तं सृजामि – अ.१६.१.७/१
यो बहूनामसद्वशी – तैसं.१.2.१३.१/३; हस्त.१.2.६/४ः १६.४
यो बिभूनाम् दाक्षायणं हिरण्यम (खिल. दक्षायणाहिरण्यम्) – खिल.१०.१2८.८/३; अ. १.३५.2/३; वा.३४.५१/३
यो बिभर्तीमं मणिम् – अ.८.५.१2/४,१३/४
यो ब्रह्मणा कर्मणा द्वेष्टि देवाः – तैब्रा. ३.७.६.५/2; आपश्रौ.४.५.2/2
यो ब्रह्मणे चिकितुशे ददाति – अ. १४.2.४१/३
यो ब्रह्मणे प्रथमो गा अविन्दत् – ऋ.१.१०१.५/2
यो ब्रह्मणे सुमतिमायजाते – ऋ.७.६०.११/१
यो ब्रह्मणो देवकृतस्य राजा – ऋ.७.६७.३/४
यो ब्रह्मणो नाधमानस्य कीरेः – ऋ.2.१2.६/2; अ.2०. ३४.६/2
यो ब्रह्मवित् सोऽभिकारोऽस्तु वः शिवः – गोब्रा. १.५. 2४/१
यो ब्राह्मण ऋषभमाजुहोति – अ.६.४.६/४,१८/४
यो ब्राह्मणं देवबन्धुं हिनस्ति – अ.५.१८.१३/३
यो ब्राह्मणं मन्यते अन्नमेव – अ.५.१८.४/३
यो ब्राह्मणस्य सद्धनम् – अ.५.१६.६/३

यो भक्षो गोसनिरश्वसनिर्धनसनिः प्रजासनिर्लोकसनिः – बै सू.१६.१६ तु. अत्र अप्सु धूतस्य देव
यो भद्रो रोचनस्तमुदचामि – अ.१४.१.३८/३ प्रः यो भद्रः – कौसू.७५.१६
यो भानुना पृथिवीं द्यामुतेमाम् – ऋ.१०.८८.३/३
यो भानुभिर्विभावा विभाति – ऋ.१०.६.2/१; हस्त.४.१४. १५/१: 2४१..८
योऽभिदासान् मनसा यो वधेन – अ.१2.१.१४/2
योऽभियातो निलयते – अ.११.2.१३/१ तु. यो निलयम्
यो भूतं च भव्यं च – अ.१०.८.१/१
यो भूतः सर्वस्येश्वरः – अ.११.४.१/३
यो भूतानामधिपतिः – वा.2०.३2/१; तैब्रा.३.३.2.५/१; आपश्रौ. ३.४.८/१ प्रः यो भूतानाम् –कात्यश्रौसू.१६. ४.2४; आपश्रौ. ३.१३.१ द्र. अत्र यः पशूनामधिपतिः
यो भूत् सामैः सत्यमद्वा – ऋ.८.2.३७/३
यो भूयिष्ठं नासत्याभ्यां विवेष – ऋ.५.७७.४/१
यो भोजनं च दयसे च वर्धनम् – ऋ.2.१३.६/१
यो म आत्मा या म प्रजा ये मे पशवस्तैरहं मनोवाचं प्रसीदामि – पंचब्रा. १.३.४ प्रः यो म आत्मा –लाटयश्रौसू.१.११.१८
यो म इति प्रवोचति – ऋ.५.2७.४/१
यो म इमं चिदु त्मना – ऋ.८.४६.2७/१
यो मंहिष्ठो मघोनाम् – ऐआ.४.५/१ महानाम्न्य.५/१
यो मध्यमेभिरुत नूतनेभिः – ऋ.३.३2.१३/४
यो मध्यमो बृहस्पतिश्चिकित्वान् – काठसं.४.४/2
यो मध्यमो वरुणो मित्रो अग्निः – हस्त.१.३.१2/३: ३५.५ द्र. स प्रथमो वरुणो
यो ममार प्रथमो मर्त्यानाम् – अ.१८.३.१३/१; कौसू. ८१. ३७
यो मर्त्यः शिशीते अत्यक्तुभिः – ऋ. १.३६.१६/३
यो मर्त्यस्य मनसो जवीयान् – ऋ.१.११८.१/३
यो मर्त्येषु निध्रुविर्ऋतावा – ऋ.७.३.१/३; सा.2.५६६/३; काठसं. ३५.१/३; आपश्रौ. १४.१७.१/३
यो मत्येष्वमृत ऋतावा – ऋ. १.७७.१/३; ४.2.१/१ प्रः यो मत्येषु – शांश्रौसू.६.४.५
यो मलिम्लुरुपायति – अ.१६.४६.१०/३
यो महिम्ना परिबभूवोर्वी – ऋ.१०.८८.१४/३
यो मा कदा चिदभिदासति द्रुहुः – अ. ८.४.७/४ द्र. यो नः कदा
यो मा कश्चाभिदासति – आगृ.१.2४.८/४; पारगृसू.१.३. ८/४; मागृसू..१.६.८/३ द्र. तु. नः कश्
यो मा कारयति तस्मै स्वाहा– बृहद. ३.४.2
यो माग्ने भगिनं सन्तम् – आपमपा. 2.६.१2/१ (आपगृ. ५.१2.५)।
यो माघायुरभिदासति – तैब्रा.2.४.2.१/३ द्र. यो अघायुर्
यो मा चक्षुषा यो मनसा – तैब्रा.2.४.2.१/१ द्र. योऽस्मांश्
यो मा ददाति स सइद् एव मावाः (आसं. नृसिपू उप. मावत् (– आसं. १.६/३; तैब्रा.2.८.८.१/३; तैआ. ६. १०.६/३; ज.३.१०.६/३; नृसिपू उप.2.४/३; निरु. १४.2/३
यो मा दिवा दिप्सति यश्च नक्तम् – अ. ८.४.११/४ द्र. यो नो दिवा
यो मा नक्तं दिवा सायम् – तैब्रा.2.४.2.४/१
यो मा न रिष्येद् धर्यश्व पिताः – ऋ.८.४८.१०/2; तैसं. 2.2.१2.३/2; हस्त. ४.११.2/2: १६४.६; काठसं. ६. १६/2
यो मा न विद्यादुप मा स तिष्ठेत् – पारगृसू.३.१३.३/३
यो मां द्वेष्टि जातवेदः – तैब्रा. ३.७.६.१७/१; तैआ.2.५. 2/१; आपश्रौ. ४.११.५/१
यो मां द्वेष्टि तं जहितं युवाना – तैआ.३.१४.३/४
यो मां द्वेष्टि स आर्तिमार्च्छतु – जैब्रा.१.३६१
यो मा पाकेन मनसा चरन्तम् – ऋ.७.१०४.८/१; अ.८.४. ८/१
यो मा पिशाचो अशने ददम्भ – अ.५.2६.६/2
यो माभिच्छायमत्येषि – अ.१३.१.५७/१
यो मा मोघं यातुधानेत्याह – ऋ.७.१०४.१५/४; अ.८.४. १५/४
यो मायातुं यातुधानेत्याह – ऋ. ७.१०४.१६/१; अ. ८.४. १६/१ तु.बृहद. १.४६; ६.३०
यो मारयति प्राणयति – अ.१३.३.३/१
यो मावते जरित्रे गध्यं चित् – ऋ.४.१६.१६/३
यो मा वाचा मनसा दुर्मरायुः – तैब्रा.३.७.६.६/१; आपश्रौ. ४.७.2/१
यो मा सुन्वन्तमुप गोभिरायत् – ऋ.2.३०.७/४
यो मा हृदा मनसा यश्च वाचा – तैब्रा.३.७.६.४/१; आपश्रौ. ४.५.2/१
यो मित्राय वरुणायाविधज्जनः – ऋ. १.१३६.५/१
यो मृगेषूत हस्तिषु – अ.१2.१.2५/४
यो मृडयाति चक्रुषे – अ. १2.१.2५/४
यो मृडयाति चक्रुषे चिदागः – ऋ.७.८७.७/१
यो मे कुक्षी सुतसोमः पृणाति – ऋ.१०.2८.2/४
यो मे गिरस्तुविजातस्य पूर्वीः – ऋ.१०.2८.2/४
यो मे गिरस्तुविजातस्य पुर्वीः – ऋ.५.2७.३/३

यो मे घोरमचीकृतः – तैब्रा.2.४.2.2/2

यो मे तन्वो बहुधा पर्यपश्यत् – ऋ.१०.५१.2/2

यो मे दण्डः परापतत् – पारगृसू.2.2.१2/१; हिर गृसू. १.११.११/१

यो मेऽद्य पयसो रसः – कात्यश्रौसू.2५.११.21/१

यो मे धेनूनां शतम् – ऋ.५.६१.१०/१

यो मेऽन्ति दूरे–रातीयति तमेतेन जेषम् – तैसं.१.६.३.१ द्र. यो नो अन्ति

यो मे पृणाद्यो ददद्यो निबोधात् – ऋ. 2.३०.७/३

यो मे राजन् युज्यो वा सखा वा – ऋ. 2.2८.१०/१; हस्त.४.१४.६/१: 22६.३; ३.६.६ प्रः यो मे राजन् – शां गृ सू. १.४.2; ऋ वि. १.३०.१ तु. बृहद.४.८३

यो मे शता च विंशतिं च गोनाम् – ऋ. ५.2७.2/१

योमे सहस्रममिमीत सवान् – ऋ.१.१2६.१/३; निरु.६. १०/३

यो मे हिरण्यसंदृशः – ऋ. ८.५.३८/१

यो मैतस्या दिशो अभिदासात् सोमं सा ऋच्छतु – हस्त. १.५.४: ७१.१४ द्र. सोमं स ऋच्छतु

श्यो मैतस्या दिशो अभिदासादग्निं सा ऋच्छतु – हस्त. १.५.४:.७१.१2

यो मैतस्या दिशो अभिदासान् मित्रावरुणौ सा ऋच्छतु – हस्त.१.५.४: ७१.१३ द्र. मित्रावरुणौ स ऋच्छतु

यो यजाति यजात इत् – ऋ.८.३१.१/१ तु. बृहद. ६. ७2,७३

यो यज्ञस्य प्रसाधनः – ऋ.१०.५७.2/१; अ.१३.१.६०/१; ऐब्रा. ३.११.१८/१

यो यज्ञः सहस्रधारः – काठसं.३६.2/१; आपश्रौ. १६.2६. १/१

यो यज्ञो विश्वतस्तन्तुभिस्ततः – ऋ. १०.१३०.१/१ तु. बृहद. ८.४६

योऽयमन्तः पुरुष आकाशः स मे सदस्यः स मोपह्वयाताम् – षड् ब्रा. 2.७

योऽयमन्तश्चक्षुष्याकाशः स मे सदस्यः स मोपह्वयताम् – षड् ब्रा.2.६

यो यातुधानो य इदं कृणोति – ऋ.१०.८७.८/2 द्र. यातुधानो य

यो यो अयज्वनो गृहे – अ.३.2४.2/५

यो रक्षांसि निजूर्वति – ऋ. १०.१८७.३/१; अ. ६.३४. 2/१

यो रजांसि विममे पार्थिवानि – ऋ.६.४६.१३/१ तु. बृहद. ५.११७

यो रत्नधा वसुविद् यः सुदत्रः – ऋ. १.१६४.४६/३; वा. ३८.५/2; हस्त. ४.१४.३/३: 21६.; शब्रा.१४.2.१.१५; ६.४.2८/2; तैआ. ४.८.2/३; बृह उप. ६.४.2८/2 द्र. यः सुम्नयुः।

यो रध्रस्य चोदिता यः कृशस्य – ऋ.2.१2.६/१; अ.2०. ३४.६/१

यो रयिवो (सा. रयिं वो) रयिन्तम् – ऋ. ६.४४.१/१; सा.१.३५१/१; कौषी ब्रा. 2३.2; शांश्रौसू. १०.६.१४; १८.१८.६; शां गृ सू. ६.४.४ प्रः ये रयि.– वृ हासं. ५. ३८३

यो रश्मिभिर्दिश आभाति सर्वाः – अ.१३.2.2/४

यो राजभ्य ऋतनिभ्यो ददाश – ऋ. 2.2७.१2/१

यो राजा चर्षणीनाम् – ऋ.८.७०.१/१; अ.2०.६2.१६/१; १०५.४/१; सा.१.2७३/१; 2.2८३/१; पंचब्रा.१2.१०.४; ऐआ. ५.2.४.2; आश्रौ. ७.४.४; शांश्रौसू.१८.१०.७; बै सू. ३६.१2; सावि ब्रा.३.६.१ प्रः यो राजा – शांश्रौसू.१2.५. ८; ६.११

यो राजानपरोध्यः – काठसं.३८.१2/2,१2/४; तैआ.६.५. 2/2,2/४; आपश्रौ. १६.६.४/2,४/४; माश्रौसू.६.१. 2/2,2/४

यो राथहव्योऽवृकाय धायसे – ऋ.१.३१.१३/३

यो राय ईशे शतदाय उक्थ्यः – हस्त. ४.१४.१/१: 21६. 2; तैब्रा.2.८.१.४/१

यो रायामानेता य इडानाम् – ऋ.६.१०८.१३/2; सा.१. ५८2/2; 2.४४६/2

यो राया वज्री सुतसोममिच्छन् – ऋ.५.३०.१/३; कौषी ब्रा. 21.३

यो रायोऽवनिर्महान् – ऋ.१.४.१०/१; ८.३2.१३/१; अ. 2०.६८.१०/१

यो रुद्रो अग्नौ यो अप्सु (माश्रौसू. रुद्रोऽप्सु योऽग्नौ) य ओषधीषु (काठसं. कके यो वनस्पतिषु) – तैसं.५.५. ६.३/१; काठसं.४०.५/१; आपश्रौ. १६.३४.४/१; माश्रौसू.६.2.४/१ प्रः यो रुद्रो अग्नौ आपश्रौ. १७.१2. १ द्र. अत्र यो अग्नौ

यो रुद्रो विश्वा भुवनाविवेश – तैसं. ५.५.६.३/2; काठसं.४०.५/2; आपश्रौ. १६.३४.४/2; माश्रौसू.६.2. ४/2 द्र. य इमा विश्वा भुवनानि चाक्लृपे

यो रेवान् यो अमीवहा – ऋ.१.१८.2/१; वा.३.2६/१; हस्त.१.५.४/१: ७०.१५; काठसं.७.2/१; शब्रा. 2.३.४. ३५/१; आपश्रौ. ६.१७.१2/१

यो रोचनस्तमिह गृह्णामि – साम मन्त्रब्रा.१.७.३; गोभि गृसू. ३.४.१६; पारगृसू.2.६.१०; गौतधशा. 2०.११ प्रः यो रोचनः – खादि गृसू.३.१.१६

यो रोहितो विश्वमिदं जजान – अ. १३.१.१/३; तैब्रा. 2.५.2.१/३
यो रोहितो वृषभस्तिग्मशृंगः – अ.१३.१.2५/१ प्रः यो रोहितः – कौसू. १८.2५
यो रोहितौ वाजिनौ वाजिनीवान् – ऋ.५.३६६/१
यो रौहिणमस्फुरद्वज्रबाहुः – ऋ.2.१2.१2/३; अ. 2०.३४.१३/३; जै उप ब्रा. १.2६.१..2६.७/३,१०
योऽर्थज्ञ इत्सकलं भद्रमश्नुते – निरु. १.१८/३
यो लोकानां विधृतिर्नाभिरेषात् – अ.४.३५.१/३
यो व आपोऽग्निराविवेश स एष यद्वो घोरं तद् एतत् – अ.१६.१.८
यो व आपोऽपां वत्सोऽप्स्वन्तर्यजुष्यो देवयजनः – अ.१०.५.१७;...ऽपां वृषभोऽप्स्व्...अ. १०.५.१८;...;पां हिरण्यगर्भोऽप्स्व्...अ.१०.५.2०;...ऽपाम् ऊर्मिर् ऽप्स्व्...अ. १०.५.१६;... ऽपां भागोऽप्स्व्... अ. १०.५.१५ प्रः यो व आपोऽपाम् – कौसू.४६.१३
यो वः प्राहैतः तमत्त – अ.2.2४.१ – ८
यो वज्रहस्तः स जनास इन्द्रः – ऋ.2.१2.१३/४; अ.2०.३४.१४/४
यो वनस्पतीनाम् उपतापो न आगत् (तथा...उपतापो बभूव) – कौसू. १३५.६/१
यो वरः प्रतिकाम्यः – अ.2.३६.५/४,६/४
योऽवरे वृजने विश्वथा विभुः – ऋ.2.2४.११/१
यो वर्चिनः शतमिन्द्रः सहस्रम् – ऋ.2.१४.६/३
यो वर्धन ओषधीनां यो अपाम् – ऋ. ७.१०१.2/१
यो वशायां गर्भो यश्च वेहति – हिर गृसू.१.2५.१/१ तु. येन वेहद्
यो वः शर्मीं शशमानस्य निन्दात् – ऋ.५.४2.१०/३
यो वः शिवतमो रसः – ऋ.१०.६.2/१; अ.१.५.2/१; सा. 2.११८८/१; वा. ११.५१/१; ३६.१५/१; तैसं.४.१.५.१/१; ५.६.१.४/१; ७.४.१६.४/१; हस्त.2.७.५/१: ७६.१८; ४.६.2७/१: १३६.५; काठसं.१६.४/१; ३५.३/१; तैआ. ४.४2.४/१; १०.१.१2/१; आपमपा. 2.७.१४/१ (आपगृ. ५.१2.६)
यो वः शुष्मो हृदयेष्वन्तः – अ. ६.७३.2/१
यो वः सुनोत्यभिपित्वे अह्नाम् – ऋ. ४.३५.६/१
यो वः सेनानीर्महतो गणस्य – ऋ. १०.३४.१2/१
यो वां यज्ञेभिरावृतः – ऋ. ८.2६.१३/१
यो वां यज्ञै शशमानो ह दाशति – ऋ. १.१५१.७/१; निरु. ६.८
यो वां यज्ञो नासत्या हविष्मान् – ऋ. ७.७०.६/१
यो वां रजांस्यश्विना – ऋ. ८.७३.१३/१
यो वां रथ ऋतुरश्मिः सत्यधर्मा – तैसं. ४.७.१५.2/१; हस्त. ३.१६.५/१: १६०.१६; काठसं.22.१५/१ द्र. यवो रथः
यो वां रथे नृपती अस्ति वोधाः – ऋ.७.७१.४/१
यो वां विपन्यू धीतिभिः – ऋ. ८.८.१६/३
यो वां समुद्रान् सरितः पिपर्ति – ऋ.७.७०.2/३
यो वां सुम्नाय तुष्टवत् – ऋ.८.८.१६/३
यो वां हविष्यमान् मनसा ददाश – ऋ.१.१५७.६/४
यो वां हृदि क्रतुमां अस्मद् उक्तः – ऋ. ४.४१.१/३
यो वा कीजो हिरण्ययः – ऋ.८.६६.३/2
यो वाघते ददाति सूनरं वसु – ऋ.१.४०.४/१
यो वां गर्तं मनसा तक्षदेतम् – ऋ. ७.६४.४/१
यो वां घृतेन दाशति – ऋ. १.६३.१०/2
यो वाशा ब्रह्मण्धाघायुरभिदासति – तैब्रा. 2.४.2.१/2
यो वाचा विवाचो मृध्रवाचः – ऋ.१०.2३.५/१; अ.2०.७३.६/१ प्रः यो वाचा विवाचः – शांश्रौसू.१2.४.१०
यो वा दिवं सत्यधर्मा जजान (वा.शब्रा. व्यानट्) – ऋ. १०.१2१.६/2; वा. १2.१०2/2; तैसं. ४.2.७.१/2; शब्रा. ७.३.१.2० द्र. यो दिवम्
यो वा नूनं हिते धने – ऋ.६.४५.११/2
यो वा नूनमुतासति – ऋ. ८.2०.१५/३
यो वां दाशाद्धविष्कृतिम् – ऋ.१.६३.३/2; हस्त.४.१४.१८/2: 2४८.६; तैब्रा.2.८.७.१०/2; कौसू. ५.१/2
यो वां दूतो न धिष्ण्या – तैआ. ७.६७.१/३
यकाठ सं वां नासत्यावृषिः – ऋ. ८.८.१५/१
यो वाप्यन्यो वीरतरः – शां गृ सू. १.22.११; पारगृसू.१.१५.७
यो वामदब्धो अभिपाति चित्तिभिः – ऋ. ८.५६(वाल.११).३/४
यो वामश्विना मनसो जवीयान् – ऋ. १.११७.2/१
यो वामिन्द्रावम्णा द्विपात्सु पशुषु (तैसं. 2.३.१३.१, पशुषु चतुष्पात्सु गोष्ठे गृहेष्व अप्स्वोषधीषु वनस्पतिषु) स्रामस्तं वामेतेनावे यतै – तैसं.2.३.१३.१,३ तु. यस्ते राजन् वरुण द्विपात्सु
यो वामिन्द्रावरुणावग्नौ स्रामस्तं वामेतेनाव यजे – तैसं.2.३.१३.१,३ प्रः यो वामिन्द्रावरुणावग्नौ स्रामः – आपश्रौ. १६.2५.८
यो वामुरुव्यचस्तमम् – ऋ. ८.2६..१४/१
यो वामृजवे क्रमणाय रोदसी – ऋ. ६.७०.३/१
यो वामोमानं दधते प्रियः सन् – ऋ.७.६८.५/३
यो वां परिज्मा सुवृदश्विना रथः – ऋ. १०.३६.१/१ प्रः यो वां परिज्मा – आश्रौ.४.१५.2 तु. बृहद. ७.४०,४६;

ऋ. १०.४०. तथा ४१ इत्यनेन सह घोषा सपुत्रा इति नाम्ना–शांश्रौसू. ६.६.१2
यो वायुना जयति गोपतीषु – ऋ. ४.2१.४/३; तैब्रा.2.८.५.८/३
यो वा रक्षाः शुचिरस्मीत्याह – ऋ.७.१०४.१६/2; अ. ८.४.१६/2
यो वार्यात् सप्त सिन्धुषु – ऋ.८.2४.2७/2
यो वा शुर्पे तण्डुलः कणः – अ. १०.९.2६/2
यो विड्भ्यो मानुषीभ्यो दीदेत् – शांश्रौसू. ८.22.१; निरु. ७.2४
वो विद्यात् सप्त प्रवतः – अ. १०.१०.2/१; गोब्रा. १.2.१६
यो विद्यात् सूत्रं विततम् – अ.१०.८.३७/१
यो विद्याद् ब्रह्म प्रत्यक्षम् – अ.९.६.१/१
यो विप्रैर्वाजं तरुता – ऋ.१.2९.2/५
यो विश्वचर्षणिर् (हस्त.काठसं. विश्वचक्षुर्) उत विश्वतोमुखः – अ.१३.2.2६/१; हस्त.2.१०.2/१ः १३३.८; काठसं. १८.2/१ प्रः यो विश्वचर्षणिः– वैसू. 2९.१४ द्र. विश्वतश्चक्षुर्
यो विश्वजिद्विश्वभृद्विश्वकर्मा – अ.४.११.५/३
यो विश्वतः प्रत्यङ्ङसि दर्शतः – ऋ. १.१४४.७/३
यो विश्वतस्पाणिरुत विश्वतस्पृथः – अ.१३.2.2६/2 द्र. अत्र विश्वतोबाहुर्
यो विश्वतः सुप्रतीकः सदृङ्ङसि – ऋ.१.९४.७/१
यो विश्वस्य क्षयति भेषजस्य – ऋ.५.४2.११/2
यो विश्वस्य जगतः प्राणतस्पतिः – ऋ.१.१०१.५/१
यो विश्वस्य जगतो देव ईशे – ऋ.७.१०१.2/2
यो विश्वस्य द्विपदो यश्चतुष्पदः – ऋ.६.७१.2/३
यो विश्वस्य प्रतिमानं बभूव – ऋ.2.१2.९/३; अ.2०.३४.९/३
यो विश्वा दयते वसु – ऋ.८.१०३.६/१; सा.१.४४/१; 2.९३३/१
यो विश्वान्यभि व्रता – ऋ. ८.३2.2८/१
यो विश्वाभि विपश्यति – ऋ.३.६2.९/१; १०.१८७.४/१; अ.६.३४.४/१
यो विश्वेषाममृतानामुपस्थे – ऋ.७.५.१/३
यो विष्टभ्नाति पृथिवीं दिवं च – अ.१३.१.2५/३
यो विष्णव उरुगाया य दाशत् – ऋ. ७.१००.१/2; तैब्रा. 2.४.३.४/2
यो वृत्राय सिनमत्राभरिष्यत् – ऋ.2.३०.2/१
यो वेतसं हिरण्ययम् – अ.१०.७.४१/१
यो वेद निहितं गुहायां परमे व्योमन् – तैआ. ८.१.१; तैउप. 2.१.१
यो वेद परमेष्ठिनम् – अ.१०.७.१७/३
यो वेदादै स्वरः प्रोक्तः – तैआ.१०.१०.३/१; महा नारा उप. १०.८/१
यो वेदानडुहो दोहान् – अ.४.११.९/१
यो वेडिष्ठो अव्यथिषु – ऋ.८.2.2४/१
यो वेदेन ददाश मर्तो अग्नये – ऋ. ८.१९.५/2; काठसं. ३९.१५/2 प्रः यो वेदेन – आगृ. १.१.३
यो वेहतं मन्यमानः – अ. १2.५४.३८/१
यो वै तान् विद्यात् प्रत्यक्षम् – अ.१०.७.2४/३; ११.८.३/३
यो वै तान् विद्यान् नामथा – अ.११.८.७/३
यो वै तामक्षितिं वेद – शब्रा. १४.४.३.१/३; बृह उप.१.५.१/३
यो वै तां ब्रह्मणो वेद – अ.१०.2.2९/१; तैआ.१.2७.३/१
यो वै ते विद्यादरणी – अ.१०.८.2०/१
यो वैश्वानर उत्वैश्वदाव्यः (आपश्रौ. ...देव्यः) – हस्त.2.१३.१३/2ः १९2.१४; आपश्रौ. १६.३५.१/2 द्र. वैश्वानर उत।
यो वो गोपीथे न भयस्य वेद – ऋ. १०.३५.१४/३
यो वो देवा घृतस्नुना – ऋ.६.५2.८/१
यो वो देवाश्चरति ब्रह्मचर्यम् – तैब्रा. ३.७.६.३/2; आपश्रौ. ४.५.३/2
यो वो धामभ्योऽविधत् – ऋ.८.2७.१५/४
यो वो मह्या अभिशस्तेरमुंचत् – ऋ.१०.३०.७/2
यो वो वराय दाशति – ऋ. ७.५९.2/४; ८.2७.१६/2
यो वो वृताभ्यो अकृणोदु लोकम् – ऋ.१०.३०.७/१ प्रः यो वो वृताभ्यः –शांश्रौसू. ६.2८.६
यो व्यंसं जाहृषणेन मन्युना – ऋ. १.१०१.2/१
चो व्यतीँरफाणयत् – ऋ.८.६९.१३/१; अ.2०.९2.१०/१; ऐब्रा. ४.४.४; आश्रौ.६.2.९; शांश्रौसू.१८.१९.१० प्रः यो व्यतीन् – शांश्रौसू. ९.६.१६
यो व्यध्वायां दिशि हरितपिपीलिकानां राजा तस्मै स्वाहा – कौसू.११६.३
यो व्यौच्छः सहीयसि – ऋ. ५.७९.३/३; सा. 2.१०९2/३
योषाग्नयः संभवन्ति प्रातर्काः – माश्रौसू. ८.2३/४
योषा जारमिव प्रियम् – ऋ.९.३2.५/2
योषा जारस्य चक्षसा वि भाति – ऋ.१.९2.११/४
योषा बिभर्ति परमे व्योमन् – ऋ. १०.१2३.५/2
योषावृणीत जेन्या युवां पती – ऋ.१०.१2३.५/४
योषास्ते पत्नयो लोम – हस्त. ३.१2.2१/१ः १६७.११
योषेव दृष्टवा पतिमृत्विया या – अ.१2.३.2९/३

योषव पित्र्यावती – ऋ. ६.४६.2/2
योषव भद्रा नि रिणीते अप्सः – ऋ.५.८०.६/2
योषेव यन्ति सुदुघाः सुघाराः – ऋ. ६.६६.24/2
योषेव शिंकते वितताधि धन्वन् – ऋ. ६.७५.३/३; वा. 2६.४०/३; तैसं. ४.६.६.१/३; हस्त.३.१६.३/३: १८५.१५; काठसं अश्व. ६.१/३; निरु. ६.१८/३
योऽसावादित्ये (मैत्री उप. ऽसा) अहम् (का.बृह उपका.ईश उप. सो ऽहमस्मि) – वा.४०.१७; का. ४०.१६; बृह उपका. ५.१५.१ ईश उप. १६
योऽसौ तपन्नुदेति स सर्वेषां भूतानां प्राणानादायोदेति, मा मे प्रजाया मा पशूनां मा मम प्राणानादायोदगाः – तैआ.१.१४.१
योऽसमांश्चक्षुषा मनसा चित्तयाकूत्या च – अ.५.६.१०/१ द्र. यो मा चक्षुषा
योऽस्मान् दिप्सति यं वयं दिप्सामस्तमतो मा मौक् काठसं.१.६। द्र. योऽस्मान् द्वेष्टि यं च वयं द्विष्मस्तमतो
योऽस्मान् द्वेष्टि तमात्मा द्वेष्टु – अ.१६.७.५
योऽस्मान् द्वेष्टि यं वयं द्विष्मः द्र. योऽस्मान् द्वेष्टि यं च वयं द्विष्मः
योऽस्मान् द्वेष्टि यं वयं द्विष्मस्तं वो जम्भे दधमः – अ.३. 27.१–६
योऽस्मान् द्वेष्टि यं च वयं द्विष्म इदमस्य ग्रीवा अपि कृन्तामि – तैसं. १.2.५.१; ३.१.१ द्र. अत्र इदमहं यो मे
योऽस्मान् द्वेष्टि यं च वयं द्विष्म इदमेनमधमं तमो नयामि –`.१.३.६.2
योऽस्मान् (हस्त.माश्रौसू. अस्मान्) द्वेष्टि यं च (अ. इत्यस्य लोपः च) वयं द्विष्मः – अ. 2.११.३; १६.१७५; 20.१७५; 2१.१ – ५; 22.१ – ५; 23.१ – ५; ७.८.१. ५; १०.५.१५ – 2१,2५ – ३५; १६.१.५; वा. 2.१५ , 2५; ६.22; 20.१६; ३५.१2; ३६.23; ३८.23; तैसं. १.३. ११.१; ४.४५.३; ६.१.८.४; 2.१०.2; ३.६.2; हस्त. १.2.१८: 2८.११; १.५.2: ६८..2 – ६; १.५.४: ७१.५,६,७; १.५.११: ७६.20,2१; ८०.2; ४.६.१०: ४.६.१६: १३६.2; काठसं.३. ८; ५.५; ६.६; ७.2,६; शब्रा. १.५.४.१2 – १६; ८.३.१,३; ६.३.१०; ३.८.५.११; १2.६.2.६; १३.८.४.५; १४.३.१.27; तैब्रा. 2.६.६.३; ३.५.१.१; तैआ. ४.१०.३; ११.६,८; 22.१; ३६.१; ४2.१.,४; ५.६.८,११; १०.१.११; महा नारा उप. ४.१३; कौषी ब्रा. 2.८,६; जै उप ब्रा. ३.20.१; आश्रौ. १.३.22; ३.५.2; शांश्रौसू. ४.६.५; १2.2; 20.१; ८.१2.११; लाटयश्रौसू. 22.११; ५.४.६; कात्यश्रौसू. ३.३.३; ६.१०. ३; आपश्रौ. ४.६.८; ६.१८.2; 2१.१; ११.१५.१; १३.१८.६; 2४.१2.६; माश्रौसू. १.८.६.20; 2.३.७.2; कौसू. ६०. ६,१५; हिर गृसू. १.23.१; बौधसू. 2.५.८.५
योऽस्मान् द्वेष्टि यं च वयं द्विष्मस्तं चक्षुषो हेतुर् ऋच्छतु – आश्रौ.८.१४.१८
योऽस्मान् (हस्त. अस्मान्) द्वेष्टि यं च वयं द्विष्मस्तमतो मा मौक् (हस्त. तमत्र बधान) – वा. १.2५,2६; तैसं. १.१.६.१,2 ; हस्त. १.१.१०: ५.१४; ६.१,४; ४.१.१०: १३. ५; शब्रा. १.2.४..१६,१७,१६; तैब्रा. ३.2.६.४ द्र. यो ऽस्मान् दिप्सति
योऽस्मान् द्वेष्टि यं च वयं द्विष्मस्तमभिशेच – आश्रौ. ३. ६.23 द्र. अत्र तमभि शोच
योऽस्मान् द्वेष्टि यं च वयं द्विष्मस्तस्मिन् राजयक्ष्मः – कौसू. १३.१2
योऽस्मान् द्वेष्टि यं च वयं द्विष्मस्तस्य प्रजया (कौषी ब्रा. तस्य प्राणेन प्रजया) पशुभिराप्यायस्व (कौषी ब्रा. 2. ६, अपक्षीयस्व) – कौषी ब्रा. 2.८,६; कात्यश्रौसू. ३.४. १३
योऽस्मान् द्वेष्टि यं च वयं द्विष्मस्तेन सह – शांश्रौसू. १. ६.६
योऽस्मान् द्वेष्टि यं च वयं द्विष्मो विष्णोः क्रमेणात्येनान् क्रमामि – तैसं.३.५.३.१; आपश्रौ. १३.१८.६
योऽस्मान् द्वेष्टि स भिद्यताम् – षड् ब्रा. १.१६.20/४ द्र. यो नो द्वेष्टि स
योऽस्मान् धूर्वति तं धूर्व – काठसं. १.४; 2.७
योऽस्मान् ब्रह्मणस्पते – अ. ६.६.१/१ प्रः योऽस्मान् – कौसू. ५६.७
योऽस्मि स सन्करोमि – हस्त. १.४.११: ६०.७
योऽस्मि स सन्यजे – हस्त. १.४.११: ६०.६; काठसं. ४. १४; ऐब्रा. ७.2४.३ द्र. अत्र यो अस्मि
योऽस्मै जुहोति वरमस्मै ददाति – साम मन्त्रब्रा. 2.६. ११/2
योऽस्य कौष्ठय (काठसं. कौष्ठ) जगतः – काठसं. ३८. १2/१; तैआ. ६.५.2/१; आपश्रौ. १६.६.४/१ द्र. यो अस्य आदि
योऽस्याः पृथिव्या अधि त्वचि – माश्रौसू.१.७.७.१५/१ द्र. यो अस्याः आदि
योऽस्यां पृथिव्यामसि यत्तेऽनाधृष्टं नाम यज्ञियं तेन त्वादधे – वा.५.६; शब्रा.३.५.१.३2 प्रः योऽस्याम् – कात्यश्रौसू. ५.३.2८
योऽस्येशे द्विपदो यश्चतुष्पदः – अ. ४.2.१/३; ६.2८. ३/३; १३.३.2४/३ द्र. अत्र ईशे यो अस्य

यो हत्वाहिमरिणत् सप्त सिन्धून् – ऋ. 2.१2.३/१; अ. 2०.३४.३/१; हस्त. ४.१४.५/१: 222.११ तु. अहन्नहिमरिणात्

योऽहमस्मि ब्रह्माहमस्मि – तैआ.१०.१.१५; महा नारा उप. ५.१०

योऽहमसिम स सन् यजे – तैब्रा.३.७.५.४; आपश्रौ. ४.६.६ द्र. अत्र यो अस्मि

यो हरिमा जाया न्यः – अ.१६.४४.2/१

यो ह वां मधुनो दृतिः – ऋ. ८.५.१६/१

यो हव्यान्येरयता मनुर्हितः – ऋ. ८.१६.2४/१

यो ह स्य वां रथिरा वस्त उस्राः – ऋ. ७.६६.५/१; हस्त.४.१४.१०/१: 2३०.३; काठसं.१७.१८/१; तैब्रा. 2. ८.७.८/१

यो होतासीत् प्रथमो देवजुष्टः – ऋ. १०.८८.४/१

यौ कक्षीवन्तमवथः प्रोत कण्वम् – अ. ४.2६.५/३

यौ कर्णौ ये च ते हनू – अ. १०.६.१३/2

यौ कश्यपमवथो यौ वसिष्ठम् – अ. ४.2६.३/३

यौ कुक्षी यच्च चर्म ते – अ. १०.६.१७/2

यौ गच्छथो नृचक्षासौ बभ्रुणा सुतम् – अ.४.2६.2/३

यौगन्धरिरेव नो राजा – आपमपा. 2.११.१2/१ (आपगृ. ६.१४.2)

यौ गोतममवथः प्रोतमुद्गलम् – अ. ४.2६.६/३

यौ त ऊरू अष्ठीवन्तौ – अ. १०.६.2१/१

यौ त ओष्ठौ ये नासिके – अ.१०.६.१४/१

यौ ते दंष्ट्रौ सुधयो रोपयिष्णू – वै सू. १०.१७/१

यौ ते दूतौ निर्ऋत इदमेतः – अ. ६.2६.2/१ तु. ऋ. १०.१६५.४

यौ ते पक्षावजरौ पतत्रिणौ – कौसू. ६८.2६/१ प्रः यौ ते पक्षौ –कौसू. ६८.2५ द्र. इमौ ते

यौ ते बलास तिष्ठतः – अ. ६.१2७.2/१

यौ ते बाहू ये दोषणी – अ. १०.६.१६/१

यौ ते मातोन्ममार्ज – अ. ८.६.१/१ प्रः यौ ते माता –कौसू. ८.2४; ३५.2०

यौ ते श्वानौ यम रक्षितारौ – ऋ. १०.१४.११/१; अ. १८. 2.१2/१; तैआ. ६.३.१/१

यौ देवानां भिषजौ हव्यवाहौ – तैब्रा. ३.१.2.११/१

यौ पत्येते अप्रतीतौ सहोभिः – अ. ७.2५.१/३ द्र. या पत्येते

यौ प्रजानां प्रजावती – अ. १०.१.2१/४; कौसू. ५.2/2

यौ भरद्वाजमवथो यौ त्रिशोकम् – अ. ४.2६.६/१

यौवनानि महयसि – खिल. 2.४३.५/१; कौसू. ४६. ५४/१

यौवने जीवानुपपृंचती जरा – अ. १८.४.५०/३

यौ विदिताविषुभृतामसिष्ठौ – अ. ४.2८.2/2

यौ विमदमवथः सप्तवध्रिम् – अ. ४.2६.४/३

यौ विश्वस्य परिभू (काठसं. विश्वस्याधिपा) बभूवथुः – अ. ४.2५.१/३; तैसं. ४.७.१५.३/३; हस्त. ३.१६.५: १६१.३; काठसं. 22.१५/३

यौ विर्यैवीरतमा शविष्ठा – अ. ७.2५.१/2 द्र. वीरेभिवीरतमा, तथा वीर्येभिर्

यौ व्यघ्रावववरूधौ – अ.६.१४०.१/१ प्रः यौ व्याघरौ – कौसू. ४६.४३

यौ श्यावाश्वमवथो वध्रयश्वम् – अ. ४.2६.४/१

यौ सेतृभिररज्जुभिः सिनीथः – ऋ.७.८४.2/2

www.ingramcontent.com/pod-product-compliance
Lightning Source LLC
Chambersburg PA
CBHW060309240426
43661CB00059B/2700